U0536479

新闻出版重大科技工程项目管理及相关成果丛书

数字版权保护技术研发工程专利检索与分析（上）

Patent Search and Analysis on the National DRM R&D Project（I）

张立 主编 张凤杰 张从龙 副主编

中国书籍出版社
China Book Press

编委会

《数字版权保护技术研发工程专利检索与分析》

主　编：张　立

副主编：张凤杰　张从龙

统　稿：张凤杰　邓　健　周　琨

序　言

版权保护，是新闻出版业得以繁荣发展的前提，新闻出版业是版权产业的重要组成部分。信息技术的飞速发展，在给人们带来内容消费便捷的同时，也使侵权盗版变得更加容易。如果任由侵权盗版恣意横行，版权产业链将难以正常运转，内容企业的创新积极性将会下降，经济效益将无法保障，社会效益也将无从实现。

党中央、国务院高度重视版权产业的发展，做出一系列重大部署。政府主管部门不断加强顶层设计，完善相关政策、法律，加大执法力度，并通过实施“项目带动战略”，加强相关技术研发与应用，全面应对信息技术给版权产业带来的冲击。

早在十年前，原新闻出版总署就提出四项新闻出版重大科技工程的建设目标，由国家数字复合出版系统工程提供数字化生产系统，由数字版权保护技术研发工程（简称“版权工程”）提供版权保护与运营的技术保障，由中华字库工程提供用字保障，由国家知识资源数据库工程提供出版业向知识服务转型升级的全面支撑。四大工程先后列入国家“十一五”与“十二五”时期文化发展规划纲要，在国家财政的支持下陆续启动。

版权工程 2007 年 6 月启动可行性论证，2010 年 1 月获准立项，2011 年 7 月正式启动，共 18 个分包、26 项课题，建设内容涵盖标准研制、技术研究、系统开发、平台搭建、总体集成、应用示范等多个方面，参与工程研发、集成、管理任务的单位 24 家。工程总目标是：探索数字环境下的版权保护机制，为出版单位数字化转型提供政府主导的第三方公共服务平台，为数字出版产业发展提供一整套数字版权保护技术解决方案。

在总局新闻出版重大科技工程项目领导小组的直接领导下，重大科技工程项目领导小组办公室积极推进，总体组、工程管控、总集、标准、监理以及各技术研发单位、应用示范单位共同努力，圆满完成了版权工程预定任务，取得了多方面的成果。

一是完成了工程的总体目标，实现了多项技术突破。按照总体设计方案，版权工程研究制定了四类 25 项工程标准与接口规范，形成了一套数字版权保护技术标准体系，在此基础上，突破传统版权保护技术手段，研发并形成了内容分段控制技术、多硬件绑定技术、富媒体保护技术、数字水印嵌入技术、媒体指纹提取技术、可信交易计数技术等版权保护核心支撑技术；针对移动出版、互联网出版、出版单位自主发行等业务模式，开发了五类版权保护应用系统，完成了五类数字版权保护技术集成应用示范；搭建了数字内容注册与管理、版权保护可信交易数据管理、网络侵权追踪三个公共服务子平台；经过整理与集成，最终形成了综合性的数字版权保护技术管理与服务平台。

二是获得多项知识产权，形成一系列相关成果。在技术研发过程中，版权工程共申请发明专利41项（其中5项已授权），登记软件著作权62件，在国内外媒体上发表论文42篇。同时，为了解全球范围内相关领域最新的科技创新成果、发展方向和发展趋势，版权工程管控包委托第三方知识产权机构开展了专利检索分析、知识产权规避设计、专利池建设建议方案编制等工作，形成了一系列知识产权相关成果。

三是积累了重大科技工程项目管理的经验。版权工程是原新闻出版总署组织开展的第一个国家重大工程。在此之前，我们对重大科技工程项目管理缺乏经验，在工程的实施过程中，我们一边探索工程的管理体制与管理机制，一边组织工程的研发。通过工程的实施，我们形成了一套比较可行的工程管理体系，形成了包括财务管理、进度管理、质量管理等一批工程管理制度，积累了重大科技工程项目管理的经验。

在版权工程全面完工之际，及时总结工程项目管理经验，认真梳理工程创新成果，并加以展现和传播，具有重要意义。为此，版权工程总体组在总局重大科技工程项目领导小组指导和支持下，对工程标准、已发表论文、专利检索分析成果物进行梳理，对工程过程管理内容与质量控制举措等进行总结，形成系列丛书并予以出版。

版权工程时间跨度较长，参与单位较多，人员变动较大，相关成果物本身专业性、技术性非常强，整理、汇编起来非常不易；再加上丛书编写人员时间、精力有限，该套丛书在材料选取、内容校正、综合分析等方面肯定会存在不足。但瑕不掩瑜，本套丛书的出版，无疑可以为新闻出版行业类似项目的开展以及数字版权保护技术领域相关研究提供重要的经验借鉴和资料参考。

期望新闻出版行业以及社会各界以本套丛书的出版为契机，更加关注数字版权保护技术的研发与应用，共同推动版权工程成果的落地转化，利用高新技术手段，破解版权保护难题，为创新发展保驾护航，促进社会主义先进文化的大发展、大繁荣！

孙寿山

2016年12月12日

出版说明

数字版权保护技术研发工程（简称版权工程）是列入国家“十一五”与“十二五”时期文化发展规划纲要的重大科技专项，是国家新闻出版广电总局新闻出版重大科技项目之一，是推进新闻出版业转型升级、实现持续发展、构建新兴业态的重要保障。在总局重大科技工程项目领导小组的直接领导下，总局重大科技工程项目领导小组办公室积极推进，总体组、工程管控、总集、标准、监理以及各分包研发单位、应用示范单位通力协作，攻坚克难，共同完成各项既定任务，取得了丰硕成果。

2016 年 12 月 2 日，版权工程召开整体验收会并顺利通过专家验收，验收专家对工程成果及工程管理和工程研发各方给予高度评价，一致认为版权工程立项定位明确，管理思路清晰，工作过程扎实，成果效果显著。

作为总局率先完成的新闻出版重大科技项目，数字版权保护技术研发工程除向行业及社会提供一套技术成果外，还将研发过程中产生的研究论文、专利检索分析报告、工程标准以及过程管理文档等汇编成书，供业界参考。这本身也是工程取得的另一形式的成果。

本套丛书共四部、七册，基本情况如下：

1.《数字版权保护技术研发工程过程管理与质量控制》：在介绍工程基本情况基础上，重点介绍了工程过程管理、质量控制的主要内容与方法，以及知识产权管理、软件测评管理等专项管理的“软技能”。此外，还有工程项目管理各阶段文档编写的要求（附模板）以及工程研发成果简要情况；

2.《数字版权保护技术研发工程论文选辑》：在工程研发过程中，各分包在中外媒体上公开发表的相关论文 42 篇。综合考虑论文质量及作者意愿，总体组分为“安全技术研究”、“相关算法研究”、“其他相关研究”三辑，选编了 28 篇论文成果结集出版；

3.《数字版权保护技术研发工程专利检索与分析》：以第三方知识产权公司专利检索分析成果为基础，从工程 72 个技术检索主题中选取了 55 个技术检索主题进行重点介绍。这些技术主题涉及“多硬件环境相关技术”、“加密认证相关技术”、“数字水印相关技术”、“内容比对相关技术”、“内容访问控制相关技术”、“其他相关技术”等六大方面。由于篇幅较大，分为上、下两册出版；

4.《数字版权保护技术研发工程标准汇编》：以工程研究制定的标准成果为基础，系统介绍了工程管理类标准、基础类标准、数据类标准以及工程接口协议类标准等四类 26 项标准。由于篇幅较大，分为上、中、下三册出版。

丛书出版是工程成果转化的形式之一。版权工程既定的研究建设任务虽已基本结束，但后续推广应用工作才刚刚开始。只有工程成果得到广泛应用，众多工程参与者的付出才得到切实回报，工程成果的价值才能得以真正显现。此刻我们所要吹响的绝非船到码头车到站的“熄灯号”，而是动员各有关方面不忘初心、继续前进的“集结号”。

让我们继续努力，共同推动版权工程成果的落地转化，为新闻出版业数字化转型升级提供有力支撑，为传统出版与新兴出版融合发展提供有力支撑！

张毅君

2016年12月9日

前　言

专利，是世界上最大的技术信息源，包含了世界科技信息的90%～95%。各国专利法均规定，专利管理机构应当及时发布专利公报，向社会公开专利申请的相关内容。专利文献已成为各国最新、最全的技术情报来源。因此，专利文献的检索与分析是了解相关技术发展现状与趋势的最便捷途径。

此外，包括我国在内的多数国家都实行专利授权的先申请原则，即，两个以上申请人分别就同样的发明创造申请专利时，专利权只授予最先申请的人。专利权一旦授予，除非法律另有规定，任何单位或者个人未经专利权人许可，都不得实施其专利，即不得为生产经营目的制造、使用、许诺销售、销售、进口其专利产品，或者使用其专利方法以及使用、许诺销售、销售、进口依照该专利方法直接获得的产品。因此，专利文献的检索与分析还是识别专利风险、确定研发方向、确定战略决策的重要依据。

数字版权保护技术研发工程（简称版权工程）是列入国家“十一五”与“十二五”时期文化发展规划纲要的重大科技专项，是总局新闻出版重大科技工程项目之一。在工程开展过程中，为了解全球范围内相关技术领域的最新成果、发展方向和发展趋势，在总局新闻出版重大科技工程项目领导小组办公室的部署下，版权工程总体组对工程所涉及的相关技术开展了专利检索与分析工作，以减少研发风险，提高工程创新起点，选择技术研发的准确方向，有效配置技术创新资源。

2014年，版权工程总体组牵头单位中国新闻出版研究院通过公开招标程序，确定北京集佳知识产权代理有限公司为受托单位，开展专利检索分析、知识产权规避设计等相关工作。

两年多以来，集佳公司共组织60多位知识产权律师、代理人、咨询师以及相关技术专家，在对工程项目承担单位进行广泛调研的基础上，确定了72个技术检索主题，在世界知识产权组织（WO）、欧洲专利局（EP）以及中国（CN）、美国（US）、日本（JP）、韩国（KR）等“九国两组织”相关专利管理机构提供的专利文献范围内，对1994年至2014年的30余万条专利数据进行了处理分析。经过项目组成员的辛勤努力，以及业内相关技术专家、知识产权专家的指导与把关，最终以工程分包为单元，形成了一批专利检索分析报告，为版权工程研发工作的顺利实施提供了有效参考和支撑。

在工程全面完工之际，为展现工程创新成果，方便业界了解相关技术的发展情况和发展趋势，特以技术检索主题为单元，将这批专利检索分析报告整理成册，公开出版，旨在与业界分享和交流，为相关单位及个人今后在相应领域的技术研发工作提供资料参考。

受篇幅限制，本书一是将各分包报告都有的专利检索基础与分析方法放在第一章集中介绍；二是在检索的全部技术主题中选取了55个主题进行重点介绍。根据技术检索主题的相关性，梳理出“多硬件环境相关技术”、“加密认证相关技术”、“数字水印相关技术”、“内容比对相关技术”、“内容访问控制相关技术”、“其他相关技术”6个大类，每个大类一章，每个技术检索主题一节，每节均按“检索—分析—总结”的统一体例予以呈现。最后，本书以“结语”形式对相关技术专利的主要申请国、主要申请人、主要研究者等进行了简要总结。

需要说明的是，受专利文献数据的采用范围和专利分析工具的客观限制，加上项目组人员以及本书编者精力水平有限等原因，本书不足之处在所难免，相关数据、结论仅供参考。

愿以本书为起点，引起更多业内同仁对发挥知识产权战略价值的重视，不断提高新闻出版业对专利文献检索与分析的能力，以此提升宏观战略的决策水平。

冯宏声

2016年11月27日

总目录

分册目录

第一章　概　述

本书以数字版权保护技术研发工程管控包专利检索分析工作成果为基础，对于1994年以来工程各分包所涉及的55个技术检索主题，在全球主要国家和相关组织（“九国两组织”）范围内的专利文献进行检索并作相应分析。本书重在展现专利检索分析结果，受篇幅所限，也为保证内容的通俗易懂，专利检索基础、专利分析基础和方法在第一章作统一介绍，后文在每一项技术主题的专利检索分析中不再逐一赘述。

第一节　专利检索基础

数字版权保护技术研发工程管控包专利检索涵盖了1994年1月1日至2014年12月31日前后在“九国两组织”所申请专利的所有官方数据，数据来源以汤森德温特数据库为主，部分来源于律商、CNIPR数据库。

一、检索流程

（一）专利检索准备

检索前准备是专利检索程序后续各步骤的基础，主要包括确认检索需求、进行技术和法律调研、选择专利检索数据库等。

1. 需求确认

在检索前的准备工作中，需要深入地与工程项目单位进行沟通以便了解检索需求。在初步了解检索需求后，通常还需要对相关需求的背景以及目的进行细化和解析，以便选择相应的检索类型。

2. 技术调研

技术调研的方式通常包括与工程项目单位进行书面或者口头的技术沟通，以及阅读相关技术文献。技术调研的范围主要包括相关技术的技术领域、技术现状、技术发展、技术方案。技术调研的目的在于将检索事项划分为多个适于检索、分析的技术主题，为制定检索策略做准备。

3. 专利检索数据库选择

选择检索数据库应考虑检索的类型、检索的时间范围和区域范围等因素。专利检索数据库的选择体现在区域国别、申请/授权、有效/失效、发明/实用新型/外观设计、全文/

摘要、公用/商用等各方面。同时，还要考虑数据库本身的检索字段、浏览、下载等功能设置情况。

（二）制定检索策略

制定检索策略是整个专利检索过程中非常重要的一个环节。检索策略恰当、全面与否，直接影响检索结果的全面性和准确性。

1. 检索要素确定

检索要素包括关键词和分类号等。确定检索要素是制定检索策略的基础。一般来说，确定检索要素时需要考虑技术领域、技术问题、技术手段和技术效果等方面。

2. 检索要素表达

检索要素确定后，就可以进行检索要素表达。检索要素的表达通常包括两种，一种为关键词表达，一种为分类号表达。

3. 检索式构建

在检索要素表达的基础上，需要利用逻辑运算符将多个检索要素组配在一起构建检索式。

（三）检索结果获取

专利检索实施过程中，首先需要进行尝试性检索，然后对检索结果大致浏览，补充可能的关键词和分类号，对之前制定的检索策略进一步修正和完善。检索中还要同时考察检索结果的查全率和查准率等情况，采用对维度补充检索（如重点竞争对手、文献信息等）、多人背靠背检索（避免个人的误差对于检索结果造成影响）、多库校验（多个商业数据库检索数据相互补充，避免单一数据库的数据收入范围的局限性对于检索结果造成影响）等方式，最终获得检索结果信息。

（四）检索信息筛选

1. 确定筛选准则

在筛选信息的过程中，筛选准则的确定是非常重要的环节。不同的检索类型需要确定不同的筛选准则。例如，侵权风险检索的筛选以筛选权利要求保护的方案覆盖技术方案或技术特征为准；查新检索的筛选以申请文献全文是否全部或部分公开被检技术方案或某些技术特征为准；而专题检索的筛选应重在寻找特定技术领域的与待检索技术主题相关的文献。

2. 筛选具体流程

初筛需要对检索获得的文献进行初步阅读和去噪，阅读内容包括标题、摘要、权利要求，以及说明书、附图；由专利检索委托方技术人员对初筛结果进行确认并提出相关意见；根据委托方确认的反馈信息作进一步的筛选和标引；通过若干次反复沟通，确定筛选的标引准则；最后，完成专利筛选工作。

二、本项目专利检索的范围

（一）区域范围

概括起来即“九国两组织”，具体为：中国（CN）、澳大利亚（AU）、德国（DE）、法国（FR）、英国（GB）、日本（JP）、俄罗斯（RU）、美国（US）、韩国（KR）等9个国家，以及欧洲专利局（EP）、世界知识产权组织（WO）等两个国际组织。

（二）时间范围

数字版权保护技术研发工程专利检索的时间范围开始于1994年1月1日，主体上截止于2014年12月31日。

由于工程分包较多，针对各分包相应技术主题的检索工作开始时间不尽一致，相关专利检索的截止时间也不尽一致。例如，有的分包相关技术主题专利的检索截止时间为2014年12月12日；分包相关技术主题专利检索的截止时间为2015年1月14日；等等。

尽管各分包专利检索截止时间不完全一致，但是，由于专利检索的时间跨度长达20年，短短几个月甚至几天的差异不影响总体的对比分析。

三、本项目专利检索的数据来源

本项目专利检索以汤森德温特集团的 Thomson Innovation 为主，辅之以律商联讯公司的 TotalPatent、知识产权出版社 CNIPR 数据库，对检索式的构建及检索结果的确认进行交叉验证，相关数据在性质上均为官方数据。

同时，为了对各检索主题所涉及的技术进行充分了解，并对其进行相应的技术脉络梳理，在项目执行过程中，还大量地使用了 CNKI 数据库对相关文献进行查阅。

表1-1 专利数据来源

数据库名称	专利数据来源选择
汤森德温特数据库	“九国两组织”官方数据
律商数据库	“九国两组织”官方数据
CNIPR	中国官方数据

需要说明的是，专利从申请到公开再到相关数据库收录，会有一定时间的延迟。本书各项技术主题专利检索结果中的近两年数据，主要是2013、2014年度数据，会大幅小于实际数据。相关专利检索数据和结论，仅供参考。

第二节 专利分析基础和方法

专利分析全称专利信息分析，是指从专利文献中采集专利信息，通过科学的方法对专利信息进行加工、整理和分析，转化为具有总揽性及预测性的竞争情报，从而为政府部门或企事业单位决策提供参考的一类科学活动的集合。

一、数据选择

本项目采用专利数据作为数据指标性分析的基础，以产业及经济新闻与专家调研对数据分析进行验证及综合性分析的补充。

（一）专利数据

专利是技术持有者对研究成果进行保护的重要手段之一，专利文献不仅如实记载了具有应用价值的技术方案，也反映了市场信息。本项目使用 Thomson Innovation、Totalpatent 等多个数据库进行交叉检索，采集了“九国两组织”范围内的 1994 年至 2014 年的申请公开的专利数据。

（二）产业及经济新闻

产经新闻记录了行业内和企业的重大关键事件，信息类型丰富、综合性强，例如包括政策、产品、研发等多方面的信息；同时，产经新闻具有及时性的特点，是反映产业现状的高效的信息传播途径。虽然单一的产经新闻具有片面性及缺乏真实性的可能，但在与客观数据结合进行综合性分析时发挥出重要作用。

（三）专家调研

专家调研让情报收集更具有针对性，获取情报信息更加直观快捷，并且能够发挥调研对象所属行业内的从业经验优势。专家调研成果对快速聚焦关键技术和产业关键环节而言具有指导作用，对客观数据分析结果起到相互验证作用。

二、专利分析方法

在进行专利分析时，为了清晰地表明专利信息所反映出的具体内容，需要根据项目的目标设置相应的分析方法，用以揭示科学研究和技术研发之间的关联性，从宏观或微观层面反映科技创新活动及技术研发产出、技术发展水平及其在国际技术与经济竞争中的地位。

根据工程管控包知识产权项目的目标——了解数字版权保护技术在各国的发展情况；识别本工程相关技术的专利风险，本项目设置了以下专利分析方法：

技术发展趋势图：考察专利件数随时间变化的趋势，通过对专利件数的定量统计，对技术发展进行预测。用于分析主要技术领域的专利申请量年度发展趋势，技术领先公司的专利年度发展趋势。

技术路线图：用于展现技术的关键发展过程，给技术人员以及相关人员指明技术航线。通过技术路线发展图可以了解技术起源，掌握不同时期技术要素的特征，以及技术要素的变化过程，同时提供相关技术领域专利权人在时间和空间上的联系和分布。

区域分布图：绘制各技术领域中重要申请人在各个国家或地区的不同申请量的专利地图，反映出各技术领域中重要申请人对各个国家或地区的专利圈地情况等，并且将区域分布图的分析结论为企业在全球范围内专利布局提供参考依据。

技术构成分布图：一个点表示一篇专利，点与点间距表示专利内容的相似性，点距离越近，表示专利内容越接近。图中以等高线形式表达相似专利的密集程度，主要用于展示专利件数和技术主题的分布情况，研究相关专利申请人的技术领域分布情况。

第二章　多硬件环境相关技术

第一节　多硬件环境设备标识技术

一、专利检索

（一）检索结果概述

以多硬件环境设备标识技术为检索主题，在“九国两组织”范围内，共检索到相关专利申请955件，具体数量分布如下（单位：件）：

美国	韩国	日本	澳大利亚	中国	法国	英国	德国	俄罗斯	EP	WO	合计
771	70	33	4	20	2	0	0	0	17	38	955

（二）各地区/组织相关专利申请趋势

毫无疑问，多硬件环境设备标识技术是多硬件环境版权保护技术的基础技术。各技术团队和运营厂商均在该技术上倾注了较大的专利申请热情。随着硬件设备近年来的不断丰富，以及网络的风靡，多硬件环境设备标识技术，随着网络技术发展不断翻新和完善，整体趋势从2005年开始持续增长。

表2.1-1　多硬件环境设备标识技术“九国两组织”相关专利申请状况

年份 国家	1998	1999	2000	2001	2002	2003	2004	2005	2006	2007	2008	2009	2010	2011	2012	2013	2014
US	1	1	1	7	1	10	10	40	38	38	95	76	53	100	117	86	97
CN	0	0	1	0	0	0	1	0	0	1	2	7	3	3	1	0	1
JP	0	0	0	3	1	0	1	2	4	5	1	2	7	1	3	2	1
KR	0	0	0	0	1	0	2	3	2	5	6	10	9	9	10	8	5
GB	0	0	0	0	0	0	0	0	0	0	0	0	0	0	0	0	0
DE	0	0	0	0	0	0	0	0	0	0	0	0	0	0	0	0	0
FR	0	0	0	0	0	0	0	0	0	0	1	0	0	0	0	0	1
AU	0	0	0	0	0	0	0	0	0	0	1	0	1	0	0	1	1

（续表）

年份/国家	1998	1999	2000	2001	2002	2003	2004	2005	2006	2007	2008	2009	2010	2011	2012	2013	2014
RU	0	0	0	0	0	0	0	0	0	0	0	0	0	0	0	0	0
EP	0	0	0	0	0	0	3	0	1	2	2	4	0	1	1	2	1
WO	0	0	0	0	0	0	0	0	1	0	0	1	2	3	4	19	8

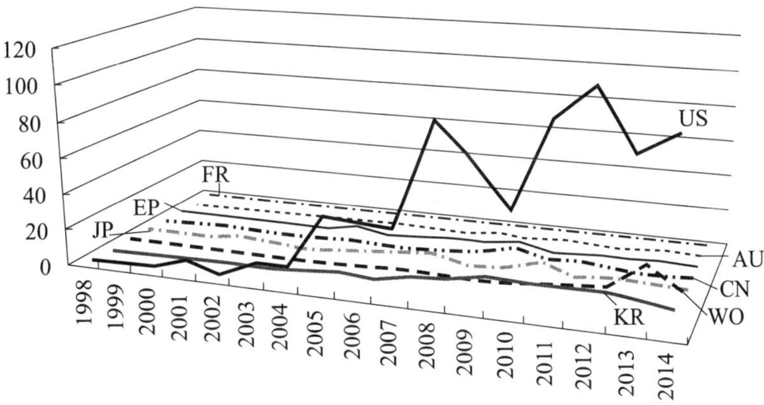

图 2.1-1 “九国两组织”相关专利申请状况图

（三）各地区/组织相关专利申请人排名

以下为各地区/组织相关专利申请人基本情况，相关专利申请人数量超过 5 个的，最多仅列示前 5 个专利申请人。全书同，后文不再赘述。

1. WO 相关专利申请人排名

表 2.1-2 多硬件环境设备标识技术 WO 相关专利申请人排名

序号	申请人	申请人国家	专利申请数量
1	YKNOTS IND LLC	美国	18
2	APPLE INC	美国	11
3	NOKIA CORP	芬兰	10
4	FORSTALL S	个人	9
5	LEMAY S O	个人	9

2. EP 相关专利申请人排名

表 2.1-3 多硬件环境设备标识技术 EP 相关专利申请人排名

序号	申请人	申请人国家	专利申请数量	专利授权数量
1	APPLE INC	美国	4	2
2	Sony Deutschland GmbH, 50829 Köln, DE, 07079980	日本	3	3
3	SAMSUNG ELECTRONICS CO LTD	韩国	2	0
4	Telefonaktiebolaget LM Ericsson	瑞典	3	1
5	LEMAY S O/LEMA-I	个人	1	1

3. 中国地区相关专利申请人排名

表 2.1-4　多硬件环境设备标识技术中国地区相关专利申请人排名

序号	申请人	申请人国家	专利申请数量	专利授权数量
1	APPLE INC	美国	3	1
2	CHAUDHRI I	个人	2	0
3	HUAWEI TECHNOLOGIES CO LTD	中国	1	1
4	BEIJING FOUNDER APABI TECHNOLOGY LTD	中国	1	1
5	BEIJING PENGYUCHENG SOFTWARE TECHNOLOGY	中国	1	0

4. 美国地区相关专利申请人排名

表 2.1-5　多硬件环境设备标识技术美国地区相关专利申请人排名

序号	申请人	申请人国家	专利申请数量	专利授权数量
1	APPLE INC	美国	203	141
2	FORSTALL S	个人	44	41
3	VAN OS M	个人	39	27
4	LEMAY S O	个人	38	27
5	CHAUDHRI I	个人	38	24

5. 日本地区相关专利申请人排名

表 2.1-6　多硬件环境设备标识技术日本地区相关专利申请人排名

序号	申请人	申请人国家	专利申请数量	专利授权数量
1	RICOH KK	美国	2	0
2	TOSHIBA CORP	日本	3	2
3	NTT IDO TSUSHINMO KK	美国	3	2
4	SEIKO EPSON CORP	日本	2	0
5	MICROSOFT CORP/MICT	美国	2	2

6. 澳大利亚地区相关专利申请人排名

表 2.1-7　多硬件环境设备标识技术澳大利亚地区相关专利申请人排名

序号	申请人	申请人国家	专利申请数量	专利授权数量
1	APPLE INC	美国	3	1
2	CHAUDHRI I	个人	1	0
3	FORSTALL S	个人	1	0
4	VAN OS M	个人	1	0

7. 德国地区相关专利申请人排名

德国地区在多硬件环境设备标识技术领域无专利申请公开。

8. 法国地区相关专利申请人排名

表 2.1-8　多硬件环境设备标识技术法国地区相关专利申请人排名

序号	申请人	申请人国家	专利申请数量	专利授权数量
1	TDF	法国	1	0
2	FRANCE TELECOM Société anonyme	法国	1	0

9. 英国地区相关专利申请人排名

英国地区在多硬件环境设备标识技术领域无专利申请公开。

10. 俄罗斯地区相关专利申请人排名

俄罗斯地区在多硬件环境设备标识技术领域无专利申请公开。

11. 韩国地区相关专利申请人排名

表 2.1-9　多硬件环境设备标识技术韩国地区相关专利申请人排名

序号	申请人	申请人国家	专利申请数量	专利授权数量
1	LG ELECTRONICS INC	韩国	19	12
2	SAMSUNG ELECTRONICS CO LTD	韩国	22	17
3	PANASONIC CORPORATION	日本	4	1
4	SK TELECOM CO LTD	韩国	3	1
5	MICROSOFT CORP.	美国	2	1

二、专利分析

（一）技术发展趋势分析

随着硬件设备近年来的不断丰富，以及网络的逐渐普及以及网络技术的不断发展，数字版权保护技术在应用层面上，针对硬件设备的标识技术不断完善，申请量整体上呈现逐步攀升的趋势。

多硬件环境设备标识技术专利申请在 2000 年出现急速上升的态势，与各种版权作品在网络上公开传播有着不可割裂的联系。网络技术的繁荣，以及硬件设备的丰富，促进了多硬件环境设备标识技术的在版权作品中的应用。因而在 2005 年至 2006 年间多硬件环境设备标识技术有了较大数量的专利和专利申请量。该种上升趋势仍然在 2007 年至 2013 年间持续。多硬件环境设备标识技术还处于快速发展阶段，其技术创新和应用范围仍有上升空间。

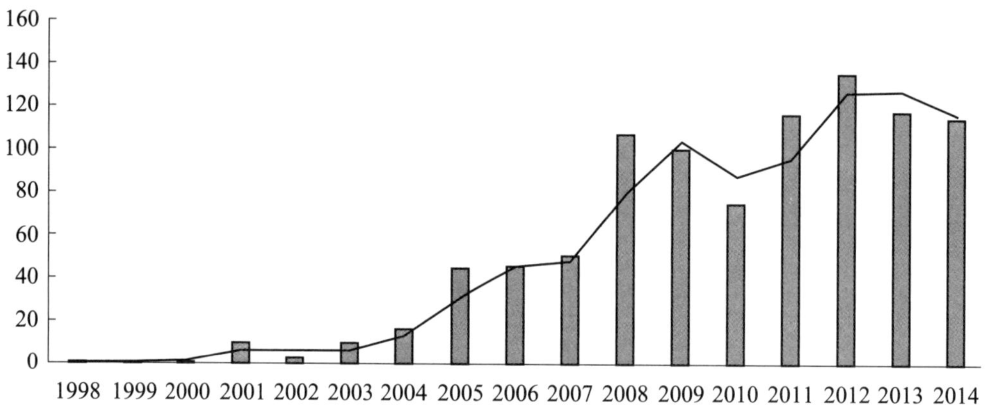

图 2.1-2 多硬件环境设备标识技术发展趋势图

（二）技术路线分析

图 2.1-3 是多硬件环境设备标识技术的技术路线图：整体上，该关键技术从 2003 年起衍生出核心技术，至今仍在不断进行着技术更迭。从 2001 年开始，每年举办一次 ACM DRM 会议“ACM Workshop on Digital Rights Management”，涉及的研究内容包括多个方面，主要有 DRM 系统的体系结构、DRM 中对数字内容使用的跟踪和审核、数字内容交易的商业模式及其安全性需求、多媒体数据的加密、身份识别、DRM 系统中的密钥管理、数字权利的转移问题、数字版权描述等。2003 年，General Instrument 公司申请了关于利用设备标识实现密钥和数字证书设定的专利；随后 DARTdevices Interop 公司申请了关于多设备环境下解决安全性问题的技术方案，并且，三星电子公司（SAMSUNG ELECTRONICS CO LTD）、LG 电子公司（LG ELECTRONICS INC）都就数字版权保护领域的设备安全性提出了相关专利申请。在核心技术对应的专利申请中，往往涉及技术方案的其他应用领域以及多硬件环境设备标识技术相关联的技术方案。由于近些年硬件设备的品类不断翻新，因而针对该关键技术的专利申请也有不断的方向更新，大多数的多硬件环境设备标识技术采用的硬件方式标识或者软硬件结合的方式。

（三）主要专利申请人分析

针对多硬件环境设备标识技术在要求检索的“九国两组织”的检索结果中，根据专利申请量进行统计，并就专利申请量排名前列的专利申请人从时间角度、区域角度和技术聚类角度，对在多硬件环境设备标识技术有突出技术贡献的申请人进行针对性的研究和分析。在该关键技术下，苹果（Apple）和三星在专利申请数量上有绝对的优势，故而作为主要对象进行分析。

1. 申请量排名第一的专利申请人

（1）专利申请量

从 1998 年开始，美国就针对数字版权加强保护，同时对网络服务提供商的责任予以限制，以确保网络的发展和运作。Apple 在数字版权保护技术中，无疑是硬件设备制造商

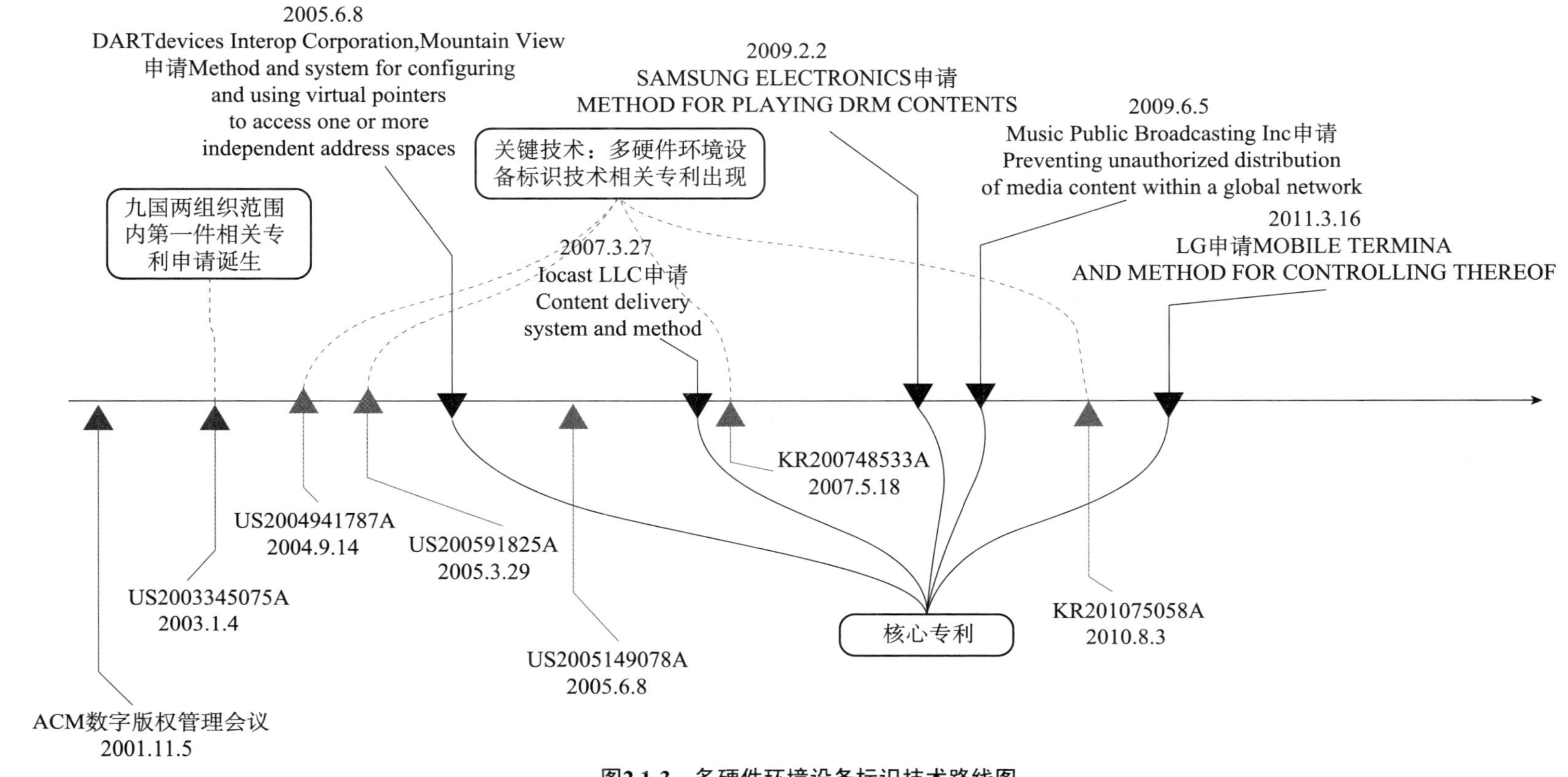

图2.1-3　多硬件环境设备标识技术路线图

和软件开发商中先行者，也是佼佼者。从图2.1-4可以看到，从2004年开始，Apple就在多硬件环境设备标识技术中产生了专利，随着智能移动终端的风靡和网络技术的盛行，Apple于2007进入大量申请的时期，拥有数字版权的APP及相应的数字版权产品在Apple的移动设备中大量应用。较为完备的专利储备和布局，使得Apple不但拥有多硬件环境设备标识技术的若干核心专利，并且为Apple赢得了势不可挡的市场认同。

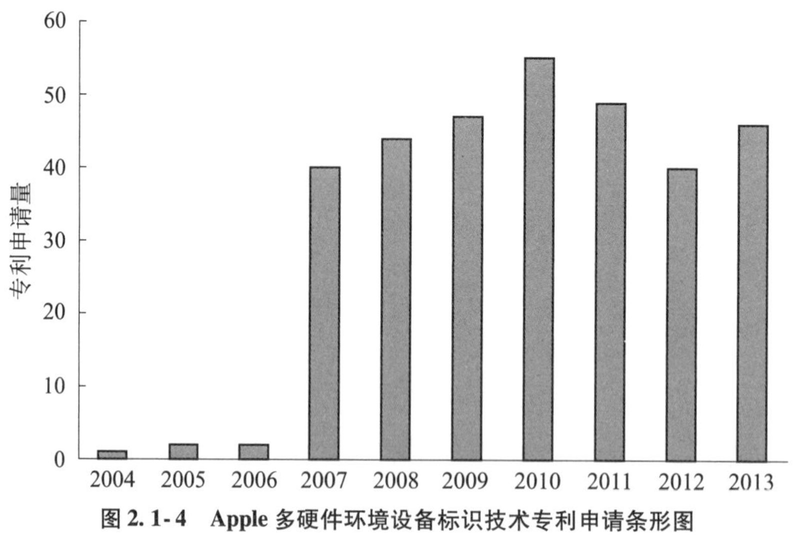

图2.1-4 Apple多硬件环境设备标识技术专利申请条形图

（2）“九国两组织”专利申请量区域分布

图2.1-5是Apple公司对于多硬件环境设备标识技术的区域分布情况，Apple是美国乃至全球重要的创新源头、众多核心专利及关键技术的持有者，也是全球较为先进专利布局的领导者。Apple十分注重技术在全球重要市场的部署。

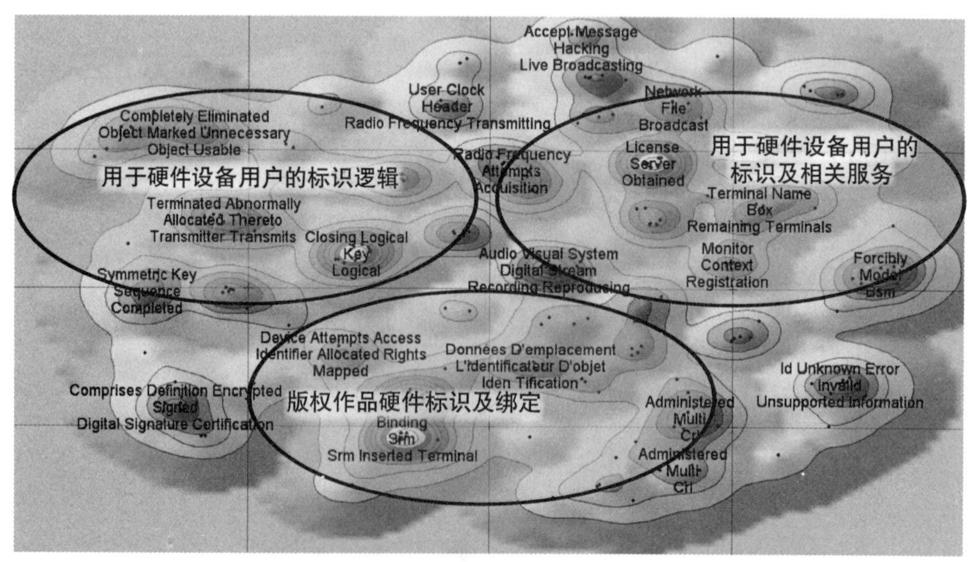

图2.1-5 Apple多硬件环境设备标识技术专利申请量区域分布图

多硬件环境设备标识技术方面，以美国本土的专利申请量最高，其次是澳大利亚、欧盟、韩国等地区。可以看到，对于多硬件环境设备标识技术此类基础技术的布局，Apple 几乎将专利的触角延伸至重要的市场竞争地区，以期取得良好的专利保护效果。

（3）技术构成分布

在 Apple 公司针对多硬件环境设备标识技术的聚类图 2.1-6 中，可以清楚地看到，Apple 公司非常注重对于基础关键技术的保护。Apple 针对硬件设备的标识技术拥有核心技术。

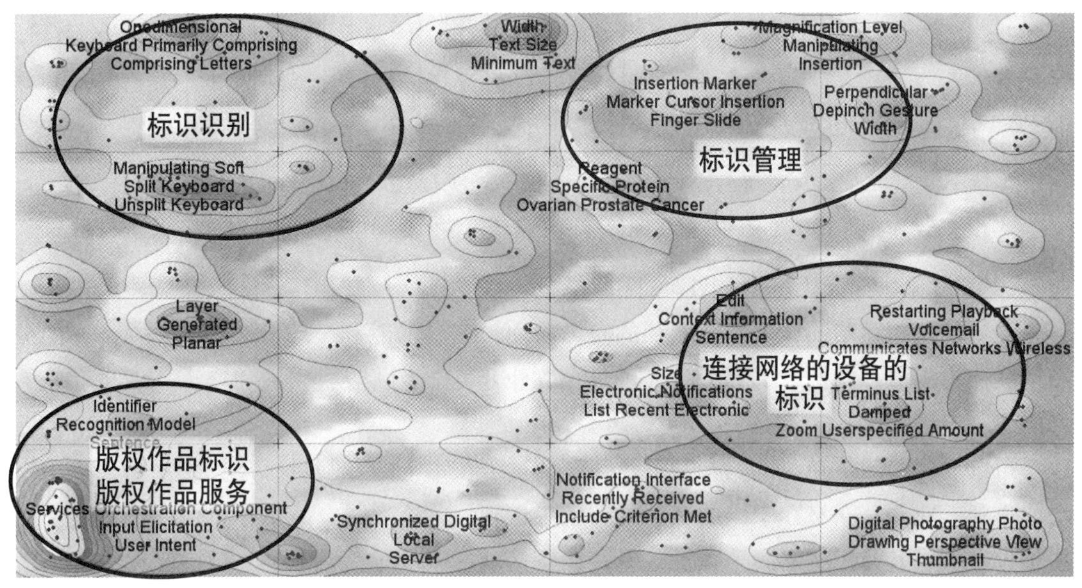

图 2.1-6　Apple 多硬件环境设备标识技术构成分布图

通过对 Apple 公司的相关专利的了解，以 Apple 公司硬件设备产品的版权保护需要，Apple 公司针对各类通用设备、移动设备以及可插拔/可卸载设备，还有其他专用设备等进行唯一标识进行了技术研究和专利申请，并拥有对 Apple 公司硬件设备的标识识别和管理的关键技术，以使用多种、多个设备及在网络环境下的版权保护需求。

2. 申请量排名第二的专利申请人

（1）专利申请量

2003 年至 2005 年间，信息技术和互联网的迅猛发展为数字版权技术的发展带来前所未有的机遇。同时，互联网的传播能力也为数字版权带来忧患。韩国是娱乐产业发达的地区，数字版权的问题一直受到重视，三星是与 Apple 比肩的移动终端和软件运营商，在 Apple 公司关注多硬件环境设备标识技术等基础技术的同时，三星公司也持续性地申请了不少这方面技术的专利。

但与 Apple 公司不同的是，三星的专利大多数不涉及核心专利，较为偏向于应用和标识管理的内容。由上图可以清楚地看到，三星在多硬件环境设备标识技术上持续不断地申请专利，虽然数量相对于苹果来说较少，但有较为持续的申请态势，并在 2009 年及 2012

年达到较高值，这与三星进行硬件设备技术转型的年份相吻合。因此，多硬件环境设备标识技术的年代发展趋势也印证了三星在技术层面的尾随策略。

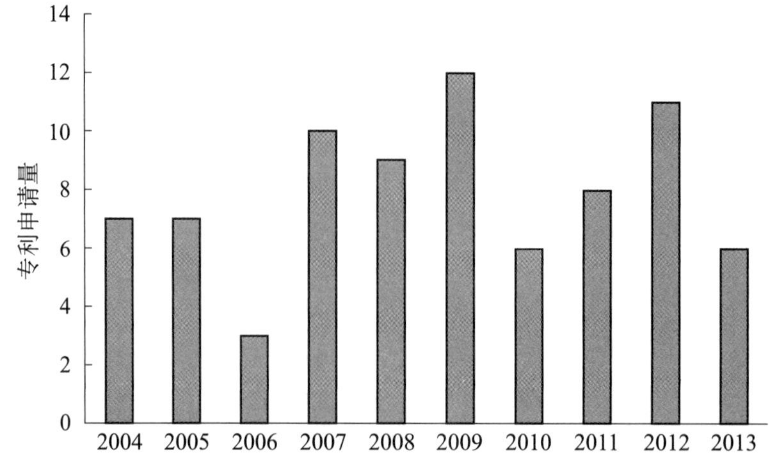

图 2.1-7　三星多硬件环境设备标识技术专利申请条形图

（2）“九国两组织”专利申请量区域分布

三星的尾随策略同样表现在专利的布局层面，三星的专利全球分布情况与 Apple 的分布情况极为类似，包括本土韩国的大量分布以外，美国、欧盟、中国和澳大利亚也有较大量的专利申请。

可以看到，三星在美国的专利数量甚至超过了在本土的专利量，足见三星对于美国市场的重视。此外，三星在中国的专利分布数量也较大，这表明，三星在抢占中国市场中为多硬件环境设备标识技术高地提供了专利储备基础。

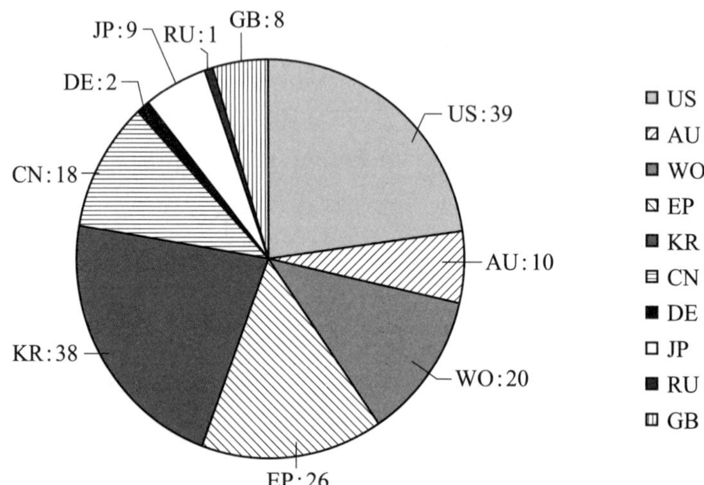

图 2.1-8　三星多硬件环境设备标识技术专利申请量区域分布图

(3) 技术构成分布

早在2005年，三星与索尼（Sony）、飞利浦（Philips）、松下（Panasonic）就联合开发联盟版权保护标准“马林联合开发协会”（Marlin Joint Development Association），阻止盗版数字音乐或者数字视频文件，并把不同的版权管理标准统一起来。

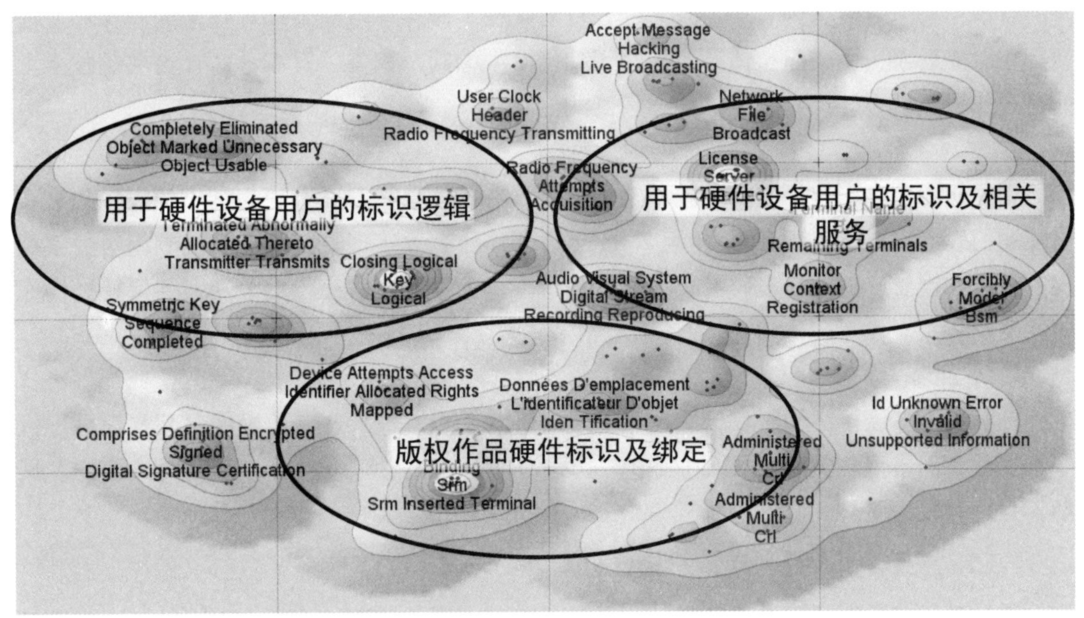

图2.1-9　三星多硬件环境设备标识技术构成分布图

三星自十年前开始，就在数字版权方面做出了不懈的努力，在硬件设备数字版权技术上已经达到世界先进水平。由上图中的三星多硬件环境设备标识技术的聚类情况可以看到，三星更为注重用户体验和应用层面的优化，在基础技术和核心专利方面的表现，与Apple相比有一定的差异性。

三、总结

(一) 专利申请量的总体发展趋势

本次检索分析的对象为美国、日本和韩国，分别在关键技术中按照时间维度和申请数量趋势进行相关信息收集和客观分析。整体上，美国在该关键技术中处于全球领先的地位，韩国随后，日本次之。在多硬件环境设备标识技术方面，随着硬件的持续丰富和网络技术的完善，数字版权的热度升温，各主流技术输出国家都在2010年前后产出了数量可观的专利/专利申请，并在接下来的几年中逐步进入技术成熟期，专利申请量趋于平稳状态。

(二) 各地区技术发展现状以及未来发展趋势

1. 美国

在多硬件环境设备标识技术方面，美国作为全球的硬件设备制造和网络技术的先进国家，这样的专利申请已然不俗。在该关键技术上的专利数量2008年至2009年达到顶峰后，逐步进入平缓期，并且，伴随美国版权保护制度的不断完善，基于多硬件环境设备标识技术的创新也将逐步涌现。

2. 日本

日本作为全球数字内容产业发展的先行者，在多硬件环境设备标识技术的萌芽和发展期都相对滞后于美国，但整体数量较之于韩国及中国则都偏多。日本地区在该关键技术上通过合作研发的方式产出了专利质量较高的专利。

3. 韩国

韩国作为数字版权界重要的技术输出地区，在专利数量方面有较为突出的表现，显示出强劲的发展态势，并于2007年至2008年达到顶峰。近年来，随着全球范围内对数字版权的重视和推崇，韩国在多硬件环境设备标识技术上也有较为突出的表现，并保持较为充沛的发展势头。

4. 中国

针对国内多硬件环境版权保护技术的发展进程来看，进入萌芽阶段的时间与美国地区基本一致，但申请总数与美国地区相差甚远，中国在经过萌芽期后，进入到持续的发展期，且仍有较为明显的上升趋势。

（三）主要申请人专利申请对比分析

通过对于多硬件环境设备标识技术领域的宏观分析，在该关键技术下，Apple和三星在专利申请数量上有绝对的优势，故而作为主要对象进行分析：

1. 专利申请量维度横向比较

Apple公司非常注重对于基础关键技术的保护，在该关键技术持有242项专利；三星公司在该关键技术则持有51项。Apple是美国乃至全球重要的创新源头、众多核心专利及关键技术的持有者。韩国是娱乐产业发达的地区，数字版权问题一直受到重视，三星是与Apple并驾齐驱的移动终端和软件运营商，在Apple关注多硬件环境设备标识技术等基础技术的同时，也持续性地申请了不少专利。

2. 专利资产区域布局情况

从以上两个主要申请人的专利资产区域布局情况，我们可以看出：苹果和三星公司为了贯彻其专利全球化知识产权战略的思想，在美国、日本、韩国、中国等主要消费地区布局专利。在多硬件环境设备标识技术方面，美国本土的申请量最高，其次是澳大利亚以及欧盟、韩国等地区。可以看到，对于多硬件环境设备标识技术这类基础技术的布局，Apple几乎将专利的触角延伸至重要的市场竞争地区，以期取得良好的专利保护效果。三星的专利全球分布情况与Apple的分布情况极为类似，除在本土韩国进行大量分布以外，在美国、欧盟、中国和澳大利亚也有较大量的专利申请。可以看到，三星在美国的专利数量甚至超过了在本土的数量，足见三星对于美国市场的重视。

3. 技术热点分析

通过对Apple公司相关专利的了解，根据自身硬件设备产品的版权保护需要，Apple

公司针对各类通用设备、移动设备以及可插拔/可卸载设备，还有其他专用设备等进行了技术研究和专利申请，并拥有对 Apple 公司硬件设备的标识识别和管理的关键技术，以实现多个设备的使用及在网络环境下的版权保护需求。与 Apple 公司不同，三星的专利大多数不涉及核心专利，较为偏向于应用和标识管理的内容。

第二节 多硬件环境下的自适应绑定技术

一、专利检索

（一）检索结果概述

以多硬件环境下的自适应绑定技术为检索主题，在“九国两组织”范围内，共检索到相关专利申请 1 253 件，具体数量分布如下（单位：件）：

美国	韩国	日本	澳大利亚	中国	法国	英国	德国	俄罗斯	EP	WO	合计
850	157	73	8	64	0	7	3	0	36	55	1 253

（二）各地区/组织相关专利申请趋势

多硬件环境下的自适应绑定技术，韩国拥有可与美国相抗衡的专利申请储备，我国则自 2010 年开始有了较为明显的申请态势。这与 2010 年我国开始普及个人移动终端有直接联系。我国厂商和研究团队，均在多样化的设备绑定方面有了较大的关注和技术的进步。

表 2.2-1 多硬件环境下的自适应绑定技术“九国两组织”相关专利申请状况

国家＼年份	1994	1995	1996	1997	1998	1999	2000	2001	2002	2003	2004	2005	2006	2007	2008	2009	2010	2011	2012	2013	2014
AU	0	0	0	0	2	0	0	1	1	1	0	2	0	0	0	0	0	0	0	1	0
CN	0	0	0	2	0	1	1	1	2	3	4	1	1	6	3	3	6	7	18	3	2
DE	0	0	0	1	0	1	0	0	0	0	0	0	0	0	0	0	0	0	1	0	0
EP	3	1	0	1	0	0	7	3	7	4	2	1	1	2	0	2	0	0	2	0	0
GB	0	0	0	0	0	0	2	0	1	3	0	0	1	0	0	0	0	0	0	0	0
JP	2	3	1	1	4	1	2	4	4	13	11	10	1	1	1	4	2	1	4	2	1
KR	0	0	0	0	1	0	0	1	6	6	3	4	11	14	15	22	13	30	18	9	4
US	4	28	5	26	11	53	9	47	23	28	46	32	49	45	35	61	62	67	85	86	48
WO	0	0	0	0	2	1	3	2	2	1	1	2	2	2	1	1	2	8	9	11	5

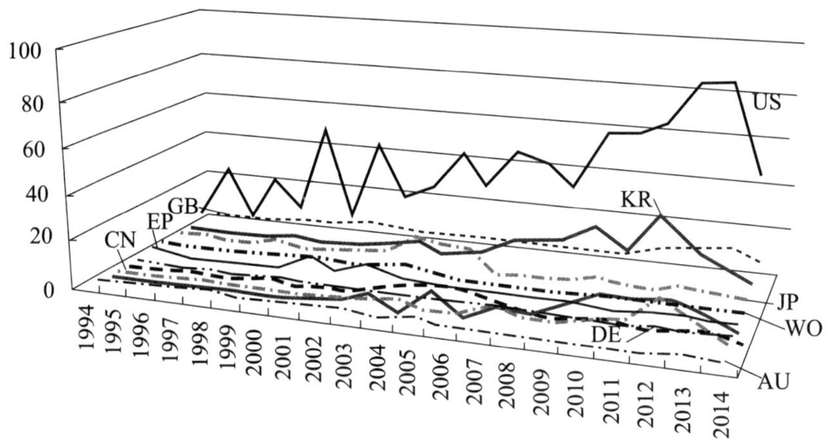

图 2.2-1 "九国两组织"相关专利申请状况图

(三) 各地区/组织相关专利申请人排名

1. WO 相关专利申请人排名

表 2.2-2 多硬件环境下的自适应绑定技术 WO 相关专利申请人排名

序号	申请人	申请人国家	专利申请数量
1	LG ELECTRONICS INC	韩国	41
2	ANDERSEN CONSULTING LLP	美国	15
3	ACCENTURE LLP	美国	14
4	OBLONG IND INC	美国	12
5	QUALCOMM INC	美国	11

2. EP 相关专利申请人排名

表 2.2-3 多硬件环境下的自适应绑定技术 EP 相关专利申请人排名

序号	申请人	申请人国家	专利申请数量	专利授权数量
1	SIEMENS AG/SIEI	美国	4	4
2	NORTEL NETWORKS CORP	加拿大	3	3
4	MICROSOFT CORPORATION	美国	2	1
5	INT BUSINESS MACHINES CORP	美国	1	1

3. 中国地区相关专利申请人排名

表 2.2-4 多硬件环境下的自适应绑定技术中国地区相关专利申请人排名

序号	申请人	申请人国家	专利申请数量	专利授权数量
1	QUALCOMM INC/QCOM	美国	5	3
2	NOKIA CORP/OYNO	芬兰	2	2

（续表）

序号	申请人	申请人国家	专利申请数量	专利授权数量
3	MICROSOFT CORP	美国	2	1
4	FIBERHOME TELECOM TECHNOLOGIES CO LTD	中国	1	1

4. 美国地区相关专利申请人排名

表 2.2-5　多硬件环境下的自适应绑定技术美国地区相关专利申请人排名

序号	申请人	申请人国家	专利申请数量	专利授权数量
1	INT BUSINESS MACHINES CORP	美国	77	66
2	MICROSOFT CORP	美国	43	33
3	ORACLE AMERICA INC/ORAC	美国	22	12
4	ACCENTURE LLP	美国	32	19
5	Sun Microsystems Inc.	美国	15	13

5. 日本地区相关专利申请人排名

表 2.2-6　多硬件环境下的自适应绑定技术日本地区相关专利申请人排名

序号	申请人	申请人国家	专利申请数量	专利授权数量
1	SAMSUNG ELECTRONICS CO LTD	韩国	4	2
2	MATSUSHITA DENKI SANGYO KK/MATU	日本	3	2
3	HITACHI LTD	日本	2	2
4	NVIDIA CORP	美国	2	2

6. 澳大利亚地区相关专利申请人排名

表 2.2-7　多硬件环境下的自适应绑定技术澳大利亚地区相关专利申请人排名

序号	申请人	申请人国家	专利申请数量	专利授权数量
1	GRAPE TECHNOLOGY GROUP INC	美国	1	0

7. 德国地区相关专利申请人排名

表 2.2-8　多硬件环境下的自适应绑定技术德国地区相关专利申请人排名

序号	申请人	申请人国家	专利申请数量	专利授权数量
1	SK TELECOM Co. Ltd. Seoul/Soul KR	韩国	1	1
2	Hewlett-Packard Development Company L. P. Houston Tex. US	美国	1	0
3	Object Technology Licensing Corp.	美国	1	0
4	Siemens Aktiengesellschaft	德国	1	1

8. 法国地区相关专利申请人排名

法国地区在多硬件环境下的自适应绑定技术领域无专利申请。

9. 英国地区相关专利申请人排名

表 2.2-9 多硬件环境下的自适应绑定技术英国地区相关专利申请人排名

序号	申请人	申请人国家	专利申请数量	专利授权数量
1	EMPOWER INTERACTIVE GROUP LTD	英国	4	0
2	Ross Gordon 21 Copthorne Road CROXLEY GREEN Hertfordshire WD3 4AB	英国	2	0
3	Toshiba Research Europe Limited，GB	日本	1	0

10. 俄罗斯地区相关专利申请人排名

俄罗斯地区在多硬件环境下的自适应绑定技术领域无专利申请公开。

11. 韩国地区相关专利申请人排名

表 2.2-10 多硬件环境下的自适应绑定技术韩国地区相关专利申请人排名

序号	申请人	申请人国家	专利申请数量	专利授权数量
1	LG ELECTRONICS INC	韩国	41	26
2	INTEL CORP	韩国	10	7
3	SAMSUNG ELECTRONICS CO LTD	韩国	9	3
4	QUALCOMM INCORPORATED	韩国	7	3
5	NOKIA CORPORATION	美国	3	0

二、专利分析

（一）技术发展趋势分析

数字内容与各类设备的有效绑定，支持设备内的部分部件或标识更换的情况下，仍能提供获授权内容的有效阅读和使用，多硬件环境下的自适应绑定技术依赖于硬件设备的涌现，以及数字内容在硬件设备上的使用，从图 2.2-2 中可以看到，多硬件环境下的自适应绑定技术在 2005 年出现了较大幅度增长，并在 2007 年出现数量上的小高峰，从 2011 年到 2014 年（2014 年为不完全统计），一直保持着强劲的增长势头。从 2014 年的不完全统计来看，该种增长势头将仍然持续，并伴随着智能移动终端的普及和创新终端的发明，将自适应绑定技术推向更高峰。

（二）技术路线分析

图 2.2-3 是多硬件环境下的自适应绑定技术路线图：在关键技术（水印的嵌入与提取技术）下，1997 年就出现了相关的专利申请，该申请为 Novell 公司针对网络中多个硬件

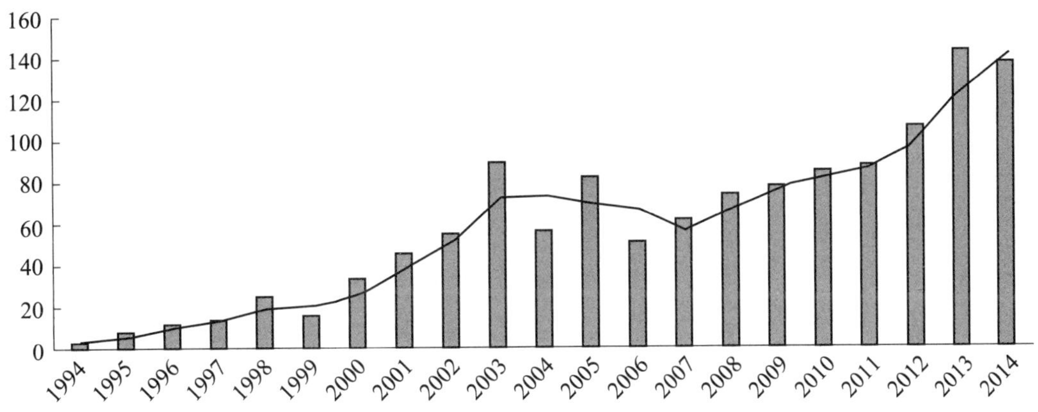

图 2.2-2 多硬件环境下的自适应绑定技术发展趋势图

设备进行注册和针对指定内容访问应用场景下的标识技术，而后续英特尔公司和 Seachange 公司针对硬件绑定需求下的过程进行了专利申请。同年，索尼也申请了关于在网络环境下，对于网络中多个硬件设备在内容数据创建后，如何配置许可证而进行的绑定。各大硬件设备制造和运营商，以及内容数据发布商都针对多硬件环境下的自适应绑定技术从不同角度申请的专利，比如 IBM 公司申请的关于多个硬件设备的平台绑定管理技术，三星申请的网络转换情景下的绑定技术，诺基亚申请的硬件设备不断转换应用需求下的绑定技术，也有面向密钥管理技术的绑定方案。不论较为单一的硬件绑定技术，或是与其他技术共同体现在一个专利申请文件中，多硬件环境下的自适应绑定技术的路线图随着网络平台、硬件设备的变更不断推陈出新，为数字版权保护技术持续注入创新技术的活力。

（三）主要专利申请人分析

针对多硬件环境下的自适应绑定技术在要求检索的“九国两组织”的检索结果中，根据专利申请量进行统计，并就专利申请量排名前列的专利申请人从时间角度、区域角度和技术聚类角度，对在多硬件环境下的自适应绑定技术有突出技术贡献的申请人进行针对性的研究和分析。在该关键技术下，将 IBM 和 LG 作为主要对象进行分析，以获知该技术发展路径中，大型企业的技术发展进程和更迭。

1. 申请量排名第一的专利申请人

（1）专利申请量

IBM 作为专利申请的巨头，申请量在全球范围内首屈一指，并且 IBM 也是利用专利创收的典型企业。多硬件环境下的自适应绑定技术方面也显示出了强势的申请数量。从 2003 年开始，IBM 公司也在多硬件环境下的自适应绑定技术逐步展开申请，并在数字内容与硬件设备结合形式的黄金时期，即 2008 年至 2009 年间，呈现专利申请量的较高值。

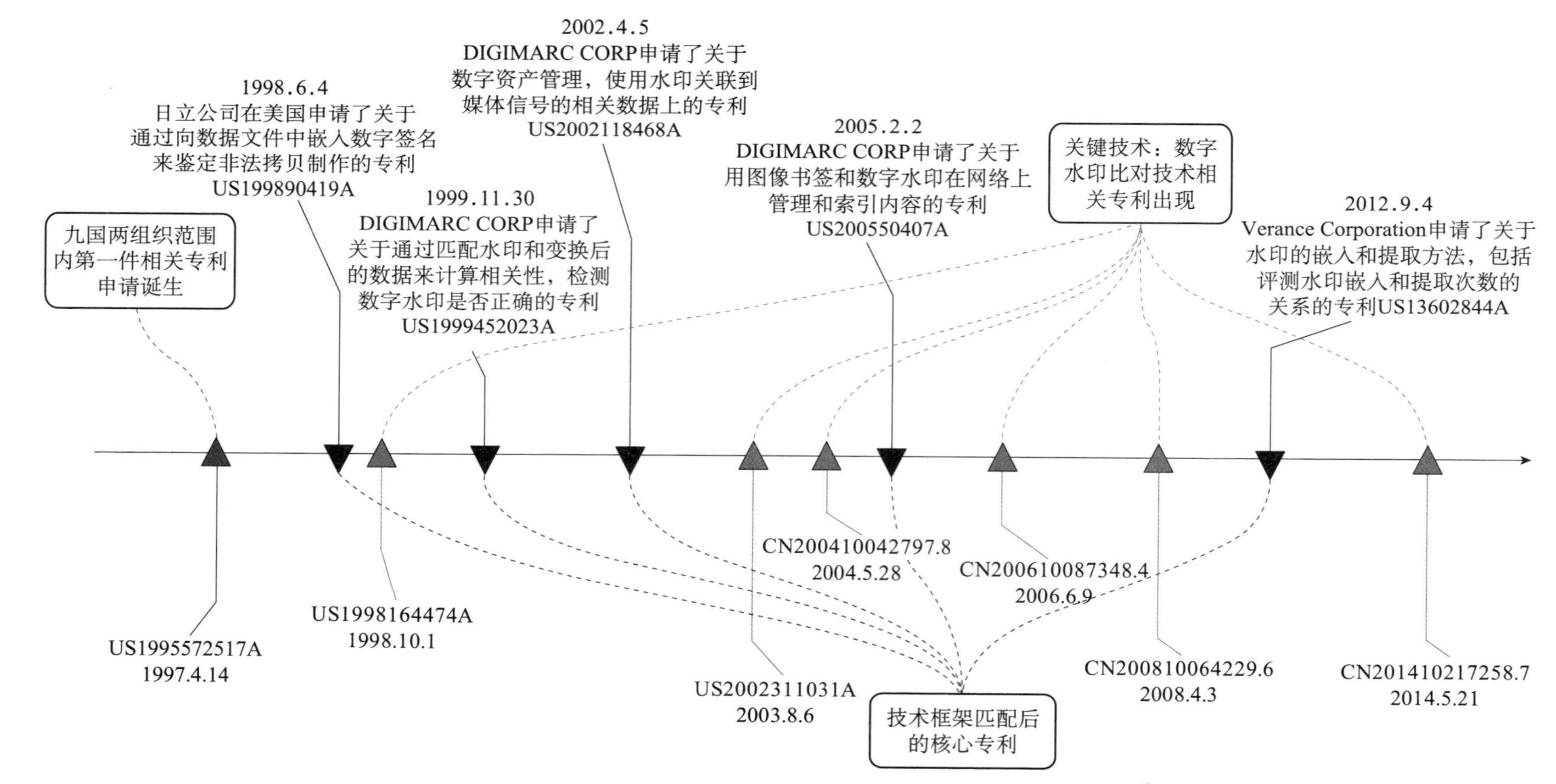

图2.2-3　多硬件环境下的自适应绑定技术路线图

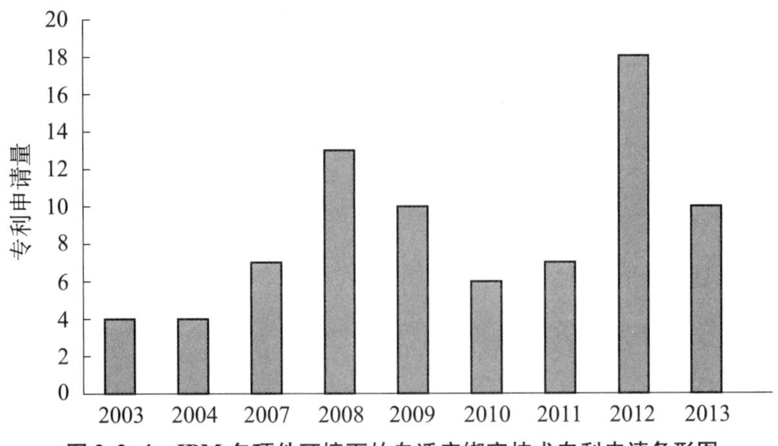

图 2.2-4　IBM 多硬件环境下的自适应绑定技术专利申请条形图

IBM 致力于发展数据获取、存储和传播技术，为数字内容管理提供方案，并在多硬件环境下的自适应绑定技术方面有较为全面的体系策略。2012 年是 IBM 在此关键技术上申请量最大年，由于 2013 年有部分专利尚未公开，可以推测的是，IBM 针对基础技术的保护力度将随着市场热潮不断加大，从而在数字内容管理解决方案上，继续占有领先地位。

（2）“九国两组织”专利申请量区域分布

图 2.2-5 是 IBM 公司对于多硬件环境设备绑定技术的区域分布情况，IBM 是全球知识产权领先的企业，对于各个技术分支的布局都有非常严密的策略，从图 2.2-5 可以看到，IBM 在美国本土进行了较大数量的申请，非常明显地，IBM 申请 PCT 的比重较大，并且欧盟专利数量也非常可观。这说明 IBM 非常重视基础关键技术对于市场和技术垄断等层面的排布。此外，对于中国、韩国、法国和澳大利亚等主要消费市场也有一定数量的专利分布。专利申请不仅要考虑技术本身的保护，更将专利与市场行为相匹配，从而使得在专利运营方面 IBM 展示出先进性，并推动数字版权保护方面的良好发展。

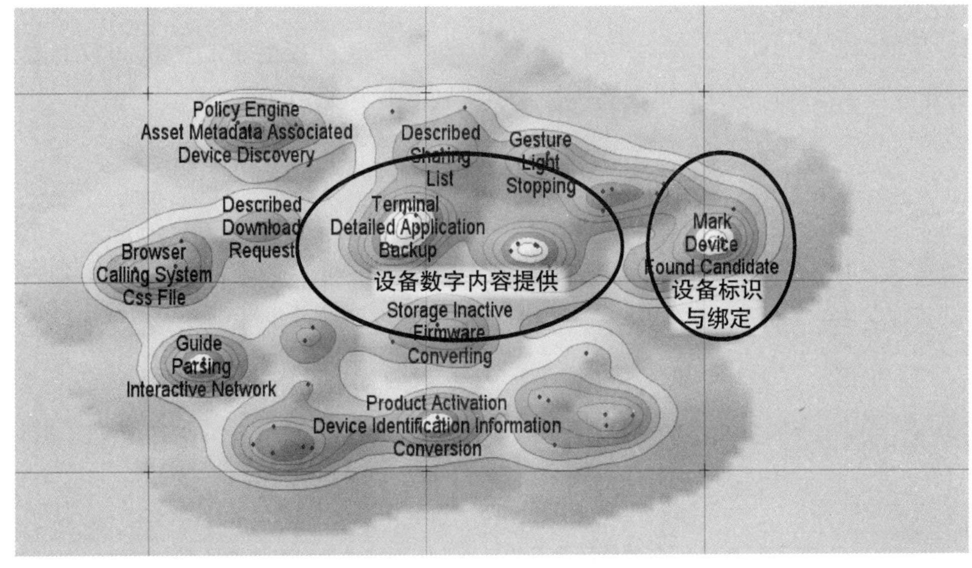

图 2.2-5　IBM 多硬件环境下的自适应绑定技术专利申请量区域分布图

（3）技术构成分布

从图2.2-6中IBM在多硬件环境设备绑定技术的聚类情况来看，多机授权应用服务模式下的数字内容多设备授权实现绑定和共享，并支持数字内容与多台设备的有效绑定是主要的技术方向。此外，IBM还研究了在当前多设备密钥管理方面的技术内容，并结合云存储技术解决大数据管理方面的问题，保证了授权用户可以方便使用数字内容，且保证了版权的安全性。

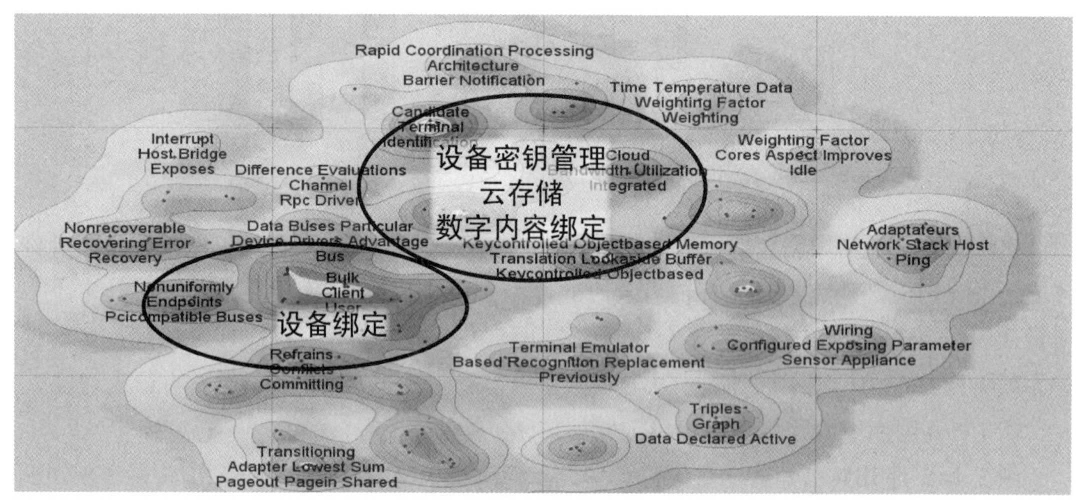

图2.2-6　IBM多硬件环境下的自适应绑定技术构成分布图

从图2.2-6可知，在IBM围绕多硬件环境设备绑定技术方面，在专利申请中还不断研究与当前技术需求紧密联系的解决方案，显示出了IBM在数字版权方面快速的反应实力和对知识产权的重视。

2. 申请量排名第二的专利申请人

（1）专利申请量

LG是韩国重要的硬件设备生产商，并且LG对于知识产权也非常注重。LG有着韩国电子行业的技术跟随特性，但也在某些技术领域显示出了前沿的敏感度。

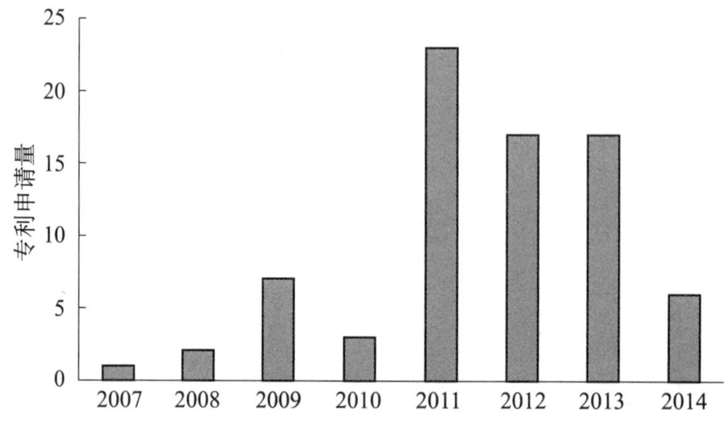

图2.2-7　LG多硬件环境下的自适应绑定技术专利申请条形图

在数字版权方面，LG 是从 2009 年开始逐步出现较大量的专利申请，并在市场前景看好的 2011 年开始出现了专利申请量的高峰。LG 凭借快速的市场反应能力从多方面获取市场盈利增长点，试图将由于行业萧条引起的亏损降到最低。近些年，数字版权逐步成为硬件设备制造商的竞争点，LG 在生产移动智能终端的过程中，也不断为与硬件设备数字内容安全息息相关的多硬件环境设备绑定技术投入专利申请。

（2）“九国两组织”专利申请量区域分布

图 2. 2-8 是 LG 公司对于多硬件环境设备绑定技术的区域分布情况，LG 是全球生产技术领先的硬件设备制造商，LG 公司将多硬件环境设备绑定技术相关的专利申请主要分布于中国、韩国、美国等主要市场区域，同时 LG 公司还申请了大量的 PCT 申请。

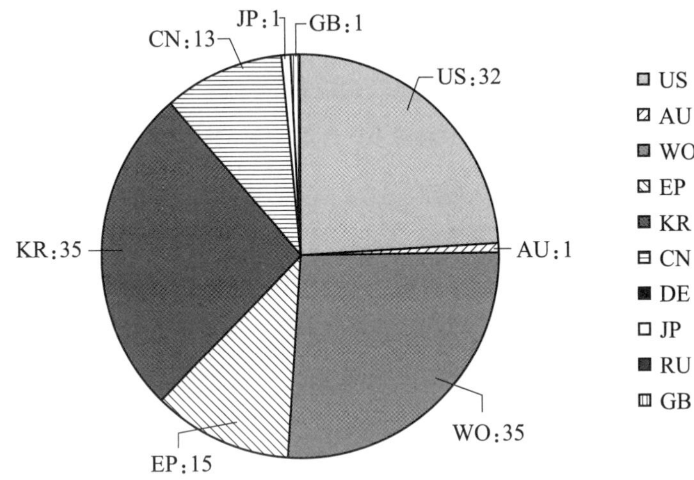

图 2. 2-8　LG 多硬件环境下的自适应绑定技术专利申请量区域分布图

从移动智能终端到家用电视，甚至高清电子阅读器，LG 在数字版权方面有着丰富的应用经验和先进的技术储备，并且为数字内容在多硬件环境下的安全使用做着不懈的努力。

（3）技术构成分布

图 2. 2-9 为 LG 多硬件环境设备绑定技术的聚类图，在 LG 研究的技术方向中，主要探讨了利用本身的硬件特征信息，从数字许可证中恢复出数字内容的内容密钥，解密内容密钥后使用数字内容。从该技术聚类中可以看到，LG 申请的专利中，并非单一地对某个技术进行探讨，在申请中同时地涉及了标识、绑定和密钥管理的内容。由于 LG 较为关注网络电视及相关设备生产，因而在专利申请方面也较为侧重对于网络数字内容的使用和安全问题，并涉及多用户、多设备及云存储等与绑定有关问题的解决。

三、总结

（一）专利申请量的总体发展趋势

本次检索分析的国外分析对象为美国、日本和韩国，分别在关键技术中按照时间维度

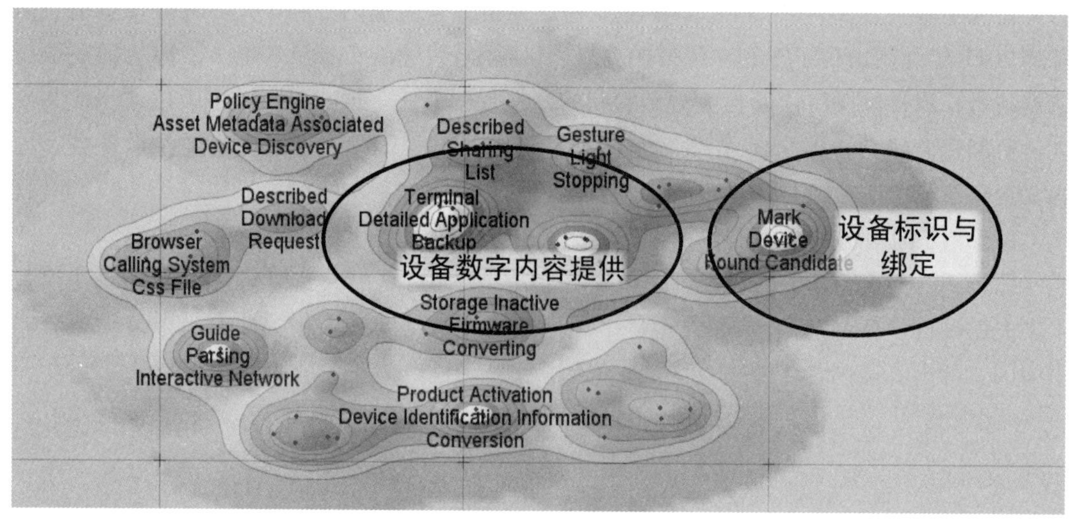

图 2.2-9 LG 多硬件环境下的自适应绑定技术构成分布图

和申请数量趋势进行相关信息收集和客观分析。信息技术和互联网的迅猛发展为数字版权技术的发展带来前所未有的机遇。同时，互联网的传播能力也为数字版权带来忧患。多硬件环境下的自适应绑定技术在 2005 年出现了较大幅度增长，并在 2007 年出现数量上的小高峰，从 2011 年到 2014 年（2014 年为不完全统计），一直保持着强劲的增长势头。

（二）各地区技术发展现状以及未来发展趋势

1. 美国

美国在多硬件环境下的自适应绑定技术上的专利申请整体趋势呈上升状态，申请专利的数量从 2001 年开始出现较大幅度的变化，在 2001 年，电子书阅读器产品以及在手持移动终端上进行数字内容阅读刚刚兴起。申请人的数量在 2006 年至 2007 年间出现了尖峰，市场上和学术界更多人投入到对多硬件环境下的自适应技术的研究。在多硬件环境下的自适应技术 2008 年至 2012 年的专利申请量持续走高，并在 2013 年出现平缓的趋势。

2. 日本

日本地区多硬件环境下的自适应绑定技术，在经历了短暂的萌芽期后，就进入专利申请量急速攀升的发展期，虽然在 2004 年至 2005 年间出现了疲软，但 2006 年至 2007 年间又延续之前的上升态势，进入申请人数量和专利申请量均稳定上升的发展期。

3. 韩国

韩国地区在该关键技术上的变化经过了几个转折点，在整体数量和趋势方面与日本的状况比较类似，专利数量方面与日本地区相仿。萌芽期后，韩国地区多硬件环境下的自适应绑定技术就进入较快增长的发展期，虽然在 2004 年至 2005 年间出现了一定的滑坡，但 2006 年至 2007 年间电子阅读器及相关硬件设备的兴起，又为多硬件环境下的自适应绑定技术带来发展的春天，并在后续的 2008 年至 2011 年出现良好的上升趋势。

4. 中国

多硬件环境设备自适应技术在中国地区经过萌芽期后，进入到持续的发展期，且仍有较为明显的上升趋势。在萌芽期，专利申请量技术虽然不多，但申请人数量较多，对多硬件环境设备自适应技术进行研究的专利申请人从2001年开始猛增，2006年至2011年专利申请量出现了较高值，包括外商企业在内，中国地区的专利申请人数量也居高不下，在将来，多硬件环境设备自适应技术仍将有较好的发展前景和上升空间。

（三）主要申请人专利申请对比分析

通过对于多硬件环境下的自适应绑定技术领域的宏观分析，在该关键技术下，IBM和LG在专利申请数量上有绝对的优势，故而作为主要对象进行分析：

1. 专利申请量维度横向比较

IBM作为专利申请的巨头，在该关键技术上排布有86项专利/专利申请，从2003年开始，IBM公司也在多硬件环境下的自适应绑定技术逐步展开申请，并在数字内容与硬件设备结合形式的黄金时期，即2008年至2009年间，呈现专利申请量的较高值。2012年是IBM在此关键技术上申请量最大年，IBM针对基础技术的保护力度随着市场热潮不断加大，从而在数字内容管理解决方案上，持续占有领先地位。而LG公司也在专利申请方面有非常不俗的表现，该关键技术上持有52项专利申请。LG从2009年开始逐步出现较大量的专利申请，并在市场前景看好的2011年开始出现了专利申请量的高峰。近些年，数字版权逐步成为硬件设备制造商的竞争点，LG在生产移动智能终端的过程中，也不断为与硬件设备数字内容安全息息相关的多硬件环境设备绑定技术投入专利申请。

2. 专利资产区域布局情况

从以上两个主要申请人的专利资产区域布局情况，我们可以看出：IBM是全球知识产权领先的企业，对于各个技术分支的布局都有非常严密的策略，IBM申请PCT的比重较大，并且欧盟专利数量也非常可观。这说明IBM非常重视基础关键技术对于市场和技术垄断等层面的排布。此外，对于中国、韩国、法国和澳大利亚等主要消费市场也有一定数量的专利分布。LG公司是全球生产技术领先的硬件设备制造商，LG公司将多硬件环境设备绑定技术相关的专利申请主要分布于中国、韩国、美国等主要市场区域，同时，LG公司还递交了大量的PCT申请。

3. 技术热点分析

通过对IBM公司的相关专利的了解，IBM在多硬件环境设备绑定技术的聚类情况来看，多机授权应用服务模式下的数字内容多设备授权实现绑定和共享，并支持数字内容与多台设备的有效绑定是主要的技术方向。此外，IBM还研究了在当前多设备密钥管理方面的技术内容，并结合云存储技术解决大数据管理方面的问题，保证了授权用户可以方便使用数字内容，且保证了版权的安全性。LG申请的专利中，并非单一地对某个技术进行探讨，在申请中同时涉及了标识、绑定和密钥管理的内容。由于LG较为关注网络电视及相关设备生产，因而在专利申请方面也较为侧重对于网络数字内容的使用和安全问题，并涉及多用户、多设备及云存储等与绑定有关问题的解决。

第三章　加密认证相关技术

第一节　密钥管理技术

一、专利检索

（一）检索结果概述

以密钥管理技术为检索主题，在“九国两组织”范围内，共检索到相关专利申请1 206件，具体数量分布如下（单位：件）：

美国	中国	日本	韩国	英国	法国	德国	澳大利亚	俄罗斯	EP	WO	总计
596	222	46	226	21	1	3	2	22	29	38	1 206

（二）各地区/组织相关专利申请趋势

从1997年起，密钥管理技术的“九国两组织”专利申请总量呈逐渐增加的趋势，至2007年达到最大峰值，从2008年至今，专利数量逐渐下降，这主要与密钥管理技术日益成熟，应用越来越广泛有较大关系；在“九国两组织”当中，美国、日本、韩国、中国的专利数量排在前四名，为主要的技术创新和研发国家，其中，美国的申请量占据了总申请量的将近一半，说明美国技术创新和研发的热度最高。此外的澳大利亚、俄罗斯、欧洲等地区在该领域每年的专利数量基本都为个位数，且变化一直很平缓，说明研发和创新的热度不高。

表3.1-1　密钥管理技术“九国两组织”相关专利申请状况

国家＼年份	1997	1998	1999	2000	2001	2002	2003	2004	2005	2006	2007	2008	2009	2010	2011	2012	2013	2014
US	0	0	0	5	5	17	20	34	51	64	63	73	65	47	31	47	46	28
CN	0	0	0	0	1	2	3	3	5	16	16	30	31	26	25	29	22	13
JP	1	0	0	1	1	1	7	5	7	6	4	4	1	0	0	3	3	2
KR	0	0	0	0	2	5	6	14	15	13	35	37	45	15	14	10	5	10
GB	0	0	0	0	0	0	1	3	2	1	0	5	2	1	1	2	0	3
DE	0	0	0	0	0	0	0	0	1	0	1	1	0	0	0	0	0	0

（续表）

国家＼年份	1997	1998	1999	2000	2001	2002	2003	2004	2005	2006	2007	2008	2009	2010	2011	2012	2013	2014
FR	0	0	0	0	0	0	0	0	0	0	0	0	1	0	0	0	0	0
AU	0	0	0	0	0	0	0	0	1	0	0	0	0	1	0	0	0	0
RU	0	0	0	0	0	1	0	4	3	2	3	2	7	0	0	0	0	0
EP	0	1	0	0	1	1	1	0	0	5	4	2	4	0	6	2	2	0
WO	0	0	0	0	0	1	0	0	0	4	12	7	2	0	4	1	3	4

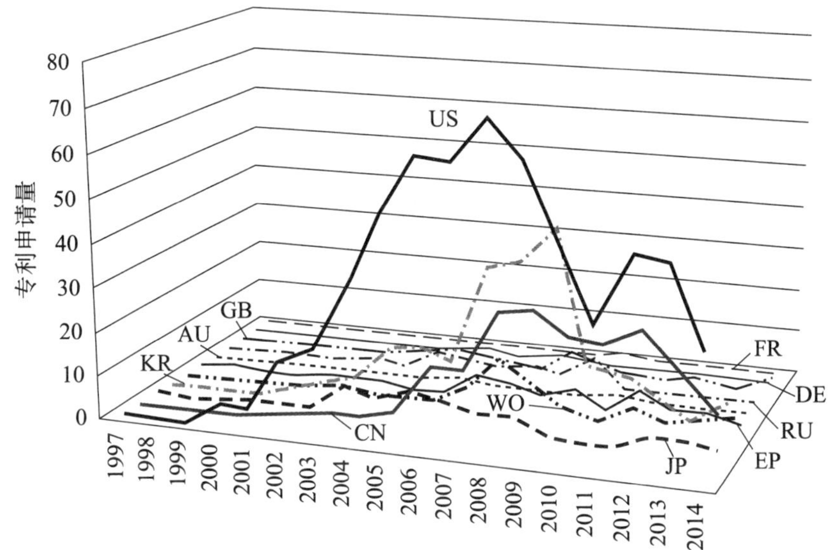

图 3.1-1 “九国两组织”相关专利申请状况图

（三）各地区/组织相关专利申请人排名

1. WO 相关专利申请人排名

表 3.1-2 密钥管理技术 WO 相关专利申请人排名

序号	申请人	申请人国家	专利申请数量
1	KONINK PHILIPS ELECTRONICS NV	荷兰	18
2	MICROSOFT CORP	美国	14
3	SAMSUNG ELECTRONICS CO LTD	韩国	12
4	NOKIA CORPORATION	芬兰	6
5	TELEFONAKTIEBOLAGET LM ERICSSON (PUBL)	瑞典	6

2. EP相关专利申请人排名

表3.1-3 密钥管理技术EP相关专利申请人排名

序号	申请人	申请人国家	专利申请数量	专利授权数量
1	MICROSOFT CORP	美国	7	3
2	VODAFONE PLC	英国	6	2
3	THOMSON LICENSING	法国	3	0
4	INTERTRUST TECH CORP	瑞士	1	1
5	SONY ERICSSON MOBILE COMM AB	日本	1	1

3. 中国地区相关专利申请人排名

表3.1-4 密钥管理技术中国地区相关专利申请人排名

序号	申请人	申请人国家	专利申请数量	专利授权数量
1	HUAWEI TECHNOLOGIES CO LTD	中国	14	10
2	ZTE CORP	中国	12	10
3	SICHUAN CHANGHONG ELECTRIC APPLIANCE CO	中国	8	7
4	UNIV PEKING	中国	7	7
5	CHINA UNICOM	中国	5	2

4. 美国地区相关专利申请人排名

表3.1-5 密钥管理技术美国地区相关专利申请人排名

序号	申请人	申请人国家	专利申请数量	专利授权数量
1	MICROSOFT CORP	美国	79	78
2	SAMSUNG ELECTRONICS CO LTD	韩国	62	26
3	SONY CORPORATION	日本	27	6
4	GOOGLE TECHNOLOGY HOLDINGS LLC	美国	20	5
5	APPLE INC.	美国	13	13

5. 日本地区相关专利申请人排名

表3.1-6 密钥管理技术日本地区相关专利申请人排名

序号	申请人	申请人国家	专利申请数量	专利授权数量
1	SONY CORP	日本	6	4
2	MATSUSHITA DENKI SANGYO KK	日本	4	4
3	NIPPON TELEGRAPH & TELEPHONE CORP	日本	3	6
4	NTT COMMUNICATION WEAR KK	日本	3	2
5	DAINIPPON PRINTING CO LTD	日本	2	0

6. 澳大利亚地区相关专利申请人排名

表 3.1-7　密钥管理技术澳大利亚地区相关专利申请人排名

序号	申请人	申请人国家	专利申请数量	专利授权数量
1	SAMSUNG ELECTRONICS CO LTD	韩国	3	3

7. 德国地区相关专利申请人排名

表 3.1-8　密钥管理技术德国地区相关专利申请人排名

序号	申请人	申请人国家	专利申请数量	专利授权数量
1	BROADCOM CORPORATION	美国	2	0
2	SIEMENS AG	德国	2	0
3	BAR-EL H	以色列	1	0
4	DISCRETIX TECHNOLOGIES LTD	以色列	1	0
5	NVIDIA CORPORATION	美国	1	0

8. 法国地区相关专利申请人排名

表 3.1-9　密钥管理技术法国地区相关专利申请人排名

序号	申请人	申请人国家	专利申请数量	专利授权数量
1	GEMALTO SA	法国	1	1

9. 英国地区相关专利申请人排名

表 3.1-10　密钥管理技术英国地区相关专利申请人排名

序号	申请人	申请人国家	专利申请数量	专利授权数量
1	VODAFONE GROUP PLC	英国	10	10
2	SONY CORP	日本	2	2
3	APPLE INC.	美国	2	0
4	TOSHIBA KK	日本	1	0
5	GOOGLE TECHNOLOGY HOLDINGS LLC	美国	1	0

10. 俄罗斯地区相关专利申请人排名

在本次检索得到的俄罗斯相关专利中，无密钥管理技术涉及的专利申请。

11. 韩国地区相关专利申请人排名

表 3.1-11　密钥管理技术韩国地区相关专利申请人排名

序号	申请人	申请人国家	专利申请数量	专利授权数量
1	SAMSUNG ELECTRONICS CO LTD	韩国	48	41
2	LG ELECTRONICS INC	韩国	15	3

（续表）

序号	申请人	申请人国家	专利申请数量	专利授权数量
3	ELECTRONICS&TELECOM RES INST	韩国	12	3
4	KT CORP	韩国	12	12
5	SK TELECOM CO LTD	韩国	12	11

二、专利分析

（一）技术发展趋势分析

图 3.1-2 示出近二十年密钥管理技术相关专利申请量的年度变化趋势。密钥管理技术在 2007 年以前呈现出整体上升的趋势，这主要是因为 20 世纪 90 年代以后，信息技术发展到了一个新高度，信息技术推动了文献资源走向信息化，数字版权保护也就应运而生，这阶段数字签名技术、数字认证技术和数字加密技术都发展迅猛。2007 年和 2008 年是该技术的发展顶峰时期，主要是由于电子书的出现，各大电子书厂商对密钥管理技术也是很重视，从 2008 年起该技术呈现下滑的趋势，主要是由于密钥管理技术中的对称密钥管理技术和公开密钥管理技术等都发展相对成熟，新技术开发相对缓慢，同时，新的密钥技术可以作为以后数字版权保护的研究方向。

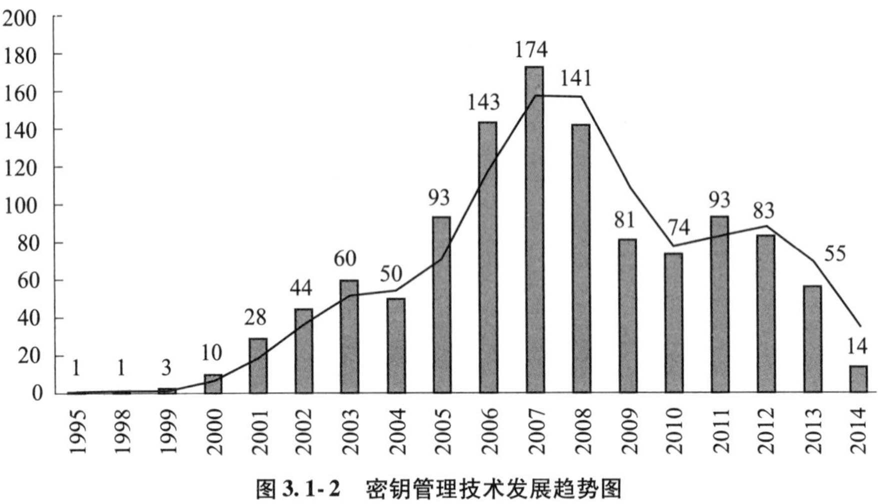

图 3.1-2　密钥管理技术发展趋势图

通过专家调研和专利检索，我们发现，近年来，密钥管理技术的研究重点集中在保证密钥真实性和有效性的基础上，通过密码算法安全性的验证，重点兼顾主密钥、基本密钥、内容加密密钥、密钥加密密钥、签名密钥等密钥功能的实现。其中，主密钥也称之为主机密钥，是其他密钥生成的前提；基本密钥属于用户可自己选择，或者由系统分配的密钥，用于配给用户的标识；内容加密密钥采用对称密码算法，加密存储数字出版版权保护相关的原始数据；密钥加密密钥是加密存储过程中的非对称密钥对；签名密钥是为数字签名时所用。以上的密钥管理技术功能，建立在各方合法授权的基础上，包括生成密钥、存储密钥、分配密钥、使用密钥、备份密钥、更新密钥、吊销密钥、销毁密钥等内容。美国数字出版版权保护主要采用多层密钥管理体制，根据密钥协议内容，注入主密钥、密钥加密密钥、会话密钥之后，以明文或者密文形式加密，以此提高被破译和攻击的难度水平，同步增加 KMS 的可靠性。

（二）技术路线分析

图 3. 1-3 示出密钥管理技术路线。1998 年 6 月 9 日诞生了该技术领域的第一件相关专利。2003 年 6 月 25 日，CoreTrust 申请了关于防止软件非法拷贝的方法的专利，CoreTrust 公司致力于移动行业，其 DRM 技术规范了数字内容的使用，提供了数字娱乐的新水平的不同操作。从 2004 年到 2008 年相关的核心专利出现较多，加密技术作为密钥管理技术的重要支撑技术很早就出现而且一直被创新。密钥管理技术是一种解决在线阅览中的文档、音视频等数字内容版权问题的技术，可以用来保护在线阅览版权问题，是目前一种比较成熟的数字内容保护技术。

综观密钥管理技术的发展历程，初期出现的技术大多比较核心和基础，被后续人们引用的也就比较多，而伴随该技术发展到一定阶段，数字版权保护的问题逐渐成为人们所关注的热点，继而涌现出较多加密技术的关键性技术。自新世纪以来，国内表现得更为明显，2006 年国内出现了关于 IPTV 系统中的音视频节目内容版权的保护技术；2008 年同方股份采用双钥对非对称加密技术建立了数字视盘系统数字版权保护的安全体系；2009 年出现了通过互联网、无线互联网以及其他通信网络进行电子图书和数字媒体内容的发行、出版和在线服务技术等等。所以，可以看出核心专利的出现时间大多在技术的发展期，而与密钥管理技术的关键性专利大多在技术发展的成熟期出现。

密钥管理技术是信息安全的核心技术之一。密钥管理中一种很重要的技术就是秘密共享技术，它是一种分割秘密的技术，目的是阻止秘密（密钥）过于集中。密钥分配是密钥管理中的一个关键因素，目前已有很多密钥分配协议，但其安全性是一个很重要的问题。

结合检索到的专利数据与专家调研的结果，我们确定了适用于封闭网的技术、以传统的密钥管理中心为代表的 KMI 机制，适用于开放网的 PKI 机制和适用于规模化专用网的 SPK 三种重要密钥管理体制：1）KMI 机制，密钥管理基础设施提供统一的密钥管理服务，涉及密钥生成服务器、密钥数据库服务器和密钥服务管理器等组成部分。KMI 经历了从静态分发到动态分发的发展历程，是密钥管理的主要手段。无论是静态分发或是动态分发，都基于秘密通道（物理通道）进行，适用于封闭网的技术；2）PMI 体制，公开密钥基础设施是一种遵循既定标准的密钥管理平台，能够为所有网络应用提供加密和数字签名等密码服务及所需的密钥和证书管理的体系。PKI 就是利用公钥理论和技术建立的提供安全服务的措施。它是由公开密钥密码技术、数字证书、CA 和关于公开密钥的安全策略等基本成分共同组成的；3）SPK 机制，种子密钥更新技术是近几年出现的一种更为安全的加密

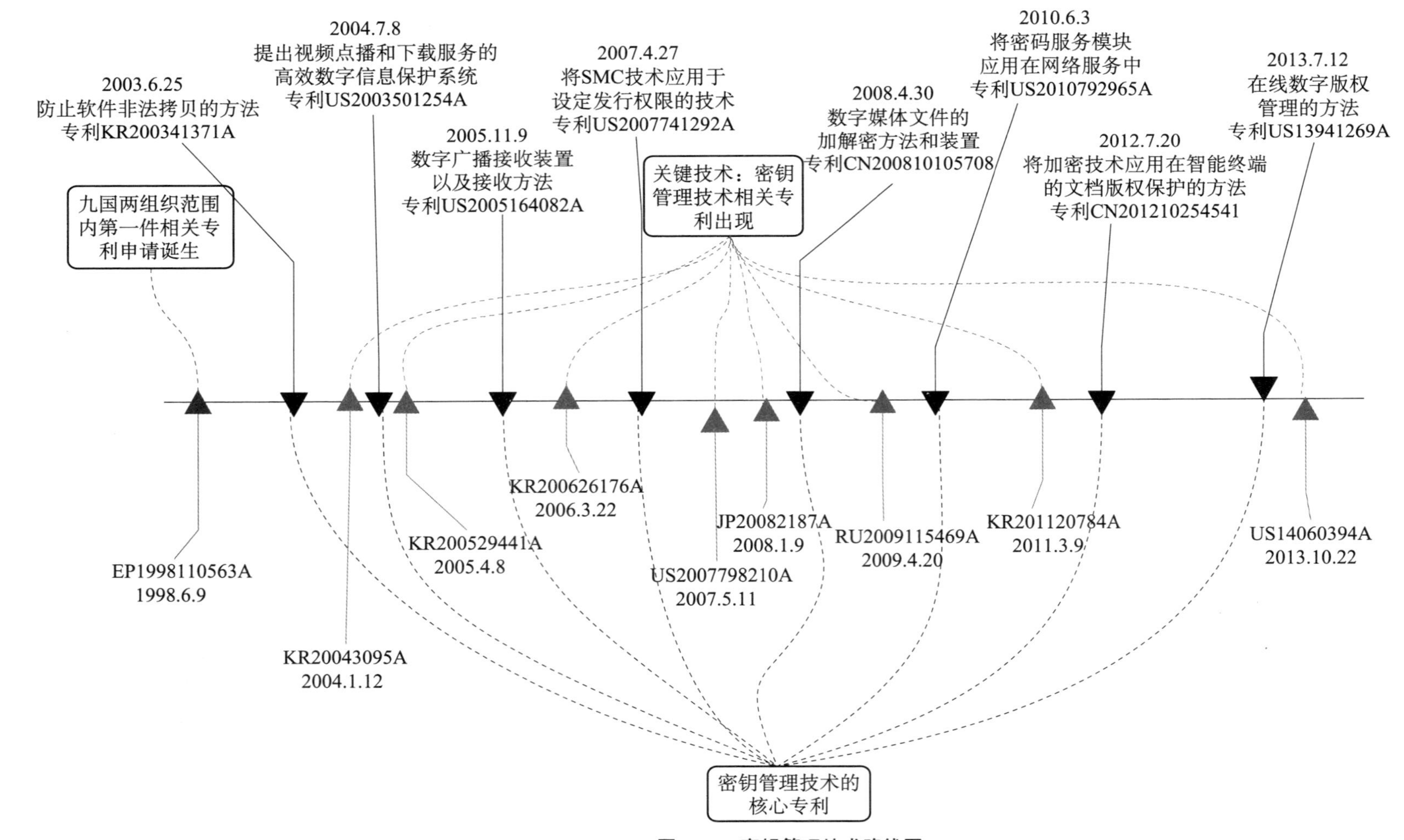

图3.1-3　密钥管理技术路线图

技术，该技术可以实现动态令牌的发行者或用户根据需要安全地更新动态令牌的种子密钥，即使动态令牌发行者的种子密钥数据库被黑客窃取，也能通过更新动态令牌的种子密钥恢复已经发行的动态令牌的安全性，这样就大大消除了因动态令牌初始密钥外泄引起的安全风险。

（三）主要专利申请人分析

1994 年至 2014 年，在密钥管理技术领域专利申请量排名前三的申请人分别为：三星电子公司、微软公司（MICROSOFTCORP）、LG 电子公司，申请量分别是 121 件、111 件、27 件。现将排名前三位的专利申请人分析如下：

1. 申请量排名第一的专利申请人

（1）专利申请量

图 3. 1-4 是三星密钥管理技术专利的申请趋势图。三星电子在密钥管理方面的专利申请趋势基本上与密钥管理技术的整体发展趋势是一致的，在 2007 年该技术的专利申请数量达到顶峰，这主要是由于进入互联网发展的蓬勃期，以及智能电子产品的问世，比如三星的电子书、电子阅读器与电子杂志的发展，这就决定了要产生一种技术来加强保护这些数字化的音视频内容的版权，所以，在 2007 年左右该技术发展达到顶峰。随着技术的发展，单纯的密钥管理技术已经不能满足在线阅览的版权保护，使得相应的专利申请量有所下降。

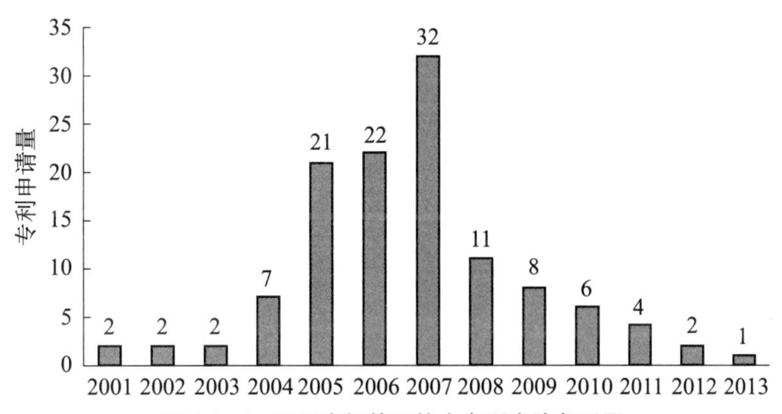

图 3. 1-4　三星密钥管理技术专利申请条形图

（2）“九国两组织”的专利申请量的区域分布

图 3. 1-5 是三星在“九国两组织”地区的专利申请情况。我们可以看出，三星公司在密钥管理技术的专利布局主要集中在韩国和美国，具体而言：韩国 4 件、美国 61 件。三星电子在美国的申请量比本国还多，说明三星电子重视美国的市场的专利布局，这主要是因为三星电子在美国的诉讼较多，同时，其主要的竞争对手也主要分布在美国市场。

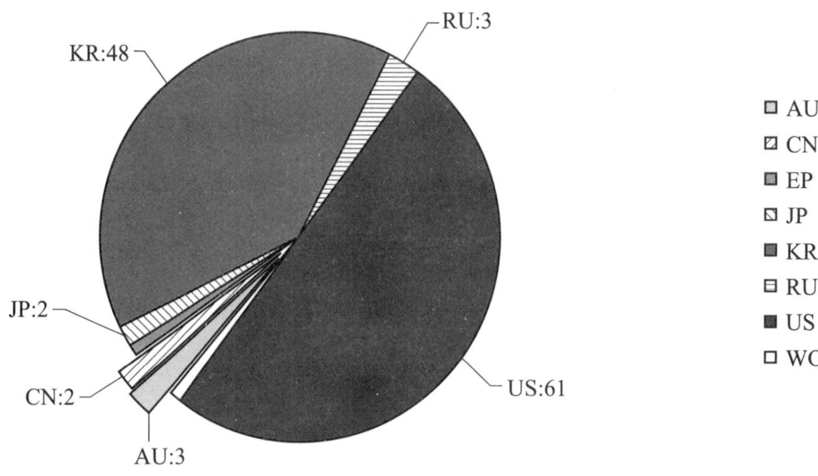

图 3.1-5　三星密钥管理技术专利申请量区域分布图

（3）技术构成分布

在图中每个黑点代表一篇专利，点与点之间的距离标示两篇专利的相关性，灰色区域是一些非常相关的专利聚集在一起，是需要我们重点关注的区域。

通过对于重点竞争对手进行技术构成分析，我们可以深入地了解其技术研发和专利申请的侧重点。从图 3.1-6 我们可以看出，三星公司在密钥管理技术领域关注的热点技术是存储设备与加密和城市管理方法与密钥，主要因为随着互联网出版的消费人群日益扩大，在线阅览已经成为人们获取知识和娱乐的主要途径之一，这就使得在线书籍以及音视频的版权问题成为主要问题，为了防止人们将在线信息非法拷贝到自己的存储设备或者指定域地址，所以，出现加密技术的保护，能够更好地保护在线阅览版权。

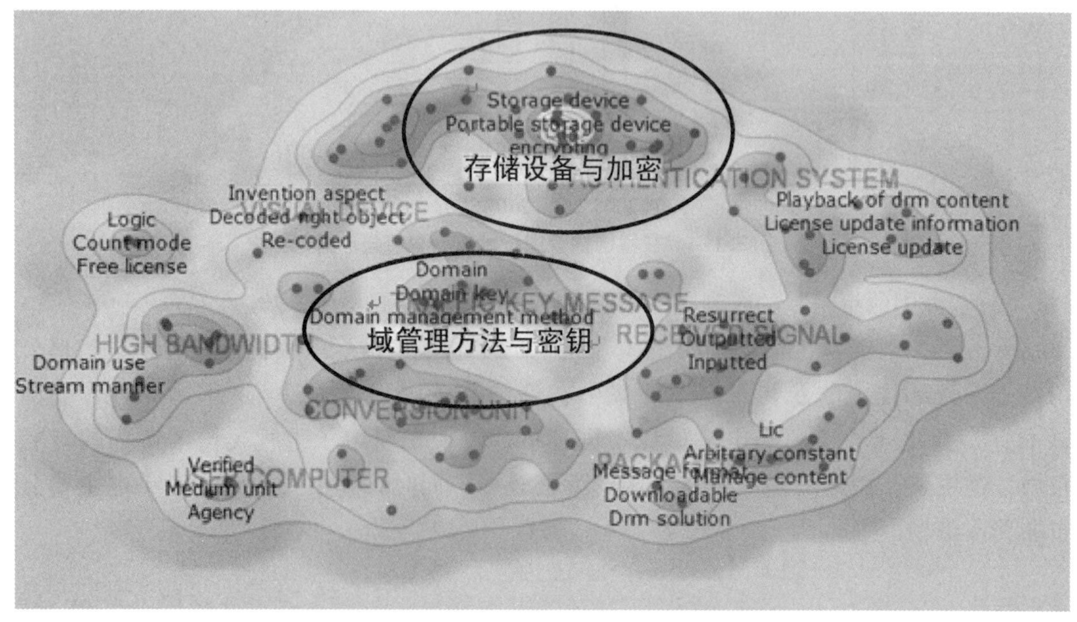

图 3.1-6　三星密钥管理技术构成分布图

2. 申请量排名第二的专利申请人

（1）专利申请量

图 3.1-7 是微软公司密钥管理技术相关专利的申请趋势图。微软公司针对密钥管理技术的专利申请起步较晚是从 1999 年开始，其申请量也相对较少，申请量最多的一年是 2008 年也不足 20 件，从 2009 年开始申请量明显下降。这主要是由于微软公司主要将密钥技术应用在软件方面，而将该技术应用在在线阅览版权保护方面相对较少，同时，密钥管理技术的发展也相对较为成熟。

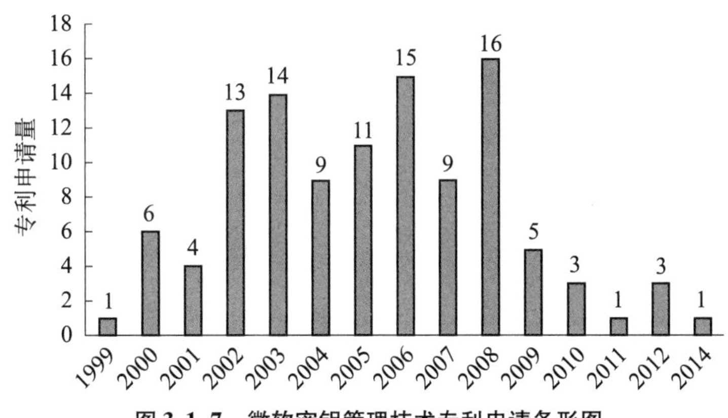

图 3.1-7 微软密钥管理技术专利申请条形图

（2）“九国两组织”的专利申请量的区域分布

图 3.1-8 所示为微软公司在密钥管理技术领域相关专利区域分布情况。微软公司的专利申请还是集中在本国，其次是俄罗斯、欧洲和韩国。这主要是由于微软的主要产品还是面向本国的市场，比如其推出的在线 RSS 阅读器，主要是应用在其指定的浏览器上，所以，产品针对性决定了其专利布局的主要区域。

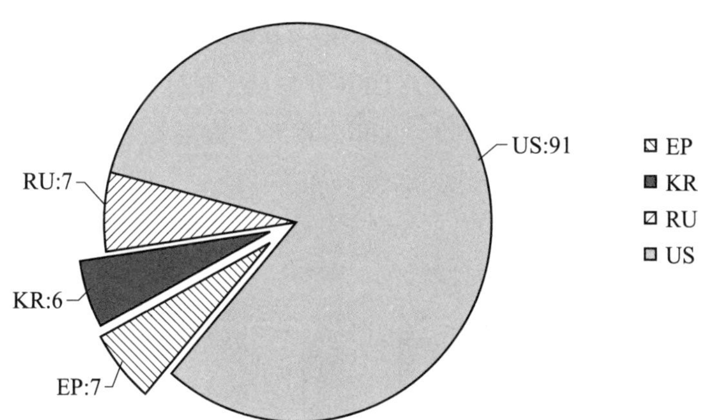

图 3.1-8 微软密钥管理技术专利申请量区域分布图

（3）技术构成分布

通过对重点竞争对手进行技术构成分析，我们可以深入地了解其技术研发和专利申请的侧重点。从图 3.1-9 我们可以看出，微软公司在密钥管理技术领域的关注热点是加密的

DRM 软件与许可技术，主要因为对于数字版权的保护中，软件的加密技术是对数字内容保护的最基本的方法之一，而许可技术是对密钥技术的一种应用，二者均能更好地体现微软公司在密钥管理技术中关注的热点。

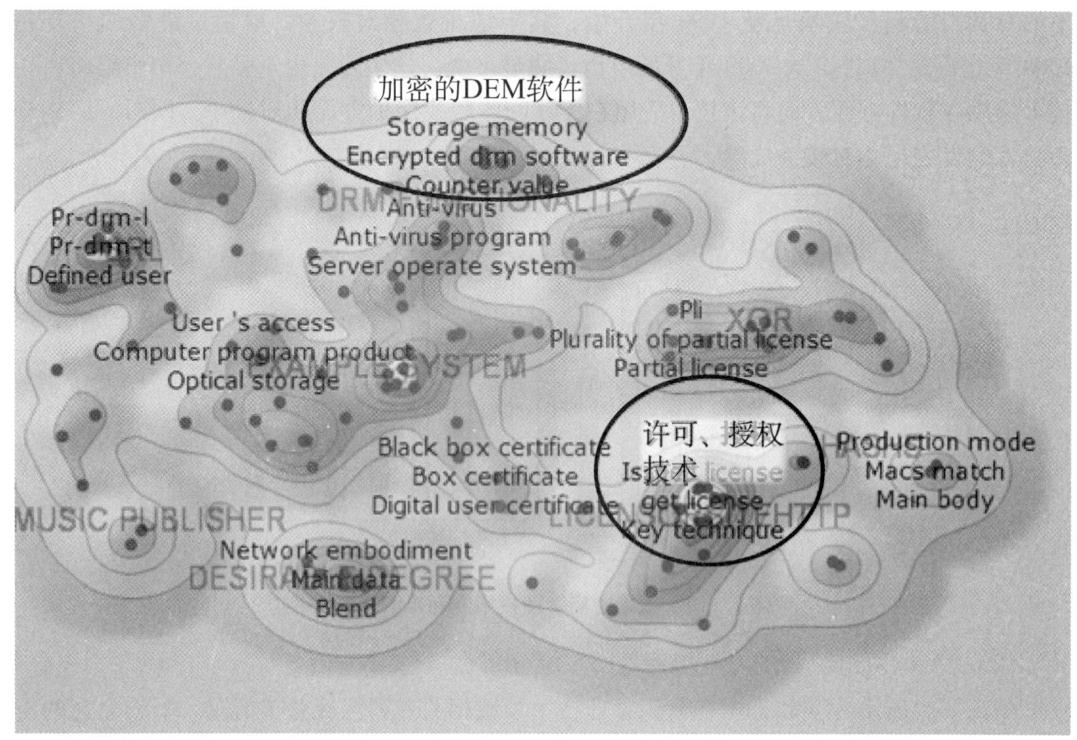

图 3.1-9　微软密钥管理技术构成分布图

3. 申请量排名第三的专利申请人

（1）专利申请量

图 3.1-10 是 LG 电子密钥管理技术专利的申请趋势图。其专利申请数量明显下降，并且涉及次项技术的专利申请也起步较晚从 2004 年开始，整体趋势符合密钥管理技术的发展趋势，申请量较多的年份集中在 2007 年和 2008 年，这主要是由于信息网络化的普及，在线阅览量的增多造成的。

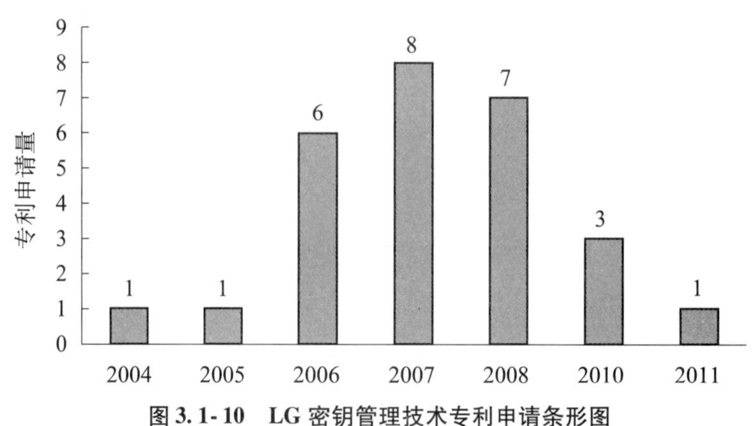

图 3.1-10　LG 密钥管理技术专利申请条形图

（2）“九国两组织”的专利申请量的区域分布

图 3. 1- 11 所示为 LG 电子在“九国两组织”区域的相关专利申请量分布。其专利申请主要是面向本国，这主要是由于韩国本身的市场竞争，其电子数码厂商较为集中；其次 LG 电子在美国也有一定的专利申请量，主要是由于美国网络化发展迅猛，其重视美国市场的发展和专利布局。

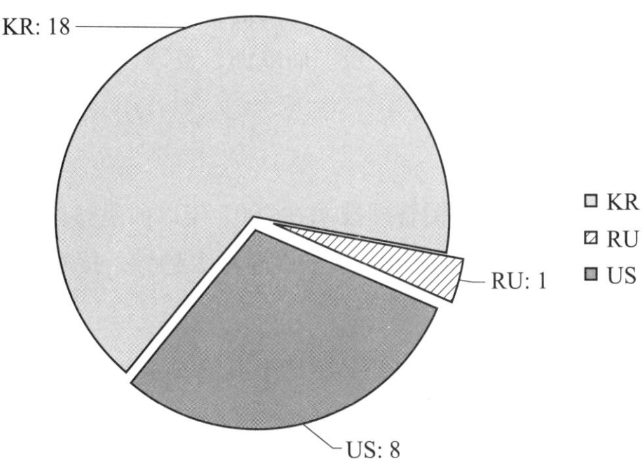

图 3. 1- 11　LG 密钥管理技术专利申请量区域分布图

（3）技术构成分布

通过对重点竞争对手进行技术构成分析，我们可以深入地了解其技术研发和专利申请的侧重点。从图 3. 1- 12 可以看出，LG 电子在密钥管理技术领域的关注热点为主要加密技术应用的领域，具体为 LG 电子公司重视在音乐、电影、服务器和用户方面的加密技术，

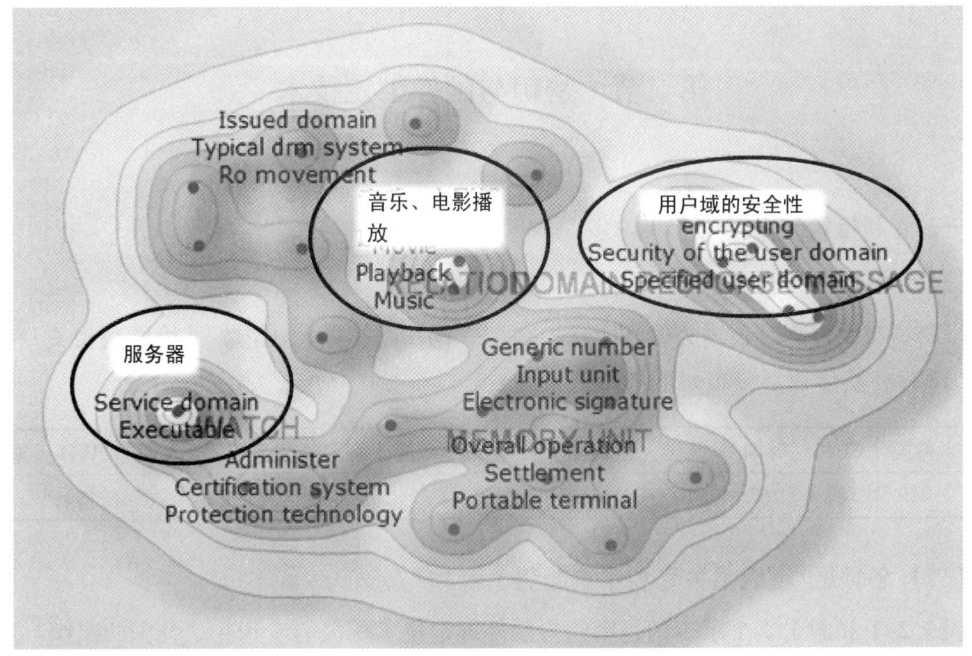

图 3. 1- 12　LG 密钥管理技术构成分布图

这主要是由于随着网络的普及化，越来越多的人们开始在线听音乐和看电影，如何保护这些数字内容的版权以及服务器的安全性是LG电子公司针对密钥管理技术研究的热点内容。

三、总结

密钥管理技术近二十年的“九国两组织”专利申请总数为1231件。其中，美国、韩国、中国、日本为主要的专利申请国家，以及主要的技术创新和研发国家，美国的申请量占据了总申请量的近一半，中国排名第三位。而欧洲、英国、俄罗斯、澳大利亚等国在该领域研发和创新的热度不高。

（一）专利申请总量

从整体专利申请趋势上看，密钥管理技术在2007年以前呈整体上升趋势，在2007年达到该技术的发展顶峰，从2008年起该技术呈逐渐减少趋势，技术日渐成熟。

（二）年专利申请量

从年专利申请数量来看，2007年以前呈整体上升趋势主要归功于美国和韩国，美国专利申请变化最快，且变化趋势要早于韩国等国家，可以说美国在该领域引领行业的发展。

（三）专利申请人

从专利申请人情况来看，三星电子、微软、LG是密钥管理技术领域主要的专利申请人。在申请量较多的美国、韩国、中国和日本的主要地区，以上企业的排名大多比较靠前，即投入了一定的研发力度，其中，微软在美国的专利申请总量为79件，授权专利占了78件。

总体来看，密钥管理技术已相对成熟，新技术开发相对缓慢。

第二节　密钥与硬件绑定技术

一、专利检索

（一）检索结果概述

以密钥与硬件绑定技术为检索主题，在“九国两组织”范围内，共检索到相关专利申请2 017件，具体数量分布如下（单位：件）：

美国	中国	日本	韩国	英国	法国	德国	澳大利亚	俄罗斯	EP	WO	总计
625	430	187	267	10	0	9	66	13	216	194	2 017

（二）各地区/组织相关专利申请趋势

表3.2-1和图3.2-1示出的是密钥与硬件绑定技术相关的专利在“九国两组织”布局的情况。从表3.2-1和图3.2-1看出，美国与中国从2004开始专利申请量大致相同，都

在50件左右，两国在密钥与硬件绑定技术方面的关注度大致相同。其他地区的申请状况和另外两个检索主题大致相同。日本和韩国经过前期的发展，2010年开始申请量稳固在20件左右。EP和WO的申请量也在20件左右。法国的相关专利的申请量为零，英国、德国以及俄罗斯申请量一直在10件以下。澳大利亚除了2010年申请量为11件，其他年间申请量一直在10件以下。

表3.2-1　秘钥与硬件绑定技术“九国两组织”相关专利申请状况

国家＼年份	1990①	2000	2001	2002	2003	2004	2005	2006	2007	2008	2009	2010	2011	2012	2013	2014
US	0	0	2	10	20	27	31	39	52	55	60	62	43	81	75	68
CN	0	1	0	3	3	12	11	28	46	48	60	54	45	43	59	17
JP	0	1	0	1	6	23	7	8	14	10	8	17	27	23	25	17
KR	0	0	1	0	2	6	7	9	22	55	35	29	22	20	31	28
GB	0	0	0	0	1	0	1	1	1	3	0	1	0	1	0	1
DE	0	0	0	0	0	0	0	2	0	1	3	1	1	0	0	1
FR	0	0	0	0	0	0	0	0	0	0	0	0	0	0	0	0
AU	0	2	2	2	3	6	0	8	6	6	8	11	3	6	1	2
RU	0	0	0	0	0	0	0	0	0	1	2	4	1	4	1	0
EP	0	1	1	2	7	26	16	16	26	27	19	17	22	11	14	11
WO	0	4	5	13	13	10	21	17	28	16	21	16	5	11	5	9

注：1994年至2014年法国相关专利的公开量为零，不列入统计范围。

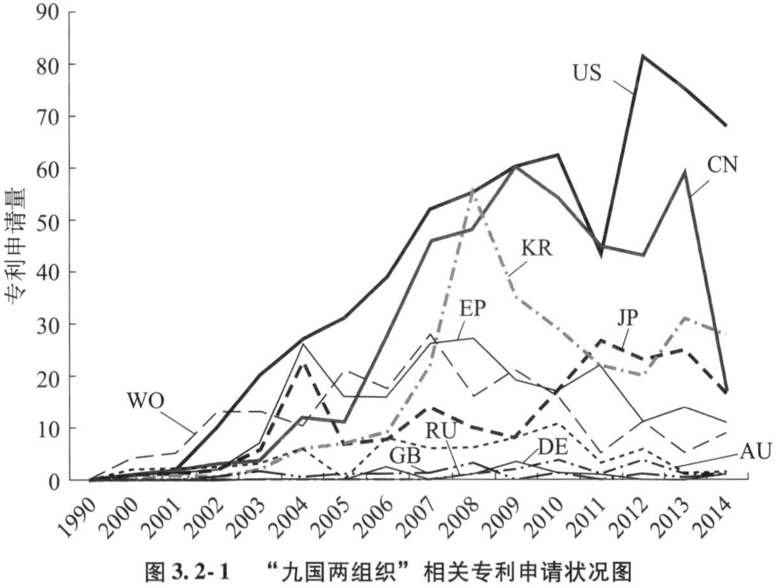

图3.2-1　“九国两组织”相关专利申请状况图

---

① 1990是指1990-1999年的专利数量总数。

（三）各地区/组织相关专利申请人排名

1. WO 相关专利申请人排名

表 3.2-2　密钥与硬件绑定技术 WO 相关专利申请人排名

序号	申请人	申请人国家	专利申请数量
1	MICROSOFT CORP	美国	23
2	SAMSUNG ELECTRONICS CO LTD	韩国	22
3	KONINKL PHILIPS ELECTRONICS NV	荷兰	16
4	GEN INSTRUMENT CORP	美国	11
5	ERICSSON TELEFON AB L M	瑞典	10

2. EP 相关专利申请人排名

表 3.2-3　密钥与硬件绑定技术 EP 相关专利申请人排名

序号	申请人	申请人国家	专利申请数量	专利授权数量
1	MICROSOFT CORP	美国	43	24
2	SAMSUNG ELECTRONICS CO LTD	韩国	36	3
3	KONINKL PHILIPS ELECTRONICS NV	荷兰	15	5
4	ERICSSON TELEFON AB L M	瑞典	13	7
5	NOKIA CORP	芬兰	7	2

3. 中国地区相关专利申请人排名

表 3.2-4　密钥与硬件绑定技术中国地区相关专利申请人排名

序号	申请人	申请人国家	专利申请数量	专利授权数量
1	SAMSUNG ELECTRONICS CO LTD	韩国	54	38
2	HUAWEI TECH CO LTD	中国	24	22
3	MICROSOFT CORP	美国	23	20
4	KONINKL PHILIPS ELECTRONICS NV	荷兰	19	13
5	ZTE CORP	中国	13	11

4. 美国地区相关专利申请人排名

表 3.2-5　密钥与硬件绑定技术美国地区相关专利申请人排名

序号	申请人	申请人国家	专利申请数量	专利授权数量
1	MICROSOFT CORP	美国	130	106
2	SAMSUNG ELECTRONICS CO LTD	韩国	52	22
3	ADOBE SYSTEMS INC	美国	15	7
4	GEN INSTRUMENT CORP	美国	14	3
5	LG ELECTRONICS INC	韩国	13	6

5. 日本地区相关专利申请人排名

表 3.2-6 密钥与硬件绑定技术日本地区相关专利申请人排名

序号	申请人	申请人国家	专利申请数量	专利授权数量
1	MICROSOFT CORP	美国	38	36
2	SAMSUNG ELECTRONICS CO LTD	韩国	34	30
3	SONY CORP	日本	7	4
4	CONTENTGUARD HOLDINGS INC	美国	6	4
5	MATSUSHITA ELECTRIC IND CO LTD	日本	6	1

6. 澳大利亚地区相关专利申请人排名

表 3.2-7 密钥与硬件绑定技术澳大利亚地区相关专利申请人排名

序号	申请人	申请人国家	专利申请数量	专利授权数量
1	MICROSOFT CORP	美国	15	11
2	SAMSUNG ELECTRONICS CO LTD	韩国	15	14
3	INTERTRUST TECH CORP	美国	4	4
4	ARISTOCRAT TECHNOLOGIES AU	澳大利亚	4	3
5	ENTRIQ INC	美国	4	3

7. 德国地区相关专利申请人排名

表 3.2-8 密钥与硬件绑定技术德国地区相关专利申请人排名

序号	申请人	申请人国家	专利申请数量	专利授权数量
1	MICROSOFT CORP	美国	3	2
2	CONTENTGUARD HOLDINGS INC	美国	2	1
3	BROADCOM CORP	美国	1	0
4	SIEMENS AG	日本	1	0
5	DEUTSCHE TELEKOM AG	德国	1	0

8. 法国地区相关专利申请人排名

法国无相关专利申请。

9. 英国地区相关专利申请人排名

表 3.2-10 密钥与硬件绑定技术英国地区相关专利申请人排名

序号	申请人	申请人国家	专利申请数量	专利授权数量
1	MICROSOFT CORP	美国	5	2
2	QUALCOMM INC	美国	2	1

（续表）

序号	申请人	申请人国家	专利申请数量	专利授权数量
3	KONINKLEIKE PHILIPS ELECTRONICS NV	荷兰	2	0
4	SAMSUNG ELECTRONICS CO LTD	韩国	1	1
5	INTERDIGITAL TECH CORP	美国	1	0

10. 俄罗斯地区相关专利申请人排名

表 3. 2-11　密钥与硬件绑定技术俄罗斯地区相关专利申请人排名

序号	申请人	申请人国家	专利申请数量	专利授权数量
1	MICROSOFT CORP	美国	5	2
2	QUALCOMM INC	美国	2	1
3	KONINKLEIKE PHILIPS ELECTRONICS NV	荷兰	2	0
4	SAMSUNG ELECTRONICS CO LTD	韩国	1	1
5	INTERDIGITAL TECH CORP	美国	1	0

11. 韩国地区相关专利申请人排名

表 3. 2-12　密钥与硬件绑定技术韩国地区相关专利申请人排名

序号	申请人	申请人国家	专利申请数量	专利授权数量
1	SAMSUNG ELECTRONICS CO LTD	韩国	86	43
2	MICROSOFT CORP	美国	18	10
3	LG ELECTRONICS INC	韩国	14	7
4	KOREA ELECTRONICS TELECOMM	韩国	6	1
5	KONINKL PHILIPS ELECTRONICS NV	荷兰	6	0

二、专利分析

（一）技术发展趋势分析

图 3. 2-2 示出密钥与硬件绑定技术的发展趋势。1995 年申请了第一件专利后，1996 年至 1998 年期间相关专利的申请量一直为零，技术发展较缓慢；进入 20 世纪 90 年代，计算机网络出现了爆炸式的发展，在人们几乎全方位地依赖计算机网络的同时，网络环境下的信息安全问题再次出现在人们面前。在此阶段，各行业的客户都在有意识地学习和积淀信息安全知识，但又认为信息安全很神秘，不知从何入手，因此，相关专利的申请很少。1999 年至 2005 年期间专利申请量递增。2000 年 1 月，美国克林顿政府发布了《信息系统保护国家计划 V1. 0》。2001 年 10 月 16 日，布什政府意识到了“911”之后信息安全的严峻性，宣布成立“总统关键基础设施保护委员会”，简称 PCIPB，代表政府全面负责

国家的网络空间安全工作。委员会成立以后，系统地总结了美国的信息网络安全问题，提出了无数个问题向国民广泛征求意见，2003 年 2 月，发布了《保护网络空间的国家战略》。世界各国的宏观政策导向，使信息安全的相关技术得到了持续发展，并在 2006 年申请量出现陡增，在 2008 年申请量达到最大值。2006 年 4 月，美国信息安全研究委员会发布的《联邦网络空间安全及信息保护研究与发展计划（CSIA）》确定了 14 个技术优先研究领域，13 个重要投入领域，包括认证、协议、安全软件等。2006 年 5 月，中国国家密码管理局批准成立“商用密码应用技术体系研究总体工作组”，提出一些安全体系标准。这个阶段信息安全成为企业 IT 建设的重中之重，某种意义上，信息安全市场的需求爆发可说是多年来企业在安全方面的“欠债”所造成的。之后，专利申请量出现负增长，并在 2010 年至 2012 年稳定在 55 同族数左右。专利的申请到公开再到数据的收录需要一段时间，因此，图中近两年的申请量要小于实际值，特别是 2014 年的数据。

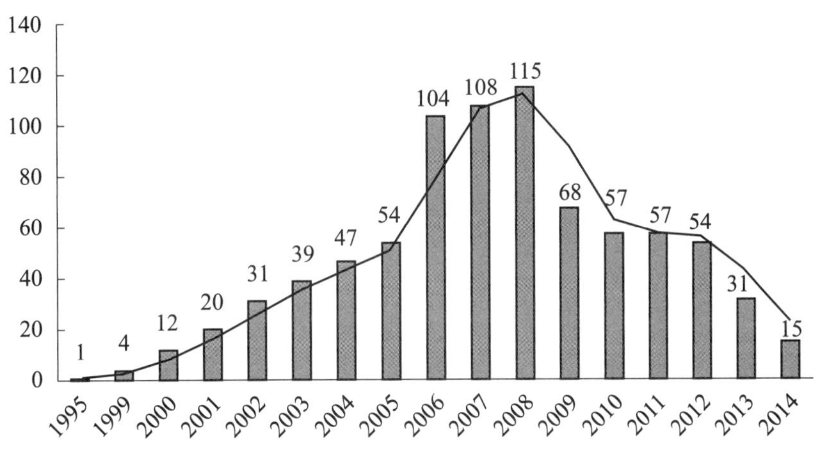

图 3.2-2　密钥与硬件绑定技术发展趋势图

（二）技术路线分析

1998 年，美国国家安全局（NSA）完成了《信息保障技术框架》（IATF）这部对信息保障系统的建设有重要指导意义的重要文献。IATF 将信息系统的信息保障技术层面划分成了四个技术框架焦点域：网络和基础设施、区域边界、计算环境和支撑性基础设施。在每个焦点领域范围内，IATF 都描述了其特有的安全需求和相应的可供选择的技术措施。IATF 提出这四个框架域，目的就是让人们理解网络安全的不同方面，以全面分析信息系统的安全需求，考虑恰当的安全防御机制。1999 年 4 月 12 日，微软申请了一件有关按照指定许可权限访问加密的数字内容的专利，标志在“九国两组织”范围内，第一件密钥与硬件绑定技术相关专利的诞生。2003 年 5 月 27 日，有关密钥变量加密计算机硬件信息的的认证方法的核心专利被申请，这种认证方法不提供用户的个人信息，可以防止用户的信息被泄露。

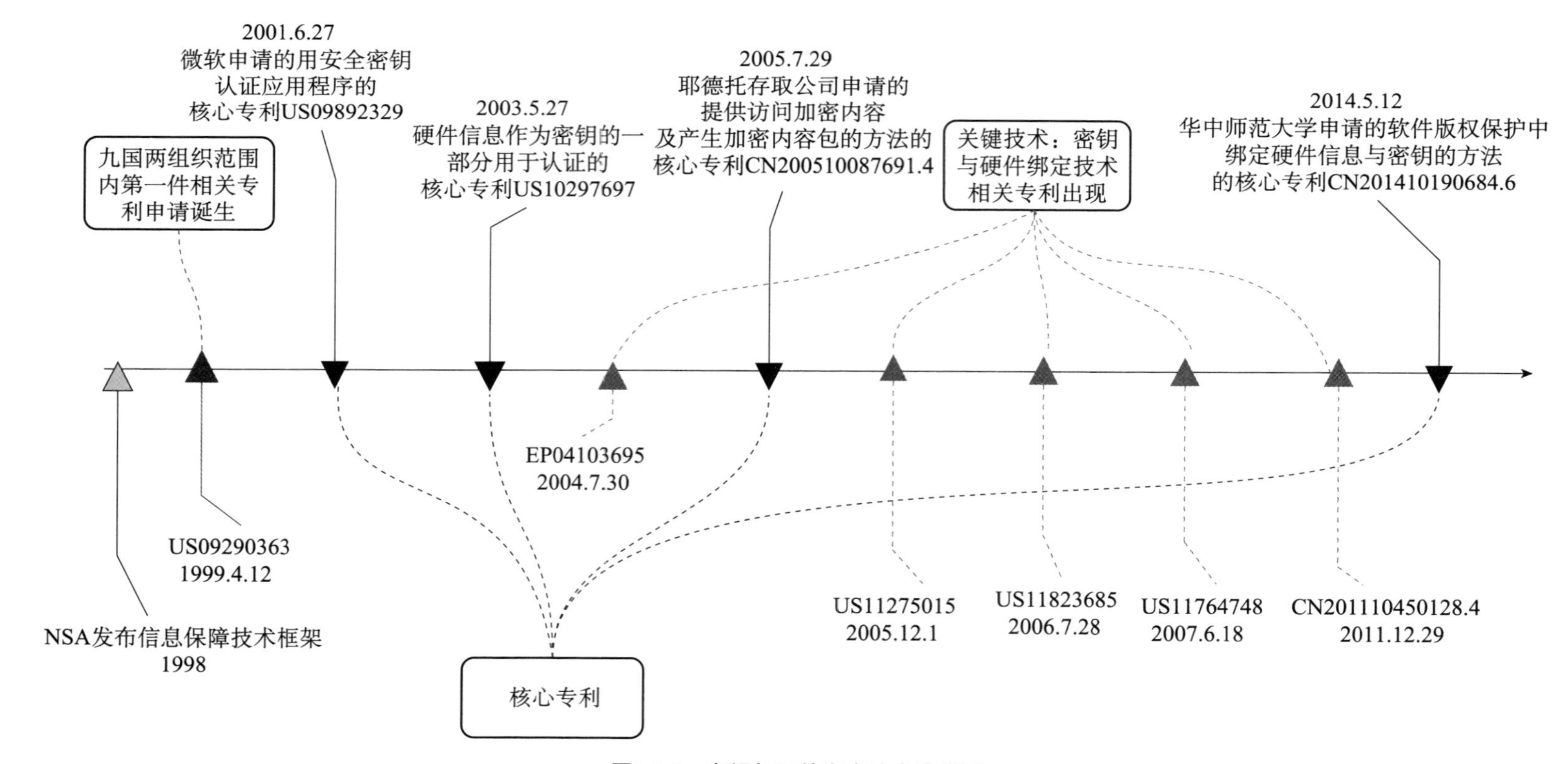

图3.2-3 密钥与硬件绑定技术路线图

密钥与硬件绑定技术通过将计数器密钥信息和计数器编号唯一绑定，来保证计数器本身的可信。密钥与硬件绑定技术类似身份认证技术，通过计数器的密钥以及编号信息，来确认计数器的身份。在计算机系统和计算机网络的数字世界中，无论是用户还是计数器的信息都是用一组特定的数字来标示的，计算机也只能识别用户或计数器的数字身份，因此从这个层面来讲两个技术是类似的。信息系统中，用户的身份认证手段从认证需要验证的条件来看，可以分为单因子认证和双因子认证，仅通过一个条件的符合来证明一个人的身份称之为单因子认证，由于仅使用一种条件判断用户的身份容易被仿冒，可以通过组合两种不同条件来证明一个人的身份，称之为双因子认证。因此，密钥与硬件绑定技术具体来讲更类似身份认证中的双因子认证。

（三）主要专利申请人分析

1994 年至 2014 年，在密钥与硬件绑定技术领域专利申请量排名前三的申请人分别为：三星电子专利申请量 223 件，微软专利申请量 207 件，飞利浦专利申请量 82 件。

1. 申请量排名第一的专利申请人

（1）专利申请量

图 3.2-4 示出三星电子密钥与硬件绑定技术专利申请数量随年代发展的趋势情况，从 2003 年开始三星电子专利在逐年增加，在 2006 年达到专利申请量的顶峰，2006 年韩国的电子商务销售总额从 1998 年的 55 万亿韩元增长到 413 万亿韩元，电子商务的迅速发展，一定程度上促使了数字信息安全技术的发展，刺激了相关专利的申请，2007 年申请量开始持续走低，2012 年以来已经降到 5 件以下，但是根据专利申请和公开的一般原则，即一般专利从申请到公开需要 18 个月至三年的时间，2013 年和 2014 年的实际申请量应该比图示高一些。

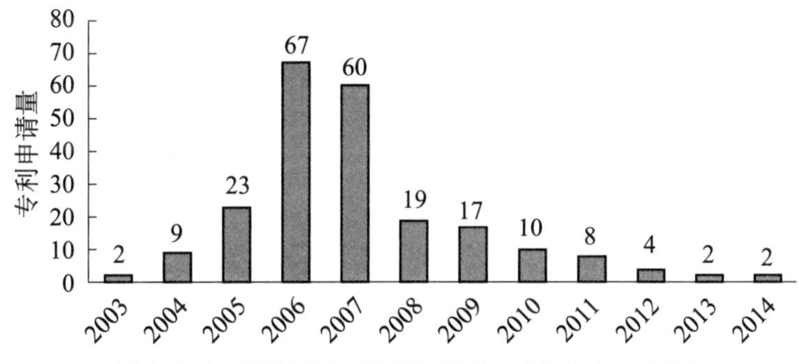

图 3.2-4 三星密钥与硬件绑定技术专利申请条形图

（2）“九国两组织”专利申请量区域分布

图 3.2-5 示出三星电子在“九国两组织”区域的专利申请情况，在一线市场国家本土韩国、美国、欧洲、中国、日本的申请量较大，二线市场澳大利亚、俄罗斯等二、三线市场的申请量较小，甚至为零。

从 20 世纪 90 年代起，三星预见到数字时代的到来，确立了单一品牌的发展战略，放弃原来的多个品牌，全力打造 SAMSUNG 品牌，并将核心品牌“SAMSUNG”定位为“数字技术的领先者、高价值和时尚”。三星的的全球化战略是：借助在一线市场的成功，以建设生产基地的方式全面拓展二、三线国际市场。三星在占据了美国、欧洲等一线市场后，借助在一线市场的成功，三星开始进入二、三线国际市场，并将三星的制造重心往低成本国家倾斜，在这些地区建立加工、生产基地以降低制造成本。

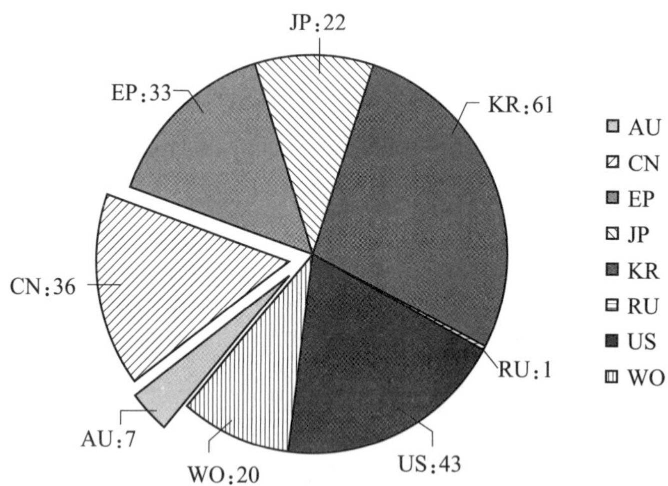

图 3.2-5　三星密钥与硬件绑定技术专利申请量区域分布图

（3）技术构成分布

图 3.2-6 显示出三星电子密钥与硬件邦定技术相关专利的构成分布图。从图中看出相关专利的研究的的热点为硬加密相关技术。目前主要的硬加密方案是加密锁技术。根据加密锁所用 CPU 的不同分为普通加密锁和智能卡加密锁。加密锁从接口类型来分，有并口和 USB 口两种，从 CPU 类型来说也分两种，一种使用单片机作 CPU，另一种智能卡芯片作 CPU。

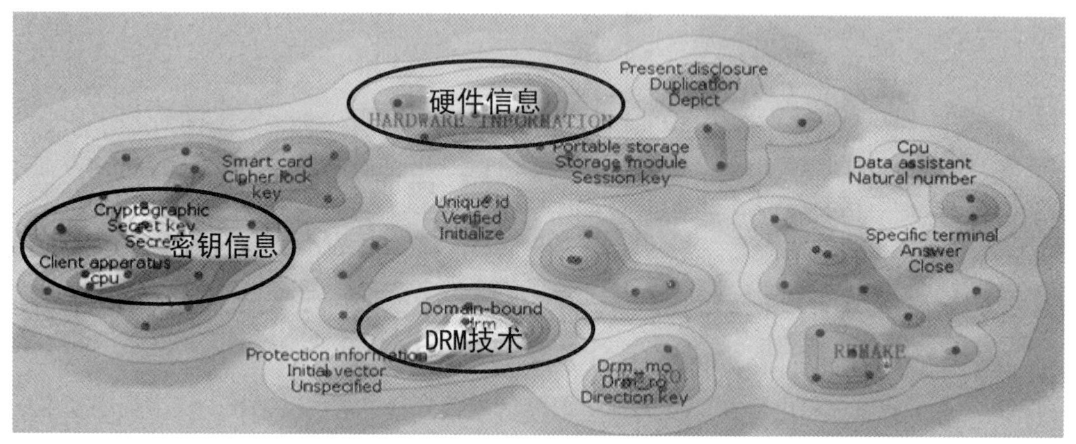

图 3.2-6　三星密钥与硬件绑定技术构成分布图

单片机硬件本身容易被破解和复制，因此中高端的加密锁越来越多地使用智能卡芯片作 CPU，以防止硬件被破解。但智能卡加密锁的破解也越来越多，一是因为芯片分析技术和仪器越来越先进；二是智能卡程序写好后要交给芯片厂去制造，在这个环节程序有可能被泄漏出去，造成大批量复制。

硬加密拥有加密强度高、加密性能好、加密方式灵活等优点，这也使得硬加密成为目前广泛采用的加密手段。

2. 申请量排名第二的专利申请人

（1）专利申请量

图 3.2-7 示出微软电子密钥与硬件绑定技术专利申请数量随年代发展的趋势情况。从1999 年开始微软专利在逐年增加，在 2004 年达到专利申请量的顶峰，这有一部分原因要归功于政府宏观政策的激励，主要是前述《信息系统保护国家计划 V1.0》以及“总统关键基础设施保护委员会”（PCIPB）的成立。2005 年申请量开始持续走低，少了宏观政策的刺激，微软在相关领域的研发投入减少，2010 年以来已经降到 5 件以下，但是根据专利申请和公开的一般原则，即一般专利从申请到公开需要 18 个月至三年的时间，2013 年和2014 年的实际申请量应该比图示高一些。

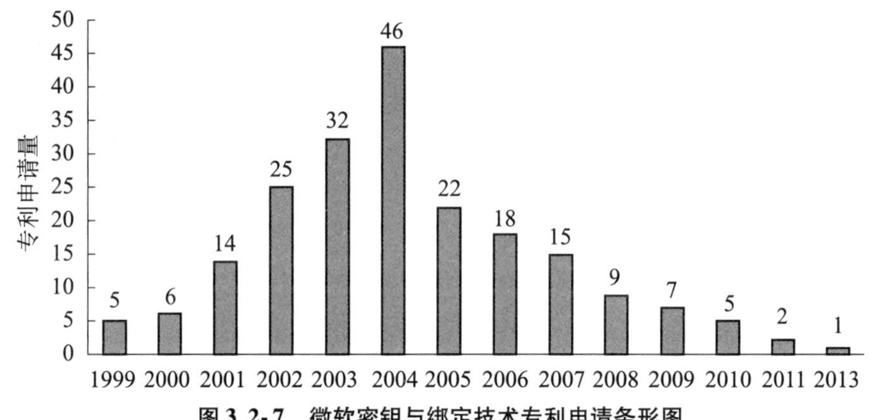

图 3.2-7　微软密钥与绑定技术专利申请条形图

（2）“九国两组织”专利申请量区域分布

图 3.2-8 显示微软在“九国两组织”区域的专利申请分布情况，在美国本土的申请量比例最高，欧洲、日本、中国、世界知识产权组织、韩国、澳大利亚依次次之。微软是一家总部位于美国的跨国电脑科技公司，是世界 PC 机软件开发的先导，公司总部设立在华盛顿州的雷德蒙德市，以研发、制造、授权和提供广泛的电脑软件服务业务为主。微软在发展壮大的过程中不断进入新领域，其产品线几乎覆盖了计算机软件的所有领域。

（3）技术构成分布

图 3.2-9 显示出微软密钥与硬件绑定技术相关专利的构成分布图。等高线图示出微软研究的为软加密技术。其中包括一种软加密方式是软件授权不与计算机硬件特征绑定，具体还分为两种：一是采用与一个软信息，如用户名等绑定的方式，一般用于个人用户授权；二是不绑定任何信息，只要序列号或授权文件验证通过，软件可以在任何机器上使用，通常用于大客户批量授权。授权的验证方式有直接比较、算法变换比较等

方式。

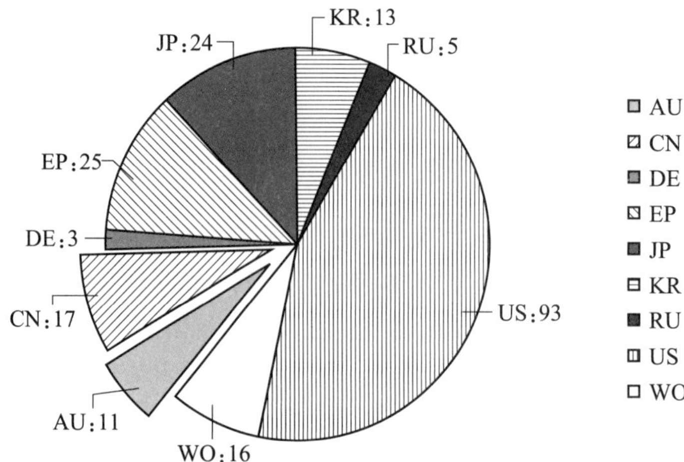

图 3.2-8 微软密钥与硬件绑定技术专利申请量区域分布图

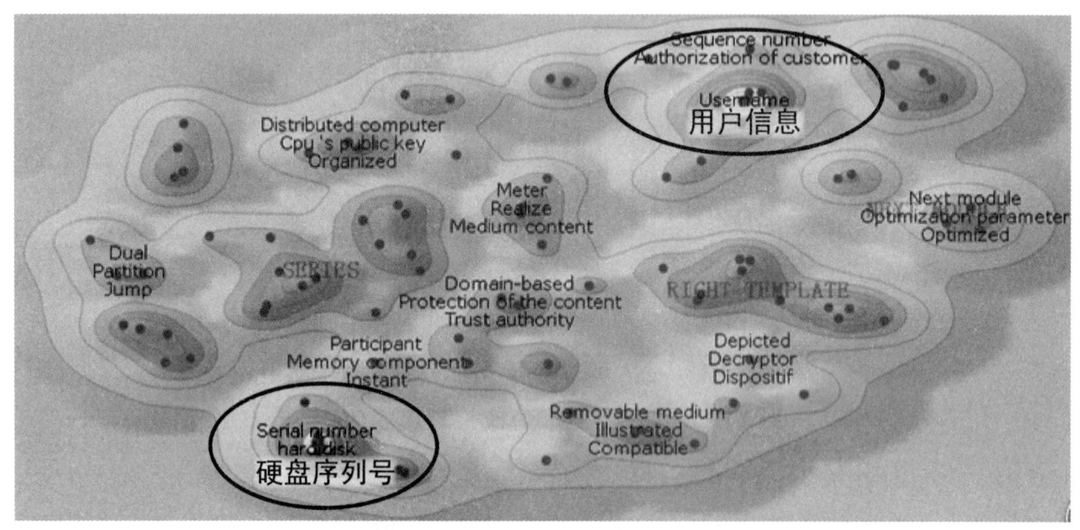

图 3.2-9 微软密钥与硬件绑定技术构成分布图

另一种软加密方式是软件授权与计算机硬件特征绑定，绑定的计算机硬件特征主要有 CPU 序列号、硬盘序列号、网卡 MAC 地址等。这种保护方式的许可证文件是在获得了计算机的硬件特征以后，由授权服务器将硬件特征与授权内容绑定后生成的。这种绑定计算机硬件的加密方式，如果使用类似网银数字证书的公私钥保护机制，是很难破解的。

3. 申请量排名第三的专利申请人

（1）专利申请量

图 3.2-10 示出飞利浦密钥与硬件绑定技术专利申请数量随年代发展的趋势情况，从 2001 年开始飞利浦专利在逐年增加，在 2005 年达到专利申请量的顶峰，2006 年申请量开始持续走低，2010 年以来已经降到 5 件以下，但是根据专利申请和公开的一般原则，即一

般专利从申请到公开需要 18 个月至三年的时间，2013 年和 2014 年的实际申请量应该比图示高一些。

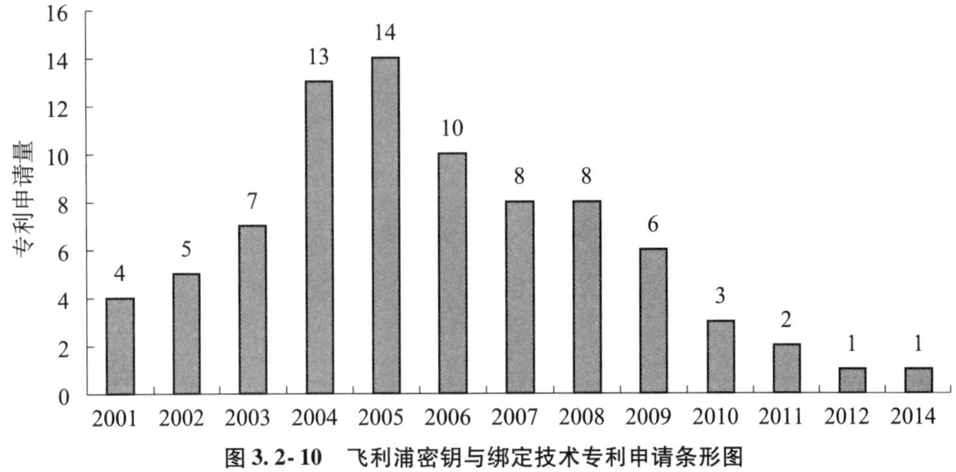

图 3. 2- 10　飞利浦密钥与绑定技术专利申请条形图

（2）“九国两组织”专利申请量区域分布

1994 年至 2014 年飞利浦在世界知识产权组织、欧洲、中国的密钥与硬件绑定技术相关专利的申请量相同并且最大，在美国、韩国、日本的申请量依次次之。荷兰皇家飞利浦电子公司，简称飞利浦公司，是世界上最大的电子公司之一。中国、北美、法国、德国、意大利、荷兰和英国等是其主要市场。

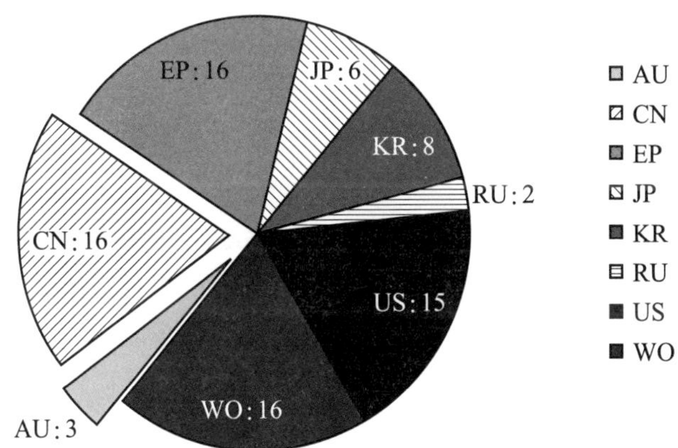

图. 2- 11　飞利浦密钥与硬件绑定技术专利申请量区域分布图

（3）技术构成分布

从图 3. 2- 12 显示出飞利浦密钥与硬件邦定技术相关专利的构成分布图，可以看出研究的热点为硬加密和软件授权与服务器绑定。软件授权与互联网上的授权服务器绑定也是软加密的一种方式，安全强度非常高，甚至比加密锁还要高。这是因为加密锁随软件卖出去后是无法跟踪和监测的，黑客可以花任意长的时间去破解它，而且一旦破解了可以大批量复制。而授权服务器有防火墙和完善的入侵检测技术，任何非法的访问和异常情况都可以监测得到，安全性要高得多。服务器授权也便于实现授权软件的跟踪管理、破解补救和升级更新。

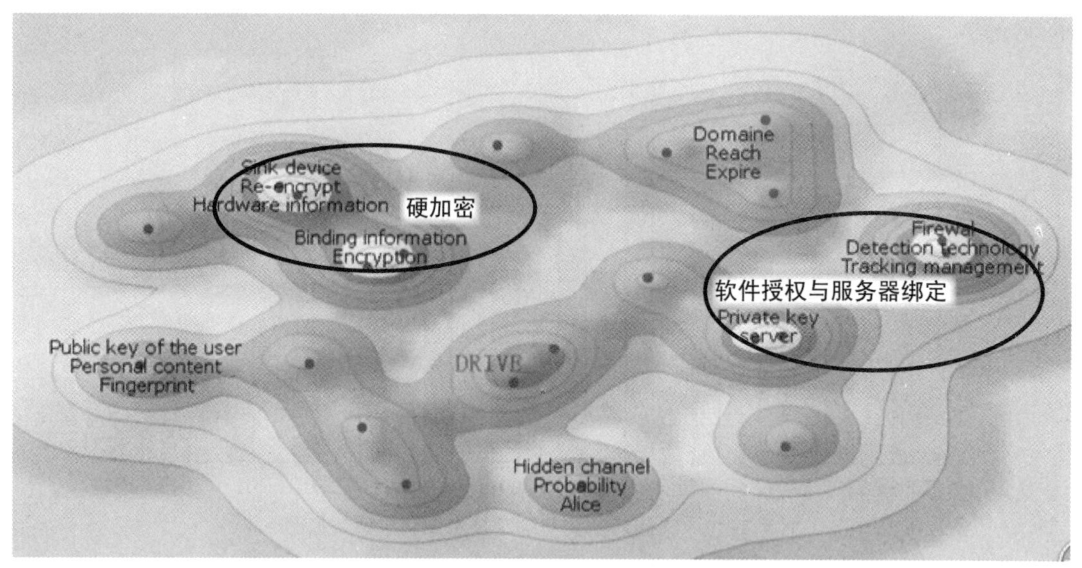

图 3.2-12 飞利浦密钥与硬件绑定技术构成分布图

目前的软件版权保护中密钥与硬件绑定的方法有两种，一是硬加密，二是软加密。密钥与硬件绑定技术主要用在一些软件的安装与使用上，将用户硬件信息如 CPU、硬盘、网卡、主板等与密钥绑定，用以限制使用同一密钥的用户数或设备数，从而达到对软件进行保护的目的。主要应用于收费软件，比如杀毒软件、数字版权管理系统等，在软件分发时内置密钥，实质上是对每一个发行的软件内置密钥，在用户安装后，通过网络将用户硬件信息与密钥信息发送至服务器进行注册验证。

从目前的趋势来看，未来移动存储产品的加密方式将主要应用芯片加密，即向硬加密方式纵深发展。这不仅仅因为硬加密技术更安全、更可靠，还在于它为大家带来更简单的操作方式、方法。有分析人士认为，现代科技产品逐渐走向智能化与简单易用性，从科技产品较为复杂的操作程序到现在类似“一键通”等功能的出现，给人们的生活带去了更多的便捷，它无疑会推动科技产品的普及和应用。在移动存储领域，硬加密技术的出现和发展必将引领其进入一个崭新的时代。

三、总结

（一）专利申请整体趋势

1995 年申请了第一件专利后，1996 年至 1998 年期间相关专利的申请量一直为零，技术发展较缓慢，1999 年至 2005 年期间专利申请量递增，并在 2006 年出现陡增，在 2008 年达到最大值，之后基本稳定在 55 同族数左右。

（二）各地区技术发展现状以及未来发展趋势

1. 美国

2000 年至 2009 年随着技术不断发展，市场不断扩大，技术的吸引力凸显，使得介入的企业增多，专利的申请数量急剧上升，属于技术的发展期；2010 年至 2013 年属于技术衰退期，专利申请量和申请人数量都呈现负增长。

2. 日本

2002 年至 2007 年为专利技术发展期，专利申请量与专利申请人数量都较前几年有较大的提升；2008 年至 2013 年为专利技术的衰退期，经过市场淘汰，申请人的数量大为减少，技术的发展进入下降期，不少企业退出，每年申请的专利数量和申请人数量呈负增长。

3. 韩国

2008 年至 2013 年属于技术衰退期，专利申请量和申请人数量都呈现负增长，企业在此项技术上的收益减少，选择退出市场或减少专利申请量的企业增多。

4. 中国

2002 年至 2007 年为专利技术的发展期，专利申请量与专利申请人数量都急剧上升，越来越多的企业开始进行相应的技术开发和研究；2008 年至 2013 年为专利技术的衰退期，专利申请量和专利申请人都开始严重下滑，企业在此项技术上的收益减少，选择退出市场或减少专利申请量的企业增多。

（三）主要申请人专利申请对比分析

通过对于密钥与硬件绑定技术领域的宏观分析，我们得出行业内的三个主要申请人是微软公司、三星公司以及飞利浦公司，与另两个技术的结果一致。下面结合微观分析模块具体解读主要申请人的专利现状。

1. 专利申请量维度比较

通过将三个主要申请人在专利申请量维度进行横向比较，我们发现：从专利申请量上来看，三星电子公司拥有相关专利申请 223 件；微软公司和飞利浦公司在这方面的数量分别是 207 件和 82 件。

2. 专利资产区域布局情况

从三个主要申请人的专利资产区域布局情况，我们可以看出：三星在一线市场国家本土韩国、美国、欧洲、中国、日本的申请量较大，澳大利亚、俄罗斯等二、三线市场的申请量较小，甚至为零。微软在美国本土的申请量比例最高，欧洲、日本、中国、世界知识产权组织、韩国、澳大利亚依次次之。飞利浦在世界知识产权组织、欧洲、中国的密钥与硬件绑定技术相关专利的申请量相同并且最大，在美国、韩国、日本的申请量依次次之。

3. 技术热点分析

从技术热点分析角度来说：三星公司主要关注在硬加密技术；微软公司的专利技术构成更侧重于软加密技术；飞利浦公司则主要关注硬加密和软件授权与服务器绑定。

第三节 数字内容作品的密钥分发与安全传输技术

一、专利检索

（一）检索结果概述

以数字内容作品的密钥分发与安全传输技术为检索主题，在“九国两组织”范围内，共检索到相关专利申请5 576件，具体数量分布如下（单位：件）：

美国	中国	日本	韩国	英国	法国	德国	澳大利亚	俄罗斯	EP	WO	总计
1 744	858	993	398	55	18	62	186	14	645	603	5 576

（二）各地区/组织相关专利申请趋势

表3.3-1和图3.3-1的数据显示，自上世纪90年代以来，数字内容作品的密钥分发与安全传输这一技术领域在全球“九国两组织”的大部分国家和地区研究相对较少。然而随着数字媒体内容的日益丰富、公众版权保护意识的提高、版权诉讼风波不断兴起，该技术在美国、澳大利亚以及亚洲的中日韩等地区逐渐升温。近年来，美国对于该领域的专利年申请量均在百件以上，中、日、韩近年来申请量也趋于平稳；澳大利亚近年来对该技术的研究相对减少；而在俄罗斯以及欧洲的英、德、法等国家和地区对该领域的研究甚少，年申请量均在10件以内。在该领域，美国始终走在世界的前列，中国和日本紧随其后。

表3.3-1 “九国两组织”相关专利申请状况

国家＼年份	1990①	2000	2001	2002	2003	2004	2005	2006	2007	2008	2009	2010	2011	2012	2013	2014
US	12	6	23	92	96	134	140	147	156	147	134	144	114	138	138	123
CN	5	10	13	9	19	35	77	91	67	92	105	71	61	90	77	36
JP	13	36	40	76	62	81	78	77	82	78	62	71	98	61	45	33
KR	0	4	4	7	13	6	21	33	47	69	41	40	27	21	30	35
GB	1	1	1	4	2	13	10	4	2	2	2	1	2	7	2	1
DE	0	0	1	0	1	2	10	16	8	10	7	2	0	0	2	3
FR	0	0	0	0	0	0	0	2	6	2	1	1	1	3	2	0
AU	6	13	19	19	22	21	15	8	11	11	4	17	7	3	6	4
RU	0	0	0	0	0	0	0	1	1	1	2	7	1	1	0	0
EP	9	11	17	27	57	58	66	75	57	62	49	29	47	28	34	19
WO	11	13	37	51	57	63	56	54	67	61	41	16	20	31	20	5

① 1990是指1990－1999年的专利数量总数。

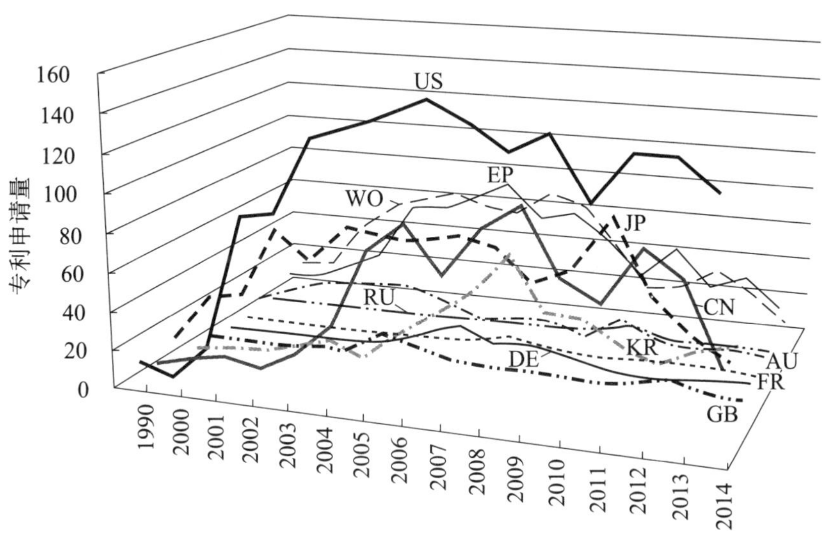

图 3.3-1 “九国两组织”相关专利申请状况图

（三）各地区/组织相关专利申请人排名

1. WO 相关专利申请人排名

表 3.3-2 数字内容作品的密钥分发与安全传输技术 WO 相关专利申请人排名

序号	申请人	申请人国家	专利申请数量
1	MATSUSHITA ELECTRIC IND CO LTD	日本	39
2	SONY ELECTRONICS INC	日本	22
3	INTEL CORP	美国	21
4	SAMSUNG ELECTRONICS CO LTD	韩国	20
5	KONINKL PHILIPS ELECTRONICS NV	荷兰	20

2. EP 相关专利申请人排名

表 3.3-3 数字内容作品的密钥分发与安全传输技术 EP 相关专利申请人排名

序号	申请人	申请人国家	专利申请数量	专利授权数量
1	MATSUSHITA ELECTRIC IND CO LTD	日本	52	14
2	SAMSUNG ELECTRONICS CO LTD	韩国	43	12
3	CONTENTGUARD HOLDINGS INC	美国	42	31
4	MICROSOFT CORP	美国	34	18
5	SONY CORP	日本	23	6

3. 中国地区相关专利申请人排名

表 3.3-4　数字内容作品的密钥分发与安全传输技术中国地区相关专利申请人排名

序号	申请人	申请人国家	专利申请数量	专利授权数量
1	MATSUSHITA ELECTRIC IND CO LTD	日本	98	69
2	SONY CORP	日本	56	44
3	SAMSUNG ELECTRONICS CO LTD	韩国	54	35
4	MICROSOFT CORP	美国	23	20
5	SONY ELECTRONICS INC	日本	20	17

4. 美国地区相关专利申请人排名

表 3.3-5　数字内容作品的密钥分发与安全传输技术美国地区相关专利申请人排名

序号	申请人	申请人国家	专利申请数量	专利授权数量
1	MICROSOFT CORP	美国	100	74
2	SONY CORP	日本	76	29
3	IBM	美国	65	41
4	SAMSUNG ELECTRONICS CO LTD	韩国	60	12
5	CONTENTGUARD HOLDINGS INC	美国	48	17

5. 日本地区相关专利申请人排名

表 3.3-6　数字内容作品的密钥分发与安全传输技术日本地区相关专利申请人排名

序号	申请人	申请人国家	专利申请数量	专利授权数量
1	SONY CORP	日本	62	35
2	MATSUSHITA ELECTRIC IND CO LTD	日本	54	24
3	HITACHI LTD	日本	48	33
4	TOSHIBA CORP	日本	47	15
5	NIPPON TELEGRAPH & TELEPHONE	日本	39	16

6. 澳大利亚地区相关专利申请人排名

表 3.3-7　数字内容作品的密钥分发与安全传输技术澳大利亚地区相关专利申请人排名

序号	申请人	申请人国家	专利申请数量	专利授权数量
1	MICROSOFT CORP	美国	14	3
2	SAMSUNG ELECTRONICS CO LTD	韩国	9	6
3	INTERTRUST TECH CORP	美国	7	3
4	CFPH LLC	美国	6	2
5	MATSUSHITA ELECTRIC IND CO LTD	日本	6	2

7. 德国地区相关专利申请人排名

表 3.3-8　数字内容作品的密钥分发与安全传输技术德国地区相关专利申请人排名

序号	申请人	申请人国家	专利申请数量	专利授权数量
1	MATSUSHITA ELECTRIC IND CO LTD	日本	9	5
2	CONTENTGUARD HOLDINGS INC	美国	9	4
3	HEWLETT PACKARD DEVELOPMENT CO	美国	4	4
4	IBM	美国	4	2
5	INTEL CORP	美国	4	2

8. 法国地区相关专利申请人排名

表 3.3-9　数字内容作品的密钥分发与安全传输技术法国地区相关专利申请人排名

序号	申请人	申请人国家	专利申请数量	专利授权数量
1	FRANCE TELECOM	法国	4	0
2	ALCATEL LUCENT	法国	2	0
3	CRYPTOEXPERTS SAS	法国	2	0
4	PROTON WORLD INTERNAT NV	法国	2	0
5	VIACCESS SA	法国	2	0

9. 英国地区相关专利申请人排名

表 3.3-10　数字内容作品的密钥分发与安全传输技术英国地区相关专利申请人排名

序号	申请人	申请人国家	专利申请数量	专利授权数量
1	SEALEDMEDIA LTD	英国	8	0
2	SONY UK LTD	日本	6	1
3	APPLE INC	美国	5	0
4	GEN INSTRUMENT CORP	美国	3	1
5	INTEL CORP	美国	3	2

10. 俄罗斯地区相关专利申请人排名

表 3.3-11　数字内容作品的密钥分发与安全传输技术俄罗斯地区相关专利申请人排名

序号	申请人	申请人国家	专利申请数量	专利授权数量
1	LG ELECTRONICS INC	韩国	4	0
2	MICROSOFT CORP	美国	2	0
3	SONY CORP	日本	1	0
4	SAMSUNG ELECTRONICS CO LTD	韩国	1	0
5	ERICSSON TELEFON AB L M	瑞典	1	0

11. 韩国地区相关专利申请人排名

表 3.3-12 数字内容作品的密钥分发与安全传输技术韩国地区相关专利申请人排名

序号	申请人	申请人国家	专利申请数量	专利授权数量
1	SAMSUNG ELECTRONICS CO LTD	韩国	67	27
2	LG ELECTRONICS INC	韩国	26	9
3	KOREA ELECTRONICS TELECOMM	韩国	17	5
4	SONY ELECTRONICS INC	日本	16	5
5	MICROSOFT CORP	美国	16	5

二、专利分析

（一）技术发展趋势分析

数字内容作品的密钥分发与安全传输技术作为按需印刷版权保护技术的核心技术之一，其发展趋势基本遵从按需印刷版权保护这一整体技术的发展趋势。从图 3.3-2 可以看出该技术也是自上世纪 90 年代中期直至 2001 年前后，处于快速发展阶段；2001 年至 2007 年间该技术已基本趋于成熟，并且在 2007 年前后达到其发展的白热化阶段；然而继 2007 年以来，全球角度来看，在该领域的专利申请量呈逐年递减趋势，这也表明随着该技术的发展和不断成熟，部分企业也因收益递减而纷纷退出市场，而只有少数企业继续从事相关领域的技术研究。

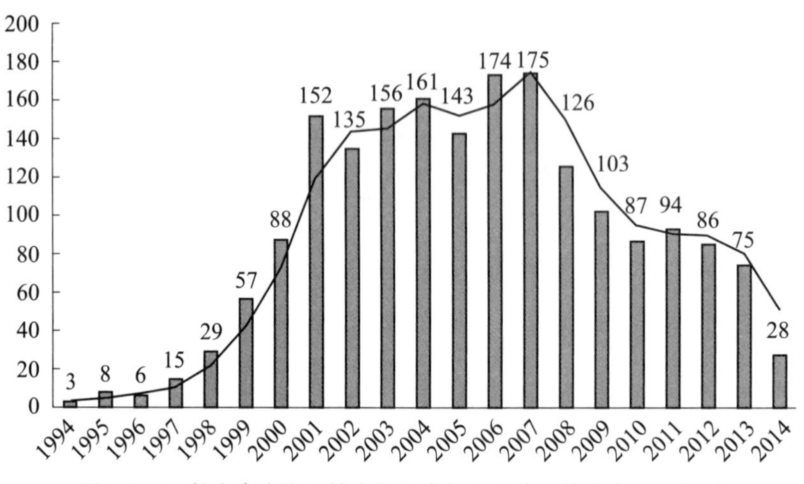

图 3.3-2 数字内容作品的密钥分发与安全传输技术发展趋势图

（二）技术路线分析

图 3.3-3 中核心专利是通过引证次数排行找到引证数比较多的专利，关键技术所列专利为数字内容作品的密钥分发与安全传输技术的高相关专利。通过对数字内容作品的密钥分发与安全传输技术路线的分析，我们可以看出该技术在“九国两组织”范围内研究相对较早，自上世纪 90 年代中期 DRM 系统便已被引入，继而诞生了该技术领域的第一件相关

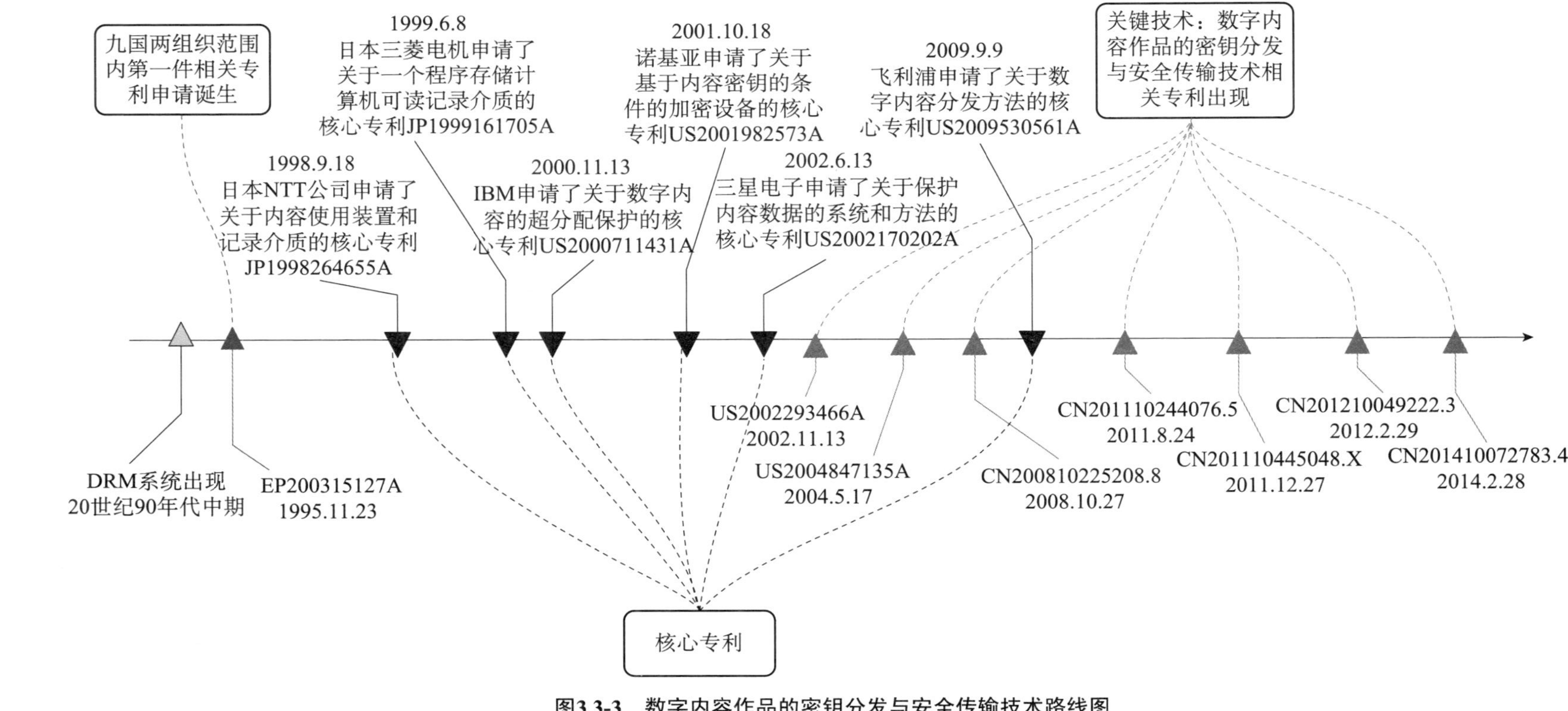

图3.3-3　数字内容作品的密钥分发与安全传输技术路线图

专利——数字作品的数字化分配和使用控制系统。1998 年 9 月 18 日，NTT 公司申请了关于内容使用记录介质的核心专利。2000 年 11 月 13 日，IBM 申请了数字内容的超分配保护的。

自上世纪以来，全球众多知名企业比如日本 NNT 核心专利，属于数字分发领域。2001 年 10 月 18 日，诺基亚申请了基于内容密钥的加密设备的核心专利，属于加密技术领域。2002 年 6 月 3 日，三星电子申请了保护内容数据的系统和方法的核心专利。三菱电机、诺基亚、三星等公司纷纷申请了该技术领域的核心专利，但这些专利大多是一些基础性专利，被后续人们引用的也就比较多；而伴随数字内容日新月异，密钥分发与安全传输技术逐渐成为该技术领域的主流，并滋生出一些关键性专利技术。

从国内来看，2008 年以来中国在该技术领域发展逐渐开始重视，各大企业如华为、网易等一些知名企业以及清华、北大等高等学府纷纷在该领域申请了相关专利，从其技术角度来看，大多是在该领域的关键性专利，比如北大方正集团申请的数字内容的发送及接收专利，在确保数字内容传输安全性的同时，降低了获取数字内容解密密钥的流程复杂度，提高了获取数字内容的解密密钥的方便性和稳定可靠性，从而提高了对数字内容进行解密的稳定可靠性和成功率。

（三）主要专利申请人分析

通过对数字内容作品的密钥分发与安全传输技术的专利检索结果的统计和初步分析，得到了在“九国两组织”范围内申请量排名前三的公司，分别是松下电器、三星电子、索尼，相关技术专利申请量分别是 290 件、281 件、242 件。然后对这三家公司在该技术方面申请的技术进行统计分析，每家公司会有三个统计图分别是：年份柱状图、“九国两组织”专利申请量区域分布、技术构成分布，利用这三种图表分别对这三家公司的技术进行分析并得出相应观点。

1. 申请量排名第一的专利申请人

（1）专利申请量

松下电器在数字内容作品的密钥分发与安全传输技术领域的专利申请量排名全球位居全球之首。上世纪 90 年代至 2004 年前后，松下电器在该领域研究的整体形势呈持续递增趋势，并且 2004 年达到有史以来其对该技术相关专利申请的巅峰，然而自 2005 年以来，松下电器在该领域的研究也开始逐年递减，且近年来松下电器对该技术投入的研发更是甚少，这也印证了近年来全球范围对于该技术领域的研发形势。

（2）“九国两组织”专利申请量区域分布

松下电器公司是日本的大型电器制造公司，总公司设于大阪府门真市，松下电器的产品线极广，除了家电以外，还生产数位电子产品，如 DVD、DV（数位摄影机）、MP3 播放机、数码相机、液晶电视、笔记型电脑等，还扩及到电子零件、电工零件（如插座盖板）、半导体等。间接与直接转投资公司有数百家。

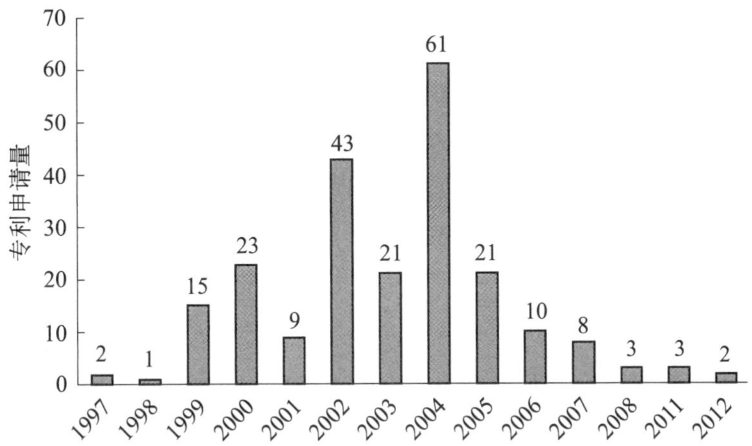

图 3.3-4　松下数字内容作品的密钥分发与安全传输技术专利申请条形图

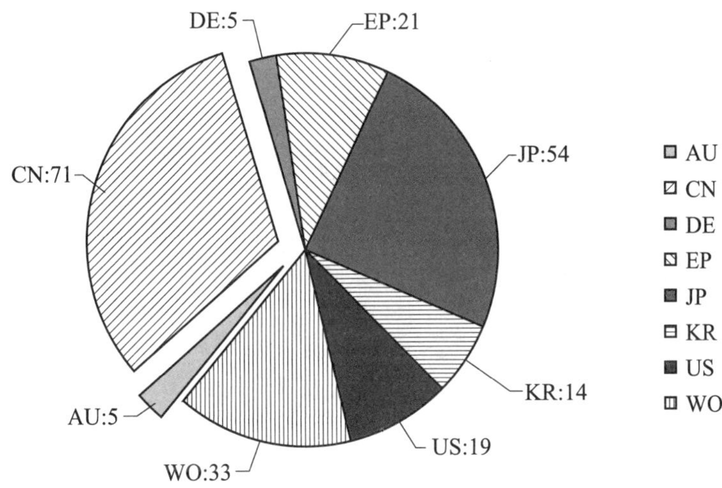

图 3.3-5　松下数字内容作品的密钥分发与安全传输技术专利申请量区域分布图

松下电器在数字内容作品的密钥分发与安全传输技术领域的相关专利遍布整个亚太地区，核心技术主要集中在日本和中国，然而松下在中国布局该领域的专利是有一定目的的，比如2009年3月，松下公司联合飞利浦、索尼宣布组建一家蓝光独家授权公司，将为蓝光产品生产企业提供授权服务，获得授权的企业可获准生产蓝光播放器、录像机及蓝光碟片等相关产品。值得关注的是，随着今后蓝光播放机在中国市场的逐渐普及和价格降低，中国企业将会面临因交纳专利费致使生产成本高昂的风险；在澳大利亚、欧洲及亚洲的韩国等地也申请了相关专利，但数量较少。

（3）技术构成分布

图3.3-6示出松下电器公司在数字内容作品的密钥分发与安全传输技术领域的专利的构成分布图，圈注的是松下电器在该领域关注度较高的热点技术。所谓加密（Encryption）是指将一个信息（或称明文 – plain text）经过加密钥匙（Encrypt ion key）及加密函数转换，变成无意义的密文（ciphertext），而接收方则将此密文经过解密函数、解密钥匙（Decrypt on key）还原成明文。数据加密技术要求只有在指定的用户或网络下，才能解除密码而获得原来的数据，这就需要给数据发送方和接受方以一些特殊的信息用于加、解密，这就是所谓的密钥。需要保护的原始信息称为明文，用密钥编码操作后得到的看上去没有意义的结果称为密文。授权许可是指针对授权内容的加密和保护，从保护授权的安全性以达到保证所分发软件的安全性的目的，力求获取授权的用户在规定的权限内使用该软件产品，通过授权加密保护，防止授权以外的用户非法使用和滥用软件产品的行为，松下在该领域申请的专利较密集也属于热点技术之一，并且 2005 年申请了关于用户终端接收许可证的相关专利。

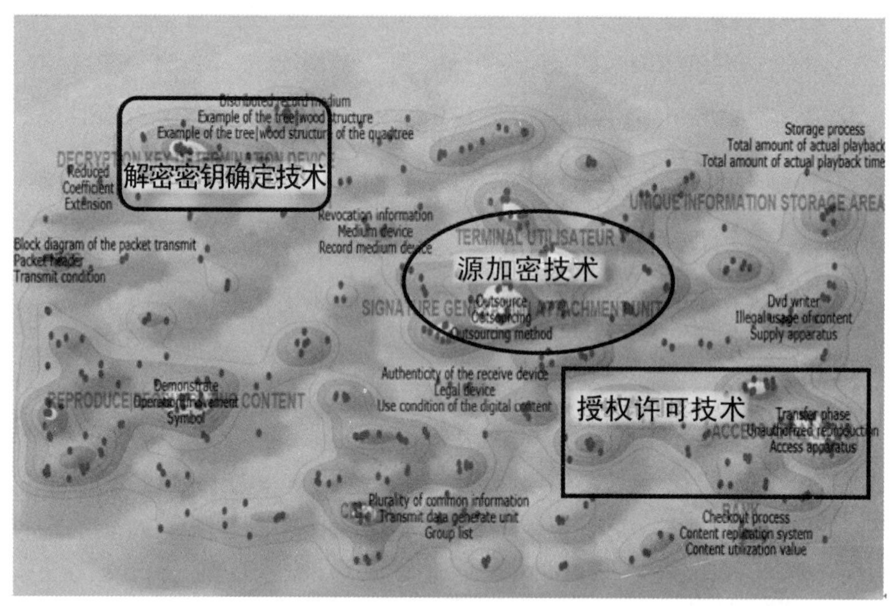

图 3.3-6　松下数字内容作品的密钥分发与安全传输技术构成分布图

松下电器在数字内容作品的密钥分发与安全传输技术领域研究的热点技术主要有源加密技术、解密密钥技术、授权许可技术等。从专利地图中我们可以看出松下电器在该领域的涉及源加密技术的相关专利较多，并且源加密通常会涉及企业的核心竞争力，一旦泄露、扩散，将给企业带来严重负面影响，因此针对源代码等敏感数据的安全防护，历来受到高度重视。松下在解密密钥技术领域申请的专利也很可观，与本主题较相关的专利是在 2001 年申请的关于加密解密系统。

2. 申请量排名第二的专利申请人

（1）专利申请量

三星电子在数字内容作品的密钥分发与安全传输技术领域的专利申请量排名全球第二。在 2003 年之前，三星电子在该领域并没有什么动作 ，投入的研究相对较少，自 2004 年开始直至 2007 年，三星电子在该技术领域的研究逐年递增，并且发展速度相对较快，2007 年该技术领域的专利申请量达到其有史以来之最。然而自 2007 年以后，三星电子在该领域的研究也开始逐年递减，且近年来三星电子对该技术的研发也进入了平淡期，毕竟近年来全球范围对于该技术领域的研发普遍处于低迷期。

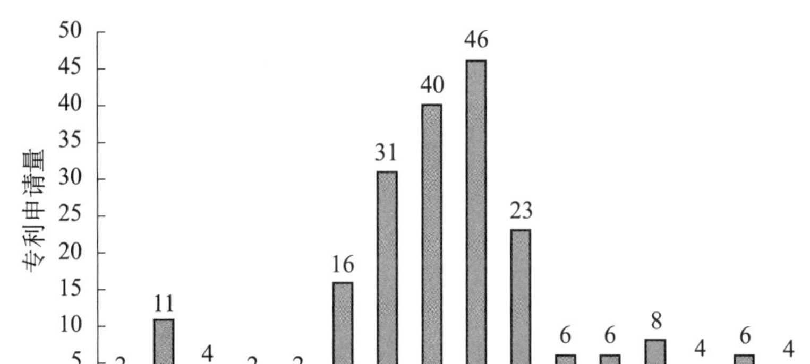

图 3.3-7　三星数字内容作品的密钥分发与安全传输技术专利申请条形图

(2)“九国两组织”专利申请量区域分布

三星电子是韩国最大的电子工业企业，同时也是三星集团旗下最大的子公司。在世界上最有名的 100 个商标的列表中，三星电子是唯一的一个韩国商标，是韩国民族工业的象征。

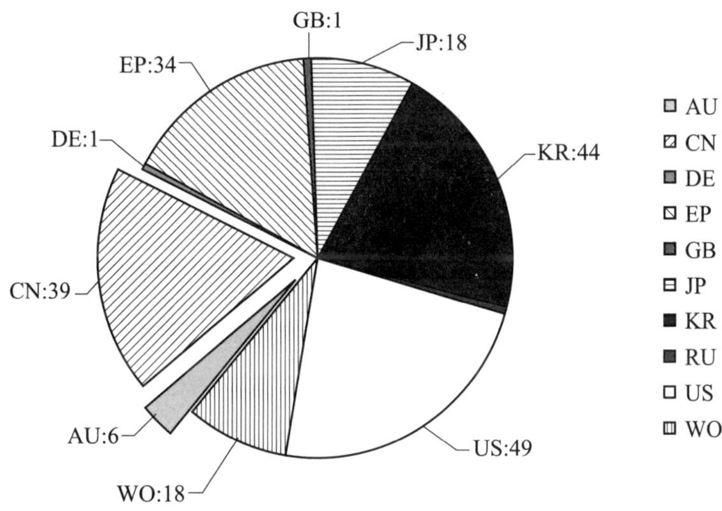

图 3.3-8　三星数字内容作品的密钥分发与安全传输技术专利申请量区域分布

三星电子总部位于韩国，在欧洲及亚太地区许多国家均设有分公司及代加工工厂。在数字内容作品的密钥分发与安全传输技术领域，三星电子主打市场是美国、亚洲的中日韩等地。三星电子虽为韩国品牌，但该公司在美国的人气也不亚于韩国，美国工业设计协会年度工业设计奖（Industrial Design Excellence Awards 简称 IDEA）的评选中获得诸多奖项，连续数年成为获奖最多的公司。三星电子在该技术领域的相关专利主要集中在美国，其次是韩国、中国、日本。

近年来，三星涉及的专利纠纷也是风波四起。其中，在美国发生专利纠纷最为频繁，这可能也是三星电子在数字内容作品的密钥分发与安全传输技术领域的相关专利在美国申请最多的原因之一。2014 年 1 月 27 日，三星集团同意支付瑞典移动网络设备制造商爱立信 6.60 亿美元，加上数年的版税，以了结双方之间的技术许可纠纷；2014 年 11 月，据国外媒体报道，三星电子已经起诉英伟达，称其侵犯了公司几项半导体相关专利以及投放相关产品的虚假广告。2014 年 9 月，英伟达曾将三星告上法庭。

（3）技术构成分布

图 3.3-9 示出了三星电子在数字内容作品的密钥分发与安全传输技术领域的专利的构成分布图，圈注的是三星电子在该领域关注度较高的热点技术。版权保护协议是设计了一个协议，利用数字水印和公共密码机制，可以确定作品的每一个拷贝的来源，从而达到阻止非法拷贝的目的，实现数字作品的版权保护；通信协议是指双方实体完成通信或服务所必须遵循的规则和约定。通过通信信道和设备互连起来的多个不同地理位置的数据通信系统，要使其能协同工作实现信息交换和资源共享，它们之间必须具有共同的语言。交流什么、怎样交流及何时交流，都必须遵循某种互相都能接受的规则。随着通信技术的快速发展，无线网络的广泛应用，以及移动终端设备普及率的快速提升，人们的生活得到了极大的方便。与此同时，无线网络的安全问题以及移动终端的有限资源问题愈加得到人们的关注。

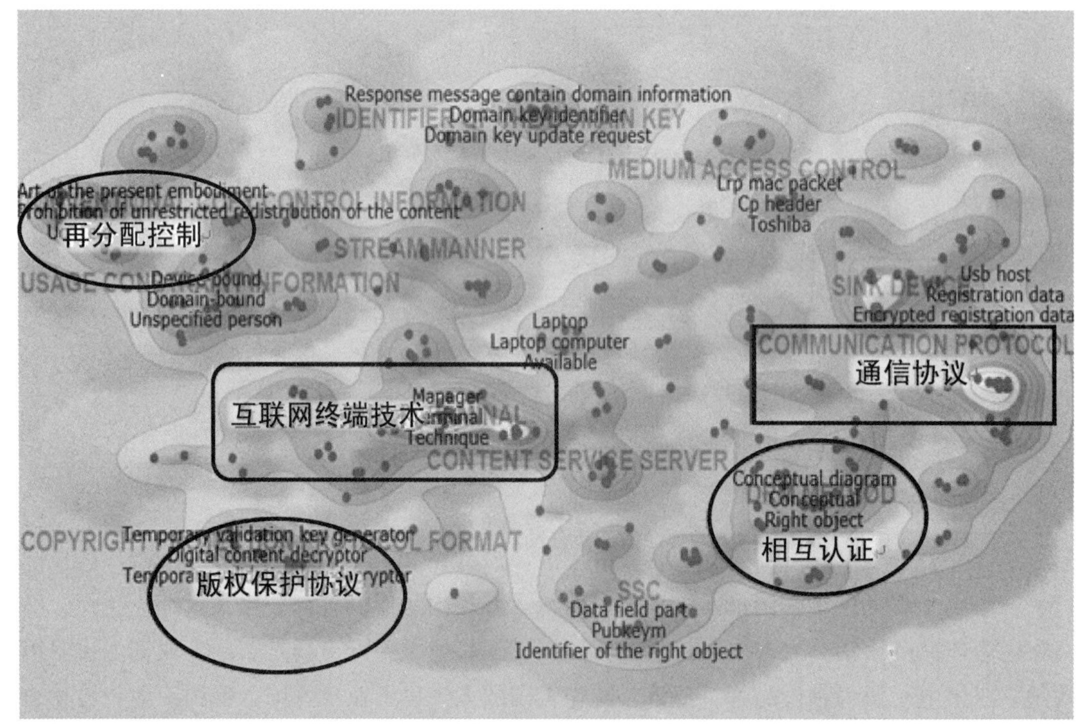

图 3.3-9　三星电子在数字内容作品的密钥分发与安全传输技术构成分布图

三星电子在数字内容作品的密钥分发与安全传输领域研究的热点技术有版权保护协议、通信协议、相互认证、再分配控制以及互联网终端技术等。当然，通信协议、再分配控制以及互联网终端技术的相关专利也较密集，这些领域也是三星电子所关注的重点技术。

3. 申请量排名第三的专利申请人

（1）专利申请量

在数字内容作品的密钥分发与安全传输技术领域，索尼的专利申请量位居全球第三。上世纪 90 年代，索尼在该技术领域发展较为缓慢，直至 2001 年至 2005 年前后索尼公司对该技术的研发力度略有提升，但索尼在该领域的专利申请量始终不高；自 2006 年之后，索尼对该领域的研究逐渐进入低迷期，近几年来在该技术领域的专利申请量也是屈指可数。这也印证了该技术在全球领域的发展趋势基本类似。

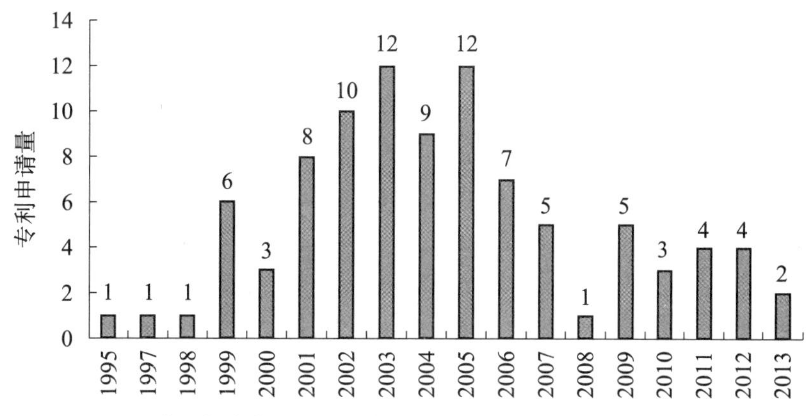

图 3.3-10　索尼数字内容作品的密钥分发与安全传输技术专利申请条形图

（2）“九国两组织”专利申请量区域分布

索尼（SONY）是日本的一家全球知名的大型综合性跨国企业集团。索尼是世界视听、电子游戏、通讯产品和信息技术等领域的先导者，是世界最早便携式数码产品的开创者，是世界最大的电子产品制造商之一、世界电子游戏业三大巨头之一、美国好莱坞六大电影公司之一。

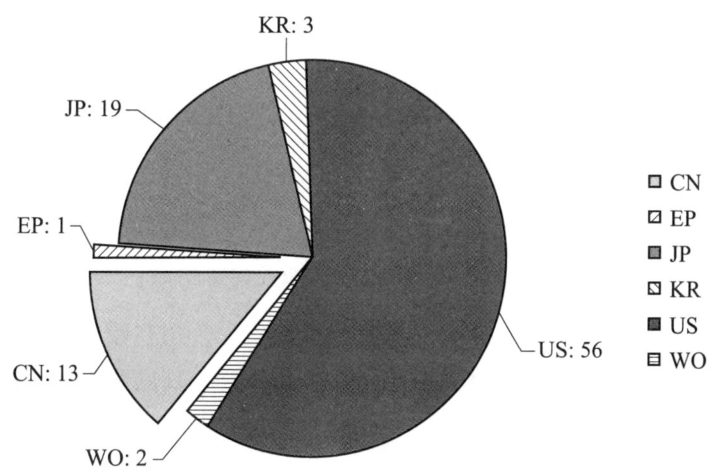

图 3.3-11　索尼数字内容作品的密钥分发与安全传输技术专利申请量区域分布图

索尼总部位于日本东京，在数字内容作品的密钥分发与安全传输技术领域，索尼的核心技术主要集中在美国和日本，在欧洲和亚洲的中韩等地也设有分公司，在 2005 年索尼公司分别和美国的 E3 和 IBM 合作研发微处理器相关技术，正因为在该技术领域索尼与美国各大公司均有合作，故选择其主打市场是美国，其次是日本和中国。

（3）技术构成分布

图 3. 3-12 示出了索尼公司在数字内容作品的密钥分发与安全传输技术领域的专利的构成分布图，圈注的是索尼在该领域关注度较高的热点技术。数字权限管理简称 DRM 是指对数字化信息产品（如图书、音乐、图像、录像、多媒体文件等）在网络中交易、传输和利用时，所涉及的各方权利进行定义、描述、保护和监控的整体机制，是数字化信息环境可靠运行和不断发展的基本保障之一，是一种保护内容免遭未经授权的使用或复制的方法，2004 年索尼申请了关于数字设备的数字版权管理的专利。电子签名也称作“数字签名”，是指用符号及代码组成电子密码进行“签名”来代替书写签名或印章，它采用规范化的程序和科学化的方法，用于鉴定签名人的身份以及对一项数据电文内容信息的认可。但本质上说，电子签名是“建立在计算机基础上的个人身份”。

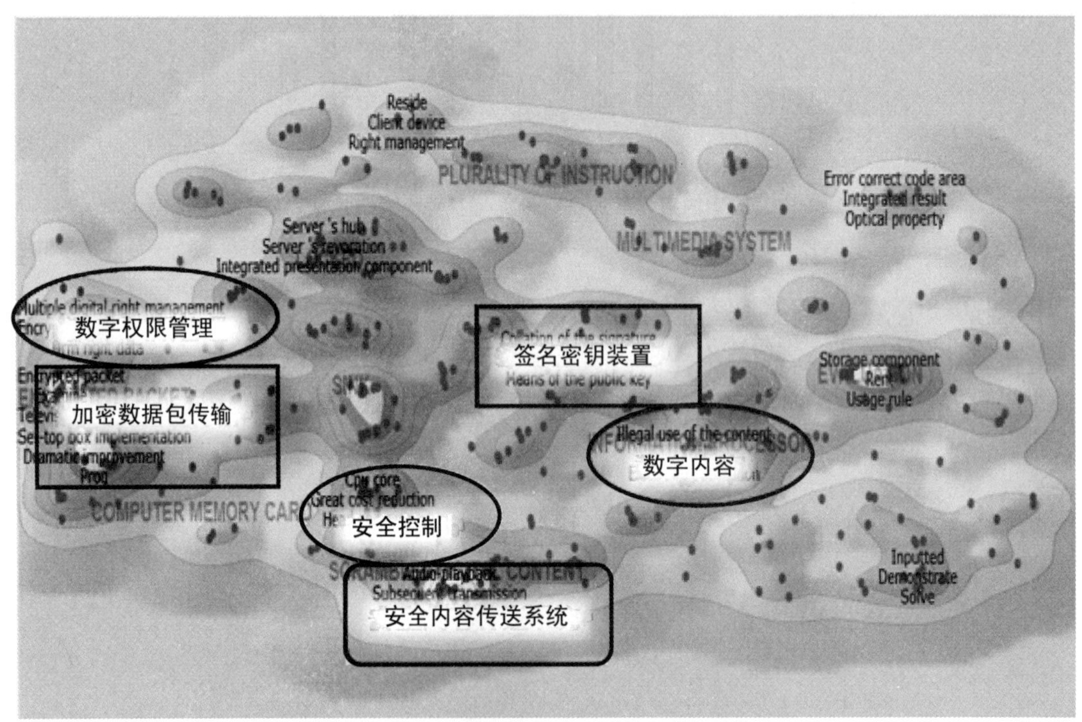

图 3. 3-12　索尼在数字内容作品的密钥分发与安全传输技术相关专利构成分布图

从专利地图中各热点技术的专利密集程度来看，索尼公司在数字内容作品的密钥分发与安全传输技术领域研究的热点技术主要有数字权限管理、加密数据的传输、内容的安全传送、签名密钥等技术，并且这些技术应用的最终目的也是实现数字权限的管理和保护。

三、总结

（一）专利申请量的总体发展趋势

从整个行业的专利申请状况来看，该技术也是自上世纪 90 年代中期直至 2001 年前后，处于快速发展阶段；2001 年至 2007 年间该技术已基本趋于成熟，并且在 2007 年前后达到其发展的白热化阶段；然而继 2007 年以来，全球角度来看，在该领域的专利申请量呈逐年递减趋势，这也表明随着该技术的发展和不断成熟，部分企业也因收益递减而纷纷退出市场，而只有少数企业继续从事相关领域的技术研究。

（二）各地区技术发展现状以及未来发展趋势

通过对于整个行业进行技术生命周期曲线分析，可以判断该技术领域在各个地区的发展现状以及未来的发展趋势。下面举几个比较重点的地区和国家进行分析，结果如下：

1. 美国

自上世纪 90 年代中期至 2000 年伊始，美国便开始引入该技术，但由于当时该技术市场还不明确，介入的企业较少，申请的专利数量相对较少；2000 年至 2003 年前后随着全球网络化时代的跨进、电子产品的更新换代，人们工作、生活和学习逐渐趋于数字化，该技术得到了迅速发展，市场不断扩大，介入的企业开始大幅增加，技术分布范围扩大，大量的相关专利激增涌现；2004 年至 2007 年前后，技术发展不断成熟，专利增长速度变慢，该技术进入成熟期；自 2008 年以来，随着该技术领域竞争日益激烈，优胜劣汰现象开始显现，由于市场份额的有限性，部分企业也因收益递减而纷纷退出了市场，专利申请量开始回落，逐渐呈现巨头向寡头的转变，目前来看处于技术发展的衰退期。

2. 日本

作为美国在数字版权领域的追随者，其在该领域的发展状况与美国基本类似，目前同样处于技术发展的衰退期。

3. 韩国

韩国在该技术领域的发展状况也是基本和美国类似，处于技术发展的衰退期。

4. 中国

自上世纪 90 年代中期至 2000 年伊始，中国便开始引入该技术，但由于 2000 年至 2003 年前后随着中国经济和科技的迅猛发展，网络化的跨进，该技术得到了迅速发展，介入的企业开始大幅增加，技术分布范围扩大，大量的相关专利开始激增，此时期进入了该技术的发展期；自 2009 年以来，随着该技术领域竞争日益激烈，优胜劣汰现象开始显现，由于市场份额的有限性，部分企业也因收益递减而纷纷退出了市场，专利申请量开始回落，逐渐呈现巨头向寡头的转变。

根据以上各地区技术发展现状描述，中美日韩等国的发展状况基本一致，总体来说，数字内容作品的密钥分发与安全传输技术在全球范围内进入了衰退期的迹象。

第四节　密钥安全传输技术

一、专利检索

（一）检索结果概述

以密钥安全传输技术为检索主题，在“九国两组织”范围内，共检索到相关专利申请1 855件，具体数量分布如下（单位：件）：

美国	中国	日本	韩国	英国	法国	德国	澳大利亚	俄罗斯	EP	WO	总计
512	327	333	210	8	7	35	45	11	196	171	1 855

（二）各地区/组织相关专利申请趋势

关于密钥安全传输技术的专利申请数量整体较少，其中，日本的专利申请数量相对其他国家较多，在上世纪 90 年代即已达到 26 件，超过其他八国两组织的总和；随着该技术的不断发展，该技术领域在美国的受重视程度不断增强，2004 年开始，日本的年专利申请量超过美国，并一直保持在这一领先地位。在 2007 年至 2008 年期间，无论是全球的年专利申请总量，还是美、中、日、韩各国的年专利申请量均相继达到最高峰，此后，各国的年专利申请量开始出现下降的趋势，预示着该技术已逐步趋于成熟。

表 3.4-1　密钥安全传输技术“九国两组织”相关专利申请状况

年份 国家	1990①	2000	2001	2002	2003	2004	2005	2006	2007	2008	2009	2010	2011	2012	2013	2014
US	6	4	1	14	13	30	24	49	58	48	53	52	44	47	38	31
CN	3	4	3	3	4	9	29	22	28	45	42	41	31	39	15	9
JP	26	12	13	15	20	16	27	28	23	35	18	27	31	20	16	6
KR	1	1	5	3	4	5	11	18	27	37	23	17	16	14	17	11
GB	0	0	0	0	1	1	0	1	1	0	1	1	0	1	1	0
DE	0	0	0	1	0	0	1	8	8	7	3	2	2	2	0	1
FR	0	0	0	0	0	0	0	0	1	0	1	0	2	2	1	0
AU	3	2	2	5	4	5	3	1	8	3	2	6	0	0	0	1
RU	0	0	0	0	0	0	0	0	0	1	0	1	4	3	1	1
EP	3	4	2	8	11	10	21	19	20	25	16	17	14	13	5	8
WO	2	5	5	10	7	15	11	27	24	13	21	4	6	5	9	7

① 1990 是指 1990－1999 年的专利数量总数。

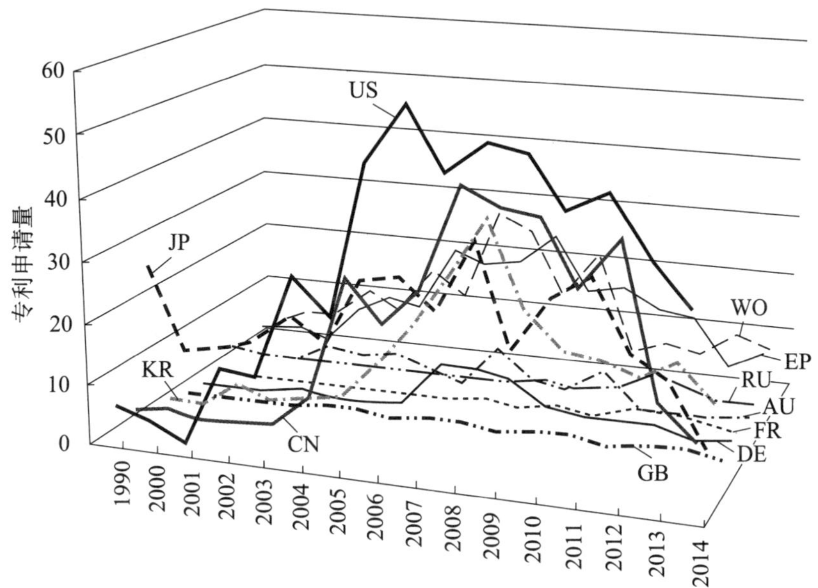

图 3.4-1　“九国两组织”相关专利申请状况图

（三）各地区/组织相关专利申请人排名

1. WO 相关专利申请人排名

表 3.4-2　密钥安全传输技术 WO 相关专利申请人排名

序号	申请人	申请人国家	专利申请数量
1	MATSUSHITA ELECTRIC IND CO LTD	日本	9
2	NOKIA CORP	美国	7
3	KONINKL PHILIPS ELECTRONICS NV	荷兰	7
4	HUAWEI TECH CO LTD	中国	6
5	LG ELECTRONICS INC	韩国	6

2. EP 相关专利申请人排名

表 3.4-3　密钥安全传输技术 EP 相关专利申请人排名

序号	申请人	申请人国家	专利申请数量	专利授权数量
1	SONY CORP	日本	12	2
2	NIPPON TELEGRAPH & TELEPHONE	日本	10	0
3	MATSUSHITA ELECTRIC IND CO LTD	日本	10	1
4	SAMSUNG ELECTRONICS CO LTD	韩国	9	1
5	ERICSSON TELEFON AB L M	瑞典	9	0

3. 中国地区相关专利申请人排名

表 3.4-4 密钥安全传输技术中国地区相关专利申请人排名

序号	申请人	申请人国家	专利申请数量	专利授权数量
1	HUAWEI TECH CO LTD	中国	22	13
2	IBM	美国	13	0
3	ZTE CORP	中国	11	5
4	HITACHI LTD	日本	11	5
5	NOKIA CORP	美国	11	5

4. 美国地区相关专利申请人排名

表 3.4-5 密钥安全传输技术美国地区相关专利申请人排名

序号	申请人	申请人国家	专利申请数量	专利授权数量
1	SONY CORP	日本	29	5
2	MICROSOFT CORP	美国	21	6
3	IBM	美国	18	6
4	NIPPON TELEGRAPH & TELEPHONE	日本	18	0
5	SAMSUNG ELECTRONICS CO LTD	韩国	13	3

5. 日本地区相关专利申请人排名

表 3.4-6 密钥安全传输技术日本地区相关专利申请人排名

序号	申请人	申请人国家	专利申请数量	专利授权数量
1	HITACHI LTD	日本	32	17
2	SONY CORP	日本	23	11
3	TOSHIBA CORP	日本	22	12
4	MATSUSHITA ELECTRIC IND CO LTD	日本	12	3
5	NEC CORP	日本	11	6

6. 澳大利亚地区相关专利申请人排名

表 3.4-7 密钥安全传输技术澳大利亚地区相关专利申请人排名

序号	申请人	申请人国家	专利申请数量	专利授权数量
1	SILVERBROOK RES PTY LTD	澳大利亚	6	3
2	DOCUMENT AUTHENTICATION SYSTEM	美国	4	0
3	INTUIT INC	美国	2	1
4	CISCO TECH INC	美国	2	1
5	NOKIA CORP	美国	2	1

7. 德国地区相关专利申请人排名

表 3.4-8　密钥安全传输技术德国地区相关专利申请人排名

序号	申请人	申请人国家	专利申请数量	专利授权数量
1	ERICSSON TELEFON AB L M	瑞典	3	1
2	SONY CORP	日本	3	1
3	SIEMENS AG	德国	2	1
4	MITSUBISHI ELECTRIC CORP	日本	2	1
5	POPCATCHER AB	瑞典	2	1

8. 法国地区相关专利申请人排名

表 3.4-9　密钥安全传输技术法国地区相关专利申请人排名

序号	申请人	申请人国家	专利申请数量	专利授权数量
1	ALCATEL LUCENT	法国	2	1
2	RADIOTELEPHONE SFR	法国	2	0
3	TRUE MONEY CO LTD	法国	2	0
4	ALCATEL SA	法国	1	0

9. 英国地区相关专利申请人排名

表 3.4-10　密钥安全传输技术英国地区相关专利申请人排名

序号	申请人	申请人国家	专利申请数量	专利授权数量
1	INTUIT INC	美国	2	0
2	CLOUDTRAN INC	美国	1	0
3	NDS LTD	日本	1	0
4	INTEL CORP	美国	1	0
5	FINISAR CORP	美国	1	0

10. 俄罗斯地区相关专利申请人排名

表 3.4-11　密钥安全传输技术俄罗斯地区相关专利申请人排名

序号	申请人	申请人国家	专利申请数量	专利授权数量
1	KONINKL PHILIPS ELECTRONICS NV	荷兰	2	1
2	CHAJNA IVNKOMM KO LTD	俄罗斯	2	0
3	MICROSOFT CORP	美国	2	1
4	SONY CORP	日本	1	0
5	KOKO KOMM JUNIKEJSHNZ KORP	俄罗斯	1	0

11. 韩国地区相关专利申请人排名

表 3.4-12　密钥安全传输技术韩国地区相关专利申请人排名

序号	申请人	申请人国家	专利申请数量	专利授权数量
1	SAMSUNG ELECTRONICS CO LTD	韩国	24	2
2	LG ELECTRONICS INC	韩国	14	5
3	THOMSON LICENSING		12	6
4	KOREA ELECTRONICS TELECOMM	韩国	8	0
5	KABUSHIKI KAISHA TOSHIBA	日本	5	3

二、专利分析

（一）技术发展趋势分析

随着通信网络技术、计算机技术、流媒体技术和压缩技术的应用和发展，电子文本、多媒体数字作品和计算机程序等数字内容的交换和传输变得非常简单，人们借助计算机、传真机、打印机、移动存储介质和网络等设备可以方便、快捷地将这些数字内容传送到世界各地，这给数字内容的创造者和消费者带来极大的方便和利益，但是由于具有易被拷贝、分发、盗用和篡改的特点，尤其是对等网（Peer-to-Peer，简称 PZP）技术的发展和应用，使数字内容的版权保护问题更加突出。研究各类数字内容的版权保护方法，建立有效的数字版权管理系统是各国政府、学术界和许多企业亟待解决的问题。为了实现 DRM 系统的功能，需要一些有效的技术和方法，最早使用密码技术在发送之前加密作品，把密钥给了那些购买了作品的合法用户，这样盗版者即使获得了加密后的作品也无法使用。

密钥的产生可以用手工方式，也可以用随机数生成器。对于一些常用的密码体制而言，密钥的选取和长度都有严格的要求和限制，尤其是对于公钥密码体制，公、私钥对还必须满足一定的运算关系。总之，不同的密码体制，其密钥的具体生成方法一般是不相同的。

密钥的存储不同于一般的数据存储，需要保密存储。保密存储有两种方法：一种方法是基于密钥的软保护；另一种方法是基于硬件的物理保护。前者使用加密算法对用户密钥（包括口令）加密，然后密钥以密文形式存储。后者将密钥存储于与计算机相分离的某种物理设备（如智能卡、USB 盘或其他存储设备）中，以实现密钥的物理隔离保护。

图 3.4-2 示出近二十年密钥安全传输技术相关专利申请数量的年度变化趋势。密钥安全传输技术在 2007 年之前一直呈现上升的发展趋势，最开始关于密钥安全传输技术一般都是应用在信息安全领域，很多国家研究此技术也以此为目的，但是随着数字出版领域的快速发展，在数字版权保护方面处处都应用到了密钥相关的技术，对于密钥的安全传输尤其重要，比如关于密钥算法的使用，经常用到的 RSA 公钥加密算法，易于理解和操作，是一种既能用于数据加密也能用于数字签名的算法，一开始只有短的 RSA 钥匙才可能被

强力方式解破。到2007年为止，世界上还没有任何可靠的攻击RSA算法的方式。只要其钥匙的长度足够长，其RSA加密的信息实际上是不能被解破的。但在分布式计算和量子计算机理论日趋成熟的今天，RSA加密安全性受到了挑战。技术的创新遇到了难度，专利申请量出现了下降的状态。

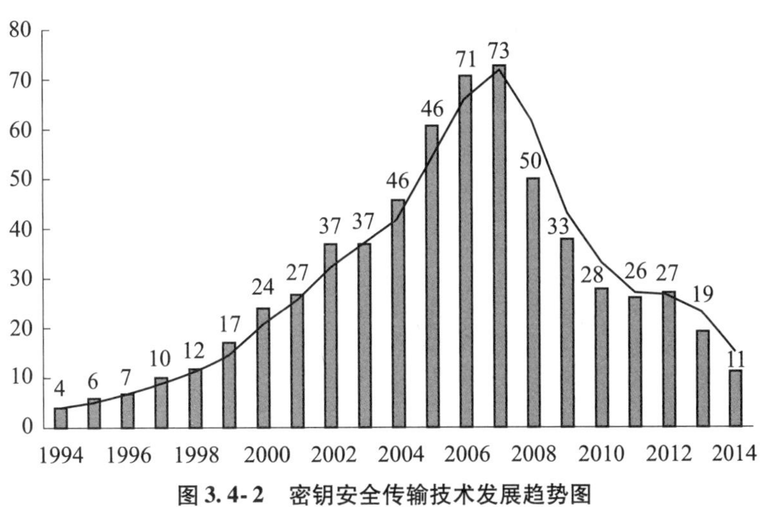

图3.4-2　密钥安全传输技术发展趋势图

（二）技术路线分析

图3.4-3示出密钥安全传输技术路线。早在1976年就提出了非对称密码体制，后来逐渐衍生为非对称密钥算法，是为了保障密钥的安全传输而设置的一套计算机算法。1998年5月15日，美国一家银行申请一件数字内容获取的专利，标志着“九国两组织”范围内第一件应用在数字版权保护上的密钥安全传输技术相关专利申请的诞生。2001年11月27日，中国纳格拉影像股份有限公司申请了一件关于生成和分配非对称密钥方法得专利，这是中国最早一件关于密钥算法专利的申请，中国的数字内容一部比较晚，那时候该技术还没有应用在数字内容领域方面。2002年3月4日，美国通用公司申请了一件关于密码管理协议的专利，应用在数字权限管理体系中。为密钥安全传输应用在数字版权保护做出了重要的突破。之后，随着数字内容的高速发展，数字版权对密钥安全传输技术的需求，随之出现了很多关于密钥安全传输的专利以及更多的密钥算法的产生，后来出现了很多的移动终端，又相应地出现了服务器和移动终端之间的密钥安全传输的技术专利申请，逐渐地，中国数字内容产业的崛起，相关的专利申请也有所增加。密钥安全传输技术是数字版权保护技术的一个基础关键技术，对数字内容销售使用授权中预分发的密钥采用非对称加密算法进行加密后再传输，成功解决在版权保护的过程中数字内容作品的密钥如何安全传输问题。

（三）主要专利申请人分析

为了深入分析密钥安全传输技术领域，通过对于检索数据进行标引、聚类等处理，我们了解到1994年至2014年，在密钥安全传输技术领域专利申请量排名前三的申请人分别为：Sony公司（索尼）、Samsung公司（三星）以及Hitachi公司（日立）。从专利申请量

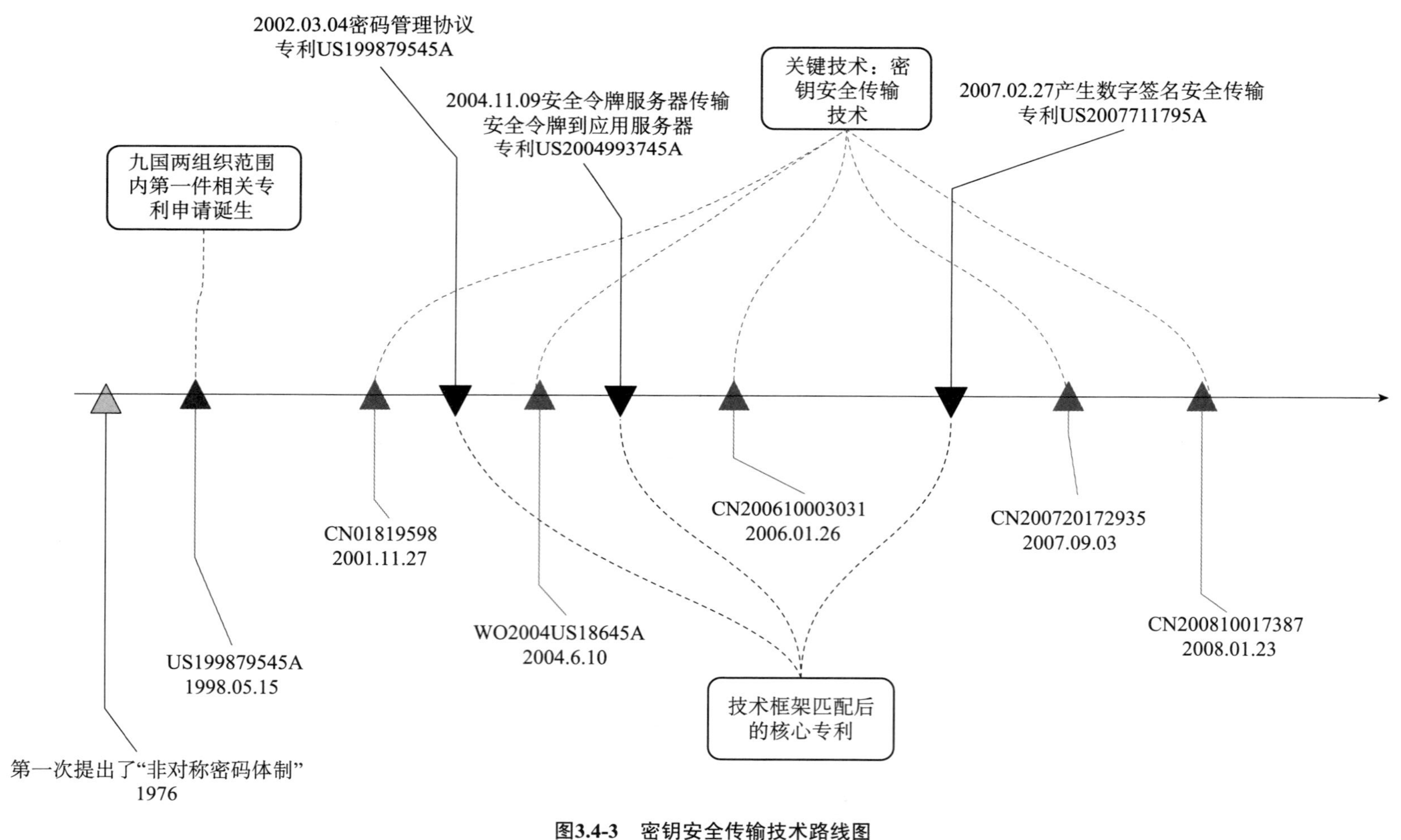

图3.4-3　密钥安全传输技术路线图

上来看，Sony 公司拥有相关专利申请 86 件；Samsung 公司拥有相关专利申请 67 件；Hitachi 公司拥有相关专利申请 63 件。从专利资产区域分布来看，Sony 公司在美国和日本拥有较大比例的专利；Samsung 公司则将专利布局更多地应用于韩国本国，在日本、中国、美国和欧盟等专利较为均衡；Hitachi 公司多在日本本国进行专利布局，其次则是中国和美国地区。

1. 申请量排名第一的专利申请人

（1）专利申请量

图 3.4-4 是索尼密钥安全传输技术专利的申请趋势图。2000 年的申请量达到了一个高峰，2000 年日本国会审议通过了《政府认证基磐》（公共密钥）等相关法律，旨在规范日本电子商务活动并提供法律依据，确保真实性和可靠性，为跨境电子商务交易的发展创造条件，这刺激了相关企业对该技术的关注度的上升，更多的企业开始投入到该技术的研发，在 2007 年和 2008 年申请量也都在 10 件以上，在 2007 年 FSE（Fast Software Encryption）会议上，由索尼公司开发并提出的一种新的分组密钥算法 CLEFIA 算法，使得密钥算法有了新突破，保障了密钥传输的安全性。分组加密算法 CLEFIA 与美国政府采用的“高级加密标准（AES：Advanced EncryptiON Standard）”支持相同的接口，分组长度为 128bit，密钥长度可从 128bit、192bit 和 256bit 中选择。最大特点是，在确保安全性的同时实现了高封装效率。通用密钥分组加密算法“CLEFIA”已经被采纳为轻量加密（light-weight cryptography）国际标准“ISO/IEC 29192”中的一种。

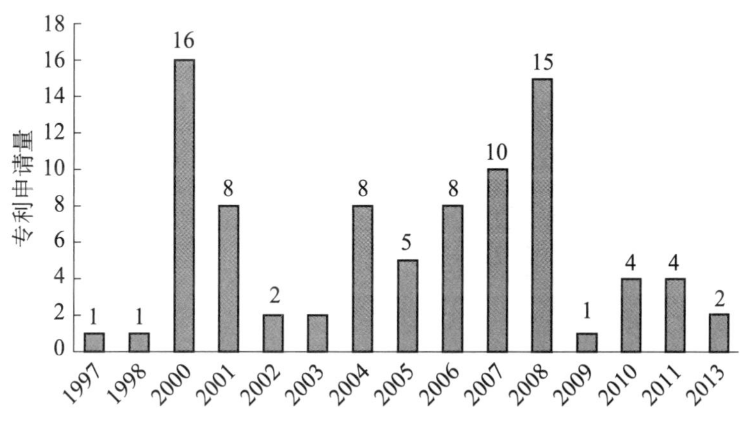

图 3.4-4　索尼密钥安全传输技术专利申请条形图

（2）“九国两组织”专利申请量区域分布

图 3.4-5 是索尼在“九国两组织”地区的专利申请情况，从图中可以看出索尼公司的专利申请最多的国家是美国。2006 年 1 月，日本索尼公司新推出了一款 SonyReader 手持阅读器，而美国市场是索尼这次的主攻目标，同时，由于微软是索尼在美国游戏市场中的主要竞争对手，所以，索尼很重视在美国市场的专利布局，并且努力维护自己在美国的专利权权益，2011 年就曾将韩国 LG 公司告上法庭。根据索尼的说法，LG 公司在美国等地区侵犯了其多项专利设计权，要求 LG 公司在美国禁售手机产品。索尼在各国的专利布局

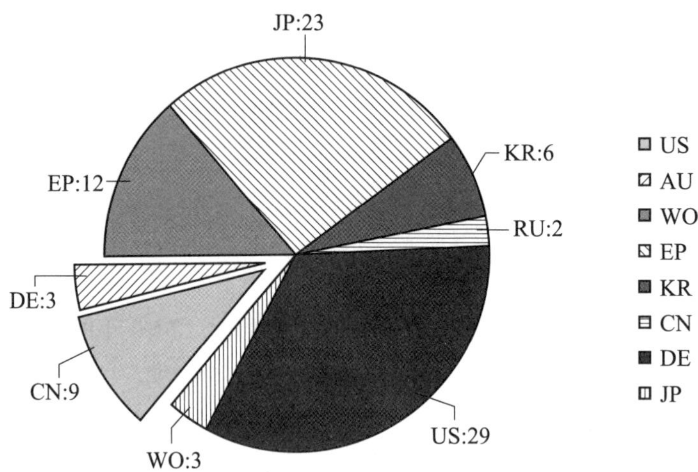

图 3.4-5　索尼密钥安全传输技术专利申请量区域分布图

排名第二的是本国，其次关注的市场是欧洲、中国、韩国。

（3）技术构成分布

通过对于重点竞争对手进行技术构成分析，我们可以深入地了解其技术研发和专利申请的侧重点。图 3.4-6 示出索尼专利的构成分布图。黑圈标注的是索尼关注度较高的热点技术，在计算机信息安全领域方面，密钥管理包含对于系统中使用的密钥的传输的保护对预分发的密钥采用非对称加密算法进行加密后再传输。在 2007 年 FSE（Fast Software Encryption）会议上，由索尼公司开发并提出的一种新的分组密钥算法：CLEFIA 算法。CLEFIA 密码的数据分组长度为 128 bit，密钥长度可以是 128 bit、192 bit 和 256 bit，

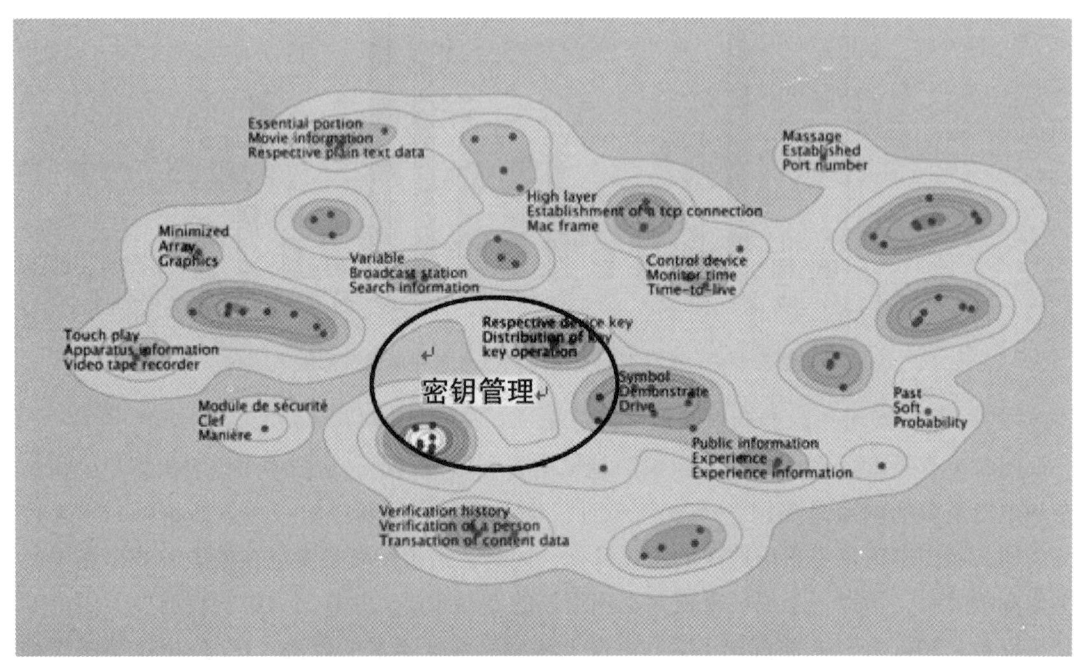

图 3.4-6　索尼密钥安全传输技术构成分布图

对应的轮数分别是 18，22 和 26 轮。CLEFIA 密码在安全性、加密速度和执行成本等三方面达到了很好的平衡。该算法增大了对密钥安全性攻击的代价，保障了密钥的安全传输。

2. 申请量排名第二的专利申请人

（1）专利申请量

知识产权能力的增长，一直是三星业绩迅速增长的奥秘之一。数据显示，三星注重技术研发，至今分布在全球的研发人员总数已超过 5 万人。同时，其每年投入的研发经费就超过了 18 亿美元，占总营收比重不断攀升。从 2007 年起，三星连续蝉联美国专利排行榜亚军，排名仅次于已经连续 18 年雄踞榜首的美国商业机器公司（IBM）。图 3. 4- 7 是三星电子密钥安全传输技术专利的申请趋势图。2007 年之前申请量一直在持续增长，在 2007 年关于密钥安全传输技术的申请量达到一个高峰，这主要是由于进入互联网发展的蓬勃期，以及智能移动终端的问世，三星也开始试着涉及移动出版领域，但是从整体来看，三星电子在该技术申请的专利数量最多也就 20 件，可见，该技术并不是三星电子主要研究对象，因此出现在 2008 年申请量突然变成几件属于正常。

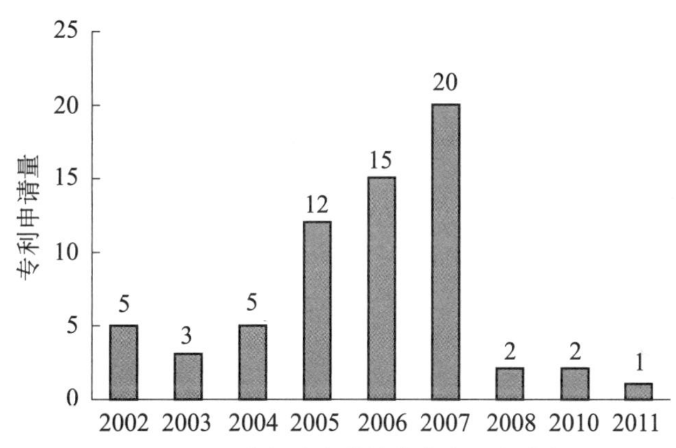

图 3. 4- 7　三星密钥安全传输技术专利申请条形图

（2）“九国两组织”专利申请量区域分布

图 3. 4- 8 是三星电子在“九国两组织”地区的专利申请情况，三星电子公司在韩国的申请量排名第一，这是由于三星电子本部在韩国首都首尔，申请量排名第二的是美国，可以看出美国是三星电子最为重要的一个海外市场。三星电子公司与苹果公司，近年来的专利官司一直无休无止。北京时间 5 月 3 日，美国加利福尼亚州圣何塞一家联邦法院的陪审团裁定，三星侵犯苹果两件智能手机专利权，应赔偿近 1. 2 亿美元。专利之争一向就是市场之争的真实反映。这样的判决结果说明，三星与苹果在专利方面的实力互有参差，相去不远。另外，在欧洲、日本和中国申请基本一样，说明三星电子在这些国家也进行了简单的专利布局，可能为以后进军该国家做准备。高度重视知识产权能力的提升，以及专利质量和专利布局，才能在硝烟弥漫的市场竞争中未雨绸缪，决胜未来。

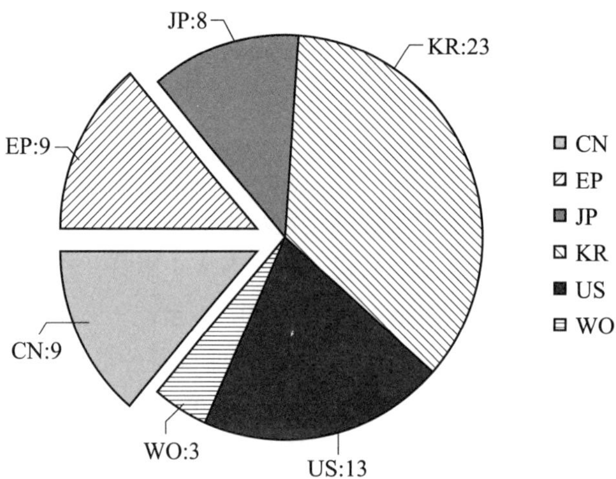

图 3.4-8　三星密钥安全传输技术专利申请量区域分布图

（3）技术构成分布

图 3.4-9 示出三星电子专利的构成分布图。黑圈标注的是三星电子关注度较高的热点技术，在数字内容作品使用授权模块对生成的密钥传输进行保护，对预分发的密钥采用非对称加密算法进行加密后再传输。关于非对密钥算法中生成的密钥对（包含公钥和私钥），通过 ToXmlString（true）方法导出，然后把这个 XML 字符串格式的密钥放到你的 Web 程序的 Web. config 文件的 AppSetting 节点里面，然后通过 FromXmlString（key）方法读入密钥，这样就意味着所有的用户密码都用同一个密钥对加密和解密，从而保障了密钥传输的安全性。

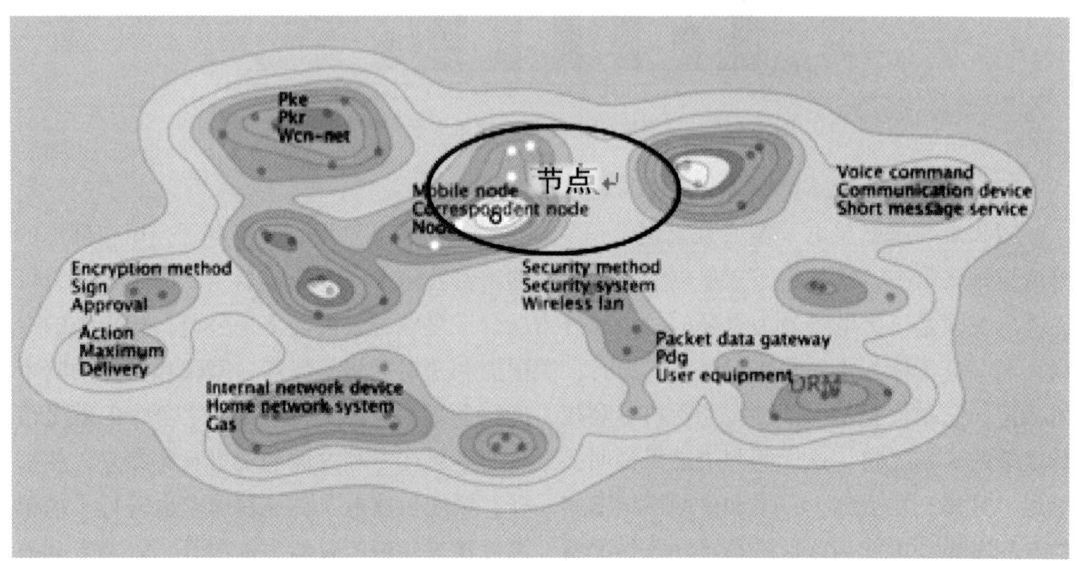

图 3.4-9　三星密钥安全传输技术构成分布图

3. 申请量排名第三的专利申请人

（1）专利申请量

图 3.4-10 是日立密钥安全传输技术专利的申请趋势图。日立关于密钥安全传输技术的专利申请只在 2006 年和 2008 年申请 10 件左右，其余每年的申请量就几件而已。日立公司共拥有 25 个研究所，在国内外共获得 52000 项专利权，在海外的子公司也已从 1959 年在美国设立第一家子公司发展到 40 多家，分布于世界各地。为适应社会发展的需要，日立公司不断调整产业结构，实现产品多样化，从最初以生产重型电机为主发展到现在拥有五大部门，包括：①动力系统及设备。②家用电器。③信息、通信系统及电子元器件。④产业机械及成套设备。⑤电线电缆、金属、化工及其他产品。它成为日本最大的综合电机生产商。从日立每年的相关专利申请量以及涉及到的业务领域方面就可以看出来，密钥安全传输技术并不是日立公司主要研究的技术。

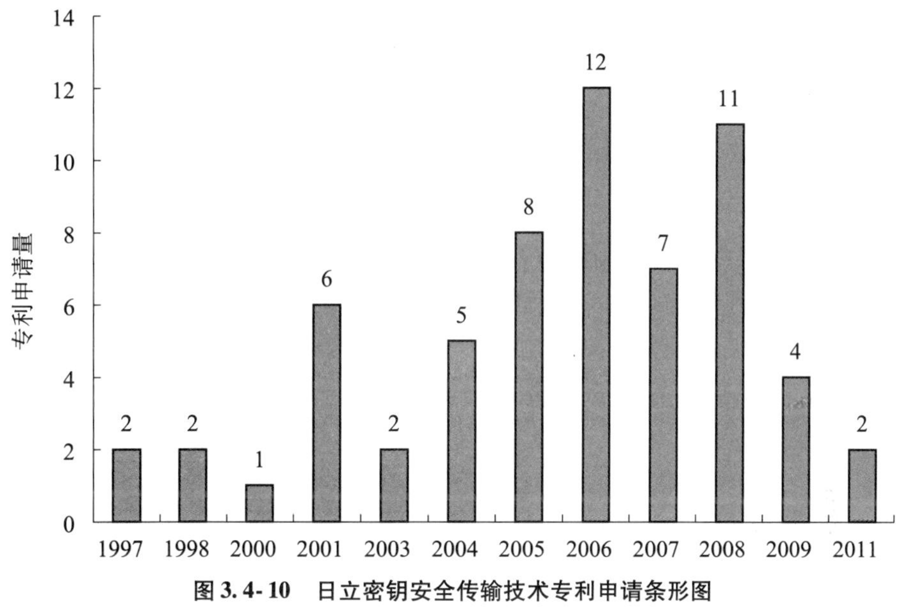

图 3.4-10 日立密钥安全传输技术专利申请条形图

（2）九国两组织专利申请量区域分布

图 3.4-11 示出日立在九国两组织区域的相关专利申请量情况。日立（HITACHI）全称是株式会社日立制作所，总部位于日本东京，致力于家用电器、电脑产品、半导体、产业机械等产品，是日本最大的综合电机生产商。美国《财富》杂志 2012 年评选的全球最大 500 家公司的排行榜中排名第 38 位。在日本，像索尼、松下，以及三星电子等同行业的竞争比较激烈，因此专利申请基本都在本国，另外，在中国和美国的申请量基本一样，美国是 12 件，中国是 11 件，美国和中国也是日立的两个主要海外市场，扩建海外市场做好专利布局甚是关键。日立公司在进行专利布局时，不但注意自身专利的申请，同时，还适时地与各国核心企业进行合作。2011 年 12 月 15 日，日立与中国大型 IT 企业集团北大方正集团有限公司、方正国际软件有限公司就云计算和智能城市领域的合作达成共识，并签订了协议。通过此次合作，各方所拥有的技术、产品以及其他丰富资源将得到有机结

合，从而能创造出具有新价值的产品和服务。另外，通过在开发、制造、销售方面的广泛合作，各方还可以进一步创造出规模效益。北大方正、方正国际在中国拥有丰富的业绩，而日立则长期以来在日本积累了社会基础设施方面的丰富经验，各方将通过优势互补，开展具有高附加价值的业务。

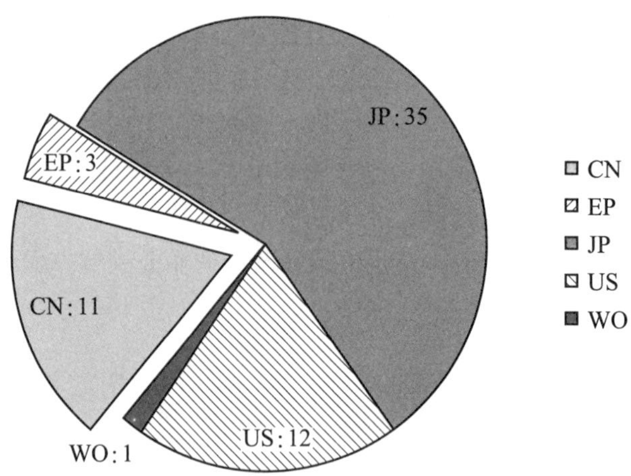

图 3.4-11　日立密钥安全传输技术专利申请量区域分布图

（3）技术构成分布

图 3.4-12 示出日立专利的构成分布图。黑圈标注的是日立关注度较高的热点技术，数字内容安全发布工具在申请密钥时必须携带令牌，也就是必须有密钥许可才可以进行数字内容作品的安全发布。令牌种子即令牌密钥，用于与时间数据组装，通过特定算法运算获得当前时间的动态口令，同时，存储于令牌和认证服务器中。令牌种子最小长度为 128bit。

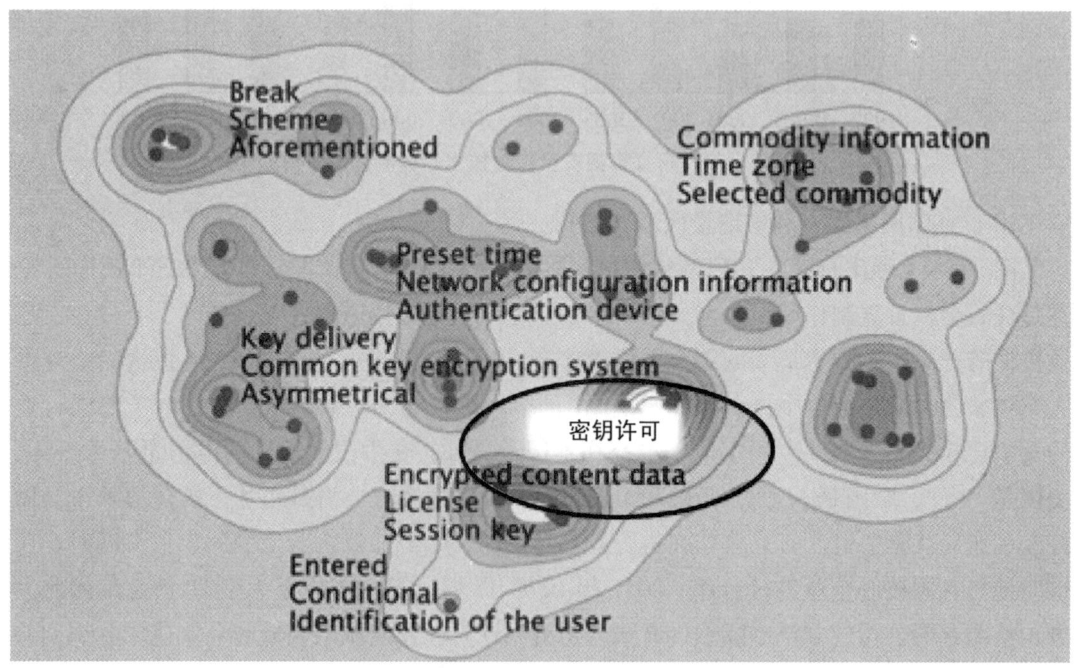

图 3.4-12　日立密钥安全传输技术构成分布图

三、总结

（一）专利申请总量

从专利申请量整体来看，美国、中国、日本、韩国四个国家的专利申请量总和为1382件，占全部专利申请量总和的75%以上，充分说明该技术的研发主要集中在上述四个国家；其中，美国专利申请数量在“九国两组织”中排名第一，申请量为512件，表明美国对该技术的研究相当重视，中国和日本的申请量都在330件左右，也表明对该技术的研究投入不小，相比于上述四个国家的专利申请数量，德国、法国、澳大利亚、俄罗斯等国的专利申请量则明显偏低，且每年专利申请量增长并不明显，说明该技术在这几个国家并未得到重视，应用也不广泛。

（二）年专利申请量

从年专利申请数量来看，该技术年专利申请量整体上表现为2007年之前呈现增长趋势，2007年达到一个高峰，后来申请量逐渐下降，但从局部来看，2007年之前的增长主要是由美、中、日、韩四国年专利申请数量的增加造成，表明这四个国家带动了该技术的快速发展。

（三）专利申请人

从专利申请人情况来看，中国的华为和中兴、美国的微软和IBM、日本的索尼和松下、韩国的三星掌握了该检索主题下的绝大多数专利申请；索尼则是掌握该检索主题专利申请最多的企业，在中国华为的申请量居于第一，很多密钥安全传输技术方面的专利都是掌握在这些IT企业中。

从对检索结果的初步分析来看，密钥安全传输技术应用到数字版权技术领域里是比较成熟的。

第五节　视频加密技术

一、专利检索

（一）检索结果概述

以视频加密技术为检索主题，在“九国两组织”范围内，共检索到相关专利申请3 879件，具体数量分布如下（单位：件）：

美国	中国	日本	韩国	英国	法国	德国	澳大利亚	俄罗斯	EP	WO	总计
1 087	603	689	333	44	28	74	135	16	477	393	3 879

（二）各地区/组织相关专利申请趋势

从表3.5-1和图3.5-1可以看出，2000年至2006年是视频加密技术研发的高峰期，这一阶段，美、中、日、韩都申请了大量的专利，但是近年来随着视频加密技术被其他技术所取代，申请量已经呈下降趋势，特别是美国和日本，下降趋势非常明显。

表 3.5-1　视频加密技术“九国两组织”相关专利申请状况

国家＼年份	1994	1995	1996	1997	1998	1999	2000	2001	2002	2003	2004	2005	2006	2007	2008	2009	2010	2011	2012	2013	2014
US	5	8	20	8	12	19	29	62	93	77	90	92	113	132	70	56	59	67	36	28	11
CN	0	7	11	16	6	5	5	20	39	38	77	22	74	36	51	33	38	49	29	32	15
JP	4	4	13	19	20	32	26	56	49	57	74	59	52	43	58	36	37	22	19	8	1
KR	2	3	2	3	7	7	5	2	28	28	27	41	42	40	26	31	17	17	1	4	0
GB	1	0	1	0	2	0	9	4	1	5	1	0	5	5	2	2	2	2	2	0	0
DE	1	3	5	12	2	2	3	15	10	7	8	2	1	1	0	0	0	0	1	1	0
FR	1	0	0	0	1	0	0	1	4	4	2	2	3	2	4	2	0	2	0	0	0
AU	4	1	4	14	2	5	7	25	20	29	8	4	7	0	4	0	0	0	0	1	0
RU	0	0	1	0	1	0	1	1	2	2	0	1	4	0	0	0	0	3	0	0	0
EP	8	15	16	29	8	9	12	40	42	39	70	35	34	24	36	23	15	14	6	2	0
WO	2	2	2	10	1	7	12	31	28	31	65	26	40	30	27	20	19	17	10	11	2

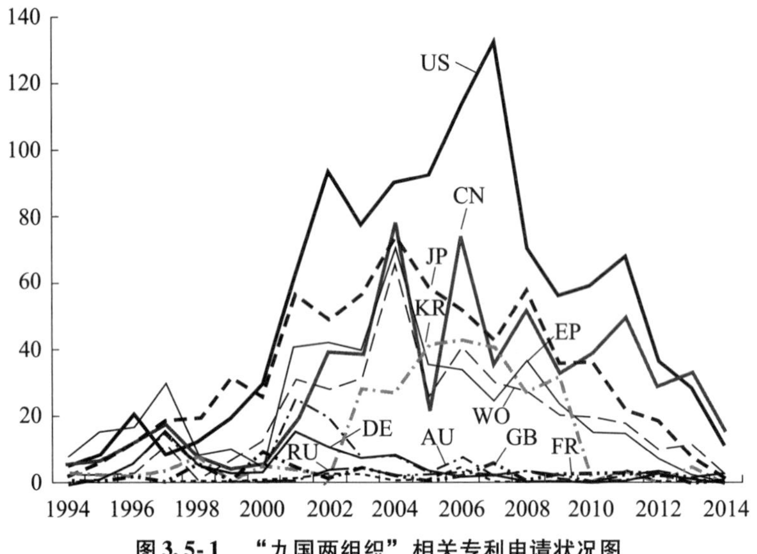

图 3.5-1　“九国两组织”相关专利申请状况图

（三）各地区/组织相关专利申请人排名

1. WO 相关专利申请人排名

表 3.5-2　视频加密技术 WO 相关专利申请人排名

序号	申请人	申请人国家	专利申请数量
1	SONY CORP	日本	45
2	KONINK PHILIPS ELECTRONICS NV	荷兰	41

（续表）

序号	申请人	申请人国家	专利申请数量
3	CANDELORE B L	荷兰	19
4	GEN INSTR CORP	美国	16
5	PEDLOW L M	美国	16

2. EP 相关专利申请人排名

表 3.5-3　视频加密技术 EP 相关专利申请人排名

序号	申请人	申请人国家	专利申请数量	专利授权数量
1	SONY CORP	日本	67	15
2	NAGRAVISION SA	瑞士	36	8
3	KONINK PHILIPS ELECTRONICS NV	荷兰	33	4
4	PEDLOW L M	英国	22	8
5	THOMSON LICENSING SA	美国	21	4

3. 中国地区相关专利申请人排名

表 3.5-4　视频加密技术中国地区相关专利申请人排名

序号	申请人	申请人国家	专利申请数量	专利授权数量
1	SONY CORP	日本	62	25
2	KONINK PHILIPS ELECTRONICS NV	荷兰	32	8
3	NAGRAVISION SA	瑞士	28	13
4	MATSUSHITACHI LTD DENKI SANGYO KK	日本	28	11
5	SAMSUNG ELECTRICS CO LT	韩国	23	9

4. 美国地区相关专利申请人排名

表 3.5-5　视频加密技术美国地区相关专利申请人排名

序号	申请人	申请人国家	专利申请数量	专利授权数量
1	SONY CORP	日本	147	46
2	CANDELORE B L	美国	75	25
3	PEDLOW L M	美国	60	20
4	MICROSOFT CORP	美国	54	18
5	INTEL CORPRVIDEO INC	美国	49	13

5. 日本地区相关专利申请人排名

表 3.5-6 视频加密技术日本地区相关专利申请人排名

序号	申请人	申请人国家	专利申请数量	专利授权数量
1	SONY CORP	日本	108	37
2	MATSUSHITACHI LTD DENKI SANGYO KK	日本	75	27
3	HITACHI LTD	日本	52	18
4	TOSHIBA KK	日本	42	9
5	KONINK PHILIPS ELECTRONICS NV	荷兰	28	5

6. 澳大利亚地区相关专利申请人排名

表 3.5-7 视频加密技术澳大利亚地区相关专利申请人排名

序号	申请人	申请人国家	专利申请数量	专利授权数量
1	INTEL CORP	美国	11	2
2	SHEAR V H	美国	11	2
3	SIBERT W O	美国	11	2
4	VAN WIE D M	美国	11	2
5	WEBER R P	美国	11	2

7. 德国地区相关专利申请人排名

表 3.5-8 视频加密技术德国地区相关专利申请人排名

序号	申请人	申请人国家	专利申请数量	专利授权数量
1	NAGRAVISION SA	瑞士	9	5
2	KONINK PHILIPS ELECTRONICS NV	荷兰	9	5
3	SONY CORP	日本	6	1
4	INTEL CORPRVIDEO INC	美国	5	2
5	SHEAR V H	美国	5	1

8. 法国地区相关专利申请人排名

表 3.5-9 视频加密技术法国地区相关专利申请人排名

序号	申请人	申请人国家	专利申请数量	专利授权数量
1	THALES SA	法国	26	3
2	FRANCE TELECOM	法国	5	1
3	STMICROELECTRONICS SA	意大利	4	1
4	CANAL& DISTRIBUTION SAS	法国	3	1
5	BORN ACCESS TECHNOLOGIES	法国	2	1

9. 英国地区相关专利申请人排名

表 3.5-10　视频加密技术英国地区相关专利申请人排名

序号	申请人	申请人国家	专利申请数量	专利授权数量
1	SONY CORP	日本	8	3
2	DIVA SYSTEMS CORP	加拿大	6	2
3	SEDNA PATENT SERVICES LLC	美国	4	1
4	TOSHIBA KK	日本	3	0
5	MITCH ELL A J	英国	3	0

10. 俄罗斯地区相关专利申请人排名

表 3.5-11　视频加密技术俄罗斯地区相关专利申请人排名

序号	申请人	申请人国家	专利申请数量	专利授权数量
1	NAGRAVISION SA	瑞士	7	3
2	QUALCOMM INC	美国	2	0
3	MICROSOFT CORP	美国	2	0
4	ENGLAND P	英国	2	0
5	IRDETO EINDHOVEN BV	荷兰	1	0

11. 韩国地区相关专利申请人排名

表 3.5-12　视频加密技术韩国地区相关专利申请人排名

序号	申请人	申请人国家	专利申请数量	专利授权数量
1	SONY CORP	日本	55	25
2	SAMSUNG ELECTRICS CO LT	韩国	49	17
3	ELECTRONICS&TELECOM RES INST	韩国	29	12
4	CANDELORE B L	美国	26	13
5	PEDLOW L M	美国	26	12

二、专利分析

（一）技术发展趋势分析

视频信息加密技术最早是在 20 世纪 70 年代提出的，在 90 年代后期开始成为研究热点领域之一。从图 3.5-2 专利技术发展趋势可以看出，90 年代初随着视频编码标准的形成和完善，视频加密技术专利申请量缓慢增加，这一时期的视频加密技术都是传统加密算法，即对全部视频数据流直接用密码技术进行加密和解密。90年代中后期，为了解决传统加密算法的种种弊端，很多企业、高校、科研院所展开了对新的加密技术的研究，视频加密技术专利申请量逐渐增多，特别是1998年后视频加密技术的申请量基本呈直线增长状态，2007年申请量达到峰值，此后随着技术的成熟，申请量整体呈下降趋势。

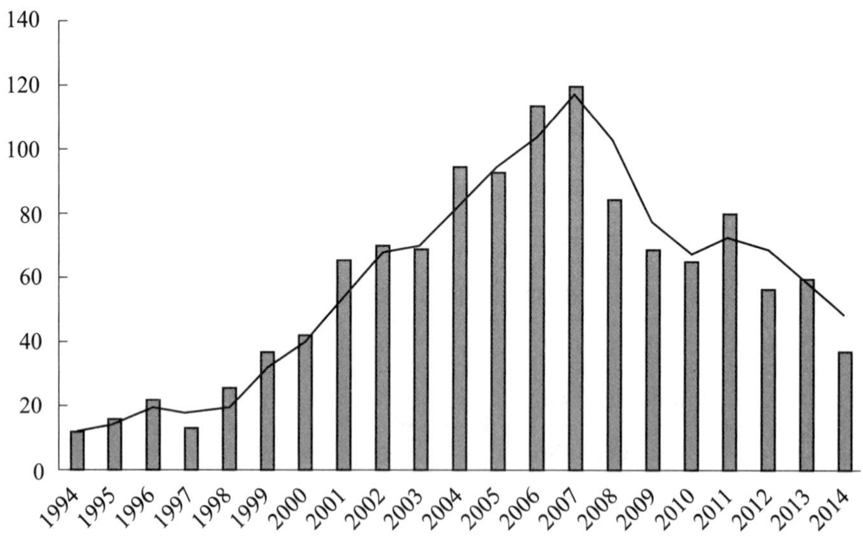

图3.5-2 视频加密技术发展趋势图

（二）技术路线分析

视频加密技术最早是在上世纪70年代提出的，在90年代后期开始成为研究热点领域之一。从图3.5-3可以看出，1995年之前，视频加密技术主要是对全部视频数据流直接用密码技术进行加密和解密，国内一般称为全加密或者传统加密算法。因为视频信息最终会转化为一维的二进制数据流，因此，现代密码机制从理论上适用于视频数据的加密。但由于视频数据量很大，传统的加密方法通常计算量非常大，不仅浪费资源，难以保证实时，而且没有充分利用视频信息之间的统计特性。上世纪90年代中后期，人们发现传统加密算法在实际应用中难以满足视频信息加密的各项需求。此后，通过对视频编码结构的研究，人们开始认为，应当选择对视频信息重建具有重大意义的部分进行加密，即选择性加密算法。1996年，英特尔公司申请了一件关于选择性加密的专利，该件专利此后被大量的申请人引用。在此基础上，DIVA系统公司2000年申请了一件关于选择性和可再生加密技术的专利，后续也被大量的专利权人引用。近十几年来，技术人员更多地研究了针对特定应用的视频数据的加密技术，例如，针对视频数据的传输和显示处理的实时性的加密技术，保证加密解密后压缩比不变的加密技术，考虑相容性和可操作性的加密技术。

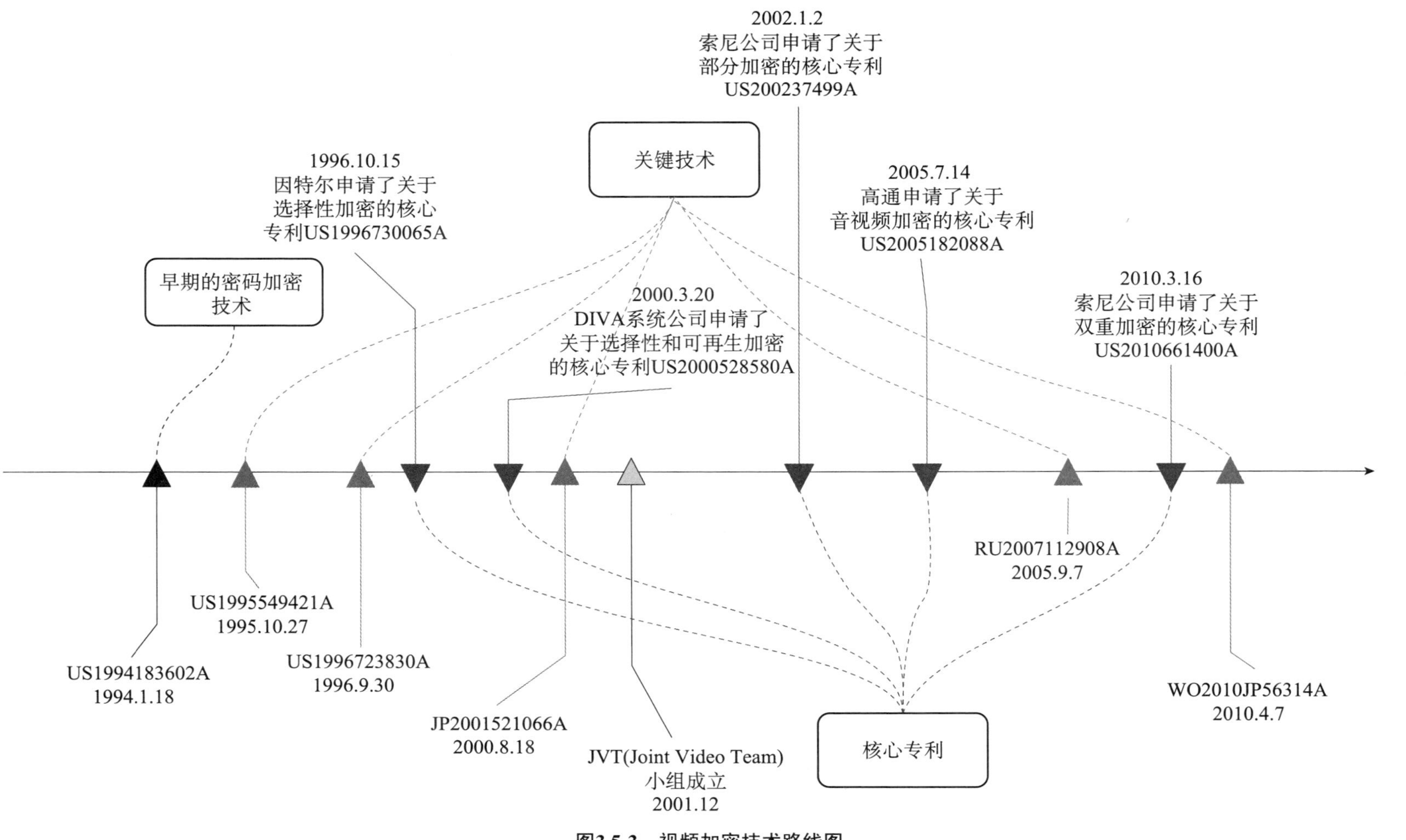

图3.5-3 视频加密技术路线图

（三）主要专利申请人分析

1. 排名第一的专利申请人

（1）专利申请量

索尼公司是世界上民用及专业视听产品、游戏产品、通信产品核心部件和信息技术等领域的先导之一，它在音乐、影视、电脑娱乐以及在线业务方面的成就使其成为全球领先的电子和娱乐公司，索尼也很重视视频的版权保护。作为加密技术领域最大的巨头，索尼的专利申请趋势基本上反映了日本和美国视频加密技术领域的发展趋势。从图 3. 5- 4 可以看出，索尼于 1994 年开始在视频加密技术领域申请了第一件专利，经过技术的缓慢发展期，在 2002 年至 2004 年进入专利申请的高峰期，2005 年至 2009 年，索尼的申请量有所下降，但是仍然保持着一定的研发热度，2010 年以来，随着索尼视频加密技术的成熟，其研发力度大大减少。

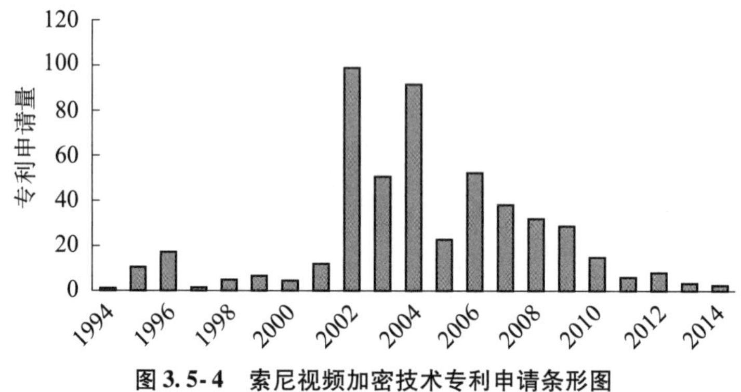

图 3. 5- 4 索尼视频加密技术专利申请条形图

（2）“九国两组织”专利申请量区域分布

作为全球知名的大型综合性跨国企业集团，索尼非常注重本国以及国外的知识产权保护，从图 3. 5- 5 可以看出，索尼认为美国是视频加密技术的最大应用市场，在美国展开了

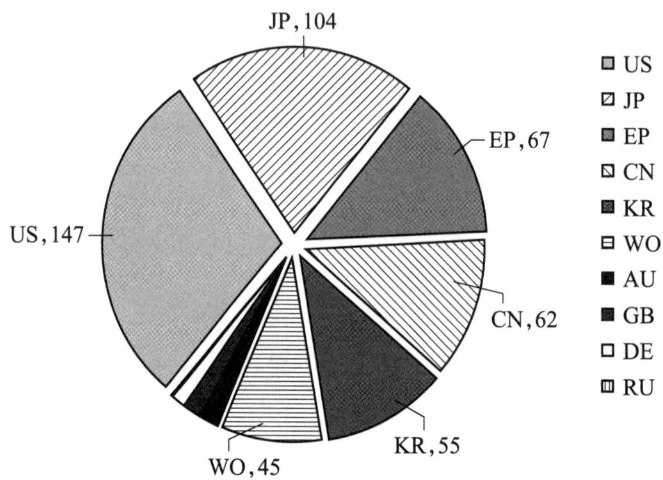

图 3. 5- 5 索尼视频加密技术专利申请量区域分布图

大量的专利布局，专利申请量甚至多于其在日本本国的专利申请量。除了美国、日本，欧洲、中国、韩国也是视频产品和设备的主要消费地区和国家，索尼也很积极地到这些市场进行专利布局。

（3）技术构成分布

从图 3. 5-6 可以看出，索尼的研究热点主要集中在部分加密（仅对视频节目的一部分进行加密）、视频点播传递加密（通过选择内容的第一部分在可选加密系统下加密并且选择内容的第二部分保持不加密，在 VOD 方法中对要传递的内容进行处理）、预加密（选择用于加密的多个帧内编码帧以产生选定帧；在第一加密算法下对选定帧加密以产生第一加密帧；将帧间编码帧存储在第一文件中；以及将帧内编码帧存储在第二文件中，而不管是在第一加密算法下加密的帧内编码帧还是未加密的帧内编码帧）。

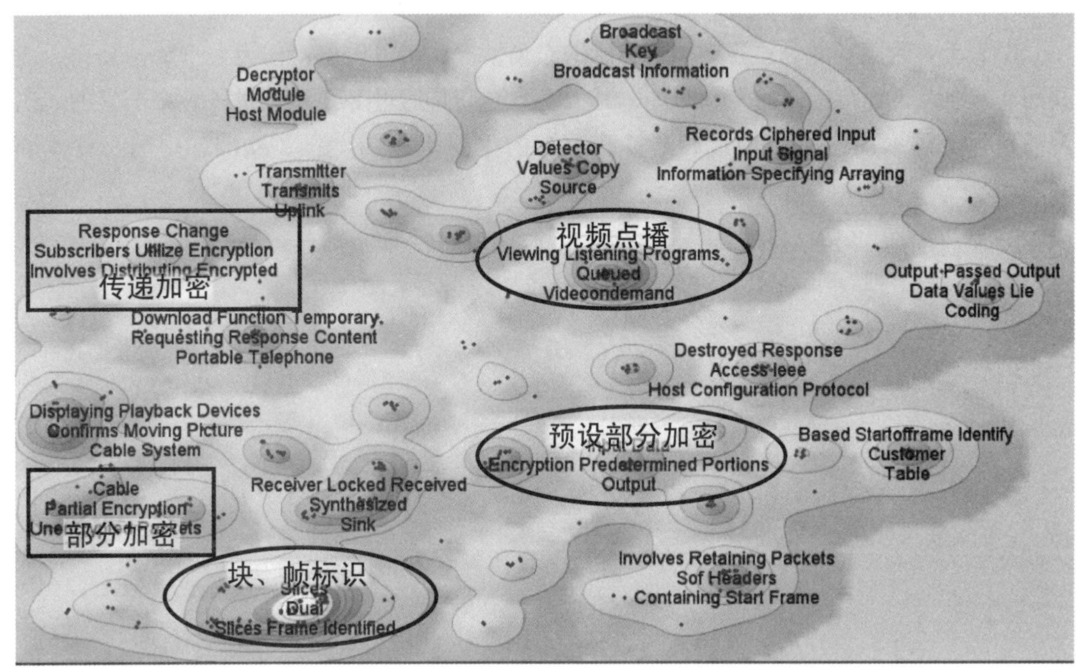

图 3. 5-6　索尼视频加密技术构成分布图

2. 申请量排名第二的专利申请人

（1）专利申请量

飞利浦电子是世界上最大的电子公司之一，在欧洲名列榜首。在彩色电视、照明、电动剃须刀、医疗诊断影像和病人监护仪，以及单芯片电视产品领域世界领先。从图 3. 5-7 可以看出，飞利浦从 1996 年开始在视频加密技术领域申请专利。1997 年，飞利浦和索尼公司合作推出了 DVD，因此，这一年视频加密的申请量提升较快。2002 年以后，随着视频播放器的发展，飞利浦在视频加密领域的投入也达到空前状态。2007 年以后，飞利浦的电子消费产品开始衰败，这很大程度上影响了其专利的申请量。从图中可以看到，2011 年，飞利浦在视频加密领域的专利申请已经非常少。2013 年，飞利浦已经全部将电子消费产品剥离，也代表其基本上退出了视频加密的技术舞台。

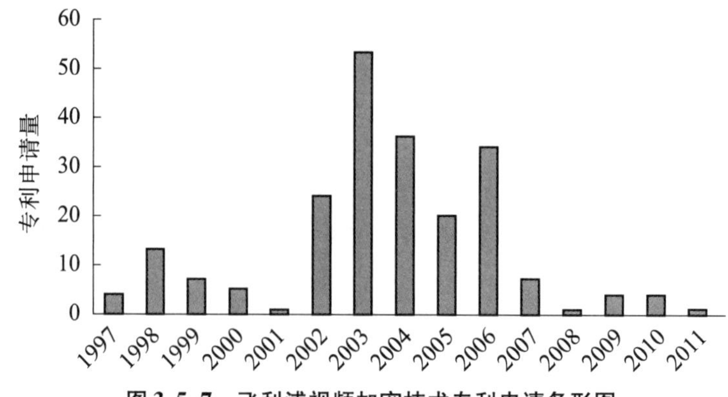

图 3.5-7　飞利浦视频加密技术专利申请条形图

（2）“九国两组织”专利申请量区域分布

图 3.5-8 为飞利浦公司视频加密技术的布局情况，可以看出，作为大型跨国公司，飞利浦非常注重世界范围内的专利布局，其大多数专利是通过 PCT 申请进入各个国家的。飞利浦在各个国家的专利布局量相当，其重视的主要市场为美国、欧洲、中国、日本和韩国。

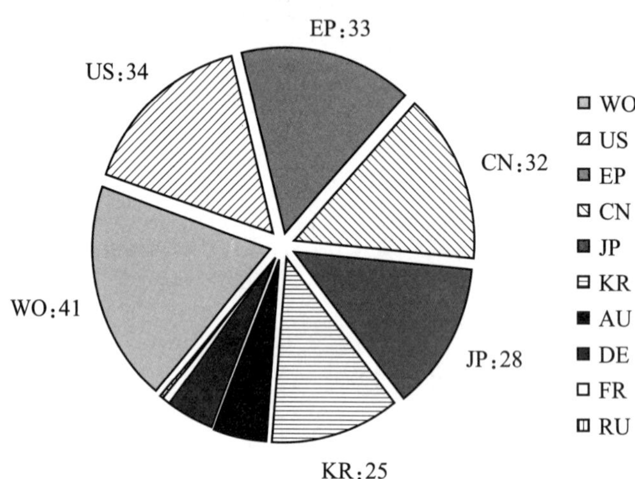

图 3.5-8　飞利浦视频加密技术专利申请量区域分布图

（3）技术构成分布

从图 3.5-9 可以看出，飞利浦的主要技术热点为：将视频数据流划分为单元进行加密（根据包含在单元中的数据的类型，对特定单元或特定单元的一部分加密）、数据流解密、水印信号中嵌入密钥（使得该密钥可以被编码设备提取并使用，以用来对基于模拟信号的数字内容进行加密）、用控制字解密的加密信息流（加密视频信息流，利用重复变化的控制字来解密）。

3. 申请量排名第三的专利申请人

（1）专利申请量

松下（Panasonic）是日本的一个跨国性公司，在全世界设有 230 多家公司，发展品牌

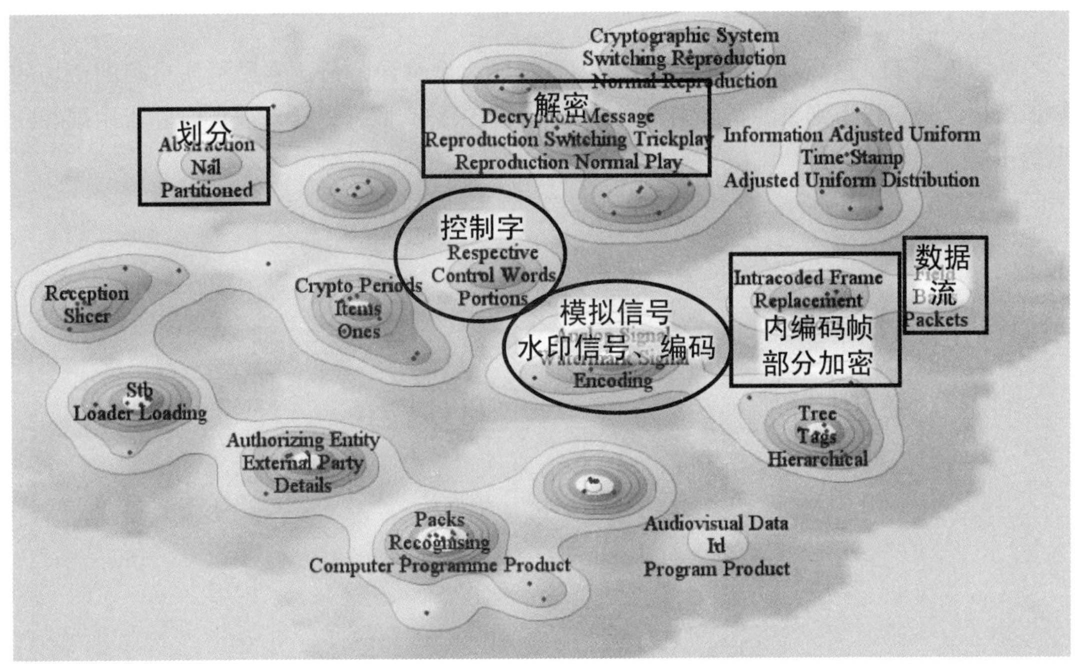

图 3.5-9　飞利浦视频加密技术构成分布图

产品涉及家电、数码视听电子、办公产品、航空等诸多领域而享誉全球。松下公司对视频加密技术的研究主要是由于其在电视、DVD、数码视听电子方面的发展。从图 3.5-10 可以看出，松下在 2001 年之前，视频加密技术领域的专利申请量不多，2001 年开始申请量有所增长，2004 年达到峰值，此后一直到 2010 年申请量也比较稳定，这期间也是松下数码摄像机发展的高峰期。2011 年以后，松下明显减少了在视频加密技术领域的投入。

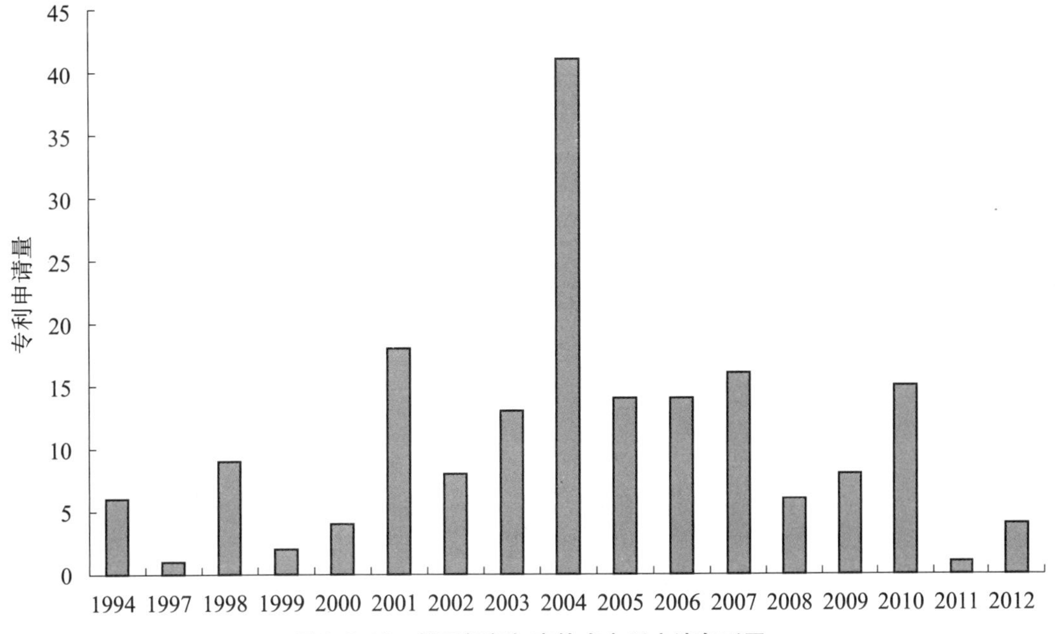

图 3.5-10　松下视频加密技术专利申请条形图

（2）九国两组织专利申请量区域分布

从图 3. 5- 11 可以看出，虽然同样作为日本的大型跨国公司，索尼更注重美国市场的知识产权保护，松下则更注重本国市场的知识产权保护。此外，松下还比较注重中国和欧洲的市场。

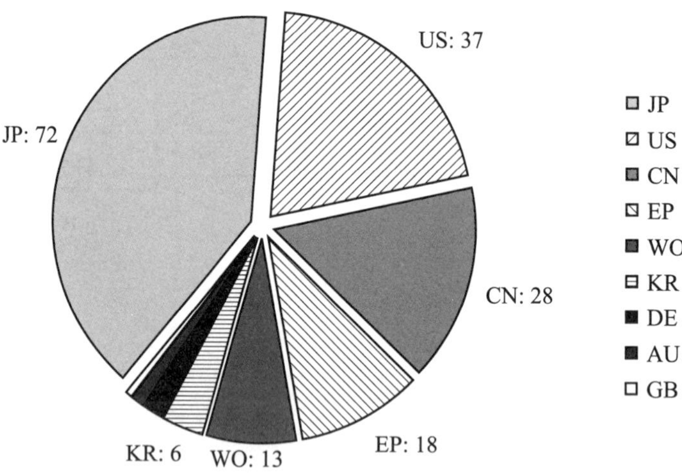

图 3. 5- 11　松下视频加密技术专利申请量区域分布图

（3）技术构成分布

结合图 3. 5- 12 和松下公司的专利对其研发的重点进行解读，可以看出松下的视频加密技术包括：内容秘钥（根据数据内容对数据应用各种加密程度）、保护拍摄对象的个人

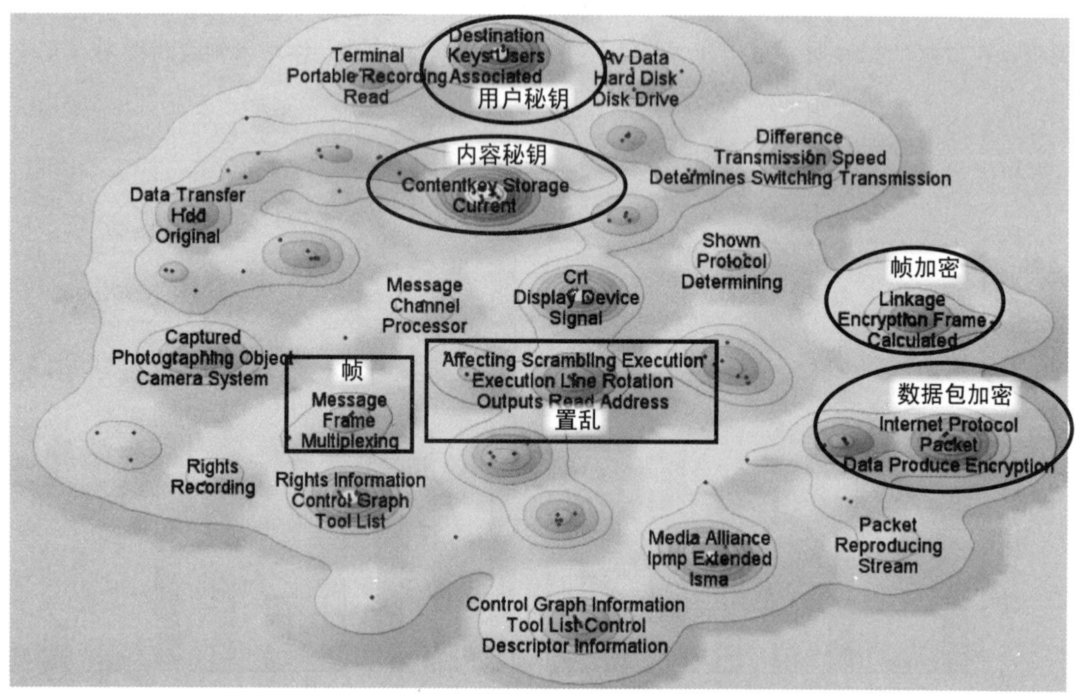

图 3. 5- 12　松下视频加密技术构成分布图

隐私的摄影（以每个拍摄对象为单位存储加密密钥数据）、对视频帧进行置乱、对视频帧进行加密、对视频数据包进行加解密等。

三、总结

（一）专利申请量的总体发展趋势

从专利技术发展趋势可以看出，上世纪 90 年代初，随着视频编码标准的形成和完善，视频加密技术专利申请量缓慢增加。90 年代中后期，视频加密技术专利申请量逐渐增多，特别是 1998 年后视频加密技术的申请量基本呈直线增长状态，2007 年申请量达到峰值，此后随着技术的成熟，申请量整体呈下降趋势。

（二）各地区技术发展现状以及未来发展趋势

1. 美国

美国是最早研究视频加密技术的国家，1994 年至 1999 年为视频加密技术在美国的萌芽阶段，视频加密技术开始被少量的申请人关注。2000 年至 2003 年，美国涌现了大量的申请人对视频加密技术展开研究，这一阶段，视频加密技术的申请量也大量增长。2004 年至 2007 年，美国的视频加密技术进入了成熟期，这一时期，由于市场有限，技术成熟，申请人和申请量的增长趋势趋缓。2008 年后，美国的视频加密技术进入了饱和期，申请人和申请量都明显减少，大量的企业选择退出这一市场。

2. 日本

日本的视频加密技术虽然晚于美国，但是发展速度较快，1996 年起，申请人和申请量增长迅速，2002 年至 2007 年，日本的视频加密技术逐渐成熟，申请人数量和专利申请量都趋于平稳。2008 年后，日本的视频加密技术申请人和申请量都呈现了明显的下降趋势，说明该技术已经进入饱和期，不再是企业的研发重点。

3. 韩国

韩国的视频加密技术的萌芽期较长，1994 年至 2001 年这一时期都属于萌芽期，申请人和申请量都没有明显的增长。2002 年至 2007 年是韩国视频加密技术的快速发展期，大量的企业在视频加密技术领域投入了研究，专利申请量也有大幅增长。2008 年至 2009 年为韩国视频加密技术的成熟期，申请量有所下降。2000 年开始，韩国的视频加密技术进入了饱和期，申请人数量和专利申请量都有明显的下降。

4. 中国

由于早期中国不注重视频的版权保护，中国视频加密技术发展较慢，1997 年，汤姆森消费电子有限公司来华申请了第一件关于视频加密的专利，此后，有少量国外厂商关注中国视频版权保护的市场，来华申请专利，形成了中国视频加密技术的首批专利，这一状况持续到 2003 年，申请量都没有太大的突破，这一时期属于中国视频加密技术的萌芽期。2004 年之后，随着中国对版权的重视，大量的中国企业开始关注视频加密技术，视频加密技术专利申请人和申请量都呈现了快速增长的态势，随着技术点的突破、市场需求的提高，中国视频加密技术的活跃度仍会很高。

（三）主要申请人专利申请对比分析

通过对视频加密技术领域专利申请人的统计分析，得出该领域申请量最多的三个申请人是索尼、飞利浦和松下，针对上述三个申请人的申请量、区域分布及技术构成进行了分析，结论如下：

1. 专利申请量维度横向比较

作为加密技术领域最大的巨头，索尼的申请量最多，为504件，其次，飞利浦的申请量为214件，松下的申请量为180件。索尼视频加密技术的发展高峰期是2002年至2004年，2005年至2009年，索尼的申请量有所下降，但是仍然保持着一定的研发热度，2010年以来，随着索尼视频加密技术的成熟，其研发力度大大减少。飞利浦视频加密技术的发展高峰期是2002年至2006年，2007年后，飞利浦的电子消费产品开始衰败，2011年，飞利浦在视频加密领域的专利申请已经非常少，2013年，飞利浦已经全部将电子消费产品剥离，也代表其基本上退出了视频加密的技术舞台。松下在2001年之前，视频加密技术领域的专利申请量不多，2001年开始申请量有所增长，2004年达到峰值，此后一直到2010年申请量也比较稳定，这期间也是松下数码摄像机发展的高峰期。2011年以后，松下明显减少了在视频加密技术领域的投入。

2. 专利资产区域布局情况

从布局情况来看，索尼认为美国是视频加密技术的最大市场，在美国展开了大量的专利布局，专利申请量甚至多于其在日本的专利申请量。飞利浦在各个国家的专利布局量相当，其主要重视的市场为美国、欧洲、中国、日本和韩国。同样，作为日本的大型跨国公司，索尼更注重美国市场的知识产权保护，松下则更注重本国市场的知识产权保护。此外，松下还比较注重中国和欧洲的市场。

3. 技术热点分析

索尼的研究热点主要集中在部分加密、视频点播传递加密、预加密；飞利浦的主要技术热点为将视频数据流划分为单元进行加密、数据流解密、水印信号中嵌入密钥、用控制字解密的加密信息流；松下的视频加密领域的重点技术包括内容秘钥、保护拍摄对象的个人隐私的摄影、对视频帧进行置乱、对视频帧进行加密、对视频数据包进行加解密等。

第六节　光全息水印的加解密技术

一、专利检索

（一）检索结果概述

以光全息水印的加解密技术为检索主题，在“九国两组织”范围内，共检索到相关专利申请1 204件，具体数量分布如下（单位：件）：

美国	中国	日本	韩国	英国	法国	德国	澳大利亚	俄罗斯	EP	WO	总计
380	546	126	90	5	2	2	7	0	30	16	1 204

（二）各地区/组织相关专利申请趋势

表3.6-1以及图3.6-1为“九国两组织”在光全息水印的加解密技术方面的专利分布情况，可以明显看出美国、日本、韩国和中国的专利申请量每年都有数十件专利，可想其技术在这些国家的发展较为迅速，其余国家的专利申请量偏低且波动性很大。

表3.6-1　“九国两组织”相关专利申请状况

国家＼年份	1995	1996	1997	1998	1999	2000	2001	2002	2003	2004	2005	2006	2007	2008	2009	2010	2011	2012	2013	2014
US	2	2	2	4	5	8	15	36	37	27	31	23	44	33	27	20	16	23	21	4
CN	1	1	1	1	3	1	9	18	27	31	36	40	36	55	41	44	72	57	41	31
JP	2	1	3	7	21	15	9	7	14	11	8	4	8	5	4	3	2	2	0	0
KR	0	0	0	0	0	0	0	0	0	0	1	10	25	12	10	9	10	11	2	0
GB	0	0	0	0	1	2	0	0	1	0	0	0	0	0	0	0	0	0	1	0
DE	0	1	0	1	0	0	0	0	0	0	0	0	0	0	0	0	0	0	0	0
FR	0	0	0	1	1	0	0	0	0	0	0	0	0	0	0	0	0	0	0	0
AU	0	1	0	0	3	1	0	0	0	0	1	0	0	1	0	0	0	0	0	0
RU	0		0	0	0	0	0	0	0	0	0	0	0	0	0	0	0	0	0	0
EP	0	1	1	1	6	5	0	2	1	0	3	1	2	1	2	0	2	2	0	0
WO	0	0	0	0	0	1	1	0	0	0	1	4	1	1	1	0	2	1	1	2

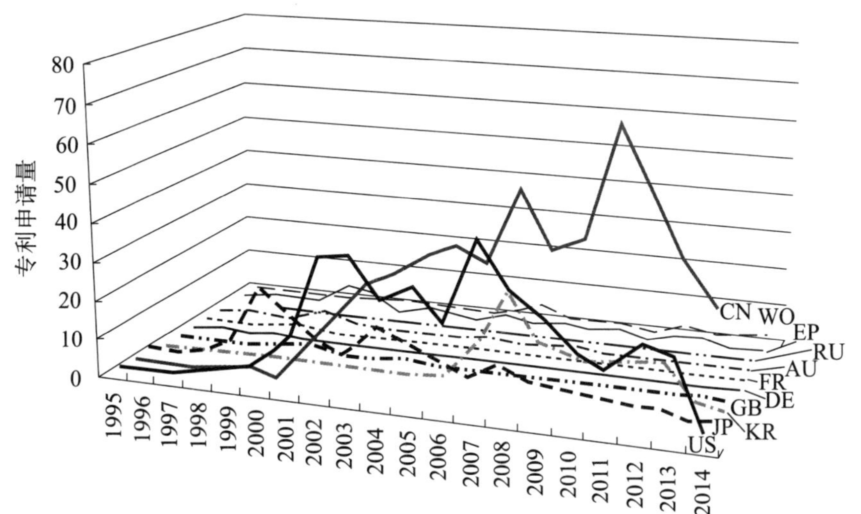

图3.6-1　“九国两组织”相关专利申请状况图

（三）各地区/组织相关专利申请人排名

1. WO 相关专利申请人排名

表 3.6-2 光全息水印的加解密技术 WO 相关专利申请人排名

序号	申请人	申请人国家	专利申请数量
1	DIGMARC CORP	美国	16
2	RHOADS GEOFFREY B	美国	8
3	KONINKL PHILIPS ELECTRONICS NV	芬兰	7
4	SAMSUNG ELECTRONICS CO LTD	韩国	5
5	VIACCESS SA	美国	5

2. EP 相关专利申请人排名

表 3.6-3 光全息水印的加解密技术 EP 相关专利申请人排名

序号	申请人	申请人国家	专利申请数量	专利授权数量
1	DIGMARC CORP	美国	9	0
2	SAMSUNG ELECTRONICS CO LTD	韩国	9	0
3	VIACCESS SA	美国	5	0
4	KONINKL PHILIPS ELECTRONICS NV	芬兰	5	0
5	MATSUSHITA ELECTRIC IND CO LTD	日本	5	0

3. 中国地区相关专利申请人排名

表 3.6-4 光全息水印的加解密技术中国地区相关专利申请人排名

序号	申请人	申请人国家	专利申请数量	专利授权数量
1	HUAWEI TECH CO LTD	中国	21	11
2	UNIV XIDIAN	中国	16	9
3	MATSUSHITA ELECTRIC IND CO LTD	日本	16	5
4	SAMSUNG ELECTRONICS CO LTD	韩国	15	4
5	SONY CORP	日本	10	3

4. 美国地区相关专利申请人排名

表 3.6-5 光全息水印的加解密技术美国地区相关专利申请人排名

序号	申请人	申请人国家	专利申请数量	专利授权数量
1	DIGMARC CORP	美国	67	36
2	SAMSUNG ELECTRONICS CO LTD	韩国	13	9
3	SONY CORP	日本	11	7
4	MICROSOFT CORP	美国	11	6
5	CANON KK	日本	9	5

5. 日本地区相关专利申请人排名

表 3.6-6　光全息水印的加解密技术日本地区相关专利申请人排名

序号	申请人	申请人国家	专利申请数量	专利授权数量
1	MATSUSHITA ELECTRIC IND CO LTD	日本	24	16
2	CANON KK	日本	23	10
3	SONY CORP	日本	18	10
4	MICROSOFT CORP	美国	8	5
5	HITACHI LTD	日本	7	4

6. 澳大利亚地区相关专利申请人排名

表 3.6-7　光全息水印的加解密技术澳大利亚地区相关专利申请人排名

序号	申请人	申请人国家	专利申请数量	专利授权数量
1	DIGMARC CORP	美国	5	2
2	NUIV NORTH CAROLINA AT GREENSB	澳大利亚	2	1
3	DIGMARC CORPORATION	美国	2	1
4	BIOSENSE WEBSTER INC	澳大利亚	1	0
5	MUDALLA TECHNOLOGY INC	澳大利亚	1	0

7. 德国地区相关专利申请人排名

表 3.6-8　光全息水印的加解密技术德国地区相关专利申请人排名

序号	申请人	申请人国家	专利申请数量	专利授权数量
1	YAMAHA CORP	日本	1	1
2	DIGIMARC CORP	美国	1	1
3	IBM	美国	1	1
4	IBM UK	英国	1	1
5	HSM GMBH	德国	1	1

8. 法国地区相关专利申请人排名

表 3.6-9　光全息水印的加解密技术法国地区相关专利申请人排名

序号	申请人	申请人国家	专利申请数量	专利授权数量
1	GEMPLUSSA	法国	2	0

9. 英国地区相关专利申请人排名

表 3.6-10 光全息水印的加解密技术英国地区相关专利申请人排名

序号	申请人	申请人国家	专利申请数量	专利授权数量
1	INTEL CORP	美国	2	1
2	FELLS JULIAN ANDREW JOHN	英国	1	0
3	DAINAPPON PRINTING GO LTD	英国	1	0
4	YUEN FOONG PAPER CO LTD	英国	1	0
5	MITCHELL JAMES HENDERSON	英国	1	1

10. 俄罗斯地区相关专利申请人排名

俄罗斯地区在光全息水印的加解密技术领域无专利公开申请。

11. 韩国地区相关专利申请人排名

表 3.6-11 光全息水印的加解密技术韩国地区相关专利申请人排名

序号	申请人	申请人国家	专利申请数量	专利授权数量
1	SAMSUNG ELECTRONICS CO LTD	韩国	23	10
2	LG ELECTRONICS INC	韩国	10	4
3	KOREA ELECTRONICS TELECOMM	韩国	8	3
4	SK TELECOM CO LTD	韩国	8	3
5	PANTECH CO LTD	韩国	6	3

二、专利分析

（一）技术发展趋势分析

图 3.6-2 为光全息水印的加解密技术发展趋势图，从中可以看出，随着光全息水印加解密技术的发展，以及数字版权保护领域的不断完善，光全息水印的加解密技术专利布局量大体呈逐年递增的趋势。其中 2007 年专利布局量达到峰值，随后有三年的申请下降期，可能此技术在 2008 年遇到了技术的瓶颈，也有可能 2008 年底开始的美国次贷危机进而引发的国际金融危机导致整个技术领域放缓。2008 年，中国开始重视光全息水印的加解密技术，世界范围内光全息水印的加解密技术的申请量没有下降很严重，随后两年该技术的申请量还是没有坚守。2011 年，美国经济开始复苏，该技术的申请量有上升趋势。

（二）技术路线分析

图 3.6-3 为光全息水印的加解密技术路线图：从 1995 年 2 月 1 日诞生光全息水印加解密技术的相关专利，发展至今经历过多次更迭。自学术讨论会开始关注隐藏学和图像学以

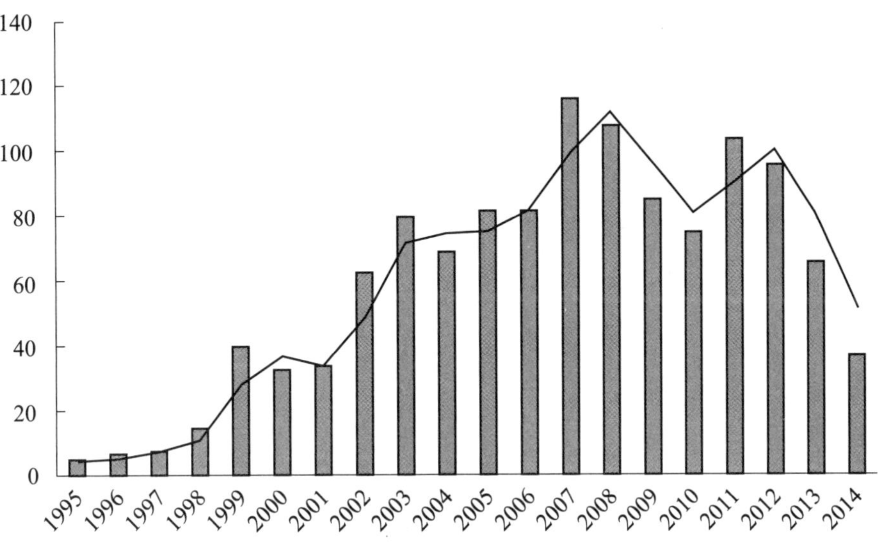

图 3. 6-2　光全息水印的加解密技术发展趋势图

来，关于光全息水印的加解密技术一直被欧美、韩所垄断，中国等发展中国家很少涉及该技术领域，直到 2013 年中国开始有相关专利的出现。在此之前中国也对此技术有一些研究，但是由于中国大环境，加上对专利权保护意识的淡薄，虽然也出现了相关专利的申请，但是其专利没有做到很好的维护，其后也不了了之。直到 2013 年后，中国出现自己发明或者研究的关于光全息水印的加解密技术，也出现了关于此技术的专利，随着中国对数字版权保护的大力扶持，会给光全息水印的加解密技术带来蓬勃的发展，其相应的专利布局会更加全面。

光全息水印的加解密技术的发展初期，其技术比较核心且比较基础，被后续引用的也比较多。其关键技术前期大多被欧美发达国家占据，如专利 US8250660B2 为 2006 年申请的关于数字水印应用就为光全息水印的加解密技术的关键技术也是基础技术，后期很多专利技术大多引用该专利。

（三）主要专利申请人分析

为了深入分析光全息水印的加解密技术，通过对于检索数据进行标引、聚类等处理，发现 1994 年至 2014 年，在光全息水印的加解密技术领域专利申请量排名前三的申请人分别为 DIGIMARC 公司、三星公司、飞利浦公司。

1. 申请量排名第一的专利申请人

（1）专利申请量

图 3. 6-4 为 DIGIMARC 公司专利申请趋势，自 1999 年开始，DIGIMARC 开始有关于光全息水印的加解密技术的专利申请，正在此阶段，美国市场及相关领域公司也对光全息水印的加解密技术加以加强保护，无疑，DIGIMARC 是关于光全息水印的加解密技术领域的先行者。2002 年，DIGIMARC 公司进入专利布局的巅峰时期，并且在该时段有了关于光全息水印的加解密技术的核心专利，为 DIGIMARC 公司赢得了市场的认同。

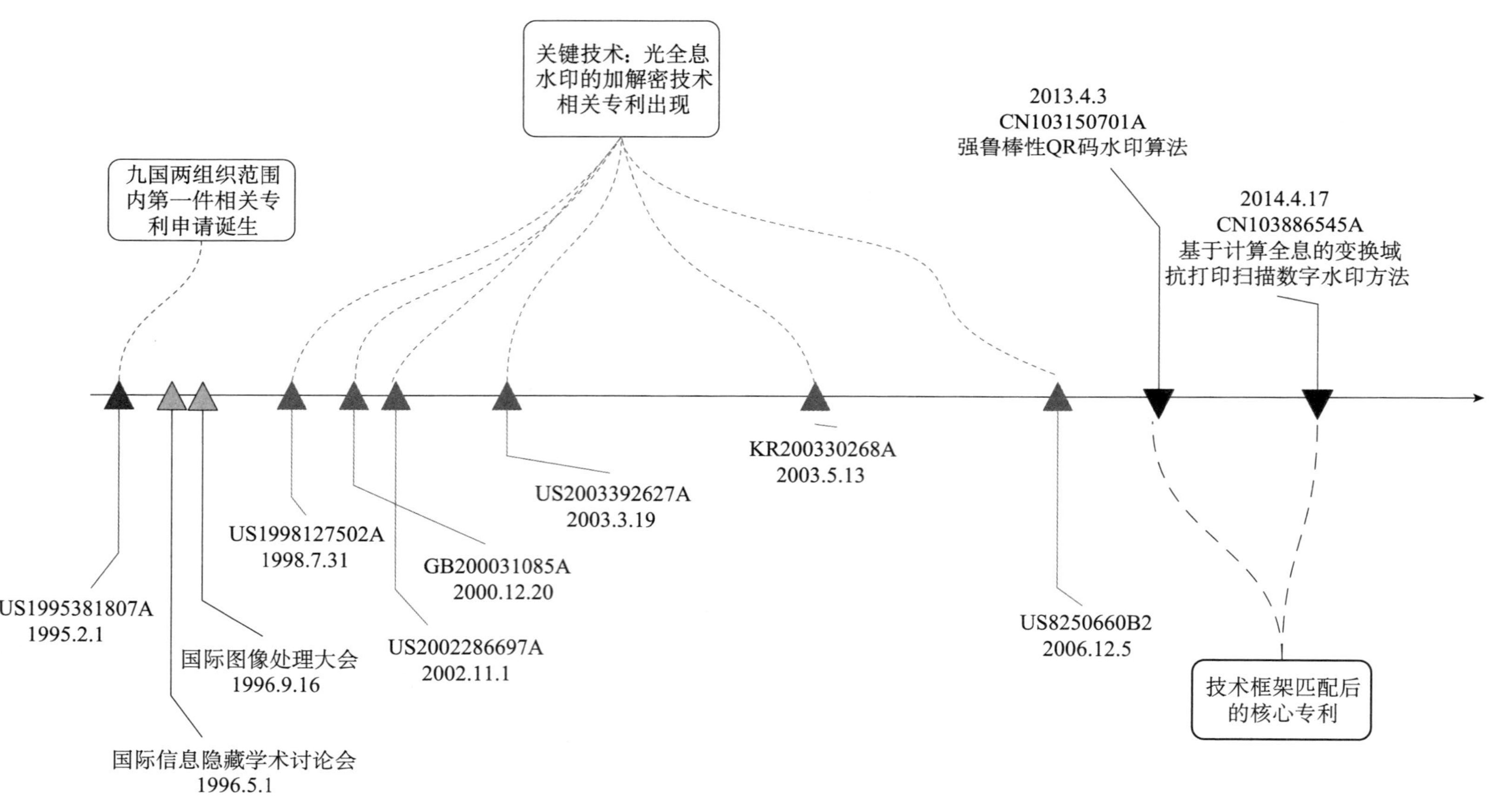

图3.6-3　光全息水印的加解密技术路线图

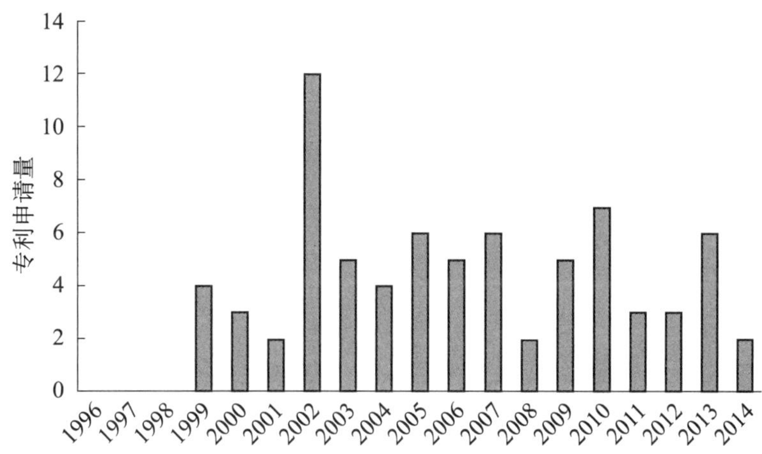

图 3.6-4 DIGIMARC 光全息水印的加解密技术专利申请条形图

(2)"九国两组织"专利申请量区域分布

图 3.6-5 为 DIGIMARC"九国两组织"区域分布图，自上世纪，美国市场及相关领域公司对数字版权加以保护，同时，其光全息水印的加解密技术也随之发展，DIGIMARC 公司摆脱种种限制，在技术上得以突破，赢得了市场的认同。图中可以看出，其主要在欧美等发达国家布局专利较多，而在中国等发展中国家并没有布局专利，可能是对目标市场的不认可，相信会随着中国等国家的相关技术的崛起而增加对中国等发展中国家的专利布局。

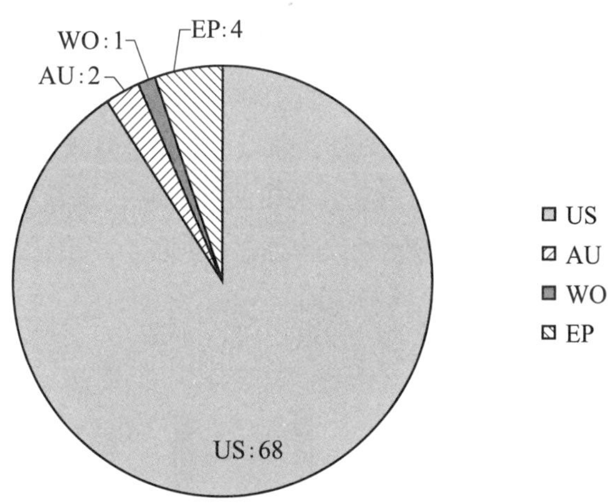

图 3.6-5 DIGIMARC 光全息水印的加解密技术区域分布图

(3) 技术构成分布

通过对于重点竞争对手进行技术构成分布分析，我们可以深入了解其技术研发和专利申请的侧重点。

DIGIMARC 公司针对光全息水印的加解密技术的聚类中（如图 3.6-6），可以看出，DIGIMARC 公司较多保护水印编解码和信号处理等技术，并且 DIGIMARC 公司具备光全息水印的加解密技术的核心技术以及核心专利，如 2005 年申请的公开号为 US8005254B2 的专利，具体描述背景水印的处理过程。DIGIMARC 公司在数字版权领域具有核心的竞争地位。

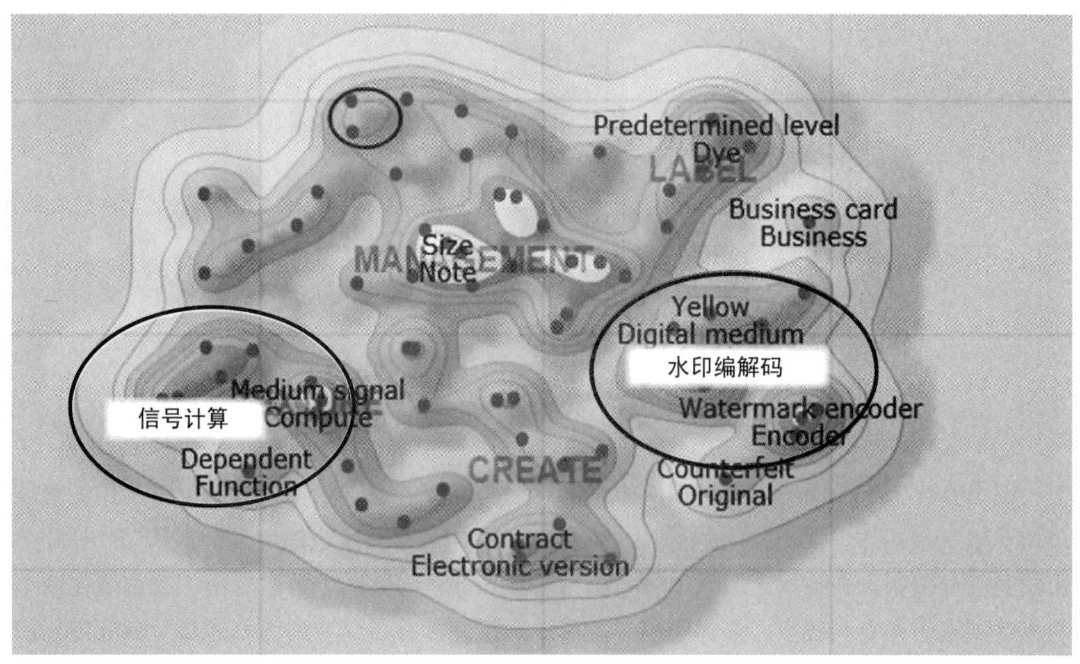

图 3. 6-6 DIGIMARC 光全息水印的加解密技术构成分布图

2. 申请量排名第二的专利申请人

（1）专利申请量

图 3. 6-7 为三星公司专利申请趋势图，自 1999 年开始，三星公司开始有关于光全息水印的加解密技术的专利申请，正在此阶段，韩、日对光全息水印的加解密技术也加强了保护，无疑，韩国的三星公司是亚洲光全息水印的加解密技术领域的先行者。2004 年和 2007 年三星公司进入专利布局的巅峰时期，并且在该时段有了自己的核心专利，从近些年来的发展看，三星公司确实赢得了市场的认同。

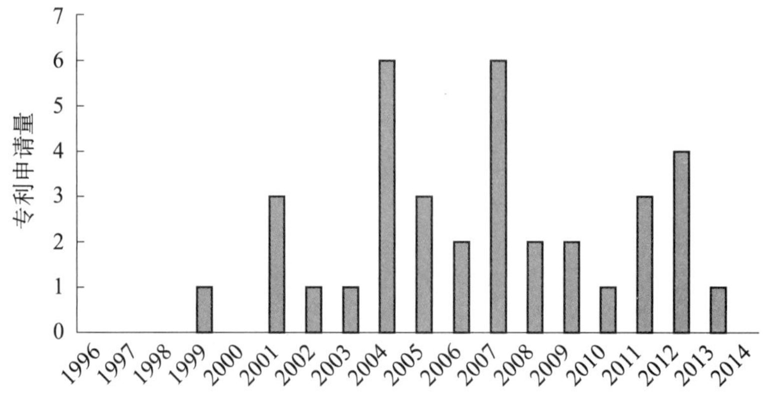

图 3. 6-7 三星光全息水印的加解密技术专利申请条形图

（2）“九国两组织”专利申请量区域分布

自上世纪 90 年代，韩、日和美国对数字版权加以保护，同时，其光全息水印的加解密技术也随之发展。图 3.6-8 可以看出，三星公司主要在韩国本土、美国和中国布局专利较多，三星在中国申请了 7 篇相关专利，相信随着中国等发展中国家的相关技术的崛起，其在中国也会有广阔的市场空间。

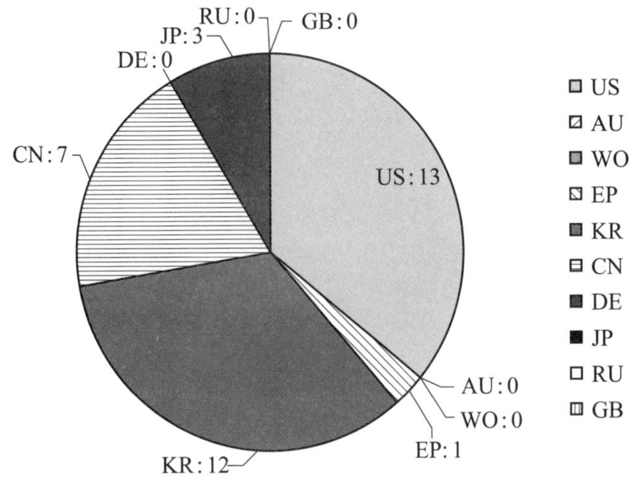

图 3.6-8　三星光全息水印的加解密技术区域分布图

（3）技术构成分布

通过对于重点竞争对手进行技术构成分布分析，我们可以深入了解其技术研发和专利申请的侧重点。

三星公司针对光全息水印的加解密技术的聚类中（如图 3.6-9），可以看出，三星公司主要保护水印相关设备和模块等技术，众所周知，三星公司为强大的硬件厂商，其保护关于光全息水印加解密技术的硬件相关设备和模块也理所当然。而且，三星公司具备光全息水印的加解密技术的核心技术以及核心专利，其在亚洲数字版权领域处于核心地位。

三、总结

光全息水印的加解密技术获得专利/专利申请 1 211 件。国外于上世纪 90 年代开始研究光全息水印的加解密技术这一技术主题，后来经过多次发展，我国于 2008 年开始研究。其中，以美国为首的发达国家发展比较迅速，亚洲的日本、韩国在光全息水印技术发展势头也非常强劲。美、中、日、韩四国的专利申请量占到整个数量的 95% 以上。美国、中国、日本、韩国都是全球的数字媒体发展迅速且对数字版权保护非常积极的国家，但是欧洲、澳大利亚及俄罗斯等区域就大不同，如欧洲的英、法、德等国专利申请量非常少，澳大利亚、俄罗斯相应的专利申请量也是这个状态。从年专利申请数量来看，光全息水印的加解密技术的年专利申请量整体上呈上升趋势。从专利申请人情况来看，DIGIMARC 公司、索尼、三星占据光全息水印的加解密技术的大多数专利量。

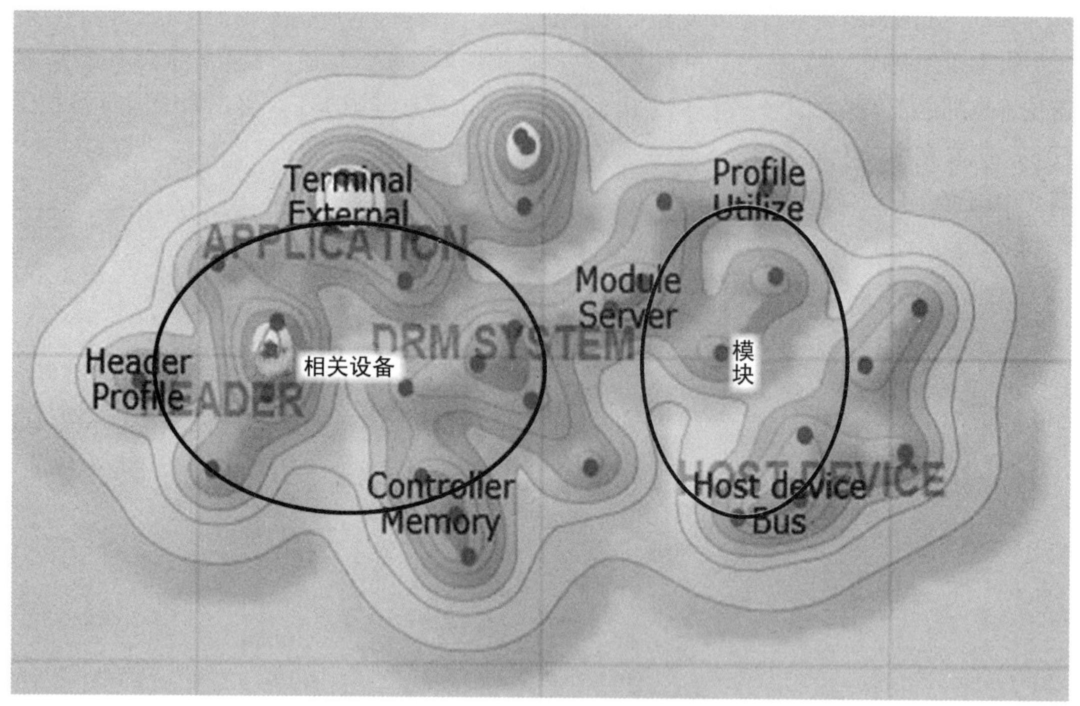

图 3.6-9　三星公司技术构成分布图

第七节　加密技术

一、专利检索

（一）检索结果概述

以加密技术为检索主题，在“九国两组织”范围内，共检索到相关专利申请 4 958 件，具体数量分布如下（单位：件）：

美国	中国	日本	韩国	英国	法国	德国	澳大利亚	俄罗斯	EP	WO	总计
1643	791	665	486	57	20	43	164	24	490	575	4 958

（二）各地区/组织相关专利申请趋势

表 3.7-1 和图 3.7-1 的统计结果显示，自上世纪 90 年代直至新纪年初期，加密技术这一领域在全球“九国两组织”的大部分国家研究相对较少。然而随着数字媒体内容的日益丰富、公民版权保护意识的提高、版权诉讼风波不断兴起，自 2003 年开始，该技术在美国、亚洲的中、日、韩开始逐步升温，专利申请量呈逐年递增的趋势。其中以美国为代表发展得最为迅速，时至 2014 年该技术领域的专利年均申请量已达 200 件以上，同时也达到了其申请量有史以来的巅峰状态；中国在该技术领域专利年均申请量也分别在 2009

年和 2012 年突破百件；虽然日本和韩国近年来在该领域的专利年均申请里均未突破百件，但对该技术领域的研究也算发展平稳；而在俄罗斯、澳大利亚以及欧洲的英、德、法等国家和地区对该领域的研究甚少，年申请量均在 10 件以内。从该技术领域的专利申请量来看，美国在该领域仍处于全球领先地位，其次是亚洲的中国、日本、韩国。

表 3.7-1　加密技术“九国两组织”相关专利申请状况

年份 国家	1990①	2000	2001	2002	2003	2004	2005	2006	2007	2008	2009	2010	2011	2012	2013	2014
US	22	10	24	55	52	77	97	112	138	148	127	149	95	160	156	221
CN	7	2	4	9	12	19	43	61	76	78	101	82	75	105	65	52
JP	17	14	17	28	34	51	53	56	58	52	46	46	62	66	47	18
KR	0	1	3	3	4	17	17	23	68	66	61	49	52	38	40	44
GB	0	0	2	1	6	2	4	6	4	5	9	2	2	3	6	5
DE	1	1	0	0	1	2	1	14	5	6	6	3	2	0	0	1
FR	0	0	0	0	1	1	1	2	7	2	0	0	2	2	2	0
AU	7	9	11	14	22	12	17	8	12	8	5	16	5	5	9	4
RU	0	1	0	0	0	0	1	1	1	4	3	3	4	2	2	2
EP	11	6	12	15	19	27	38	50	44	50	44	23	39	44	32	36
WO	13	16	27	34	37	35	45	59	65	66	38	22	29	32	35	22

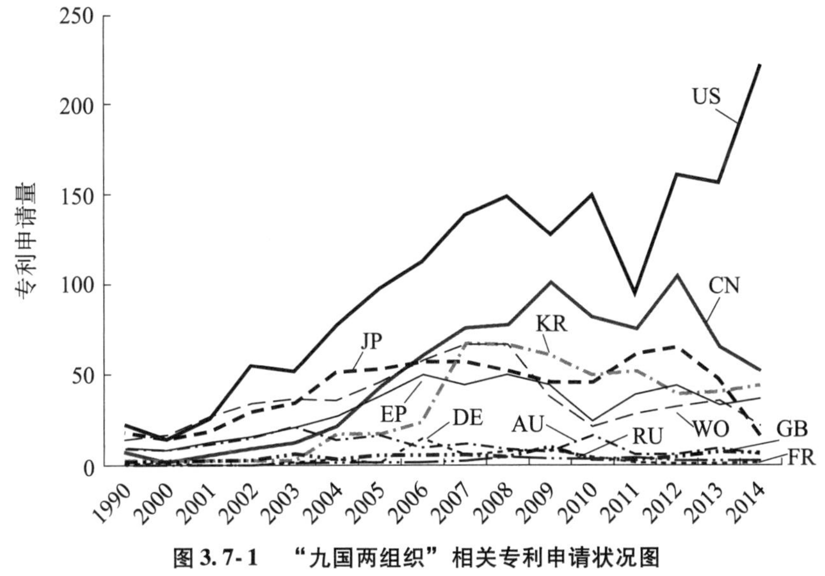

图 3.7-1　“九国两组织”相关专利申请状况图

---

① 1990 是指 1990－1999 年的专利数量总数。

（三）各地区/组织相关专利申请人排名

1. WO 相关专利申请人排名

表 3.7-2　加密技术 WO 相关专利申请人排名

序号	申请人	申请人国家	专利申请数量
1	MICROSOFT CORP	美国	49
2	GEN INSTRUMENT CORP	美国	29
3	KONINKL PHILIPS ELECTRONICS NV	荷兰	27
4	NOKIA CORP	芬兰	20
5	MATSUSHITA ELECTRIC IND CO LTD	日本	18

2. EP 相关专利申请人排名

表 3.7-3　加密技术 EP 相关专利申请人排名

序号	申请人	申请人国家	专利申请数量	专利授权数量
1	MICROSOFT CORP	美国	61	11
2	SAMSUNG ELECTRONICS CO LTD	韩国	24	1
3	GEN INSTRUMENT CORP	美国	17	2
4	APPLE INC	美国	17	1
5	SONY CORP	日本	15	4

3. 中国地区相关专利申请人排名

表 3.7-4　加密技术中国地区相关专利申请人排名

序号	申请人	申请人国家	专利申请数量	专利授权数量
1	SAMSUNG ELECTRONICS CO LTD	韩国	41	14
2	SONY CORP	日本	39	19
3	MICROSOFT CORP	美国	36	16
4	KONINKL PHILIPS ELECTRONICS NV	荷兰	26	10
5	MATSUSHITA ELECTRIC IND CO LTD	日本	26	9

4. 美国地区相关专利申请人排名

表 3.7-5　加密技术美国地区相关专利申请人排名

序号	申请人	申请人国家	专利申请数量	专利授权数量
1	MICROSOFT CORP	美国	195	73
2	IBM	美国	67	24
3	SONY CORP	日本	56	15

（续表）

序号	申请人	申请人国家	专利申请数量	专利授权数量
4	SAMSUNG ELECTRONICS CO LTD	韩国	54	3
5	INTERTRUST TECH CORP	美国	47	14

5. 日本地区相关专利申请人排名

表 3.7-6　加密技术日本地区相关专利申请人排名

序号	申请人	申请人国家	专利申请数量	专利授权数量
1	SONY CORP	日本	53	21
2	MICROSOFT CORP	美国	37	17
3	SAMSUNG ELECTRONICS CO LTD	韩国	34	17
4	MATSUSHITA ELECTRIC IND CO LTD	日本	30	9
5	FUJITSU LTD	日本	26	17

6. 澳大利亚地区相关专利申请人排名

表 3.7-7　加密技术澳大利亚地区相关专利申请人排名

序号	申请人	申请人国家	专利申请数量	专利授权数量
1	MICROSOFT CORP	美国	22	4
2	ENTRIQ INC	美国	14	6
3	APPLE INC	美国	10	4
4	IGT RENO NEV	美国	9	4
5	NOKIA CORP	芬兰	5	1

7. 德国地区相关专利申请人排名

表 3.7-8　加密技术德国地区相关专利申请人排名

序号	申请人	申请人国家	专利申请数量	专利授权数量
1	MICROSOFT CORP	美国	7	5
2	RPK NEW ZEALAND LTD	新西兰	3	1
3	REALNETWORKS INC	美国	2	0
4	RICOH KK	日本	2	1
5	NAGRACARD SA	瑞士	2	0

8. 法国地区相关专利申请人排名

表 3.7-9 加密技术法国地区相关专利申请人排名

序号	申请人	申请人国家	专利申请数量	专利授权数量
1	FRANCE TELECOM	法国	3	0
2	ALCATEL LUCENT	法国	2	0
3	APPLE COMPUTER	美国	2	1
4	PERSONNALITE NUMERIQUE SAS SOC	法国	2	0
5	APPLE INC	美国	1	0

9. 英国地区相关专利申请人排名

表 3.7-10 加密技术英国地区相关专利申请人排名

序号	申请人	申请人国家	专利申请数量	专利授权数量
1	VODAFONE PLC	英国	10	1
2	TOSHIBA KK	日本	5	0
3	NDS LTD	英国	4	0
4	BECRYPT LTD	英国	4	1
5	MITCHELL ALAN JAMES	英国	3	1

10. 俄罗斯地区相关专利申请人排名

表 3.7-11 加密技术俄罗斯地区相关专利申请人排名

序号	申请人	申请人国家	专利申请数量	专利授权数量
1	MICROSOFT CORP	美国	8	0
2	LG ELECTRONICS INC	韩国	2	0
3	KONINKLEIKE PHILIPS ELECTRONICS NV	荷兰	2	0
4	INKA EHNTUORKS INK	俄罗斯	1	1
5	LEDZHIK AJDENTSISTEMZ AG	俄罗斯	1	0

11. 韩国地区相关专利申请人排名

表 3.7-12 加密技术韩国地区相关专利申请人排名

序号	申请人	申请人国家	专利申请数量	专利授权数量
1	SAMSUNG ELECTRONICS CO LTD	韩国	91	37
2	LG ELECTRONICS INC	韩国	31	12
3	MICROSOFT CORP	美国	31	3
4	KOREA ELECTRONICS TELECOMM	韩国	27	1
5	APPLE INC	美国	16	8

二、专利分析

(一) 技术发展趋势分析

从图 3. 7-2 可以看出，自上世纪 90 年代中期直至 2007 年前后，随着全球保护数字版权的热潮，加密技术相关的专利申请量呈持续增长趋势，这也表明该技术正处于快速发展阶段，并且在 2007 年达到其发展的巅峰状态，竞争趋于白热化。然而继 2008 年以来，随着全球加密技术的迅速发展，加密技术中的对称加密和非对称加密等技术的发展日渐趋于成熟，该领域的相关专利年均申请量逐渐趋于平稳。

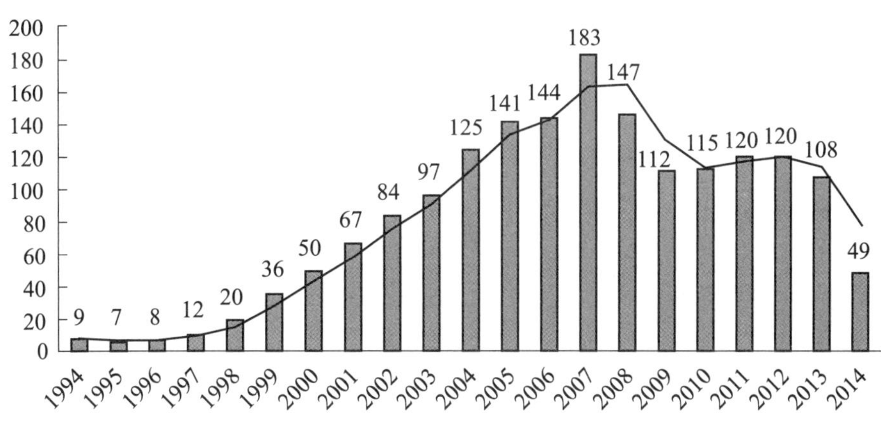

图 3. 7-2 加密技术发展趋势图

(二) 技术路线分析

图 3. 7-3 中核心专利是通过引证次数排行找到引证数比较多的专利，且关键技术所列专利为加密技术的高相关专利。通过对加密技术路线的分析可以看出来，全球在加密技术领域的研究相对较早，1994 年 6 月 29 日就诞生了该技术领域的第一件相关专利——关于各种记录介质的复制保护装置和方法，继而在上个世纪 90 年代中期 DRM 系统便被引入。1997 年 5 月 15 日，Intertrust 申请了关于存储介质的权利管理的加密系统的核心专利，该专利属于加密技术领域。1998 年 8 月 13 日，IBM 申请了关于电子内容传送系统的核心专利，该专利属于数字内容安全传输领域。2000 年 3 月 15 日，微软公司申请了应用于计算机设备的数字权利管理系统的核心专利，该专利属于数字版权领域。2004 年 4 月 26 日，苹果公司申请了基于网络内容的安全分发的核心专利，该专利属于互联网平台下的数字版权领域。2011 年 4 月 2 日，国内的北京互信通科技有限公司申请了关于数字电视加密频道传输的核心专利，该专利属于多媒体保护领域。

综观加密技术领域的发展历程，初期出现的技术大多比较核心和基础，被后续人们引用的也比较多，而伴随该技术发展到一定阶段，数字版权保护的问题逐渐成为人们所关注的热点，继而涌现出较多加密技术的关键性技术。自新世纪以来，国内表现得更为明显，2006 年国内出现了关于 IPTV 系统中的音视频节目内容版权的保护技术；2008 年同方股份采用双钥对非对称加密技术建立了数字视盘系统数字版权保护的安全体系；2009 年出现了

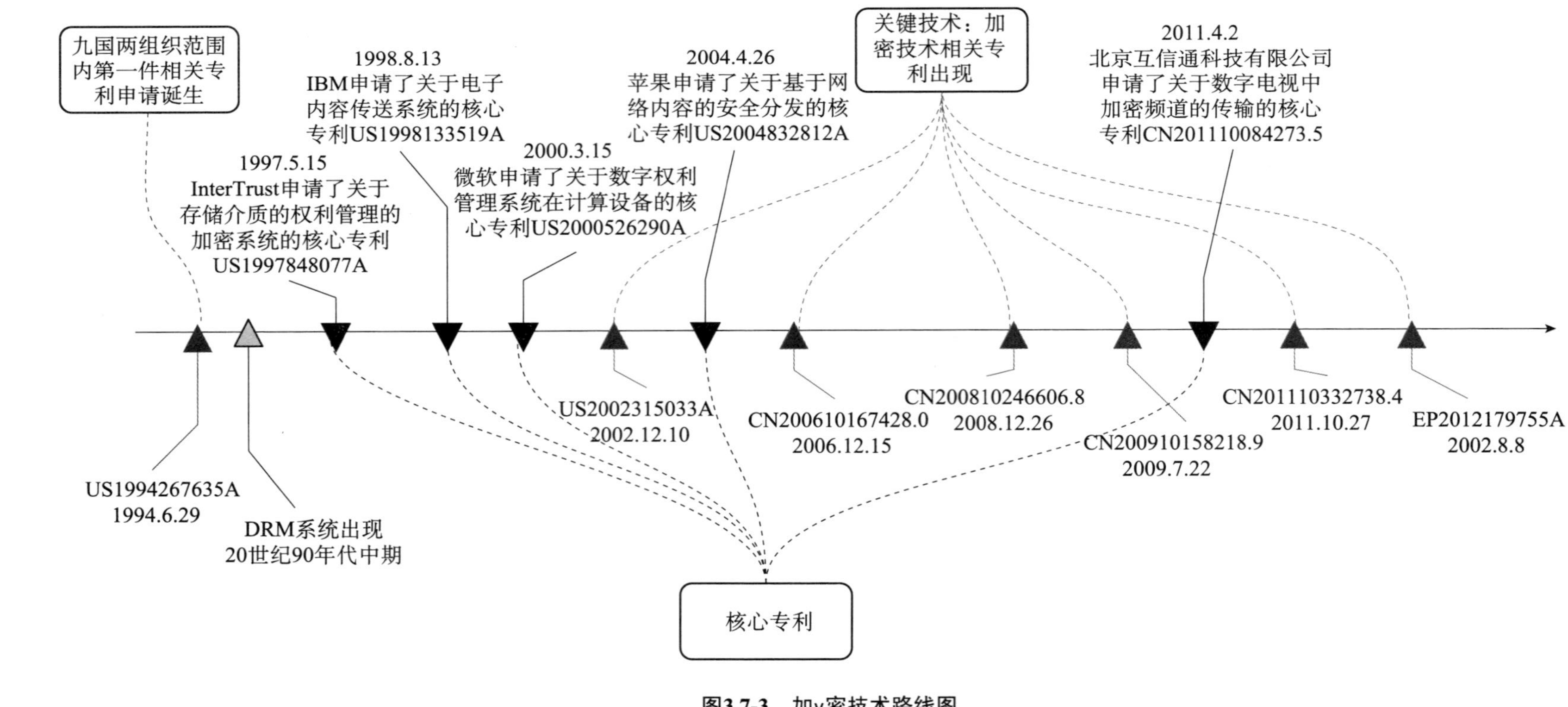

图3.7-3 加v密技术路线图

通过互联网、无线互联网以及其他通信网络进行电子图书和数字媒体内容的发行、出版和在线服务技术等等。所以可以看出核心专利出现的时间大多在技术的发展期，而与加密技术的关键性专利大多在技术发展的成熟期出现。

（三）主要专利申请人分析

通过对加密技术的专利检索结果的统计和初步分析得到了在“九国两组织”范围内申请量排名前三的公司，分别是微软、三星电子、索尼。相关技术专利申请量分别是447件、264件和189件。通过对这三家公司在加密技术方面申请的技术进行统计分析，每家公司得出三个统计图，分别是年份柱状图、“九国两组织”专利申请量区域分布饼状图和技术构成分布，利用这三种图表分别对这三家公司的技术进行分析并得出相应观点。

1. 申请量排名第一的专利申请人

（1）专利申请量

从图3.7-4可以看出，微软公司涉足加密技术的研究相对较早，自1997年便开始申请该领域的相关专利，但新世纪以前专利申请量屈指可数，直至2000年美国开始对加密技术高度重视，当年10月美国国会通过《全球和国内商业法中的电子签名法案》，微软在国家政策的影响下，迅速投入到该领域的研究。从微软公司2004年之前在该技术领域的专利申请情况来看，处于持续增长的态势，这与该技术在全球的发展情况基本相同；2005年至2006年间微软在该领域的专利申请量处于稳定状态，然而自2008年前后开始随着全球领域对于该技术的发展进入了瓶颈期，微软公司在该技术领域的研究也逐渐进入了低迷期。

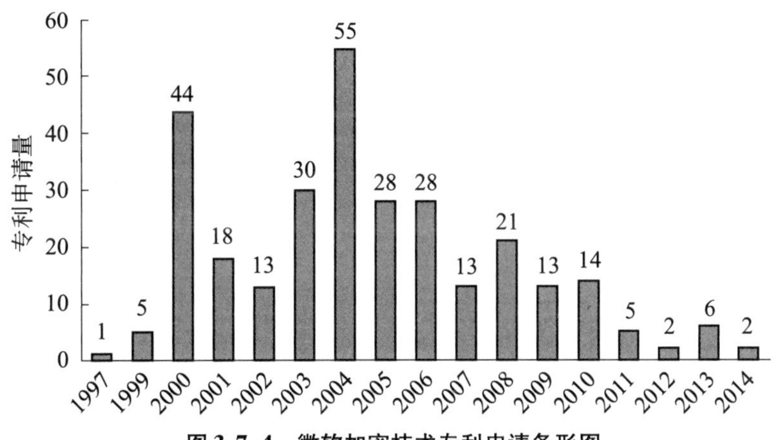

图3.7-4　微软加密技术专利申请条形图

（2）“九国两组织”专利申请量区域分布

微软是一家总部位于美国的跨国电脑科技公司，是世界PC机软件开发的先导，以研发、制造、授权和提供广泛的电脑软件服务业务为主。

从图3.7-5可以看出微软公司的专利申请还是集中在其总部美国，其次是欧洲和亚洲的中、日、韩等地。微软在该技术领域的专利主要布局在以上国家和地区的主要原因是这些国家和地区是其目标市场当中专利纠纷的高发地带。微软曾与三星电子、摩托罗拉、谷歌等众多知名企业发生专利纠纷。

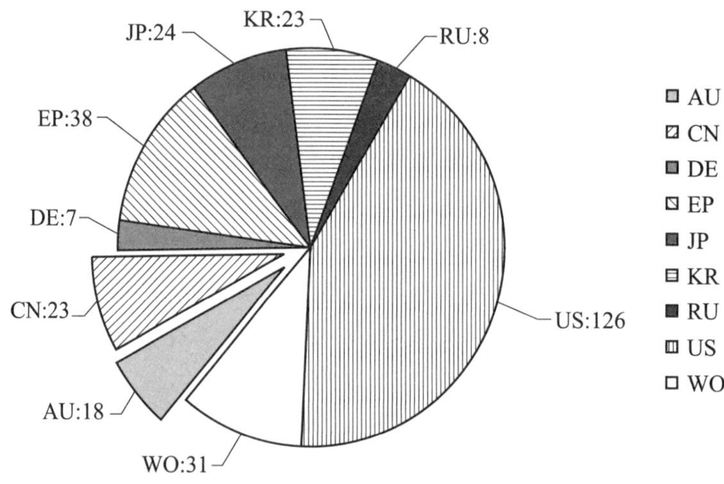

图 3.7-5　微软加密技术专利申请量区域分布图

（3）技术构成分布

图 3.7-6 是根据微软公司在加密技术领域的相关专利做出的聚类分析，我们可以看出微软在加密技术领域主要关注的技术有许可认证、密码信息管理和分发分配等技术。对加密技术的一些基本功能如对称加密与解密、非对称加密与解密、信息摘要、数字签名、签名验证，这些都是为内容加密、内容解密、权利解析、数字标识识别、文件加密存储等操作提供技术支持，也可为数字版权保护技术提供定制化的、个性化的典型密码服务。随着信息化和数字化社会的发展，人们对信息安全和保密的重要性认识不断提高，于是在 1997

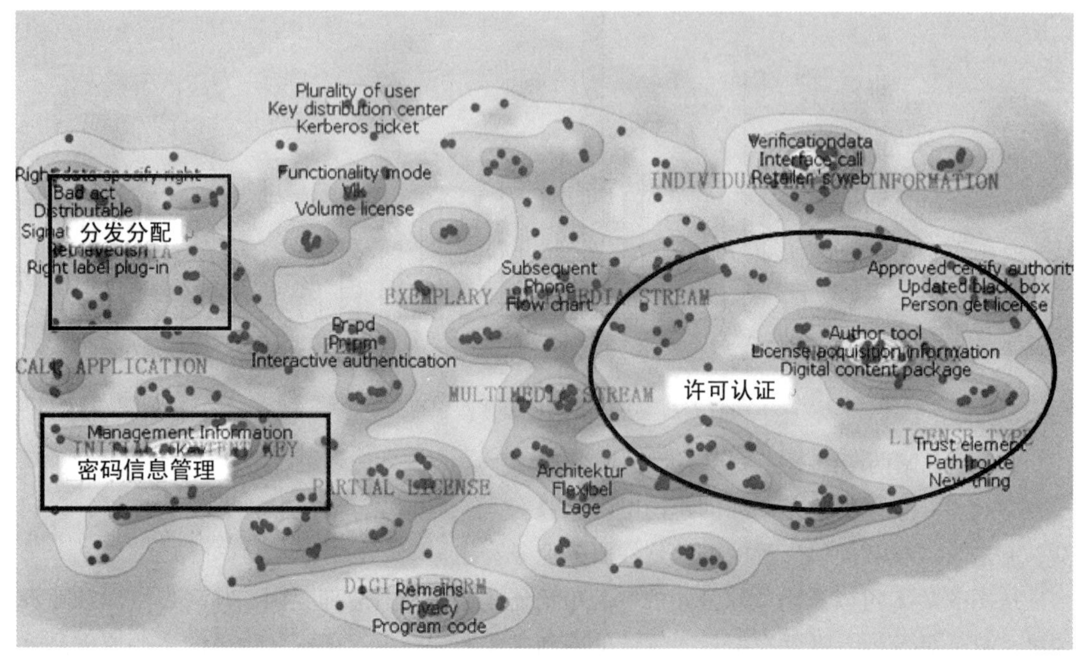

图 3.7-6　微软加密技术构成分布图

年，美国国家标准局公布实施了“美国数据加密标准（DES）”，民间力量开始全面介入密码学的研究和应用中，采用的加密算法有 DES、RSA、SHA 等。随着对加密强度需求的不断提高，近期又出现了 AES、ECC 等算法。

如其授权管理技术一样，微软公司加密技术主要也是应用在其开发的软件产品的授权激活方面。毕竟微软公司作为 IT 行业的软件巨头，加密技术的核心必然是用于保护其自身的产品。

2. 申请量排名第二的专利申请人

（1）专利申请量

从图 3.7-7 可以看出三星电子在加密技术的专利申请趋势与该技术在全球范围的整体发展趋势基本一致。在 2003 年之前，三星电子在该技术领域并没有什么动作，投入的研究相对较少。随着全球互联网的蓬勃发展，智能电子产品的问世，由于电子书、电子阅览器与电子杂志的发展所需，三星电子在该领域的专利申请届时激增，并且直至 2007 年之前三星电子对该技术领域的研究趋于稳定。然而自 2008 年以来，随着全球范围在该技术领域发展遇到了瓶颈，三星电子当然也不例外，面临着新方法和新技术的突破难点，进而在该领域的专利申请量也处于不温不火状态。

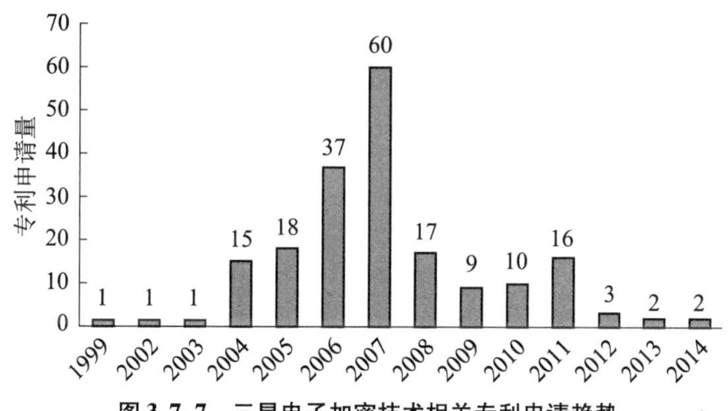

图 3.7-7　三星电子加密技术相关专利申请趋势

（2）“九国两组织”专利申请量区域分布

三星电子是韩国最大的电子工业企业，同时也是三星集团旗下最大的子公司。在世界上最有名的 100 个商标的列表中，三星电子是唯一的一个韩国商标，是韩国民族工业的象征。

三星电子总部位于韩国，在加密技术领域，三星电子的市场遍布欧洲及亚太地区的许多国家。从图 3.7-8 我们可以看出，三星电子在该领域的专利布局主要集中在其本部韩国、美国及亚洲的中国、日本等地。近年来，三星涉及的专利纠纷风波四起，2014 年 1 月 27 日，三星集团同意支付瑞典移动网络设备制造商爱立信 6.60 亿美元，加上数年的版税，以了结双方之间的技术许可纠纷；2014 年 9 月，英伟达曾将三星告上法庭。2014 年 11 月，据国外媒体报道，三星电子起诉英伟达，称其侵犯了公司几项半导体相关专利以及投放相关产品的虚假广告。

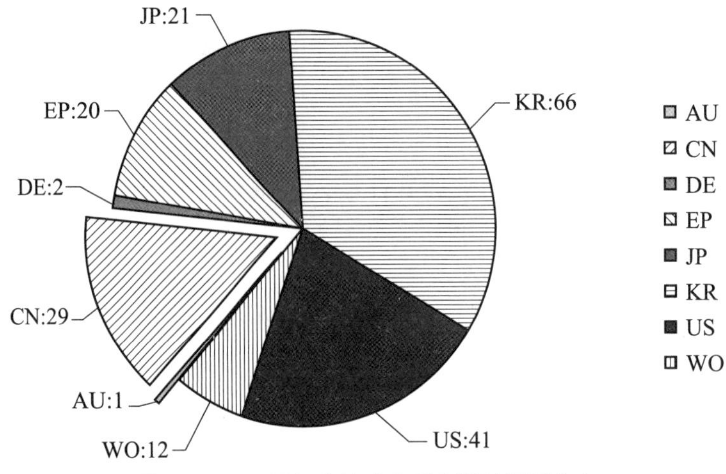

图 3.7-8　三星加密技术专利申请量区域分布

（3）技术构成分布

图 3.7-9 是根据三星电子在加密技术领域的相关专利得出的聚类分析，我们可看出，三星电子在加密技术领域主要关注的技术有授权与许可信息、加密与密码相关技术和数字版权等技术。从中可以看出高频词的是 DRM，英文全称 Digital Rights Management。由于数字化信息的特点决定了必须有另一种独特的技术，来加强保护这些数字化内容的版权，该技术就是数字权限管理技术——DRM。加密技术是数字版权保护的支撑技术，用数字内容在整个生命周期内的保护作用，以平衡数字内容价值链中各个角色的利益和需求。身份认证是基于加密技术产生的，作用为确定用户是否是真实。在传输过程中对数据进行加密，

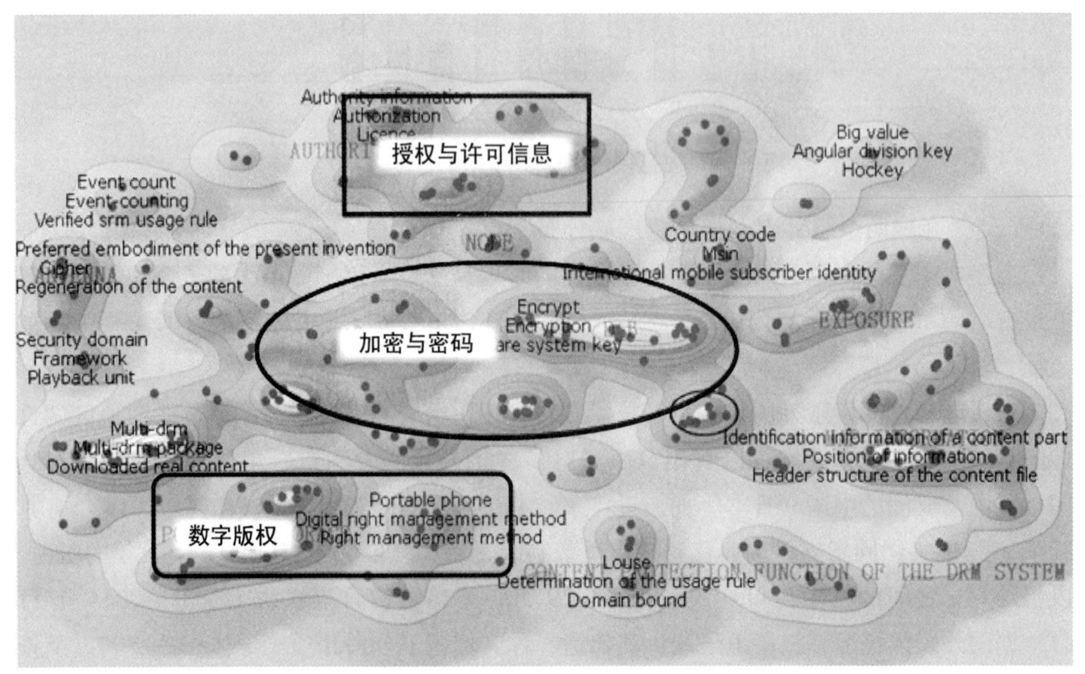

图 3.7-9　三星加密技术构成分布图

可以保障数据在传输过程中安全。网络安全所要求的保密性、完整性、可用性，都可以利用密码技术来实现。可以说，密码技术是保护大型通信网络上传输信息的实用手段之一。

三星于2005年首次超越日本，荣登世界最大家电企业的宝座；2007年击败摩托罗拉，成为世界第二大手机生产企业；2009年战胜西门子和惠普，跃升为世界最大的技术企业；2014年三星电子被评为世界500强的第十三位。支撑三星电子快速发展的是先导尖端技术趋势的设计，三星提出的数据加密技术、装置加密技术以及国际权威FIPS 140－2认证等多重防护措施，确保了企业安全需求得到全方面的保护。

3. 申请量排名第三的专利申请人

（1）专利申请量

根据索尼公司在加密技术领域每年的专利申请量柱图分析，自1999年至2004年间，索尼公司在加密技术领域的专利申请量呈持续增长的态势。最早正式提出“内容产业”概念的是在1995年西方七国信息会议，1996年欧盟《信息社会2000计划》也指出信息内容产业包括媒体印刷品（书报、杂志）、电子出版物（数据库、电子音像、光盘、游戏软件）和音像传播（影视、录像、广播），进一步明确其内涵，包括制造、开发、包装和销售信息产品及其服务的行业。这一计划使全球几个发达国家也开始逐渐地关注数字内容产业和研究数字版权保护技术，在互联网和通信电子技术比较发达的日本的索尼公司更不会放过这个机会。作为数字版权保护技术的关键技术加密技术，索尼公司逐步涉足该技术的研究，但综观其十几年来在该领域的年均申请量均不高，最高一年2004年申请量也仅达到20件，并且随着全球范围对于该技术的不断成熟，在加密技术的创新突破方面均遇到了瓶颈。索尼公司也不例外，在2005年以后其在该领域的专利申请量基本均在10件左右。

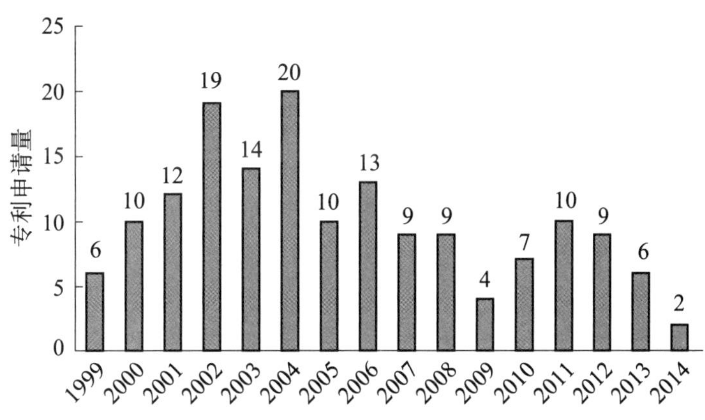

图3.7-10 索尼加密技术专利申请条形图

（2）“九国两组织”专利申请量区域分布

索尼（SONY）是日本的一家全球知名的大型综合性跨国企业集团。索尼是世界视听、电子游戏、通讯产品和信息技术等领域的先导者，是世界最早便携式数码产品的开创者，是世界最大的电子产品制造商之一、世界电子游戏业三大巨头之一、美国好莱坞六大电影公司之一。

索尼总部位于日本东京，在加密技术领域，索尼的主要目标市场是日本、美国、欧洲以及亚洲的中、韩等国家和地区。由于美国作为互联网技术发展比较早的大国，美国和亚洲的中、韩等地又是专利纠纷的频繁地段，日本要想在美国占有自己的一席一地，精心的专利布局变得尤为重要。比如索尼与 LG 电子曾陷入一系列的专利诉讼案件当中，双方涉及的专利纠纷多达 24 项。为了保护各自在快速增长的数字产品领域的利益，两家公司之间的专利战不断在升级。当然该系列案件最终还是以签署交叉授权协议的形式达成和解，因为任何一方都不愿意承担高昂的律师费。

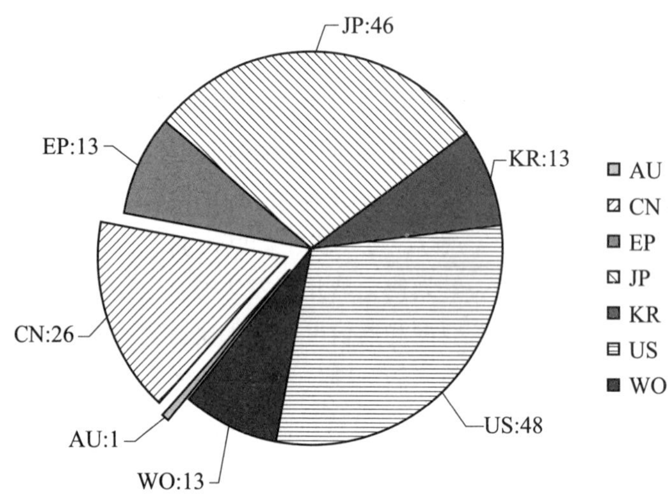

图 3.7-11　索尼加密技术专利申请量区域分布

（3）技术构成分布

通过索尼公司在加密技术领域的相关专利构成分布图得出的聚类分析，我们可看出索尼公司在该技术领域主要关注的技术有授权与许可、密码加密与解密相关技术和数据管理等技术。授权许可是指针对授权内容的加密和保护，从保护授权的安全性以达到保证所分发软件的安全性的目的，力求获取授权的用户在规定的权限内使用该软件产品，通过授权加密保护，防止授权以外的用户非法使用和滥用软件产品的行为。在数字版权保护技术中，加解密技术通过密钥的生成、存储、销毁和进一步扩充组合形成新的密码功能逻辑，进而形成版权保护密码服务接口，供上层的数字版权保护应用进行调用，可以说这些都是数字版权保护的基础支撑技术。

索尼作为世界视听、电子游戏、通讯产品和信息技术等领域的先导者、世界最大的电子产品制造商之一，加密技术对于其电子信息的保护不容忽视，尤其是其电子游戏中的重要信息更需要强有力的加密技术做后盾。比如从 2014 年平安夜开始，索尼公司的在线游戏平台 PlayStation 和微软的游戏平台 Xbox 就遭到黑客攻击，直到 2014 年 12 月 26 日下午仍未恢复。随着黑客科技手段的多样化、高端化，为保证其电子产品的正常经营，同时也为保证其用户信息的安全性，索尼在加密技术领域也有待新的突破。

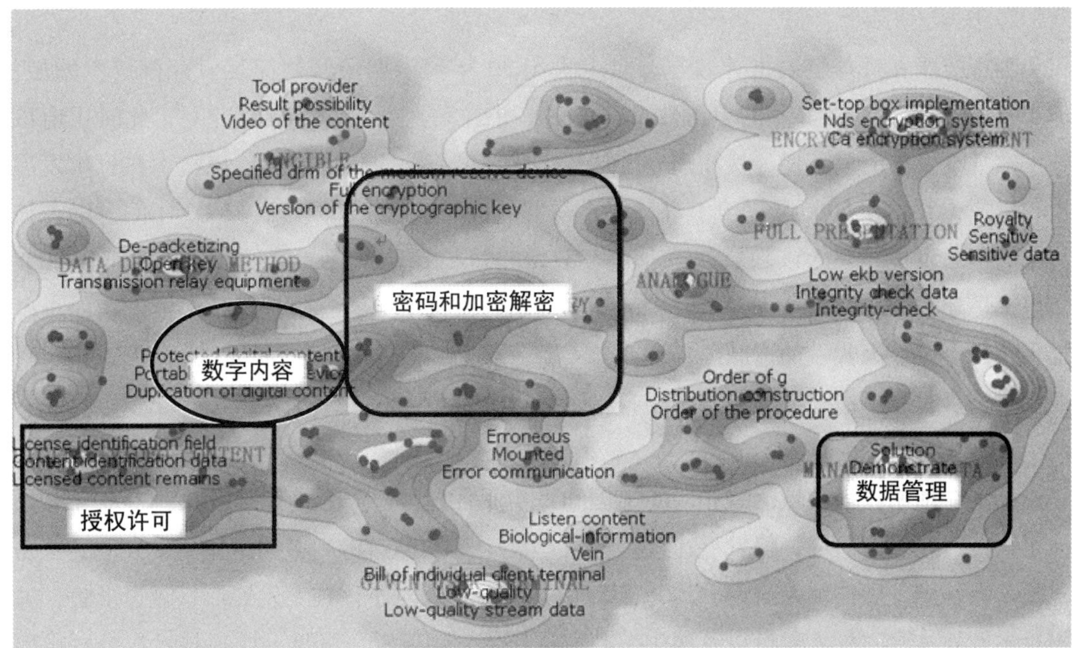

图 3.7-12　索尼加密技术相关专利构成分布图

三、总结

（一）专利申请量的总体发展趋势

从整个行业专利申请状况来看，随着全球保护数字版权的热潮，加密技术相关的专利申请量呈持续增长趋势，这也表明该技术正处于快速发展阶段，并且在 2007 年达到其发展的巅峰状态，竞争趋于白热化。然而继 2008 年以来，随着全球加密技术的迅速发展，加密技术中的对称加密和非对称加密等技术的发展日趋成熟，该领域的相关专利年均申请量逐渐趋于平稳。

（二）各地区技术发展现状以及未来发展趋势

1. 美国

美国涉足加密技术相对较早，但初期在该技术领域的专利数量较少，这主要由于加密的相关技术应用到数字版权保护领域的技术相对不成熟所致，并且该时期这些专利大多数是原理性的基础专利，该技术进入萌芽期。随着电子产品的普及以及人们生活逐渐趋于数字化、网络化，加密技术已经成为时代发展所必须面临的问题，而美国又是信息产业大国，自 2000 年以来直至 2007 年前后，相关专利激增，并且介入的企业也越来越多，进入了加密技术的发展期。2008 年至今，随着技术的不断创新，该技术逐渐趋于成熟，由于市场份额的有限性，而领先技术一般都掌握在几个巨头企业中，企业进入的速度趋缓，专利增长速度减慢，甚至专利权人数量和专利申请量开始有下滑趋势，目前来看，该技术进入了成熟期。

2. 日本

加密技术在日本引入也比较早，自上世纪 90 年代中期便开始涉足研究该技术领域，但 1997 年之前，相关专利的申请数量并不多，并且大多是一些基础性专利，此时正值该技术在日本发展的萌芽期；然而随着全球数字化、网络化时代的并进，该技术在日本发展也很迅速，并且在 2005 年达到其在该领域研究的巅峰状态；2005 年至 2007 年间，随着该技术的不断发展，介入该领域的企业速度开始趋缓，专利申请量趋于稳定，然而自 2008 年以来，随着全球对该技术领域研究的不断成熟，市场份额的有限性，技术再创新的难度加大，许多企业因收益的递减纷纷退出市场，从事该技术领域相关研究的企业日趋减少，专利申请量也呈下滑趋势，该技术在日本有衰退的迹象。

3. 韩国

韩国在加密技术领域研究相对于美国和日本而言，整体形势具有滞后性，2000 年开始涉足该技术领域的研究，但发展速度十分迅速，2007 年前后专利申请量达到最大值，也是该技术在韩国发展的巅峰时期，2008 年以后，随着全球对于该技术发展形呈衰退形势，韩国也不例外，专利权人数量以及相关专利数量开始大幅下滑，可见，此项技术在韩国也面临着新方法和新技术的突破难点。

4. 中国

加密技术在中国的研究也是相对较早，自上世纪 90 年代中期直至 2000 年伊始，中国相关主体便已开始涉足该领域的研究，但专利申请数量较少，此时进入该技术的萌芽期；随着中国数字化、网络化时代的并进，公民版权意识的不断提高，加密相关技术发展迅速，特别是2005 年间，中国颁布《互联网著作权行政保护办法》，迈出数字版权法律保护的关键性一步，而数字版权保护在硬件设备层面上的实现离不开加密技术的进步，大量的企业开始介入该技术领域，相关专利申请量激增，此时进入了该技术的发展期；近年来，随着该技术的不断成熟，对于新方法的研究和新技术的突破创新难度变大，导致该技术领域的专利申请量开始下滑，此时中国对于该技术的研究也出现了衰退的趋势。

根据以上各地区技术发展现状描述，总体来说，加密技术在全球范围内有进入衰退期的迹象。

（三）主要申请人专利申请对比分析

通过对于加密技术领域的宏观分析，我们得出行业内的三个主要申请人是微软公司、三星电子以及索尼公司。下面结合微观分析模块具体解读主要申请人的专利现状。

1. 专利申请量维度横向比较

通过将三个主要申请人在专利申请量维度进行横向比较，我们发现：从加密技术领域的专利申请量上来看，微软公司拥有相关专利申请 447 件；三星电子和索尼在这方面的专利数量分别是 264 件和 189 件。其中，微软公司世界 PC 机软件开发的先导，在技术研发初期便投入了相当大的技术研发，相应的专利申请量也较多。三星电子和索尼公司，在加密技术领域起步较晚，发展也很迅速。

2. 专利资产区域布局情况

从三个主要申请人的专利资产区域布局情况，我们可以看出：微软公司、三星电子和索尼公司在该技术领域实行专利全球化战略路线，相关专利遍及欧洲及亚太地区许多国家，并且在美国、澳大利亚、亚洲的中、日、韩等地均布局相当数量的专利，便于其随时发动专利诉讼，并且微软和三星电子均在其本土有最多的专利申请量；然而索尼公司在该技术领域的相关专利申请则是在美国的占比最大，这也表明其对于美国市场的重视程度。

3. 技术热点分析

从技术热点分析角度来说：微软在加密技术领域主要关注的技术有许可认证、密码信息管理和分发分配等技术；三星电子在加密技术领域主要关注的技术有授权与许可信息、加密与密码相关技术和数字版权等技术；索尼公司在该技术领域主要关注的技术有授权与许可、密码加密与解密相关技术和数据管理等技术。

第八节　密码服务技术

一、专利检索

（一）检索结果概述

以密码服务技术为检索主题，在“九国两组织”范围内，共检索到相关专利申请1 730件，具体数量分布如下（单位：件）：

美国	中国	日本	韩国	英国	法国	德国	澳大利亚	俄罗斯	EP	WO	总计
290	382	562	173	19	2	12	36	4	144	106	1 730

（二）各地区/组织相关专利申请趋势

通过本项目在全球“九国两组织”数据范围内进行的专利检索，统计出密码服务技术在“九国两组织”的每年的专利申请量状况具体如表3. 8-1以及根据表3. 8-1绘出的折线图3. 8-1所示。从折线图可以看出，密码服务技术相关专利在上世纪90年代日本的申请量已经达到了26件，在中美韩也有几件专利的申请，2002年日本的申请量达到一个高峰，申请量是84件（如图3. 8-1），说明该技术已经早在日本得到了广泛的应用和重视，在中国，从2006年开始一直持续在60件左右，2012年达到高峰，说明随着数字版权保护技术在中国发展越来越广泛，密码服务技术作为贯穿于数字版权保护整个领域的关键技术也得到了相应的发展和应用。

表 3.8-1　“九国两组织”相关专利申请状况

年份 国家	1990①	2000	2001	2002	2003	2004	2005	2006	2007	2008	2009	2010	2011	2012	2013	2014
US	10	4	12	25	15	27	33	33	51	29	51	36	27	30	32	31
CN	8	10	6	17	18	24	30	72	60	67	70	66	65	83	50	35
JP	26	55	40	84	50	58	49	59	46	42	53	61	52	32	28	19
KR	3	6	0	6	5	11	14	15	12	65	36	25	39	25	33	11
GB	1	1	0	4	1	1	2	3	0	1	5	1	1	0	0	0
DE	0	2	1	3	2	0	0	0	2	2	0	1	0	0	0	0
FR	0	0	0	0	0	0	0	2	0	0	0	0	0	0	0	0
AU	8	2	2	1	4	2	3	4	3	4	3	3	0	3	0	1
RU	0	0	1	0	0	1	0	0	0	1	1	1	2	2	1	0
EP	13	13	10	12	6	14	10	15	21	14	16	6	3	12	5	4
WO	13	5	7	4	9	9	15	12	15	12	5	6	6	6	5	7

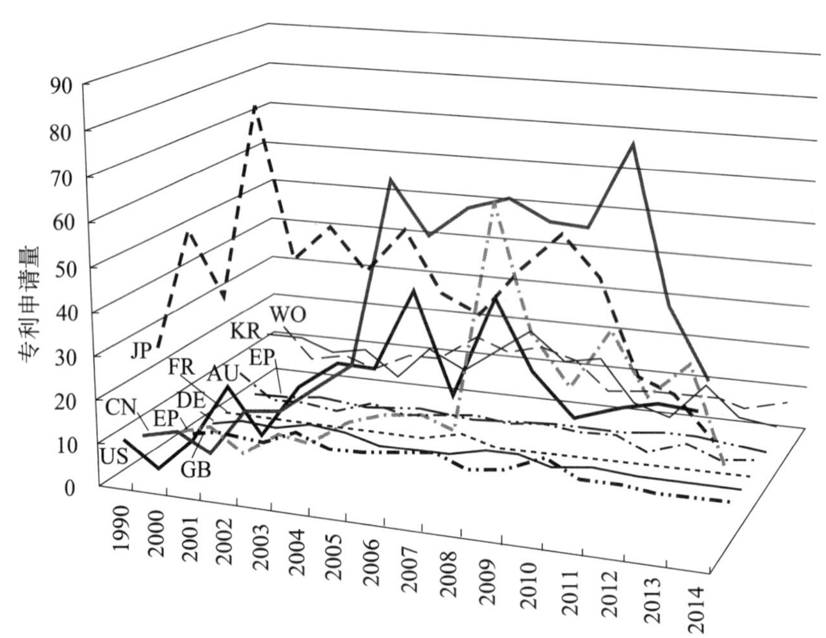

图 3.8-1　“九国两组织”相关专利申请状况图

① 1990 是指 1990－1999 年的专利数量总数。

（三）各地区/组织相关专利申请人排名

1. WO 相关专利申请人排名

表 3.8-2　密码服务技术 WO 相关专利申请人排名

序号	申请人	申请人国家	专利申请数量
1	MATSUSHITA ELECTRIC IND CO LTD	日本	15
2	KONINKL PHILIPS ELECTRONICS NV	芬兰	9
3	PANASONIC CORP	日本	7
4	NAKANO TOSHIHISA	日本	7
5	SAMSUNG ELECTRONICS CO LTD	韩国	6

2. EP 相关专利申请人排名

表 3.8-3　密码服务技术 EP 相关专利申请人排名

序号	申请人	申请人国家	专利申请数量	专利授权数量
1	SONY CORP	日本	20	4
2	MATSUSHITA ELECTRIC IND CO LTD	日本	20	2
3	KONINKL PHILIPS ELECTRONICS NV	芬兰	11	0
4	SAMSUNG ELECTRONICS CO LTD	韩国	10	2
5	TOSHIBA KK	日本	6	2

3. 中国地区相关专利申请人排名

表 3.8-4　密码服务技术中国地区相关专利申请人排名

序号	申请人	申请人国家	专利申请数量	专利授权数量
1	MATSUSHITA ELECTRIC IND CO LTD	日本	63	27
2	HUAWEI TECH CO LTD	中国	44	25
3	SONY CORP	日本	43	20
4	SAMSUNG ELECTRONICS CO LTD	韩国	24	8
5	KONINKL PHILIPS ELECTRONICS NV	芬兰	20	3

4. 美国地区相关专利申请人排名

表 3.8-5　密码服务技术美国地区相关专利申请人排名

序号	申请人	申请人国家	专利申请数量	专利授权数量
1	SONY CORP	日本	39	15
2	PANASONIC CORP	日本	23	5
3	TOSHIBA KK	日本	19	5
4	SAMSUNG ELECTRONICS CO LTD	韩国	16	5
5	WISTARIA TRADING INC	美国	13	4

5. 日本地区相关专利申请人排名

表 3.8-6 密码服务技术日本地区相关专利申请人排名

序号	申请人	申请人国家	专利申请数量	专利授权数量
1	SONY CORP	日本	92	34
2	MATSUSHITA ELECTRIC IND CO LTD	日本	92	40
3	TOSHIBA CORP	日本	62	28
4	HITACHI LTD	日本	60	24
5	MATSUSHITA DENKI SANGYO KK	日本	41	39

6. 澳大利亚地区相关专利申请人排名

表 3.8-7 密码服务技术澳大利亚地区相关专利申请人排名

序号	申请人	申请人国家	专利申请数量	专利授权数量
1	SAMSUNG ELECTRONICS CO LTD	韩国	7	5
2	MACROVISION CORP	澳大利亚	7	1
3	MICROSOFT CORP	美国	5	3
4	ARISTOCRAT TECHNOLOGIES AU	澳大利亚	4	3
5	SONY CORP	日本	3	2

7. 德国地区相关专利申请人排名

表 3.8-8 密码服务技术德国地区相关专利申请人排名

序号	申请人	申请人国家	专利申请数量	专利授权数量
1	MACROVISION CORP	德国	4	0
2	WISTARIA TRADING INC	德国	2	0
3	SAMSUNG ELECTRONICS CO LTD	韩国	2	0
4	ROTH KLAUS	德国	1	0
5	CFPH LLC	美国	1	0

8. 法国地区相关专利申请人排名

表 3.8-9 密码服务技术法国地区相关专利申请人排名

序号	申请人	申请人国家	专利申请数量	专利授权数量
1	VIACCESS SA	法国	2	0

9. 英国地区相关专利申请人排名

表 3.8-10 密码服务技术英国地区相关专利申请人排名

序号	申请人	申请人国家	专利申请数量	专利授权数量
1	TOSHIBA KK	日本	7	2
2	NANYANG POLYTECHNIC	新加坡	2	1

（续表）

序号	申请人	申请人国家	专利申请数量	专利授权数量
3	SIGMATEL INC	美国	2	0
4	BRITISH BROADCASTING CORP	英国	2	2
5	VODAFONE PLC	英国	1	0

10. 俄罗斯地区相关专利申请人排名

表 3.8-11　密码服务技术俄罗斯地区相关专利申请人排名

序号	申请人	申请人国家	专利申请数量	专利授权数量
1	PANASONIC CORP	日本	2	0
2	PANASONIC ELEC WORKS CO LTD	日本	2	0
3	SAMSUNG ELECTRONICS CO LTD	韩国	1	1
4	MICROSOFT CORP	美国	1	1
5	PANASONIC CORP	日本	2	0

11. 韩国地区相关专利申请人排名

表 3.8-12　密码服务技术韩国地区相关专利申请人排名

序号	申请人	申请人国家	专利申请数量	专利授权数量
1	SAMSUNG ELECTRONICS CO LTD	韩国	37	7
2	LG ELECTRONICS INC	韩国	32	10
3	MICROSOFT CORP	美国	15	4
4	KOREA ELECTRONICS TELECOMM	韩国	15	0
5	SONY CORPORATION	日本	12	1

二、专利分析

（一）技术发展趋势分析

所谓密码，是通信双方按约定的法则进行信息特殊变换的一种重要保密手段。在数据加密过程中，原始信息被称为“明文”，用某种方法伪装明文以隐藏其真实内容的过程称之为“加密”，明文被加密后得到的消息就是“密文”，而把密文转变为明文的过程称为“解密”。通过数据加密可以使受保护的数据不被非法盗用或被非相关人员越权阅读。密码在早期仅对文字或数据进行加、解密变换，随着通信技术的发展，对语音、图像、数据等都可实施加、解密变换。

按照密钥的特点来进行分类的话，加密算法可以分为对称密钥算法和非对称密钥算法。对称密钥算法又称为传统密钥算法，其特点是在加密与解密过程中使用相同的密钥，而与之相对应的是“非对称密钥算法”。非对称密钥算法的加密密钥不同于解密密钥，加密密钥（公钥，public key）公之于众而解密密钥（秘钥，private key）却只有解密人自己知道。加密算法的另一种分类方法是按照明文的处理方法来划分，可以分为分组密码和流密码。分组密码算法是将明文分成固定长度的组，用同一密钥和算法对每一组明文进行加密并输出相同长度的密文，而流密码算法则是每次加密一位或一字节的明文。

对称密码技术代表是美国的数据加密标准 DES。它于 1977 年由美国国家标准局颁布，后被国际标准化组织接受作为国际标准。DES 主要采用替换和移位的方法加密。它用 56 位密钥对 64 位二进制数据块进行加密，每次加密可对 64 位的输入数据进行 16 轮编码，经一系列替换和移位后，输入的 64 位原始数据转换成完全不同的 64 位输出数据。

DES 曾是一种世界公认的较好的加密算法，但是它的密钥长度太短，只有 56 位。随着计算机技术的飞速发展，这么短的密钥已经不再安全。科学家又研制了 80 位的密钥，以及在 DES 的基础上采用三重 DES 和双密钥加密的方法。即用两个 56 位的密钥 K1、K2，发送方用 K1 加密，K2 解密，再使用 K1 加密。接收方则使用 K1 解密，K2 加密，再使用 K1 解密，其效果相当于将密钥长度加倍。

对称加密方法的主要问题是密钥的生成、注入、存储、管理、分发等很复杂，特别是随着用户的增加，密钥的需求量成倍增加。在网络通信中，大量密钥的分配是一个难以解决的问题。

为了解决对称密码系统所面临的一系列问题，上世纪 70 年代，美国斯坦福大学的学者迪菲和赫尔曼提出了一种新的加密方法——公开密钥加密对 PKE 方法。在公钥密码系统中，加密和解密使用的是不同的密钥（相对于对称密钥，人们把它叫作非对称密钥），这两个密钥之间存在着相互依存关系：即用其中任一个密钥加密的信息只能用另一个密钥进行解密。这使得通信双方无需事先交换密钥就可进行保密通信。其中加密密钥和算法是对外公开的，人人都可以通过这个密钥加密文件然后发给收信者，这个加密密钥又称为公钥，而收信者收到加密文件后，它可以使用他的解密密钥解密，这个密钥是由他自己私人掌管的，并不需要分发，因此又称为私钥，这就解决了密钥分发的问题。非对称密码术比较常用的有 RSA 和椭圆曲线密码。

图 3.8-2 示出近二十年密码服务技术相关专利申请数量的年度变化趋势图，密码服务技术在 2006 年之前基本呈现一个上升的发展趋势。最开始密码服务技术一般都是应用在信息安全领域，很多国家积极研究此技术也是出于以上原因，但是随着数字出版领域的快速发展，在数字版权保护方面处处都应用到了密码服务相关的技术，RSA 公钥加密算法属于数字版权保护领域范围较为常用的方法。从当前的实际应用上看，现今只有短的 RSA 钥匙才可能被强力方式解破。到 2007 年为止，世界上还没有任何可靠的攻击 RSA 算法的方式。只要其钥匙的长度足够长，用 RSA 加密的信息实际上是不能被解破的。但在分布式计算和量子计算机理论日趋成熟的今天，RSA 加密安全性受到了挑战。这也许是后

来申请量逐渐下降的原因，大家都在探索新的密码服务方式或者密码算法，这也是本工程的一个重点研究对象，为工程总体提供统一的规范化数字证书服务支撑和密码服务支撑。

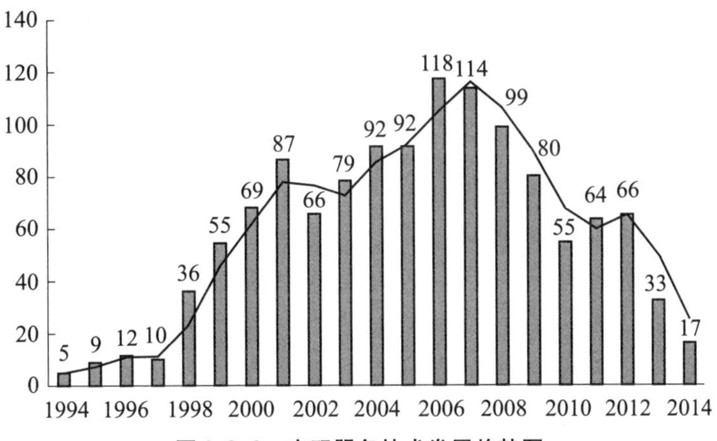

图 3.8-2　密码服务技术发展趋势图

（二）技术路线分析

从出现加密概念至今，数据加密技术发生了翻天覆地的变化，从整体来看数据加密技术的发展可以分为三个阶段：

1949 年以前：

早期的数据加密技术还很简单，复杂程度不高、安全性较低，大部分是一些具有艺术特征的字谜，因此，这个时期的密码被称为古典密码。随着工业革命的到来和二次世界大战的爆发，密码学由艺术方式走向了逻辑—机械时代。数据加密技术有了突破性的发展，先后出现了一些密码算法和机械的加密设备。不过，这时的密码算法针对的只是字符，使用的基本手段是替代和置换。替代就是用密文字母来代替明文字母，在隐藏明文的同时还可以保持明文字母的位置不变，而置换则是通过重新排列明文中字母的顺序来达到隐藏真实信息的目的。

1949—1975 年期间：

从 1946 年 2 月世界上第一台计算机在美国诞生到 1975 年，计算机技术发展迅速，特别是计算机的运算能力有了大幅提升，这使得基于复杂计算的数据加密技术成为可能。简而言之，计算机将数据加密技术从机械时代提升到了电子时代。虽然这个时期使用的加密算法还是基于替代和置换思想的加密算法，但由于巧妙运用了计算机的高运算能力，这些加密算法在复杂程度和安全性上得到了提高。

1976 年至今：

公开密钥密码体制的概念于 1976 年由美国密码学专家狄匪（Diffie）和赫尔曼（Hellman）提出，是现代密码学的重大发明，将密码学引入了一个全新的方向。用抽象的观点来看，公钥密码体制就是一种陷门单向函数。如果说一个函数 f 是单向函数，那么对其定义域中的任意 x 都易于计算 f（x），而对 f 的值域中几乎所有的 y，即使当 f 为已知时要计算 f-l（y）也是不可行的。但如果给定某些辅助信息（陷门信息），则易于计算 f-l（y），因此称单向函数 f 是一个陷门单向函数。公钥密码体制就是基于这一原理而设计的，将辅助信息作为秘密密钥。这类密码的安全强度取决于它所依据的问题的计算复杂度。基于公钥概念的加密算法就是非对称密钥算法，这种加密算法有两个重要的原则：第一，要求在加密算法和公钥都公开的前提下，其加密的密文必须是安全的；第二，要求所有加密的人和掌握私人秘密密钥的解密人，计算或处理都应比较简单，但对其他不掌握秘密密钥的人，破译应是极困难的。

图 3. 8-3 示出密码服务技术路线。从 1995 年左右 DRM 数字权限管理系统的出现，中间其实有很多家企业和公司进行密码服务技术的研究，只是他们都未提供一套数字证书认证系统和一套密码服务中间件平台，一直到 2002 年 4 月 30 日，中国出现了一件统一密码服务技术规范的专利，最后几年也相继出现了数字内容权限管理服务中有关密码服务技术相关的专利，都作为一些关键基础技术，各有各的优点。而中国在着手研究为数字版权保护技术研发提供一套数字证书认证系统和一套基于国产密码算法的密码服务中间件平台，提供统一的规范化数字证书服务支撑和密码服务支撑，提供标准化的、符合国家相关规范的数字证书服务和密码服务接口，提供适用于多种数字出版业务场景的数字证书，简化数字版权保护技术的密码技术和数字证书应用开发，保障数字版权保护技术研发工程的顺利实施，保障数字版权保护技术的规范化发展。数字内容加密和解密的技术出现得比较早，这也是贯穿于整个数字版权保护的一个基础技术，从而实现了数字内容权限的管理和控制。图中的核心专利基本都是从密钥出发来解决数字内容权限管理的，像密钥的生成、存储、销毁，或者进一步扩充组合形成新的密码功能逻辑出发申请的专利，密钥的基础算法趋于成熟，因此在数字内容版权保护方面研究密码服务的统一与标准是积极可待的，密码服务的统一标准化也是未来的一个主要发展方向。

（三）主要专利申请人分析

为了深入分析自适应多媒体数字水印这一技术领域，通过对于检索数据进行标引、聚类等处理，我们了解到 1994 年至 2014 年，在可信计数规范技术领域专利申请量排名前三的申请人分别为：Sony 公司（索尼）、Panasonic 公司（松下电器）以及 Samsung 公司（三星）。从专利申请量上来看，Sony 公司拥有相关专利申请 218 件；Panasonic 公司拥有相关专利申请 199 件；Samsung 公司拥有相关专利申请 116 件。从专利资产区域分布来看，Sony 公司、Panasonic 公司都表现为在日本本国拥有较大比例的专利，同时，在专利大国中国及美国也有相当数量的专利布局，整体看，专利分布较为均衡。Samsung 公司则将专利布局更多地应用于韩国本国，中国范围的专利布局则占到第二，其他国家的专利布局较为薄弱；从技术构成分布来看，Sony 公司主要关注在令牌的接收和版权保护方面，Panasonic 公司主要关注在密码通信方面，Samsung 公司则主要关注在密钥服务方面。

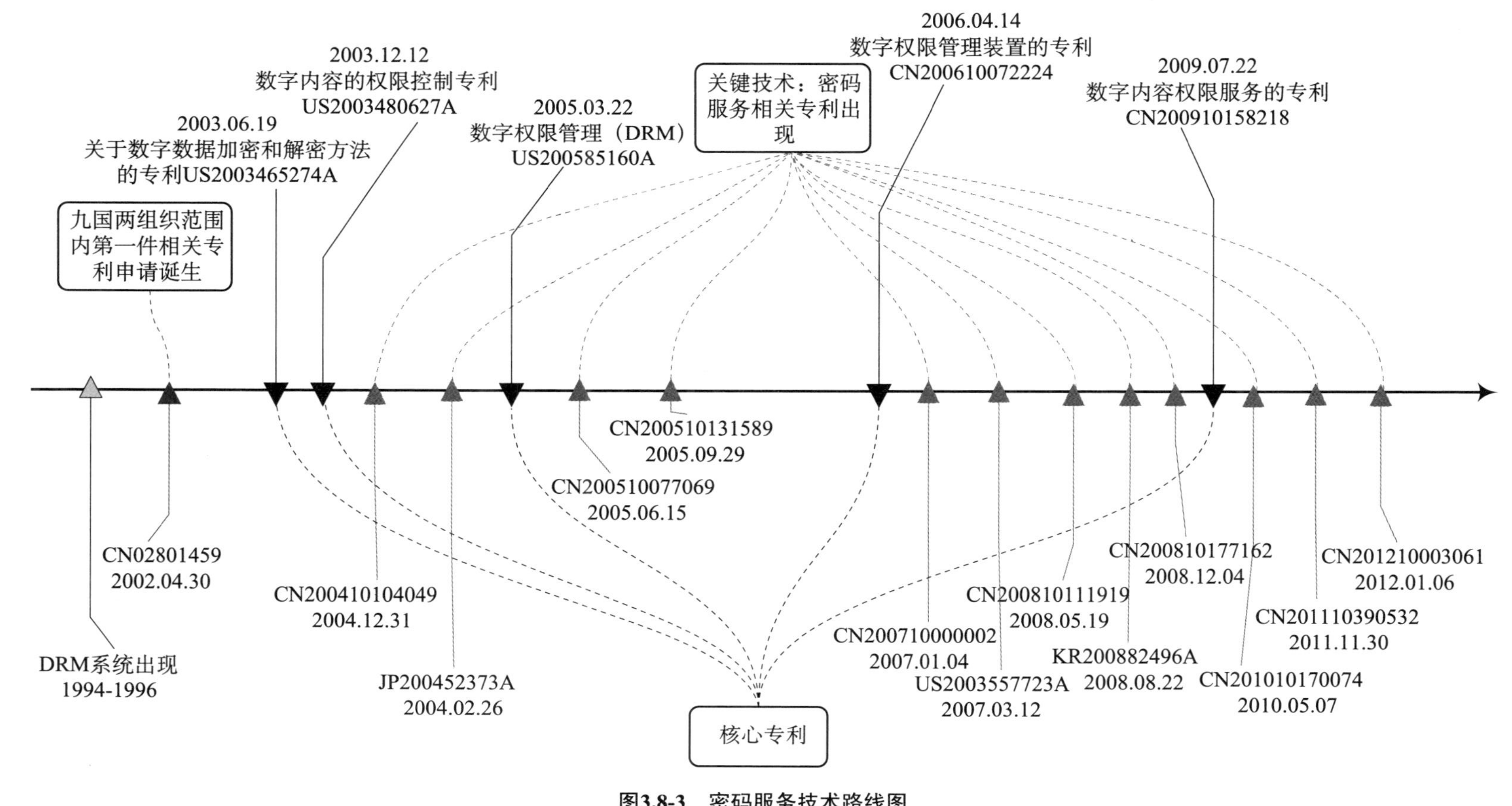

图3.8-3　密码服务技术路线图

1. 申请量排名第一的专利申请人

（1）专利申请量

图 3.8-4 是索尼密码服务技术专利的申请趋势图。2000 年相对 1999 年来说数量多了将近两倍，数字内容产业也称内容产业、信息内容产业、创意产业，最早正式提出“内容产业”概念的是在 1995 年西方七国信息会议，1996 年欧盟《信息社会 2000 计划》指出信息内容产业包括媒体印刷品（书报、杂志）、电子出版物（数据库、电子音像、光盘、游戏软件）和音像传播（影视、录像、广播），进一步明确其内涵，包括制造、开发、包装和销售信息产品及其服务的行业。这一计划使全球几个发达国家也开始逐渐地关注数字内容产业和研究数字版权保护技术研究，在日本，互联网和通信电子技术比较发达的索尼公司也会抓住这个机会。作为数字版权保护技术的关键技术密码服务技术，索尼公司加大了该技术的专利申请，该技术发展得特别迅猛，密码算法也很快趋于成熟，在 2003 年以后专利申请量逐渐开始下降，每年的申请量都在 10 件左右。

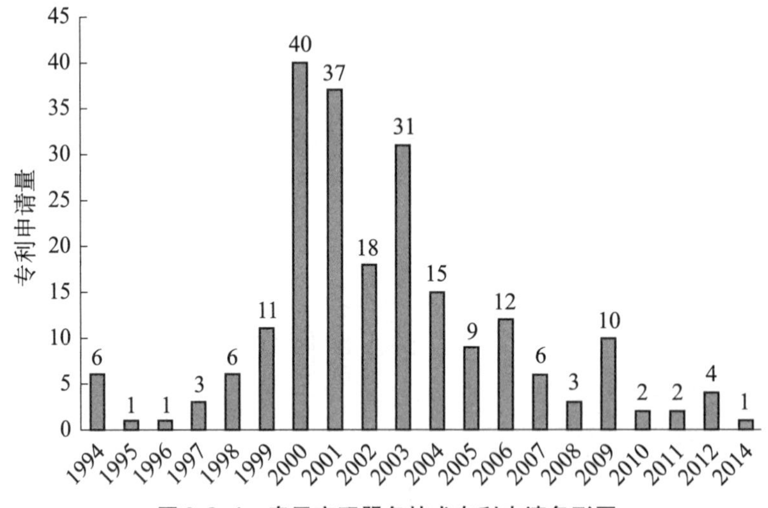

图 3.8-4　索尼密码服务技术专利申请条形图

（2）“九国两组织”专利申请量区域分布

图 3.8-5 是索尼在“九国两组织”地区的专利申请情况。索尼公司总部位于日本东京，是世界上民用及专业视听产品、游戏产品、通信产品核心部件和信息技术等领域的先导之一。索尼全球主要市场为日本、美国、欧洲和中国，中国作为索尼在全球的最主要的市场，在 1978 年索尼就在中国开展业务设立了办事处，后来陆陆续续在中国几个大城市都成立了分公司，申请量也是海外排第一的国家。从索尼在日本、美国、欧洲和中国的专利申请量可以看出，索尼在海外美国的申请量排名第二，由于美国作为互联网技术发展比较早的大国，日本要想在美国占得住一定的市场，申请更多的专利尤其重要。在韩国的申请量排名第三，很有可能是由于和韩国的 LG 有过专利诉讼的教训，所以在韩国会实施外围专利布局，这样可以更好地保护自己的技术和产品。

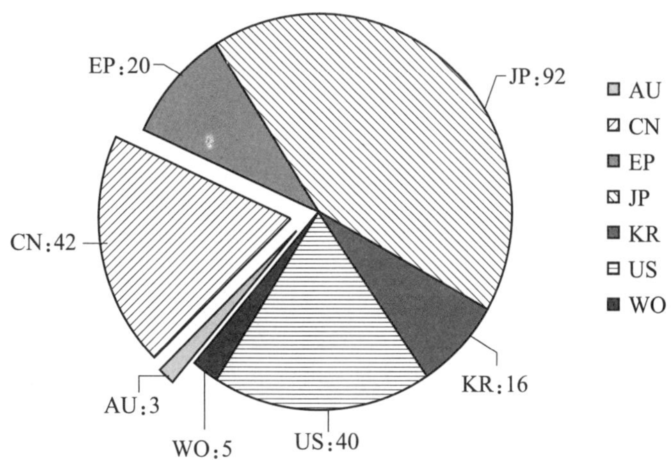

图 3. 8-5　索尼密码服务技术专利申请量区域分布图

（3）技术构成分布

图 3. 8-6 示出索尼专利的构成分布图。黑圈标注的是微软关注度较高的热点技术，令牌的接收是索尼主要研究发展的一个技术。令牌也称作密码，在数字版权保护整个过程中随时都需要密码服务，像密钥的分发和接收就是主要的两个步骤。密钥分配是指密码系统中密钥的安全分发和传送过程，它要解决的问题就是将密钥安全地分配给保密通信的各方。依据分配手段，密钥分配可分为人工分发（物理分发）与密钥交换协议动态分发两种。从密钥属性上看，又分为秘密密钥分配与公开密钥分配两种。从密钥分配技术来说，有基于对称密码体制的密钥分配与基于公钥密码体制的密钥分配等。目前有关密钥分配方案多种多样。两个用户 A 和 B 在单钥密码体制下进行保密通信时，必须有一个共享的秘密密钥，获得共享密钥的方法一般有以下几种：①密钥由 A 选取并通过物理手段发送给 B；

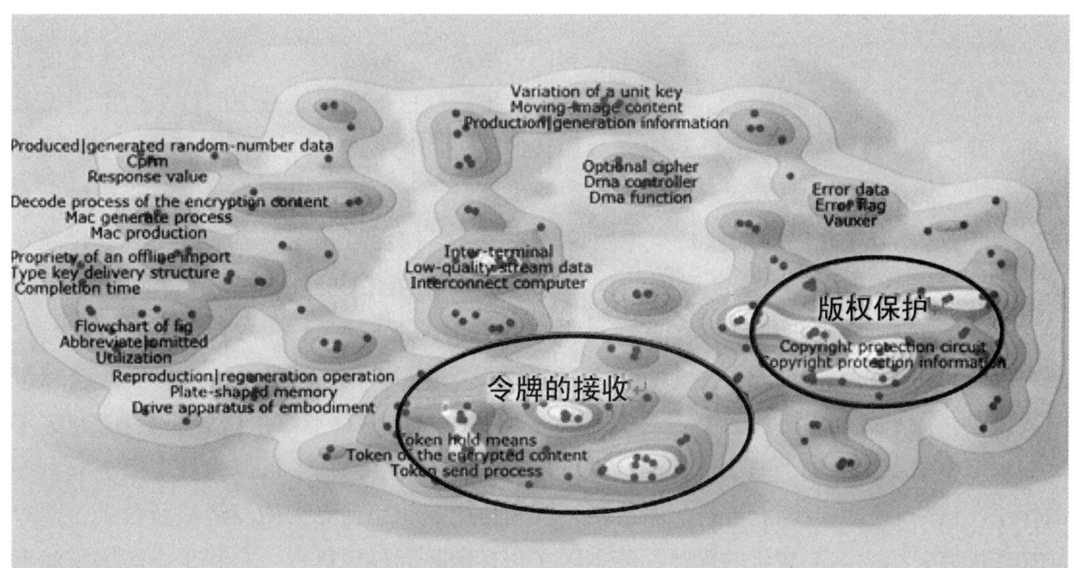

图 3. 8-6　索尼密码服务技术构成分布图

②密钥由第三方选取并通过物理手段发送给 A 和 B；③若 A、B 事先已有一密钥，则其中一方选取新密钥后，用已有的密钥加密新密钥并发送给另一方；④若 A 和 B 与第三方 C 分别有一保密信道，则 C 为 A、B 选取密钥后，分别在两个保密信道上发送给 A、B。方法①、②和③分配密钥的代价可能很大，一般采用方法④。④中的第三方通常是一个负责为用户分配密钥的密钥分配中心 KDC，每一个用户必须与 KDC 有一个共享密钥，称为主密钥。通过主密钥分配给一对用户的密钥叫作会话密钥，会话密钥用于这一对用户之间的保密通信，通信完成后，会话密钥即被销毁。掌握了密码服务相关技术可以使数字内容交易与分发等业务安全地进行，又由于数字内容的分类复杂，想要更好为数字版权保护做服务，形成统一规范的密码服务势必是未来的一个发展方向。

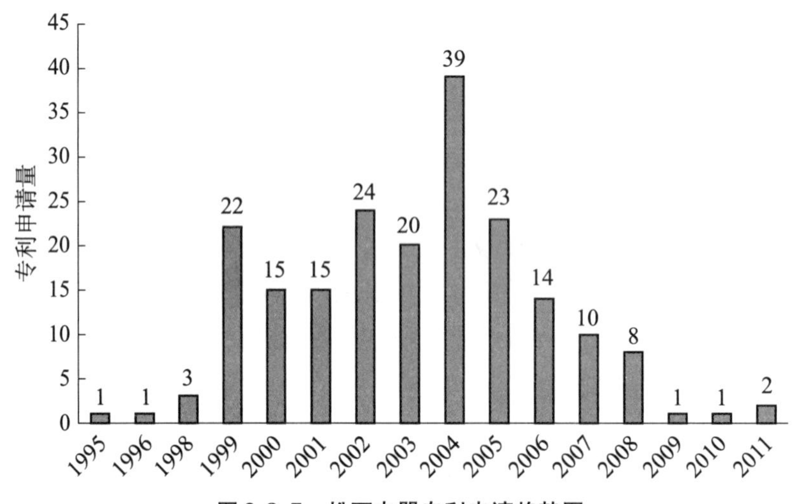

图 3.8-7　松下电器专利申请趋势图

2. 申请量排名第二的专利申请人

（1）专利申请量

图 3.8-7 是松下电器密码服务技术专利的申请条形图。松下电器一直致力于电子信息设备方面的研究、生产和制造，而密码设备在数字版权保护密码服务中间件平台中占据着很重要的位置，像 SIM、加密机、加密卡和其他类型密码设备。申请量在“九国两组织”中排行第二属于正常，另外，日本对内容产业也高度重视，把内容产业定位为“积极振兴的新型产业”。数字化内容产业是指将图像、文字、影像、语音等内容，运用数字化高新技术手段和信息技术进行整合运用的产品或服务。数字化内容产业即流过那条“粗管子”——光纤宽带电缆的所有节目。它涉及移动内容、互联网服务、游戏、动画、影音、数字出版和数字化教育培训等多个领域。日本经贸部 2003 年专门成立了内容产业全球策略委员会，用来促进和协调数字内容产业的迅速健康发展。日本数字内容协会在 2003 年度白皮书中表示，依赖于 IT 信息技术革命的数字内容产业将对 21 世纪的日本经济起重要的作用。认为通过内容产业进行战略运用，较其他产业能起到更大的经济波及效果，同时能加深世界各国对本国文化的理解，使本国文化在国际上得到尊重，有利于提高国家的形象。他们对数字内容产业的界定从单件制品、网络在线、移动电话和数字广播四种形式下

分为四个方面：音乐、影像、游戏和信息出版。而数字内容产业的市场包括开发和销售数字内容、生产平台和相关服务，也即内容产品、播放产品和服务业务。据不完全统计，2002 年日本的数字内容产业销售总额达到了 2.057 3 万亿日元（比 2001 年增长 108.1%），其中包装品（如 DVD 等）约占 70% 为 1.456 2 万亿日元，在线为 2 873 亿，移动电话为 1 757 亿，数字广播为 1 381 亿日元。日本动漫产品仅在美国市场的规模就达 43.5 亿美元，是日本对美国钢铁出口额的 4 倍。在 2004 年的申请量达到一个高峰。

（2）"九国两组织"专利申请量区域分布

图 3.8-8 示出松下电器在"九国两组织"区域的相关专利申请量情况。松下电器产业公司总部位于日本大阪，为日本的大型电器制造企业，松下电器全球主要市场为日本、美国、欧洲和中国，除去日本本土，海外申请量排名第一的是中国，中国作为一个主要市场，松下电器（中国）有限公司成立于 1994 年，成立时间很早，而且发展迅猛，在 2002 年已经实现了独资。从松下在日本、美国、欧洲和中国的专利申请量就可以看出，虽然申请量排名第三和第四的国家是欧洲和美国，但是在美国和欧洲的申请量要明显小于日本和中国，说明中国是松下的最主要的市场，松下已经在中国大陆地区（含香港地区）拥有 80 多家企业、约 10 万员工，事业活动涉及研究开发、制造、销售、服务、物流、宣传等多个方面。

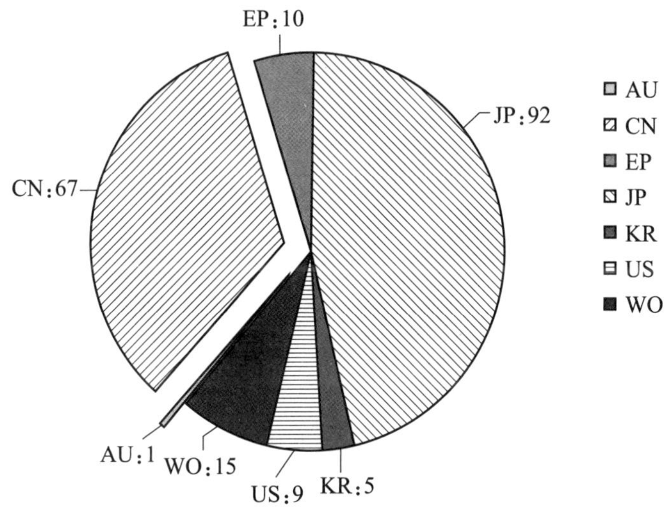

图 3.8-8　松下密码服务技术专利申请量区域分布图

（3）技术构成分布

图 3.8-9 示出松下电器专利的构成分布图。密码通信相关的技术是该公司研究的主要技术，在数字版权保护技术中，密码服务技术像密钥的生成、存储、销毁和进一步扩充组合形成新的密码功能逻辑，进而形成版权保护密码服务接口，供上层的数字版权保护应用进行调用，这些都属于密码通信方面，可以说这些都是数字版权保护的基础支撑技术。密码通信系统是在密码通信过程中，发送方（简称为发方）、接收方（简称为收方）、密钥管理中心以及非授权者共同组成系统。在密码通信系统中有两类非授权者（即攻击者）：

一是那些非法入侵者、攻击者或黑客主动窜扰系统，采用删除、更改、插入、重放、伪造等手段向系统注入虚假信息，进行干扰破坏的攻击，称作主动攻击。二是对密码通信系统采取截获密文进行窃听分析的攻击，称作被动攻击。一个好的密码通信系统必须满足下述三个条件：（1）保密性：隐蔽信息的真实含义，使截获者在不知密钥条件下无法解读密文的内容；（2）认证性：确保信息是由所声明的信源发出且未经改动，使信息具有被验证的能力，而任何不知密钥的人无法构造假密文，让合法接收者脱密成一个合法消息；（3）完整性：保证信息的完好无损，在有自然和人为干扰的条件下，系统保持恢复的消息与初始时一致的能力。

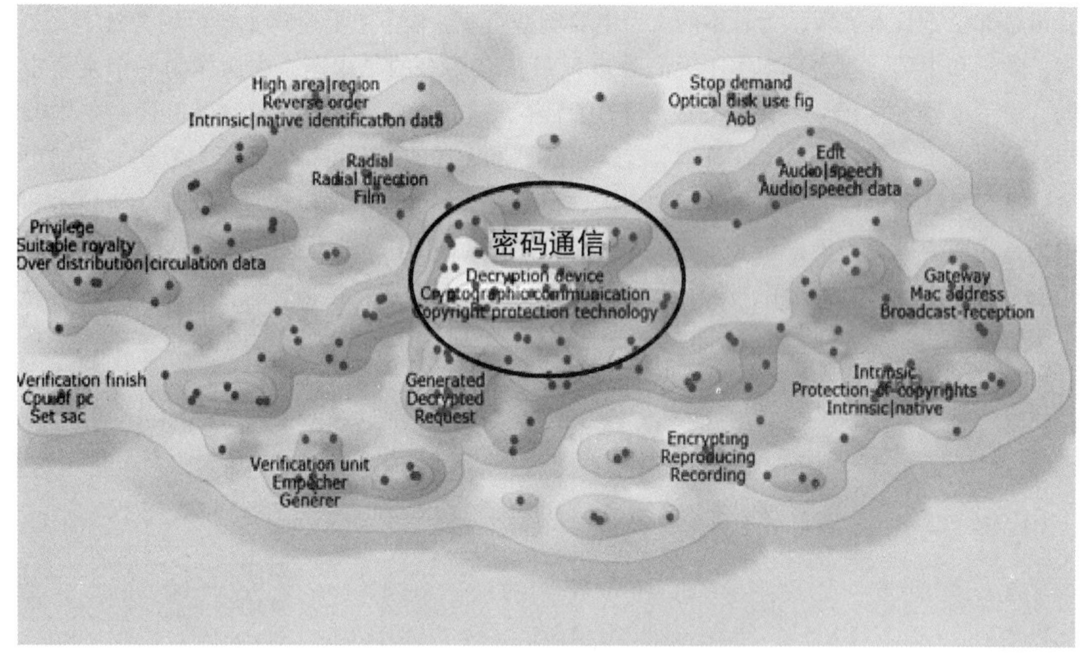

图 3.8-9　松下密码服务技术构成分布图

3. 申请量排名第三的专利申请人

（1）专利申请量

图 3.8-10 是三星电子密码服务技术专利的申请趋势图。三星电子在 2006 年对该技术的专利申请数量达到顶峰，这主要是由于互联网进入蓬勃发展期，以及智能移动终端的问世，促进了三星在移动出版的积极性。直到 2010 年年底发布的 Galaxy Tab 平板电脑，该平板内置的一个软件“读者圈”（Readers Hub）是三星独特的电子阅读应用。通过“读者圈，用户可方便获取包括古典文学、最新畅销书及参考资料在内的大量数字图书馆资源，在像这样的数字出版必将需要数字内容版权保护，而密码服务技术在内容交易与分发、在线阅读、互联网出版、移动出版、富媒体出版等多种类型的数字出版业务中起着关键性作用，所以，在 2011 申请量排行第二。

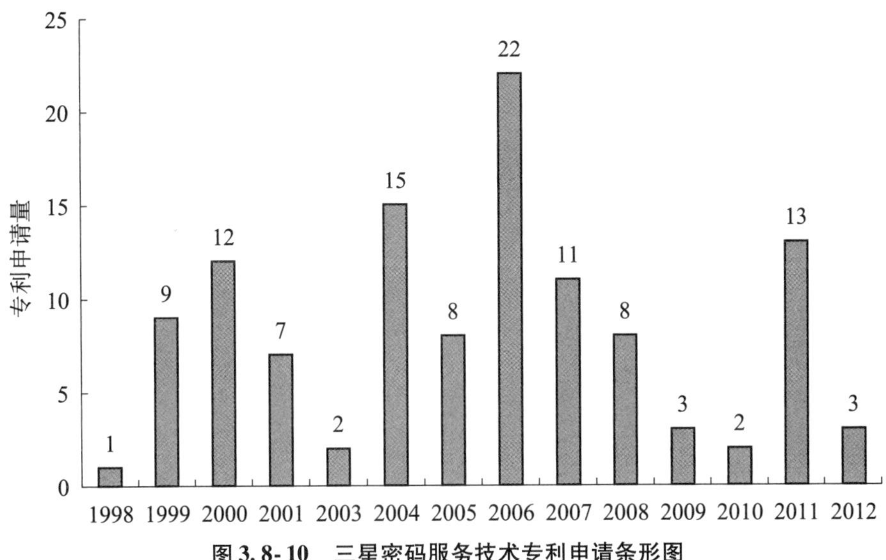

图 3.8-10　三星密码服务技术专利申请条形图

（2）九国两组织专利申请量区域分布

图 3.8-11 示出三星电子在九国两组织区域的相关专利申请量分布。三星在韩国申请量排名第一，三星电子公司本部位于韩国首尔，为了和同行业 LG、索尼等的竞争，在本土做好专利布局非常重要，申请量排名第二的是中国，据证券业的数据表示，近两年三星电子在中国的销售额度在全球 IT 企业中居于榜首，可以看出，中国是三星电子最为重要的一个海外市场。在美国的申请量排名第三，但也只有 16 件，由于美国的 IT 业发展快，技术也比较成熟，法律也相对完善，三星电子只是为了寻求一个保护，并没有大肆扩大在美国的市场。

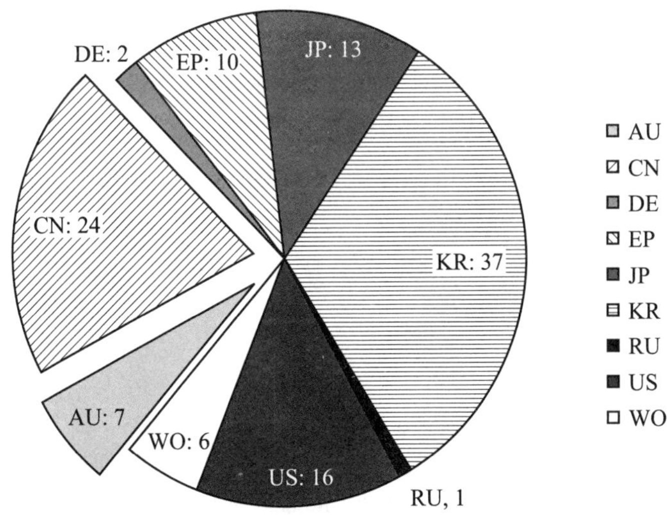

图 3.8-11　三星密码服务技术专利申请量区域分布图

（3）技术构成分布

图 3. 8-12 示出三星电子专利的构成分布图。密码服务技术基于密码体系思想，对一些基本功能如对称加密与解密、非对称加密与解密、信息摘要、数字签名、签名验证，这些都是为内容加密、内容解密、权利解析、数字标识识别、文件加密存储等操作提供技术支持，也可为数字版权保护技术提供定制化的、个性化的典型密码服务。

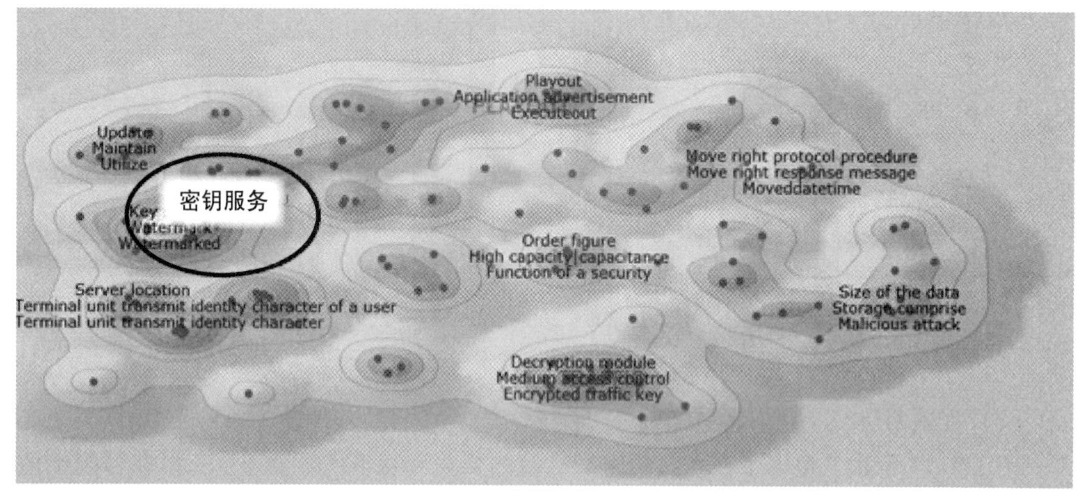

图 3. 8-12　三星密码服务技术构成分布图

三、总结

（一）专利申请量的总体发展趋势

就密码服务技术的整个专利申请情况发展历程来看，自从 1994 年至 1996 年期间 DRM 系统出现，该技术相关的专利也陆续开始出现。最开始密码服务技术一般多应用在信息安全领域，随着数字内容逐渐地流行，国际上对数字出版的重视度越来越大，密码服务技术也很好地被应用到了数字版权保护中，该技术在数字版权保护方面的应用越来越成熟，2006 年申请量达到一个高峰，随后专利申请量逐渐下降，技术进入了衰退期。

（二）各地区技术发展现状以及未来发展趋势

1. 美国

美国在关于密码服务相关技术方面起步相对较早，并随着互联网技术在美国的快速发展，该技术也得到了相应的发展，而将密码服务技术应用于数字版权保护方面也得到了快速发展，技术很快进入了成熟期。

2. 日本

日本在密码技术方面起步较早，发展较快，2004 年就已经研究出了 2048 位的密钥。日本的密码服务技术成熟较早，一些公司投入的研发力度逐渐在减少，有的企业甚至退出了对该技术的研究，技术进入了衰退期。

3. 韩国

韩国和日本的情况基本一样，技术发展处于衰退期。

4. 中国

中国的互联网起步晚，密码服务相关技术起步也晚，将密码服务技术应用于数字版权保护中的时间也相对较晚。但是因为密码服务技术的重要性，该技术发展比较快，中国于2007年3月25日专门成立了一个中国密码学会，随着技术越来越成熟，技术进行再创新的难度加大，技术也逐渐进入衰退期。

根据以上各地区技术发展现状描述，总体来说，密码服务技术在中国、韩国、日本范围内处于衰退期，在美国处于成熟期。

（三）主要申请人专利申请对比分析

通过对密码服务技术领域的宏观分析，我们得出行业内的三个主要申请人是索尼、松下电器以及三星电子。下面结合微观分析模块具体解读主要申请人的专利现状。

1. 专利申请量维度横向比较

通过将三个主要申请人在专利申请量维度进行横向比较，我们发现：从专利申请量上来看，索尼公司拥有相关专利申请218件，松下电器公司和三星电子在这方面的数量分别是199件和116件。其中，索尼公司作为数量最多的申请人，很早就涉足数字内容行业，也发布过很多电子书阅读器等，对该技术的研发重视程度高。松下电器从1999年开始相关专利的申请，松下电器一直致力于电子信息设备方面的研究、生产和制造，而密码设备在数字版权保护密码服务中间件平台中占据着很重要的位置，例如SIM、加密机、加密卡和其他类型密码设备。

2. 专利资产区域布局情况

从三个主要申请人的专利资产区域布局情况，我们可以看出：索尼公司在美国、日本、韩国、中国等数字内容的发展大国均布局了相当数量的专利，便于更好应对专利诉讼，并且在欧洲、澳大利亚和国际PCT也有所申请，这也是为一些潜在的数字内容市场做好专利布局，松下、三星和索尼公司情况基本一样。

3. 技术热点分析

从技术热点分析角度来说：索尼公司主要关注版权保护中的令牌（和密钥相关）这方面的技术；松下公司的专利技术构成侧重于密码通信专利方面，这个是数字内容分段的关键技术；而三星公司则主要关注点在密钥服务技术方面。

第九节 证书认证技术

一、专利检索

（一）检索结果概述

以证书认证技术为检索主题，在“九国两组织”范围内，共检索到相关专利申请

2 341件，具体数量分布如下（单位：件）：

美国	中国	日本	韩国	英国	法国	德国	澳大利亚	俄罗斯	EP	WO	总计
431	733	480	297	16	1	19	47	10	178	129	2 341

（二）各地区/组织相关专利申请趋势

通过本项目在全球“九国两组织”数据范围内进行的专利检索，统计出证书认证技术在“九国两组织”的每年的专利申请量状况具体如表 3. 9-1 以及根据表 3. 9-1 绘出的折线图 3. 9-1 所示，从折线图可以看出证书认证技术相关专利在上世纪 90 年代在美、中、日、韩就有不少的申请量，尤其在中国，2013 年之前都有所增长，在 2013 年中国申请量更是达到了 84 件，近二十年总共申请量达到 700 多件，充分说明该技术在中国发展很快，甚至于已经趋向成熟，而在美、日、韩，除了韩国在 2008 年申请量达到 61 件，其他基本都是在 30 件左右，而在欧洲的英、法、德等国专利申请量非常少甚至没有，在其他国家的数字版权保护领域多数是来根据信誉以及法律来保护的，相对应的数字版权保护领域方面的专利申请量较少。

表 3. 9-1 “九国两组织”相关专利申请状况

国家＼年份	1990①	2000	2001	2002	2003	2004	2005	2006	2007	2008	2009	2010	2011	2012	2013	2014
US	3	2	6	23	21	32	27	43	45	39	37	35	26	29	35	28
CN	6	5	8	7	18	28	46	66	52	64	77	82	73	81	84	36
JP	6	23	37	43	23	39	35	42	35	32	37	44	32	17	21	14
KR	3	3	3	3	3	7	11	18	20	61	45	31	28	16	33	12
GB	0	1	1	2	2	3	1	1	0	0	5	0	0	0	0	0
DE	0	3	0	2	1	1	0	6	2	1	1	0	0	2	0	0
FR	0	0	0	0	0	0	0	0	1	0	0	0	0	0	0	0
AU	5	3	0	0	2	8	1	5	2	4	5	7	2	3	0	0
RU	0	0	0	0	0	0	1	0	0	2	1	1	2	1	1	1
EP	9	4	11	8	8	16	14	19	19	9	13	9	13	9	9	8
WO	9	5	2	3	6	12	16	10	15	13	8	9	4	5	8	4

① 1990 是指 1990 – 1999 年的专利数量总数。

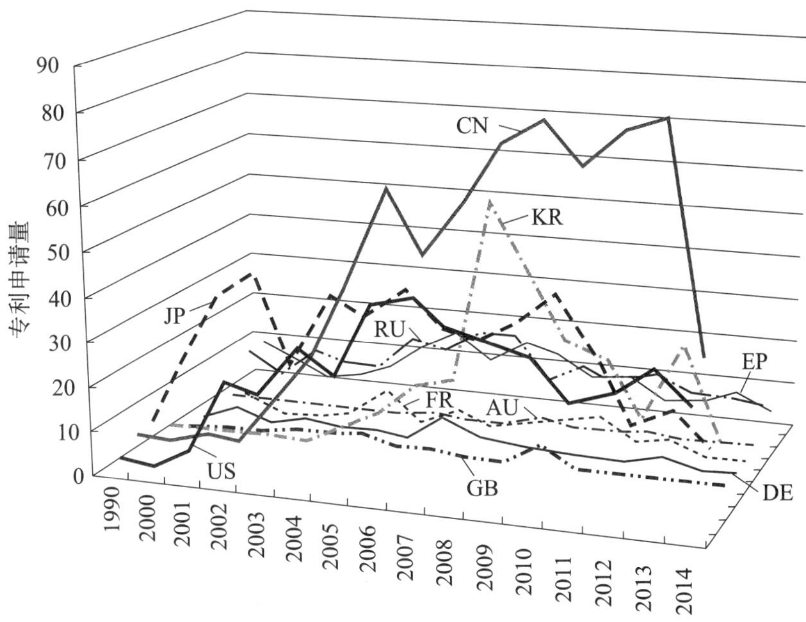

图 3.9-1　"九国两组织"相关专利申请状况图

(三) 各地区/组织相关专利申请人排名

1. WO 相关专利申请人排名

表 3.9-2　证书认证技术 WO 相关专利申请人排名

序号	申请人	申请人国家	专利申请数量
1	MATSUSHITA ELECTRIC IND CO LTD	日本	10
2	PANASONIC CORP	日本	8
3	SAMSUNG ELECTRONICS CO LTD	韩国	7
4	SONY CORP	日本	6
5	YAMAMOTO MASAYA	日本	4

2. EP 相关专利申请人排名

表 3.9-3　证书认证技术 EP 相关专利申请人排名

序号	申请人	申请人国家	专利申请数量	专利授权数量
1	MATSUSHITA ELECTRIC IND CO LTD	日本	26	6
2	SONY CORP	日本	24	2
3	TOSHIBA KK	日本	13	4
4	ERICSSON TELEFON AB L M	瑞典	11	0
5	SAMSUNG ELECTRONICS CO LTD	韩国	8	0

3. 中国地区相关专利申请人排名

表 3.9-4 证书认证技术中国地区相关专利申请人排名

序号	申请人	申请人国家	专利申请数量	专利授权数量
1	HUAWEI TECH CO LTD	中国	46	27
2	MATSUSHITA ELECTRIC IND CO LTD	日本	40	21
3	SONY CORP	日本	38	20
4	SAMSUNG ELECTRONICS CO LTD	韩国	21	11
5	ZTE CORP	中国	18	7

4. 美国地区相关专利申请人排名

表 3.9-5 证书认证技术美国地区相关专利申请人排名

序号	申请人	申请人国家	专利申请数量	专利授权数量
1	TOSHIBA KK	日本	50	16
2	SONY CORP	日本	47	10
3	SAMSUNG ELECTRONICS CO LTD	韩国	26	4
4	PANASONIC CORP	日本	18	6
5	MICROSOFT CORP	美国	12	8

5. 日本地区相关专利申请人排名

表 3.9-6 证书认证技术日本地区相关专利申请人排名

序号	申请人	申请人国家	专利申请数量	专利授权数量
1	SONY CORP	日本	62	21
2	MATSUSHITA ELECTRIC IND CO LTD	日本	49	21
3	TOSHIBA CORP	日本	41	20
4	CANON KK	日本	26	9
5	HITACHI LTD	日本	25	16

6. 澳大利亚地区相关专利申请人排名

表 3.9-7 证书认证技术澳大利亚地区相关专利申请人排名

序号	申请人	申请人国家	专利申请数量	专利授权数量
1	SAMSUNG ELECTRONICS CO LTD	韩国	12	7
2	ARISTOCRAT TECHNOLOGIES AU	澳大利亚	5	2
3	MICROSOFT CORP	美国	4	2

（续表）

序号	申请人	申请人国家	专利申请数量	专利授权数量
4	MATSUSHITA ELECTRIC IND CO LTD	日本	4	0
5	MACROVISION CORP	澳大利亚	4	0

7. 德国地区相关专利申请人排名

表 3.9-8 证书认证技术德国地区相关专利申请人排名

序号	申请人	申请人国家	专利申请数量	专利授权数量
1	MATSUSHITA ELECTRIC IND CO LTD	日本	5	3
2	MACROVISION CORP	德国	3	1
3	FRAUNHOFER GES FORSCHUNG	德国	2	1
4	TOSHIBA KK	日本	2	1
5	GEN INSTRUMENT CORP	德国	2	1

8. 法国地区相关专利申请人排名

表 3.9-9 证书认证技术法国地区相关专利申请人排名

序号	申请人	申请人国家	专利申请数量	专利授权数量
1	CANON KK	日本	1	1

9. 英国地区相关专利申请人排名

表 3.9-10 证书认证技术英国地区相关专利申请人排名

序号	申请人	申请人国家	专利申请数量	专利授权数量
1	TOSHIBA KK	日本	6	0
2	KENT RIDGE DIGITAL LABS	新加坡	4	1
3	SEALEDMEDIA LTD	英国	2	0
4	YUEN FOONG PAPER CO LTD	日本	1	0
5	MOTOROLA INC	美国	1	0

10. 俄罗斯地区相关专利申请人排名

表 3.9-11 证书认证技术俄罗斯地区相关专利申请人排名

序号	申请人	申请人国家	专利申请数量	专利授权数量
1	KONINKL PHILIPS ELECTRONICS NV	芬兰	1	0

（续表）

序号	申请人	申请人国家	专利申请数量	专利授权数量
2	INKEHP EHJEHS	澳大利亚	1	0
3	SAMSUNG ELECTRONICS CO LTD	韩国	1	1
4	MICROSOFT CORP	美国	1	0
5	INKA EHNTUORKS INK	澳大利亚	1	1

11. 韩国地区相关专利申请人排名

表 3.9-12　证书认证技术韩国地区相关专利申请人排名

序号	申请人	申请人国家	专利申请数量	专利授权数量
1	SAMSUNG ELECTRONICS CO LTD	韩国	45	10
2	LG ELECTRONICS INC	韩国	31	11
3	MICROSOFT CORP	美国	10	2
4	SLIM DISC CORP	韩国	10	1
5	KOREA ELECTRONICS TELECOMM	韩国	10	0

二、专利分析

（一）技术发展趋势分析

图 3.9-2 示出证书认证技术的发展趋势图。由于计算机网络技术的迅速发展和信息化建设的大力推广，越来越多的传统出版和业务模式开始走向电子化和网络化，像互联网出版、移动出版、富媒体出版的出现极大地提高了效率、节约了成本。在这些数字出版中，数字版权保护尤其关键，比如其中的内容交易与分发、在线阅读等都需要数字证书认证技术进行版权的保护，加上各个国家出台的相关法律，像日本政府在 2000 年 5 月颁布的《电子签名及认证业务的法律》，2001 年联合国贸易法律委员会审议通过的《电子签名示范法》，2005 年《中华人民共和国电子签名法》的颁布实施，这些都促进了数字认证的快速发展。在 2008 年以前数字证书认证技术的专利申请一直呈现增长的状态，随着数字认证技术的日趋成熟，基础技术已经足以满足数字版权保护方面的需要，逐渐地开始向统一规范能兼容各种数字内容阅读客户端，以及同时适用于各种数字版权保护系统的方向发展，因而在技术创新道路上的步伐已经基本停滞，才会出现申请量下滑的现象。

（二）技术路线分析

图 3.9-3 示出证书认证技术路线。从 1995 年左右 DRM 数字权限管理系统的出现，到 1999 年 9 月 21 日，日本一家公司申请了一件有关证书认证技术的专利，但是该专利并没

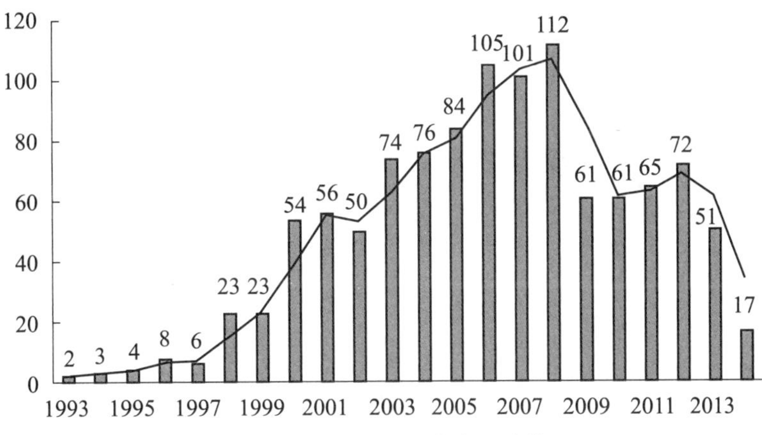

图 3.9-2　证书认证技术发展趋势图

有明显提出是应用在数字版权保护中，2004 年 2 月 12 日，微软在日本申请了一件专门对数字权限管理的专利。微软为了开拓在日本的数字内容市场，申请相关技术专利，做好专利布局是必要的。随后中国数字内容产业的兴起，也促使更多的中国相关技术申请逐渐增多，大部分关于证书认证关键技术都离不开 DRM 系统框架的基础技术。从图中可以看出，数字权限管理系统（DRM）的出现成为了数字版权保护技术的基础，只有在 DRM 整体框架的基础上才可以完成数字认证的一些服务。随着通信电子技术的快速发展，便携式设备逐渐也成为了数字内容的一个载体，而这就需要对便携式设备进行数字认证，才可以保证对数字内容的权限的管理，作为核心专利里有很多都是关于设备之间的数字认证，后来又出现了离线脱机数字认证的方法，为数字版权保护提供统一的数字认证规范，能够适用于各种客户阅读段和各种版权管理系统，成为了数字认证的未来发展方向。

（三）主要专利申请人分析

为了深入分析证书认证这一技术领域，通过对于检索数据进行标引、聚类等处理，我们了解到 1994 年至 2014 年，在证书认证技术领域专利申请量排名前三的申请人分别为：Sony 公司（索尼）、Panasonic 公司（松下电器）以及 Samsung 公司（三星）。从专利申请量上来看，Sony 公司拥有相关专利申请 193 件，Panasonic 公司拥有相关专利申请 146 件，Samsung 公司拥有相关专利申请 131 件。从专利资产区域分布来看，Sony 公司专利分布较为均衡，主要分布在中国、美国、日本三个国家；Panasonic 公司的专利多分布于日本和中国，欧洲也进行了一定程度的专利布局；Samsung 公司则将专利布局多应用于韩国本国，其次即为中国和美国。从技术构成分布来看，Sony 公司主要关注在数字版权管理方面，Panasonic 公司主要关注在证书收发装置方面，Samsung 公司则主要关注在证书服务器方面。

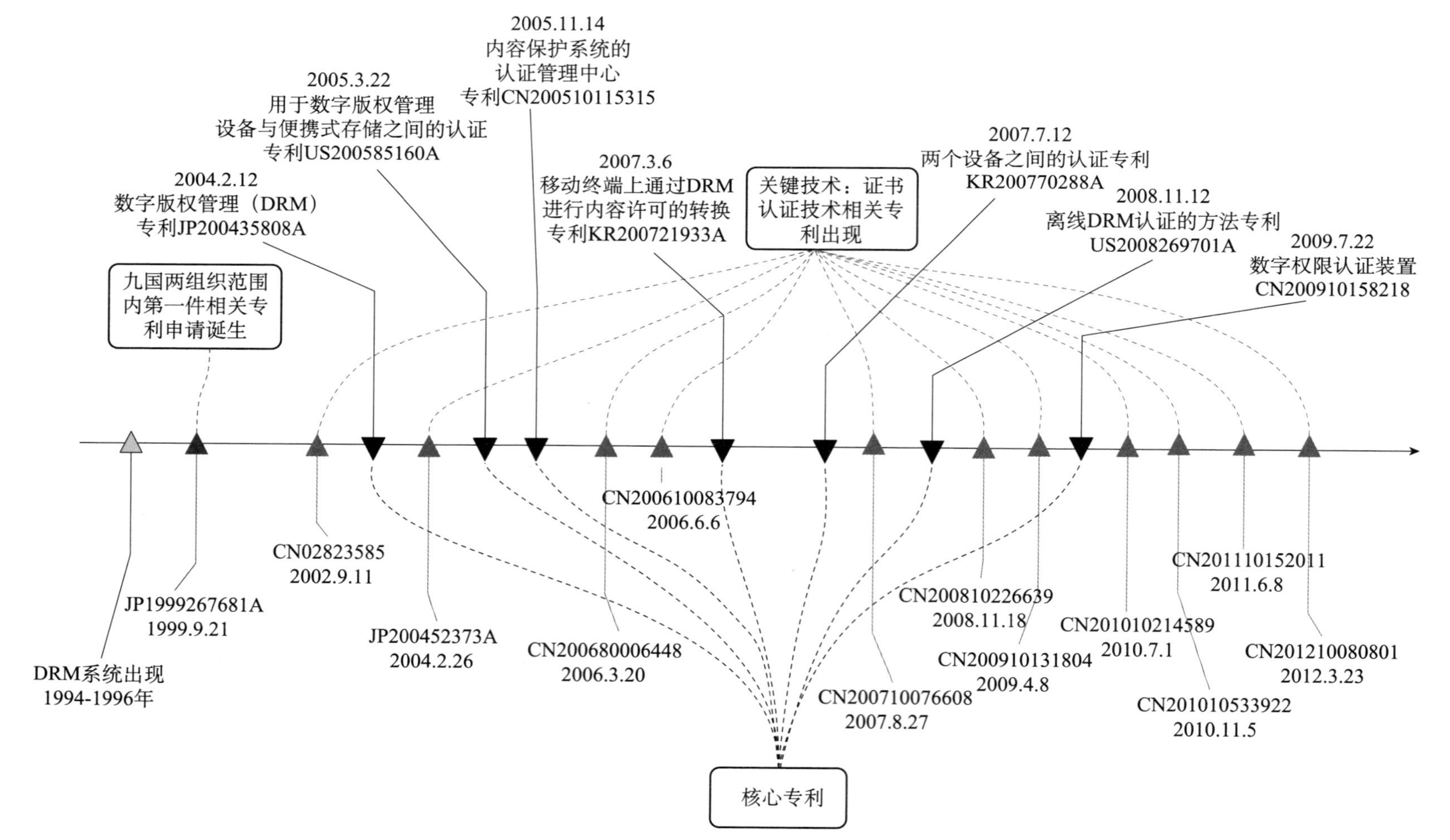

图3.9-3　证书认证技术路线图

1. 申请量排名第一的专利申请人

（1）专利申请量

图 3.9-4 示出索尼相关专利的申请条形图。根据索尼公司每年的专利申请量柱图分析，在 2000 年索尼关于证书认证技术的专利申请量由 1999 年的 3 件迅速增长到将近 20 件，在 2001 年申请量更是达到了 36 件。这和日本政府在 2000 年 5 月颁布《电子签名及认证业务的法律》有关，该法律的出台成为了推动日本数字版权保护中证书认证技术发展的一个重要里程碑。证书认证系统实现了数字版权保护的数字证书的申请、审批、颁发、作废、更新等功能，在数字版权保护中起着至关重要的作用，相继在 2004 年到 2007 每年也都有 20 件左右的申请量，未停止对数字证书认证技术的研究和创新的步伐。但是随着该技术的日趋成熟，以及国际上和日本本土一些政策和法规的出台，使得该技术的发展脚步变得越来越缓慢，才会出现 2008 年到现在申请量又下降到了每年 5 以下非常少的数量。

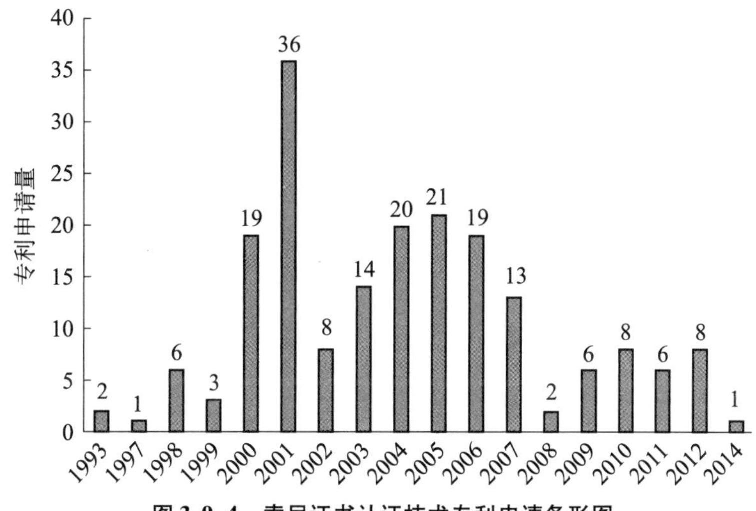

图 3.9-4　索尼证书认证技术专利申请条形图

（2）“九国两组织”专利申请量区域分布

图 3.9-5 示出索尼在“九国两组织”区域的相关专利申请量分布。索尼公司总部位于日本东京，是世界上民用及专业视听产品、游戏产品、通信产品核心部件和信息技术等领域的先导之一。从饼图可以看出开索尼全球主要市场为日本、美国、中国、欧洲和韩国，索尼在海外国家的专利申请量排第一的是美国，美国的 IT 互联网企业起步早、发展快，日本要想同美国市场中的同行业佼佼者竞争，做好专利布局甚是关键。索尼在中国的申请量排行，说明中国是索尼也是一个重要的海外市场，在 1978 年索尼就在中国开展业务设立了办事处，后来陆陆续续在中国几个大城市都成立了分公司，另外，由于韩国数字内容产业的发展，所以在韩国会实施外围专利布局，这样可以更好地保护自己的技术和产品。

（3）技术构成分布

图 3.9-6 示出索尼公司的专利的构成分布图。DRM，英文全称 Digital Rights Management，中文是数字内容版权加密保护技术，由于数字化信息的特点决定了必须有另一种独特的技术，来加强保护这些数字化内容的版权，该技术就是数字权限管理技术—DRM。证

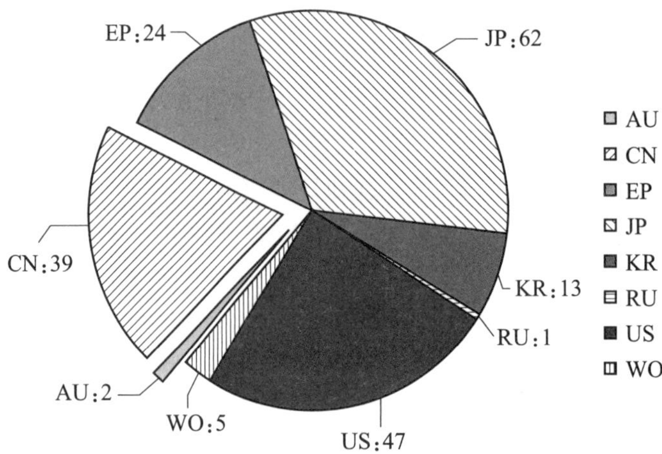

图 3.9-5 索尼证书认证技术专利申请量区域分布图

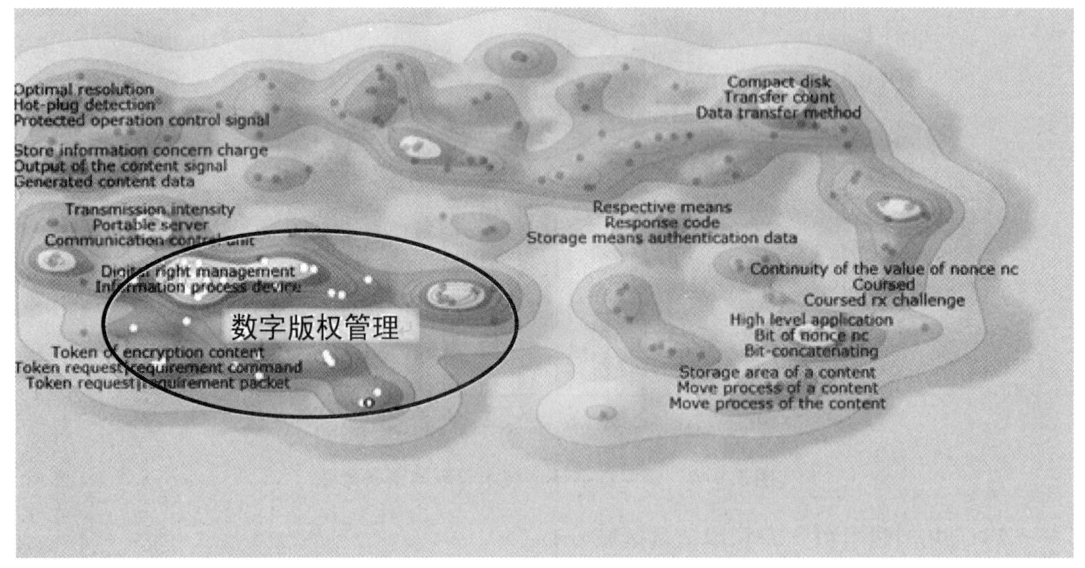

图 3.9-6 索尼证书认证技术构成分布图

书认证技术作为数字版权保护的关键技术，用以保证数字内容在整个生命周期内的合法使用，平衡数字内容价值链中各个角色的利益和需求。目前，数字技术的迅速发展使我们的生活方式发生着翻天覆地的变化。数字出版这一崭新的信息传播方式也应运而生，带来的数字阅读在很大程度上改变了人们的阅读方式。再加上专门为阅读设计的电子设备（如电子阅读器）不断涌现，两者的配合使无纸阅读成为可能。像数字版权保护技术中经常用到的证书认证技术就需要在一个整体的 DRM 架构和体系下完成，可以看出来该项技术在未来几年内在数字版权保护方面一直会得到很大的利用。

2. 申请量排名第二的专利申请人

(1) 专利申请量

图 3.9-7 示出松下电器专利的申请条形图。在 2000 年松下关于证书认证技术的专利

申请量由前几年每年基本都在 10 件以下迅速增长到将近 25 件多，与日本政府在 2000 年 5 月颁布《电子签名及认证业务的法律》有关，该法律的出台成为日本数字版权保护中证书认证技术发展的一个垫脚石，证书认证系统实现了数字版权保护的数字证书的申请、审批、颁发、作废、更新等功能，在数字版权保护中起着至关重要的作用，相继在 2002 年到 2004 年，每年也都有 20 件左右的申请量。未停止对数字证书认证技术的研究和创新的步伐，也是为了能和本土同行业的索尼公司在竞争中站得住脚，申请量的整体趋势和索尼的基本相似，在后期也是由于技术的日见成熟，再创新难度大，出现了申请量比较少，都在 5 件左右。

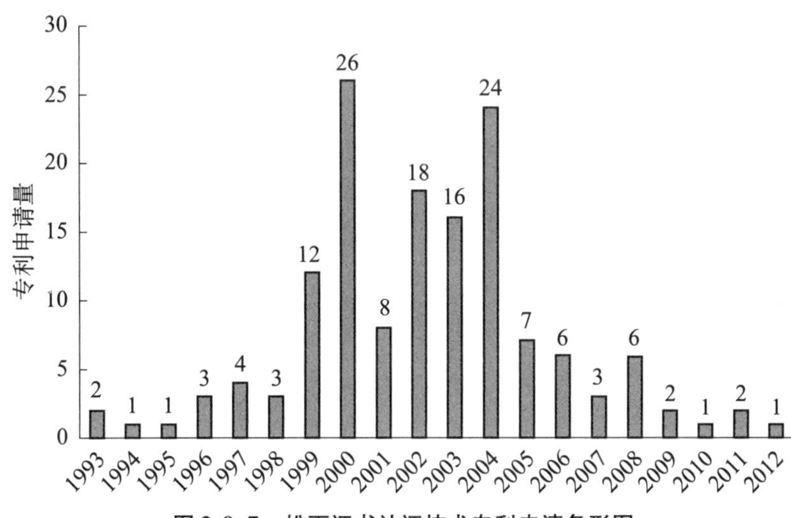

图 3. 9-7　松下证书认证技术专利申请条形图

（2）“九国两组织”专利申请量区域分布

图 3. 9-8 示出松下电器在“九国两组织”区域的相关专利申请量分布。松下电器产业公司总部位于日本大阪，为日本的大型电器制造企业，松下全球主要市场为日本、美国、

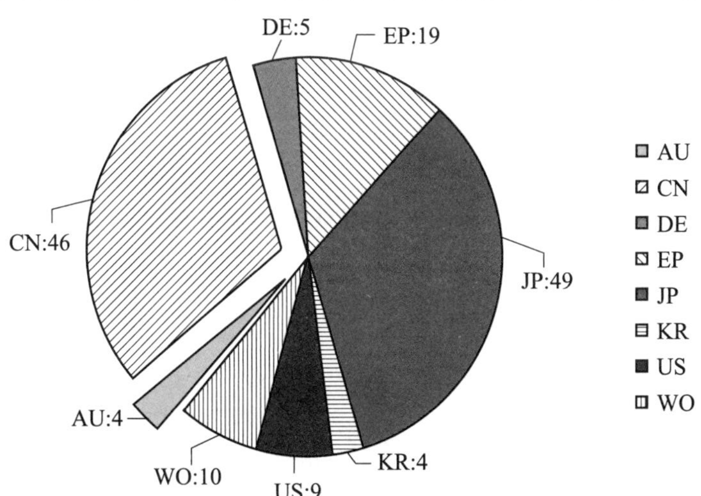

图 3. 9-8　松下证书认证技术专利申请量区域分布图

欧洲和中国，除去日本本土，海外申请量排名第一的是中国，中国作为一个最主要市场，松下电器（中国）有限公司成立于1994年，成立时间很早，而且发展迅猛，在2002年已经实现了独资。从松下在日本、美国、欧洲和中国的专利申请量就可以看出，虽然申请量排名第三和第四的国家是欧洲和美国，但是在美国和欧洲的申请量要明显小于日本和中国，说明中国是松下的最主要的市场，松下已经在中国大陆地区（含香港地区）拥有80多家企业、约10万员工，事业活动涉及研究开发，制造、销售、服务、物流、宣传等多个方面。

（3）技术构成分布

图3.9-9示出松下电器相关专利的构成分布图。本图是根据松下电器公司申请的和证书认证技术相关的专利做出的聚类分析，找到证书认证技术的创新活跃技术。从图中可以看出关于数字证书的收发装置是松下电器比较关注的一个方向，在数字版权保护技术中的数字证书认证系统一般包括CA子系统、密钥管理子系统、RA子系统、对外服务子系统。对于这些子系统来说，像证书的生成、签发、撤销、接收和更新等等都需要软硬件结合，需要有数字证书的接收和发送装置。另外这些装置的从多样到统一的整合也是很关键的，可以更好的为消费者提供好更便捷简单实用安全的数字证书认证的服务。

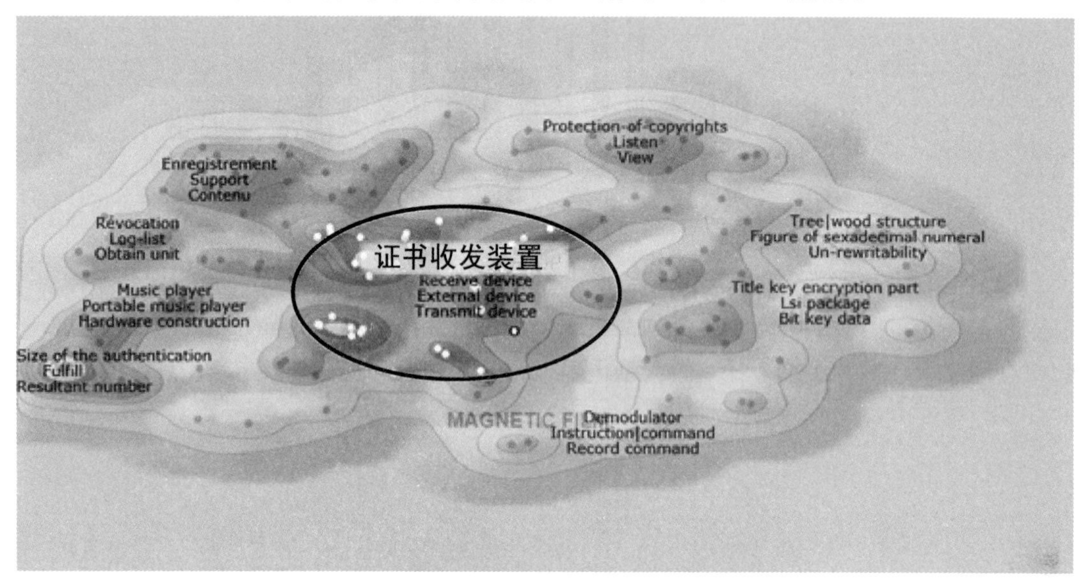

图3.9-9　松下证书认证技术构成分布图

3. 申请量排名第三的专利申请人

（1）专利申请量

图3.9-10示出三星电子相关专利申请条形图。2004年之前韩国三星电子关于证书认证技术的申请量都在5件以下，由于在此之前三星的业务涉及到的都是DRM的研发和制造，还未涉足到移动终端的这个行业领域里，随着互联网技术的普及率越来越高，以及智能终端的发展，一些电子厂商也逐渐地看到了数字内容必将向方便快捷发展。正好，三星也开始涉足移动终端，像手机和平板领域，这也必将成为三星把数字内容整合

到移动终端上的一个契机，再加上越来越多的消费者希望在一个便携设备上可以完成各种电子服务，当然，也少不了数字内容产品在移动终端上的服务，这就需要更加多样化的数字证书认证技术的研究，体现出的相关专利的申请在2004年到2006年期间每年都在20件以上。

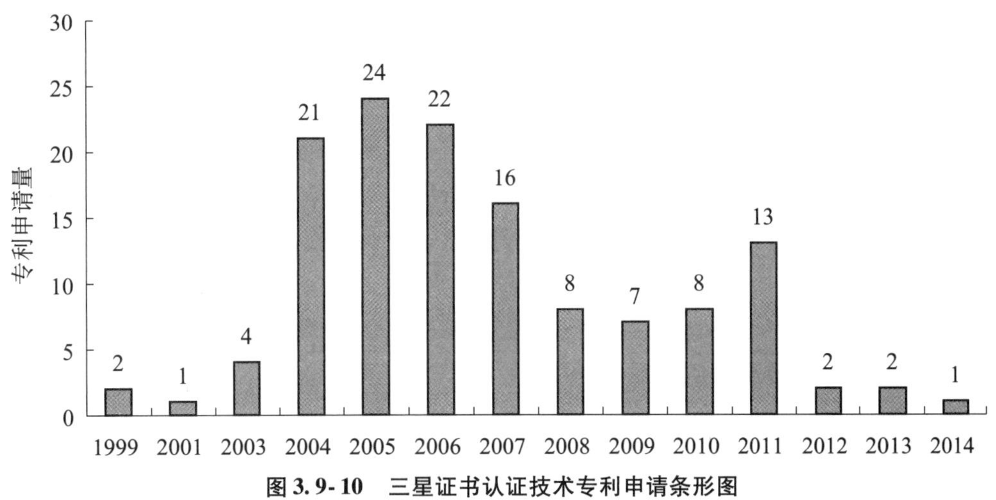

图3.9-10 三星证书认证技术专利申请条形图

（2）九国两组织专利申请量区域分布

图3.9-11示出三星电子在九国两组织区域的专利申请量分布情况。三星在韩国申请量排名第一，三星电子公司本部位于韩国首尔，为了和同行业LG、索尼等的竞争，在本土做好专利布局非常重要，申请量排名第二的是美国，排名第三的是中国，第二和第三也就差4件专利的申请，由于三星电子和美国的苹果公司发生过专利诉讼，为了更好地保护好自己的产品，在美国做好专利布局很关键。知识产权能力的增长，一直是三星业绩迅速增长的奥秘之一。数据显示，三星注重技术研发，至今分布在全球的研发人员总数已超过5万人。同时，其每年投入的研发经费就超过了18亿美元，占总营收比重不断攀升。从

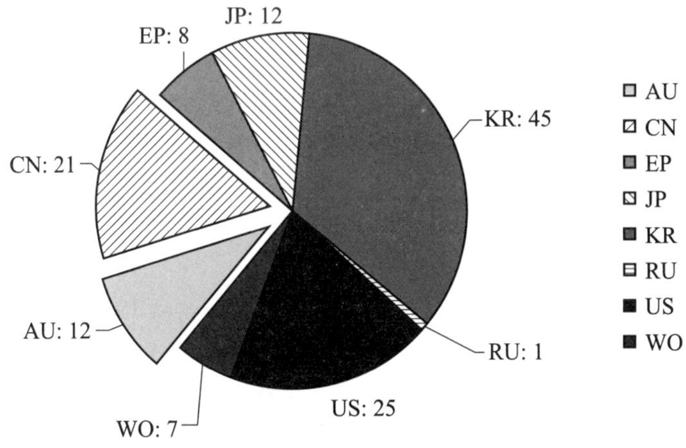

图3.9-11 三星证书认证技术专利申请量区域分布图

2007 年起，三星连续蝉联美国专利排行榜亚军，排名仅次于已经连续 18 年雄踞榜首的美国商业机器公司（IBM）。至今，三星已在全球拥有专利近 6 万件。据新闻得知，每年三星在中国的营业额占据三星总营业额的一大部分，表明中国也是三星主要的一个海外市场。在欧洲、澳大利亚等一些地区也有相关专利的申请，说明三星电子公司的产品销往全球，相对应存在有专利的保护。

（3）技术构成分布

图 3. 9- 12 示出三星电子专利的构成分布图，三星电子在证书服务器方面申请的专利相对密集，随着数字内容的网络出版越来越受消费者欢迎，在数字版权保护方面的数字证书扮演着必不可少的角色。而数字证书又离不开数字证书服务器，数字证书也称为数字标识，在网络中可以通过认证系统中获得的数字证书来进行身份识别和权限控制，像数字证书的生成、签发、接收、更新和撤销都必须靠证书服务器的辅助来完成，提供更加快捷、方便、安全的数字证书认证服务的证书服务器是未来一个发展方向。还有，由于数字内容的快速发展，证书服务器的兼容性也是一个重要的发展的方向。

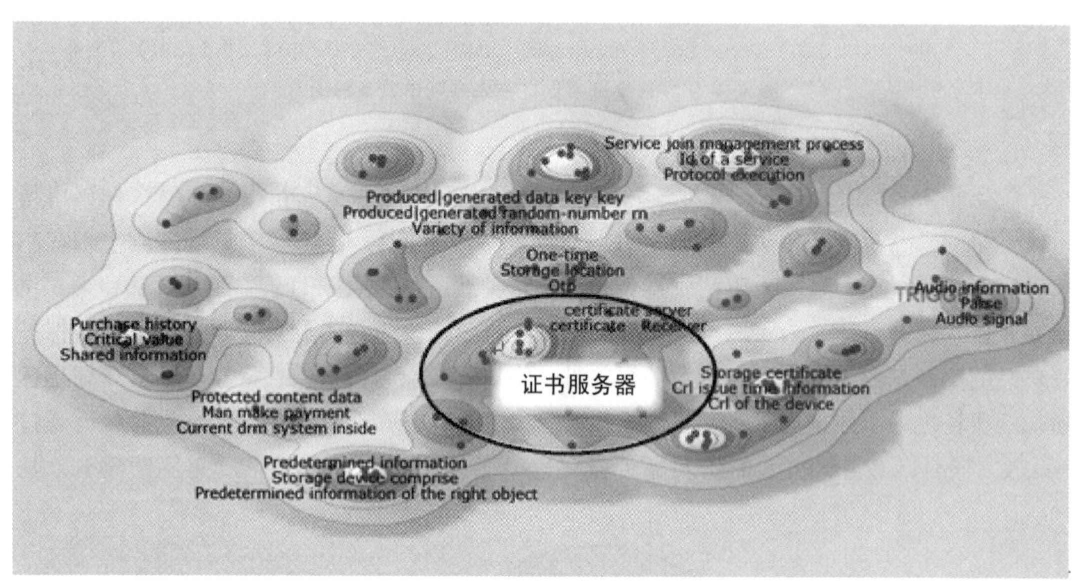

图 3. 9- 12　三星证书认证技术构成分布图

三、总结

（一）专利申请量的总体发展趋势

就证书认证技术的整个专利申请情况发展历程来看，自从 1994 年至 1996 年期间 DRM 系统出现后，该技术相关的专利才出现，数字内容的交易和分发以及在线阅读等都需要数字证书认证技术进行保护，证书认证技术自从开始出现一直到 2008 年，相关技术的专利申请量一直在增加，技术呈现快速发展状态，随着数字认证技术的日趋成熟，技术已经能够满足数字版权保护方面的基本需要，相应技术也逐渐进入衰退期。

（二）各地区技术发展现状以及未来发展趋势

1. 美国

美国在证书认证相关技术方面起步相对较早，美国于1999年通过了《全球及全国商务电子签章法案》，这就更加促进了证书认证技术在美国的发展，随着技术越来越成熟，技术创新的难度也越来越大，一些小公司和企业无法在该技术方面再有所建树，技术进入衰退期。

2. 日本

日本在密码技术方面起步也比较早，发展比较快，情况和美国基本一样，技术现在也已经进入了衰退期。

3. 韩国

韩国和日本以及美国的情况基本一样，技术发展处于衰退期。

4. 中国

在中国，证书认证技术相对其他三个国家起步晚，但是由于该技术的重要性，发展速度很快，随着技术越来越成熟，该技术也在逐渐进入衰退期。

根据以上各地区技术发展现状描述，总体来说，证书认证技术在美国、日本、韩国和中国范围内处于衰退期。

（三）主要申请人专利申请对比分析

通过对于证书认证技术领域的宏观分析，我们得出行业内三个主要申请人是索尼公司、松下电器公司以及三星电子。下面结合微观分析模块具体解读主要申请人的专利现状。

1. 专利申请量维度横向比较

通过将三个主要申请人在专利申请量维度进行横向比较，我们发现：从专利申请量上来看，索尼公司拥有相关专利申请193件，松下电器公司和三星电子在这方面的数量分别是146件和131件。日本出台了《电子签名及认证业务的法律》，这也直接促进了证书认证技术在日本的快速发展，因此，该技术专利申请量排名前三的都是日本公司。其中，索尼作为数量最多的申请人，很早就涉足数字内容行业，所以，对该技术的研究很重视，松下电器也是从2000年才开始有不少相关专利的申请，而对三星电子来说，数字内容进入移动终端的时代相对较晚。

2. 专利资产区域布局情况

从三个主要申请人的专利资产区域布局情况，我们可以看出：索尼公司在美国、日本、中国等数字内容的发展大国均布局了相当数量的专利，这几个国家都是该公司的主要市场，而在韩国申请量相对较少，只有13件，另外，其在欧洲、澳大利亚和国际PCT也有专利申请，这也是为一些潜在市场做好专利布局。松下除了在前述区域有专利布局之外，还在德国有5件专利申请，说明松下在德国也有相关的业务发展。三星公司在本土的专利申请量最多，美国居第二，其次是中国和日本，主要市场也是数字内容快速发展的国家。

3. 技术热点分析

从技术热点分析角度来说：索尼公司主要关注数字版权管理这方面的技术；松下公司的专利技术构成侧重于证书接收装置，跟数字版权保护硬件方面相关，而三星公司则主要关注在证书服务器方面。

第四章 数字水印相关技术

第一节 文本水印嵌入和提取技术

一、专利检索

（一）检索结果概述

以文本水印嵌入和提取技术为检索主题，在“九国两组织”范围内，共检索到相关专利申请6 304件，具体数量分布如下（单位：件）：

美国	中国	日本	韩国	英国	法国	德国	澳大利亚	俄罗斯	EP	WO	总计
1124	1555	2496	376	29	12	16	82	6	263	345	6 304

（二）各地区/组织相关专利申请趋势

由表4.1-1、图4.1-1可知，2008年以来，针对“文本水印嵌入和提取技术”，通过欧专局和世界知识产权组织面向国际范围的专利申请数量呈现下滑趋势，并且，1990年以来，关于“文本水印嵌入和提取技术”申请专利最多的国家分别为美国、中国、日本和韩国。其中，日本的相关专利总量明显高于其他国家，但2009年以来申请态势呈现下滑趋势，可见日本前期研发较多，技术较为成熟；美国的相关专利申请趋势较为稳定；韩国2008年开始相关专利申请较多，申请趋势较为稳定；中国近年来专利申请趋势增长较快，2010年开始相关专利申请总量已经超越日本，可见文本水印嵌入和提取技术在国内发展较为迅速，国内企业和研究机构对于文本水印嵌入和提取技术的投入处于研发力度和关注度较高状态。

表4.1-1 文本水印嵌入和提取技术“九国两组织”相关专利申请状况

国家 \ 年份	1990①	2000	2001	2002	2003	2004	2005	2006	2007	2008	2009	2010	2011	2012	2013	2014
US	2	0	13	58	56	70	87	82	87	105	86	99	106	93	97	83
CN	3	2	3	7	11	24	26	44	52	99	157	177	221	274	257	198
JP	5	6	155	194	178	218	233	238	206	258	174	168	152	125	93	93

① 1990是指1990－1999年的专利数量总数。

（续表）

国家＼年份	1990	2000	2001	2002	2003	2004	2005	2006	2007	2008	2009	2010	2011	2012	2013	2014
KR	0	0	2	4	7	5	13	12	13	53	42	53	49	46	47	30
GB	0	1	3	1	4	5	0	6	4	0	0	0	0	2	0	3
DE	0	0	0	3	1	0	2	3	3	1	3	0	0	0	0	0
FR	0	0	0	4	1	3	0	2	2	0	0	0	0	0	0	0
AU	5	3	5	3	7	7	7	2	4	3	4	6	4	7	7	8
RU	0	0	0	0	0	0	0	0	0	0	0	1	0	2	0	3
EP	7	4	8	10	17	16	16	29	20	31	21	18	13	22	17	14
WO	6	8	11	19	19	34	28	34	42	27	37	14	15	19	16	16

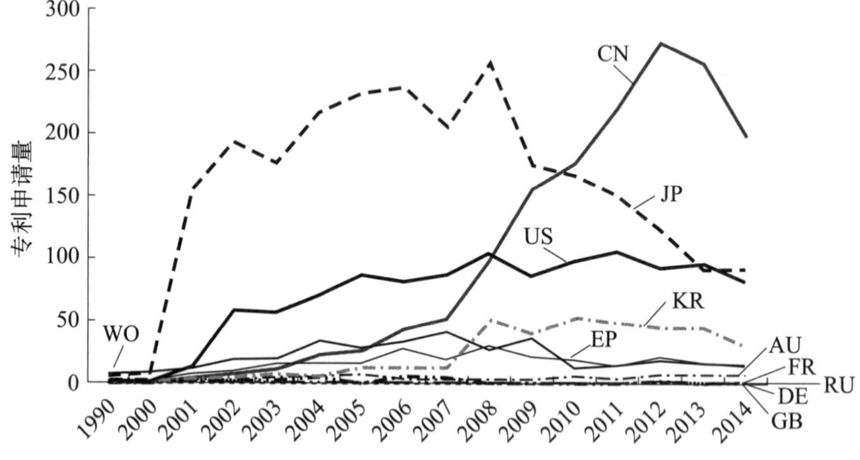

图 4.1-1 “九国两组织”相关专利申请状况图

（三）各地区/组织相关专利申请人排名

1. WO 相关专利申请人排名

表 4.1-2 文本水印嵌入和提取技术 WO 相关专利申请人排名

序号	申请人	申请人国家	专利申请数量
1	DIGIMARC CORP	美国	23
2	MATSUSHITA ELECTRIC IND CO LTD	日本	17
3	MITSUBISHI ELECTRIC CORP	日本	16
4	KONINKL PHILIPS ELECTRONICS NV	荷兰	14
5	FUJITSU LTD	日本	11

2. EP相关专利申请人排名

表4.1-3　文本水印嵌入和提取技术EP相关专利申请人排名

序号	申请人	申请人国家	专利申请数量	专利授权数量
1	FRAUNHOFER GES FORSCHUNG	德国	14	8
2	CANON KK	日本	13	12
3	KONINKL PHILIPS ELECTRONICS NV	荷兰	12	4
4	THOMSON LICENSING	法国	10	5
5	DIGIMARC CORP	美国	10	5

3. 中国地区相关专利申请人排名

表4.1-4　文本水印嵌入和提取技术中国地区相关专利申请人排名

序号	申请人	申请人国家	专利申请数量	专利授权数量
1	UNIV BEIJING	中国	85	63
2	HUAWEI TECH CO LTD	中国	41	33
3	BEIJING FOUNDER ELECTRONICS CO	中国	41	33
4	UNIV XIDIAN	中国	36	25
5	UNIV BEIHANG	中国	32	27

4. 美国地区相关专利申请人排名

表4.1-5　文本水印嵌入和提取技术美国地区相关专利申请人排名

序号	申请人	申请人国家	专利申请数量	专利授权数量
1	DIGIMARC CORP	美国	72	39
2	CANON KK	日本	56	42
3	IBM	美国	37	16
4	XEROX CORP	美国	32	19
5	FUJITSU LTD	日本	19	3
6	SONY CORP	日本	19	7
7	HITACHI LTD	日本	19	16

5. 日本地区相关专利申请人排名

表4.1-6　文本水印嵌入和提取技术日本地区相关专利申请人排名

序号	申请人	申请人国家	专利申请数量	专利授权数量
1	CANON KK	日本	228	48
2	NIPPON TELEGRAPH &TELEPHONE	日本	130	51
3	HITACHI LTD	日本	121	42
4	OKI ELECTRIC IND CO LTD	日本	100	49
5	RICOH KK	日本	99	33

6. 澳大利亚地区相关专利申请人排名

表 4.1-7 文本水印嵌入和提取技术澳大利亚地区相关专利申请人排名

序号	申请人	申请人国家	专利申请数量	专利授权数量
1	CANON KK	日本	4	4
2	DIGIMARC CORP	美国	4	1
3	NIELSEN CO US LLC	美国	4	1
4	KONINKL PHILIPS ELECTRONICS NV	荷兰	4	0
5	MICROSOFT CORP	美国	3	2

7. 德国地区相关专利申请人排名

表 4.1-8 文本水印嵌入和提取技术德国地区相关专利申请人排名

序号	申请人	申请人国家	专利申请数量	专利授权数量
1	KONINKL PHILIPS ELECTRONICS NV	荷兰	3	2
2	FRAUNHOFER GES FORSCHUNG	德国	3	0
3	SHARP KK	日本	2	0
4	DIGIMARC CORP	美国	2	0
5	TRUSTCOPY PTE LTD	新加坡	2	0
6	PLATANISTA GMBH	德国	2	1
7	NIPPON CONLUX CO LTD	日本	2	0

8. 法国地区相关专利申请人排名

表 4.1-9 文本水印嵌入和提取技术法国地区相关专利申请人排名

序号	申请人	申请人国家	专利申请数量	专利授权数量
1	CANON KK	日本	4	0
2	FRANCE TELECOM	法国	2	0
3	ADENTIS SA	法国	1	0
4	RADIOTELEPHONE SFR	法国	1	0
5	GROUPE ECOLES TELECOMM	法国	1	0
6	NEXTAMP SA	法国	1	0
7	INNOVATRON SA	法国	1	0
8	THALES SA	法国	1	0
9	LAFON MARTIN MAURICE NICOLAS	法国	1	0

9. 英国地区相关专利申请人排名

表 4.1-10 文本水印嵌入和提取技术英国地区相关专利申请人排名

序号	申请人	申请人国家	专利申请数量	专利授权数量
1	SONY UK LTD	日本	11	0
2	IBM	美国	3	3
3	NIPPON CONLUX CO LTD	日本	2	0
4	INTERNET PRO VIDEO LTD	英国	2	0
5	KENT RIDGE DIGITAL LABS	新加坡	2	0

10. 俄罗斯地区相关专利申请人排名

表 4.1-11 文本水印嵌入和提取技术俄罗斯地区相关专利申请人排名

序号	申请人	申请人国家	专利申请数量	专利授权数量
1	FRAUNKHOFER GEZELL SHAFT TSUR FERDERUNG DER ANGEVANDTEN FORSHUNG E F	德国	2	0
2	FRAUNHOFER GESZUR FERDERUNG DER ANGEVANDTEN FORSCHUNG E. F.	德国	1	0
3	MICROSOFT CORP	美国	1	0

11. 韩国地区相关专利申请人排名

表 4.1-12 文本水印嵌入和提取技术韩国地区相关专利申请人排名

序号	申请人	申请人国家	专利申请数量	专利授权数量
1	MARKANY INC	韩国	34	22
2	KOREA ADVANCED INSTITUTE OF SCIENCE AND TECHNOLOGY	韩国	22	22
3	LG ELECTRONICS INC	韩国	13	3
4	KOREA ADVANCED INST SCI & TECH	韩国	12	12
5	SAMSUNG ELECTRONICS CO LTD	韩国	10	1
6	CK & B CO LTD	韩国	7	7

二、专利分析

（一）技术发展趋势分析

由于网络的迅速普及使得数字产品的获取渠道飞速拓宽，数字产品的合法使用成为一个非常严峻的课题。为满足用户对数字产品合法化的强烈需求，以及随着电子商务技术的迅猛发展，电子签名应运而生，文本水印嵌入和提取技术是其中必不可少的重要技术。如图4.1-2所示为文本水印嵌入和提取技术相关专利申请量的年度分布，可以看出，1998年以来，文本水印嵌入和提取技术相关专利申请量出现突破性增长，三年时间增长数量已超过200件，2001年后，保持稳定，年平均专利申请量维持在250件左右。

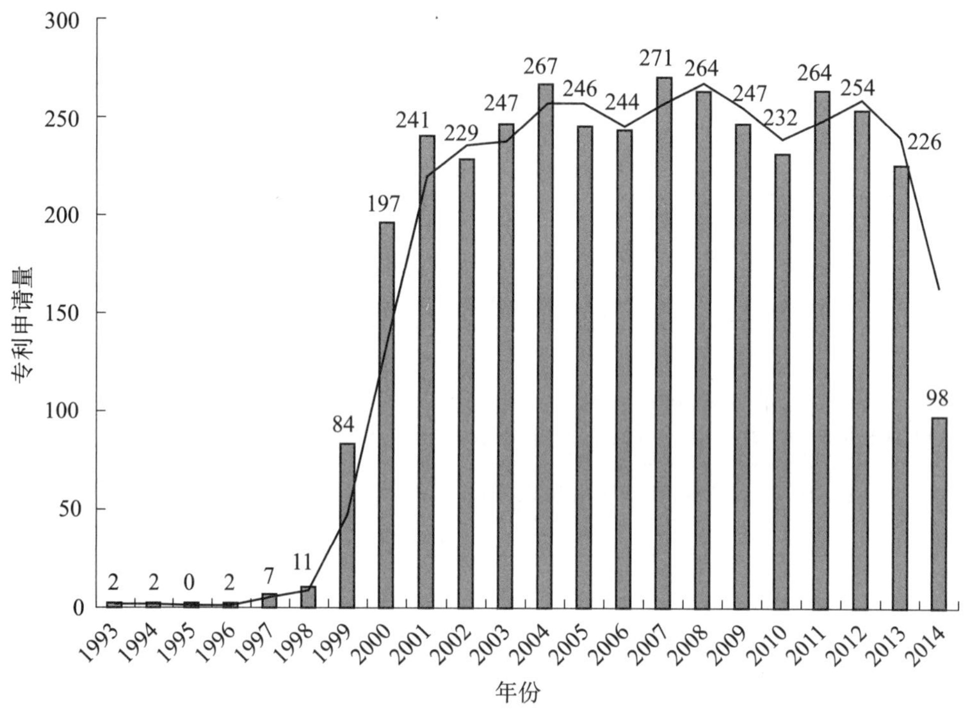

图4.1-2 文本水印嵌入和提取技术发展趋势图

（二）技术路线分析

早在1994年9月19日，Scientific-Atlanta（亚特兰大科学仪器公司）申请了一篇专利申请US5606609A，该专利申请要求保护一种在电子文档中嵌入电子印章以验证文件完整性的技术。随着各国对电子商务的重视程度不断加强，法律法规的逐步完善，电子签名技术也呈现出稳定的发展概况，文本水印嵌入和提取技术也于1997年开始持续出现新的技术成果。

其中，文本水印嵌入和提取技术相关的专利申请以日本和美国最为突出，这是因为日本和美国对相关技术的关注时间较早、研发投入较多、技术成果也早有积累。例如，如图4.1-4所示的，美国KENT RIDGE DIGITAL LABS公司的一篇专利申请US1999445140A、日本OKI ELECTRIC IND CO LTD公司的一篇专利申请JP20023153A、美国LEXISNEXIS DIV REED ELSEVIER INC公司的一篇专利申请US2003716202A、美国PORTAUTHORITY TECHNOLOGIES INC公司的一篇专利申请US2003479524A均成为该领域内的核心技术，均与水印嵌入方法相关。尤其是专利申请US2003716202A主要针对文件版权保护设置。

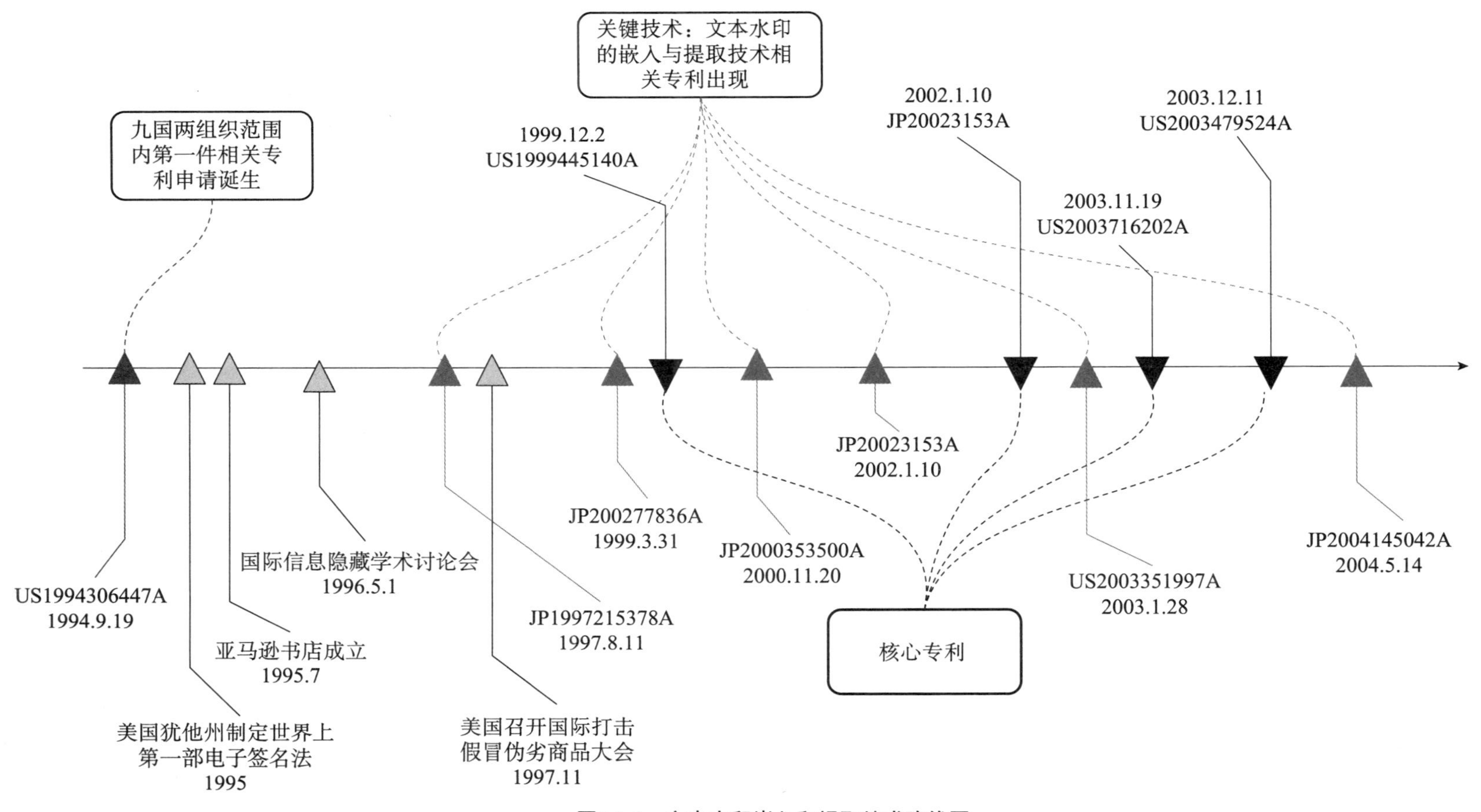

图4.1-3　文本水印嵌入和提取技术路线图

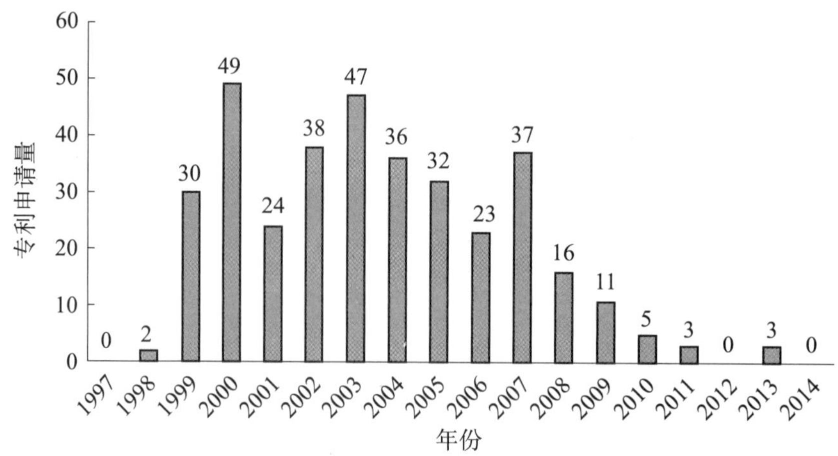

图 4.1-4　CANON 文本水印嵌入和提取技术专利申请条形图

（三）主要专利申请人分析

1998 年至 2004 年期间，随着数字产品的快速发展，对文本水印嵌入和提取技术的研发持续增加，相关专利申请数量急剧增多，2008 年后，该技术发展趋于成熟，各领先企业的市场份额也趋于稳定，专利申请数量开始呈现下滑趋势。以各申请人在该技术的年专利申请进行排名，得出该技术的主要专利申请人，分别是 CANON（佳能）公司、NIPPON TELEGRAPH &TELEPHONE（日本电报电话公司，简称 NTT）、OKI ELECTRIC IND CO LTD（冲电气工业株式会社，简称 OKI）。

1. 申请量排名第一的专利申请人

（1）专利申请量

CANON 公司针对文本水印嵌入设备进行了较多的技术研发，根据对检索结果的统计分析，CANON 是文本水印嵌入和提取技术专利申请量最大的企业。1998 年至 2000 年期间，CANON 关于文本水印嵌入和提取技术的专利申请数量急剧增多，与该技术在全球范围内的专利申请数量变化趋势一致。由于电子商务在日本、美国等地的快速发展，而文本水印嵌入和提取技术属于电子商务实现不可或缺的关键技术，CANON 对该技术给予的关注度也随之提高。2000 年起，CANON 除了在本国——日本对该技术的专利申请外，也开始在美国进行大量的专利申请，以期在美国获得更大的市场份额，及在专利上的话语权。经过多年的发展，该技术逐渐趋于成熟，2008 年开始，CANON 对该技术的专利申请数量出现下滑，从侧面预示着 CANON 对该技术的研发投入可能减少。

（2）“九国两组织”专利申请量区域分布

CANON 佳能公司总部设于日本，其专利申请地区也主要集中在日本。其次，鉴于 1995 年后数字产品在美国快速发展所引发的数字版权保护技术的巨大市场需求，CANON 先后于 2000 年、2003 年、2005 年以及 2007 年，对文本水印嵌入和提取技术在美国进行了专利申请。此外，随着中国对数字版权问题的重视，CANON 也在中国提前进行了专利布局。而 CANON 通过欧洲专利局提交的专利申请总量明显低于日本、美国，但出于对全球范围的市场需求，CANON 在欧洲仍进行了 13 篇的专利申请。

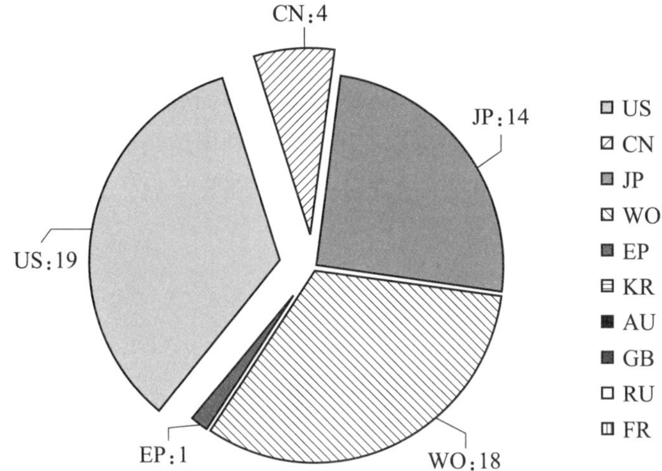

图 4.1-5　CANON 文本水印嵌入和提取技术专利申请量区域分布图

（3）技术构成分布

由图 4.1-6 可以看出，CANON 围绕用于身份验证的文本水印嵌入和提取技术申请了较多专利。例如，1998 年，CANON 申请的一篇专利，提供了一种电子水印制作方法，用于防止非法活动和由服务者与用户非法分配原始数据；2003 年，CANON 申请的两篇专利 US2003351997A 、US2003419815A，均涉及在数字文件中嵌入电子水印的技术；2006 年，CANON 申请的专利号为 JP2006138834A 的专利，公开技术为通过电子水印系统对数据嵌入信息，用于信息监测和防伪。

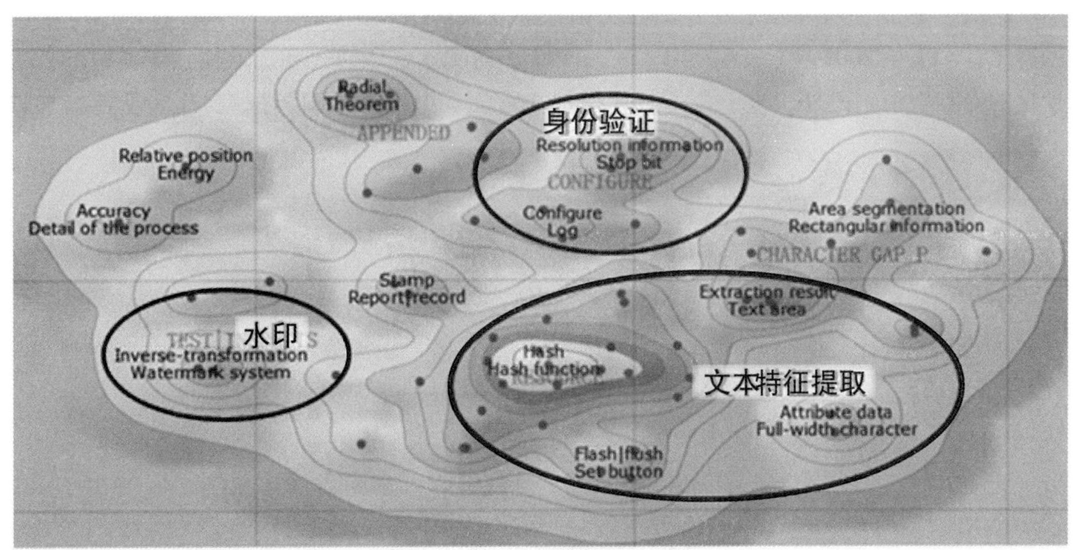

图 4.1-6　CANON 文本水印嵌入和提取技术构成分布图

2. 申请量排名第二的专利申请人

（1）专利申请量

NTT是创造综合价值、参与研发，从而使集团公司提供众多信息传播服务的组织，研究涵盖了从科技调研到商业化的众多活动，包括交流网络、服务平台、媒体处理和普遍的光子装备。关于文本水印嵌入和提取技术，NTT也早有研究。由图4.1-7可以看出，近年来NTT与CANON在文本水印嵌入和提取技术上的专利申请趋势基本类似，2000年起专利申请量呈现波动式增长，并于2005年出现最大值。2008年后，该技术逐步趋于成熟，年专利申请量逐渐降低，每年不足10件。

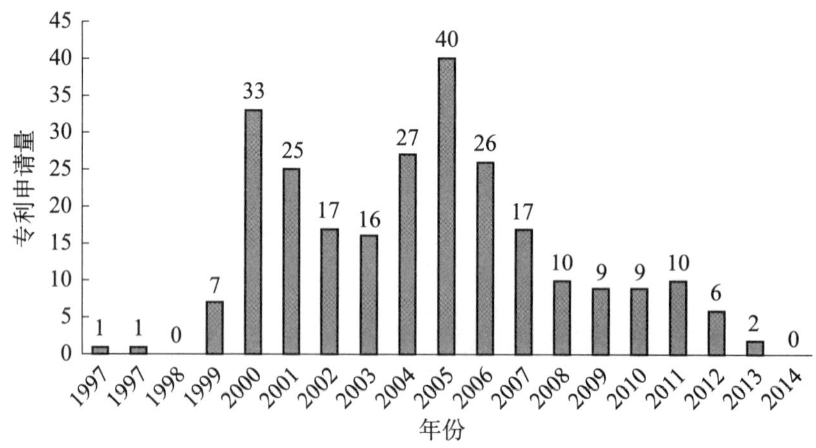

图4.1-7 NTT文本水印嵌入和提取技术专利申请条形图

（2）"九国两组织"专利申请量区域分布

NTT总部设于日本，主要销售市场也在日本，因此，其专利申请地区也主要集中在日本。其次，鉴于1995年后数字产品在美国快速发展所引发的数字版权保护技术的巨大市场需求，NTT于2005年、2007年以及2011年，对文本水印嵌入和提取技术在美国进行了少量的专利申请。此外，鉴于数字版权保护在欧洲、中国、韩国等国家/地区受到越来越

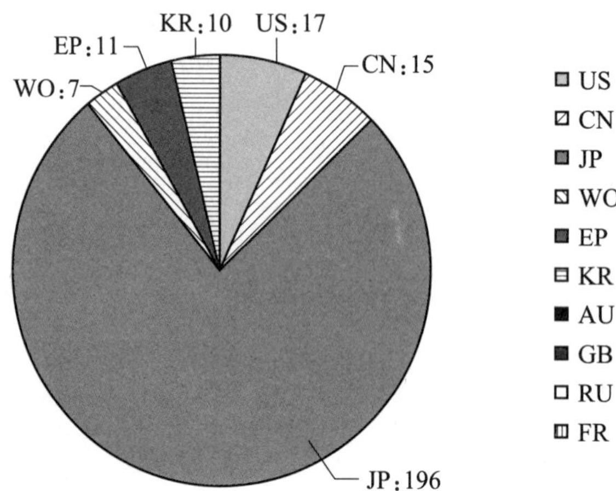

图4.1-8 NTT文本水印嵌入和提取技术专利申请量区域分布图

高的关注，NTT 在 2004 年至 2008 年间已在上述国家/地区进行了少量的专利申请，提前进行了专利布局。

（3）技术构成分布

由图 4.1-9 可以看出，NTT 围绕水印嵌入技术和水印提取技术申请了较多专利。例如，2002 年 6 月 12 日，NTT 提交了一篇专利号 JP2002171884A 的专利申请，公开了一种用于数字内容分发系统在数字内容中嵌入多个隐身图的技术，用于数字内容版权管理以预防非法使用。

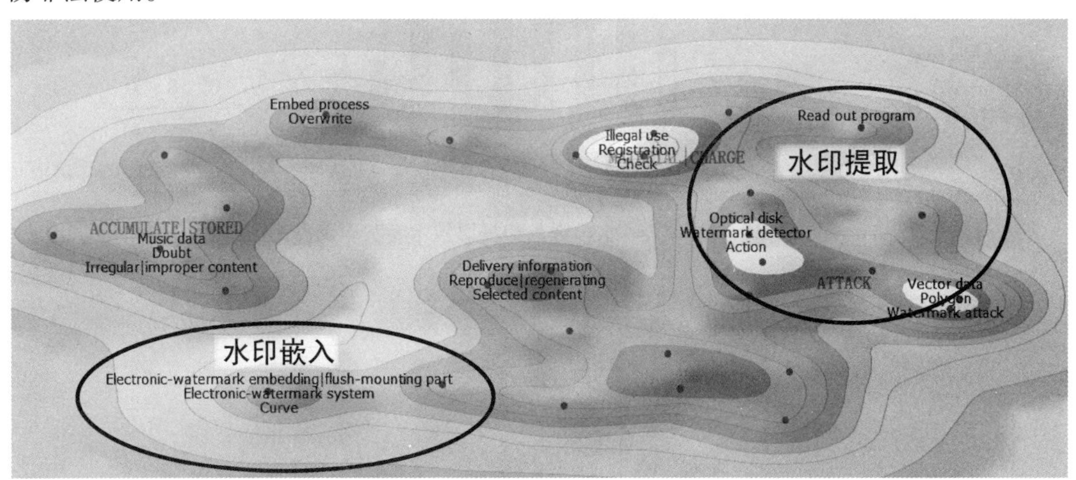

图 4.1-9　NTT 文本水印嵌入和提取技术构成分布图

3. 申请量排名第三的专利申请人

（1）专利申请量

自 1881 年公司创立以来，OKI 创造了多项全球顶尖的技术，已经由最早的通信设备生产厂商，发展成为一家在全球范围内研究、生产和销售打印机与传真机、网络与通信、安全与识别认证、宽带与多媒体、半导体与电子元器件等产品和解决方案的国际著名企业。由图 4.1-10 可以看出，与 CANON 和 NTT 相比，OKI 关于文本水印嵌入和提取技术的专利申请相对较晚，直至 2004 年，OKI 的相关专利申请量出现突发性增长。结合图 4.1-11 可知，OKI 的专利申请地区已经延伸至中国市场，鉴于多年来 OKI 对中国市场一直较为关注，可以推测，随着电子商务领域、数字内容版权保护行业在中国的快速发展，2004 年 OKI 针对文本水印及嵌入和提取技术做了充足的专利准备，以利于其在相关领域的市场占有权。

（2）“九国两组织”专利申请量区域分布

OKI 总部设于日本，其专利申请地区主要针对日本市场。其次，鉴于数字产品在世界范围内的快速发展引发数字版权保护的市场需求，OKI 针对文本水印嵌入和提取技术，在美国、中国、韩国、欧洲以及世界知识产权组织等多个国家/地区均做了相关专利的布局。

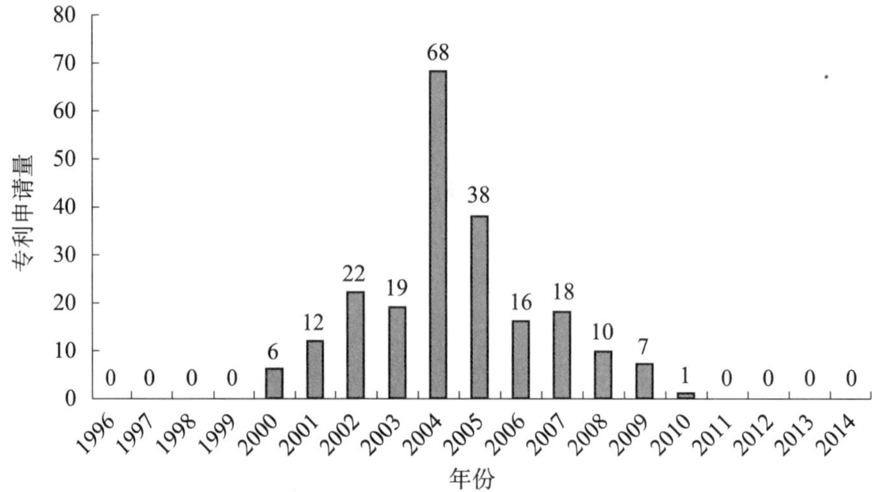

图 4.1-10　OKI 文本水印嵌入和提取技术专利申请条形图

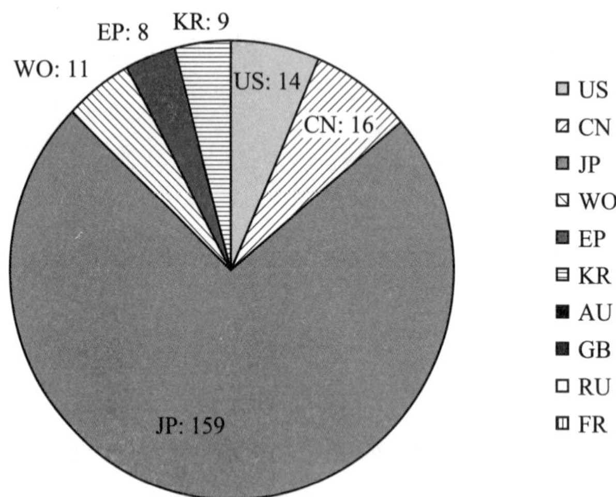

图 4.1-11　OKI 文本水印嵌入和提取技术专利申请量区域分布图

（3）技术构成分布

由图 4.1-12 可以看出，OKI 围绕水印生成技术和水印嵌入技术申请了较多专利，主要针对数字作品版权的保护。例如，2002 年 1 月 1 日，OKI 提交了一篇专利号 JP20023153A 的专利申请，公开了一种在电子文档中嵌入字符串的技术，之后，OKI 在日本、中国、美国、欧洲、世界知识产权组织等多个国家/地区申请的多件专利中，均引用了该专利技术。

三、总结

（一）专利申请量的总体发展趋势

就整个行业专利申请状况来看，文本水印嵌入和提取技术相关专利申请量在 1998 年以来出现突破性增长，2001 年后保持稳定，年平均专利申请量维持在 250 件左右。

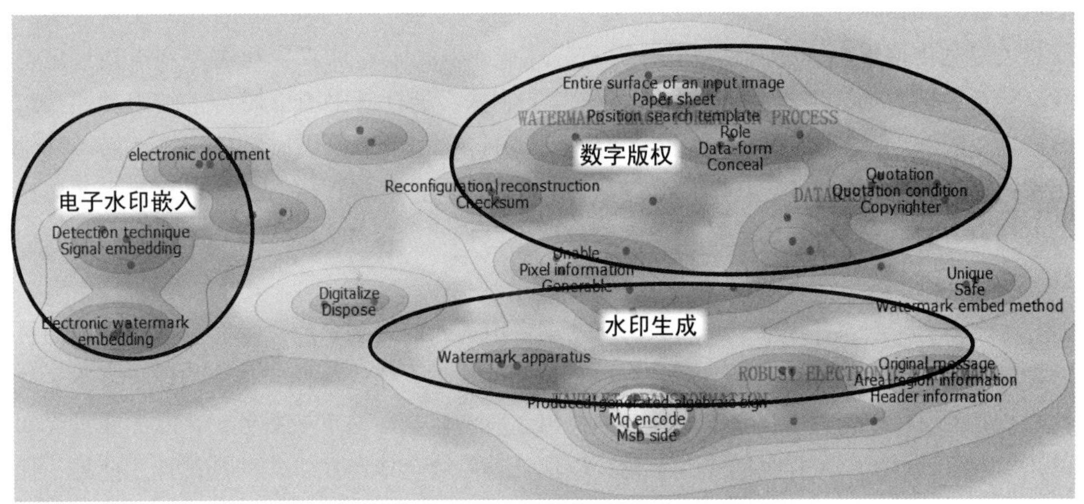

图 4.1-12 OKI 文本水印嵌入和提取技术构成分布图

（二）各地区技术发展现状以及未来发展趋势

1. 美国

在美国，文本水印嵌入和提取技术已由发展期进入成熟期，当前阶段该技术的专利申请数量及申请人均呈现缓慢减少的状态。

2. 日本

文本水印嵌入和提取技术在日本已经过萌芽期、发展期、成熟期，目前技术成熟度较高，市场呈现出巨头向寡头发展的趋势，整个技术也有进入衰退期的迹象。

3. 韩国

文本水印嵌入和提取技术在韩国已经过萌芽期、发展期、成熟期，目前技术成熟度较高，市场呈现出巨头向寡头发展的趋势，整个技术也有进入衰退期的迹象。

4. 中国

在中国，文本水印嵌入和提取技术的相关专利申请较多，研发热度较高，目前处于快速发展阶段，根据 2012 年和 2013 年的相关数据统计，中国该技术相关的专利数量和申请人数量保持相对稳定，呈现出由发展期向成熟期过渡的趋势。

（三）主要申请人专利申请对比分析

通过对于文本水印嵌入和提取技术领域的宏观分析，我们结合微观分析模块具体解读行业内主要申请人的专利现状。

1. 专利申请量维度横向比较

以各申请人在文本水印嵌入和提取技术的年专利申请进行排名，得出该技术的三个主要专利申请人，分别是佳能公司、日本电报电话公司、日本冲电气工业株式会社。1998 年至 2004 年期间，文本水印嵌入和提取技术的研发持续增加，相关专利申请数量急剧增多，2008 年后，该技术发展趋于成熟，各领先企业的市场份额也趋于稳定，专利申请数量开始呈现下滑趋势。与佳能和日本电报电话公司相比，日本冲电气工业株式会社关于文本水印嵌入和提取技术的专利申请相对较晚，直至 2004 年，日本冲电气工业株式会社的相关专利申请量出现突发性增长，并且，日本冲电气工业株式会社的专利申请地区已经延伸至中国市场，鉴于多年来日本冲电气工业株式会社对中国市场一直较为关注，可以推测，随着电子商务领域、数字内容版权保护行业在中国的快速发展，日本冲电气工业株式会社针对文本水印及嵌入和提取技术做了充足的专利准备，以利于其在相关领域的市场占有权。

2. 专利资产区域布局情况

从文本水印嵌入和提取技术相关的三个主要申请人的专利资产区域布局情况，我们可以看出：由于佳能、日本电报电话公司、日本冲电气工业株式会社的总部均设于日本，故其专利申请地区主要集中在日本，并且，均出于对全球范围的市场需求，在欧洲或世界知识产权组织进行了一定程度的专利申请，以保证其后续全球布局工作的延续性。此外，佳能的专利申请重点针对美国市场，而日本电报电话公司、日本冲电气工业株式会社的专利布局不仅覆盖美国，还包含中国和韩国。

3. 技术热点分析

从技术热点分析角度来说：佳能围绕用于身份验证的文本水印生成和提取技术申请了较多专利；日本电报电话公司和日本冲电气工业株式会社围绕水印嵌入技术和水印提取技术申请了较多专利，主要针对数字作品版权的保护。例如，2002 年 1 月 1 日，日本冲电气工业株式会社提交了一篇专利号 JP20023153A 的专利申请，公开了一种在电子文档中嵌入字符串的技术，之后，日本冲电气工业株式会社在日本、中国、美国、欧洲、世界知识产权组织等多个国家/地区申请的多件专利中，均引用了该专利技术。

第二节　数字水印比对技术

一、专利检索

（一）检索结果概述

以数字水印比对技术为检索主题，在“九国两组织”范围内，共检索到相关专利申请 2 470件，具体数量分布如下（单位：件）：

美国	中国	日本	韩国	英国	法国	德国	澳大利亚	俄罗斯	EP	WO	总计
1 042	567	337	74	13	6	16	45	3	190	177	2 470

（二）各地区/组织相关专利申请趋势

从表 4. 2-1 和图 4. 2-1 可以看出，数字水印比对技术在全球范围内的专利申请高峰大致集中在 2002 年到 2008 年，主要申请国有美国、中国和日本，在此期间，韩国和澳大利亚也有少量申请。对此项技术，中国的申请高峰相对于美国和日本稍微延后，从2005年开始，申请量逐年递增，至2013年达到目前为止的最高峰。

表4.2-1　数字水印比对技术“九国两组织”相关专利申请状况

国家＼年份	1990①	2000	2001	2002	2003	2004	2005	2006	2007	2008	2009	2010	2011	2012	2013	2014
US	6	4	20	84	95	93	83	91	93	76	84	71	71	73	58	40
CN	4	3	5	7	17	15	24	32	40	29	52	45	70	80	82	62
JP	8	25	29	24	25	43	20	26	27	31	18	20	12	16	11	2
KR	1	1	3	4	5	10	4	6	6	11	2	5	3	3	7	3
GB	1	1	3	2	2	0	0	0	2	0	0	0	0	0	1	1
DE	0	1	0	1	2	2	2	1	1	3	2	1	0	0	0	0
FR	0	1	0	0	0	0	0	1	2	0	0	0	0	0	1	1
AU	4	3	3	10	6	2	5	2	2	2	1	1	0	2	1	1
RU	0	0	0	0	0	0	0	0	0	0	0	0	0	0	0	0
EP	7	9	17	15	21	22	9	18	15	8	7	6	9	11	11	5
WO	9	10	24	30	21	11	9	11	6	7	7	5	5	7	6	9
RU	0	0	0	0	0	0	0	0	1	1	1	0	0	0	0	0

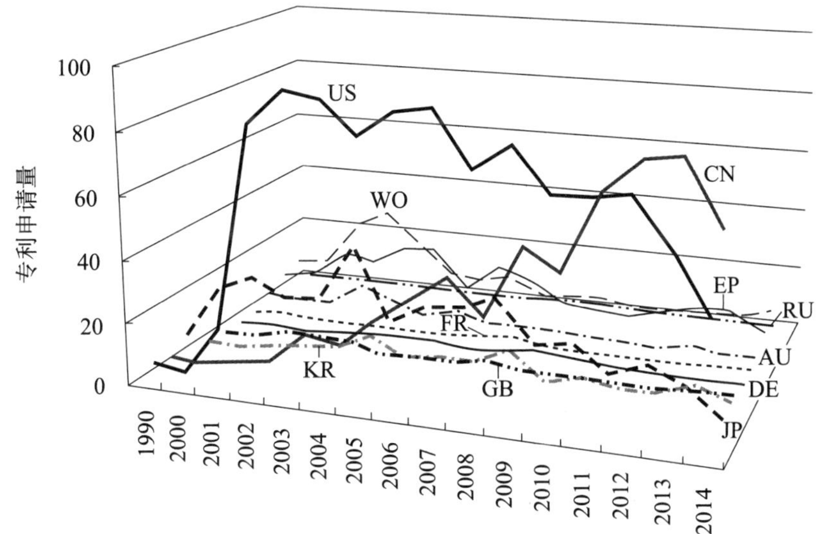

图4.2-1　“九国两组织”相关专利申请状况图

① 1990是指1990－1999年的专利数量总数。

（三）各地区/组织相关专利申请人排名

1. WO相关专利申请人排名

表 4.2-2 数字水印比对技术 WO 相关专利申请人排名

序号	申请人	申请人国家	专利申请数量
1	DIGIMARC CORP	美国	60
2	RHOADS GEOFFREY B	美国	13
3	RODRIGUEZ TONY F	美国	12
4	DAVIS BRUCE L	美国	9
5	LEVY KENNETH L	美国	8

2. EP相关专利申请人排名

表 4.2-3 数字水印比对技术 EP 相关专利申请人排名

序号	申请人	申请人国家	专利申请数量	专利授权数量
1	DIGIMARC CORP	美国	27	12
2	CANON KK	日本	17	12
3	MATSUSHITA ELECTRIC IND CO LTD	日本	14	0
4	SONY CORP	日本	11	0
5	TOSHIBA KK	日本	6	1

3. 中国地区相关专利申请人排名

表 4.2-4 数字水印比对技术中国地区相关专利申请人排名

序号	申请人	申请人国家	专利申请数量	专利授权数量
1	UNIV HAINAN	中国	21	0
2	KONINKL PHILIPS ELECTRONICS NV	荷兰	16	13
3	HUAWEI TECH CO LTD	中国	13	12
4	UNIV WUHAN	中国	12	11
5	CANON KK	日本	11	10

4. 美国地区相关专利申请人排名

表 4.2-5 数字水印比对技术美国地区相关专利申请人排名

序号	申请人	申请人国家	专利申请数量	专利授权数量
1	DIGIMARC CORP	美国	210	132
2	CANON KK	日本	68	53
3	TOSHIBA KK	日本	34	19
4	RHOADS GEOFFREY B	美国	22	5
5	WISTARIA TRADING INC	美国	22	16

5. 日本地区相关专利申请人排名

表 4.2-6　数字水印比对技术日本地区相关专利申请人排名

序号	申请人	申请人国家	专利申请数量	专利授权数量
1	CANON KK	日本	84	46
2	HITACHI LTD	日本	25	10
3	TOSHIBA CORP	日本	22	16
4	SONY CORP	日本	13	5
5	TOSHIBA KK	日本	12	12

6. 澳大利亚地区相关专利申请人排名

表 4.2-7　数字水印比对技术澳大利亚地区相关专利申请人排名

序号	申请人	申请人国家	专利申请数量	专利授权数量
1	DIGIMARC CORP	美国	14	3
2	UNLTD MEDIA GMBH	德国	2	2
3	GOOGLE INC	美国	2	2
4	NEC CORP	日本	2	0
5	PITNEY BOWES INC	美国	2	0

7. 德国地区相关专利申请人排名

表 4.2-8　数字水印比对技术德国地区相关专利申请人排名

序号	申请人	申请人国家	专利申请数量	专利授权数量
1	DIGIMARC CORP	美国	3	1
2	GROUPE ECOLES TELECOMM	法国	2	2
3	ITT MFG ENTERPRISES INC	美国	2	1
4	HITACHI LTD	日本	2	1
5	MEDIASEC TECHNOLOGIES LLC PROV	德国	1	0

8. 法国地区相关专利申请人排名

表 4.2-9　数字水印比对技术法国地区相关专利申请人排名

序号	申请人	申请人国家	专利申请数量	专利授权数量
1	FRANCE TELECOM	法国	3	0
2	OBERTHUR CARD SYST SA	法国	2	0
3	SAGEM DEFENSE SECURITE	法国	1	0
4	RADIOTELEPHONE SFR	法国	1	0
5	GROUPE ECOLES TELECOMM	法国	1	0

9. 英国地区相关专利申请人排名

表 4.2-10 数字水印比对技术英国地区相关专利申请人排名

序号	申请人	申请人国家	专利申请数量	专利授权数量
1	SONY UK LTD	英国	2	1
2	IBM	美国	2	0
3	UNIV BRISTOL	英国	2	0
4	KENT RIDGE DIGITAL LABS	新加坡	2	2
5	FELLS JULIAN ANDREW JOHN	英国	1	0

10. 俄罗斯地区相关专利申请人排名

表 4.2-11 数字水印比对技术俄罗斯地区相关专利申请人排名

序号	申请人	申请人国家	专利申请数量	专利授权数量
1	VOENNAJA AKADEMIJA SVJAZI MIN	俄罗斯	1	1
2	FEDERAL NOE G NAUCHNOE UCHREZH	俄罗斯	1	0
3	MICROSOFT CORP	美国	1	1

11. 韩国地区相关专利申请人排名

表 4.2-12 数字水印比对技术韩国地区相关专利申请人排名

序号	申请人	申请人国家	专利申请数量	专利授权数量
1	MARKANY INC	韩国	6	2
2	Digimarc Corporation	美国	6	0
3	KOREA ELECTRONICS TELECOMM	韩国	4	0
4	LG ELECTRONICS INC	韩国	3	0
5	CANON KABUSHIKI KAISHA	日本	3	1

二、专利分析

（一）技术发展趋势分析

数字水印比对技术，是一种基于数字载体不变特征的识别、提取、匹配以及检测的技术。数字水印已被证明是保护信息安全、实现防伪溯源、版权保护的有效办法，是信息隐藏技术研究领域的重要分支和研究方向。

图 4.2-2 通过专利申请量展示了全球范围内数字水印比对技术的发展趋势。从图中可以看出，全球范围内，自 1994 年出现第一件相关专利后，专利申请量呈现出上升趋势，到 2003 年已经有 82 件的申请量。此后，数字水印比对技术主题相关专利的申请量出现一定范围内的反复波动，处于较稳定状态。进一步来看，1995 年世界上第一部电子签名法的制定，已经唤出了业内的数字版权保护意识。由此，在 1995 年至 2003 年期间，数字水印

比对技术主题相关专利申请量增长趋势明显，相关技术也逐步完善，并趋向成熟。此后，随着互联网数据的急速发展，以及世界各国数字版权意识的普遍提升，数字水印比对技术相关技术的研究仍然处于发展的一个高峰时期。

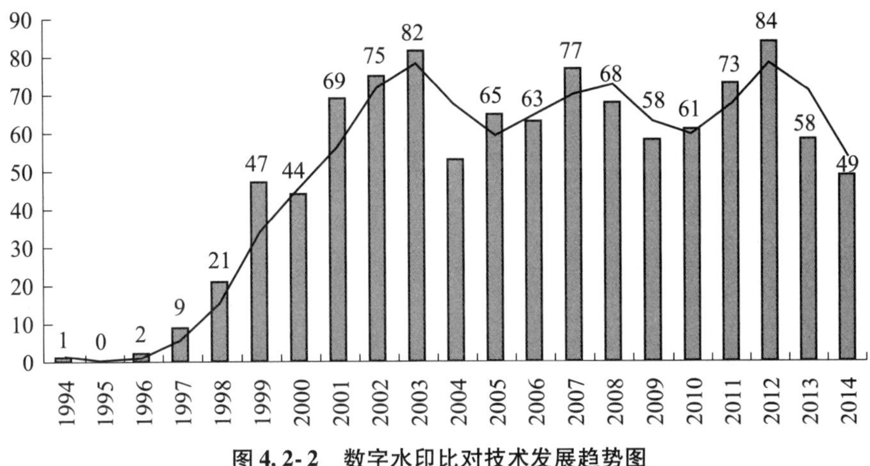

图 4. 2-2　数字水印比对技术发展趋势图

（二）技术路线分析

图 4. 2-3 以时间轴的形式示出了分布式网络爬虫技术从 1997 年 4 月 14 日申请了第一件相关专利以来，在数字水印比对技术方面被引证次数比较多的核心专利（黑色箭头导引的专利）的申请号和申请时间，这些核心专利，大多数涉及数字水印的嵌入技术和提取技术，数字水印的嵌入和提取技术也是实现本技术主题，即数字水印比对技术的前提。这些核心技术出现后，作为应用广泛的基础技术被其后申请的专利多次引用和引证，为数字水印比对技术主题下的标志性专利。此外，上图的时间轴上还标示出了与数字水印比对技术相关性比较高的关键技术专利（蓝色箭头导引的专利）的概要情况，包括申请时间和专利申请号。

（三）主要专利申请人分析

通过对数字水印比对技术的检索结果的相关分析，得到在主题技术相关方面专利申请量的全球前三名。数字水印比对技术相关专利申请量最多的三个公司分别是 Digimarc 公司、佳能公司和日立公司。排名前三的公司基本上是同期开始研究并申请相关专利。Digimarc 公司和佳能公司的申请高峰集中在 2001 年至 2002 年，高峰过后，呈现出缓慢的衰退趋势，尤其是佳能公司，近几年甚至出现了相关专利年申请量为 0 的情况；日立公司在主题技术方面的专利总申请量不多，主要申请也集中在 1998 年至 2003 年，近几年已经没有了相关专利的申请。

1. 申请量排名第一的专利申请人

（1）专利申请量

Digimarc 公司总部位于美国，一直致力于研究数字安全技术。其提供的通过数字水印为媒体内容提供数字身份的技术为数字安全行业的核心技术，拥有数字水印安全技术相关专利 350 多件。美国在 2000 年 10 月通过《全球和国内商业法中的电子签名法案》，这一

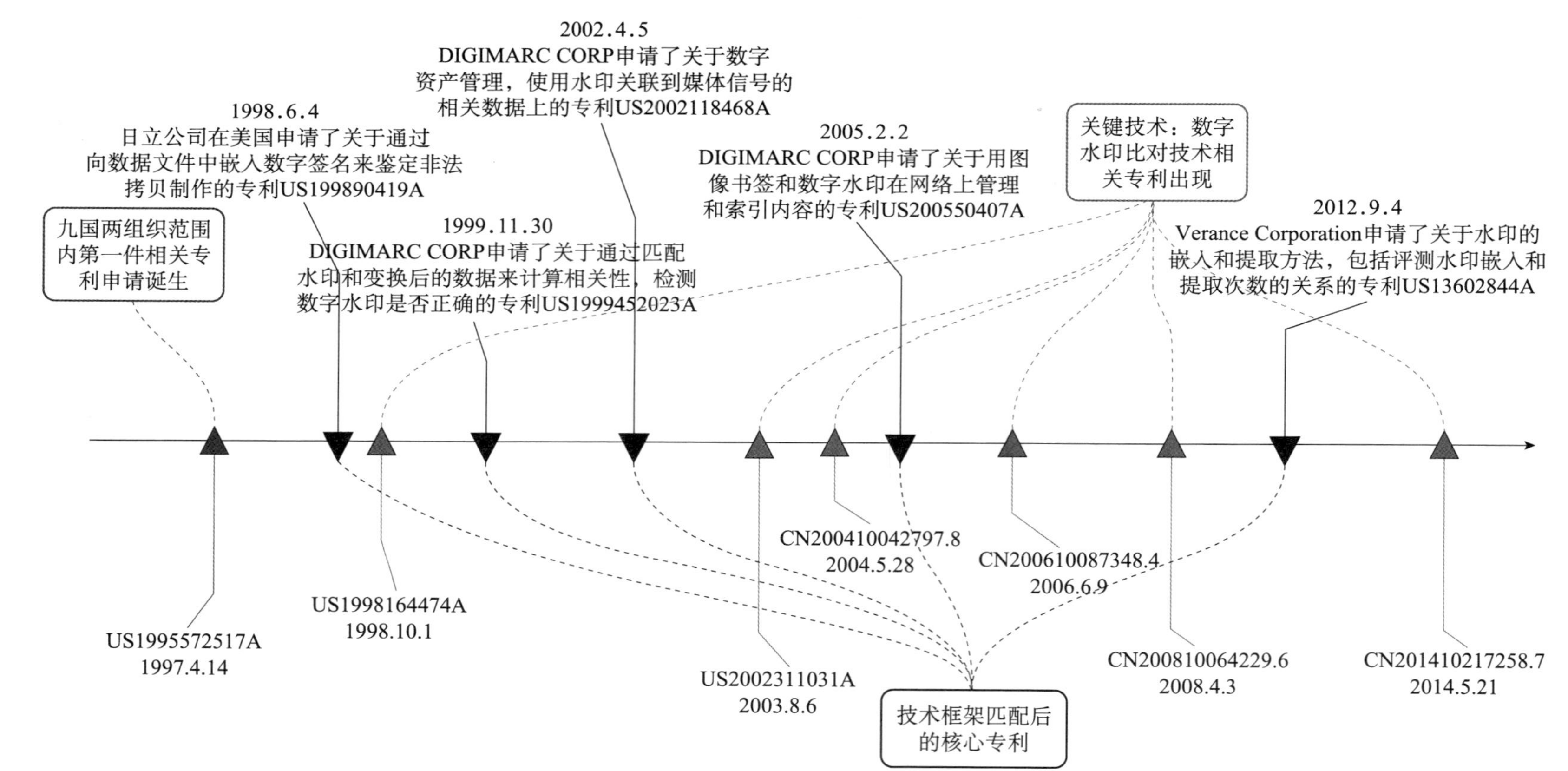

图4.2-3 数字水印比对技术路线图

法案的颁布，直接促进了数字水印安全技术的研发和应用，从而在2001年，Digimarc公司在数字水印比对相关技术方面的专利申请达到了历史最高峰。之后，相关专利年申请量逐渐下降，直至2010年左右，全球掀起了数字安全技术的大热潮，再次将Digimarc公司的相关技术研究推向一个小高峰。

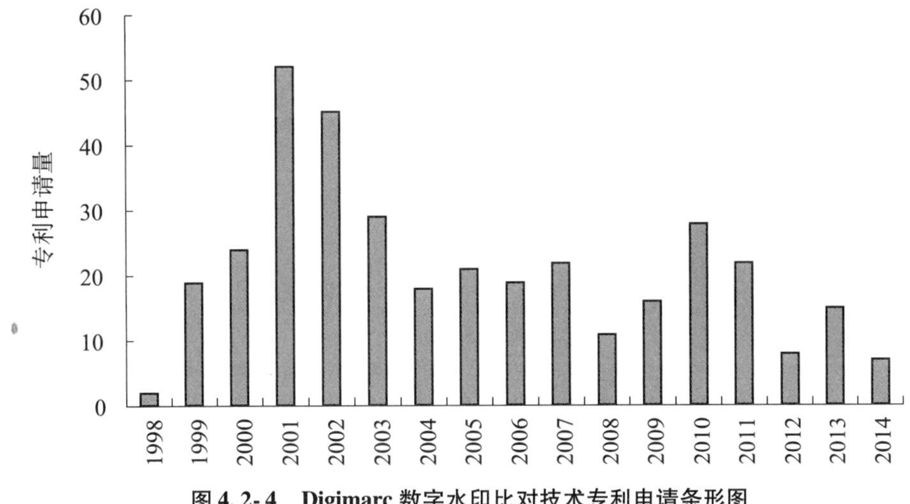

图4.2-4　Digimarc数字水印比对技术专利申请条形图

（2）"九国两组织"专利申请量区域分布

在全球范围内，Digimarc公司拥有最多有关数字水印安全技术的专利。下图示出了其作为专利权人拥有的专利区域分布。从图中可以看出，Digimarc公司的大多数专利还是分布在美国，在世界知识产权组织和欧专局也分别申请了55件和22件相关专利，可知其希望将自身技术推广至世界范围。除此之外，在除美国外的一些其他相对技术发展比较快的国家，如中、日、韩、澳等国家，也有少量专利的分布。

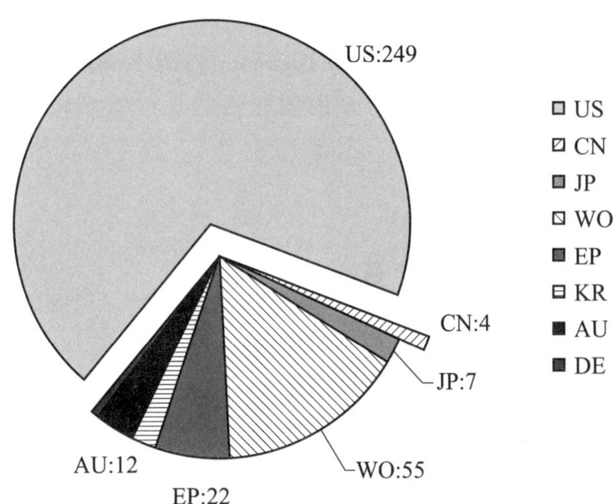

图4.2-5　Digimarc数字水印比对技术专利申请量区域分布图

（3）技术构成分布

图4.2-6为Digimarc公司的数字水印比对技术的相关专利的构成分布图。可以看出，在

数字水印比对技术的相关专利中，涉及水印检测、相似性检测和全息图处理的专利比较多。

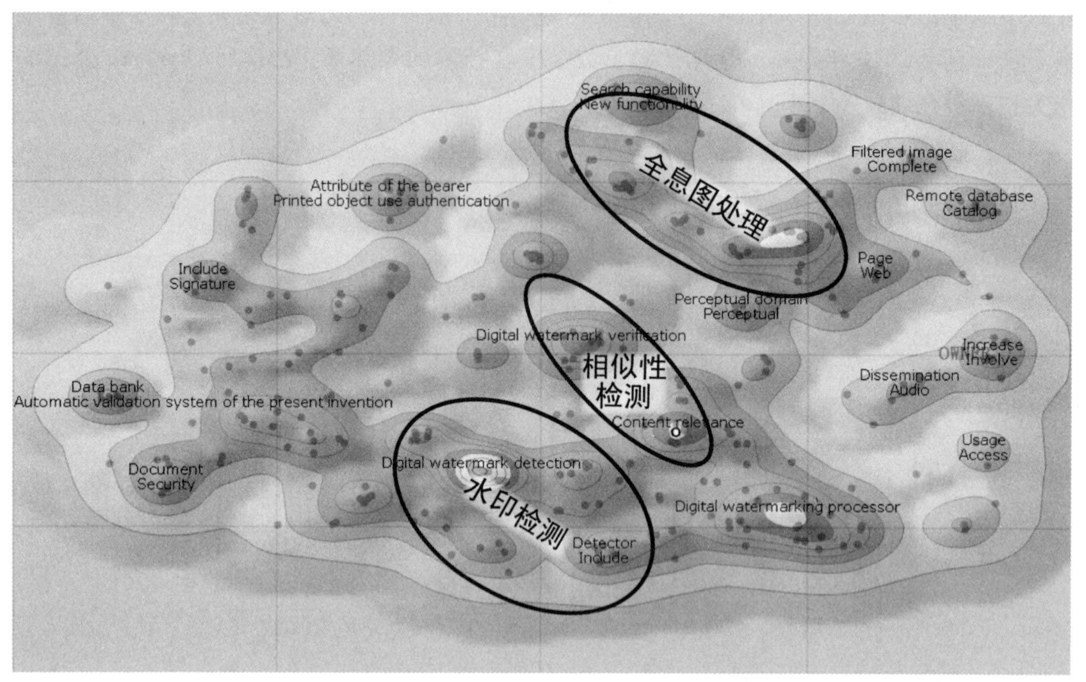

图 4.2-6　Digimarc 数字水印比对技术构成分布图

2. 申请量排名第二的专利申请人

（1）专利申请量

佳能是日本的一家全球领先的生产影像与信息产品的综合公司。图 4.2-7 示出了佳能公司有关数字水印安全技术的专利年申请量，其第一件相关专利也在 1998 年出现，后期的整体趋势和 Digimarc 公司的整体申请趋势相似。佳能公司的相关专利申请高峰出现在 2002 年，之后也呈现出整体下降的趋势。与 Digimarc 公司不同的是，佳能公司从 2008 年开始，后期与数字水印比对技术相关的专利申请都非常少，在 2009 年、2011 年和 2012 年

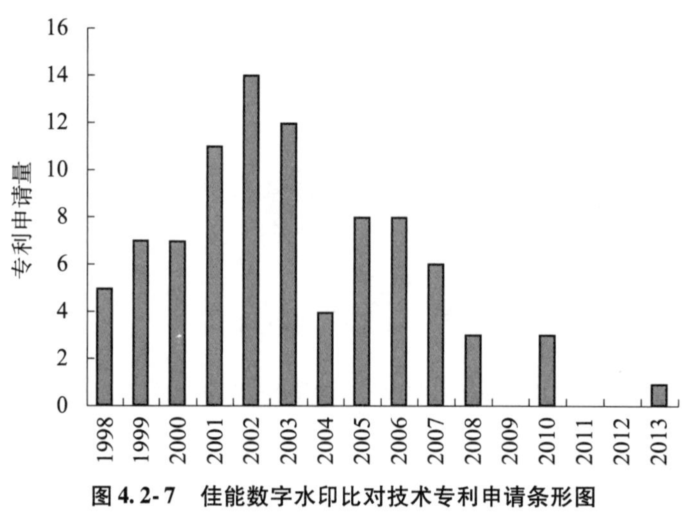

图 4.2-7　佳能数字水印比对技术专利申请条形图

的专利申请量都为零。虽然其关于数字水印比对技术主题的专利申请量比多，但由于佳能公司主要生产影像与信息产品，近年来其业务发展策略也偏向于数码产品整体技术，因此，其有关数字水印安全技术的专利申请趋势也不能直接代表整个日本关于此项技术的发展态势。

（2）“九国两组织”专利申请量区域分布

从图 4.2-8 可以看出，佳能公司在美国申请了大量有关数字水印比对技术主题的专利，其在美国拥有的相关专利数量有 47 件，超过了其在总部所在国，即日本的相关专利申请量。由此可见，佳能公司除了在本国申请了相应的专利，将美国作为了主要目标市场。除此之外，其也希望将自身技术打入欧洲，在欧专局也申请了 7 件核心专利。在中国和法国也分别拥有 2 件和 1 件数字水印比对技术主题相关专利。

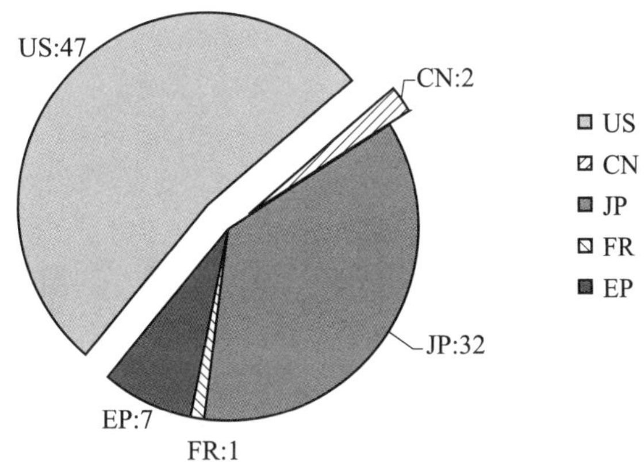

图 4.2-8　佳能数字水印比对技术专利申请量区域分布图

（3）技术构成分布

图 4.2-9 为佳能公司的数字水印比对技术相关专利的构成分布图。可以看出，在数字

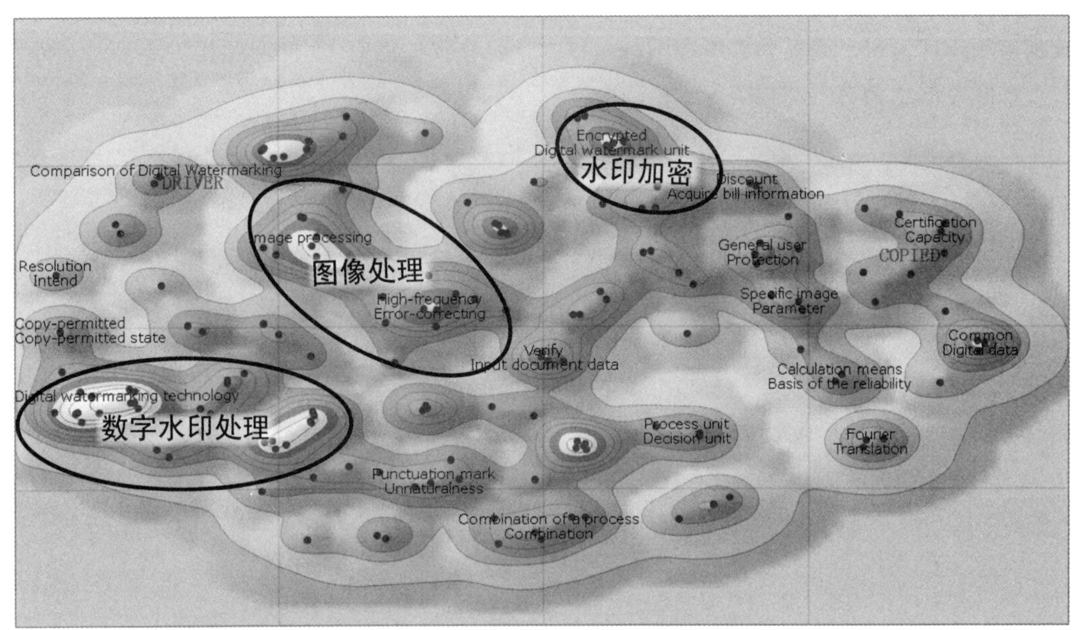

图 4.2-9　佳能公司专利构成分布图

水印比对技术的相关专利中，佳能公司主要关注水印加密、数字水印和图像处理的技术。

3. 申请量排名第三的专利申请人

(1) 专利申请量

日立公司是日本大型的综合性电机跨国公司。日立公司在数字水印比对技术主题方面的相关专利申请并不多，总量为 29 件，这些专利主要集中在 1998 年至 2003 年期间申请。年申请量的最高纪录为 2003 年的 7 件。由于数据量太少，日立公司在数字水印比对技术相关方面的专利申请尚未形成明显趋势。

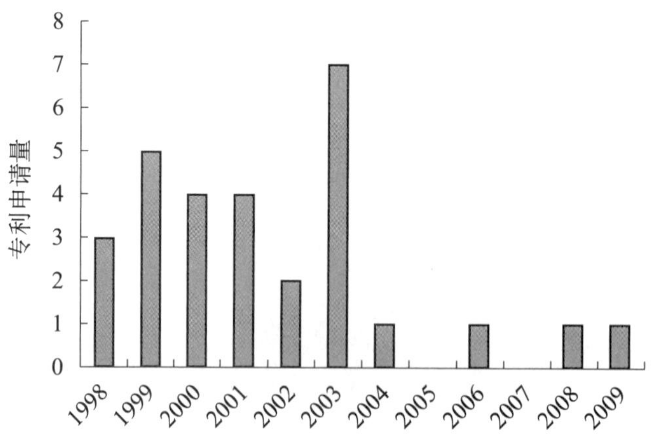

图 4.2-10　日立数字水印比对技术专利申请条形图

(2)"九国两组织"专利申请量区域分布

由于日立公司的主攻方向是电机设备方面的技术研发，因此，其在涉及数字安全领域的数字水印比对技术主题下并没有很多的专利。从图 4.2-11 中可以看出，在数字水印比对技术相关方面，日立公司在美国申请了比较多的专利，可见，日立将美国做为其主要的技术应用推广国家，而在总部所在国——日本，日立仅仅拥有 10 件主题相关专利。此外，日立在欧专局也拥有 1 件相关专利申请。

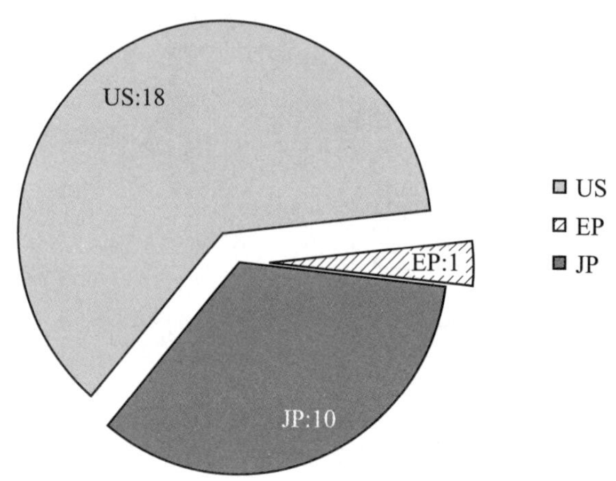

图 4.2-11　日立数字水印比对技术专利申请量区域分布图

（3）技术构成分布

图 4. 2-12 为日立公司的数字水印比对技术的相关专利的构成分布图。可以看出，在数字水印比对技术的相关专利中，日立公司主要关注涉及数字水印嵌入、提取/检测和复制保护的技术。

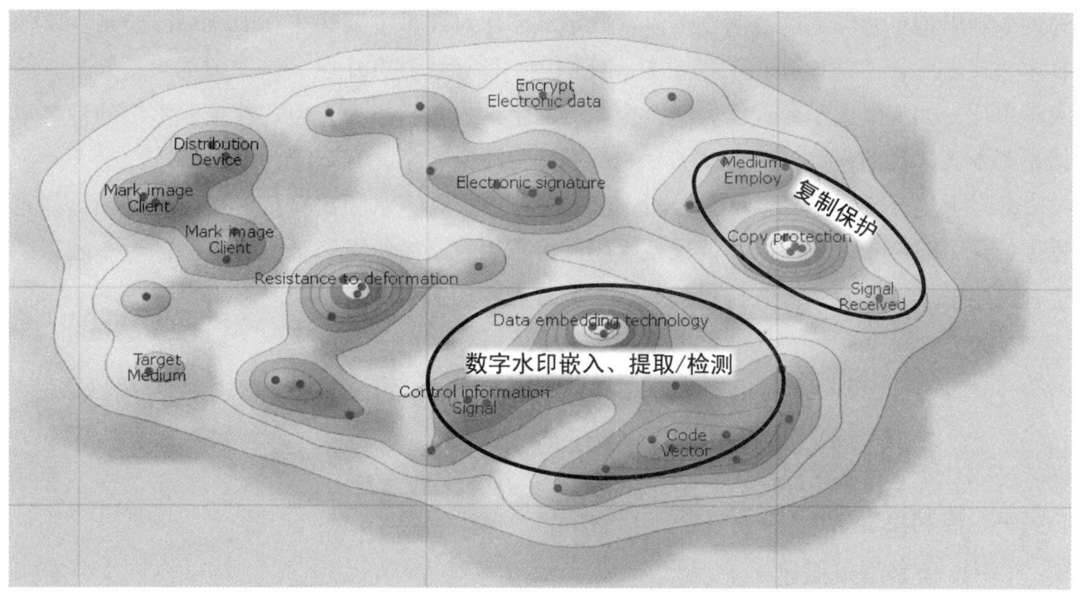

图 4. 2-12　日立数字水印比对技术构成分布图

三、总结

（一）专利申请总量

数字水印比对技术，在限定时期内以及“九国两组织”范围内的检索结果包含 2 470 件专利/专利申请。从数字水印比对检索主题的专利检索结果的数据量分布情况来看，美、中、日、韩四个国家的专利申请量总和达到 2 020 件，约占全部专利申请量的 82%，可知数字水印比对技术的关键技术及研发工作主要集中在上述四个国家。其中，美国以 1 042 件专利位列第一，中国、日本和韩国分别以 567 件、337 件和 74 件的专利申请量分列二、三、四位。此外，澳大利亚拥有相关专利申请 45 件，其他各个国家的专利申请量相对来说则很少。

（二）年专利申请量

从年专利申请量来看，初步了解到数字水印比对技术目前已进入一个相对稳定的发展时期。整体来看，数字水印比对技术的专利申请高峰大致集中在 2002 年到 2008 年，这个高峰是由主题技术专利主要申请国美国和日本的申请高峰促成的。而中国的申请高峰相对滞后于美国和日本，中国该检索主题的专利申请量从 2005 年开始逐年递增，至 2013 年达到目前为止的最高峰，而且，中国也成为近几年来数字水印比对相关专利申请量最多的国家。

（三）专利申请人

从专利申请人的情况来看，Digimarc、佳能、东芝、日立和索尼公司在主题技术方面申请了比较多的专利，由此也可见数字水印比对技术在日本的研究应用更为广泛。然而，Digimarc公司的专利申请量超过200件，远远高于其他几家公司，几乎相当于其他几家公司的专利申请量总和，这说明在美国，数字水印比对技术主要集中在Digimarc公司，不像日本呈现出一番“遍地开花”的景象。在国内，除了上述几个公司，主要的申请人为一些大学单位，如海南大学、武汉大学，企业类的申请人包括华为，但这些企业单位的专利申请量都不大，目前来看，拥有相关专利最多的为海南大学，有20余件专利。

综合上述几方面的检索结果分析，全球范围内，数字水印比对技术目前处于相对稳定发展的一个时期；而在中国，该项技术仍保持着比较高的研发态势，这与中国近年越来越重视网络信息安全及数字版权保护的大环境有着密切关系。

第三节　图像水印技术

一、专利检索

（一）检索结果概述

以图像水印技术为检索主题，在“九国两组织”范围内，共检索到相关专利申请9 920件，具体数量分布如下（单位：件）：

美国	中国	日本	韩国	英国	法国	德国	澳大利亚	俄罗斯	EP	WO	总计
2758	1337	2925	761	147	58	215	257	21	849	592	9 920

（二）各地区/组织相关专利申请趋势

从表4.3-1和图4.3-1可以看出，美国和日本在图像水印技术方面具有绝对的优势，特别是2001年至2007年，两国每年的申请量基本上都在200件以上，韩国对图像水印的研究也较多，2007年以后，由于技术的成熟，上述三个国家对图像水印的研究明显减少。中国相对于上述三个国家，对图像水印的研究滞后，目前中国在这一技术领域还保持着强劲的研究热度。

表4.3-1　图像水印技术“九国两组织”相关专利申请状况

国家＼年份	1994	1995	1996	1997	1998	1999	2000	2001	2002	2003	2004	2005	2006	2007	2008	2009	2010	2011	2012	2013	2014
US	2	2	11	20	63	117	127	295	262	260	215	185	205	256	174	133	151	116	75	67	22
CN	0	0	2	7	20	52	20	19	59	76	68	102	132	86	98	102	99	152	102	86	55
JP	2	4	11	90	164	251	231	267	265	249	286	242	216	227	134	97	77	55	38	19	0

（续表）

年份 国家	1994	1995	1996	1997	1998	1999	2000	2001	2002	2003	2004	2005	2006	2007	2008	2009	2010	2011	2012	2013	2014
KR	0	0	0	11	25	48	66	89	68	48	36	55	63	54	67	30	35	31	24	10	1
GB	1	3	1	2	18	14	25	31	5	12	13	5	4	2	1	1	1	3	4	1	0
DE	0	3	5	10	34	44	21	15	29	13	15	7	10	3	2	0	0	4	0	0	0
FR	0	0	0	0	5	9	9	7	5	3	3	4	2	0	2	0	2	3	2	2	0
AU	0	1	2	3	15	24	38	53	51	25	2	12	8	1	4	3	7	4	1	2	1
RU	0	0	0	0	1	4	1	0	1	0	1	6	3	1	0	0	1	2	0	0	0
EP	1	5	8	25	75	113	74	71	93	52	64	75	46	38	40	15	15	17	16	3	3
WO	0	1	1	1	16	43	43	69	65	32	59	53	46	35	26	27	13	21	21	17	3

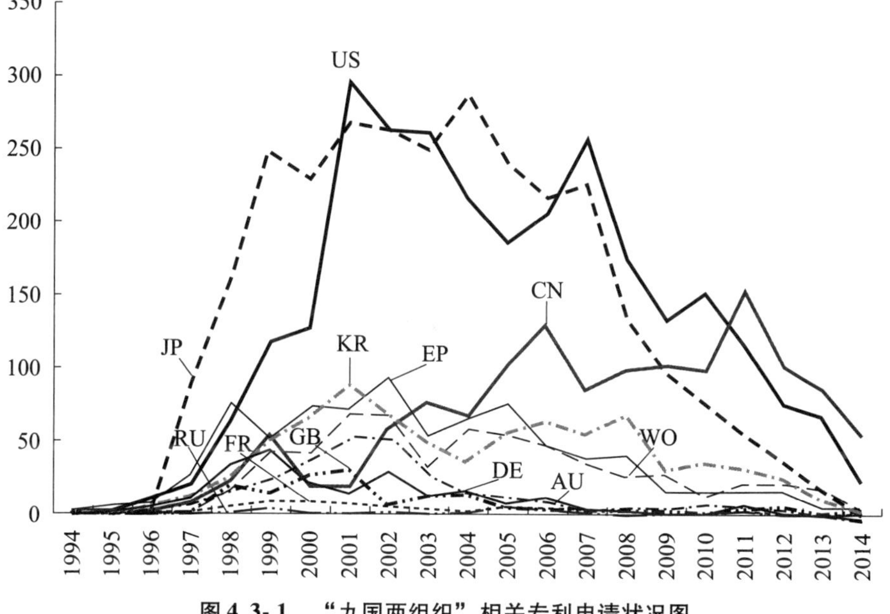

图 4.3-1　“九国两组织”相关专利申请状况图

（三）各地区/组织相关专利申请人排名

1. WO 相关专利申请人排名

表 4.3-2　图像水印技术 WO 相关专利申请人排名

序号	申请人	申请人国家	专利申请数量
1	DIGIMARC CORP	美国	84
2	KONINK PHILIPS ELECTRONICS NV	荷兰	61
3	RHOADS G B	英国	32
4	THOMSON LICENSING SA	美国	28
5	RODRIGUEZ T F	美国	18

2. EP 相关专利申请人排名

表 4.3-3　图像水印技术 EP 相关专利申请人排名

序号	申请人	申请人国家	专利申请数量	专利授权数量
1	KONINK PHILIPS ELECTRONICS NV	荷兰	73	19
2	NEC CORP	日本	51	16
3	XEROX CORP	美国	47	11
4	DIGIMARC CORP	美国	41	11
5	CANON KK	日本	40	17

3. 中国地区相关专利申请人排名

表 4.3-4　图像水印技术中国地区相关专利申请人排名

序号	申请人	申请人国家	专利申请数量	专利授权数量
1	KONINK PHILIPS ELECTRONICS NV	荷兰	85	34
2	UNIV PEKING	中国	53	24
3	THOMSON LICENSING SA	美国	44	20
4	BEIJING FOUNDER ELECTRONICS CO LTD	中国	42	19
5	UNIV XIDIAN	中国	35	13

4. 美国地区相关专利申请人排名

表 4.3-5　图像水印技术美国地区相关专利申请人排名

序号	申请人	申请人国家	专利申请数量	专利授权数量
1	DIGIMARC CORP	美国	735	369
2	RHOADS G B	美国	442	222
3	CANON KK	日本	248	128
4	LEVY K L	美国	198	98
5	RODRIGUEZ T F	美国	191	90

5. 日本地区相关专利申请人排名

表 4.3-6　图像水印技术日本地区相关专利申请人排名

序号	申请人	申请人国家	专利申请数量	专利授权数量
1	CANON KK	日本	438	112
2	OKI ELECTRIC IND CO LTD	日本	165	60
3	RICOH KK	日本	145	42
4	NIPPON TELEGRAPH & TELEPHONE CORP	日本	132	45
5	TOSHIBA KK	日本	127	48

6. 澳大利亚地区相关专利申请人排名

表 4.3-7　图像水印技术澳大利亚地区相关专利申请人排名

序号	申请人	申请人国家	专利申请数量	专利授权数量
1	DIGIMARC CORP	美国	59	5
2	RHOADS G B	美国	28	3
3	CANON KK	日本	19	8
4	MARKANY INC	韩国	13	2
5	KONINK PHILIPS ELECTRONICS NV	荷兰	12	2

7. 德国地区相关专利申请人排名

表 4.3-8　图像水印技术德国地区相关专利申请人排名

序号	申请人	申请人国家	专利申请数量	专利授权数量
1	NEC CORP	日本	12	7
2	KONINK PHILIPS ELECTRONICS NV	荷兰	11	5
3	CANON KK	日本	8	6
4	HEWLETT-PACKARD DEV CO LP	美国	5	3
5	WHD ELEKTRONISCHE PRUEFTECHNIK GMBH	德国	4	1

8. 法国地区相关专利申请人排名

表 4.3-9　图像水印技术法国地区相关专利申请人排名

序号	申请人	申请人国家	专利申请数量	专利授权数量
1	CANON KK	日本	26	1
2	FRANCE TELECOM	法国	8	1
3	THOMSON LICENSING SA	美国	4	1
4	DONESCU I	法国	4	1
5	NGUYEN E	法国	4	1

9. 英国地区相关专利申请人排名

表 4.3-10　图像水印技术英国地区相关专利申请人排名

序号	申请人	申请人国家	专利申请数量	专利授权数量
1	SONY CORP	日本	28	7
2	PELLY J C	英国	12	3
3	INT BUSINESS MACHINES CORP	日本	12	8
4	TAPSON D W	英国	11	1
5	MOTOROLA SOLUTIONS INC	美国	6	5

10. 俄罗斯地区相关专利申请人排名

表 4.3-11　图像水印技术俄罗斯地区相关专利申请人排名

序号	申请人	申请人国家	专利申请数量	专利授权数量
1	KONINK PHILIPS ELECTRONICS NV	荷兰	6	2
2	SAMSUNG ELECTRONICS CO LTD	韩国	3	1
3	MICROSOFT CORP	美国	2	1
4	AS ST PETERSBURG INFORM & AUTOMATION	俄罗斯	2	0
5	HITACHI LTD	日本	2	0

11. 韩国地区相关专利申请人排名

表 4.3-12　图像水印技术韩国地区相关专利申请人排名

序号	申请人	申请人国家	专利申请数量	专利授权数量
1	MARKANY INC	韩国	72	31
2	KONINK PHILIPS ELECTRONICS NV	荷兰	56	13
3	SAMSUNG ELECTRICS CO LT	韩国	51	16
4	KOREA ADV INST SCI&TECHNOLOGY	韩国	38	12
5	NEC CORP	日本	38	8

二、专利分析

（一）技术发展趋势分析

1993 年水印的概念一经提出便获得了广泛关注并得到了较快发展，迅速成为图像处理和信息安全领域的研究热点之一，从图 4.3-2 可以看出，1994 年至 1995 年，水印技术领域已经有少量的专利申请。1996 年在英国剑桥大学召开的以信息隐藏为主题的第一届学术会议，掀起了水印技术的研究高峰，1996 年至 2002 年，这一时期涌现出了大量的水印技术，水印技术专利申请量大幅增加。2003 年起随着图像水印技术的成熟，专利申请量出现了下降趋势。2010 年以后，每年的申请量基本稳定在 150 ~ 200 件之间，说明虽然图像水印技术相对成熟，但是仍有不少的企业对这一技术进行进一步的研究和改进。

（二）技术路线分析

1993 年，由 Tirkel 等人共同编写的“Electronic watermark”中，提出了术语“watermark”。这篇文章使数字水印技术以正式学科的身份出现在人们的视野中。自此，水印技术获得了广泛关注并得到了较快发展，迅速成为图像处理和信息安全领域的研究热点之

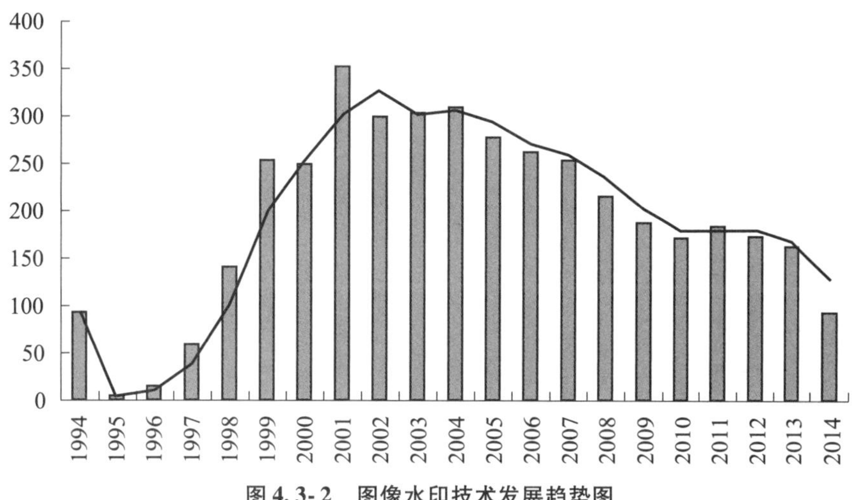

图 4.3-2 图像水印技术发展趋势图

一。1996 年在英国剑桥大学召开了以信息隐藏为主题的第一届学术会议，建立了信息隐藏系统的一般模型，标志着信息隐藏作为一门新学科的诞生，掀起了对信息隐藏技术研究的热潮。同年，LEIGHTON 申请的防止非法拷贝的水印技术引起来众多关注，后续被很多专利引用。1997 年，NEC 申请的扩频水印技术，其良好的性能备受关注，很多研究者开始研究基于不同变换域的扩频水印算法。同年，施乐公司申请的压缩图像嵌入水印技术也受到了很多关注。1998 年，日本精工株式会社申请的关于脆弱水印的嵌入和提取专利被后续大量申请人引用，成为核心专利。DIGIMARC 于 2000 年申请的专利实现水印的嵌入、检测和阅读的水印系统，2003 年提出的可逆水印技术以及 2003 年三星公司在水印技术中应用人类视觉系统，都是图像水印技术领域发展的里程碑，也成为图像水印技术的新的研究热点。

（三）主要专利申请人分析

1. 专利申请量排名第一的专利申请人

（1）专利申请量

DIGIMARC 是美国最早研究图像水印技术的公司，也是目前水印技术专利申请量最多的公司，该公司早期就将其应用到 CoreDraw 7.0 中以及 Photoshop 4.0 中，但是此时的水印信息不具有很好的鲁棒性。该公司接着在 1997 年 1 月推出了一款独立的可以检测水印信息的软件 ReadMarc，此软件可以检测图像中是否嵌有水印及其水印的具体内容，但是效果依然不理想。从图 4.3-4 可以看出，该公司在图像水印技术领域发展的高峰期是 1999 年至 2003 年，这一时期 DIGIMARC 公司针对图像水印技术的一些不足进行了大量的研究，并申请了大量的专利。此后，该公司的申请虽然有一定的起伏，但是总体上呈下降趋势，说明该公司技术成熟度已经很高，目前已经减少了对图像水印技术的研发。

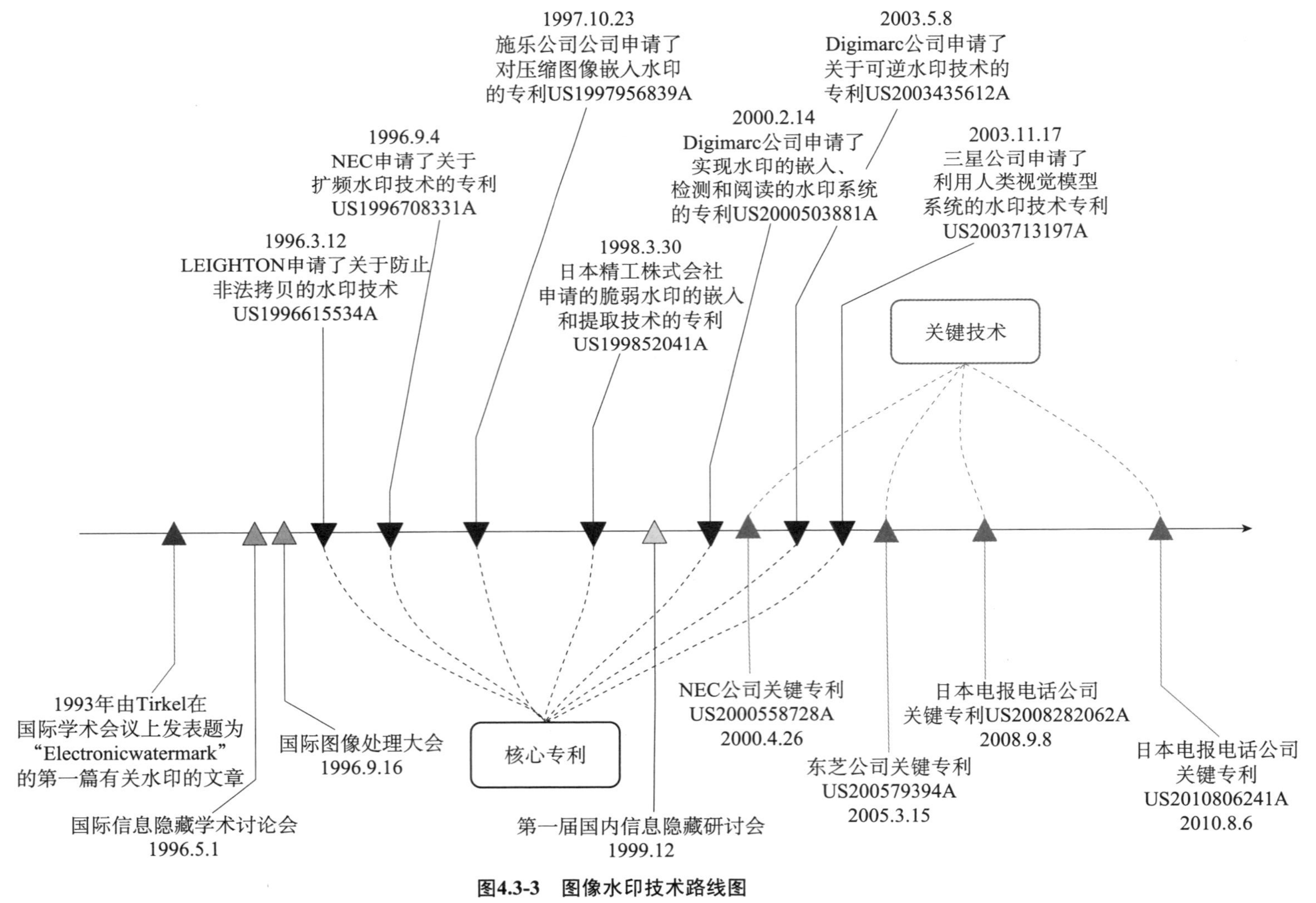

图4.3-3　图像水印技术路线图

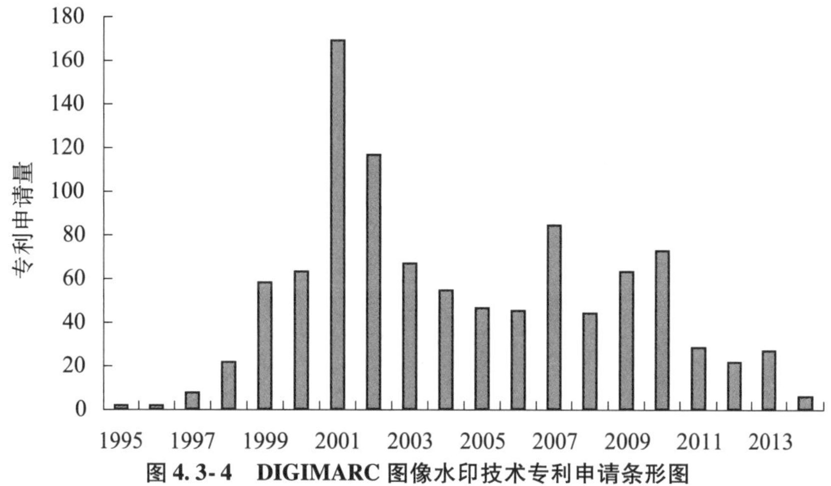

图 4.3-4　DIGIMARC 图像水印技术专利申请条形图

（2）“九国两组织”专利申请量区域分布

作为美国最主要的水印技术公司，DIGIMARC 公司主要进行技术布局的地区为美国，在美国以外的区域布局很少，主要为澳大利亚、欧洲和日本。可以看出，DIGIMARC 并不重视中国市场，在中国的申请量仅有 5 件。

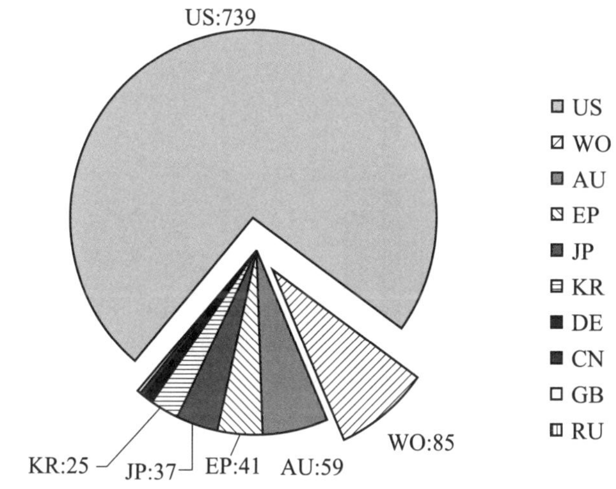

图 4.3-5　DIGIMARC 图像水印技术专利申请量区域分布图

（3）技术构成分布

图 4.3-6 为 DIGIMAC 的技术构成分布图，结合该公司申请的专利和上图可以看出，DIGIMARC 公司的研究热点包括：基于频率域的图像水印技术、基于空间域的图像水印技术、根据像素判断含水印的图像遭受的几何攻击类型、基于扩展频谱的水印技术等。

2. 专利申请量排名第二的专利申请人

（1）专利申请量

图 4.3-7 为佳能公司图像水印技术专利的申请趋势，可以看出佳能的图像水印技术萌芽于 1996 年，此后便进入了快速发展阶段，到 1999 年申请量已经突破 100 件。1999 年至

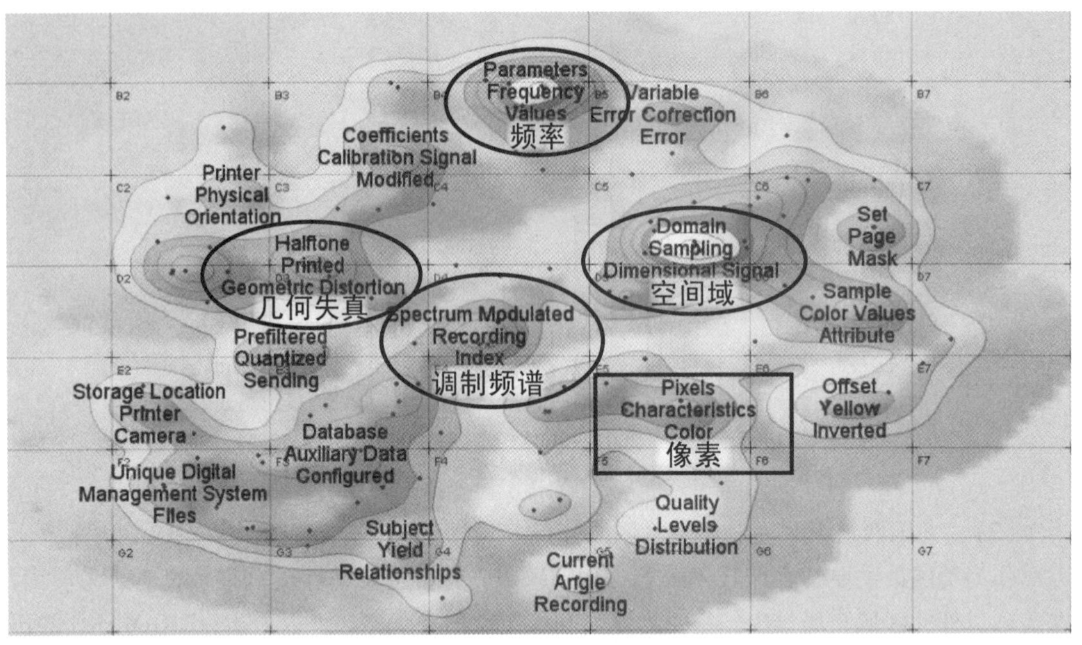

图 4.3-6　DIGIMARC 图像水印技术构成分布图

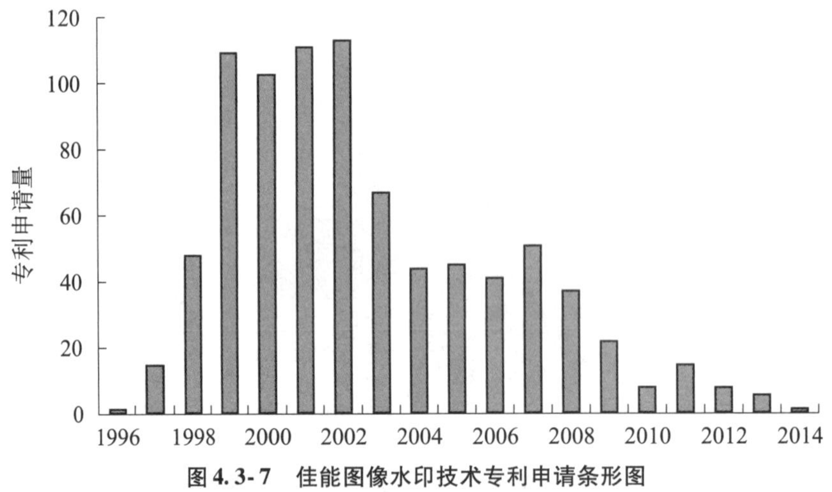

图 4.3-7　佳能图像水印技术专利申请条形图

2002 年是佳能在图像水印技术领域研发的高峰期，这几年的申请量均在百件以上。2003 年以后，佳能在图像水印技术领域的投入明显减少，申请量也大幅下降，特别是近几年申请量已不足 10 件，可见，佳能已经不再重点研究图像水印技术。

（2）“九国两组织”专利申请量区域分布

图 4.3-8 为佳能公司图像水印技术专利的布局情况，可以看出，作为日本的公司，佳能在本国的申请量最多，其次，在注重版权保护的美国，佳能也非常重视，专利申请量较多。此外，佳能关注的市场还包括欧洲地区、中国等，但是关注程度明显少于日本和欧洲，佳能在这些国家、地区的申请量都不超过 50 件。

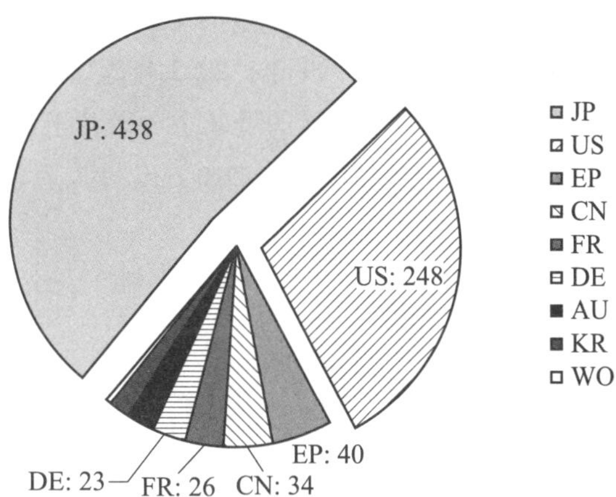

图4. 3-8　佳能图像水印技术专利申请量区域分布图

（3）技术构成分布

作为数码相机的主要生产商，佳能的图像水印技术主要针对数码照片，其研究热点包括：只将电子水印信息嵌入帧内编码数据而不将电子水印信息埋入帧间编码数据的水印嵌入技术、基于人眼视觉特性的图像水印技术、图像水印的提取技术、图像的防拷贝水印技术、将图像分割成具有不同特征的多个图像区域，利用图像区域的特征的嵌入水印的技术等。

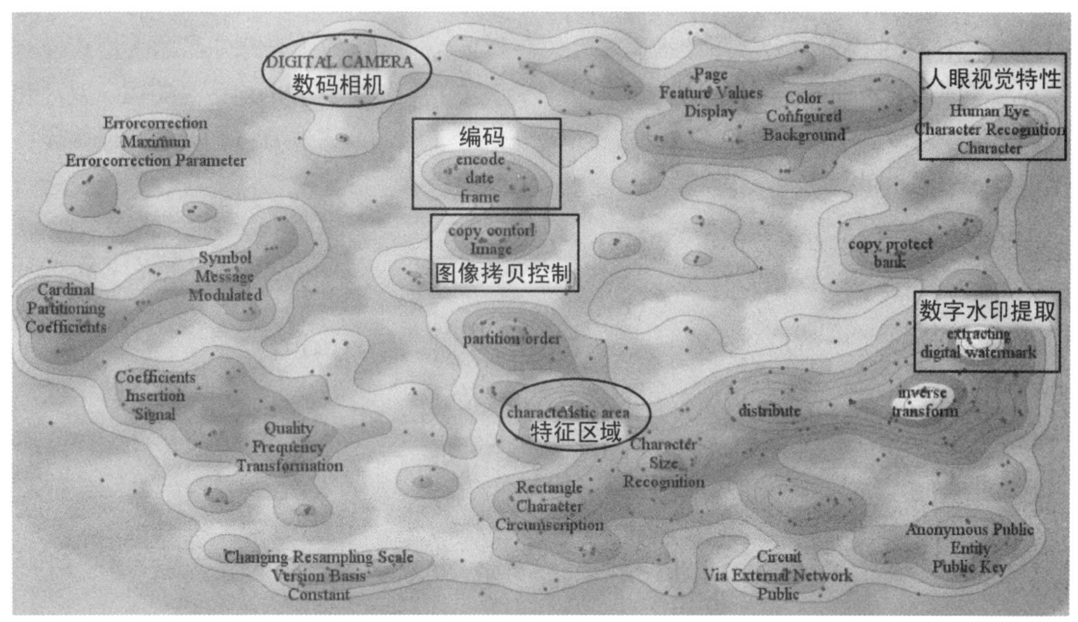

图 4. 3-9　佳能图像水印技术构成分布图

3. 专利申请量排名第三的专利申请人

（1）专利申请量

图 4. 3-10 为飞利浦图像水印技术专利的申请趋势，可以看出，飞利浦公司图像水印

技术的萌芽期为1996年至1997年，这两年有少量的专利产出。1998年至2006年为其发展期，其中第一个发展高峰为1998年至1999年，2002年至2006年是飞利浦图像水印技术发展的第二个高峰期，这两个时期专利数量的增长主要得益于其在世界范围内申请了大量的同族专利。2007年后，随着电子产品市场的剥离，飞利浦基本上已经退出了图像水印的技术市场。

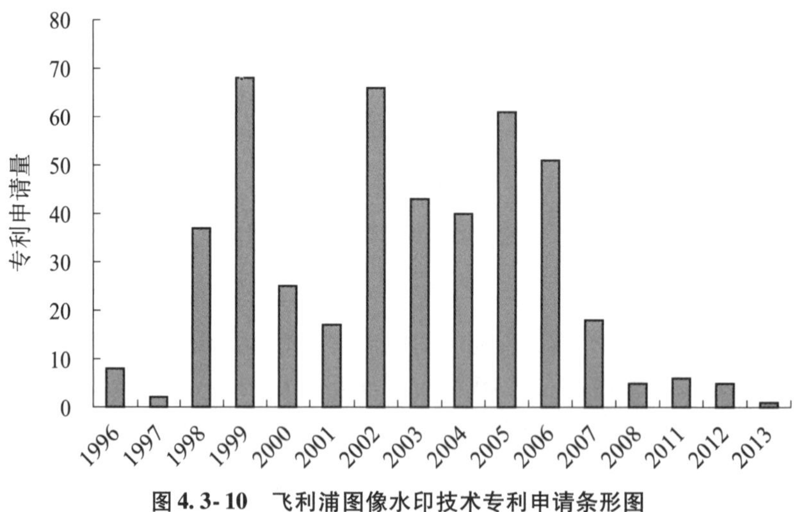

图4.3-10　飞利浦图像水印技术专利申请条形图

（2）九国两组织专利申请量区域分布

图4.3-11为飞利浦公司图像水印技术的专利布局情况。作为全球知名的大型跨国企业，飞利浦非常重视占据全球市场。数据显示，其专利申请量最多的地区是美国、欧洲和中国，这些地区是飞利浦意图占领的主要市场。此外，飞利浦占领日本和韩国图像水印技术市场的意图也很明显。

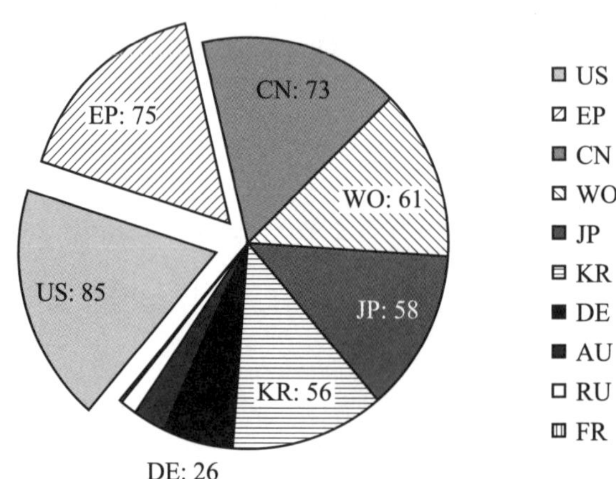

图4.3-11　飞利浦图像水印技术专利申请量区域分布图

（3）技术构成分布

图4.3-12为飞利浦公司的技术构成分布图，结合飞利浦公司申请的专利可以得出飞利浦公司图像水印技术的研究热点主要为：可以抵抗几何失真的水印嵌入技术（通过恢复

原始水印和处理后图像中水印之间的相关性实现）、将图像分割成网格区以便添加水印或指纹的方法（使用了图像形心的计算以便确定网格的中心，并且使用部分图像的形心来设定网格的尺寸）、基于傅里叶变换的数字水印嵌入技术。

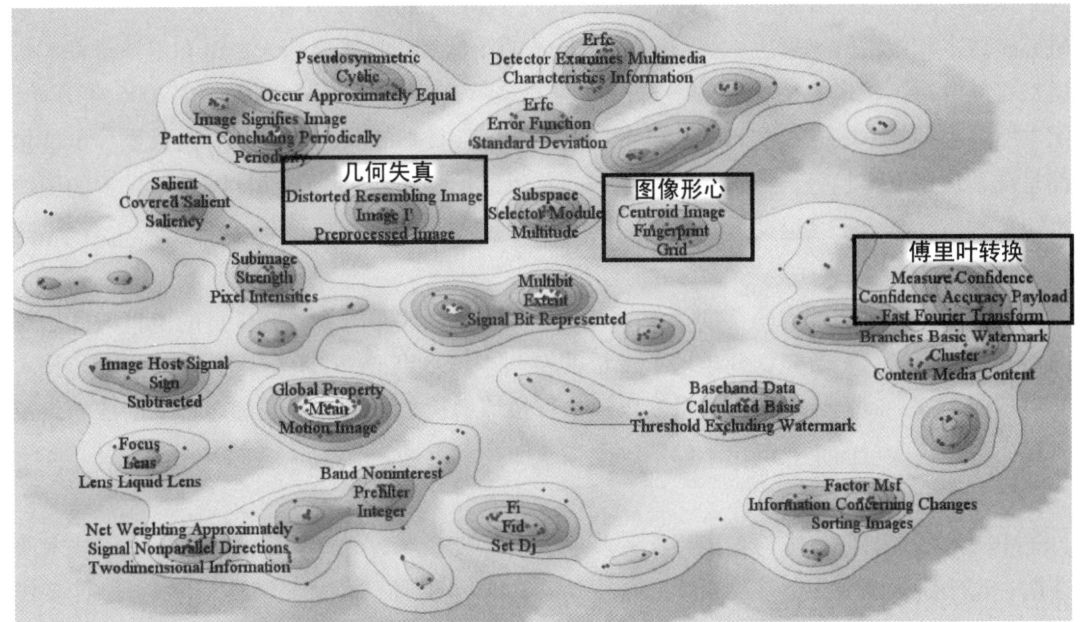

图 4.3-12　飞利浦图像水印技术技术构成分布图

三、总结

（一）专利申请量的总体发展趋势

1993 年水印的概念一经提出便获得了广泛关注并得到了较快发展，迅速成为图像处理和信息安全领域的研究热点之一，1994 年至 1995 年，水印技术领域已经有少量的专利申请。1996 年在英国剑桥大学召开的以信息隐藏为主题的第一届学术会议，掀起了水印技术的研究高峰，1996 年至 2002 年，这一时期涌现出了大量的水印技术，水印技术专利申请量大幅增加。2003 年起随着图像水印技术的成熟，专利申请量出现了下降趋势。2010 年以后，每年的申请量基本稳定在 150～200 件之间，说明虽然图像水印技术相对成熟，但是仍有不少的企业对这一技术进行进一步的研究和改进。

（二）各地区技术发展现状以及未来发展趋势

1. 美国

美国是最早开始研究图像水印技术的国家，其技术的萌芽期为 1994 年至 1997 年，这一时期已经有一定数量的企业对该技术展开了研究。1998 年至 2003 年是美国图像水印技术的快速发展期，这一阶段，大量的企业、高校、科研院所参与图像水印技术的研究，并取得突破性进展，专利申请量也呈直线增长。2004 年至今，随着美国图像水印技术成熟，市场饱和，部分企业、高校及科研院所退出了该技术市场的竞争，专利申请量也随之减少。

2. 日本

在美国对图像水印进行研究之后，日本紧跟美国的步伐涉足图像水印技术领域，并涌现了像索尼这样的优势企业。日本的图像水印技术萌芽期为1994年至1995年，也是早期研究图像水印技术的国家之一。1996年，日本的图像水印技术申请人数量和申请量都大幅增加，并取得了较多的技术突破，这一高速发展状态一直持续至2005年。2006年开始，随着图像水印技术成熟以及日本电子市场的不景气，日本的图像水印申请人数量和申请量都呈现了快速下降趋势，特别是近三年来的总申请量已经跌破100件，可见，日本的图像水印技术已经进入了衰退期，企业参与的意愿明显降低。

3. 韩国

韩国的图像水印技术萌芽期为1996年至1997年，这一时期，有少量的申请人开始对图像水印技术进行了研究，并申请了少量的专利。1998年至2005年是韩国图像水印技术的发展期，这一时期，申请人数量和申请量都快速增长。2006年后，随着技术的成熟以及市场的饱和，大量的企业退出了韩国的图像水印技术市场。

4. 中国

中国的图像水印技术与美国相比起步晚，萌芽期较长，1996年至2001年属于技术萌芽期，这一阶段主要为国外的企业来华申请。2000年1月，国家“863”计划智能计算机专家组等成功地举办了数字水印技术研讨会，且国家“863”计划、“973”项目、国家自然科学基金等都对数字水印的研究有项目资金支持，这些支持政策促进了我国图像水印技术的发展，经过两年的前期投入，2002年，中山大学、北京邮电大学、天津大学等申请了关于图像水印技术的专利。此后，越来越多的中国本土企业、高校和科研院所投入到图像水印技术的研发中，也带动了专利申请量的增加。可以预见，中国的图像水印技术还有很大的发展空间。

（三）主要申请人专利申请对比分析

通过对图像水印技术领域专利申请人的统计分析，得出该领域申请量最多的三个申请人是DIGIMARC、佳能和飞利浦，针对上述三个申请人的申请量、区域分布及技术构成进行了分析，结论如下：

1. 专利申请量维度横向比较

DIGIMARC是美国最早研究数字水印技术的公司，也是目前水印技术专利申请量最多的公司，其申请量为1001件，此外申请量较多的为佳能和飞利浦，申请量分别为846件和453件。DIGIMARC在图像水印技术领域发展的高峰期是1999年至2003年，此后，该公司的申请虽然有一定的起伏，但是总体上呈下降趋势，说明该公司技术成熟度已经很高，目前已经减少了对图像水印技术的研发。佳能在图像水印技术领域研发的高峰期是1999年至2002年，这几年的申请量均在百件以上，2003年以后，佳能在图像水印技术领域的投入明显减少，申请量也大幅下降，特别是近几年申请量已不足10件，可见，佳能已经不再重点研究图像水印技术。1998年至2006年为飞利浦图像水印技术的发展期，

2007 年后，随着电子产品市场的剥离，飞利浦基本上已经退出了图像水印的技术市场。

2. 专利资产区域布局情况

从区域布局来看，DIGIMARC 的专利主要集中在美国本土，在其他国家基本上没有专利申请，佳能的专利也基本上布局与美国，飞利浦则最重视中国市场。

3. 技术热点分析

DIGIMARC 公司的研究热点包括：基于频率域的图像水印技术、基于空间域的图像水印技术、根据像素判断含水印的图像遭受的几何攻击类型、基于扩展频谱的水印技术等；佳能的图像水印技术主要针对数码照片，其研究热点包括：基于人眼视觉特性的图像水印技术、图像水印的提取技术、图像的防拷贝水印技术等；飞利浦公司图像水印技术的研究热点主要为：可以抵抗几何失真的水印嵌入技术、将图像分割成网格区以便添加水印或指纹的方法、基于傅里叶变换的数字水印嵌入技术。

第四节 视频水印技术

一、专利检索

（一）检索结果概述

以视频水印技术为检索主题，在“九国两组织”范围内，共检索到相关专利申请5 940件，具体数量分布如下（单位：件）：

美国	中国	日本	韩国	英国	法国	德国	澳大利亚	俄罗斯	EP	WO	总计
1 986	759	925	506	109	28	140	251	33	632	571	5 940

（二）各地区/组织相关专利申请趋势

从表 4. 4- 1 和图 4. 4- 1 可以看出，视频水印的发展和图像水印基本上保持一致，但是专利总量要少于图像水印技术，美国和日本仍然是最具实力的国家，韩国和澳大利亚也申请了不少的专利，2001 年至 2007 年是上述四个国家视频水印发展的高峰期，2007 年以后，上述四个国家在视频水印上的研究减少。近年来视频水印技术研究最多的国家是中国，预计随着中国对版权的重视，视频水印的专利申请还会大量增加。

表 4. 4- 1 视频水印技术“九国两组织”相关专利申请状况

年份 国家	1995	1996	1997	1998	1999	2000	2001	2002	2003	2004	2005	2006	2007	2008	2009	2010	2011	2012	2013	2014
US	1	10	14	44	65	91	191	151	166	155	129	140	185	123	116	129	106	64	72	34
CN	0	4	2	21	37	20	33	66	63	56	52	74	34	54	59	43	62	44	27	8
JP	0	6	32	62	78	80	88	103	85	72	75	64	38	33	29	17	25	26	11	1
KR	0	0	7	18	27	44	47	43	30	28	40	46	29	54	29	21	22	16	4	1

（续表）

年份 国家	1995	1996	1997	1998	1999	2000	2001	2002	2003	2004	2005	2006	2007	2008	2009	2010	2011	2012	2013	2014
GB	0	0	1	10	2	22	25	10	7	7	5	3	7	0	0	1	2	6	1	0
DE	0	6	4	16	19	18	11	25	14	8	5	9	2	3	0	0	0	0	0	0
FR	0	0	0	0	2	2	2	5	3	2	5	2	1	0	2	0	0	1	1	0
AU	0	2	7	20	18	29	47	36	40	12	6	9	0	5	3	6	5	2	2	2
RU	0	0	0	3	5	5	1	2	1	1	4	2	1	2	3	1	2	0	0	0
EP	0	7	10	54	52	48	47	79	58	47	42	45	29	24	27	12	23	19	8	1
WO	0	2	5	22	33	33	68	56	43	48	48	46	34	25	31	9	22	21	16	9

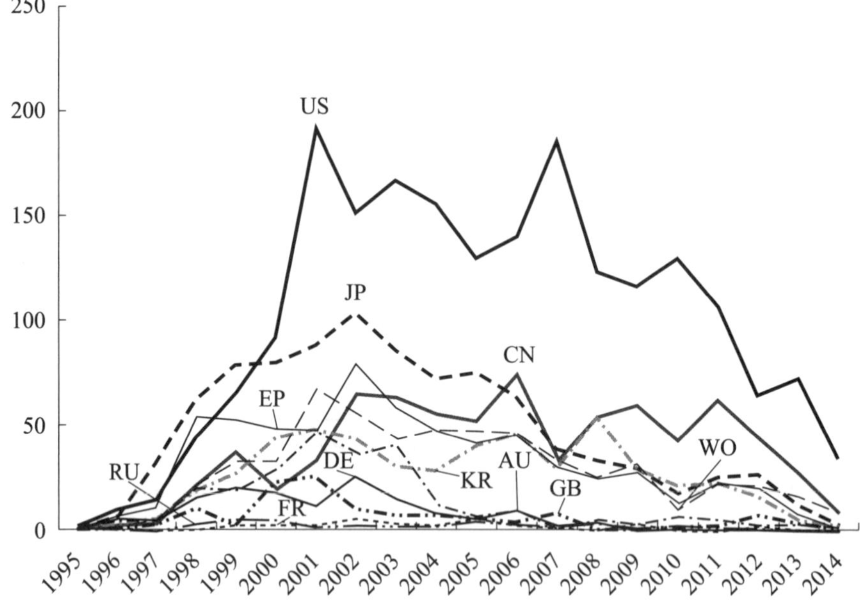

图 4.4-1 “九国两组织”相关专利申请状况图

（三）各地区/组织相关专利申请人排名

1. WO 相关专利申请人排名

表 4.4-2 视频水印技术 WO 相关专利申请人排名

序号	申请人	申请人国家	专利申请数量
1	KONINK PHILIPS ELECTRONICS NV	荷兰	124
2	DIGIMARC CORP	美国	67
3	THOMSON LICENSING	美国	51
4	LEVY K L	英国	22
5	RODRIGUEZ T F	美国	18

2. EP 相关专利申请人排名

表 4.4-3　视频水印技术 EP 相关专利申请人排名

序号	申请人	申请人国家	专利申请数量	专利授权数量
1	KONINK PHILIPS ELECTRONICS NV	荷兰	131	30
2	THOMSON LICENSING SA	美国	94	22
3	SONY CORP	日本	48	9
4	NEC CORP	日本	28	6
5	DIGIMARC CORP	美国	26	3

3. 中国地区相关专利申请人排名

表 4.4-4　视频水印技术中国地区相关专利申请人排名

序号	申请人	申请人国家	专利申请数量	专利授权数量
1	KONINK PHILIPS ELECTRONICS NV	荷兰	149	56
2	THOMSON LICENSING SA	美国	77	33
3	SONY CORP	日本	50	22
4	UNIV SUN YAT SEN	中国	28	11
5	HUAWEI TECHNOLOGIES CO LTD	中国	25	10

4. 美国地区相关专利申请人排名

表 4.4-5　视频水印技术美国地区相关专利申请人排名

序号	申请人	申请人国家	专利申请数量	专利授权数量
1	DIGIMARC CORP	美国	613	315
2	RHOADS G B	美国	337	176
3	LEVY K L	美国	234	116
4	DAVIS B L	美国	178	91
5	RODRIGUEZ T F	美国	150	75

5. 日本地区相关专利申请人排名

表 4.4-6　视频水印技术日本地区相关专利申请人排名

序号	申请人	申请人国家	专利申请数量	专利授权数量
1	SONY CORP	日本	116	35
2	KONINK PHILIPS ELECTRONICS NV	荷兰	109	18
3	THOMSON LICENSING SA	美国	71	19
4	HITACHI LTD	日本	60	17
5	NEC CORP	日本	56	27

6. 澳大利亚地区相关专利申请人排名

表 4.4-7　视频水印技术澳大利亚地区相关专利申请人排名

序号	申请人	申请人国家	专利申请数量	专利授权数量
1	DIGIMARC CORP	美国	46	3
2	KONINK PHILIPS ELECTRONICS NV	荷兰	42	1
3	RHOADS G B	美国	19	1
4	MACROVISION CORP	美国	17	7
5	LEVY K L	美国	15	1

7. 德国地区相关专利申请人排名

表 4.4-8　视频水印技术德国地区相关专利申请人排名

序号	申请人	申请人国家	专利申请数量	专利授权数量
1	KONINK PHILIPS ELECTRONICS NV	荷兰	38	8
2	NEC CORP	日本	12	4
3	THOMSON LICENSING SA	美国	12	10
4	SONY CORP	日本	10	1
5	KALKER A A C M	德国	7	1

8. 法国地区相关专利申请人排名

表 4.4-9　视频水印技术法国地区相关专利申请人排名

序号	申请人	申请人国家	专利申请数量	专利授权数量
1	FRANCE TELECOM	法国	8	1
2	THOMSON LICENSING SA	美国	6	0
3	NEXTAMP SA	法国	4	0
4	CANON KK	日本	4	0
5	SFR SOC FR DU RADIOTELEPHONE	法国	3	1

9. 英国地区相关专利申请人排名

表 4.4-10　视频水印技术英国地区相关专利申请人排名

序号	申请人	申请人国家	专利申请数量	专利授权数量
1	SONY CORP	日本	42	19
2	PELLY J C	英国	15	3
3	TAPSON D W	英国	14	1
4	MOTOROLA SOLUTIONS INC	美国	11	6
5	KEATING S M	英国	6	1

10. 俄罗斯地区相关专利申请人排名

表 4.4-11　视频水印技术俄罗斯地区相关专利申请人排名

序号	申请人	申请人国家	专利申请数量	专利授权数量
1	KONINK PHILIPS ELECTRONICS NV	荷兰	17	3
2	MACROVISION CORP	美国	5	4
3	FRAUNHOFER GES FOERDERUNG ANGEWANDTEN EV	DE	3	1
4	SONY CROP	日本	3	1
5	EBERLEIN E	美国	2	1

11. 韩国地区相关专利申请人排名

表 4.4-12　视频水印技术韩国地区相关专利申请人排名

序号	申请人	申请人国家	专利申请数量	专利授权数量
1	KONINK PHILIPS ELECTRONICS NV	荷兰	100	16
2	THOMSON LICENSING SA	美国	38	14
3	SAMSUNG ELECTRICS CO LT	韩国	30	10
4	MARKANY INC	韩国	29	14
5	ELECTRONICS&TELECOM RES INST	韩国	27	13

二、专利分析

（一）技术发展趋势分析

随着信息技术的快速发展，数字视频产品得到了大量的使用，人们不但可以从网络中快速地获得各种视频信息，还可以将数字视频信息置于网页中以便随时观看。随着各种视频产品信息渗透到我们生活中的每个角落，相应的数字视频产品的版权保护就显得十分的重要。数字视频水印技术是通过在数字视频内容中嵌入数字水印，使得数字视频产品得到版权的保护和进行内容的真实性、完整性认证。作为数字水印技术的一个分支，视频水印技术的研究相对较晚，最早的研究是在 1994 年，K. Matsui 等借鉴图像水印技术，提出了视频隐写术的概念。关于视频水印技术的专利最早申请于 1996 年，随着扩频思想的提出以及众多国内外学者在该领域不断深入的研究，视频水印技术进入了快速发展阶段，这一阶段持续到 2002 年。2002 年后随着国外主要国家的视频水印技术进入了成熟期，这些国家的专利申请量稳中有降，但这一时期中国的专利申请量出现了增长，因此从总体上看，视频水印技术仍保持着较高的研究热度。

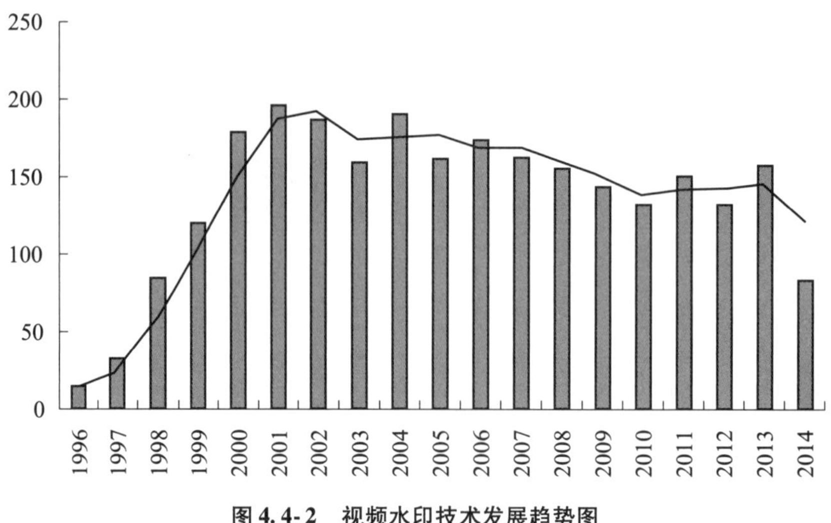

图 4.4-2　视频水印技术发展趋势图

（二）技术路线分析

关于视频水印最早的研究是在 1994 年，K. Matsui 等借鉴图像水印技术，提出了视频隐写术的概念。1996 年，NEC 申请了一件将扩频技术应用到视频、音频和图像水印技术中的专利，这也是视频水印领域的第一件专利，这一技术为视频水印技术的发展建立了良好的基础，该专利后续被大量的申请人引用。同年，美国的 vivo 软件公司申请了一件关于在压缩视频中嵌入水印的技术专利，同样也被后来的大量专利引用。也是从 1996 年以后，学术界有关视频水印技术的文献和专题在一些重要的国际期刊和杂志上大量出版，引来了视频水印技术研发高峰，1997 年，美国明尼苏达州大学关于视频水印中小波转换的应用、1998 年，PixelTools 公司关于位流处理过程中嵌入水印的技术、2001 年，Datemark 公司利用数据正交变换系数嵌入水印的方法、2003 年，阿尔卡特将人类视觉系统应用到视频水印技术中、2005 年，Digimarc 公司对水印信号强度的控制都是视频水印技术领域的核心专利，也反应了视频水印技术新的发展方向。

（三）主要专利申请人分析

1. 专利申请量排名第一的专利申请人

（1）专利申请量

从图 4.4-4 可以看出，飞利浦在电视、音影设备方面的大量研究带动了其在视频领域各项技术的发展，使其成为最早从事视频水印技术研究的公司之一，2002 年以前申请量基本上呈上升趋势，随后由于技术成熟，2004 年开始，飞利浦逐渐减少了在视频水印技术领域的投入，特别是 2009 年后，随着其电子产品的剥离，每年的申请量已经不足 10 件。

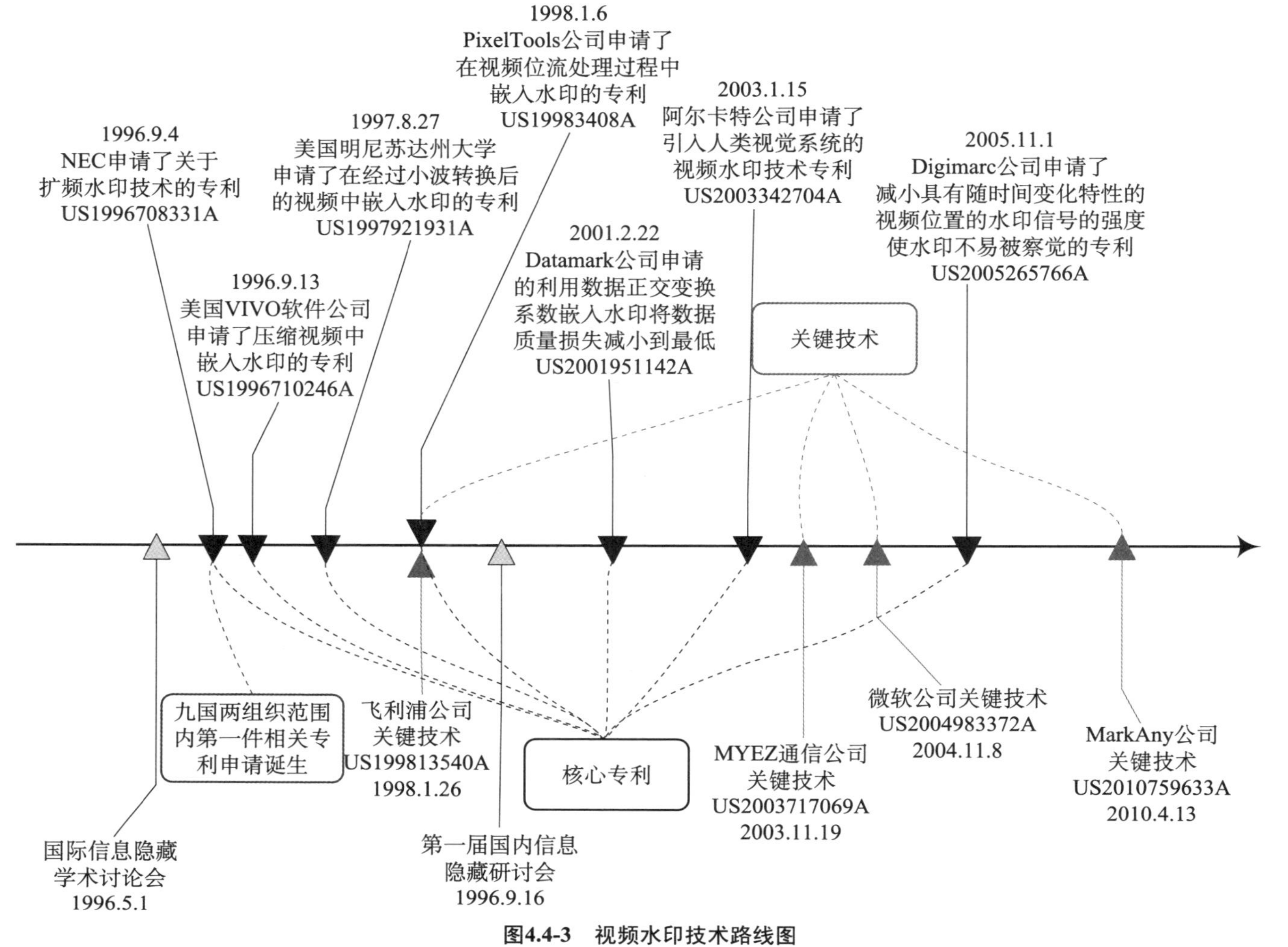

图4.4-3 视频水印技术路线图

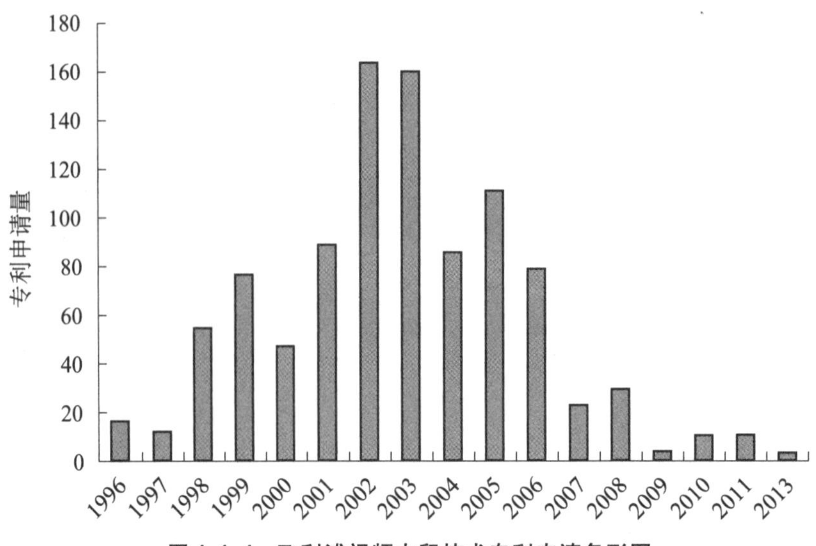

图 4.4-4　飞利浦视频水印技术专利申请条形图

（2）“九国两组织”专利申请量区域分布

飞利浦是视频水印领域申请量最多的申请人，其最注重的市场是美国和欧洲，此外，日本、韩国和中国也是其想要占领的技术市场。值得关注的是与视频加密技术相同，飞利浦在视频水印技术领域也申请了大量的 PCT 专利，可见，飞利浦非常注重世界范围内的专利保护，专利质量也都很高。

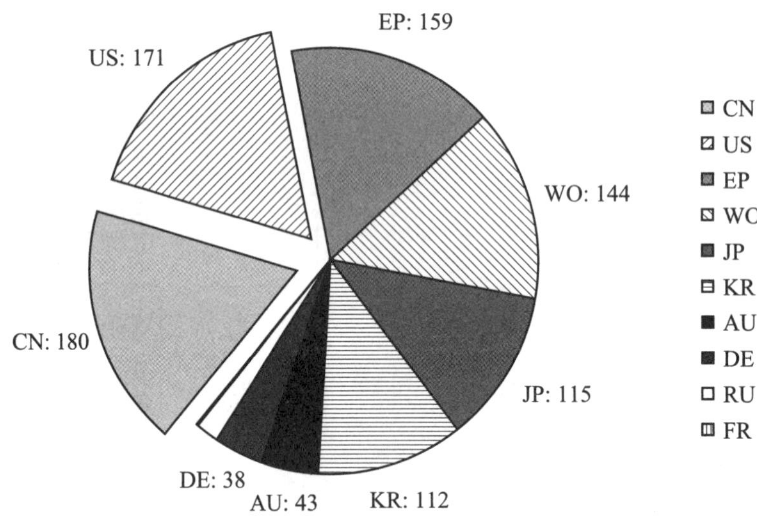

图 4.4-5　飞利浦视频水印技术专利申请量区域分布图

（3）技术构成分布

从图 4.4-6 可以看出，飞利浦在视频水印技术领域的研究重点主要为：可以抵抗几何特征改变的数字水印、健壮水印、将内容标识作为水印信息嵌入到视频、对水印进行改进、基于 DCT 的哈希算法等。

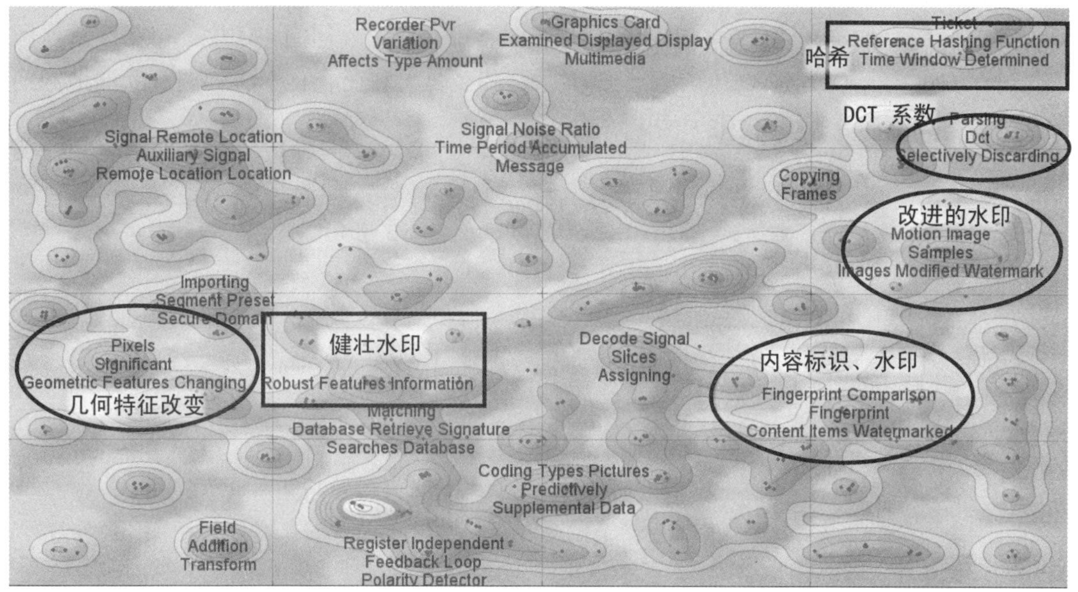

图 4.4-6　飞利浦视频水印技术构成分布图

2. 专利申请量排名第二的专利申请人

(1) 专利申请量

DIGIMARC 是美国最早从事数字水印技术研究的公司，其在视频水印技术领域第一件专利申请于 1996 年。2000 年至 2002 年是 DIGIMARC 在视频水印技术领域的技术突破期，也是研究的第一个高峰期，此后到 2006 年专利申请量保持稳定。2007 年至 2010 年是其专利申请的又一个高峰期。2011 年后，DIGIMARC 的申请量有了明显的回落。

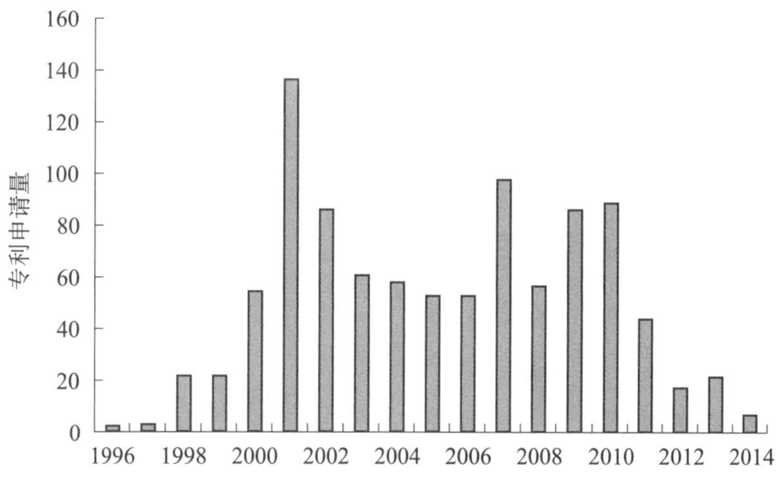

图 4.4-7　DIGIMARC 视频水印技术专利申请条形图

（2）“九国两组织”专利申请量区域分布

图4.4-8为DIGIMARC专利申请区域分布图，可以看出，DIGIMARC公司更注重本国市场的保护，在国外市场的布局明显少于美国，其在澳大利亚、日本、韩国、欧洲地区的专利申请量均不到50件，在中国的申请量仅有12件。

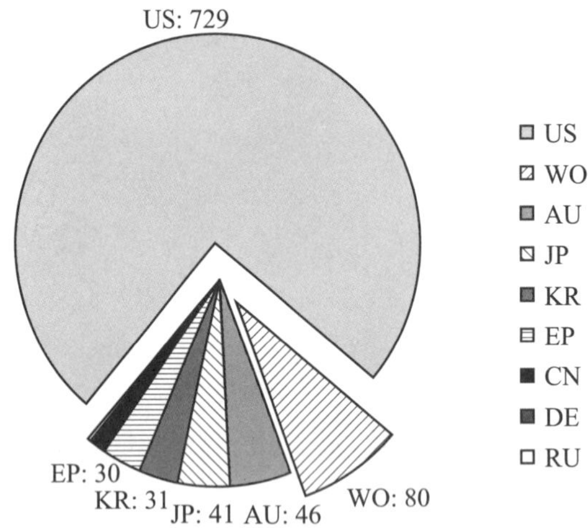

图4.4-8　DIGIMARC视频水印技术专利申请量区域分布图

（3）技术构成分布

图4.4-9为DIHIMARC公司的技术构成分布图，从图上结合专利的解读可以看出该公司的研究热点主要为：可逆水印技术、基于DCT的水印技术，对经过空间域、时域、时间—空间域、变换域、压缩域等属性改变的视频进行保护。

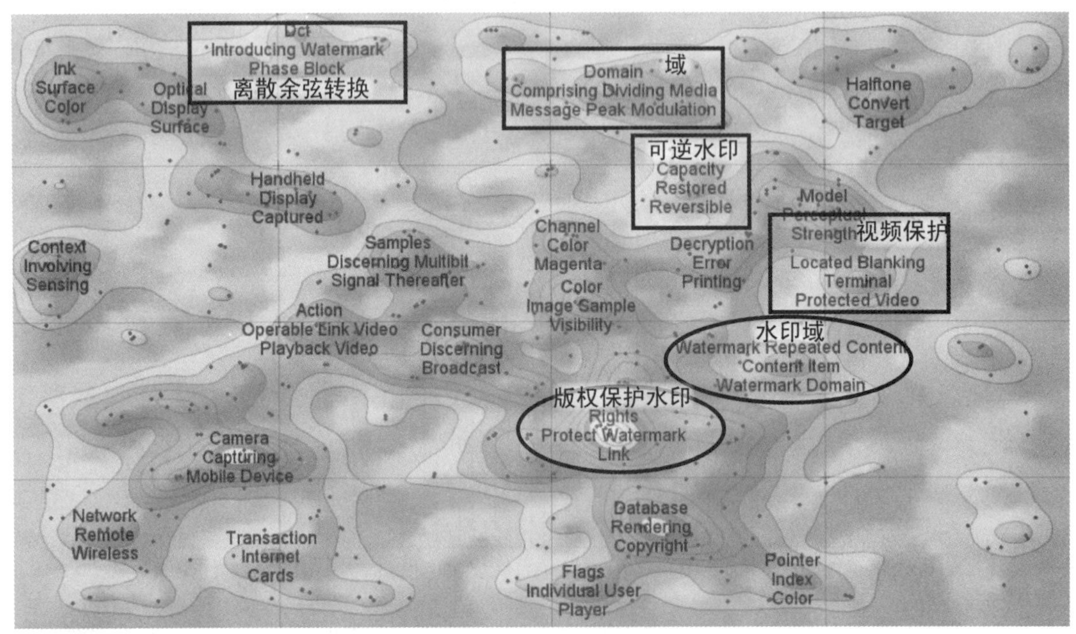

图4.4-9　DIHIMARC视频水印技术构成分布图

3. 专利申请量排名第三的专利申请人

（1）专利申请量

索尼是世界范围内最主要的视频水印研究公司，这也主要得益于其在电视领域、数码影音领域的优势地位。从图 4. 4-10 可以看出，索尼关于视频水印技术的第一件专利申请于 1996 年，经过 1997 年至 2000 年的发展期，2001 年至 2003 年为索尼专利申请的高峰期，2004 年以后索尼减少了在视频水印技术领域的投入，特别是 2008 年以后，申请量急剧减少。

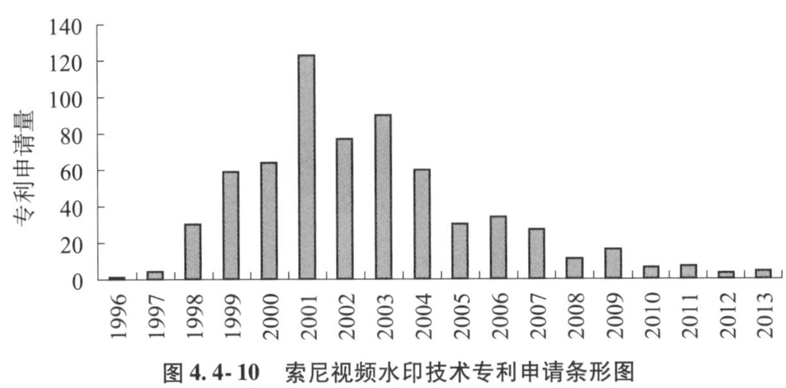

图 4. 4-10　索尼视频水印技术专利申请条形图

（2）九国两组织专利申请量区域分布

图 4. 4-11 是索尼公司专利申请区域分布情况，可以看出，美国作为视频水印竞争最为激烈的国家，也必然是各申请人的必争之地，作为大型跨国公司，索尼在美国进行了大量的布局并占据了相当的技术优势。其次，布局较多的是其所在国日本，此外，索尼还较多关注的市场为中国、欧洲。

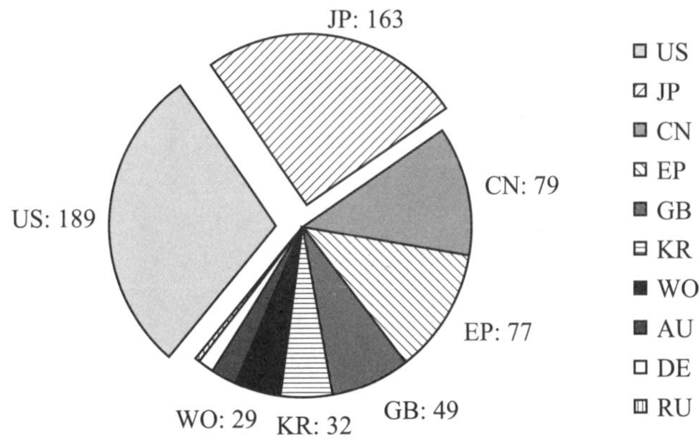

图 4. 4-11　索尼视频水印技术专利申请量区域分布图

（3）技术构成分布

从图 4. 4-12 结合索尼公司的专利可以看出其研发的热点包括：通过水印确定视频是否为拷贝、基于傅里叶变化的水印技术、自动插入水印的方法、水印叠加方法和装置及传输方法、编辑和视频输出装置、立体视频加水印、水印提取装置和方法。

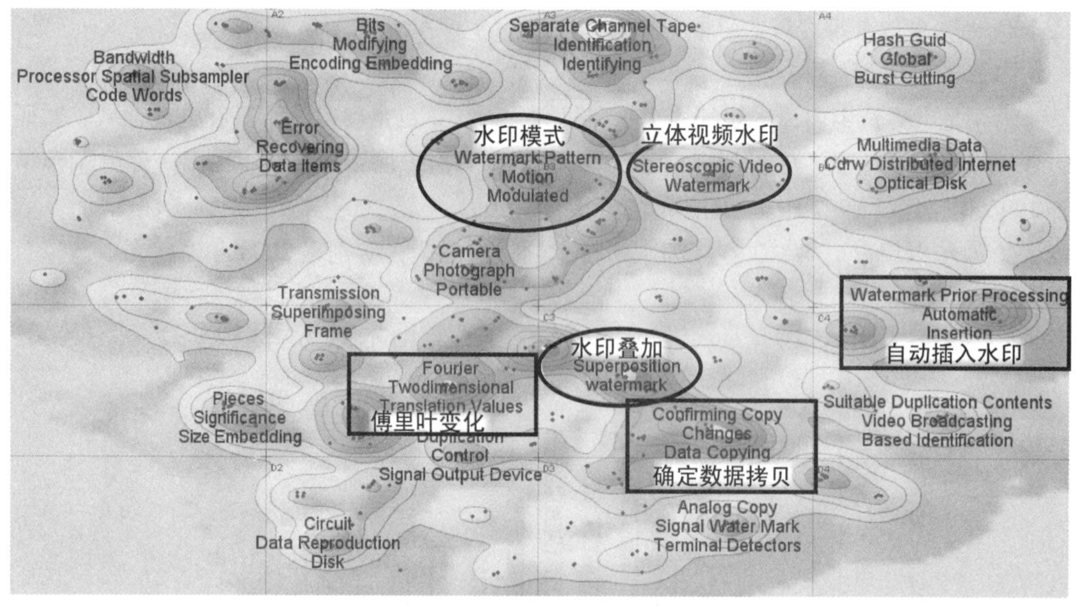

图 4.4-12　索尼视频水印技术构成分布图

三、总结

（一）专利申请量的总体发展趋势

数字视频水印技术是通过在数字视频内容中嵌入数字水印，使得数字视频产品得到版权的保护和进行内容的真实性、完整性认证。作为数字水印技术的一个分支，视频水印技术的研究相对较晚，最早的研究是在 1994 年，K. Matsui 等借鉴图像水印技术，提出了视频隐写术的概念。关于视频水印技术的专利最早申请于 1996 年，随着扩频思想的提出以及众多国内外学者在该领域不断深入的研究，视频水印技术进入了快速发展阶段，这一阶段持续到 2002 年。2002 年后随着国外主要国家的视频水印技术进入了成熟期，这些国家的专利申请量稳中有降，但这一时期中国的专利申请量出现了增长，因此从总体上看，视频水印技术仍保持着较高的研究热度。

（二）各地区技术发展现状以及未来发展趋势

1. 美国

美国的视频水印技术萌芽于 1996 年，此后发展迅速，特别是 1998 年至 2003 年，美国关于视频水印技术的专利申请量和申请人数量都大幅度地增长。2003 年后美国视频水印技术专利申请量和申请量都缓慢减少，说明美国的视频水印技术已经相对成熟，参与的企业也相对固定，有部分企业减少或者停止了对该技术的研发，也基本上没有新的公司进入到这个领域。

2. 日本

1998 年至 2003 年是日本视频水印技术的快速发展期，这一时期，以索尼为首的日本企业对视频水印技术进行了大量的研究，推进了日本视频水印技术的发展。2004 年以后日本视频水印技术进入成熟期，这一阶段，申请人数量和申请量都在回落，特别是近年来，随着日本电子产业的衰退，在视频水印技术领域的专利申请人和申请量都有大量的减少。

3. 韩国

1998 年至 2009 年为韩国视频水印技术的发展期，与美国、日本的快速发展不同，韩国的发展期实践持续长，发展速度也相对缓慢。2010 年以后，韩国的视频水印技术也进入了成熟期。

4. 中国

1996 年至 2002 年为中国视频水印技术的萌芽期，这一时期，申请量和申请人数量都较少，且主要是国外来华申请。2003 年至今是中国视频水印技术的发展期，与美国已经进入技术成熟期不同，中国的视频水印技术还处于发展期，参与的申请人数量和专利申请数量都还不高，未来还有很大的发展空间。

（三）主要申请人专利申请对比分析

通过对视频水印技术领域专利申请人的统计分析，得出该领域申请量最多的三个申请人是飞利浦、DIGIMARC 和索尼，针对上述三个申请人的申请量、区域分布及技术构成进行了分析，结论如下：

1. 专利申请量维度横向比较

飞利浦在电视、音影设备方面的大量研究带动了其在视频领域各项技术的发展，使其成为最早从事视频水印技术研究的公司之一，也是视频水印技术专利申请最多的公司，其申请量为 980 件。DIGIMARC 作为水印领域的技术先驱，其视频水印领域的专利申请量仅次于飞利浦，为 972 件。此外，申请量较多的为索尼，申请量为 647 件。这三个申请人目前都已经减少了在视频水印技术领域的研究。

2. 专利资产区域布局情况

飞利浦其最注重的市场是美国和欧洲，此外，日本、韩国和中国也是其想要占领的技术市场。DIGIMARC 公司更注重本国市场的保护，在国外市场的布局明显少于美国，其在澳大利亚、日本、韩国、欧洲地区的专利申请量均不到 50 件，在中国的申请量仅有 12 件。索尼在美国进行了大量的布局并占据了相当的技术优势。其次，布局较多的是其所在国日本，此外，索尼还较多关注的市场为中国、欧洲。

3. 技术热点分析

飞利浦在视频水印技术领域的研究重点主要为：可以抵抗几何特征改变的数字水印、健壮水印、将内容标识作为水印信息嵌入到视频、对水印进行改进、基于 DCT 的哈希算法等；DIHIMARC 公司的研究热点主要为：可逆水印技术、基于 DCT 的水印技术，对经过空间域、时域、时间—空间域、变换域、压缩域等属性改变的视频进行保护；索尼公司研发的热点包括：通过水印确定视频是否为拷贝、基于傅里叶变化的水印技术、自动插入水印的方法、水印叠加方法和装置等。

第五节　数字水印标识技术

一、专利检索

（一）检索结果概述

以数字水印标识技术为检索主题，在“九国两组织”范围内，共检索到相关专利申请10 146件，具体数量分布如下（单位：件）：

美国	中国	日本	韩国	英国	法国	德国	澳大利亚	俄罗斯	EP	WO	总计
3 521	1 667	1 283	815	117	14	123	305	59	1 061	1 181	10 146

（二）各地区/组织相关专利申请趋势

表4.5-1是针对包含在检索范围内的“九国两组织”的相关专利申请趋势的汇总，从整体上来看，数字水印标识技术经历了萌芽期、快速发展期之后，现在逐渐进入成熟期，近两年专利申请量有所降低主要是受专利自身公开滞后的的影响，结合该领域目前的研究热度以及各国国家政策层面的需求，我们可以得出该技术并非步入衰退期，而是技术经过一定程度的发展，现在逐渐向深入技术瓶颈攻坚的方向发展。具体来说，美国不仅专利数量上遥遥领先，而且对于数字水印标识技术的研究在业界是最早的，自1994年开始便有相关专利申请出现，之后便进入快速发展期。期间，涌现出Digimarc、Adobe等公司对于该技术领域的创新贡献了相当大的力量。日本作为美国的追随者，在1997年、1998年前后也投身到该技术领域的研究，而且凭借自身不俗的研发创新能力，从1998年到2008年这十年间，创新成果不断，专利申请量持续增长。中国单纯从专利申请量上来讲已处于前列，但因为进入二十一世纪之后才真正开展相关研究，起步相对欧美强国来说晚了一步，因此，相关专利申请更多的只能在外围专利上进行布局，但近几年专利申请量持续快速增长使我们更有信心期待未来量变到质变的变革。

表4.5-1　数字水印标识技术“九国两组织”相关专利申请状况

国家＼年份	1994	1995	1996	1997	1998	1999	2000	2001	2002	2003	2004	2005	2006	2007	2008	2009	2010	2011	2012	2013	2014
US	1	4	16	14	51	92	135	229	225	249	276	291	298	372	292	221	201	163	176	154	61
CN	0	1	2	1	12	32	14	24	81	95	112	154	172	144	131	120	125	163	130	97	57
JP	1	0	3	21	57	78	69	91	112	133	109	128	115	107	75	45	50	41	33	8	7
KR	0	0	0	3	9	30	22	27	32	47	51	61	137	132	89	55	45	39	23	12	1
GB	0	0	0	1	5	6	14	5	11	14	14	5	5	5	6	6	7	3	6	3	1
DE	0	0	2	2	10	25	7	5	15	9	18	14	7	2	1	0	1	1	2	1	1
FR	0	0	0	0	1	0	0	2	0	0	1	1	2	3	1	0	2	0	1	0	0

（续表）

年份 国家	1994	1995	1996	1997	1998	1999	2000	2001	2002	2003	2004	2005	2006	2007	2008	2009	2010	2011	2012	2013	2014
AU	0	1	2	4	10	19	24	59	41	47	14	26	9	10	7	7	8	8	4	5	0
RU	0	0	0	0	1	5	3	2	3	2	6	7	6	8	9	0	3	4	0	0	0
EP	0	1	5	10	32	72	49	58	93	93	104	120	94	89	84	34	40	48	27	6	2
WO	0	0	3	9	20	36	54	80	89	88	85	126	110	117	100	45	51	52	36	65	15

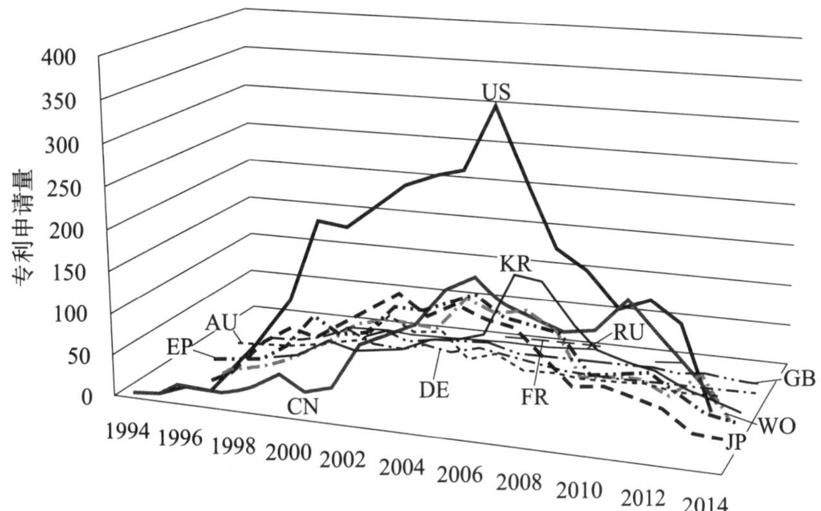

图 4.5-1　“九国两组织”相关专利申请状况图

(三) 各地区/组织相关专利申请人排名

1. WO 相关专利申请人排名

表 4.5-2　数字水印标识技术 WO 相关专利申请人排名

序号	申请人	申请人国家	专利申请数量
1	KONINK PHILIPS ELECTRONICS NV	荷兰	225
2	DIGIMARC CORP	美国	144
3	SONY CORP	日本	89
4	MICROSOFT CORP	美国	52
5	SAMSUNG ELECTRONICS CO LTD	韩国	45
5	IBM CORP	美国	45

2. EP 相关专利申请人排名

表 4.5-3　数字水印标识技术 EP 相关专利申请人排名

序号	申请人	申请人国家	专利申请数量	专利授权数量
1	KONINK PHILIPS ELECTRONICS NV	荷兰	140	37
2	SAMSUNG ELECTRONICS CO LTD	韩国	73	5

（续表）

序号	申请人	申请人国家	专利申请数量	专利授权数量
3	SONY CORP	日本	65	13
4	MICROSOFT CORP	美国	56	18
5	DIGIMARC CORP	美国	46	10

3. 中国地区相关专利申请人排名

表 4.5-4　数字水印标识技术中国地区相关专利申请人排名

序号	申请人	申请人国家	专利申请数量	专利授权数量
1	KONINK PHILIPS ELECTRONICS NV	荷兰	160	61
2	SAMSUNG ELECTRONICS CO LTD	韩国	83	42
3	SONY CORP	日本	66	41
4	HUAWEI	中国	48	37
5	MICROSOFT CORP	美国	41	29

4. 美国地区相关专利申请人排名

表 4.5-5　数字水印标识技术美国地区相关专利申请人排名

序号	申请人	申请人国家	专利申请数量	专利授权数量
1	DIGIMARC CORP	美国	532	493
2	MICROSOFT CORP	美国	243	187
3	SONY CORP	日本	130	98
4	KONINK PHILIPS ELECTRONICS NV	荷兰	117	42
5	IBM CORP	美国	109	81

5. 日本地区相关专利申请人排名

表 4.5-6　数字水印标识技术日本地区相关专利申请人排名

序号	申请人	申请人国家	专利申请数量	专利授权数量
1	HITACHI LTD	日本	116	47
2	SONY CORP	日本	96	41
3	CANON KK	日本	105	37
4	NEC	日本	51	26
5	MICROSOFT CORP	美国	42	35

6. 澳大利亚地区相关专利申请人排名

表 4.5-7　数字水印标识技术澳大利亚地区相关专利申请人排名

序号	申请人	申请人国家	专利申请数量	专利授权数量
1	DIGIMARC CORP	美国	46	12
2	KONINK PHILIPS ELECTRONICS NV	荷兰	37	3
3	MICROSOFT CORP	美国	20	12
4	SAMSUNG ELECTRONICS CO LTD	韩国	17	13
5	SONY CORP	日本	13	4

7. 德国地区相关专利申请人排名

表 4.5-8　数字水印标识技术德国地区相关专利申请人排名

序号	申请人	申请人国家	专利申请数量	专利授权数量
1	KONINK PHILIPS ELECTRONICS NV	荷兰	35	17
2	NEC CORP	日本	8	7
3	SONY CORP	日本	8	4
4	MICROSOFT CORP	美国	8	7
5	CANON KK	日本	7	5

8. 法国地区相关专利申请人排名

表 4.5-9　数字水印标识技术法国地区相关专利申请人排名

序号	申请人	申请人国家	专利申请数量	专利授权数量
1	FRANCE TELECOM	法国	3	1
2	THALES GROUP	法国	2	1
3	APPLE INC	美国	2	2
4	CANON KK	日本	2	1
5	KONINK PHILIPS ELECTRONICS NV	荷兰	1	0

9. 英国地区相关专利申请人排名

表 4.5-10　数字水印标识技术英国地区相关专利申请人排名

序号	申请人	申请人国家	专利申请数量	专利授权数量
1	SONY CORP	日本	33	8
2	IBM CORP	美国	11	7
3	VODAFONE GROUP PLC	英国	5	3
4	HEWLETT-PACKARD	美国	3	2
5	DIGIMARC CORP	美国	2	2

10. 俄罗斯地区相关专利申请人排名

表 4.5-11　数字水印标识技术俄罗斯地区相关专利申请人排名

序号	申请人	申请人国家	专利申请数量	专利授权数量
1	KONINK PHILIPS ELECTRONICS NV	荷兰	10	8
2	MICROSOFT CORP	美国	9	5
3	SAMSUNG ELECTRONICS CO LTD	韩国	4	4
4	INKA ENTWORKS INC	韩国	3	3
5	INTERDIGITAL TECH	美国	2	0

11. 韩国地区相关专利申请人排名

表 4.5-12　数字水印标识技术韩国地区相关专利申请人排名

序号	申请人	申请人国家	专利申请数量	专利授权数量
1	SAMSUNG ELECTRONICS CO LTD	韩国	145	73
2	KONINK PHILIPS ELECTRONICS NV	荷兰	85	19
3	LG ELECTRONICS INC	韩国	46	18
4	ELECTRONICS&TELECOM RES INST	韩国	31	15
5	SONY CORP	日本	15	9

二、专利分析

（一）技术发展趋势分析

图 4.5-2 所示为通过检索得到的数字水印标识技术领域相关专利按照申请年维度分析得到的专利发展趋势图。数字水印的研究最早可以追溯到 1954 年，美国的 Muzak 公司提出了一件通过在音乐中嵌入标识码达到防止盗版以及认证所有权等功能的专利申请。自此之后，数字水印有了最初的研究雏形，但是直到 1993 年，发生了一件足以成为数字水印研究领域里程碑式的事件——A. Z. Tirkel 等人提出了一篇名为“Electronic Water Mark”的论文，自此，数字水印的概念被首次提出，并且数字水印技术开始被真正当作一门学科来进行研究。从图中也可以看出，1996 年之前，相关专利量还很少，一方面一个概念的提出到被大众接受需要时间和过程；另一方面，数字水印技术作为数字信号处理、图像处理、密码学应用、算法设计等学科的交叉学科，技术门槛相当高，这也一定程度上妨碍了数字水印技术在全球的发展和推广。

一门技术的发展需要很多因素的推波助澜，数字水印技术同样如此，一方面有全球化防止盗版等问题的客观需求，也有行业组织的建立以及大力推广的作用。在 1995 年和 1996 年数字水印领域分别召开了第一届国际信息隐藏学术讨论会和国际图像处理大会，这在当时是对于数字水印概念的推广具有决定性意义的举措。与此同时，从专利发展趋势上看，1996 年至 2002 年，本领域相关专利申请从 1996 年的 11 件增长到 2002 年的 275 件，

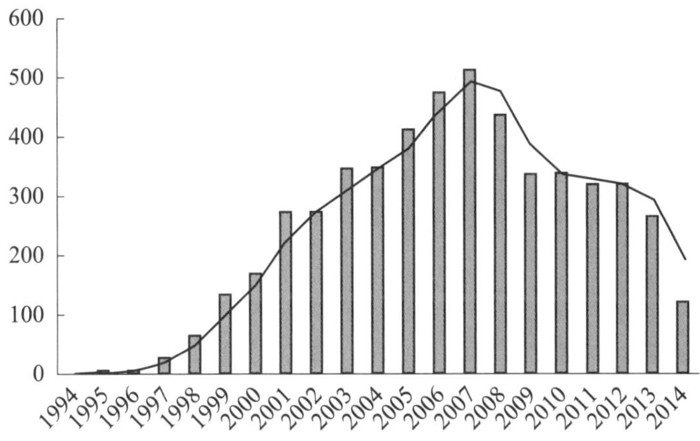

图 4.5-2　数字水印标识技术专利发展趋势图

年专利申请量增长幅度十分平稳，本领域技术发展进入稳定增长阶段。

本世纪初期开始，随着数字水印技术研究的不断深入，创新成果源源不断地迸发出来，例如美国的 Digimarc、Adobe 纷纷推出了成熟的商用数字水印软件。"市场未到，专利先行"，专利是维护市场的重要手段。我们从图 4.5-2 中可以看出，专利申请量自 2003 年开始进入快速增长阶段，这一波增长势头在 2007 年达到顶峰，该年相关专利申请 515 件。随着技术的不断成熟，数字水印标识技术的发展也趋于稳定，自 2008 年开始相关专利年度申请量较之前稍有回落，而 2013 年和 2014 年的数据受到专利申请自身公开滞后的影响，数据量较少。

（二）技术路线分析

技术路线分析主要从行业大事件、重点技术里程碑、关键专利等方面揭示该领域的技术发展趋势。图 4.5-3 反映了数字水印标识技术路线的发展趋势，结合本次报告的专利数据检索范围（1994—2014）来看，该领域第一件专利是 1994 年申请的一件美国专利。作为整个数字水印技术领域研究的先驱者，数字水印技术在美国的研究从一开始便吸引了诸如 Digimarc、Adobe 以及该件专利的专利权人英特尔等公司的注意，而且同样得到了美国政府以及军方的大力支持，这一点与当时美国国内信息安全受到极大威胁的国情有着密不可分的联系。在美国的带动下，数字水印技术在全球的研究得以不断地开展。这其中两个全球范围内的行业研讨会的举办，对数字水印技术的全面推广以及之后的快速发展起到了决定性的作用，它们一个是 1996 年 5 月 30 日由英国剑桥牛顿研究所主办的国际信息隐藏学术研讨会；另一个是 1996 年 9 月 16 日在瑞士洛桑举行的国际影像处理大会。

随着数字水印技术研究的不断深入，重点技术分支也逐渐细化而成。结合检索到的专利数据以及前期与技术专家调研的结果，我们确定了水印的嵌入与提取和 DRM 互联互通两个重点技术分支。数字水印的嵌入和提取的重点在于算法方面，数字水印技术的主要算法包括：1. 空域算法，该类算法主要包括 LSB 算法、Schyndel 算法和 Patchwork 算法等，其中 Schyndel 算法被认为是一篇具有历史价值的文献，它是第一篇在主要会议上发表的关于数字水印的文章，文中阐明了一些关于水印的重要概念和鲁棒水印检测的通用方法（相

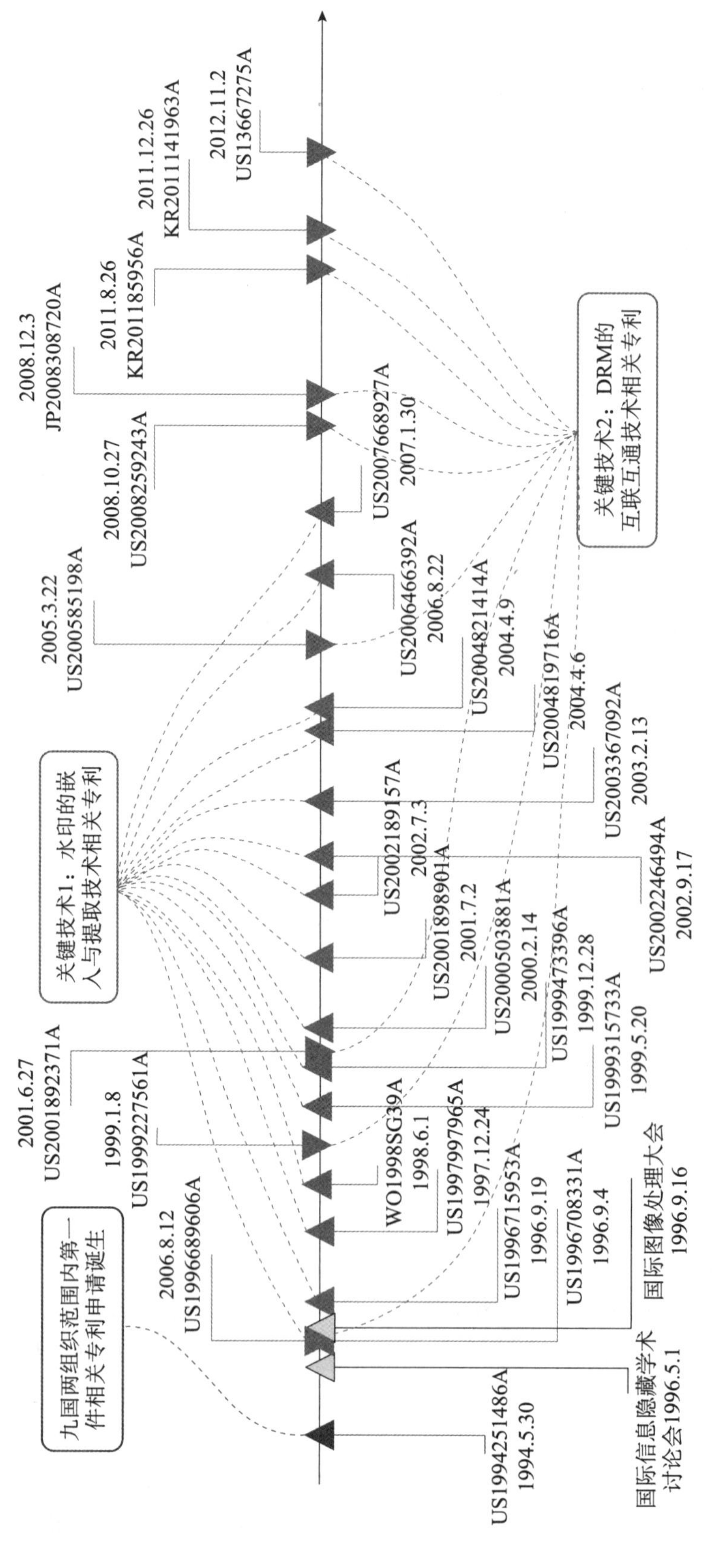

图4.5-3　数字水印标识技术路线图

关性检测方法），此算法首先把一个密钥输入一个 m-序列（maximum-length random sequence）发生器来产生水印信号，然后此 m-序列被重新排列成 2 维水印信号，并按象素点逐一插入到原始图像象素值的最低位。由于水印信号被安排在了最低位上，它是不可见的，基于同样的原因，它可以轻易地被移去，因此也是不强壮；2. 变换域算法，它是利用一个信号可以掩盖另一个较弱的信号这一频率掩盖现象，在频域变换中嵌入水印。频率域算法包括傅里叶变换、离散余弦变换、Hadamard 变换和小波变换；3. 压缩域算法，基于 JPEG、MPEG 标准的压缩域数字水印系统不仅节省了大量的完全解码和重新编码过程，而且在数字电视广播及 VOD（Video on Demand）中有很的实用价值。相应地，水印检测与提取也可直接在压缩域数据中进行；4. NEC 算法，它由 NEC 实验室的 Cox 等人提出，该算法在数水印算法中占有重要地位，其实现方法是，首先以密钥为种子来产生伪随机序列，该序列具有高斯 N（0，1）分布，密钥一般由作者的标识码和图像的哈希值组成，其次对图像做 DCT 变换，最后用伪随机高斯序列来调制（叠加）该图像除直流（DC）分量外的 1 000 个最大的 DCT 系数。该算法具有较强的鲁棒性、安全性、透明性等；5. 生理模型算法，它是利用视觉模型的基本思想——从视觉模型导出的可感知噪声矩阵 JND（Just Noticeable Difference）描述来确定在图像的各个部分所能容忍的数字水印信号的最大强度，从而能避免破坏视觉质量。也就是说这一算法首先利用视觉模型来确定与图像相关的调制掩模，然后再利用其来插入水印。这一方法同时具有好的透明性和强健性。

DRM——数字版权管理（Digital Rights Management）是随着电子音频视频节目在互联网上的广泛传播而发展起来的一种新技术。其目的是保护数字媒体的版权，从技术上防止数字媒体的非法复制，或者在一定程度上使复制很困难，最终用户必须得到授权后才能使用数字媒体。DRM 系统是一个复杂系统，涉及访问控制、权限管理、加密、版权水印等多种技术。DRM 系统的互联互通通常有三种方法：完全格式互联互通，连接互联互通及配置驱动互联互通。其中，完全格式互联互通是最理想状态，但通常为所有参与者和不同商业模式建立一个统一标准是很难的；而连接互联互通存在隐私权问题，通过配置驱动互联互通方式，终端用户可以利用从内容提供商下载相应的工具，实现在本地转换受 DRM 保护的内容。

（三）主要专利申请人分析

为了深入分析数字水印标识这一技术领域，通过对于检索数据进行标引、聚类等处理，我们了解到 Philips 公司（飞利浦）、Digimarc 公司（数宏）以及 Samsung 公司位列该领域拥有专利申请量最多的企业前三名。从专利申请量上来看，Philips 公司拥有相关专利申请 1 054 件；Digimarc 公司和 Samsung 公司在这方面的数量分别是 869 件和 534 件。从专利资产区域分布来看，Philips 公司和 Samsung 公司的分布更加均衡，在美国、中国、日本以及韩国均布局了数量大致相当的专利，Digimarc 公司则将大部分专利布局在其总部所在地美国，数量达到 593 件；从技术构成分布来看，Philips 公司主要关注在音频和视频水印方面，尤其是基于压缩视频的水印算法方面。Digimarc 公司主要关注在水印的检测技术和 DRM 互联互通方面。Samsung 公司则主要关注在图像和视频水印以及 DRM 系统中的许可证管理等方面。

1. 申请量排名第一的专利申请人

（1）专利申请量

图 4.5-4 所示为 Philips 公司在数字水印标识技术相关专利申请条形图。根据图中所示的专利申请趋势，我们得到以下信息：Philips 公司作为该领域的巨头，是最早投入该领域研究的企业之一，早在 1996 年，Philips 公司便提交了 6 件相关专利申请，这说明，他们投入研发的时间更早，只有这样才可能在整个技术领域尚处于萌芽时期的大背景下，依然可以保证获得一定数量的创新成果。此后的几年，Philips 公司年专利申请量出现了大幅度的波动，这可能和整个技术领域处于萌芽期有关，专利申请存在偶然性，它取决于基础发明是否能够取得突破等因素的影响。自 2002 年开始，年度专利申请量逐年提高，这一趋势直至 2006 年才有所放缓，近几年，Philips 公司在该领域的专利申请量逐年减少，有可能意味着从研究方向上有所转变。

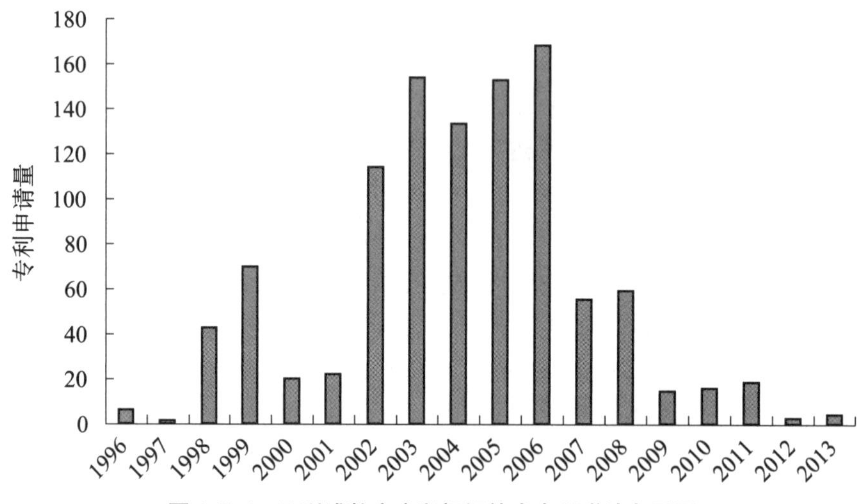

图 4.5-4　飞利浦数字水印标识技术专利申请条形图

（2）“九国两组织”专利申请量区域分布

图 4.5-5 所示为 Philips 公司在数字水印标识技术领域相关专利区域分布情况。我们可以看出，Philips 公司不仅专利资产雄厚，而且，在数字水印发展相对较好的几个国家，如：美国、中国、日本、韩国等，Philips 公司均布局了相当数量的专利申请，具体来说为：美国 173 件、中国 165 件、日本 144 件、韩国 131 件，这四个国家布局的专利申请量占其该领域专利申请总量的58%。不仅如此，Philips 公司还拥有 183 件 PCT 国际申请，其实早在 2009 年，Philips 公司便成为全球 PCT 国际专利申请第二多的公司。以上种种都说明，Philips 公司十分重视通过专利来保护自身创新成果。

（3）技术构成分布

通过对于重点竞争对手进行技术构成分析，我们可以深入地了解其技术研发和专利申请的侧重点。从图 4.5-6 中我们可以看出，灰色区域不仅包括对于技术领域的界定——数字水印等。还包括水印嵌入等具体的技术名词，这说明 Philips 公司在水印嵌入方面拥有较

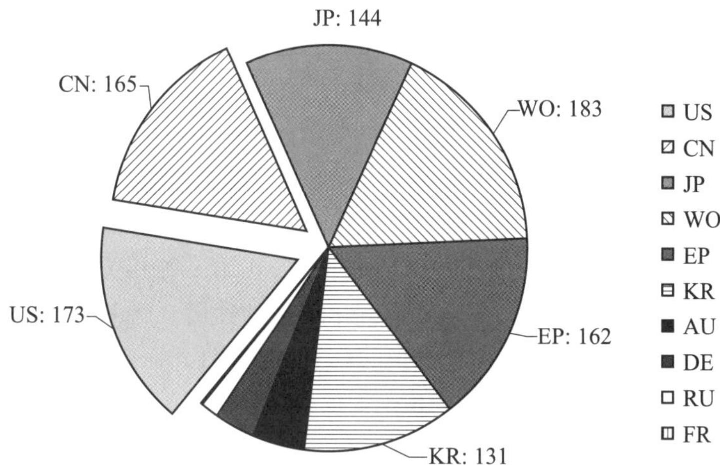

图 4.5-5　飞利浦数字水印标识技术申请专利量区域分布图

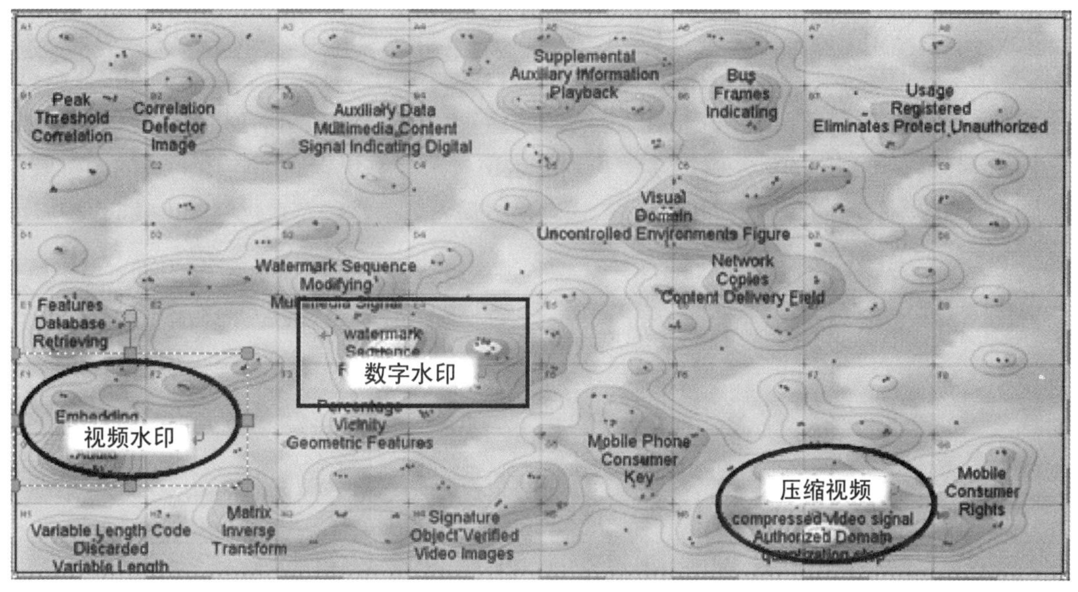

图 4.5-6　飞利浦数字水印标识专利技术构成分布图

多专利，尤其是视频水印嵌入方面。通常，视频水印嵌入有三种不同的方法：第一种是将水印信息直接嵌入到编码压缩之前的原始视频图像序列中，然后再对含有水印信息的视频图像进行编码压缩。这种方法一方面可以移植静态图像的水印嵌入算法，另一方面实现起来比较简单，所以，原则上适用于静态图像的所有算法均可以利用到视频图像上来。但同时，这种方法也存在一些不足之处，例如嵌入水印的过程过过非常复杂，而且在随后的编码压缩中水印信息容易被破坏；第二种是在编码压缩时嵌入水印，这种方法的优点是水印嵌入过程比较简单，缺点是水印的嵌入和检测算法需要修改编码器和解码器，无形中增加了算法的复杂程度；第三种是在视频压缩编码流当中嵌入水印，也就是说将视频水印信息嵌入到编码压缩后的视频码流上，这种方法的优点是不需要完全解码和再编码，使得算法速度变快。

2. 申请量排名第二的专利申请人

(1) 专利申请量

Digimarc 公司成立于 1995 年，位于俄勒冈州的比佛顿市。该公司为媒体管理业提供与身份安全相关的技术与方案。其技术帮助全世界的政府和企业防治假冒和盗版行为，加强交通与国防安全，打击身份盗窃与诈骗，建立身份识别系统，管理媒体内容并支持数码媒体的传播。从图 4.5-7 中我们可以看出，Digimarc 公司第一件相关专利申请出现在 1998 年，而且相关专利申请增速很快。但随着专利申请量的猛增，Digimarc 公司在 20 世纪 90 年代末期率先推出了用于静止图像版权保护的数字水印软件，而后又以插件形式将该软件集成到 Adobe 公司的 Photoshop 和 Corel Draw 图像处理软件中。近些年，Digimarc 公司在数字水印标识技术方面的专利申请量有所下降，公司将更多的注意力向数字水印应用层面转移，这一转变在市场方面的信息中也是有迹可循的。早在 2005 年 8 月份，好莱坞为了打击盗版不遗余力，他们将希望寄托在了水印技术上。Digimarc 公司宣布，该公司的数字水印系统已经被数字影院系统规范（Digital Cinema System Specification）所使用，这项数字影院系统规范也是得到好莱坞的承认和采用的。目的就是为了打击全球的数字电影盗版行为。数字影院系统能够保证数字水印的流程均会应用在电影的视频和音频两部分。一旦加上了水印，发布过程中的泄漏就容易被识别。这项技术能够识别一部电影上映的电影院、地点、产品版本和时间日期。即使经过数模转换之后，数字水印技术仍然能生效。

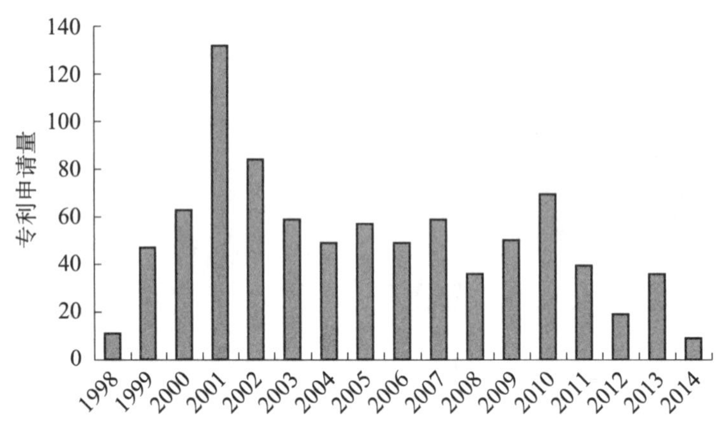

图 4.5-7 Digimarc 数字水印标识技术专利申请条形图

(2)“九国两组织”专利申请量区域分布

图 4.5-8 所示为 Digimarc 公司在数字水印标识领域的专利申请区域分布情况。宏观来看，Digimarc 公司作为一家美国公司，在美国本土布局了数量众多的专利资产，达到 593 件，占其专利资产总数的 68%，而在其他数字水印发展较好的国家布局的专利申请量却较少，例如，中国 12 件、日本 33 件、韩国 20 件。可以说，Digimarc 公司以本土美国作为专利布局重点的策略十分明显。

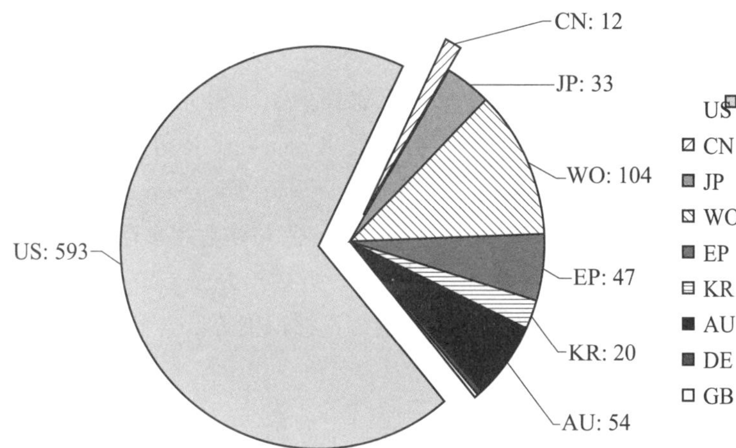

图 4.5-8　Digimarc 数字水印标识技术专利申请量区域分布图

（3）技术构成分布

图 4.5-9 所示为 Digimarc 公司相关专利的技术构成分布。从图中我们可以看出存在两个灰色区域，根据灰色区域的解释，我们可以得出 Digimarc 公司在数字水印检测、DRM 互联互通方面拥有的专利申请量相对较多。不仅如此，通过对于灰色区域的专利进行分析，并且结合行业资讯，我们还了解到 Digimarc 公司在数字水印的重要应用——数字指纹方面也投入了相当大的研发力度。数字指纹是将不同的标志性识别代码——指纹，利用数字水印技术嵌入到数字媒体中，然后将嵌入了指纹的数字媒体分发给用户。发行商发现盗版行为后，就能通过提取盗版产品中的指纹，确定非法复制的来源，对盗版者进行起诉，从而起到版权保护的作用。

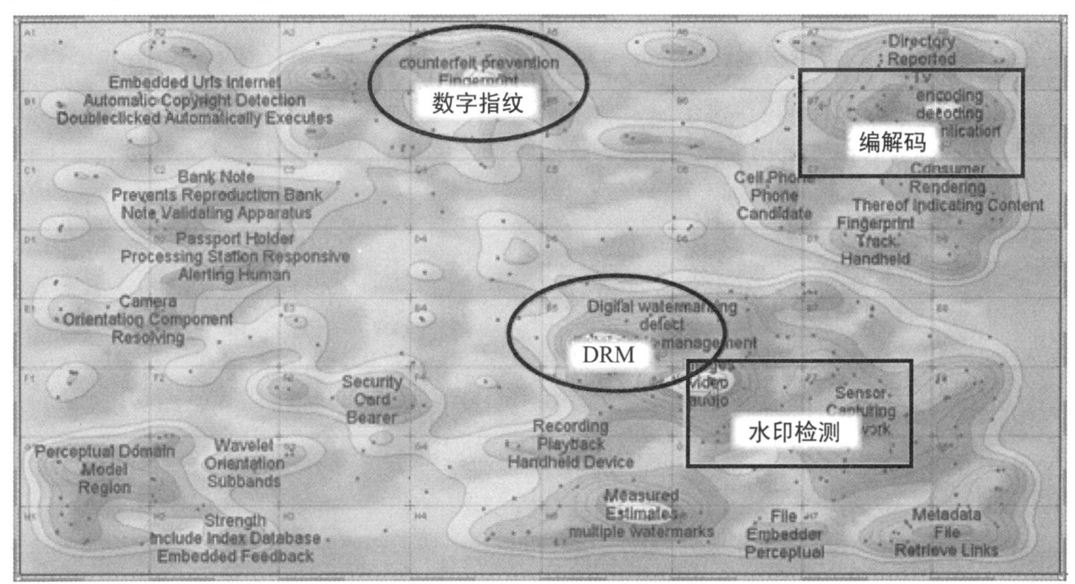

图 4.5-9　Digimarc 数字水印标识技术构成分布图

3. 申请量排名第三的专利申请人

（1）专利申请量

图 4.5-10 为 Samsung 公司在数字水印标识技术领域相关专利申请趋势。索尼在该技术领域第一件专利申请出现在 1997 年，可以看出 Samsung 公司涉足数字水印标识技术领域的时间也很早。2000 年之前，整个技术领域处于萌芽期，Samsung 公司的研发进度亦是如此，专利资产缓慢积累。从 2004 开始，Samsung 公司在数字水印标识领域的专利申请量增速明显，这一增长势头到 2008 年才逐渐回落。近些年，Samsung 公司将更多注意力集中在数字水印技术在 Android 系统的应用上，例如指纹识别等。

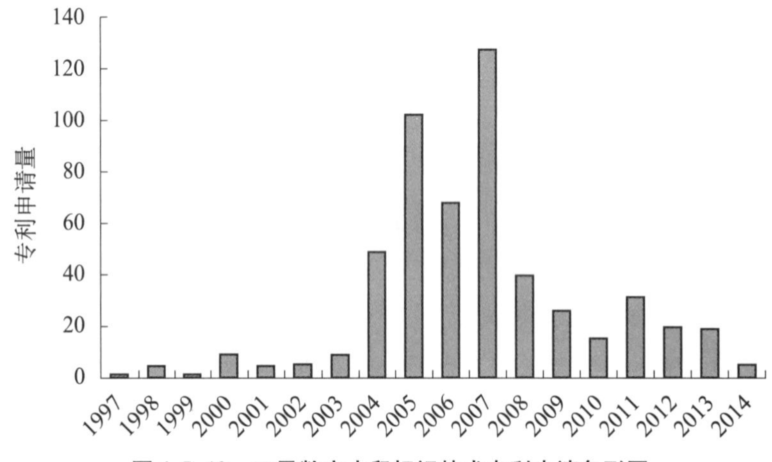

图 4.5-10　三星数字水印标识技术专利申请条形图

（2）“九国两组织”专利申请量区域分布

图 4.5-11 所示为 Samsung 公司在数字水印标识技术领域的相关专利申请区域分布情况。我们可以看出，虽然从相关专利总量上看，Samsung 公司和 Philips 公司还存在一定差距，但其专利全球化布局的策略却很明显，这一点与 Philips 公司大致相同。具体来说，在美国、中国、日本以及韩国，Samsung 公司分别布局了 173 件、165 件、144 件以及 131 件

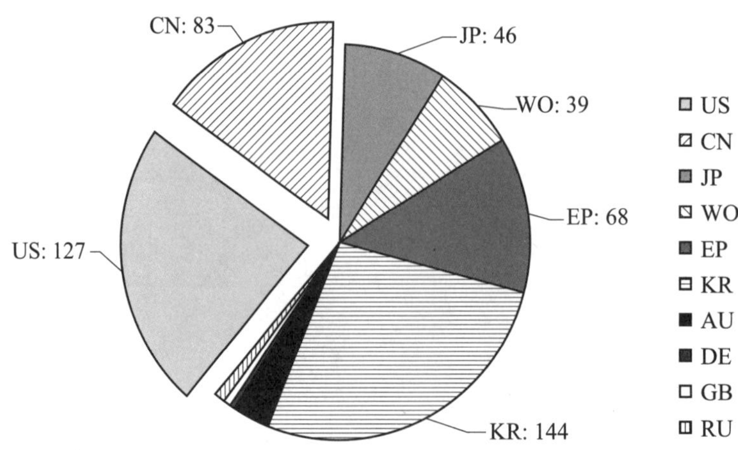

图 4.5-11　三星数字水印标识技术专利申请量区域分布图

专利。除此之外，Samsung 公司还有 183 件 PCT 专利，这将成为其贯彻专利全球化布局的重要财富。

(3) 技术构成分布

图 4.5-12 所示为 Samsung 公司在数字水印标识技术领域的相关专利技术构成分布情况。从图中灰色区域反映出来的信息，我们可以看出，既包括数字水印、DRM 等这一类界定技术领域的技术术语，还包括具体的分支技术：私钥加密算法、许可证管理。所谓私钥加密又称为对称加密，因为同一密钥既用于加密又用于解密。而且，相对于公钥加密来说，私钥加密算法非常快。因此，特别适用于对较大的数据流执行加密转换。

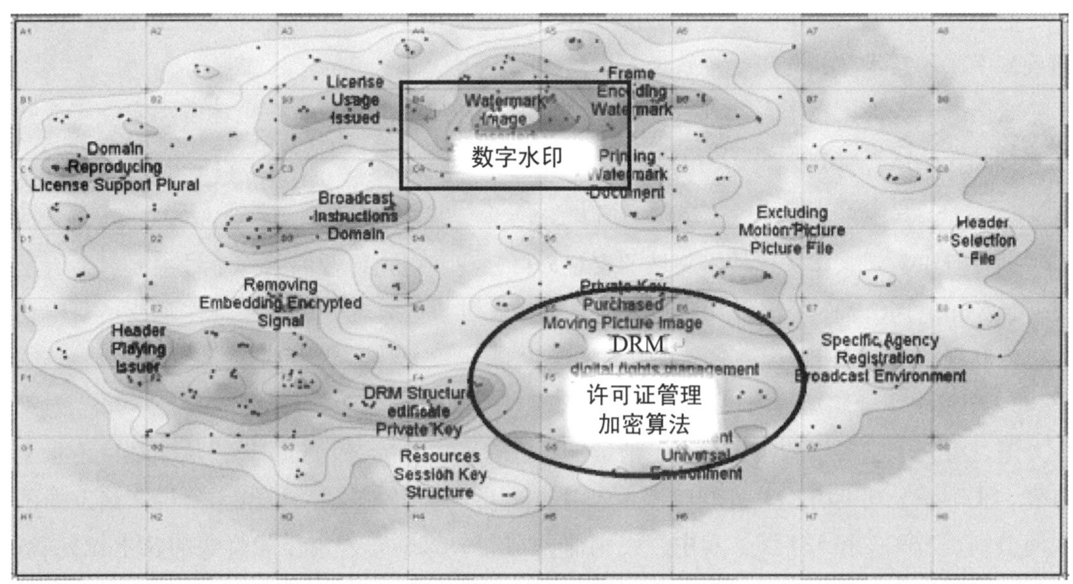

图 4.5-12 三星数字水印标识技术构成分布图

三、总结

(一) 专利申请量的总体发展趋势

就整个行业专利申请状况来看，1996 年之前，由于技术门槛高、学科推广需要时间积累，因而相关专利申请量很少，仅有 10 余件专利。随着一系列国际性行业会议的举办，加上行业应用需求（例如：电子商务兴起、数字版权问题的热议）的逐渐增多，整个领域从 2000 年开始进入专利增长的快速发展期，专利申请量达到 500 件以上。

(二) 各地区技术发展现状以及未来发展趋势

1. 美国

作为最早涉足数字水印技术领域的先导者，该技术在美国起步早、发展快。目前，行业整体发展趋于成熟，关键技术以及相关产品市场份额牢牢把控在 Adobe、Digimarc 等公司手中，市场呈现出巨头向寡头发展的趋势，整个技术也有进入衰退期的迹象。

2. 日本

作为美国在数字水印技术领域的追随者，有其优势所在，一方面与美国的技术交流更加顺畅，确保日本能够更早接触到最主流的研究成果；另一方面，日本自身的科技创新能力保证了其能很快地将所获得的技术信息转化成自身的再创造，因此，数字水印标识技术在日本的发展也很快，目前处于成熟期。

3. 韩国

韩国的情况与日本很类似，目前同样处于技术发展的成熟期。

4. 中国

与上述三个国家不同，中国在数字水印技术方面的研究起步较晚，但发展潜力很大，目前数字水印技术在我国正处于快速发展阶段。

根据以上各地区技术发展现状描述，总体来说，数字水印技术在全球范围内处于成熟期，部分发达国家（例如美国）有进入衰退期的迹象。

（三）主要申请人专利申请对比分析

通过对于数字水印标识技术领域的宏观分析，我们得出行业内的三个最主要申请人是飞利浦公司、Digimarc 公司以及三星电子公司。下面结合微观分析模块具体解读主要申请人的专利现状。

1. 专利申请量维度横向比较

通过将三个主要申请人在专利申请量维度进行横向比较，我们发现：从专利申请量上来看，飞利浦公司拥有相关专利申请 1 054 件；Digimarc 公司和三星电子公司在这方面的数量分别是 869 件和 534 件。其中，飞利浦公司和 Digimarc 公司作为行业的技术先导者，在技术研发初期便投入了相当大的技术研发，相应地，专利申请量也较多。三星电子公司作为一家韩国公司，在数字水印领域起步较晚，直到 2004 年才看到明显的专利申请量增长趋势的出现。

2. 专利资产区域布局情况

从三个主要申请人的专利资产区域布局情况，我们可以看出：飞利浦公司为了贯彻其专利全球化战略的思想，在美国、日本、韩国、中国等数字水印发展大国均布局相当数量的专利，便于其随时发动专利诉讼，并且 183 件的 PCT 专利保证了其后续全球布局工作的延续性；Digimarc 公司和三星电子公司采取的区域布局策略较飞利浦公司有所不同，主要侧重点在本土市场的布局上，两个主要申请人在其本部所在地美国和韩国分别布局了专利 593 件和 144 件。其中，Digimarc 公司这一策略倾向更为严重，其美国专利申请量占其专利总资产的 68%。

3. 技术热点分析

从技术热点分析角度来说：飞利浦公司主要关注视频水印的嵌入这一技术领域，尤其是基于压缩视频的水印算法方面；Digimarc 公司的专利技术构成更侧重于应用发明专利方面，例如数字指纹等；而三星电子公司则主要关注在加密算法以及许可证管理等方面。

第六节　自适应的多媒体数字水印关键技术

一、专利检索

（一）检索结果概述

以自适应的多媒体水印关键技术为检索主题，在“九国两组织”范围内，共检索到相关专利申请11 762件，具体数量分布如下（单位：件）：

美国	中国	日本	韩国	英国	法国	德国	澳大利亚	俄国	EP	WO	总计
3 427	2 258	2 248	856	115	80	232	257	89	1 034	1 166	11 762

（二）各地区/组织相关专利申请趋势

表4.6-1是针对包含在检索范围内的“九国两组织”的相关专利申请趋势的汇总，从整体上来看，数字水印标识技术经历了萌芽期、快速发展期之后，现在逐渐进入成熟期，近两年专利申请量有所降低主要是受专利自身公开滞后的的影响，结合该领域目前的研究热度以及各国国家政策层面的需求，我们可以得出该技术并非步入衰退期，而是技术经过一定程度的发展，现在逐渐向深入技术瓶颈攻坚的方向发展。具体来说，美国不仅专利数量上遥遥领先，而且对于数字水印标识技术的研究在业界是最早的，自1995年开始便有相关专利申请出现，之后便进入快速发展期，这一增长趋势在2008年达到顶峰，之后专利申请量稍后下滑，可能是受国内经济危机的影响，对于美国企业的专利投入有一些消极影响，但总体趋势上看，未来相当长的一段时间，美国该技术领域的研究仍会处于领先地位，同时，创新成果相应也会相当可观。日本作为美国的追随者，在1997、1998年前后也投身到该技术领域的研究，而且凭借自身不俗的研发创新能力，1998年至2008年这十年间，创新成果不断，专利申请量持续增长。但是，需要注意到，近几年日本相关专利申请量有明显下滑趋势，这一变化可能与日本国内国家层面的政策导向有一定关系，未来发展如何需要持续关注。中国单纯从专利申请量上来讲已处于前列，但因为进入二十一世纪之后才真正开展相关研究，起步相对欧美强过来说晚了一步，因此，相关专利申请更多地只能在外围专利上进行布局，2010年以来，我国对于版权保护的呼声越来越高，作为数字水印技术最重要的应用领域，版权保护的重视程度越来越高，带动了数字水印技术在我国的快速发展，这一现象反映在相关专利申请量上，我们很直观地看到在2011年达到近几年专利申请量的峰值，这一变化使我们更有信心期待未来数字水印技术在我国量变到质变的跨越。

表 4.6-1 自适应的多媒体数字水印关键技术“九国两组织”相关专利申请状况

年份 国家	1995	1996	1997	1998	1999	2000	2001	2002	2003	2004	2005	2006	2007	2008	2009	2010	2011	2012	2013	2014
US	1	7	16	37	60	82	88	86	160	288	286	324	292	325	257	245	266	276	238	93
CN	0	1	1	8	23	10	14	22	48	90	156	184	162	166	204	214	312	279	255	109
JP	0	3	20	45	58	31	56	87	153	234	291	252	255	201	148	117	134	103	55	5
WO	0	1	3	21	33	18	24	38	54	93	122	115	119	88	76	67	88	85	78	43
EP	0	3	7	35	58	33	26	42	53	94	120	101	86	75	61	70	83	62	21	4
KR	0	0	2	7	33	18	19	26	50	32	83	119	91	115	61	55	60	56	26	3
AU	0	1	2	10	23	17	25	31	48	14	19	11	1	5	6	10	13	8	12	1
DE	0	2	4	14	21	13	6	14	14	33	30	26	13	13	4	7	6	6	6	0
GB	0	0	0	4	6	15	6	5	7	13	7	9	11	5	3	4	4	12	3	1
RU	0	0	0	1	6	5	1	1	1	2	11	11	7	8	11	11	11	2	0	0
FR	0	0	0	5	4	1	3	3	4	8	6	9	8	4	5	6	3	8	3	0

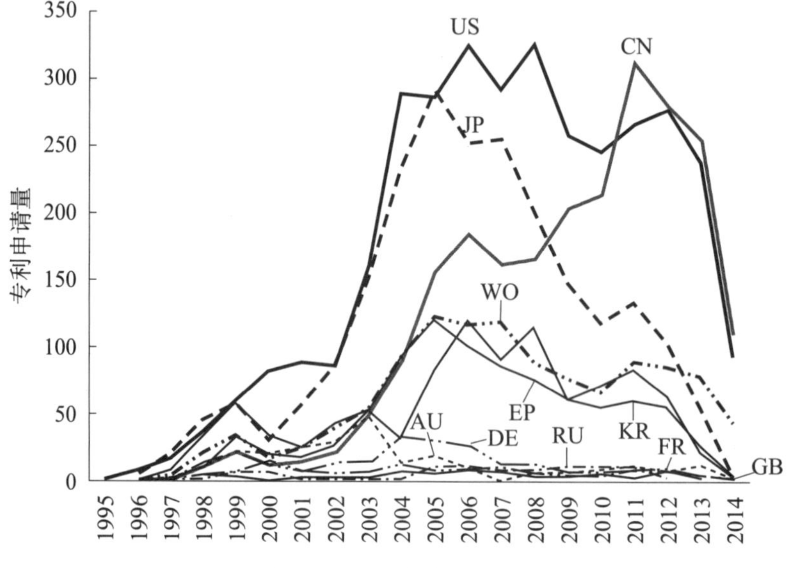

图 4.6-1 “九国两组织”相关专利申请状况图

（三）各地区/组织相关专利申请人排名

1. WO 相关专利申请人排名

表 4.6-2 自适应的多媒体数字水印关键技术 WO 相关专利申请人排名

序号	申请人	申请人国家	专利申请数量
1	KONINK PHILIPS ELECTRONICS NV	荷兰	197
2	THOMSON LICENSING	美国	121
3	SONY CORP	日本	61

（续表）

序号	申请人	申请人国家	专利申请数量
4	DIGIMARC CORP	美国	59
5	MICROSOFT CORP	美国	31

2. EP 相关专利申请人排名

表 4.6-3　自适应的多媒体数字水印关键技术 EP 相关专利申请人排名

序号	申请人	申请人国家	专利申请数量	专利授权数量
1	THOMSON LICENSING	美国	106	28
2	KONINK PHILIPS ELECTRONICS NV	荷兰	100	31
3	SONY CORP	日本	47	15
4	FRAUNHOFER GES FOERDERUNG ANGEWANDTEN	德国	32	15
5	MICROSOFT CORP	美国	32	8

3. 中国地区相关专利申请人排名

表 4.6-4　自适应的多媒体数字水印关键技术中国地区相关专利申请人排名

序号	申请人	申请人国家	专利申请数量	专利授权数量
1	KONINK PHILIPS ELECTRONICS NV	荷兰	114	41
2	THOMSON LICENSING	美国	51	38
3	HUAWEI TECHNOLOGIES CO LTD	中国	45	27
4	SONY CORP	日本	43	25
5	FOUNDER GROUP	中国	37	28

4. 美国地区相关专利申请人排名

表 4.6-5　自适应的多媒体数字水印关键技术美国地区相关专利申请人排名

序号	申请人	申请人国家	专利申请数量	专利授权数量
1	DIGIMARC CORP	美国	240	211
2	IBM　CORP	美国	149	109
3	MICROSOFT CORP	美国	152	123
4	KONINK PHILIPS ELECTRONICS NV	荷兰	90	34
5	SONY CORP	日本	83	65

5. 日本地区相关专利申请人排名

表 4.6-6　自适应的多媒体数字水印关键技术日本地区相关专利申请人排名

序号	申请人	申请人国家	专利申请数量	专利授权数量
1	HITACHI LTD	日本	128	56
2	CANON KK	日本	165	42

（续表）

序号	申请人	申请人国家	专利申请数量	专利授权数量
3	SONY CORP	日本	97	44
4	NEC CORP	日本	68	33
5	THOMSON LICENSING	美国	42	35

6. 澳大利亚地区相关专利申请人排名

表 4.6-7 自适应的多媒体数字水印关键技术澳大利亚地区相关专利申请人排名

序号	申请人	申请人国家	专利申请数量	专利授权数量
1	KONINK PHILIPS ELECTRONICS NV	荷兰	31	1
2	NIELSEN CO US LLC	美国	17	6
3	DIGIMARC CORP	美国	14	2
4	FRAUNHOFER GES FOERDERUNG ANGEWANDTEN EV	德国	11	7
5	THOMSON LICENSING	美国	9	3

7. 德国地区相关专利申请人排名

表 4.6-8 自适应的多媒体数字水印关键技术德国地区相关专利申请人排名

序号	申请人	申请人国家	专利申请数量	专利授权数量
1	KONINK PHILIPS ELECTRONICS NV	荷兰	35	20
2	FRAUNHOFER GES FOERDERUNG ANGEWANDTEN EV	德国	13	7
3	THOMSON LICENSING	美国	12	11
4	SONY CORP	日本	10	8
5	NEC CORP	日本	7	1

8. 法国地区相关专利申请人排名

表 4.6-9 自适应的多媒体数字水印关键技术法国地区相关专利申请人排名

序号	申请人	申请人国家	专利申请数量	专利授权数量
1	ARJOWIGGINS	法国	11	9
2	CANON KK	日本	11	8
3	FRANCE TELECOM	法国	10	2
4	SFR	法国	3	2
5	THOMSON LICENSING	美国	2	1

9. 英国地区相关专利申请人排名

表 4.6-10　自适应的多媒体数字水印关键技术英国地区相关专利申请人排名

序号	申请人	申请人国家	专利申请数量	专利授权数量
1	SONY CORP	日本	26	8
2	INT BUSINESS MACHINES CORP	美国	11	7
3	MOTOROLA INC	美国	5	4
4	BRITISH BROADCASTING CORP	英国	5	5
5	HEWLETT PACKARD	日本	3	1

10. 俄罗斯地区相关专利申请人排名

表 4.6-11　自适应的多媒体数字水印关键技术俄罗斯地区相关专利申请人排名

序号	申请人	申请人国家	专利申请数量	专利授权数量
1	FRAUNHOFER GES FOERDERUNG ANGEWANDTEN EV	德国	10	3
2	KONINK PHILIPS ELECTRONICS NV	荷兰	10	8
3	MICROSOFT CORP	美国	6	6
4	FEDERAL NOE GUP GOZNAK FGUP GOZNAK	俄罗斯	4	4
5	ARJOWIGGINS SECURITY	法国	3	2

11. 韩国地区相关专利申请人排名

表 4.6-12　自适应的多媒体数字水印关键技术韩国地区相关专利申请人排名

序号	申请人	申请人国家	专利申请数量	专利授权数量
1	KONINK PHILIPS ELECTRONICS NV	荷兰	60	13
2	SAMSUNG ELECTRONICS CO LTD	韩国	58	17
3	ELECTRONICS&TELECOM RES INST	韩国	49	36
4	THOMSON LICENSING	美国	39	11
5	MARKANY INC	韩国	27	20

二、专利分析

（一）技术发展趋势分析

图 4.6-2 所示为通过检索得到的自适应多媒体数字水印领域的相关专利按照申请年维度分析得到的专利发展趋势图。数字水印的研究最早可以追溯到 1954 年，美国的 Muzak 公司提出了一件通过在音乐中嵌入标识码达到防止盗版以及认证所有权等功能的专利申请。自此之后，数字水印有了最初的研究雏形，但是直到 1993 年，发生了一件足以成为数字水印研究领域里程碑式的事件——A. Z. Tirkel 等人提出了一篇名为“ElectronicWater-Mark”的论文，自此，数字水印的概念被首次提出，并且数字水印技术开始被真正当作一

门学科来进行研究。从图中也可以看出，1996 年之前，相关专利量还很少，一方面一个概念的提出到被大众接受需要时间和过程；另一方面，数字水印技术作为数字信号处理、图像处理、密码学应用、算法设计等学科的交叉学科，技术门槛相当高，这也一定程度上妨碍了数字水印技术在全球的发展和推广。

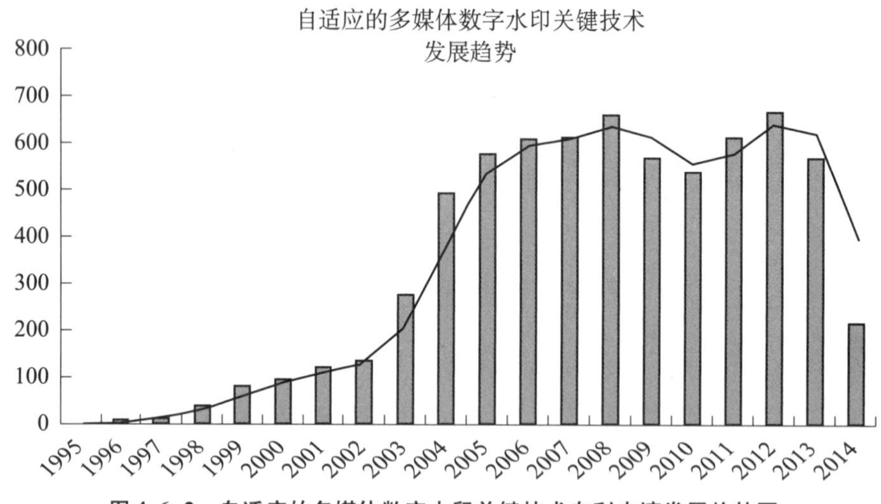

图 4. 6- 2　自适应的多媒体数字水印关键技术专利申请发展趋势图

一门技术的发展需要很多因素的推动，数字水印技术同样如此，既有全球化防止盗版等问题的客观需求，也有行业组织的建立以及大力推广的作用。在 1995 年和 1996 年数字水印领域分别召开了第一届国际信息隐藏学术讨论会和国际图像处理大会，这在当时是对于数字水印概念的推广具有决定性意义的举措。与此同时，从专利发展趋势上看，1996 年至 2002 年，本领域相关专利进入稳步增长的阶段。

本世纪初期开始，随着数字水印技术研究的不断深入，创新成果源源不断地迸发出来，例如美国的 Digimarc、Adobe 纷纷推出了成熟的商用数字水印软件。“市场未到，专利先行”，专利是维护市场和产品的工具，我们从图中可以看出，专利申请量自 2003 年开始进入快速增长阶段，直至今日，作为前沿技术的数字水印领域依然是学术研究的热门。当然，在这其中，也存在着一定幅度的波动，例如 2009 年、2010 年，这其中存在着 2008 年爆发的经济危机对于专利申请的影响，一方面影响着企业专利工作的预算，另一方面，因为专利自身特点的原因，负面因素的影响通常会在之后的一两年开始显现。

（二）技术路线分析

技术路线分析主要从行业大事件、重点技术里程碑、关键专利等方面揭示该领域的技术发展趋势。图 4. 6- 3 反映了自适应多媒体数字水印关键技术路线的发展趋势，结合本次报告的专利数据检索范围（1994—2014）来看，该领域第一件专利是 1995 年申请的一件美国专利。作为整个数字水印技术领域研究的先驱者，数字水印技术在美国的研究从一开始便吸引了诸如 Digimarc、Adobe 以及该件专利的专利权人 Time Warner 等大公司的注意，而且同样得到了美国政府以及军方的大力支持，这一点与当时美国国内信息安全受到极大威胁的国情有着密不可分的联系。在美国的带动下，数字水印技术在全球的研究得以不断

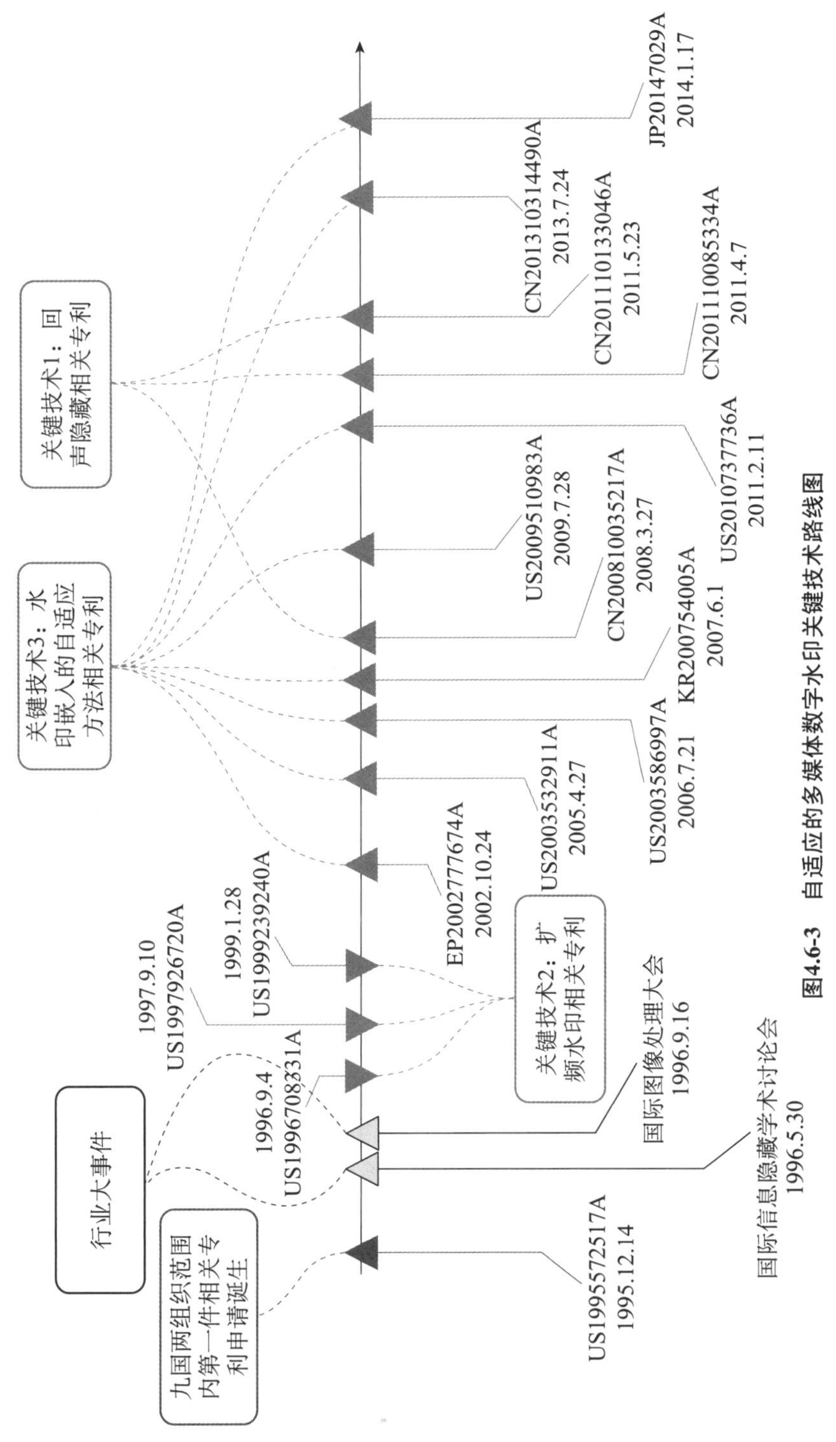

图4.6-3　自适应的多媒体数字水印关键技术路线图

地开展。这其中两个全球范围内的行业研讨会的举办对数字水印技术的全面推广以及之后的快速发展起到了决定性的作用，它们一个是1996年5月30日由英国剑桥牛顿研究所主办的国际信息隐藏学术研讨会；另一个是1996年9月16日在瑞士洛桑举行的国际影像处理大会。

数字水印技术研究的不断深入，重点技术分支也逐渐细化并发展。结合检索到的专利数据以及前期与技术专家调研的结果，我们得到回声隐藏、扩频水印以及数字水印的自适应方法这三方面重点技术。扩频技术是一种信息处理技术，它是利用同欲传输数据（信息）无关的扩谱码对被传输的信号扩展频谱，使之远远超过被传输信息所必需的带宽，在接收机中采用相同的解扩和恢复数据，将扩频原理应用在数字水印技术上则使得经过处理的水印具有很高的鲁棒性和安全性。不仅水印的位置不明显，且水印的值具有随机性，而且通过频域区域的适当选择，实现破坏水印的同时也破坏了原数据。从图中可以看出，扩频水印相关专利的出现相对较早，重点专利均掌握在NEC公司手中。

回声隐藏技术（Echo Hiding）是由Bender等人最早提出来的一种基于音频的信息隐藏技术。回声隐藏利用了人耳的听觉掩蔽效应，是一种有效的音频信息隐藏方法。其目的是以添加回声的方式在原有音频信息中嵌入新信息，实现信息隐藏。根据该重点技术相关专利的筛选结果我们可以看出，在我国主要从事这方面研究的有南京邮电大学、上海交通大学等，主要研究的方向为基于前后向回声核的回声隐藏方法。

水印嵌入与提取的自适应方法相关专利一直以来便是本领域的热点研究方向，吸引了如飞利浦、三星以及Digimarc等大公司投身其中。主要的研究热点集中在在嵌入和提取是通过动态计算等方法获取不同区域的水印信息（例如嵌入强度因子等），选取最佳的嵌入位置或提取方法等。从时间跨度来看，该重点技术从二十世纪初期至今，研究热度持续升温，一直作为热点技术为行业内企业所追随。

（三）主要专利申请人分析

为了深入分析自适应多媒体数字水印这一技术领域，通过对于检索数据进行标引、聚类等处理，我们了解到飞利浦、汤姆逊特许公司以及索尼位列该领域拥有专利数量最多的企业前三名。从专利数量上来看，飞利浦拥有相关专利申请981件；汤姆逊特许公司和索尼在这方面的数量分别是835件和498件。从专利资产区域分布来看，飞利浦和汤姆逊特许公司的分布更加均衡，在美国、中国、日本以及韩国均布局了数量大致相当的专利，索尼则在美国和其总部所在地日本布局了126件和122件专利；从技术构成分布来看，飞利浦主要关注在水印检测方法、视频水印的嵌入和提取等方面。汤姆逊特许公司主要关注在视频水印中的高级视频编码技术和音频水印中的回声隐藏技术方面。索尼公司则主要关注在水印的自适应嵌入以及电子签名等方面。

1. 申请量排名第一的专利申请人

（1）专利申请量

图4.6-4所示为飞利浦公司在自适应多媒体数字水印领域相关专利申请趋势。根据图中所示的专利申请趋势，我们得到以下几个信息：①飞利浦作为该领域的巨头，是最早投

入该领域研究的企业之一，早在1996年，飞利浦便拥有相关专利申请18件，这说明他们投入研发的时间更早，只有这样才可能在整个技术领域尚处于萌芽时期的大背景下，依然可以保证获得一定数量的创新成果。②此后的几年，飞利浦逐年专利申请量出现了大幅度的波动，这可能和整个技术领域处于萌芽期有关，专利申请存在偶然性，它取决于基础发明是否能够取得突破等因素的影响。③自2002年开始，年度专利申请量逐年提高，这一趋势直至2006年才有所放缓，近几年，飞利浦在该领域的专利申请量逐年减少，有可能意味着从研究方向上飞利浦可能会有所转变。

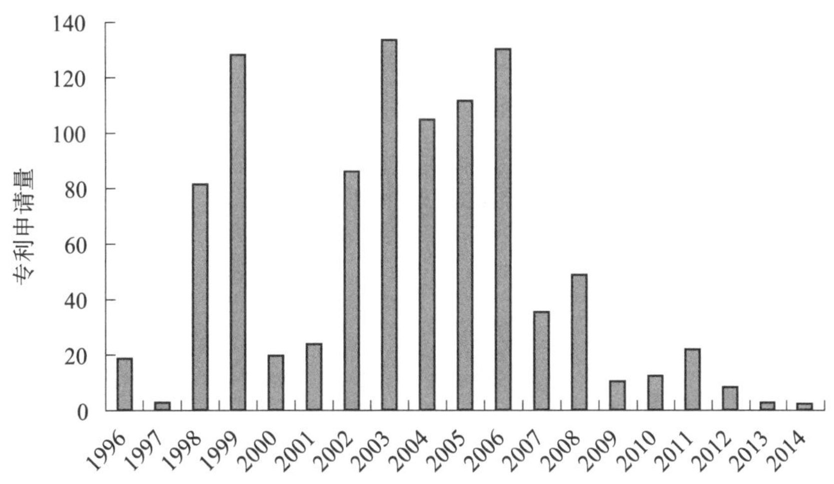

图4.6-4 飞利浦自适应的多媒体数字水印关键技术专利申请条形图

（2）“九国两组织”专利申请量区域分布

图4.6-5所示为飞利浦公司在自适应多媒体数字水印领域相关专利区域分布情况。我们可以看出，飞利浦不仅专利资产雄厚，而且，在数字水印发展相对较好的几个国家，如：美国、中国、日本、韩国等，飞利浦均布局了相当数量的专利申请，具体来说，美国158件、中国139件、日本140件、韩国133件，这四个国家布局的专利数量占其该领域

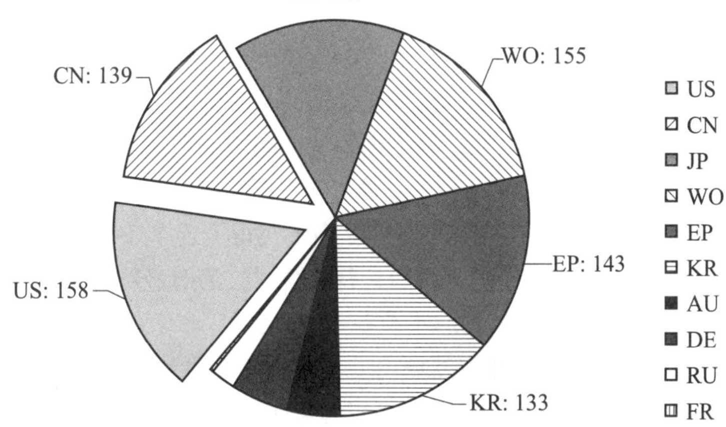

图4.6-5 飞利浦自适应的多媒体数字水印关键技术专利申请量区域分布图

专利申请总量的58%。不仅如此，飞利浦还拥有155件PCT国际申请，其实早在2009年，飞利浦便成为全球PCT国际专利申请第二多的公司。以上种种都说明，飞利浦十分重视通过专利来保护自身创新成果。

（3）技术构成分布

通过对于重点竞争对手进行技术构成分析，我们可以深入地了解其技术研发和专利申请的侧重点。从图4.6-6中我们可以看出，灰色区域不仅包括对于技术领域的界定——加解密以及水印等，还包括水印检测以及图像水印等技术名词，这说明飞利浦在水印检测以及图像水印方面拥有较多专利，通过对于灰色区域的专利进行分析，我们了解到飞利浦对于图像水印尤其是通过将奇异值分解应用于图像压缩、图像隐藏等方面投入了较多的研发。

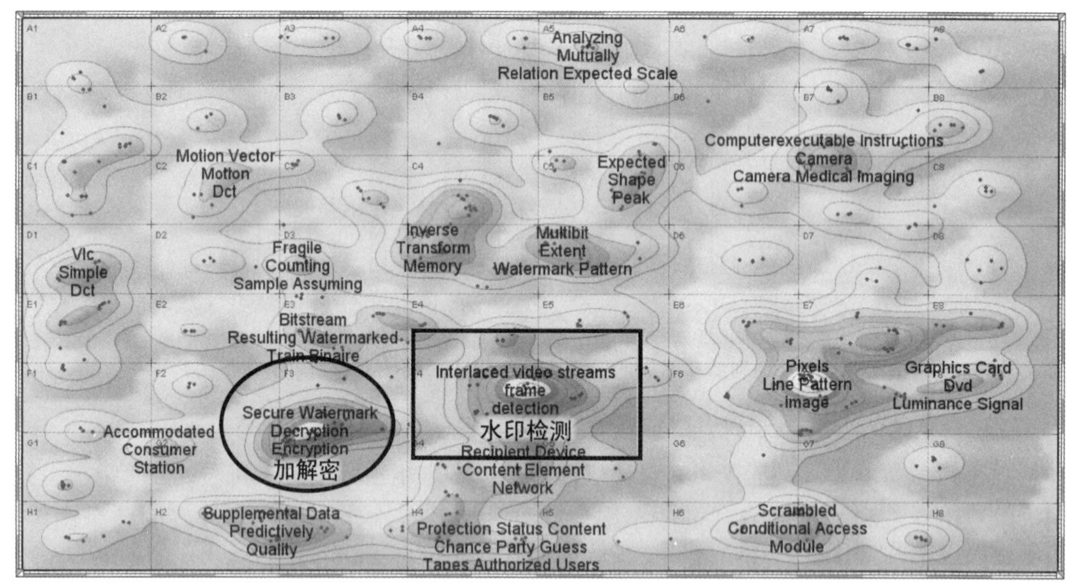

图4.6-6 飞利浦自适应的多媒体数字水印关键技术构成分布图

2. 申请量排名第二的专利申请人

（1）专利申请量

汤姆逊特许公司一直以来作为法国汤姆逊公司的子品牌专门负责专利许可与专利运营工作，汤姆逊公司除了专利许可以外还包括内容及网络、消费产品、零部件等业务。作为全球四大消费电子类产品生产商之一，该公司十分重视专利资产的积累，在过去100多年的历史中，汤姆逊公司通过旗下6 000多个产品当中获得了近40 000件专利。从图中我们也可以看到，作为一家专门从事专利许可与运营的公司，汤姆逊特许公司在数字水印技术发展初期拥有的相关专利数量并不多，进入21世纪之后，整个领域进入快速发展期，基础发明的创新成果向纵深方向发展，领域内专利申请量猛增，这也为汤姆逊特许公司快速积累专利资产创造了良好的条件。这一良好的势头戛然而止的转折点出现在2010年，造成这一变化的主要原因应当归因于汤姆逊特许公司的母公司汤姆逊公司深陷债务危机，最终于2009年12月1日进入破产保护程序。这一变故对于汤姆逊特许公司的专利工作造成了深远的影响，此后的几年，汤姆逊特许公司的年度专利申请量均徘徊在低位。

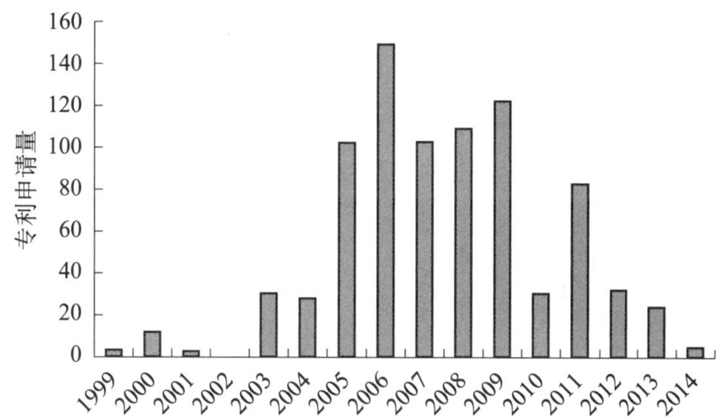

图 4. 6- 7　Thomson Licensing 自适应的多媒体数字水印关键技术专利申请条形图

（2）“九国两组织”专利申请量区域分布

图 4. 6- 8 所示为汤姆逊特许公司在自适应多媒体数字水印领域的专利申请区域分布情况。宏观来看，汤姆逊特许公司和飞利浦公司的专利申请区域布局分布大致相同，在如美国、中国、日本等主要国家均布局了相当数量的专利，全球化的专利发展战略十分明显。两家公司的区别之处在于，汤姆逊特许公司通过欧专局申请的专利数量达到 180 件，占全部专利资产的 22%，飞利浦方面这一数字仅为 15%。除此之外，汤姆逊特许公司在亚洲范围内除了中国、日本之外另一个数字水印技术发展很快的国家——韩国布局的专利数量相对于飞利浦来说较少一些。

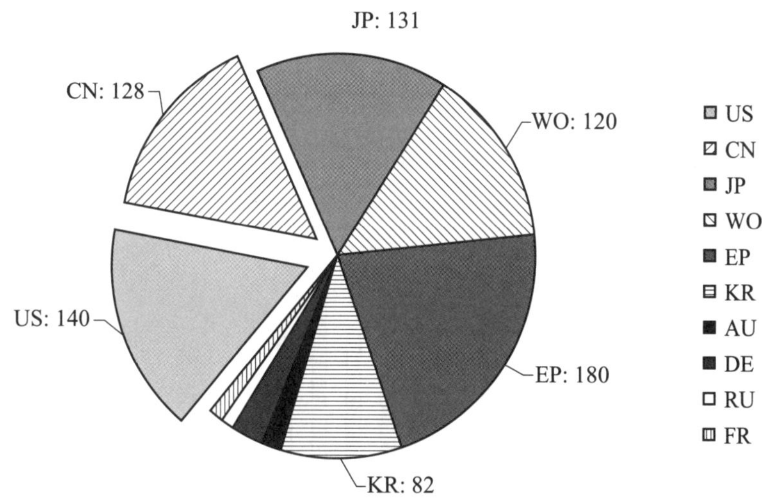

图 4. 6- 8　Thomson Licensing 自适应的多媒体数字水印关键技术专利申请量区域分布图

（3）技术构成分布

图 4. 6- 9 所示为汤姆逊特许公司相关专利的技术构成分布。从图中我们可以看出存在

两个灰色区域，根据灰色区域的解释，我们可以得出汤姆逊特许公司在数字水印检测、视频水印以及音频水印这三方面拥有的专利申请量相对较多。通过对于灰色区域的专利进行分析，我们了解到汤姆逊特许公司在视频水印中的高级视频解码技术以及音频水印嵌入过程中应用回程隐藏技术方面投入了较大的研发。

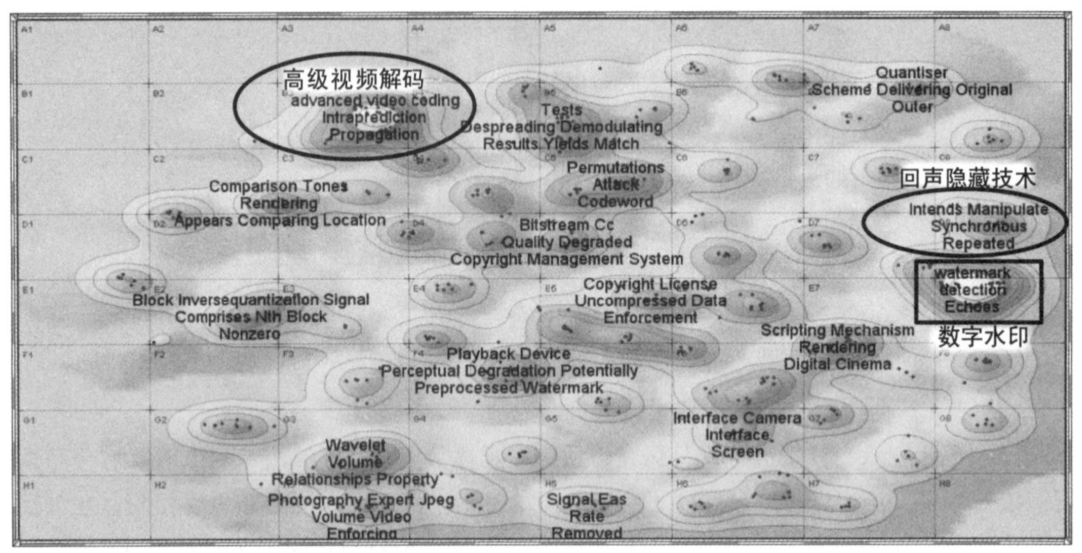

图 4.6-9　Thomson Licensing 自适应的多媒体数字水印关键技术构成分布图

3. 申请量排名第三的专利申请人

（1）专利申请量

图 4.6-10 为索尼公司在自适应多媒体数字水印领域相关专利申请趋势。索尼在该技术领域第一件专利申请出现在 1996 年，可以说索尼同飞利浦一样在数字水印领域算是涉足比较早的几家公司之一。1996 年至 1998 年，整个技术领域处于萌芽期，索尼的研发进度亦是如此，专利资产缓慢积累。从 1999 年开始至 2007 年，索尼在数字水印领域的研究成果增速明显，同时也伴随着一定幅度的震荡，这其中有行业影响有自身原因。例如 2000

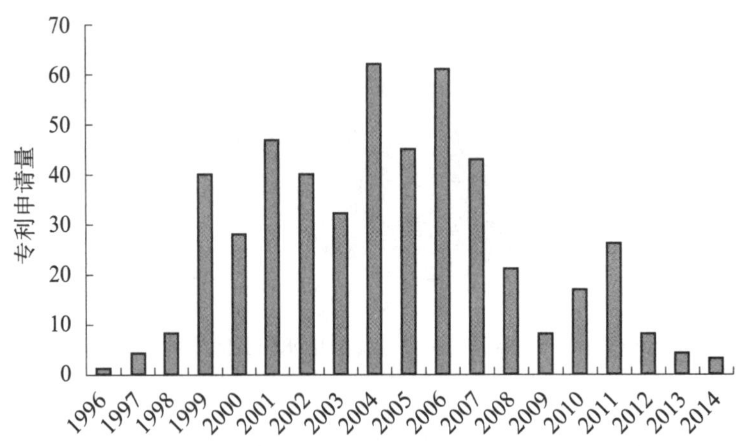

图 4.6-10　索尼自适应的多媒体数字水印关键技术专利申请条形图

年，前一年的年度申请量为 40 件，该年度即大幅回落，结合当年索尼的发展，我们不难看出，索尼公司两大王牌产品 Walkman 和 PlayStation 均遭受严重的挑战，Walkman 因为不支持 mp3 格式被苹果的 Ipod 取代其霸主地位，而 PlayStation 则从 1994 年问世大卖之后便再无独创性的产品发表。两大王牌产品的疲软直接影响了当年度索尼的财务表现。不仅如此，财政年度报表亏损的泡沫效应在 2003 年发酵开来，最终创造了所谓的“索尼震撼”，直接导致短短两日索尼股票价格几近腰斩，日本股市高科技股纷纷跳水，带动日经指数大幅下跌。这一系列的危机，导致了索尼在自适应多媒体数字水印领域专利工作没法持续稳定地开展。

（2）九国两组织专利申请量区域分布

图 4.6-11 所示为索尼公司在自适应多媒体数字水印领域的相关专利申请区域分布情况。与飞利浦以及汤姆逊特许公司在专利区域分布上的全球均衡发展的态势相比，索尼公司就显得重点突出而全面性不足。索尼作为一家日本企业，加持日本国内数字水印技术发展也很好的客观情况，当然会布局更多的专利在日本，这一数字达到了 122 件，占其专利总量的 25%。反观飞利浦和汤姆逊特许公司这一数字仅为 14% 和 16%。在飞利浦和汤姆逊特许公司同样布局了很多专利的中国和韩国，索尼公司则仅仅布局了 62 件和 20 件专利，以上种种都说明了索尼公司采取的是更加偏重于日本国内的专利申请策略。

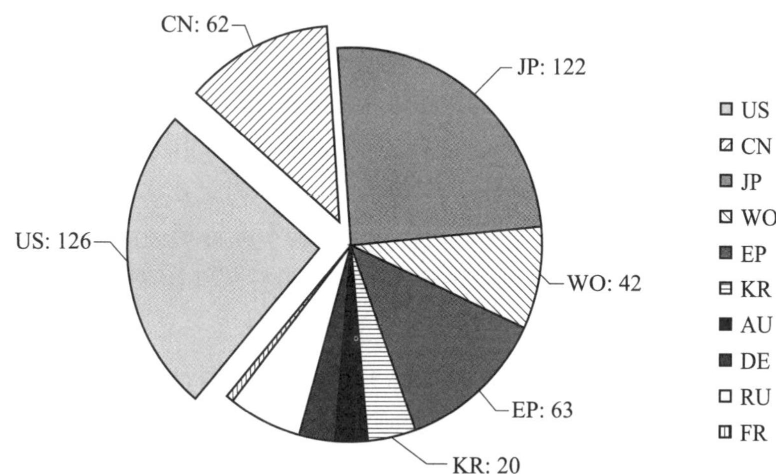

图 4.6-11 索尼自适应的多媒体数字水印关键技术专利申请量区域分布图

（3）技术构成分布

图 4.6-12 所示为索尼公司在自适应多媒体数字水印领域的相关专利技术构成分布情况。对于索尼在该领域的相关专利进行构成分布图分析，我们可以看出，灰色区域出现的技术术语不仅包括划分技术领域的术语，如：自适应水印、数字版权管理等，还包括数字水印的一些外延应用，如：电子签名、身份认证等。除此之外，索尼公司在视频水印嵌入方面也投入了较多的研究。

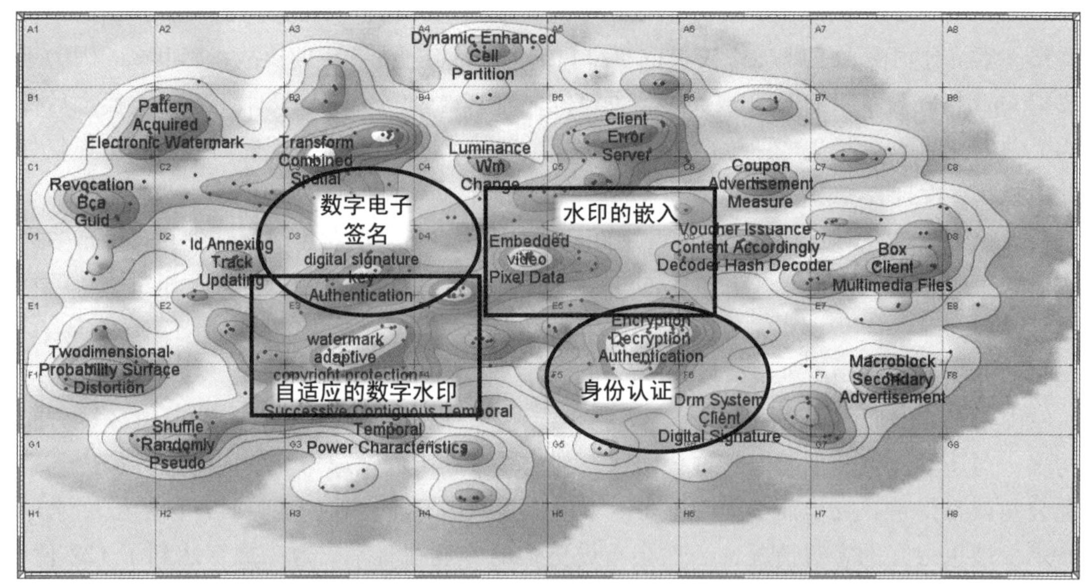

图 4.6-12 索尼自适应的多媒体数字水印关键技术构成分布图

三、总结

（一）专利申请量的总体发展趋势

就整个行业专利申请状况来看，我们得到两方面信息：首先，抛开近两年由于专利自身公开滞后因素影响导致公开数据量与实际情况有偏差外，整个技术领域专利申请量持续处于高位，依然保持快速增长的态势；其次，我们向前追溯，技术发展初期，相关专利申请量很少，这主要是由于数字水印是一个多技术交叉的学科，技术门槛较高，技术推广难度较大。这一现状随着 1996 年两个全球性行业会议的举办得到一定程度的改善。得益于技术研究的不断深入以及全球推广力度的逐渐加强，相关专利申请量也进入快速增长期。

（二）各地区技术发展现状以及未来发展趋势

美国是最早涉足数字水印技术领域的先导者，在美国，自适应多媒体数字水印技术已经发展到成熟期，专利申请人数量在小幅减少的同时，专利申请量则保持稳步增长的态势。日本作为美国在数字水印技术领域的追随者，有其优势所在，一方面与美国的技术交流更加顺畅，确保日本能够更早接触到最主流的研究成果。另一方面，日本自身的科技创新能力保证了其能很快地将所获得的技术信息转化成自身的再创造，因此，数字水印技术在日本的发展也很快，目前处于成熟期。韩国的情况与日本很类似，目前同样处于技术发展的成熟期。与前面三个国家不同，中国在数字水印技术方面的研究起步较晚，但发展潜力很大。通过国家的政策扶植，国内良好的研究氛围逐渐形成，很大程度上助力了整个行业的快速发展。

（三）主要申请人专利申请对比分析

通过对于自适应的多媒体数字水印技术领域的宏观分析，我们得到了行业内三个主要申请人——飞利浦、汤姆逊特许公司以及索尼公司。下面结合微观分析模块具体解读主要申请人的专利现状。

1. 专利申请量维度横向比较

通过将三个主要申请人在专利申请量维度进行横向比较，我们发现：飞利浦公司作为整个行业的巨头，其专利实力的强大体现在技术发展初期其申请的专利量较多，这部分专利作为整个技术领域的技术专利，为飞利浦在全球范围内采取比较激进的专利诉讼以及专利维权工作提供了有力的支持；汤姆逊许可公司作为一家没有实体业务，而专注于专利许可与买卖工作的公司，其介入一个技术领域的时间节点通常在这个技术发展到一定程度之后，技术研发成果初步展现，其通过专利交易，迅速积累专利资产。与此同时，其下设研发团队，对于交易过来的专利进行消化吸收，再创造出新的创新成果。因此，我们可以看出，在2003年后，技术发展相对成熟之后，汤姆逊许可公司的专利申请量增速较快；索尼公司作为一家日本公司，其在行业发展的历程中以一个技术跟随者的角色出现。但同时，需要注意的是，索尼因为投入这一技术领域的研发时间较早，并且，这么多年一直保持一定量的专利申请趋势，其专利资产不管是在数量方面还是质量方面均不可小视。

2. 专利资产区域布局情况

从三个主要申请人的专利资产区域布局情况，我们可以看出：飞利浦为了贯彻其专利全球化战略的思想，在美国、日本、韩国、中国等数字水印发展大国均布局相当数量的专利，便于其随时发动专利诉讼，并且155件的PCT专利保证了其后续全球布局工作的延续性；汤姆逊许可公司因为其公司性质的优势，其专利区域布局相对于其他申请人具有灵活性，可以根据技术在全球的发展程度以及专利许可以及诉讼的热度等信息的指引进行区域布局。具体来说，汤姆逊许可公司专利区域布局呈现出均衡发展态势；索尼公司采取了不同于其他两个申请人的区域布局策略，其在本部所在地——日本布局了122件专利，占其专利总资产的28%，可见其对于本土市场的重视程度。

3. 技术热点分析

从技术热点分析角度来说：飞利浦在水印检测方法方面布局了较多专利；汤姆逊因其公司性质的原因，在专利资产构成方面具有灵活性。因此，其在高级视频解码技术以及音频水印嵌入过程中的回声隐藏技术等热点技术上布局了较多的专利资产；索尼公司则更加偏重于应用层面的技术热点，主要集中在数字签名以及身份认证方面。

第七节　数字图像水印嵌入提取技术

一、专利检索

（一）检索结果概述

以数字图像水印嵌入提取技术为检索主题，在“九国两组织”范围内，共检索到相关专利申请170件，具体数量分布如下（单位：件）：

美国	中国	日本	韩国	英国	法国	德国	澳大利亚	俄罗斯	EP	WO	总计
36	119	4	6	0	0	0	0	0	2	3	170

（二）各地区/组织相关专利申请趋势

表4.7-1以及图4.7-1为“九国两组织”在数字图像水印嵌入提取技术方面的专利分布情况，可以明显看出美国和中国的专利申请量较之其余国家的专利申请量高，且逐年提高，但是有波动，其中中国在2011年申请量最多，中国在此时开始大力重视此方面技术的发展。

表4.7-1　数字图像水印嵌入提取技术“九国两组织”相关专利申请状况

年份/国家	1995	1996	1997	1998	1999	2000	2001	2002	2003	2004	2005	2006	2007	2008	2009	2010	2011	2012	2013	2014
US	0	0	0	2	3	5	6	0	6	1	1	5	4	1	0	0	0	0	2	0
CN	0	0	0	0	1	0	2	5	6	5	4	10	3	8	8	14	20	16	12	5
JP	0	0	0	0	0	0	0	0	1	1	0	1	0	1	0	0	0	0	0	0
KR	0	0	0	0	0	0	0	0	0	0	0	1	1	0	2	0	0	1	1	0
GB	0	0	0	0	0	0	0	0	0	0	0	0	0	0	0	0	0	0	0	0
DE	0	0	0	0	0	0	0	0	0	0	0	0	0	0	0	0	0	0	0	0
FR	0	0	0	0	0	0	0	0	0	0	0	0	0	0	0	0	0	0	0	0
AU	0	0	0	0	0	0	0	0	0	0	0	0	0	0	0	0	0	0	0	0
RU	0	0	0	0	0	0	0	0	0	0	0	0	0	0	0	0	0	0	0	0
EP	0	0	0	0	0	0	0	0	0	0	0	0	0	0	0	0	0	0	0	0
WO	0	0	0	0	0	1	1	0	1	0	0	0	0	0	0	0	0	0	0	0

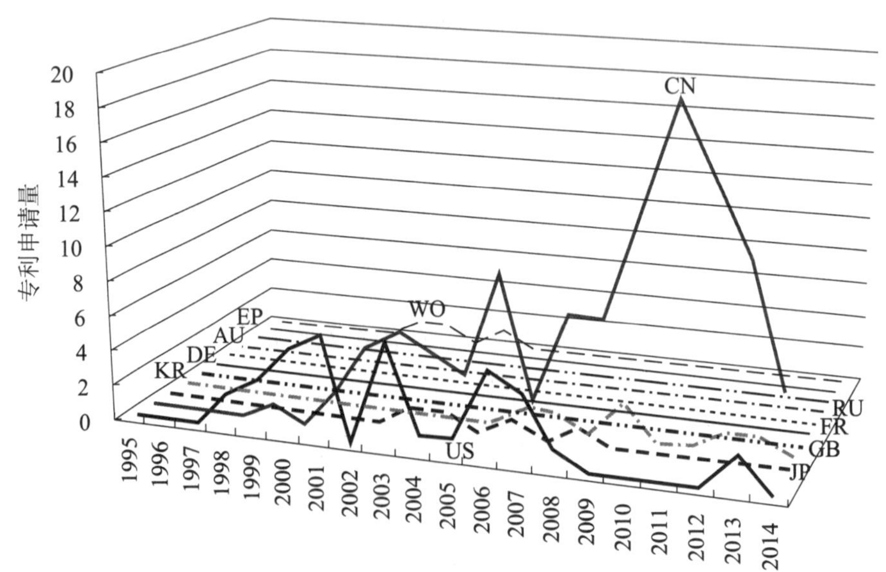

图4.7-1　“九国两组织”相关专利申请状况图

(三) 各地区/组织相关专利申请人排名

1. WO 相关专利申请人排名

表 4.7-2　数字图像水印嵌入提取技术 WO 相关专利申请人排名

序号	申请人	申请人国家	专利申请数量
1	DIGMARC CORP	美国	3
2	DATAMARK TECHNOLOGIES PTE LTD	新加坡	2
3	DIGITAL COPYRIGHT TECHNOLOGIES	美国	2
4	HERRIGEL ALEXANDER	瑞士	2
5	PUN THIERRY	荷兰	2

2. EP 相关专利申请人排名

表 4.7-3　数字图像水印嵌入提取技术 EP 相关专利申请人排名

序号	申请人	申请人国家	专利申请数量	专利授权数量
1	NIPPON TELEGRAPH & TELEPHONE	日本	1	0
2	PHOTAGS INC	美国	1	0
3	SAMSUNG ELECTRONICS CO LTD	韩国	1	0
4	EASTMAN KODAK CO	日本	1	0
5	SONY UK LTD	日本	1	0

3. 中国地区相关专利申请人排名

表 4.7-4　数字图像水印嵌入提取技术中国地区相关专利申请人排名

序号	申请人	申请人国家	专利申请数量	专利授权数量
1	UNIV SHANGHAI SCIENCE &TECH	中国	8	3
2	UNIV NINGBO	中国	5	2
3	UNIV XIDIAN	中国	5	2
4	UNIV HAINAN	中国	5	2
5	UNIV LIAONING NORMAL	中国	5	2

4. 美国地区相关专利申请人排名

表 4.7-5　数字图像水印嵌入提取技术美国地区相关专利申请人排名

序号	申请人	申请人国家	专利申请数量	专利授权数量
1	DIGMARC CORP	美国	4	2
2	CANON KK	日本	2	1
3	DATAMARK TECHNOLOGIES PTE LTD	美国	2	1
4	RICOH KK	美国	2	1
5	UNIV HONG KONG SCIENCE &TECHN	中国	2	1

5. 日本地区相关专利申请人排名

表 4.7-6 数字图像水印嵌入提取技术日本地区相关专利申请人排名

序号	申请人	申请人国家	专利申请数量	专利授权数量
1	IPHARRO MEDIA GMBH	日本	1	1
2	YUKEI KK	日本	1	0
3	SAMSUNG ELECTRONICS CO LTD	韩国	1	1
4	NEC CORP	日本	1	1
5	RICOH KK	日本	1	1

6. 澳大利亚地区相关专利申请人排名

在本次检索得到的澳大利亚相关专利中，无数字图像水印嵌入提取技术澳大利亚涉及的专利申请。

7. 韩国地区相关专利申请人排名

表 4.7-7 数字图像水印嵌入提取技术韩国地区相关专利申请人排名

序号	申请人	申请人国家	专利申请数量	专利授权数量
1	ELECTRONICS AND TELECOMMUNICATIONS RESEARCH INSTITUTE	韩国	2	1
2	KOREA ADVANCED INS SCI & TECH	韩国	1	0
3	PUKYONG NATIONAL UNIVERSITY INDUSTRY-UNIVERSITY COOPERATION FOUNDATION	韩国	1	1
4	NAT UNIV PUKYONG IN	韩国	1	1
5	DONG-EUI UNIVERSITY INDUSTRY-ACADEMIC COOPERATION FOUNDATION	韩国	1	1

二、专利分析

（一）技术发展趋势分析

图 4.7-2 为数字图像水印嵌入提取技术发展趋势图，从中可以看出，随着数字图像水印嵌入提取技术的发展，以及数字版权保护领域的不断完善，数字图像水印嵌入提取技术专利布局量大体呈逐年递增的趋势。其中 2003 年专利布局量达到峰值，随后的几年专利出现申请下降，可能此技术在这几年遇到了技术的瓶颈，2008 年底开始的美国次贷危机进而引发的国际金融危机导致整个技术领域放缓，但是 2008 年中国开始重视数字图像水印嵌入提取技术，即出现该技术中国的救市，而后世界上该技术的申请量呈上升趋势。

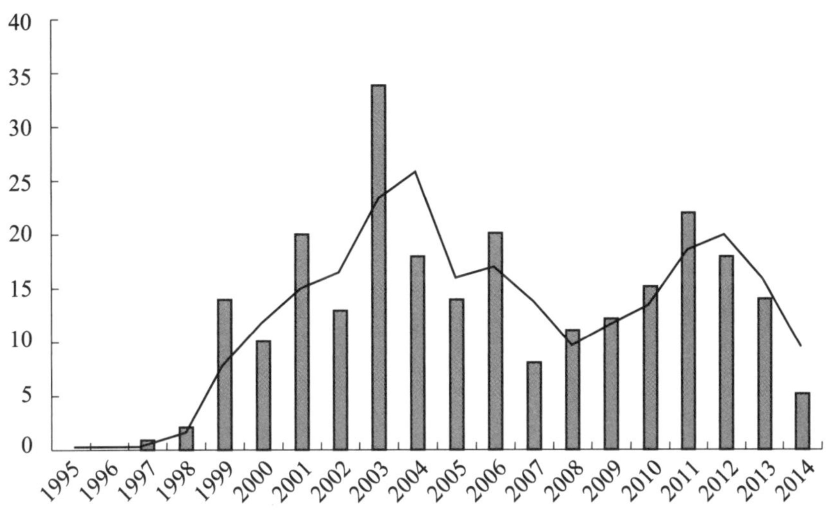

图 4.7-2　数字图像水印嵌入提取技术发展趋势图

（二）技术路线分析

图 4.7-3 为数字图像水印嵌入提取技术路线图：从 1998 年 7 月 29 日诞生数字图像水印嵌入提取技术的相关专利，而此专利正是该技术的重要专利。自学术界开始关注隐藏学和图像学以来，数字图像水印嵌入提取技术一直被欧美垄断，中国等发展中国家很少涉及该技术领域，直到 2011 年中国开始有相关专利的出现。在此之前中国也对此技术有相应研究，也有相关技术专利的申请，遗憾的是均被驳回了。直到 2011 年后，中国出现自己发明或者研究的关于数字图像水印嵌入提取技术，也陆续出现了关于此技术的专利，随着中国对数字版权保护的大力扶持，会给数字图像水印嵌入提取技术带来蓬勃的发展，其相应的专利布局会更加全面。

（三）主要专利申请人分析

1994 年至 2014 年，在数字图像水印嵌入提取技术领域专利申请量申请量排名第一的专利申请人为 DIGIMARC 公司。由于该技术领域其他专利权人的申请量较少，故不做其他人排名。

1. 申请量排名第一的专利申请人

（1）专利申请量

自 2000 年开始，DIGIMARC 开始有关于数字图像水印嵌入提取技术的专利申请，正在此阶段，美国也对光全息水印的加解密技术加以加强保护，无疑，DIGIMARC 也是关于数字图像水印嵌入提取技术领域的先行者，但是 DIGIMARC 公司只是阶段性地出现相关技术领域的专利，整个布局量不是很多。

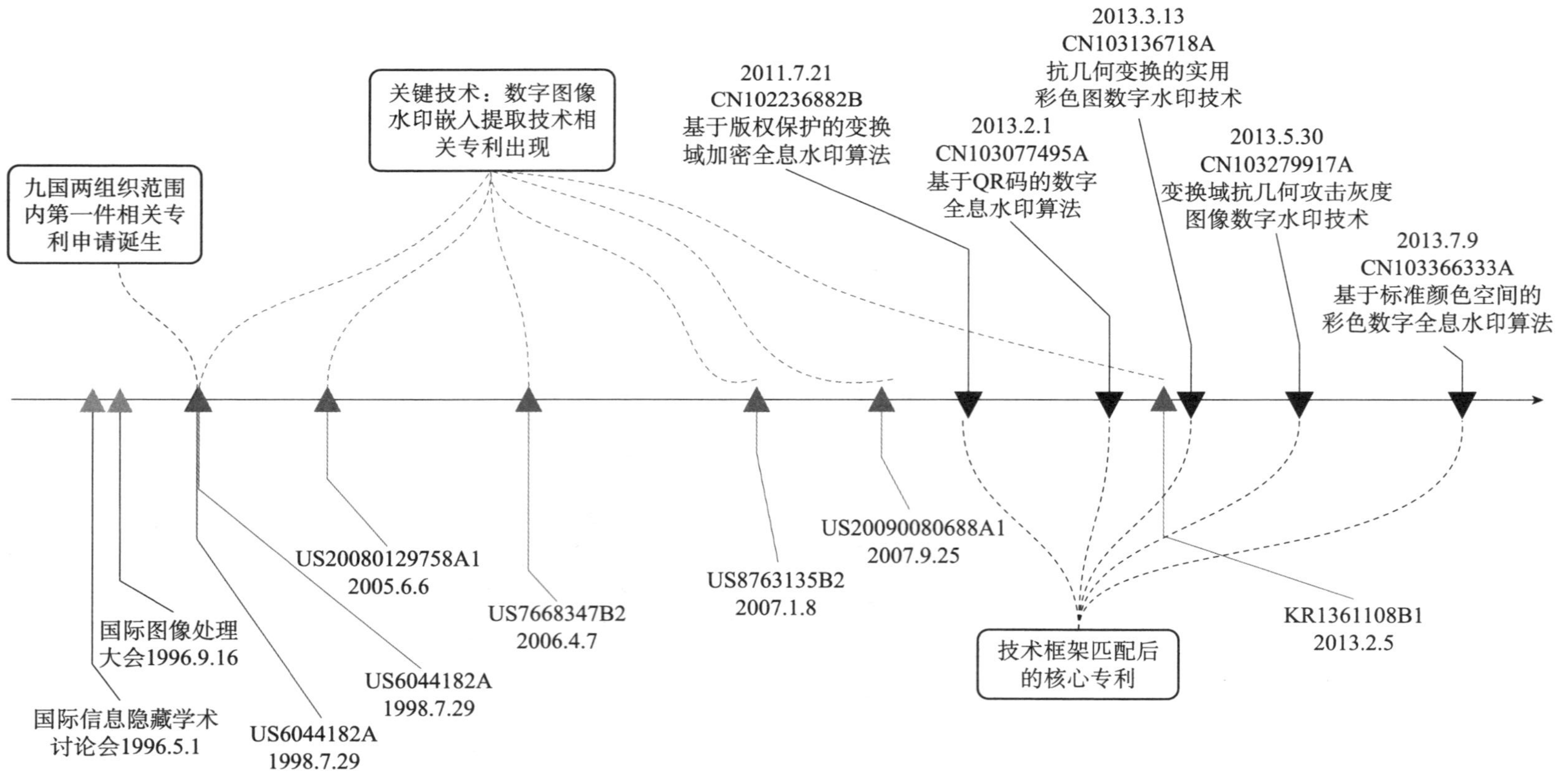

图4.7-3 数字图像水印嵌入提取技术路线图

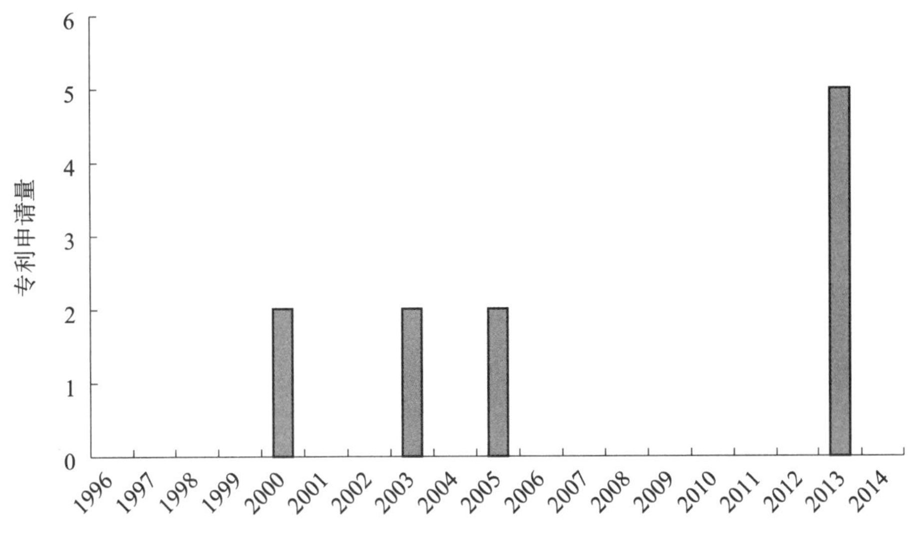

图 4.7-4　DIGIMARC 数字图像水印嵌入提取技术专利申请条形图

（2）“九国两组织”专利申请量区域分布

自上个世纪 90 年代，美国对数字版权加以保护，同时，其数字图像水印嵌入提取技术也随之发展，DIGIMARC 公司摆脱种种限制，在技术上得以突破，赢得了市场的认同。图中可以看出，其主要在欧美等发达国家布局专利较多，而其在中国等发展中国家并没有布局专利，可能其对目标市场的不认可，相信随着中国等发展中国家的相关技术的崛起而增加对中国等发展中国家的专利布局。

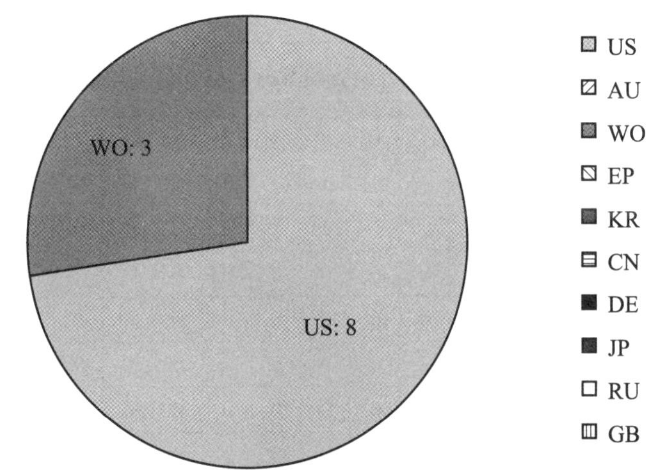

图 4.7-5　DIGIMARC 数字图像水印嵌入提取技术专利申请量区域分布图

三、总结

数字图像水印嵌入提取技术领域共产生专利/专利申请 170 件，主要集中于美、中、日、韩，占该技术领域专利申请量的 97%。但是在欧洲、澳大利亚及俄罗斯等区域的专利申请量非常少。从年专利申请数量来看，“数字图像水印嵌入提取技术”的年专利申请量整体上呈上升趋势，到2011年达到峰值。从专利申请人情况来看，DIGIMARC公司、佳能占据“数字图像水印嵌入提取技术”的大多数专利。

第八节　文本水印嵌入提取技术

一、专利检索

（一）检索结果概述

以文本水印嵌入提取技术为检索主题，在“九国两组织”范围内，共检索到相关专利申请99件，具体数量分布如下（单位：件）：

美国	中国	日本	韩国	英国	法国	德国	澳大利亚	俄罗斯	EP	WO	总计
27	44	21	3	0	0	0	0	0	2	2	99

（二）各地区/组织相关专利申请趋势

表4.8-1以及图4.8-1为“九国两组织”在文本水印嵌入提取技术方面的专利分布情况，可以明显看出美国、日本和中国的专利申请量较之其余国家的专利申请量高，且逐年提高，但是有波动，其中，中国在2011年申请量最多，中国在此时开始大力重视此方面技术的发展；日本在2009年以后在该技术的专利申请量为0。

表4.8-1　文本水印嵌入提取技术“九国两组织”相关专利申请状况

国家＼年份	1995	1996	1997	1998	1999	2000	2001	2002	2003	2004	2005	2006	2007	2008	2009	2010	2011	2012	2013	2014
US	0	1	0	1	1	0	3	4	0	4	4	3	1	1	1	2	0	1	0	0
CN	0	0	0	0	0	0	0	4	1	1		3	2	6	2	6	4	5	5	3
JP	0	0	0	2	3	2	2	1	2	1	1	3	3	1	0	0	0	0	0	0
KR	0	0	0	0	0	0	0	0	0	0	0	0	0	0	2	0	1	0	0	0
GB	0	0	0	0	0	0	0	0	0	0	0	0	0	0	0	0	0	0	0	0
DE	0	0	0	0	0	0	0	0	0	0	0	0	0	0	0	0	0	0	0	0
FR	0	0	0	0	0	0	0	0	0	0	0	0	0	0	0	0	0	0	0	0
AU	0	0	0	0	0	0	0	0	0	0	0	0	0	0	0	0	0	0	0	0
RU	0	0	0	0	0	0	0	0	0	0	0	0	0	0	0	0	0	0	0	0
EP	0	0	1	0	0	0	1	0	0	0	0	0	0	0	0	0	0	0	0	0
WO	0	0	0	0	0	0	2	0	0	0	0	0	0	0	0	0	0	0	0	0

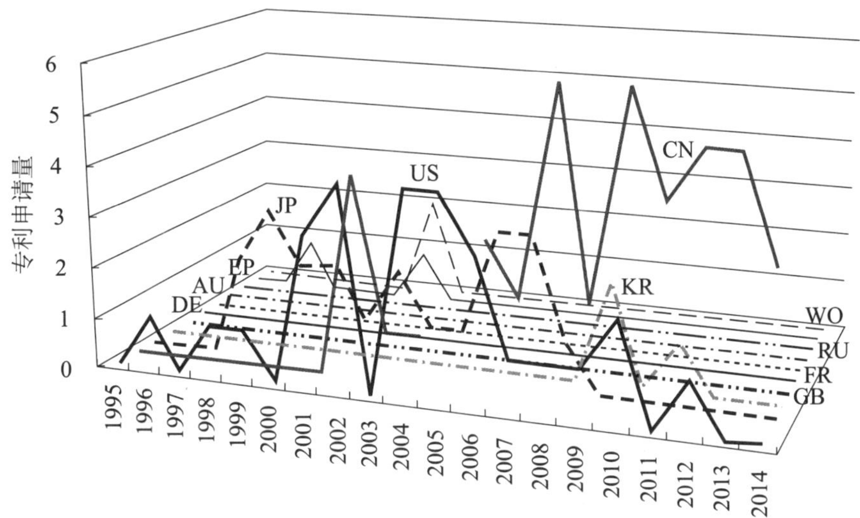

图 4.8-1　“九国两组织”相关专利申请状况图

(三) 各地区/组织相关专利申请人排名

1. WO 相关专利申请人排名

表 4.8-2　文本水印嵌入提取技术 WO 相关专利申请人排名

序号	申请人	申请人国家	专利申请数量
1	MITSUBISHI ELECTRIC CORP	日本	2
2	NAKANE KAZUHIKO	日本	2
3	DIGIMARC CORP	美国	2
4	PANASONIC CORP	日本	1
5	YAMAGUCHI TAKANIRO	日本	1

2. EP 相关专利申请人排名

表 4.8-3　文本水印嵌入提取技术 EP 相关专利申请人排名

序号	申请人	申请人国家	专利申请数量	专利授权数量
1	THOMSON LICENSING	美国	2	——
2	ORION ELECTRIC CO LTD	日本	1	——
3	MITSUBISHI ELECTRIC CORP	日本	1	——
4	DIGMARC CORP	美国	1	——
5	NEW JERSEY TECH INST	美国	1	——

3. 中国地区相关专利申请人排名

表 4.8-4 文本水印嵌入提取技术中国地区相关专利申请人排名

序号	申请人	申请人国家	专利申请数量	专利授权数量
1	UNIV LUDONG	中国	4	2
2	UNIV LIAONING NORMAL	中国	2	1
3	UNIV BEIJING TECHNOLOGY	中国	2	1
4	TOSHIBA KK	日本	2	1

4. 美国地区相关专利申请人排名

表 4.8-5 文本水印嵌入提取技术美国地区相关专利申请人排名

序号	申请人	申请人国家	专利申请数量	专利授权数量
1	SONY CORP	日本	2	1
2	CANON KK	日本	2	1
3	CHALAMALA SRINIVASA RAO	美国	1	1
4	KAKKIRALA KRISHNA RAO	美国	1	1
5	BENIWAL JYOTI	印度	1	1

5. 日本地区相关专利申请人排名

表 4.8-6 文本水印嵌入提取技术日本地区相关专利申请人排名

序号	申请人	申请人国家	专利申请数量	专利授权数量
1	TOSHIBA CORP	日本	6	1
2	CANON KK	日本	6	1
3	MITSUBISHI ELECTRIC CORP	日本	3	1
4	SONY CORP	日本	3	1
5	MITSUBISHI ELECTRIC IND CO LTD	日本	2	1

6. 韩国地区相关专利申请人排名

表 4.8-7 文本水印嵌入提取技术韩国地区相关专利申请人排名

序号	申请人	申请人国家	专利申请数量	专利授权数量
1	MITSUBISHI ELECTRIC	日本	1	1
2	TOSHIBA KK	日本	1	1
3	PUKYONG NATIONAL UNIVERSITY INDUSTRY-UNIVERSITY COOPERATION FOUNDATION	韩国	1	1
4	NAT UNIV PUKYONG IN	韩国	1	0
5	CK & B CO LTD	韩国	1	1

二、专利分析

（一）技术发展趋势分析

图 4.8-2 为文本水印嵌入提取技术发展趋势图，从中可以看出，随着光全息水印加解密技术的发展，以及数字版权保护领域的不断完善，文本水印嵌入提取技术专利布局量从 1995 年至 2002 年大体呈逐年递增的趋势，其中到 2002 年到达峰值，2003 年该技术专利申请量突然下降，由于 2003 年世界经济纷繁复杂、风云变幻，从伊拉克战争到 SARS 危机，从美元和人民币的汇率之争到坎昆会议谈判破裂，无疑这些会对整个技术领域产生影响，所以，2003 年文本水印嵌入提取技术出现明显颓势，不过，经过经济形势的好转，此后几年文本水印嵌入提取技术的专利布局量逐年增加。

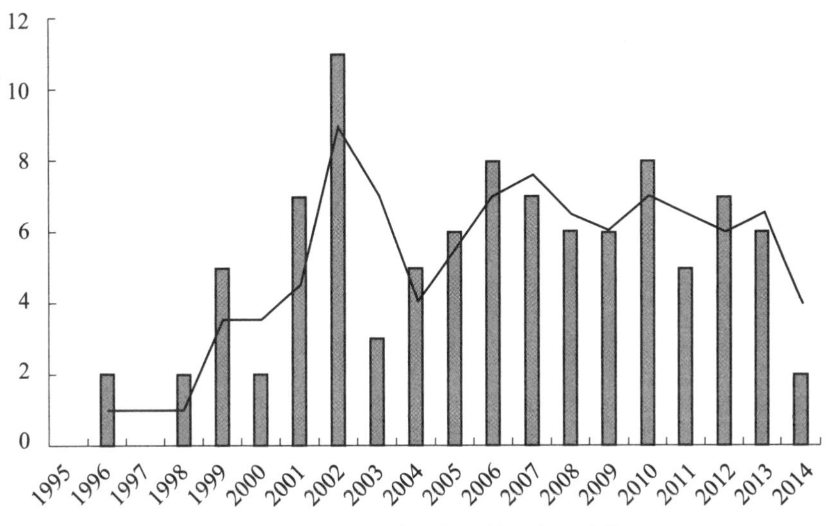

图 4.8-2　文本水印嵌入提取技术发展趋势图

（二）技术路线分析

图 4.8-3 为文本水印嵌入提取技术路线图：从 2001 年底诞生文本水印嵌入提取技术的相关专利，而此专利正是该技术的重要专利。自学术界开始关注隐藏学和图像学以来，关于文本水印嵌入提取技术一直被欧美垄断，中国等发展中国家很少涉及该技术领域，2005 年中国开始有相关专利的出现，但此专利出现在高校中。直到 2005 年后，中国出现自己发明或者研究的关于文本水印嵌入提取技术，也出现了关于此技术的专利，随着中国对数字版权保护的大力扶持，会给文本水印嵌入提取技术带来蓬勃的发展，其相应的专利布局会更加全面。

（三）主要专利申请人分析

由于数字图像水印嵌入提取技术的专利布局总量不是很多，排名前三的申请人的申请量更少，所以，不在此列出。

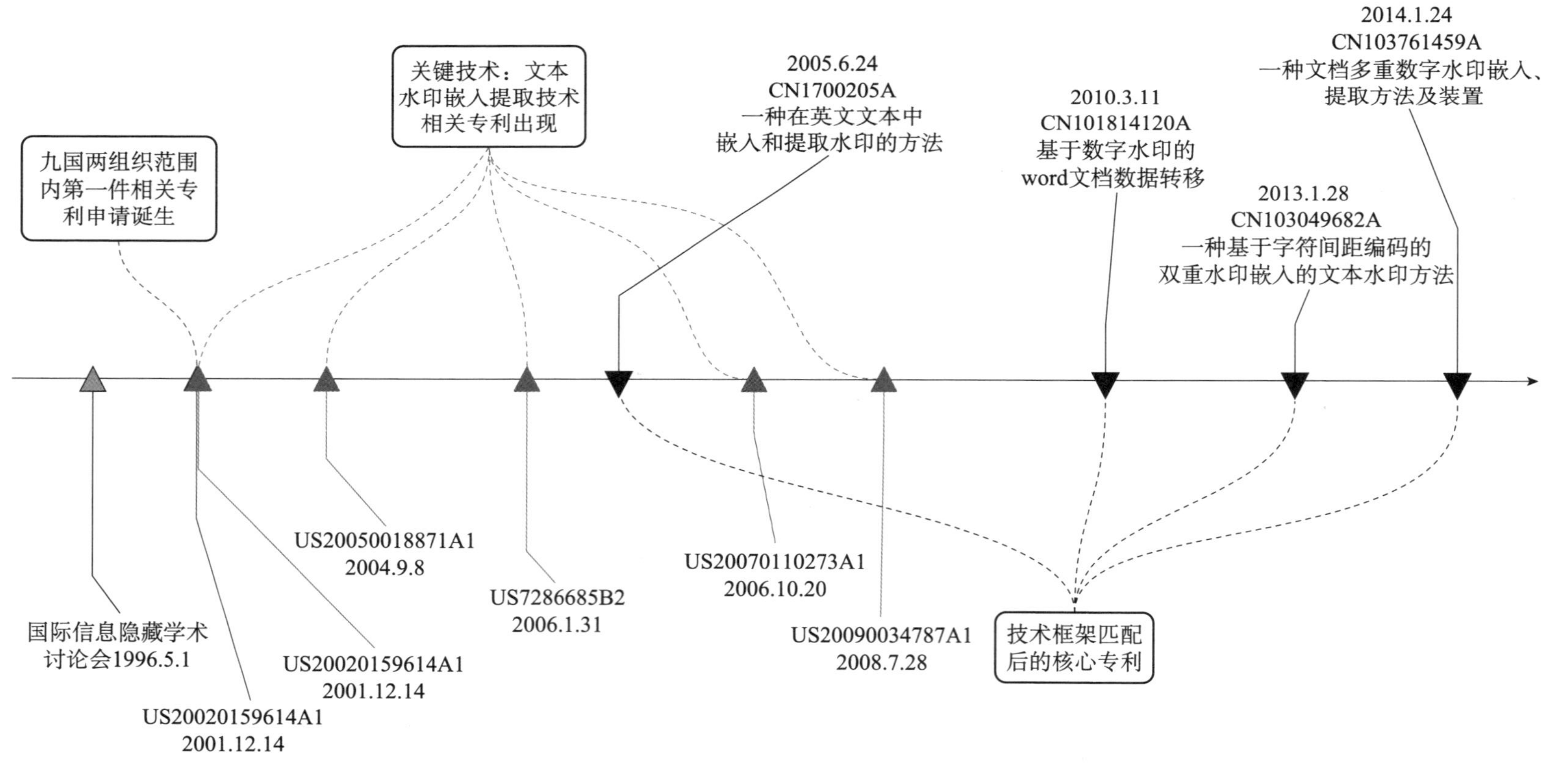

图4.8-3　文本水印嵌入提取技术路线图

三、总结

在“九国两组织”1995年至2014年范围内，共查到文本水印嵌入提取技术相关专利/专利申请99件，其在早些年发展较为成熟，后来公开的专利量较少。其中美、中、日、韩的专利申请量占比整个数量的97%，其他地区的专利量占比较少。从年专利申请数量来看，相关专利年申请量整体上呈波浪式上升趋势，主要以中、美、日、韩的该技术存在瓶颈期导致。从专利申请人情况来看，索尼、佳能占据文本水印嵌入提取技术的大多数专利。

第五章　内容比对相关技术

第一节　海量数据索引以及海量数据匹配比对技术

一、专利检索

（一）检索结果概述

以海量数据索引以及海量数据匹配技术为检索主题，在“九国两组织”范围内，共检索到相关专利申请 2 250 件，具体数量分布如下（单位：件）：

美国	中国	日本	韩国	英国	法国	德国	澳大利亚	俄罗斯	EP	WO	总计
856	581	175	94	20	7	30	61	4	180	242	2 250

（二）各地区/组织相关专利申请趋势

表 5.1-1　海量数据索引以及海量数据匹配比对技术“九国两组织”相关专利申请状况

国家＼年份	1990①	2000	2001	2002	2003	2004	2005	2006	2007	2008	2009	2010	2011	2012	2013	2014
US	42	21	20	27	49	53	41	42	56	50	46	68	56	66	79	140
CN	3	1	5	8	5	12	11	19	13	29	28	48	57	69	97	176
JP	19	5	7	15	9	9	7	11	7	6	6	17	14	12	17	14
KR	1	0	4	1	1	0	2	5	5	6	5	11	12	15	10	16
GB	5	1	3	0	3	3	0	0	1	1	0	1	0	1	0	1
DE	3	0	1	0	4	0	6	7	2	3	1	3	0	0	0	0
FR	1	0	1	0	1	0	0	0	0	0	0	0	0	2	0	2
AU	10	1	10	5	6	4	2	1	3	2	1	1	4	5	3	3
RU	0	0	0	0	0	1	0	0	1	0	1	1	0	0	0	0
EP	21	9	6	14	19	11	13	7	7	8	4	14	9	12	8	18
WO	19	6	21	14	14	14	5	9	17	10	6	7	14	10	18	58

① 1990 是指 1990－1999 年的专利数量总数。

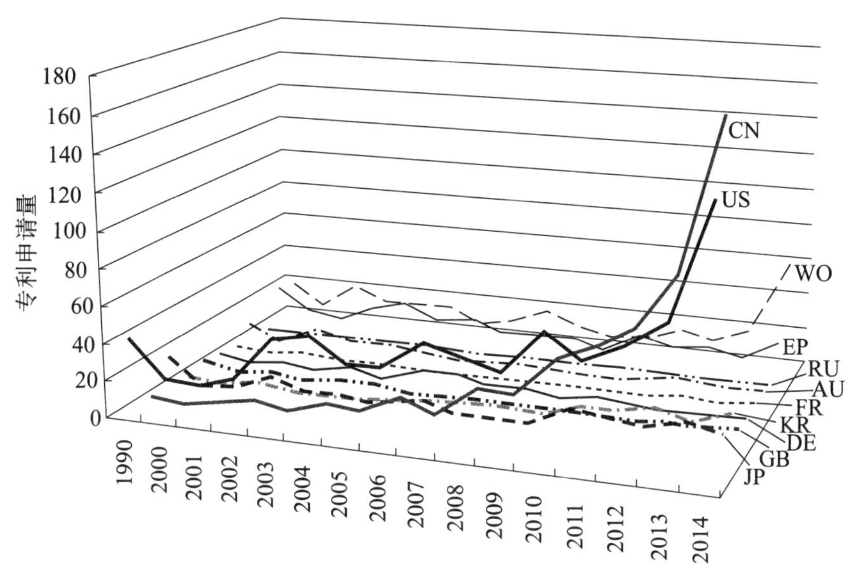

图 5.1-1　"九国两组织"相关专利申请状况图

由图表可知，1990 年以来，针对"海量数据索引以及海量数据匹配比对技术"，通过欧专局和世界知识产权组织面向国际范围的专利申请态势较为稳定，并且，对于相关技术申请专利最多的国家分别为美国、中国和日本。其中，日本的相关专利申请趋势较为稳定；美国的相关专利总量明显高于其他国家，但 2011 年以来被中国反超。可见，美国前期研发较多，技术较为成熟；中国近年来专利申请趋势增长较快。综上，海量数据索引以及海量数据匹配比对技术在国内发展较为迅速，国内企业或研究机构对于海量数据索引以及海量数据匹配比对技术投入的研发力度和关注度逐渐增强。

（三）各地区/组织相关专利申请人排名

1. WO 相关专利申请人排名

表 5.1-2　海量数据索引技术以及海量数据匹配比对技术 WO 相关专利申请人排名

序号	申请人	申请人国家	专利申请数量
1	MICROSOFT CORP	美国	14
2	KONINKL PHILIPS ELECTRONICS NV	荷兰	13
3	INTEL CORP	美国	11
4	FWU JONG-KAE	美国	8
5	SANDISK TECHNOLOGIES INC	美国	5

2. EP 相关专利申请人排名

表 5.1-3 海量数据索引技术以及海量数据匹配比对技术 EP 相关专利申请人排名

序号	申请人	申请人国家	专利申请数量	专利授权数量
1	IBM	美国	16	9
2	KONINKL PHILIPS ELECTRONICS NV	荷兰	12	5
3	MICROSOFT CORP	美国	9	2
4	ERICSSON TELEFON AB L M	瑞典	5	4
5	MATSUSHITA ELECTRIC IND CO LTD	日本	4	2

3. 中国地区相关专利申请人排名

表 5.1-4 海量数据索引技术以及海量数据匹配比对技术中国地区相关专利申请人排名

序号	申请人	申请人国家	专利申请数量	专利授权数量
1	ZTE CORP	中国	26	22
2	IBM	美国	14	11
3	KONINKL PHILIPS ELECTRONICS NV	瑞典	12	11
4	UNIV ZHEJIANG	中国	10	8
5	MICROSOFT CORP	美国	10	6

4. 美国地区相关专利申请人排名

表 5.1-5 海量数据索引技术以及海量数据匹配比对技术美国地区相关专利申请人排名

序号	申请人	申请人国家	专利申请数量	专利授权数量
1	IBM	美国	90	39
2	MICROSOFT CORP	美国	55	23
3	GOOGLE INC	美国	10	4
4	HONEYWELL INT INC	美国	10	4
5	UNIV WASHINGTON	美国	10	8

5. 日本地区相关专利申请人排名

表 5.1-6 海量数据索引技术以及海量数据匹配比对技术日本地区相关专利申请人排名

序号	申请人	申请人国家	专利申请数量	专利授权数量
1	SONY CORP	日本	9	4
2	HITACHI LTD	日本	9	3
3	CANON KK	日本	7	2
4	NIPPON TELEGRAPH & TELEPHONE	日本	5	3
5	FUJITSU LTD	日本	5	1

6. 澳大利亚地区相关专利申请人排名

表 5.1-7　海量数据索引技术以及海量数据匹配比对技术澳大利亚地区相关专利申请人排名

序号	申请人	申请人国家	专利申请数量	专利授权数量
1	GOOGLE INC	美国	4	4
2	VERISIGN INC	美国	4	2
3	GENETIC TECHNOLOGIES LTD	澳大利亚	2	2
4	MICROSOFT CORP	美国	2	2
5	UNIV WASHINGTON	美国	2	0

7. 德国地区相关专利申请人排名

表 5.1-8　海量数据索引技术以及海量数据匹配比对技术德国地区相关专利申请人排名

序号	申请人	申请人国家	专利申请数量	专利授权数量
1	IBM	美国	4	2
2	KONINKL PHILIPS ELECTRONICS NV	荷兰	3	1
3	INTEL CORP	美国	2	0
4	TEKTRONIX INT SALES GMBH	瑞士	2	0
5	INFORMATION SYSTEMS CORP	美国	2	1
6	GENETICS CO INC	瑞士	2	1
7	BAYER INNOVATION GMBH	德国	2	0

8. 法国地区相关专利申请人排名

表 5.1-9　海量数据索引技术以及海量数据匹配比对技术法国地区相关专利申请人排名

序号	申请人	申请人国家	专利申请数量	专利授权数量
1	INTEL CORP	美国	3	0
2	SOLYSTIC	法国	2	0
3	CIT ALCATEL	法国	1	0
4	UNIV NANTES	法国	1	0

9. 英国地区相关专利申请人排名

表 5.1-10　海量数据索引技术以及海量数据匹配比对技术英国地区相关专利申请人排名

序号	申请人	申请人国家	专利申请数量	专利授权数量
1	D SOUZA PAUL GERARD	印度	2	2
2	SONY UK LTD	日本	2	2
3	SHARNOFF DAVID	美国	2	2
4	DILLON MATTHEW D	美国	2	2

10. 俄罗斯地区相关专利申请人排名

表 5.1-11　海量数据索引技术以及海量数据匹配比对技术俄罗斯地区相关专利申请人排名

序号	申请人	申请人国家	专利申请数量	专利授权数量
1	QUALCOMM INC	美国	1	0
2	IBM	美国	1	0
3	KNONINKLIJKE PHILIPS ELECTRONI	荷兰	1	0

11. 韩国地区相关专利申请人排名

表 5.1-12　海量数据索引技术以及海量数据匹配比对技术韩国地区相关专利申请人排名

序号	申请人	申请人国家	专利申请数量	专利授权数量
1	KOREA ELECTRONICS TELECOMM	韩国	6	3
2	SAMSUNG ELECTRONICS CO LTD	韩国	4	2
3	IBM	美国	3	3
4	KONINKL PHILIPS ELECTRONICS NV	荷兰	3	0
5	GOOGLE INC	美国	2	2
6	PANTECH CO LTD	韩国	1	1
7	MICROSOFT CORP	美国	1	1

二、专利分析

（一）技术发展趋势分析

如图 5.1-2 所示为海量数据索引以及海量数据匹配比对技术相关专利数量年度分布，可以看出，海量数据索引以及海量数据匹配比对技术相关专利数量一直处于稳步增长的趋势，尤其是 2013 年增长最多，并超过 200 件，达到峰值。可见，业内针对海量数据索引以及海量数据匹配比对技术的关注和研发力度较多，未来发展空间较大。

（二）技术路线分析

1994 年 4 月 5 日，Digital Equipment Corporation 提交的专利申请 US1994223379A 公开了一种用于使用散列和内容寻址存储器在分组数据通信链路中地址查询技术。随着数字网络的发展，各国相关企业或机构对海量数据索引以及海量数据匹配比对技术均有研究。例如，IBM 提交的美国专利申请 US1995417486A 公开了一中数字化文档图像库的访问方法；Harlequin Group Plc 提交的美国专利申请 US1996674502A 公开了一种用于通过文本资源信息提取组建大型数据库的系统；Microsoft Corporation 公司提交的美国专利申请 US1998189229A 公开了一种基于密度的索引方法，该方法用于大型数据库中高维最邻近查

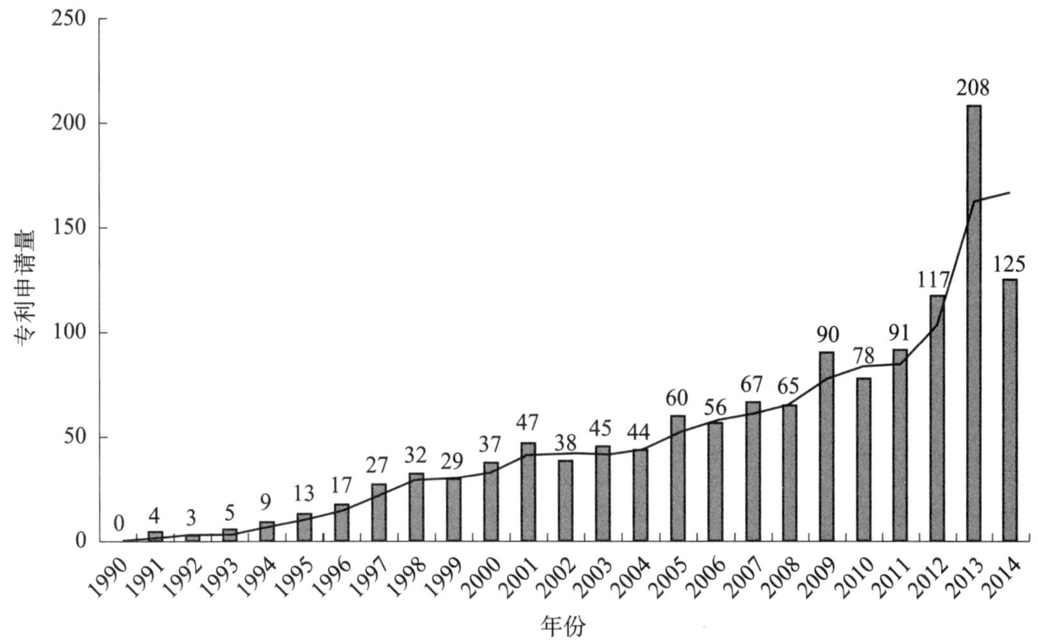

图 5.1-2　海量数据索引以及海量数据匹配比对技术发展趋势图

询的高效运行，以及专利申请 US2008335341A，该申请涉及的技术为通过海量数据存储实现高效查询的基于数据编码结构的列查询；ZEITERA LLC 公司提交的美国专利申请 US13276110A 公开了一种用于视频和多媒体内容的高效大型搜索系统。这些技术均与海量数据索引以及海量数据匹配比对技术相关，并且均为业内被引用较多的核心专利技术。

（三）主要专利申请人分析

根据检索结果来看，海量数据索引以及海量数据匹配比对技术相关的专利申请和申请人主要分布在美国和中国。根据该技术在美国和中国的专利申请量来看，2012 年和 2013 年开始该技术专利申请量出现大幅度增长，表现出较好的发展趋势。尤其是 IBM（International Business Machines Corporation，国际商业机器公司）、Microsoft（微软）、PHILIPS（KONINKL PHILIPS ELECTRONICS NV，飞利浦）等企业在该技术上的专利申请已经遍及美国、中国、欧洲等多个国家和地区。

1. 申请量排名第一的专利申请人

（1）专利申请量

IBM 总部位于美国纽约，是全球最大的信息技术和业务解决方案公司。1996 年至 2013 年，IBM 每年都有针对海量数据索引以及海量数据匹配比对技术的专利申请，由此可以推测，IBM 在该技术上的研发工作正在持续进行中，相关技术成果也在不断完善过程中。

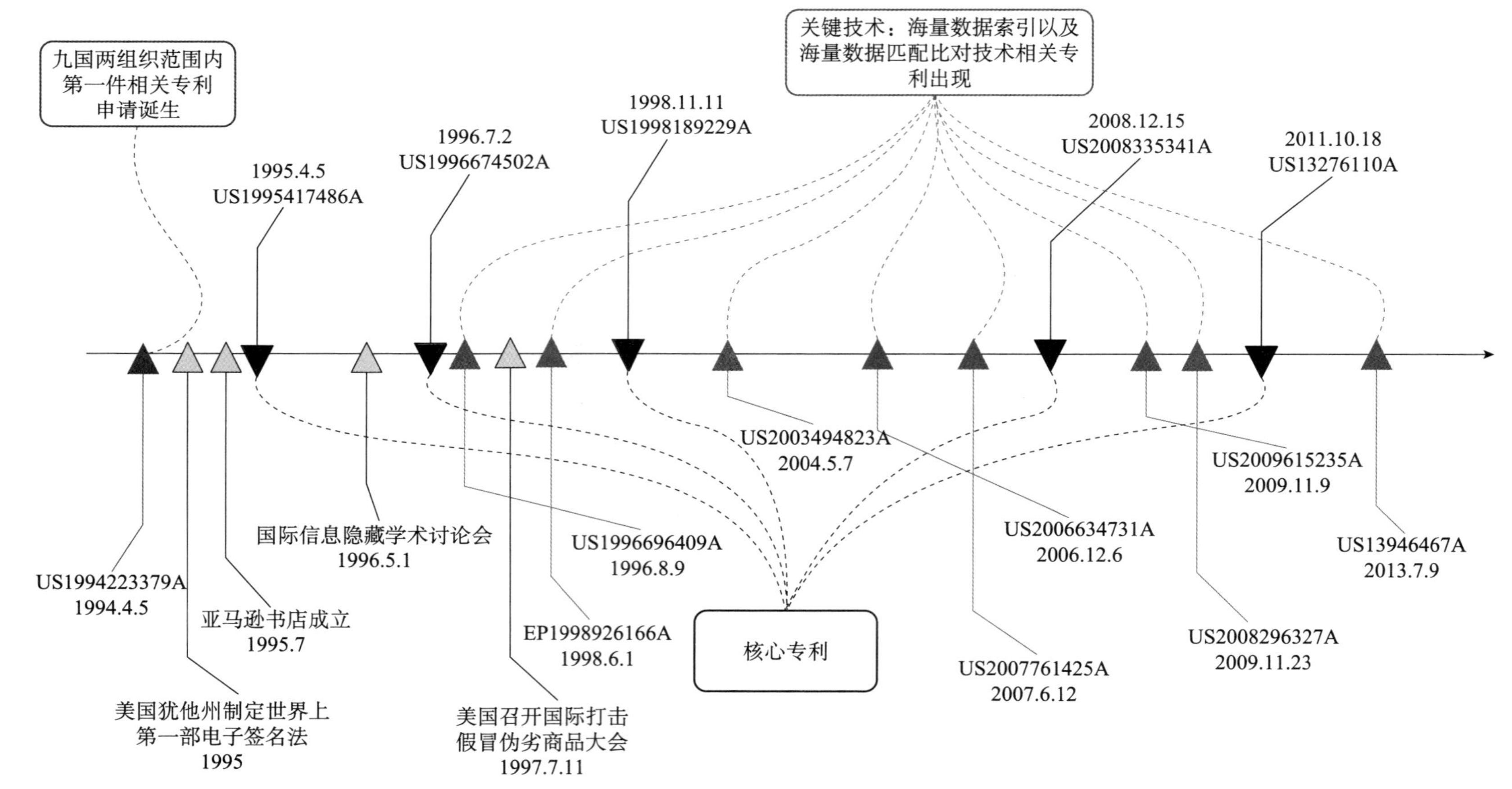

图5.1-3 海量数据索引以及海量数据匹配比对技术路线图

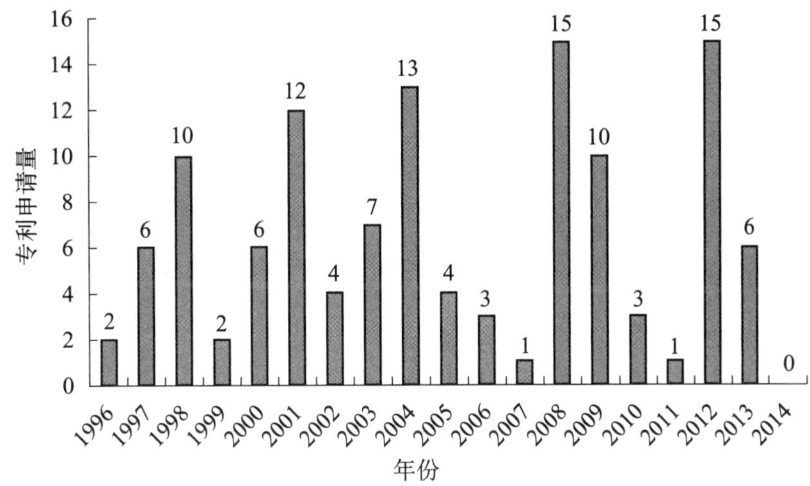

图 5.1-4　IBM 海量数据索引以及海量数据匹配比对技术专利申请条形图

（2）“九国两组织”专利申请量区域分布

IBM 的总部位于美国，其一半以上的专利申请集中在美国。此外，鉴于海量数据索引以及海量数据匹配比对技术在全球范围内的关注热度和市场需求持续升温，IBM 在中国、日本、韩国、澳大利亚、欧洲等多个国家和地区也进行了相应的专利申请，进行了专利布局。特别是在中国、欧洲其专利申请数量显著高于日本、韩国等国家。

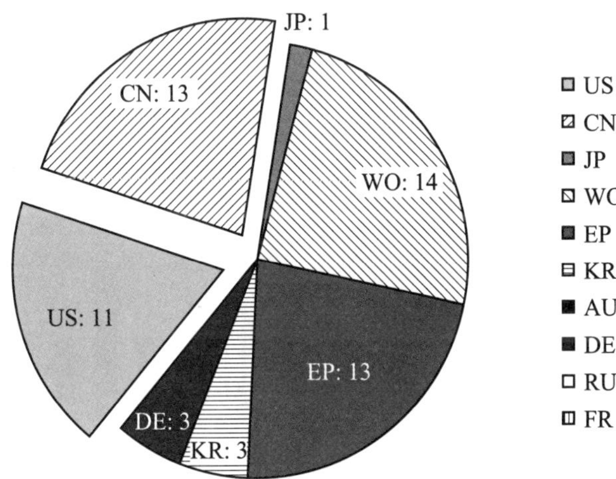

图5.1-5　IBM 海量数据索引以及海量数据匹配比对技术专利申请量区域分布图

（3）技术构成分布

由图 5.1-6 可以看出，IBM 围绕海量数据索引以及海量数据匹配比对技术申请了较多专利，这些专利申请主要涉及到该技术在数据库索引和数据管理系统中的应用。例如，1995 年 4 月 5 日，IBM 提交的专利申请号 US1995417486A，该专利公开了一种在兼顾安全性和通过性认证下访问数字化文件和图像库的方法和装置。

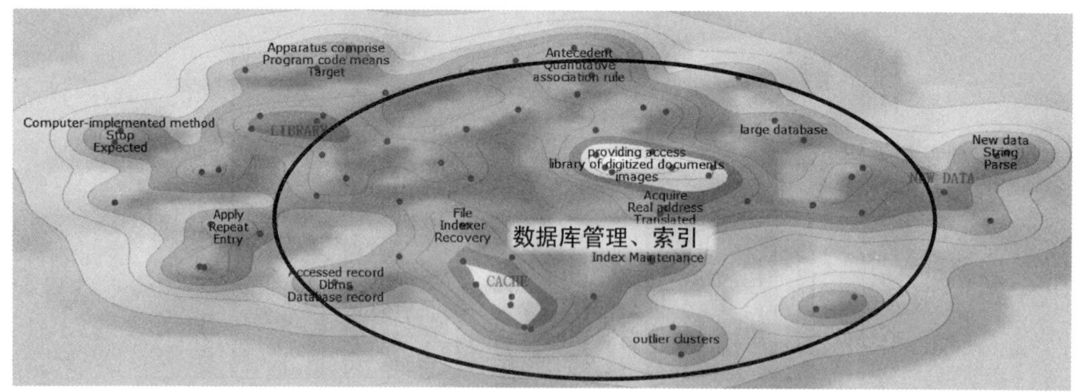

图 5.1-6 IBM 海量数据索引以及海量数据匹配比对技术构成分布图

2. 申请量排名第二的专利申请人

(1) 专利申请量

Microsoft 总部位于美国，是一家总部位于美国的跨国电脑科技公司，目前是全球最大的电脑软件提供商。Microsoft 关于海量数据索引以及海量数据匹配比对技术的专利申请最早出现于 1997 年，之后每年均有少量申请，直至 2005 年，Microsoft 在这一技术上的专利申请量达到峰值，超过 20 件。此后，Microsoft 在这一技术上提交的专利申请保持在每年 5 件左右的数量，表明 Microsoft 在这一技术上的研发投入仍在继续。

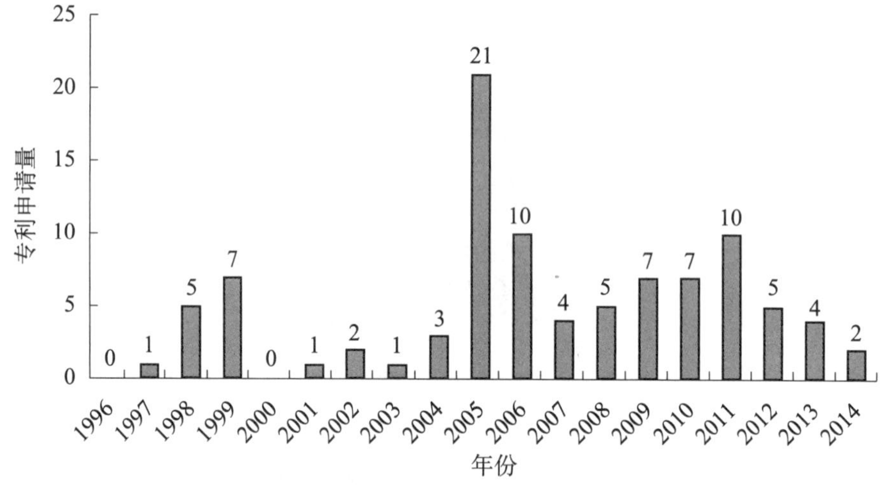

图 5.1-7 Microsoft 海量数据索引以及海量数据匹配比对技术专利申请条形图

(2) “九国两组织” 专利申请量区域分布

Microsoft 总部位于美国，其专利申请地区主要针对美国市场。此外，鉴于海量数据索引以及海量数据匹配比对技术在全球范围内的关注热度和市场需求，Microsoft 分别在中国、日本、韩国、澳大利亚、欧洲等多个国家和地区分别作了专利布局，而在中国的专利申请是除美国以外国家中最多的，说明 Microsoft 对中国市场的重视程度。

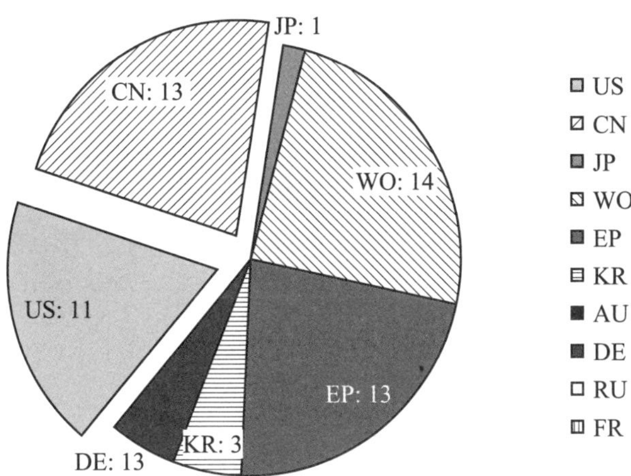

图 5. 1-8　Microsoft 海量数据索引以及海量数据匹配比对技术专利申请量区域分布图

（3）技术构成分布

通过对专利申请中记载的技术词条进行聚类分析，确定了 Microsoft 在海量数据索引以及海量数据匹配比对技术领域内的关键技术点。由图 5. 1-9 可以看出，相对于该检索主题海量数据索引技术，Microsoft 的专利申请中，出现的与海量数据匹配比对技术相关的词汇频率较高，说明 Microsoft 的专利申请主要针对海量数据匹配比对技术，并且，由图 5. 1-9 可以看出，Microsoft 在围绕海量数据索引以及海量数据匹配比对技术申请的专利更多地集中在该技术在大型数据库中的应用。例如，1998 年 11 月 11 日，Microsoft 提交的专利申请 US1998189229A，该专利申请公开了一种基于密度的索引方法，用于大型数据库高维近邻查询的高效执行；2007 年 6 月 12 日，Microsoft 提交的专利申请 US2007761425A，该专利申请公开了一种计算机实现的用于查找相似集的索引系统。

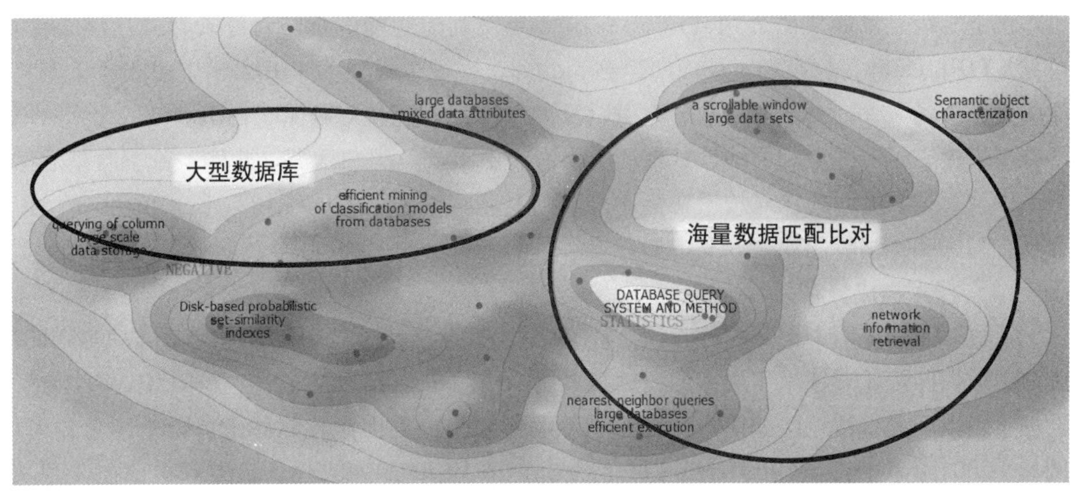

图 5. 1-9　Microsoft 海量数据索引以及海量数据匹配比对技术构成分布图

3. 申请量排名第三的专利申请人

（1）专利申请量

PHILIPS（飞利浦电子）是世界上最大的电子公司之一，在欧洲名列榜首。由图 5. 1-10 可知，早在 1996 年，PHILIPS 便对海量数据索引以及海量数据匹配比对技术作了相关专利的申请，在 1999 年至 2007 年之间，PHILIPS 也维持了一定程度的专利申请数量，而 2009 年至 2012 年之间，以及 2014 年已未见专利申请。推测，PHILIPS 在该技术上的研发投入已经暂停或遭遇技术瓶颈，结合图 5. 1-10 分析，也有可能是因为市场区域饱和，失去对该技术增加研发投入的动力。

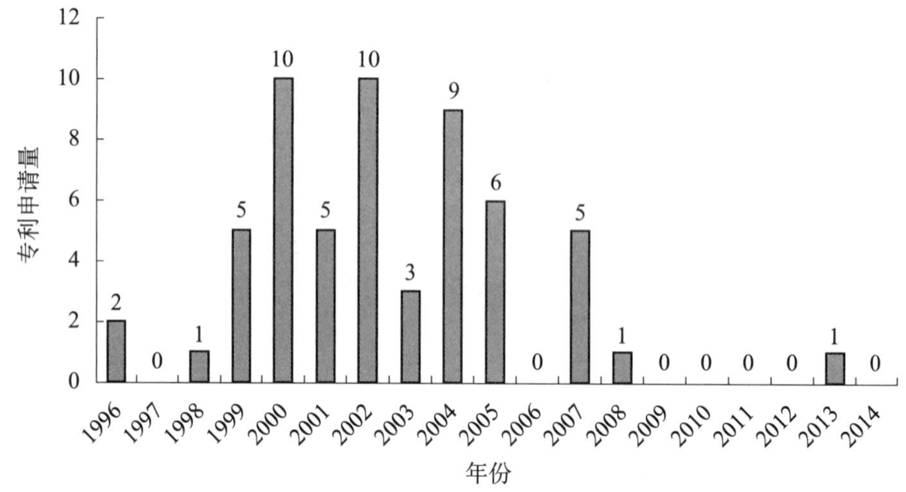

图 5. 1-10　海量数据索引以及海量数据匹配比对技术专利申请条形图

（2）“九国两组织”专利申请量区域分布

2006 年 10 月 12 日，PHILIPS 宣布已经签署了意向书，将其现有的移动电话业务转让给中国电子信息产业集团公司（CEC）；2012 年飞利浦智能电视与百度云存储达成合作。可见，PHILIPS 的目标市场不仅面向美国和欧洲，中国也已成为 PHILIPS 集团业务重点关注的目标市场之一。关于海量数据索引以及海量数据匹配比对技术，PHILIPS 在世界知识产权组织提交了多件专利申请，其市场主要面向中国、美国和欧洲。此外，鉴于海量数据索引以及海量数据匹配比对技术在全球范围内受到关注和巨大的市场需求，PHILIPS 也在日本、韩国和德国等国递交专利申请。

（3）技术构成分布

通过对专利申请中记载的技术词条进行聚类分析，确定了 PHILIPS 在海量数据索引以及海量数据匹配比对技术领域内的关键技术点。由图 5. 1-12 可以看出，PHILIPS 围绕海量数据索引以及海量数据匹配比对技术申请专利主要集中在匹配比对技术、哈希函数技术。例如，2004 年 5 月 7 日，PHILIPS 提交的专利申请 US2003494823A，该专利申请公开了一种在多个进程可访问的大数据结构中锁定目的方法；2005 年 8 月 30 日，PHILIPS 提交的专利申请 US2003547328A，该专利申请公开了一种在包括许多长串或一个长串的数据库中查找与查询串部分匹配或精确匹配的最终数目的结果串的方法。

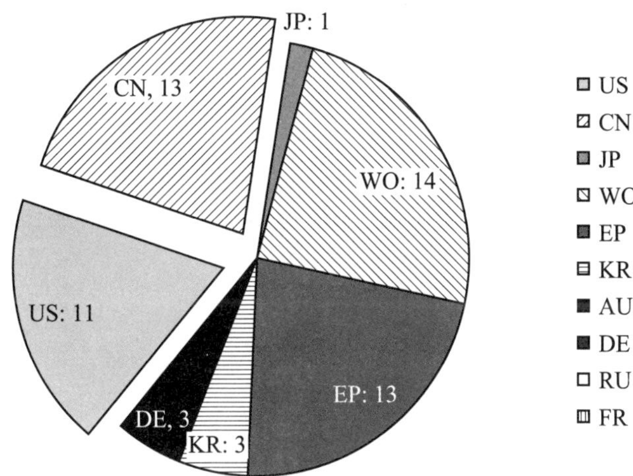

图 5.1-11 海量数据索引以及海量数据匹配比对技术专利申请量区域分布图

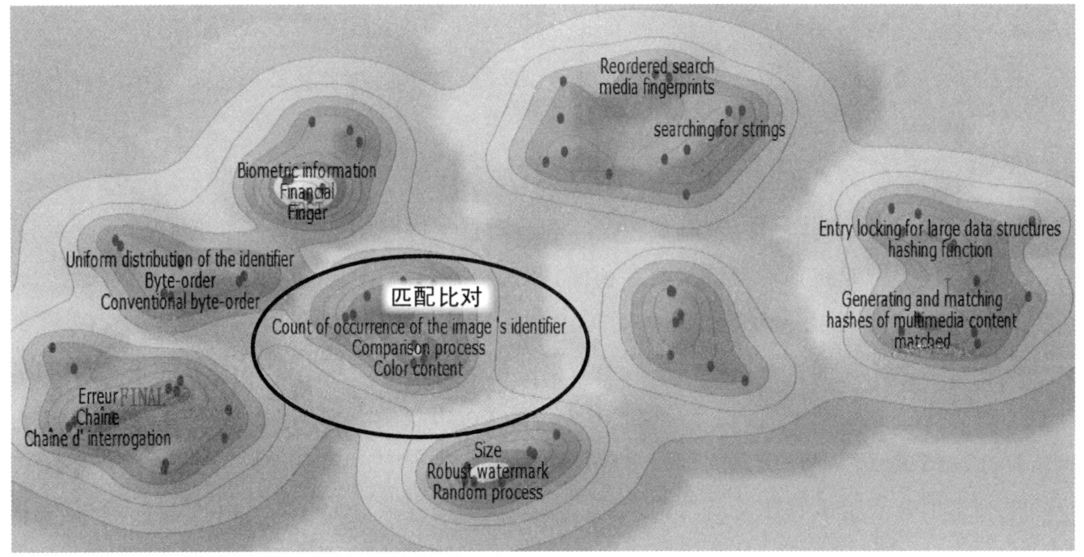

图 5.1-12 海量数据索引以及海量数据匹配比对技术构成分布图

三、总结

数字内容注册与管理平台开发涉及到海量数据索引以及海量数据匹配比对技术，该技术1994 年 1 月 1 日——2014 年 12 月 12 日期间在“九国两组织”范围内的/专利申请数量总计为 2 256 件。1990 年以来，全球范围内关于“海量数据索引以及海量数据匹配比对技术”的专利申请一直处于较为活跃的状态。其中，专利申请数量最多的国家分别为美国、中国和日本。总体而言，海量数据索引以及海量数据匹配比对技术属于受关注较高的新技术，并且在国内发展迅速，国内企业或研究机构对于该技术投入的研发力度和关注度逐渐增强。

（一）专利申请量的总体发展趋势

就整个行业专利申请状况来看，海量数据索引以及海量数据匹配比对技术相关专利数量一直处于稳步增长的趋势，尤其是2013年增长最多，达到峰值。

（二）各地区技术发展现状以及未来发展趋势

1. 美国

在美国，海量数据索引以及海量数据匹配比对技术在美国的研究热度依然较高，根据该技术在美国专利申请量来看，2012年和2013年开始该技术专利申请量出现大幅度增长，表现出较好的发展趋势。

2. 日本

海量数据索引以及海量数据匹配比对技术在日本出现较早，但是发展速度一直非常缓慢。

3. 韩国

在韩国，海量数据索引以及海量数据匹配比对技术的专利申请趋势呈现上升形势，但是申请人和专利申请整体偏低，企业对此技术的研发热度较低。

4. 中国

在中国，海量数据索引以及海量数据匹配比对技术一直处于发展期，近两年，业内对于相关技术的关注较高，研发较多，发展速度较快。

（三）主要申请人专利申请对比分析

通过对于海量数据索引以及海量数据匹配比对技术领域的宏观分析，我们结合微观分析模块具体解读行业内主要申请人的专利现状。

1. 专利申请量维度横向比较

以各申请人在海量数据索引以及海量数据匹配比对技术的年专利申请进行排名，得出该技术的三个主要专利申请人，分别是IBM、微软、飞利浦。其中，IBM在该技术上的研发工作正在持续进行中，相关技术成果也在不断完善过程中；微软每年均有关于该技术的少量专利申请，表明微软在这一技术上的研发投入仍在继续；近几年飞利浦对该技术的专利申请数量几近为零，说明其在该技术上的研发投入处于停滞状态。

2. 专利资产区域布局情况

从海量数据索引以及海量数据匹配比对技术相关的三个主要申请人的专利资产区域布局情况，我们可以看出：IBM、微软、飞利浦的专利申请已经覆盖美国、中国、日本、韩国、德国、欧洲、世界知识产权组织等多个国家和地区，大部分主要集中在美国和中国。其中，IBM、微软一半以上的专利申请集中在美国，其次是中国和欧洲；而飞利浦的专利申请在美国、中国、欧洲、世界知识产权组织分布较为均匀。根据该技术在美国和中国的专利申请量来看，2012年和2013年开始该技术专利申请量出现大幅度增长，表现出较好的发展趋势。

3. 技术热点分析

从技术热点分析角度来说，IBM、微软、飞利浦均围绕海量数据索引以及海量数据匹配比对技术申请了较多专利。其中，IBM的专利申请主要涉及到该技术在数据库索引和数据管理系统中的应用；微软的专利申请中，出现的与海量数据匹配比对技术相关的词汇频率较高，说明微软的专利申请主要针对海量数据匹配比对技术，并且，微软在围绕该技术申请的专利更多地集中在大型数据库中的应用；飞利浦围绕该技术的专利申请主要集中在匹配比对技术、哈希函数技术。

第二节　文本相似特征提取以及文本型数字内容查重技术

一、专利检索

（一）检索结果概述

以文本相似特征提取以及文本型数字内容查重技术为检索主题，在“九国两组织”范围内，共检索到相关专利申请 1 454 件，具体数量分布如下（单位：件）：

美国	中国	日本	韩国	英国	法国	德国	澳大利亚	俄罗斯	EP	WO	总计
149	628	503	67	2	0	3	5	0	27	70	1 454

（二）各地区/组织相关专利申请趋势

由以下图表可知，针对“文本相似特征提取以及文本型数字内容查重技术”，通过欧专局和世界知识产权组织面向国际范围的专利申请数量较少。1990 年以来，关于“文本相似特征提取以及文本型数字内容查重技术”申请专利最多的国家分别为美国、中国和日本。其中，美国和日本的相关专利申请趋势较为稳定；中国近年来专利申请趋势增长较快，尤其是 2012 年开始相关专利申请总量出现较快速的增长趋势，可见，文本相似特征提取以及文本型数字内容查重技术在国内发展较为迅速。

表 5.2-1　文本相似特征提取以及文本型数字内容查重技术“九国两组织”相关专利申请状况

国家＼年份	1990①	2000	2001	2002	2003	2004	2005	2006	2007	2008	2009	2010	2011	2012	2013
US	2	3	3	1	7	7	6	8	13	9	10	15	12	21	13
CN	2	0	0	1	2	3	1	4	7	10	35	46	60	114	140
JP	22	8	20	28	26	24	27	36	29	37	37	56	28	42	49
KR	1	0	0	0	0	0	1	1	2	13	7	4	16	7	7
GB	0	0	0	0	1	0	0	1	0	0	0	0	0	0	0
DE	2	0	0	0	1	0	0	0	0	0	0	0	0	0	0
AU	0	0	0	1	1	0	0	1	0	0	0	0	0	0	1
EP	1	1	1	0	0	3	1	2	1	1	4	0	4	2	3
WO	3	0	1	2	4	0	1	4	5	3	2	16	5	6	12

注：法国和俄罗斯相关专利申请量基本为零，暂不列入统计范围。

① 1990 是指 1990－1999 年的专利数量总数。

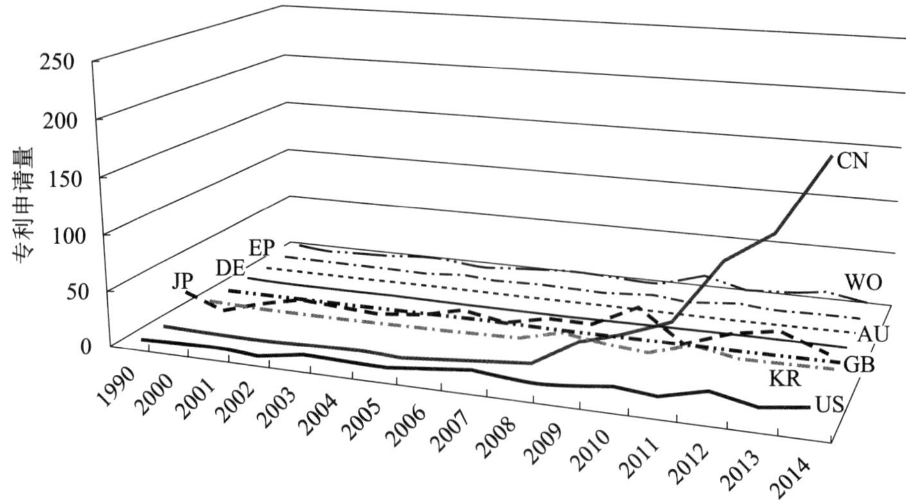

图 5.2-1 "九国两组织"相关专利申请状况图

（三）各地区/组织相关专利申请人排名

1. WO 相关专利申请人排名

表 5.2-2 文本相似特征提取技术以及文本型数字内容查重技术 WO 相关专利申请人排名

序号	申请人	申请人国家	专利申请数量
1	NEC CORP	日本	18
2	PANASONIC CORP	日本	7
3	KONDO KENJI	日本	4
4	TAKATA KAZUTOYO	日本	4
5	FUJITSU LTD	日本	3

2. EP 相关专利申请人排名

表 5.2-3 文本相似特征提取技术以及文本型数字内容查重技术 EP 相关专利申请人排名

序号	申请人	申请人国家	专利申请数量	专利授权数量
1	CANON KK	日本	3	2
2	SILVERBROOK RES PTY LTD	澳大利亚	2	2
3	FUJITSU LTD	日本	2	0
4	PANASONIC CORP	日本	2	0
5	SONY CORP	日本	2	0

3. 中国地区相关专利申请人排名

表 5.2-4 文本相似特征提取技术以及文本型数字内容查重技术中国地区相关专利申请人排名

序号	申请人	申请人国家	专利申请数量	专利授权数量
1	CHINESE ACAD INST AUTOMATION	中国	29	16
2	UNIV BEIHANG	中国	16	7
3	UNIV CHONGQING	中国	15	10
4	UNIV BEIJING TECHNOLOGY	中国	13	5
5	UNIV TSINGHUA	中国	12	6

4. 美国地区相关专利申请人排名

表表 5.2-5 文本相似特征提取技术以及文本型数字内容查重技术美国地区相关专利申请人排名

序号	申请人	申请人国家	专利申请数量	专利授权数量
1	NEC CORP	日本	19	0
2	MICROSOFT CORP	美国	12	5
3	TOSHIBA KK	日本	8	3
4	FUJITSU LTD	日本	6	3
5	CANON KK	日本	6	6

5. 日本地区相关专利申请人排名

表 5.2-6 文本相似特征提取技术以及文本型数字内容查重技术日本地区相关专利申请人排名

序号	申请人	申请人国家	专利申请数量	专利授权数量
1	NEC CORP	日本	52	11
2	TOSHIBA CORP	日本	40	17
3	NIPPON TELEGRAPH & TELEPHONE	日本	48	24
4	RICOH KK	日本	29	16
5	CANON KK	日本	29	11

6. 澳大利亚地区相关专利申请人排名

表 5.2-7 文本相似特征提取技术以及文本型数字内容查重技术澳大利亚地区相关专利申请人排名

序号	申请人	申请人国家	专利申请数量	专利授权数量
1	TELEFONICA SA	西班牙	5	2
2	SILVERBROOK RES PTY LTD	澳大利亚	1	1
3	Silverbrook Research Pty Ltd	澳大利亚	1	1

7. 德国地区相关专利申请人排名

表 5.2-8 文本相似特征提取技术以及文本型数字内容查重技术德国地区相关专利申请人排名

序号	申请人	申请人国家	专利申请数量	专利授权数量
1	SCIENTIFIC ATLANTA	美国	2	0
2	ZEISS CARL JENA GMBH	德国	1	0

8. 法国地区相关专利申请人排名

在本次检索得到的法国相关专利中，无文本相似特征提取技术以及文本型数字内容查重技术涉及的专利申请。

9. 英国地区相关专利申请人排名

表 5.2-9 文本相似特征提取技术以及文本型数字内容查重技术英国地区相关专利申请人排名

序号	申请人	申请人国家	专利申请数量	专利授权数量
1	AGENCY SCIENCE TECH & RES	新加坡	1	0
2	FUJITSU LTD	日本	1	0

10. 俄罗斯地区相关专利申请人排名

在本次检索得到的俄罗斯相关专利中，无文本相似特征提取技术涉及的专利申请。

11. 韩国地区相关专利申请人排名

表 5.2-10 文本相似特征提取技术以及文本型数字内容查重技术韩国地区相关专利申请人排名

序号	申请人	申请人国家	专利申请数量	专利授权数量
1	SAMSUNG ELECTRONICS CO LTD	韩国	5	1
2	KOREA ELECTRONICS TELECOMM	韩国	4	3
3	KISAN ELECTRONICS CO., LTD.	韩国	1	1
4	SONY ELECTRONICS INC	日本	1	0
5	BICOM CO., LTD.	韩国	1	1
6	HYUN, WOON HYUG	韩国	1	1
7	KOREA ADVANCED INSTITUTE OF SCIENCE AND TECHNOLOGY	韩国	1	1
8	KONAN TECHNOLOGY INC.	韩国	1	1
9	PANTECH CO., LTD.	韩国	1	0

二、专利分析

(一) 技术发展趋势分析

如图 5.2-2 所示为文本相似特征提取以及文本型数字内容查重技术专利申请数量年度分布，可以看出，文本相似特征提取以及文本型数字内容查重技术相关专利申请数量一直处于稳步增长的趋势，并于 2009 年突破百件，虽然 2010 年的专利申请量出现低谷，但是之后恢复增长态势，并于2013年达到峰值，可见，业内针对文本相似特征提取以及文本型数字内容查重技术的关注较高，投入的研发力度较多，未来发展空间较大。

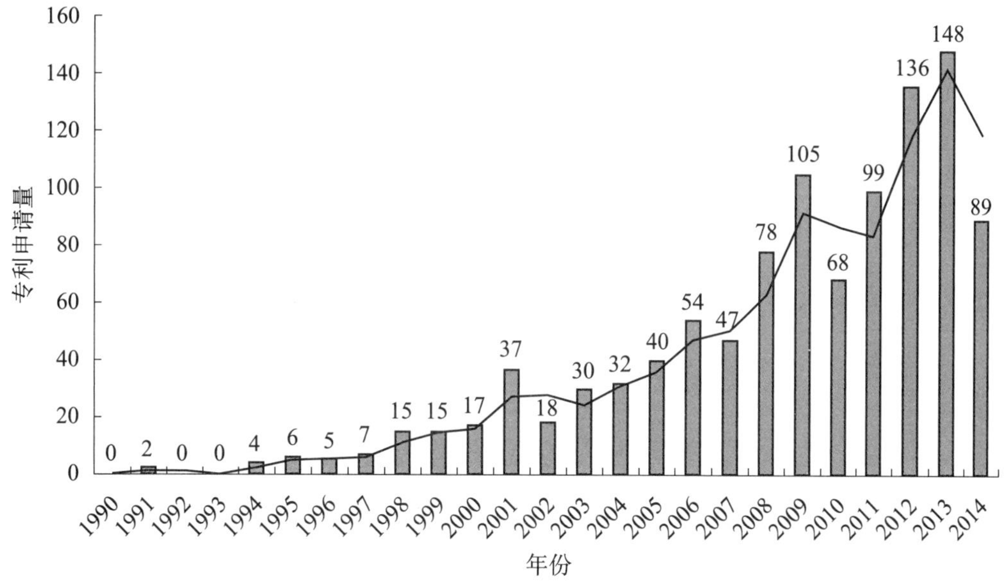

图5.2-2　文本相似特征提取以及文本型数字内容查重技术发展趋势图

（二）技术路线分析

随着数字网络的飞速发展，数字版权保护受到高度重视，各国相关企业或机构对于关键技术之一的“文本相似特征提取以及文本型数字内容查重技术”纷纷投入研究。在中国，该技术在版权保护方面的应用不断出现突破和创新。如图5.2-3所示，2003年以来，中国境内不断出现文本相似特征提取以及文本型数字内容查重技术相关的专利申请。例如，2003年9月10日，西安交通大学提交的专利申请CN2003134562A，提供一种利用计算机程序检测电子文本剽窃的方法；2008年11月18日，西安交通大学还提交了一篇专利申请CN200810232309A，涉及一种检测及定位电子文本内容剽窃的方法；THOMSON GLOBAL RESOURCES（汤姆森环球资源公司）提交的专利申请CN200580035487A，公开了一种有助于在搜索结果中重复文档的标识和/或分组的系统、方法和软件。此外，2005年7月6日，CANON提交了专利申请JP2005197565A，同年8月10日，还提交另一篇专利申请JP2005232102A，这两件专利申请均涉及纸面文件扫描和高精度检索技术。这些技术均与文本相似特征提取以及文本型数字内容查重技术相关，并且被引用较多。

（三）主要专利申请人分析

根据检索结果来看，文本相似特征提取以及文本型数字内容查重技术相关的专利申请和申请人主要分布在日本、美国和中国，全球范围来看，相关专利申请数量并不多。近年来，NEC、NTT、TOSHIBA等领先企业的相关专利申请量虽然不多，但已经遍及美国、中国、日本、欧洲等多个国家和地区，可见，文本相似特征提取以及文本型数字内容查重技术，还有很多较大的发展空间和市场需求。

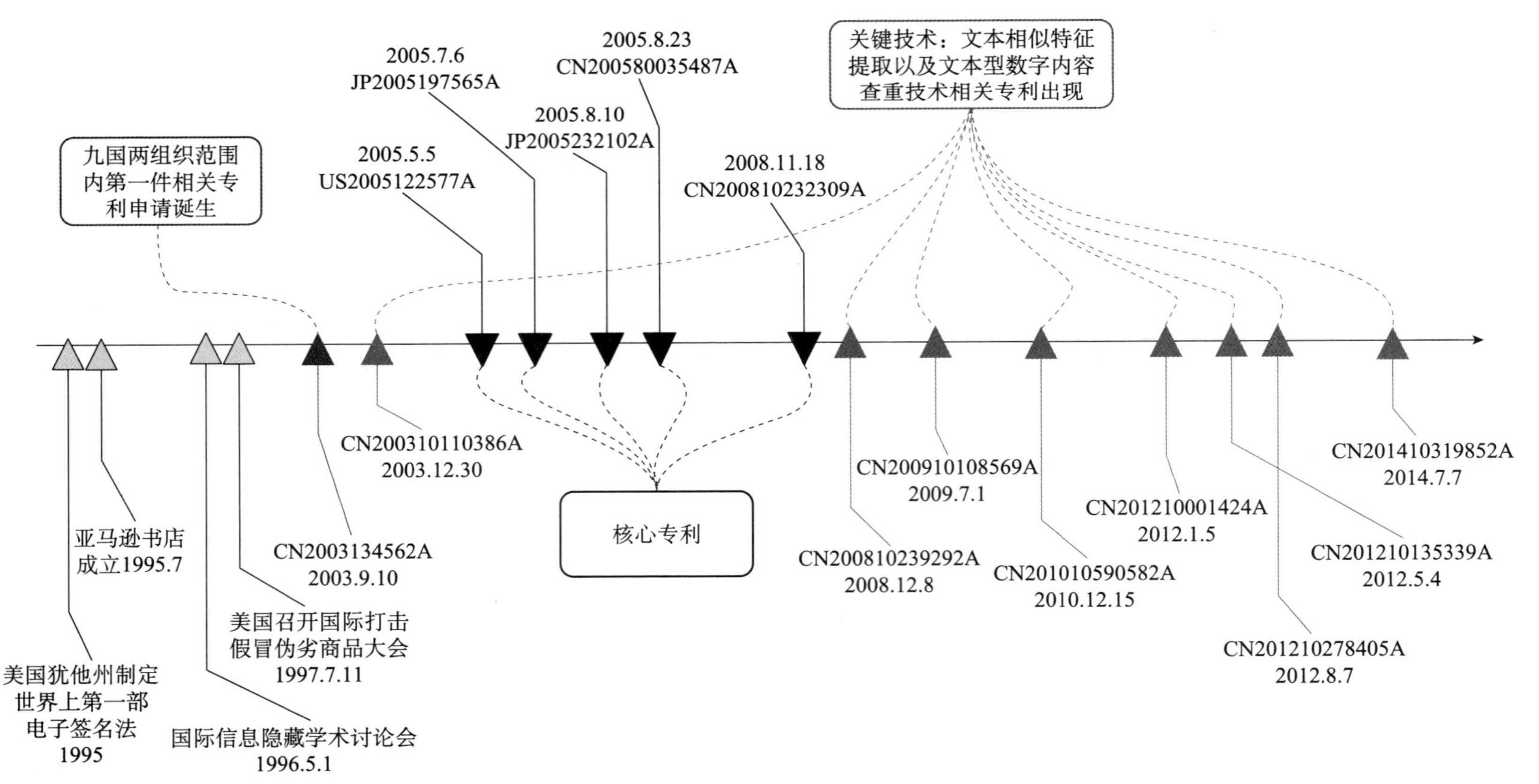

图5.2-3　文本相似特征提取以及文本型数字内容查重技术路线图

1. 申请量排名第一的专利申请人

（1）专利申请量

NEC Corporation（日本电气株式会社，简称 NEC）是日本的一家跨国信息技术公司，为商业企业、通信服务以及政府提供信息技术（IT）和网络产品，其经营范围包括 IT 解决方案，主要是向商业企业、政府和个人用户提供软件、硬件和相关服务。由图 5.2-4 可以看出，关于文本相似特征提取以及文本型数字内容查重技术，NEC 在 2005 年后，尤其是 2008 年至 2011 年间取得一定的技术成果，但相关专利数量一直较少，说明其技术研发投入并不是很多。

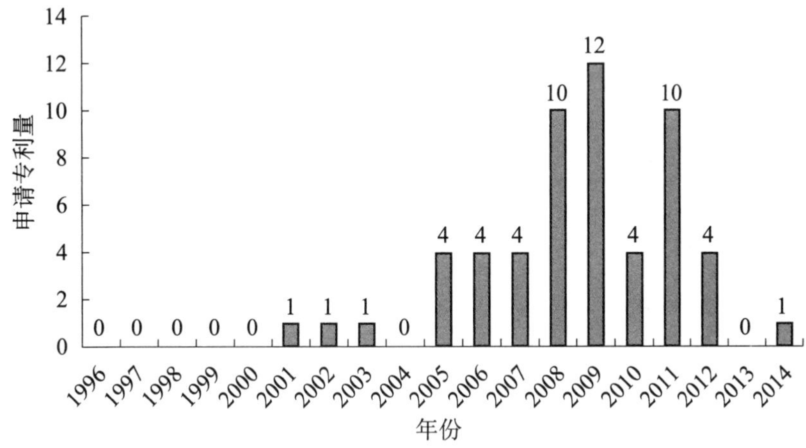

图 5.2-4　NEC 文本相似特征提取以及文本型数字内容查重技术专利申请条形图

（2）“九国两组织”专利申请量区域分布

如图 5.2-5 所示，NEC 的专利申请范围包括美国、日本、中国和欧洲，以美国和日本的专利申请数量最多，这与其主要的销售市场相一致。

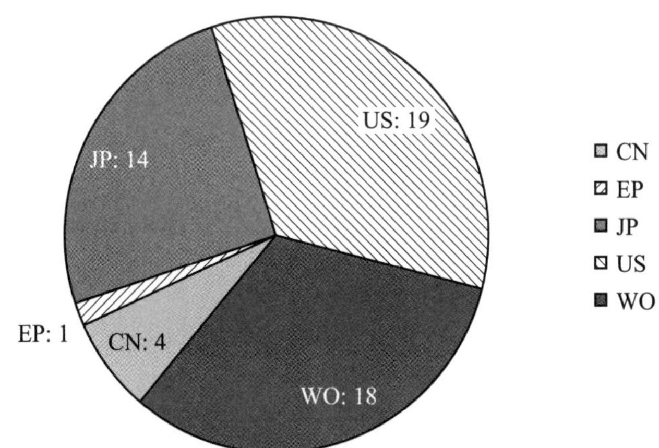

图 5.2-5　NEC 文本相似特征提取以及文本型数字内容查重技术专利申请量区域分布图

（3）技术构成分布

由于 NEC 近年来的专利数量并不是很多，围绕文本相似特征提取以及文本型数字内容查重技术申请的专利数量更少，而专利数量需要满足至少 30 件才能通过构成分布图观察重点技术，故图 5.2-6 是根据 NEC 近年来关于“相似特征提取技术”的专利申请所出的构成分布图。可以看出，NEC 关于相似特征提取技术的专利申请较多用于图像检索。此外，NEC 围绕文本相似特征提取以及文本型数字内容查重技术申请了部分专利，这表明，虽然 NEC 针对该技术申请了部分专利，但是该技术并不是 NEC 的研究重点。

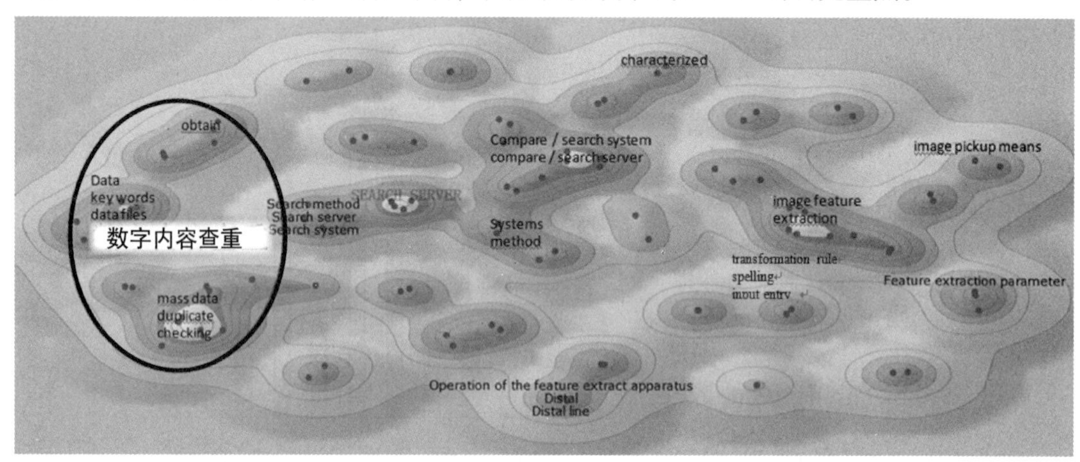

图 5.2-6　NEC 文本相似特征提取以及文本型数字内容查重技术构成分布图

2. 申请量排名第二的专利申请人

（1）专利申请量

NTT 总部位于日本东京，是全世界最大的电信公司之一，为全世界，特别是亚太地区的消费者、企业和政府提供高品质、技术先进的网络管理服务、安全服务和解决方案。由图 5.2-7 可以看出，关于文本相似特征提取以及文本型数字内容查重技术，每年都有专利申请出现，但是数量很少，说明其对于文本相似特征提取以及文本型数字内容查重技术的研发有一定的经验积累，但是技术成果并不多。

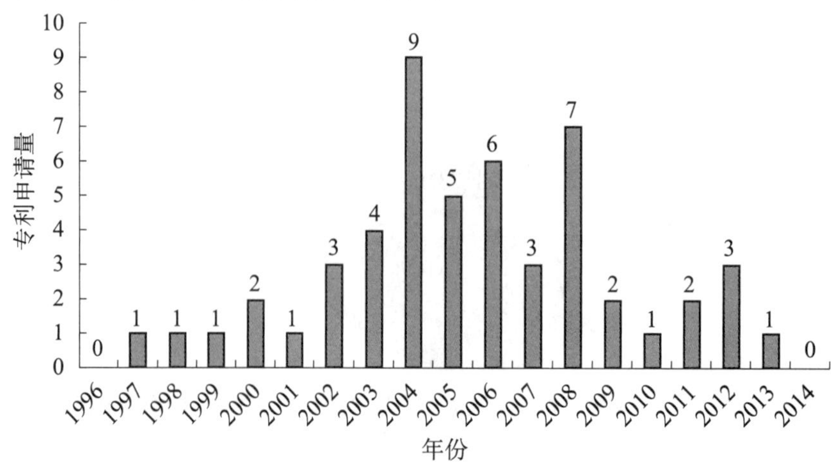

图 5.2-7　NTT 文本相似特征提取以及文本型数字内容查重技术专利申请条形图

（2）“九国两组织”专利申请量区域分布

NTT 公司共 53 件专利，均在日本申请和公开，说明其目标市场仅在日本境内。

（3）技术构成分布

由于 NTT 近年来的专利数量并不是很多，围绕文本相似特征提取以及文本型数字内容查重技术申请的专利数量更少，而专利数量需要满足至少 30 件才能通过构成分布图观察重点技术，故图 5.2-8 是根据 NTT 近年来关于“相似特征提取技术”的专利申请所出的构成分布图，可以看出，NTT 关于相似特征提取技术的专利申请较多用于图像检索和视频查重领域。此外，NTT 围绕文本相似特征提取以及文本型数字内容查重技术申请了部分专利，这表明，虽然 NTT 针对该技术申请了部分专利，但是该技术并不是 NTT 的研究重点。

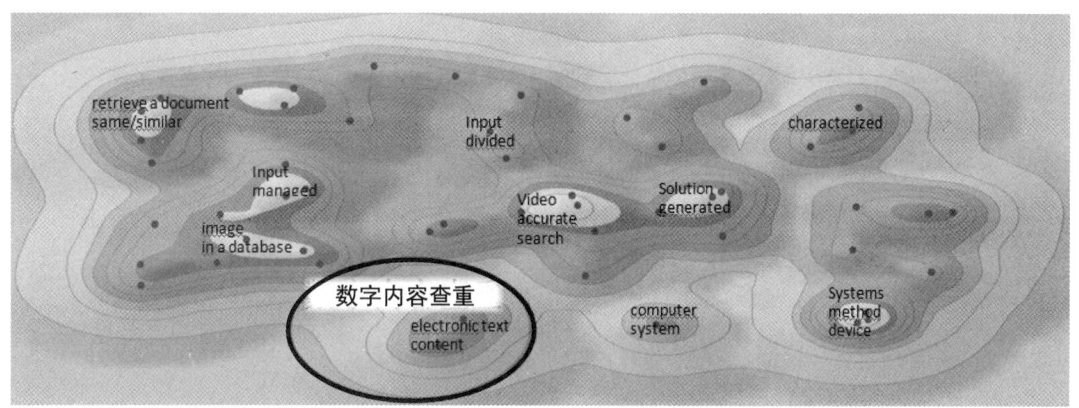

图 5.2-8 NTT 文本相似特征提取以及文本型数字内容查重技术构成分布图

3. 申请量排名第三的专利申请人

（1）专利申请量

TOSHIBA 是日本最大的半导体制造商，业务领域包括数码产品、电子元器件、社会基础设备、家电等。TOSHIBA 是一家包括通讯、电子在内的综合电子电器企业，进入上世纪 90 年代，在数字技术、移动通信技术和网络技术等领域取得了飞速发展，成功从家电行业的巨人转变为 IT 行业的先锋。通过图 5.2-9 可知，关于文本相似特征提取以及文本型数字内容查重技术，每年都有相关专利申请出现，但是数量很少，说明其对于文本相似特征提取以及文本型数字内容查重技术的研发有一定的经验积累，但是技术成果并不多。

（2）“九国两组织”专利申请量区域分布

如图 5.2-10 所示，TOSHIBA 是日本最大的半导体制造商，其在日本必然最多，除此之外，TOSHIBA 相关专利申请范围还包括美国和中国，说明其目标市场主要在日本，同时也在积极开拓美国市场和中国市场。

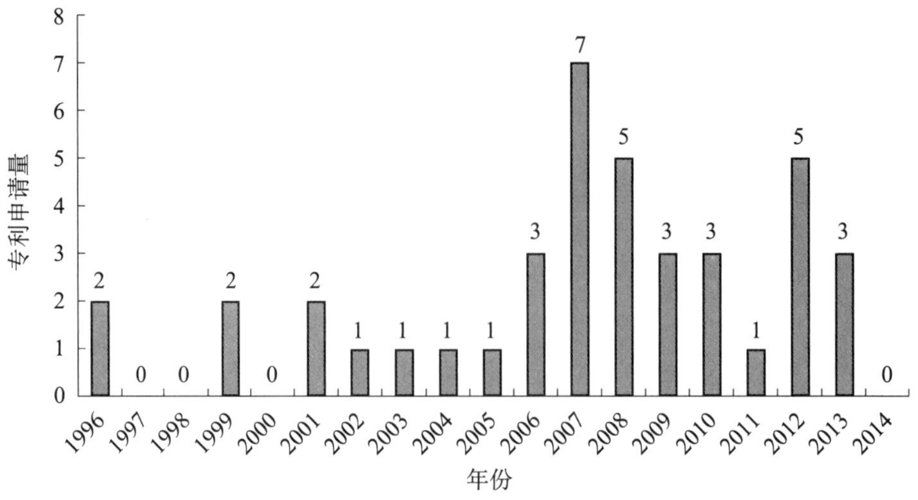

图 5.2-9 TOSHIBA 文本相似特征提取以及文本型数字内容查重技术专利申请条形图

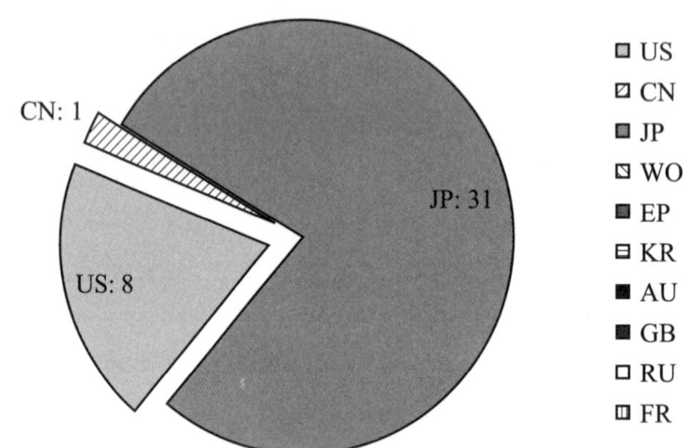

图 5.2-10 TOSHIBA 文本相似特征提取以及文本型数字内容查重技术专利申请量区域分布图

（3）技术构成分布

由于 TOSHIBA 近年来的专利数量并不是很多，围绕文本相似特征提取以及文本型数字内容查重技术申请的专利数量更少，而专利数量需要满足至少 30 件才能通过构成分布图观察重点技术，故图 5.2-11 是根据 TOSHIBA 近年来关于“相似特征提取技术”的专利申请所出的构成分布图。可以看出，TOSHIBA 针对相似特征提取技术申请的专利大多用于图像识别，此外，TOSHIBA 围绕文本相似特征提取以及文本型数字内容查重技术也申请了部分专利。例如，1999 年 9 月 24 日，TOSHIBA 提交了一篇专利号为 JP1999271263A 的专利申请，用于采用预设的格式登记数据；2007 年 6 月 12 日，TOSHIBA 提交了一篇专利号为 JP200145329A 的专利申请，用于在光学字符阅读器中识别字符。虽然 NEC 针对文本相似特征提取以及文本型数字内容查重技术申请了部分专利，但是该技术并不是 NEC 的研究重点。

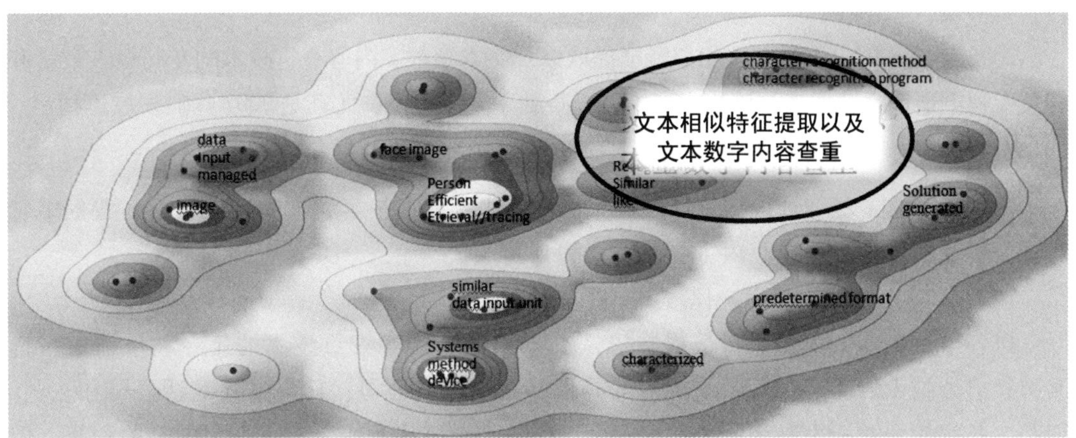

图 5.2-11　TOSHIBA 文本相似特征提取以及文本型数字内容查重技术构成分布图

三、总结

数字内容注册与管理平台开发涉及到文本相似特征提取技术以及文本数字内容查重技术。该技术 1994 年 1 月 1 日——2014 年 12 月 12 日期间的“九国两组织”范围内的专利申请检索，数量总计为 1 454 件。通过欧专局和世界知识产权组织面向国际范围的专利申请数量较少。1990 年以来，关于该技术申请专利最多的国家分别为美国、中国和日本。中国近年来专利申请增长较快，尤其是 2012 年开始，相关专利申请总量出现较快速的增长趋势。

（一）专利申请量的总体发展趋势

就整个行业专利申请状况来看，文本相似特征提取以及文本型数字内容查重技术相关专利申请数量一直处于稳步增长的趋势，可见，业内针对该技术的关注较高，投入的研发力度较多，未来发展空间较大。

（二）各地区技术发展现状以及未来发展趋势

1. 美国

关于文本相似特征提取以及文本型数字内容查重技术，美国相关专利申请较少，一直处于发展期。

2. 日本

在日本市场中，关于文本相似特征提取以及文本型数字内容查重技术的专利申请量和专利权人数量在 2009 年达到峰值，近年来出现下滑趋势，可见，该技术在日本已经积累一定的技术成果，技术成熟度较高。

3. 韩国

2004 年，韩国才开始出现文本相似特征提取以及文本型数字内容查重技术相关的专利申请，但是至今为止，发展速度仍非常缓慢，研发热度较低，相关企业和相关专利一直很少。

4. 中国

2005 年后，国内关于文本相似特征提取以及文本型数字内容查重技术的专利权人数量和相关专利申请量逐渐增多，该技术在中国一直处于发展阶段，尤其是 2007 年后发展迅猛。

（三）主要申请人专利申请对比分析

通过对于文本相似特征提取以及文本型数字内容查重技术领域的宏观分析，我们结合微观分析模块具体解读行业内主要申请人的专利现状。

（1）专利申请量维度横向比较

以各申请人在文本相似特征提取以及文本型数字内容查重技术的年专利申请进行排名，得出该技术的三个主要专利申请人分别是日本电气公司、日本电报电话公司和东芝。但是，各领先企业相关专利数量一直较少，说明其对该技术的研发有一定的经验积累，但是技术成果并不是很多。

（2）专利资产区域布局情况

从文本相似特征提取以及文本型数字内容查重技术相关的三个主要申请人的专利资产区域布局情况，我们可以看出：日本电气公司的专利申请范围包括美国、日本、中国和欧洲，以美国和日本的专利申请数量最多，这与其主要的销售市场相一致；日本电报电话公司共 53 件专利，均在日本申请和公开，说明其目标市场仅在日本境内；东芝的专利申请在日本最多，此外相关专利申请范围还包括美国和中国，说明其目标市场主要在日本，同时也在积极开拓美国市场和中国市场。

（3）技术热点分析

从技术热点分析角度来说，日本电气公司关于相似特征提取技术的专利申请较多用于图像检索，日本电报电话公司关于相似特征提取技术的专利申请较多用于图像检索和视频查重领域，东芝针对相似特征提取技术申请的专利大多用于图像识别。此外，日本电气公司、日本电报电话公司和东芝公司也分别围绕文本相似特征提取以及文本型数字内容查重技术提交了部分专利申请，但并不是日本电气公司的研究重点。

第三节　元数据比对技术

一、专利检索

（一）检索结果概述

以元数据比对技术为检索主题，在“九国两组织”范围内，共检索到相关专利申请 4 645件，具体数量分布如下（单位：件）：

美国	中国	日本	韩国	英国	法国	德国	澳大利亚	俄罗斯	EP	WO	总计
2 129	623	595	222	51	3	3	82	5	395	537	4 645

（二）各地区/组织相关专利申请趋势

由表5.3-1、图5.3-1可知，元数据比对技术从2000年开始，研究应用逐步升温，相关专利的主要申请国包括美国、中国、日本和韩国。其中，美国的相关专利申请增量态势最为显著，2014年的申请量已接近400件，在元数据比对技术的专利申请和应用推广方面，美国在全球范围内起到了一个带头的作用。

表5.3-1　元数据比对技术“九国两组织”相关专利申请状况

国家＼年份	1990①	2000	2001	2002	2003	2004	2005	2006	2007	2008	2009	2010	2011	2012	2013	2014
US	3	4	4	32	32	54	73	93	109	140	187	235	212	278	294	379
CN	2	1	2	2	2	7	29	21	30	48	60	48	65	99	95	112
JP	5	1	8	6	6	14	17	14	36	51	62	64	84	72	76	79
KR	0	0	0	1	0	6	2	7	0	24	28	22	20	25	28	48
GB	0	0	0	6	0	3	4	2	2	2	3	5	4	6	6	8
DE	0	0	0	0	0	0	0	0	0	1	1	1	0	0	0	0
FR	0	0	0	0	0	0	0	0	0	0	0	0	0	0	3	0
AU	1	1	2	1	3	8	4	4	2	5	6	13	6	11	7	8
RU	0	0	0	0	0	0	0	0	0	0	1	0	0	0	4	0
EP	0	4	0	10	9	17	35	22	24	34	32	31	29	39	55	54
WO	5	2	12	14	14	24	21	35	27	48	51	42	54	65	60	63

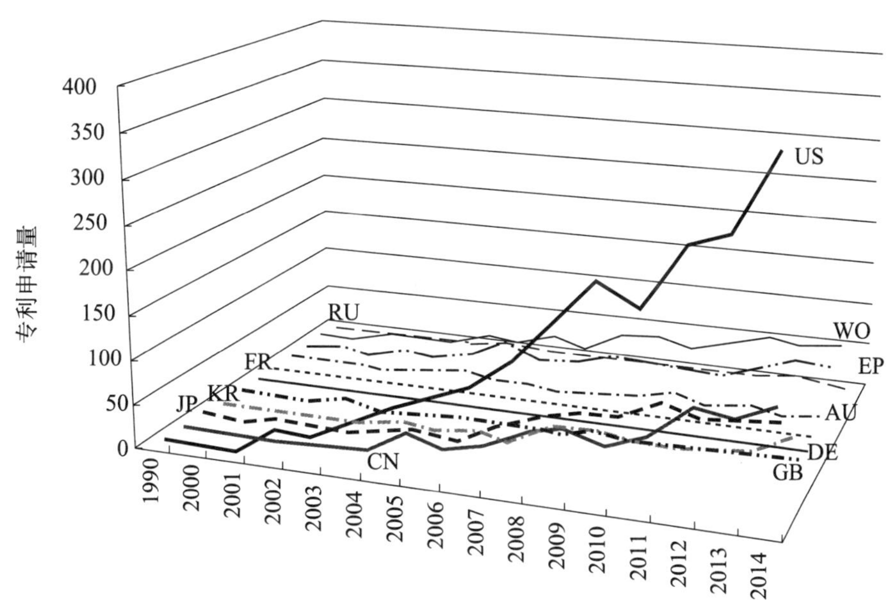

图5.3-1　“九国两组织”相关专利申请状况图

① 1990是指1990－1999年的专利数量总数。

(三) 各地区/组织相关专利申请人排名

1. WO 相关专利申请人排名

表 5.3-2 元数据比对技术 WO 相关专利申请人排名

序号	申请人	申请人国家	专利申请数量
1	SAMSUNG ELECTRONICS CO LTD	韩国	15
2	MICROSOFT CORP	美国	13
3	GOOGLE INC	美国	12
4	KONINKL PHILIPS ELECTRONICS NV	荷兰	12
5	YAHOO INC	美国	11

2. EP 相关专利申请人排名

表 5.3-3 元数据比对技术 EP 相关专利申请人排名

序号	申请人	申请人国家	专利申请数量	专利授权数量
1	SAMSUNG ELECTRONICS CO LTD	韩国	22	0
2	MICROSOFT CORP	美国	19	3
3	SONY CORP	日本	19	4
4	DOLBY LAB LICENSING CORP	美国	8	2
5	MITSUBISHI ELECTRIC CORP	日本	8	7

3. 中国地区相关专利申请人排名

表 5.3-4 元数据比对技术中国地区相关专利申请人排名

序号	申请人	申请人国家	专利申请数量	专利授权数量
1	SONY CORP	日本	38	23
2	MICROSOFT CORP	美国	30	22
3	SAMSUNG ELECTRONICS CO LTD	韩国	27	13
4	UNIV HUAZHONG SCIENCE TECH	中国	20	15
5	IBM	美国	20	12

4. 美国地区相关专利申请人排名

表 5.3-5 元数据比对技术美国地区相关专利申请人排名

序号	申请人	申请人国家	专利申请数量	专利授权数量
1	MICROSOFT CORP	美国	148	44
2	IBM	美国	143	39
3	SAMSUNG ELECTRONICS CO LTD	韩国	73	13
4	SONY CORP	日本	49	12
5	YAHOO INC	美国	40	15

5. 日本地区相关专利申请人排名

表 5.3-6 元数据比对技术日本地区相关专利申请人排名

序号	申请人	申请人国家	专利申请数量	专利授权数量
1	SONY CORP	日本	74	46
2	CANON KK	日本	43	19
3	TOSHIBA CORP	日本	43	29
4	NIPPON TELEGRAPH & TELEPHONE	日本	27	15
5	MITSUBISHI ELECTRIC CORP	日本	24	21

6. 澳大利亚地区相关专利申请人排名

表 5.3-7 元数据比对技术澳大利亚地区相关专利申请人排名

序号	申请人	申请人国家	专利申请数量	专利授权数量
1	CANON KK	日本	8	5
2	MICROSOFT CORP	美国	6	4
3	TIVO INC	美国	3	3
4	FUNNELBACK PTY LTD	澳大利亚	3	3
5	SAMSUNG ELECTRONICS CO LTD	韩国	3	2

7. 德国地区相关专利申请人排名

表 5.3-8 元数据比对技术德国地区相关专利申请人排名

序号	申请人	申请人国家	专利申请数量	专利授权数量
1	WHATMORE GMBH	德国	1	1
2	BAER STEFAN	德国	1	0
3	SONY CORP	日本	1	0

8. 法国地区相关专利申请人排名

表 5.3-9 元数据比对技术法国地区相关专利申请人排名

序号	申请人	申请人国家	专利申请数量	专利授权数量
1	ISOGEO	法国	1	0
2	AQUAFADAS SAS	法国	1	0
3	SHARIF KAMBIZ	法国	1	0

9. 英国地区相关专利申请人排名

表 5.3-10　元数据比对技术英国地区相关专利申请人排名

序号	申请人	申请人国家	专利申请数量	专利授权数量
1	IBM	美国	5	0
2	APPLE INC	美国	3	1
3	BRITISH BROADCASTING CORP	英国	3	0
4	MANAGEIQ INC	美国	3	0
5	ROLONEWS LP	爱尔兰	2	0

10. 俄罗斯地区相关专利申请人排名

表 5.3-11　元数据比对技术俄罗斯地区相关专利申请人排名

序号	申请人	申请人国家	专利申请数量	专利授权数量
1	KONINKL PHILIPS ELECTRONICS NV	荷兰	1	1
2	QUALCOMM INC	美国	1	0
3	AXEL SPRINGER DIGITAL TV GUIDE	德国	1	0
4	SONY CORPORATION	日本	1	0
5	SAMSUNG ELECTRONICS CO LTD	韩国	1	0

11. 韩国地区相关专利申请人排名

表 5.3-12　元数据比对技术韩国地区相关专利申请人排名

序号	申请人	申请人国家	专利申请数量	专利授权数量
1	SAMSUNG ELECTRONICS CO LTD	韩国	49	17
2	ELECTRONICS AND TELECOMMUNICATIONS RESEARCH INSTITUTE	韩国	23	9
3	KOREA ELECTRONICS TELECOMM	韩国	18	16
4	YAHOO INC	美国	8	6
5	KT CORP	韩国	6	0

二、专利分析

（一）技术发展趋势分析

元数据是描述数据属性的信息，可以理解为描述数据的数据。元数据比对技术，可以用来判断不同网络作品之间的相似程度，从而应用于网络侵权追踪平台，以其比对结果作为侵权判断的一项依据。

图 5.3-2 示出了全球范围内元数据比对技术的发展趋势，由图可以看出元数据比对技术在 2009 年之前专利申请增速态势基本保持了匀速稳定的一种状态，至 2008 年，全球相

关专利申请量已经达到230多件。2009年至2010年，专利申请量出现了小幅度的下降，后续则恢复逐年增长的势头。在大数据时代的刺激下，元数据相关技术在2013年之前大体上呈现出专利年申请量不断增长，应用不断推广的发展情况，这与行业发展态势吻合。而近两年，元数据比对相关技术基本都已成熟，相应研发资源的投入减少，导致该项技术的专利申请量有下降趋势，截止到目前，元数据比对技术年申请量的最高纪录定格在2012年的273件。

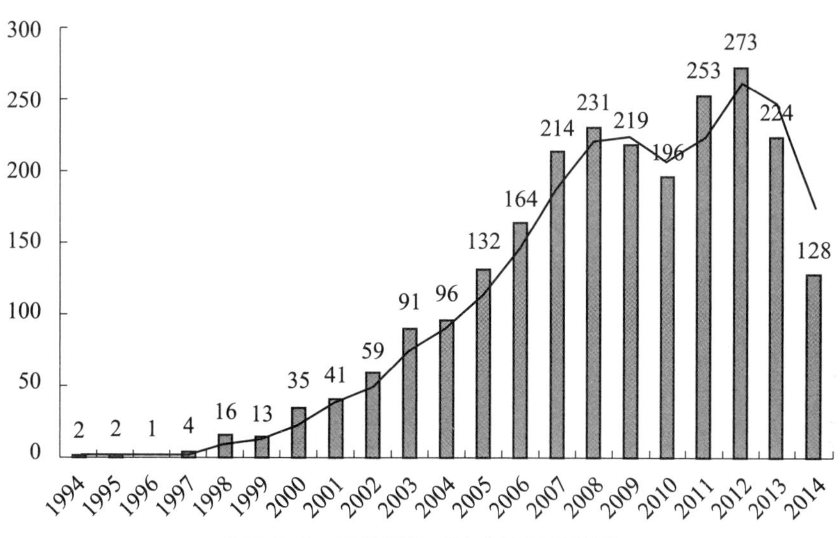

图5.3-2 元数据比对技术发展趋势图

（二）技术路线分析

图5.3-3为元数据比对技术的重要技术时序图，由图可知，与元数据比对技术相关的第一件专利诞生于1995年8月10日。图中黑色箭头导引的专利为在元数据比对技术方面被引证次数比较多的核心专利。这些核心专利覆盖到元数据的自动提取、元数据嵌入、元数据索引和对比等技术。这些核心技术由于具有很强的适用性，被广泛推广应用，后期也作为基础技术被其后申请的专利多次引用和引证，为元数据相关技术发展历程中的里程碑专利。图中蓝色箭头导引的专利为与元数据比对技术相关性比较高的关键技术专利，包括关键专利的申请时间和专利申请号。

从图中黑色箭头导引的核心专利和蓝色箭头导引的关键技术专利在时间轴上的分布特点可知，在元数据比对技术兴起的前几年，适用性比较广的基础技术得到了充分研究和发展，后期随着该项技术的不断成熟，在可知范围内，元数据相关技术的研究空间也逐渐缩小，因此具有广泛被引用可能的基础型专利变少，而侧重于具体某个方向或细节部分的改进型研究，随着整个互联网大环境的影响，逐渐兴盛起来，例如涉及到元数据具体的处理方式的元数据对比和元数据排重等技术。所以，与包07网络侵权追踪平台中元数据比对技术相关性比较高的关键技术，多出现在元数据相关技术发展时期的后期，这也说明现在包07中采用的元数据比对技术是比较符合技术发展历程时期特点的。

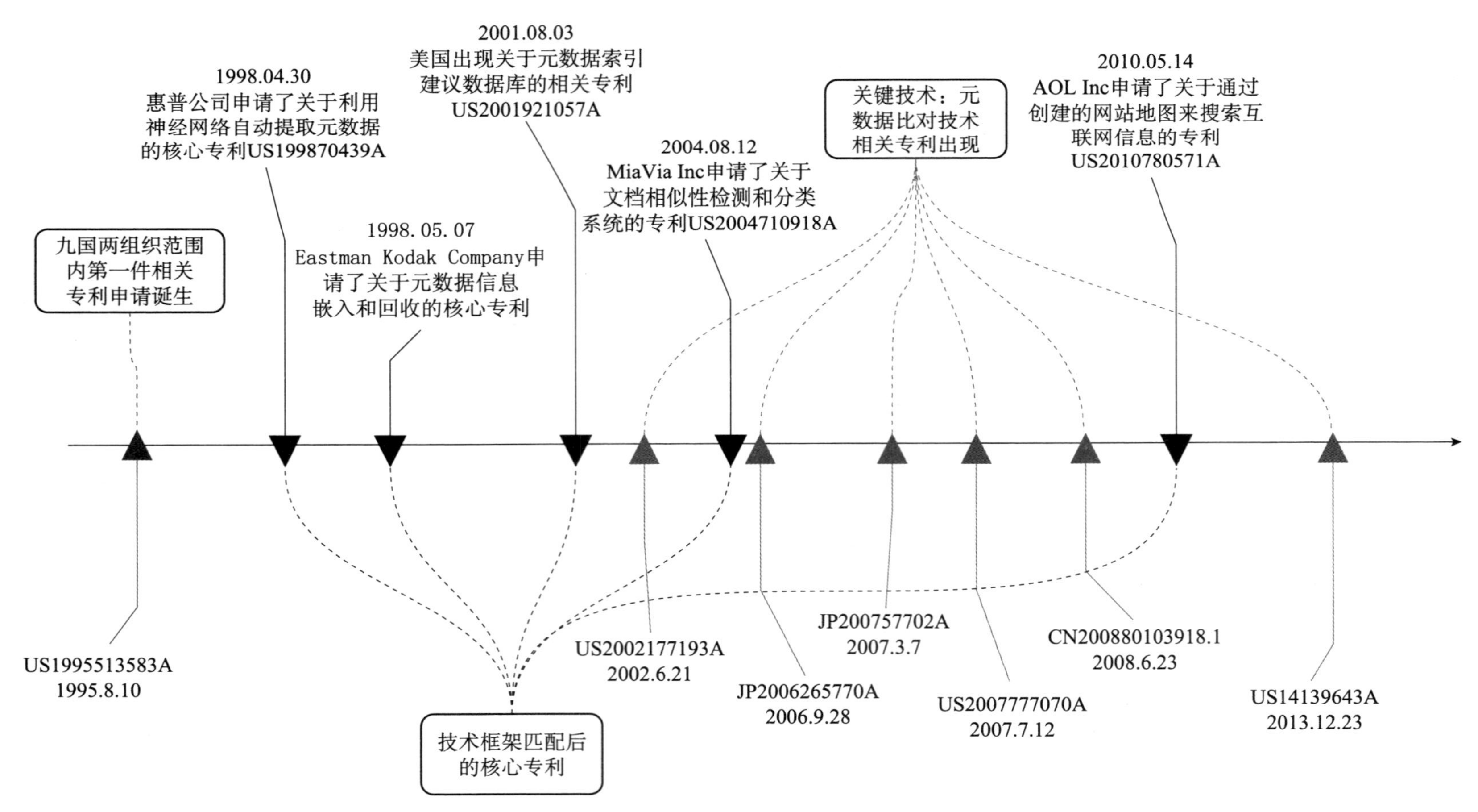

图5.3-3 元数据比对技术发展概况图

（三）主要专利申请人分析

通过对元数据比对技术的检索结果的相关分析，得到在主题技术相关方面专利申请量的全球前三名。元数据比对技术相关专利申请量最多的三个公司分别是微软公司、IBM 公司和索尼公司。微软公司的相关申请主要集中在 2003 年至 2013 年，十年期间申请趋势呈波浪形浮动；IBM 公司和索尼公司的最高年申请量都在 2007 年，2007 年后，整体申请趋势开始下降。

1. 申请量排名第一的专利申请人

（1）专利申请量

微软公司是一家总部位于美国华盛顿州的跨国电脑科技公司，拥有先进的软件开发技术。从微软公司在元数据比对技术方面的专利申请趋势图可以看出，其在主题技术方面的专利申请主要集中在 2003 年至 2013 年期间，在这期间之前或之后只有很少一部分的专利申请。相对于行业内元数据比对技术的整体发展趋势，其在主题相关技术方面的专利申请明显延后。而在 2003 年至 2013 年期间，虽然其专利申请量呈现出波浪形的波动状态，但由于其专利整体数据量和年申请数据量都比较少，因此，无法客观有力地反映其具体技术发展应用的情况。

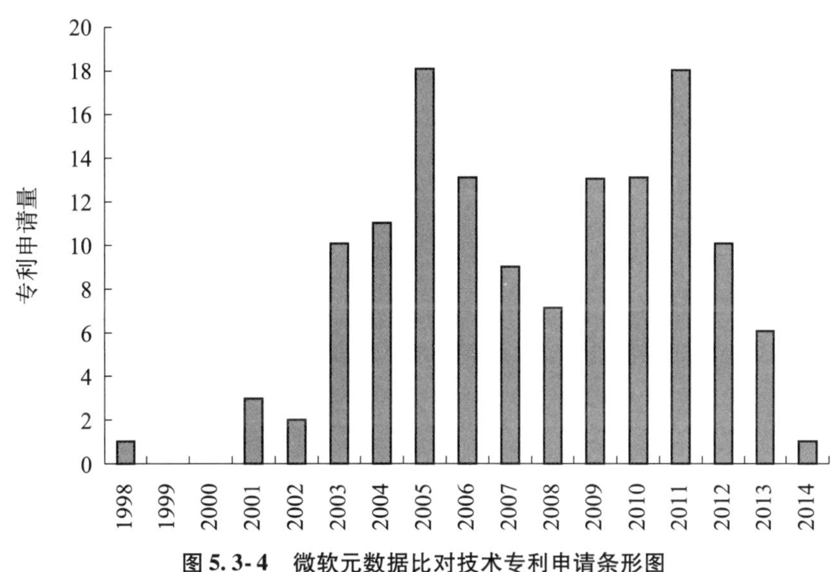

图 5.3-4　微软元数据比对技术专利申请条形图

（2）“九国两组织”专利申请量区域分布

图 5.3-5 示出了微软公司关于元数据比对技术的专利申请在“九国两组织”的区域分布。由图可知，微软公司的大多数专利都是在其总部所在的美国申请的。在其他技术比较先进的中国、日本、韩国和澳大利亚，也分别有少量专利的分布。此外，微软公司也在欧洲专利局申请了 4 件核心专利，期望将其技术应用推广至欧洲市场。

（3）技术构成分布

图 5.3-6 为微软公司的元数据比对技术的相关专利的构成分布图。其中一个点表示一

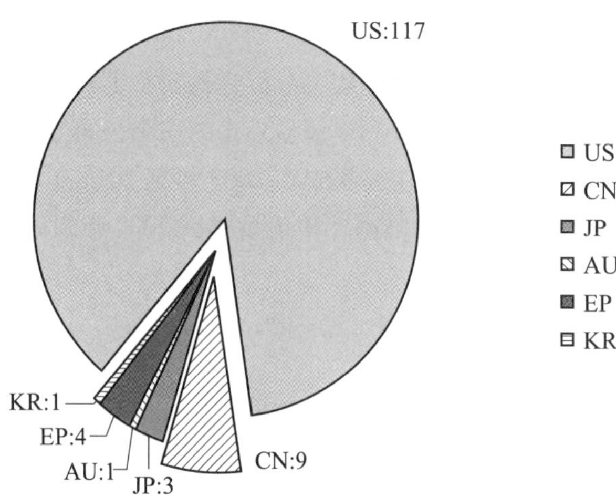

图 5.3-5　微软元数据比对技术专利申请量区域分布图

篇专利，点与点间距表示专利内容相似性，点距离越近，表示专利内容越接近。图中灰色表示专利量大小，以等高线形式表达相似专利的密集程度，例如白色表示专利密集区域。由图可以看出，在元数据比对技术的相关专利中，涉及标签、识别码、摘录、特征信息和识别对象的专利比较多。

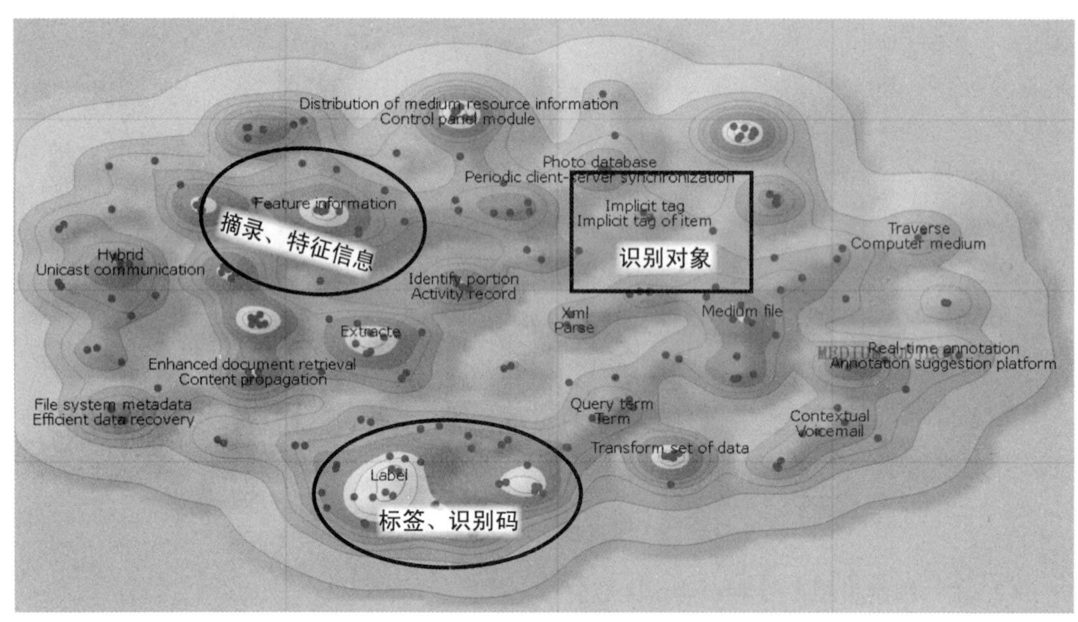

图 5.3-6　微软元数据比对技术构成分布图

2. 申请量排名第二的专利申请人

（1）专利申请量

图 5.3-7 所示 IBM 公司在元数据比对技术方面相关专利的申请趋势图可以看出，IBM 公司的第一件与元数据比对技术主题相关的专利产生于 1995 年，也是 1995 年至 1998 年唯一的一件相关专利。至 1999 年，才开始进入相关专利总体年申请量逐步上升的状态。

其年申请申请量的最高纪录是2007年的18件。在此之后，相关专利的年申请量呈现出不规律的下降趋势。

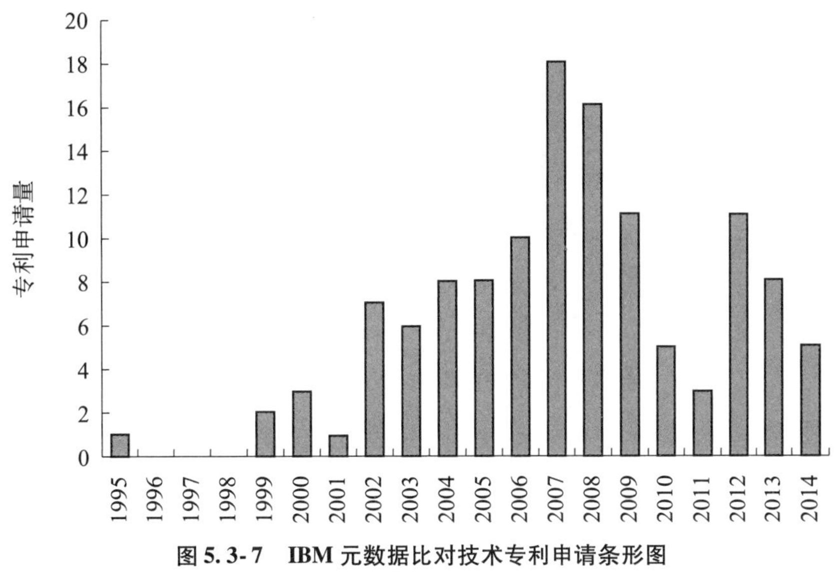

图5.3-7　IBM元数据比对技术专利申请条形图

（2）“九国两组织”专利申请量区域分布

IBM公司的总部位于美国的纽约州，美国也是全世界计算机信息处理技术最先进的国家，因此，IBM公司的绝大多数专利都是在美国申请的。在近些年来技术发展比较快的中国和日本，IBM公司也设立有分公司，且在中国和日本也分别拥有5件和4件相关专利。此外，IBM公司在世界知识产权组织和欧洲专利局分别申请了一件核心专利。

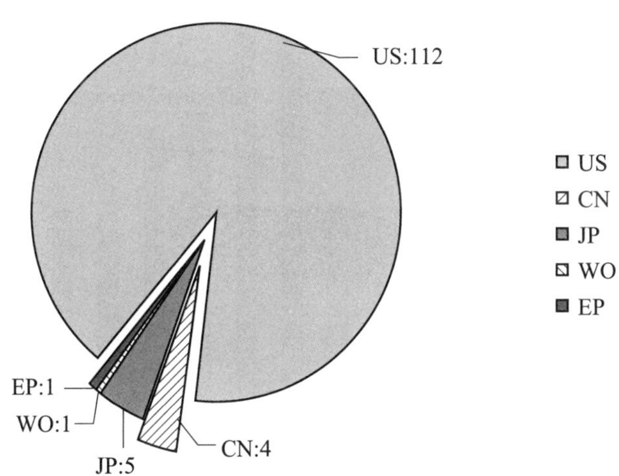

图5.3-8　IBM元数据比对技术专利申请量区域分布图

（3）技术构成分布

图5.3-9为IBM公司的元数据比对技术的相关专利的构成分布图。由图可以看出，在其元数据比对技术的相关专利中，涉及对比分析、摘录信息和特定的元数据的专利比较多。

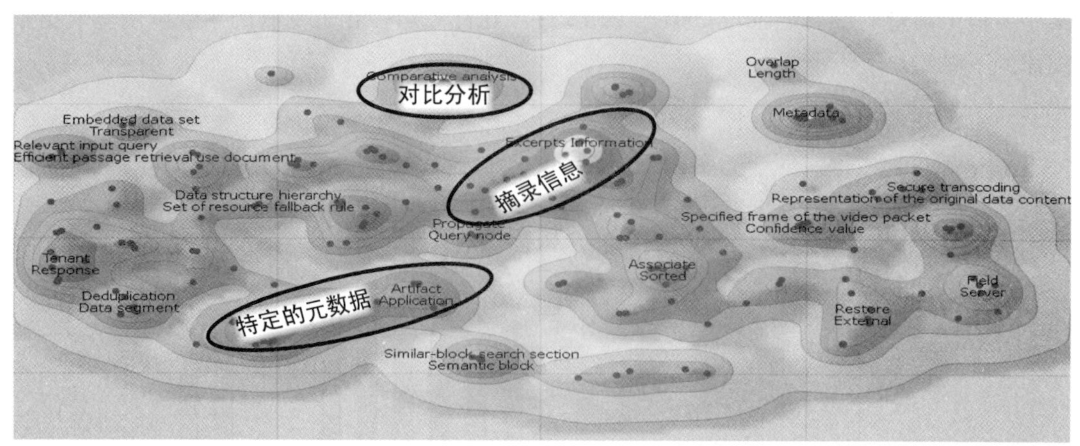

图 5.3-9　IBM 元数据比对技术构成分布图

3. 申请量排名第三的专利申请人

（1）专利申请量

索尼公司是日本的一家全球知名的大型综合性跨国企业集团，其主要业务方向包括视听、电子游戏、通讯产品和信息技术。从下图可以看出，索尼公司在元数据比对技术主题方面的相关专利申请趋势及时间和美国的 IBM 公司很相似。从 1999 年到 2007 年，相关专利申请量整体呈上升趋势，至 2007 年相关专利年申请量达到 17 件，随后这个数值开始慢慢下降。

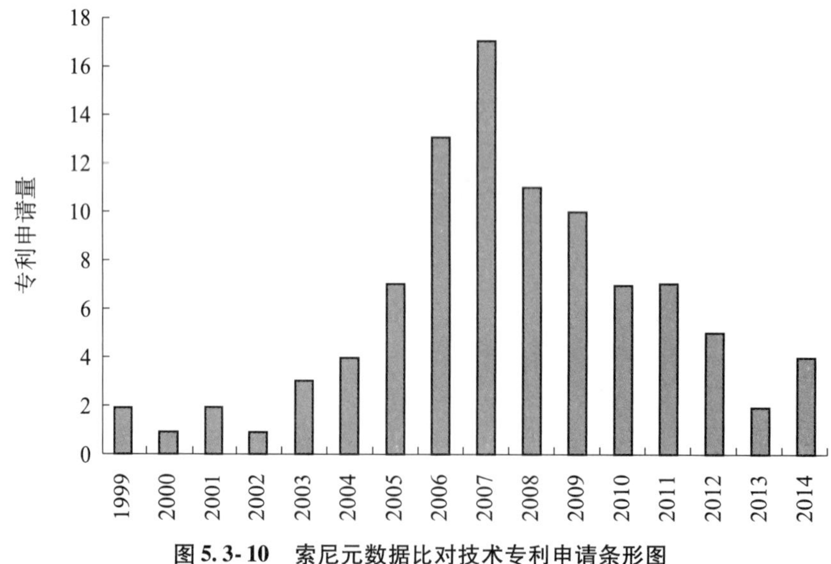

图 5.3-10　索尼元数据比对技术专利申请条形图

（2）"九国两组织"专利申请量区域分布

从图 5.3-11 可以看出，索尼公司在总部所在国日本，申请了约占总数 40% 的相关专利，而在美国却申请了占总数约 49% 的专利，这说明美国是索尼公司的非常重要的目标市场。除美国外，日本在中国也有少部分的相关专利。索尼公司在欧专局和世界知识产权组织的专利数量虽然很少，但也体现出了索尼期望将其技术和产品推广到世界范围的想法。

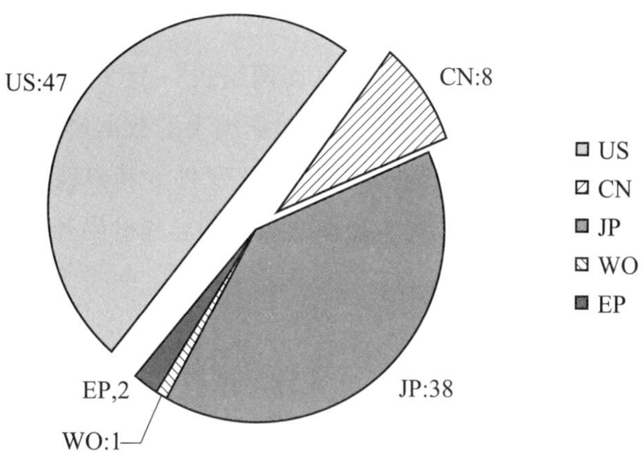

图 5.3-11 索尼元数据比对技术区域分布图

（3）技术构成分布

图 5.3-12 为索尼公司的元数据比对技术的相关专利的构成分布图。由图可以看出，在元数据比对技术的相关专利中，涉及特征量提取和签名标识信息的专利比较多。

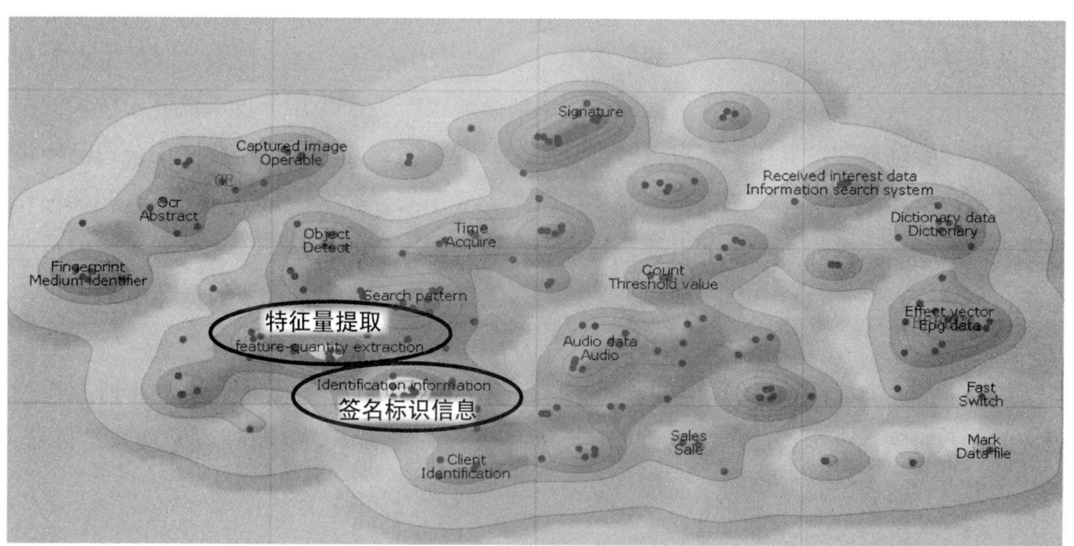

图 5.3-12 索尼元数据比对技术构成分布图

三、总结

网络侵权追踪平台开发，主要包括侵权扫描、侵权判定和侵权取证三方面内容，而这三方面内容涉及到元数据比对技术。针对该项检索主题，进行了 1994 年 1 月 1 日至 2014 年 12 月 31 日期间的“九国两组织”范围内的专利/专利申请检索，结合其相关专利的申请状况，概述如下：

（一）元数据比对技术发展特点

1. 专利申请总量

元数据比对技术，在限定时期内以及“九国两组织”范围内的检索结果包含 4645 件专利/专利申请。从元数据比对检索主题的专利检索结果的数据量分布情况来看，美、中、日、韩为相关专利的主要申请国，只美国就拥有 2 129 件专利申请，将近专利申请总量的一半。除上述四个国家外，元数据比对主题在欧洲专利局和世界知识产权组织的专利申请量也占了约 20% 的比重。此外，澳大利亚和英国也有数十件的专利申请。

2. 年专利申请量

从年专利申请量看，元数据比对技术在全球范围内都呈现出稳步上升的趋势，这种态势也是由主题技术主要申请国，即美国、中国、日本及韩国的持续增长的专利申请量促成的。其中，美国的相关专利申请增量态势最为显著，2014 年的专利申请量已接近 400 件；且其年专利申请量都远远高于其他国家/地区的年专利申请量，以 2013 年为例来说明，2013 年美国相关专利申请达到 294 件，而排在第二位的中国的专利申请量则仅为 95 件。

3. 专利申请人

从专利申请人的情况来看，微软、IBM、三星、索尼公司是这一检索主题的主要专利申请人；且这些公司在主题技术方面的专利申请区域很广泛，在几个技术发展比较快的国家以及欧洲专利局和世界知识产权组织都有相关专利申请，说明这些行业巨头公司已经将相关技术的市场拓展至全球范围，同时，将几个主要国家，如美国、中国、日本和韩国作为重要的市场。国内的主要申请人，包括华中科技大学、清华大学、华为公司等，但这些单位/企业的专利申请量相对于上述国外企业，存在明显的差距，最多的专利申请量也仅有 20 余件。

综合上述几方面的检索结果分析，元数据比对技术在各个国家/地区都处于研究应用的推广上升时期。中国近几年在元数据比对主题方面的专利申请量也在逐渐增长，目前，该技术仍有比较大的研发空间，属于行业内的技术研发热点。

（二）元数据比对技术发展趋势

1. 专利申请量的总体发展趋势

从元数据比对技术的整体发展情况来看，在 1994 年至 1997 年这段技术萌芽期后，元数据比对技术稳步发展，在 2008 年达到年专利申请量 231 件的小高峰后，经过一个小范围的回落，在 2012 年又达到年专利申请量为 273 件的最高峰。目前看来，元数据比对技术处于技术发展的成熟期。

2. 各地区技术发展现状以及未来发展趋势

（1）美国

元数据比对技术在美国经过 4 年的萌芽期后，迅速发展，其是目前拥有元数据比对技术相关专利最多的国家。高峰时期，在主题技术方面，其专利年申请量达到200多件。美国在元数据比对技术方面的快速发展也带动了其他国家。近两年，元数据比对技术在美国进入一个相对稳定的技术成熟期。

（2）日本

在元数据比对技术方面，日本几乎和美国同时起步，然而其相关方面的专利申请量却远远落后于美国。日本在技术发展初期与美国保持了6年左右的齐头并驱形势后，专利申请方面就被美国远远落下。近两年，元数据比对技术在日本已呈现出衰退趋势。

（3）韩国

元数据比对技术在韩国起步较晚，在2000年才出现了第一篇相关专利。虽然韩国的整体专利申请量不大，但其在元数据比对技术起步后，保持了一个相对稳定的发展态势。近两年，元数据比对技术在韩国处于技术成熟期。

（4）中国

元数据比对技术在中国的发展情况与美国相似，目前处于技术发展的成熟期。

3. 主要申请人相应专利情况分析

通过对于元数据比对技术领域的宏观分析，我们得出行业内的三个主要申请人是微软公司、IBM公司以及索尼公司。下面结合微观分析模块具体解读主要申请人的专利现状。

（1）专利申请量维度横向比较

通过将三个主要申请人在专利申请量维度进行横向比较，可以看出，微软公司在元数据比对技术方面的专利申请比较集中，主要集中在2003年至2013年，这期间的专利申请量有100多件，超过其申请总量的95%。IBM公司和索尼公司在主题技术方面的专利申请高峰都在2006年至2009年，他们的专利申请总量与微软公司的差距并不大。

（2）专利资产区域布局情况

从三个主要申请人的专利资产区域布局情况，可以看出，微软公司将其总部所在国美国作为其主要的专利布局市场，而其专利布局战略往往面对的是全球范围，因此，在其他一些技术相对比较发达的国家和地区，尤其是中国，也进行了少量的专利布局；IBM公司的专利布局情况与微软公司类似；而索尼公司，将美国和日本作为了主要的专利布局市场，其次，在中国也进行了数量不多的专利申请，在欧洲专利局和世界知识产权组织，索尼也申请了几件专利。

（3）技术热点分析

微软公司在元数据比对技术方面，主要关注的是数据识别方面的技术主题，如识别对象、标签、识别码；IBM公司关注的技术包括对比分析、摘录信息的确认提取等技术；索尼公司关注的为特征量提取和签名标识信息方面的技术。

第四节　中文分词技术

一、专利检索

（一）检索结果概述

以中文分词技术为检索主题，在“九国两组织”范围内，共检索到相关专利申请4 862件，具体数量分布如下（单位：件）：

美国	中国	日本	韩国	英国	法国	德国	澳大利亚	俄罗斯	EP	WO	总计
808	1 627	1 586	324	19	3	24	55	7	137	272	4 862

检索主题的各国家/组织的专利申请状况与专利申请人排名等信息可参见下述统计结果。

（二）各地区/组织相关专利申请趋势

由表5.4-1和图5.4-1可知，1990年以来，关于“中文分词技术”，各国相关专利的申请态势相对稳定，技术较为成熟。

表5.4-1　中文分词技术“九国两组织”相关专利申请状况

国家＼年份	1990①	2000	2001	2002	2003	2004	2005	2006	2007	2008	2009	2010	2011	2012	2013	2014
US	46	14	21	30	36	42	49	56	66	55	74	62	55	62	72	68
CN	100	36	29	41	67	60	90	71	107	138	130	132	122	145	210	149
JP	619	88	83	79	69	68	60	53	77	63	60	60	54	0	83	70
KR	25	9	6	8	6	14	13	16	11	29	22	42	41	29	28	25
GB	5	2	0	1	2	1	0	3	2	0	2	0	0	1	0	0
DE	10	1	2	0	0	1	0	2	1	2	2	1	0	0	0	2
FR	1	0	1	0	0	0	0	0	0	1	0	0	0	0	0	0
AU	7	3	7	5	2	6	1	2	1	6	1	5	1	5	2	1
RU	0	0	0	0	0	0	0	0	0	0	0	1	1	2	1	2
EP	12	7	3	2	6	5	6	16	7	15	9	11	7	12	8	11
WO	15	8	14	15	4	8	19	23	23	40	26	20	16	13	9	19

① 1990是指1990－1999年的专利数量总数。

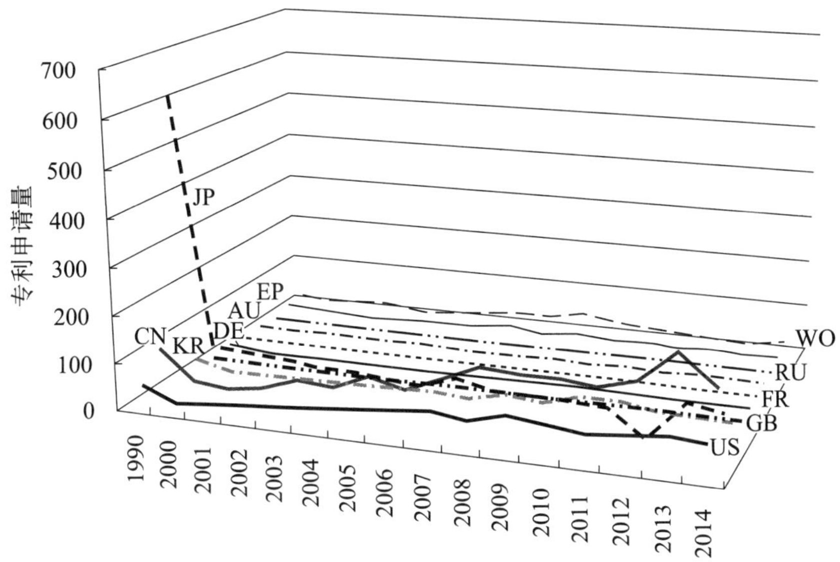

图 5.4-1　“九国两组织”相关专利申请状况图

（三）各地区/组织相关专利申请人排名

1. WO 相关专利申请人排名

表 5.4-2　中文分词技术 WO 相关专利申请人排名

序号	申请人	申请人国家	专利申请数量
1	MICROSOFT CORP	美国	43
2	GOOGLE INC	美国	33
3	WU JUN	美国	10
4	OCH FRANZ JOSEF	美国	6
5	AMERICA ONLINE INC	美国	6

2. EP 相关专利申请人排名

表 5.4-3　中文分词技术 EP 相关专利申请人排名

序号	申请人	申请人国家	专利申请数量	专利授权数量
1	MICROSOFT CORP	美国	22	6
2	GOOGLE INC	美国	14	2
3	SHARP KK	日本	7	4
4	RESEARCH IN MOTION LTD	美国	6	1
5	MOTIONPOINT CORP	美国	6	0

3. 中国地区相关专利申请人排名

表 5.4-4 中文分词技术中国地区相关专利申请人排名

序号	申请人	申请人国家	专利申请数量	专利授权数量
1	MICROSOFT CORP	美国	63	44
2	MATSUSHITA ELECTRIC IND CO LTD	日本	50	42
3	IBM	美国	39	27
4	GOOGLE INC	美国	37	20
5	FUJITSU LTD	日本	32	24

4. 美国地区相关专利申请人排名

表 5.4-5 中文分词技术美国地区相关专利申请人排名

序号	申请人	申请人国家	专利申请数量	专利授权数量
1	MICROSOFT CORP	美国	98	5
2	IBM	美国	58	27
3	GOOGLE INC	美国	45	6
4	TOSHIBA KK	日本	22	9
5	FUJITSU LTD	日本	20	7

5. 日本地区相关专利申请人排名

表 5.4-6 中文分词技术日本地区相关专利申请人排名

序号	申请人	申请人国家	专利申请数量	专利授权数量
1	TOSHIBA CORP	日本	133	15
2	SHARP KK	日本	77	10
3	NEC CORP	日本	76	6
4	CANON KK	日本	75	8
5	FUJITSU LTD	日本	61	17

6. 澳大利亚地区相关专利申请人排名

表 5.4-7 中文分词技术澳大利亚地区相关专利申请人排名

序号	申请人	申请人国家	专利申请数量	专利授权数量
1	MICROSOFT CORP	美国	7	1
2	GOOGLE INC	美国	3	2
3	SANET MORTON	美国	3	2
4	SENSORMATIC ELECTRONICS LLC	美国	2	2
5	DUN AND BRADSTREET CORP	美国	2	2
6	LANGUAGE LINE SERVICES INC	美国	2	2

（续表）

序号	申请人	申请人国家	专利申请数量	专利授权数量
7	RAYTHEON CO	美国	2	2
8	CHOU HUNG-CHIEN	台湾	2	2
9	INFORMIX SOFTWARE INC	美国	2	0
10	NOKIA TELECOMMUNICATIONS OY	芬兰	2	0

7. 德国地区相关专利申请人排名

表 5.4-8　中文分词技术德国地区相关专利申请人排名

序号	申请人	申请人国家	专利申请数量	专利授权数量
1	SIEMENS AG	德国	5	4
2	CANON KK	日本	4	1
3	HYUNDAI ELECTRONICS IND	韩国	2	0
5	ALCATEL LUCENT	法国	2	0
6	ONTARIO INC 2012244	美国	2	0

8. 法国地区相关专利申请人排名

表 5.4-9　中文分词技术法国地区相关专利申请人排名

序号	申请人	申请人国家	专利申请数量	专利授权数量
1	GEN ELECTRIC	美国	1	0
2	CIT ALCATEL	法国	1	0
3	HYUNDAI ELECTRONICS IND	韩国	1	0

9. 英国地区相关专利申请人排名

表 5.4-10　中文分词技术英国地区相关专利申请人排名

序号	申请人	申请人国家	专利申请数量	专利授权数量
1	HYUNDAI ELECTRONICS IND/ HYUNDAI MEDIA SYSTEMS CO LTD	韩国	4	4
2	CHOI HYEONG IN	韩国	4	4
3	EMIL LTD	英国	2	0
4	GOOGLE INC	美国	2	0
5	MOTOROLA INC	美国	2	2
6	ADVANCED RISC MACH LTD	英国	2	2

10. 俄罗斯地区相关专利申请人排名

表 5.4-11　中文分词技术俄罗斯地区相关专利申请人排名

序号	申请人	申请人国家	专利申请数量	专利授权数量
1	MICROSOFT CORP	美国	1	0
2	MATROKS PROFESHNL INK	英国	1	0

11. 韩国地区相关专利申请人排名

表 5.4-12　中文分词技术韩国地区相关专利申请人排名

序号	申请人	申请人国家	专利申请数量	专利授权数量
1	GOOGLE INC	美国	23	6
2	MICROSOFT CORP	美国	15	4
3	KOREA ELECTRONICS TELECOMM	韩国	18	6
4	NHN CORP	韩国	7	6
5	SK PLANET CO LTD	韩国	5	0
6	APPLE INC	美国	4	4

二、专利分析

（一）技术发展趋势分析

目前在自然语言处理技术中，中文处理技术比西文处理技术要落后很大一段距离，许多西文的处理方法，中文不能直接采用，就是因为中文必需有分词这道工序。中文分词是其他中文信息处理的基础，随着计算机技术的快速发展以及网络信息的飞速增长，业内对中文分词技术关注越来越高，研发力度不断加大，不断出现新的技术突破。

图 5.4-2 为中文分词技术相关专利申请数量年度分布情况，可以看出，中文分词技术相关专利数量在 1992 年和 1993 年均出现突破性增长，之后基本维持在 50 至 200 件之间，但是波动较大。这是由于，分词算法虽然较为成熟，但在中文信息处理中仍在存在不少瓶颈问题，例如，歧义识别和新词识别等。目前研究中文分词的大多是科研院校，清华大学、北京大学、中国科学院、北京语言学院、东北大学、IBM 研究院、微软中国研究院等，仅有少企业从事该技术的研究，例如广西海量科技有限公司公司。而相对于企业来说，科研院校的技术转化程度低、速度慢，所以，加快推进上述科研院所在该技术领域的技术转化，实现产品化是十分必要的。

（二）技术路线分析

早在 1993 年 3 月 3 日，IBM 申请了专利申请 US199325464A，该专利申请保护一个处理过程，该过程用于机器分析连续的中文文本并分离出组成文本的词。此外，Microsoft 的专利申请 US199887468A 和专利申请 US2003662602A，摩托罗拉公司的专利申请 CN2002127005A，NATIONAL INSTITUTE OF INFORMATION & COMMUNICATION TECH-

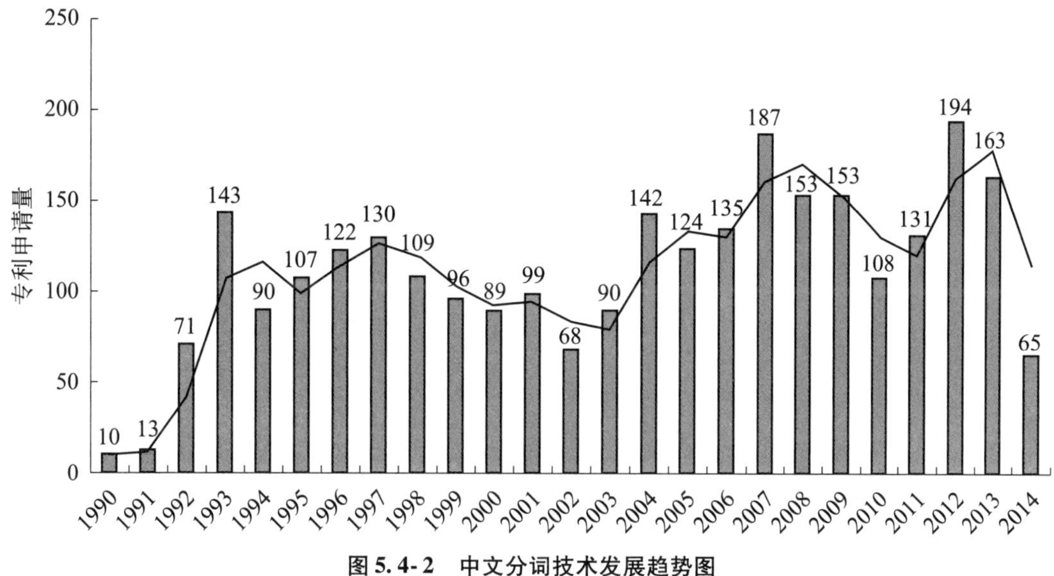

图 5.4-2　中文分词技术发展趋势图

NOLOGY 的专利申请 JP2006325457a，Hewlett-Packard Development Company 的专利申请 US2006555274A 等均涉及中文分词中的核心技术。现有的分词算法可分为三大类：基于字符串匹配的分词方法、基于理解的分词方法和基于统计的分词方法，其应用领域一般包括信息检索、机器翻译、语音合成、自动分类、自动摘要、自动校对等等。

（三）主要专利申请人分析

根据检索结果来看，除了中国之外，中文分词技术相关专利在日本和美国申请量最多。随着计算机网络技术的迅速发展以及各国对中文的逐渐关注，中文分词技术的发展也不断取得新的进步，2003 年后，相关企业纷纷增加研发投入，业内不断涌现出新的技术成果。尤其是 Microsoft（微软）、TOSHIBA（东芝）、Google（谷歌）等领先企业，在 2003 年至 2009 年间对于中文分词技术上的专利申请数量较多，其专利申请已经遍及中国、美国、日本、韩国、欧洲等多个国家和地区。

1. 申请量排名第一的专利申请人

（1）专利申请量

微软研究院的自然语言研究所在从上世纪 90 年代初开始开发了一个通用型的多国语言处理平台 NLPWin，最初阶段的研究都是对英语进行的。1997 年左右，开始增加了中文处理的研究，从而使 NLPWin 成为能够进行 7 国语言处理的系统（其中日语和韩语部分的研究已较早地开展起来）。中文部分的研究在开始时缺少必要的基础资源，于是经过细致的研究分析之后，购买了北大计算语言所的《现代汉语语法信息词典》，从此进展顺利，在短短的一年半的时间里达到了其他东方语种的处理水平。2003 年 7 月，首届国际中文分词评测活动 Bakeoff 开展以来，中文自动分词技术有了可喜的进步。通过图 5.4-4 也可以看出，微软于 1996 年即开始进行对于中文分词技术上的专利申请，直到 2005 年之前，微软的年专利申请量呈现波动式增长，2005 年的专利申请量达到峰值，并呈现下降趋势，

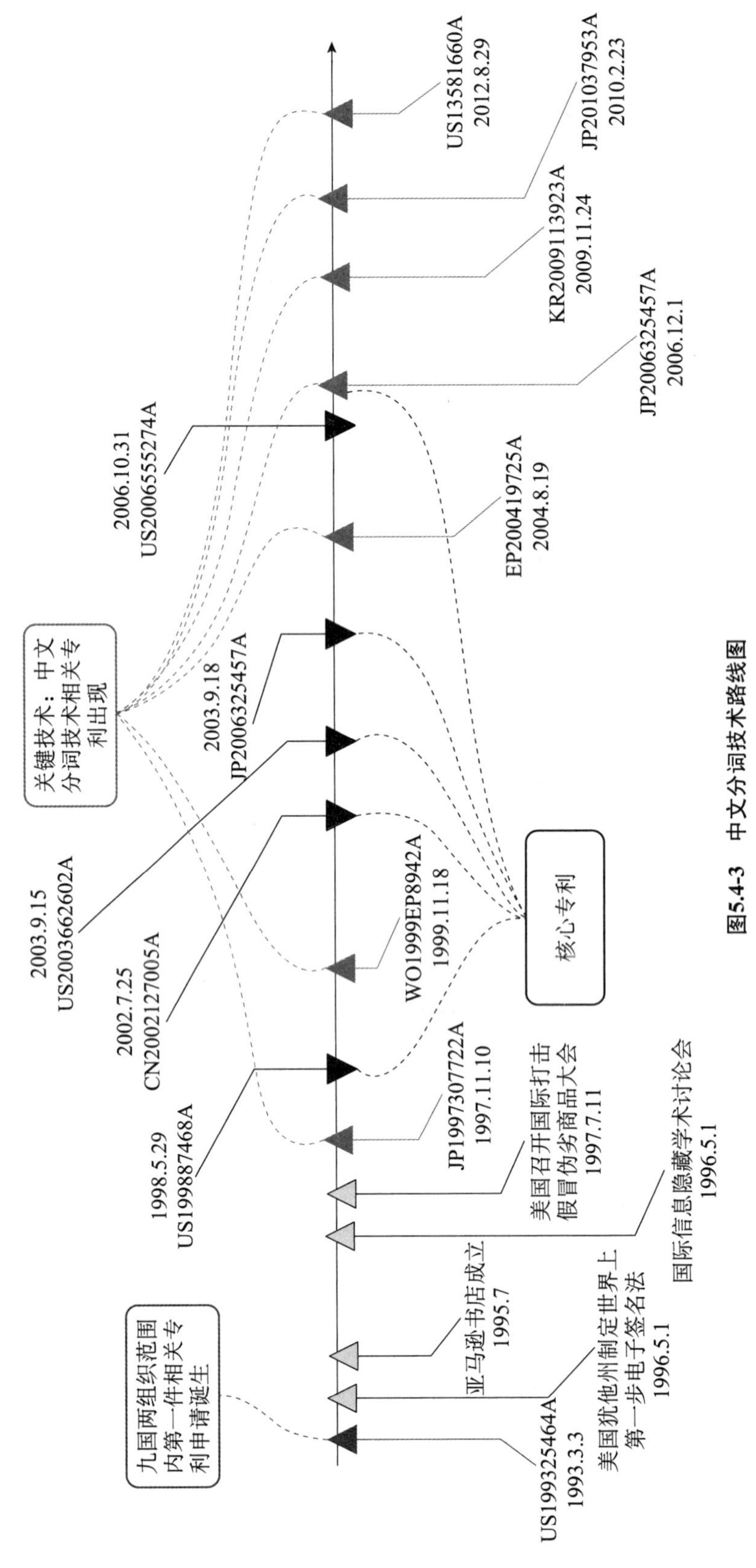

图5.4-3　中文分词技术路线图

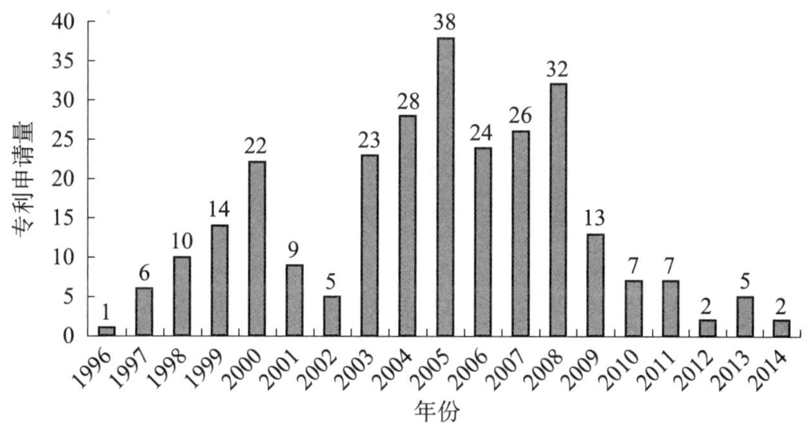

图 5.4-4　微软中文分词技术专利申请条形图

2010 年开始基本维持在 5 件左右，表明该技术并不是微软近年来的研究重点。

（2）“九国两组织”专利申请量区域分布

Microsoft 是一家总部位于美国的跨国电脑科技公司，是世界 PC 机软件开发的先导，微软中国研究院有自己的研究队伍研究中文分词技术。关于中文分词技术，Microsoft 在美国、中国、日本、韩国、澳大利亚、俄罗斯、欧洲等国家和地区分别提交了专利申请，其目标市场遍布世界范围内的多个国家和地区。

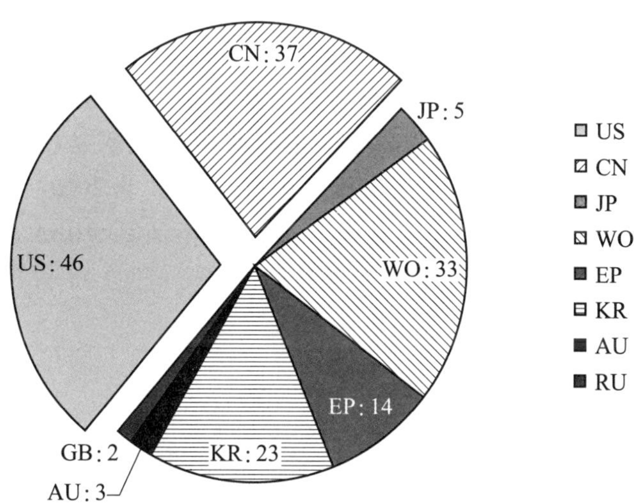

图 5.4-5　微软中文分词技术专利申请量区域分布图

（3）技术构成分布

由图 5.4-6 可以看出，Microsoft 围绕中文分词技术申请了较多专利，其应用包括拼写检查、分词服务、语言转换和语音合成等自然语言分析和处理领域。例如，1998 年 Microsoft 提交专利申请 US199887468A，该专利申请的主题为中文分词技术，其同族专利涵盖美国、中国、日本、欧洲等；2003 年 Microsoft 提交专利申请 US2003662602A，该专利申请主题为中文分词技术，其同族专利涵盖美国、中国、日本、韩国、欧洲。

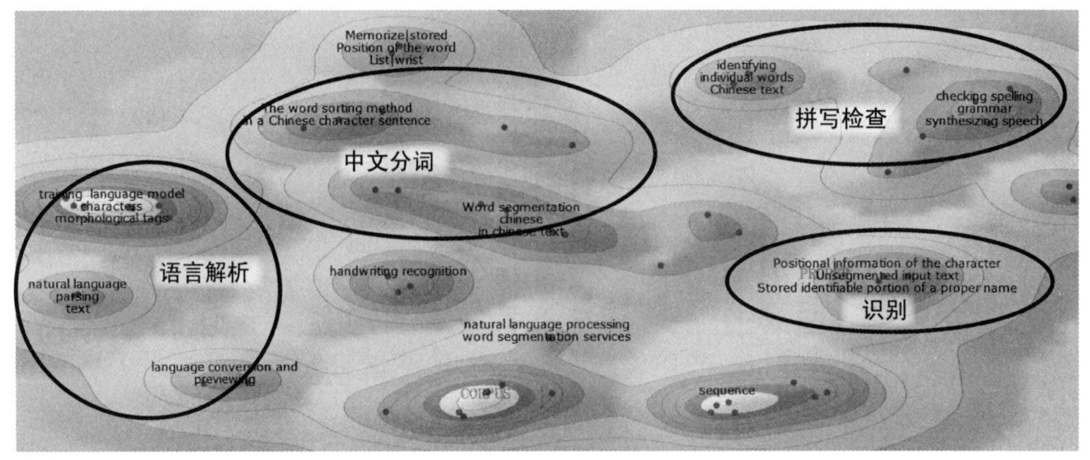

图 5.4-6　微软中文分词技术构成分布图

2. 申请量排名第二的专利申请人

（1）专利申请量

TOSHIBA 是日本最大的半导体制造商，业务领域包括数码产品、电子元器件、社会基础设备、家电等。TOSHIBA 是一家包括通讯、电子在内的综合电子电器企业，进入上世纪 90 年代，在数字技术、移动通信技术和网络技术等领域取得了飞速发展，成功从家电行业的巨人转变为 IT 行业的先锋。通过图 5.4-7 可知，关于中文分词技术，TOSHIBA 于 1996 年即开始进行中文分词技术上的专利申请，直到 2009 年之前，TOSHIBA 的年专利申请量都呈现波动式分布可以推测，TOSHIBA 已经取得一定的与中文分词技术相关的技术成果，通过对 TOSHIBA 专利申请技术内容的解读，可知其研究方向主要包括汉语基本名词短语的识别规则的生成方法、汉语输入和显示方法等。自 2010 年起，TOSHIBA 关于中文分词技术年均专利申请量不足 5 件，表明该技术并不是 TOSHIBA 近年来的研究重点。

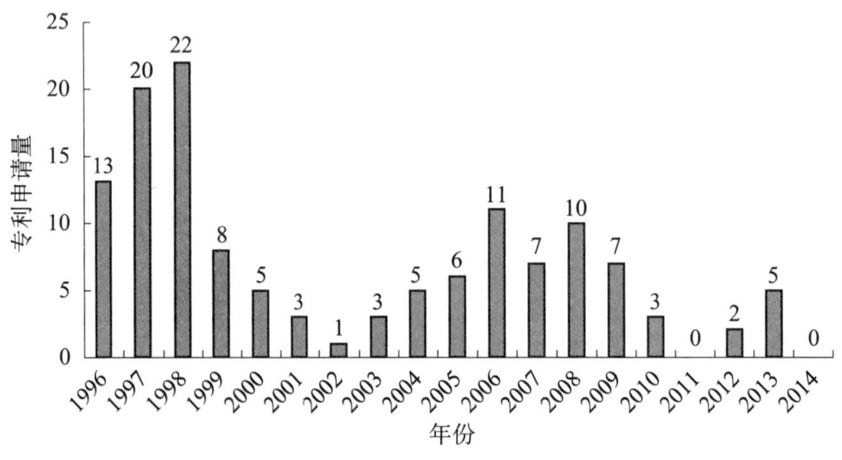

图 5.4-7　TOSHIBA 微软中文分词技术专利申请条形图

（2）“九国两组织”专利申请量区域分布

从专利申请覆盖的区域来看，关于中文分词技术，TOSHIBA 不仅在日本境内布局了大量专利申请，在中国和美国也分别进行了专利申请，说明其目标市场除了日本本土之外，还主要面向中国和美国。

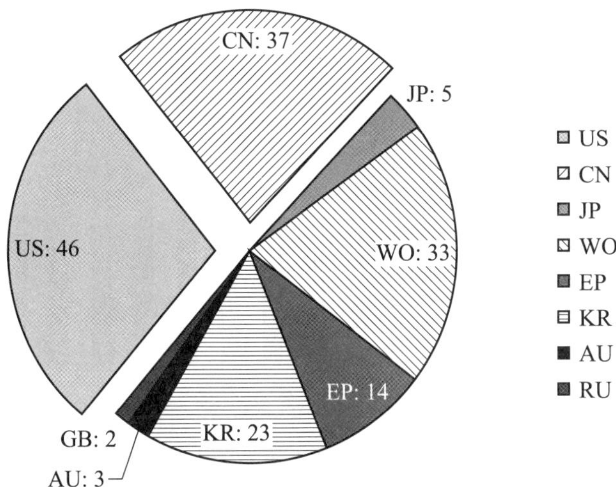

图 5.4-8 TOSHIBA 中文分词技术专利申请量区域分布图

（3）技术构成分布

由图 5.4-9 可以看出，TOSHIBA 围绕中文分词技术申请了较多专利，专利技术一般包括：用于在多种语言（简体和繁体汉字、日语汉字、朝鲜语汉字以及其他汉字）中输入汉字的字符输入设备和方法、中文输入变换处理装置和方法以及记录媒体、文档校对支持装置、机器翻译装置和方法等。

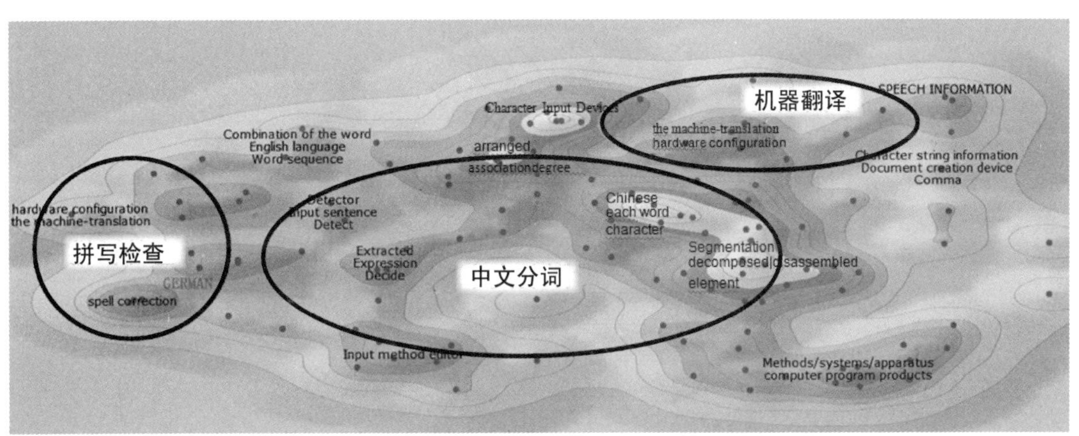

图 5.4-9 TOSHIBA 中文分词技术构成分布图

3. 申请量排名第三的专利申请人

（1）专利申请量

由图 5.4-10 可知，2003 年开始，Google 开始出现中文分词技术相关专利申请，并在 2007 年达到专利申请量的峰值。可见，Google 对于中文分词技术的研发投入较晚，但近年来对相关技术成果也有所积累。据悉，Google 的中文分词技术采用的是美国一家名叫 Basis Technology 的公司提供的中文分词技术，采取的是逆向最大匹配法，对专有名词和新词识别能力差。

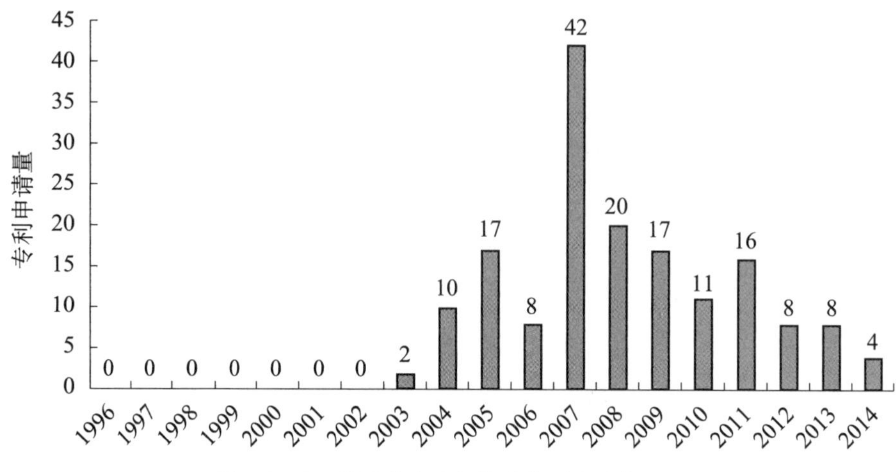

图 5.4-10　谷歌中文分词技术专利申请条形图

（2）“九国两组织”专利申请量区域分布

虽然 Google 对于中文分词技术的研发时间较晚，技术水平处于不断完善的发展阶段，但是对于世界范围内的专利布局准备比较充分。由图 5.4-11 可知，Google 不仅在美国、中国、韩国申请了大量专利，而且在世界知识产权组织和欧洲也一直保持一定专利申请量的提交，可见其目标市场遍布世界范围内的多个国家和地区。

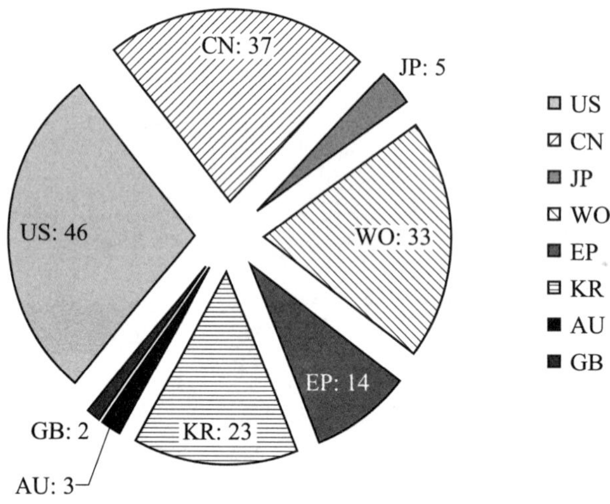

图 5.4-11　谷歌中文分词技术专利申请量区域分布图

（3）技术构成分布

由图 5.4-12 可以看出，Google 围绕中文分词技术进行了较多专利申请，其应用包括拼写校正、输入法编辑、搜索等领域。例如，2009 年 12 月 1 日，Google 提交专利申请 US2009602646A，该专利申请涉及从输入条目检测名称实体（name entity）和/或新词。该专利的同族专利覆盖美国、中国、韩国等地，可见，是 Google 围绕中文分词技术申请的众多专利中较为核心的专利之一。

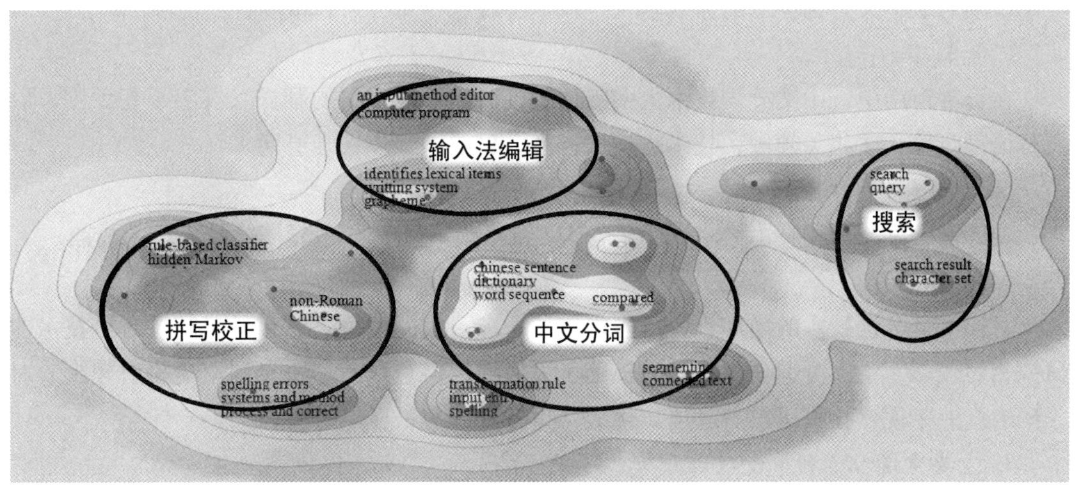

图 5.4-12　谷歌中文分词技术构成分布图

三、总结

数字内容注册与管理平台开发涉及到中文分词技术。针对该项检索主题，进行了 1994 年 1 月 1 日——2014 年 12 月 12 日期间的“九国两组织”范围内的专利/专利申请检索，结合其相关专利的申请状况，概述如下：

（一）中文分词技术发展特点

关于“中文分词技术”，各国相关专利的申请态势相对稳定，技术较为成熟。其中，微软公司和谷歌公司分别在世界知识产权组织、欧洲、美国、日本、韩国等国家和地区布局较多专利。中国对中文分词技术申请专利数量较多的还包括日本松下电器产业株式会社和 IBM 公司，日本境内对中文分词技术申请专利数量较多的当属东芝公司，此外，在美国，针对中文分词技术提交的专利申请中，授权数量最多的当属 IBM。

综上可见，中文分词技术近年来发展较为活跃，是受到微软公司、谷歌公司、IBM 公司、日本松下电器产业株式会社和东芝公司等领先企业较多关注的新技术。

（二）中文分词技术发展趋势

1. 专利申请量的总体发展趋势

就整个行业专利申请状况来看，中文分词技术相关专利数量在 1992 年和 1993 年均出现突破性增长，之后基本维持在 50 至 200 件之间，但波动较大。这是由于分词算法虽然较为成熟，但在中文信息处理中仍在存在不少瓶颈问题，例如，歧义识别和新词识别等。目前，研究中文分词的大多是科研院校。

2. 各地区技术发展现状以及未来发展趋势

（1）美国

在美国，中文分词技术大多用于实现语音识别、手写识别以及检错等功能。虽然中文分词技术相对复杂，在国内仍正处于发展期，但在美国已有进入成熟期的趋势，这是因为美国市场对于中文分词技术的需求较少，技术实现也相对容易，市场容易饱和。

（2）日本

在日本市场中，中文分词技术大多应用于汉语和日语之间的翻译、汉字手写识别，以及日语键盘输入法相关领域，技术成熟度较高，目前已经步入衰退期。

（3）韩国

在韩国，中文分词技术大多用于语音识别、手写识别等技术领域，技术较为成熟。

（4）中国

对于中文分词技术的使用，中国国内市场需求巨大，相关企业和科研院校对该技术的研究相对较多，中文分词技术在国内正处于发展期，但是目前相关专利申请相对较少，对于国内企业来说，技术研发占有语言优势，市场发展迎来良好时机。

3. 主要申请人专利申请对比分析

通过对中文分词技术领域的宏观分析，我们结合微观分析模块具体解读行业内主要申请人的专利现状。

（1）专利申请量维度横向比较

以各申请人在中文分词技术的年专利申请进行排名，得出该技术的三个主要专利申请人，分别是微软、东芝、谷歌。微软、东芝均于1996年开始进行对于中文分词技术上的专利申请，之后，相关的年专利申请量呈现波动式分布，但近年均呈现下降趋势，说明微软、东芝均已经掌握较为成熟的技术，近年研发较少。而谷歌关于中文分词技术的研发投入较晚，但近年来对相关技术成果也有所积累。其中，东芝研究方向主要包括汉语基本名词短语的识别规则的生成方法、汉语输入和显示方法等。此外，据悉，谷歌的中文分词技术采用的是美国一家名叫 Basis Technology 的公司提供的中文分词技术，采取的是逆向最大匹配法。

（2）专利资产区域布局情况

从中文分词技术相关的三个主要申请人的专利资产区域布局情况，我们可以看出：微软和谷歌在美国、中国、日本、韩国、澳大利亚、欧洲、世界知识产权组织等多个国家和地区分别提交了专利申请，其目标市场在世界范围内分布较广；东芝不仅在日本境内布局了大量专利申请，在中国和美国也分别进行了专利申请，说明其目标市场除了日本本土之外，还主要面向中国和美国。整体来看，除了中国之外，中文分词技术相关专利在日本和美国申请量最多。而在美国，针对中文分词技术提交的专利申请中，授权数量最多的当属 IBM。

（3）技术热点分析

从技术热点分析角度来说，微软、东芝和谷歌围绕中文分词技术均提交了较多专利申请。其中，微软关于该技术的应用包括拼写检查、分词服务、语言转换和语音合成等自然语言分析和处理领域；东芝的专利技术一般包括用于在多种语言（简体和繁体汉字、日语汉字、朝鲜语汉字以及其他汉字）中输入汉字的字符输入设备和方法、中文输入变换处理装置和方法以及记录媒体、文档校对支持装置、机器翻译装置和方法等；谷歌关于该技术的应用包括拼写校正、输入法编辑、搜索等领域。

第五节　分布式网络爬虫技术

一、专利检索

（一）检索结果概述

以分布式网络爬虫技术为检索主题，在“九国两组织”范围内，共检索到相关专利申请735件，具体数量分布如下（单位：件）：

美国	中国	日本	韩国	英国	法国	德国	澳大利亚	俄罗斯	EP	WO	总计
379	154	41	29	3	0	1	11	1	32	84	735

检索主题的各国家/组织的专利申请状况与专利申请人排名等信息可参见下述统计结果。

（二）各地区/组织相关专利申请趋势

从表、图5.5-1中可以看出，新世纪最初的几年时间中，在全球范围内，只有美国和中国对分布式网络爬虫技术进行了初步研究，美国从新世纪开始，关于此项技术的专利申请量整体呈上升趋势，近两年的专利申请量呈现稳定状态。中国则是从2007年开始，专利申请量呈逐年递增趋势，直至2014年的专利申请量与美国相近。而从日本和韩国近几年的相关专利申请情况来看，也有对分布式网络爬虫技术进行深入研究应用的趋势。

表5.5-1　分布式网络爬虫技术“九国两组织”相关专利申请状况

年份 国家	1990①	2000	2001	2002	2003	2004	2005	2006	2007	2008	2009	2010	2011	2012	2013	2014
US	0	2	3	8	7	8	13	19	23	26	41	35	50	48	48	48
CN	0	0	0	0	0	0	1	1	4	7	10	12	15	17	40	47
JP	1	0	1	0	0	0	2	2	1	2	4	1	8	6	9	4
KR	0	0	0	0	0	0	0	1	2	8	0	2	7	4	5	0
GB	0	0	0	0	0	0	0	0	0	1	1	1	0	0	0	0
DE	0	0	0	0	0	0	0	0	0	0	0	0	0	0	0	1
FR	0	0	0	0	0	0	0	0	0	0	0	0	0	0	0	0
AU	0	1	1	0	0	0	0	0	2	1	1	2	1	1	0	1

① 1990是指1990－1999年的专利数量总数。

（续表）

年份 国家	1990	2000	2001	2002	2003	2004	2005	2006	2007	2008	2009	2010	2011	2012	2013	2014
RU	0	0	0	0	0	0	0	0	0	0	0	0	0	0	1	0
EP	0	0	0	0	0	1	2	4	1	5	1	5	3	6	1	3
WO	0	1	5	2	2	0	4	6	8	16	10	6	4	6	8	6

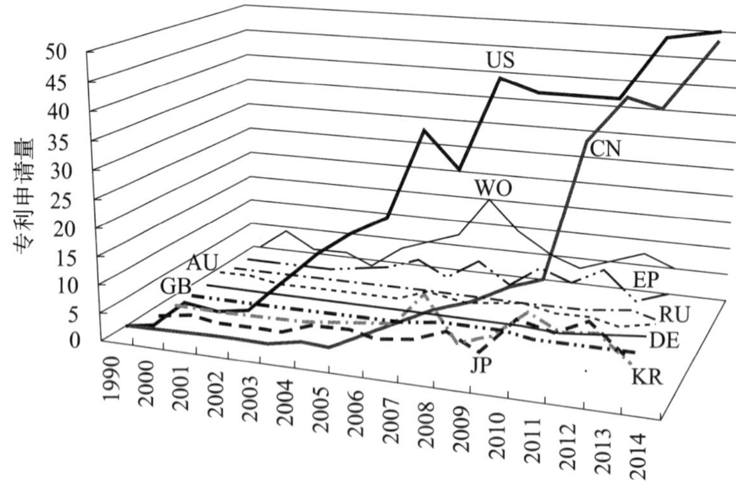

图 5.5-1 “九国两组织”相关专利申请状况图

（三）各地区/组织相关专利申请人排名

1. WO 相关专利申请人排名

表 5.5-2 分布式网络爬虫技术 WO 相关专利申请人排名

序号	申请人	申请人国家	专利申请数量
1	MICROSOFT CORP	美国	9
2	DIPSIE INC	美国	5
3	GOOGLE INC	美国	4
4	YAHOO INC	美国	4
5	ALTA VISTA COMPANY	美国	4

2. EP 相关专利申请人排名

表 5.5-3 分布式网络爬虫技术 EP 相关专利申请人排名

序号	申请人	申请人国家	专利申请数量	专利授权数量
1	MICROSOFT CORP	美国	5	0
2	AIRBUS OPERATIONS SL	法国（创立的公司来自德、法、西班牙和英国）	3	3

（续表）

序号	申请人	申请人国家	专利申请数量	专利授权数量
3	FUJITSU LTD	日本	2	0
4	PAGLO LABS INC	美国	2	0
5	GOOGLE INC	美国	2	0

3. 中国地区相关专利申请人排名

表 5.5-4　分布式网络爬虫技术中国地区相关专利申请人排名

序号	申请人	申请人国家	专利申请数量	专利授权数量
1	BEIJING JINGDONG SHANGKE INFORMATION TECHNOLOGY CO LTD	中国	7	0
2	UNIV HUAZHONG SCIENCE TECH	中国	7	6
3	UNIV BEIJING POSTS & TELECOMM	中国	6	2
4	BEIJING JINGDONG CENTURY TRADING CO LTD	中国	5	0
5	UNIV WUHAN	中国	4	4

4. 美国地区相关专利申请人排名

表 5.5-5　分布式网络爬虫技术美国地区相关专利申请人排名

序号	申请人	申请人国家	专利申请数量	专利授权数量
1	IBM	美国	45	17
2	GOOGLE INC	美国	44	9
3	MICROSOFT CORP	美国	44	11
4	YAHOO INC	美国	27	9
5	ORACLE INT CORP	美国	27	6

5. 日本地区相关专利申请人排名

表 5.5-6　分布式网络爬虫技术日本地区相关专利申请人排名

序号	申请人	申请人国家	专利申请数量	专利授权数量
1	MICROSOFT CORP	美国	6	5
2	YAHOO KK	美国	5	5
3	YAHOO JAPAN CORP	日本	5	5
4	GOOGLE INC	美国	3	3
5	MITSUBISHI ELECTRIC CORP	日本	2	2

6. 澳大利亚地区相关专利申请人排名

表 5.5-7　分布式网络爬虫技术澳大利亚地区相关专利申请人排名

序号	申请人	申请人国家	专利申请数量	专利授权数量
1	MICROSOFT CORP	美国	2	2
2	TRUVEO INC	美国	2	2
3	RES NOW LTD	英国	1	1
4	CONVERSITION STRATEGIES INC	加拿大	1	1
5	YAHOO	美国	1	0

7. 德国地区相关专利申请人排名

表 5.5-8　分布式网络爬虫技术德国地区相关专利申请人排名

序号	申请人	申请人国家	专利申请数量	专利授权数量
1	IBM	美国	1	0

8. 法国地区相关专利申请人排名

法国无相关专利。

9. 英国地区相关专利申请人排名

表 5.5-9　分布式网络爬虫技术英国地区相关专利申请人排名

序号	申请人	申请人国家	专利申请数量	专利授权数量
1	TAPTU LTD	英国	1	0
2	ZEESHAN JAVID	英国	1	0
3	IAC SEARCH & MEDIA INC	美国	1	0

10. 俄罗斯地区相关专利申请人排名

表 5.5-10　分布式网络爬虫技术俄罗斯地区相关专利申请人排名

序号	申请人	申请人国家	专利申请数量	专利授权数量
1	BLEKKO INC	美国	1	0

11. 韩国地区相关专利申请人排名

表 5.5-11　分布式网络爬虫技术韩国地区相关专利申请人排名

序号	申请人	申请人国家	专利申请数量	专利授权数量
1	MICROSOFT CORP	美国	5	2
2	YAHOO INC	美国	4	4
3	GOOGLE INC	美国	2	2
4	LEE, WOO KEY	韩国	2	2
5	LIM, CHA SUNG	韩国	2	2

二、专利分析

（一）技术发展趋势分析

分布式网络爬虫包含多个可以并行工作的网络爬虫，每一个爬虫都能够根据调度安排定向抓取相关网页资源，从互联网上下载网页。除此之外，网络爬虫获得初始网页上的URL后，在抓取网页的过程中，可以不断从当前页面上抽取新的URL放入队列，直到满足系统的一定停止条件。分布式网络爬虫的工作特点，使得其能够满足网络侵权追踪开发平台需要广范围地采集大量网页数据的要求。

从图5.5-2中可以看出，分布式网络爬虫技术从1997年出现，至2013年的这段时间内，整体申请量呈递增趋势。但是，该技术在全球范围内的整体申请量并不大，到目前为止，年申请量的最高纪录为2013年的50多件，年均申请量也仅仅维持在20~30件左右，这相对于近些年来互联网的爆炸式发展和数字信息的迅猛发展速度，显然有些缓慢或延迟。针对上述情况以及分布式网络爬虫技术在全球范围内的整体专利发展趋势，分布式网络爬虫技术在其应用的网络信息抓取需求不断增长和抓取精度要求不断增高的大环境中，还有很大的发展空间，同时，也有很多的技术难题需要攻克，该技术目前属于行业内的技术研发热点。

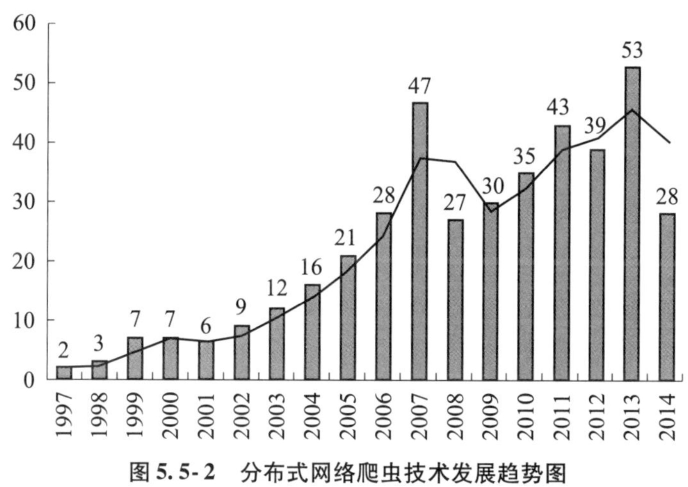

图5.5-2　分布式网络爬虫技术发展趋势图

（二）技术路线分析

图5.5-3以时间轴的形式示出了分布式网络爬虫技术从1998年6月26日申请了第一件相关专利以来，在网络爬虫和网络信息抓取方面被引证次数比较多的核心专利（黑色箭头导引的专利）的申请号和申请时间，这些核心专利，诸如聚焦网络抓去系统和方法、基于抓取和检索标准的相关联文件的抓取、网络爬虫的排重方法等技术出现后，作为应用广泛的基础技术被其后申请的专利多次引用和印证，为分布式网络爬虫技术主题下的标志性专利。

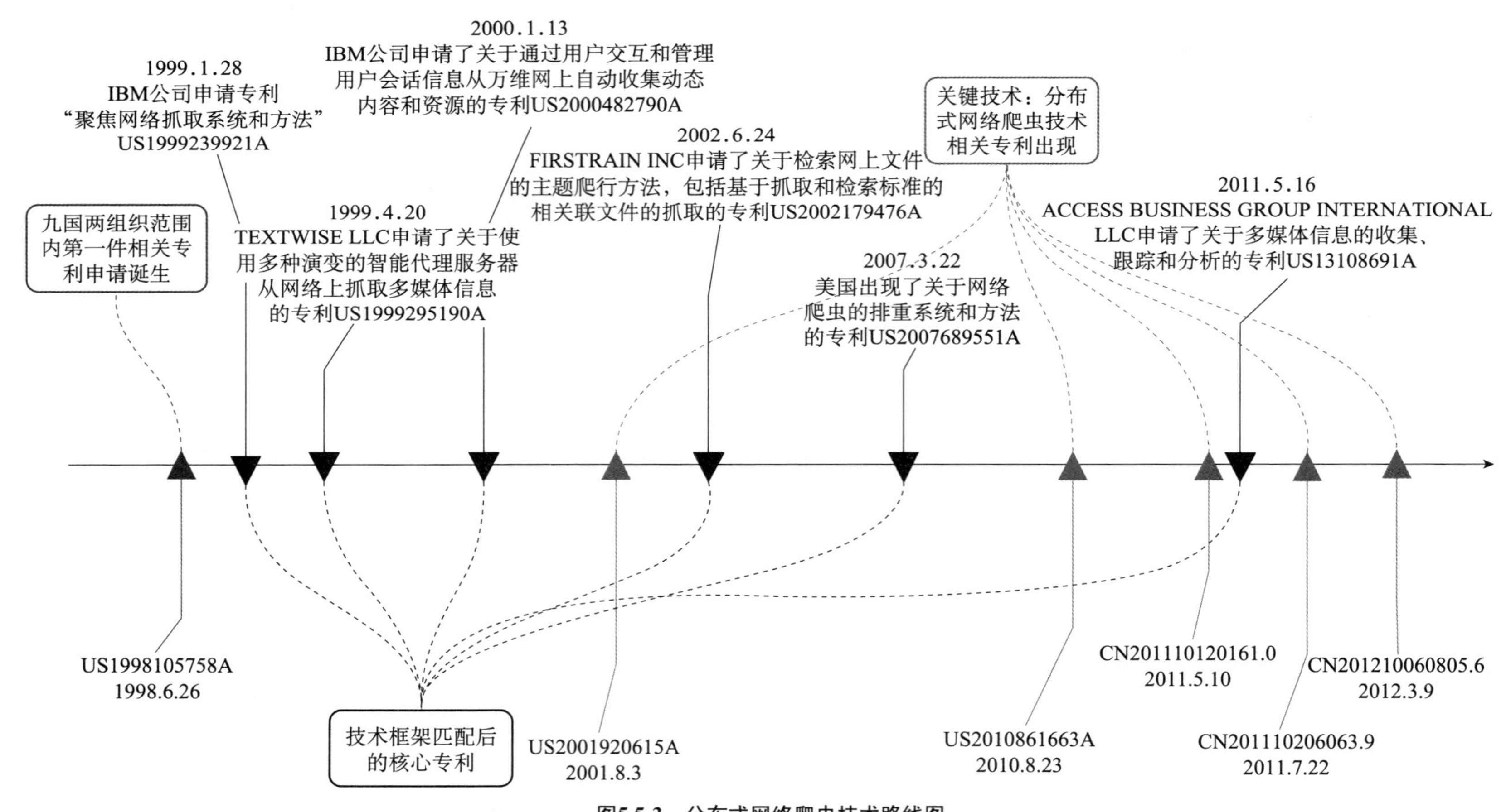

图5.5-3 分布式网络爬虫技术路线图

要在搜索引擎中尽可能地找到用户所需信息，就要求搜索引擎索引尽可能多的网页，索引网页数量是评价一个搜索引擎好坏的关键因素之一。采用分布式技术在尽可能短的时间内搜集尽可能多的网页，是研制高效搜索引擎的关键技术。到目前为止，分布式网络爬虫系统已经有了不少应用，例如现在著名的 Google 和 Alta Vista 搜索引擎所采用的网络爬虫系统。但由于商业机密等因素的影响，较详细的介绍分布式网络爬虫系统的文章并不多，并且基于 Web 信息采集的分布式理论也还不完善，仍然有待研究。

Google 的分布式爬虫系统由四台机器组成，其中一台机器是中央主机，其他三台机器只负责爬行网页，并且只与中央主机通信。中央主机从一个文件里读取 URL，并把它们分发给其他机器的 Crawler 进程。爬虫采用异步 I/O 同时从 300 个网站上获取数据。所有的 Crawler 将下载来的页面压缩并存放在磁盘上，然后 Indexer 进程从这些 HTML 页面中将 URL 提取出来，并存放在另一个磁盘文件中。URL Resolver 进程读取这个存放链接的文件，将其中的相对链接转化为绝对链接，然后存入一个文件供中央主机读取。不足之处在于如果中央主机失效，则整个系统都会停止工作，而且中央主机的 URL 分发模块常常成为整个系统的瓶颈。Mercator 是 Alta Vista 搜索引擎的网络爬虫，它完全由 JAVA 写成。Mercator 的可扩展性非常好，可以通过增减或替换模块来实现不同的功能。Mercator 采用的数据结构可以使无论爬行的规模有多大，只占用有限的内存，数据结构的大部分都在硬盘中存放，并且 Mercator 只存放 URL 的 checksum 值，这样可以节省大量的内存和磁盘空间。

此外，上图的时间轴上还标示出了与包 07 网络侵权追踪平台中的分布式网络爬虫技术相关性比较高的关键技术专利的概述情况，包括申请时间、相关内容和专利申请号。

（三）主要专利申请人分析

通过对分布式网络爬虫技术的检索结果的相关分析，得到在主题技术相关方面专利申请量的全球前三名。分布式网络爬虫技术相关专利申请量最多的三个公司都是美国的公司，分别是谷歌公司、IBM（International Business Machines Corporation，国际商业机器公司）公司和微软公司，可见分布式网络爬虫技术在美国的发展比较快，应用范围也广。排名第一的谷歌公司对主题技术的研究起步较晚，相关专利的申请主要集中在 2011 年至 2012 年；IBM 公司对主题技术的研究长期以来一直处于不温不火的状态，专利申请也没有呈现出明显趋势；微软公司是排名前三的公司中最早开始研究分布式网络爬虫技术的公司，然而其总体专利申请量不多，也没有明显的专利申请趋势。

1. 申请量排名第一的专利申请人

（1）专利申请量

谷歌公司自 1998 年成立以来，致力于互联网搜索领域，Google 搜索被公认为全球最大的搜索引擎，在全球范围内拥有非常多的用户。作为网络搜索行业的巨头，谷歌公司多年来也在网络信息抓取方面不断投入研发资源。从下图中可以看出，除 2007 年外，在 2003 年至 2014 年期间，谷歌公司每年都有少量与网络爬虫技术主题相关的专利申请。2007 年相关主题技术 0 申请量及邻近几年相对比较少专利申请情况的存在，或许与谷歌公司在2005年至2007年间陆续收购或购买美国在线股权、YouTube网站和中国网域注册名称有关。至2011年，随着谷歌公司不断地扩展业务类型，技术研发方向也越来越多，与分布式网络爬虫技术相关的专利申请量开始缓缓下降。

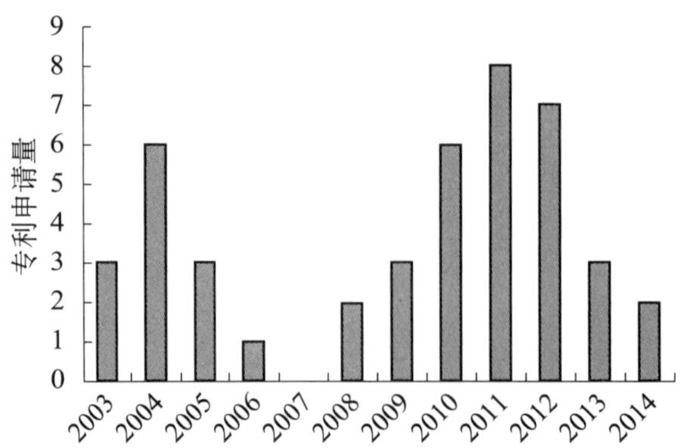

图5.5-4　谷歌分布式网络爬虫技术专利申请条形图

（2）“九国两组织”专利申请量区域分布

谷歌公司总部位于美国加利福尼亚州，其绝大多数与分布式网络爬虫技术主题相关的专利的申请国和公开国都是美国。当然，这一情况除了谷歌公司总部位于美国的原因外，也与美国整体的科学技术水平有关。美国的很多项技术都处于世界领先水平，谷歌公司作为互联网搜索领域的巨头公司，其技术成果也代表了行业内的前沿技术，在互联网搜索技术比较先进的美国，谷歌公司也必须提出与分布式网络爬虫技术主题相关的网页信息抓取的核心技术来巩固并提升自身的市场地位。

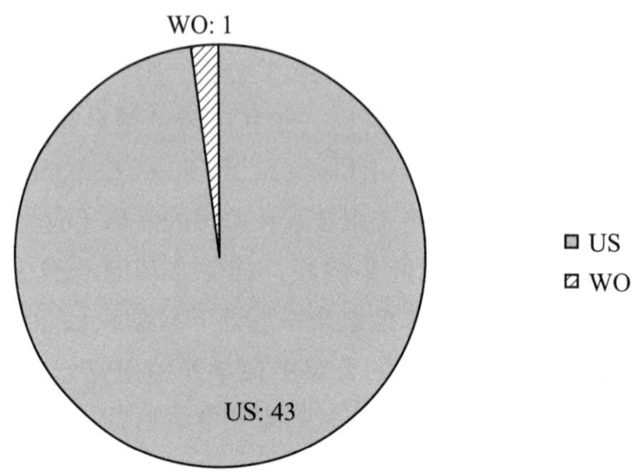

图5.5-5　谷歌分布式网络爬虫技术专利申请量区域分布图

（3）技术构成分布

图5.5-6为谷歌公司分布式网络爬虫技术的相关专利的构成分布图（Themescape）。可以看出，在分布式网络爬虫技术的相关专利中，涉及网络爬虫系统、抓取内容和抓取时间计划的专利比较多。

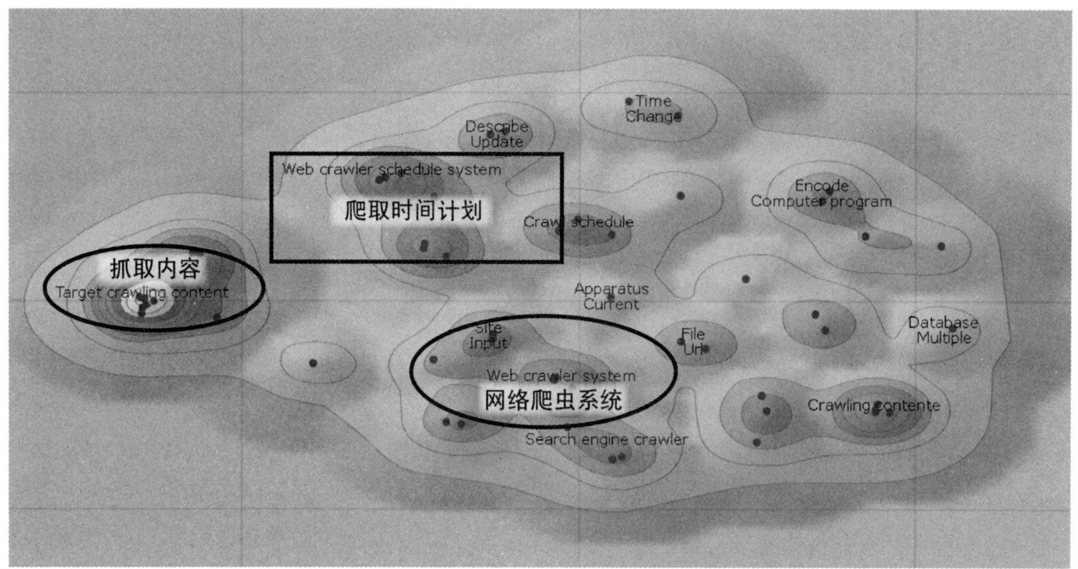

图 5.5-6　谷歌分布式网络爬虫技术构成分布图

2. 申请量排名第二的专利申请人

（1）专利申请量

IBM（International Business Machines Corporation，国际商业机器公司）是全球最大的信息技术业务解决方案公司，总部位于美国纽约州。下图示出了 IBM 公司每一年在分布式网络爬虫技术主题方面的专利申请量。从图中可以看出，从 1999 年开始，IBM 公司已经开始了相关技术的研发工作，虽然上图中的专利申请量呈现出参差不齐的状态，但每一年的申请量数字都很小，最高纪录为 2012 年的 7 件，最低纪录为 2013 年的 0 件。由于整体数量都很小，因此，从客观角度来看，图中的数据并没有形成明显的趋势状态。

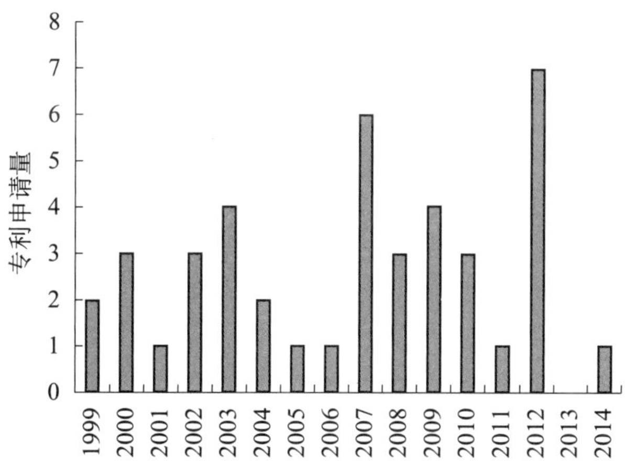

图 5.5-7　IBM 分布式网络爬虫技术专利申请条形图

（2）“九国两组织”专利申请量区域分布

IBM 公司的总部位于美国的纽约州，其大多数与分布式网络爬虫技术主题相关的专利也集中在美国，有 33 件专利。在其他技术比较先进或近年来技术发展比较快的国家或地区，如中、日、欧洲、德，IBM 公司作为专利权人的专利也有少量分布。除此之外，IBM 公司在两大知识产权组织，世界知识产权组织和欧专局有少量专利申请，分别有 2 件和 1 件专利，以此实现以较低的成本换取其自身技术在多个国家的专利保护。

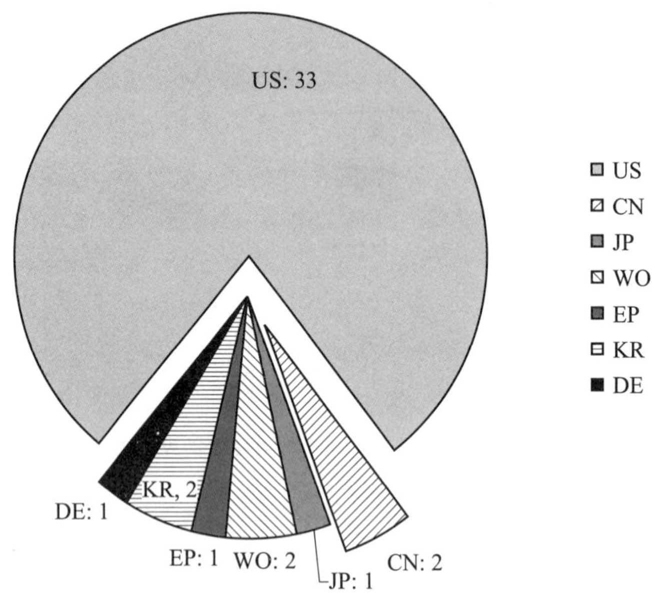

图 5.5-8　IBM 分布式网络爬虫技术专利申请量区域分布图

(3) 技术构成分布

图 5.5-9 为 IBM 公司的分布式网络爬虫技术的相关专利的构成分布图。可以看出，在分布式网络爬虫技术的相关专利中，涉及网页内容抓取、爬行主题和增量爬网的专利比较多。

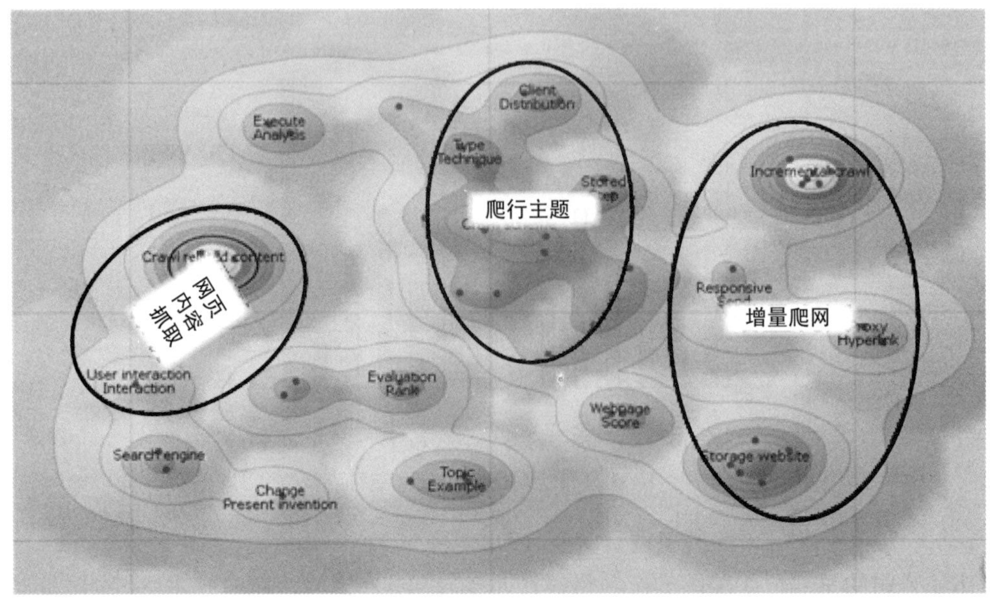

图 5.5-9　IBM 分布式网络爬虫技术构成分布图

3. 申请量排名第三的专利申请人

（1）专利申请量

微软是一家总部位于美国的跨国电脑科技公司，具有先进的软件开发技术。由下图所示内容可知，微软公司在2003年以前，与分布式网络爬虫技术主题相关的专利申请非常少，从2003年开始，由于市场需求量增大，国内对这项技术的重视程度也逐渐提升，每年都有多件相关专利的申请，并趋于稳定。

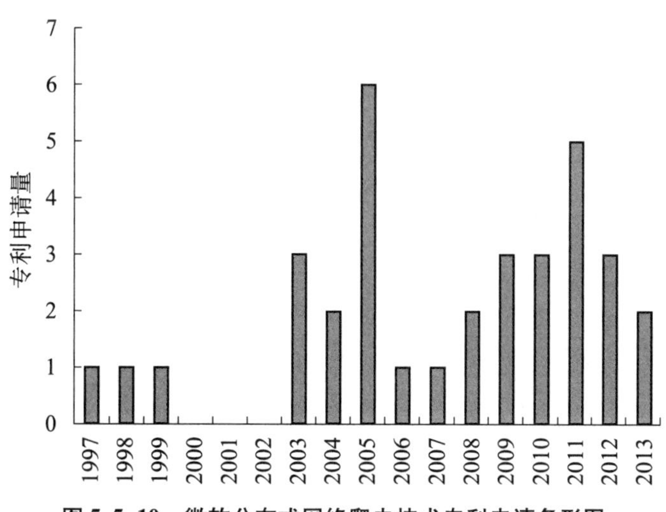

图5.5-10 微软分布式网络爬虫技术专利申请条形图

（2）“九国两组织”专利申请量区域分布

微软公司的总部位于美国的华盛顿州，其作为专利权人的专利申请绝大多数都是在美国申请并公开的。除美国外，在技术发展相对来说比较先进的日本和韩国，微软公司分别有1件专利。

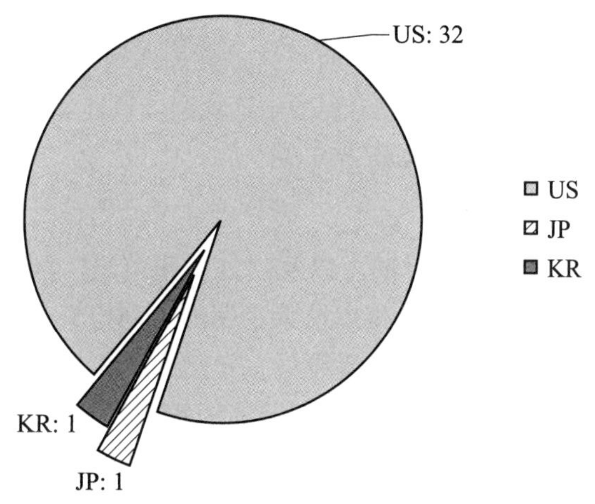

图5.5-11 微软分布式网络爬虫技术专利申请量区域分布图

（3）技术构成分布

图5.5-12为微软公司分布式网络爬虫技术的相关专利的构成分布图。其中一个点表

示一篇专利，点与点间距表示专利内容相似性，点距离越近，表示专利内容越接近。图中灰色表示专利量大小，以等高线形式表达相似专利的密集程度，例如白色表示专利密集区域。由图可以看出，在分布式网络爬虫技术的相关专利中，涉及待抓取网页处理和爬行策略的专利比较多。

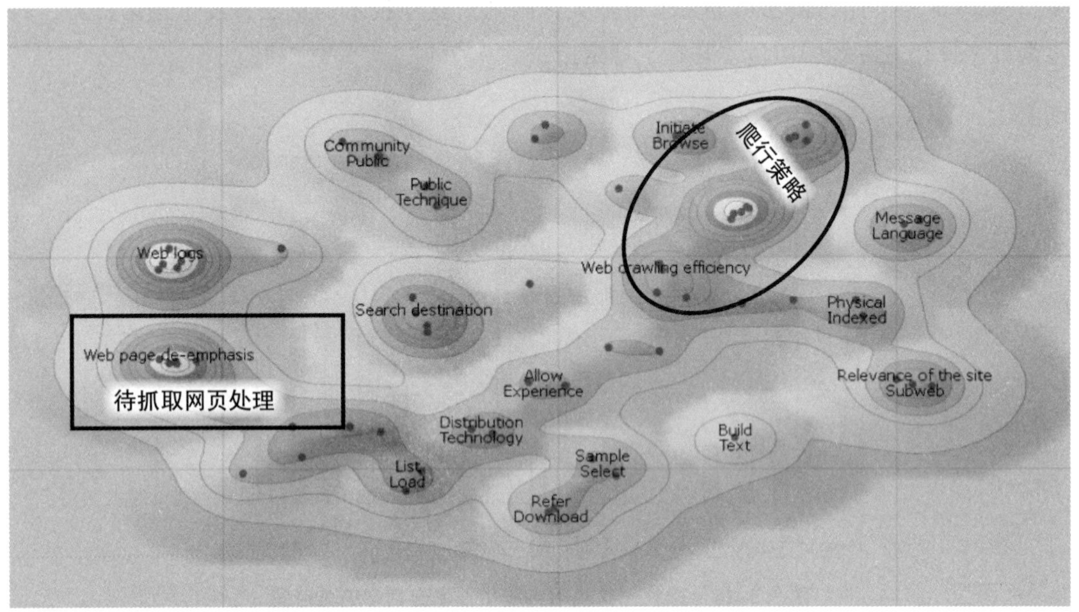

图 5.5-12 微软分布式网络爬虫技术构成分布图

三、总结

网络侵权追踪平台开发，主要包括侵权扫描、侵权判定和侵权取证三方面内容，而这三方面内容涉及到分布式网络爬虫技术。针对“分布式网络爬虫技术”项检索主题，进行了 1994 年 1 月 1 日至 2014 年 12 月 31 日期间的“九国两组织”范围内的专利/专利申请检索，下面针对该项技术，结合其相关专利的申请状况，概述如下：

（一）分布式网络爬虫技术发展特点

1. 专利申请总量

分布式网络爬虫技术，在限定时期内以及“九国两组织”的范围内的检索结果包含 735 件专利/专利申请。从分布式网络爬虫检索主题的专利检索结果的数据量分布情况来看，美、中、日、韩四个国家的专利申请数量总和达到 603 件，约占全部专利申请量的 82%，由此可知，分布式网络爬虫技术的关键技术及研发工作主要集中在上述四个国家。其中，美国地区的专利申请量达到 379 件，超过总专利申请量的一半；且在“九国两组织”范围内，美国在分布式网络爬虫这一主题下的专利申请每年都稳居第一位。近几年来，分布式网络爬虫技术在中国的研究应用也迅速升温，现在已呈现出年专利申请量追赶上美国的趋势。除上述四个国家外，其他几个国家在这一主题下的专利申请量都很少，除澳大利亚拥有 11 件相关专利申请外，英国、德国、俄罗斯、英国的申请总量也只有数件。

2. 年专利申请量

从年专利申请量来看，分布式网络爬虫技术的年专利申请量整体上呈现出从增长转换为平稳缓慢发展的一种态势。从局部来看，美国、日本和韩国近几年的专利申请量基本处于持平状态，而影响整体态势呈现出平稳缓慢发展的主要因素就是中国专利申请量的变化。近几年，中国在分布式网络爬虫技术方面的专利申请增量比较明显，且由于其年专利申请量占“九国两组织”年申请总量的比重逐年增加，因此，其在主题技术方面的专利申请的持续发展也影响到大范围内的整体态势。

3. 专利申请人

从主题技术的专利申请人情况来看，IBM、谷歌、微软公司是在分布式网络爬虫技术方面的主要专利申请人，而其他各个国家的各个公司，专利申请量基本上都没有超过10件。上述几个公司都是美国的企业，其在美国地区的专利申请量也最多，这也说明了目前分布式网络爬虫的关键技术主要集中在上述几个全球软件大亨级企业的手中。

综合上述几方面的检索结果分析，在全球范围内分布式网络爬虫技术目前处于逐渐趋向成熟的阶段；而在中国，其目前属于研发热点，相应的研发资源仍旧在不断投入，这从中国近几年相关专利申请不断增长的趋势上就能够得到体现。

（二）分布式网络爬虫技术发展趋势

1. 专利申请量的总体发展趋势

分布式网络爬虫技术诞生于上世纪90年代中期，研究初期技术发展较缓慢，直至2002年，全球相关的年专利申请量都没有超过10件。自2002年后，随着互联网应用的不断普及和相关技术研发的持续性投入，分布式网络爬虫技术的年专利申请量也呈现出持续稳定的增长态势，但整体来看，主题技术的年专利申请量都不大，目前为止，年专利申请量的最高峰为2013年的53件。

2. 各地区技术发展现状以及未来发展趋势

（1）美国

美国最为全球范围内最早开始研究分布式网络爬虫技术的国家之一，不仅引导了全球在主题技术方面的持续性研究，且拥有主题技术方面最多的专利。近两年，其仍然是主题技术方面的专利申请大国，但通过近几年来其专利申请趋势来看，该技术在美国目前已经过了研发和应用推广的最热时期。

（2）日本

日本和美国是全球最早进行分布式网络爬虫技术研究的国家。虽然日本在主题技术方面起步很早，但从其主题技术方面的专利申请情况来看，分布式网络爬虫技术在日本的研究应用并没有真正地进入“热潮”时期，其最高的年申请量也仅仅为2007年的8件。

（3）韩国

韩国在分布式网络爬虫技术方面的研究起步较晚，其第一件相关专利出现在2005年。主题技术在韩国的发展情况与日本类似，整体专利数量较少，也没有形成明显的技术发展趋势。

（4）中国

中国在主题技术方面的研究也比较晚，但自中国出现第一篇相关方面的专利以来，主题技术在中国的发展保持着持续稳定的发展形势，至今仍保持着良好的发展趋势。目前，中国是全球范围内在分布式网络爬虫技术方面专利申请量仅次于美国的国家。

根据以上分析描述，整体来看分布式网络爬虫技术在全球范围内处于成熟期，而在起步较晚的中国，仍处于技术发展期。

3. 主要申请人专利申请对比分析

通过对分布式网络爬虫技术领域的宏观分析，我们得出行业内的三个最主要申请人是谷歌公司、IBM 公司以及微软公司。下面结合微观分析模块具体解读主要申请人的专利现状。

（1）专利申请量维度横向比较

通过将三个主要申请人（谷歌、IBM 和微软）在专利申请量维度进行横向比较发现，虽然上述三个公司在分布式网络爬虫技术方面的专利量位居一、二、三位，但上述三个申请人在主题技术方面的专利申请总量都不多，每个公司都没有明显优势的体现。各个公司的专利总量都不过百件，正因如此，从该项技术出现至今的 10 多年中，基数偏小的专利申请都没有形成明显的发展趋势。

（2）专利资产低于布局情况

从三个主要申请人的专利资产区域布局情况，可以看出，谷歌、IBM 和微软公司的绝大多数专利布局，都是在美国本土市场进行的。美国作为世界上互联网和计算机技术最发达的国家，也具有足够的吸引力，使得行业内的巨头公司将专利布局集中在此。此外，我们发现，虽然谷歌、IBM 和微软公司在主题技术方面的专利数量不多，但仍在其他一些技术比较发达的国家或地区，如欧洲、中国、日本、韩国等地也进行了少数专利的申请，可见其专利布局范围的广泛。

（3）技术热点分析

从技术热点分析角度来说，谷歌公司主要关注网络爬虫系统和爬虫时间计划方面的技术；IBM 公司则倾向于具体爬行过程中涉及到的一些技术主题，如网页内容抓取、爬行主题和增量爬网等技术；微软公司关注的技术主题包括爬行策略和待抓取网页处理。

第六节　纸质文件的可识别与可追踪技术

一、专利检索

（一）检索结果概述

以纸质文件的可识别与可追踪技术为检索主题，在“九国两组织”范围内，共检索到相关专利申请 13 099 件，具体数量分布如下（单位：件）：

美国	中国	日本	韩国	英国	法国	德国	澳大利亚	俄罗斯	EP	WO	总计
4 458	1 856	3 094	606	150	47	128	561	27	1 181	991	13 099

其中五大检索主题的各国家/组织的专利申请状况与专利申请人排名等信息可参见下述统计结果。

（二）各地区/组织相关专利申请趋势

由表5.6-1和图5.6-1的统计结果显示，纸质文件的可识别与可追踪技术早在上个世纪90年代，美国、澳大利亚及亚洲的中、日等国就开始涉足该领域的研究，其中以日本和美国最为显著。自新世纪以来，美国对该领域的年专利申请量基本在300件左右，在该领域始终处于主导地位；日本在该领域的年专利申请量也在200件左右，发展也很迅速；然而中国近年来对该领域的研究也是日益增加，年专利申请量也已达百件以上。近年来，韩国和澳大利亚等国家在该技术领域也是略有研究，但是该领域专利的年均申请量始终不高；除在美国、澳大利亚和亚洲地区的中、日、韩等国家外，该技术在全球“九国两组织”的其他国家研究相对较少。比较明显的是俄罗斯以及欧洲的英、德、法在该领域的专利申请量基本在10件左右。对于该技术领域而言，美国、日本以及中国均是走在世界前列的。

表5.6-1 纸质文件的可识别与可追踪技术“九国两组织”相关专利申请状况

年份 国家	1990①	2000	2001	2002	2003	2004	2005	2006	2007	2008	2009	2010	2011	2012	2013	2014
US	25	20	116	280	351	315	348	355	373	370	321	384	342	331	290	237
CN	23	27	28	35	55	81	118	125	151	138	156	172	185	221	193	148
JP	94	162	233	267	201	247	243	272	231	289	205	177	168	150	91	64
KR	7	11	32	27	39	54	43	54	45	74	35	40	45	35	27	38
GB	4	9	17	24	27	14	10	12	5	2	3	3	2	5	5	8
DE	0	1	2	3	12	8	10	27	19	18	18	5	2	2	0	1
FR	1	8	2	6	8	3	1	3	4	2	2	0	0	0	1	6
AU	24	34	28	48	51	24	30	14	33	33	30	50	50	42	28	42
RU	0	0	0	1	3	0	2	2	2	0	5	10	0	1	0	1
EP	53	56	81	82	86	110	101	108	70	91	80	48	51	62	53	49
WO	46	57	77	109	98	75	79	64	74	69	56	43	31	34	44	35

① 1990是指1990－1999年的专利数量总数。

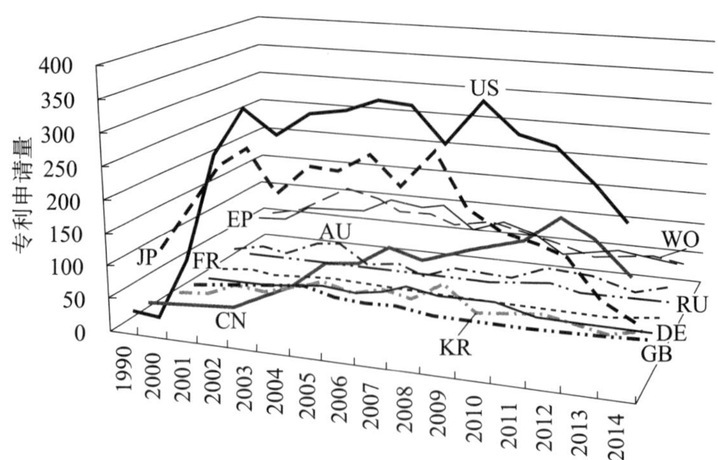

图 5.6-1 “九国两组织”相关专利申请状况图

(三) 各地区/组织相关专利申请人排名

1. WO 相关专利申请人排名

表 5.6-2 纸质文件的可识别与可追踪 WO 相关专利申请人排名

序号	申请人	申请人国家	专利申请数量
1	DIGIMARC CORP	美国	128
2	KONINKL PHILIPS ELECTRONICS NV	荷兰	127
3	RHOADS GEOFFREY B	美国	45
4	THOMSON LICENSING	法国	37
5	RODRIGUEZ TONY F	美国	27

2. EP 相关专利申请人排名

表 5.6-3 纸质文件的可识别与可追踪 EP 相关专利申请人排名

序号	申请人	申请人国家	专利申请数量	专利授权数量
1	KONINKL PHILIPS ELECTRONICS NV	荷兰	121	46
2	DIGIMARC CORP	美国	59	14
3	THOMSON LICENSING	法国	57	24
4	NEC CORP	日本	57	35
5	CANON KK	日本	44	33

3. 中国地区相关专利申请人排名

表 5.6-4 纸质文件的可识别与可追踪中国地区相关专利申请人排名

序号	申请人	申请人国家	专利申请数量	专利授权数量
1	KONINKL PHILIPS ELECTRONICS NV	荷兰	142	94
2	UNIV BEIJING	中国	47	11

（续表）

序号	申请人	申请人国家	专利申请数量	专利授权数量
3	CANON KK	日本	42	42
4	THOMSON LICENSING Corp	法国	38	16
5	SONY CORP	日本	33	17

4. 美国地区相关专利申请人排名

表 5.6-5　纸质文件的可识别与可追踪美国地区相关专利申请人排名

序号	申请人	申请人国家	专利申请数量	专利授权数量
1	DIGIMARC CORP	美国	549	322
2	CANON KK	日本	206	128
3	MICROSOFT CORP	美国	145	98
4	IBM	美国	93	44
5	KONINKL PHILIPS ELECTRONICS NV	荷兰	79	21

5. 日本地区相关专利申请人排名

表 5.6-6　纸质文件的可识别与可追踪日本地区相关专利申请人排名

序号	申请人	申请人国家	专利申请数量	专利授权数量
1	CANON KK	日本	461	202
2	RICOH KK	日本	148	77
3	HITACHI LTD	日本	144	80
4	OKI ELECTRIC IND CO LTD	日本	120	70
5	NIPPON TELEGRAPH & TELEPHONE	日本	113	63

6. 澳大利亚地区相关专利申请人排名

表 5.6-7　纸质文件的可识别与可追踪澳大利亚地区相关专利申请人排名

序号	申请人	申请人国家	专利申请数量	专利授权数量
1	DIGIMARC CORP	美国	41	7
2	NIELSEN CO US LLC	美国	20	11
3	KONINKL PHILIPS ELECTRONICS NV	荷兰	19	0
4	EXXONMOBIL UPSTREAM RES CO	美国	16	16
5	CANON KK	日本	12	6

7. 德国地区相关专利申请人排名

表 5.6-8 纸质文件的可识别与可追踪德国地区相关专利申请人排名

序号	申请人	申请人国家	专利申请数量	专利授权数量
1	KONINKL PHILIPS ELECTRONICS NV	荷兰	20	9
2	NEC CORP	日本	14	7
3	MATSUSHITA ELECTRIC IND CO LTD	日本	6	3
4	CANON KK	日本	6	3
5	DIGIMARC CORP	美国	6	1

8. 法国地区相关专利申请人排名

表 5.6-9 纸质文件的可识别与可追踪法国地区相关专利申请人排名

序号	申请人	申请人国家	专利申请数量	专利授权数量
1	CANON KK	日本	20	0
2	FRANCE TELECOM	法国	6	0
3	RADIOTELEPHONE SFR	法国	3	0
4	VIACCESS SA	法国	2	0
5	INGENICO SA	法国	2	0

9. 英国地区相关专利申请人排名

表 5.6-10 纸质文件的可识别与可追踪英国地区相关专利申请人排名

序号	申请人	申请人国家	专利申请数量	专利授权数量
1	SONY UK LTD	日本	39	14
2	IBM	美国	13	0
3	MOTOROLA INC	美国	11	5
4	KENT RIDGE DIGITAL LABS	新加坡	7	5
5	BRITISH BROADCASTING CORP	英国	6	5

10. 俄罗斯地区相关专利申请人排名

表 5.6-11 纸质文件的可识别与可追踪俄罗斯地区相关专利申请人排名

序号	申请人	申请人国家	专利申请数量	专利授权数量
1	KONINKL PHILIPS ELECTRONICS NV	荷兰	6	3
2	MICROSOFT CORP	美国	4	3
3	G OBRAZOVATEL NOE UCHREZHDENIE	俄罗斯	2	2
4	MAKROVIZHN CORP	俄罗斯	2	0
5	KONINKLEIKE PHILIPS ELECTRONICS NV	荷兰	2	0

11. 韩国地区相关专利申请人排名

表 5.6-12　纸质文件的可识别与可追踪韩国地区相关专利申请人排名

序号	申请人	申请人国家	专利申请数量	专利授权数量
1	THOMSON LICENSING	韩国	33	12
2	SAMSUNG ELECTRONICS CO LTD	韩国	31	4
3	KONINKL PHILIPS ELECTRONICS NV	荷兰	30	0
4	MARKANY INC	韩国	24	1
5	KOREA ELECTRONICS TELECOMM	韩国	19	12

二、专利分析

（一）技术发展趋势分析

从图 5.6-2 可以看出，纸质文件的可识别与可追踪技术涉及到的主要技术是数字水印的嵌入和提取技术，以下简称数字水印技术。数字水印技术最初是为了版权保护，自上世纪 90 年代该技术就已经引起了工业界的广泛关注，并日益成为国际上非常活跃的研究领域，然而随着数字水印技术的迅速发展，人们发现了更多更广的应用，并且有许多是人们当初未能预料到的，比如广播监控、所有者鉴别、所有权验证、操作跟踪、内容认证、拷贝控制和设备控制等等。

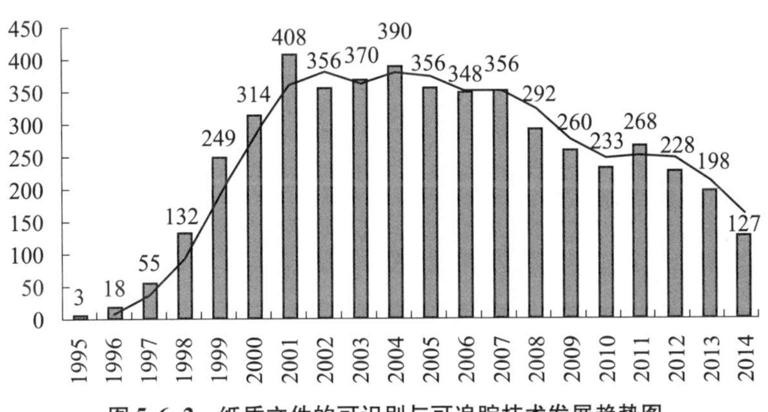

图 5.6-2　纸质文件的可识别与可追踪技术发展趋势图

从数字水印技术的专利申请量随时间的变化来看，自上世纪 90 年代直至 2001 年前后，在全球范围内该技术处于快速发展阶段；2001 年以来该技术已基本趋于成熟，近年来国际上已减小了对该领域的研究步伐，尤其是在纸质文件的识别与追踪方向的研究。毕竟国际上现如今的数字水印技术在纸质文件上的应用已经达到一定水平，其未来的发展方向还是以拓展应用领域为主。

（二）技术路线分析

图 5.6-3 中核心专利是通过引证次数排行找到引证数比较多的专利，关键技术所列专

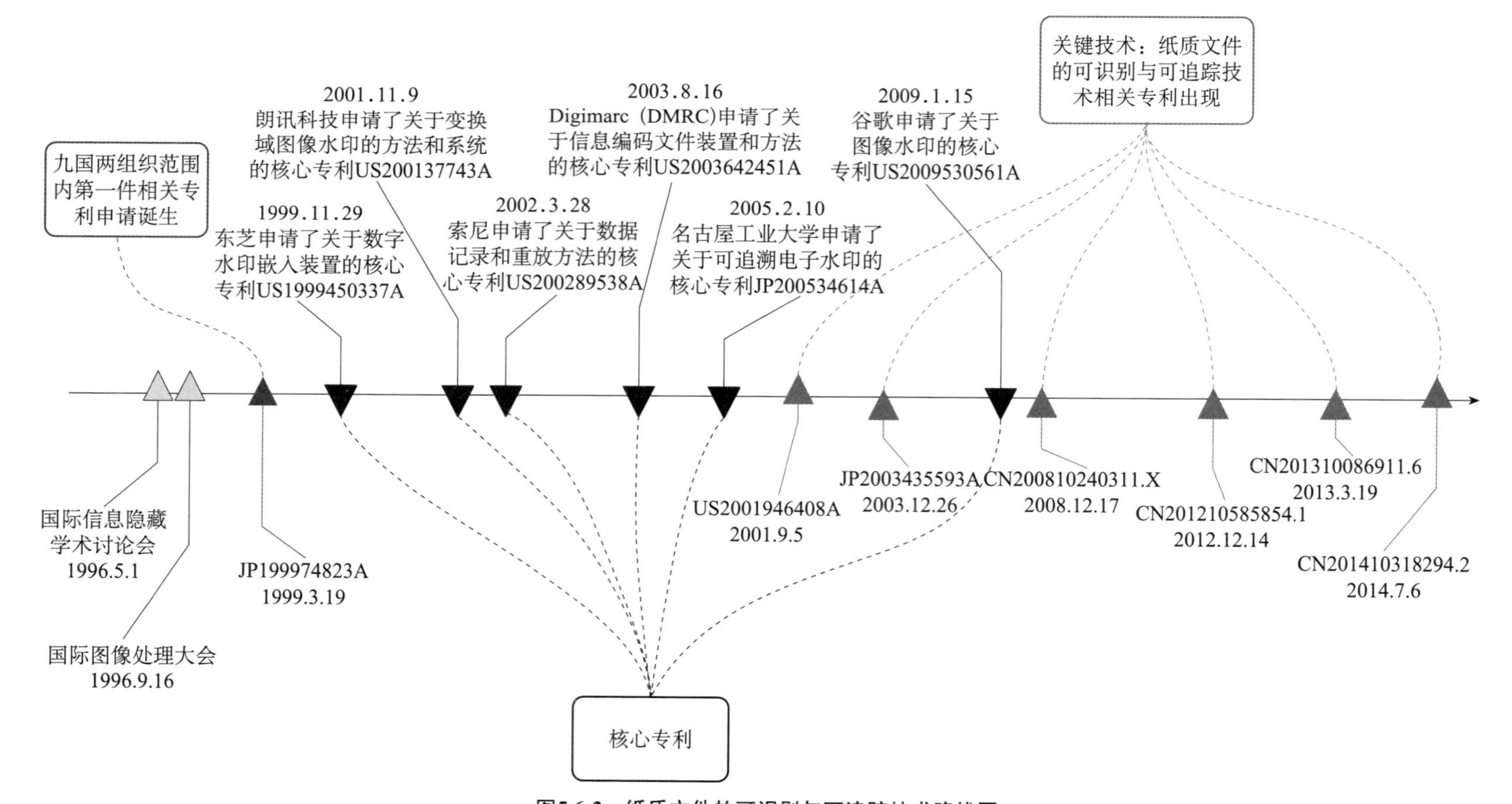

图5.6-3 纸质文件的可识别与可追踪技术路线图

利为纸质文件的可识别与可追踪技术的高相关专利。通过对该技术路线的分析，我们可以很直观地看出该技术在“九国两组织”范围内研究相对也是较早。自上世纪 90 年代中期 DRM 系统引入后，一种新的防盗版技术——“数字水印”随之出现。该概念最初是由 Caronni 于 1993 年提出，Van Schyndel 在 ICIP 94 会议上发表了题为“A Digital watermark”的文章，其中阐明了一些关于数字水印的主要概念。1996 年 5 月 30 日至 1996 年 6 月 1 日，在英国剑桥牛顿研究所召开了第一届国际信息隐藏学术研讨会，这标志着一门新兴的交叉学科——信息隐藏学的正式诞生。数字水印技术作为信息隐藏的主要技术越来越受到人们的重视。1996 年便诞生了该技术领域的第一件相关专利——控制复合数字作品的分配和使用方法。1999 年 11 月 29 日，东芝申请了数字水印嵌入装置的核心专利。2002 年 3 月 28 日，索尼申请了关于数据记录和重放的核心专利。2003 年 8 月 16 日，DIGIMARC 公司申请了关于信息编码文件的核心专利。

综观该技术的发展历程，技术发展的初期出现的技术大多比较核心和基础，被后续人们引用的也就比较多，而纸质文件的可识别与可追踪的相关技术属于按需印刷技术发展到一定阶段引申出来的一个问题，并日渐成为该领域技术人员研究的热点，继而涌现出一些该技术领域的关键性技术。目前国内在该技术领域也滋生出了一些关键性技术，并且有着自己独创的风格，比如北京邮电大学研发的基于数字水印的文件防伪方法及其装置；北京大学和北大方正集团共同研发的数字水印的嵌入方法、提取方法及装置，不仅提高了图像中数字水印信息的隐藏性和鲁棒性，而且图像中提取数字水印信息的准确度也得到了提高等等。

（三）主要专利申请人分析

通过对纸质文件的可识别与可追踪技术的专利检索结果的统计和初步分析，得到了在“九国两组织”范围内申请量排名前三的公司，分别是美国的 DIGIMARC 公司、日本佳能、飞利浦，相关技术专利申请量分别是 852 件、805 件、548 件。然后对这三家公司在该技术方面申请的技术进行统计分析，每家公司会有三个统计图分别是：年份柱状图、“九国两组织”专利申请量区域分布、技术构成分布，利用这三种图表分别对这三家公司的技术进行分析并得出相应观点。

1. 申请量排名第一的专利申请人

（1）专利申请量

DIGIMARC 公司在数字水印技术领域的专利申请量位居全球之首。自上个世纪 90 年代末期以来直至新世纪初期，DIGIMARC 公司在该技术领域也是趋于快速发展阶段，并且自 2000 年以来直至 2010 年前后，DIGIMARC 公司在该技术的发展已基本趋于平稳成熟阶段；2010 年以后 DIGIMARC 公司对该技术领域虽说仍在不断开发，但从其专利申请量来看，其开发力度明显减弱了。这与该公司逐渐转型专利商业化有一定关联，在 2010 年，数码水印公司 Digimarc 向市场出售专利，并将多项专利授权给 Intellectual Ventures。作为交换，Intellectual Ventures 同意向该公司支付 3 600 万美元，加上通过 Digimarc 的专利组合所获利润的 20%。

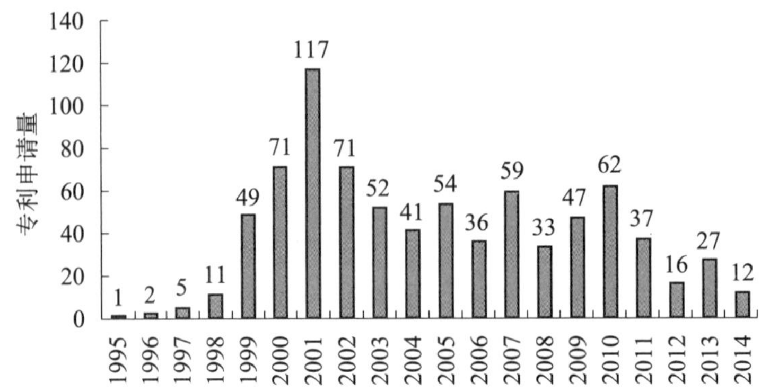

图 5.6-4 DIGIMARC 纸质文件的可识别与可追踪技术专利申请条形图

（2）“九国两组织”专利申请量区域分布

DIGIMARC 公司是一家领先的创新者和技术提供商，专注领域由数字水印技术和 IP，打印到移动解决方案，内容识别，版权通信，数字图书，出版物和文件反盗版解决方案。

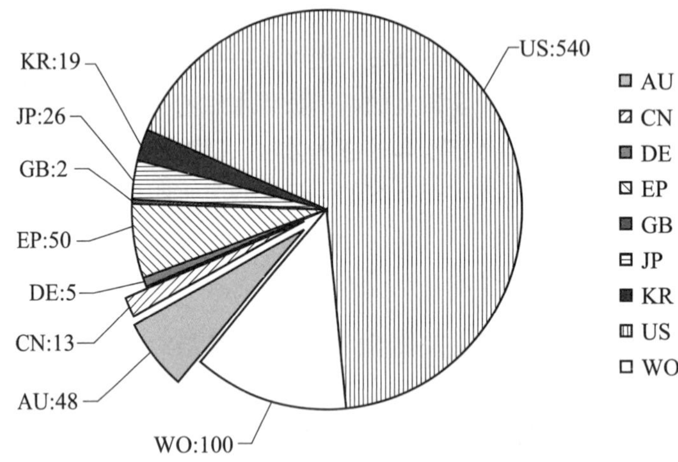

图 5.6-5 DIGIMARC 纸质文件的可识别与可追踪技术专利申请量区域分布图

DIGIMARC 公司总部位于美国，其在数字水印技术领域的相关专利主要集中在美国，在欧洲、亚洲的中、日等地也有些许专利，但数量屈指可数。因为在全球领域美国在专利商业化方面发展最为迅速，也是 DIGIMARC 公司发生专利诉讼的频繁地带。2000 年拥有电子水印技术的美国 Digimarc 公司，以侵害专利为由起诉了美国 Verance 公司；在 2010 年，数码水印公司 Digimarc 向市场出售专利，并将多项专利授权给 Intellectual Ventures。作为交换，Intellectual Ventures 同意向该公司支付 3600 万美元，加上通过 Digimarc 的专利组合所获利润的 20%。在未来的发展中，DIGIMARC 公司可能会投入更多的精力去考虑如何更有效地布局自己的专利来赢取暴利。

（3）技术构成分布

图 5.6-6 示出了 DIGIMARC 公司专利的构成分布图。圈注的是 DIGIMARC 公司关注度较高的热点技术，标注的几个热点技术都是纸质文件的可识别与可追踪的关键技术。版权

标识水印是目前研究最多的一类数字水印。数字作品既是商品又是知识作品，这种双重性决定了版权标识水印主要强调隐蔽性和鲁棒性，而对数据量的要求相对较小。水印作为文件跟踪识别的重要信息，提取重现是完成真伪鉴别的必经过程。强鲁棒性水印技术具有抵抗共计的能力，对于实现数字产品的版权认证具有重要意义。目前，数字水印领域的核心技术有基于小波算法的数字水印生成与隐藏算法、水印防复制技术、抗衰减技术、数字水印检验机读化等等。

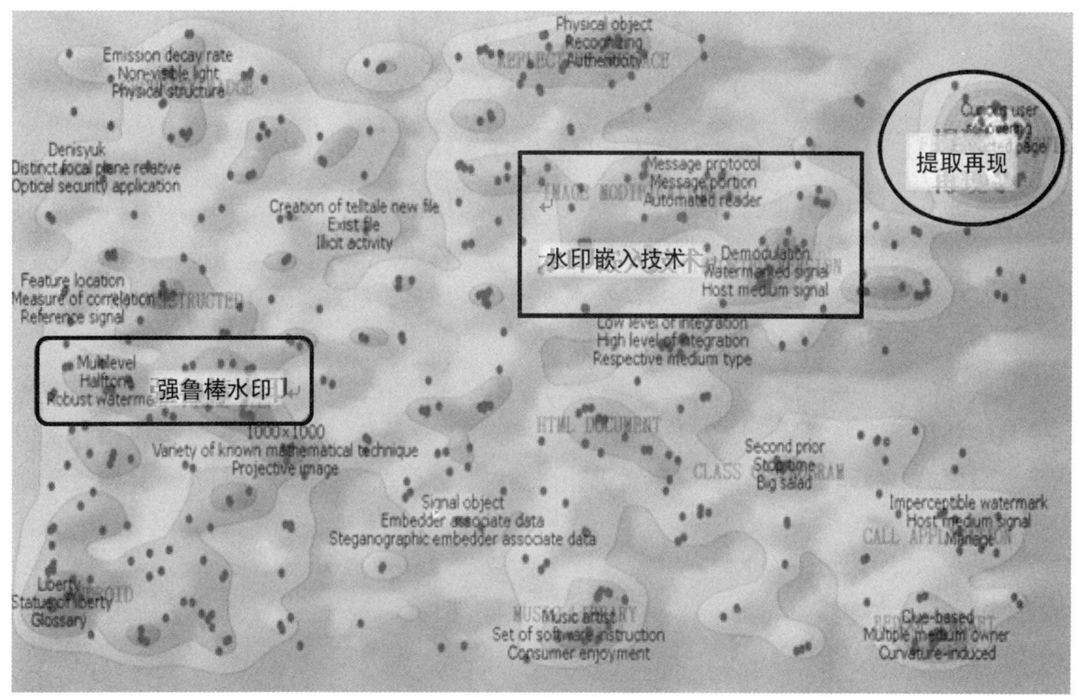

图 5.6-6　DIGIMARC 纸质文件的可识别与可追踪技术构成分布图

DIGIMARC 公司是一家领先的创新者和技术提供商，专注领域由数字水印技术和 IP，打印到移动解决方案，内容识别，版权通信，数字图书，出版物和文件反盗版解决方案。该公司在纸质文件的可识别与可追踪技术领域的研究热点主要有水印的提取再现技术、水印的嵌入技术以及强鲁棒性水印的研究。DIGIMARC 公司致力于设计新颖且性能良好的鲁棒水印技术，在保证具有良好不可见性的基础上，将如何尽量提高鲁棒性作为设计鲁棒水印的研究重点。

2. 申请量排名第二的专利申请人

（1）专利申请量

佳能公司在数字水印技术领域的专利申请量位居全球第二，自上世纪 90 年代以来直至新世纪初期，佳能在该技术领域趋于快速发展阶段，当然这可能与当时盛行的动漫业有些许关联，推动了当时印刷业的快速发展，进而带动了纸质文件识别与追踪技术的发展。随着该技术发展的不断成熟，进行再开发改进难度变大，且全球网络化时代的跨进，电子产品的更新换代，人们工作、生活和学习逐渐趋于数字化，例如电子书逐渐趋于成熟，开

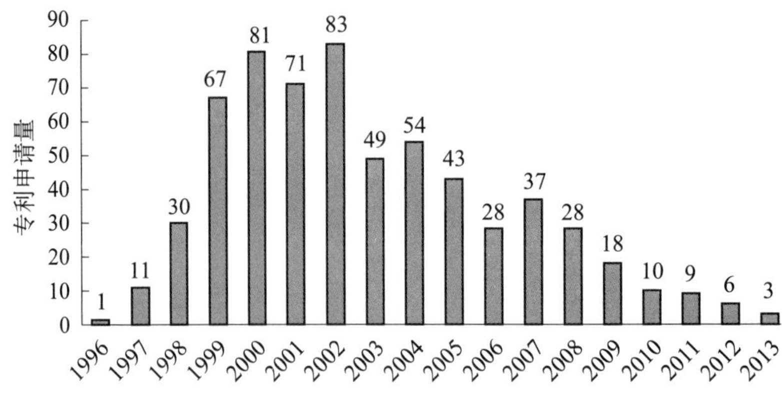

图 5.6-7 佳能纸质文件的可识别与可追踪技术专利申请条形图

始取代了部分纸质书籍，进而对纸质书籍或文件的印刷需求开始逐渐消退，故 2004 年前后佳能公司对该技术应到纸质文件的识别与追踪方面的研究开始减少。从上述分析可以得出，佳能在该技术领域的发展趋势与该技术在全球领域的发展趋势基本相同。

（2）“九国两组织”专利申请量区域分布

佳能（Canon）是日本的一家全球领先的生产影像与信息产品的综合集团。佳能的产品系列共分布于三大领域：个人产品、办公设备和工业设备，主要产品包括照相机及镜头、数码相机、打印机、复印机、传真机、扫描仪、广播设备、医疗器材及半导体生产设备等。

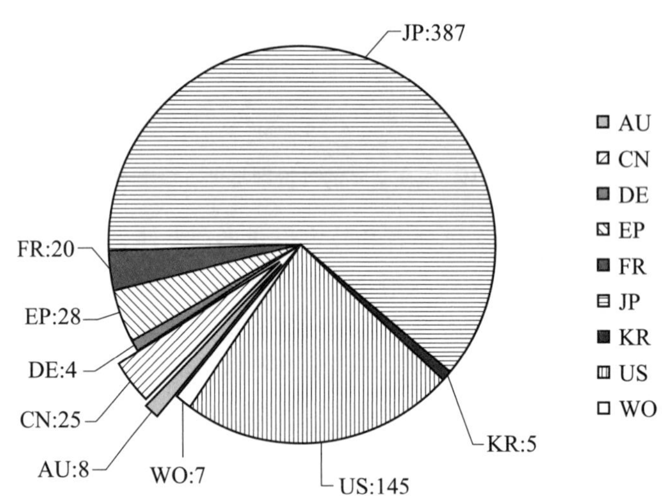

图 5.6-8 佳能纸质文件的可识别与可追踪技术专利申请量区域分布图

佳能总部位于日本东京，并在美洲、欧洲、亚洲及日本设有 4 大区域性销售总部。佳能数字水印技术领域，其大部分技术还是集中在日本和美国；在欧洲及亚洲的中、韩等也设有分公司及代加工工厂，但专利申请量相对较少。

（3）技术构成分布

图 5.6-9 示出了佳能公司专利的构成分布图。圈注的是佳能公司关注度较高的热点技

术，标注的几个热点技术都是纸质文件的可识别与可追踪的关键技术。水印作为文件跟踪识别的重要信息，提取重现是完成真伪鉴别的必经过程，而水印嵌入和提取过程需要进行DCT变换和反变换即IDCT来完成。DCT全称离散余弦变换（英语：DCT for Discrete Cosine Transform）是与傅里叶变换相关的一种变换，类似于离散傅里叶变换，但是只使用实数。离散余弦变换相当于一个长度大概是它两倍的离散傅里叶变换，这个离散傅里叶变换是对一个实偶函数进行的（因为一个实偶函数的傅里叶变换仍然是一个实偶函数），在有些变形里面需要将输入或者输出的位置移动半个单位（DCT有8种标准类型，其中4种是常见的），而佳能公司在文本文档和打印作业的热点也在于其应用了水印技术。

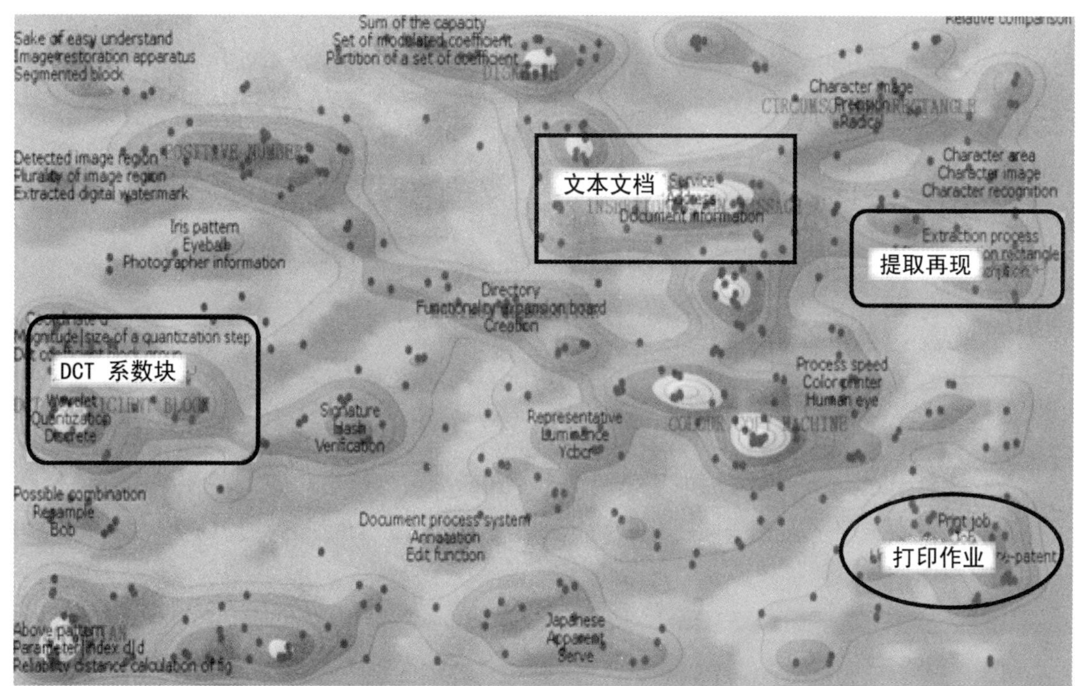

图5.6-9　佳能纸质文件的可识别与可追踪技术构成分布图

日本的佳能公司在纸质文件的可识别与可追踪技术领域研究的热点主要有水印的提取再现、文本文档、水印的DCT系数块、打印作业等。2014年，佳能提出“数码印刷，全在佳能”的全新品牌主张，旨在为全行业提供“按需定制的全速全彩全能”一站式印刷解决方案。聚焦广告行业，佳能时刻洞悉行业的发展以及在广告输出领域的需求变化，瞄准了广告行业极度追求色彩和图像品质这一特点，凭借自身在影像领域近80年的深厚积淀，准备在广告数码印刷方面大展拳脚。

3. 申请量排名第三的专利申请人

（1）专利申请量

飞利浦公司在数字水印技术领域的专利申请量位居全球第三，自上世纪90年代以来直至新世纪初期，随着全球对该技术领域研究的热潮，飞利浦在该技术领域趋于快速发展阶段；2001年至2006年间飞利浦在该技术领域基本趋于成熟，专利申请量趋于稳定；然而自 2007 年至 2010 随着全球网络化时代的跨进，电子产品的更新换代，人们工作、生活和学习逐渐趋于数字化，例如电子书逐渐趋于成熟，开始取代了部分纸质书籍，进而对纸质书籍或文件的印刷需求开始逐渐消退，同时市场份额有限，在该领域获得收益开始减少，加之 2011 年 10 月 17 日，飞利浦电子发布了第三季度财报，第三季度净利润同比下滑 85.9%，同时宣布，飞利浦将在全球范围内裁员 4 500 人，飞利浦逐渐放弃了对于纸质文件的可识别与可追踪技术的研究。2013 年 1 月底，飞利浦消费电子业务已全部剥离，将聚焦优质生活，医疗和照明设备行业。

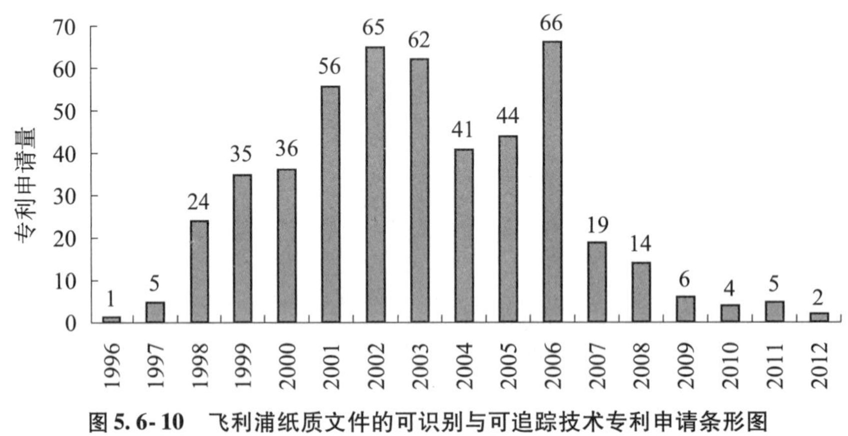

图 5.6-10　飞利浦纸质文件的可识别与可追踪技术专利申请条形图

(2)"九国两组织"专利申请量区域分布

飞利浦电子是世界上最大的电子公司之一，在欧洲名列榜首。飞利浦在照明、消费电子、家用电器和医疗系统等领域遍布全球 60 多个国家。在彩色电视、照明、电动剃须刀、医疗诊断影像和病人监护仪以及单芯片电视产品领域世界领先。

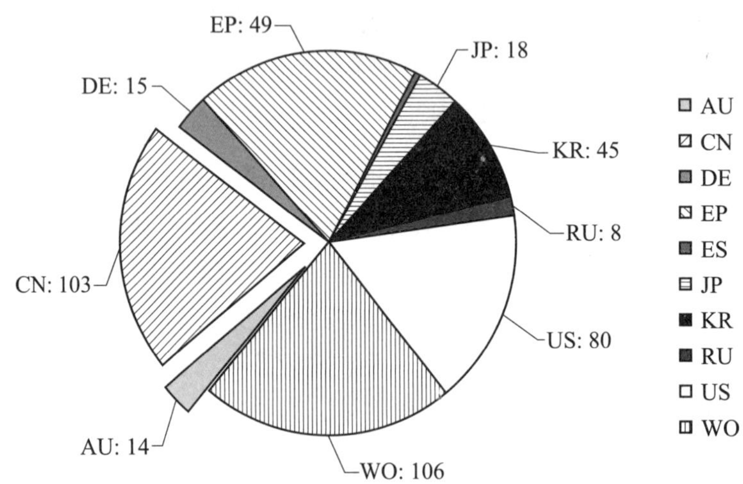

图 5.6-11　飞利浦纸质文件的可识别与可追踪技术专利申请量区域分布图

飞利浦总部位于荷兰阿姆斯特丹，在纸质文件的可识别与可追踪技术领域，其相关专利主要集中在美国、欧洲及亚洲的中、韩等地，中国和美国成为飞利浦的主打市场，飞利浦早在1920年就进入了中国市场，现如今已成为中国电子行业最大的投资合作伙伴之一，2002年，飞利浦因在华营业额和出口创汇额在全国外商投资企业中双双排名第一位，而获中国外商投资企业协会颁发的年度“双高企业特殊贡献奖”。当然，飞利浦在中美等地布局专利的原因还在于这些地区也是其发生专利诉讼的多发地带。香港的晶电国际与飞利浦专利纠纷持续4年。

（3）技术构成分布

图5.6-12示出了飞利浦在纸质文件的可识别与可追踪技术领域的专利的构成分布图，圈注的是其关注度较高的热点技术。作为信息隐藏的一个重要分支，数字指纹主要用于版权保护，其研究具有重要的意义。数字指纹是将不同的标志性识别代码——指纹，利用数字水印技术嵌入到数字媒体中，然后将嵌入了指纹的数字媒体分发给用户。发行商发现盗版行为后，就能通过提取盗版产品中的指纹，确定非法复制的来源，对盗版者进行起诉，从而起到版权保护的作用。从专利的构成分布图我们发现，图像像素和水印检测也是专利的密集区域，因为图像在嵌入水印后经过复印、扫描等多重处理后，克服其失真性，达到良好的还原性是当前该领域的一个热点问题，而水印检测装置也是用于分析盗版来源的重要技术热点。

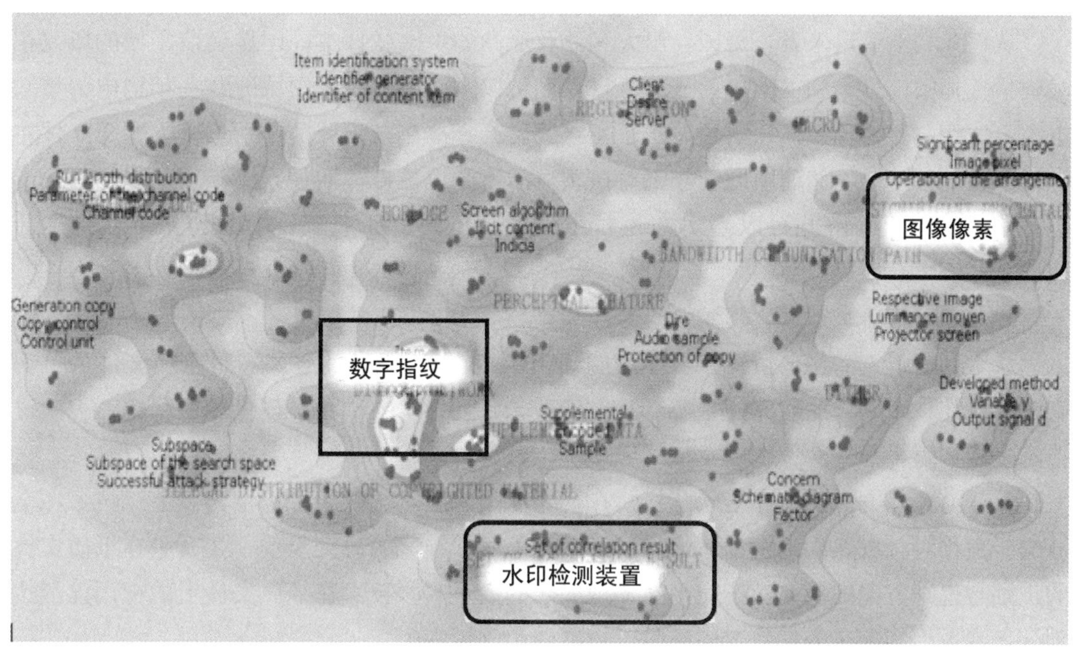

图5.6-12　飞利浦纸质文件的可识别与可追踪技术构成分布图

飞利浦电子作为世界上最大的电子公司之一，其在纸质文件的可识别与可追踪技术领域的研究热点主要有数字指纹、图像像素以及水印的检测装置。在顾客导向为特征的经济时代，将创新概念与技术融为一体，是企业改写并创立游戏规则的利器，投入巨资从事专利研发则是国际超一流企业竞争的战略制高点。作为世界顶级企业，飞利浦每年投入高达9%的营业收入到研发中，目前持有约10万项专利权，在纸质文件的可识别与可追踪技术领域的专利持有量也已达548件。高比例的技术研发投入和卓越的创新思维，为飞利浦带来了领先优势。

三、总结

包09按需印刷版权保护应用系统开发主要涉及“纸质文件的可识别与可追踪”技术。本次项目针对这个技术主题，进行了1994年1月1日至2014年12月31日期间的“九国两组织”范围内的专利/专利申请检索。下面针对该项技术，结合其各相关专利的申请状况，概述如下：

（一）纸质文件的可识别与可追踪技术发展特点

1. 专利申请总量

纸质文件的可识别与可追踪技术，在限定时期内以及“九国两组织”范围内的检索结果包含13 099件专利/专利申请，从该技术主题的专利检索结果的数据量分布情况来看，美、中、日、韩四个国家的专利申请数量总和达到10014件，约占全部专利申请量的76%。这也表明这4个国家掌握了该技术领域的大部分关键性技术。

2. 年专利申请量

从年专利申请量来看，美国、澳大利亚及亚洲的中国、日本等国涉足该领域的研究相对较早，其中以日本和美国最为显著。自新世纪以来，美国对该领域的专利年均申请量基本在300件左右，并在该领域始终处于主导地位；日本在该领域的申请量基本在200件左右，发展也很迅速。然而中国近年来对该领域的研究也是日益增加，近年来的年均申请量也已达百件以上。由此可以看出在该技术领域，美国、日本以及中国均是走在世界前列的。

3. 专利申请人

从专利申请人的排名情况来看，DIGIMARC、佳能、飞利浦等公司是纸质文件的可识别与可追踪技术领域的研究的主要专利申请人，并且每年的专利申请量相对稳定，表明该技术发展相对平稳。

综合上述几方面的检索结果分析，在全球范围内纸质文件的可识别与可追踪技术在全球的研究相对较成熟。近年来，国际上已减小了对该领域的研究步伐，尤其是在纸质文件的识别与追踪方向的研究。毕竟国际上现如今的数字水印技术在纸质文件上的应用已经达到一定水平，其未来的发展方向还是以拓展应用领域为主。

（二）纸质文件的可识别与可追踪技术发展趋势

1. 专利申请量的总体发展趋势

从整个行业的专利申请状况来看，自上世纪90年代直至2001年前后，在全球范围内该技术处于快速发展阶段；2001年以来该技术已基本趋于成熟，近年来，国际上已减小了对该领域的研究步伐，尤其是在纸质文件的识别与追踪方向的研究。毕竟国际上现如今的数字水印技术在纸质文件上的应用已经达到一定水平，其未来的发展方向还是以拓展应用领域为主。

2. 各地区技术发展现状以及未来发展趋势

（1）美国

自上世纪90年代中期至2002年前后随着全球对纸质文件的可识别与可追踪技术领域研究的热潮，美国在该技术领域发展非常迅速，市场逐步扩大，介入的企业逐渐增多，技术分布范围越来越广，专利申请量不断激增，在该时间段处于该技术的发展期；而2003年至2008年间由于市场局限性，进入的企业开始趋缓，专利增长的速度变慢甚至有小幅度减少，此时该技术进入成熟期；2009年至今随着该技术发展的不断成熟，进行再创新研发的难度加大，介入该领域的企业并未有明显减少，但相关专利的申请数量出现了明显下滑趋势，此时该技术进入衰退期。

（2）日本

随着动漫业的风靡，全球对纸质文件的可识别与可追踪技术领域研究的热潮，日本在该技术领域发展也是非常迅速，市场逐步扩大，介入的企业逐渐增多，技术分布范围越来越广，专利申请量不断激增，该技术在该时间段处于发展期；而2006年至2008年间由于市场局限性，进入的企业开始趋缓，专利增长的速度变慢，技术处于处于成熟期；2009年至今，随着电子行业的日新月异，电子书开始逐渐取代了纸质文件，企业也因收益递减纷纷推出了市场，相关专利的申请数量出现了明显下滑趋势，该技术进入了衰退期。

（3）韩国

随着全球对纸质文件的可识别与可追踪技术领域研究的热潮，韩国在该技术领域发展也是非常迅速，市场逐步扩大，介入的企业逐渐增多，技术分布范围越来越广，专利申请量不断激增；而2008年至2012年间由于市场局限性，进入的企业开始趋缓，专利增长的速度变慢，处于该技术的成熟期；2012年至今，随着电子行业的日新月异，逐渐呈现出电子书可能取代部分纸质文件的迹象，同时，该技术发展已历经近20年，随着技术不断成熟、再开发的难度加大，强鲁棒性水印的稳定性又成为现阶段难以突破的瓶颈，在韩国继续从事该相关领域技术研究企业递减，相关专利的申请数量出现了明显下滑趋势，该技术进入衰退期。

（4）中国

中国在该技术领域发展也是非常迅速，市场逐步扩大，介入的企业逐渐增多，技术分布范围越来越广，专利申请量不断激增，在该时间段处于该技术的发展期；而2006年至2012年间由于市场局限性，进入的企业开始趋缓，专利增长的速度变慢，此时该技术处于成熟期；2012年至今，随着该技术发展的不断成熟，对于强鲁棒性水印的稳定性，虽然近年来各大高校及知名企业发表了一些相关论文并申请了部分相关专利，但该技术难点仍是现阶段该领域的难关，进行再创新研发的难度相对较大，因此，介入该领域的企业和相关专利的申请数量出现了明显下滑趋势。

根据以上各地区技术发展现状描述，总体来说，纸质文件的可识别与可追踪技术在全球范围内处于成熟期，部分发达国家（例如美国）有进入衰退期的迹象。

3. 主要申请人专利申请对比分析

通过对于纸质文件的可识别与可追踪技术领域的宏观分析，我们得出行业内排名比较靠前的三个申请人，分别是美国的 DIGIMARC 公司、日本佳能、飞利浦。下面结合微观分析模块具体解读主要申请人的专利现状。

（1）专利申请量维度横向比较

通过将三个主要申请人在专利申请量维度进行横向比较，我们发现：从专利申请量上来看，美国的 DIGIMARC 公司、日本佳能、飞利浦这三个主要申请人相关技术专利申请量分别是 852 件、805 件、548 件，并且三个公司均是在技术研发初期便投入了相当大的技术研发，相应的专利申请量也较多。

（2）专利资产区域布局情况

从三个主要申请人的专利资产区域布局情况，我们可以看出：美国的 DIGIMARC 公司和日本佳能在纸质文件的可识别与可追踪技术领域中的专利申请主要集中在其本土，虽然在美国、欧洲及亚洲的中、韩等国也有专利申请，但是数据量相对较少，而飞利浦则实行专利全球化战略路线，其在美国、欧洲及亚洲的中、日、韩等国家均有相当数量的专利申请，并且还申请了 106 件 PCT 专利，为其后续全球布局专利打下良好的基础。

（3）技术热点分析

从技术热点分析角度来说：DIGIMARC 公司是一家领先的创新者和技术提供商，专注领域由数字水印技术、IP、打印到移动解决方案、内容识别、版权通信、数字图书、出版物和文件反盗版解决方案；佳能公司在该技术领域研究的热点主要有水印的提取再现、文本文档、水印的 DCT 系数块、打印作业等；飞利浦电子作为世界上最大的电子公司之一，其在纸质文件的可识别与可追踪技术领域的研究热点主要有数字指纹、图像像素以及水印的检测装置。

第七节　媒体指纹识别提取与匹配技术

一、专利检索

（一）检索结果概述

以媒体指纹识别提取与匹配技术为检索主题，在“九国两组织”范围内，共检索到相关专利申请 10 996 件，具体数量分布如下（单位：件）：

美国	中国	日本	韩国	英国	法国	德国	澳大利亚	俄罗斯	EP	WO	总计
2 720	2 811	1 830	1 392	145	89	252	158	20	643	936	10 996

（二）各地区/组织相关专利申请趋势

基于检索数据，从 1994 年到 2004 年，媒体指纹提取与匹配技术在全球（除日、美）

进行缓慢发展，每年专利申请量都在100件以下（如图5.7-1所示）。从2005年起，中国（日、韩、美等国专利申请增长趋势较中国早）专利申请量上升到100件以上，并有显著增加的过程，到2013年出现400多件专利申请量最大峰值。出现这种情况与数字版权保护总体发展状况相一致的，随着国家对数字版权保护要求不断提高，数字版权保护创新技术也得到了快速的发展，所以，本次检索的媒体指纹提取与匹配技术以及后述媒体指纹近似拷贝检测技术，现阶段均为媒体指纹技术研发热点，相关专利的整体申请趋势与数字版权保护的发展相吻合。

表5.7-1　媒体指纹识别提取与匹配技术"九国两组织"相关专利申请状况

国家＼年份	1990①	2000	2001	2002	2003	2004	2005	2006	2007	2008	2009	2010	2011	2012	2013	2014
US	92	31	65	87	114	144	159	166	142	166	172	224	177	235	330	416
CN	43	18	35	29	59	76	125	109	139	163	198	267	286	413	422	429
JP	361	71	94	101	107	103	115	145	111	119	110	113	81	70	69	60
KR	59	41	65	61	75	61	99	110	88	91	68	96	116	88	137	137
GB	19	4	9	5	11	15	6	11	6	10	8	9	4	10	7	11
DE	24	5	12	25	22	22	18	28	29	25	18	11	3	2	2	6
FR	5	0	3	5	7	9	15	12	7	5	6	1	2	2	3	7
AU	28	8	12	12	13	19	3	7	0	7	5	7	8	12	10	7
RU	3	0	1	0	0	0	1	2	3	1	3	1	0	1	3	1
EP	120	9	23	26	42	34	53	38	49	41	42	30	27	45	34	30
WO	64	31	48	49	35	84	68	51	51	69	52	55	51	71	78	79

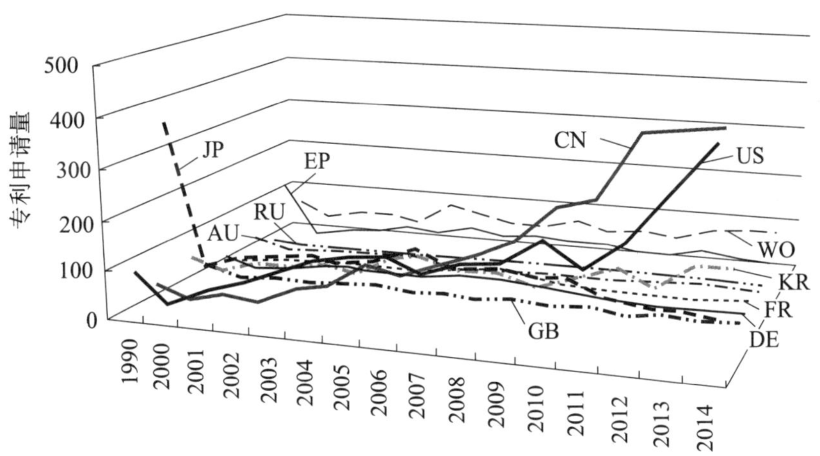

图5.7-1　"九国两组织"相关专利申请状况图

① 1990是指1990－1999年的专利数量总数。

（三）各地区/组织相关专利申请人排名

从图/表中可以看出全球（“九国两组织”）媒体指纹提取与匹配技术主题在各区域内的相关专利申请量分布情况，下述各表内分别体现的是其在各区域的排名前五申请人专利申请情况以及授权情况。

1. WO 相关专利申请人排名

表 5.7-2　媒体指纹提取与匹配技术 WO 相关专利申请人排名

序号	申请人	申请人国家	专利申请数量
1	KONINKLIJKE PHILIPS ELECTRONICS	荷兰	37
2	Google Inc	美国	21
3	Digimarc corp	美国	14
4	Nec corp	日本	14
5	FUJITSU LTD	日本	13

2. EP 相关专利申请人排名

表 5.7-3　媒体指纹提取与匹配技术 EP 相关专利申请人排名

序号	申请人	申请人国家	专利申请数量	专利授权数量
1	NEC corp	日本	66	28
2	FUJITSU LTD	日本	43	17
3	PHILLIPS	荷兰	15	0
4	Canon KK	日本	11	3
5	Sagem sa	法国	9	4

3. 中国地区相关专利申请人排名

表 5.7-4　媒体指纹提取与匹配技术中国地区相关专利申请人排名

序号	申请人	申请人国家	专利申请数量	专利授权数量
1	中国科学院自动化研究所	中国	76	17
2	清华大学	中国	56	11
3	日本电气株式会社	日本	48	20
4	西安电子科技大学	中国	34	7
5	成都方程式电子有限公司	中国	34	1

4. 美国地区相关专利申请人排名

表 5.7-5　媒体指纹提取与匹配技术美国地区相关专利申请人排名

序号	申请人	申请人国家	专利申请数量	专利授权数量
1	Microsoft	美国	83	44
2	Google	美国	66	55
3	NEC corp	日本	66	51
4	IBM	美国	39	36
5	Digimarc Corporation	美国	39	31

5. 日本地区相关专利申请人排名

表 5.7-6　媒体指纹提取与匹配技术日本地区相关专利申请人排名

序号	申请人	申请人国家	专利申请数量	专利授权数量
1	FUJITSU LTD	日本	145	82
2	NEC CORP	日本	86	70
3	MITSUBISHI ELECTRIC CORP	日本	79	31
4	SONY	日本	65	28
5	Canon KK	日本	58	13

6. 澳大利亚地区相关专利申请人排名

表 5.7-7　媒体指纹提取与匹配技术澳大利亚地区相关专利申请人排名

序号	申请人	申请人国家	专利申请数量	专利授权数量
1	NEC corp	日本	17	6
2	PHILIPS ELECTRONICS	荷兰	6	0
3	Uniloc USA Inc	美国	6	6
4	KABA SCHLIESSSYSTEME AG	澳大利亚	4	2
5	Google inc	美国	3	2

7. 德国地区相关专利申请人排名

表 5.7-8　媒体指纹提取与匹配技术德国地区相关专利申请人排名

序号	申请人	申请人国家	专利申请数量	专利授权数量
1	NEC corp	日本	21	16
2	法国萨吉姆公司（SAGEM SA）	法国	10	0
3	UPEK INC	美国	8	5
4	INFINEON TECHNOLOGIES	德国	7	4
5	FUJITSU LTD	日本	5	5

8. 法国地区相关专利申请人排名

表 5.7-9 媒体指纹提取与匹配技术法国地区相关专利申请人排名

序号	申请人	申请人国家	专利申请数量	专利授权数量
1	法国萨吉姆公司（SAGEM SA）	法国	13	3
2	GIGA BYTE TECH（技嘉科技）	台湾	4	2
3	NEC corp	日本	4	4
4	MORPHO	法国	3	0
5	ATMEL GRENOBLE S. A.	法国	3	2

9. 英国地区相关专利申请人排名

表 5.7-10 媒体指纹提取与匹配技术英国地区相关专利申请人排名

序号	申请人	申请人国家	专利申请数量	专利授权数量
1	HALF MINUTE MEDIA	英国	16	6
2	AGILENT TECHNOLOGIES	美国	8	4
3	NEC corp	日本	6	6
4	MATSUMURA ELECTRONICS	日本	6	2
5	ULTRA SCAN	美国	5	3

10. 俄罗斯地区相关专利申请人排名

表 5.7-11 媒体指纹提取与匹配技术俄罗斯地区相关专利申请人排名

序号	申请人	申请人国家	专利申请数量	专利授权数量
1	OBSHCHESTVO S OGRANICHENNOJ OTVETSTVENNOSTJU NAUCHNO PROIZVODSTVENNOE PREDPRIJATIE LAZERNYE SYSTEMS	俄罗斯	3	0
2	ВЕННЕРГРЕН Магнус	瑞典	1	0
3	SEREBRENNIKOV OLEG ALEKSANDROVICH	俄罗斯	1	1
4	Волонкин Владимир Михайлович	俄罗斯	1	0
5	STERIA BIOMETRIKS	瑞典	1	1

11. 韩国地区相关专利申请人排名

表 5.7-12 媒体指纹提取与匹配技术韩国地区相关专利申请人排名

序号	申请人	申请人国家	专利申请数量	专利授权数量
1	SAMSUNG ELECTRONICS	韩国	65	20
2	ELECTRONICS & TELECOMMUNICATIONS RESEARCH INSTITUTE（韩国电子通信研究院）	韩国	58	25

（续表）

序号	申请人	申请人国家	专利申请数量	专利授权数量
3	LG ELECTRONICS	韩国	57	18
4	UNIONCOMMUNITY CO LTD	韩国	26	14
5	KOREA ADVANCED INSTITUTE OF SCIENCE & TECHNOLOGY（韩国高等科技研究所）	韩国	23	11

二、专利分析

（一）技术发展趋势分析

图 5.7-2 示出近二十年媒体指纹识别提取与匹配技术相关专利申请数量的年度变化趋势。从整体数据来看，技术发展上升趋势明显，特别是近年技术应用程度不断攀升，研究热度也高居不下，专利申请量较十年前翻一翻。分时间段来看的话，1990 年至 2000 年期间专利申请数量出现些许下降的趋势，说明该阶段全球的数字版权保护创新技术研究处于瓶颈期，研究热度暂不温不火。而 2000 年以后，随着这段时期国外（主要是美、日、韩等国）掀起一段时间的媒体指纹研究热，为了解决传统数字水印技术的种种弊端，许多企业、高校、科研院所展开对数字版权保护创新技术的研究，文档、图片、音视频等媒体指纹提取与匹配技术专利申请量逐渐增多，特别是 2007 年后其申请量呈快速增长状态，2014 年申请量达到峰值，此后随着技术的研究热度的提升，申请量还会整体呈上升趋势，所以，目前并在随后几年持续稳定在 1 000 同族数以上，属于技术快速发展期。

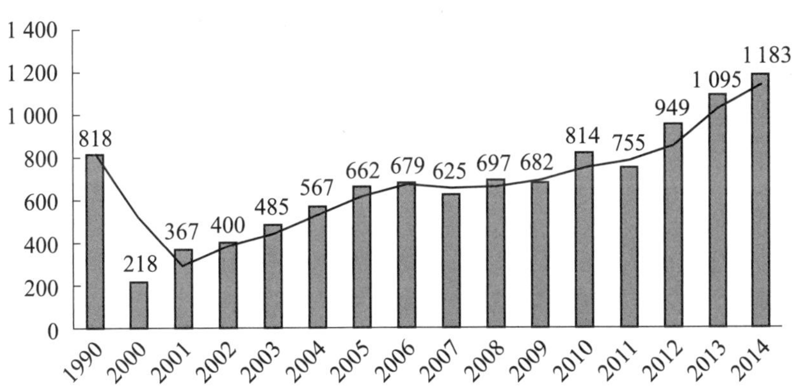

图 5.7-2 媒体指纹识别提取与匹配技术发展趋势图

（二）技术路线分析

媒体指纹识别提取与匹配技术最早是在上世纪 80 年代提出的，在 90 年代后期开始成为研究热点领域之一。从图 5.7-3 可以看出，1994 年之前，数字版权媒体内容保护技术主要是对全部媒体数据流直接用加密和水印技术进行保护。

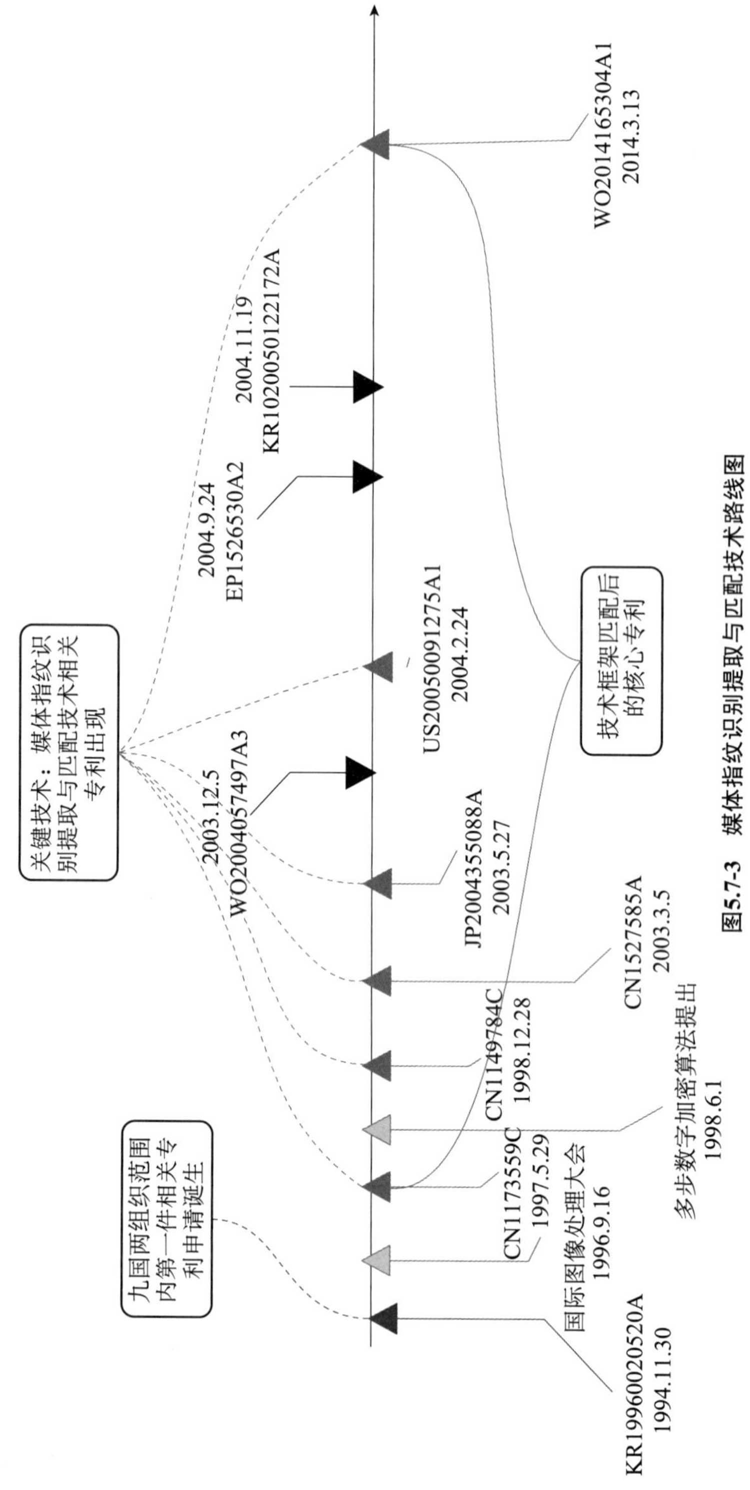

图5.7-3　媒体指纹识别提取与匹配技术路线图

随着互联网的发展和数字内容的广泛应用，特别是大量文字作品网站、博客、贴吧的出现和大量音频、视频分享网站（如 YouTube、土豆网等）的发展和壮大，文字、图片、音乐、电影等数字作品通过互联网进行非授权的散布与共享愈演愈烈。互联网上数字作品版权管理的复杂性决定了采用传统的数字版权管理策略（如数字加密和水印）不可能在各种情况下都有效。而媒体指纹识别提取与匹配技术，是通过从内容中提取匹配标识作品的独特性特征（媒体指纹），达到类似利用人的指纹管理身份的目的。

1994 年，由韩国一家电子数据系统公司申请了一件关于媒体指纹分类系统的专利，该件专利此后被大量的申请人引用。此后近十几年来，技术人员更多地研究了针对特定形式的媒体数据的指纹技术，例如，针对视频数据的指纹检测和处理技术，保证视频数据的剪辑、插入与拷贝，同时，可以在加密解密后保证视频数据显示效果不变的创新技术，兼具创新性和实用性。

（三）主要专利申请人分析

1994 年至 2014 年，在媒体指纹识别提取与匹配技术领域专利申请量排名前三的申请人分别为：日本 NEC（日本电气股份有限公司）专利申请量 206 件，美国 MICROSOFT（微软公司）专利申请量 121 件，GOOGLE（谷歌公司）专利申请量 117 件。

1. 申请量排名第一的专利申请人

（1）专利申请量

图 5.7-4 示出日本 NEC 公司专利的申请趋势。NEC 公司在数字版权内容的保护技术领域的专利申请量排名位居全球之首。上世纪 90 年代至 2000 年，NEC 公司在该领域研究的整体形势呈高速递增趋势，并且 1999 年达到有史以来其对该技术相关专利申请的巅峰——54 件；然而自 2000 年以来，除了 2002 年短暂回春之外，NEC 公司在该领域的专利申请量也开始逐年递减。受到近年来日本整体经济持续不振的影响，NEC 公司对该技术的研发投入也处于不温不火状态，这同时也印证了近年来日本范围内对于该技术领域的研发形势。

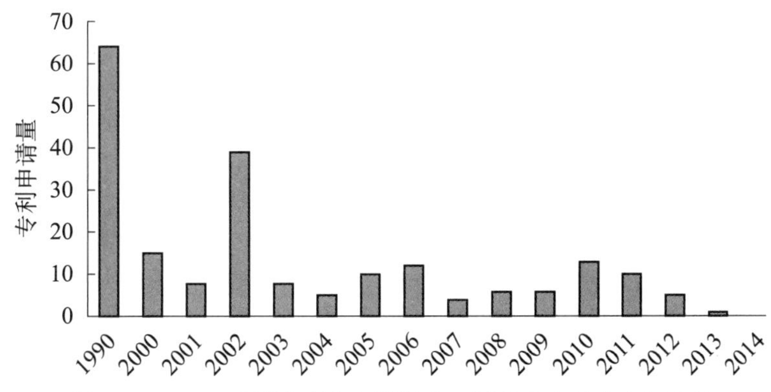

图 5.7-4　NEC 媒体指纹识别提取与匹配技术专利申请条形图

（2）“九国两组织”专利申请量区域分布

NEC 公司是日本一家跨国信息技术公司，世界 500 强，其总部位于日本，在欧洲及亚太地区许多国家均设有分公司及代加工工厂。在媒体指纹识别提取与匹配技术领域，NEC公司分别在欧美、亚洲的中、日、韩等地布局了很多相关专利。

NEC 公司认为欧美是媒体指纹识别提取与匹配技术的最大竞争区域，在欧美展开了大量的专利布局，专利申请量甚至与其在日本的专利申请量持平，近年来，日本公司涉及的专利纠纷也是风波四起，其中在欧美发生专利纠纷最为频繁，这可能也是 NEC 公司在媒体指纹识别提取与匹配技术领域的相关专利在欧美申请最多的原因之一；还有就是近年来中国的相关专利申请逐步增多，NEC 公司敏锐地发现并开展了中国区域的专利布局，申请量也在逐年上升。

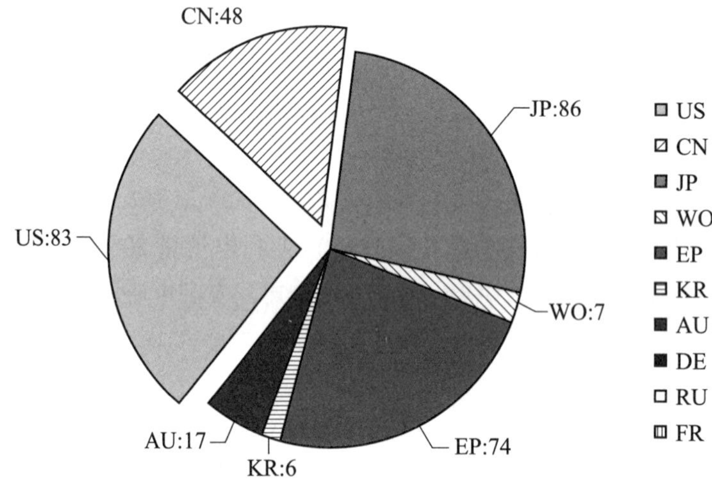

图 5.7-5　NEC 媒体指纹识别提取与匹配技术专利申请量区域分布图

(3) 技术构成分布

通过 NEC 公司在媒体指纹识别提取与匹配技术领域的相关专利构成分布图得出的聚类分析，我们可看出 NEC 公司在该技术领域关注的技术主要集中在数字版权、多媒体分布、内容管理保护、指纹特征与不变属性等方面。NEC 公司作为日本专业的 DRM 技术和方案供应商，非常注重知识产权建设，针对数据隐私、网络安全和内容保护主要技术方向，覆盖数字版权管理（DRM）和创新保护技术等领域，拥有超过 200 项专利。

2. 申请量排名第二的专利申请人

(1) 专利申请量

图 5.7-7 示出微软媒体指纹识别提取与匹配技术专利申请数量随年代发展的趋势情况，从 2002 年开始微软专利在逐年增加，在 2004 年达到专利申请量的顶峰，这有一部分原因要归功于政府宏观政策的激励，2000 年 1 月，克林顿政府发布了《信息系统保护国家计划 V1.0》，2001 年 10 月 16 日，成立“总统关键基础设施保护委员会”，简称 PCIPB，代表政府全面负责国家的网络空间安全工作。委员会成立以后，系统地总结了美国的信息网络安全问题，提出了无数个问题向国民广泛征求意见。2005 年专利申请量开始持续走低，2007 年则已经降到 5 件以下，但随着近年中国对媒体指纹识别提取与匹配技术的研究热度提升，微软开始在中国进行专利布局，这也造成微软相关专利申请量有所回升，在

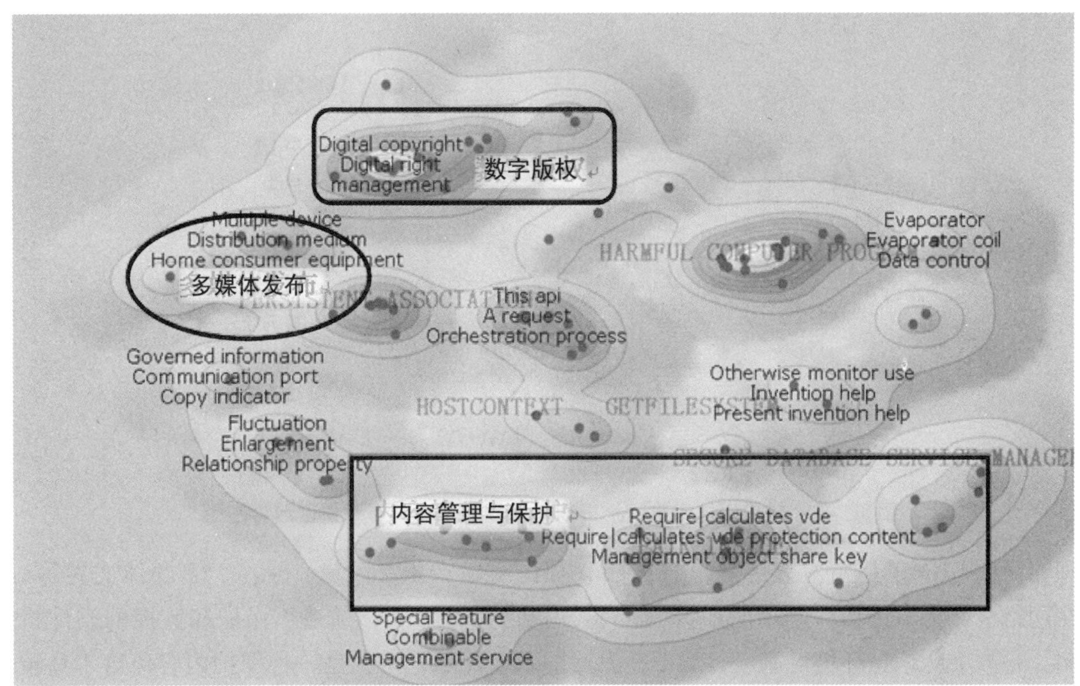

图 5.7-6　NEC 媒体指纹识别提取与匹配技术构成分布图

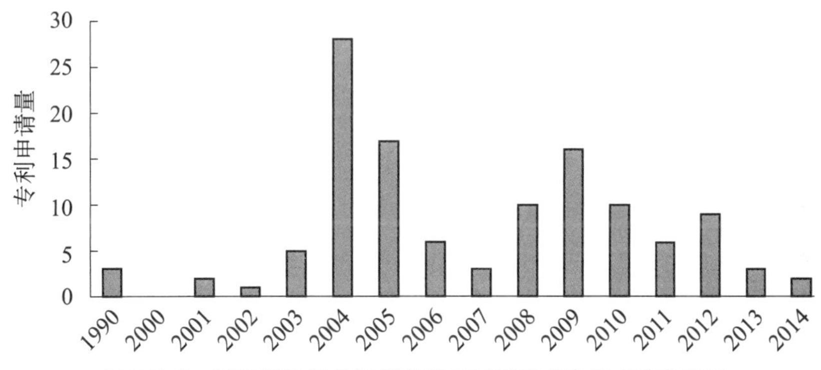

图 5.7-7　微软媒体指纹识别提取与匹配技术专利申请条形图

2009 年又回到 16 件专利申请，但近年来整体专利申请走势又开始一路下滑。

（2）“九国两组织”专利申请量区域分布

作为全球知名的大型 IT 企业，微软公司非常注重本国以及国外的知识产权保护，从图 5.7-8 可以看出，微软以本国作为媒体指纹识别提取与匹配技术研究的重点区域，布局了 60% 以上的相关专利，是技术应用的最大场地，其次专利申请量则是在中国，甚至多于其在欧洲的专利申请量。除了美国、中国、欧洲，韩国、日本也是数字媒体内容保护的主要地区和国家，微软也很积极地到这些地区进行了专利布局。

（3）技术构成分布

微软公司在媒体指纹识别提取与匹配技术领域研究的热点技术主要有数字版权内容保护、数字版权内容信息管理以及媒体指纹加密内容标识等技术。数字版权内容保护与管

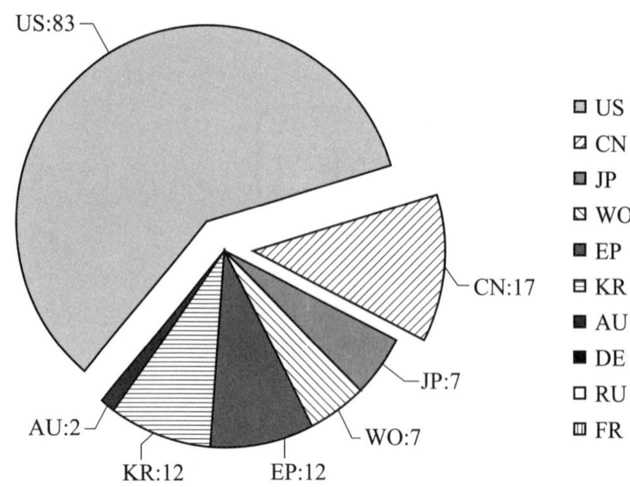

图 5.7-8　微软媒体指纹识别提取与匹配技术专利申请量区域分布图

理，简称 DRM，是指对数字化信息产品（如图书、音乐、图像、录像、多媒体文件等）在网络中交易、传输和利用时所涉及的各方权力进行定义、描述、保护和监控的整体机制，是数字化信息环境可靠运行和不断发展的基本保障之一，是一种保护内容免遭未经授权的使用或复制的方法。2001 年，微软申请了第一件关于数字设备的数字版权保护与管理的专利。媒体指纹加密内容标识等技术在专利地图中显示也是较为密集，然而技术这些应用的最终目的也是实现数字版权内容的保护和管理。

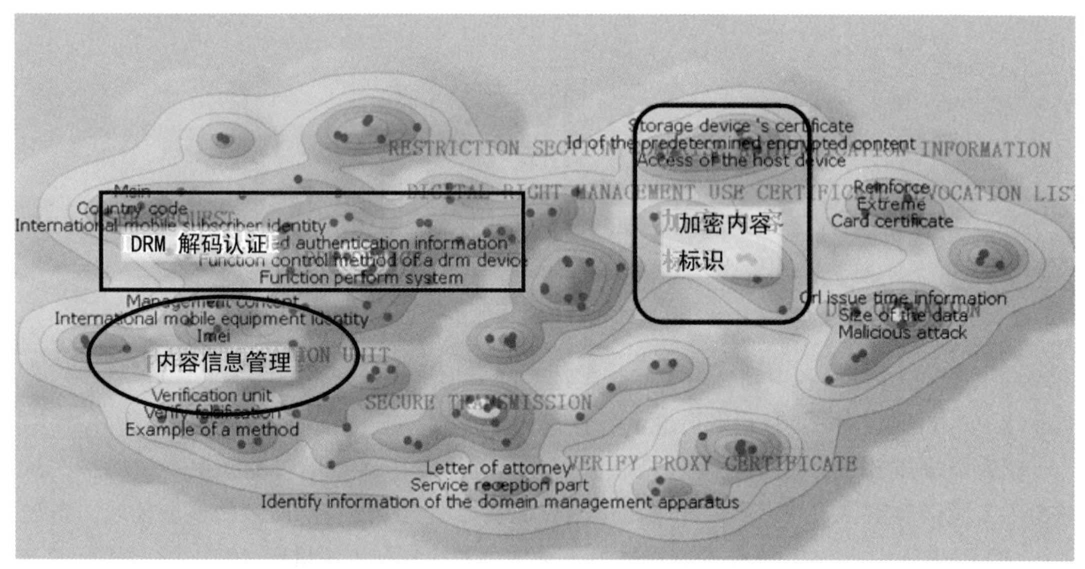

图 5.7-9　微软媒体指纹识别提取与匹配技术构成分布图

3. 申请量排名第三的专利申请人

（1）专利申请量

谷歌总部位于美国纽约，是全球最大的信息搜索与信息技术应用公司。1994 年至 2013 年，谷歌每年都会针对大数据索引与匹配比对相关技术申请相关专利，媒体指纹识别提取与匹配技术也属于该技术范畴，可以推测出谷歌公司对于媒体指纹识别提取与匹配技术的研发工作持续进行，相关技术成果也在不断完善过程中，其专利申请量正持续走高。

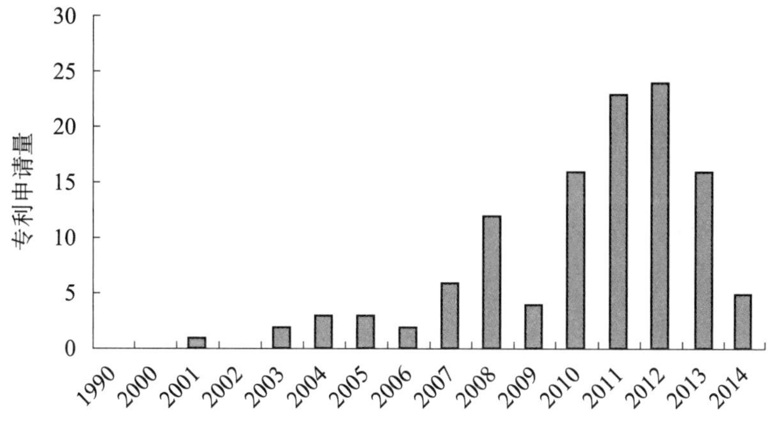

图 5.7-10　谷歌媒体指纹识别提取与匹配技术专利申请条形图

(2)“九国两组织”专利申请量区域分布

谷歌总部位于美国，其专利申请地区主要针对美国区域。此外，鉴于媒体指纹识别提取与匹配技术在全球范围内的关注热度和市场应用需求，除了美国本土之外，谷歌还分别在中国、日本、韩国、澳大利亚、欧洲、世界知识产权组织等多个国家和地区作了专利布局，其中，WO、日本、中国专利申请相对较多。

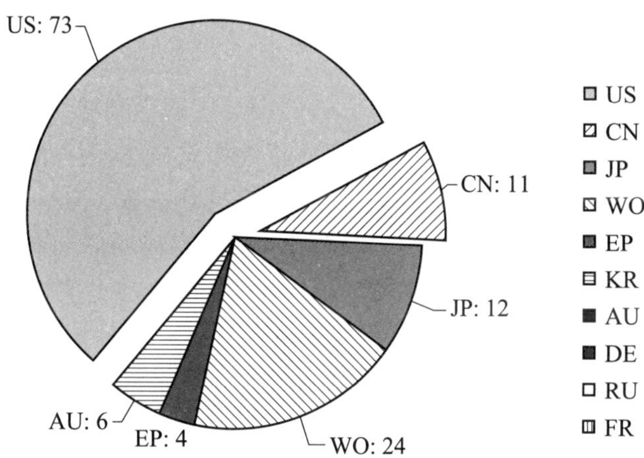

图 5.7-11　谷歌媒体指纹识别提取与匹配技术专利申请量区域分布图

(3) 技术构成分布

由图 5.7-12 可以看出，谷歌围绕媒体指纹识别提取与匹配技术申请了较多专利。图中显示出谷歌研究的热点为指纹特征比对与哈希特征值。数字媒体内容保护与互联网上的信息搜索基本是互相排斥的方式，正是由于互联网信息的泛滥，搜索范围的无线扩大，数字媒体内容安全强度才会逐步降低。但是基于媒体指纹识别提取与匹配技术的创新研究与应用，对搜索引擎巨头谷歌来说，可以解决两方面问题，谷歌的研究与应用成果也很具有代表性，其研究热点对于国内研究应用机构来说是非常具有借鉴意义的。

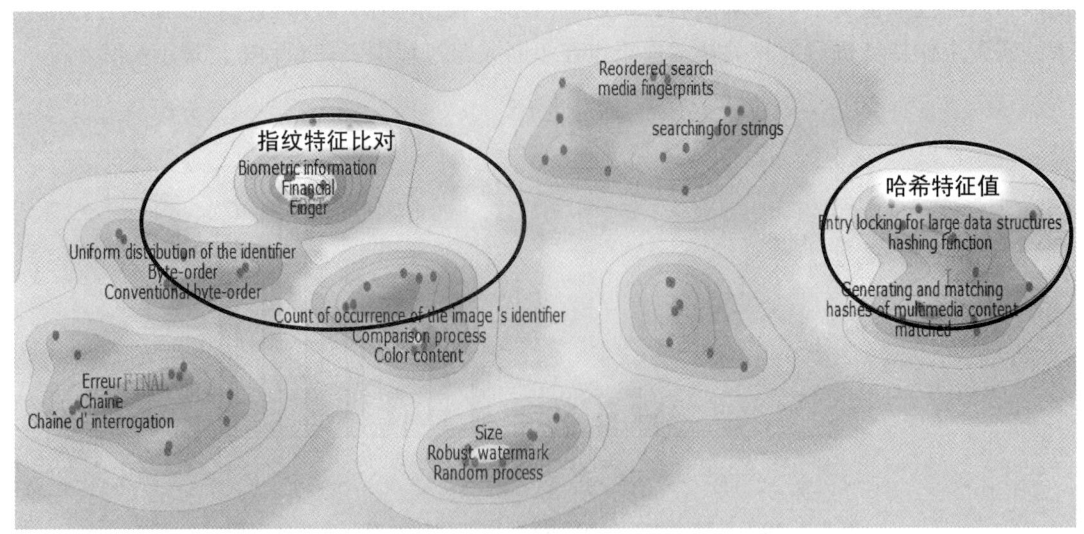

图 5.7-12 谷歌媒体指纹识别提取与匹配技术构成分布图

三、总结

媒体指纹技术，是一种基于媒体不变特征的识别、提取、匹配以及检测的技术，也是目前一种新兴的媒体内容保护技术，已经被证明可以有效地应用于文档、图像、音视频等媒体数据格式，且可被推广至数字版权创新保护领域。

（一）专利申请总量

从专利申请总量上来看，美、中、日、韩四个国家的专利申请量总和达到 8 815 件，约占全部专利申请量的 79.50%，由此可知媒体指纹提取与匹配技术的研发工作主要集中在上述国家或地区。其中，美国作为最早开展相关研究的国家，专利申请总量（2 752 件）虽稍低于中国的专利申请总量（2 812 件），但由于其研究时间早，掌握部分基础性技术相关的专利申请数量，所以，美国仍处于本领域的绝对领先地位。近几年来，媒体指纹提取与匹配技术在中国的研究应用迅速升温，专利申请总量已居世界首位。除上述四个国家外，其他国家/地区在这一主题下的专利申请量均低于一千件，研发热度明显低于美、中等国家。

（二）年专利申请量

从年专利申请量来看，该检索主题的年专利申请量整体上呈现出快速增长态势，特别是在数据受到专利申请自身公开滞后的影响情况下，2013 年至 2014 年期间全球的专利申请量均已超过 1 000 件，表明这一技术正处于快速发展期。从局部来看，美国、中国近几年的年专利申请量基本处于持平状态，并影响该检索主题下的全球专利申请的整体态势。而以追赶者姿态出现的中国，在 2008 年之后，其年专利申请量已超过美国，说明在这一阶段媒体指纹提取与匹配技术在中国进入快速发展阶段的阶段。

（三）专利申请人

从主题技术的专利申请人情况来看，飞利浦、佳能、三星等公司掌握了大多数的专利申请，在美国、中国、日本、欧洲等国家也都进行了专利布局，这些国际厂商在本技术领域下的持续投入，也证明了这一领域的发展热度。

第八节　媒体指纹近似拷贝检测技术

一、专利检索

（一）检索结果概述

以媒体指纹近似拷贝检测技术为检索主题，在"九国两组织"范围内，共检索到相关专利申请414件，具体数量分布如下（单位：件）：

美国	中国	日本	韩国	英国	法国	德国	澳大利亚	俄罗斯	EP	WO	总计
149	114	45	37	4	6	1	8	1	22	27	414

（二）各地区/组织相关专利申请趋势

根据表、图5.8-1媒体指纹近似拷贝检测技术全球“九国两组织”各区域专利申请状况图表进行统计分析数据，从图表可以看出，美、中、日等国相关专利技术申请量是主流；韩、欧洲等地区直至2005年才出现相关专利申请，其特点是关于媒体近似拷贝检测技术结构相关专利申请占到多数；但英、法、德澳等国还是专利申请较少，说明该部分国家媒体指纹技术发展与其国内的数字版权保护环境尚未得到关注，趋势较延缓。

表5.8-1　媒体指纹近似拷贝检测技术“九国两组织”相关专利申请状况

国家 \ 年份	1990①	2000	2001	2002	2003	2004	2005	2006	2007	2008	2009	2010	2011	2012	2013	2014
US	2	0	0	2	3	8	15	7	10	10	19	14	15	15	15	14
CN	1	0	0	0	2	1	8	3	9	5	9	15	12	24	13	12
JP	1	0	1	3	0	2	6	1	11	2	1	3	3	7	1	3
KR	0	0	1	0	2	0	1	6	3	1	0	3	4	6	5	5
GB	0	0	0	0	0	0	0	0	0	0	0	0	0	2	2	0
DE	0	0	0	0	0	0	0	0	0	0	0	0	0	1	0	0
FR	0	0	0	0	0	0	0	0	0	2	1	1	1	1	0	0
AU	0	0	0	0	2	0	1	2	0	0	2	1	0	0	0	0

① 1990是指1990－1999年的专利数量总数。

（续表）

国家＼年份	1990	2000	2001	2002	2003	2004	2005	2006	2007	2008	2009	2010	2011	2012	2013	2014
RU	0	0	0	0	0	0	0	0	0	0	0	0	0	0	0	0
EP	0	0	0	0	1	0	6	5	3	1	1	0	3	0	2	0
WO	0	0	0	2	3	3	2	2	1	1	4	3	1	1	3	1

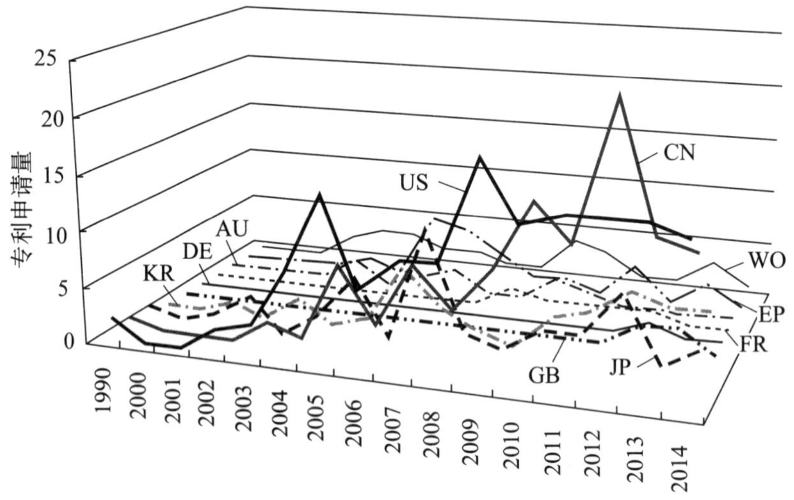

图 5.8-1 “九国两组织”相关专利申请状况图

（三）各地区/组织相关专利申请人排名

从图/表中可以看出全球（“九国两组织”）有关媒体指纹技术两大检索主题（提取与匹配技术、近似拷贝检测技术）在各区域内的相关专利申请量分布情况，下述各表内分别体现的是其在各区域的排名前五申请人专利申请情况以及授权情况。从数据统计来看，如美国 Google、IBM、Microsoft，日本 NEC、富士、Epson，荷兰 PHILIPS 以及英加合作 Thomson 等公司，在申请量与授权量上均占据主体地位，这间接反映了媒体指纹技术的研发与产业结合相对紧密。整体申请量排在前三名分别为美国 Microsoft、日本 NEC 与富士，Microsoft 与 NEC 在专利申请量上摇摇领先于其他竞争对手，可见其技术保护的意识和力度；在中国，中国科学院自动化研究所已连续几年是中国专利申请量最大的申请人，足以证明其在中国技术研发领头地位，排名二、三位分别是清华大学和日本 NEC 株式会社，从专利申请情况可以看出日本 NEC 对中国的重视程度。像荷兰 PHILIPS、英加 Thomson、日本富士等国际比较著名的电子技术品牌在相关专利申请方面也做了相应的布局。

1. WO 相关专利申请人排名

表 5.8-2 媒体指纹近似拷贝检测技术 WO 相关专利申请人排名

序号	申请人	申请人国家	专利申请数量
1	QATAR FOUNDATION	卡塔尔	4
2	PHILLIPS	荷兰	3

（续表）

序号	申请人	申请人国家	专利申请数量
3	SIEMENS MEDICAL SOLUTIONS	美国西门子子公司（总部：德国）	2
4	DIGIMARC CORP	美国	2
5	Mediasec technologies	德国	2

2. EP 相关专利申请人排名

表 5.8-3　媒体指纹近似拷贝检测技术 EP 相关专利申请人排名

序号	申请人	申请人国家	专利申请数量	专利授权数量
1	Microsoft corp	美国	5	1
2	SEIKO Epson corp	日本	4	0
3	Thomson Global Resources	加拿大、英国（加、英合作集团公司）	3	1
4	PHILLIPS	荷兰	2	0
5	Mediasec technologies	德国	2	0

3. 中国地区相关专利申请人排名

表 5.8-4　媒体指纹近似拷贝检测技术中国地区相关专利申请人排名

序号	申请人	申请人国家	专利申请数量	专利授权数量
1	复旦大学	中国	14	4
2	Thomson Global Resources	加拿大、英国（加、英合作集团公司）	10	6
3	中科院计算机研究所	中国	7	0
4	华中科技大学	中国	6	2
5	山东大学	中国	5	0

4. 美国地区相关专利申请人排名

表 5.8-5　媒体指纹近似拷贝检测技术美国地区相关专利申请人排名

序号	申请人	申请人国家	专利申请数量	专利授权数量
1	Microsoft corp	美国	20	10
2	Google	美国	10	9
3	Thomson Global Resources	加拿大、英国（加、英合作集团公司）	10	2
4	IBM	美国	9	6

（续表）

序号	申请人	申请人国家	专利申请数量	专利授权数量
5	PHILLIPS	荷兰	5	0
6	SIEMENS MEDICAL SOLUTIONS	美国西门子子公司（总部：德国）	5	1
7	QATAR FOUNDATION	卡塔尔	5	1

5. 日本地区相关专利申请人排名

表 5.8-6　媒体指纹近似拷贝检测技术日本地区相关专利申请人排名

序号	申请人	申请人国家	专利申请数量	专利授权数量
1	Thomson Global Resources	加拿大、英国（加、英合作集团公司）	11	7
2	SEIKO Epson corp	日本	3	0
3	PHILLIPS	荷兰	2	0
4	HITACHI LTD	日本	2	1
5	SONY corp	日本	2	0

6. 澳大利亚地区相关专利申请人排名

表 5.8-7　媒体指纹近似拷贝检测技术澳大利亚地区相关专利申请人排名

序号	申请人	申请人国家	专利申请数量	专利授权数量
1	Thomson Global Resources	加拿大、英国（加、英合作集团公司）	2	2
2	SIEMENS MEDICAL SOLUTIONS	美国西门子子公司（总部：德国）	2	1
3	PHILLIPS	荷兰	2	0
4	DIGIMARC CORP	美国	1	1
5	WEST SERVICES INC	美国	1	0

7. 德国地区相关专利申请人排名

表 5.8-8　媒体指纹近似拷贝检测技术德国地区相关专利申请人排名

序号	申请人	申请人国家	专利申请数量	专利授权数量
1	INTEL corp	美国	1	0

8. 法国地区相关专利申请人排名

表 5.8-9　媒体指纹近似拷贝检测技术法国地区相关专利申请人排名

序号	申请人	申请人国家	专利申请数量	专利授权数量
1	ADVANCED TRACK & TRACE SOCIETE ANONYME	法国	6	0

9. 英国地区相关专利申请人排名

表 5.8-10　媒体指纹近似拷贝检测技术英国地区相关专利申请人排名

序号	申请人	申请人国家	专利申请数量	专利授权数量
1	QATAR FOUNDATION	卡塔尔	2	0
2	HEWLETT PACKARD DEVELOPMENT CO	中国	1	1
3	INTEL CORP	美国	1	0

10. 俄罗斯地区相关专利申请人排名

表 5.8-11　媒体指纹近似拷贝检测技术俄罗斯地区相关专利申请人排名

序号	申请人	申请人国家	专利申请数量	专利授权数量
1	INTEL CORP	俄罗斯	1	0

11. 韩国地区相关专利申请人排名

表 5.8-12　媒体指纹近似拷贝检测技术韩国地区相关专利申请人排名

序号	申请人	申请人国家	专利申请数量	专利授权数量
1	Thomson Global Resources	加拿大、英国（加、英合作集团公司）	12	6
2	ELECTRONICS AND TELECOMMUNICATIONS RESEARCH INSTITUTE（韩国电子通信研究院）	韩国	4	2
3	SEIKO EPSON	日本	3	1
4	MICROSOFT	美国	3	2
5	SUNGKYUNKWAN UNIVERSITY FOUNDATION FOR CORPORATE COLLABORATION（成均馆大学企业合作基金）	韩国	2	1

二、专利分析

（一）技术发展趋势分析

图 5.8-2 为近似拷贝检测技术的专利检索结果去同族后统计出每年的申请量，并以此数据为依据作出的技术发展趋势图。从图中可以看出，2005 年之前近似拷贝检测技术在该技术领域的相关专利申请呈现出整体上升的一个趋势，这主要是因为 20 世纪 90 年代以后，信息技术发展到一个新高度，信息技术推动了文献资源走向信息化，数字版权保护也就应运而生，这阶段数字加密技术、数字水印技术都发展迅猛。2006 年和 2007 年随着互联网技术的快速发展，该技术的发展达到顶峰时期，同时，随着互联网数字媒体内容的大量涌现，媒体数据的搜索与拷贝日益泛滥，各国数字版权保护领域开始对数字媒体拷贝检

测技术逐步重视。从2008年以来该技术的发展逐渐趋于平稳增长的趋势，主要是由于随着数字媒体内容的近似拷贝检测技术的日趋成熟，基础技术已经足以满足数字版权保护方面的部分需求，同时，适用于各种数字版权保护系统的方向发展，在技术创新道路的步伐已经基本趋于平稳，才会出现申请量稳步上升的现象。

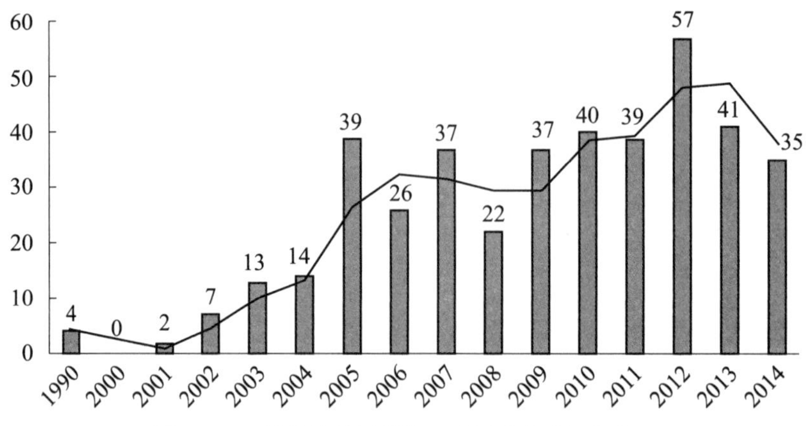

图5.8-2 媒体指纹近似拷贝检测技术发展趋势图

（二）技术路线分析

技术路线分析主要从行业大事件、重点技术里程碑、关键专利等方面揭示该领域的技术发展趋势。图5.8-3反映了近似拷贝检测技术路线的发展趋势，结合本次报告的专利数据检索范围（1994—2014）来看，该领域第一件专利是1996年申请的一件美国专利。作为整个数字媒体指纹识别技术应用的主要技术，近似拷贝检测技术在美国的研究从一开始便吸引了诸如微软、谷歌以及IBM等大公司的注意，而且同样得到了美国政府以及军方的大力支持，这一点与当时美国国内信息安全受到极大威胁的国情有着密不可分的联系。在美国的带动下，近似拷贝检测技术在全球的研究得以不断地开展。这其中两个全球范围内的行业研讨会的举办对数字水印技术的全面推广以及之后的快速发展起到了决定性的作用，它们一个是1996年5月30日由英国剑桥牛顿研究所主办的国际信息隐藏学术研讨会，另一个是1996年9月16日在瑞士洛桑举行的国际影像处理大会。

近似拷贝检测技术研究的不断深入，各国对其研究的热度也逐渐提升，我国在2005年也申请了第一件近似拷贝检测技术相关的专利，与日、韩、欧洲等地区基本处于同步并进的状态。将近似拷贝检测技术应用在数字媒体内容保护上，则使得日益庞大的数字媒体数据量具有很高的检重性和防抄袭性。

（三）主要专利申请人分析

1994年至2014年，在近似拷贝检测技术领域专利申请量排名前三的申请人分别为：美国微软专利申请量31件，汤森路透专利申请量24件，美国谷歌专利申请量9件。

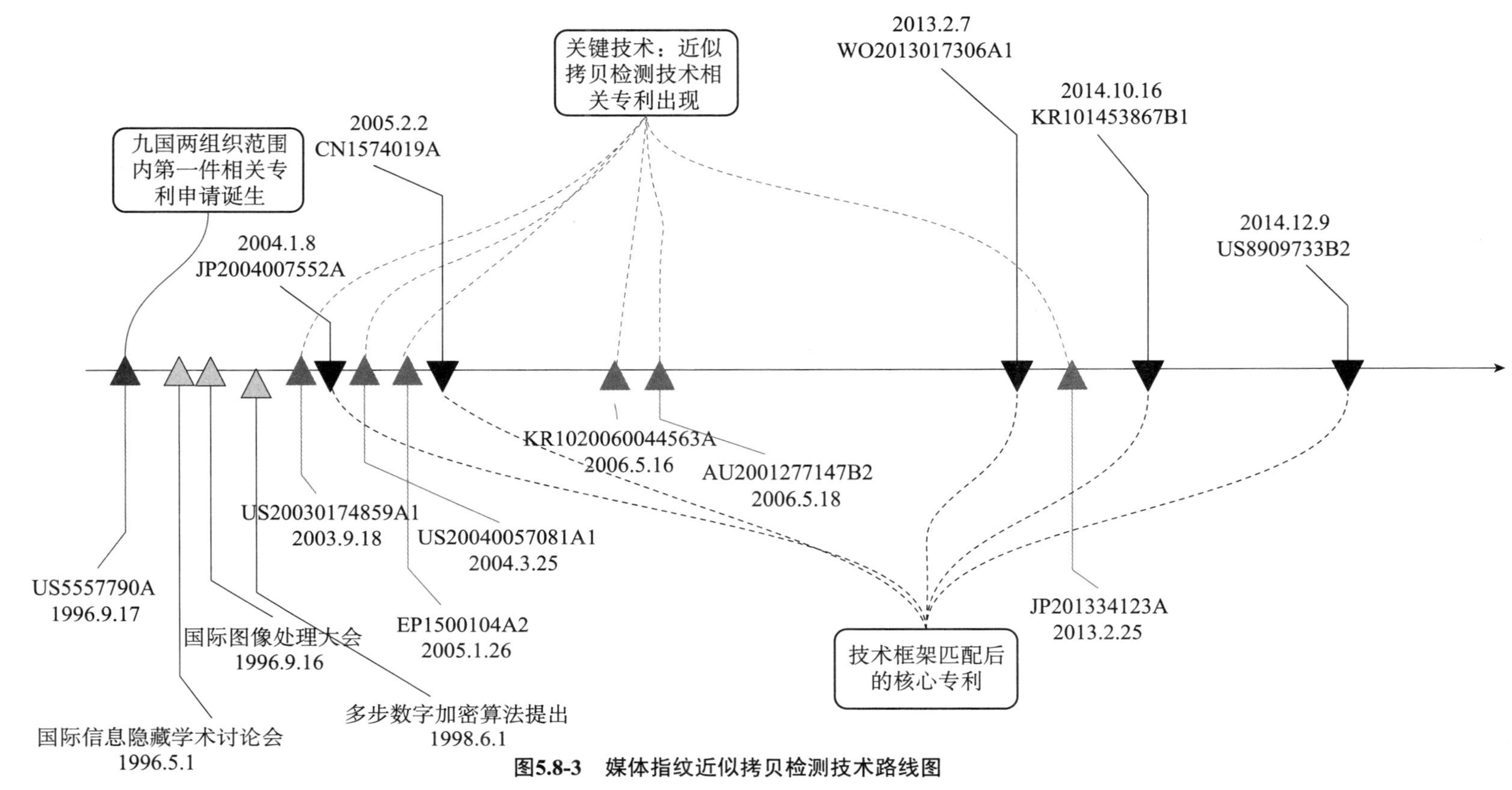

图5.8-3　媒体指纹近似拷贝检测技术路线图

1. 申请量排名第一的专利申请人

（1）专利申请量

图5.8-4所示为美国微软公司在近似拷贝检测技术领域相关专利申请趋势。根据图中所示的专利申请趋势，我们得到以下信息：微软作为该领域的巨头，其是较晚投入该领域研究的企业之一，至2005年才开始进入，但微软该年便有相关专利申请13件，这说明，他们投入研发的时间虽晚，但在整个技术领域尚处于萌芽时期的大背景下，依然快速的跟上，并获得一定数量的创新成果。此后的几年，微软逐年专利申请量出现了大幅度的波动，这可能和整个技术领域处于萌芽期有关，专利申请存在偶然性，它取决于基础发明是否能够取得突破等因素的影响。自2010年开始，年度专利申请量逐年下降，这一趋势直至2013年基本为0，有可能意味着从研究方向上微软可能会有所转变。

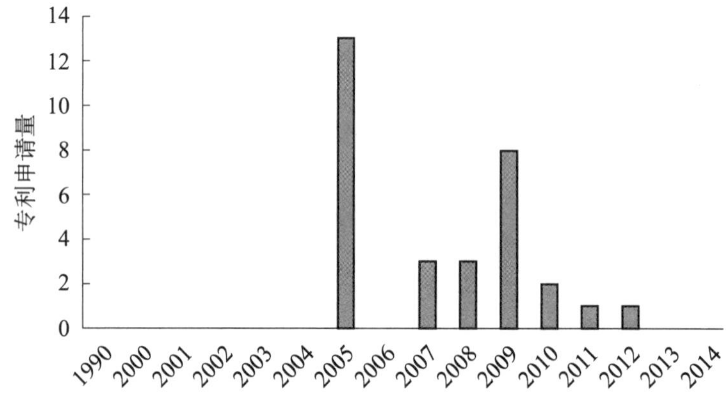

图5.8-4　微软媒体指纹近似拷贝检测技术专利申请条形图

（2）“九国两组织”专利申请量区域分布

图5.8-5所示为微软公司在近似拷贝检测技术专利申请区域分布情况。宏观来看，微软公司和其他美国公司的专利申请区域布局分布大致相同，除了在本土美国之外，同时在中国、欧洲、日本等主要国家和地区均布局了相当数量的专利，全球化的专利发展战略十

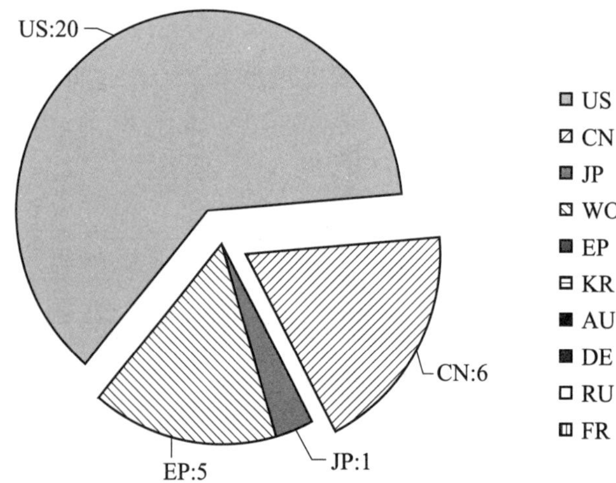

图5.8-5　微软媒体指纹近似拷贝检测技术专利申请量区域分布图

分明显。但区别之处在于，微软公司在中国申请的专利数量达到6件，超过欧洲和日本，这也说明其对中国市场的关注和重视。除此之外，微软公司在亚洲范围内除了中国、日本之外另一个近似拷贝检测技术发展很快的国家——韩国布局的专利数量相对来说就很少了。

（3）技术构成分布

图5.8-6所示为微软公司相关专利的技术构成分布。从图中我们可以看出存在两个灰色区域，根据灰色区域的解释，我们可以得出微软公司在数字媒体内容的相似度比对、文本检测这两个方面拥有的专利申请量相对较多。通过对于灰色区域的专利进行分析，我们了解到微软公司在近似拷贝检测技术中的文本检测技术方面投入了较大的研发。

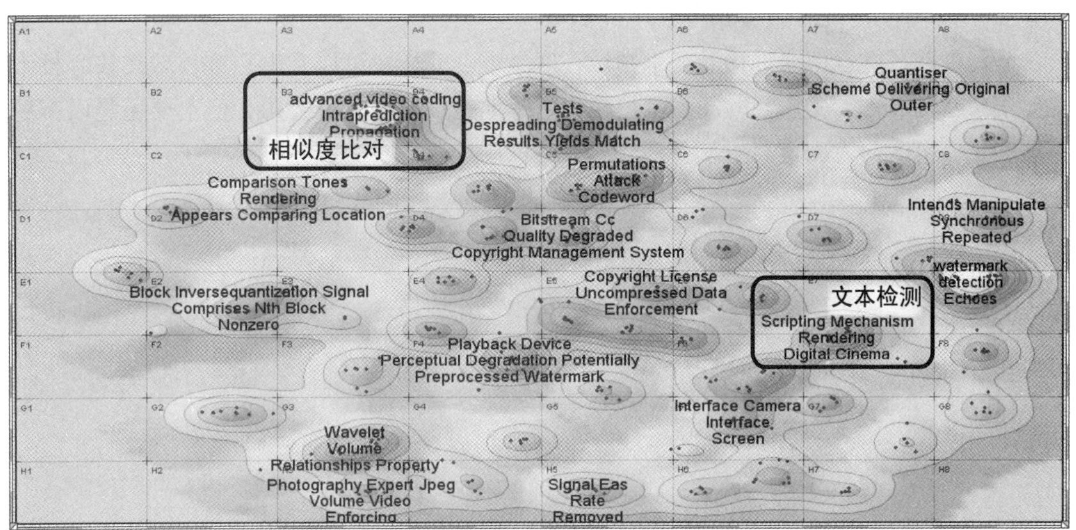

图5.8-6 微软媒体指纹近似拷贝检测技术构成分布图

2. 申请量排名第二的专利申请人

（1）专利申请量

图5.8-7示出汤森路透媒体指纹近似拷贝检测技术专利申请数量随年代发展的趋势情况，从2004年开始汤森路透专利基本在逐年增加，在2007年达到专利申请量的顶峰，这有一部分原因要归功于政府宏观政策的激励。但在2008年至2010年申请量开始持续走低，2010年已经降到1件，不过，从2011年开始相关专利申请量开始回暖，近年来逐步上升，根据专利申请和公开的一般原则，即一般专利从申请到公开需要18个月至三年的时间，2013年和2014年的实际申请量应该比图示高一些。

（2）“九国两组织”专利申请量区域分布

汤森路透总部位于美国纽约市曼哈顿的第三时代广场，是由加拿大汤姆森公司（The Thomson Corporation）与英国路透集团（Reuters Group PLC）合并组成的商务和专业智能信息提供商，主要为专业企业、金融机构和消费者提供财经信息服务，例如电子交易系统、企业管理系统和风险管理系统、桌面系统、新闻，以及为在法律、税务、会计、科学、医疗保健和媒体市场的专业人员提供智能信息及解决方案。

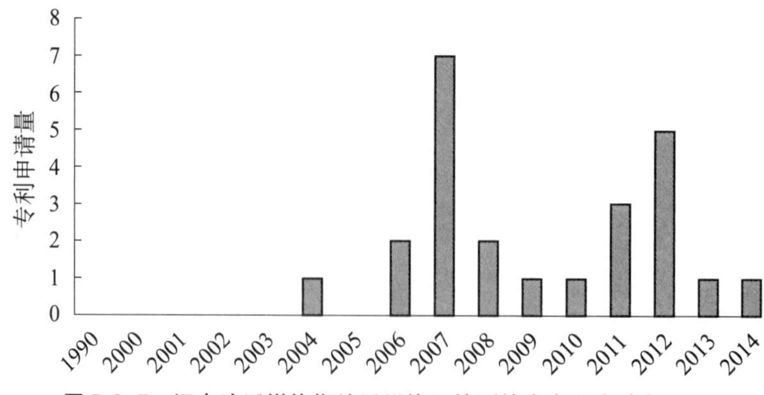

图 5.8-7　汤森路透媒体指纹近似拷贝检测技术专利申请条形图

从汤森路透在近似拷贝检测技术领域在区域维度分析，可以看出在该领域其核心技术主要集中在其日本、美国和欧洲；虽然在中国等地也设有多家分公司，但主要还是以市场拓展为主，自主研发内容甚少。

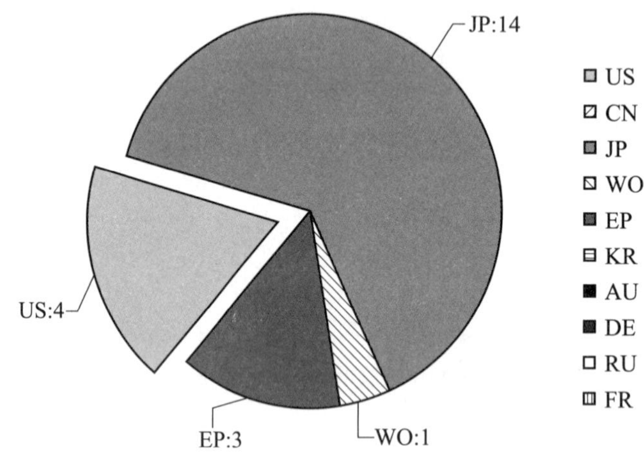

图 5.8-8　汤森路透媒体指纹近似拷贝检测技术专利申请量区域分布图

（3）技术构成分布

汤森路透作为世界上最大的信息数据公司之一，其在数字内容的可识别与比对技术领域的研究热点主要有数字指纹、近似拷贝检测等技术。作为信息隐藏应用的一个重要分支，近似拷贝检测主要用于版权保护，其研究具有重要的意义。从而起到版权保护的作用。从专利的构成分布图我们发现，数字版权内容权限许可和数字内容比对是专利的密集区域，近似拷贝检测技术也是用于判断分析盗版的重要技术热点。

3. 申请量排名第三的专利申请人

（1）专利申请量

图 5.8-10 所示为谷歌公司在近似拷贝检测技术相关专利申请趋势。根据图中所示的专利申请趋势，我们得到以下几个信息：①谷歌作为该新兴领域的初入者，是较早（2003 年）投入该领域研究的企业之一，在整个技术领域尚处于萌芽时期的大背景下，迅速切入

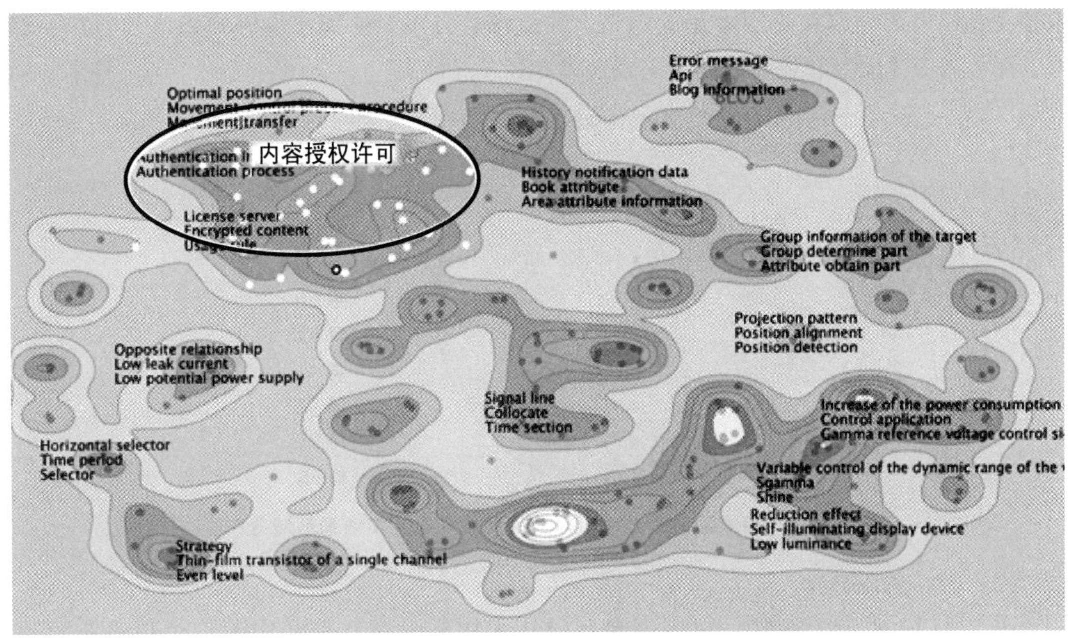

图 5.8-9　汤森路透媒体指纹近似拷贝检测技术构成分布图

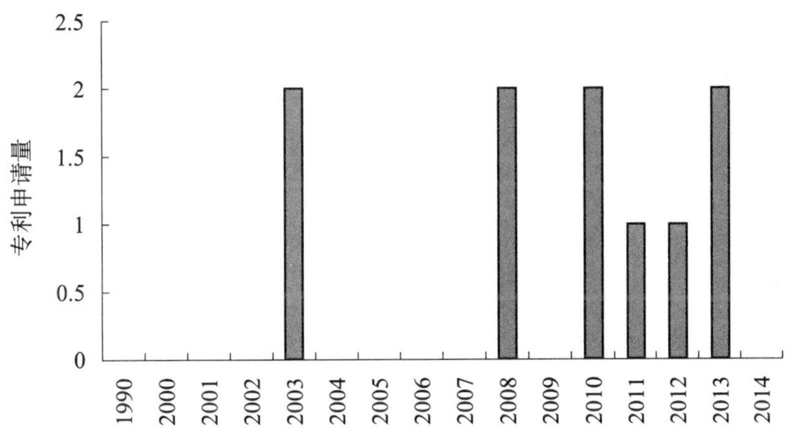

图 5.8-10　谷歌媒体指纹近似拷贝检测技术专利申请条形图

可以保证获得一定数量的创新成果；②此后的几年，谷歌公司逐年专利申请量出现了大幅度的波动，这可能和整个技术领域处于萌芽期有关，专利申请存在偶然性，它取决于基础发明是否能够取得突破等因素的影响；③近几年，谷歌公司在该领域的专利申请量不是很高，有可能意味着从研究方向上有所转变。

（2）"九国两组织"专利申请量区域分布

谷歌是一家总部位于美国的 IT 科技公司，是世界网络搜索引擎的先导，公司总部设立在位于美国加州圣克拉拉县的芒廷维尤。致力于互联网搜索、云计算、广告技术等领域，开发并提供大量基于互联网的产品与服务。谷歌在发展壮大的过程中不断进入新领域，它的产品线几乎覆盖了 IT 科技的所有领域。

图 5.8-11 显示谷歌在"九国两组织"区域的专利申请分布情况，其近似拷贝检测技

术相关专利申请全部在美国本土的申请，在欧洲、日本、中国、世界知识产权组织、韩国、澳大利亚等国家和地区目前还未发现有专利布局情况。

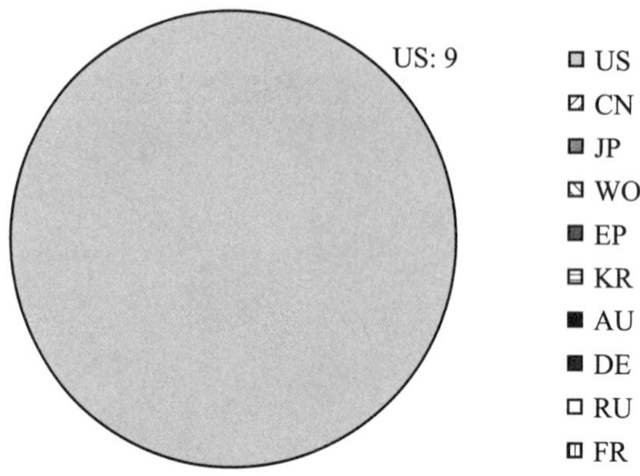

图 5.8-11　谷歌媒体指纹近似拷贝检测技术专利申请量区域分布图

（3）技术构成分布

图 5.8-12 所示为谷歌公司相关专利的技术构成分布。从图中我们可以看出存在两个灰色区域，根据灰色区域的解释，我们可以得出谷歌公司在近似拷贝检测技术方面拥有的专利申请量相对较多。不仅如此，通过对于灰色区域的专利进行分析，并且结合行业资讯，我们还了解到谷歌公司在近似拷贝检测技术重要应用——文本查重检测方面也投入了相当大的研发力度。发行商如发现盗版行为后，就能通过对盗版产品相似度进行检测比对，判断确定非法复制，对盗版者进行起诉，从而起到版权保护的作用。

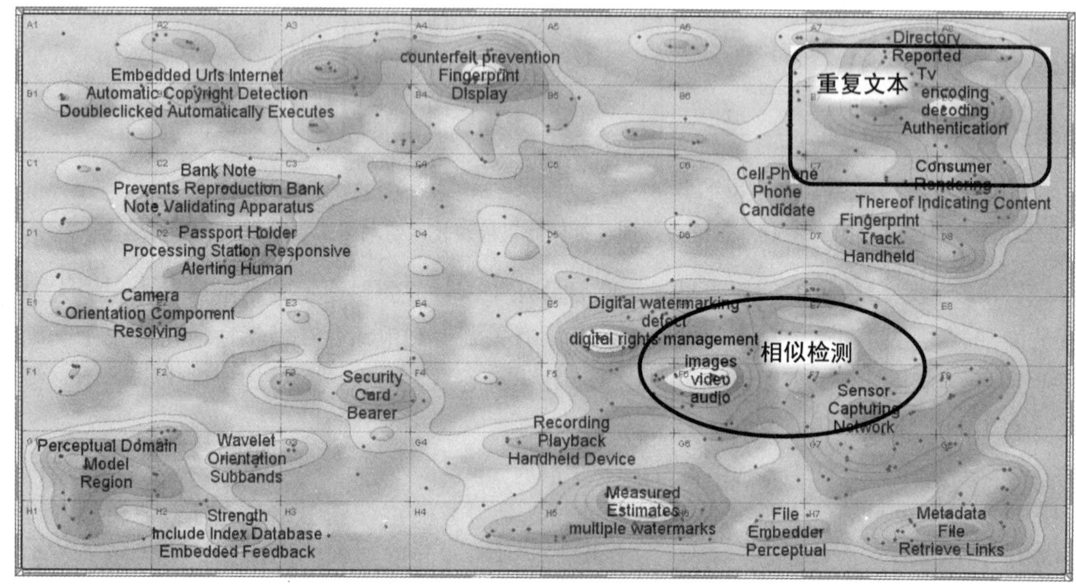

图 5.8-12　谷歌媒体指纹近似拷贝检测技术构成分布图

三、总结

媒体指纹技术是一种基于媒体不变特征的识别、提取、匹配以及检测的技术，也是目前一种新兴的媒体内容保护技术，已经被证明可以有效地应用于文档、图像、音视频等媒体数据格式，且可被推广至数字版权创新保护领域。

（一）媒体指纹近似拷贝检测技术发展特点

1. 专利申请总量

通过本次项目在全球“九国两组织”数据范围内进行的专利检索，获得“近似拷贝检测技术”相关专利为415件，且可初步了解到媒体指纹技术自上个世纪80年代申请第一件相关专利至今的发展过程。至新世纪初期，该技术应用仍进行得非常缓慢，除美国与亚洲的中、日、韩等国进行了初步研究之外，在欧洲、澳大利亚等其他区域始终处于不温不火的状态。

2. 年专利申请量

时至2002年，随着数字媒体内容的日益丰富，版权诉讼风波不断兴起，媒体指纹技术在美、中、日韩等区域的应用发展开始逐步升温，每年相关专利申请量都在100件以上（如图5.8-2所示），从2005年起，专利申请量有显著增加的态势，到2013年即呈现近几年专利申请量最大峰值。本次项目检索主题媒体指纹提取与匹配技术、媒体指纹近似拷贝检测技术等出现这种情况与媒体指纹技术总体发展状况相一致，随着各个国家对数字媒体内容保护的要求不断提高，媒体指纹技术也将不断为大众所熟知并得到广泛的应用。

3. 专利申请人

从专利检索的结果来看，各国的相关专利申请量以及相关专利申请人（即主要研发单位）的申请情况总体特点表现为：专利申请数量与申请人所在该区域的数字媒体发展程度以及版权保护环境正相关。微软、谷歌、索尼是主要的专利申请人。

上述提到的现阶段媒体指纹技术两个主要检索主题：媒体指纹提取与匹配技术、媒体指纹近似拷贝检测技术都成为了技术研发热点，专利的整体申请趋势与媒体指纹技术的发展趋势相吻合。总体来说，数字媒体指纹技术处于快速发展与不断创新阶段，其技术应用范围与应用领域也会随之得到不断拓展。

（二）媒体指纹近似拷贝检测技术发展趋势

1. 专利申请量的总体发展趋势

从媒体指纹近似拷贝检测技术以及前述媒体指纹提取与匹配技术两个检索主题专利检索分析结果来看，各国的相关专利申请量以及相关专利申请人（即主要研发单位）的申请情况总体特点为：专利申请数量与申请人所在该区域的数字媒体发展程度以及版权保护环境呈现正相关，美国、中国、日本、韩国都是全球的数字媒体发展迅速且对数字版权保护非常积极的国家，美、中近几年年均专利申请量均在400件，日、韩也保持在200件左右，四地区整体专利申请量均已达2 000至3 000件；但是欧洲、澳大利亚及俄罗斯等区域就大不同，如欧洲的英、法、德等国专利申请量非常少，每年均在10件左右，澳大利亚、俄罗斯相应的专利申请量也是这个状态。总体来说，从上世纪90年代开始整个技术领域进入专利增长的快速发展期，年均专利申请量至少在500件以上。

2. 各地区技术发展现状以及未来发展趋势

从技术应用的状态来看，首先媒体指纹识别提取与匹配技术，在美、中尚处于创新技术阶段，不过，在美国得到技术应用较为成熟，市场范围更宽泛，中国的技术研究刚刚兴起，应用也属于起步阶段，未来发展上升趋势明显；日、韩等国在该技术研究已处于瓶颈期，甚至已至衰退状态，技术早已定位于基础应用类技术，其创新程度不高。第二，近似拷贝检测技术在美国的发展趋于成熟，属于基础性技术，关键技术以及相关产品市场份额牢牢地把控在微软、谷歌、IBM等公司手中，已趋于平稳发展状态；在中国，该技术得到了迅速发展，市场不断扩大，介入的企业开始大幅增加，技术分布范围扩大，大量的相关专利激增涌现，该技术属于精尖创新应用技术；而该技术在日本近两年的应用越来越少，预计接下来将会慢慢进入淘汰期；然而近似拷贝检测技术在韩国的应用发展与在日本差异明显，该技术应用在韩国目前尚属于创新应用技术，应用空间较大，无论是高校、企业等，对其研究热度居高不下，发展趋势十分明显。

3. 各地区专利风险分布

从专利风险角度来看，美国对数字版权保护技术的意识处于世界前列，但从两大关键技术相关专利发展态势来看，近年来，美国区域的相关技术研究势头正在逐步平缓，市场需求也慢慢饱和，所以，其专利风险也不会显得那么举足轻重，但其专利申请量仍是最高的，针对性分析美国整体的相关专利布局情况是必要的；日本与韩国的数字版权保护技术发展势头很猛，其专利运用的策略也很丰富，从日、韩的大型企业在中国的专利布局情况可以窥悉一二，所以，其专利风险应当重点关注，最好是有针对性地分析日、韩几大核心企业（如NEC、索尼、日立、松下，三星、LG等）布局的相关专利风险情况，做好两手准备；而欧洲的相关专利情况就比较乐观，其数字版权保护意识本身较落后，专利申请也较少，可暂不考虑其专利可能造成的风险影响。

在国内，该关键技术的研究热度与日俱增，中科院、清华、北大等顶尖研究单位都在重点研究其技术应用，所以，数字媒体指纹识别技术在中国处于快速发展与不断创新阶段，其技术应用范围与领域也会随之得到不断拓展，在本次项目过程的后续阶段做好中国范围的相关专利池建设显得势在必行。

图书在版编目（CIP）数据

数字版权保护技术研发工程专利检索与分析：全2册／张立主编．—北京：中国书籍出版社，2016.10
ISBN 978-7-5068-5846-5

Ⅰ.①数…　Ⅱ.①张…　Ⅲ.①电子出版物－版权－保护－专利－情报检索　Ⅳ.①D913②G254.97

中国版本图书馆CIP数据核字（2015）第233372号

数字版权保护技术研发工程专利检索与分析（上）

张　立　主编

统筹编辑　游　翔
责任编辑　张　文
责任印制　孙马飞　马　芝
封面设计　楠竹文化
出版发行　中国书籍出版社
地　　址　北京市丰台区三路居路97号（邮编：100073）
电　　话　（010）52257143（总编室）　　（010）52257140（发行部）
电子邮箱　eo@chinabp.com.cn
经　　销　全国新华书店
印　　刷　河北省三河市顺兴印务有限公司
开　　本　787毫米×1092毫米　1/16
印　　张　45.5
字　　数　1010千字
版　　次　2016年12月第1版　2016年12月第1次印刷
书　　号　ISBN 978-7-5068-5846-5
定　　价　206.00元（全两册）

新闻出版重大科技工程项目管理及相关成果丛书

数字版权保护技术研发工程专利检索与分析（下）

Patent Search and Analysis on the National DRM R&D Project (II)

张立　主编　张凤杰　张从龙　副主编

总目录

分册目录

第六章　内容访问控制相关技术

第一节　内容授权技术

一、专利检索

（一）检索结果概述

以内容授权技术为检索主题，在“九国两组织”范围内，共检索到相关专利申请1 009件，具体数量分布如下（单位：件）：

美国	韩国	日本	中国	澳大利亚	德国	英国	法国	俄罗斯	EP	WO	总计
838	29	8	72	3	1	3	0	0	9	46	1 009

（二）各地区/组织相关专利申请趋势

从表、图6.1-1所呈现的趋势来看，内容授权技术的专利/专利申请量稳中有升，从2000年开始有了较为明显的数量提升，并于2007年达到峰值，该趋势一致持续到2014年，可以看到，从2009年开始，内容授权技术从美国一家独大的状态，逐步发展为多个国家并行发展的态势。其中，我国在该技术层面上的发展在2009年后较为显著。

表6.1-1　内容授权技术“九国两组织”相关专利申请状况

国家＼年份	1995	1996	1997	1998	1999	2000	2001	2002	2003	2004	2005	2006	2007	2008	2009	2010	2011	2012	2013	2014
US	0	2	4	6	10	29	38	47	59	40	61	54	82	92	54	46	62	45	62	45
CN	1	0	0	0	0	0	0	0	0	0	2	5	4	5	4	6	4	16	21	4
JP	0	0	0	0	0	1	0	0	1	1	1	1	0	2	0	1	0	0	0	0
KR	0	0	0	0	0	1	0	0	0	0	1	1	2	3	11	2	1	2	4	1
GB	0	0	1	0	0	0	0	0	0	0	2	0	0	0	0	0	0	0	0	0
DE	0	0	0	0	0	1	0	0	0	0	0	0	0	0	0	0	0	0	0	0
FR	0	0	0	0	0	0	0	0	0	0	0	0	0	0	0	0	0	0	0	0
AU	0	0	0	0	0	0	0	0	0	2	0	0	0	0	0	0	0	0	1	0
RU	0	0	0	0	0	0	0	0	0	0	0	0	0	0	0	0	0	0	0	0
EP	0	0	0	0	0	0	4	0	0	2	0	0	3	0	0	0	0	0	0	0
WO	0	0	0	0	3	2	9	1	0	1	1	1	4	4	2	4	1	2	4	7

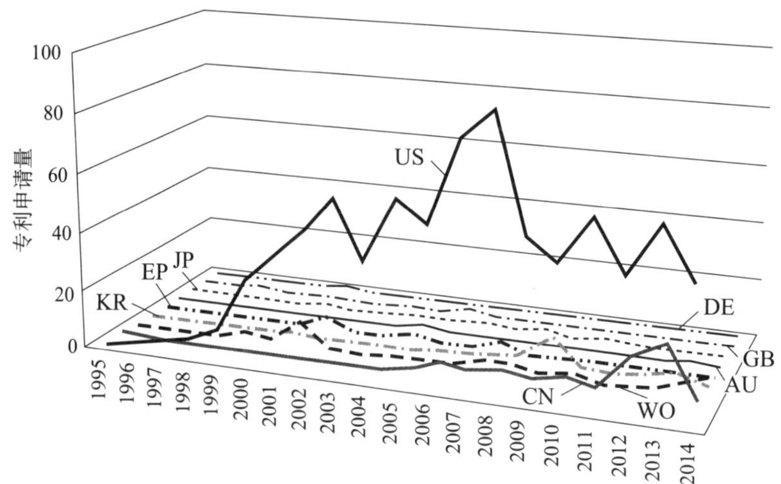

图 6.1-1 "九国两组织"相关专利申请状况图

(三)各地区/组织相关专利申请人排名

1. WO 相关专利申请人排名

表 6.1-2 内容授权技术 WO 相关专利申请人排名

序号	申请人	申请人国家	专利申请数量
1	ACCENTURE LLP	美国	15
2	ANDERSEN CONSULTING LLP	美国	15
3	ZYNGA INC	美国	12
4	MICROSOFT CORP	美国	7

2. EP 相关专利申请人排名

表 6.1-3 内容授权技术 EP 相关专利申请人排名

序号	申请人	申请人国家	专利申请数量	专利授权数量
1	FUSIONONE INC	美国	4	1
2	Hewlett Packard Company	美国	1	1
3	CANON KK	日本	1	1
4	MICROSOFT CORP	美国	1	1

3. 中国地区相关专利申请人排名

表 6.1-4 内容授权技术中国地区相关专利申请人排名

序号	申请人	申请人国家	专利申请数量	专利授权数量
1	EWAUTO BEIJING VIDEO TECHNOLOGY CO LTD	中国	3	0
2	H3C TECHNOLOGIES CO LTD	中国	3	3

（续表）

序号	申请人	申请人国家	专利申请数量	专利授权数量
3	Huawei technology co. ltd.	中国	3	0
4	Chinese Academy of Sciences Institute of Acoustics	中国	3	0
5	CHINESE ACAD SCI COMPUTER TECHNOLOGY INS/CASX	中国	1	1

4. 美国地区相关专利申请人排名

表 6.1-5　内容授权技术美国地区相关专利申请人排名

序号	申请人	申请人国家	专利申请数量	专利授权数量
1	INT BUSINESS MACHINES CORP	美国	159	98
2	MICROSOFT CORP	美国	71	54
3	ORACLE INT CORP	美国	37	35
4	ACCENTURE LLP	美国	31	31
5	CISCO TECHNOLOGY INC	美国	22	20

5. 日本地区相关专利申请人排名

表 6.1-6　内容授权技术日本地区相关专利申请人排名

序号	申请人	申请人国家	专利申请数量	专利授权数量
1	QUALCOMM INC	美国	1	1
2	HITACHI LTD	日本	1	1
3	VORMETRIC INC	日本	1	1
4	CANON SOFTWARE INC	日本	1	0
5	YOSHIDA R	日本	1	0

6. 澳大利亚地区相关专利申请人排名

表 6.1-7　内容授权技术澳大利亚地区相关专利申请人排名

序号	申请人	申请人国家	专利申请数量	专利授权数量
1	Pershing Investments LLC	美国	1	0
2	RAYTHEON CO/RAYT	美国	1	1
3	General Instrument Corporation	美国	1	0

7. 德国地区相关专利申请人排名

表 6.1-8　内容授权技术德国地区相关专利申请人排名

序号	申请人	申请人国家	专利申请数量	专利授权数量
1	Software AG，DE	德国	1	0

8. 法国地区相关专利申请人排名

在本次检索得到的法国相关专利中，无内容授权技术法国涉及的专利申请。

9. 英国地区相关专利申请人排名

表 6.1-9　内容授权技术英国地区相关专利申请人排名

序号	申请人	申请人国家	专利申请数量	专利授权数量
1	Mitel Corporation	美国	1	0
2	Philip Frederick James Haylor	美国	1	0
3	Bluestar Software Limited	英国	1	1

10. 俄罗斯地区相关专利申请人排名

俄罗斯地区无相关专利申请。

11. 韩国地区相关专利申请人排名

表 6.1-10　内容授权技术韩国地区相关专利申请人排名

序号	申请人	申请人国家	专利申请数量	专利授权数量
1	SHINHAN BANK	美国	10	4
2	UNIV YONSEI IND ACADEMIC COOP FOUND	韩国	1	1
3	KOREA ASTRONOMY OBSERVATORY	韩国	1	1
4	NAVIWAY	韩国	1	1
5	EUMTECH CO LTD	韩国	1	1

二、专利分析

（一）技术发展趋势分析

内容授权技术用于实现对数字内容的安全授权，在授权交互、授权许可创建、许可颁发等过程中确保交互数据、数字内容信息与版权的安全性。本报告探讨的内容授权技术是超级分发安全授权、批量分发安全授权和二次分发安全授权应用背景下并借鉴现有的 B2C 安全授权技术的技术。从图 6.1-2 中可以看到，内容授权技术专利申请量从 2001 年以来持续走高，并在 2003 年至 2005 年持续增长，2007 年至 2008 年步入最高点。

在经历了 2009 年至 2012 年间的低迷期后，又在 2013 年出现急速上升。在整个数字出版产业链中，内容授权技术产业的完善程度是数字内容保护技术发展的关键。无论是传统出版社、文化公司、作者，还是数字出版技术提供商、数字出版运营商和数字出版集成商，如果不解决著作权人的授权问题，就不能数字化复制、通过网络使用、传播版权作品，否则，数字出版产业链就会有较大的侵权风险，并且要承担相应侵权责任。因而，内容授权技术是数字版权技术中的重中之重，其重要性将日益体现。

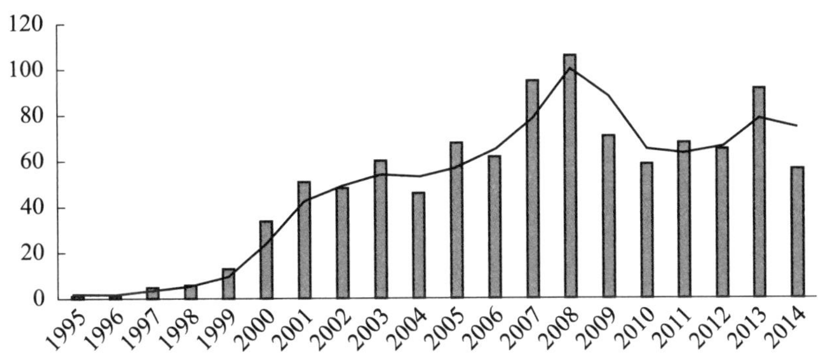

图 6.1-2　内容授权技术发展趋势图

（二）技术路线分析

技术路线分析主要从行业大事件、重点技术里程碑、关键专利等方面揭示该领域的技术发展趋势。图 6.1-3 反映了内容授权技术技术路线的发展趋势，结合与内容授权技术相关的专利申请中，2000 年由 VIATECH 科技公司申请的许可证管理机制，涉及分发授权数字内容文件和许可证的许可使用的技术方案，后续不断有相关技术以专利申请的方式涌现，其中不乏核心技术，包括诺基亚在 2004 年申请的数字权限管理（DRM）许可证管理器，以防止未经授权使用的软件应用程序；微软申请的关于对等网络环境下的内容数据授权许可的技术内容；三星申请的许可证管理方法，从用户域的角度提出有效地在用户域中共享内容存储管理状态信息，从而动态管理复本数和分配令牌的使用权等。对于 DRM 内容授权技术在 2008 年前，各大型企业出现了施引量较大的核心技术，而后的技术多引用在前的技术。而关键技术则在 2009 年之前密集出现，从 2011 年开始包括索尼、BOADCOM 公司在内的几大公司进行了关键技术的申请，并且在 2012 年后，除传统的大型企业外，有数量较多的初创企业投身到内容授权技术的研发队伍中来，并有不少关键技术产出。

内容控制技术主要用来生成并分发数字许可证，还可以实现用户身份认证、触发支付等金融交易事务。数字许可证是一个包含数字内容使用权利（包括使用权限、使用次数、使用期限和使用条件等）、许可证颁发者及其拥有者信息的计算机文件，用来描述数字内容授权信息，由权利描述语言描述。数字内容本身还需经过加密处理，因此，数字许可证通常还包含数字内容解密密钥等信息。

内容授权技术包含权利库、内容密钥库、用户身份标识库和 DRM 许可证生成器。结合检索到的专利数据以及前期与技术专家调研的结果，我们确定了内容授权技术的重点技术分支在于使用控制。使用控制主要包括：①用户控制。用户控制是确保数字内容合法使用，防止非法复制和非法共享的关键。用户控制方式主要包括两种：基于额外专用设备的方式和基于身份标识绑定的方式。基于额外专用设备的用户控制方式对保护计算机软件等高价值信息来说是有效的，而对于一般大众化的数字内容而言，基于硬件标识绑定的用户控制方式更为合适。现有用户控制机制还有待改进，特别需要加强考虑用户的需求，提高

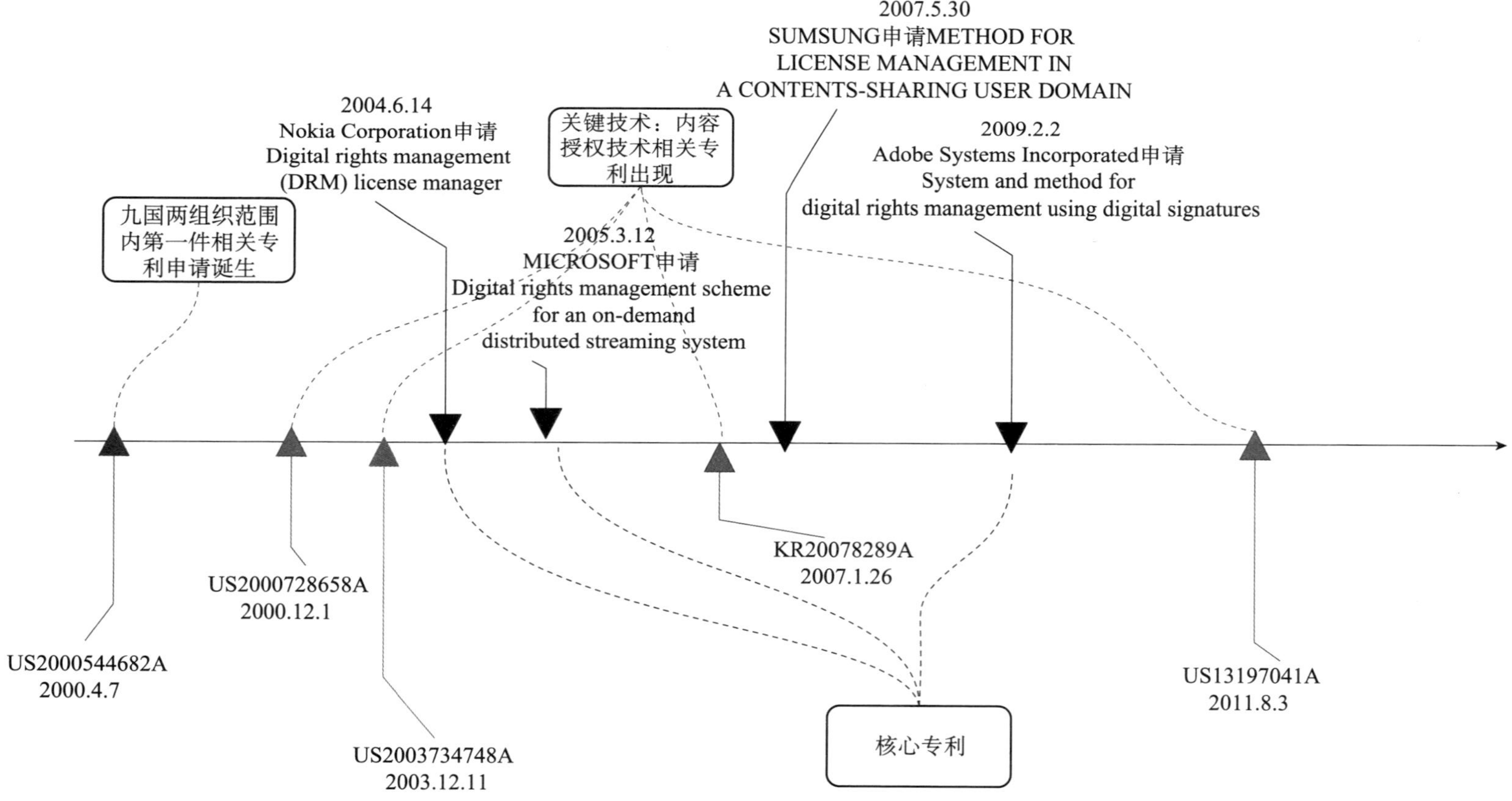

图6.1-3 内容授权技术路线图

用户对 DRM 系统的接受度。②权利控制。权利控制的关键在于权利解析和验证，验证用户的操作是否在许可范围内，前提条件和限制条件是否都已经满足，权利解析和验证与所采用的权利描述语言密切相关，由 REL 解析器处理。

需要指出的是，数字版权保护不是密码技术的简单应用，也不是将受保护的内容从服务器传递到客户端并使用某种方式限制其使用的简单机制。内容提供者希望通过内容授权，保护数字作品的版权，促进数字化市场的发展。今后的发展方向将主要侧重以下几个方面：权利描述语言，特别是领域权利描述语言的标准化；有效的用户控制机制和权利转移机制；数字内容的合理使用以及用户隐私保护；系统安全性等等。

（三）主要专利申请人分析

针对内容授权技术在要求检索的九国两组织的检索结果中，根据专利申请量进行标引统计，并就专利申请量排名前列的专利申请人从时间角度、区域角度和技术聚类角度，对在内容授权技术有突出贡献的申请人进行针对性的研究和分析。在该关键技术下，IBM 和微软在内容授权技术专利申请数量上有绝对的优势，并且在技术层面上具有代表性，故而作为主要对象进行分析。

1. 申请量排名第一的专利申请人

（1）专利申请量

IBM 相当重视科技研发和知识产权管理，其对于知识产权管理模式的选用和策略的制定也非常系统和健全。不论在技术上和市场上出现如何微小的变化，IBM 都能通过知识产权保护的方式，将技术快速、科学地进行转化。

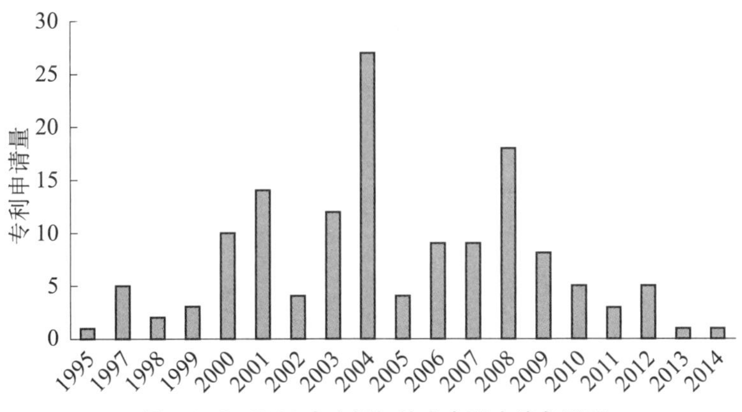

图 6.1-4　IBM 内容授权技术专利申请条形图

针对内容授权技术，IBM 在 1995 年进行了相关专利的申请，并在 2000 年后持续地进行申请，分别于 2004 年和 2008 年时达到申请的高峰。由于近些年 IBM 在多个领域的市场份额的萎缩，IBM 在数字版权领域的专利排布并不抢眼，这种趋势体现在了内容授权技术上，但随着数字版权不断受到各国的推崇和竞争对手的关注，IBM 的专利申请量仍有大幅上升的可能性。

（2）“九国两组织”专利申请量区域分布

IBM 公司是跨国集团公司，知识产权管理部门在美国本土主要设有研究所，在欧洲、中东、非洲地区、亚太地区也设有很多分支机构。相应地，IBM 的专利申请布局也延伸到世界各地。

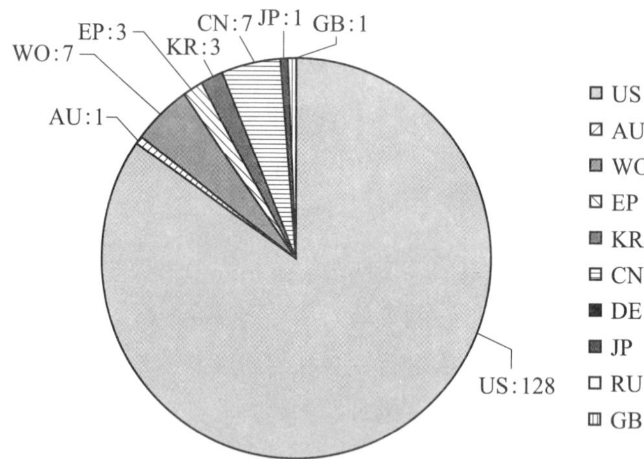

图 6.1-5　IBM 内容授权技术专利申请量区域分布图

内容授权技术是 IBM 数字版权产品（如 EMMS，EMMS 是 IBM 开发的电子媒体管理系统）必不可少的构成技术，因而 IBM 公司非常注重该内容授权技术，并为该关键技术投入了较大的研发精力和专利申请力度。在内容授权技术方面，IBM 重点布局于美国本土，并在中国、韩国、德国和英国等国家也进行了积极的申请工作。

（3）技术构成分布

如图 6.1-6 所示 IBM 在与内容授权相关的专利申请中体现出多种授权模式以及对多设备的支持方面的技术，以 IBM 的 EMMS 产品为例，EMMS 工具将数字内容发送给多个用

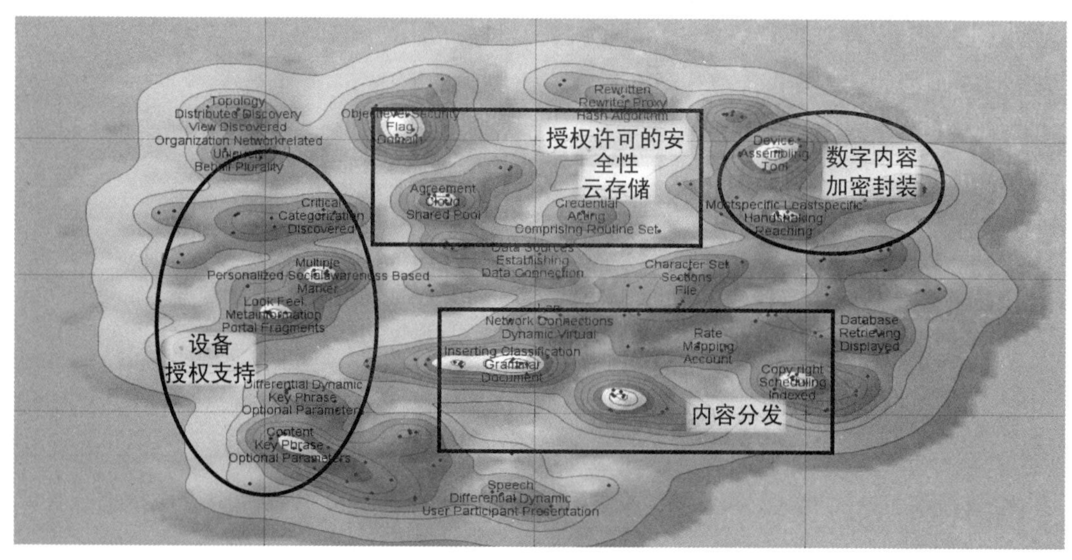

图 6.1-6　IBM 内容授权技术构成分布图

户，最初的使用者可具有全部的使用权，但是假如相同的音乐文件或电子书籍被再次发送的话，发布链中的下一个接收者只有使用这些数据的有限权力，除非他从原始发布人那里购买全部的使用权。IBM 公司的 EMMS 已经被全球众多企业采用，例如 MusicMatch 公司的 MusicMatch Jukebox 和 RealNetworks 公司的 Real Jukebox，并得到了索尼和 BMG Entertainment 公司的支持。

通过对于重点竞争对手进行技术构成分析，我们可以深入地了解其技术研发和专利申请的侧重点。从图 6.1-6 中我们可以看出，IBM 公司在设备授权支持、授权许可的安全性、云存储和数字内容加密封装方面拥有较多专利。近年来，IBM 在数字出版业务上致力于采用创新的内容开发和传送模式，围绕用户体验开展业务，以跟上市场发展的新趋势和消费者的喜好变化。同时，IBM 的产品都有知识产权作为保证，领先的技术水平和先进的知识产权管理为 IBM 的数字版权保护产品不断注入新的活力和市场的高度认可。

2. 申请量排名第二的专利申请人

（1）专利申请量

微软公司所取得的巨大成功离不开卓越的管理效能，微软称霸全球的一个重要法宝就是它的知识产权战略。能否抓住发展的时机保护知识产权，在一定程度上决定了企业的生死存亡。

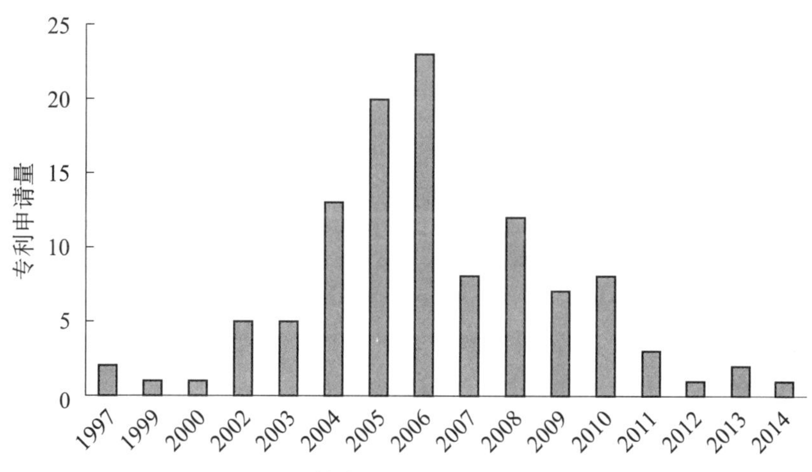

图 6.1-7　微软内容授权技术专利申请条形图

在内容授权技术方面，微软自 1997 年就开始进行专利申请，并从 2002 年开始逐步加大数量，在 2004 年至 2006 年间出现峰值，2007 年至 2008 年年件也有较大数量的专利申请量产生。在 2011 年至 2013 年后，该关键技术的相关专利逐步减少。这说明微软在内容授权技术方面的专利申请已经完成战略布局，等待下一次技术转型或新技术诞生后进行策略性的专利申请步骤。

（2）“九国两组织”专利申请量区域分布

在内容授权关键技术上，微软一直保持着领跑者的姿态，不断更新产品，利用超前的知识产权战略指引产品的更新。在重点国家的知识产权布局方面，微软也不断同竞争对手如苹果、IBM 等签署专利交叉许可（Patent Cross License，PCLs）协议。在中国，微软针对中国知识产权保护环境申请了大量专利，同时，微软也是不断地跟 IT 行业内的，包括其他领域的公司进行合作，分享技术和开发成果，共同的成长和发展。

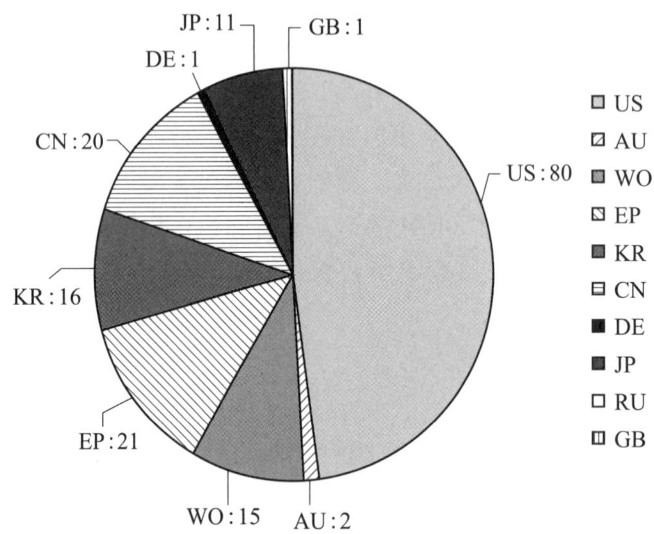

图 6.1-8　微软内容授权技术专利申请量区域分布图

不仅在美国和中国有着活跃的专利申请活动，结合上图可以看到，微软在内容授权关键技术上不放松对主要销售市场的专利申请布局，如欧洲、韩国、日本、澳大利亚等。微软还建立了一个新的知识产权风险投资（IP Ventures）部门，将微软的前沿技术交由美洲、欧洲和亚洲新建立的小型企业负责。微软在各个关键技术上的知识产权保护力度可见一斑，堪称典范。

（3）内容授权技术构成分布

微软能够利用强大的软件开发能力和在互联网时代为全世界的消费者提供更全面的体验，技术领域跨越个人电脑、服务器，包括网络、娱乐设备一个综合性的产品和服务范围，是在不断转型的企业。在内容授权这一技术上，也有着非常明显的体现。

微软在专利申请中，也探讨了内容交易与分发版权保护在这些兼容多种授权模式的分发模式下的安全授权问题，针对微软已有的数字版权保护技术，在微软的专利申请里，也涉及了内容分发与提供的安全问题及包括授权许可与内容之间的关联技术。

三、总结

（一）专利申请量的总体发展趋势

就整个行业专利申请状况来看，内容授权技术从 2001 年以来持续走高，并在 2003 年至2005 年期间保持高速增长，2007 年至 2008 年步入最高点。在经历了 2009 年至 2012

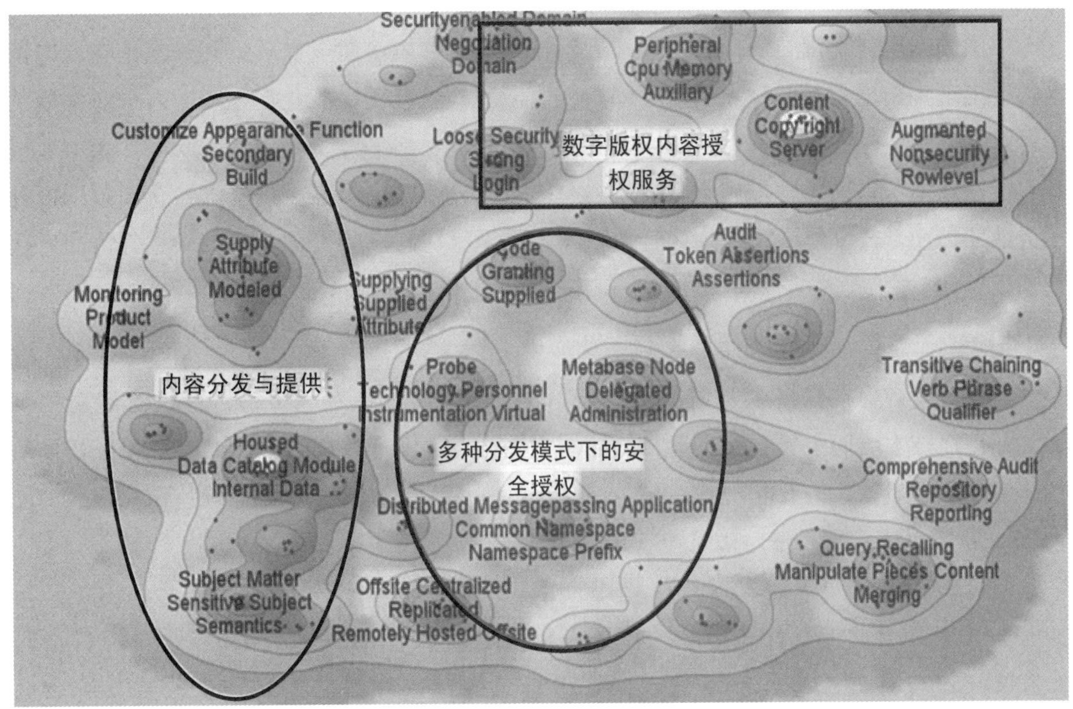

图 6.1-9　微软内容授权技术构成分布图

年间的低迷期后，又在 2013 年出现急速上升。在整个数字出版产业链中，内容授权技术产业的完善程度是数字内容保护技术发展的关键。

（二）各地区技术发展现状以及未来发展趋势

1. 美国

在内容授权技术上，美国正处于第二发展期。随着网络技术的日新月异，带动数字版权技术的发展，美国自 2005 年经过第一发展期后又紧接着进入第二发展期，专利申请量进一步攀升，并且专利申请人的数量也出现了峰值。因此，内容授权技术在美国正处于飞速发展阶段。

2. 日本

日本作为美国在内容授权技术领域的追随者，与美国在该关键技术上非常类似，日本也经历了萌芽期、第一次发展期和第二次发展期以及缓和下降期间。相比于在国内的版权保护力度，日本的数字出版物更加注重世界范围内的版权保护，其关键技术的专利申请量的变化进一步反映出内容授权技术发展态势持续良好。

3. 韩国

韩国正处于技术发展的成熟期，在该关键技术方面，韩国的发展虽然不算迅猛，但专利申请的持续性很强。韩国作为出版业和娱乐都较为发达的地区，在内容授权技术上的技术输出也有一定贡献。

4. 中国

中国的情况与韩国类似，目前同样处于技术发展的成熟期。受政策利好的影响，申请人数量出现集中增长而专利申请量下降，说明中国的内容授权产业正逐步进入行业发展的瓶颈期。

根据以上各地区技术发展现状描述，总体来说，第一代内容授权技术在全球范围内处于成熟期，而部分掌握了第二代内容授权技术的国家地区（如美国、日本）已经再次进入快速发展期。

（三）主要申请人专利申请对比分析

通过对于内容授权技术领域的宏观分析，IBM 和微软在专利申请数量上有绝对的优势，并且在技术层面上具有代表性，故而作为主要对象进行分析。下面结合微观分析模块具体解读主要申请人的专利现状。

1. 专利申请量维度横向比较

通过将上述主要申请人进行横向比较，我们发现，从专利申请量来看，IBM 公司拥有相关专利申请 170 件；微软公司拥有相关专利申请 102 件，IBM 相当重视科技研发和知识产权管理，其对于知识产权管理模式的选用和策略的制定也非常系统和健全。不论在技术上和市场上出现如何微小的变化，IBM 都能通过知识产权保护的方式，将技术进行快速和科学地转化。在内容授权技术方面，微软自 1997 年就开始进行专利申请，并从 2002 年开始逐步加大数量，在 2004 年至 2006 年间达到最大的专利申请量，2007 年至 2008 年间也有较大数量的专利申请。在 2011 年至 2013 年后，该关键技术的相关专利数量逐步减少。微软在内容授权技术方面的专利申请已经完成战略布局。

2. 专利资产区域布局情况

IBM 公司是作为跨国集团公司，知识产权管理部门在美国本土设有研究所，在欧洲、中东、非洲地区、亚太地区也设有很多分支机构。相应地，IBM 的专利申请布局也延伸到世界各地。在内容授权关键技术上，微软一直保持着领跑者的姿态，不断更新产品，利用超前的知识产权战略指引产品的更新。不仅在美国和中国有着活跃的专利申请活动，微软在内容授权关键技术上不放松对主要销售市场的专利申请布局，如韩国、日本、澳大利亚等。

3. 技术热点分析

IBM 在与内容授权相关的专利申请中体现出多种授权模式以及对多设备支持方面的技术。微软在专利申请中，探讨了内容交易与分发版权保护在这些兼容多种授权模式的分发模式下的安全授权问题，针对微软已有的数字版权保护技术，在微软的专利申请里，也涉及了内容分发与提供的安全问题及包括授权许可与内容之间的关联技术。

第二节　按需印刷过程中授权数量的合理控制技术

一、专利检索

（一）检索结果概述

以按需印刷过程中授权数量的合理控制技术为检索主题，在“九国两组织”范围内，共检索到相关专利申请 12 795 件，具体数量分布如下（单位：件）：

美国	中国	日本	韩国	英国	法国	德国	澳大利亚	俄罗斯	EP	WO	总计
4 260	1 563	4 593	26	82	26	66	390	23	1 113	653	12 795

（二）各地区/组织相关专利申请趋势

由表 6. 2-1 和图 6. 2-1 的统计结果显示，自上世纪 90 年代直至新世纪初期，按需印刷过程中授权数量的合理控制技术这一技术领域在大部分国家应用仍进行得非常缓慢，并且在全球“九国两组织”的大部分国家研究相对较少。但该技术在美国、亚洲的中国和日本发展却一直很迅速，并且进入了该技术的白热化阶段。自上世纪 90 年代至今该技术在美国和日本的专利年均申请量基本都在 200 件以上，并且自 2007 年至 2009 年之间年均申请量甚至都在 350 件以上；中国在该领域紧随美国和日本，近年来年均申请量也已达百件以上；而在俄罗斯以及欧洲的英、德、法等国家对该领域的研究甚少，年申请量均在 10 件以内；另外，澳大利亚等地区对该技术领域也略有研究，但是一直处于不温不火状态。

表 6. 2-1　按需印刷过程中授权数量的合理控制技术“九国两组织”相关专利申请状况

国家＼年份	1990①	2000	2001	2002	2003	2004	2005	2006	2007	2008	2009	2010	2011	2012	2013	2014
US	183	53	112	219	262	290	352	292	347	354	345	337	289	312	246	267
CN	62	20	34	52	74	67	124	131	125	114	136	109	128	142	151	94
JP	341	145	166	259	251	286	315	333	379	348	376	321	319	299	224	231
KR	11	0	0	0	0	0	1	3	1	1	0	1	3	3	1	1
GB	10	9	2	10	9	10	4	5	5	4	4	0	3	4	1	2
DE	12	6	2	5	3	4	2	6	5	10	5	3	1	1	1	0
FR	11	0	0	0	0	0	1	3	1	1	0	1	3	3	1	1
AU	46	17	16	19	59	38	38	24	30	22	23	12	18	14	5	9
RU	1	0	0	4	2	1	1	0	0	1	1	4	3	4	0	1
EP	131	36	56	82	81	83	71	93	76	85	56	49	67	54	43	50
WO	70	39	52	55	58	49	49	38	40	37	33	29	23	30	30	21

① 1990 是指 1990－1999 年的专利数量总数。

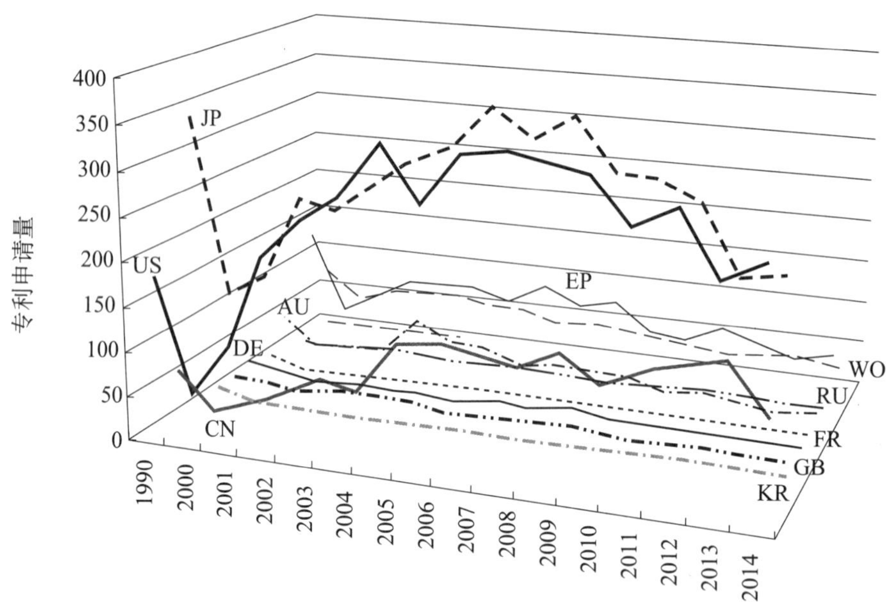

图 6.2-1 “九国两组织”相关专利申请状况图

（三）各地区/组织相关专利申请人排名

1. WO 相关专利申请人排名

表 6.2-2 按需印刷过程中授权数量的合理控制技术 WO 相关专利申请人排名

序号	申请人	申请人国家	专利申请数量
1	SILVERBROOK KIA	澳大利亚	32
2	SILVERBROOK RES PTY LTD	澳大利亚	31
3	LAPSTUN PAUL	澳大利亚	17
4	CANON KK	日本	15
5	FIRST DATA CORP	美国	10

2. EP 相关专利申请人排名

表 6.2-3 按需印刷过程中授权数量的合理控制技术 EP 相关专利申请人排名

序号	申请人	申请人国家	专利申请数量	专利授权数量
1	CANON KK	日本	125	59
2	SILVERBROOK RES PTY LTD	澳大利亚	47	38
3	PITNEY BOWES INC	美国	40	28
4	RICOH KK	日本	40	25
5	SEIKO EPSON CORP	日本	32	10

3. 中国地区相关专利申请人排名

表 6.2-4　按需印刷过程中授权数量的合理控制技术中国地区相关专利申请人排名

序号	申请人	申请人国家	专利申请数量	专利授权数量
1	CANON KK	日本	174	140
2	SILVERBROOK RES PTY LTD	澳大利亚	69	59
3	SHARP KK	日本	57	55
4	SEIKO EPSON CORP	日本	56	45
5	SONY CORP	日本	38	25

4. 美国地区相关专利申请人排名

表 6.2-5　按需印刷过程中授权数量的合理控制技术美国地区相关专利申请人排名

序号	申请人	申请人国家	专利申请数量	专利授权数量
1	CANON KK	日本	513	232
2	SILVERBROOK RES PTY LTD	澳大利亚	470	274
3	SEIKO EPSON CORP	日本	125	52
4	FUJI XEROX CO LTD	日本	105	48
5	BROTHER IND LTD	日本	93	22

5. 日本地区相关专利申请人排名

表 6.2-6　按需印刷过程中授权数量的合理控制技术日本地区相关专利申请人排名

序号	申请人	申请人国家	专利申请数量	专利授权数量
1	CANON KK	日本	1007	517
2	SEIKO EPSON CORP	日本	380	182
3	FUJI XEROX CO LTD	日本	346	211
4	RICOH KK	日本	325	190
5	SHARP KK	日本	119	65

6. 澳大利亚地区相关专利申请人排名

表 6.2-7　按需印刷过程中授权数量的合理控制技术澳大利亚地区相关专利申请人排名

序号	申请人	申请人国家	专利申请数量	专利授权数量
1	SILVERBROOK RES PTY LTD	澳大利亚	105	66
2	CANON KK	日本	23	5
3	PITNEY BOWES INC	美国	11	4
4	CANON INFORMATION SYST RES	澳大利亚	6	1
5	3M INNOVATIVE ROPERTIES CO	美国	5	4

7. 德国地区相关专利申请人排名

表 6.2-8 按需印刷过程中授权数量的合理控制技术德国地区相关专利申请人排名

序号	申请人	申请人国家	专利申请数量	专利授权数量
1	PITNEY BOWES INC	美国	6	3
2	CANON KK	日本	6	4
3	WHD ELEKTRON PRUEFTECH GMBH	德国	5	5
4	DEUTSCHE POST AG	德国	4	2
5	RICOH KK	日本	4	3

8. 法国地区相关专利申请人排名

表 6.2-9 按需印刷过程中授权数量的合理控制技术法国地区相关专利申请人排名

序号	申请人	申请人国家	专利申请数量	专利授权数量
1	INGENICO SA	法国	7	0
2	PW GROUP	法国	2	0
3	NEOPOST IND SA	英国	2	0
4	SAMSUNG ELECTRONICS CO LTD	韩国	2	0
5	SAGEM COMM	法国	1	0

9. 英国地区相关专利申请人排名

表 6.2-10 按需印刷过程中授权数量的合理控制技术英国地区相关专利申请人排名

序号	申请人	申请人国家	专利申请数量	专利授权数量
1	HEWLETT PACKARD CO	美国	14	9
2	HOLUB RICHARD A	美国	6	0
3	XEROX CORP	美国	3	0
4	CANON EUROPA NV	荷兰	3	0
5	SECUREOL	以色列	3	2

10. 俄罗斯地区相关专利申请人排名

表 6.2-11 按需印刷过程中授权数量的合理控制技术俄罗斯地区相关专利申请人排名

序号	申请人	申请人国家	专利申请数量	专利授权数量
1	CANON KK	日本	5	0
2	DIEBOLD INC	美国	4	4
3	KBA NOTASIS SA	俄罗斯	1	0
4	INDZHENIA TEKNOLODZHI LTD	俄罗斯	1	0
5	INFINEON TEKNOLODZHIZ AG	俄罗斯	1	1

11. 韩国地区相关专利申请人排名

表 6.2-12　按需印刷过程中授权数量的合理控制技术韩国地区相关专利申请人排名

序号	申请人	申请人国家	专利申请数量	专利授权数量
1	SILVERBROOK RESEARCH PTY. LTD.	澳大利亚	49	4
2	SAMSUNG ELECTRONICS CO LTD	韩国	33	7
3	CANON KK	日本	28	27
4	FUJI XEROX CO LTD	日本	9	7
5	SEIKO EPSON CORP	日本	7	2

二、专利分析

（一）技术发展趋势分析

按需印刷过程中授权数量的合理控制作为按需印刷版权保护技术的核心技术之一，其发展趋势基本遵从按需印刷版权保护技术的发展趋势。从图中可以看出该技术也是自 90 年代初期直至 2006 年前后，处于快速发展阶段，并且在 2006 年达到其发展的巅峰状态；然而继 2006 年以来，随着全球网络化时代的跨进，电子产品的更新换代，人们工作、生活和学习逐渐趋于数字化，例如电子书技术逐渐趋于成熟，开始取代了部分纸质书籍，进而对纸质书籍或文件的印刷需求逐渐消退，全球角度来看，在该领域的专利申请量呈递减趋势。

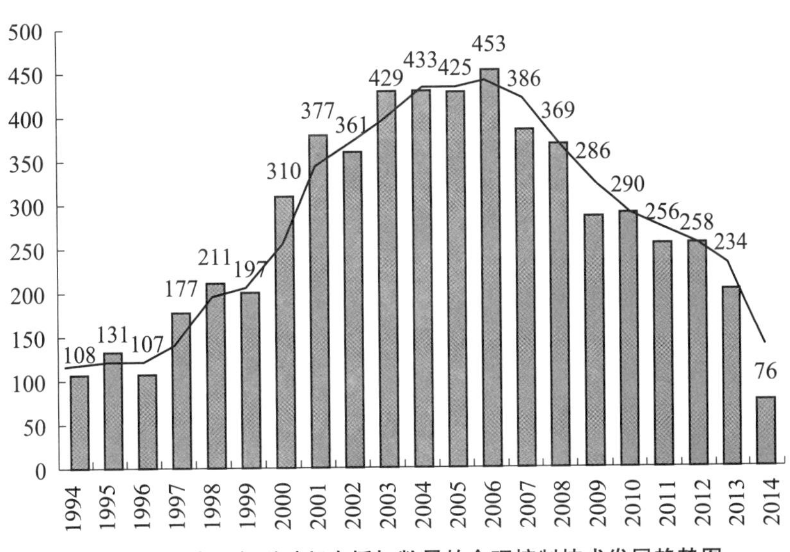

图 6.2-2　按需印刷过程中授权数量的合理控制技术发展趋势图

（二）技术路线分析

图 6.2-3 中核心专利是通过引证次数排行找到引证数比较多的专利，关键技术所列专利为按需印刷版过程中授权数量的合理控制的高相关专利。通过对按需印刷版过程中授权

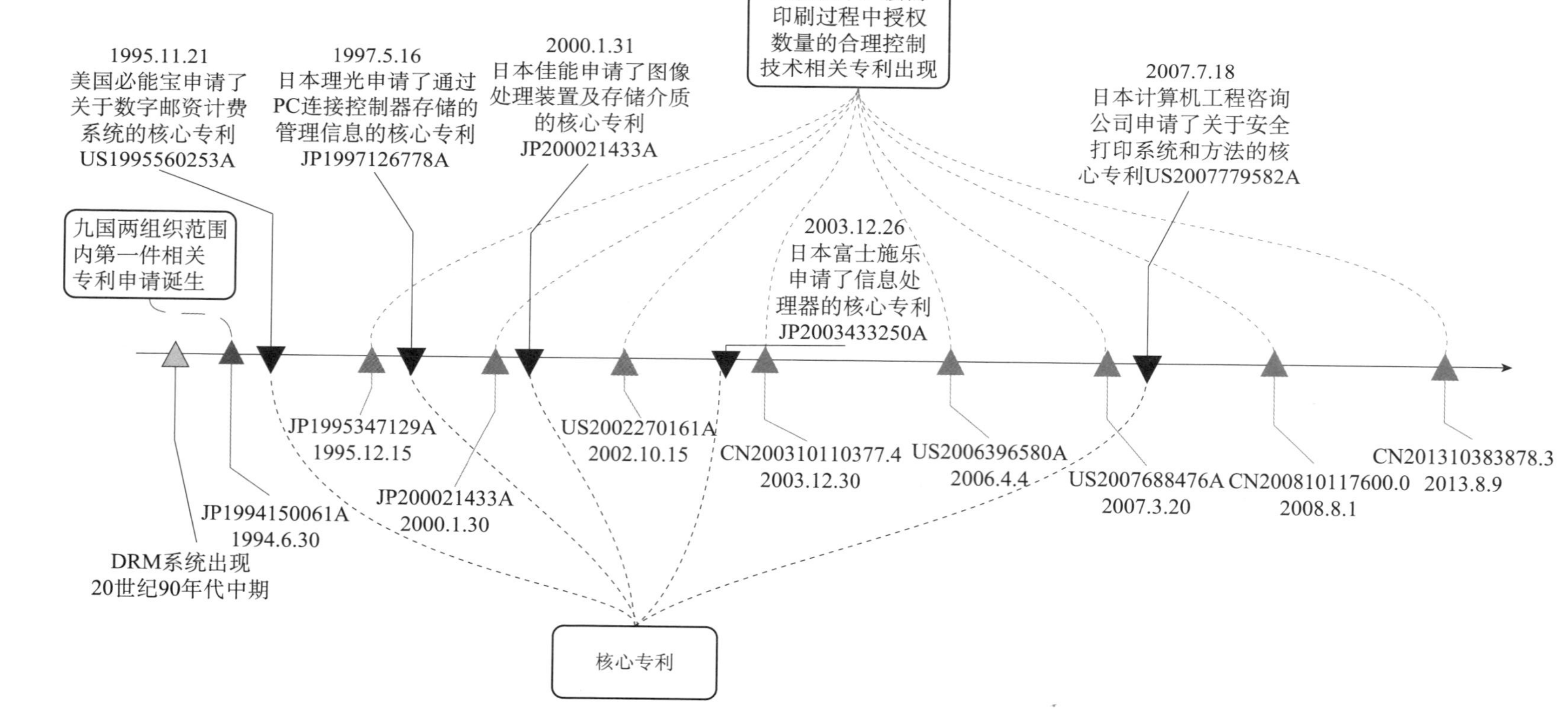

图6.2-3　按需印刷过程中授权数量的合理控制技术路线图

数量的合理控制技术路线的分析，我们可以看出该技术在九国两组织范围内研究相对较早，1994 年 6 月 30 日，日本佳能公司便申请了关于打印系统控制方法的专利，就这样，该技术领域的第一件相关专利诞生，并且在上个世纪 90 年代中期 DRM 系统便已被引入。1995 年 11 月 21 日，美国必能宝申请了关于数字邮资计费系统的核心专利。2000 年 1 月 31 日，日本佳能又申请了关于图像处理与存储介质的核心专利，属于数字信息领域。2003 年 12 月 26 日，富士施乐申请了关于信息处理器的核心专利，可以对技术进行认证，达到数据的访问限制。2007 年 7 月 18 日，日本 NTT 公司申请了关于安全打印系统的核心专利，属于按需印刷领域。

综观按需印刷技术的发展历程，初期出现的技术大多比较核心和基础，被后续人们引用的也就比较多；而伴随该技术发展到一定阶段，版权诉讼风波四起，印刷过程中授权数量的合理控制技术日渐成为该领域技术人员关注的焦点，继而涌现出较多与按需印刷过程中授权数量的合理控制技术相关的关键性技术。从整体的时间维度来看，该领域的关键技术前期基本由日本和美国占据，近年来随着中国政治、经济以及科技的不断发展壮大，在该领域逐步开始拥有了自己的一席之地，并且值得一提的是，北大方正集团 2008 年申请了基于按需印刷的印刷控制方法及系统，以及印刷客户端的专利，实现了能够有效地控制按需印刷的实际印刷数量，使得中国按需印刷领域的步伐迈进了一步，为以后按需印刷网络平台化打下了基础。

（三）主要专利申请人分析

通过对按需印刷过程中授权数量的合理控制技术的专利检索结果的统计和初步分析，得到了在“九国两组织”范围内申请量排名前三的公司，分别是日本佳能公司、精工爱普生、富士施乐，相关技术专利申请量分别是 1915 件、609 件、510 件。然后对这三家公司在该技术方面申请的技术进行统计分析，每家公司会有三个统计图分别是：年份柱状图、“九国两组织”专利申请量区域分布、技术构成分布，利用这三种图表分别对这三家公司的技术进行分析并得出相应观点。

1. 申请量排名第一的专利申请人

（1）专利申请量

在按需印刷过程中授权数量的合理控制技术领域，佳能的专利申请量仍位居全球之首，并且佳能在该领域的发展趋势与其在按需印刷版权保护技术方案这一整体技术的趋势基本相同。自上世纪 90 年代中期直至 2007 年前后，佳能在该技术领域趋于快速发展阶段，并且在 2000 年至 2007 年间发展比较平稳，2007 年达到其发展的巅峰状态，初步分析这与当时风靡全球的日本动漫有一定关联，动漫业的迅速发展，带动了它的辅助行业印刷业的迅速崛起；然而继 2007 年以来，由于全球网络化时代的跨进，电子产品的更新换代，人们工作、生活和学习逐渐趋于数字化，例如电子书逐渐趋于成熟，开始取代了部分纸质书籍，进而对纸质书籍或文件的印刷需求开始逐渐消退，2014 年佳能在该领域的申请量为零。从上述分析可以得出佳能近年来在该技术领域的研究已经逐渐趋于平稳，并且其发展趋势与该技术在全球领域的发展趋势基本相同。

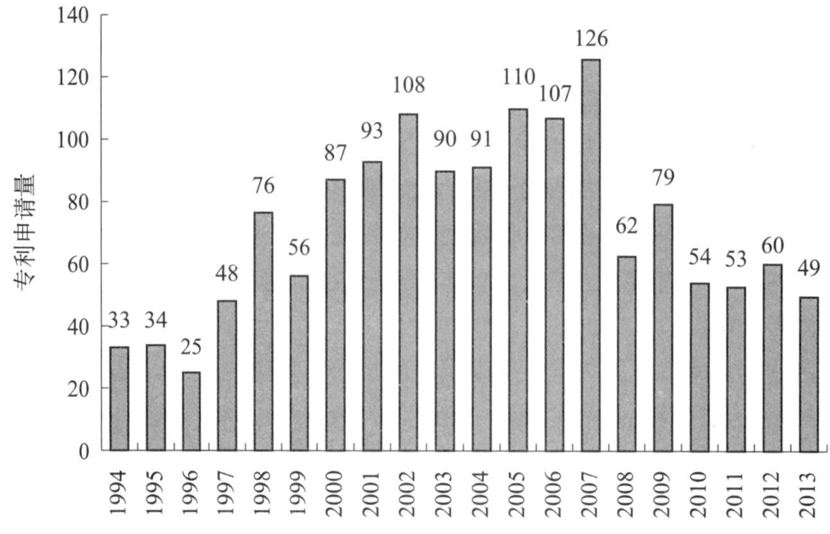

图 6.2-4　佳能按需印刷过程中授权数量的合理控制技术专利申请条形图

（2）“九国两组织”专利申请量区域分布

佳能（Canon）是日本的一家全球领先的生产影像与信息产品的综合集团。佳能的产品系列共分布于三大领域：个人产品、办公设备和工业设备，主要产品包括照相机及镜头、数码相机、打印机、复印机、传真机、扫描仪、广播设备、医疗器材及半导体生产设备等。

佳能总部位于日本东京，并在美洲、欧洲、亚洲及日本设有 4 大区域性销售总部。佳能在按需印刷过程中授权数量的合理控制技术领域，其核心技术主要集中在日本、美国以及中国；2010 年中国郑州凯达电子有限公司和中山大学深圳研究院的三名专利权人联合起诉佳能公司侵权，而且佳能公司在美国的专利纠纷也比较多。美国和中国虽为佳能的主打市场，但同时也是其相关专利纠纷的多发地带，这可能也是佳能在该技术领域不断加强在中国、美国的专利布局的原因之一；而在欧洲、澳大利亚及韩国等国家和地区也设有分公

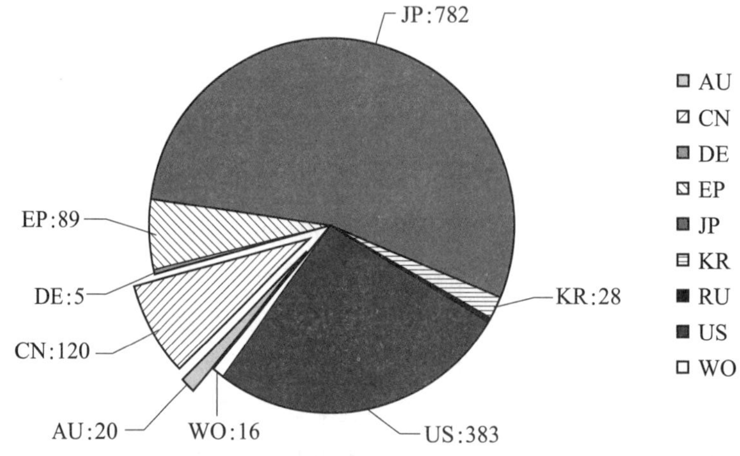

图 6.2-5　佳能按需印刷过程中授权数量的合理控制技术专利申请量区域分布图

司及代加工工厂和销售为主，专利布局相对较少。

（3）技术构成分布

从图 6.2-6 可以看出，佳能公司在按需印刷过程中授权数量的合理控制技术领域的专利的构成分布图。圈注的是佳能在该领域关注度较高的热点技术。从其相关专利密集程度来看，佳能在许可认证技术领域，申请了较多的专利，而改善技术也隶属于数字版权管理 DRM 的一个分支技术，是在计算机网络中确认操作者身份的过程而产生的有效解决方法。计算机网络世界中一切信息包括用户的身份信息都是用一组特定的数据来表示的，计算机只能识别用户的数字身份，所有对用户的授权也是针对用户数字身份的授权。如何保证以数字身份进行操作的操作者就是这个数字身份合法拥有者，也就是说保证操作者的物理身份与数字身份相对应，身份认证技术就是为了解决这个问题，作为防护网络资产的第一道关口，身份认证有着举足轻重的作用。

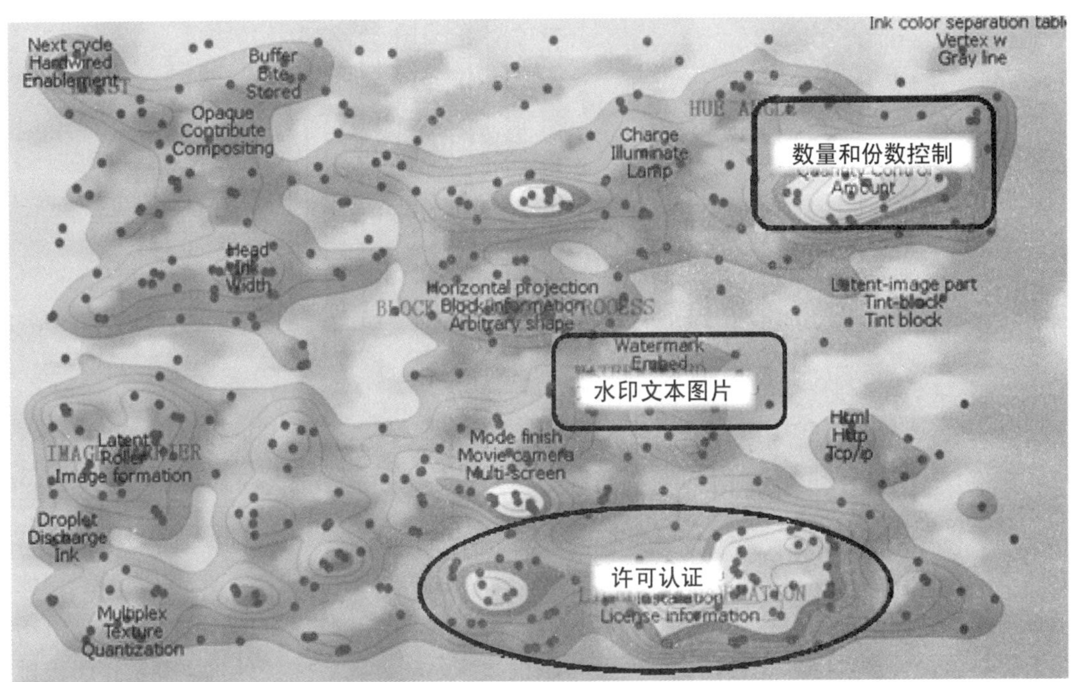

图 6.2-6　佳能按需印刷过程中授权数量的合理控制技术构成分布图

佳能在按需印刷过程中授权数量的合理控制技术领域，研究的热点技术主要有许可认证技术、数量和份数的控制、水印文本图像等。佳能在水印文本图片领域也有所研究，并且曾在 2004 年申请过关于图像处理器的相关专利。佳能所涉及的数量与份数控制主要是指文本或图像的打印控制与管理，其在该领域涉足相对较早，早在 1994 年就申请了关于打印控制系统方法的专利。

2. 申请量排名第二的专利申请人

（1）专利申请量

在按需印刷过程中授权数量的合理控制技术领域，爱普生的专利申请量紧随佳能之后，位居全球第二。自上世纪90年代初期直至2007年前后，爱普生在该技术领域处于快速发展阶段，并且在2000年至2007年间发展比较平稳，2007年达到其发展的巅峰状态，初步分析这与当时风靡全球的日本动漫有一定关联，动漫业的迅速发展，带动了它的辅助行业印刷业的迅速崛起；然而继2007年以来，由于全球网络化时代的跨进，电子产品的更新换代，人们工作、生活和学习逐渐趋于数字化，例如电子书逐渐趋于成熟，开始取代了部分纸质书籍，进而对纸质书籍或文件的印刷需求开始逐渐消退，2014年爱普生在该领域的申请量为零。从上述分析可以看出近年来爱普生在该技术领域投入的研究趋缓，并且其发展趋势与该技术在全球领域的发展趋势基本相同。

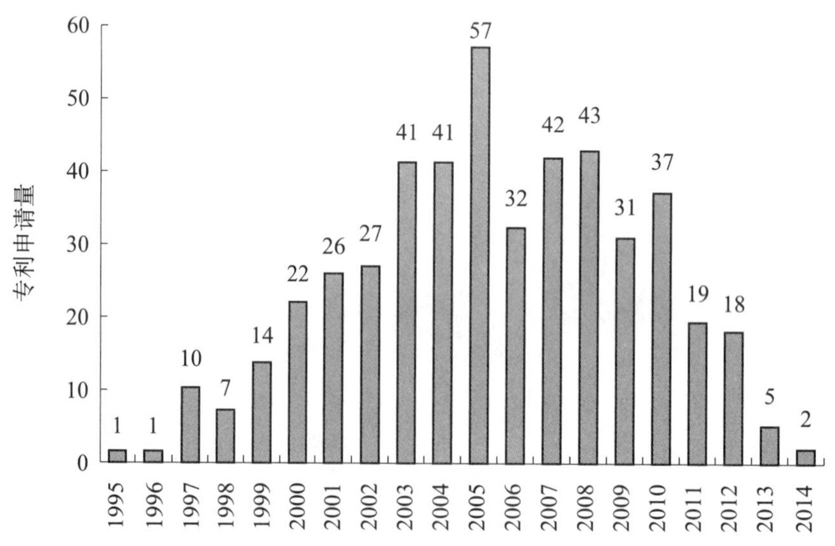

图6.2-7　爱普生按需印刷过程中授权数量的合理控制技术专利申请条形图

(2)“九国两组织”专利申请量区域分布

精工爱普生公司（Seiko Epson Corporation）成立于1942年5月，总部位于日本长野县诹访市，是日本的一家数码影像领域的全球领先企业。目前在全球五大洲32个国家和地区设有生产和研发机构，在57个国家和地区设有营业和服务网点。根据2002年世界市场占有率排名，爱普生的针式打印机、微型打印机和液晶投影机均排名第一，喷墨打印机排名第二；移动电话用液晶模块、移动电话用液晶驱动芯片、液晶投影机用高温P-SiTFT全部位列第一。

在按需印刷过程中授权数量的合理控制技术领域，爱普生的相关专利主要集中在日本，在美国和中国也有布局，2011年3月下旬珠海天威技术与精工安普生的专利纠纷，成为中国通用耗材的里程碑，珠海天威技术生产的产品50%是以出头为主，而且大多为出口美国，爱普生看重的正是中国与美国的市场潜力，固然选择在中美等地布局专利；而在欧洲及亚洲其他国家在该领域专利布局相对较少，可见，在这些国家和地区主要还是代加工生产和销售为主，研发相对力度并不高。

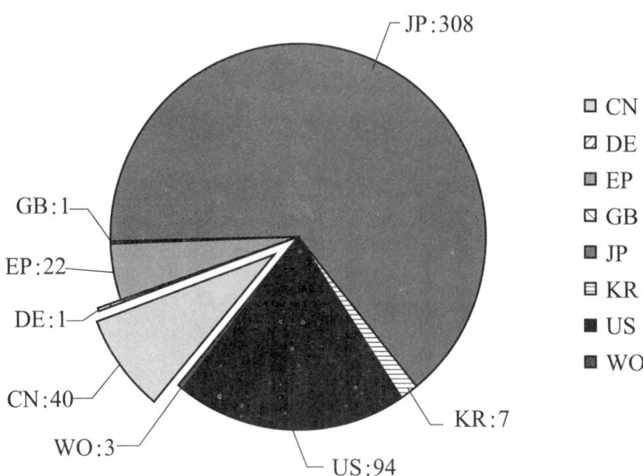

图 6.2-8　爱普生按需印刷过程中授权数量的合理控制技术专利申请量区域分布图

（3）技术构成分布

从图 6.2-9 可以看出，精工爱普生公司在按需印刷过程中授权数量的合理控制技术领域的专利的构成分布图。圈注的是精工爱普生在该领域关注度较高的热点技术。在文档控制方面主要是研究在印刷或打印过程中有效的输出控制方法；佳能在图像处理技术方面主要涉及在打印和数码产品，并且技术相对领先，这与其在按需印刷版权保护技术方案领域的专利地图有着相似之处。对于专利地图中关键词数量、份数等出现的频率相对也较多，这也表明爱普生在打印数量和份数控制方面也是其研究的一个热点方向。

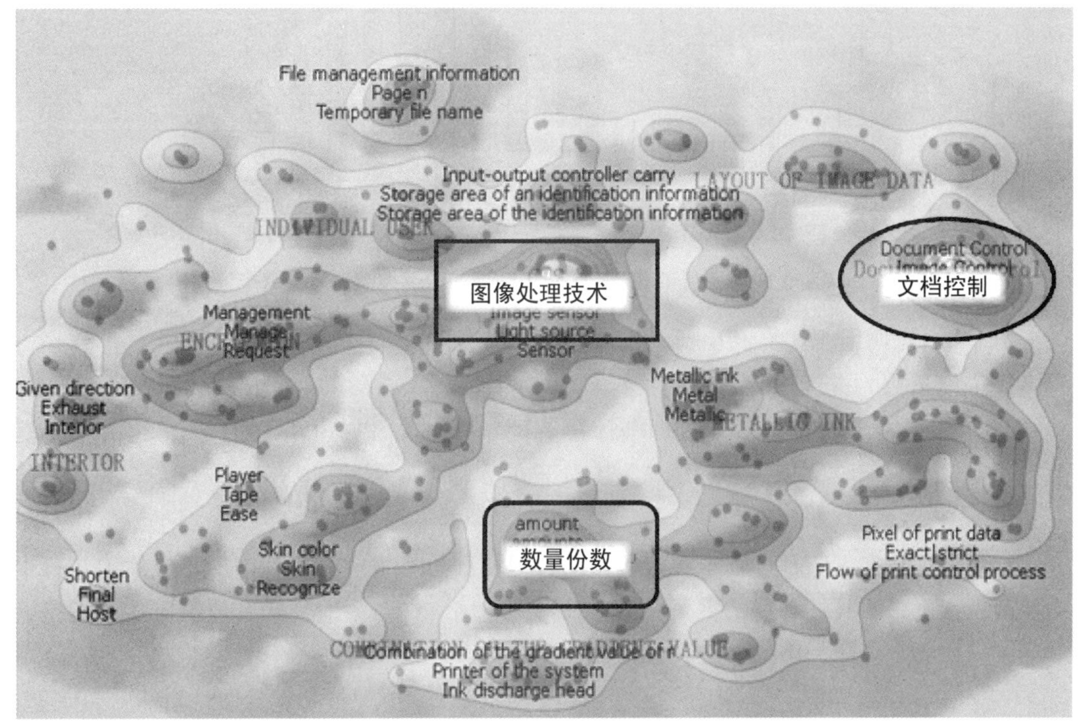

图 6.2-9　爱普生按需印刷过程中授权数量的合理控制技术构成分布图

精工爱普生作为日本一家数码影像领域的全球领先企业，其在按需印刷过程中授权数量的合理控制技术领域的研究也是相对领先的，从专利构成分布图中我们可以看出其热点技术主要有管理管控、文档控制、图像处理以及数量与份数相关技术等。

3. 申请量排名第三的专利申请人

（1）专利申请量

在按需印刷过程中授权数量的合理控制技术领域，富士施乐的专利申请量，位居全球第三。从图 6. 2-10 可以看出，自上世纪 90 年代初期直至 2002 年前后，富士施乐在该技术领域发展较为缓慢，直至 2003 年至 2006 年前后发展相对比较平稳，并且 2006 年达到其发展的巅峰状态；然而继 2007 年以来，由于全球网络化时代的跨进，电子产品的更新换代，人们工作、生活和学习逐渐趋于数字化，例如电子书逐渐趋于成熟，开始取代了部分纸质书籍，进而对纸质书籍或文件的印刷需求开始逐渐消退，2014 年富士施乐在该领域的申请量为零。从上述分析可以得出富士施乐近年来在该技术领域的研究也进入了平淡期，并且其发展趋势与该技术在全球领域的发展趋势基本相同。

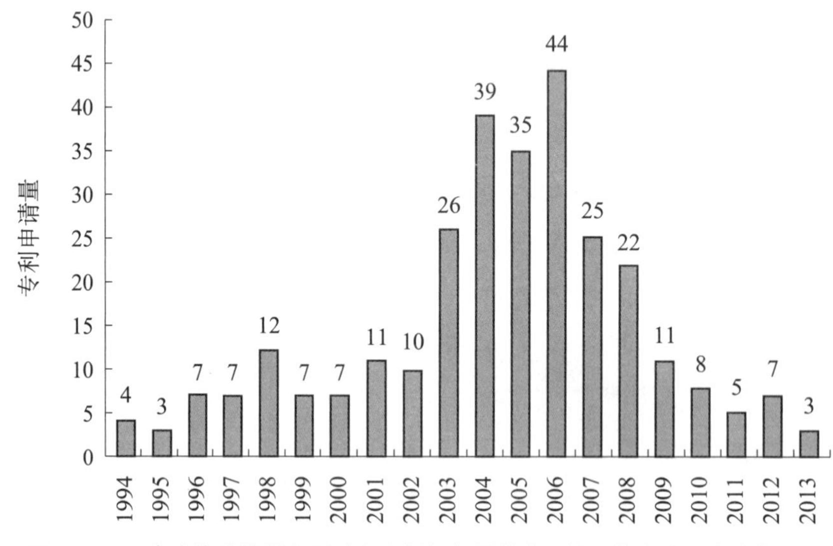

图 6. 2-10　富士施乐按需印刷过程中授权数量的合理控制技术专利申请条形图

（2）“九国两组织”专利申请量区域分布

富士施乐公司是全球最大数字与信息技术产品生产商，其复印机市场占有率，特别是彩色机器的市场占有率，占据全球第一的位置。富士施乐是中日合资的企业，是由富士和施乐公司演变而来，现如今其本部在美国，在亚太地区也设有生产和销售分公司。

富士施乐在按需印刷过程中授权数量的合理控制技术领域的专利申请主要集中在日本和美国，这也表明其核心技术主要集中在日本和美国。在亚太地区的其他国家主要还是以代加工销售为主，比如中国、韩国以及澳大利亚。

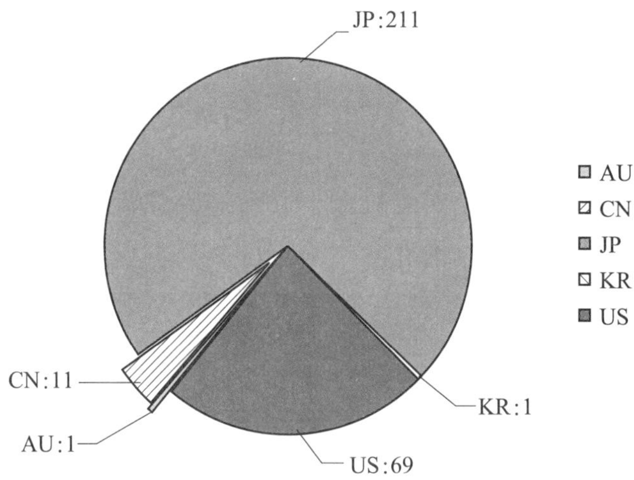

图 6.2-11　富士施乐按需印刷过程中授权数量的合理控制技术专利申请量区域分布图

（3）技术构成分布

从图 6.2-12 可以看出，富士施乐在按需印刷过程中授权数量的合理控制技术领域的专利的构成分布图。圈注的是富士施乐在该领域关注度较高的热点技术。授权许可技术是指针对授权内容的加密和保护，从保护授权的安全性以达到保证所分发软件的安全性的目的，力求获取授权的用户在规定的权限内使用该软件产品，通过授权加密保护，防止授权以外的用户非法使用和滥用软件产品的行为，并且富士施乐曾在 2003 年申请了关于信息处理器的相关专利，通过授权许可技术，实现了高安全性稳健性的数据管理。加密技术是电子商务采取的主要安全保密措施，是最常用的安全保密手段，利用技术手段把重要的数

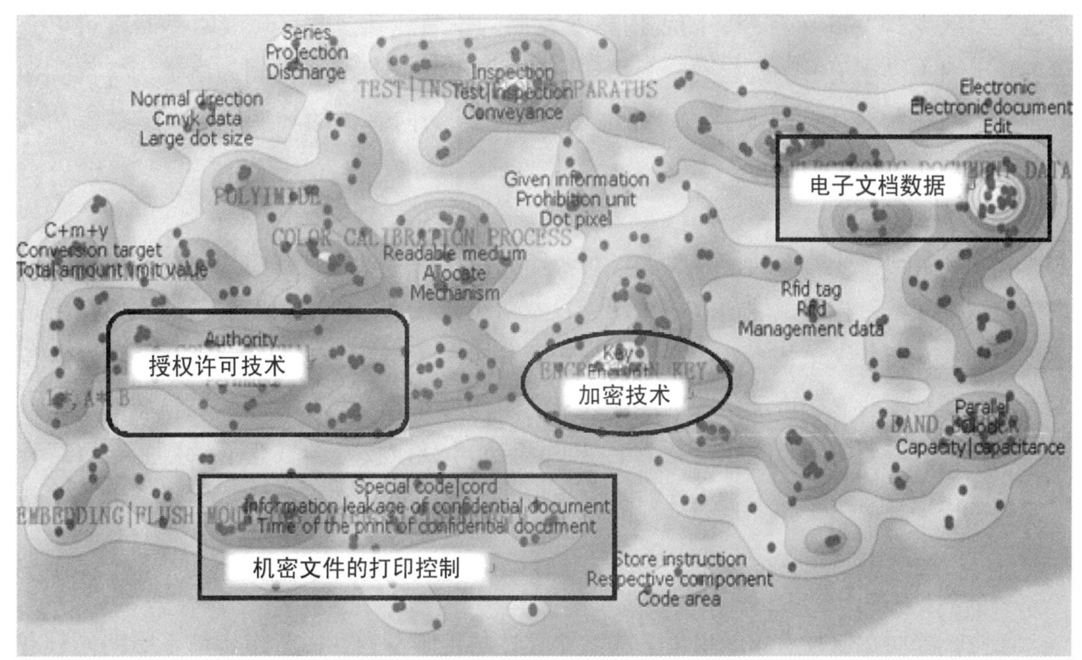

图 6.2-12　富士施乐在按需印刷过程中授权数量的合理控制技术构成分布图

据变为乱码（加密）传送，到达目的地后再用相同或不同的手段还原（解密）。加密技术的应用是多方面的，但最为广泛的还是在电子商务和 VPN 上的应用，深受广大用户的喜爱。

富士施乐在按需印刷过程中授权数量的合理控制技术领域的研究热点有授权许可技术、加密技术、电子文档数据等。从专利地图的密集区还可以看出，富士施乐在电子文档数据和机密文件的打印控制方面也有着深入的研究。

三、总结

（一）专利申请量的总体发展趋势

从整个行业的专利申请状况来看，该技术也是自上世纪 90 年代初期直至 2006 年前后，处于快速发展阶段，并且在 2006 年达到巅峰状态；2006 年以来，随着全球网络化时代的跨进、电子产品的更新换代，人们工作、生活和学习逐渐趋于数字化，从全球角度来看，该领域的专利申请量呈递减趋势。

（二）各地区技术发展现状以及未来发展趋势

1. 美国

自上世纪 90 年代中期至 2005 年前后随着全球对按需印刷授权数量控制领域研究的热潮，美国在该技术领域发展非常迅速，市场逐步扩大，介入的企业逐渐增多，技术分布范围越来越广，专利申请量不断激增；而 2006 年至 2007 年间由于市场局限性，进入的企业开始趋缓，专利增长的速度变慢甚至有小幅度减少，继续从事相关领域研究的公司也开始减少；2008 年至今，随着该技术发展的不断成熟，数字化战略不断推进以及更多长尾图书以电子书形式呈现，图书印刷需求市场并不明显，美国闪电资源等巨头印刷公司不断垄断，对于该领域的研究也逐渐呈现巨头向寡头的转变，进入该技术的衰退期。

2. 日本

随着日本动漫业的不断发展壮大，对于印刷版权的需求也日益增加，全球掀起了对按需印刷授权数量控制领域研究的热潮，日本对于该技术处于不断发展状态，并且市场逐步扩大，甚至壮大至整个亚太地区，处于该技术的发展期；2001 年至 2005 年随着技术已经逐渐趋于成熟，市场份额的局限性、竞争的日益激烈，导致介入该领域的企业开始衰减，相关专利的增长速度变缓；自 2006 年至今，该技术领域竞争激烈，导致部分中小企业在该技术领域逐渐被淘汰，呈现出巨头向寡头的转变，此阶段该技术进入了衰退期。

3. 韩国

起初，韩国在该技术领域申请了少量原理性的基础专利，由于市场尚不明朗，只有少数企业参与技术研究和市场开发；2000 年至 2007 年前后，该技术领域在韩国处于不断发展的阶段，介入的企业不断增加，专利申请数量激增，处于该技术的发展期。随着技术的不断发展、竞争的日益激烈、三星电子企业对于电子通信行业的不断垄断，导致对于该领域的研究也逐渐呈现巨头向寡头的转变，专利权人数量开始出现明显的下滑趋势。

4. 中国

自上世纪 90 年代中期至 2005 年前后中国在该技术领域也处于不断发展状态，介入的企业逐渐增多，技术分布范围逐步变广，专利申请量持续激增，该时间段处于该技术的发展期；而 2006 年以来随着市场局限性，竞争日益激烈，进入的企业开始趋缓，相关专利增长的速度变慢甚至有开始下滑的趋势，目前，国内处于该技术的成熟期。

根据以上各地区技术发展现状描述，总体来说，按需印刷过程中授权数量的合理控制技术在部分发达国家（例如美国、日本等）有进入衰退期的迹象，但从国内来看，该技术已逐渐进入成熟期，并且随着国家对于数字版权的不断重视，目前来看，该技术已逐渐成为本领域研发的热点。

（三）主要申请人专利申请对比分析

通过对于按需印刷过程中授权数量的合理控制技术领域的宏观分析，我们得出行业内排名比较靠前的三个申请人，分别是佳能公司、精工爱普生、富士施乐。下面结合微观分析模块具体解读主要申请人的专利现状。

1. 专利申请量维度横向比较

通过将三个主要申请人在专利申请量维度进行横向比较，我们发现：从专利申请量上来看，佳能公司在该技术领域拥有相关专利 1915 件，精工爱普生和富士施乐在这方面的专利数量分别是 609 件和 510 件。三个公司作为印刷业的龙头企业，均在技术研发初期便投入了相当大的技术研发，相应的专利申请量也较多。

2. 专利资产区域布局情况

从三个主要申请人的专利资产区域布局情况，我们可以看出：该三个申请人在按需印刷过程中授权数量的合理控制技术领域中的专利申请均主要集中在其本土日本；同时，为了贯彻其专利全球化战略的思想，其在美国、欧洲及亚洲的中、韩等国均有相关专利申请。

3. 技术热点分析

从技术热点分析角度来说：佳能在该技术领域研究的热点技术主要有许可认证技术、数量和份数的控制、水印文本图像等；精工爱普生在该技术领域关注的热点技术主要有管理管控、文档控制、图像处理以及数量与份数相关技术等；富士施乐在该领域的研究热点有授权许可技术、加密技术、电子文档数据等。

第三节　数字内容作品的授权控制和内容下载技术

一、专利检索

（一）检索结果概述

以数字内容作品的授权控制和内容下载技术为检索主题，在“九国两组织”范围内，共检索到相关专利申请388件，具体数量分布如下（单位：件）：

美国	中国	日本	韩国	英国	法国	德国	澳大利亚	俄罗斯	EP	WO	总计
146	150	24	9	3	1	5	7	1	21	21	388

（二）各地区/组织相关专利申请人排名

表6.3-1和图6.3-1中示出了1994年至2014年各个国家历年在数字内容作品的授权控制和内容下载技术领域的专利申请数量。可以看出，该检索主题同样存在专利申请量低的现象，其原因如上，在此不再复述。从现有数据上看，相对其他国家而言，美国（US）、中国（CN）两国的专利申请总量较多，但以美国为代表的各个国家的年专利申请量增幅极小，例如，美国的专利申请量从上世纪90年代的8件增加到2007年的14件，且在2012年达到顶峰19件。而中国年专利申请量虽然整体数量不多，但近年来其年专利申请量持续小幅增加，表明在该领域研发重视程度的增加。

表6.3-1　数字内容作品的授权控制和内容下载技术“九国两组织”相关专利申请状况

国家＼年份	1990①	2000	2001	2002	2003	2004	2005	2006	2007	2008	2009	2010	2011	2012	2013	2014
US	8	0	1	2	2	7	6	5	14	13	15	14	12	19	10	18
CN	2	1	3	4	3	1	9	4	14	16	10	11	17	16	21	18
JP	3	1	0	1	0	0	4	1	2	3	3	1	2	1	1	1
KR	1	0	0	0	0	1	0	0	0	2	0	1	1	2	1	0
GB	0	0	0	0	0	0	0	0	0	1	0	1	0	0	1	0
DE	0	0	0	0	0	0	0	0	0	2	0	0	0	1	2	0
FR	0	0	0	0	0	0	0	0	0	1	0	0	0	0	0	0
AU	1	0	1	0	1	0	0	1	0	1	1	1	0	0	0	0
RU	0	0	0	0	0	0	0	0	0	0	1	0	0	0	0	0
EP	4	0	2	3	0	4	2	3	1	1	1	0	0	0	0	0
WO	1	1	4	0	2	0	2	2	1	1	2	0	3	2	0	0
合计	20	3	11	10	8	13	23	16	32	41	33	29	35	41	36	37

① 1990是指1990－1999年的专利数量总数。

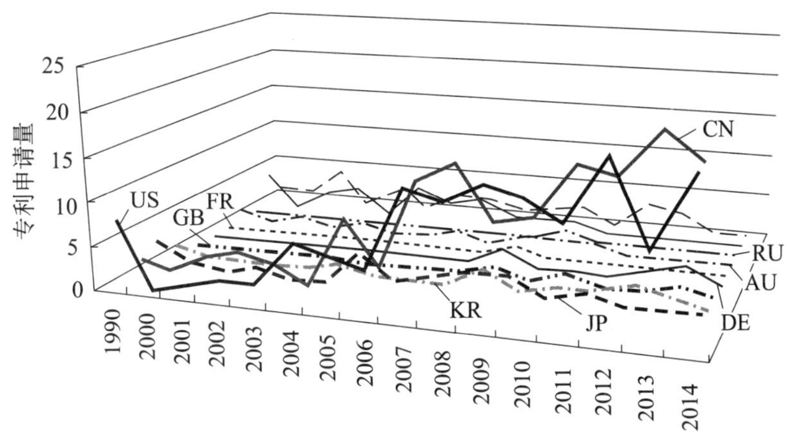

图 6.3-1 "九国两组织"相关专利申请状况图

(三) 各地区/组织相关专利申请人排名

1. WO 相关专利申请人排名

表 6.3-2 数字内容作品的授权控制和内容下载技术 WO 相关专利申请人排名

序号	申请人	申请人国家	专利申请数量
1	IBM	美国	6
2	THINKPULSE INC	美国	3
3	FARRUGIA AUGUSTIN	美国	3
4	WMS GAMING INC	美国	2
5	ADIRAJU SRINIVYASA M	美国	2

2. EP 相关专利申请人排名

表 6.3-3 数字内容作品的授权控制和内容下载技术 EP 相关专利申请人排名

序号	申请人	申请人国家	专利申请数量	专利授权数量
1	HUAWEI TECH CO LTD	中国	2	2
2	CANAL PLUS SA	法国	3	0
3	MICROSOFT CORP	美国	2	0
4	SIEMENS SCHWEIZ AG	德国	1	0
5	Samsung Electronics Co. Ltd	美国	1	0

3. 中国地区相关专利申请人排名

表 6.3-4 数字内容作品的授权控制和内容下载技术中国地区相关专利申请人排名

序号	申请人	申请人国家	专利申请数量	专利授权数量
1	IBM	美国	8	8
2	ZTE CORP	中国	5	2

（续表）

序号	申请人	申请人国家	专利申请数量	专利授权数量
3	LENOVO BEIJING CO LTD	中国	2	2
4	HUAWEI TECH CO LTD	中国	2	1
5	北大方正集团有限公司	中国	2	1

4. 美国地区相关专利申请人排名

表 6.3-5　数字内容作品的授权控制和内容下载技术美国地区相关专利申请人排名

序号	申请人	申请人国家	专利申请数量	专利授权数量
1	IBM	美国	42	12
2	DELL PRODUCTS LP	美国	6	2
3	HEWLETT PACKARD DEVELOPMENT CO	美国	5	2
4	SAMSUNG ELECTRONICS CO LTD	韩国	4	2
5	SUN MICROSYSTEMS INC	美国	3	2

5. 日本地区相关专利申请人排名

表 6.3-6　数字内容作品的授权控制和内容下载技术日本地区相关专利申请人排名

序号	申请人	申请人国家	专利申请数量	专利授权数量
1	LENOVO SINGAPORE PTE LTD	新加坡	4	4
2	ARDENCE INC	美国	3	1
3	MICROSOFT CORP	美国	2	1
4	IBM CORP	美国	1	1
5	NEC CORP	日本	1	1

6. 澳大利亚地区相关专利申请人排名

表 6.3-7　数字内容作品的授权控制和内容下载技术澳大利亚地区相关专利申请人排名

序号	申请人	申请人国家	专利申请数量	专利授权数量
1	HUAWEI TECH CO LTD	中国	1	0
2	MICROSOFT CORP	美国	1	1
3	VENTURCOM INC	美国	1	0
4	ARDENCE INC	美国	1	1
5	THINKPULSE INC	美国	1	0

7. 德国地区相关专利申请人排名

表 6.3-8　数字内容作品的授权控制和内容下载技术德国地区相关专利申请人排名

序号	申请人	申请人国家	专利申请数量	专利授权数量
1	DELL PRODUCTS LP	美国	2	1
2	IBM	美国	1	0
3	BUERKERT WERKE GMBH	德国	1	0
4	SAMSUNG ELECTRONICS CO LTD	韩国	1	0
5	MICROSOFT CORP	美国	1	1

8. 法国地区相关专利申请人排名

表 6.3-9　数字内容作品的授权控制和内容下载技术法国地区相关专利申请人排名

序号	申请人	申请人国家	专利申请数量	专利授权数量
1	DELL PRODUCTS LP	法国	1	0

9. 英国地区相关专利申请人排名

表 6.3-10　数字内容作品的授权控制和内容下载技术英国地区相关专利申请人排名

序号	申请人	申请人国家	专利申请数量	专利授权数量
1	DELL PRODUCTS LP	美国	3	0

10. 俄罗斯地区相关专利申请人排名

表 6.3-11　数字内容作品的授权控制和内容下载技术俄罗斯地区相关专利申请人排名

序号	申请人	申请人国家	专利申请数量	专利授权数量
1	MICROSOFT CORP	美国	1	0

11. 韩国地区相关专利申请人排名

表 6.3-12　数字内容作品的授权控制和内容下载技术韩国地区相关专利申请人排名

序号	申请人	申请人国家	专利申请数量	专利授权数量
1	SAMSUNG ELECTRONICS CO LTD	韩国	4	2
2	MICROSOFT CORP	美国	1	1
3	SANDISK CORPORATION	美国	1	1
4	LG ELECTRONICS INC	韩国	1	0
5	CHUNG KEICY K.	韩国	1	1

二、专利分析

（一）技术发展趋势分析

从整体上来看，数字内容作品的授权控制和内容下载技术相关专利在1995年已经出现，但随后的8年发展较为缓慢。直到2004年之后，专利申请数量才开始出现实质性的增长。这表明，越来越多的研究人员开始进行数字内容作品的授权控制和内容下载技术的研究。特别是从2012年起，全球数字内容作品的授权控制和内容下载技术专利申请数量达到顶峰，表明数字内容作品的授权控制和内容下载技术相关专利技术进入快速发展轨道。

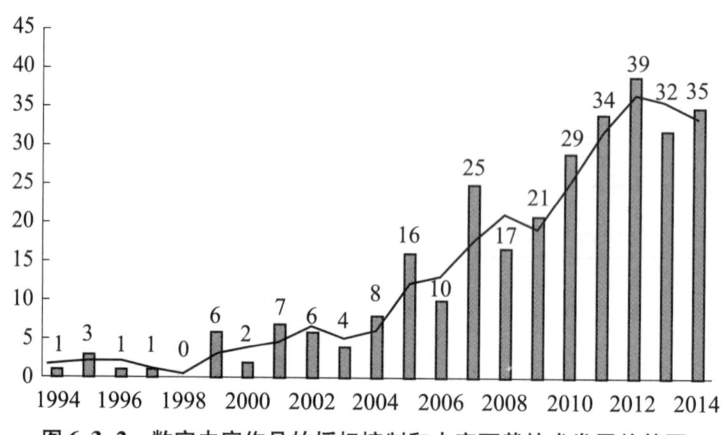

图6.3-2　数字内容作品的授权控制和内容下载技术发展趋势图

从区域上看，1995年至1998年，数字内容作品的授权控制和内容下载技术发展缓慢，可能与多媒体的访问控制和安全传送技术出现瓶颈有关，其中，访问控制主要用来解决用户的认证管理、对多媒体产品数据的访问控制以及数据的安全传送等问题。从区域上看，1999年至2003年，数字内容作品的授权控制和内容下载技术有初步缓慢的发展，可能与2001年ContentGuard公司将DPRL的Lisp改写成XrML-1，2002年和2003年分别实现了XrML-2和XrML-3有关。

从区域上看，2004年至2014年，数字内容作品的授权控制和内容下载技术飞速发展，可能与2010年我国国务院作出加快推挤三网融合的决定有关。加快推进三网融合使我国的付费电视产业和宽带产业均有较大的空间，为数字内容作品的授权控制和内容下载技术提供了较大的发展空间。

（二）技术路线分析

表6.3-13　数字内容作品的授权控制和内容下载技术路线分析

申请人	公开号	申请日期	同族专利数量	被引用次数
佳能株式会社	US6799271B2	20030422	2（分别在美国和日本）	15
华为技术有限公司	CN1851607	20050819	1（中国）	2

（续表）

申请人	公开号	申请日期	同族专利数量	被引用次数
伊纳托尔两合公司	CN101366025	20060307	9（分别在中国、澳大利亚、欧洲、日本、韩国、俄罗斯、美国、WO、瑞典）	1
北京大学；北大方正集团有限公司；北京方正阿帕比技术有限公司	CN101404573B	20081027	1（中国）	1
北京大学；北大方正集团有限公司；北京方正阿帕比技术有限公司	CN101196971	20071218	1（中国）	4

上表示出了核心专利的专利权人、公开号、被引用次数以及同族专利数量等等，上表是以被引用次数最多或同族专利数量最多，或与数字内容作品授权控制和内容下载技术最相关的技术为依据而确定的核心专利。

2003 年佳能株式会社申请了专利 US6799271B2（一种用户认证的方法）；华为技术有限公司于 2005 年申请了专利 CN1851607（一种内容群组的数字版权保护方法及系统）；伊纳托尔两合公司于 2006 年申请了专利 CN101366025（一种在数字内容分布系统中保护数字内容和用户完整性的授权系统和方法）；北京大学、北大方正集团有限公司以及北京方正阿帕比技术有限公司分别在 2007 年和 2008 年申请了 CN101404573B（一种授权方法、系统及装置）以及 CN101196971（对数字内容及逆行那个授权管理的实现方法和系统）。

从上表可知，佳能株式会社的同族专利数量有两件，且分别在美国和日本，伊纳托尔两合公司的同族专利数量有 9 件，且分别在中国、澳大利亚、欧洲、日本、韩国、俄罗斯、美国、世界知识产权组织、瑞典，说明佳能株式会社和伊纳托尔两合公司已经在数字内容作品授权控制和内容下载技术方向建立了自己的保护圈，而我国北京大学仅在数字内容作品授权控制和内容下载的相关专利的布局重点局限于国内，没有国外布局，这是之前市场策略中较弱的一个环节，所以，在该技术出口国外时，必然需要提前做专利布局。

（三）主要专利申请人分析

1. 申请量排名第一的专利申请人

（1）专利申请量

从整体上来看，数字内容作品的授权控制和内容下载技术相关专利在 1997 年已经出现，且发展较为平稳。

从区域来看，2006 年至 2008 年实现了飞速发展，且在 2007 年 IBM 专利申请数量达顶峰。这可能与 2006 年 IBM 协作工程数字版权管理服务（IBM Digital Rights Management

Service for Collaborative Engineering）展示了全新的保护工业公司国际发行的知识产权的方法有关。这一解决方案通过加密技术和数字版权专门授予技术保护开发技术和设计信息免于未授权的使用。连同可追踪性和质量管理，且 IBM 和 IBS AG 联合展示了一种名为“IBM SQUIT/IBS-QSYS”（供应商质量用户可追踪界面）的综合性系统。这一解决方案可使产品质量和出货数据在整个价值链中保持透明。

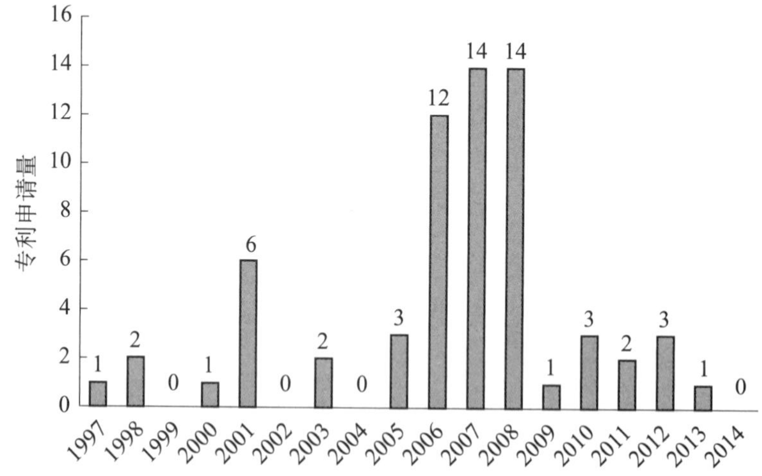

图 6.3-3　IBM 数字内容作品的授权控制和内容下载技术专利申请条形图

（2）“九国两组织”专利申请量区域分布

图 6.3-4 所示是 IBM 数字内容作品的授权控制和内容下载技术的专利区域布局图。从专利布局区域可以看出，IBM 的市场潜力和技术优势，美国（US）作为技术输出大国，专利布局自然排在前列，专利数量占到了其中的约 66%，IBM 的技术除进入中国（CN）外，已经开始英国（GB）、欧洲（EP）、德国（DE）、日本（JP）、世界知识产权组织（WO）等市场的从开发，IBM 在这些国家均有专利布局，显然可能已经将这些国家作为目标市场。

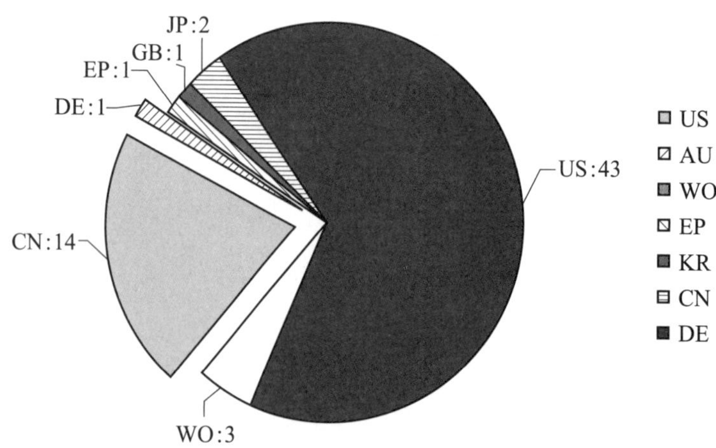

图 6.3-4　IBM 数字内容作品的授权控制和内容下载技术专利申请量区域分布图

2. 申请量排名第二的专利申请人

（1）专利申请量

从整体上来看，数字内容作品的授权控制和内容下载技术相关专利在1997年已经出现，且发展较为缓慢，且在2008年达到顶峰，也只有6件，说明三星在该技术领域还处于初期研究阶段。

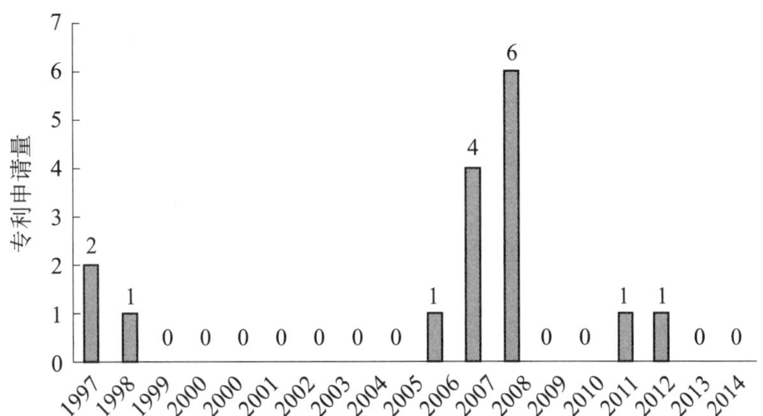

图6.3-5　三星数字内容作品的授权控制和内容下载技术专利申请条形图

（2）“九国两组织”专利申请量区域分布

图6.3-6所示是数字内容作品的授权控制和内容下载技术的专利区域布局图。从专利布局区域可以看出，三星的市场潜力和技术优势，韩国（KR）作为技术输出大国，专利布局自然排在前列，专利数量占到了其中的约25%，三星的技术除进入中国（CN）外，已经开始欧洲（EP）、德国（DE）、日本（JP）、美国（US）等市场的开发，三星在这些国家均有专利布局，显然可能已经将这些国家作为目标市场。

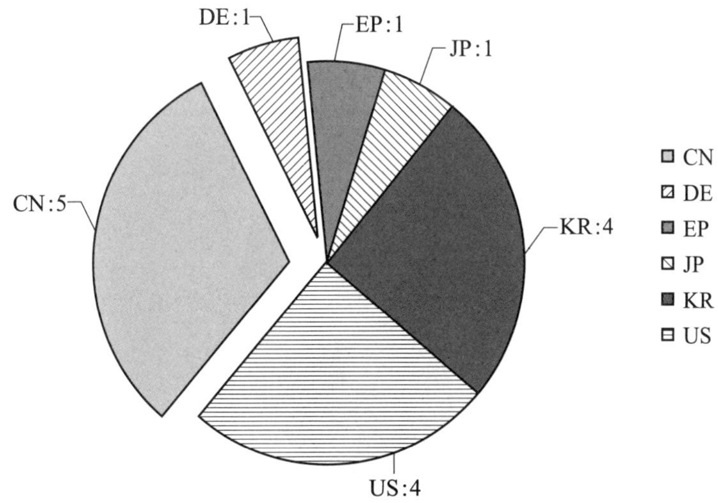

图6.3-6　三星数字内容作品的授权控制和内容下载技术专利申请区域分布图

3. 申请量排名第三的专利申请人

（1）专利申请量

从整体上来看，微软仅在2000年、2003年、2004年以及2007年申请过专利，且在2004年达到顶峰，也只有7件，说明微软在该技术领域还处于初期研究阶段。

但是微软掌握着少量相关技术的主导权，例如Microsoft推出了Windows Media，Windows Media权限管理机制包括了打包、分发、建立许可证服务器、获取许可证和播放数字媒体文件五个步骤。许可证可提供多种不同权限，如开始时间和日期、持续时间以及对操作计数。

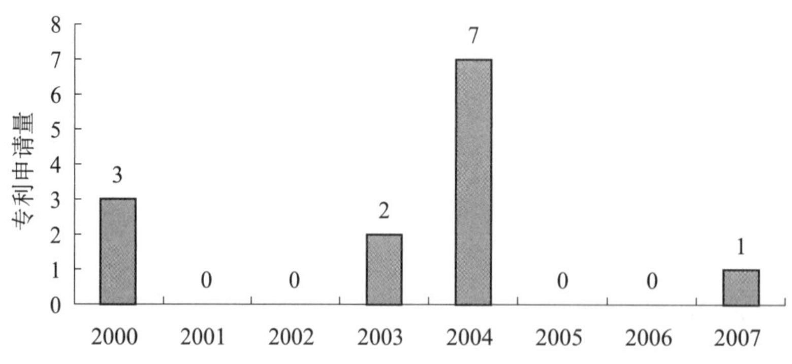

图6.3-7 微软数字内容作品的授权控制和内容下载技术专利申请条形图

（2）“九国两组织”专利申请量区域分布

图6.3-8所示是微软数字内容作品的授权控制和内容下载技术的专利区域布局图。从专利布局区域可以看出微软的市场潜力和技术优势，微软的技术除进入美国（US）外，已经开始俄罗斯（RU）、澳大利亚（AU）、中国（CN）、德国（DE）、欧洲（EP）、日本（JP）、韩国（KR）、世界知识产权组织（WO）等市场的开发，微软在这些国家均有专利布局，显然可能已经将这些国家作为目标市场。

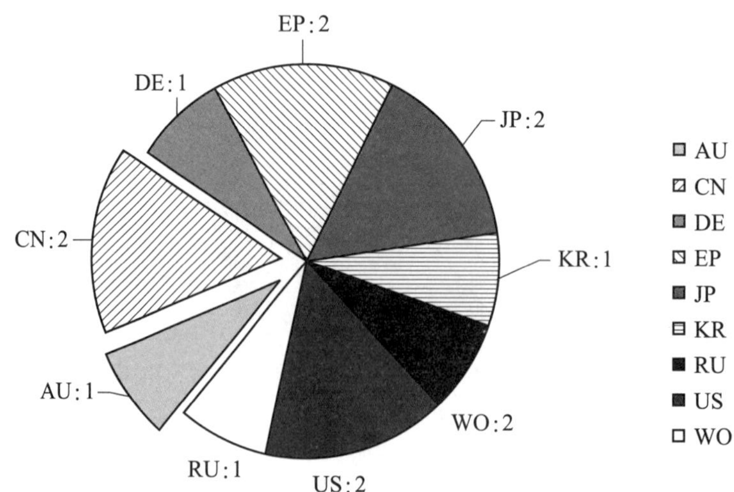

图6.3-8 微软数字内容作品的授权控制和内容下载技术专利申请量区域分布图

（3）技术构成分布

针对IBM、三星和微软与数字内容作品的授权控制和内容下载技术相关的专利制作的构成分布图，图中每个黑点代表一篇专利，点与点之间的距离表示两篇专利的相关性，灰色区域是一些非常相关的专利聚集在一起，是需要我们重点关注的区域。

如图6.3-9所示，该技术领域的热点主要集中在授权控制，授权控制是指自主出版应用示范平台生成引导文件。引导文打开客户端软件，客户端软件申请下载授权证书。引导文件中包含了用户请求的类型和生成授权证书的地址，为其生成相应的授权证书。授权证书用于解密加密文件。

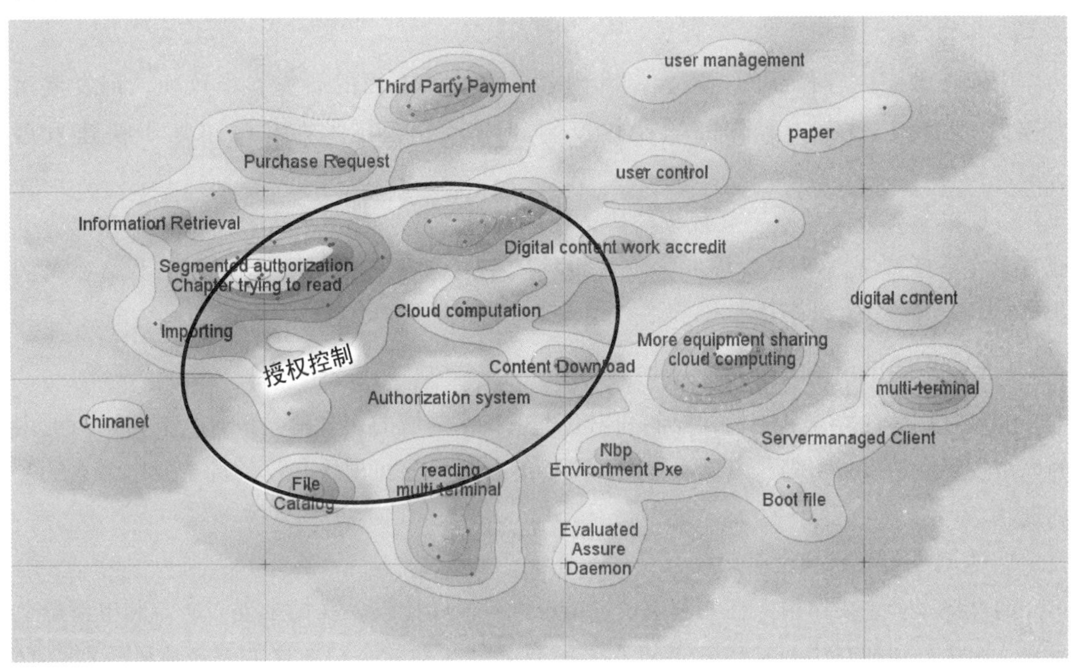

图6.3-9　数字内容作品的授权控制和内容下载技术构成分布图

三、总结

（一）专利申请量的总体发展趋势

就整个行业专利申请状况来看，1998年之前，由于技术门槛高、学科推广需要时间积累，因而相关专利申请量很少，仅有6件专利，随着一系列国际性行业会议的举办，加上行业应用需求（例如：电子商务兴起、数字版权问题的热议）的逐渐增多，整个领域从1999年专利申请数量才开始出现实质性的增长，2012年专利数量达到顶峰39件，2013年至2014年专利数量达到稳定，表明数字内容作品的授权控制和内容下载技术相关专利技术进入稳定期。

（二）各地区技术发展现状以及未来发展趋势

1. 美国

作为最早涉及数字内容作品的授权控制和内容下载技术领域的先导者，该技术在美国起步早、发展快。目前，行业整体处于快速发展期，关键技术以及相关产品市场份额牢牢把控在 IBM 和微软等公司手中，整个技术处于快速发展期。

2. 日本

日本在数字内容作品的授权控制和内容下载技术领域申请的专利数量较少，申请人数量和专利申请数量均比较低，说明该技术在日本一直处于不温不火的状态。

3. 韩国

韩国在数字内容作品的授权控制和内容下载技术领域申请的专利数量较少，申请人数量和专利申请数量均比较低，说明该技术在韩国一直处于不温不火的状态。

4. 中国

中国在数字内容作品的授权控制和内容下载技术方面的研究起步较晚，但发展潜力很大，目前，数字内容作品的授权控制和内容下载技术在我国正处于快速发展阶段。

根据以上各地区技术发展现状描述，总体来说，数字内容作品的授权控制和内容下载技术在全球范围内处于发展期，少数发达国家（例如韩国和日本）处于不温不火的状态。

（三）主要申请人专利申请对比分析

通过对数字内容作品的授权控制和内容下载技术领域的宏观的分析，我们得出行业内的三个主要申请人是 IBM、三星和微软。下面结合微观分析模块具体解读主要申请人的专利现状。

1. 专利申请量维度横向比较

通过将三个主要申请人在专利申请量维度进行横向比较，我们发现：从专利申请量上来看，IBM 公司拥有相关专利申请 65 件；三星公司和微软公司在这方面的数量分别是 16 件和 13 件。其中，IBM 和三星作为行业的技术先导者，在技术研发初期便投入了相当大的技术研发力度，相应的专利申请量也较多。微软在数字内容作品的授权控制和内容下载技术起步较晚，直到 2000 年才申请专利。

2. 专利资产区域布局情况

从三个主要申请人的专利资产区域布局情况，我们可以看出：IBM、三星和微软公司为了贯彻其专利全球化战略的思想，均在许多国家进行了专利布局，但主要侧重点在本土市场的布局上，IBM 在美国、日本、英国、欧洲、德国、中国、世界知识产权组织等国家均布局相当数量的专利，便于其随时发动专利诉讼。三星公司在韩国、日本、欧洲、德国、中国、美国等国家均布局了专利；微软在美国、世界知识产权组织、韩国、日本、欧洲、德国、中国、澳大利亚等国家布局了专利。

3. 技术热点分析

从技术热点分析角度来说：该技术领域的热点主要集中在授权控制技术。

第四节　超级分发授权控制及新授权申请技术

一、专利检索

以超级分发授权控制及新授权申请为检索主题，在“九国两组织”范围内，共检索到相关专利申请5872件，具体数量分布如下（单位：件）：

美国	中国	日本	韩国	英国	法国	德国	澳大利亚	俄罗斯	EP	WO	总计
1 667	975	1 175	509	36	23	53	204	27	499	804	5 872

（二）各地区/组织相关专利申请趋势

从检索结果来看，超级分发授权控制及新授权申请技术的专利申请主要集中在美国、中国、日本、韩国和欧洲，其中以美国和日本的专利申请总量为最；从年专利申请量看，近年来美国、中国的专利申请量一直处于上升阶段，美国在2005年的专利量就达到了100件，2014年更是达到了135件（如图6.4-1所示），可见近些年来，该技术在美国越来越受到重视，然而在欧洲的英、法、德等国专利申请量还是比较少，和密钥安全传输技术有所区别，这属于比较新颖的技术，将来会应用到更多的领域。

表6.4-1　超级分发授权控制及新授权申请技术“九国两组织”相关专利申请状况

年份/国家	1990[①]	2000	2001	2002	2003	2004	2005	2006	2007	2008	2009	2010	2011	2012	2013	2014
US	34	14	31	73	81	94	118	118	102	132	114	145	132	135	176	168
CN	5	2	8	10	19	32	54	49	68	88	90	97	98	121	86	148
JP	41	18	24	67	112	148	132	115	99	106	59	57	63	46	53	35
KR	1	3	4	4	9	19	40	25	34	54	62	55	58	39	59	43
GB	1	2	3	2	3	4	2	2	3	3	2	0	2	3	3	1
DE	0	0	4	1	5	1	4	9	9	6	4	4	4	0	0	2
FR	0	0	1	1	1	0	1	2	1	4	0	6	3	3	0	0
AU	7	13	19	15	25	19	15	12	10	9	11	18	6	10	10	5
RU	1	1	0	0	1	1	1	2	1	0	5	5	3	3	0	3
EP	12	11	16	16	34	32	36	47	35	39	40	34	48	36	26	37
WO	23	22	38	42	45	51	37	51	78	80	46	47	26	43	44	31

① 1990是指1990－1999年的专利数量总数。

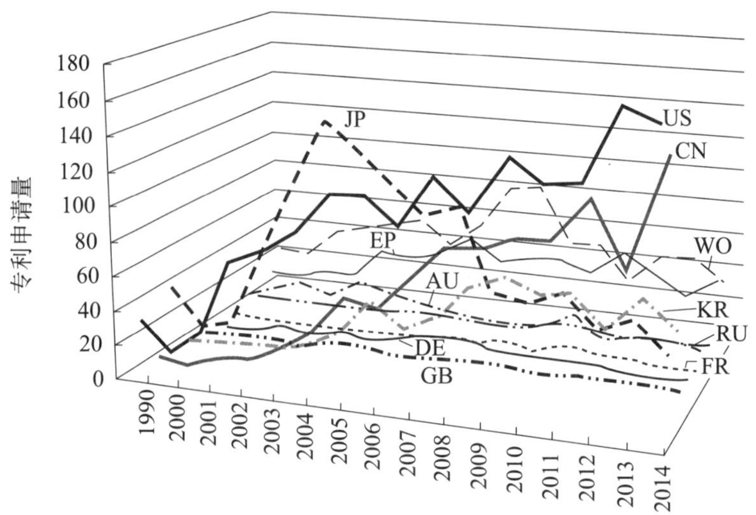

图 6.4-1 "九国两组织"相关专利申请状况图

(三) 各地区/组织相关专利申请人排名

1. WO 相关专利申请人排名

表 6.4-2 超级分发授权控制及新授权申请技术 WO 相关专利申请人排名

序号	申请人	申请人国家	专利申请数量
1	MICROSOFT CORP	美国	27
2	MATSUSHITA ELECTRIC IND CO LTD	日本	27
3	KONINKL PHILIPS ELECTRONICS NV	荷兰	22
4	GEN INSTRUMENT CORP	中国	13
5	SONY CORP	日本	12

2. EP 相关专利申请人排名

表 6.4-3 超级分发授权控制及新授权申请技术 EP 相关专利申请人排名

序号	申请人	申请人国家	专利申请数量	专利授权数量
1	MICROSOFT CORP	美国	27	5
2	SONY CORP	日本	21	2
3	INTERTRUST TECH CORP	中国	16	5
4	MATSUSHITA ELECTRIC IND CO LTD	日本	14	0
5	ERICSSON TELEFON AB L M	瑞典	12	0

3. 中国地区相关专利申请人排名

表 6.4-4　超级分发授权控制及新授权申请技术中国地区相关专利申请人排名

序号	申请人	申请人国家	专利申请数量	专利授权数量
1	HUAWEI TECH CO LTD	中国	44	20
2	SONY CORP	日本	35	12
3	MICROSOFT CORP	美国	34	13
4	MATSUSHITA ELECTRIC IND CO LTD	日本	34	12
5	KONINKL PHILIPS ELECTRONICS NV	荷兰	23	4

4. 美国地区相关专利申请人排名

表 6.4-5　超级分发授权控制及新授权申请技术美国地区相关专利申请人排名

序号	申请人	申请人国家	专利申请数量	专利授权数量
1	MICROSOFT CORP	美国	132	41
2	IBM	美国	78	29
3	SONY CORP	日本	41	9
4	CONTENTGUARD HOLDINGS INC	美国	34	9
5	SEMICONDUCTOR ENERGY LAB	日本	23	3

5. 日本地区相关专利申请人排名

表 6.4-6　超级分发授权控制及新授权申请技术日本地区相关专利申请人排名

序号	申请人	申请人国家	专利申请数量	专利授权数量
1	SONY CORP	日本	82	26
2	MATSUSHITA ELECTRIC IND CO LTD	日本	63	19
3	NIPPON TELEGRAPH & TELEPHONE	日本	58	5
4	CANON KK	日本	46	10
5	FUJITSU LTD	日本	42	19

6. 澳大利亚地区相关专利申请人排名

表 6.4-7　超级分发授权控制及新授权申请技术澳大利亚地区相关专利申请人排名

序号	申请人	申请人国家	专利申请数量	专利授权数量
1	ENTRIQ INC	美国	13	7
2	IBM	美国	7	1
3	INTERTRUST TECH CORP	中国	6	3
4	MICROSOFT CORP	美国	6	2
5	CORESTREET LTD	美国	6	2

7. 德国地区相关专利申请人排名

表 6.4-8 超级分发授权控制及新授权申请技术德国地区相关专利申请人排名

序号	申请人	申请人国家	专利申请数量	专利授权数量
1	CONTENTGUARD HOLDINGS INC	德国	5	2
2	IBM	美国	4	2
3	SIEMENS AG	德国	4	2
4	KOITO MFG CO LTD	日本	2	1
5	VIATECH TECHNOLOGIES INC	中国台湾	2	1

8. 法国地区相关专利申请人排名

表 6.4-9 超级分发授权控制及新授权申请技术法国地区相关专利申请人排名

序号	申请人	申请人国家	专利申请数量	专利授权数量
1	INT CURRENCY TECH	韩国	3	2
2	SFR SA	法国	2	0
3	ARJOWIGGINS LICENSING	法国	2	1
4	THALES SA	法国	2	0
5	GROUPE ECOLES TELECOMM	法国	2	0

9. 英国地区相关专利申请人排名

表 6.4-10 超级分发授权控制及新授权申请技术英国地区相关专利申请人排名

序号	申请人	申请人国家	专利申请数量	专利授权数量
1	CROSSLOGIX INC	美国	4	2
2	KINGSTON UNIVERSITY HIGHER EDUCATION CORP	英国	3	0
3	VODAFONE PLC	英国	3	0
4	SONY CORP	日本	2	0
5	SONY EUROPE LTD	日本	2	0

10. 俄罗斯地区相关专利申请人排名

表 6.4-11 超级分发授权控制及新授权申请技术俄罗斯地区相关专利申请人排名

序号	申请人	申请人国家	专利申请数量	专利授权数量
1	MICROSOFT CORP	美国	3	0
2	KONINKL PHILIPS ELECTRONICS NV	荷兰	3	2
3	LG ELECTRONICS INC	韩国	2	0
4	KIDDE TEKNOLODZHIZ INK	俄罗斯	1	0
5	INKA EHNTUORKS INK	俄罗斯	1	1

11. 韩国地区相关专利申请人排名

表 6.4-12　超级分发授权控制及新授权申请技术韩国地区相关专利申请人排名

序号	申请人	申请人国家	专利申请数量	专利授权数量
1	SAMSUNG ELECTRONICS CO LTD	韩国	30	10
2	KOREA ELECTRONICS TELECOMM	韩国	21	0
3	LG ELECTRONICS INC	韩国	18	2
4	ELECTRONICS AND TELECOMMUNICATIONS RESEARCH INSTITUTE	韩国	13	13
5	QUALCOMM INC	美国	13	8

二、专利分析

（一）技术发展趋势分析

图 6.4-2 示出近二十年超级分发授权控制及新授权申请技术相关专利申请数量的年度变化趋势。在 2004 年之前该技术的专利申请量一直呈现快速上升的发展趋势，其后到 2012 年该技术基本保持稳定发展，从 20 世纪 90 年代中期，出现了数字内容产业的概念。1996 年的欧盟《信息社会 2000 计划》中，将数字内容产业的主体定义为“那些制造、开发、包装和销售信息产品及其服务的企业”。随着互联网技术的快速发展，数字内容版权保护技术又依赖互联网信息技术，所以，该技术后来一直保持每年申请量都在 200 件左右，而且因为像苹果、三星、微软等一些 IT 公司的移动终端的出现，更加促进了数字内容移动出版的发展，是超级分发授权控制及新授权申请技术达到一个成熟阶段，随之技术的创新难度也在逐渐增大，在 2012 年申请量有所下降。

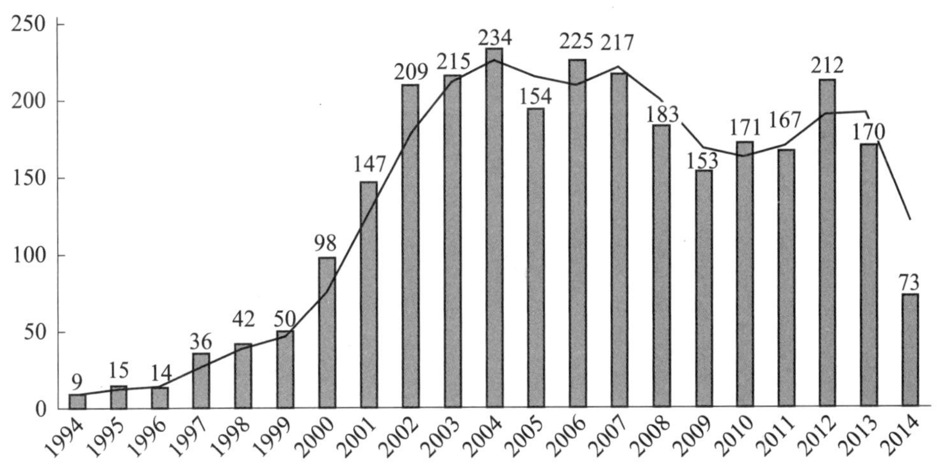

图 6.4-2　超级分发授权控制及新授权申请技术发展趋势图

（二）技术路线分析

图 6.4-3 示出超级分发权限控制及新授权申请技术路线。1997 年 12 月 1 日，美国一

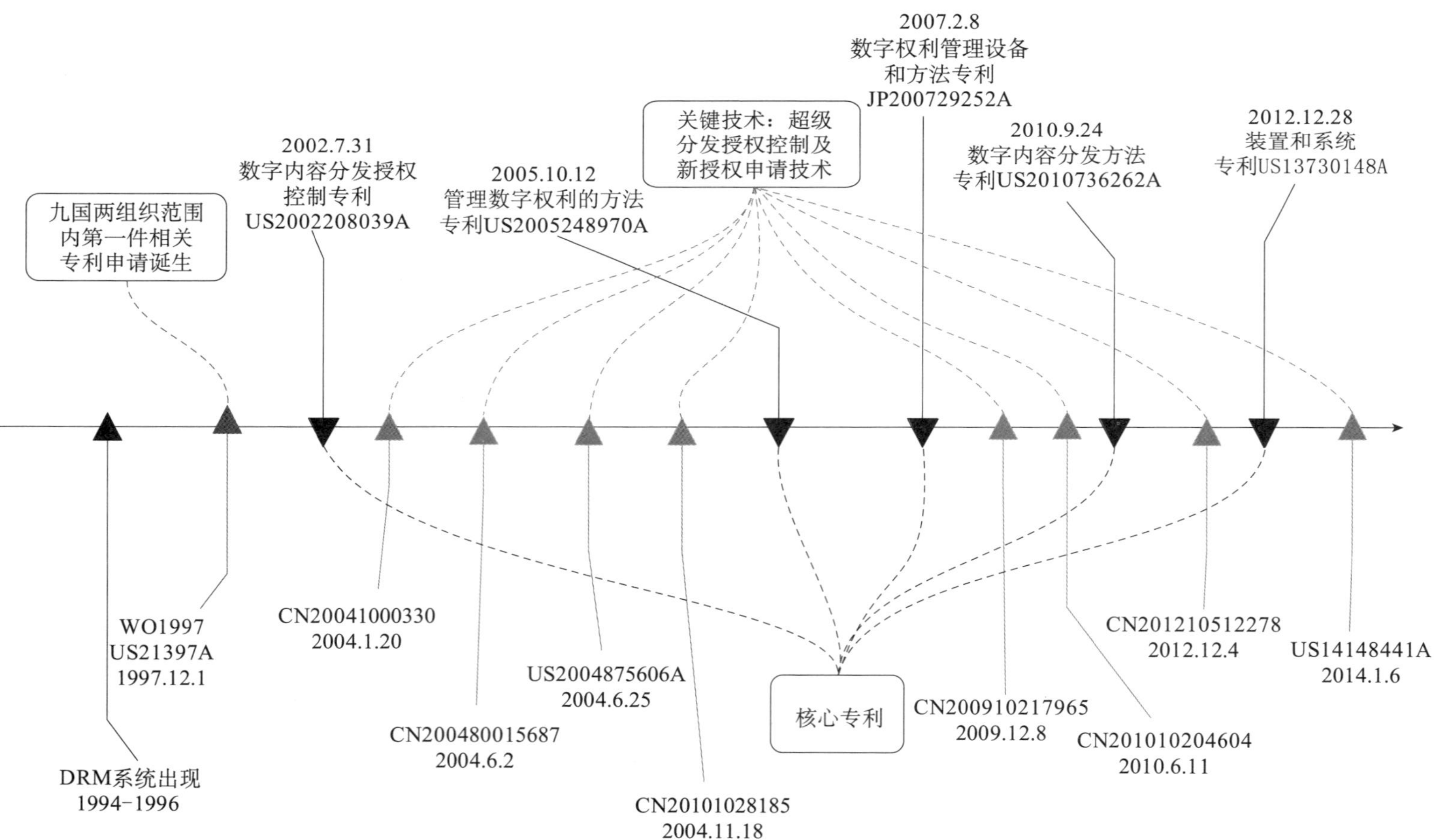

图6.4-3 超级分发授权控制及新授权申请技术路线图

家公司申请了一件关于用户授权控制的专利，不过，该专利并不是应用到了数字内容版权保护领域，随着数字内容产业的兴起，数字内容在进行分发时的授权控制非常重要，2002年7月31日，就出现了专门对数字内容分发授权控制的专利，成为了数字版权保护领域权限控制的一个先导，消费者对数字内容服务方式越来越多的需求，也必将使数字内容权限管理技术面临挑战，随后出现了很多关于管理数字权利的核心技术。中国关于数字内容使用权限管理技术出现的比较晚，但是发展并不是很慢，申请了很多相关专利，数字内容作品封装、加密时，对可以用于超级分发的数字内容作品采取分段加密方式加密。其次，在加密完成后，生成超级分发的免费章节授权证书，该证书中记录免费分发的章节授权信息，将该授权证书保存在数字内容作品的内容文件中。同时，将获取包含该超级分发的数字内容作品销售系统接口地址保存到数字内容作品的内容文件中。

（三）主要专利申请人分析

为了深入分析超级分发授权控制及新授权申请技术领域，通过对于检索数据进行标引、聚类等处理，我们了解到1994年至2014年，在超级分发授权控制及新授权申请技术领域专利申请量排名前三的申请人分别为：Microsoft公司（微软）、Sony公司（索尼）、Panasonic公司（松下电器）。从专利申请量上来看，Microsoft公司拥有相关专利申请263件；Sony公司拥有相关专利申请204件；Panasonic公司拥有相关专利申请150件。从专利资产区域分布来看，Microsoft公司则将专利布局近一半的比例应用于美国本国，中国范围的专利布局则占到第二；Sony公司、Panasonic公司都表现为在日本本国拥有较大比例的专利，同时，在专利大国中国也有相当数量的专利布局，但Panasonic公司在美国的相关专利申请很少。

1. 申请量排名第一的专利申请人

（1）专利申请量

图6.4-4是微软超级分发授权控制及新授权专利技术专利的申请趋势图。微软是一家总部位于美国的跨国电脑科技公司，是世界PC机软件开发的先导。从微软专利申请趋势

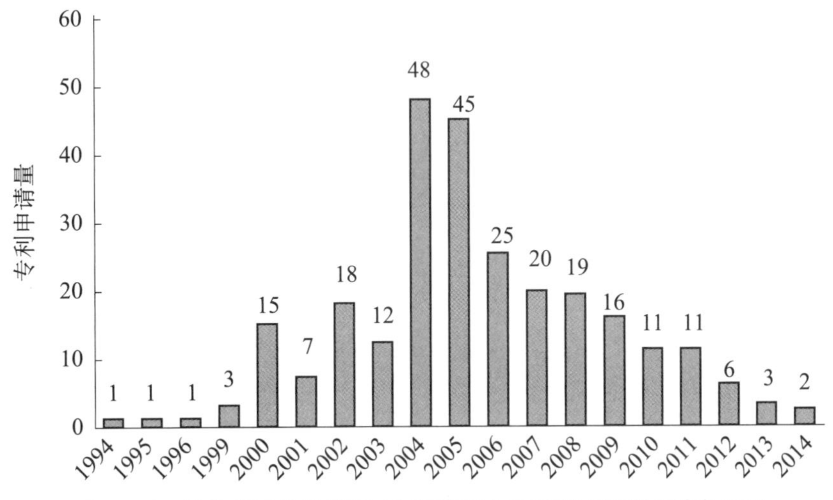

图6.4-4　微软超级分发授权控制及新授权申请技术专利申请条形图

图可以看出，微软关于超级分发授权控制及新授权申请技术的整体专利申请数量并不多，申请数量较多的年份集中在2004年和2005年，从2003年开始微软发布了新的数字版权保护软件，该软件将有助于防止音乐盗版，将超级分发授权控制及新授权申请技术应用在权限设置方面是其研究的一个方向，在2004年左右其专利申请量相对较多。

（2）九国两组织专利申请量区域分布

图6.4-5是微软在九国两组织地区的专利申请情况，微软对于该技术的专利申请主要集中在本土美国，这主要是由于微软的本部和主要目标市场位于美国，并且也是专利诉讼频繁的地区，其次专利布局主要在中国。微软公司2010年分别授权深圳科通集团和湖南拓维信息技术股份有限公司使用由微软亚洲研究院研发的三项前沿技术。这是微软专利技术合作项目自2005年5月成立以来首度与中国公司合作，也说明微软在华开始通过专利技术授权的方式借力扩张。微软相关负责人称，该项目在全球已经发展了40多个合作伙伴，在英国 、爱尔兰等国家均有不错的实践。另外，微软在欧洲专利申请为28件，PCT申请也有27件，日本申请有20件，除了这些，还有韩国、澳大利亚、俄罗斯、德国，专利数量分别是12件、6件、3件、2件。

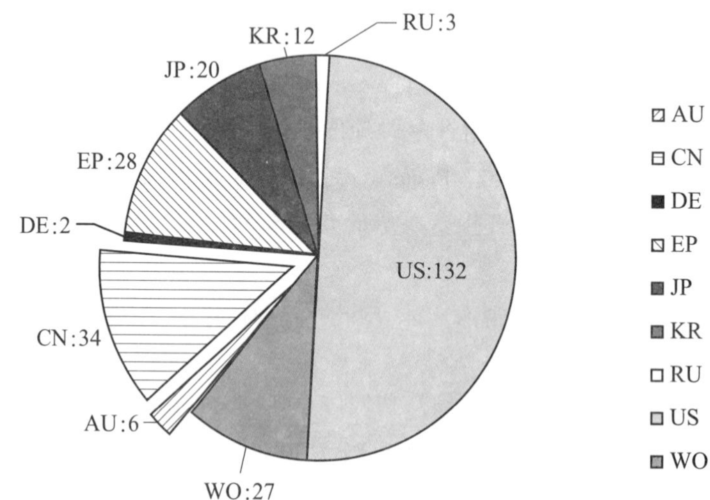

图6.4-5　微软超级分发授权控制及新授权申请技术专利申请量区域分布图

（3）技术构成分布

图6.4-6示出微软专利的构成分布图。黑圈标注的是微软关注度较高的热点技术，在数字内容进行超级分发和新授权申请时，首先数字内容作品封装、加密时，对可以用于超级分发的数字内容作品采取分段加密方式加密。其次在加密完成后，生成超级分发的免费章节授权证书，该证书中记录免费分发的章节授权信息，将该授权证书保存在数字内容作品的内容文件中。同时，将获取包含该超级分发的数字内容作品的数字内容作品销售系统接口地址保存到数字内容作品的内容文件中。实现了超级分发的数字内容作品只能阅读部分章节信息的权限控制，同时实现了用户在阅读超级分发数字内容作品时，对没有授权的章节继续购买功能。同时，对免费章节和需要购买的新章节的授权信息形成授权合集都和

内容文件保存在一起，使之数字内容的超级分发使用更加便捷。

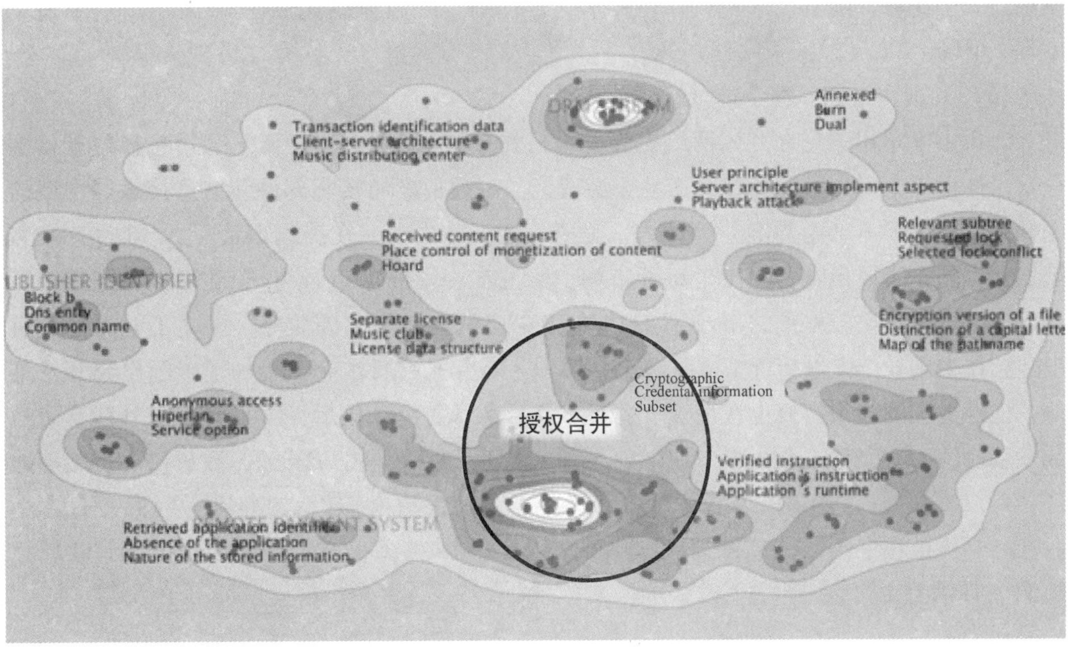

图 6.4-6　微软超级分发授权控制及新授权申请技术构成分布图

2. 申请量排名第二的专利申请人

（1）专利申请量

图 6.4-7 是索尼超级分发授权控制及新授权专利技术专利的申请趋势图。2001 年开始到 2003 年专利数量每年都超过了 10 件，1996 年欧盟《信息社会 2000 计划》使全球几个发达国家也开始逐渐地关注数字内容产业和研究数字版权保护技术，所以，在日本互联网和通信电子技术比较发达的索尼公司更不会放过这个机会，作为数字版权保护技术的关键技术超级分发授权控制及新授权申请技术，索尼公司加大了该技术的专利申请，该技术迅

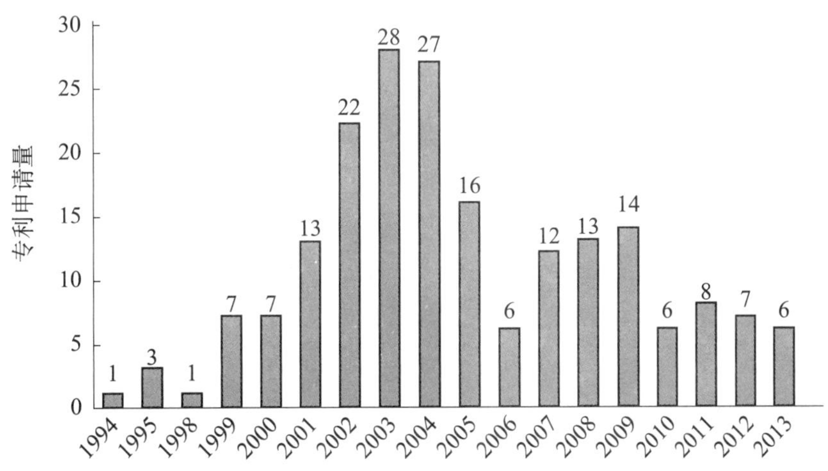

图 6.4-7　索尼超级分发授权控制及新授权申请技术专利申请条形图

猛发展，技术也很快趋于成熟，2003 年以前索尼相关专利的申请呈上升状态，在 2003 年就达到一个高峰，随着技术的成熟，技术的再创新难度越来越大，在 2003 年以后申请量出现了下降。

（2）九国两组织专利申请量区域分布

图 6.4-8 示出索尼在九国两组织区域的相关专利申请量分布。索尼公司总部位于日本东京，是世界上民用及专业视听产品、游戏产品、通信产品核心部件和信息技术等领域的先导之一，索尼全球主要市场为日本、美国、欧洲和中国，在美国申请量为 40 件，排名第二，美国是索尼最重要的一个海外市场。索尼在中国的申请量为 37 件，排名第三，可见，中国是索尼比较看重的市场，在 1978 年索尼就在中国开展业务，设立了办事处，后来陆续在中国几个大城市都成立了分公司。最近数年来，日本企业增加了中国研究开发基地，出自中国的知识产权也在增加。据日本文部科学省统计显示，2009 年在海外建有研究开发基地的 135 家日本企业中，在中国建有主要基地的企业占 20.0%，数量仅次于北美地区（46.7%）。森·浜田松本法律事务所律师石本茂彦指出，“为减少业务风险，日本企业有必要积极在中国取得专利”。另外，索尼在欧洲和韩国也有不少的专利申请，欧洲是 20 件，韩国是 12 件。

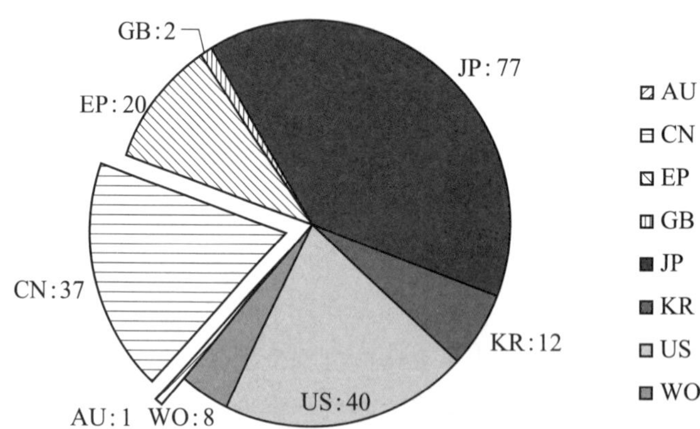

图 6.4-8　索尼超级分发授权控制及新授权申请技术专利申请量区域分布图

（3）技术构成分布

图 6.4-9 示出索尼专利的构成分布图。黑圈标注的是索尼关注度较高的热点技术，对于超级分发的数字内容进行分段加密以后，生成超级分发的免费章节授权证书，该证书中记录免费分发的章节授权信息。消费者首先可以根据免费章节的授权许可证书获取免费章节的试读，当消费者客打开户端阅读器时，客户端阅读器首先查询是否有该数字内容作品授权证书文件，如果没有，则读取数字内容作品内容文件中记录的授权证书。解析证书信息，结合数字内容作品打开内容，供用户阅读。当用户阅读到没有授权的章节后，点击购买按钮，客户端阅读器向内容文件中记录的获取数字内容销售系统接口发送请求，该接口返回可以购买到该超级分发资源的数字作品销售系统地址，直接打开浏览器，用户登录系统完成数字内容作品购买。购买完成后系统重新发送授权。

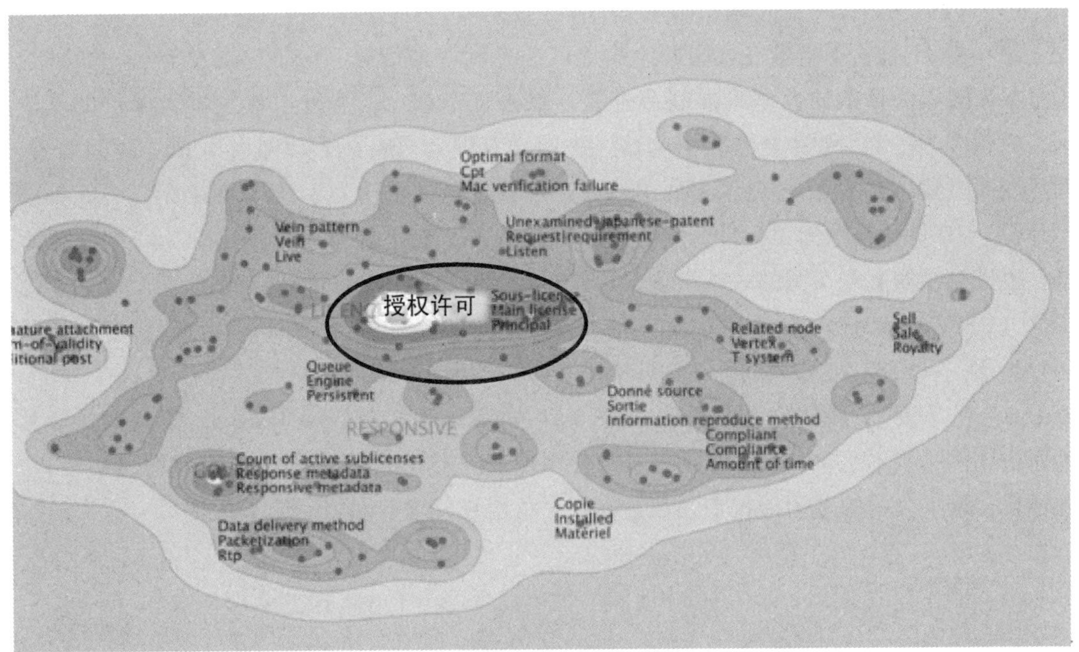

图 6.4-9　索尼超级分发授权控制及新授权申请技术构成分布图

3. 申请量排名第三的专利申请人

（1）专利申请量

图 6.4-10 是松下电器超级分发授权控制及新授权专利技术专利的申请趋势图。在 2004 年松下电器的专利申请量达到一个高峰，达到 55 件，日本经贸部 2003 年专门成立了内容产业全球策略委员会，用来促进和协调数字内容产业的迅速健康发展。日本数字内容协会在 2003 年度白皮书中表示，依赖于 IT 信息技术革命的数字内容产业将对 21 世纪的日本经济及其重要的作用。他们对数字内容产业的界定从单件制品、网络在线、移动电话和数字广播四种形式下分为四个方面：音乐、影像、游戏和信息出版。日本高度重视内容产业，并将其定位为“积极振兴的新兴产业”。

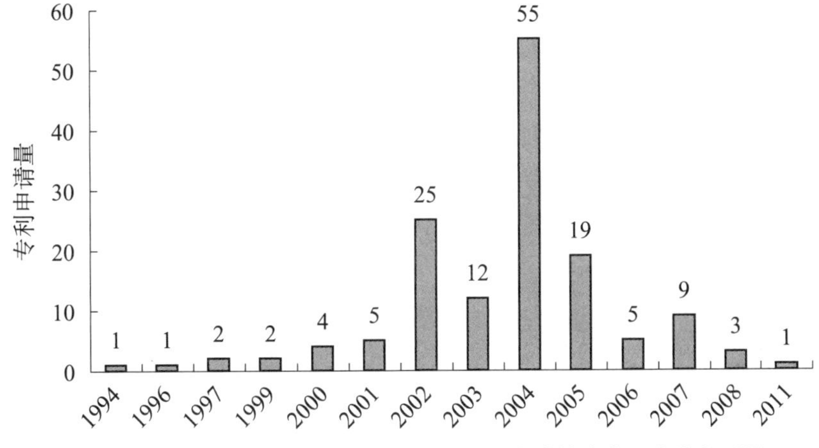

图 6.4-10　松下超级分发授权控制及新授权申请技术专利申请条形图

（2）九国两组织专利申请量区域分布

图 6.4-11 是松下电器在九国两组织地区的专利申请情况。松下电器产业公司总部位于日本大阪，为日本的大型电器制造企业，除去日本本土，海外申请量排名第一的是中国，中国作为一个主要市场，松下电器（中国）有限公司成立于 1994 年，成立时间很早，而且发展迅猛，在 2002 年已经实现了独资。松下的 PCT 申请为 27 件，排名第三，在韩国申请量为 10 件，在欧洲为 5 件，美国为 2 件，看来，松下并没有把美国作为一个主要市场，也许为了避开和美国的一些大型公司进行竞争。根据 Acclaim IP 提供的美国专利及商标局（USPTO）2014 年度授权专利的统计结果，授权专利共计 326182 件，出版专利申请 364706 种。326182 件授权专利中发明专利（Utility Patents）占 92.0%；设计专利（Design Patents）占 7.2%；植物专利（Plant Patents）、再版专利（ReIssue Patents）以及撤销专利的所占比例分别不足 1%。2014 年有多家公司在美国授权专利实现了两位数增长率，而与此相反，松下公司的美国授权专利数量出现了负增长，增长率为 -14.5%。

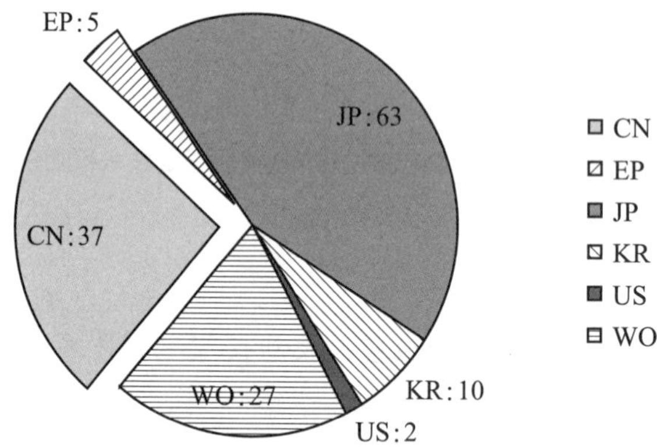

图 6.4-11　松下超级分发授权控制及新授权申请技术专利申请量区域分布图

（2）技术构成分布

图 6.4-12 示出松下电器专利的构成分布图。黑圈标注的是松下电器关注度较高的热点技术，在数字内容超级分发时，对免费章节的试读和新章节购买都需要证书授权完成，对于许可证的安全使用管理成为了实现数字内容安全发布的关键一步。DRM 主要通过技术手段来保护文档、电影、音乐不被盗版。这项技术通过对数字内容进行加密和附加使用规则对数字内容进行保护。其中，使用规则可以断定用户是否符合播放。系统会将密钥标识和许可证颁发机构地址写入打包加密后的内容的头部，并且使用另一对密钥，通过椭圆曲线加密算法对头部信息进行签名，防止头部信息被非法修改。

三、总结

（一）专利申请量的总体发展趋势

就整个行业专利申请状况来看，超级分发授权控制及新授权申请技术相关专利出现在 1994 年，最开始超级分发授权控制及新授权申请技术都是应用在计算机信息安全领域，随着数字内容的快速发展，数字版权保护离不开超级分发授权控制及新授权申请技术，一直

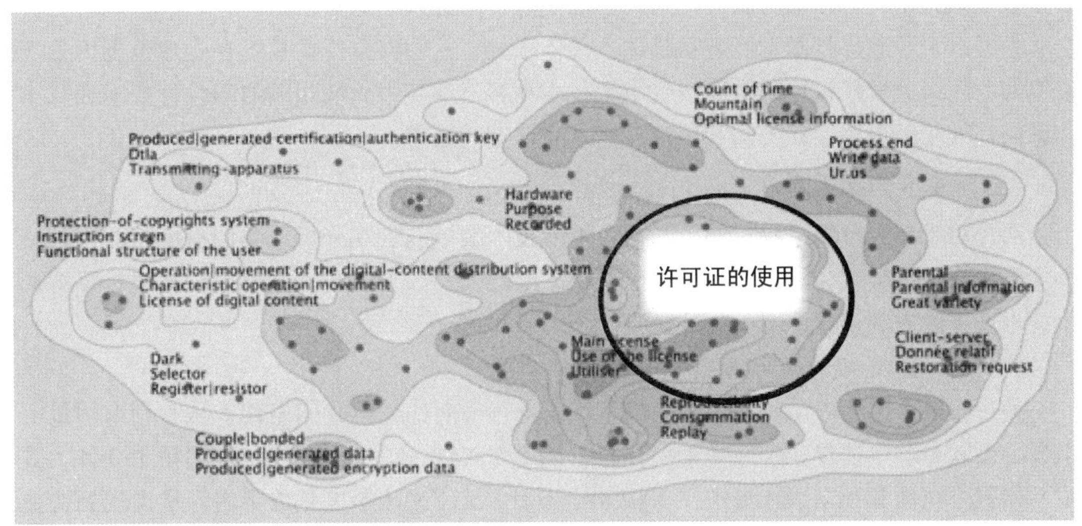

图 6.4-12　松下超级分发授权控制及新授权申请技术构成分布图

到 2007 年专利申请量一直增加，技术不断进步和创新。但是随着技术的越来越成熟，基本上已经能够满足数字版权保护的大部分需求，创新也逐渐地遇到了瓶颈，2008 年以后相关专利申请量逐渐减少。而超级分发授权控制及新授权申请技术从 2001 年开始呈现快速发展的态势。随着移动终端设备的快速发展，像苹果、三星、微软移动数字内容的发展，该技术也呈现出逐渐成熟的趋势，专利申请量趋于稳定。客户端与服务端间的通信设计技术和超级分发授权控制及新授权申请技术总体发展趋势情况一样。

（二）各地区技术发展现状以及未来发展趋势

1. 美国

美国的互联网起步早，作为最早涉足密钥安全传输技术领域的先导者，该技术在美国起步早、发展快，市场呈现出巨头向寡头发展的趋势，整个技术也出现了进入衰退期的迹象。而超级分发授权控制及新授权申请技术和客户端与服务端间的通信设计技术现在已逐渐进入衰退期，申请量和专利申请人的数量开始出现下降。

2. 日本

作为美国的主要竞争者，密钥安全传输技术在 1994 年就有了相关专利的申请，2004 年就发明了难破解的 2048 位的密钥，技术很早就达到了成熟阶段，现在处于衰退期。超级分发授权控制及新授权申请技术和客户端与服务端间的通信设计技术基本也都呈现一样的发展状况，现在也都处于衰退期。

3. 韩国

韩国起步比较晚，基本都在 2000 年左右才有一定数量的专利申请，其中密钥安全传输技术跟国际上的发展状况基本一样，超级分发授权控制及新授权申请技术和客户端与服务端间的通信设计技术发展快现在都处于衰退期，主要原因是像韩国三星和 LG 等企业在移动数字内容方面的发展早已有所建树，其进行技术创新的难度越来越大。

4. 中国

与美国情况差不多，中国在密钥安全传输技术已经处于衰退期，超级分发授权控制及新授权申请技术和客户端与服务端间的通信设计技术进入衰退期。

根据以上各地区技术发展现状描述，总体来说，密钥安全传输技术在全球范围内处于衰退期，超级分发授权控制及新授权申请技术和客户端与服务端间的通信设计技术在日本和韩国都处于衰退期，在美国和中国有进入衰退期的迹象。

（三）主要申请人专利申请对比分析

通过对于超级分发授权控制及新授权申请技术领域的宏观分析，我们得出行业内的三个主要申请人是微软公司、索尼公司以及松下电器公司。下面结合微观分析模块具体解读主要申请人的专利现状。

1. 专利申请量维度横向比较

通过将三个主要申请人在专利申请量维度进行横向比较，我们发现：从专利申请量上来看，微软专利申请量263件，索尼专利申请量204件，松下电器专利申请量150件。其中，微软公司的专利申请都集中在2003年至2010年，这几年也是数字内容从出现到快速发展到成熟的几年，索尼公司情况和微软类似，而松下电器除了在2004年申请量为55件，其他年份的申请量都不多。

2. 专利资产区域布局情况

从三个主要申请人的专利资产区域布局情况，微软公司在日本的申请量为132件，占据其专利总资产的50%，远高于在其他地区的专利申请。索尼公司在中国、日本、美国都有不少专利申请，日本为77件、美国为40件、中国为37件，其在欧洲、韩国、德国、澳大利亚也有专利申请，这表明索尼已做好了专利全球战略的准备。松下的专利申请主要集中在日本、中国和一些PCT申请。

3. 技术热点分析

微软公司主要关注授权管理这一技术领域，尤其是授权合并这一方面，而索尼公司主要关注授权许可方面，松下公司则主要关注关于许可证的使用方面的技术。

第五节　授权管理技术

一、专利检索

（一）检索结果概述

以授权管理技术为检索主题，在“九国两组织”范围内，共检索到相关专利申请2 620件，具体数量分布如下（单位：件）：

美国	中国	日本	韩国	英国	法国	德国	澳大利亚	俄罗斯	EP	WO	总计
705	489	430	318	21	8	24	81	27	257	260	2 620

（二）各地区/组织相关专利申请趋势

由表6. 5-1和图6. 5-1的统计结果来看，自上世纪90年代直至新世纪初期，授权管理技术在全球“九国两组织”大部分国家和地区应用仍进行得非常缓慢，除在美国和亚洲地区的中、日、韩等国家和地区略有研究之外，在其他大部分国家研究相对较少。时至2003年开始美国和亚洲的中、日、韩等国家开始逐步研究该领域，并且该领域的专利申请量也呈逐年递增的趋势，但年均申请量除美国近年来逐步接近百件，中、日、韩在该领域的申请量始终不是很高；然而在俄罗斯、澳大利亚及欧洲的英、德、法等国家和地区，对该领域的专利年均申请量基本均在10件以内，研究更是少之甚少。从该技术领域的专利申请量来看，美国在该领域处于主导地位，亚洲的中国、日本、韩国紧随其后。

表6.5-1　授权管理技术“九国两组织”相关专利申请状况

年份 国家	1990①	2000	2001	2002	2003	2004	2005	2006	2007	2008	2009	2010	2011	2012	2013	2014
US	1	2	5	12	21	22	32	46	43	73	63	68	49	81	93	94
CN	1	2	3	2	6	5	27	31	39	37	69	53	52	62	65	35
JP	10	11	13	5	19	25	33	34	50	34	24	35	48	38	33	18
KR	0	0	1	0	3	6	21	17	27	37	47	31	47	21	30	30
GB	0	1	0	0	1	3	1	4	1	1	6	1	0	0	0	2
DE	0	0	0	0	1	1	1	3	2	3	5	4	2	1	0	1
FR	0	0	0	0	0	0	0	1	3	1	1	1	0	1	0	0
AU	6	0	5	2	9	6	3	9	3	14	6	5	4	2	4	3
RU	0	0	0	0	0	0	0	0	2	2	4	5	3	4	3	4
EP	2	2	9	0	8	8	20	14	24	42	28	18	19	27	18	18
WO	5	4	9	9	11	14	20	30	28	37	16	13	14	25	12	13

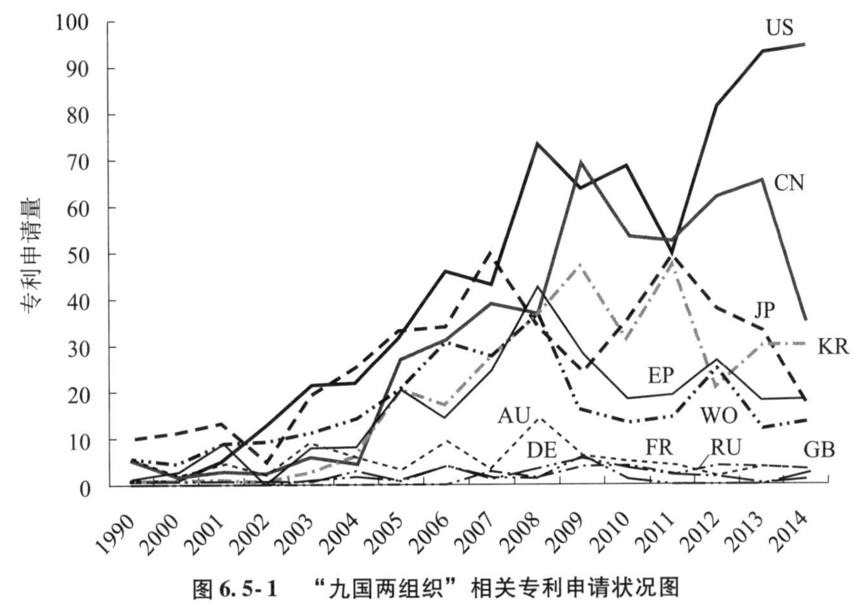

图6.5-1　“九国两组织”相关专利申请状况图

① 1990是指1990－1999年的专利数量总数。

（三）各地区/组织相关专利申请人排名

1. WO 相关专利申请人排名

表 6.5-2 授权管理技术 WO 相关专利申请人排名

序号	申请人	申请人国家	专利申请数量
1	GEN INSTRUMENT CORP	美国	20
2	MEDVINSKY ALEXANDER	美国	11
3	SAMSUNG ELECTRONICS CO LTD	韩国	11
4	ERICSSON TELEFON AB L M	瑞典	10
5	MICROSOFT CORP	美国	9

2. EP 相关专利申请人排名

表 6.5-3 授权管理技术 EP 相关专利申请人排名

序号	申请人	申请人国家	专利申请数量	专利授权数量
1	SAMSUNG ELECTRONICS CO LTD	韩国	27	5
2	MICROSOFT CORP	美国	17	3
3	ERICSSON TELEFON AB L M	瑞典	13	4
4	TOSHIBA KK	日本	11	2
5	GEN INSTRUMENT CORP	美国	11	1

3. 中国地区相关专利申请人排名

表 6.5-4 授权管理技术中国地区相关专利申请人排名

序号	申请人	申请人国家	专利申请数量	专利授权数量
1	SAMSUNG ELECTRONICS CO LTD	韩国	36	15
2	HITACHI LTD	日本	18	10
3	HUAWEI TECH CO LTD	中国	17	7
4	ZTE CORP	中国	13	5
5	KONINKL PHILIPS ELECTRONICS NV	荷兰	9	2

4. 美国地区相关专利申请人排名

表 6.5-5 授权管理技术美国地区相关专利申请人排名

序号	申请人	申请人国家	专利申请数量	专利授权数量
1	SAMSUNG ELECTRONICS CO LTD	韩国	45	6
2	MICROSOFT CORP	美国	40	18
3	INTERTRUST TECH CORP	美国	22	9
4	IBM	美国	18	6
5	TOSHIBA KK	日本	18	2

5. 日本地区相关专利申请人排名

表 6.5-6　授权管理技术日本地区相关专利申请人排名

序号	申请人	申请人国家	专利申请数量	专利授权数量
1	TOSHIBA CORP	日本	37	17
2	SONY CORP	日本	29	7
3	SAMSUNG ELECTRONICS CO LTD	韩国	24	11
4	HITACHI LTD	日本	23	17
5	NIPPON TELEGRAPH & TELEPHONE	日本	17	7

6. 澳大利亚地区相关专利申请人排名

表 6.5-7　授权管理技术方案澳大利亚地区相关专利申请人排名

序号	申请人	申请人国家	专利申请数量	专利授权数量
1	SAMSUNG ELECTRONICS CO LTD	韩国	22	12
2	GEN INSTRUMENT CORP	美国	8	0
3	IGT RENO NEV	美国	6	3
4	INTERTRUST TECH CORP	美国	4	1
5	INTERDIGITAL TECH CORP	美国	3	1

7. 德国地区相关专利申请人排名

表 6.5-8　授权管理技术德国地区相关专利申请人排名

序号	申请人	申请人国家	专利申请数量	专利授权数量
1	SAMSUNG ELECTRONICS CO LTD	韩国	3	3
2	REALNETWORKS INC	美国	2	0
3	CRYPTOGRAPHY RES INC	美国	2	0
4	HUAWEI TECH CO LTD	中国	2	0
5	THOMSON LICENSING	法国	2	0

8. 法国地区相关专利申请人排名

表 6.5-9　视频加密技术法国地区相关专利申请人排名

序号	申请人	申请人国家	专利申请数量	专利授权数量
1	THALES SA	法国	2	0
2	CANON KK	日本	1	0
3	VIACCESS SA	法国	1	0
4	TRUSTED LOGIC SA	法国	1	0
5	LELEU JEAN – LUC	法国	1	0

9. 英国地区相关专利申请人排名

表 6.5-10　授权管理技术英国地区相关专利申请人排名

序号	申请人	申请人国家	专利申请数量	专利授权数量
1	TOSHIBA KK	日本	6	0
2	REALNETWORKS INC	美国	2	0
3	SEALEDMEDIA LTD	英国	2	0
4	CRISP TELECOM LTD	英国	1	0
5	GLOME OY	芬兰	1	0

10. 俄罗斯地区相关专利申请人排名

表 6.5-11　授权管理技术俄罗斯地区相关专利申请人排名

序号	申请人	申请人国家	专利申请数量	专利授权数量
1	SAMSUNG ELECTRONICS CO LTD	韩国	4	1
2	KONINKL PHILIPS ELECTRONICS NV	荷兰	2	0
3	VIAKSESS	俄罗斯	2	0
4	QUALCOMM INC	美国	2	0
5	LG ELECTRONICS INC	韩国	2	0

11. 韩国地区相关专利申请人排名

表 6.5-12　授权管理技术韩国地区相关专利申请人排名

序号	申请人	申请人国家	专利申请数量	专利授权数量
1	SAMSUNG ELECTRONICS CO LTD	韩国	63	18
2	LG ELECTRONICS INC	韩国	26	7
3	KOREA ELECTRONICS TELECOMM	韩国	10	1
4	TOSHIBA KK	日本	7	5
5	APPLE INC	美国	6	3

二、专利分析

（一）技术发展趋势分析

从图 6.5-2 中可以看出，自上世纪 90 年代中期至 2008 年，随着全球保护数字版权热潮的兴起，授权管理技术相关的专利申请量呈持续增长趋势，这也表明该技术正处于快速发展阶段，并且在 2008 年达到其发展的巅峰状态，竞争趋于白热化；然而 2009 年至 2012 年间，随着全球授权管理技术发展的不断成熟，该领域的年均专利申请逐渐趋于平稳；近两年来，该技术的相关专利申请逐渐进入萧条期，年均申请量呈负增长趋势，主要原因是授权管理技术中的对称密钥管理技术和公开密钥管理技术等都发展相对成熟，新技术开发相对缓慢。这说明新的密钥管理技术可以作为以后数字版权保护的研究方向。

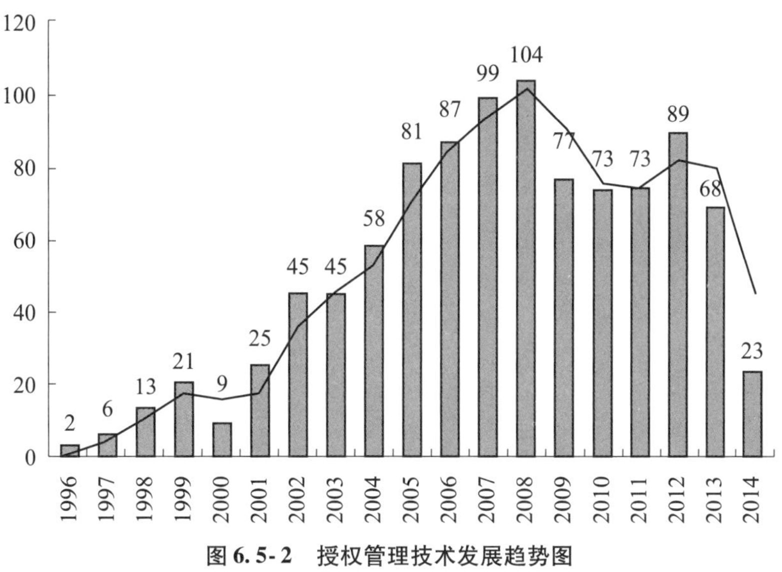

图 6.5-2　授权管理技术发展趋势图

（二）技术路线分析

图 6.5-3 中核心专利是通过引证次数排行找到的引证数比较多的专利，关键技术所列专利为授权管理技术的高相关专利。通过对授权管理技术路线的分析，可以看出自上世纪 90 年代 DRM 系统便已被引入，并且 1996 年 1 月 31 日诞生了该技术领域的第一件相关专利——关于认证客户机的系统及方法。继而在 1996 年 8 月 12 日，Intertrust 申请了关于安全计算的加密系统的核心专利，该专利属于密钥管理技术领域。1997 年 6 月 30 日，微软申请了关于机密数据的保护和存储的核心专利，该专利属于安全存储技术领域。1998 年 8 月 7 日，日本 NTT 申请了关于通信终端服务器管理系统的核心专利，该专利属于通信终端技术领域。2000 年 3 月 9 日，诺基亚申请了电信网络中安全传输方法的核心专利，该专利属于安全通信技术领域。2004 年 1 月 23 日，三星电子申请了关于内部网络管理多媒体内容的核心专利，该专利属于多媒体数字管理领域。之后相继出现若干本领域的高相关专利，以及和授权管理技术相关的专利文献。

一个领域发展的初期，出现的技术大多比较核心和基础，被后续人们引用的也就比较多，而授权管理的关键技术则是数字版权发展到一定阶段，为解决该领域某些关键问题而不得不关注的技术热点。随着版权诉讼风波的不断涌起，国内陆续出现了解决现阶段数字版权保护问题的关键性技术：比如 2000 年 8 月 11 日，国内出现了有关计算机网络身份认证的关键技术；2006 年 1 月 26 日，出现数字版权管理的解码技术；2011 年 12 月 26 日，出现了基于标识密码技术等等。可以看出核心专利出现的时间大多在技术的发展期，而与授权管理技术相关的关键性专利大多在技术发展的成熟期出现。

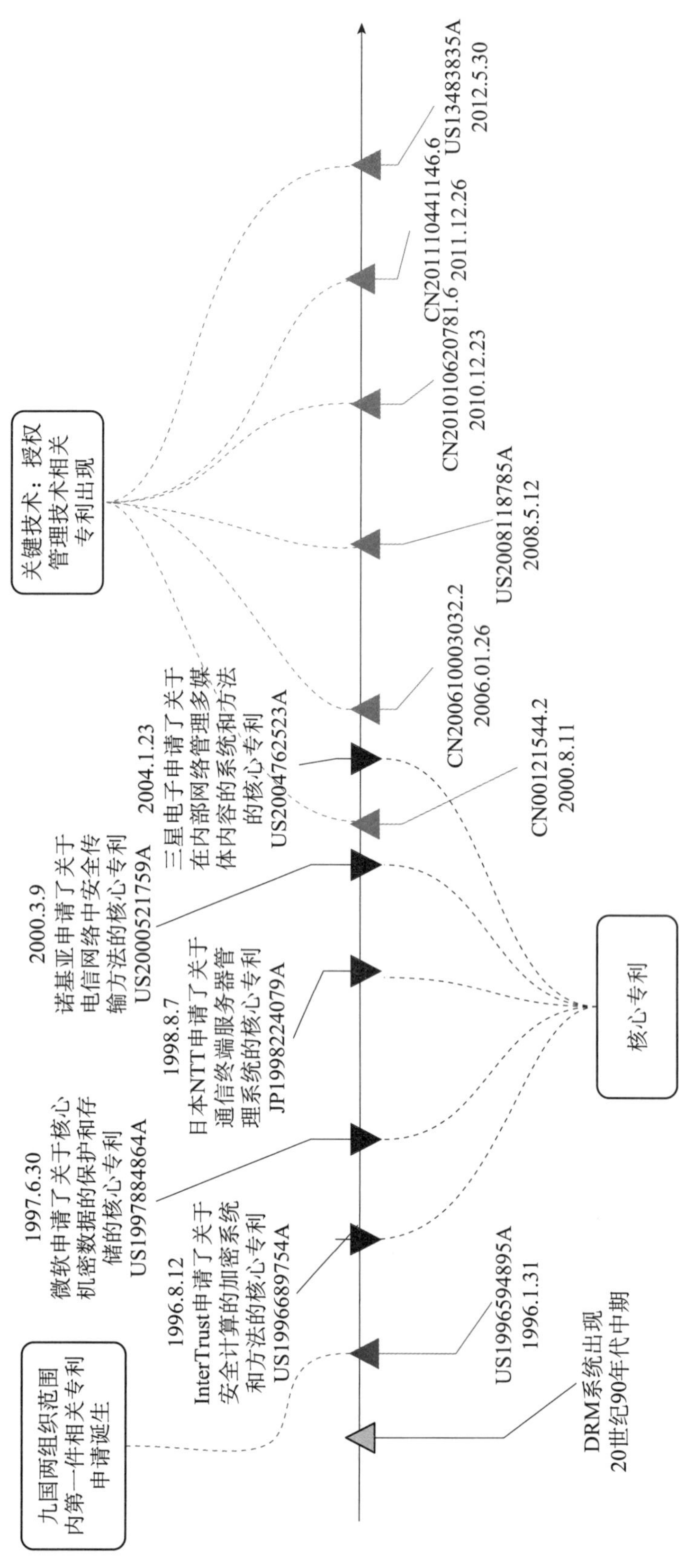

图6.5-3　授权管理技术路线图

（三）主要专利申请人分析

通过对授权管理技术的专利检索结果的统计和初步分析得到了在“九国两组织”范围内申请量排名前三的公司，分别是三星电子、微软、东芝。相关技术专利申请总量分别是236件、93件和71件。通过对这三家公司在授权管理技术方面申请的技术进行统计分析，得出每家公司的三个统计图：分别是年份柱状图、“九国两组织”专利申请量区域分布饼状图和技术构成分布图，利用这三种图分别对这三家公司的相关技术进行分析并得出相应观点。

1. 申请量排名第一的专利申请人

（1）专利申请量

三星电子在授权管理技术领域的专利申请量全球排名居于首位，从图6.5-4中可以看出其发展趋势与该技术在全球领域的发展趋势基本相同。在2003年之前，三星电子在该领域并没有什么动作，投入的研究相对较少，而从2004年开始，随着全球互联网的蓬勃发展，智能电子产品的问世，三星的电子书、电子阅览器与电子杂志的发展所需，三星电子在该领域的专利申请激增，并且直至2007年之前，三星电子对该技术领域的研究趋于稳定。然而自2008年以来，随着全球各国在该技术领域发展遇到了瓶颈，三星电子当然也不例外，面临着新方法和新技术的突破难点，进而在该领域的专利申请量也趋于不温不火状态。

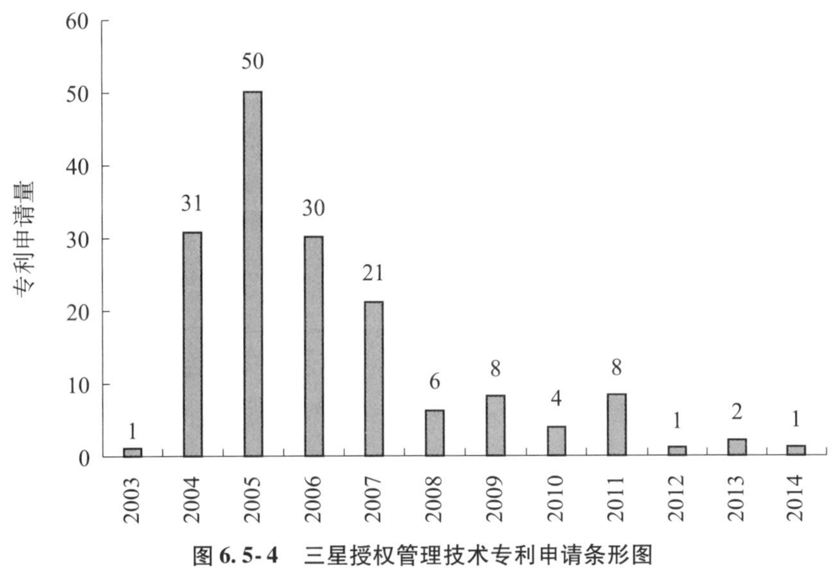

图6.5-4　三星授权管理技术专利申请条形图

（2）“九国两组织”专利申请量区域分布

三星电子是韩国最大的电子工业企业，同时也是三星集团旗下最大的子公司。在世界上最有名的100个商标的列表中，三星电子是唯一的一个韩国商标，是韩国民族工业的象征。

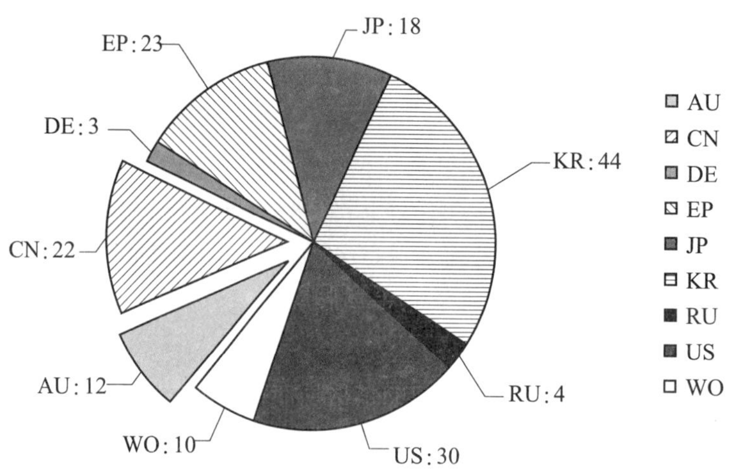

图 6.5-5　三星授权管理技术专利申请量区域分布图

三星电子总部位于韩国，在授权管理的技术领域，三星电子的市场遍布欧洲及亚太地区的许多国家，而三星电子在该领域的专利布局主要集中在美国、澳大利亚、亚洲的中、日、韩等地，因为近年来这些地区是其专利纠纷的多发地带。近年来，三星涉及的专利纠纷也是风波四起，2014 年 1 月 27 日，三星集团同意支付瑞典移动网络设备制造商爱立信 6.60 亿美元，加上数年的版税，以了结双方之间的技术许可纠纷；2014 年 11 月据国外媒体报道，三星电子已经起诉英伟达，称其侵犯了公司几项半导体相关专利以及投放相关产品的虚假广告。在 2014 年 9 月，英伟达也曾将三星告上法庭。

（3）技术构成分布

在图中每个黑点代表一篇专利，点与点之间的距离标示两篇专利的相关性，灰色区域是一些非常相关的专利聚集在一起，是需要我们重点关注的区域。

图 6.5-6 是根据三星电子公司申请与授权管理技术相关专利做出的聚类分析，通过构成分布图显示，我们可看出在授权管理技术领域三星电子主要关注的技术有加密认证、内容密钥、数据管理以及通信设备等技术。经典密码学主要包括两个既对立又统一的分支：密码编码学和密码分析学。研究密码变化的规律并用之于编制密码以保护秘密信息的科学，称为密码编码学。研究密码变化的规律并用之于密文以获取信息情报的科学，称为密码分析学，也叫密码破译学。前者是实现对信息保密的，后者是实现对信息反保密的，密码编码学与密码分析学相辅相成，共处于密码学的统一体中。现代密码技术发展至今 20 余年，出现了许多高强度的密码算法和密钥管理技术。数据安全技术也已由传统的只注重保密性转移到了保密性、真实性、完整性和可控性的完美结合，并且相继发展了身份认证、消息确认和数字签名技术。

现今，越来越多的企业发展需要依赖行动转移技术，因此，数据安全也成为许多企业优先考量的一个重要因素。针对这一现状，三星提供了数据加密技术、装置加密技术以及国际权威 FIPS 140－2 认证等多重防护措施，确保企业安全需求得到全方面的保护，并且据美国《华尔街日报》2015 年 3 月 2 日报道，黑莓公司为争取更多企业客户而与韩国手

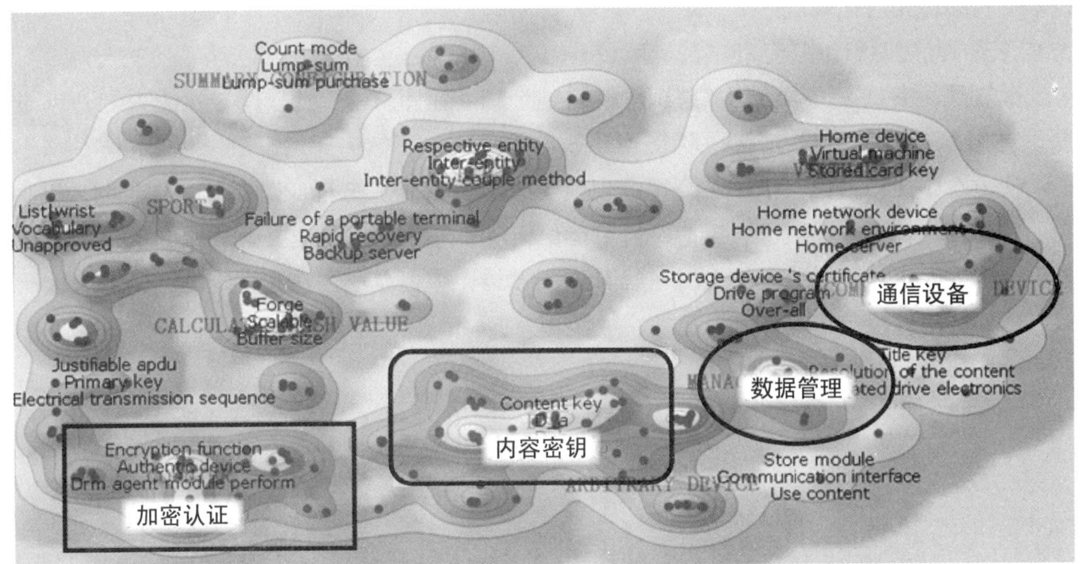

图 6.5-6　三星授权管理技术构成分布图

机巨头三星电子扩大合作，三星将把 BlackBerry 的加密和移动支付技术整合到其 Knox 安全平台当中。

2. 申请量排名第二的专利申请人

(1) 专利申请量

从图 6.5-7 可以看出，微软公司涉足授权管理技术的研究相对较早，自 1997 年便开始申请该领域的相关专利，然而综观其近 20 年来的专利申请量，数量相对较少，申请量最多的 2003 年数量也不足 20 件。这主要是由于微软公司主要将授权管理技术应用在其所开发的软件方面，而将该技术应用到数字版权保护方面相对较少，同时，近年来授权管理

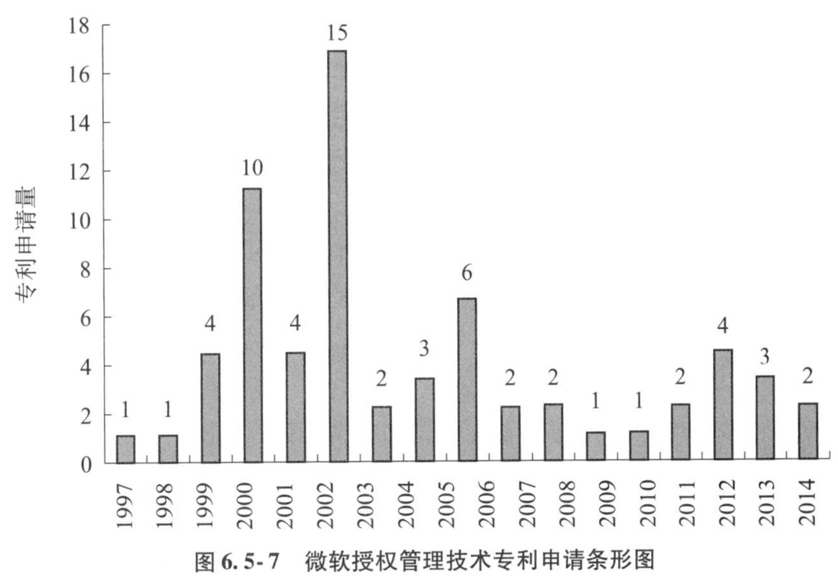

图 6.5-7　微软授权管理技术专利申请条形图

技术发展的也相对比较成熟。

（2）“九国两组织”专利申请量区域分布

微软是一家总部位于美国的跨国电脑科技公司，是世界 PC 机软件开发的先导，以研发、制造、授权和提供广泛的电脑软件服务业务为主。

从图 6.5-8 中可以看出微软公司的专利申请还是集中在其本部美国，其次是欧洲和亚洲的中、日、韩，俄罗斯也有申请，但申请量相对较低。这主要是由于微软的主要产品还是面向本国的市场，比如其推出的在线 RSS 阅读器，主要是应用在其指定的浏览器上，所以，产品针对性决定了其专利布局的主要区域。

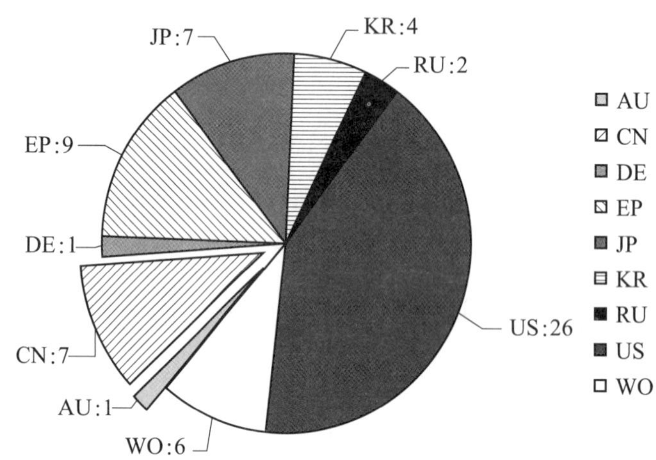

图 6.5-8　微软授权管理技术专利申请量区域分布图

（3）技术构成分布

图 6.5-9 是根据微软公司在授权管理技术领域的相关专利得出的聚类分析，我们可看出在授权管理技术领域微软主要关注的技术有密钥管理和身份认证等技术。密钥管理包括了从密钥的产生到密钥的销毁的各个方面，主要表现于管理体制、管理协议和密钥的产生、分配、更换和注入等。在数字版权保护整个过程中随时都需要加密技术，像密钥的分发和接收就是主要的两个步骤，掌握了密码服务相关技术可以很好保护好像数字内容交易与分发等业务，更好为数字版权保护做服务，而形成统一规范的密码服务是未来的一个发展方向。

微软作为世界 PC 机软件开发的先导，其密钥管理技术与身份认证技术主要是应用在其开发的软件产品的授权激活方面。微软所经营的 Windows 系列软件中 XP、Vista、Win7、Win8 等诸多操作系统均需要密钥管理与身份认证技术的保驾护航。微软在退出 Win8 时，在 Windows KMS（密钥管理系统）中发现了一个漏洞，藉此用户可被引导至 Windows 媒体中心进行真正的“正版激活”；由于 Windows 媒体中心升级进程并没有检查密钥的有效性，任何使用大客户密钥或者算号器算出来的密钥都可以通过这个媒体中心来升级到正版系统。由此可见，授权管理技术对于像微软公司这样的软件巨头来说也是举足轻重。

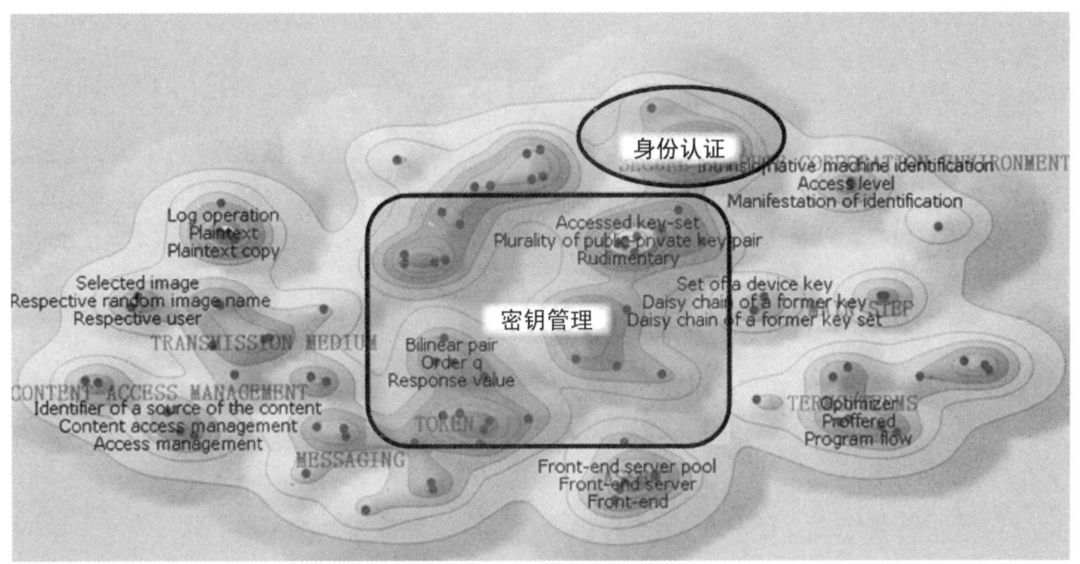

图 6.5-9　微软授权管理技术构成分布图

3. 申请量排名第三的专利申请人

（1）专利申请量

东芝在授权管理技术领域的专利申请量全球排名居于第三，从图 6.5-10 可以看出其发展趋势与该技术在全球领域的发展趋势基本相同。新世纪刚开始便涉足该技术领域的研究，但综观其近十几年来在该领域的专利申请量来看，申请量相对也是较少，最高一年的申请量也不足 10 件，可见在授权管理技术领域，并不是东芝公司研究的重点方向，并且随着全球范围在该技术领域发展遇到了瓶颈，近几年来东芝在该领域的研究甚少。

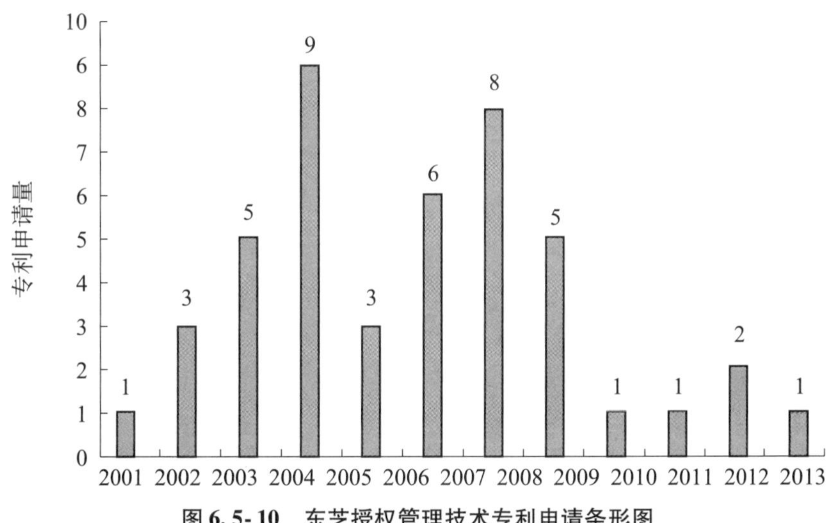

图 6.5-10　东芝授权管理技术专利申请条形图

（2）“九国两组织”专利申请量区域分布

东芝是日本最大的半导体制造商，亦是第二大综合电机制造商，隶属于三井集团旗下。经营范围涉及消费电子、医疗、能源、军工，在民用方面，东芝从一家以家用电器、重型电机为主体的企业转变为包括通讯、电子在内的综合电子电器企业。进入20世纪90年代，东芝在数字技术、移动通信技术和网络技术等领域取得了飞速发展，东芝已成功地从家电行业的巨人转变为IT行业的先锋。在军用方面，东芝从二战至今依然是负责为日本生产各类坦克、机枪、导弹大炮。

从图6.5-11可以看出，东芝在授权管理技术领域的专利数量虽然并不多，但在欧洲、美国及亚洲的中、韩等地均有布局。可见其市场分布较为广泛，尽管在该领域的专利数量并不多，但在全球专利诉讼多发地带还是有所布局。

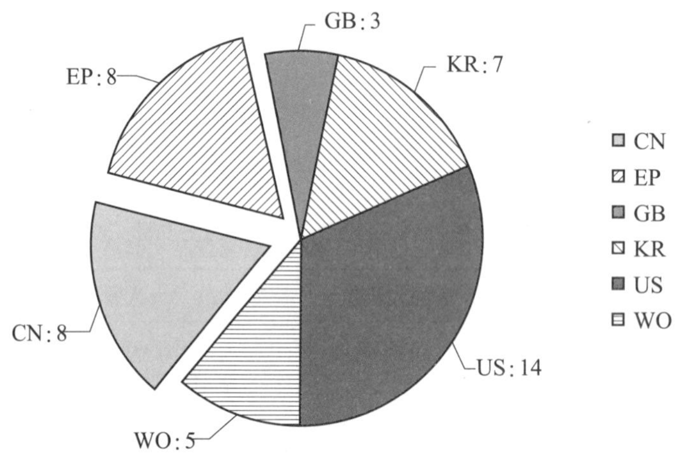

图6.5-11 东芝授权管理技术专利申请量区域分布图

（3）技术构成分布

图6.5-12是根据东芝公司申请与授权管理技术相关的专利做出的聚类分析，通过该构成分布图显示，我们可看出东芝在授权管理技术领域专注的技术主要集中在数字版权、

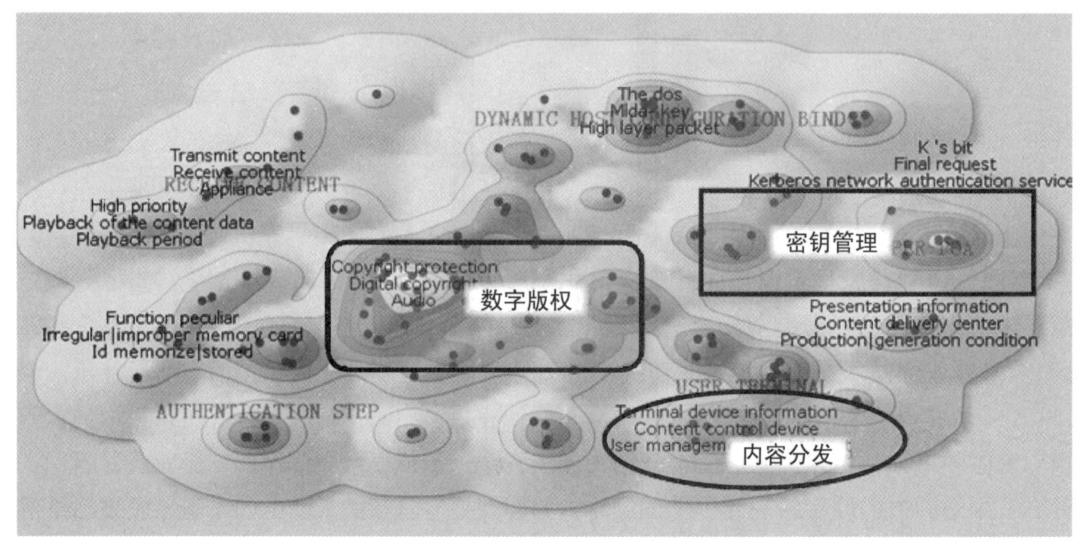

图6.5-12 东芝授权管理技术构成分布图

内容分发、密钥管理等方面。数字版权简称 DRM 是指对数字化信息产品（如图书、音乐、图像、录像、多媒体文件等）在网络中交易、传输和利用时所涉及的各方权力进行定义、描述、保护和监控的整体机制，是数字化信息环境可靠运行和不断发展的基本保障之一，是一种保护内容免遭未经授权的使用或复制的方法。与此同时掌握了密码管理的相关技术可以很好地保护像数字内容交易与分发等业务。

东芝最初是从一个以家用电器、重型电机为主体的企业，转变为包括通讯、电子在内的综合电子电器企业。上世纪 90 年代以来，东芝在数字技术、移动通信技术和网络技术等领域取得了飞速发展，成功从家电行业的巨人转变为 IT 行业的先锋。东芝在 2010 年曾展示了自加密硬盘密钥擦除技术，并且称这项技术是全球首创的，但不可能是最后一个，因为它十分易于实现。

三、总结

（一）专利申请量的总体发展趋势

从整个行业专利申请状况来看，自上世纪 90 年代直至 2008 年前后，随着全球保护数字版权热潮的兴起，授权管理技术相关的专利申请量呈持续增长趋势，这也表明该技术正处于快速发展阶段，近两年来该技术的相关专利申请逐渐进入萧条期，年均申请量呈负增长趋势，主要原因是授权管理技术中的对称密钥管理技术和公开密钥管理技术等都发展相对成熟，新技术开发相对缓慢。这说明新的授权管理技术可以作为以后数字版权保护的研究方向。

（二）各地区技术发展现状以及未来发展趋势

1. 美国

美国涉足授权管理技术相对较早，但初期在该技术领域的专利数量较少，并且起初这些专利大多数是原理性的基础专利，这主要由于应用到数字版权保护领域的授权管理相关技术相对不成熟所致；随着电子产品的普及以及人们生活逐渐趋于数字化、网络化，授权管理技术已经成为时代发展所必须面临的选择，而美国又是信息产业大国，自 2000 年以来直至 2007 年前后，相关专利激增，并且介入的企业也越来越多。然而随着技术的不断创新，该技术逐渐趋于成熟，并且由于市场份额的有限性，近年来进入企业速度趋缓，专利增长速度减慢，专利权人数量和专利申请量也开始有下滑趋势，目前来看，美国对于该技术的的研究处在成熟期。

2. 日本

日本对于该技术研究的也相对较早，并且随着全球数字化、网络化时代的并进，该技术发展也很迅速。然而自 2007 年以来，随着全球对该技术领域研究的不断成熟，市场份额的有限性，许多企业因收益的递减纷纷退出市场，从事该技术领域相关研究的企业日趋减少，专利申请量也呈下滑趋势，在日本，该技术逐步开始出现衰退的迹象。

3. 韩国

韩国的情况与日本很类似，目前，韩国也同样面临着新方法和新技术的突破难点，对于该技术的研究也有衰退的迹象。

4. 中国

授权管理技术在中国直至2000年初期，专利申请数量一直处于较少状态；2000年至2006年前后，随着中国数字化、网络化时代的并进，特别是2005年，中国颁布了《互联网著作权行政保护办法》，迈出数字版权法律保护的关键性一步。同时，数字版权保护在硬件设备层面上的实现也离不开授权管理技术的进步，大量的企业开始介入授权管理技术，相关专利申请量激增，该技术进入了发展期；在2007年至2010年间，随着技术发展的不断成熟，企业进入的速度趋缓，专利增长速度减慢，专利权人数量和专利申请量也开始有下滑趋势，此时该技术的研究步入了成熟期。然而自2011年以来，介入该技术领域的企业和专利申请量均开始大幅下滑，目前，中国对于该技术的研究也是遇到了相应的技术瓶颈，也出现明显的衰退迹象。

根据以上各地区技术发展现状描述，总体来说，授权管理技术在全球范围内有进入衰退期的迹象，但从国内近年来的申请量来看，该技术在国内目前仍属于研发的热点技术，相应的研发资源仍旧在不断投入。

（三）主要申请人专利申请对比分析

通过对于授权管理技术领域的宏观分析，我们得出行业内三个主要申请人是三星电子公司、微软公司以及东芝公司。下面结合微观分析模块具体解读主要申请人的专利现状。

1. 专利申请量维度横向比较

通过将三个主要申请人在专利申请量维度进行横向比较，我们发现：从专利申请量上来看，三星电子公司拥有相关专利申请236件；微软公司和东芝公司在这方面的数量分别是93件和71件。其中，微软公司作为行业的技术先导者，在技术研发初期便投入了相当大的研发力度，相应的专利申请量也较多。三星电子公司作为一家韩国公司，在授权管理技术领域起步较晚，发展却很迅速，目前，该领域的专利申请量居全球首位。

2. 专利资产区域布局情况

从三个主要申请人的专利资产区域布局情况，我们可以看出：三星电子、微软公司和东芝公司均走的是专利全球化战略的路线，相关专利遍及欧洲及亚太地区许多国家，并且在美国、澳大利亚、亚洲的中、日、韩等地均布局了相当数量的专利，便于其随时发动专利诉讼，但是占比最大的仍是在其本土的申请。

3. 技术热点分析

从技术热点分析角度来说：三星电子在授权管理技术领域主要关注的技术有加密认证、内容密钥、数据管理以及通信设备等技术；微软公司的授权管理相关专利技术构成更侧重于密钥管理和身份认证等方面；东芝在授权管理技术领域主要专注数字版权、内容分发、密钥管理等方面。

第六节　数字内容分段控制技术

一、专利检索

以数字内容分段控制为检索主题，在“九国两组织”范围内，共检索到相关专利申请794件，具体数量分布如下（单位：件）：

美国	中国	日本	韩国	英国	法国	德国	澳大利亚	俄罗斯	EP	WO	总计
284	126	124	49	6	1	4	23	5	81	91	794

（二）各地区/组织相关专利申请趋势

从表6.6-1、图6.6-1可初步了解到数字内容分段控制技术发展比较缓慢，总体数量不大。从申请量变化趋势上看，数字内容分段控制技术专利申请2000年前发展缓慢，之后开始缓慢增长，到2007年、2008年，各国专利申请量达到最高，之后又呈现降低的趋势，到目前为止发展缓慢。从区域上看，美国、日本、中国和韩国在数字内容分段控制技术上发展相对较好（美国284件，中国126件，日本124件，韩国49件），而澳大利亚、英国、法国、德国等地申请量比较小。

表6.6-1　数字内容分段控制技术“九国两组织”相关专利申请状况

国家＼年份	1994	1995	1996	1997	1998	1999	2000	2001	2002	2003	2004	2005	2006	2007	2008	2009	2010	2011	2012	2013	2014
US	1	1	0	1	2	2	4	14	13	11	14	20	19	31	31	21	25	17	22	16	19
CN	0	0	0	0	0	2	1	3	2	12	6	11	15	20	16	6	2	12	9	4	5
JP	0	0	0	1	5	5	6	10	8	9	7	9	11	13	14	6	9	5	4	0	2
KR	0	0	0	0	0	0	0	1	0	4	1	4	7	11	5	6	2	2	4	1	1
GB	0	0	1	0	0	0	0	0	0	1	0	0	1	0	1	0	0	1	0	1	0
DE	0	0	0	0	0	0	0	0	1	0	1	0	0	0	1	0	0	0	0	0	1
FR	0	0	0	0	0	0	0	0	0	0	0	0	1	0	0	0	0	0	0	0	0
AU	0	0	0	1	0	0	0	0	0	3	0	5	4	3	3	0	0	3	1	0	0
RU	0	0	0	0	0	0	0	0	0	0	0	0	0	1	0	3	0	1	0	0	0
EP	0	0	0	3	0	1	0	3	5	6	5	10	7	8	12	4	4	7	5	1	0
WO	0	0	0	1	0	0	0	1	3	6	2	8	8	13	13	6	3	7	10	5	5

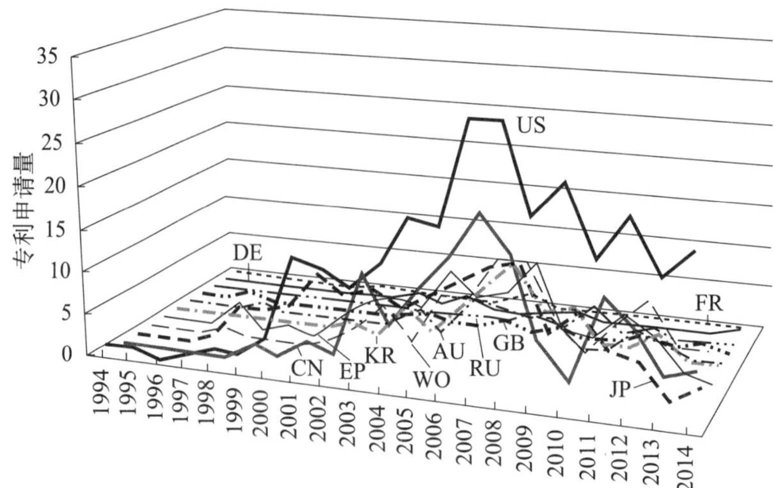

图 6.6-1 “九国两组织”相关专利申请状况图

(三) 各地区/组织相关专利申请人排名

1. WO 相关专利申请人排名

表 6.6-2 数字内容分段控制技术 WO 相关专利申请人排名

序号	申请人	申请人国家	专利申请数量
1	MICROSOFT CORP	美国	5
2	SONY CORP	日本	4
3	GEN INSTR CORP	美国	4
4	SAMSUNG ELECTRONICS CO LTD	韩国	3
5	CANDELORE B L	个人	3

2. EP 相关专利申请人排名

表 6.6-3 数字内容分段控制技术 EP 申请人排名

序号	申请人	申请人国家	专利申请数量	专利授权数量
1	MICROSOFT CORP	美国	10	5
2	SONY CORP	日本	5	0
3	GEN INSTR CORP	美国	3	0
4	SAMSUNG ELECTRONICS CO LTD	韩国	3	0
5	CANDELORE B L	个人	3	0

3. 中国地区相关专利申请人排名

表 6.6-4 数字内容分段控制技术中国地区相关专利申请人排名

序号	申请人	申请人国家	专利申请数量	专利授权数量
1	MICROSOFT CORP	美国	8	6

（续表）

序号	申请人	申请人国家	专利申请数量	专利授权数量
2	SONY CORP	日本	7	4
3	NOKIA CORP	芬兰	5	2
4	BEIJING CREATIVE CENTURY INFORMATION TEC	中国	3	2
5	Peking University Founder Group	中国	3	3

4. 美国地区相关专利申请人排名

表 6.6-5　数字内容分段控制技术美国地区相关专利申请人排名

序号	申请人	申请人国家	专利申请数量	专利授权数量
1	MICROSOFT CORP	美国	17	11
2	SONY CORP	日本	11	8
3	SAMSUNG ELECTRONICS CO LTD	韩国	11	0
4	CLEVERSAFE INC	美国	8	0
5	GEN INSTR CORP	美国	8	1

5. 日本地区相关专利申请人排名

表 6.6-6　数字内容分段控制技术日本地区相关专利申请人排名

序号	申请人	申请人国家	专利申请数量	专利授权数量
1	MICROSOFT CORP	美国	10	6
2	CANON KK	日本	9	7
3	SONY CORP	日本	6	5
4	TOSHIBA KK	日本	6	3
5	SAMSUNG ELECTRONICS CO LTD	韩国	4	3

6. 澳大利亚地区相关专利申请人排名

表 6.6-7　数字内容分段控制技术澳大利亚地区相关专利申请人排名

序号	申请人	申请人国家	专利申请数量	专利授权数量
1	MICROSOFT CORP	美国	2	2
2	KONINK PHILIPS ELECTRONICS	荷兰	1	0
3	NOKIA CORP	芬兰	1	1
4	EDMOND A	美国	1	0
5	FIRST 4 INTERNET LTD	美国	1	0

7. 德国地区相关专利申请人排名

表 6.6-8　数字内容分段控制技术德国地区相关专利申请人排名

序号	申请人	申请人国家	专利申请数量	专利授权数量
1	MICROSOFT CORP	美国	2	0
2	DEUT TELEKOM AG	德国	2	0

8. 法国地区相关专利申请人排名

表 6.6-9　数字内容分段控制技术法国地区相关专利申请人排名

序号	申请人	申请人国家	专利申请数量	专利授权数量
1	GEN INSTR CORP	美国	1	0

9. 英国地区相关专利申请人排名

表 6.6-10　数字内容分段控制技术英国地区相关专利申请人排名

序号	申请人	申请人国家	专利申请数量	专利授权数量
1	GEN INSTR CORP	美国	1	0
2	SONY CORP	日本	1	0
3	FIRST 4 INTERNET LTD	英国	1	0
4	NDS Limited	英国	1	0
5	Jackson-Smith Alexander	德国	1	0

10. 俄罗斯地区相关专利申请人排名

表 6.6-11　数字内容分段控制技术俄罗斯地区相关专利申请人排名

序号	申请人	申请人国家	专利申请数量	专利授权数量
1	MICROSOFT CORP	美国	2	0
2	CHASSAGNE O	个人	1	0
3	EURO UNION EURO COMMISSION	个人	1	0
4	MOTOROLA INC	个人	1	0

11. 韩国地区相关专利申请人排名

表 6.6-12　数字内容分段控制技术韩国地区相关专利申请人排名

序号	申请人	申请人国家	专利申请数量	专利授权数量
1	MICROSOFT CORP	美国	6	4
2	SONY CORP	日本	5	0

（续表）

序号	申请人	申请人国家	专利申请数量	专利授权数量
3	SAMSUNG ELECTRONICS CO LTD	韩国	5	0
4	SLIM DISC CORP	韩国	2	0
5	IBM CORP	美国	1	0

二、专利分析

（一）技术发展趋势分析

数字内容分段控制技术是在“按需授权”等商业模式发展后出现的可对数字内容作品进行细粒度版权保护的技术。因此起步比较晚，从 1994 年到 2003 年，数字内容分段控制技术专利申请量缓慢增加。从 2004 年到 2007 年，申请量开始较快增长。2008 年到 2012 年专利申请量回落保持在每年 20 到 30 项专利申请之间，平稳发展。由于专利从申请到公开到数据库收录，会有一定时间的延迟，图中近两年，特别是 2014 年的数据会大幅小于实际数据。从专利申请量上可看出，目前各大企业对数字内容分段控制技术的研究投入相对较少，这可能是因为目前主流的数字内容版权控制并非是分段控制技术，特别是欧、美等 DRM 技术领先地区市场上的主流产品如 Kindle、ibooks 等基本仍是以整本授权的方式进行版权控制。

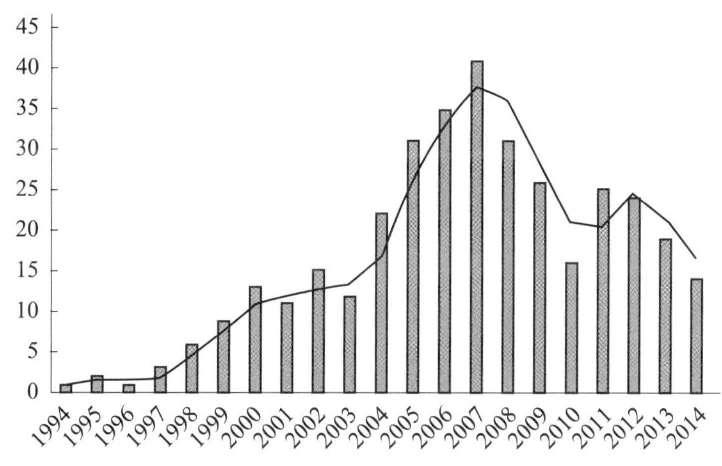

图 6.6-2　数字内容分段加密技术发展趋势图

整体授权是利用整体加密的方法，然后授权给用户。然而，整体加密由于算法本身的特点，存在一些不足：首先，对称加密算法的安全性很大程度上依赖密钥的私密性，尤其在使用公开的对称加密算法时，加密数据的安全取决于密钥本身的安全，实际应用过程中密钥的分发与管理存在较大困难；其次，非对称加密算法虽然适用于用户密钥的分发和管理，但其加密和解密的速度相对较慢，不适合大量数据加密应用领域；整体加密文件通常使用单一密钥，无法抗御算法失效或暴力破解，信息整体安全性较差。

较之单一的加密算法，分段加密方法在 4 个方面增强了数据安全性：加密数据和加密信息分离；采用多种随机加密算法及随机密钥和初始向量；加密数据段长度随机；使用非对称加密算法对加密信息进行二次加密。分段加密方法极大地增加了数据破解难度，即使部分数据被破解，仍可在一定程度上保证其他数据的安全性；通过记录和比较文件信息摘要，确保了数据的一致性和有效性。此外，通过对加密文件加密信息处理，结合身份认证系统，更有利于提高数据授权分发的安全性和密钥管理的便捷性。

相比较整体加密方法，数字内容的分段加密方法既能充分利用对称加密算法快速处理大量数据的特点，又能发挥非对称加密算法在密钥分发管理方面的优势，同时有效提高加密强度，具有较好的发展潜力。

（二）技术路线分析

随着 Internet 的普及和数字化技术的发展，网上传播的数字内容越来越多，传统的版权保护方式已不能满足数字内容版权保护的需要。从上世纪 90 年代开始，数字版权保护技术成为新兴的热门课题。随着时代的发展，“按需授权，按需付费”成为数字版权领域新的商业模式，也是领域内未来的发展趋势，各大企业开始研究数字内容分段控制版权保护技术。与此技术相关性较高的专利最早出现在 1997 年，专利号 US6266683B1，关于电脑文档的管理系统。2003 年 9 月 8 日，索尼公司申请了关于多权限管理数字版权的专利 WO2004023717A2，实现了对数字内容段进行不同的加密，以产生被部分加密的允许双 DRM 的文件，该专利后续被大量专利引用，是比较核心的专利。2005 年 6 月 27 日，索尼公司申请专利 GB2415808A，将数字进行部分加密，客户可通过购买等手段获得对加密部分访问的权限。2005 年 8 月 11 日，微软公司申请专利 US20070038873A1，通过对媒体文件数据段进行分别加密以实现数字媒体各数据段实行不同权限，实现分段使用，该专利有大量同族且在后续被多次引用，是数字内容分段控制领域比较核心的专利。之后，北京大学和北大方正对该技术进行深入研究，于 2007 年和 2011 年申请两篇核心专利 CN101196971A 和 CN102780556A。

（三）主要专利申请人分析

数字内容分段控制技术排名靠前的申请人主要为美国和日本的企业，在全球排名前三的申请人分别为美国的微软公司（96 件）、日本的索尼公司（61 件）和韩国的三星公司（35 件）。

1. 申请量排名第一的专利申请人

（1）专利申请量

微软是一家总部位于美国的跨国电脑科技公司，是世界 PC 机软件开发的先导。作为传统的 IT 公司，微软以研发、制造、授权和提供广泛的电脑软件服务为主营业务，在互

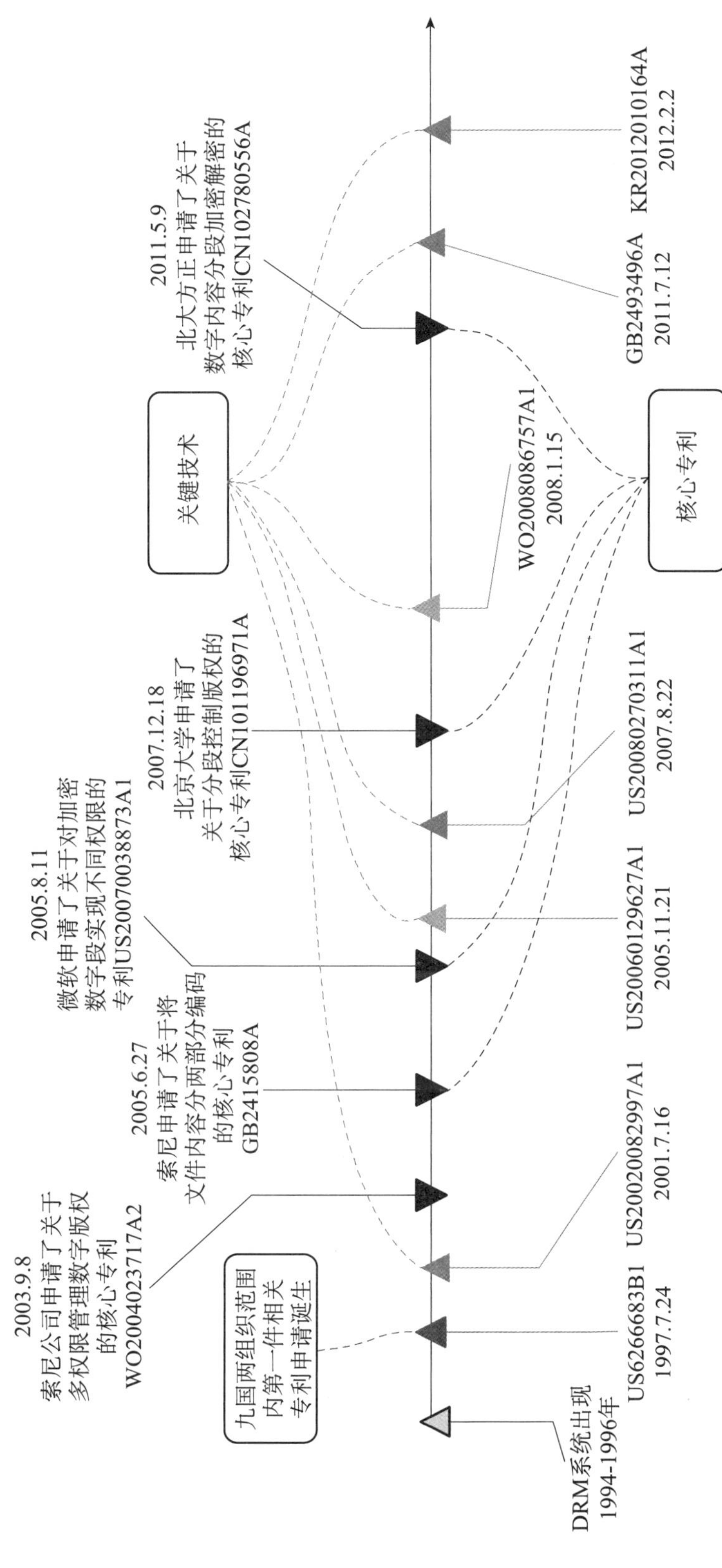

图6.6-3　数字内容分段控制技术路线图

联网领域也有所涉及。从1975创始至今，微软在相关技术领域都有深入的研究，对版权保护也非常重视，在数字内容分段控制这一技术领域，微软是专利申请量最大的公司。从图6.6-4中可看出，微软于2000年开始在数字内容分段控制技术领域申请了第一件专利，经过技术的发展期，在2004年到2006年达到专利申请的高峰期，之后的2007年至2010年，微软的申请趋势有所下降，但是仍然保持着一定的研发热度，2011年之后，微软在数字内容分段控制研发力度大大减少，数量变少。

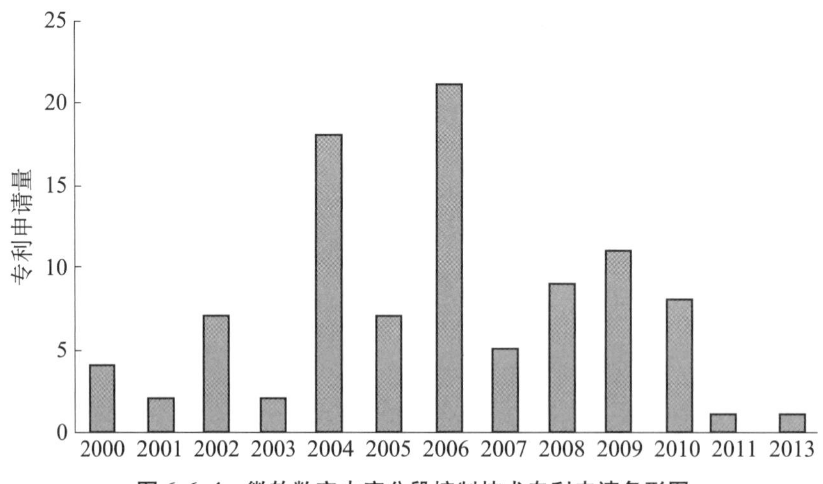

图6.6-4　微软数字内容分段控制技术专利申请条形图

（2）九国两组织专利申请量区域分布

作为全球知名的传统IT公司，微软非常注重本国以及国外的知识产权保护，从图6.6-5可以看出，微软重视本土市场，重点在美国进行专利布局。另外，日本、欧洲、中国、韩国也是数字内容分段控制技术产品和设备的主要消费地区和国家，微软也很积极地到这些市场进行专利布局。

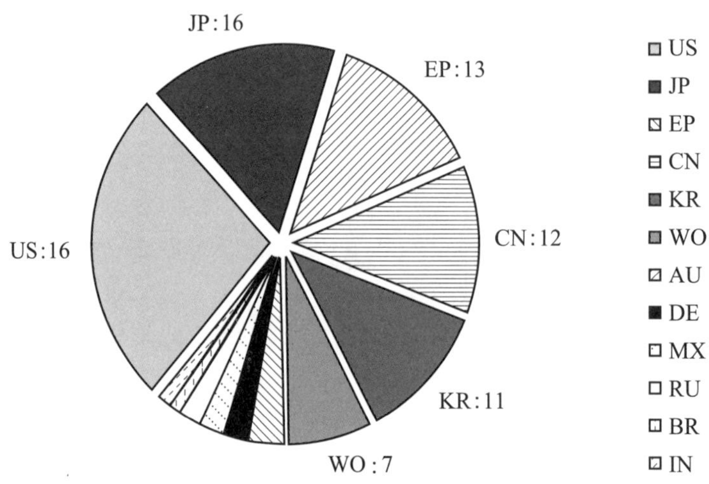

图6.6-5　微软数字内容分段控制技术专利申请量区域分布图

（3）技术构成分布

由于数字内容分段控制技术是比较细的技术点，专利样本量较小，因此专利技术构成分布地图中热点技术较少。从图可以看出，微软的研究热点主要集中在数字版权加密、内容分发送—许可证控制系统（内容分发平台和许可证控制系统）、解密管理等。这些都是数字内同分段控制技术中的关键环节，其中数字版权加密是出现频率最高的关键词。

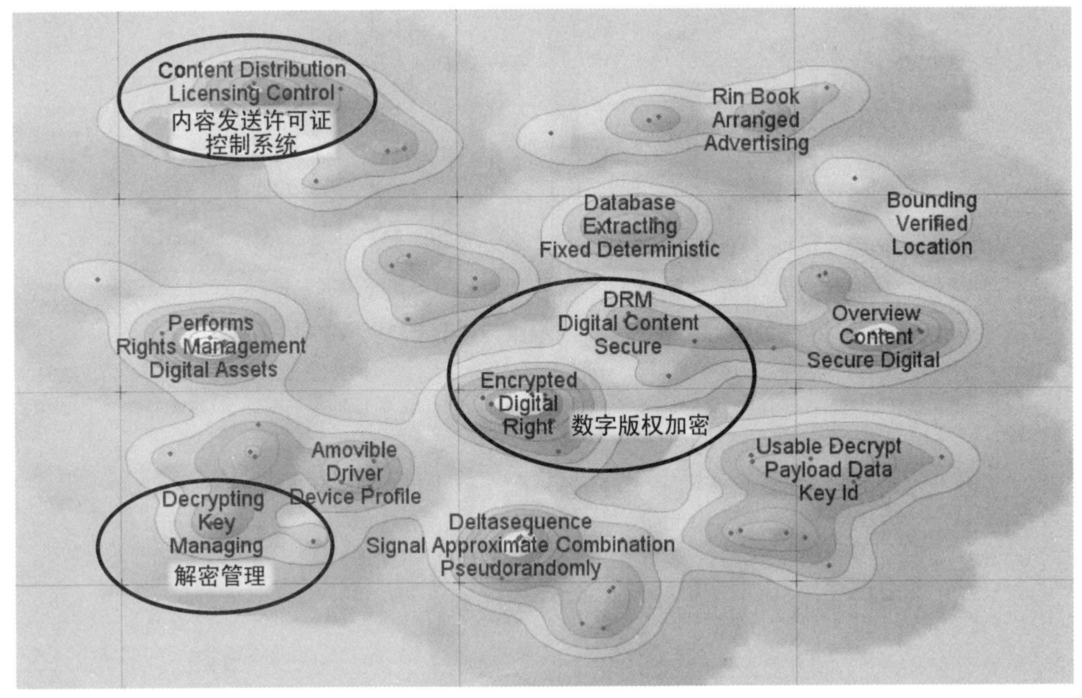

图 6. 6-6　微软数字内容分段控制技术构成分布图

2. 申请量排名第二的专利申请人

（1）专利申请量

索尼公司是世界上民用及专业视听产品、游戏产品、通信产品核心部件和信息技术等领域的先导之一，它在音乐、影视、电脑娱乐以及在线业务方面的成就使其成为全球领先的电子和娱乐公司。作为电子产品的行业巨头，索尼在版权保护领域也有深入的研究，从图 6. 6-7 可以看出，索尼于 2000 年开始在数字内容分段控制技术领域申请了第一件专利，之后的 2001 年至 2010 年，索尼一直持续加大研究力度，申请量波动增长，期间申请了多篇数字内容分段控制技术领域的核心专利。2011 年以后，索尼在数字内容分段控制研发力度减小，专利申请数量变少。

（2）九国两组织专利申请

作为全球知名的大型综合性跨国企业集团，索尼非常注重本国以及国外的知识产权保护，从图 6. 6-8 可以看出，索尼认为美国是数字内容分段控制技术的最大市场，在美国展开了大量的专利布局，专利申请量甚至多于其在日本的专利申请量。除了美国、日本，欧洲、中国、韩国也是数字内容分段控制技术产品和设备的主要消费地区和国家，索尼也很积极地到这些市场进行专利布局。

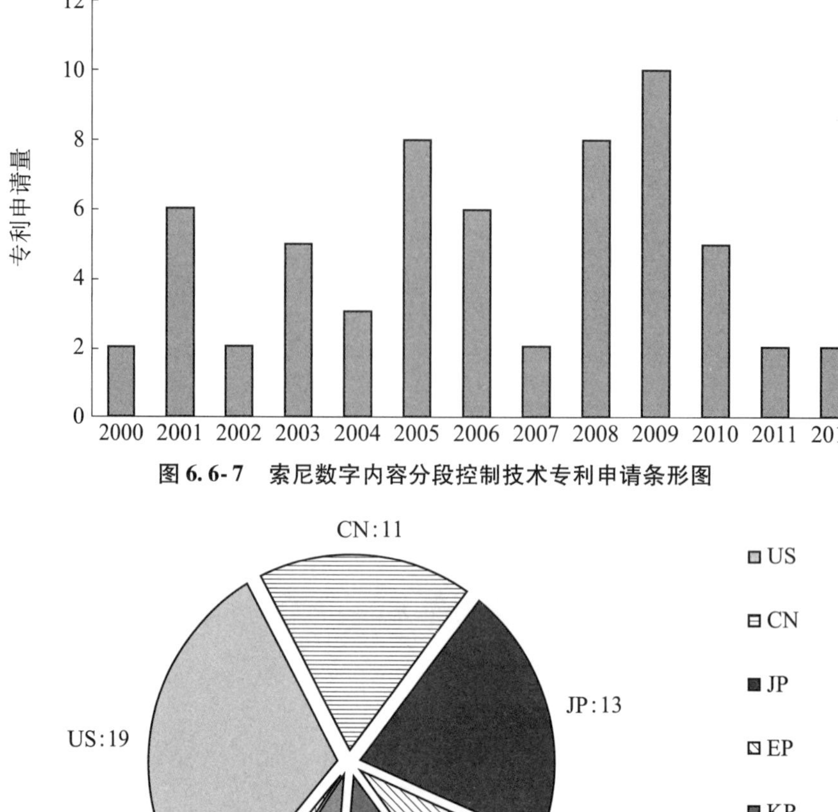

图 6.6-7　索尼数字内容分段控制技术专利申请条形图

图 6.6-8　索尼数字内容分段控制技术专利申请量区域分布图

（3）技术构成分布

从图 6.6-9 可以看出，索尼的研究热点主要集中在分数据包加密、算法—选择性加密（多种 DRM 算法以产生多种 DRM 选择性加密内容）、分段加密系统（数字内容被分段标识后进行复制，并加密）。索尼公司 2007 年开发的通用密钥分组加密算法“CLEFIA”已经被采纳为轻量加密（lightweight cryptography）国际标准“ISO/IEC 29192”中的一种。可以看出，索尼在加密技术领域有深入的研究。

三、总结

数字内容分段控制技术研究数字内容分段控制权利描述模型、作品分段加密与封装、数字内容作品分段控制的密钥管理、数字内容作品分段授权、数字内容作品分段使用控制等技术，解决数字内容分段版权保护关键技术难题。

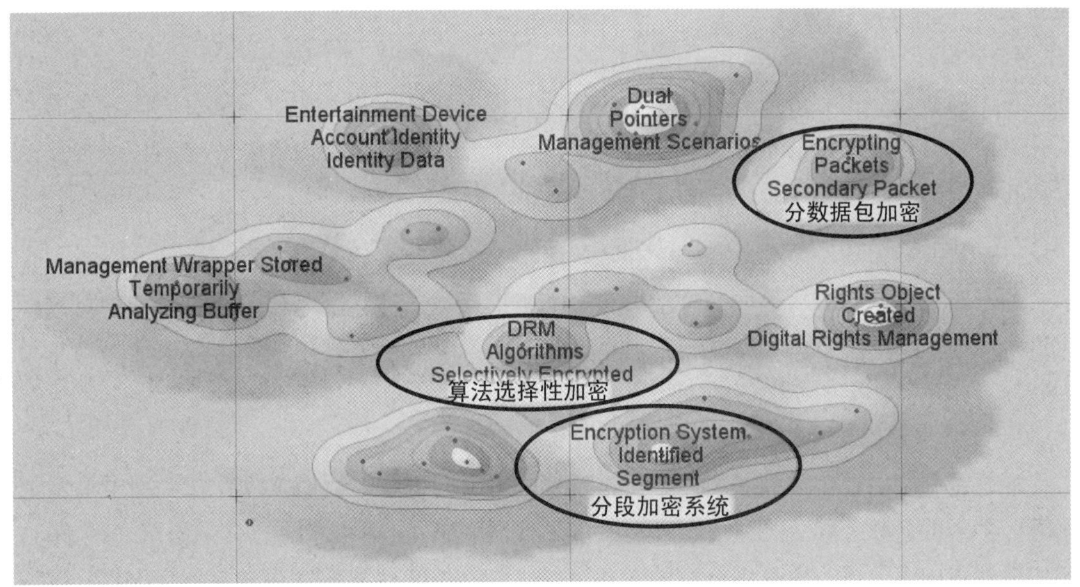

图 6.6-9　索尼数字内容分段控制技术构成分布图

数字内容分段控制技术是数字内容作品进行细粒度版权保护的技术，是数字版权保护的基础性技术，出于不遗漏相关专利及专利申请的原则，通过在全球“九国两组织”数据范围内进行专利检索、筛选和分析，并对重点申请人的专利进行针对性研究。

(一) 专利申请量的总体发展趋势

从整体趋势上来讲，数字内容分段控制技术第一件专利自 1994 年起出现，截止 2014 年 12 月 12 日，共涉及专利 794 件。数字内容分段控制技术专利申请量在 2007 年左右达到最大值，专利申请量随后虽有回落，但仍保持稳定申请的态势。

(二) 各地区技术发展现状以及未来发展趋势

1. 美国

从国家层面上来说，在“九国两组织”的研究范围内，美国是专利布局的重点地区。美国专利技术发展良好，目前进入成熟期。从 1996 年开始，美国就在数字内容分段控制技术领域有技术产出，从 2002 年开始，由发展期历经申请数量回落的过程后，美国在该技术上逐步进入成熟期，该基础技术已经不是美国在数字版权方面最为关注的技术方向。

2. 日本

日本在该领域的研究，相对于美国来说，稍显滞后，日本进入数字内容分段控制升温迅速，萌芽期短而发展期紧随其后，2007 年至 2008 年，日本的数字内容分段控制技术与美国同步进入了成熟期，并在之后几年处于申请量饱和、增长缓慢的态势。

3. 韩国

韩国在该领域的专利申请数量上与美国及日本相比较少，然而，韩国的发展趋势紧随美国之后，并与日本情况相仿。在 2006 年前后有较为突出的发展阶段，在 2010 年后态势相对低迷。

4. 中国

在国内，数字内容分段控制技术起步较晚，但一些高校和企业已经进行一些专利的布局。其中表现较为突出的是北京大学和北大方正，分别针对数字内容分段控制技术相关的分段授权管理和分段加密技术进行了专利申请和保护。

（三）主要申请人专利申请对比分析

通过对数字内容分段控制技术的分析，从申请数量角度确定索尼公司、微软和三星等大型企业为主要的申请人和专利权人，下面结合微观分析模块具体解读主要申请人的专利现状。

1. 专利申请量维度横向比较

通过将三个主要申请人在专利申请量维度进行横向比较，我们发现：从专利申请量上来看，美国的微软公司（96 件）、日本的索尼公司（61 件）和韩国的三星公司（35 件），其中微软在内容分段方面有着绝对的专利布局优势，2011 年之后，微软在数字内容分段控制研发力度大大减少，数量变少。而索尼的专利/专利申请量相对三星要更胜一筹，索尼在 2001 年至 2010 年，持续加大研究力度，申请量波动增长。三星进入数字内容分段控制技术领域时间较晚，并在 2012 年后出现申请数量停滞的现象。

2. 专利资产区域布局情况

从三个主要申请人的专利资产区域布局情况，可以得出：微软公司重视本土市场，而日本、欧洲、中国、韩国不仅是数字内容分段控制技术产品和设备的主要消费地区和国家，同时也是布局的重要区域。索尼公司不仅在日本本土进行大量布局，并且也非常注重海外布局，美国就是最为重要的海外布局国家。韩国在专利布局方面采用的是海外为主的策略，其在美国申请的数量多于其在韩国的专利量。

3. 技术热点分析

微软公司针对媒体文件数据段进行分别加密以实现数字媒体各数据段实行不同权限，实现分段使用等层面分布有较多专利。索尼则偏向于通用性强、动态适应力好的分段控制技术，三星的专利技术方案多与其他相关技术关联并一同申请专利，单独申请数字内容分段控制的专利较少。

第七节　细粒度控制技术

一、专利检索

（一）检索结果概述

以细粒度控制为检索主题，在“九国两组织”范围内，共检索到相关专利申请1 061 件，具体数量分布如下（单位：件）：

美国	中国	日本	韩国	英国	法国	德国	澳大利亚	俄罗斯	EP	WO	总计
394	64	76	449	8	2	1	2	20	21	24	1 061

（二）各地区/组织相关专利申请趋势

从 2000 年起，细粒度控制技术的“九国两组织”专利申请总量呈逐年增加的趋势，至 2007 年达到最大峰值，从 2007 年至今，专利数量逐渐下降，这主要与细粒度控制技术日益成熟，应用越来越广泛有较大关系。其中，韩国是技术创新和研发热度最高的国家，其次是美国。此外，澳大利亚、俄罗斯、欧洲等地区在该领域的专利数量基本都为个位数，且变化一直很平缓，说明研发和创新的热度不高。

表 6.7-1　细粒度控制技术“九国两组织”相关专利申请状况

国家＼年份	1999	2000	2001	2002	2003	2004	2005	2006	2007	2008	2009	2010	2011	2012	2013	2014
US	2	4	14	19	11	32	34	24	55	56	36	26	17	27	24	13
CN	0	0	1	0	1	3	3	11	6	4	10	12	6	6	1	0
JP	1	1	5	7	13	10	9	2	9	3	2	1	5	7	1	0
KR	0	3	9	9	8	32	39	107	74	64	37	23	24	11	7	2
GB	0	0	2	1	0	0	1	0	0	2	0	0	0	1	1	0
DE	0	0	0	1	0	0	0	0	0	0	0	0	0	0	0	0
FR	0	0	0	0	0	0	0	1	0	0	0	0	1	0	0	0
AU	1	0	0	0	1	0	0	0	0	0	0	0	0	0	0	0
RU	0	0	1	1	0	6	6	2	4	0	0	0	0	0	0	0
EP	0	0	1	2	2	6	4	2	2	1	1	0	0	0	0	0
WO	1	0	1	0	0	1	1	3	7	5	0	1	0	2	1	1

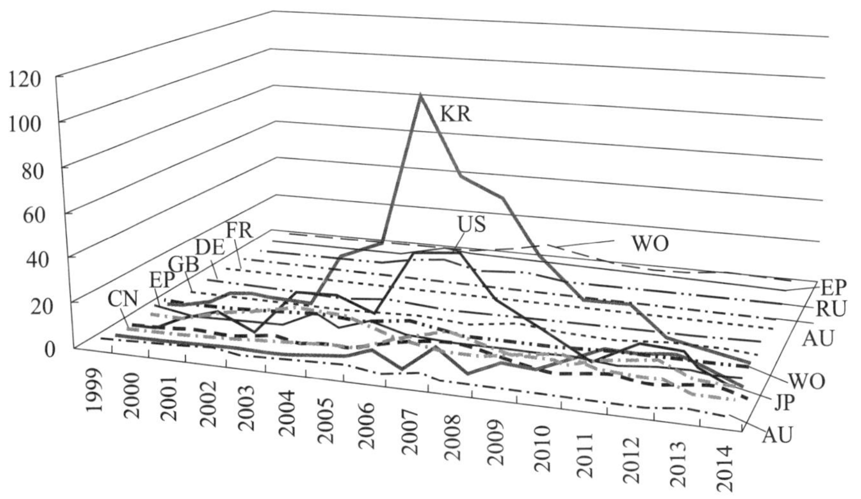

图 6.7-1　“九国两组织”相关专利申请状况图

（三）各地区/组织相关专利申请人排名

1. WO 相关专利申请人排名

表 6.7-2 细粒度控制技术 WO 相关专利申请人排名

序号	申请人	申请人国家	专利申请数量
1	SAMSUNG ELECTRONICS CO LTD	韩国	20
2	LG ELECTRONICS INC	韩国	16
3	ELECTRONICS AND TELECOMMUNICATIONS RESEARCH INSTITUTE	韩国	8
4	MICROSOFT CORP	美国	7
5	LEE S	美国	7

2. EP 相关专利申请人排名

表 6.7-3 细粒度控制技术 EP 相关专利申请人排名

序号	申请人	申请人国家	专利申请数量	专利授权数量
1	SAMSUNG ELECTRONICS CO LTD	韩国	28	2
2	MICROSOFT CORP	美国	4	0
3	LG ELECTRONICS INC	韩国	3	0
4	THOMSON LICENSING	法国	3	0
5	ROBERT A	美国	3	0

3. 中国地区相关专利申请人排名

表 6.7-4 细粒度控制技术中国地区相关专利申请人排名

序号	申请人	申请人国家	专利申请数量	专利授权数量
1	ZTE CORP	中国	3	1
2	HUAWEI TECHNOLOGIES CO LTD	中国	3	1
3	UNIV PEKING FOUNDER GROUP CO LTD	中国	2	1
4	SONY CORP	日本	1	0
5	MATSUSHITA ELECTRIC IND CO LTD	日本	1	1

4. 美国地区相关专利申请人排名

表 6.7-5 细粒度控制技术美国地区相关专利申请人排名

序号	申请人	申请人国家	专利申请数量	专利授权数量
1	SAMSUNG ELECTRONICS CO LTD	韩国	95	22
2	MICROSOFT CORP	美国	33	28
3	NOKIA CORPORATION	芬兰	9	4

（续表）

序号	申请人	申请人国家	专利申请数量	专利授权数量
4	GOOGLE TECHNOLOGY HOLDINGS LLC	美国	9	2
5	INTERNATIONAL BUSINESS MACHINES CORPORATION	美国	7	6

5. 日本地区相关专利申请人排名

表 6.7-6　细粒度控制技术日本地区相关专利申请人排名

序号	申请人	申请人国家	专利申请数量	专利授权数量
1	MATSUSHITA DENKI SANGYO KK	日本	7	5
2	NIPPON TELEGRAPH & TELEPHONE CORP	日本	7	3
3	SONY CORP	日本	5	5
4	NEC CORP	日本	3	0
5	PANASONIC CORP	日本	2	0

6. 澳大利亚地区相关专利申请人排名

表 6.7-7　细粒度控制技术澳大利亚地区相关专利申请人排名

序号	申请人	申请人国家	专利申请数量	专利授权数量
1	TELECOM ITALIA SPA		1	0
2	Sony Computer Entertainment Inc.	日本	1	1

7. 德国地区相关专利申请人排名

表 6.7-8　细粒度控制技术德国地区相关专利申请人排名

序号	申请人	申请人国家	专利申请数量	专利授权数量
1	Deutsche Telekom AG	德国	1	0

8. 法国地区相关专利申请人排名

表 6.7-9　细粒度控制技术法国地区相关专利申请人排名

序号	申请人	申请人国家	专利申请数量	专利授权数量
1	FRANCE TELECOM	法国	1	0
2	GROUPE DES ECOLES DES	法国	1	0

9. 英国地区相关专利申请人排名

表 6.7-9　细粒度控制技术英国地区相关专利申请人排名

序号	申请人	申请人国家	专利申请数量	专利授权数量
1	LG ELECTRONICS INC	韩国	4	0
2	MICROSOFT CORP	美国	3	0
3	PHILIPS	荷兰	2	0
4	MATSUSITA EHLEKTRIK INDASTRIAL	日本	1	0
5	SIEMENS AG	德国	1	0

10. 俄罗斯地区相关专利申请人排名

在本次检索得到的俄罗斯相关专利中，无细粒度控制技术涉及的专利申请。

11. 韩国地区相关专利申请人排名

表 6.7-10　细粒度控制技术韩国地区相关专利申请人排名

序号	申请人	申请人国家	专利申请数量	专利授权数量
1	SAMSUNG ELECTRONICS CO LTD	韩国	35	32
2	SK TELECOM CO LTD	韩国	34	13
3	LG ELECTRONICS INC	韩国	30	14
4	KT CORP		16	4
5	ELECTRONICS&TELECOM RES INST	韩国	15	4

二、专利分析

（一）技术发展趋势分析

图 6.7-2 示出细粒度控制技术的发展趋势。其专利出现较晚，专利出现于 2000 年左右，这主要是细粒度控制技术晚于粗粒度控制技术的出现，相比于粗粒度控制技术可以访问整个数据库表或由表导出的视图的某个层，细粒度控制技术则总是对数据项在元组级别或属性层进行控制。从 2000 年到 2006 年该技术相关专利的申请量呈现持续增长的趋势，2006 年至 2007 年申请数量达到顶峰，网络技术的发展在线阅览注册信息的普遍，未导致个人信息等泄露问题，为了保护在线阅览版权和个人信息，应用该技术的企业越来越多，随着技术发展的日趋成熟，专利申请量有所回落。

随着行业需求的不断提升，对于一个真正的文档安全管理系统来说，简单的加密、解密早已成为最基本的功能，关键是它要能够针对不同的使用者提供不同的访问权限，在特定的时间限度、空间范围内自动允许或禁止使用，完善地记录受保护文档的使用痕迹。只有进行全方位的管理与保护，才能实现最安全的文档保护。通过对内部用户的授权实现细

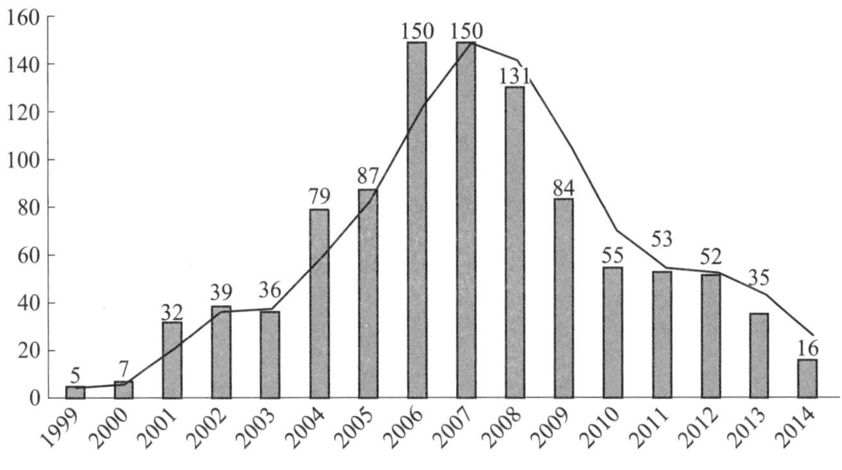

图 6.7-2　细粒度控制技术发展趋势图

粒度权限控制，包括文档阅读、编辑、复制、打印、截屏/屏幕录像等操作的权限控制和流转范围控制，并可随时回收文档权限。在保证合法用户合理使用的同时，实现“文档内容拿不走、文档拿走看不了”，对于离职的员工，可以立即回收其对所有密级文档的权限，即使拷贝到移动硬盘中带走，打开时也只能看到乱码，从而有效保护企业知识产权和商业机密。

（二）技术路线分析

从图 6.7-3 细粒度控制技术路线分析图中可以看出，该技术主要是应用在数字版权保护系统中，随着移动数据增值业务的蓬勃发展，以及智能手机手机、掌上电脑和电子阅读器等移动终端性能不断地提高，和计算机通信技术的迅速发展，也使数字作品的非法复制、存储、分发等变得越来越容易，使用细粒控制技术来设置文档等内容的权限已是目前在线阅览版权保护的一个发展趋势。

访问控制就是通过某种途径，显示地准许或限制访问能力及范围的一种方式。通过访问控制服务可以限制对关键资源的访问，防止非法用户的侵入或者因合法用户的不慎操作所造成的破坏。根据控制对象的粗细程度，访问控制可分为粗粒度和细粒度两种，把控制细到目录、文件、Web 页面一级的称为细粒度访问控制。从图中可以看出细粒度控制技术出现相对较晚，并且在最近的几年内主要是应用在数字版权保护方面，其核心专利和关键技术专利分布比较均匀，可见，此项技术仍是一个研究热点。

（三）主要专利申请人分析

为了深入分析细粒度控制这一技术领域，通过对检索数据进行标引、聚类等处理，我们了解到，1994 年至 2014 年，在细粒度控制技术领域专利申请量排名前三的申请人分别为：三星电子公司、微软公司、LG 电子公司，申请量分别是 186 件、74 件、68 件。

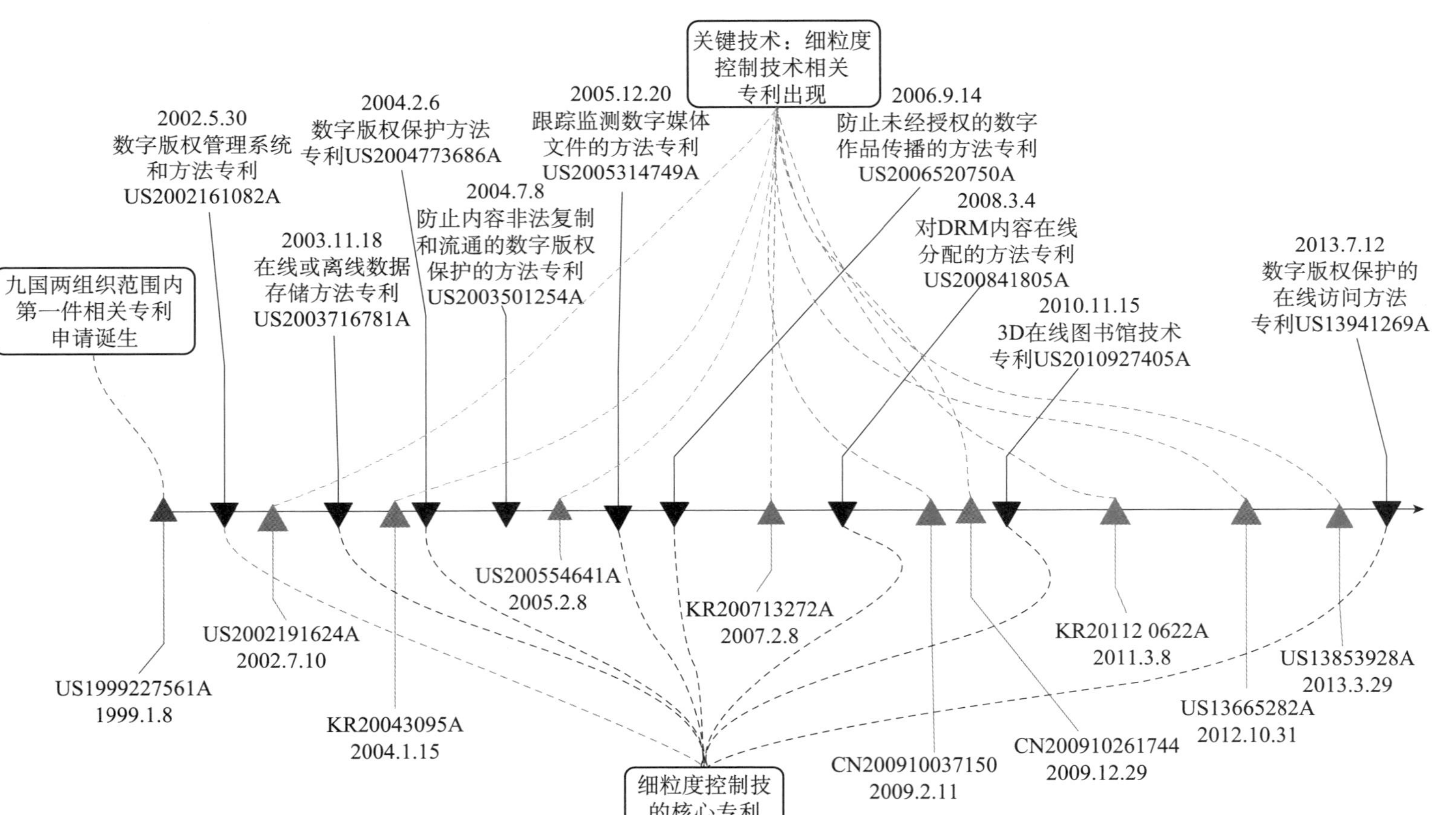

图6.7-3　细粒度控制技术路线图

1. 申请量排名第一的专利申请人

（1）专利申请量

图6.7-4所示为三星细粒度控制技术专利申请数量随年代发展的趋势情况，三星电子在细粒度控制技术方面的专利申请趋势，基本上与细粒度控制技术的整体发展趋势是一致的，在2007年该技术的专利申请数量达到顶峰，这主要是由于进入互联网发展的蓬勃期，以及智能电子产品的问世，比如三星的电子书、电子阅读器与电子杂志的发展，这就决定了要产生一种技术来加强保护这些数字化的音视频内容的版权，所以，在2007年左右该技术发展达到顶峰，随着技术的发展，单纯的细粒度控制技术已经不能满足在线阅览版权的保护，使得相对于的专利申请量有所下降。

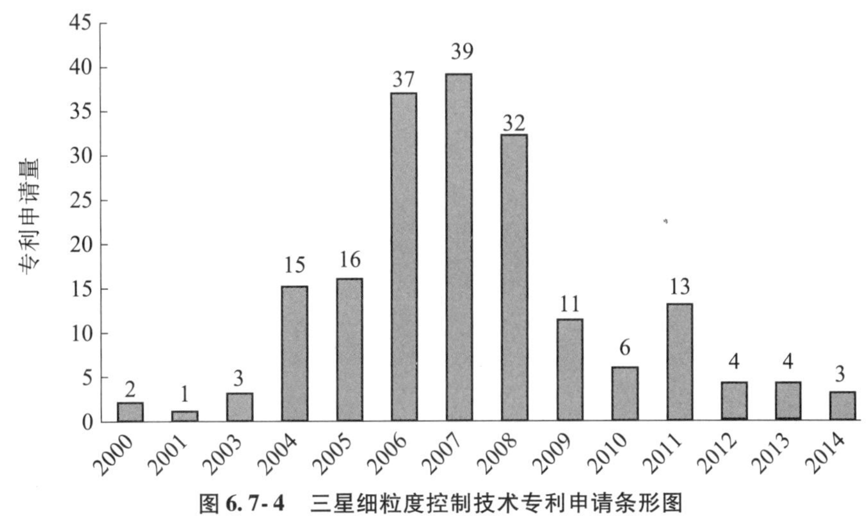

图6.7-4 三星细粒度控制技术专利申请条形图

（2）“九国两组织”专利申请量区域分布

图6.7-5所示为三星在“九国两组织”区域的专利申请情况，三星电子在美国的申请量比本国还多，说明三星电子重视美国的市场的专利布局，这主要是与三星电子在美国的

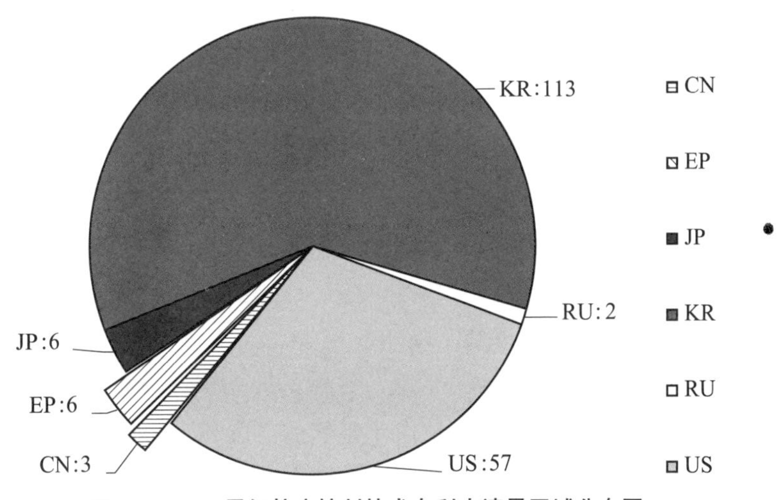

图6.7-5 三星细粒度控制技术专利申请量区域分布图

诉讼较多，同时，其主要的竞争对手也主要分布在美国市场。

（3）技术构成分布

通过对于重点竞争对手进行技术构成分析，我们可以深入地了解其技术研发和专利申请的侧重点。从图 6.7-6 可以看出，三星公司在细粒度控制技术领域关注的技术热点为便携式存储装置和备份 DRM，由此推断，三星主要是将细粒度控制技术应用到数字版权保护方面，为了保护在线数字内容，针对便携式存储装置采用了细粒度控制技术设置其权限，防止在线媒体内容的随意储存。

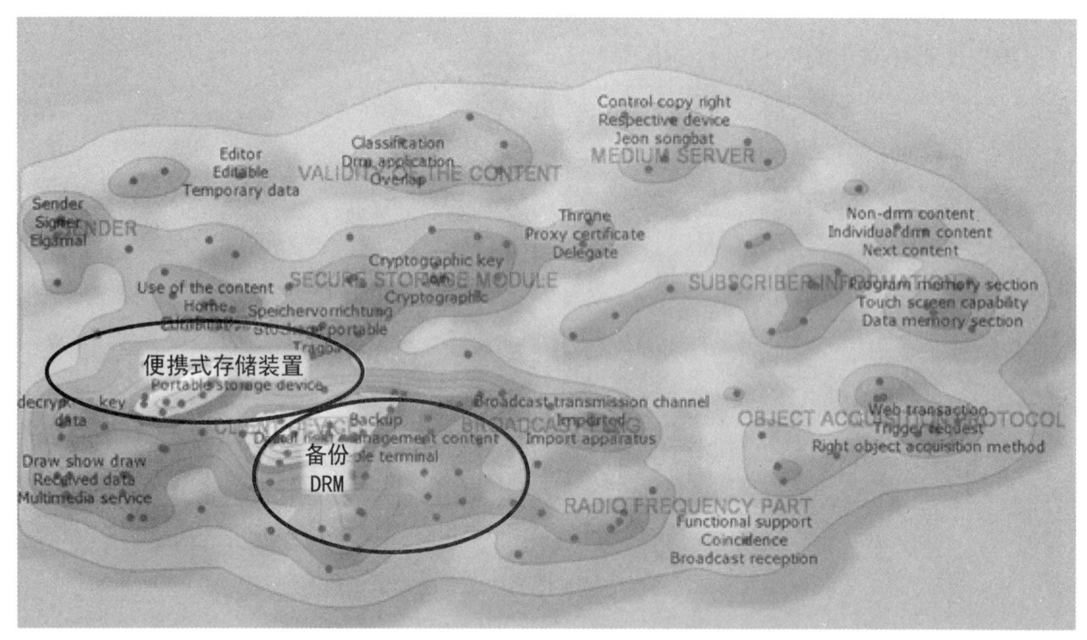

图 6.7-6　三星细粒度控制技术构成分布图

2. 申请量排名第二的专利申请人

（1）专利申请量

图 6.7-7 所示为微软细粒度控制技术专利申请数量随年代发展的趋势情况。微软是一家总部位于美国的跨国电脑科技公司，是世界 PC 机软件开发的先导。从微软专利申请趋势图可以看出，微软关于细粒度控制技术的整体专利申请数量并不多，申请数量较多的年份集中在 2004 年，从 2003 年开始微软发布了新的数字版权保护软件，该软件将有助于防止音乐盗版，将细粒度控制技术应用在权限设置是其研究的一个方向，所以，在 2004 年左右其专利申请量相对较多。

（2）“九国两组织”专利申请量区域分布

图 6.7-8 所示为微软在“九国两组织”区域的专利申请分布情况，微软该技术的主要专利申请集中在美国本土，这主要是由于微软的本部和主要目标市场位于美国，并且也是专利诉讼频繁的地区，其次专利布局主要在韩国，该技术的相关专利韩国的申请量较多。

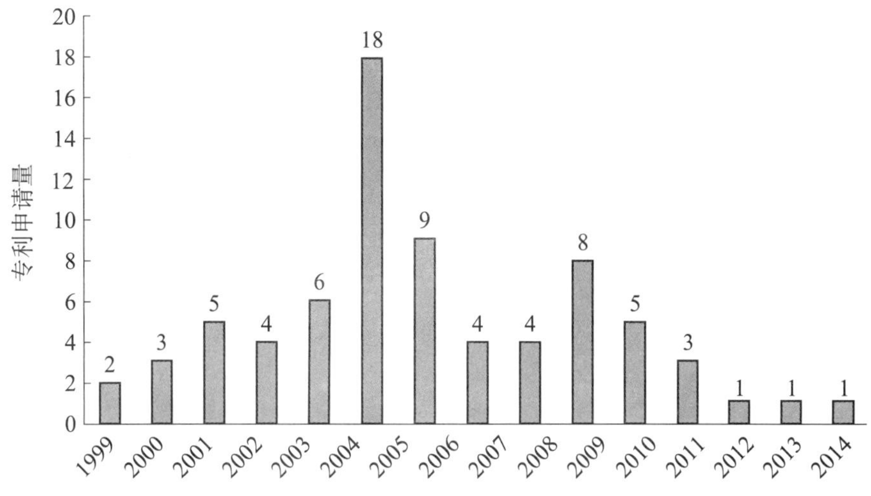

图 6.7-7　微软细粒度控制技术专利申请条形图

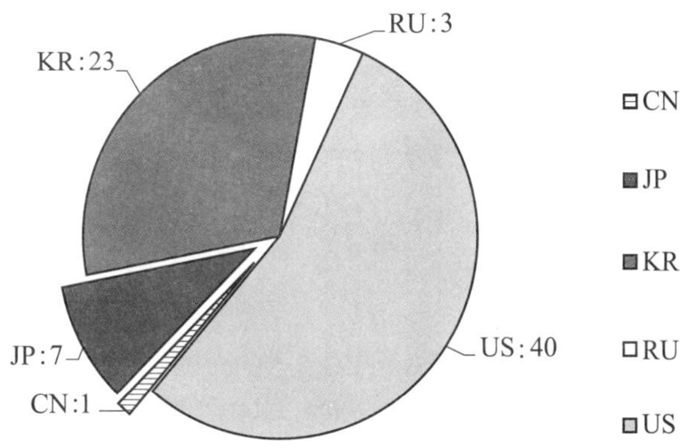

图 6.7-8　微软细粒度控制技术专利申请量区域分布图

（3）技术构成分布

通过对于重点竞争对手进行技术构成分析，我们可以深入地了解其技术研发和专利申请的侧重点。从图 6.7-9 可以看出，微软公司在细粒度控制技术领域关注的技术热点为许可证获取，许可证是在网络或多用户系统中，对账户进行设置，定义拥有该账户的用户的访问级别，这与细粒度技术中的权限细粒度的技术相对应。

3. 申请量排名第三的专利申请人

（1）专利申请量

图 6.7-10 所示为 LG 电子专利细粒度控制技术专利申请数量随年代发展的趋势情况。LG 电子作为细粒度控制技术排名第三的专利申请人，从它的专利申请趋势图中可以看出其专利申请数量明显下降，并且涉及次项技术的专利申请也起步较晚。从 2004 年开始，整体趋势符合细粒度控制技术的发展趋势，申请量较多的年份集中在 2006 年和 2007 年，这主要是由于信息网络化的普及，在线阅览量的增大造成的。

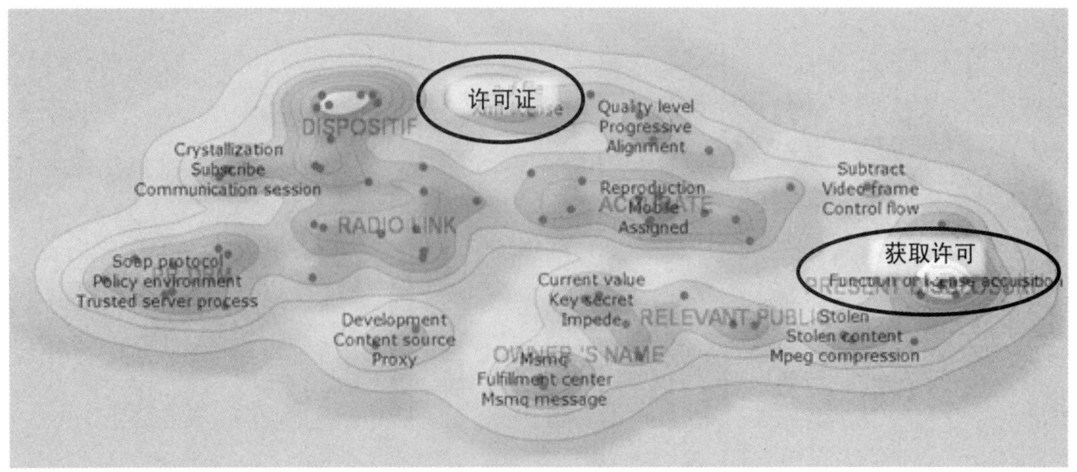

图 6.7-9　微软细粒度控制技术构成分布图

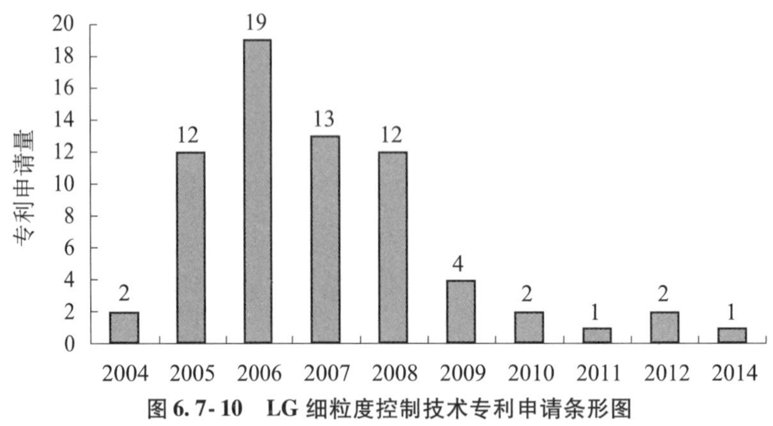

图 6.7-10　LG 细粒度控制技术专利申请条形图

（2）“九国两组织”专利申请量区域分布

从图 6.7-11 中可以看出，其专利申请主要是面向本国，这主要是由于韩国本身的市场竞争，其电子数码厂商较为集中；其次 LG 电子在美国也有一定的专利申请量，主要是

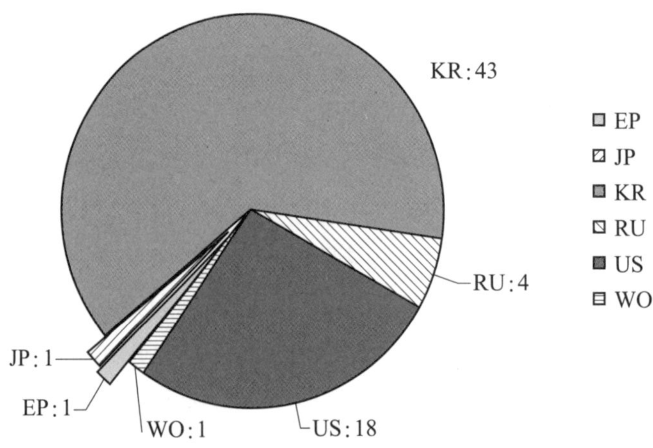

图 6.7-11　LG 细粒度控制技术专利申请量区域分布图

由于美国网络化发展迅猛，其重视美国市场的发展和专利布局。

（3）技术构成分布

通过对于重点竞争对手进行技术构成分析，我们可以深入地了解其技术研发和专利申请的侧重点。从图 6.7-12 可以看出，LG 电子在细粒度控制技术领域关注的技术热点与排名第二的微软公司类似，都是权限方面即包括文档管理权限和系统管理权限等方面内容，可见，权限细粒度的研究是其在线版权保护技术的研究重点。

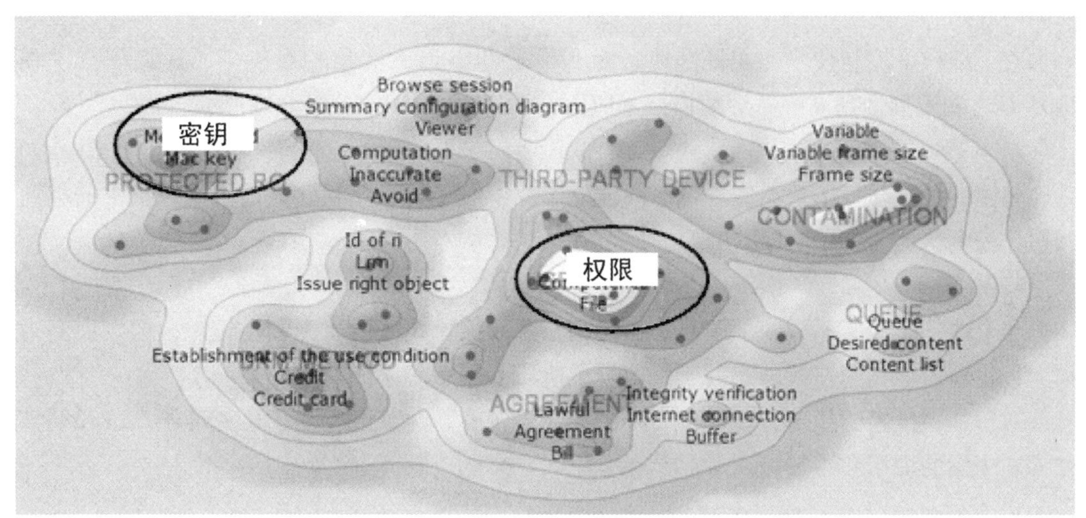

图 6.7-12 LG 细粒度控制技术构成分布图

三、总结

通过前面章节的介绍，我们了解了在线阅览版权保护技术领域的专利发展现状，在线阅览版权保护技术下面分为五个主题——密钥管理技术、防截屏技术、数据切分混淆技术、反跟踪技术和细粒度权限控制技术，分析结论如下：

（一）专利申请量的总体发展趋势

就整个行业专利申请状况来看，密钥管理技术、防截屏技术从 1994 年起的专利申请量呈逐渐增加的趋势，至 2005 年达到最大峰值，从 2005 年至今，专利数量逐渐下降，这主要与密钥管理技术、防截屏技术日益成熟，应用越来越广泛有较大关系。

细粒度控制技术从 1994 年起的专利申请量呈逐渐增加的趋势，至 2007 年达到最大峰值，由于细粒度控制技术日益成熟，应用越来越广，从 2007 年至今其专利数量逐渐下降。

（二）各地区技术发展现状以及未来发展趋势

1. 美国

作为最早涉足在线阅览版权保护技术领域的先导者，该技术在美国起步早、发展快。目前，行业整体发展趋于成熟，关键技术以及相关产品市场份额牢牢把控在微软、IBM 等公司手中，市场呈现出分布不均的现象，整个技术也有进入衰退期的迹象。

对于细粒度控制技术，在2007年至2008年在美国地区发展到顶峰时期，随着技术发展的成熟，该技术的发展比较，缓慢甚至出现了衰退。

2. 日本

作为在线阅览版权保护技术的另一主要研究区域，虽然日本在此项技术的研究不如美国，但是该技术也在日本有所发展，一方面日本自身的科技创新能力保证了其能很快地将所获得的技术信息转化成自身的再创造，另一方面主要的厂商的聚集也加快了此项技术的发展与成熟。

对于细粒度控制技术，在日本地区专利数量和申请人数量相对较少，并且该技术在2003年左右发展达到高峰，后续该技术应用并不广泛。

3. 韩国

韩国的情况与日本很类似，目前同样处于技术发展的成熟期。只是研究该技术的厂商相对比较多，比如三星、LG和索尼等公司。

4. 中国

与上述三个国家不同，中国对于在线阅览版权保护技术的研究起步较晚，但发展潜力很大，目前，该技术在我国正处于快速发展阶段并逐渐趋于成熟。

对于细粒度控制技术，该技术在中国的起步较晚，并且近几年的研究度不高，说明该技术在中国的应用并不普遍。

（三）主要申请人专利申请对比分析

通过对于在线阅览版权保护技术领域的宏观分析，我们得出行业内的主要申请人主要集中在美国、日本和韩国。下面将结合在线阅览版权保护技术下面的主要技术主题，并结合微观分析模块具体解读主要申请人的专利现状。

1. 专利申请量维度横向比较

对于细粒度控制技术，行业内的三个主要申请人是三星电子公司、微软公司和LG电子公司。通过将三个主要申请人在专利申请量维度进行横向比较，我们发现：从专利申请量上来看，三星电子公司拥有相关专利申请186件；微软公司和LG电子公司在这方面的数量分别是74件和68件。其中，三星电子公司作为行业的技术先导者，相应的专利申请量也较多。微软公司和LG电子公司在细粒度控制技术的研究虽然落后于三星电子公司，并且近几年专利数量极少。

2. 专利资产区域布局情况

对于细粒度控制技术，从三个主要申请人的专利资产区域布局情况，我们可以看出：三星电子公司作为该行业的领导者，其专利布局主要针对的是韩国本土和美国，但是在美国地区的专利数量仅为韩国本土的一半左右。微软公司的专利布局主要针对美国和韩国，专利数量分别为40件和23件。LG公司的专利布局主要针对韩国和美国，专利数量分别为43件和18件。

3. 技术热点分析

对于细粒度控制技术，从技术热点分析角度来说：三星电子公司的专利技术构成更侧重于将该技术应用在便携式存储装置和 DRM。微软公司专利技术构成侧重于研究获取许可方面的技术。LG 电子公司专利技术构成侧重于将该技术应用在文档管理权限和系统管理权限等方面内容。

第八节 访问控制技术

一、专利检索

（一）检索结果概述

以访问控制技术为检索主题，在“九国两组织”范围内，共检索到相关专利申请 2 517件，具体数量分布如下（单位：件）：

美国	中国	日本	韩国	英国	法国	德国	澳大利亚	俄罗斯	EP	WO	总计
992	317	167	258	20	11	7	97	19	288	341	2 517

（二）各地区/组织相关专利申请趋势

表 6. 8-1 和图 6. 8-1 示出的是访问控制技术相关的专利在“九国两组织”布局的情况。从表 6. 8-1 和图 6. 8-1 看出，访问控制技术相关专利在“九国两组织”地区的申请状况，与可信计数规范大致一致。美、中、日、韩是对数字版权保护比较积极的国家，2008 年开始，美国专利申请量一直在 100 件上下浮动，中、日、韩也保持在 30 件左右；2006 年前后 EP 和 WO 的专利申请量开始在 30 件上下浮动。欧洲的英、法、德、俄以及澳大利亚专利申请量较少，几乎都在 10 件以下。

表 6. 8-1 访问控制技术“九国两组织”相关专利申请状况

年份 国家	1990①	2000	2001	2002	2003	2004	2005	2006	2007	2008	2009	2010	2011	2012	2013	2014
US	1	1	1	20	33	43	48	45	72	108	103	92	86	103	107	129
CN	0	0	1	2	1	6	11	29	30	38	39	37	34	30	43	16
JP	0	1	0	2	2	8	9	12	9	11	14	21	24	16	24	14
KR	0	0	0	1	2	4	10	13	19	52	32	28	22	16	34	25
GB	0	1	0	2	1	2	1	0	0	4	1	1	0	4	0	3
DE	0	0	0	0	1	0	1	2	1	2	0	0	0	0	0	0
FR	0	0	0	0	0	1	0	2	3	1	3	0	0	1	0	0
AU	0	0	6	5	8	6	8	11	5	8	6	10	4	11	6	3
RU	0	0	0	0	0	0	0	0	0	1	2	7	3	4	0	2
EP	0	1	1	4	11	15	18	27	31	30	31	31	21	20	29	18
WO	1	1	9	21	22	26	34	34	44	42	32	12	17	17	14	15

① 1990 是指 1990 – 1999 年的专利数量总数。

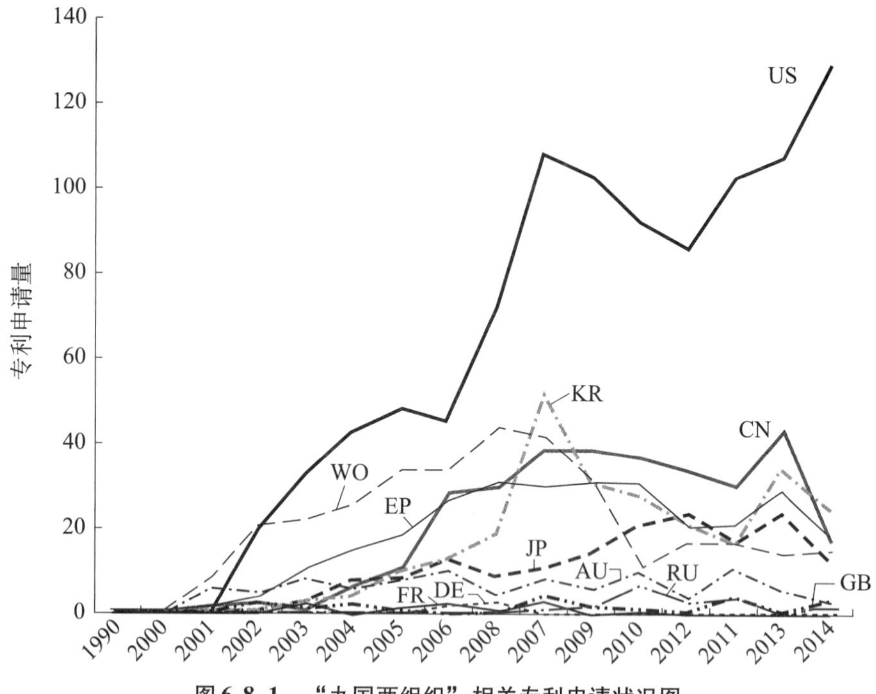

图 6.8-1 “九国两组织”相关专利申请状况图

（三）各地区/组织相关专利申请人排名

1. WO 相关专利申请人排名

表 6.8-2 访问控制技术 WO 相关专利申请人排名

序号	申请人	申请人国家	专利申请数量
1	KONINKL PHILIPS ELECTRONICS NV	荷兰	31
2	NOKIA CORP	芬兰	19
3	SANDISK CORP	美国	13
4	NOKIA INC	芬兰	12
5	MICROSOFT CORP	美国	10

2. EP 相关专利申请人排名

表 6.8-3 访问控制技术 EP 相关专利申请人排名

序号	申请人	申请人国家	专利申请数量	专利授权数量
1	KONINKL PHILIPS ELECTRONICS NV	荷兰	26	6
2	INTERTRUST TECH CORP	美国	18	7
3	SAMSUNG ELECTRONICS CO LTD	韩国	18	2
4	NOKIA CORP	芬兰	18	2
5	SANDISK CORP	美国	10	0

3. 中国地区相关专利申请人排名

表 6.8-4　访问控制技术中国地区相关专利申请人排名

序号	申请人	申请人国家	专利申请数量	专利授权数量
1	KONINKL PHILIPS ELECTRONICS NV	荷兰	35	24
2	SAMSUNG ELECTRONICS CO LTD	韩国	20	16
3	NOKIA CORP	芬兰	19	14
4	INTERTRUST TECH CORP	美国	13	12
5	MICROSOFT CORP	美国	12	7

4. 美国地区相关专利申请人排名

表 6.8-5　访问控制技术美国地区相关专利申请人排名

序号	申请人	申请人国家	专利申请数量	专利授权数量
1	MICROSOFT CORP	美国	55	27
2	INTERTRUST TECH CORP	美国	40	11
3	SAMSUNG ELECTRONICS CO LTD	韩国	40	7
4	BROADCOM CORP	美国	34	7
5	SPANSION LLC	美国	27	8

5. 日本地区相关专利申请人排名

表 6.8-6　访问控制技术日本地区相关专利申请人排名

序号	申请人	申请人国家	专利申请数量	专利授权数量
1	MICROSOFT CORP	美国	10	9
2	INTERTRUST TECHNOLOGIES CORP	美国	10	9
3	KONINK PHILIPS ELECTRONICS NV	荷兰	9	7
4	SAMSUNG ELECTRONICS CO LTD	韩国	6	1
5	CONTENTGUARD HOLDINGS INC	美国	5	4

6. 澳大利亚地区相关专利申请人排名

表 6.8-7　访问控制技术澳大利亚地区相关专利申请人排名

序号	申请人	申请人国家	专利申请数量	专利授权数量
1	INTERTRUST TECH CORP	美国	9	9
2	ARISTOCRAT TECHNOLOGIES AU	澳大利亚	5	4
3	ENTRIQ INC	美国	5	4
4	SAMSUNG ELECTRONICS CO LTD	韩国	5	5
5	NOKIA CORP	芬兰	4	4

7. 德国地区相关专利申请人排名

表 6.8-8 访问控制技术德国地区相关专利申请人排名

序号	申请人	申请人国家	专利申请数量	专利授权数量
1	MICROSOFT CORP	美国	2	2
2	FRAUNHOFER GES FORSCHUNG	德国	1	1
3	KONINKL PHILIPS ELECTRONICS NV	荷兰	1	0
4	SAMSUNG ELECTRONICS CO LTD	韩国	1	1
5	GEN INSTRUMENT CORP	美国	1	1

8. 法国地区相关专利申请人排名

表 6.8-9 访问控制技术法国地区相关专利申请人排名

序号	申请人	申请人国家	专利申请数量	专利授权数量
1	VIACCESS SA	法国	6	2
2	ALCATEL LUCENT SAS	法国	1	0
3	ATT ADVANCED TRACK & TRACE SA	法国	1	1
4	GEN INSTRUMENT CORP	美国	1	1
5	GORNER MARTIN	法国	1	0

9. 英国地区相关专利申请人排名

表 6.8-10 访问控制技术英国地区相关专利申请人排名

序号	申请人	申请人国家	专利申请数量	专利授权数量
1	SEALEDMEDIA LTD	英国	3	2
2	SIVAVAKEESAR SIVAPATHALINGHAM	英国	1	0
3	RAVISHANKAR SIVAPATHALINGHAM	英国	1	0
4	INTEL CORP	美国	1	1
5	SANTHERASAKARAM JEROME ANTHONY	英国	1	1

10. 俄罗斯地区相关专利申请人排名

表 6.8-11 访问控制技术俄罗斯地区相关专利申请人排名

序号	申请人	申请人国家	专利申请数量	专利授权数量
1	LG ELECTRONICS INC	韩国	4	1
2	QUALCOMM INC	美国	3	1
3	KONINKLEIKE PHILIPS ELECTRONICS NV	荷兰	2	0
4	FRAUNKHOFER GEZELL SHAFT TSUR FERDERUNG DER ANGEVANDTEN FORSHUNG E F	德国	1	0
5	MOTOROLA INC	美国	1	1

11. 韩国地区相关专利申请人排名

表 6.8-12　访问控制技术韩国地区相关专利申请人排名

序号	申请人	申请人国家	专利申请数量	专利授权数量
1	SAMSUNG ELECTRONICS CO LTD	韩国	36	16
2	KONINKL PHILIPS ELECTRONICS NV	荷兰	16	7
3	LG ELECTRONICS INC	韩国	15	4
4	MICROSOFT CORP	美国	9	5
5	SANDISK CORP	美国	9	2

二、专利分析

（一）技术发展趋势分析

图 6.8-2 示出访问控制技术的发展趋势图。1996 年至 2007 年访问控制技术的专利申请量持续增加。1996 年 M. Blaze 等人提出了信任管理（Trust Management，TM）这一访问控制概念。TM 描述了主体间建立、验证和维护信任关系的方法，承认信息系统的不完整性，并由可靠的第三方提供安全策略。2002 年 Ravi Sandhu 和 Jaehong Park 提出一种新型的访问控制模型——使用控制（Usage control，UCON），UCON 被誉为下一代访问控制模型，它将传统访问控制、信任管理和数字版权管理三个领域的问题进行了统一的考虑，成为信息安全领域的研究特点，也是访问控制技术的主要研究方向。经过多年的发展，企业在现有的访问控制技术上的收益减少，并且近年来未出现新的关键技术，造成 2008 年开始申请量开始减少，并在 2009 年至 2013 年申请量维持在 65 件左右。现在需要攻克新的关键技术来促使申请量的提升。

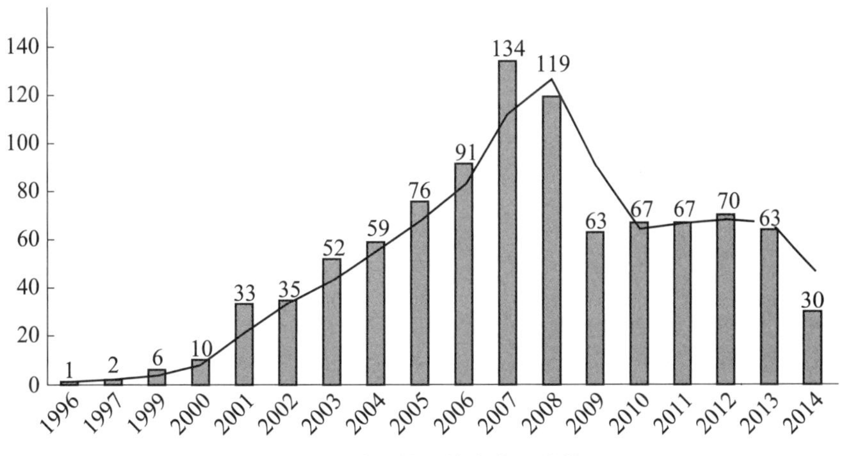

图 6.8-2　访问控制技术发展趋势图

（二）技术路线分析

图 6.8-3 为访问控制技术的路线图。1996 年 8 月 12 日，Intertrust 公司申请量了“九

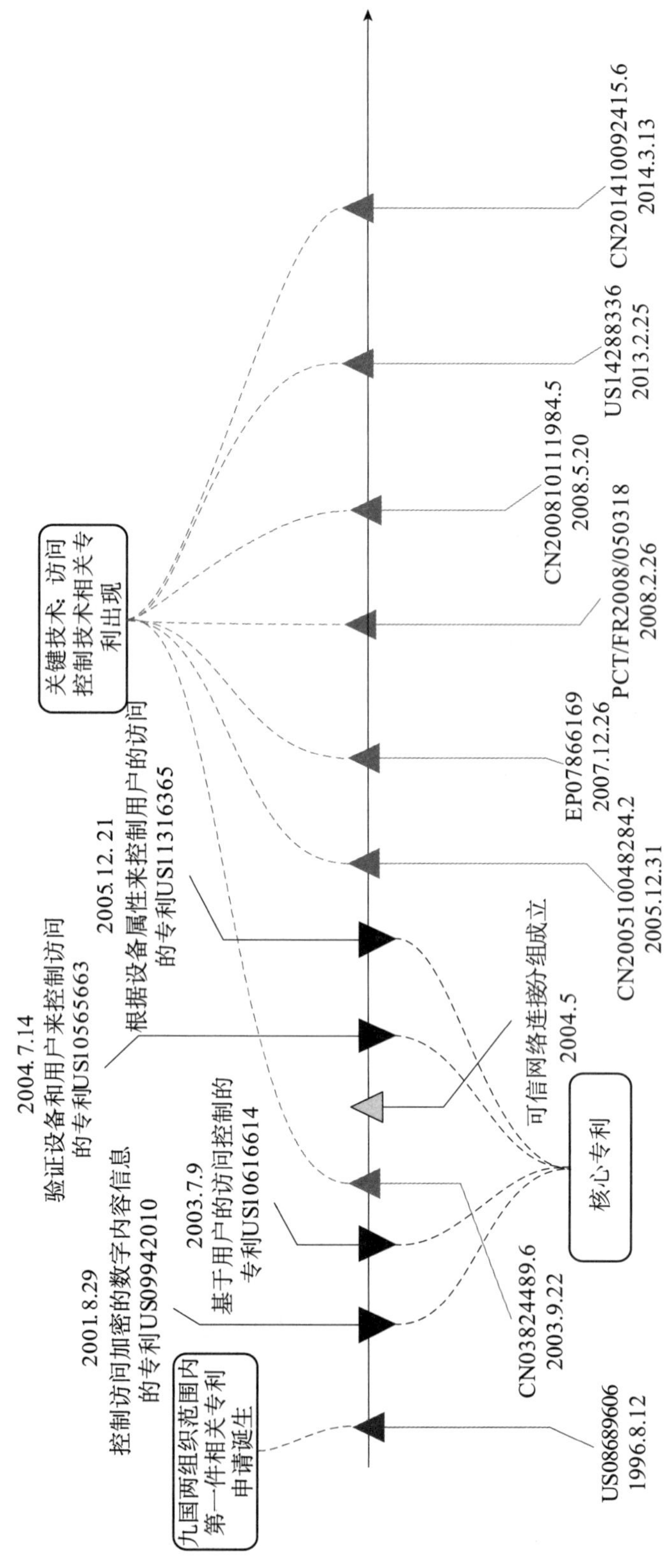

图6.8-3　访问控制技术路线图

国两组织”范围的第一件相关专利，Intertrust 公司总部位于美国硅谷，并在伦敦和北京设有办事处。Intertrust 公司发明、开发、授权数字版权管理（DRM）和可信计算的技术及软件。与可信计数规范技术类似，访问控制技术发展的前期核心专利出现较多，之后关键技术的相关专利相继出现。2002 年被誉为下一代访问控制模型的 UCON 出现，将传统访问控制、信任管理和数字版权管理三个领域的问题进行了统一的考虑，2004 年 7 月 14 日与 2005 年 12 月 21 日相继出现根据设备属性来进行访问控制的核心专利。在 2004 年 5 月，TCG 成立了可信网络连接（Trusted Network Connect，TNC）分组，TNC 计划为端点准入强制策略开发一个对所有开发商开放的架构规范，从而保证各个开发商端点准入产品的可互操作性。这些规范将利用现存的工业标准，并在需要的时候开发新的标准和协议。

访问控制技术主要包含了查询的访问控制和计数器接入访问控制两方面。系统查询的访问控制问题主要通过提取查询用户的 ID、口令、IP 等信息，实现用户身份的多要素绑定与识别，进一步进行访问控制策略的调整。对于计数器的接入，进行计数器身份编号的认证，保证计数器身份的可靠性、合法性以及访问控制。相关专利主要是有关用户的访问控制和设备（计数器）属性访问控制两方面的内容。

（三）主要专利申请人分析

为了深入分析访问控制技术这个技术领域，通过对于检索数据进行标引、聚类等处理，了解到 1994 年至 2014 年，在访问控制技术领域专利申请量排名前三的申请人分别为：飞利浦专利申请量 165 件，三星电子专利申请量 107 件，微软专利申请量 85 件。从专利资产区域分布来看，飞利浦公司在中国、美国、欧洲均布局了大量的专利，同时，在亚洲的日本和韩国也有一定量的专利布局，三星公司只在美国和韩国布局了大量的专利，这可能与公司产品的市场策略有关，微软作为一家美国公司，则将几乎一半的专利布局在其总部所在地美国，数量达到 42 件；从技术构成分布来看，飞利浦公司主要关注在基于角色的访问控制技术方面。三星公司主要关注基于任务的访问控制技术和基于时间特性的访问控制技术两个方面，而微软公司则主要关注使用控制模型等方面。

1. 申请量排名第一的专利申请人

（1）专利申请量

图 6.8-4 示出飞利浦相关专利的申请趋势图。2001 年至 2005 年申请量持续增长，2005 年申请量达到最大值，之后飞利浦相关专利的申请持续走低，2012 年之后已经降到 5 件以下。2004 年至 2006 年的申请量相比其他年有一个陡升，这主要归功于 2003 年飞利浦和索尼收购一家软件商 Intertrust，从而促使飞利浦在后续三年间相关专利申请量的提升。Intertrust 公司非常注重知识产权建设，针对数据隐私、网络安全和内容保护主要技术方向，覆盖数字版权管理（DRM）和可信计算（TC）等领域，拥有超过 150 项专利，并拥有超过 300 多项专利应用。

（2）“九国两组织”专利申请量区域分布

图 6.8-5 示出飞利浦在“九国两组织”区域的相关专利申请量分布。飞利浦总部位于荷兰阿姆斯特丹，是一家大型跨国公司，PCT 专利申请数量最多，中国、美国、欧洲、日

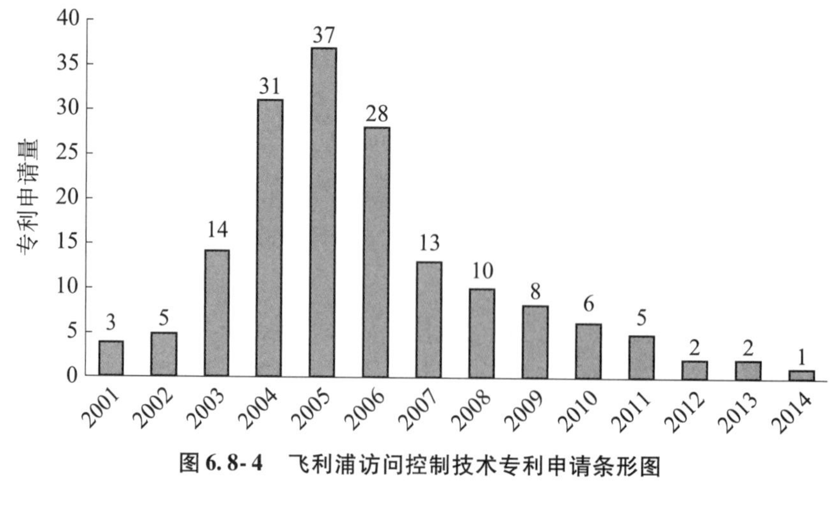

图 6. 8-4　飞利浦访问控制技术专利申请条形图

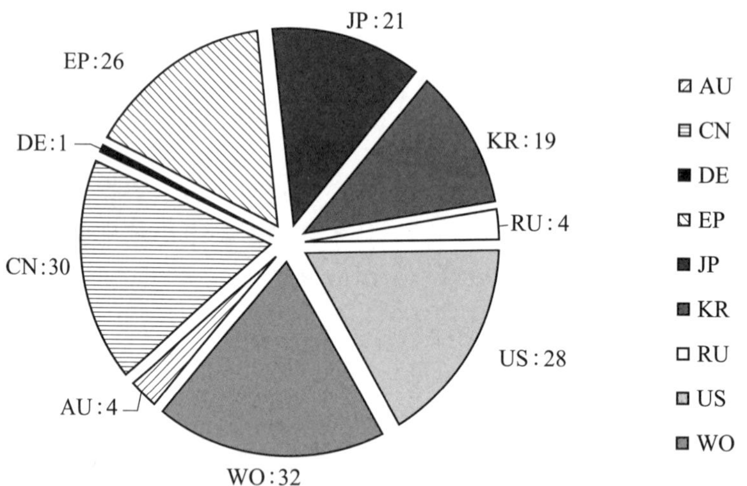

图 6. 8-5　飞利浦访问控制技术专利申请量区域分布图

本、韩国的专利量依次减少，俄罗斯、澳大利亚、德国的数量较少。申请 PCT 专利，只需提交一份国际专利申请，就可以在申请日起 30 个月内进入多个国家，而不必立即向每一个国家分别提交专利申请，这样为飞利浦向外国申请专利提供了方便。

（3）技术构成分布

图 6. 8-6 示出飞利浦专利的构成分布图。图中所示的热点技术主要为：基于角色的访问控制（RBAC，Role-Based Access Control）。基于角色的访问控制是实施面向企业安全策略的一种有效的访问控制方式，属于传统访问控制模型中的一种。为实现角色职责分离和用户动态授权的细粒度管理，UCON 模型也引入了基于角色的访问控制机制。

基于角色的访问控制基本思想是，对系统操作的各种权限不是直接授予具体的用户，而是在用户集合与权限集合之间建立一个角色集合。在 RBAC 之中，包含用户 users（USERS）、角色 roles（ROLES）、目标 objects（OBS）、操作 operations（OPS）、许可权 permissions（PRMS）五个基本数据元素，权限被赋予角色，而不是用户，每一种角色对应一组

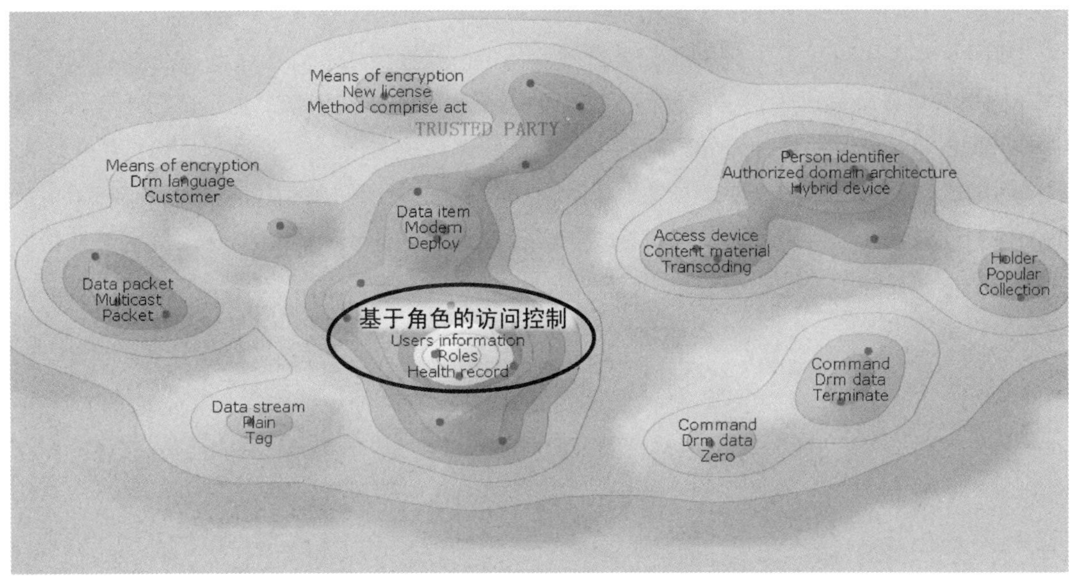

图 6.8-6　飞利浦访问控制技术构成分布图

相应的权限，当一个角色被指定给一个用户时，此用户就拥有了该角色所包含的权限。这样做的好处是，不必在每次创建用户时都进行分配权限的操作，只要分配用户相应的角色即可，而且角色的权限变更比用户的权限变更要少得多，这样将简化用户的权限管理，减少系统的开销。

2. 申请量排名第二的专利申请人

（1）专利申请量

图 6.8-7 示出三星电子专利的申请趋势。三星电子 2004 年开始相关专利的申请，起步较晚，但是发展迅猛，2005 年的申请量陡增，与行业的申请趋势同步在 2007 年达到最大值，2008 年专利申请量开始下滑，至今维持在 5 件上下。

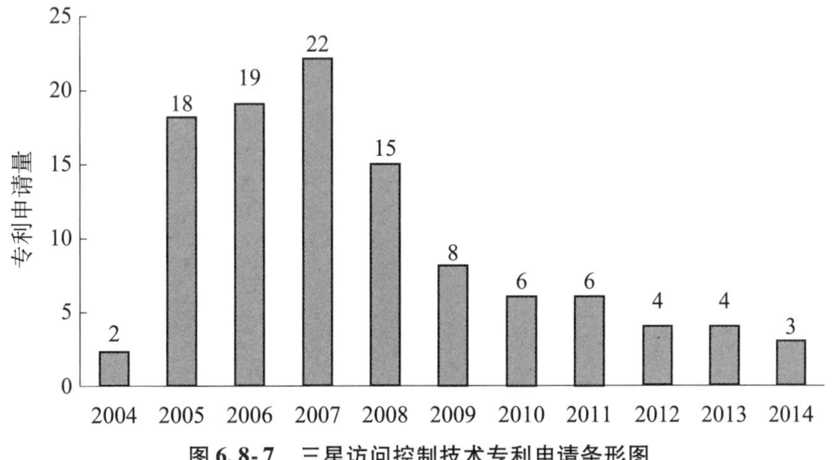

图 6.8-7　三星访问控制技术专利申请条形图

(2)“九国两组织”专利申请量区域分布

从图 6.8-8 中可以看出三星电子大量的专利申请是在美国和韩国，其次是在在欧洲和中国。1997 年金融危机后，三星进行了整个公司范围内的结构调整，把生产基地转移到了中国、欧洲等地区，用这种海外转移的方式，来缓解高成本的公司压力，从而克服了当时的一些困难。三星电子的主要市场在北美和欧洲，并且由于美国的法律对知识产权予以严格的保护，知识产权保护环境良好，在美国发生的诉讼案件频繁，这也是三星电子在美国的专利申请比在韩国本土还多的原因之一。

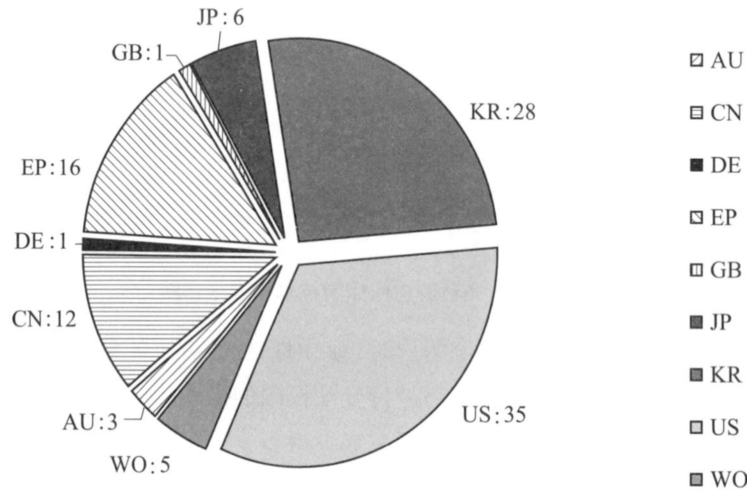

图 6.8-8　三星访问控制技术专利申请量区域分布图

(3) 技术构成分布

图 6.8-9 示出三星相关专利的构成分布图。构成分布图中的热点技术主要为基于任务的访问控制技术（TBAC，Task-Based Access Control）和基于时间特性的访问控制技术

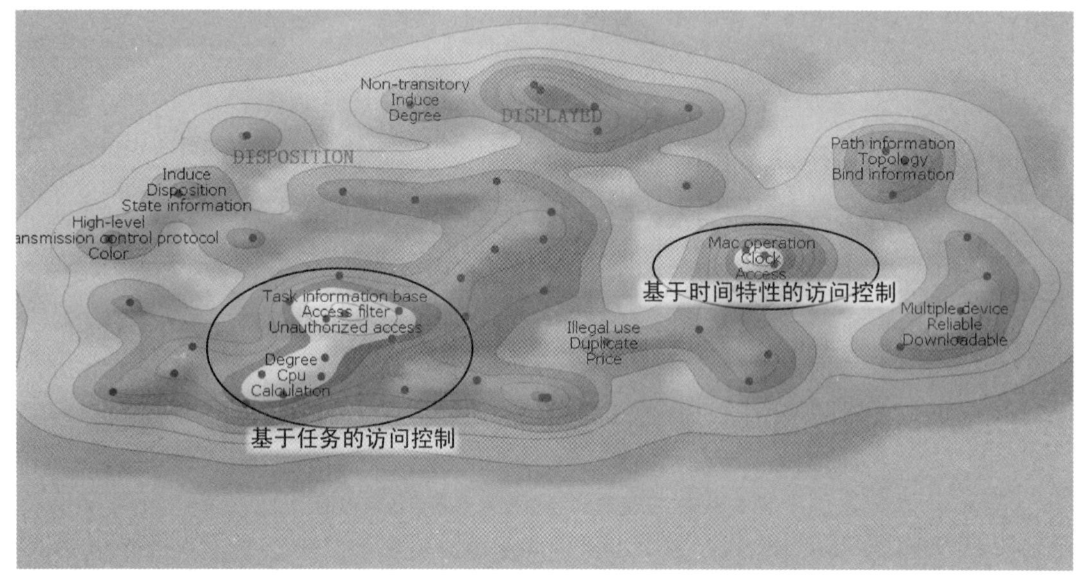

图 6.8-9　三星访问控制技术构成分布图

（TRBAC，Temporal Role-Based Access Control）。

基于任务的访问控制是一种以任务为中心，并采用动态授权的主动安全模型，该模型的基本思想是：授予给用户的访问权限，不仅仅依赖主体、客体，还依赖于主体当前执行的任务状态，当任务处于活动状态时，主体拥有访问权限。一旦任务被挂起，主体拥有的访问权限就被冻结。如果任务恢复执行，主体将重新拥有访问权限。任务处于终止状态时，主体拥有的权限马上被撤销。TBAC 用于工作流，分布式处理，多点访问控制的信息处理以及事务管理系统中的决策制定，但最显著的应用还是在安全工作流管理中。基于时间特性的访问控制，变传统主、客体为时间主体和时间客体，引入时间区间对主体，客体，角色进行限制，增强了访问控制的安全性、动态性与可扩展性。

3. 申请量排名第三的专利申请人

（1）专利申请量

图 6.8-10 示出微软访问控制相关专利申请趋势图。微软 1999 年开始相关专利的申请，到 2003 年这段时间，申请量一直处于缓慢增长期；2004 年申请量激增并保持到 2006 年；2007 年专利开始负增长，近几年降到了 5 件以下。通过比较可以看出，对于数据安全领域的关键技术之一访问控制技术，微软相关专利的申请起始较早，即相关技术研究的投入时间较早，但申请量一直没有大的突破，处于不温不火的状态。这与微软公司的技术研究重点有很大的关系，微软有关数据安全的研究重点放在可信计算领域。

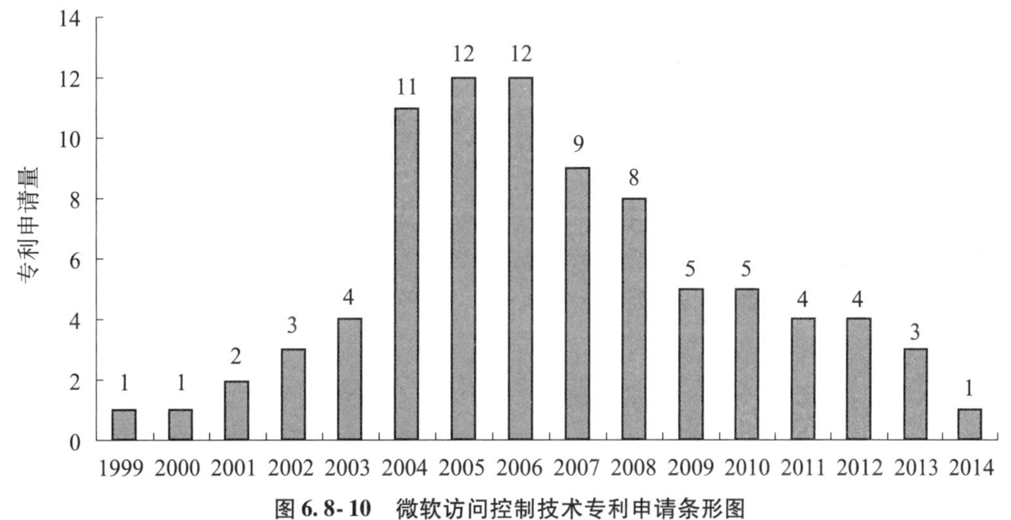

图 6.8-10　微软访问控制技术专利申请条形图

（2）“九国两组织”专利申请量区域分布

图 6.8-11 示出微软在“九国两组织”区域的专利申请量分布情况。在美国的申请量最大，占总申请量的 50%；其次为中国和日本，再次是韩国和欧洲。微软是一家总部位于美国的跨国电脑科技公司，是世界 PC 机软件开发的先导，公司总部设立在华盛顿州的雷德蒙德市，以研发、制造、授权和提供广泛的电脑软件服务业务为主。微软在发展壮大的过程中不断进入新领域，其产品线几乎覆盖了计算机软件的所有领域。

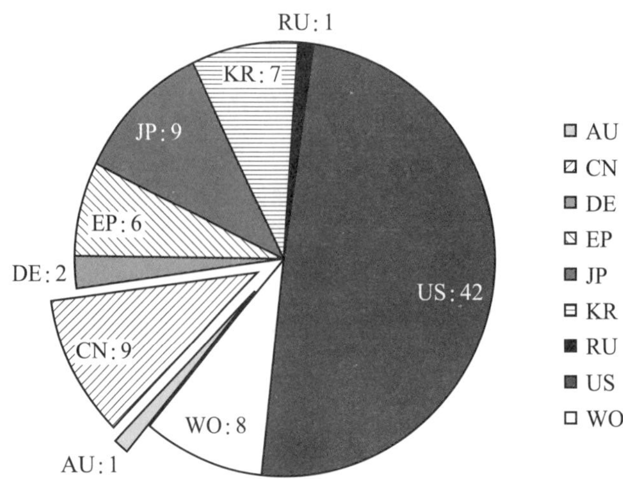

图 6.8-11 微软访问控制技术专利申请量区域分布图

（3）技术构成分布

图 6.8-12 示出微软相关专利的构成分布图，研究热点为使用控制模型（Usage，UCON）。使用控制模型被誉为下一代访问控制模型，是解决目前开放网络环境下访问控制问题的有效手段，它将传统访问控制、信任管理和数字版权管理三个领域的问题进行了统一的考虑。UCON 增加了义务（Obligation）和条件（Condition）这两个新概念。只有在义务和条件都满足的情况下，才会执行授权策略。根据授权、义务和条件这三个决定性因素对资源访问发生的过程。

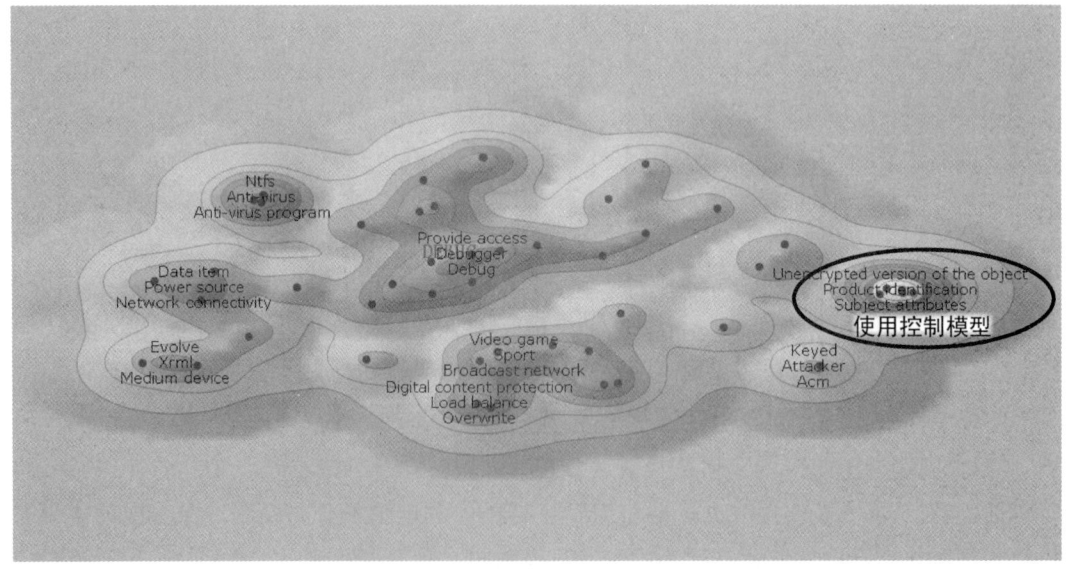

图 6.8-12 微软访问控制技术构成分布图

传统访问控制、信任管理专注于服务器端的信息保护，数字版权管理则专注于客户端—服务器的版权保护。UCON 针对以上这些信息安全领域存在的问题进行了统一的思考，授权的连续性和属性的可变性有效实现客户端—服务器的资源属性使用控制和使用规则授权控制。

三、总结

（一）专利申请整体趋势

1996 年至 2007 年访问控制技术的专利申请量持续增加，经过多年的发展，企业在现有的访问控制技术上的收益减少，于是，2008 年申请量开始减少，并在 2009 年至 2013 年申请量维持在 65 件左右。

（二）各地区技术发展现状以及未来发展趋势

1. 美国

2006 年至 2009 年为专利技术的成熟期，专利申请人增长缓慢，专利申请量减少；2010 年至 2013 年为专利技术的衰退期，专利申请量和专利申请人都开始严重下滑。

2. 日本

1999 年为专利技术的萌芽期，在这一年，专利申请量和申请人数量都非常少；2000 年至 2007 年为专利技术的发展期，这段时间专利申请量和申请人数量都得到一定程度的提升；2008 年至 2013 年为专利技术的衰退期，专利申请量和申请人数量都开始下降。

3. 韩国

2002 年至 2007 年为专利技术的发展期，专利申请量和申请人数量都得到大幅度提升，大量企业开始对相关技术进行研究；2008 年至 2013 年为专利技术的衰退期，专利申请量和申请人数量都呈负增长，大量企业退出相关技术的研究和开发。

4. 中国

2006 年至 2011 年为专利技术的稳定期，专利申请人的数量基本稳定，专利申请量开始减少。2012 年至 2013 年为专利的衰退期，专利申请量与申请人数量都大量减少。

（三）主要申请人专利申请对比分析

通过对于访问控制技术领域的宏观分析，我们得出行业内的三个主要申请人是微软公司、三星公司以及飞利浦公司，与可信计数规范技术的结果一致。下面结合微观分析模块具体解读主要申请人的专利现状。

1. 专利申请量维度比较

通过将三个主要申请人在专利申请量维度进行横向比较，我们发现：从专利申请量上来看，飞利浦公司拥有相关专利申请 165 件，三星电子公司和微软公司在这方面的数量分别是 107 件和 85 件。

2. 专利资产区域布局情况

从三个主要申请人的专利资产区域布局情况，我们可以看出：飞利浦 PCT 专利申请数量最多，中国、美国、欧洲、日本、韩国的专利量依次减少。三星电子的专利申请大多发生在美国和韩国，其次是在欧洲和中国。三星电子的主要市场在北美，由于美国的法律对知识产权予以严格的保护，知识产权保护环境良好，在美国发生的诉讼案件频繁，这也是三星电子在美国的专利申请比在韩国本土还多的原因之一。微软在美国的申请量最大，占总申请量的50%；其次为中国和日本，再次是韩国和欧洲。

3. 技术热点分析

从技术热点分析角度来说：飞利浦公司主要关注基于角色的访问控制；三星公司的专利技术构成更侧重于基于任务的访问控制技术和基于时间特性的访问控制技术；微软公司主要关注使用控制模型。

第九节　ePub 分段保护技术

一、专利检索

（一）检索结果概述

以 ePub 分段保护技术为检索主题，在“九国两组织”范围内，共检索到相关专利申请55 件，具体数量分布如下（单位：件）：

美国	中国	日本	韩国	英国	法国	德国	澳大利亚	俄罗斯	EP	WO	总计
12	12	16	5	0	0	0	1	0	2	7	55

（二）各地区/组织相关专利申请趋势

依据汤森德温特数据库2014 年12 月12 日公开的信息，对 ePub 分段保护技术进行主题检索，得到“九国两组织”相关专利申请55 件，这主要是由于 ePub 格式使用范围较小，各企业对其研发热度不高所致。其中，日本专利16 件，美国、中国其次，专利达到12 件，WO 专利申请7 件，韩国专利申请5 件，具体参见表6. 9-1。从2005 年以后，日本没有进行专利申请，而美国、中国、韩国从2009 年以后，专利申请量有明显增加的态势。

表6. 9-1　ePub 分段保护技术“九国两组织”相关专利申请状况

年份 国家	1990①	2000	2001	2002	2003	2004	2005	2006	2007	2008	2009	2010	2011	2012	2013	2014
US	1	1	0	0	0	0	0	0	0	0	1	2	1	1	1	4
CN	2	0	0	0	1	0	0	1	0	0	0	0	1	1	4	2
JP	2	4	2	5	1	1	1	0	0	0	0	0	0	0	0	0
KR	0	0	0	0	0	0	0	1	0	0	0	0	2	2	0	0
GB	0	0	0	0	0	0	0	0	0	0	0	0	0	0	0	0
DE	0	0	0	0	0	0	0	0	0	0	0	0	0	0	0	0
FR	0	0	0	0	0	0	0	0	0	0	0	0	0	0	0	0

① 1990 是指1990 –1999 年的专利数量总数。

（续表）

年份 / 国家	1990	2000	2001	2002	2003	2004	2005	2006	2007	2008	2009	2010	2011	2012	2013	2014
AU	0	0	0	0	0	0	0	0	1	0	0	0	0	0	0	0
RU	0	0	0	0	0	0	0	0	0	0	0	0	0	0	0	0
EP	0	0	0	0	0	0	0	0	0	0	0	0	1	0	0	1
WO	0	0	0	0	0	0	0	0	0	0	0	1	1	1	2	2

（三）各地区/组织相关专利申请人排名

1. WO 相关专利申请人排名

表 6.9-2　ePub 分段保护技术 WO 相关专利申请人排名

序号	申请人	申请人国家	专利申请数量
1	APPLE INC	美国	1
2	STUDIO SBV INC	美国	1
3	COGNILORE INC	加拿大	1
4	WEBSISTANT L L C	美国	1
5	CHIRCORIAN ARMEN	美国	1

2. EP 相关专利申请人排名

表 6.9-3　ePub 分段保护技术 EP 专利申请人排名

序号	申请人	申请人国家	专利申请数量	专利授权数量
1	TANDBERG TELEVISION INC	美国	2	1

3. 中国地区相关专利申请人排名

表 6.9-4　ePub 分段保护技术中国地区相关专利申请人排名

序号	申请人	申请人国家	专利申请数量	专利授权数量
1	QISDA TECHNOLOGY CO LTD	中国	2	1
2	QISDA CORP	中国	2	1
3	XIAMEN LE CREATIVE INFORMATION TECHNOLOGY CO LTD	中国	1	0
4	SHANGHAI WEIKE NETWORK TECHNOLOGY CO LTD	中国	1	0
5	SHANGHAI SHENGXUAN NETWORK TECHNOLOGY CO LTD	中国	1	0

4. 美国地区相关专利申请人排名

表 6.9-5 ePub 分段保护技术美国地区相关专利申请人排名

序号	申请人	申请人国家	专利申请数量	专利授权数量
1	MONVINI LTD	美国	2	1
2	SOLDAVINI MICHAEL A	美国	1	1
3	MONROE MANUS B	美国	1	1
4	DASHER CHARLES HAMMETT	美国	1	0
5	ROUSE ALAN	美国	1	0

5. 日本地区相关专利申请人排名

表 6.9-6 ePub 分段保护技术日本地区相关专利申请人排名

序号	申请人	申请人国家	专利申请数量	专利授权数量
1	HITACHI LTD	日本	3	2
2	RICOH CO LTD	日本	1	0
3	ICHIYA CO LTD	日本	1	0
4	MITSUBISHI ELECTRIC CORP	日本	1	0
5	CASIO COMPUTER CO LTD	日本	1	0

6. 澳大利亚地区相关专利申请人排名

表 6.9-7 ePub 分段保护技术澳大利亚地区相关专利申请人排名

序号	申请人	申请人国家	专利申请数量	专利授权数量
1	CYTOPATHFINDER INC	日本	1	0

7. 韩国地区相关专利申请人排名

表 6.9-8 ePub 分段保护技术韩国地区相关专利申请人排名

序号	申请人	申请人国家	专利申请数量	专利授权数量
1	INCUBE TECHNOLOGIES INC	韩国	2	1
2	NEONET KOREA	韩国	1	1
3	OT&C CO. , LTD.	韩国	1	1
4	KOREA POLYTECH UNIV IND ACAD	韩国	1	0
5	LEE SUK JOO	韩国	1	0

二、专利分析

（一）技术发展趋势分析

图 6.9-1 示出近二十年 ePub 分段保护技术相关专利申请数量的年度变化趋势。从中

可以看出，1995 年至 2007 年期间，ePub 分段保护技术专利申请数量发展缓慢，2007 年后，专利申请量开始缓慢增加，此上升趋势至今仍然继续保持。由于 ePub 是一个新兴的自由开放标准，于 2007 年 9 月成为国际数位出版论坛（IDPF）的正式标准，以取代旧的开放 Open eBook 电子书标准，企业开始关注学习 ePub 并投入研究。2011 年对 ePub 而言是标志性的一年，国际数字出版论坛（IDPF）发布并投票通过了最终版本的 EPUB3 格式标准细则。ePub3 已被业界认可并看作是与时俱进的突破，即便是亚马逊也向出版商承诺将在 Kindle 上支持 EPUB 格式，也就是说，在不久的将来，出版商将可以用 ePub 格式向亚马逊提交电子书，而不仅是现在唯一的 MOBI 格式。2007 年至今，已有少数企业投入 ePub 分段保护技术的研发，相关专利的申请量开始增长，处于 ePub 分段保护技术的萌芽期，在良好的市场前景以及用户的需求影响下，不久将迎来 ePub 分段保护技术的研发热潮。

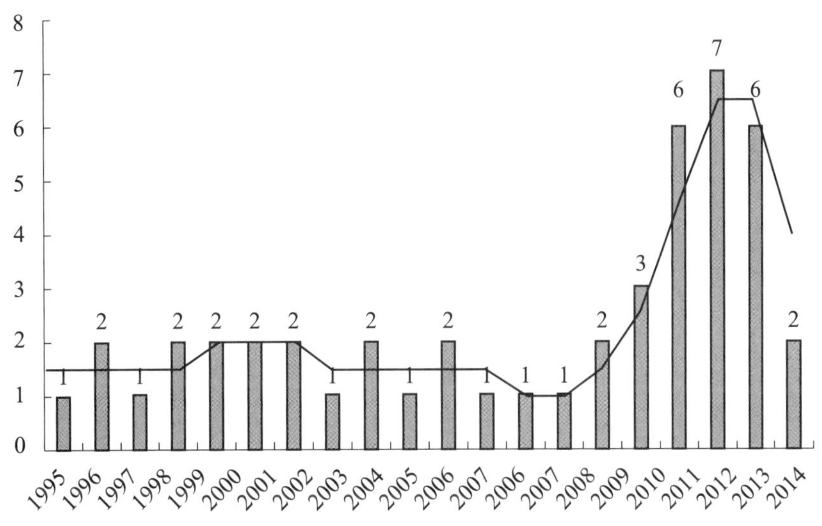

图 6.9-1　ePub 分段保护技术发展趋势图

（二）技术路线分析

ePub 分段保护技术是最近出现的新兴技术，开始成为研究热点领域之一。从图 6.9-2 可以看出，2003 年，提出了一件关于电子出版物分章节进行结算的专利技术，随后人们开始了关于数字内容分段保护的研究。2007 年 9 月，ePub 成为国际数位出版论坛（IDPF）的正式标准，企业开始关注学习 EPUB 并投入研究；2011 年，国际数字出版论坛（IDPF）发布并投票通过了最终版本的 EPUB3 格式标准细则，对 EPUB 而言是标志性的一年。2011 年，北京中文在线关于 Epub 格式的图书文件解析方法申请了一件专利，同年，上海盛轩网络科技有限公司也申请了一件关于 Epub 格式读物的分页方法及系统的专利，在此基础上，Epub 格式的数字内容保护开始成为企业关注的研发对象。2013 年，上海威客网络科技有限公司申请了一件关于加密数字内容的版权标识方法，技术人员开始研究针对特定应用的数字内容的加密保护技术。

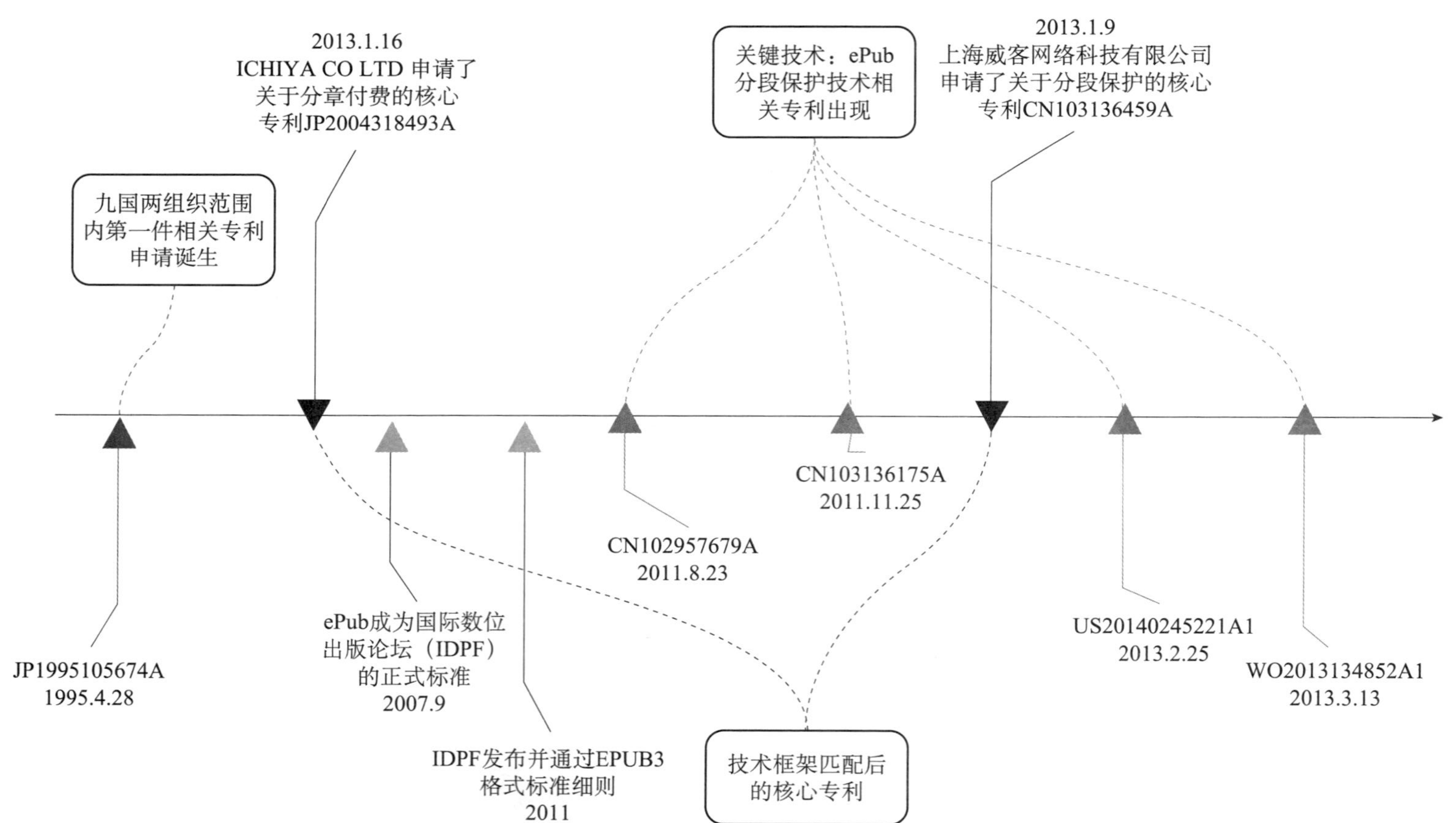

图6.9-2　ePub分段保护技术路线图

三、总结

（一）专利申请量的总体发展趋势

就整个行业专利申请状况来看，ePub 分段保护技术专利申请数量发展比较缓慢。由于 ePub 是一个新兴的自由开放标准，企业刚开始关注学习 ePub 并投入研究。近几年，处于技术的萌芽探索期，因而相关专利申请量很少。随着网络通信的日益普及，加上用户需求的增加，越来越多的企业投入到版权保护的研究，预计不久将迎来技术的快速发展期。

（二）各地区技术发展现状以及未来发展趋势

1. 美国

至 2013 年，美国关于 ePub 分段保护技术的相关专利申请量只有 10 件，数据量太少，由于 ePub 分段保护技术是最近出现的新兴技术，可以看出，美国的 ePub 分段保护技术也正处于技术的萌芽探索期。

2. 日本

在 2003 年之前，日本关于 ePub 分段保护技术的相关专利申请量达到 15 件，之后就没有再进行专利申请，直至今日。

3. 韩国

韩国的情况与美国很类似，目前同样处于技术发展的萌芽期。

4. 中国

与美国、韩国类似，中国在 ePub 分段保护技术方面的研究处于起步阶段，发展潜力很大，目前在我国处于萌芽发展阶段。

第十节　防截屏技术

一、专利检索

（一）检索结果概述

以防截屏技术为检索主题，在“九国两组织”范围内，共检索到相关专利申请 1 229 件，具体数量分布如下（单位：件）：

美国	中国	日本	韩国	英国	法国	德国	澳大利亚	俄罗斯	EP	WO	总计
329	105	548	195	0	5	3	7	10	12	15	1 229

（二）各地区/组织相关专利申请趋势

防截屏技术从 1994 年到 2002 年呈现出稳步上升的趋势，从 2002 年到 2005 年达到一个顶峰时期，此后开始呈现下滑趋势，这主要是与防截屏技术日益成熟、应用广泛有较大关系。防截屏技术近二十年的“九国两组织”专利总数为 1 245 件，其中日本、美国、韩国、中国为专利申请量前四名的国家，即主要的技术创新和研发国家，其中，日本的专利申请总量达到了 549 件，远高于第二名美国的 330 件，说明日本在该领域处于领先地位。此外，欧洲、英国、俄罗斯、澳大利亚等国在该领域的专利申请量均在 20 件以下，说明研发和创新的投入相对较少。

表 6.10-1　防截屏技术“九国两组织”相关专利申请状况

国家＼年份	1994	1995	1996	1997	1998	1999	2000	2001	2002	2003	2004	2005	2006	2007	2008	2009	2010	2011	2012	2013	2014
US	2	4	5	17	9	15	11	23	24	22	18	19	28	19	26	11	10	14	18	19	15
CN	1	3	0	4	3	0	5	1	2	10	10	5	7	7	5	1	6	11	8	9	7
JP	0	14	31	23	35	34	43	52	49	52	48	39	35	24	13	17	14	11	5	6	3
KR	0	0	1	1	0	2	13	7	9	8	14	6	13	17	19	20	20	7	10	13	15
GB	0	0	0	0	0	0	0	0	0	0	0	0	0	0	0	0	0	0	0	0	0
DE	0	0	0	0	0	1	0	0	1	1	0	0	0	0	0	0	0	0	0	0	0
FR	0	0	0	0	0	0	0	1	1	1	0	1	1	0	0	0	0	0	0	0	0
AU	1	0	0	0	0	0	1	0	1	3	0	1	0	0	0	0	0	0	0	0	0
RU	1	0	0	1	0	0	1	1	0	2	0	1	0	1	1	0	0	0	1	0	0
EP	0	0	0	1	0	0	2	0	0	1	1	2	0	0	2	0	1	1	0	1	0
WO	0	0	0	0	0	1	1	0	0	1	2	0	2	1	1	2	2	1	0	0	1

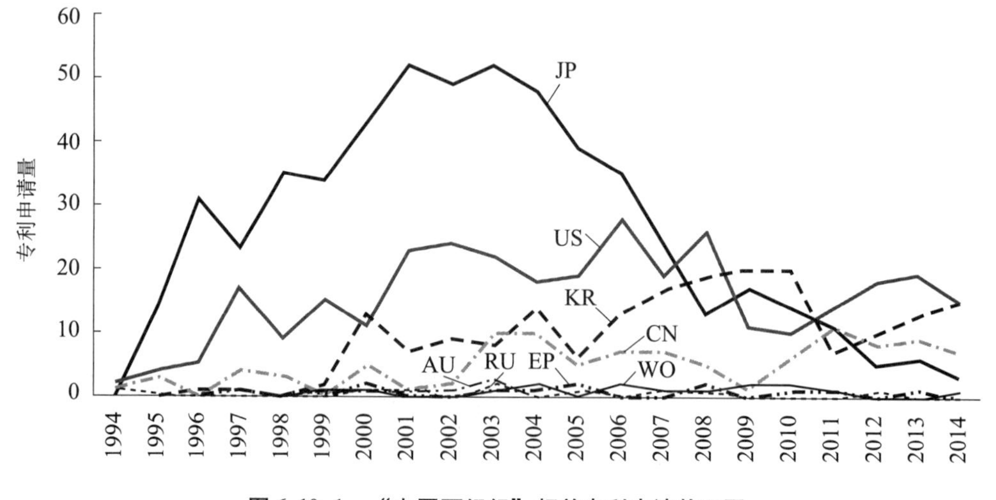

图 6.10-1　“九国两组织”相关专利申请状况图

（三）各地区/组织相关专利申请人排名

1. WPO 相关专利申请人排名

表 6.10-2　防截屏技术 WPO 相关专利请人排名

序号	申请人	申请人国家	专利申请数量
1	MATSUSHITA DENKI SANGYO KK	日本	17
2	SONY CORP	日本	12
3	KONINK PHILIPS ELECTRONICS NV	荷兰	11
4	LG ELECTRONICS INC	韩国	7
5	KIM J Y	韩国	5

2. EP 相关专利申请人排名

表 6.10-3　防截屏技术 EP 相关专利申请人排名

序号	申请人	申请人国家	专利申请数量	专利授权数量
1	LG ELECTRONICS INC	韩国	5	0
2	CANON KK	日本	5	0
3	TOSHIBA KK	日本	5	0
4	MATSUSHITA DENKI SANGYO KK	日本	4	1
5	SONY CORP	日本	1	1

3. 中国地区相关专利申请人排名

表 6.10-4　防截屏技术中国地区相关专利申请人排名

序号	申请人	申请人国家	专利申请数量	专利授权数量
1	BEIJING SAFE-CODE TECHNOLOGY CO LTD	中国	2	0
2	HARBIN INST TECHNOLOGY	中国	2	0
3	HUAWEI DEVICE CO LTD	中国	2	1
4	SONY CORP	日本	1	2
5	TOSHIBA KK	日本	1	1

4. 美国地区相关专利申请人排名

表 6.10-5　防截屏技术美国地区相关专利申请人排名

序号	申请人	申请人国家	专利申请数量	专利授权数量
1	SONY CORP	日本	26	21
2	SAMSUNG ELECTRONICS CO LTD	韩国	19	5
3	FUJITSU LIMITED	日本	13	8
4	HITACHI LTD	日本	8	4
5	RICOH KK	日本	7	5

5. 日本地区相关专利申请人排名

表 6.10-6 防截屏技术日本地区相关专利申请人排名

序号	申请人	申请人国家	专利申请数量	专利授权数量
1	SONY CORP	日本	35	23
2	RICOH KK	日本	34	21
3	TOSHIBA KK	日本	28	5
4	MATSUSHITA DENKI SANGYO KK	日本	27	6
5	VICTOR CO OF JAPAN	日本	27	3

6. 德国地区相关专利申请人排名

表 6.10-7 防截屏技术德国地区相关专利申请人排名

序号	申请人	申请人国家	专利申请数量	专利授权数量
1	BEDISH POLESA & CAMIEL L. L. C.	德国	1	0
2	COHEN E D	美国	1	0
3	DENSO CORP	日本	1	0
4	DIEZMANN N	美国	1	0
5	HARDER W	德国	1	0

7. 法国地区相关专利申请人排名

表 6.10-8 防截屏技术法国地区相关专利申请人排名

序号	申请人	申请人国家	专利申请数量	专利授权数量
1	SAMSUNG ELECTRONICS CO LTD	韩国	1	0
2	THOMSON LICENSING	法国	1	0
3	KIM T	韩国	1	0
4	KIM H	韩国	1	0
5	CHEVREAU S	美国	1	0

8. 英国地区相关专利申请人排名

在本次检索得到的英国相关专利中，无防截屏技术英国涉及的专利申请。

9. 俄罗斯地区相关专利申请人排名

表 6.10-10 防截屏技术俄罗斯地区相关专利申请人排名

序号	申请人	申请人国家	专利申请数量	专利授权数量
1	NORDAVIND STOCK CO	韩国	1	1
2	SILIN P A	俄罗斯	1	0
3	SVIRIN I S	俄罗斯	1	0

10. 韩国地区相关专利申请人排名

表 6.10-11　防截屏技术韩国地区相关专利申请人排名

序号	申请人	申请人国家	专利申请数量	专利授权数量
1	SAMSUNG ELECTRONICS CO LTD	韩国	6	4
2	LG ELECTRONICS INC	韩国	6	6
3	ELECTRONICS&TELECOM RES INST	日本	6	3
4	SK TELECOM CO LTD	韩国	5	2
5	UNIV SOONGSIL RES CONSORTIUM	韩国	4	0

二、专利分析

（一）技术发展趋势分析

图 6.10-2 示出防截屏技术的发展趋势图。截屏技术是一种防泄密辅助安全功能项，防止机密信息的屏幕显示画面被截取后以图像方式泄密。从中可以看出防截屏技术从 1994 年到 2002 年呈现出稳步上升的趋势，从 2002 年到 2005 年达到一个顶峰时期，此后开始呈现下滑趋势，这主要是与防截屏技术日益成熟，应用广泛有较大关系。

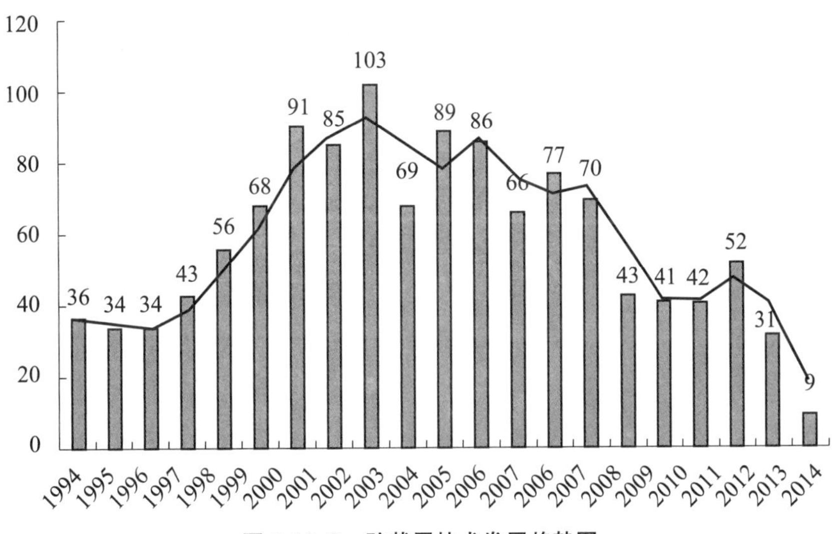

图 6.10-2　防截屏技术发展趋势图

随着信息技术的发展，企业为了提高信息处理的速度和效率，越来越多地把自己的文档转化为电子文档的形式，许多企业甚至把 90% 以上的企业机密信息以电子文档的形式存储在企业内网中。同时，ERP、CRM 等电子信息管理方案在企业里被大量使用。这些新型管理手段的使用，给企业带来更高的生产效率，同时也给企业的信息安全管理带来了新的挑战和威胁。因此强化企业内部文件安全保密水平，提高员工自觉维护国家秘密、公司秘密的意识，确保机密文件的安全，开发防截屏软件势在必行。防截屏技术需要同时实现以下多种功能功能：（1）文档加密，文档安全防泄密系统在程序中利用明显的图标区别加密文件和非加密文件，安装了客户端以后，如果不进行登录，就无法打开查看加密文件，在安装过客户端程序的电脑中，文档安全防泄密系统对文件提供自动和手动两种加密方式；（2）分级密钥，支持分级管理和分部门密钥，不同的部门之间可以互相查看或不能互相查看加密文件，分级密钥功能可以为不同的部门分配不同的加密密钥，启用分组密钥后受保护的电子文档需通过文件流传功能，实现查阅；（3）离线控制，离线使用文档控制，当用户出差需要离线使用，通过离线审批流程后，可以离线使用加密文档，当出差、网络不通等原因需要使用加密的电子文档时，需要使用离线登录的功能，当离线登录后，在规定的时间内，可以打开加密的电子文档进行查看，但不能粘贴拷贝；（4）文件外发控制，用户可将发给外单位的文档进行重新制作，在指定的阅读次数和时间内能正常打开，否则自动删除。选择要发给客户的文档，设定使用次数和时间，当打开文档达到设定的次数和时间，文档自动关闭或删除；（5）部门间文件流转，该功能对应分部门密钥管理功能，当启动分部门密钥管理功能后，由于各部门使用不同的密钥，互相无法查看对方的文件，所以，添加部门文件流转功能，在不同密钥部门之间转换文件加密格式；（6）自动备份，当对加密文件进行编辑、保存时，在设定的位置保存加密文件的备份文件。当选择备份的位置、备份份数和磁盘空间最小提醒后，单击立即备份，受保护的文档自动在选择的位置加密保存；当单击以后备份，受保护的文档不会自动备份，但可以手动重新设置。

（二）技术路线分析

图 6.10-3 示出防截屏技术的路线图。1994 年 3 月 31 日，出现了该领域的“九国两组织”范围的第一件相关专利。从 1999 年到 2013 年出现的核心专利内容可以看出，在防截屏技术中涉及最多的是防止非法复制的方法，并且主要是应用在数字管理系统中，核心专利主要集中在美国的申请人中，并且防止非法复制作为防截屏技术的重要支撑技术很早就出现，而且一直被创新。防截屏技术是一种保护在线阅览的文档信息的安全的一种普遍方法，其中应用最多的是防复制方法的使用，它是目前一种比较成熟的数字内容保护技术。

截屏是一种截取图片或文字的途径，也是一种计算机运用技术。通过这种技术可以从网上截取文章图片进行传播。截屏技术的产生，使得在线阅览内容可以轻易传播，防截屏技术可以更好地保护在线阅览版权。

截屏以其方便的操作性在企业办公中广泛应用，但其背后隐藏的高泄密风险也让企业深深担忧。防截屏技术正是在这种背景下应运而生，为涉密文档提供安全防护。防截屏技术主要包括以下三种方式：（1）防止即时通讯工具截屏：以 QQ 为代表的即时通讯工具已成为企业办公不可或缺的组成部分，但是现实却经常发生 QQ 泄密事件，因此，企业应对其功能进行限制，以防止信息泄露。针对即时通讯工具的防截屏策略一般设置为控制台—高级—IM 文件传送—动作（禁止）—勾选图片控制；（2）防止加密文件读取后截屏：如

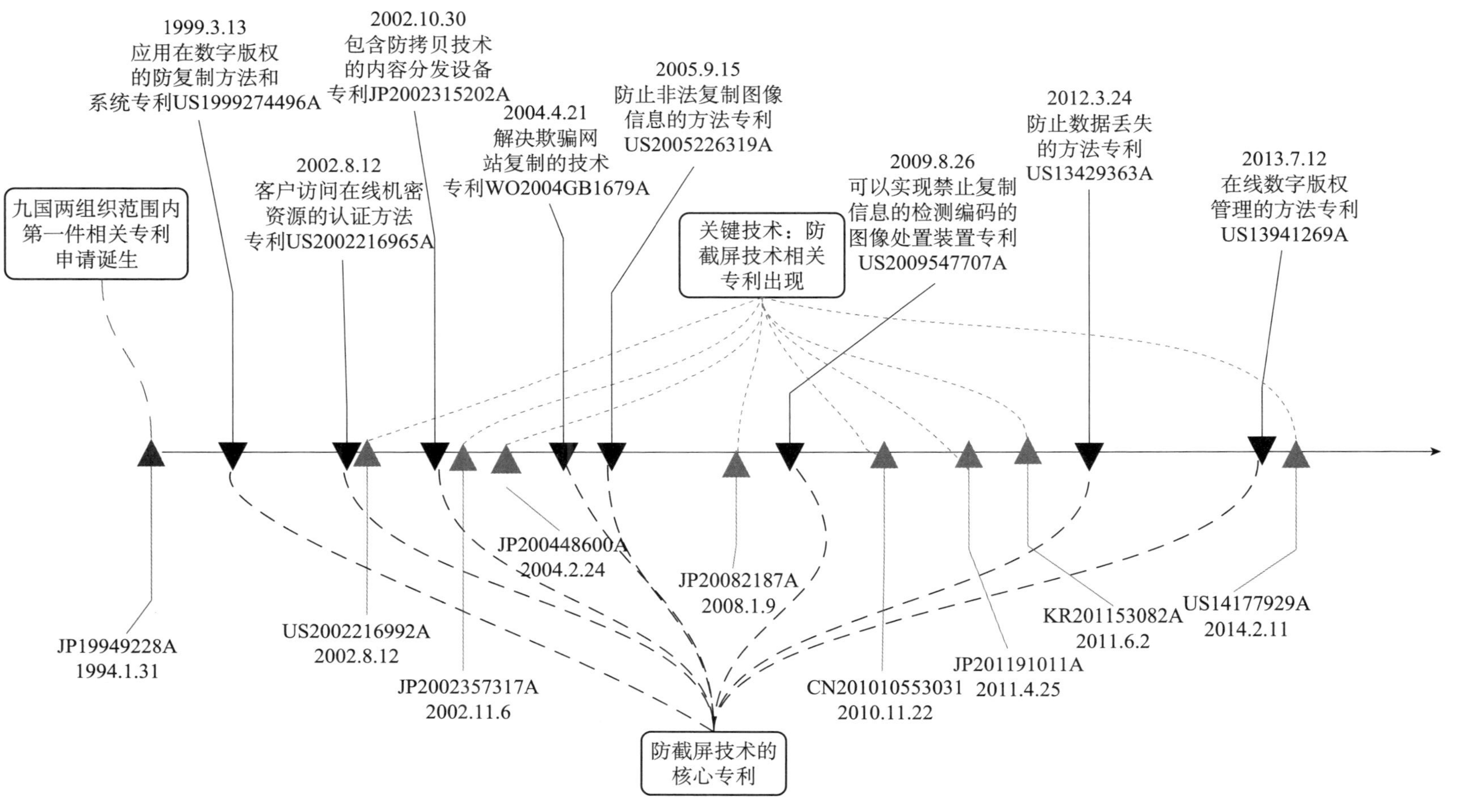

图6.10-3　防截屏技术路线图

果加密文件被非法拷贝出去，则无法正常读取。但在正常读取的过程中会有被截屏的风险，需做控制。针对加密文件的防截屏策略一般设置为控制台—文档安全管理—加密授权设置—授权软件—禁止截屏；（3）防止键盘截屏：键盘截屏是系统自带的功能，相对于软件截屏要更方便，为了防止信息泄露必须进行控制。针对键盘的防截屏策略一般设置为控制台—基本策略—动作（禁止）—勾选其他（使用 Print Screen 键复制屏幕）。

（三）主要专利申请人分析

1994 年至 2014 年，在防截屏技术领域专利申请量排名前三的申请人分别为：索尼公司、松下公司、理光公司，申请量分别是 75 件、48 件、44 件。

1. 申请量排名第一的专利申请人

（1）专利申请量

图 6. 10- 4 所示为索尼相关专利的申请趋势图。索尼是世界视听、电子游戏、通讯产品和信息技术等领域的先导者。2000 年 3 月 4 日推出 PlayStation 2（PS2），2004 年 12 月 12 日推出 PlayStation Portable（PSP），PSP 是索尼公司开发的多功能掌机系列，具有游戏、音乐、视频等多项娱乐功能。UMD 是索尼特地为 PSP 开发的多媒体存储媒介，UMD 光盘只有只读格式，使用 128BIT AES 加密技术，并且 PSP 中包含有独家提供的游戏软件等，为了更好地保护其版权，使得索尼 2000 年到 2004 年专利申请量相对较多，可以从图中看出，随着防截屏技术的日趋成熟以及 PSP 游戏软件的更加普遍，近几年索尼关于防截屏技术的专利申请量有所下降。

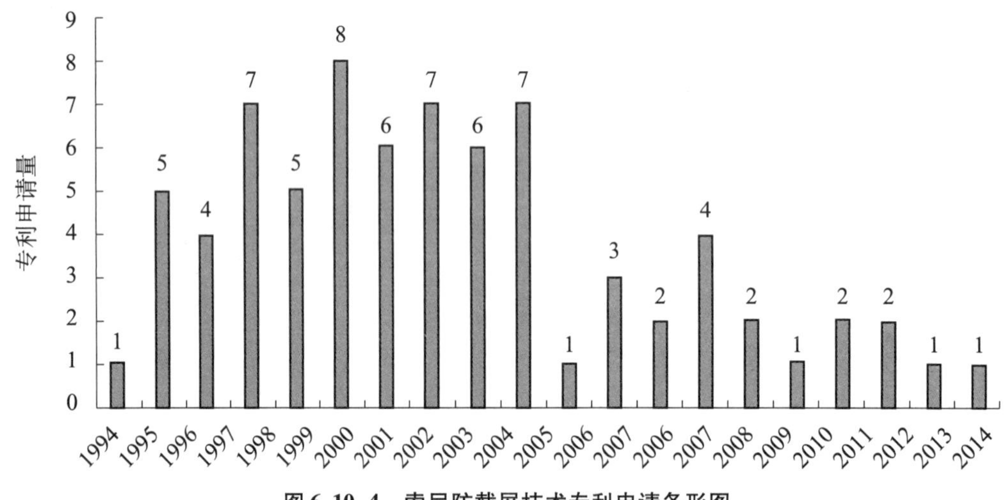

图 6. 10- 4　索尼防截屏技术专利申请条形图

（2）“九国两组织”专利申请量区域分布

图 6. 10- 5 示出索尼在“九国两组织”区域的相关专利申请量分布。索尼公司的专利申请区域除了本国以外最多的就是美国，这主要是由于索尼的 PSP 的主要销售市场之一就是美国，同时，微软是索尼在美国游戏市场中的主要竞争对手，所以，索尼很重视在美国市场的专利布局，而索尼的智能手机主要是面向本国市场，所以，在本国的专利申请量是最多的。

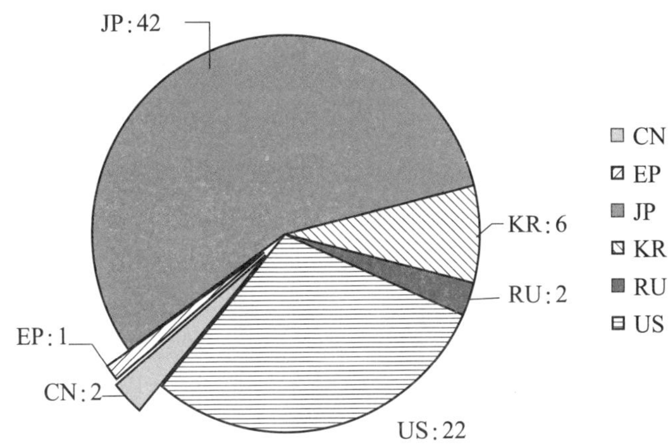

图 6.10-5　索尼防截屏技术专利申请量区域分布图

（3）技术构成分布

通过对于重点竞争对手进行技术构成分析，我们可以深入地了解其技术研发和专利申请的侧重点。从图 6.10-6 可以看出，索尼公司关注的热点技术主要为捕获屏幕截图，这与本技术主题相吻合，而另一个热点技术是图像、数字信息的复制保护，可见，索尼公司对防截屏技术的研究主要是应用在对图像及数字信息的保护上，防止这些信息的非法复制。

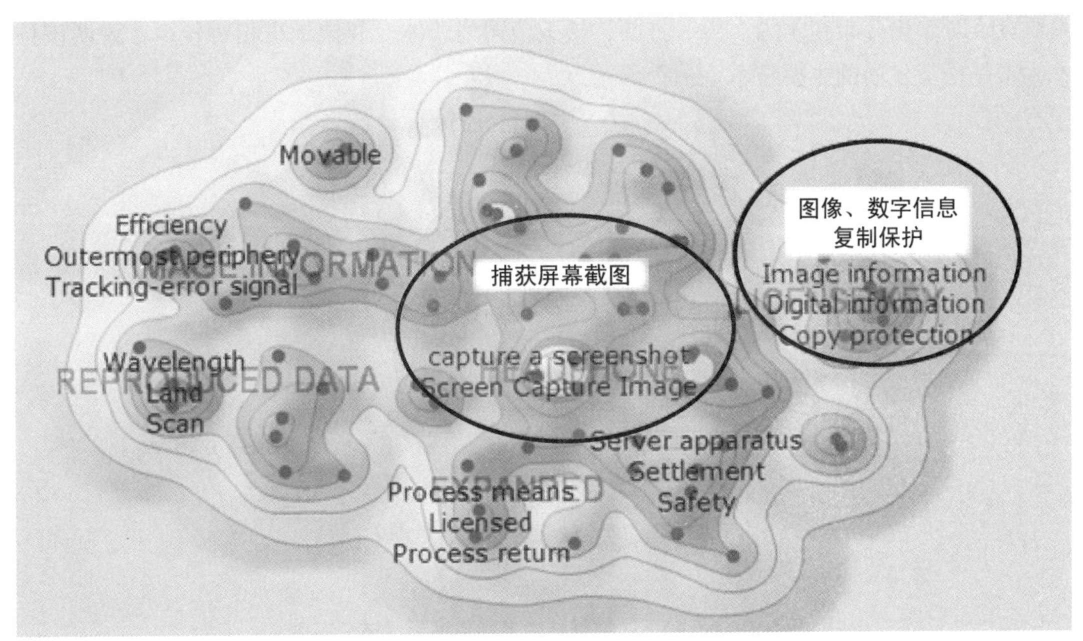

图 6.10-6　索尼防截屏技术构成分布图

2. 申请量排名第二的专利申请人

（1）专利申请量

图 6.10-7 示出松下专利的申请趋势。从它的专利申请趋势图可以看出其专利申请数

量较少，这主要是由于松下的主要产品是传统家电，其主要涉及在线预览相关技术的是松下的互联网电视，而在2007年松下抛弃互联网等相关业务与产业大力发展其传统家电产业，这也就是其在2006年以后关于在线阅览版权保护中的防截屏技术的申请量几乎为零的原因。

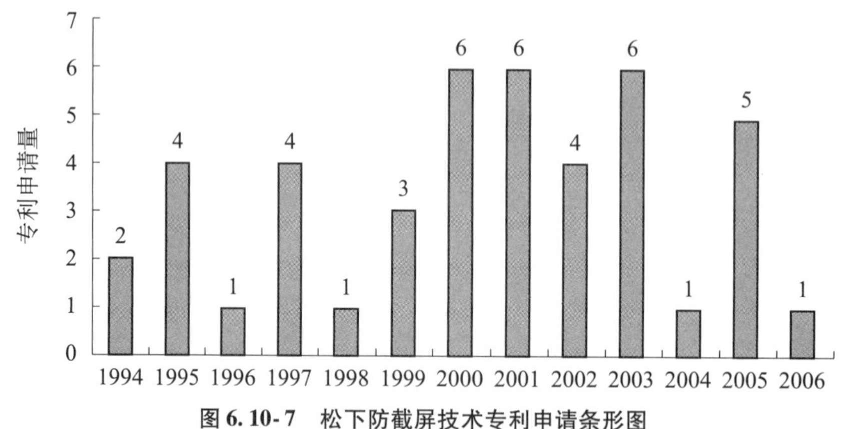

图6.10-7　松下防截屏技术专利申请条形图

（2）“九国两组织”专利申请量区域分布

图6.10-8所示为松下公司在防截屏技术领域相关专利区域分布情况。我们可以看出，松下公司专利布局的主要区域是本国，其次是美国、中国、欧洲和韩国，这主要是由于其主要竞争对手仍分布在本国。另一方面，松下公司的总体专利数量也相对较少，说明该技术并不是松下发展的主要技术。

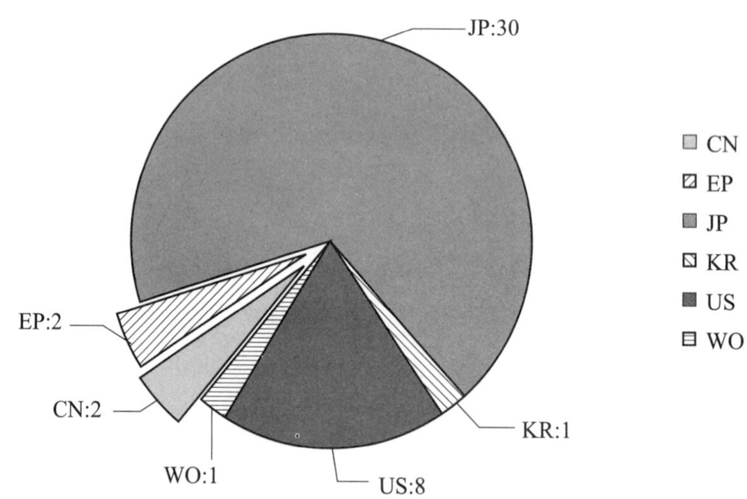

图6.10-8　松下防截屏技术专利申请量区域分布图

（3）技术构成分布

通过对重点竞争对手进行技术构成分析，我们可以深入地了解其技术研发和专利申请的侧重点。从图6.10-9可以看出，松下公司在防截屏技术领域的关注热点为复制和截屏，这与本技术主题防截屏技术相吻合，所以，松下公司在防截屏技术方面的研究与整体趋势相吻合。

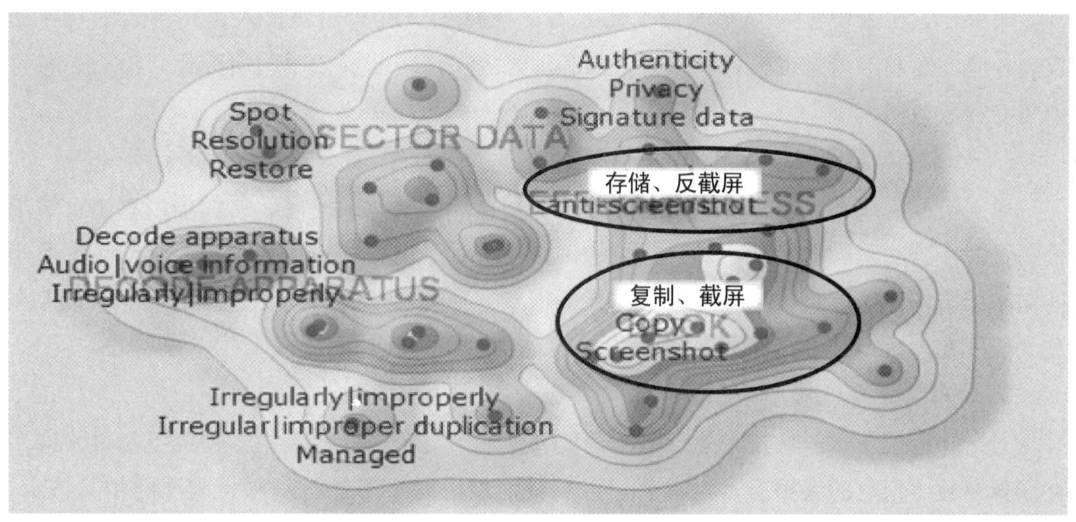

图 6.10-9　松下防截屏技术构成分布图

三、总结

（一）专利申请整体趋势

防截屏技术从 1994 年起的专利申请量呈逐渐增加的趋势，至 2005 年达到最大峰值，从 2005 年至今，专利数量逐渐下降，这主要与防截屏技术日益成熟、应用越来越广泛有较大关系。

（二）各地区技术发展现状以及未来发展趋势

1. 美国

对于防截屏技术，美国的起步较早，随着互联网时代的发展，以及美国对数字版权保护的重视，该技术呈现出快速增长的趋势，在 2005 年至 2006 年该技术发展到顶峰时期，伴随着技术的成熟，该技术也很快走向了衰退。

2. 日本

对于防截屏技术，由于日本对数字版权的保护和软件正版率的支持，使得此项技术在初期得到了广泛应用与发展，并且在日本已经趋于成熟。

3. 中国

对于防截屏技术，因为中国在软件及互联网发展上主要是跟随国外的先进技术，该技术日益成熟。

（三）主要申请人专利申请对比分析

1. 专利申请量维度横向比较

对于防截屏技术，行业内的三个主要申请人是索尼公司、松下公司和理光公司。通过将三个主要申请人在专利申请量维度进行横向比较，我们发现：从专利申请量上来看，索尼公司拥有相关专利申请75件；松下公司和理光公司在这方面的数量分别是48件和44件。其中，索尼公司作为行业的技术先导者，在技术研发初期便投入了相当大的技术研发，相应的专利申请量也较多。松下公司和理光公司在防截屏技术的研究比较滞后，并且历年专利数量极少。

2. 专利资产区域布局情况

对于防截屏技术，从三个主要申请人的专利资产区域布局情况，我们可以看出：索尼公司重视本国和美国的专利布局，索尼的主要竞争对手主要集中在美国，而其产品主要是面向本国市场。松下公司和理光公司主要侧重点在本土市场的布局上，两个主要申请人在其本部所在地日本分别布局了专利30件和43件。

3. 技术热点分析

对于防截屏技术，从技术热点分析角度来说：索尼公司的专利技术构成更侧重于应用在图像及数字信息的保护上。松下公司专利技术构成侧重于针对复制与截屏的相关技术。理光公司专利技术构成侧重于将防截屏技术应用到图像信息的保护方面。

第十一节　切分混淆技术

一、专利检索

（一）检索结果概述

以切分混淆技术为检索主题，在“九国两组织”范围内，共检索到相关专利申请2 145件，具体数量分布如下（单位：件）：

美国	中国	日本	韩国	英国	法国	德国	澳大利亚	俄罗斯	EP	WO	总计
1 190	430	321	81	0	6	8	17	14	34	44	2 145

（二）各地区/组织相关专利申请趋势

从1994年起，切分混淆技术的“九国两组织”专利申请总量呈逐年增加的趋势，到2013年达到申请量最大峰值。随着数字媒体内容包含的要求不断提高，切分混淆技术的研发投入越来越大，创新热度也逐渐提高。其中，美国是技术创新和研发热度最高的国家，明显高于其他国家和地区，其次是中国，创新和研发的也呈逐年递增的趋势。此外，澳大利亚、俄罗斯、欧洲等国在该领域的专利数量基本都为个位数，且变化一直很平缓，说明研发和创新的热度不高。

表 6.11-1　切分混淆技术“九国两组织”相关专利申请状况

国家 \ 年份	1994	1995	1996	1997	1998	1999	2000	2001	2002	2003	2004	2005	2006	2007	2008	2009	2010	2011	2012	2013	2014
US	4	10	16	12	19	35	26	40	62	55	54	43	57	76	98	107	89	87	85	105	110
CN	0	1	1	2	1	3	5	6	4	12	15	22	21	26	28	33	38	42	48	77	45
JP	1	5	10	16	17	27	42	17	23	30	17	24	17	14	11	13	10	7	6	6	8
KR	0	0	0	1	1	0	0	5	2	3	3	8	3	3	12	12	6	4	4	6	8
GB	0	0	0	0	0	0	0	0	0	0	0	0	0	0	0	0	0	0	0	0	0
DE	0	0	0	1	0	1	2	0	0	0	0	0	0	0	2	0	0	0	0	2	0
FR	0	0	0	0	0	0	0	0	0	1	0	1	1	1	0	0	0	0	0	1	1
AU	1	0	2	0	1	0	0	0	0	2	3	1	1	0	1	2	0	2	0	1	0
RU	0	0	0	0	0	0	0	0	0	0	1	2	2	3	1	3	1	1	0	0	0
EP	1	2	0	0	1	3	1	4	1	2	0	1	3	2	0	1	4	1	1	3	3
WO	0	0	0	0	0	0	0	4	0	0	2	1	3	1	4	2	1	2	1	5	18

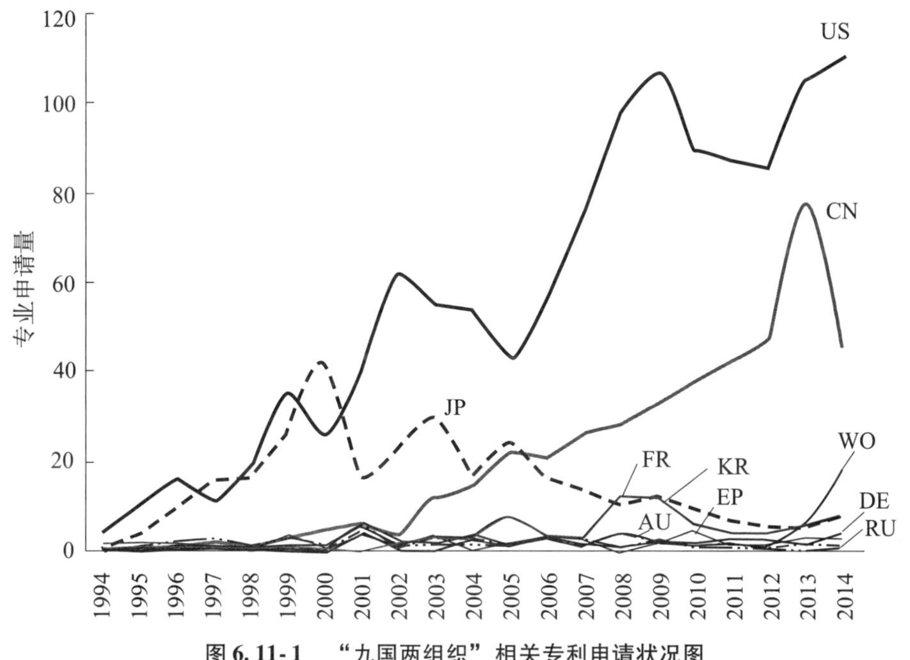

图 6.11-1　“九国两组织”相关专利申请状况图

(三) 各地区/组织相关专利申请人排名

1. WO 相关专利申请人排名

表 6.11-2　切分混淆技术 WO 相关专利申请人排名

序号	申请人	申请人国家	专利申请数量
1	INTERNATIONAL BUSINESS MACHINES CORPORATION	美国	8

（续表）

序号	申请人	申请人国家	专利申请数量
2	MICROSOFT CORPORATION	美国	8
3	QUALCOMM INCORPORATED	美国	6
4	KONINK PHILIPS ELECTRONICS NV	荷兰	6
5	FUTUREWEI TECHNOLOGIES INC.	美国	5

2. EP 相关专利申请人排名

表 6.11-3　切分混淆技术 EP 相关专利申请人排名

序号	申请人	申请人国家	专利申请数量	专利授权数量
1	INTBUSINESS MACHINES CORP	美国	9	0
2	MICROSOFT CORPORATION	美国	8	1
3	SONY CORP	日本	6	2
4	MATSUSHITA ELECTRIC IND CO LTD	日本	6	0
5	INTERNATIONAL BUSINESS MACHINES CORPORATION	美国	5	0

3. 中国地区相关专利申请人排名

表 6.11-4　切分混淆技术中国地区相关专利申请人排名

序号	申请人	申请人国家	专利申请数量	专利授权数量
1	UNIV SHANGHAI JIAOTONG	中国	12	8
2	UNIV ZHEJIANG	中国	12	4
3	HUAWEI TECHNOLOGIES CO LTD	中国	8	2
4	TENCENT TECHNOLOGY SHENZHEN CO LTD	中国	8	0
5	UNIV QINGHUA	中国	7	2

4. 美国地区相关专利申请人排名

表 6.11-5　切分混淆技术美国地区相关专利申请人排名

序号	申请人	申请人国家	专利申请数量	专利授权数量
1	INTERNATIONAL BUSINESS MACHINES CORPORATION	美国	119	115
2	MICROSOFT CORPORATION	美国	70	49
3	HEWLETT-PACKARD DEVELOPMENT COMPANY L. P.	美国	19	6
4	INTEL CORPORATION	美国	17	17
5	SUN MICROSYSTEMS INC	美国	13	13

5. 日本地区相关专利申请人排名

表 6.11-6　切分混淆技术日本地区相关专利申请人排名

序号	申请人	申请人国家	专利申请数量	专利授权数量
1	HITACHI LTD	日本	20	3
2	TOSHIBA KK	日本	14	6
3	MATSUSHITA DENKI SANGYO KK	日本	13	6
4	CANON KK	日本	13	2
5	SHARP KK	日本	13	4

6. 澳大利亚地区相关专利申请人排名

表 6.11-7　切分混淆技术澳大利亚地区相关专利申请人排名

序号	申请人	申请人国家	专利申请数量	专利授权数量
1	CACTI ACQUISITION LLC	美国	1	0
2	HYUNDAI MOTOR CO LTD	韩国	1	0
3	AMAZON. COM INC	美国	1	0
4	ELLSWORTH D	澳大利亚	1	0
5	HUMANOZ HOLDINGS PTY LTD	澳大利亚	1	1

7. 德国地区相关专利申请人排名

表 6.11-8　切分混淆技术德国地区相关专利申请人排名

序号	申请人	申请人国家	专利申请数量	专利授权数量
1	BOSCH GMBH ROBERT	德国	3	0
2	INTERNATIONAL BUSINESS MACHINES CORPORATION	美国	2	0
3	SIEMENS AG	德国	2	0
4	INT BUSINESS MACHINES CORP	法国	1	0
5	FUJITSU LIMITED	日本	1	0

8. 法国地区相关专利申请人排名

表 6.11-9　切分混淆技术法国地区相关专利申请人排名

序号	申请人	申请人国家	专利申请数量	专利授权数量
1	CENTRE NATIONAL DE LA RECHERCHE SCIENTIFIQUE	法国	2	0
2	COMMISSARIAT ENERGIE ATOMIQUE	法国	2	0
3	MOVEA	法国	2	0
4	VIACCESS	法国	2	0

9. 英国地区相关专利申请人排名

在本次检索得到的英国相关专利中，无切分混淆技术英国涉及的专利申请。

10. 俄罗斯地区相关专利申请人排名

表 6.11-11 切分混淆技术俄罗斯地区相关专利申请人排名

序号	申请人	申请人国家	专利申请数量	专利授权数量
1	SAMSUNG ELECTRONICS CO LTD	韩国	1	1

11. 韩国地区相关专利申请人排名

表 6.11-12 切分混淆技术韩国地区相关专利申请人排名

序号	申请人	申请人国家	专利申请数量	专利授权数量
1	LG ELECTRONICS INC	韩国	17	6
2	SAMSUNG ELECTRONICS CO LTD	韩国	4	4
3	INHA IND PARTNERSHIP INST	韩国	2	0
4	KOREA ELECTRONICS & TELECOM RES	韩国	2	2
5	OH S H		2	0

二、专利分析

（一）技术发展趋势分析

图 6.11-2 示出切分混淆技术的发展趋势。可以看出切分混淆技术的专利申请量呈逐年增加的趋势，到 2013 年达到申请量最大峰值。随着数字媒体内容的要求不断提高，切分混淆技术呈现较好的趋势，比如其中的分支技术代码混淆技术是近几年才发展起来的新兴技术，第一代对代码混淆技术进行系统的研究是从上世纪 90 年代末兴起的，目前的代码混淆技术仍处于研究中。

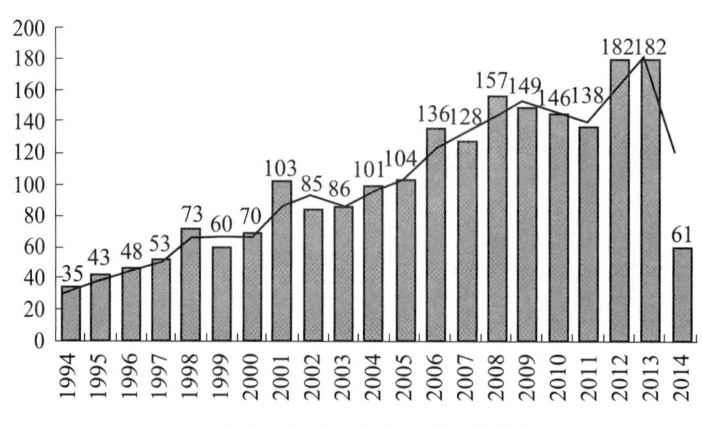

图 6.11-2 切分混淆技术发展趋势图

随着计算机网络和分布式系统的发展，越来越多的软件语言（以 java 为例）以其良好的平台无关性在学术研究和商业开发中都得到了日益广泛的应用。为了保证程序能够跨平台运行，Java 程序的运行不得不借助 Java 虚拟机。通过编译工具，Java 源代码被编译成 Java 字节码，即 class 文件。由于这种编译并不生成可以直接在操作系统上运行的可执行文件，且包括了很多源代码的信息，例如变量名、方法名等，因此，Java 中间代码的反编译就变得非常轻易。

攻击者通过静态分析和逆向工程来分析编程者的思想，获取机密数据和核心算法。因此，保护程序在未知环境下正常运行，防止逆向工程和静态分析的攻击，成为软件保护的一个重要问题。切分混淆技术是一种重要的软件保护方法。代码混淆指对拟发布的应用程序进行保持语义的变换，使得变换后的程序和原来的程序在功能上相同或相近，但是更难以被静态分析和逆向工程所攻击。这是指：① 改变代码使得它难以反编译；②改变代码使得它反编译后难以理解。

（二）技术路线分析

从图 6. 11-3 切分混淆技术路线分析图中可以看出，从 1994 年到 2013 年切分混淆技术的核心专利和关键技术分布较为均匀，而代码混淆作为切分混淆技术的重要支撑技术很早就出现而且一直被创新，并且应用于在线阅览中各个方面，比如图像、用户体验和数据库搜索方面。切分混淆技术是一种新的数字内容保护技术，目前还处于发展阶段。

代码混淆技术是一种可以用于对软件知识产权进行保护的程序变换技术，对拟发布的应用程序进行保持语义的变换，使得变换后的程序和原来的程序在功能上相同或相近，但是更难以被静态分析和逆向工程所攻击。

根据混淆原理和对象的不同，可将切分混淆技术分为外形混淆、控制结构混淆、数据混淆、预防混淆等几种。外形混淆主要包括删除和改名。删除是指将程序中与执行无关的调试信息、注释、不会用到的方法和类等结构从程序体中删除。删除之后不但使攻击者难以阅读和理解，还可以减小程序的大小，提高程序装载和执行的效率。改名包括对程序中的变量名、常量名、类名、方法名称等标识符，作词法上的变换以阻止攻击者对程序的理解。控制结构混淆的目的是使得攻击者对程序的控制流难以理解。如加入模糊谓词，用伪装的条件判断语句来隐藏真实的执行路径，模糊谓词就是具有对加混淆者易于判断而对攻击者来说难于推导的特性的谓词。程序以符合逻辑的方式来组织数据，数据混淆算法对程序中的数据结构进行转换，以非常规的方式组织数据，增加攻击者获取有效信息的难度，实现对程序的有效混淆。常用的转换方法有静态数据动态生成、数组结构转换、类继承转换、数据存储空间转换等。预防混淆是针对一些专用的反编译器而设计的。一般来说，这些技术利用反编译器的弱点或者 Bug 来设计混淆方案。

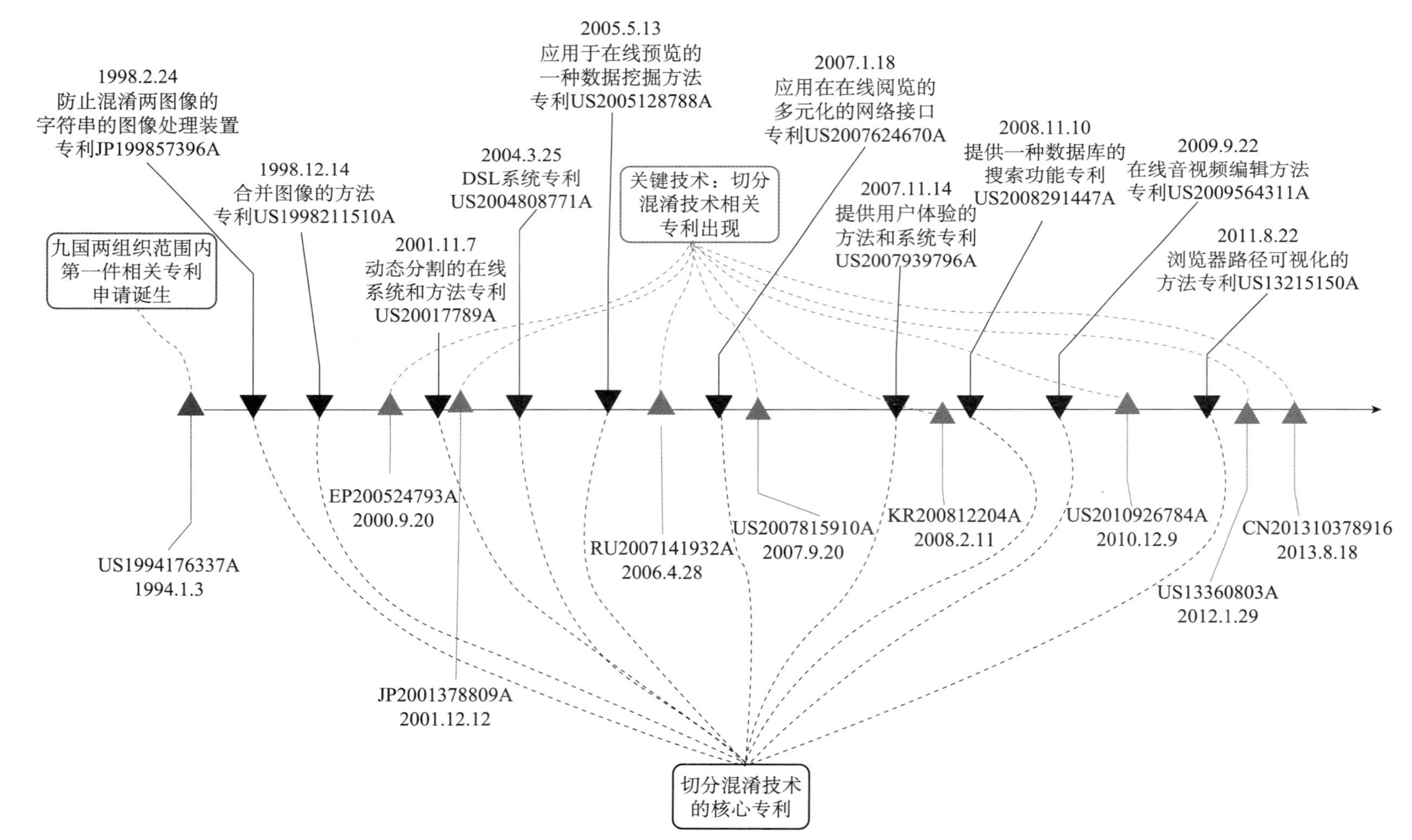

图6.11-3　切分混淆技术路线图

切分混淆技术的核心是设计各类混淆算法，使它的性能指标最佳。单一的混淆算法无法满足各类应用的安全需要，需要针对不同应用选择合适算法组合使用。对混淆算法的攻击有反混淆器自动攻击与人力攻击两个方面，但还没有实用的反混淆器生成方式。理论研究方面，混淆算法强度与弹性性能缺乏量化的评价方法，利用密码学理论进行研究正成为主要的研究途径，将代码混淆技术应用于访问控制系统等新的领域也是研究方向。

（三）主要专利申请人分析

为了深入分析切分混淆这一技术领域，通过对检索数据进行标引、聚类等处理，我们了解到，1994 年至 2014 年，在切分混淆技术领域专利申请量排名前三的申请人分别为：IBM 公司、微软公司、佳能公司，申请量分别是 154 件、79 件、36 件。

1. 申请量排名第一的专利申请人

（1）专利申请量

图 6.11-4 所示为 IBM 切分混淆技术专利申请数量随年代发展的趋势情况，IBM 是全球最大的信息技术和业务解决方案公司，其总公司在纽约。IBM 作为专利申请量排名第一的专利申请人，这与 IBM 公司本身重视知识产权保护有关，IBM 不断加大专利组合，到 2006 年，IBM 连续 14 年成为美国取得专利最多的企业。同时，IBM 重视在数字版权保护方面的研究，其 EMMS 电子媒体管理系统是 IBM 开发的保护在线音乐的版权的系统，被广泛使用。

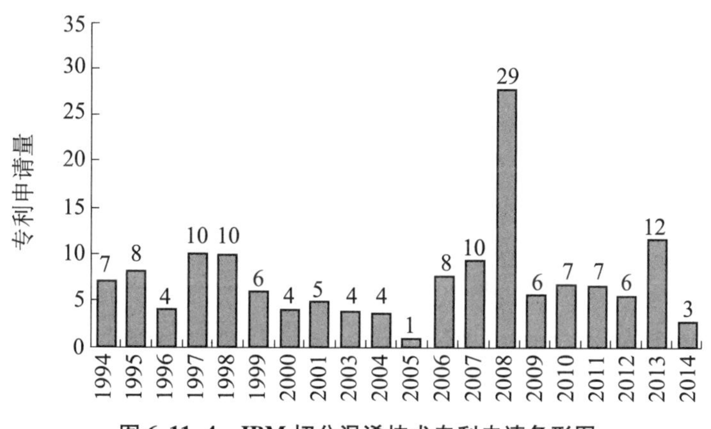

图 6.11-4　IBM 切分混淆技术专利申请条形图

（2）“九国两组织”专利申请量区域分布

图 6.11-5 所示为 IBM 在“九国两组织”区域的专利申请情况，IBM 公司的专利布局主要针对的是美国本土，其次是日本，这主要是由于其 ICT 业务的主要竞争对手在美国，并且 IBM 的专利布局模式属于典型的地毯式布局，每年靠大量专利取得丰厚的许可和转让收益，所以，IBM 在本国的专利申请量最多。

（3）技术构成分布

从图 6.11-6 可以看出，IBM 公司关注的技术热点为将切分混淆技术应用在数据保护

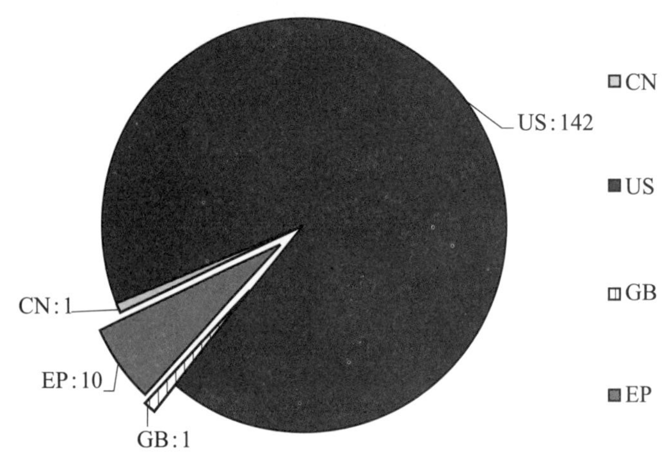

图 6.11-5　IBM 切分混淆技术专利申请量区域分布图

方面，这与该技术的特点相吻合，可以看出 IBM 公司在该技术点的侧重为数据混淆技术。混淆是一种可以用于对移动代码和软件知识产权进行保护的程序变换技术。

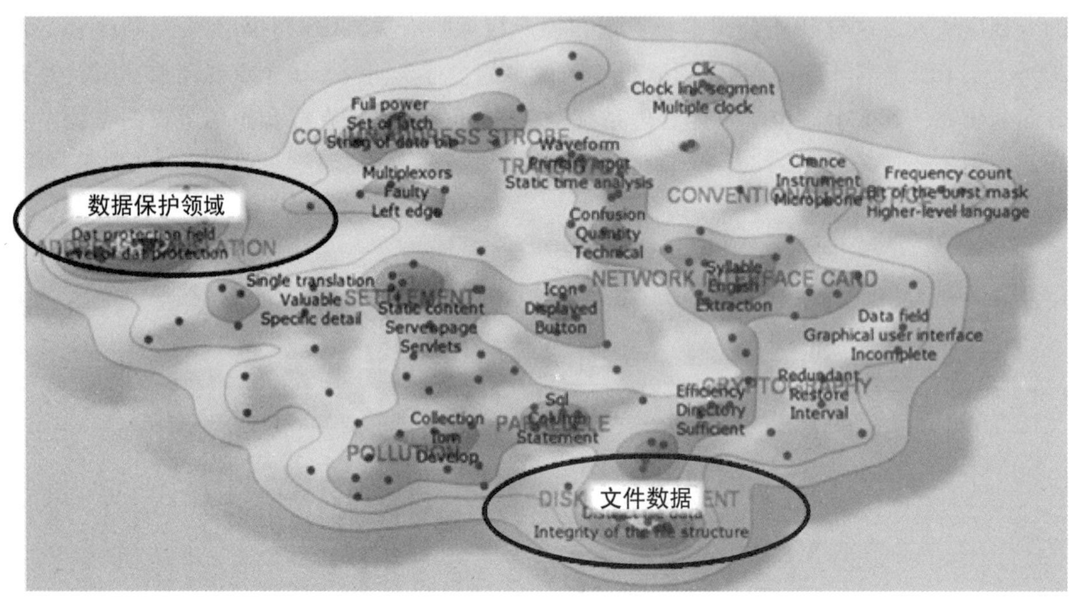

图 6.11-6　IBM 切分混淆技术构成分布图

2. 申请量排名第二的专利申请人

（1）专利申请量

图 6.11-7 所示为微软切分混淆技术专利申请数量随年代发展的趋势情况。微软是一家总部位于美国的跨国电脑科技公司，是世界 PC 机软件开发的先导。从微软专利申请趋势图可以看出，微软关于切分混淆技术的整体专利申请数量并不多，申请数量较多的年份集中在 2004 年到 2006 年，从 2003 年开始微软发布了新的数字版权保护软件，该软件将有助于防止音乐盗版，2005 年珠海炬力携手微软共推 MP3 数字版权保护—DRM 10，其实

一个非常灵活的应用平台技术，可以保护在计算机、便携式设备或网络设备上的付费内容的安全传输和播放。

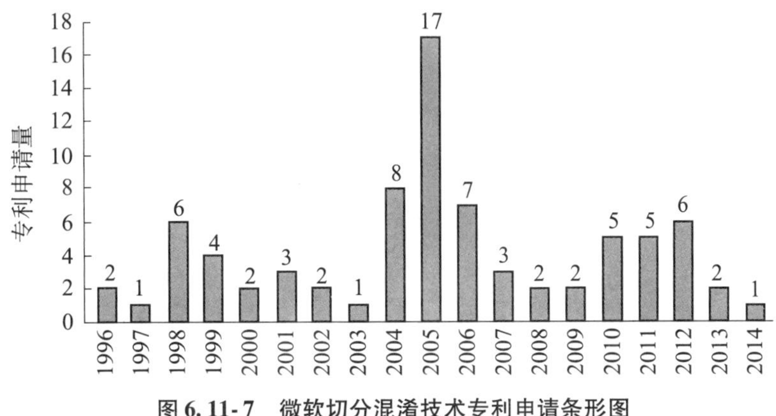

图 6. 11-7　微软切分混淆技术专利申请条形图

（2）“九国两组织”专利申请量区域分布

图 6. 11-8 所示为微软在“九国两组织”区域的专利申请分布情况，微软该技术的主要专利申请集中在美国本土，这主要是由于微软的本部和主要目标市场位于美国，并且也是专利诉讼频繁的地区，比如仅 2008 年 1 月以来，美国爆发的专利诉讼就覆盖了大部分世界级杀毒软件企业，全球十大杀毒软件公司都被诉侵权。

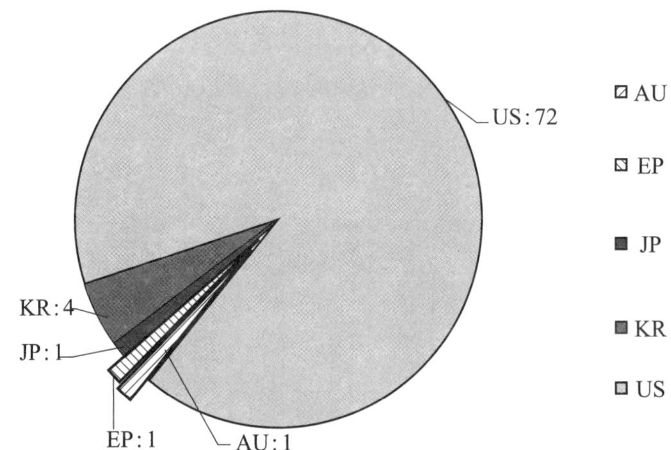

图 6. 11-8　微软切分混淆技术专利申请量区域分布图

（3）技术构成分布

通过对重点竞争对手进行技术构成分析，我们可以深入地了解其技术研发和专利申请的侧重点。从图 6. 11-9 可以看出，微软公司在切分混淆技术领域的关注热点为图像、数据的混淆技术和动态切分技术，其中动态切分技术是数据切分技术的子技术。

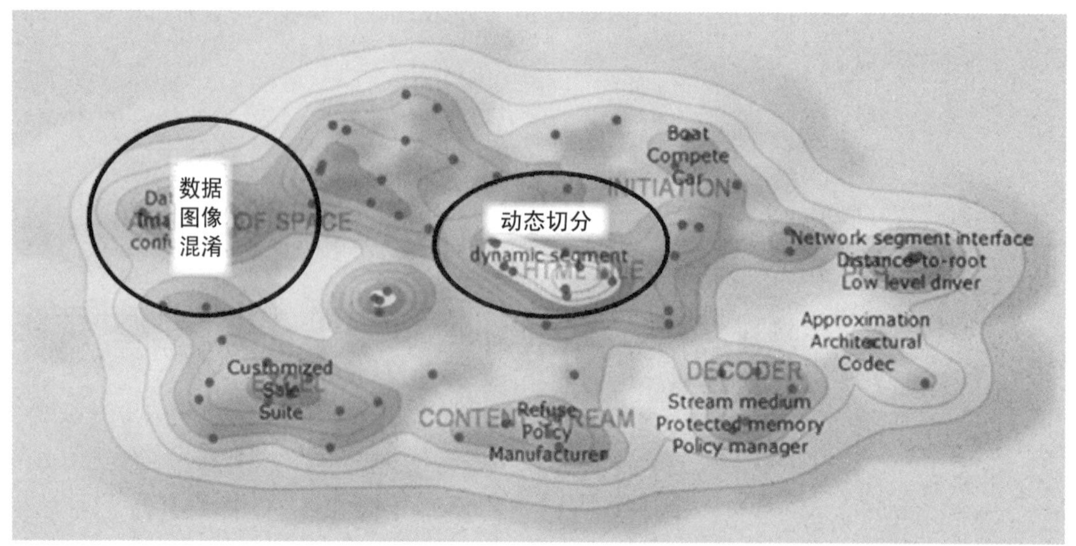

图 6.11-9　微软切分混淆技术构成分布图

3. 申请量排名第三的专利申请人

（1）专利申请量

图 6.11-10 所示为佳能切分混淆技术专利申请数量随年代发展的趋势情况。佳能是日本的一家全球领先的生产影响与信息产品的综合集团。从佳能专利申请趋势图中可以看出，虽然作为申请量排名第三的专利申请人，但是从 1994 年到 2012 年，佳能每年的申请量都很低，最多的一年为 4 件，与排名前两位的公司形成鲜明的对比，可以看出切分混淆技术并不是佳能公司的研究热点。

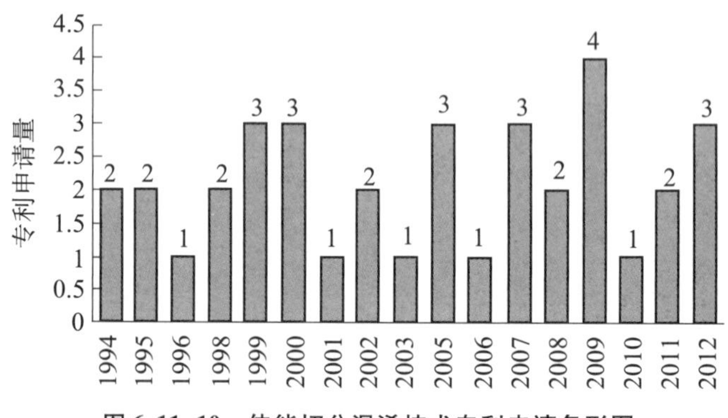

图 6.11-10　佳能切分混淆技术专利申请条形图

（2）"九国两组织"专利申请量区域分布

从图 6.11-11 中可以看出该技术的相关专利申请区域主要分为两个区域，即日本和美国，主要是佳能的本部在日本，其产品的主要销售区域在美洲、日本和亚洲、欧洲。所以，佳能将日本和美国作为其专利布局的一个首选区域。

（3）技术构成分布

通过对重点竞争对手进行技术构成分析，我们可以深入地了解其技术研发和专利申请

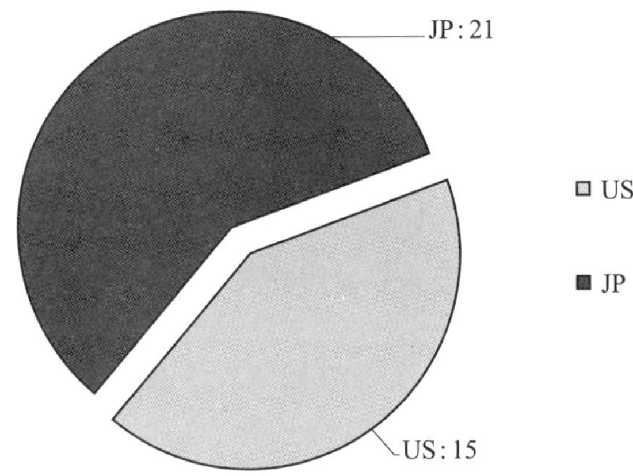

图 6.11-11　佳能切分混淆技术专利申请量区域分布图

的侧重点。从图 6.11-12 可以看出，佳能公司在切分混淆技术领域的关注热点为代码混淆技术和 Javascript 技术，代码混淆技术通常被用在软件保护方面，而 Javascript 是一种用于客户端的脚本语言，通常用在 HTML 网页上，用来增加网页的动态功能，改进该语言可以对在线阅览内容经行保护。

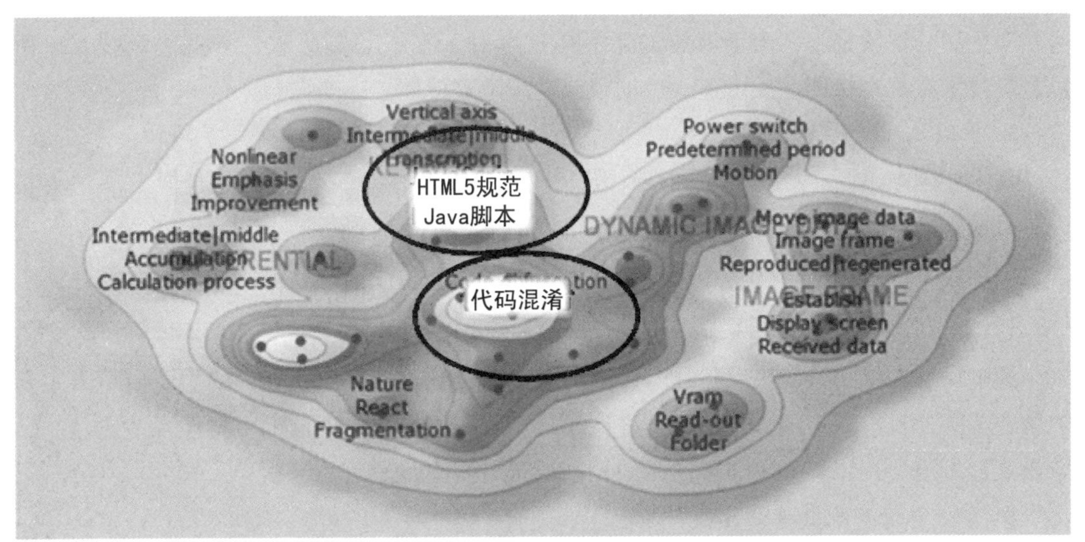

图 6.11-12　佳能切分混淆技术构成分布图

三、总结

通过前面章节的介绍，我们了解了在线阅览版权保护技术领域的专利发展现状，在线阅览版权保护技术分为五个主题——密钥管理技术、防截屏技术、数据切分混淆技术、反跟踪技术和细粒度权限控制技术，分析结论如下：

(一) 专利申请量的总体发展趋势

就整个行业专利申请状况来看，密钥管理技术、防截屏技术从 1994 年起的专利申请量呈逐渐增加的趋势，至2005年达到最大峰值，从2005年至今，专利数量逐渐下降，这主要与密钥管理技术、防截屏技术日益成熟，应用越来越广泛有较大关系。

切分混淆技术从1994年起的专利申请量呈逐年增加的趋势，随着数字媒体内容包含的要求不断提高，切分混淆技术的研发投入越来越大，创新热度也逐渐提高，到2013年达到申请量最大峰值。

（二）各地区技术发展现状以及未来发展趋势

1. 美国

对于切分混淆技术，在美国地区的发展前期一直呈现出增长的趋势，随着技术的日渐成熟，出现了成熟期和短暂的衰退期，但是随着混淆技术的应用算法越来越多，在2010年该技术进入了复苏期。

2. 日本

作为在线阅览版权保护技术的另一主要研究区域，虽然日本在此项技术的研究不如美国，但是该技术也在日本有所发展，一方面日本自身的科技创新能力保证了其能很快地将所获得的技术信息转化成自身的再创造，另一方面主要的厂商的聚集也加快了此项技术的发展与成熟。

对于切分混淆技术，由于该技术并不是日本对于在线阅览版权保护的主流技术，所以，该技术在日本初期发展迅速，后期很快进入了衰退期。

3. 中国

与上述国家不同，中国对于在线阅览版权保护技术的研究起步较晚，但发展潜力很大，目前，该技术在我国正处于快速发展阶段并逐渐趋于成熟。

其中切分混淆技术，在中国整体呈现出一个增长的趋势。

（三）主要申请人专利申请对比分析

通过对于在线阅览版权保护技术领域的宏观分析，我们得出行业内的主要申请人主要集中在美国、日本和韩国。下面将结合在线阅览版权保护技术下面的主要技术主题，并结合微观分析模块具体解读主要申请人的专利现状。

1. 专利申请量维度横向比较

行业内的三个主要申请人是IBM公司、微软公司和佳能公司。通过将三个主要申请人在专利申请量维度进行横向比较，我们发现：从专利申请量上来看，IBM公司拥有相关专利申请154件；微软公司和佳能公司在这方面的数量分别是79件和36件。其中，IBM公司作为行业的技术先导者，并且本身重视知识产权的保护，相应的专利申请量也较多。微软公司和佳能公司在切分混淆技术的研究落后于IBM公司，并且近几年年专利数量极少。

2. 专利资产区域布局情况

从三个主要申请人的专利资产区域布局情况，我们可以看出：IBM公司作为该行业的领导者，其专利布局主要针对的是美国本土，专利数量为142件。IBM的专利布局模式属于典型的地毯式布局，每年靠大量专利取得丰厚的许可和转让收益。微软公司该技术的主要专利申请集中在美国本土，专利数量为72件。与其他两家公司不同，佳能公司的专利布局除了重视本国以外，还主要针对美国，其在日本和美国的专利数量分别为21件和15件。

3. 技术热点分析

从技术热点分析角度来说：IBM公司的专利技术构成更侧重于应用在数据保护方面。微软公司专利技术构成侧重于研究动态切分技术。佳能公司专利技术构成侧重于代码混淆技术和Javascript技术。

第十二节　反跟踪技术

一、专利检索

（一）检索结果概述

以反跟踪技术为检索主题，在“九国两组织”范围内，共检索到相关专利申请2 064件，具体数量分布如下（单位：件）：

美国	中国	日本	韩国	英国	法国	德国	澳大利亚	俄罗斯	EP	WO	总计
1 472	307	120	48	15	0	16	6	7	48	25	2 064

（二）各地区/组织相关专利申请趋势

从1994年起，反跟踪技术的“九国两组织”专利申请总量呈逐年增加的趋势，从1994年至2005年，反跟踪技术的专利申请量呈逐渐增加的趋势，从2006年至今，专利数量变化比较平缓，这主要与反跟踪技术日益成熟有较大关系。其中，美国是技术创新和研发热度最高的国家，明显高于其他国家和地区。此外，澳大利亚、俄罗斯、欧洲等国在该领域的专利数量基本都为个位数，且变化一直很平缓，说明研发和创新的热度不高。

表6.12-1　反跟踪技术“九国两组织”相关专利申请状况

年份 国家	1994	1995	1996	1997	1998	1999	2000	2001	2002	2003	2004	2005	2006	2007	2008	2009	2010	2011	2012	2013	2014
US	1	1	9	5	19	45	47	68	54	69	100	112	109	102	135	111	112	109	103	93	68
CN	0	0	0	0	0	0	0	2	0	3	6	11	11	16	22	24	29	33	44	49	57
JP	0	1	3	6	2	13	10	11	7	8	6	6	8	4	5	3	6	10	4	1	6
KR	0	0	0	0	0	0	2	0	2	1	2	5	2	6	6	4	4	7	3	4	0
GB	0	0	0	0	0	0	0	0	2	1	0	0	5	1	2	1	1	1	0	1	0
DE	0	0	0	0	0	0	0	1	0	1	1	2	2	1	0	0	1	1	0	5	1
FR	0	0	0	0	0	0	0	0	0	0	0	0	0	0	0	0	0	0	0	0	0

（续表）

国家＼年份	1994	1995	1996	1997	1998	1999	2000	2001	2002	2003	2004	2005	2006	2007	2008	2009	2010	2011	2012	2013	2014
AU	0	1	0	0	0	0	1	2	1	1	0	0	0	0	0	0	0	0	0	0	0
RU	0	0	0	0	0	0	0	1	1	1	0	0	0	1	1	0	1	1	0	0	0
EP	0	1	0	1	0	1	6	3	2	3	2	3	2	4	2	3	4	4	3	3	1
WO	0	0	0	1	0	0	1	1	1	2	2	0	1	1	1	0	1	2	1	3	7

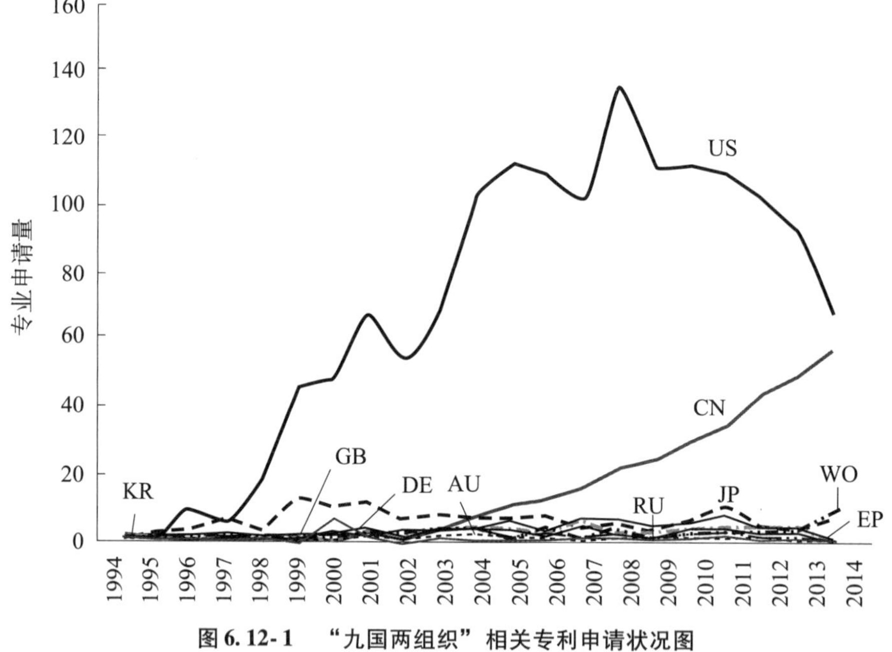

图 6.12-1 “九国两组织”相关专利申请状况图

（三）各地区/组织相关专利申请人排名

1. WO 相关专利申请人排名

表 6.12-2 反跟踪技术 WO 相关专利申请人排名

序号	申请人	申请人国家	专利申请数量
1	INTEL CORP	美国	32
2	SUN MICROSYSTEMS INC.	美国	22
3	INTERNATIONAL BUSINESS MACHINES CORPORATION	美国	13
4	PANASONIC CORPORATION	日本	8
5	FUJITSU LIMITED	日本	7

2. EP 相关专利申请人排名

表 6.12-3　反跟踪技术 EP 相关专利申请人排名

序号	申请人	申请人国家	专利申请数量	专利授权数量
1	SUN MICROSYSTEMS INC.	美国	18	9
2	FUJITSU LIMITED	日本	5	1
3	MICROSOFT TECHNOLOGY LICENSING LLC	美国	3	1
4	INFINEON TECHNOLOGIES AG	德国	3	0
5	DEUTSCHE BANK AG NEW YORK BRANCH AS COLLATERAL AGENT	美国	3	0

3. 中国地区相关专利申请人排名

表 6.12-4　反跟踪技术中国地区相关专利申请人排名

序号	申请人	申请人国家	专利申请数量	专利授权数量
1	ZTE CORP	中国	15	4
2	HUAWEI TECHNOLOGIES CO LTD	中国	8	3
3	UNIV ZHEJIANG	中国	7	1
4	GUANGDONG WEICHUANG SHIXUNTECHNOLOGY CO	中国	5	1
5	ZTE COMMUNICATION CO LTD	中国	5	0

4. 美国地区相关专利申请人排名

表 6.12-5　反跟踪技术美国地区相关专利申请人排名

序号	申请人	申请人国家	专利申请数量	专利授权数量
1	INTERNATIONAL BUSINESS MACHINES CORPORATION	美国	279	262
2	SUN MICROSYSTEMS INC.	美国	127	90
3	INTEL CORPORATION	美国	121	90
4	MICROSOFT CORP	美国	54	40
5	NVIDIA CORPORATION	美国	52	50

5. 日本地区相关专利申请人排名

表 6.12-6　反跟踪技术日本地区相关专利申请人排名

序号	申请人	申请人国家	专利申请数量	专利授权数量
1	NEC CORP	日本	21	8

（续表）

序号	申请人	申请人国家	专利申请数量	专利授权数量
2	FUJITSU LTD	日本	12	6
3	TOYOTA JIDOSHA KK	日本	9	1
4	HITACHI LTD	日本	8	1
5	RENESAS ELECTRONICS CORP	日本	6	1

6. 澳大利亚地区相关专利申请人排名

表 6.12-7　反跟踪技术澳大利亚地区相关专利申请人排名

序号	申请人	申请人国家	专利申请数量	专利授权数量
1	INTEL CORP	美国	2	0
2	KONINKL PHILIPS ELECTRONICS NV	荷兰	1	0
3	DVBS INC	美国	1	0
4	Canal + Societe Anonyme		1	0
5	Hyperknowledge Management Services AG	美国	1	0

7. 德国地区相关专利申请人排名

表 6.12-8　反跟踪技术德国地区相关专利申请人排名

序号	申请人	申请人国家	专利申请数量	专利授权数量
1	INFINEON TECHNOLOGIES AG	德国	7	1
2	GIESECKE&DEVRIENT GMBH	德国	4	0
3	NVIDIA CORPORATION	美国	3	0
4	INT BUSINESS MACHINES CORP	美国	2	0

8. 法国地区相关专利申请人排名

在本次检索得到的法国相关专利中，无反跟踪技术法国涉及的专利申请。

9. 英国地区相关专利申请人排名

表 6.12-9　反跟踪技术英国地区相关专利申请人排名

序号	申请人	申请人国家	专利申请数量	专利授权数量
1	IMAGINATION TECHNOLOGIES LTD	英国	8	1
2	INTERNATIONAL BUSINESS MACHINES CORPORATION	美国	6	1
3	NEC CORPORATION	日本	4	
4	ARM LTD	英国	4	3
5	SUN MICROSYSTEMS INC.	美国	3	1

10. 俄罗斯地区相关专利申请人排名

表 6.12-10 反跟踪技术俄罗斯地区相关专利申请人排名

序号	申请人	申请人国家	专利申请数量	专利授权数量
1	SAMSUNG ELECTRONICS CO LTD	韩国	1	1

11. 韩国地区相关专利申请人排名

表 6.10-11 反跟踪技术韩国地区相关专利申请人排名

序号	申请人	申请人国家	专利申请数量	专利授权数量
1	SAMSUNG ELECTRONICS CO. LTD.	韩国	4	1
2	ELECTRONICS&TELECOM RES INST	韩国	3	2
3	GOOGLE INC.	美国	1	0
4	CID CO LTD		1	0
5	DAEWOO ELECTRONICS CORP	韩国	1	0

二、专利分析

（一）反跟踪技术

1. 技术发展趋势分析

图 6.12-2 示出反跟踪技术的发展趋势。反跟踪是一种防止利用调试工具、跟踪软件等手段窃取软件源码、取消防拷贝及加密等功能的一种技术。软件被跟踪破解后被非法使用，会导致版权的利益受到侵害，机密被泄露等危害。从中可以看出该技术从 1995 年到 2005 年之间专利申请量为递增的状态，2005 年到 2007 年反跟踪技术相关专利的年申请量有小幅度的减少，之后每年的申请量均变化与上一年相比不太明显，说明该技术已趋于成熟。

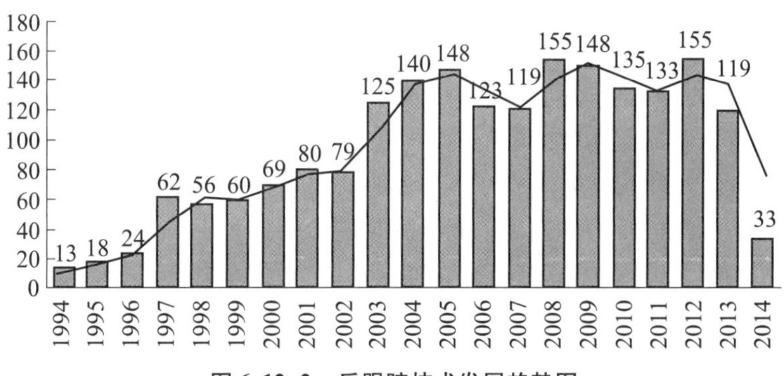

图 6.12-2 反跟踪技术发展趋势图

反跟踪技术是一种防止计算机被恶意跟踪的技术，它的目的是为了保障数字版权的安全。通常情况下，跟踪者通过利用调试工具，或运用跟踪软件来跟踪正在运行的计算机软件，通过跟踪来窃取软件源码，进而攻击、破坏计算机的系统。反跟踪技术是软件根据各种调试和反汇编等工具的特征，对计算机软件进行实时的检测，来防止破解者利用各种跟踪工具来跟踪计算机软件的运行，偷偷窃取计算机软件的源码，进而取消防拷贝、加密等功能。一个好的计算机加密软件，通常都是和优良的反跟踪技术密切联系，分不开的。一个完善可靠的软件保护措施，与软件的反跟踪技术息息相关，他们之间有着紧密的联系。计算机软件如果被攻击，分析其原因，往往都是从计算机的软件被跟踪开始的。因此，如果不运用反跟踪技术，计算机软件的程序在跟踪者的眼里就一览无遗，没有一点安全性，使跟踪者很容易通过跟踪，来破解计算机软件的信息和数据，进而威胁到计算机用户的信息安全。

实际上，反跟踪技术是反复制技术的保护者，在整个计算机磁盘的加密技术中，最能显示计算机技术水平的部分，就是反跟踪技术。如果反跟踪技术存在漏洞和瑕疵，对整个计算机加密技术的影响是巨大的，牵一发而动全身，其可靠性就会极大地降低。总所周知，这个世界上没有十全十美的事物，不存在毫无漏洞的反跟踪技术，但是，随着编程工具的更新，反跟踪技术会积累很多有益的经验，使得反跟踪技术越来越完善，但是，毫无瑕疵的完美的反跟踪技术只是一个趋势，而很难实现的，这就是爱因斯坦的相对论，与哲学中讲的“绝对和相对”，他们的道理，在科学上的解释是相通的，有异曲同工之妙。反跟踪技术虽然存在着微小的漏洞和瑕疵，但是它在随着时间的推移而不断完善和发展，反跟踪技术本身其他的技术，可以最大限度地尽可能地减小漏洞和瑕疵，使反跟踪技术日益趋于完美优良，也体现了这个技术的卓越。

2. 技术路线分析

从图 6. 12-3 反跟踪技术路线分析图中可以看出，反跟踪技术出现较晚，第一件相关专利出现在 1997 年 1 月 21 日，而多线程作为切分混淆技术的重要支撑技术很早就出现而且一直被创新，多线程，是指从软件或硬件上实现多个线程并发执行的技术。面对猖狂的盗版，为了防止在线影视内容的非法复制，将多线程并行反跟踪技术应用到加密程序中，也是反跟踪技术的一个发展热点。反跟踪技术目前仍属于数字内容保护的热点技术。

反跟踪是一种防止利用调试工具、跟踪软件等手段窃取软件源码、取消防拷贝及加密等功能的一种技术。软件被跟踪破解后被非法使用，会导致版权的利益受到伤害、机密被泄露等危害，因此，反跟踪是软件安全和版权保护必不可少的重要技术。

计算机软件所采用的反跟踪技术，目前主要有以下几种：（1）破坏单步中断和断点中断，采取对单步中断和断点中断进行组合的措施，可以产生强大的动态调试跟踪功能，在反跟踪技术中，破坏单步中断和断点中断发挥着巨大的作用，使用其他中断来代替断点中断，可以使一切跟踪者的调试软件的运行环境，受到彻底的破坏，从根本上被破坏，使跟踪者寸步难行，从而防止计算机用户被跟踪，以不应万变保护计算机的信息安全；（2）封锁键盘输入，各类跟踪软件有一个共同的特点，他们在进行跟踪时，都要通过键盘，来接

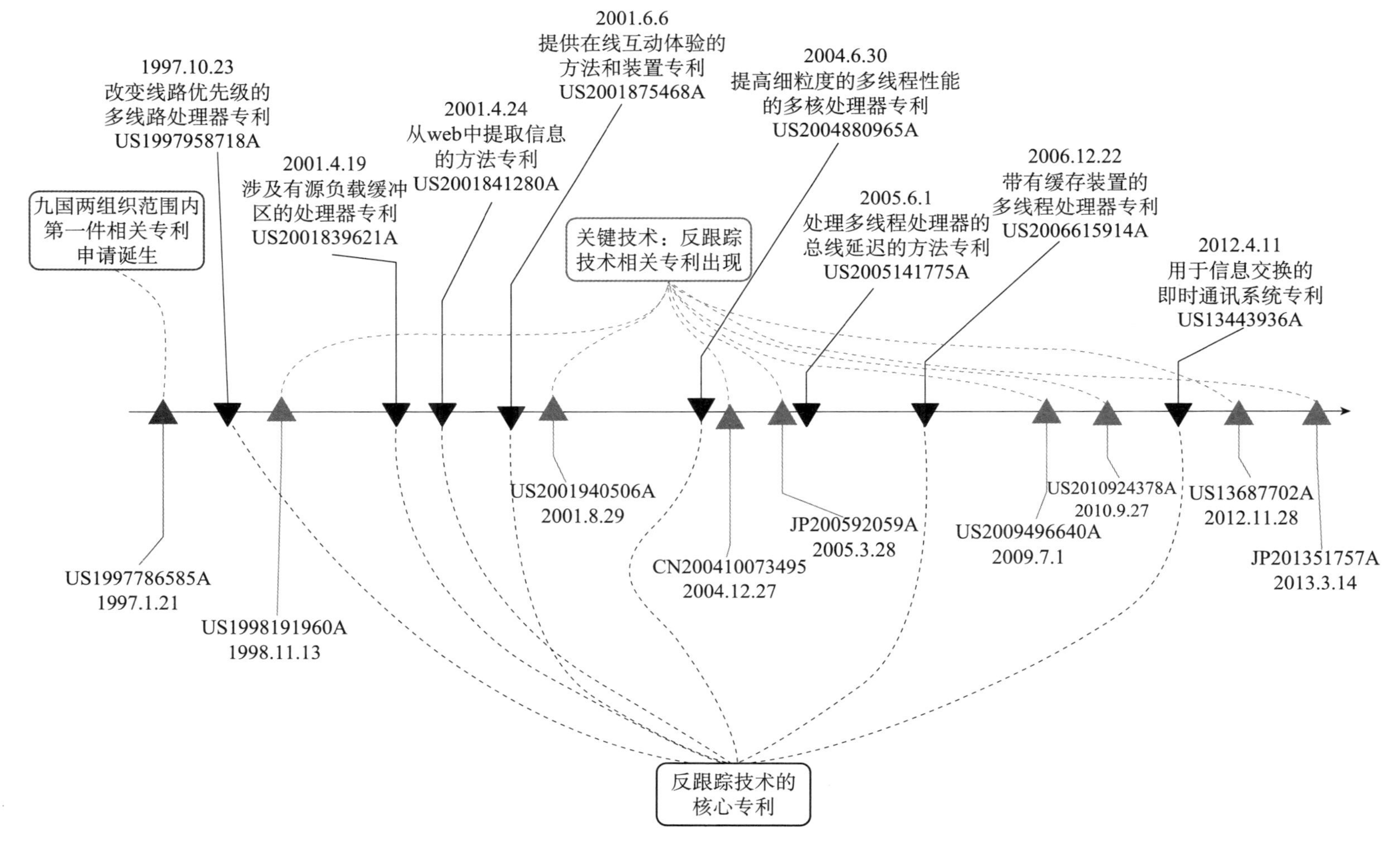

图6.12-3　反跟踪技术路线图

受操作者发出的命令，调试跟踪的结果如何，要在计算机的屏幕上才能显示出来。因此，针对跟踪软件的这个特点，在加密系统不需要利用键盘来输入信息的情况下，反跟踪技术可以关闭计算机的键盘，来阻止跟踪者接受操作者的命令，从而使跟踪软件的运行环境遭到破坏，避免跟踪者的继续跟踪。为了封锁键盘输入，反跟踪技术可采用的方法有：禁止接收键盘数据，禁止键盘中断，改变键盘中断程序的入口地址等方法；（3）检测跟踪法，当计算机的跟踪者利用各种跟踪调试软件，进而对计算机的加密系统分析执行时，计算机一定会显示出现异常情况，因为计算机的运行环境、中断入口、时间长短等许多地方，与正常执行加密系统不同。在这些显示异常的地方，若果采取一定的反跟踪措施，就可保护计算机的加密系统。为了提高跟踪者的解密难度，可将检测跟踪的反跟踪技术频繁使用，前呼后拥，环环相扣，让破译者眼花缭乱，使他们感觉永远无法解密，从而可以极大地提高计算机软件的安全性；（4）分块加密执行程序，为了防止计算机加密程序被反汇编，加密程序要采取分块密文的形式，来装入内存。在执行时，由上一块加密程序，来对其进行译码。一旦执行结束后，必须马上清除掉。这样，不管在什么时候，解密者都不可能从内存中得到完整的解密程序代码。此方法，不但能防止计算机软件被反汇编，而且还可使解密者素手无策，没有办法设置断点，进而防止计算机被跟踪；（5）逆指令流法，在计算机内存中，指令代码发存放的顺序，是先存放低级地址，后存放高级地址，从低地址向高地址存放，这也是 CPU 执行指令的顺序。针对 CPU 执行指令的这个特征，逆指令流法采用特意改变顺序执行指令的方式，使 CPU 按逆向的方式执行指令，这样，对于已经逆向牌类的指令代码，解密者根本无法阅读，进而防止解密者的跟踪。

三、主要专利申请人分析

为了深入分析反跟踪这一技术领域，通过对检索数据进行标引、聚类等处理，我们了解到，1994 年至 2014 年，在反跟踪技术领域专利申请量排名前三的申请人分别为：IBM 公司、英特尔公司、Sun Microsystems 公司，申请量分别是 343 件、176 件、121 件。

1. 申请量排名第一的专利申请人

（1）专利申请量

图 6.12-4 所示为 IBM 反跟踪技术专利申请数量随年代发展的趋势情况，IBM 公司除在 1997 年、2003 年、2008 年和 2012 年专利申请量较多以外，其余每年专利申请量数量变化趋势不大，这主要是由于在 1997 年 IBM 的子公司 Tivoli 系统公司还收购了 Unison 软件公司，2003 年 IBM 的 POWER4 处理器，它是业内第一款双核处理器。2008 年 7 月，IBM 发布了 SVC 4.3 软件，2012 年 12 月 19 日，IBM 宣布收购 StoredIQ 软件公司。这些事件使得 IBM 公司在这几年的申请量比较多。

（2）“九国两组织”专利申请量区域分布

图 6.12-5 所示为 IBM 在“九国两组织”区域的专利申请情况，IBM 公司的专利布局

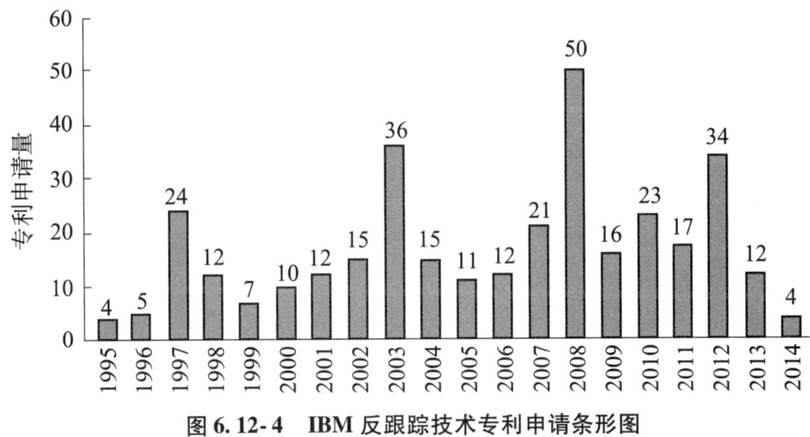

图 6.12-4 IBM 反跟踪技术专利申请条形图

主要针对的是美国本土，这主要是由于其 ICT 业务的主要竞争对手在美国，并且 IBM 的专利布局模式属于典型的地毯式布局，每年靠大量专利取得丰厚的许可和转让收益，所以，IBM 在本国的专利申请量最多。

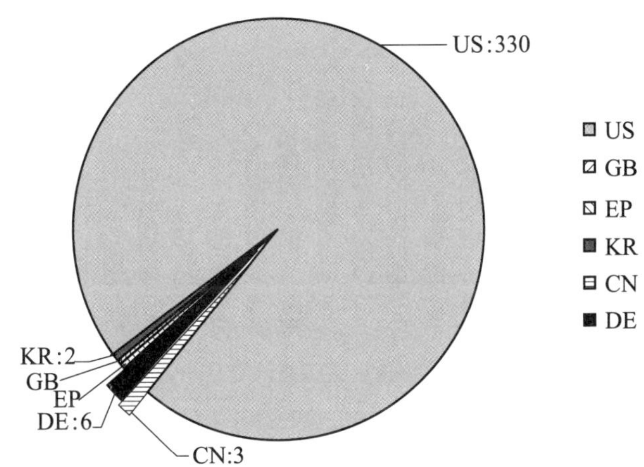

图 6.12-5 IBM 反跟踪技术专利申请量区域分布图

（3）技术构成分布

从图 6.12-6 可以看出，IBM 公司关注的技术热点为关于指令的技术，指令是计算机从事某一特殊运算的代码，而针对软件反跟踪技术中的防动态跟踪主要应用到的就是代码加密法。

2. 申请量排名第二的专利申请人

（1）专利申请量

图 6.12-7 所示为英特尔反跟踪技术专利申请数量随年代发展的趋势情况。可以看出其在 1997 年到 2003 年基本呈现专利申请量的递增趋势，只有 2000 年专利数量最多，其原因是英特尔与松下在 2000 年合作开发了应用在计算机上针对下载数字音乐的软件，主要是保护音乐版权。从 2005 年开始英特尔关于反跟踪技术的专利数量呈现下降的趋势。

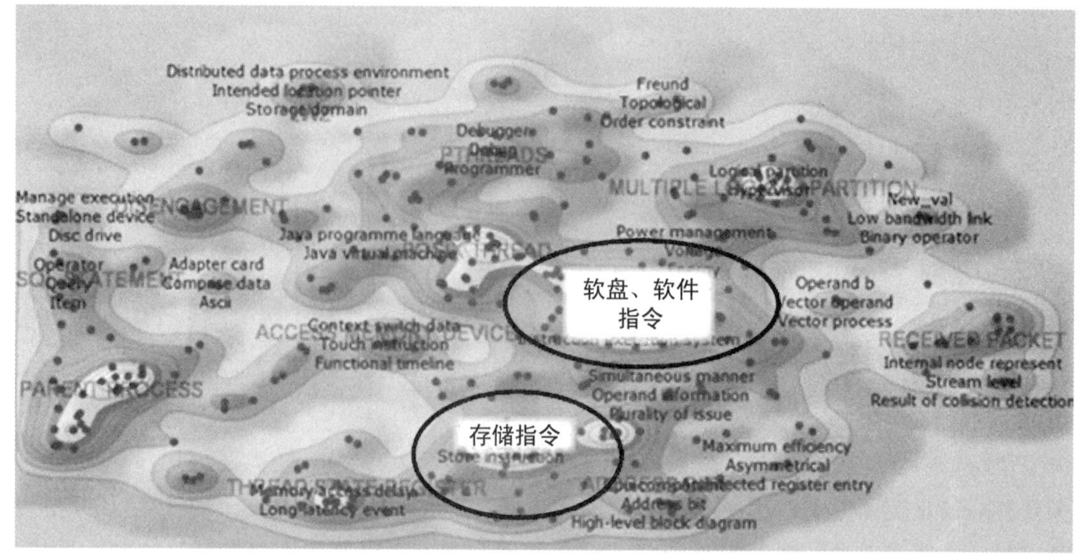

图 6.12-6　IBM 反跟踪技术构成分布图

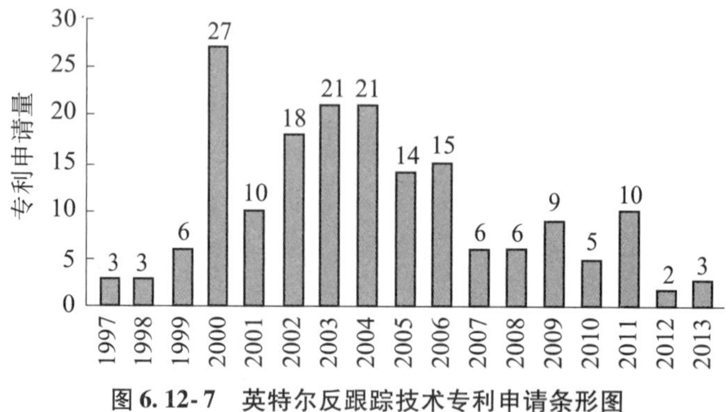

图 6.12-7　英特尔反跟踪技术专利申请条形图

（2）“九国两组织”专利申请量区域分布

图 6.12-8 所示为英特尔在“九国两组织”区域的专利申请分布情况，其专利申请量最多的仍是本国，其余地区和国家的专利申请量明显较少，这主要是由于英特尔公司的总部位于美国，其重视的是本国市场的发展以及本国的专利布局。

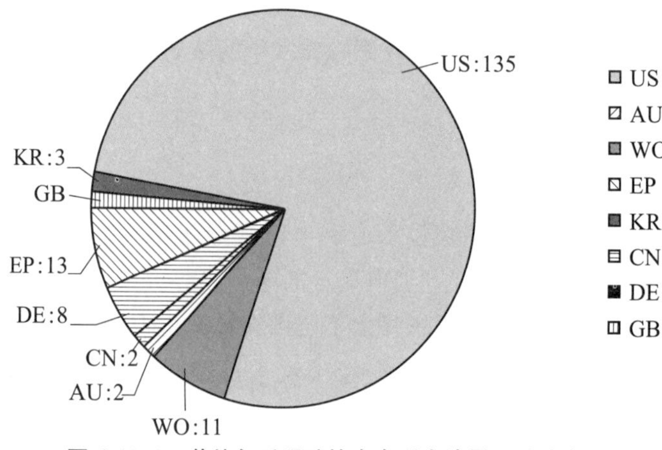

图 6.12-8　英特尔反跟踪技术专利申请量区域分布图

（3）技术构成分布

通过对于重点竞争对手进行技术构成分析，我们可以深入地了解其技术研发和专利申请的侧重点。从图 6.12-9 可以看出，英特尔公司在反跟踪技术上关注的技术热点为花指令和花循环，花指令是由设计者特别构思，希望使反汇编的时候出错，让破解者无法清楚地反汇编程序的内容，迷失方向。它是反跟踪技术中常用的一种指令。

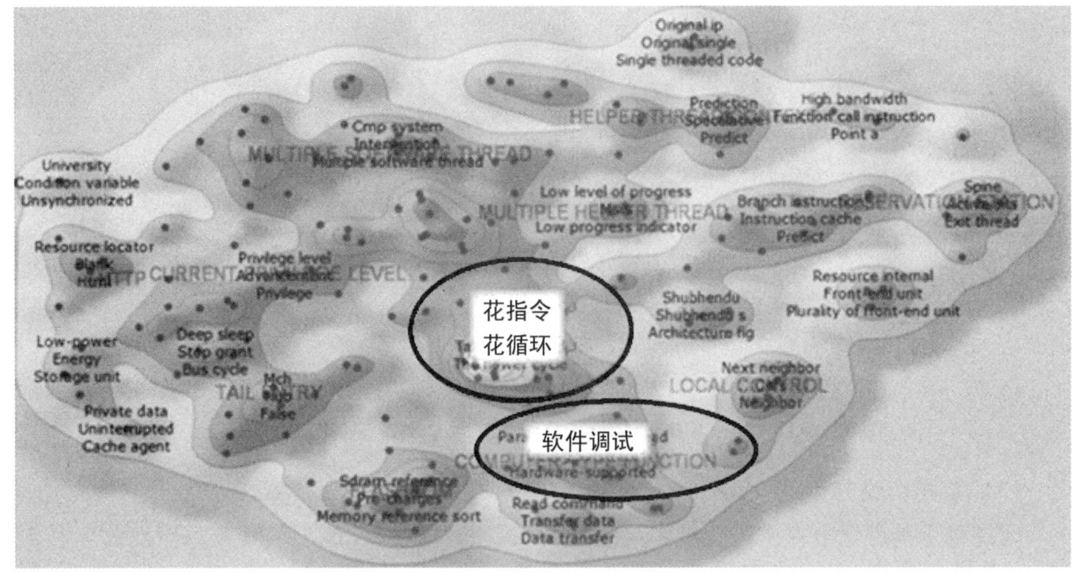

图 6.12-9　英特尔反跟踪技术构成分布图

3. 申请量排名第三的专利申请人

（1）专利申请量

图 6.12-10 所示为 Sun Microsystems 反跟踪技术专利申请数量随年代发展的趋势情况。Sun Microsystems 是 IT 及互联网技术服务公司，创建于 1982 年，主要产品是工作站及服务器。从 2001 年开始该公司不仅是从人数规模，还是市场股值都已经处于衰退时期，并且彻底退出了 IT 领域霸主之争，所以，该时期的专利申请量逐渐下降，但 2004 年和 2005 年有一个增长趋势，是由于乔纳森执掌 Sun Microsystems，使其有了短暂的复苏，专利数量有所增长。

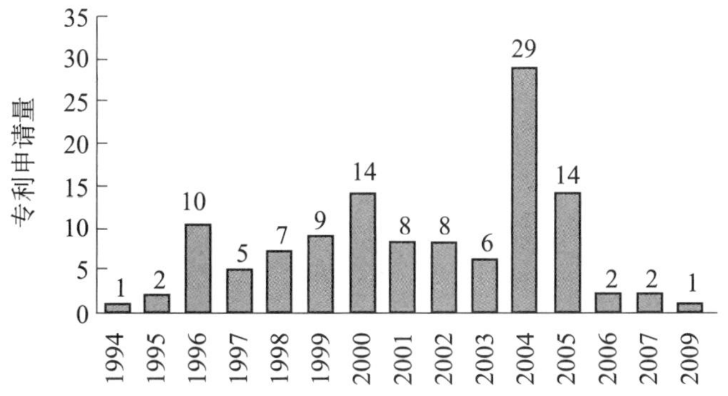

图 6.12-10　Sun Microsystems 反跟踪技术专利申请条形图

(2)“九国两组织”专利申请量区域分布

从图 6. 12- 11 中可以看出该技术的相关专利申请区域主要是美国，这是因为公司位于美国，并且其主要竞争对手分布在美国，比如微软公司，所以，它重视对美国本土的专利布局，其次其专利申请量较多的地区是欧洲地区。

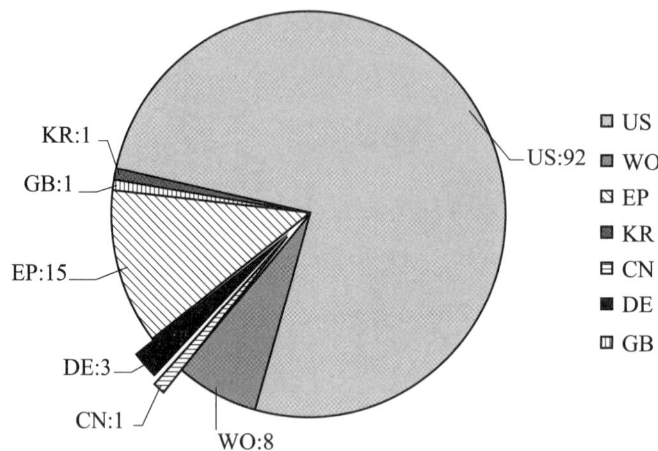

图 6. 12- 11　Sun Microsystems 反跟踪技术专利申请量区域分布图

(3) 技术构成分布

通过对于重点竞争对手进行技术构成分析，我们可以深入地了解其技术研发和专利申请的侧重点。从图 6. 12- 12 可以看出，Sun Microsystems 公司在反跟踪技术领域关注的技术热点为指令、多线程和子进程方面的技术，多线程是指从软件或者硬件上实现多个线程并发执行的技术，通常应用在处理器方面，多线程的运用主要是针对反跟踪技术中的抑制技术。

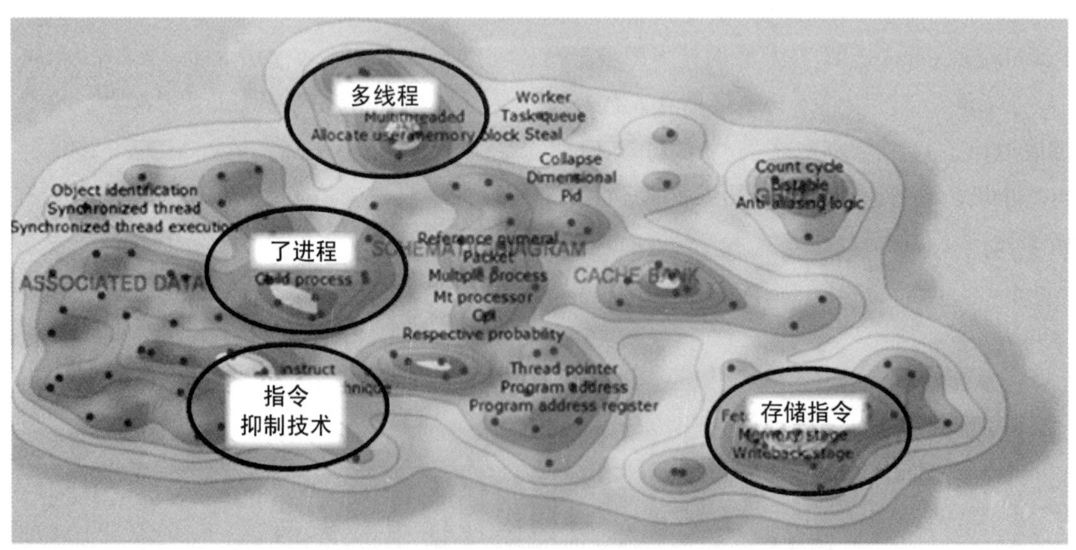

图 6. 12- 12　Sun Microsystems 反跟踪技术构成分布图

三、总结

（一）专利申请量的总体发展趋势

反跟踪技术从1994年至2005年的专利申请量呈逐渐增加的趋势，从2006年至今，专利数量变化比较平缓，这主要与反跟踪技术日益成熟有较大关系。

（二）各地区技术发展现状以及未来发展趋势

1. 美国

作为最早涉足在线阅览版权保护技术领域的先导者，该技术在美国起步早、发展快。目前，行业整体发展趋于成熟，关键技术以及相关产品市场份额牢牢把控在微软、IBM等公司手中，市场呈现出分布不均的现象，整个技术也有进入衰退期的迹象。

对于反跟踪技术，美国起步较早，初期专利数量和专利申请人数量均呈现增长的趋势，该技术在美国通过10年的发展迅速达到成熟。

2. 日本

作为在线阅览版权保护技术的另一主要研究区域，虽然日本在此项技术的研究不如美国，但是该技术也在日本有所发展，一方面日本自身的科技创新能力保证了其能很快地将所获得的技术信息转化成自身的再创造，另一方面主要的厂商的聚集也加快了此项技术的发展与成熟。

对于反跟踪技术，在日本的发展趋势目前较为平稳，专利数量和申请人均较少，证明该技术在日本地区发展较为成熟。

3. 中国

与上述三个国家不同，中国对于在线阅览版权保护技术的研究起步较晚，但发展潜力很大，目前，该技术在我国正处于快速发展阶段并逐渐趋于成熟。

对于反跟踪技术，在中国处于正在发展的阶段，研究该技术的相关企业逐渐增多。

（三）主要申请人专利申请对比分析

通过对反跟踪技术领域的宏观分析，我们得出行业内的主要申请人主要集中在美国、日本和韩国。下面将结合反跟踪技术下面的主要技术主题，并结合微观分析模块具体解读主要申请人的专利现状。

1. 专利申请量维度横向比较

行业内的三个主要申请人是IBM公司、英特尔公司和太阳微系统公司。通过将三个主要申请人在专利申请量维度进行横向比较，我们发现：从专利申请量上来看，IBM公司拥有相关专利申请343件；英特尔公司和太阳微系统公司在这方面的数量分别是176件和121件。其中，IBM公司作为行业的技术先导者，并且本身重视知识产权的保护，相应的专利申请量也较多。英特尔公司和太阳微系统公司在反跟踪技术的研究虽然落后于IBM公司，但是该技术也发展相对成熟。

2. 专利资产区域布局情况

从三个主要申请人的专利资产区域布局情况，我们可以看出：IBM公司作为该行业的领导者，其专利布局主要针对的是美国本土，专利数量为330件，主要原因是IBM的主要业务的竞争对手在美国本土。英特尔公司和太阳微系统公司主要侧重点在本土市场的布局上，两个主要申请人在其本部所在地美国分别布局了专利135件和92件。

3. 技术热点分析

从技术热点分析角度来说：IBM公司的专利技术构成更侧重于指令技术方面。英特尔公司专利技术构成侧重于研究花指令和花循环技术。太阳微系统公司专利技术构成侧重于多线程和子进程方面的技术。

第十三节 可信计数规范技术

一、专利检索

（一）检索结果概述

以可信计数规范技术为检索主题，在“九国两组织”范围内，共检索到相关专利申请2 196件，具体数量分布如下（单位：件）：

美国	中国	日本	韩国	英国	法国	德国	澳大利亚	俄罗斯	EP	WO	总计
828	282	152	231	24	8	15	69	21	290	276	2 196

（二）各地区/组织相关专利申请趋势

表6.13-1和图6.13-1示出的是可信计数规范技术相关的专利在“九国两组织”布局的情况，其中图6.13-1根据表6.13-1的数据绘制而成。需要说明的是1994年至1999年之间的数据较少，因此将这段时间的数据统计成了90年代数据，标在1990之下。结合表1和图1看出，在2000年以及2000年以前“九国两组织”地区的可信计数规范技术相关专利的申请量为零，2001年各国逐渐开始进行可信计数规范技术相关专利的申请，其中，美国的发展尤为迅猛，到2009年后申请量一直在一百件上下浮动。中、日、韩、EP以及WO申请量2003年开始大多在几十件浮动。英国、德国、法国、澳大利亚以及俄罗斯的申请量较少，每年的申请量都在10件以下。

表6.13-1 可信计数规范技术“九国两组织”相关专利申请状况

国家 \ 年份	1990①	2000	2001	2002	2003	2004	2005	2006	2007	2008	2009	2010	2011	2012	2013	2014
US	0	0	3	14	16	37	37	49	56	74	109	74	59	92	92	116
CN	0	0	2	1	1	7	16	13	23	37	38	29	32	27	44	12
JP	0	0	0	1	2	11	7	2	7	9	13	16	28	21	15	20
KR	0	0	0	0	2	1	6	8	22	41	32	23	27	25	29	15
GB	0	0	0	2	2	2	3	1	1	2	1	0	2	3	0	5

① 1990是指1990－1999年的专利数量总数。

（续表）

国家＼年份	1990	2000	2001	2002	2003	2004	2005	2006	2007	2008	2009	2010	2011	2012	2013	2014
DE	0	0	0	0	0	1	1	1	2	2	5	1	2	0	0	0
FR	0	0	0	0	0	0	0	1	4	1	0	0	0	2	0	0
AU	0	0	3	0	3	5	4	5	8	9	6	4	6	5	9	2
RU	0	0	0	0	0	0	0	0	0	1	3	6	4	5	0	2
EP	0	0	1	6	10	25	21	21	33	29	36	12	25	27	19	25
WO	0	0	3	9	18	13	20	24	31	36	34	25	19	10	18	16

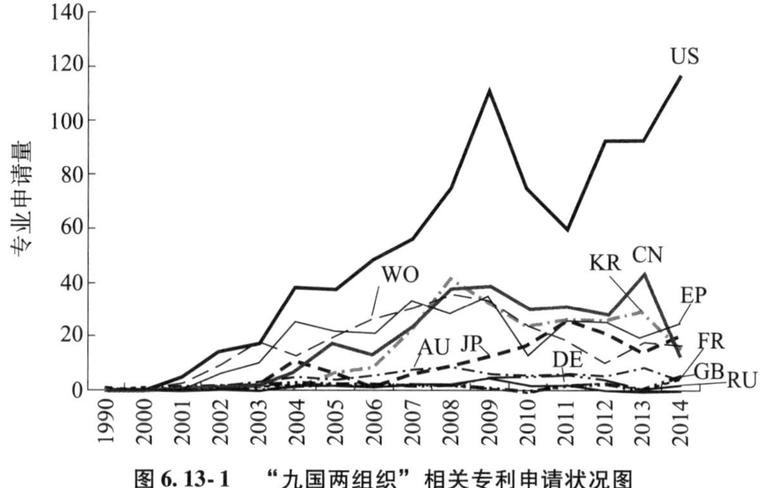

图 6.13-1　“九国两组织”相关专利申请状况图

（三）各地区/组织相关专利申请人排名

1. WO 相关专利申请人排名

表 6.13-2　可信计数规范技术 WO 相关专利申请人排名

序号	申请人	申请人国家	专利申请数量
1	MICROSOFT CORP	美国	26
2	NOKIA CORP	芬兰	17
3	KONINKL PHILIPS ELECTRONICS NV	荷兰	16
4	NOKIA INC	芬兰	13
5	SAMSUNG ELECTRONICS CO LTD	韩国	12

2. EP 相关专利申请人排名

表 6.13-3　可信计数规范技术 EP 相关专利申请人排名

序号	申请人	申请人国家	专利申请数量	专利授权数量
1	MICROSOFT CORP	美国	37	12

（续表）

序号	申请人	申请人国家	专利申请数量	专利授权数量
2	ERICSSON TELEFON AB L M	瑞典	21	16
3	KONINKL PHILIPS ELECTRONICS NV	荷兰	19	4
4	SAMSUNG ELECTRONICS CO LTD	韩国	17	2
5	NOKIA CORP	芬兰	16	3

3. 中国地区相关专利申请人排名

表 6.13-4 可信计数规范技术中国地区相关专利申请人排名

序号	申请人	申请人国家	专利申请数量	专利授权数量
1	MICROSOFT CORP	美国	36	34
2	KONINKL PHILIPS ELECTRONICS NV	荷兰	19	5
3	SAMSUNG ELECTRONICS CO LTD	韩国	18	11
4	NOKIA CORP	芬兰	18	12
5	INTERDIGITAL TECH CORP	美国	10	6

4. 美国地区相关专利申请人排名

表 6.13-5 可信计数规范技术美国地区相关专利申请人排名

序号	申请人	申请人国家	专利申请数量	专利授权数量
1	MICROSOFT CORP	美国	120	92
2	SPANSION LLC	美国	62	62
3	INTERTRUST TECH CORP	美国	32	9
4	SAMSUNG ELECTRONICS CO LTD	韩国	31	28
5	BROADCOM CORP	美国	19	18

5. 日本地区相关专利申请人排名

表 6.13-6 可信计数规范技术日本地区相关专利申请人排名

序号	申请人	申请人国家	专利申请数量	专利授权数量
1	MICROSOFT CORP	美国	35	31
2	SAMSUNG ELECTRONICS CO LTD	韩国	13	10
3	CONTENTGUARD HOLDINGS INC	美国	8	5
4	SONY CORP	日本	4	3
5	TELEFON ERICSSON PUBL AB L M	日本	4	3

6. 澳大利亚地区相关专利申请人排名

表 6.13-7 可信计数规范技术澳大利亚地区相关专利申请人排名

序号	申请人	申请人国家	专利申请数量	专利授权数量
1	MICROSOFT CORP	美国	18	16
2	SAMSUNG ELECTRONICS CO LTD	韩国	7	7
3	INTERDIGITAL TECH CORP	美国	5	4
4	INTERTRUST TECH CORP	美国	4	2
5	OMNIFONE LTD	英国	4	3

7. 德国地区相关专利申请人排名

表 6.13-8 可信计数规范技术德国地区相关专利申请人排名

序号	申请人	申请人国家	专利申请数量	专利授权数量
1	SIEMENS AG	德国	3	2
2	ERICSSON TELEFON AB L M	瑞典	3	2
3	SAMSUNG ELECTRONICS CO LTD	韩国	2	1
4	MICROSOFT CORP	美国	2	1
5	FRAUNHOFER GES FORSCHUNG	德国	1	1

8. 法国地区相关专利申请人排名

表 6.13-9 可信计数规范技术法国地区相关专利申请人排名

序号	申请人	申请人国家	专利申请数量	专利授权数量
1	VIACCESS SA	法国	2	0
2	THALES SA	法国	1	0
3	CANON KK	日本	1	0
4	TRUSTED LOGIC SA	法国	1	0
5	ALPARFI ENTPR UNIPERSONNELLE A	法国	1	0

9. 英国地区相关专利申请人排名

表 6.10-10 可信计数规范技术英国地区相关专利申请人排名

序号	申请人	申请人国家	专利申请数量	专利授权数量
1	VODAFONE PLC	英国	7	2
2	SEALEDMEDIA LTD	英国	3	1
3	FELLS JULIAN ANDREWJOHN	英国	2	0
4	SONY UK LTD	英国	2	0
5	CACTI ACQUISITION LLC	美国	1	0

10. 俄罗斯地区相关专利申请人排名

表 6.13-11　可信计数规范技术俄罗斯地区相关专利申请人排名

序号	申请人	申请人国家	专利申请数量	专利授权数量
1	MICROSOFT CORP	美国	6	3
2	NOKIA CORP	芬兰	2	0
3	KONINKLEIKE PHILIPS ELECTRONICS NV	荷兰	2	1
4	FRAUNKHOFER GEZELL SHAFT TSUR FERDERUNG DER ANGEVANDTEN FORSHUNG E F	德国	1	0
5	INTERDIDZHITAL TEKNOLODZHIZ CORP	美国	1	0

11. 韩国地区相关专利申请人排名

表 6.13-12　可信计数规范技术韩国地区相关专利申请人排名

序号	申请人	申请人国家	专利申请数量	专利授权数量
1	SAMSUNG ELECTRONICS CO LTD	韩国	33	16
2	MICROSOFT CORP	美国	30	14
3	INTERDIGITAL TECH CORP	美国	13	12
4	LG ELECTRONICS INC	韩国	11	4
5	KONINKL PHILIPS ELECTRONICS NV	荷兰	9	5

二、专利分析

（一）技术发展趋势分析

图 6.13-2 示出近二十年可信计数规范技术相关专利申请量的年度变化趋势。1999 年至 2007 年期间，专利申请数量保持了相对较快的增长速度，并于 2006 年突破了 100 同族数。这段时期国外掀起一段时间的可信计算研究热，1999 年 10 月 Microsoft、IBM、Intel、HP 和 Compaq 成立了 TCPA 提出了可信计算的思想，用以保护计算终端的安全。TCPA 于 2003 年 3 月更名为 TCG，全球 IT 行业内几乎所有的著名公司都加入了 TCG 这一组织。到 2004 年 8 月，TCG 组织已经拥有 78 个成员，遍布全球各大洲。10 月，TCG 制定了可信移动平台（TMP）的硬件体系、软件体系和协议三个技术标准草案，用以解决移动终端的安全问题，提供端到端的安全移动计算环境。在欧洲，2006 年 1 月启动了名为“开放式可信计算”（Open Trusted Computing）的研究计划，已有 23 个科研机构和工业组织参与。可信计算的研究热潮，进而促使可信计数规范技术相关专利的申请量激增。在经历了连续几年的增长之后，2008 年可信计数规范技术相关专利的申请量出现小幅度下滑，并在随后几

年稳定在 80 同族数左右，属于技术发展的成熟期。

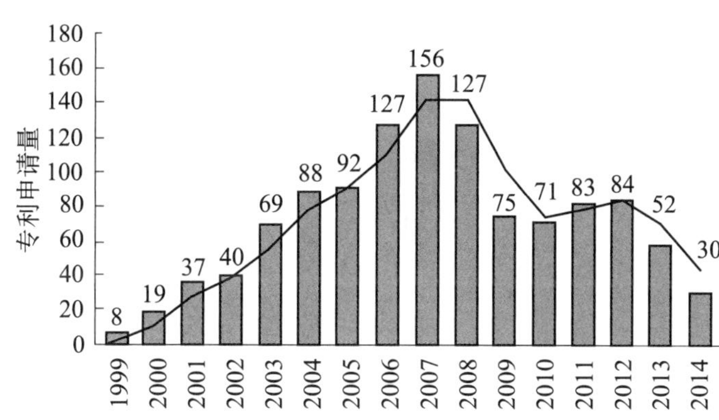

图 6.13-2　可信计数规范技术发展趋势图

（二）技术路线分析

技术路线分析主要从行业大事件、重点技术里程碑、关键专利等方面揭示该领域的技术发展趋势。图 6.13-3 示出可信计数规范技术路线。1999 年 1 月 8 日，微软申请一件可信数字权限管理操作系统的专利，标志着“九国两组织”范围内第一件可信计数规范技术相关专利申请的诞生。同一年，微软与英特尔、IBM、惠普牵头组织了可信计算联盟 TCPA，标志着可信计算技术的基础研究和产业化进入一个全新的发展阶段。Cryptography Research 公司于 2001 年 9 月 6 日申请了一件防止存储数据被篡改的核心专利，属于数据的安全存储领域。微软在 2002 年提出“Palladium”计划，提出了今后十年可信计算战略的目标、措施和策略，该计划是在计算机硬件中增加安全芯片，同时，在 Windows 操作系统核心中增加新的安全模块，以构建相对安全的计算机。2003 年 TCPA 改组为 TCG，TCG 的出现同时也推动了可信计算技术研究和应用想着更高层次发展。至今，TCG 的成员包括商业成员、联络成员、受邀专家和政府参与者等 135 个以上的成员组织。可信计算平台联盟和可信计算组织自成立以来已经研究并确定了多种关于可信计算平台、可信存储以及可信网络连接等关于可信计算技术规范。2003 年 11 月 26 日，IBM 申请了一件拥有防篡改功能的虚拟机的核心专利。之后，相继出现若干本领域的核心专利，以及与可信计数规范技术相关的专利文献。

一个领域发展的初期，出现的技术大多比较核心和基础，被后续人们引用的比较多；而可信计数规范技术相关的技术，属于可信技术发展到一定阶段后慢慢受到关注的一个问题，不是人们最初就关注的热点，就好比一个公司成立的初期，主要关注的是企业的生存和发展，不会用大量时间和精力去制定规章制度。可信计算在国内互联网、金融等应用领域的推广过程中，发现互联网和金融应用里面用的主要是国际的通用算法，与中国可信计算采用的自主算法体系存在匹配问题，进而相关企业开始关注和研究标准和规范的问题。所以，核心专利的出现的时间大多在技术发展的初期，而与可信计数规范技术相关的专利大多出现在技术发展的成熟期。

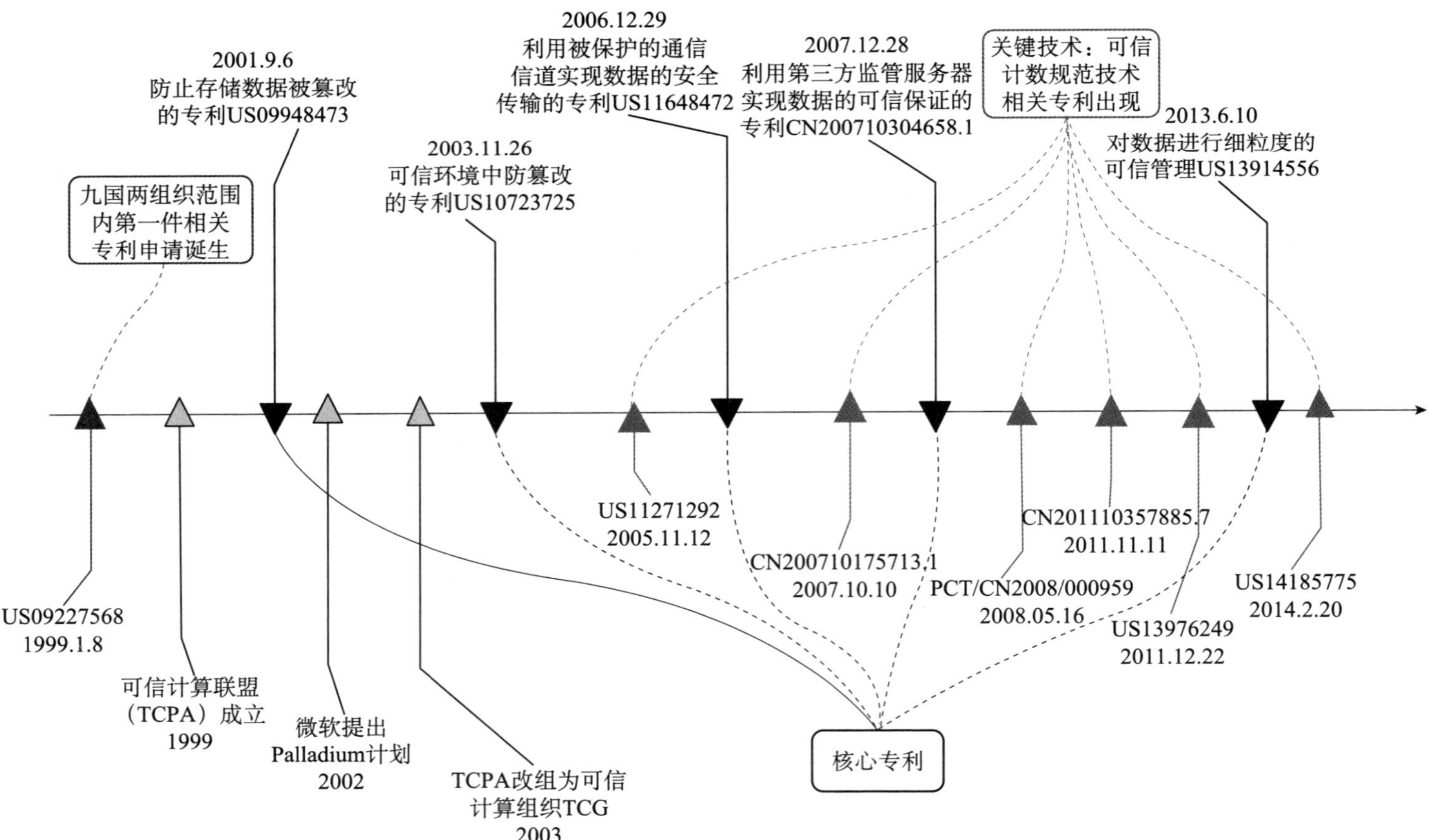

图6.13-3　可信计数规范技术路线图

（三）主要专利申请人分析

为了深入分析可信计数规范技术这一技术领域，通过对于检索数据进行标引、聚类等处理，了解到1994年至2014年，在可信计数规范技术领域专利申请量排名前三的申请人分别为：微软专利申请量222件，三星电子专利申请量116件，飞利浦专利申请量93件。从专利资产区域分布来看，微软公司作为一家美国公司，将大部分专利布局在其总部所在地美国，同时，也在欧洲、日本、中国和韩国有相当数量的专利布局，三星公司则更关注本土韩国和美国市场，飞利浦公司的分布更加均衡，在中国、欧洲以及美国均布局了大致相当的专利；从技术构成分布来看，微软公司主要关注签注密钥、安全输入输出和密封存储方面；三星公司主要关注信息管理和数据格式方面；飞利浦公司则主要关注数据管理和密钥信息等方面。

1. 申请量排名第一的专利申请人

（1）专利申请量

图6.13-4是微软可信计数规范技术专利的申请趋势图。微软1999年开始相关专利的申请，同一年，微软与英特尔等世界领先的行业巨头，发起并建立了可信计算平台联盟；2000年至2004年期间申请量持续增长，在2004年达到了一个峰值，此期间微软于2002年提出“Palladium”计划，提出了今后十年可信计算战略的目标、措施和策略，该计划是在计算机硬件中增加安全芯片，同时，在Windows操作系统核心中增加新的安全模块，以构建相对安全的计算机。2003年，微软将Palladium改为NGSCB（Next Generation Secure-Computing Base），目的是构造基于硬件的新一代安全计算平台。微软计划在下一代代号为“longhorn”的操作系统中采用该技术；2005年至2006年专利申请量与2004年相比有略微减少，但基本持平；2005年，微软宣称Windows Vista操作系统支持基于TPM硬件安全功能；2007年后可以分为两个阶段，2007年至2009年，专利申请量在20件左右徘徊；2010年至2013年，专利申请量降到5件以下，有可能意味着从研究方向上有所转变。2014年9月底，微软宣布关闭其可信计算部门，微软正试图将工作重点集中在云 & 企业部门和法律和公司事务组的安全、隐私和相关问题上。

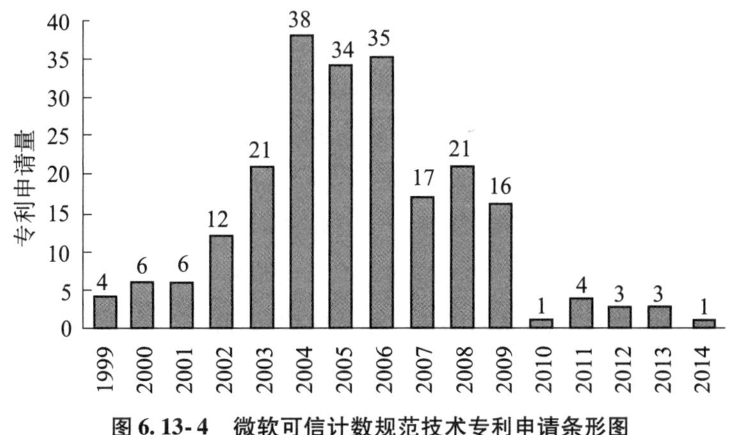

图6.13-4　微软可信计数规范技术专利申请条形图

（2）“九国两组织”的专利申请量的区域分布

图 6.13-5 是微软在“九国两组织”地区的专利申请情况。微软总部位于美国华盛顿州的雷德蒙德市，除本土市场外，微软主要市场遍布欧盟、日本、中国以及韩国。微软在美国的专利申请量占到最大比例 45% 左右，在欧盟、日本、中国、韩国的申请占比各为 10% 左右。

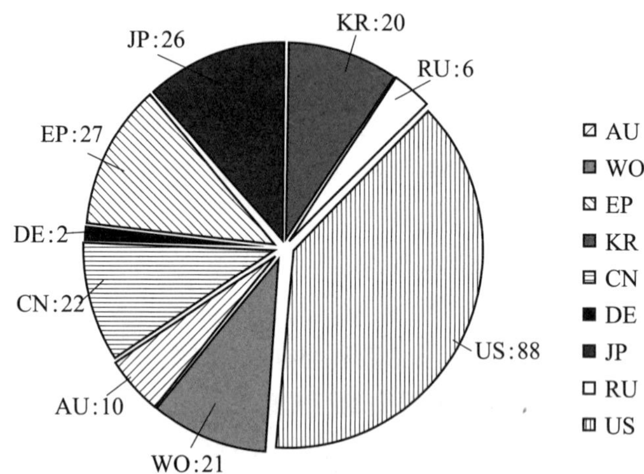

图 6.13-5　微软在可信计数规范技术专利申请量区域分布图

微软是一家总部位于美国的跨国电脑科技公司，是世界 PC 机软件开发的先导，以研发、制造、授权和提供广泛的电脑软件服务业务为主。微软在发展壮大的过程中不断进入新领域，他的产品线几乎覆盖了计算机软件的所有领域。对微软来说，可信计算已经是几乎所有软件产品的基础，这是贯穿全公司业务的行为。因此，从专利布局也可以看到，微软在世界上主要的产品销售地都有可信计算技术的专利分布。

（3）技术构成分布

图 6.13-6 示出微软专利的构成分布图。在图中每个黑点代表一篇专利，点与点之间的距离标示两篇专利的相关性，灰色区域是一些非常相关的专利聚集在在一起，是需要我们重点关注的区域。黑圈标注的是微软关注度较高的热点技术，标注的几个热点技术都是可信计算的关键技术，这说明微软在签注密钥、安全输入输出、密封储存方面都拥有较多专利。签注密钥（Endorsement key）是一个 2048 位的 RSA 公共和私有密钥对，它在芯片出厂时随机生成并且不能改变。这个私有密钥永远在芯片里，而公共密钥用来认证及加密发送到该芯片的敏感数据。安全输入输出（Secure input and output）是指电脑用户和他们认为与之交互的软件间受保护的路径。当前，电脑系统上恶意软件有许多方式来拦截用户和软件进程间传送的数据，例如键盘监听和截屏。密封储存（Sealed storage）通过把私有信息和使用的软硬件平台配置信息捆绑在一起来保护私有信息，意味着该数据只能在相同的软硬件组合环境下读取。例如，某个用户在他们的电脑上保存一首歌曲，而他们的电脑没有播放这首歌的许可证，他们就不能播放这首歌。

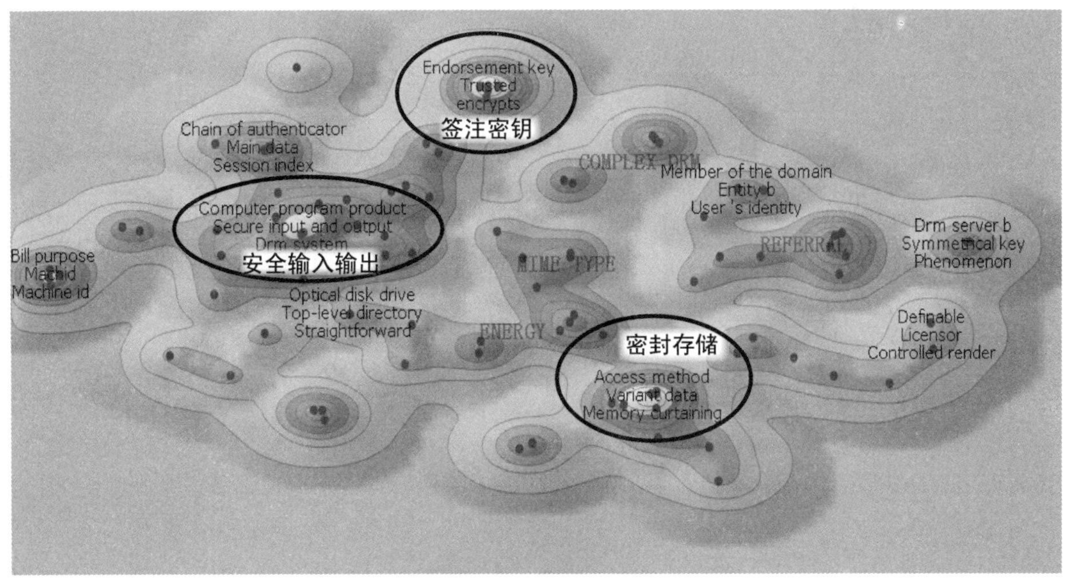

图 6.13-6　微软可信计数规范技术构成分布图

微软早在 1999 年就与英特尔牵头成立了可信计算平台联盟，该组织不仅考虑信息的秘密性，更强调信息的真实性和完整性，形成了可信计算的新高潮，推动了可信系统的发展。在 2002 年微软发布了可信计算白皮书，其中说明微软可信计算战略由四个层面的元素组成：安全性、隐私保护、可靠性和商业诚信。同时，在 2002 年微软也针对可信计算成立了单独的部门，现在已经发展到全球共 450 人的规模，在微软内部专门负责推动可信计算的发展和执行。2002 年微软提出了名为 Palladium，后改名为 NGSCB 的可信计算计划。微软已经为可信计算定义了全面的策略、标准和过程，并在软件开始开发之前的规划阶段就把这些手段进行了全面考虑。

2. 申请量排名第二的专利申请人

（1）专利申请量

图 6.13-7 是三星电子可信计数规范技术专利的申请趋势图。2003 年至 2005 年三星电子申请量持续增长，2006 年开始专利申请量稳定在 10 件上下。2003 年，可信计算平台联盟改名并重组成为可信计算组织，可信计算组织的出现，同时推动了可信计算技术研究和应用向着更高层次发展。可信计算平台联盟和可信计算组织自成立以来已经研究并确定了多种关于可信计算平台、可信存储以及可信网络连接等关于可信计算技术规范。三星电子是韩国最大的电子工业企业，对可信计算进行了相关的研究和开发，并进行了可信计数规范技术相关专利的申请。

（2）“九国两组织”的专利申请量的区域分布

图 6.13-8 示出三星电子在“九国两组织”区域的相关专利申请量情况。三星电子在本土韩国和海外市场美国申请量都达到 25%，在欧盟、中国、日本的申请量依次次之，澳大利亚、德国、英国、俄罗斯的申请量都非常少。

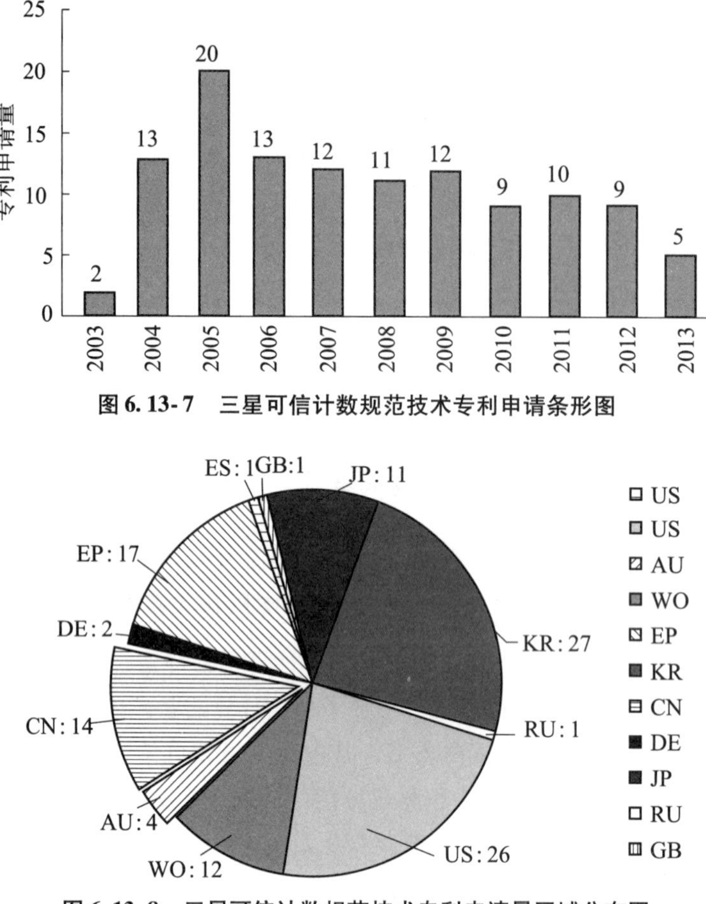

图 6.13-7　三星可信计数规范技术专利申请条形图

图 6.13-8　三星可信计数规范技术专利申请量区域分布图

从 20 世纪 90 年代起，三星预见到数字时代的到来，确立了单一品牌的发展战略，放弃原来的多个品牌，全力打造 SAMSUNG 品牌，并将核心品牌“SAMSUNG”定位为“数字技术的领先者、高价值和时尚”。三星的的全球化战略是：借助在一线市场的成功，以建设生产基地的方式全面拓展二、三线国际市场。三星在占据了美国、欧洲等一线市场后，借助在一线市场的成功，三星开始进入二、三线国际市场，并将三星的制造重心往低成本国家倾斜，在这些地区建立加工、生产基地以降低制造成本。

（3）技术构成分布

图 6.13-9 显示出三星电子专利的构成分布图。研究热点为电子交易中的数据格式和信息管理问题。电子交易过程中，交易场景多种多样，交易内容品种繁多，并且各个交易系统的数据源结构不统一，交易双方需要在不同数据格式的转换中浪费大量人力和时间，通过数据格式和信息管理的研究，为交易数据制定相关数据标准，对交易数据进行规范化，方便了交易的数据交换和后续的数据处理和存储等管理操作。

3. 申请量排名第三的专利申请人

（1）专利申请量

图 6.13-10 是飞利浦可信计数规范技术专利的申请趋势图。飞利浦在 2004 年至 2006

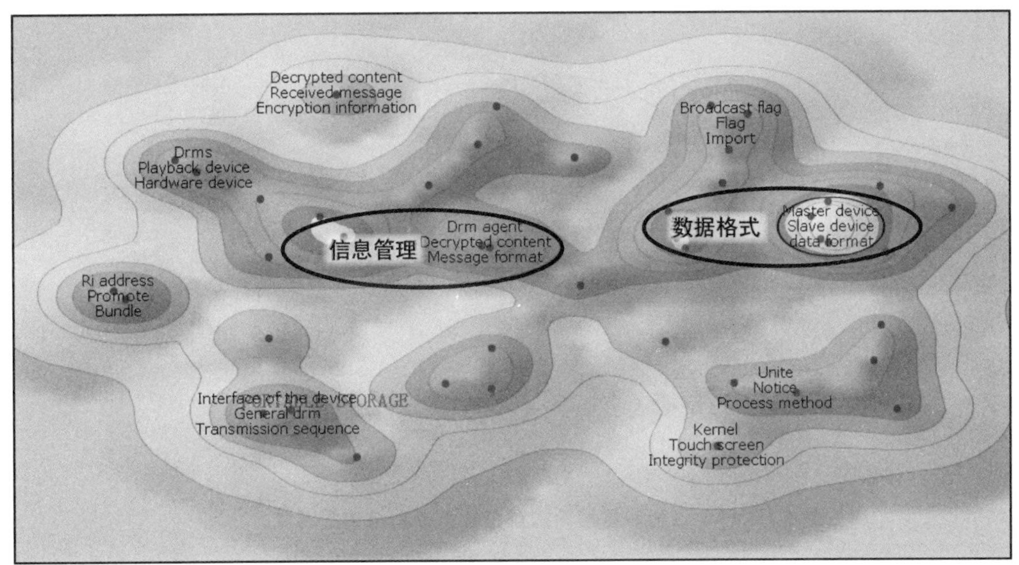

图 6.13-9 三星可信计数规范技术构成分布图

年的专利申请量较其他年份要高一倍左右，这是因为，2003 年飞利浦和索尼收购一家软件商 Intertrust，该公司一直致力于数字限制管理（DRM）和可信计算方面的产品开发，从而促使飞利浦在后续三年间相关专利申请量的提升。Intertrust 公司非常注重知识产权建设、针对数据隐私、网络安全和内容保护主要技术方向，覆盖数字版权管理（DRM）和可信计算（TC）等领域，拥有超过 150 项专利，并拥有超过 300 多项专利应用。

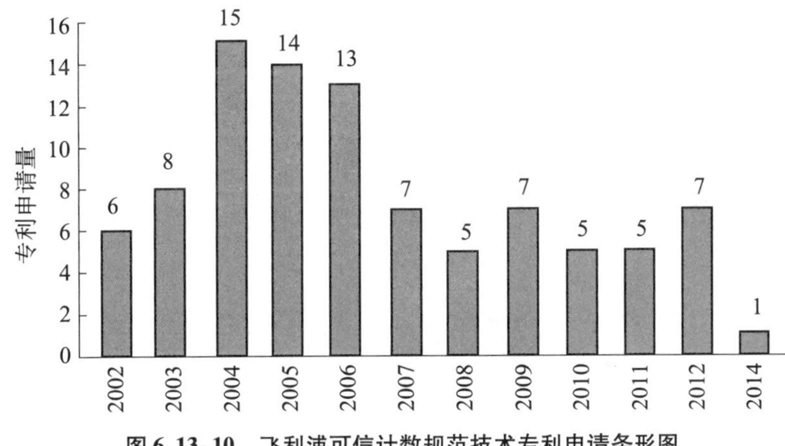

图 6.13-10 飞利浦可信计数规范技术专利申请条形图

（2）“九国两组织”的专利申请量的区域分布

图 6.13-11 示出飞利浦在“九国两组织”区域的相关专利申请量分布。飞利浦在中国和欧洲的的专利申请数量最多，都是 19 件，在美国和 PCT 申请都为 17 件，在韩国的申请量为 11 件。荷兰皇家飞利浦电子公司，简称飞利浦公司，总部位于荷兰阿姆斯特丹，是一家大型跨国公司。中国、北美、法国、德国、意大利、荷兰和英国等是其主要

市场。

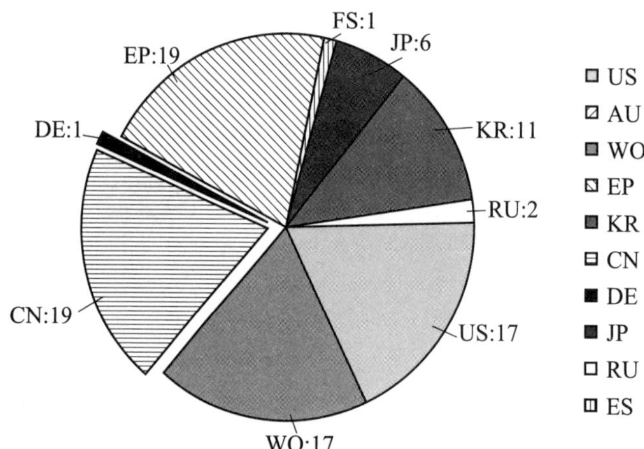

图 6.13-11　飞利浦可信计数规范技术专利申请量区域分布图

（3）技术构成分布

图 6.13-12 示出飞利浦专利的构成分布图。灰色区域比较密集地方的热点技术为密钥和数据管理。数据是信息的重要载体，数据的安全问题在信息安全中占有非常重要的地位，也决定了计数信息的可信性。数据的保密性、可用性、可控性和完整性是数据安全技术的主要研究内容，数据保密性的理论基础是密码学，通过密钥对数据进行处理，使得只有拥有相应密钥的人才能获得数据信息。数据的可用性、可控性和完整性管理是数据安全的重要保障，没有后者提供的技术保障，再强的加密算法也难以保证数据的安全。

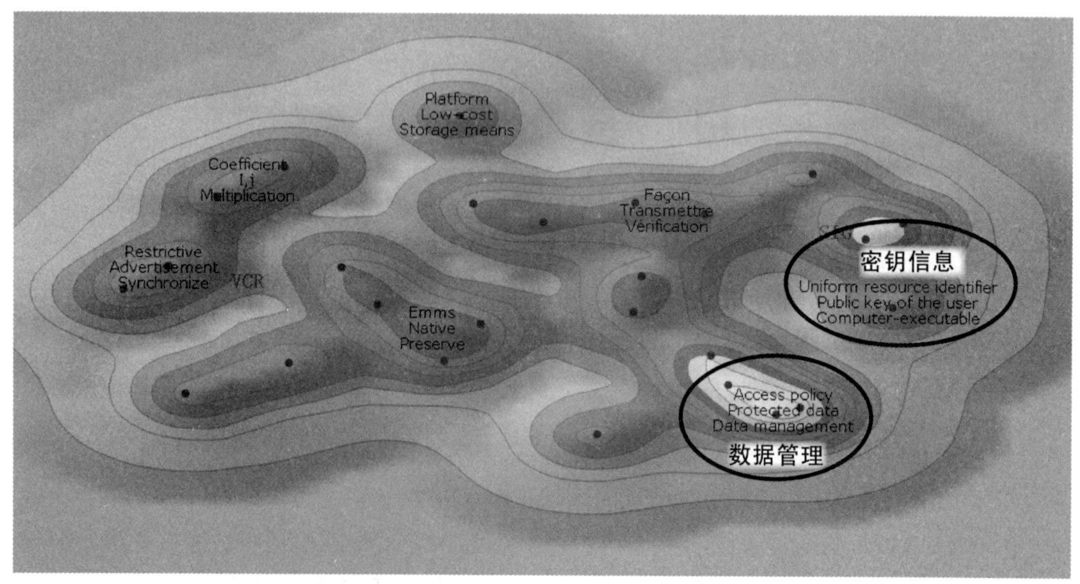

图 6.13-12　飞利浦可信计数规范技术构成分布图

三、总结

（一）专利申请整体趋势

1999 年至 2007 年期间，专利申请量保持了较快的增长速度，并于 2006 年突破了 100 个专利同族数。这是由于在这期间掀起的可信计算研究热，促使可信计数规范技术相关专利的申请量激增。在经历了连续几年的增长之后，2008 年可信计数规范技术相关专利的申请量出现小幅度下滑，并在随后几年稳定在 80 个专利同族数左右。

（二）各地区技术发展现状以及未来发展趋势

1. 美国

可信计数规范技术这一专利技术在美国的发展于 2006 年，到 2013 年达到成熟期，申请人数量基本维持不变，专利申请量有一定的起伏。

2. 日本

2008 年至 2013 年为专利技术的衰退期，经过市场淘汰，申请人的数量大为减少，技术的发展进入下降期，不少企业退出，每年申请的专利数量和申请人数量呈负增长。

3. 韩国

2004 年至 2009 年为专利技术发展期，专利申请量与专利申请人数量都较前几年有较大的提升；这主要得益于，2007 年 6 月 29 日韩国正式施行全面修改后的版权法，将数字及网络技术、版权环境下的版权问题纳入其中；2010 年至 2013 年为专利技术的衰退期，每年申请的专利数量和申请人数量呈负增长。

4. 中国

2004 年到 2007 年为专利技术发展期，各地区相关论坛和会议相继展开，各个公司投入相应的研发。2008 年到 2013 年为专利技术衰退期，申请人数量以及专利申请量都开始下滑，企业在此项技术上的收益减少，选择退出市场或减少专利申请量的企业增多。

根据以上各地区技术发展现状描述，总体来说，可信计数规范技术在全球范围内处于衰退阶段。

（三）主要申请人专利申请对比分析

通过对于可信计数规范技术领域的宏观分析，我们得出行业内的三个主要申请人是微软公司、三星公司以及飞利浦公司。下面结合微观分析模块具体解读主要申请人的专利现状。

1. 专利申请量维度比较

通过将三个主要申请人在专利申请量维度进行横向比较，我们发现：从专利申请量上来看，微软公司拥有相关专利申请 222 件；三星电子公司和飞利浦公司在这方面的数量分别是116件和93件。可以看出微软公司相关专利申请数量较三星和飞利浦的之和还要多一点，微软为可信计算平台联盟的主要倡导者之一，相应的研究投入也较多。而飞利浦于2003年收购一家致力于数字限制管理（DRM）和可信计算方面的产品开发的软件商富信集团，相应的专利申请也得到了提升。

2. 专利资产区域布局情况

从三个主要申请人的专利资产区域布局情况，我们可以看出：微软在美国的专利申请量占到最大比例，即45%左右，在欧盟、日本、中国、韩国的申请占比各为10%左右。三星电子在本土韩国和海外市场美国申请量都达到25%，在欧盟、中国、日本的申请量依次次之，澳大利亚、德国、英国、俄罗斯的申请量都非常少。即三星的全球化战略为：借助在一线市场的成功，以建设生产基地的方式全面拓展二、三线国际市场。而飞利浦在中国和欧洲的的专利申请数量最多，都是19件，在美国和PCT申请都为17件，在韩国的申请量为11件，各地区的申请量差别不大。

3. 技术热点分析

从技术热点分析角度来说：微软公司主要关注数据传输过程以及数据存储的安全问题；三星公司的专利技术构成更侧重于电子交易过程中的数据格式和信息管理问题；而飞利浦公司则主要关注在密钥和数据管理方面。

第十四节　章节销售版权保护技术

一、专利检索

（一）检索结果概述

以章节销售版权保护技术为检索主题，在“九国两组织”范围内，共检索到相关专利申请2 494件，具体数量分布如下（单位：件）：

美国	中国	日本	韩国	英国	法国	德国	澳大利亚	俄罗斯	EP	WO	总计
510	378	862	289	17	11	19	48	14	173	173	2 494

（二）各地区/组织相关专利申请趋势

通过本次项目在全球“九国两组织”数据范围内进行的专利检索，统计出章节销售版权保护技术在“九国两组织”的每年的专利申请量状况表格6. 14-1以及根据表格6. 14-1绘出的图6. 14-1，根据图6. 14-1可初步了解到章节销售版权保护技术自上世纪90年代申请第一件相关专利至今的发展过程，而直至新世纪初期，该技术应用仍进行得非常缓慢，除美国与亚洲的中、日、韩等国进行了初步研究之外，在德国、法国、澳大利亚等国家的受重视程度并不高。

表 6.14-1　章节销售版权保护技术“九国两组织”相关专利申请状况

国家 \ 年份	1990[①]	2000	2001	2002	2003	2004	2005	2006	2007	2008	2009	2010	2011	2012	2013	2014
US	0	1	5	24	17	32	25	28	27	37	43	45	39	55	70	62
CN	0	2	5	5	7	8	26	31	30	25	41	42	37	53	43	23
JP	18	20	25	34	37	35	55	54	54	53	53	55	81	103	108	77
KR	0	2	1	4	1	8	10	10	15	34	22	31	32	40	51	28
GB	0	0	0	0	0	4	4	2	0	0	1	1	0	1	3	1
DE	0	0	0	0	0	1	1	1	6	7	2	0	0	1	0	0
FR	0	0	0	0	1	0	0	1	1	1	3	1	0	1	1	1
AU	1	4	1	1	6	14	1	1	3	3	3	4	1	2	1	2
RU	0	0	0	0	0	0	0	3	6	0	0	2	0	1	2	0
EP	0	0	5	6	10	13	19	16	13	19	15	14	11	8	14	10
WO	2	7	4	10	14	16	14	14	14	10	13	4	7	16	18	10

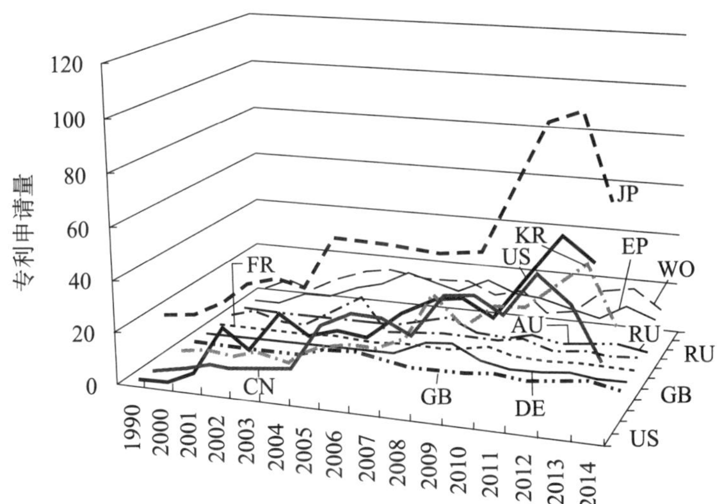

图 6.14-1　“九国两组织”相关专利申请状况图

(三) 各地区/组织相关专利申请人排名

1. WO 相关专利申请人排名

表 6.14-2　章节销售版权保护技术 WO 相关专利申请人排名

序号	申请人	申请人国家	专利申请数量
1	SAMSUNG ELECTRONICS CO LTD	韩国	15
2	KONINKL PHILIPS ELECTRONICS NV	荷兰	12

① 1990 是指 1990－1999 年的专利数量总数。

（续表）

序号	申请人	申请人国家	专利申请数量	专利授权数量
3	MATSUSHITA ELECTRIC IND CO LTD	日本	10	
4	PANASONIC CORP	日本	6	
5	GEN INSTRUMENT CORP	美国	5	

2. EP相关专利申请人排名

表6.14-3　章节销售版权保护技术EP申请人排名

序号	申请人	申请人国家	专利申请数量	专利授权数量
1	SAMSUNG ELECTRONICS CO LTD	韩国	27	6
2	MATSUSHITA ELECTRIC IND CO LTD	日本	11	2
3	SONY CORP	日本	11	0
4	KONINKL PHILIPS ELECTRONICS NV	荷兰	8	0
5	INTERTRUST TECH CORP	美国	6	1

3. 中国地区相关专利申请人排名

表6.14-4　章节销售版权保护技术中国地区相关专利申请人排名

序号	申请人	申请人国家	专利申请数量	专利授权数量
1	SONY CORP	日本	55	21
2	SEMICONDUCTOR ENERGY LAB	日本	32	13
3	MATSUSHITA ELECTRIC IND CO LTD	日本	29	22
4	KONINKL PHILIPS ELECTRONICS NV	荷兰	25	11
5	SAMSUNG ELECTRONICS CO LTD	韩国	22	17

4. 美国地区相关专利申请人排名

表6.14-5　章节销售版权保护技术美国地区相关专利申请人排名

序号	申请人	申请人国家	专利申请数量	专利授权数量
1	SONY CORP	日本	49	3
2	SAMSUNG ELECTRONICS CO LTD	韩国	26	4
3	SEMICONDUCTOR ENERGY LAB	日本	23	3
4	SEIKO EPSON CORP	日本	23	1
5	IBM	美国	14	3

5. 日本地区相关专利申请人排名

表6.14-6　章节销售版权保护技术日本地区相关专利申请人排名

序号	申请人	申请人国家	专利申请数量	专利授权数量
1	SONY CORP	日本	110	28

（续表）

序号	申请人	申请人国家	专利申请数量	专利授权数量
2	SEMICONDUCTOR ENERGY LAB	日本	84	41
3	SEIKO EPSON CORP	日本	70	26
4	MATSUSHITA ELECTRIC IND CO LTD	日本	45	19
5	CASIO COMPUTER CO LTD	日本	29	10

6. 澳大利亚地区相关专利申请人排名

表 6.14-7 章节销售版权保护技术澳大利亚地区相关专利申请人排名

序号	申请人	申请人国家	专利申请数量	专利授权数量
1	SAMSUNG ELECTRONICS CO LTD	韩国	15	7
2	MICROSOFT CORP	美国	4	1
3	LG ELECTRONICS INC	韩国	3	1
4	NOKIA CORP	美国	3	1
5	IRDETO ACCESS BV	南非	3	1

7. 德国地区相关专利申请人排名

表 6.14-8 章节销售版权保护技术德国地区相关专利申请人排名

序号	申请人	申请人国家	专利申请数量	专利授权数量
1	SAMSUNG ELECTRONICS CO LTD	韩国	6	3
2	YAHOO INC	美国	3	2
3	TOSHIBA KK	日本	2	1
4	ALCATEL LUCENT	法国	2	1
5	INTEL CORP	美国	2	

8. 法国地区相关专利申请人排名

表 6.14-9 章节销售版权保护技术法国地区相关专利申请人排名

序号	申请人	申请人国家	专利申请数量	专利授权数量
1	FRANCE TELECOM	法国	3	2
2	CARTE D	法国	1	0
3	ALCATEL LUCENT SAS	法国	1	1
4	VIACCESS SA	法国	1	0
5	LIBCAST SARL SARL	法国	1	0

9. 英国地区相关专利申请人排名

表 6.14-10 章节销售版权保护技术英国地区相关专利申请人排名

序号	申请人	申请人国家	专利申请数量	专利授权数量
1	SAMSUNG ELECTRONICS CO LTD	韩国	6	1
2	NDS LTD	英国	3	0
3	BOTERHOEK CORNELIS JOHN	英国	2	2
4	MIRA PUBLISHING LTD	美国	1	0
5	IBM	美国	1	0

10. 俄罗斯地区相关专利申请人排名

表 6.14-11 章节销售版权保护技术俄罗斯地区相关专利申请人排名

序号	申请人	申请人国家	专利申请数量	专利授权数量
1	SAMSUNG ELECTRONICS CO LTD	韩国	7	1
2	SONY CORP	日本	1	0
3	SONI EHLEKTRONIKS INK	俄罗斯	1	0
4	MICROSOFT CORP	美国	1	0
5	IRDETO EHKSESS B V	俄罗斯	1	1

11. 韩国地区相关专利申请人排名

表 6.14-12 章节销售版权保护技术韩国地区相关专利申请人排名

序号	申请人	申请人国家	专利申请数量	专利授权数量
1	SAMSUNG ELECTRONICS CO LTD	韩国	52	12
2	SONY CORP	日本	26	3
3	LG ELECTRONICS INC	韩国	14	5
4	SEMICONDUCTOR ENERGY LAB	日本	14	2
5	KOREA ELECTRONICS TELECOMM	韩国	11	0

二、专利分析

（一）技术发展趋势分析

图 6.14-2 示出了章节销售版权保护技术的发展趋势。早期的版权保护在其生命周期内的使用控制都是以整个数字内容为单位，信息粒度较大，数字内容缺乏结构化信息，而且现有的数字权利描述语言规范，都是对整个数字内容进行权利描述，只能粗粒度地描述权利的转移/委托，无法满足用户的个性化信息需求，服务提供商也无法实现数字内容的按需重组和集成，难以实现大规模个性化的数字内容服务。因此，需要对数字内容实现细粒度的按需授权，能够细粒度描述分段内容权利的转移和委托。从图中可以看出，1998 年

之前，相关专利量比较少，很大程度是由于 1994 年至 1996 年数字版权技术出现，整体保护无法更好地满足客户的需求问题是渐渐凸显的。而且，章节销售版权保护技术涉及图像处理、密码学应用、算法设计等学科的交叉学科，技术门槛比较高，一定程度上妨碍了章节销售版权保护技术的发展。

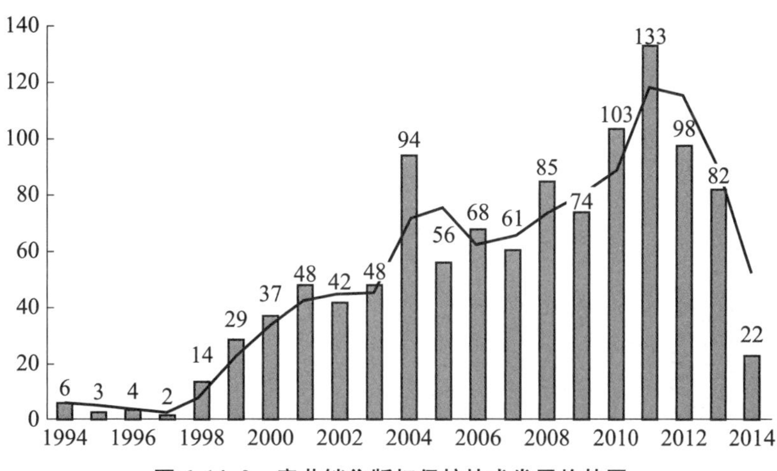

图 6.14-2　章节销售版权保护技术发展趋势图

为了更好地满足客户的需求，研发也随之有所增长。从专利发展趋势上看，从 1996 年到 2011 年，章节销售版权保护技术整体上呈现出上升的发展趋势，这与当下消费者的需求有极大的关系，随着互联网技术的快速发展，互联网出版的消费人群日益扩大，消费者对数字出版提出各种各样的新的商业模式以及更多个性化服务的需求，比如章节的服务、多章节组合的自主组合服务等等，行内人士对章节销售版权保护技术越来越重视，也坚信该技术在数字出版未来几年内还会有所发展和应用。2004 年专利申请量出现一个小高峰，这个高峰可能是 2004 年的日本电子图书的销售额是 2003 年好几倍的一个体现。

（二）技术路线分析

技术发展路线主要从高相关专利按时间列出的技术发展时间轴方面得出的领域的技术发展趋势。图 6.14-3 反应了章节销售版权保护技术发展路线图。1994 年到 1996 年期间 DRM—数字版权管理（Digital Rights Management）是随着电子音频视频节目在互联网上的广泛传播而发展起来的一种新技术。其目的是保护数字媒体的版权，从技术上防止数字媒体的非法复制，或者在一定程度上使复制很困难，最终用户必须得到授权后才能使用数字媒体。DRM 系统是一个复杂系统，涉及访问控制、权限管理、加密、版权水印等多种技术。DRM 系统的互联互通通常有三种方法：完全格式互联互通、连接互联互通及配置驱动互联互通。其中，完全格式互联互通是最理想状态，但通常为所有参与者和不同商业模式建立一个统一标准是很难的；而连接互联互通存在隐私权问题；通过配置驱动互联互通方式，终端用户可以利用从内容提供商下载相应的工具，实现在本地转换受 DRM 保护的内容。结合本次报告的专利数据检索范围（1994—2014）来看，九国两组织范围内有关章节销售版权保护技术的第一件专利申请是 1999 年 10 月 15 日，松下电器产业株式会社申

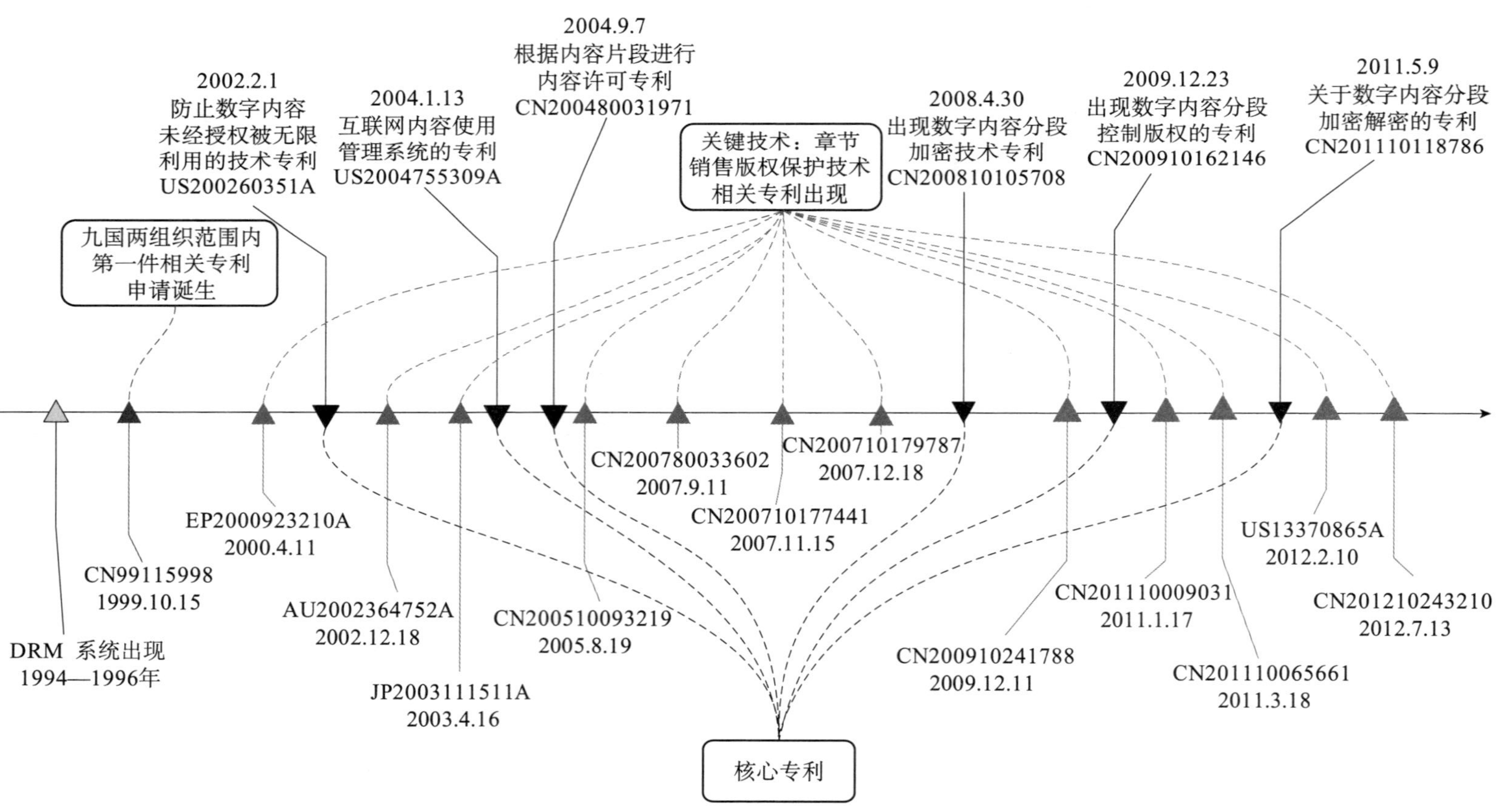

图6.14-3 章节销售版权保护技术路线图

请的一件“处理数字产品内容的产品保护系统”的专利，欲实现针对重要程度不同的内容实施不同手段的保护。通过引证次数排序找到引证数比较多的专利作为核心专利，其余的作为章节销售版权技术的关键技术。通过对章节销售版权保护技术的高相关技术的鱼骨图分析，可以得出该技术或者技术的支撑技术的发展路线。从图中可以看出来分段加密技术和分段内容授权技术是章节销售版权保护技术的两大重要支撑技术，且各厂家不断地在这两个技术上进行研发创新。2008 年 4 月 30 日，北京握奇数据系统有限公司申请了一件有关数字内容分段加解密的核心专利；2011 年 5 月 9 日，北大方正集团有限公司、北京大学、方正信息产业控股有限公司共同申请了一件有关数字内容分段加解密的核心专利。章节销售版权保护技术是一种解决互联网出版版权保护中，如何实现按章节销售及分次购买同一种数字内容作品的不同章节，授权的重新组合技术，多应用于数字内容作品销售中，是目前数字版权领域里比较有创新的一个技术，也是目前一种新兴的数字内容保护技术。

（三）主要专利申请人分析

为了深入分析章节销售版权保护这一技术领域，通过对于检索数据进行标引、聚类等处理，可以发现：1994 年至 2014 年，在章节销售版权保护技术领域专利申请量排名前三的申请人分别为：索尼专利申请量 256 件，三星电子专利申请量 202 件，精工爱普生专利申请量 119 件。从专利资产区域分布来看，索尼公司和精工爱普生的总部在日本东京，在本土的专利申请量是最多的，不过，它们在全国各地的专利布局比较重视，在美国、韩国等地的专利量也不少。三星总部在韩国，但其在日本和韩国的专利布局量相当，可见，日本是三星电子产品重要的一个海外市场。从技术构成分布来看，索尼公司主要关注内容授权许可；三星电子公司主要关注段索引识别技术；精工爱普生公司主要关注许可证服务器方面的技术。

1. 申请量排名第一的专利申请人

（1）专利申请量

图 6.14-4 是索尼章节销售版权保护技术专利的申请趋势图。在 2008 年之前申请量整体上是呈现增长趋势和整个技术领域的发展相吻合，随着移动通信技术的快速发展，越来

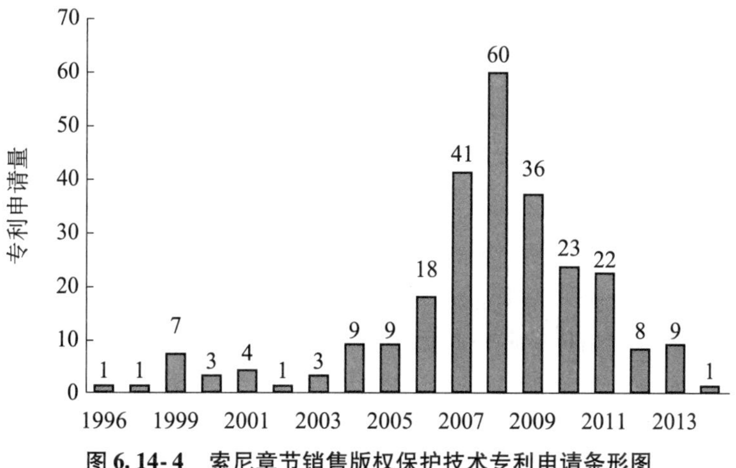

图 6.14-4　索尼章节销售版权保护技术专利申请条形图

越多的电子书阅读器和手机电子书阅读软件呈现给消费者。众所周知，索尼是最早推出电子书阅读器的公司，也开启了 E-ink 电子阅读器时代。2008 年，由于依旧保持技术领先索尼发布了第一款支持 Epib 格式的电子书产品 PRS-700。可能是索尼 2008 年申请量达到高峰的一个原因。然而，随着时间的流逝，索尼的竞争对手越来越多，包括 Kobo、亚马逊和 Barnes&Nobles 等等，这些厂商推出了更多比索尼更为廉价的电子书产品，而索尼却在这股潮流中逐渐迷失。由于专利申请延迟公开的特性，从 2012 年至今出现下降，导致该阶段的数据不准确，因此，并不能判断索尼降低了在该领域的研发投入。

（2）九国两组织专利申请量区域分布

图 6.14-5 是索尼在九国两组织地区的专利申请情况。索尼公司总部位于日本东京，是世界上民用及专业视听产品、游戏产品、通信产品核心部件和信息技术等领域的先导之一，索尼全球主要市场为日本、美国、韩国、欧洲和中国，索尼在中国的申请量排名第二，可见，中国是索尼比较看重的市场，1978 年索尼在中国开展业务设立了办事处，后来陆陆续续在中国几个大城市都成立了分公司。从索尼在日本、美国、欧洲和中国的专利申请量就可以看出，在韩国的申请量也不少，很有可能是由于和韩国的 LG 有过专利诉讼的教训，所以，在韩国会实施外围专利布局，这样可以更好地保护自己的技术和产品。

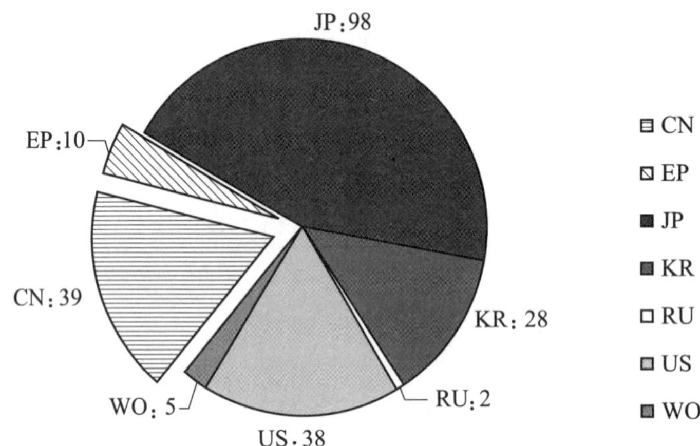

图 6.14-5　索尼章节销售版权保护技术专利申请量区域分布图

（3）技术构成分布

图 6.14-6 是根据索尼公司申请的和章节销售版权保护技术相关的专利做出的聚类分析，找到索尼公司的创新活跃技术。从图中可以看出高频词是“内容授权许可”，在数字内容按章节或者按章节或者段自由组合进行销售的时候，根据内容来分别进行授权许可是关键的一步，数字内容进行分段加密后，再进行权利组合，然后在授权中心会完成授权合并以及新授权生成最后消费者根据购买的章节，或者章节组合得到相应的授权许可信息文件，才能真正地阅读你所需要的数字内容，这样使数字内容的服务内容模式更加多样化、更加自由化，能满足消费者更多的需求，不用再为了获取某个数字内容产品中的一段而要购买全书的浪费。

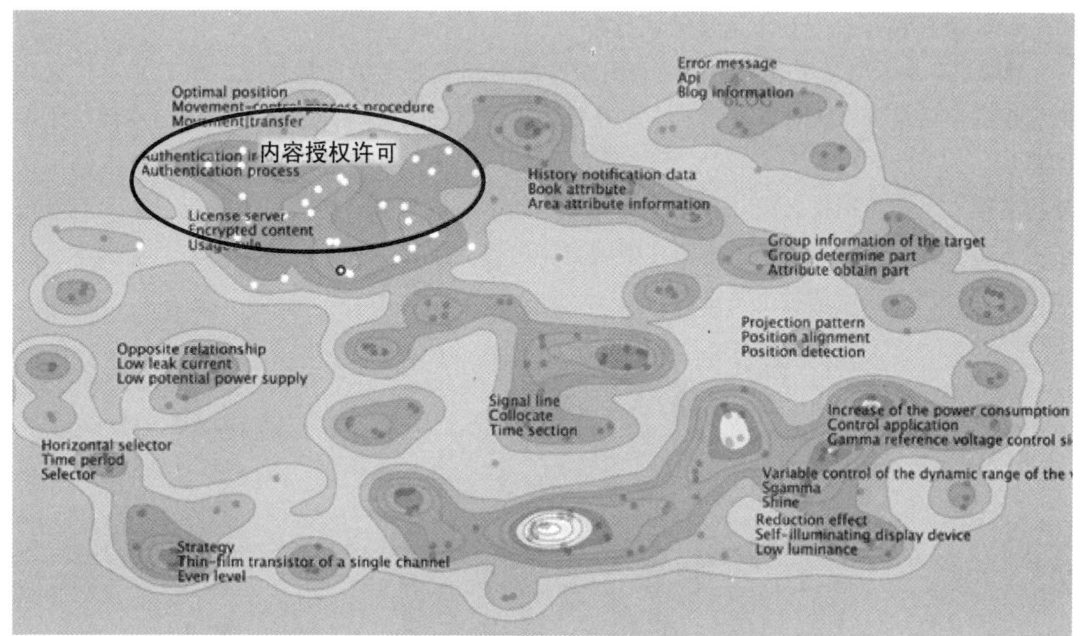

图 6.14-6　索尼章节销售版权保护技术构成分布图

2. 申请量排名第二的专利申请人

（1）专利申请量

图 6.14-7 是三星电子章节销售版权保护技术专利的申请趋势图。在 2003 年之前三星基本未涉及到数字内容行业相关专利的申请，由于在此之前三星还未涉足到移动终端的这个行业领域里，随着互联网技术的普及率越来越高，以及智能终端的发展，一些电子厂商也逐渐地看到了数字内容必将像方便快捷发展，三星在市场上的智能手机和智能平板的销量占世界前三，三星必将会在移动终端数字内容方面有相关专利的申请，越来越多的消费者希望在一个便携设备上可以完成各种电子服务。当然也少不了数字内容产品在移动终端上的服务，在 2003 年专利申请量由 2002 年的几件一下子增长到了 50 件，技术很快就达到了国际上的先进水平，2004 年到 2012 年申请量变化呈波浪式，由于韩国在这段时间发展文化产业园区建设，形成全国互联网出版产业链，政策一直在变化，所以，为了迎合政府的政策，三星电子公司的申请量表现出了这种变化。

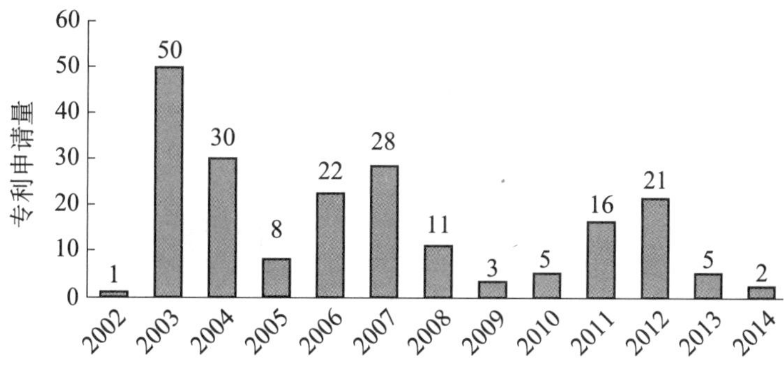

图 6.14-7　三星章节销售版权保护技术专利申请条形图

（2）九国两组织专利申请量区域分布

图 6.14-8 示出三星电子在九国两组织区域的相关专利申请量情况，从三星电子九国两组织的申请量分布图可以看出，三星在韩国申请量排名第一，三星电子公司本部位于韩国首尔，为了和同行业 LG、索尼等的竞争在本土做好专利布局非常重要，在日本的申请量排名第二，在美国排名第三，在中国和美国的申请量基本一样，可以看出日本是三星电子最为重要的一个海外市场，由于在中国数字内容产业起步晚，申请量不多，美国本土法律保护比较严谨，申请量也不是很多。

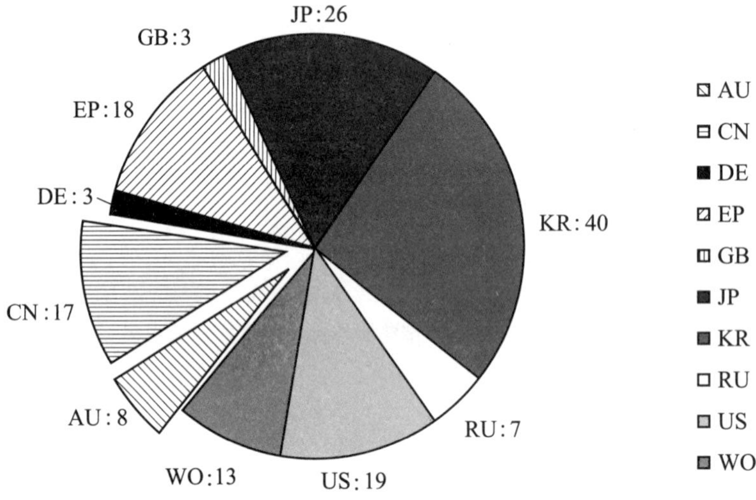

图 6.14-8　三星章节销售版权保护技术专利申请量区域分布图

（3）技术构成分布

图 6.14-9 是根据三星电子公司申请的和章节销售版权保护技术相关的专利做出的聚

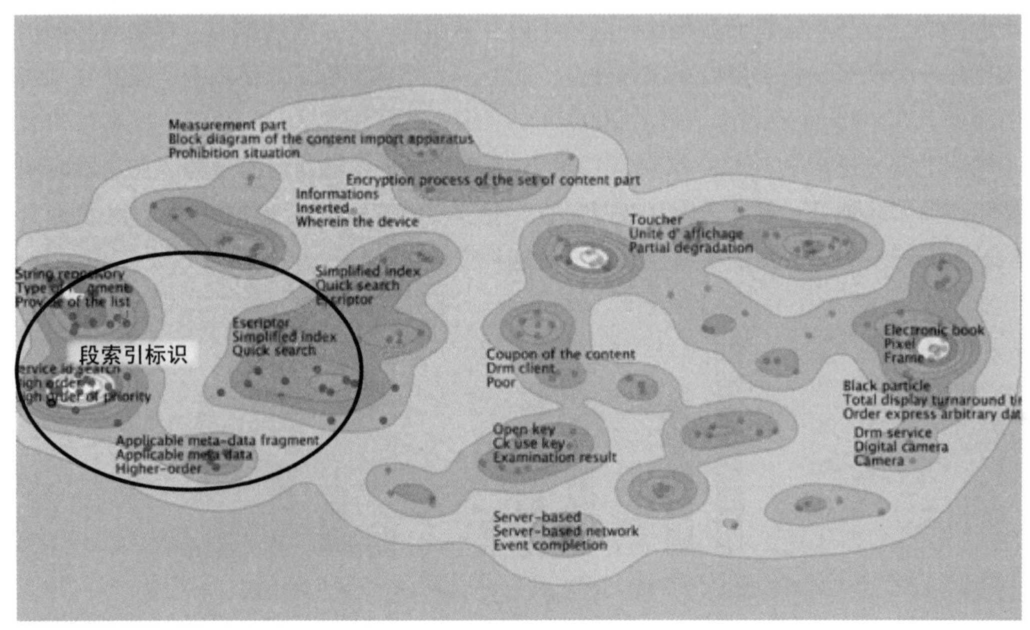

图 6.14-9　三星章节销售版权保护技术构成分布图

类分析，找到三星电子公司的创新活跃技术，从图中可以看出高频词是“段索引标识”，该方面的技术是三星电子比较关注的技术，因为随着互联网出版的消费人群日益扩大，消费者对数字出版提出了各种各样新的商业模式及更多个性化服务的需求，比如按章节的服务，多章节的自主组合服务，该技术可以为数字内容章节销售提供技术支持，因为数字内容元数据的拆分达到数字内容的分段，再对拆分后的元数据进行段索引，根据分段后的位置信息也可以重新进行元数据的字段的重新组合，这样就可以达到按章节销售的目的，为消费者提供更多的内容服务模式，提供更多的数字内容购买策略。

3. 申请量排名第三的专利申请人

（1）专利申请量

图 6. 14- 10 是精工爱普生章节销售版权保护技术专利的申请趋势图。根据精工爱普生有限公司每年的专利申请量柱状图分析，在 2010 年前的几年里，除了 2006 年专利量在 18 件左右，其他都是 5 件左右，数量极少，有可能当时这个公司还未涉及到数字内容这个行业里，2010 年申请量达到 22 件，到了 2011 年达到将近 27 件，达到一个巅峰，由于数字内容行业的快速发展，导致该公司也认识到这个行业必将掀起一股热浪，于是在自己原有技术的基础上重点加强这方面的专利申请以便为拓展新的业务提供技术和专利支持，为以后在这个行业能占住主要位置提供有利资源。

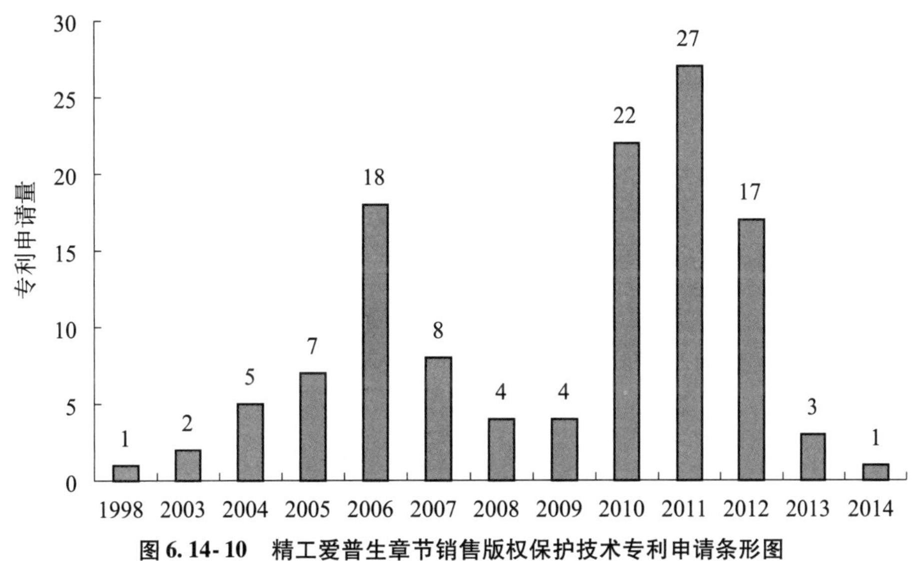

图 6. 14- 10 精工爱普生章节销售版权保护技术专利申请条形图

（2）九国两组织专利申请量区域分布

图 6. 14- 11 示出精工爱普生在九国两组织区域的相关专利申请量分布。精工爱普生公司成立于 1942 年 5 月，总部位于日本长野县诹访市，是数码映像领域的全球领先企业。尤其在数字内容电子书刚出现的时候，电泳显示技术的出现，给类纸书的出现提供了技术支持，长期致力于信息显示装置和信息打印装置的研究，在本土申请量排行第一，这是为了和同行业的索尼等公司竞争，更好地保护了自己的产品，另外，美国和中国分别排名第二、第三，说明这两个也是精工爱普生公司两个主要市场，为了拓宽海外市场做好专利布

局是关键。

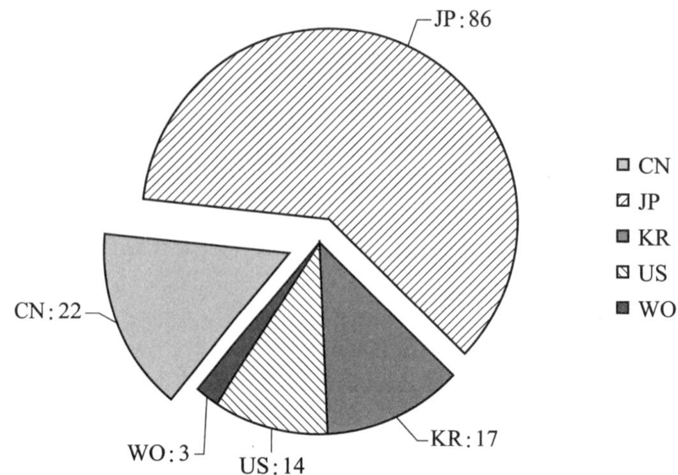

图 6.14-11　精工爱普生章节销售版权保护技术专利申请量区域分布图

（3）技术构成分布

图 6.14-12 是根据精工爱普生公司申请的和章节销售版权保护技术相关的专利做出的聚类分析，找到精工爱普生公司成的创新活跃技术，从图中一些关键词可以看出来在数字内容版权保护相关技术方面，许可证服务器方面的技术是该公司关注的重点，许可证服务器在数字授权中心具有很重要的作用，当对数字内容进行分段授权后，然后将密钥、权力、章节信息传递给授权合并生成器。由授权合并生成器生成组合授权。传递给许可证服务器，生成许可证授权证书，发放给客户端。客户端解析包含合并授权的数字许可证书，结合数字内容文件进行阅读文件内容。许可证的生成和分发是实现数字内容按章节或者章节组合销售必不可少的一个步骤，充分完成了数字内容按章节销售版权的保护。

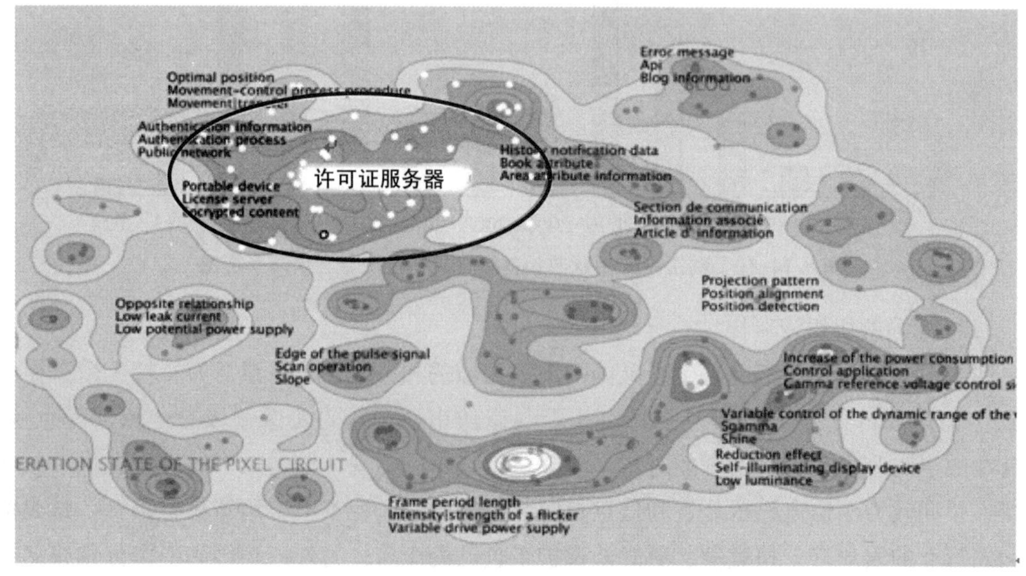

图 6.14-12　精工爱普生章节销售版权保护技术构成分布图

三、总结

（一）专利申请量的总体发展趋势

就章节销售版权保护技术的整个专利申请情况发展历程来看，自从1994年至1996年期间DRM系统出现之后，该技术相关的专利才出现，随着数字内容的逐渐流行，国际上对数字出版的重视度越来越大，消费者对数字内容的多模式服务的需求急不可待，数字内容按章节销售以及章节组合销售越来越得到关注，该技术也相应地得到了快速发展，从1999进入了快速发展期，2011年申请量达到高峰133件。

（二）各地区技术发展现状以及未来发展趋势

1. 美国

美国关于数字内容章节销售版权保护相关技术方面起步相对较早，在1998年就有相关专利申请，该年美国也出台了相关法律定义了数字版权管理信息以及实现通过法律对数字版权的保护，可以见得重视程度极高，所以，该技术在美国很快进入发展期，目前，美国82%以上的出版社都进入了互联网电子出版，亚马逊、Barnes&&Nobel、雅虎等网站均开设了网络书店，所以，该技术一直处于高速发展阶段。

2. 日本

日本在1994年就有了关于数字版权保护的相关专利申请，技术起步最早，发展也迅速，而且日本每年都会出版《数字内容白皮书》，总结数字内容市场规模与动向，章节销售版权保护技术属于数字版权保护技术的关键技术，该技术掌握在像索尼、松下等一些公司手里，技术现在已经初步处于衰退期。

3. 韩国

随着国际上数字内容的快速发展，像韩国的三星和LG等一些电子厂商也开始加大自己在该方面的研究，像手机和平板上的一些数字图书商店等也直接和章节销售版权保护技术相关，可是由于市场范围紧紧局限于手机客户端等，范围没有互联网大，正面迎击像谷歌和微软等IT大佬难度比较大，于是相对应地也逐渐退出了数字行业的竞争，技术进入了衰退期。

4. 中国

在中国，一开始涉足数字版权保护技术的申请人比较多，随着技术创新难度的加大以及大部分关键技术都掌握在少数公司手里，很多公司不得已退出该行业，技术进入了衰退期。

根据以上各地区技术发展现状描述，总体来说，章节销售版权保护技术在中国和韩国范围内处于衰退期，在美国和日本基本处于成熟期。

（三）主要申请人专利申请对比分析

通过对于章节销售版权保护技术领域的宏观分析，我们得出行业内的三个主要申请人是索尼公司、三星电子以及松下电器公司。下面结合微观分析模块具体解读主要申请人的专利现状。

（1）专利申请量维度横向比较

通过将三个主要申请人在专利申请量维度进行横向比较，我们发现：从专利申请量上来看，索尼公司拥有相关专利申请256件；三星电子和精工爱普生公司在这方面的数量分别是202件和119件。其中，索尼作为数量最多的申请人，主要是该公司很早就涉足数字内容行业，也发布过很多电子书阅读器等，对该技术的研发中重视程度很高，三星在2003年才开始有相关专利申请而且后来数量有所减少，精工爱普生相对该技术的发展处于起步阶段，2011年达到高峰时仅为27件。

（2）专利资产区域布局情况

从三个主要申请人的专利资产区域布局情况，我们可以看出：索尼公司在美国、日本、韩国、中国等数字内容的发展大国均布局相当数量的专利，便于应对专利诉讼，并且在欧洲、澳大利亚也有所申请和国际PCT申请，这也是为一些潜在市场做好专利布局的准备；三星电子和索尼公司情况基本一样，而精工爱普生主要侧重点在本土市场的布局上，申请量为70件，占总量的58%，而且在欧洲申请量和国际PCT申请都为1件。

（3）技术热点分析

从技术热点分析角度来说：索尼公司主要关注内容授权许可这方面的技术；三星电子的专利技术构成更侧重于段索引标识专利方面，这个是数字内容分段的关键技术；而精工爱普生则主要关注在许可证服务器方面。

第十五节　按需印刷版权保护技术

一、专利检索

（一）检索结果概述

以按需印刷版权保护技术为检索主题，在“九国两组织”范围内，共检索到相关专利申请6 317件，具体数量分布如下（单位：件）：

美国	中国	日本	韩国	英国	法国	德国	澳大利亚	俄罗斯	EP	WO	总计
753	523	4 336	256	28	5	5	38	2	219	139	6 317

（二）各地区/组织相关专利申请趋势

1. 按需印刷版权保护技术方案

由表6. 15-1和图6. 15-1的统计结果来看，自上世纪90年代直至新世纪初期，按需印刷版权保护技术这一整体技术在大部分国家应用仍进行得非常缓慢，除在美国和亚洲地区的中、日、韩等国家和地区有所研究之外，在全球“九国两组织”的其他国家研究相对较少。但是该技术在日本发展迅速，并且处于世界领先地位，上世纪90年代日本对该技术的专利申请量累计已达800多件，并且自2000年至2011年以来对该技术相关专利的年申请量均在200件以上，其中在2007年达到数量之最500件左右。我们从该技术可能涉及日本的商业领域分析，此情况很可能与90年代起日本的动漫业迅速崛起，以至于带动纸质书籍的大批量印刷需求，从而按需印刷版权保护技术的研究也开始日新月异。然而近几年来，随着数字媒体内容的日益丰富、公民版权保护意识的提高、版权诉讼风波不断兴起，该技术在中国和韩国的研究逐渐被提上日程，并且在2013年，中国对于该技术的相关专利年申请量已达到百件以上。

表6.15-1 按需印刷版权保护技术“九国两组织”相关专利申请状况

国家＼年份	1990①	2000	2001	2002	2003	2004	2005	2006	2007	2008	2009	2010	2011	2012	2013	2014
US	24	4	25	45	57	57	67	58	57	72	53	56	38	60	47	57
CN	9	5	12	11	14	22	29	35	31	31	34	44	43	57	102	53
JP	812	252	285	368	355	375	464	471	527	389	294	242	205	46	55	8
KR	1	14	4	1	2	1	6	4	12	13	16	31	28	33	54	37
GB	1	2	1	4	4	4	4	2	1	1	2	0	2	0	1	0
DE	1	0	2	1	0	1	2	9	1	1	0	0	0	0	0	1
FR	0	0	0	0	2	1	0	0	2	0	0	0	0	0	0	0
AU	7	1	2	3	13	1	2	5	2	3	1	1	0	2	1	1
RU	0	0	1	0	0	0	0	0	0	0	0	0	1	0	0	0
EP	23	9	13	18	28	18	22	19	16	17	8	6	10	12	11	12
WO	17	7	8	17	12	9	10	9	14	12	8	8	8	7	7	3

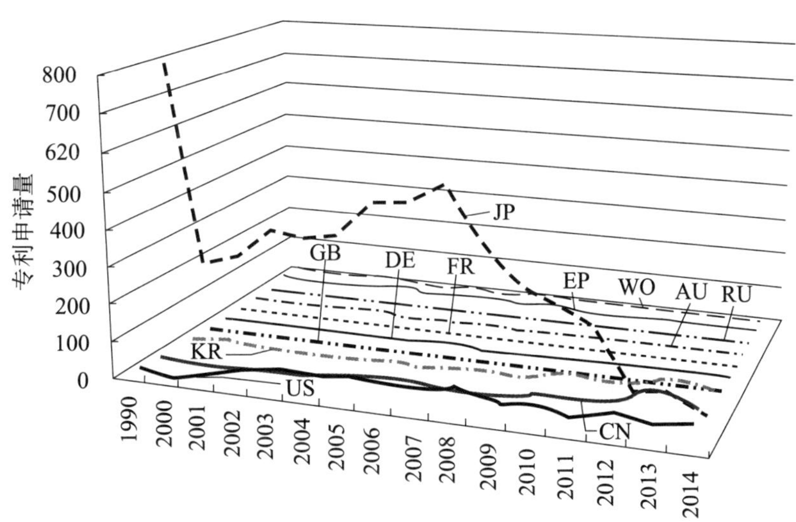

图6.15-1 “九国两组织”相关专利申请状况图

① 1990是指1990－1999年的专利数量总数。

(三)各地区/组织相关专利申请人排名

1. WO相关专利申请人排名

表6.15-2 按需印刷版权保护技术WO相关专利申请人排名

序号	申请人	申请人国家	专利申请数量
1	WORKSHARE TECHNOLOGY INC	美国	4
2	MORE SCOTT	日本	4
3	MARKANY INC	韩国	4
4	MOTOROLA INC	美国	4
5	CONTENTGUARD HOLDINGS INC	美国	4

2. EP相关专利申请人排名

表6.15-3 按需印刷版权保护技术EP相关专利申请人排名

序号	申请人	申请人国家	专利申请数量	专利授权数量
1	CONTENTGUARD HOLDINGS INC	美国	27	20
2	CANON KK	日本	17	5
3	XEROX CORP	美国	11	5
4	INTERTRUST TECH CORP	美国	7	5
5	MATSUSHITA ELECTRIC IND CO LTD	日本	7	2

3. 中国地区相关专利申请人排名

表6.15-4 按需印刷版权保护技术中国地区相关专利申请人排名

序号	申请人	申请人国家	专利申请数量	专利授权数量
1	BEIJING INST GRAPHIC COMM	中国	21	1
2	CANON KK	日本	21	18
3	SONY CORP	日本	15	11
4	IBM	美国	12	7
5	MATSUSHITA ELECTRIC IND CO LTD	日本	12	3

4. 美国地区相关专利申请人排名

表6.15-5 按需印刷版权保护技术美国地区相关专利申请人排名

序号	申请人	申请人国家	专利申请数量	专利授权数量
1	CANON KK	日本	51	23
2	IBM	美国	40	29
3	INTERTRUST TECH CORP	美国	37	9
4	CONTENTGUARD HOLDINGS INC	美国	28	9
5	XEROX CORP	美国	20	16

5. 日本地区相关专利申请人排名

表 6.15-6　按需印刷版权保护技术日本地区相关专利申请人排名

序号	申请人	申请人国家	专利申请数量	专利授权数量
1	CANON KK	日本	857	229
2	RICOH KK	日本	725	227
3	KYOCERA MITA CORP	日本	266	100
4	FUJI XEROX CO LTD	日本	257	101
5	SEIKO EPSON CORP	日本	217	87

6. 澳大利亚地区相关专利申请人排名

表 6.15-7　按需印刷版权保护技术澳大利亚地区相关专利申请人排名

序号	申请人	申请人国家	专利申请数量	专利授权数量
1	IBM	美国	4	1
2	CONTENTGUARD HOLDINGS INC	美国	3	1
3	MACROVISION CORP	美国	3	2
4	PAYCOOL INTERNAT LTD	中国	2	0
5	SCHLUMBERGER SYSTEMS & SERVICE	法国	2	0

7. 德国地区相关专利申请人排名

表 6.15-8　按需印刷版权保护技术德国地区相关专利申请人排名

序号	申请人	申请人国家	专利申请数量	专利授权数量
1	CONTENTGUARD HOLDINGS INC	美国	3	2
2	IBM	美国	1	1
3	TRANSPACIFIC PLASMA LLC	美国	1	1
4	TRUSTCOPY PTE LTD	新加坡	1	1

8. 法国地区相关专利申请人排名

表 6.15-9　按需印刷版权保护技术法国地区相关专利申请人排名

序号	申请人	申请人国家	专利申请数量	专利授权数量
1	SCHLUMBERGER SYSTEMS & SERVICE	法国	2	0
2	THOMSON LICENSING SA	法国	1	0
3	CYBERVITRINE SA SA	法国	1	0
4	HEWLETT PACKARD DEVELOPMENT CO	美国	1	0

9. 英国地区相关专利申请人排名

表 6.15-10　按需印刷版权保护技术英国地区相关专利申请人排名

序号	申请人	申请人国家	专利申请数量	专利授权数量
1	HEWLETT PACKARD DEVELOPMENT CO	美国	3	3
2	HEWLETT PACKARD CO	美国	3	0
3	CAMETRICS LTD	英国	2	0
4	MAYER YARON	以色列	2	1
5	DECHOVICH ZAK	以色列	2	2

10. 俄罗斯地区相关专利申请人排名

表 6.15-11　按需印刷版权保护技术俄罗斯地区相关专利申请人排名

序号	申请人	申请人国家	专利申请数量	专利授权数量
1	MAKROVIZHN CORP	俄罗斯	1	0
2	CABULI STEPHEN D.	俄罗斯	1	0

11. 韩国地区相关专利申请人排名

表 6.15-12　按需印刷版权保护技术韩国地区相关专利申请人排名

序号	申请人	申请人国家	专利申请数量	专利授权数量
1	SAMSUNG ELECTRONICS CO LTD	韩国	53	11
2	CANON KK	日本	10	2
3	CONTENTGUARD HOLDINGS INC	美国	6	1
4	MICROSOFT CORP	美国	5	1
5	MARKANY INC	韩国	4	2

二、专利分析

（一）技术发展趋势分析

从图 6.15-2 可以看出，自上世纪 90 年代初期直至 2005 年，世界范围内仍是以纸质书籍和文件为主，随着电子出版物开始出现，该技术始终处于快速发展阶段，并且在 2005 年达到其发展的巅峰状态；然而 2005 年之后，由于全球网络化时代的跨进，电子产品的更新换代，人们工作、生活和学习逐渐趋于数字化，例如电子书逐渐趋于成熟，开始取代了部分纸质书籍，进而对纸质书籍或文件的印刷需求开始逐渐消退。现如今，印刷行业正在面对严峻的挑战，行业整合以及印刷产业规模日益缩减，成为印刷行业面临挑战的主要原因。

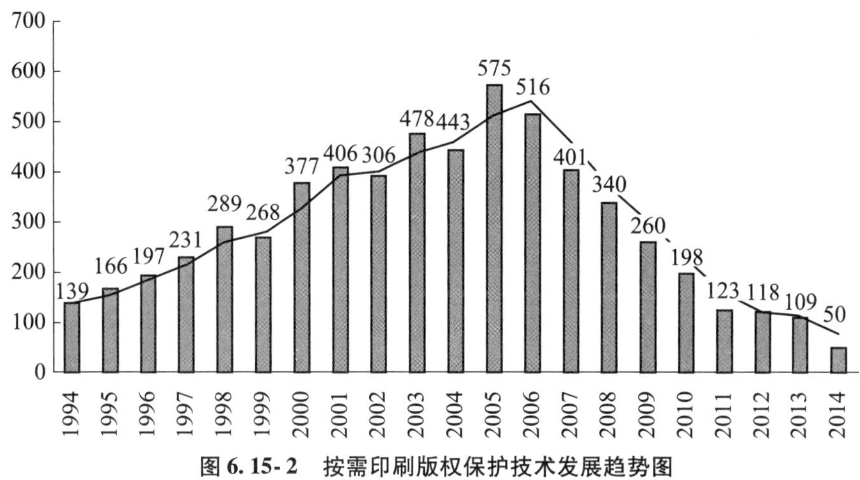

图 6.15-2　按需印刷版权保护技术发展趋势图

（二）技术路线分析

图 6.15-3 中核心专利是通过引证次数排行找到引证数比较多的专利，关键技术所列专利为按需印刷版权保护技术的高相关专利。通过对按需印刷版权保护技术路线的分析，该技术在“九国两组织”范围内研究相对较早，1994 年 6 月 30 日诞生了第一件相关专利，随后第一台数字印刷机也降世了，Indigo 和 Xeikon 在 1995 年的 Drupa 上发起了他们首次数字印刷机的革命。2000 年 10 月 4 日，日本佳能申请了一种打印控制方法的核心专利，保证了打印数据的安全存储，提高了打印文档的安全性。2001 年 2 月 23 日，IBM 申请了数字版权管理的相关专利，属于数字版权领域。2008 年 6 月 27 日，微软申请了关于分段媒体内容权限管理的核心专利，属于多媒体数字领域。2010 年 11 月 5 日，国内的上海传知申请了关于电子书在线阅读版权保护的核心专利。

综观版权保护技术的发展历程，初期出现的技术大多比较核心和基础，被后续人们引用的也就比较多，而伴随该技术发展到一定阶段，按需印刷的需求日渐明显，继而涌现出较多按需印刷版权保护技术的关键性技术。该领域的关键技术前期基本由日本和美国占据，近年来，中国该领域的研究逐步深入并掌握了一些关键技术，比如 2012 年北京印刷学院申请了一种基于中心节点模式的远程传版系统及方法。从中可以看出，核心专利的出现的时间大多在技术的发展期，而与该技术的关键性专利大多在技术发展的成熟期出现。

（三）主要专利申请人分析

通过对按需印刷版权保护技术的专利检索结果的统计和初步分析，得到了在“九国两组织”范围内申请量排名前三的公司，分别是佳能公司、理光公司、京瓷公司，专利申请量分别是 963 件、744 件、270 件。对这三家公司在该技术上的专利申请进行统计分析，每家公司会有三个统计图分别是：年份柱状图、“九国两组织”专利申请量区域分布、技术构成分布，利用这三种图表分别对这三家公司的技术进行分析并得出相应观点。

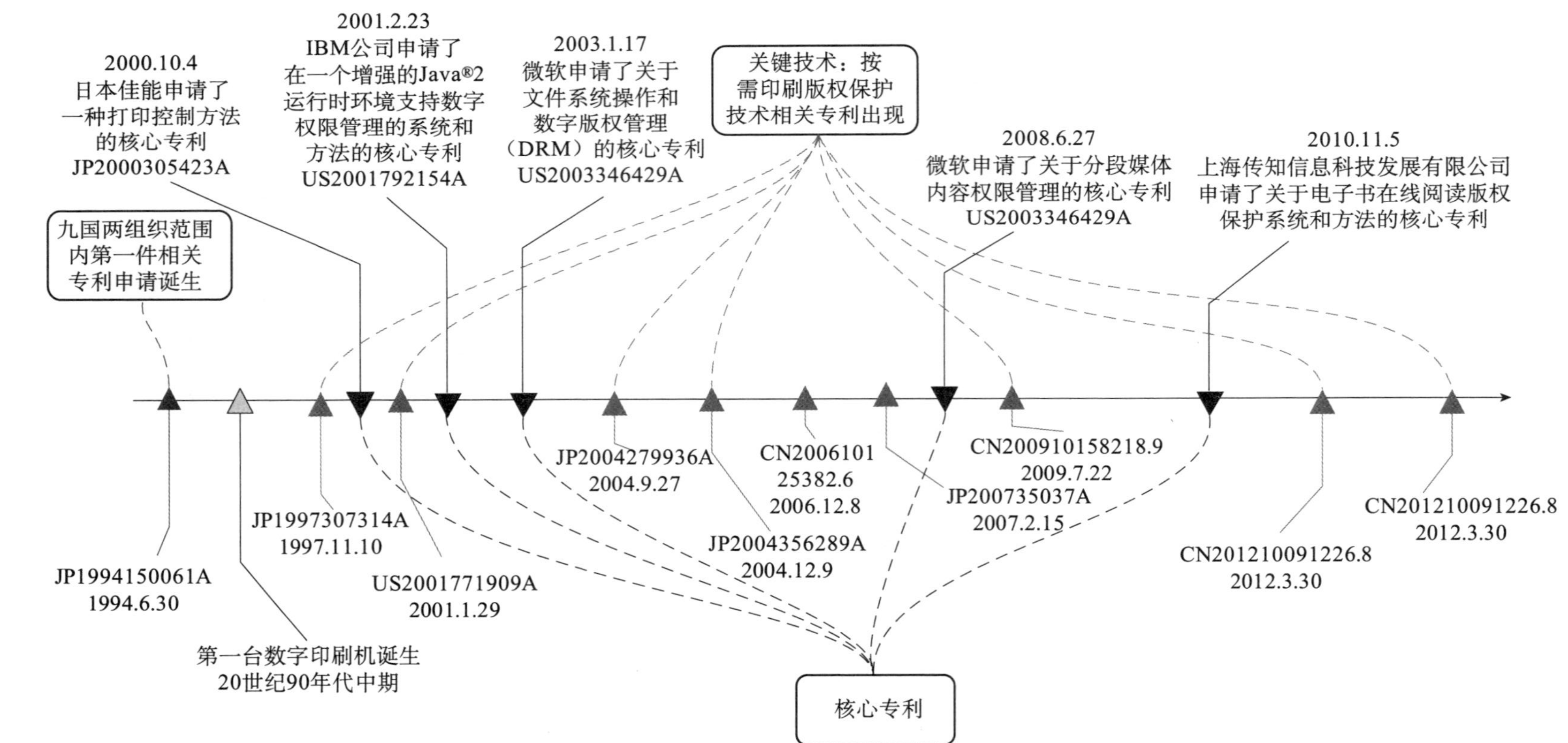

图6.15-3 按需印刷版权保护技术路线图

1. 申请量排名第一的专利申请人

（1）专利申请量

在按需印刷版权保护技术领域，佳能的专利申请量位居全球之首，从图 6. 15- 4 可以看出自上世纪 90 年代初期直至 2005 年，佳能在该技术领域快速发展，并且在 2005 年达到其发展的巅峰状态，初步分析这与当时风靡全球的日本动漫有一定关联，动漫业的迅速发展，带动了它的辅助行业印刷业的迅速崛起。2005 年以来，由于全球网络化时代的跨进，电子产品的更新换代，人们工作、生活和学习逐渐趋于数字化，电子书开始取代部分纸质书籍，进而对纸质书籍或文件的印刷需求开始逐渐消退，表现为专利申请量的减少。从上述分析可以得出佳能在该技术领域的发展趋势与该技术在全球领域的发展趋势基本相同。

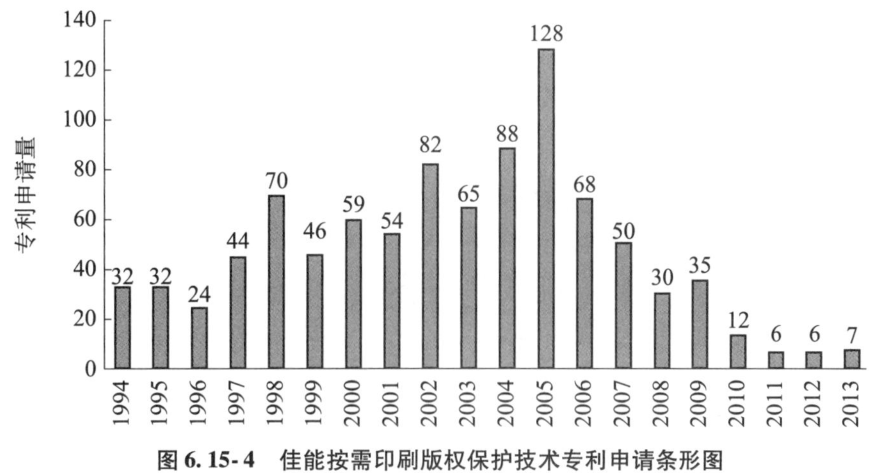

图 6. 15- 4　佳能按需印刷版权保护技术专利申请条形图

（2）“九国两组织”专利申请量区域分布

佳能（Canon）是日本的一家全球领先的生产影像与信息产品的综合集团。佳能的产品系列共分布于三大领域：个人产品、办公设备和工业设备，主要产品包括照相机及镜

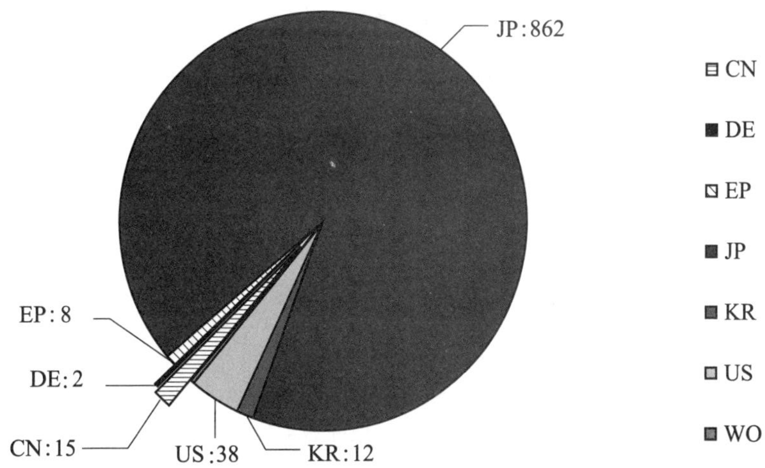

图 6. 15- 5　佳能按需印刷版权保护技术专利的申请量区域分布图

头、数码相机、打印机、复印机、传真机、扫描仪、广播设备、医疗器材及半导体生产设备等。

佳能总部位于日本东京，并在美洲、欧洲、亚洲及日本设有4大区域性销售总部。佳能在按需印刷版权保护技术领域中的专利申请主要集中在日本；在美国、欧洲及亚洲的中、韩等国有少量的专利申请量。

（3）技术构成分布

在图中每个黑点代表一篇专利，点与点之间的距离标示两篇专利的相关性，灰色区域是一些非常相关的专利聚集在一起，是需要我们重点关注的区域。

通过图6.15-6可以看出在该领域佳能主要关注的技术有图像处理、加密密钥技术、印刷控制和管理技术以及水印版权信息。密钥加密技术是发送和接收数据的双方，使用相同的或对称的密钥对明文进行加密解密运算的加密方法；印刷控制和管理技术的目的是运用软、硬件结合的方法，在生产系统中自动统一地调整和管理灰色，以保证在输入、显示和输出的整个过程中保持灰色的一致性，最终实现灰色的忠实再现；水印版权信息方面是利用数字水印的形式达到对图像、文本等的保护。

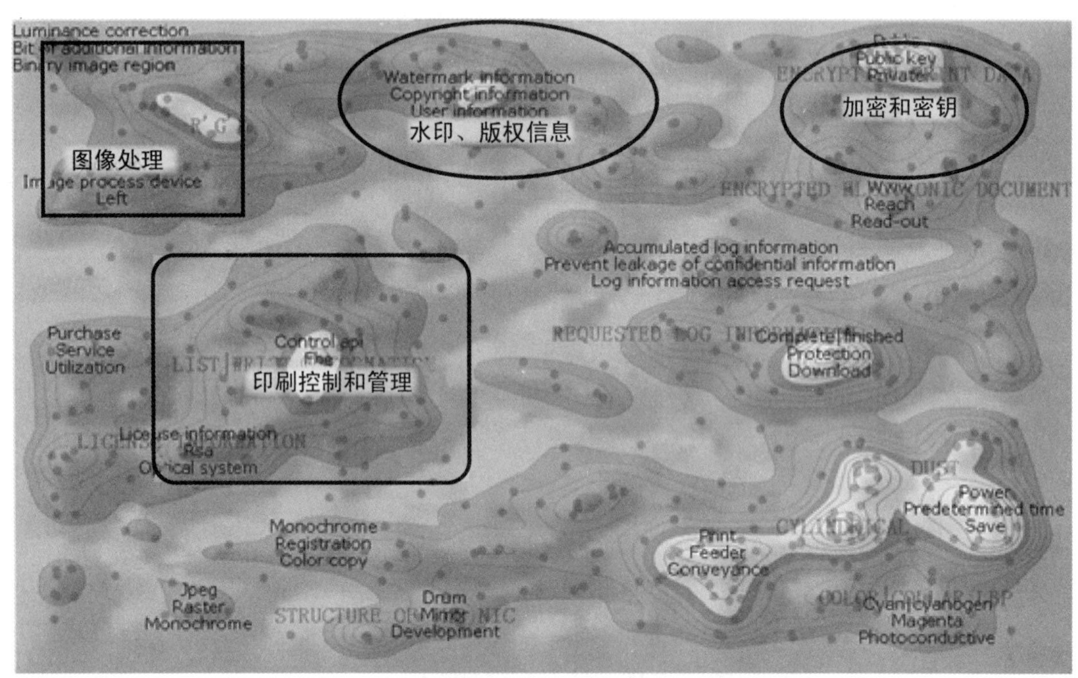

图6.15-6　佳能按需印刷版权保护技术构成分布图

佳能在图像处理技术方面主要涉及在打印和数码产品，并且技术相对领先，比如佳能iPF6300打印机采用最新图像处理技术，将RGB数据精确的转换为基于十二层色彩的墨滴点阵，提高打印机对灰色的反应能力，通过Adobe Photoshop进行的细微色彩修正、润饰等灰色调整，可直接体现到打印出的照片上，如实还原出专业摄影师需求的作品。2015年3月1日，佳能在广告数码印刷行业重拳出击——佳能携数码印刷明星阵容亮相上海国际广告展，表示将进一步深耕广告印刷专业市场，凭借“按需定制的全速全彩全能”一站式解决方案，为广告行业用户提供不二之选。这也表明按需印刷技术领域仍是佳能未来重点开发的技术。

2. 申请量排名第二的专利申请人

（1）专利申请量

理光在按需印刷版权保护技术领域的专利申请量紧随佳能之后，位居全球第二名。从图 6. 15- 7 可以看出，自上世纪 90 年代初期直至 2005 年，理光在该技术领域处于稳定发展的阶段，并且在 2005 年其专利申请数量达到巅峰状态，在当时风靡全球的动漫业的影响下，带动了它的辅助行业印刷业的迅速崛起。然而继 2005 年以后，由于全球网络化时代的跨进，电子产品的更新换代，人们工作、生活和学习逐渐趋于数字化，例如电子书技术逐渐趋于成熟，并开始取代了部分纸质书籍，进而对纸质书籍或文件的印刷需求开始逐渐消退，并且近三年来理光在该领域的专利申请量甚少几乎为零。从上述分析可以得出理光公司在该技术领域的发展趋势与该技术在全球领域的发展趋势基本相同。

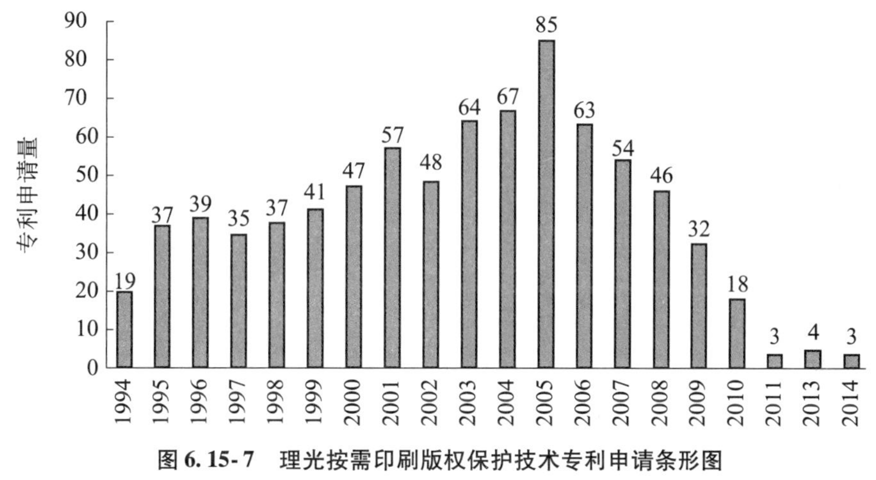

图 6. 15- 7　理光按需印刷版权保护技术专利申请条形图

（2）“九国两组织”专利申请量区域分布

理光（Ricoh）是日本著名的办公设备及光学机器制造商，1963 年正式易名为理光，并在同年成立香港分公司。理光总部设于日本东京，理光复印机和传真机拥有超过 20 年的市场领先地位。理光公司是最早探索数字图像输出技术的厂家之一，理光在美国、欧洲和日本处于市场领先地位。理光当前拥有的产品涵盖了复印机、打印机、传真机、光盘驱动、数码相机和电子设备等。

从理光在按需印刷版权保护技术领域在区域维度分析，可以看出在该领域其核心技术主要集中在其总部所在地日本；虽然在美国、欧洲及亚洲的中国等地设有多家分公司，但主要还是以代加工为主，分公司的自主研发甚少。

（3）技术构成分布

从图 6. 15- 9 可以看出，日本理光在按需印刷版权保护研究领域的技术热点主要有加密与授权许可技术、图像认证技术、印刷与传真技术。加密授权许可技术是指针对授权内

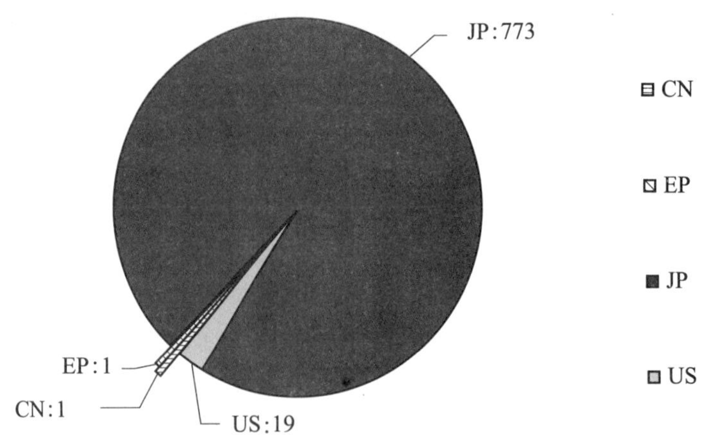

图 6.15-8　理光按需印刷版权保护技术专利申请量区域分布图

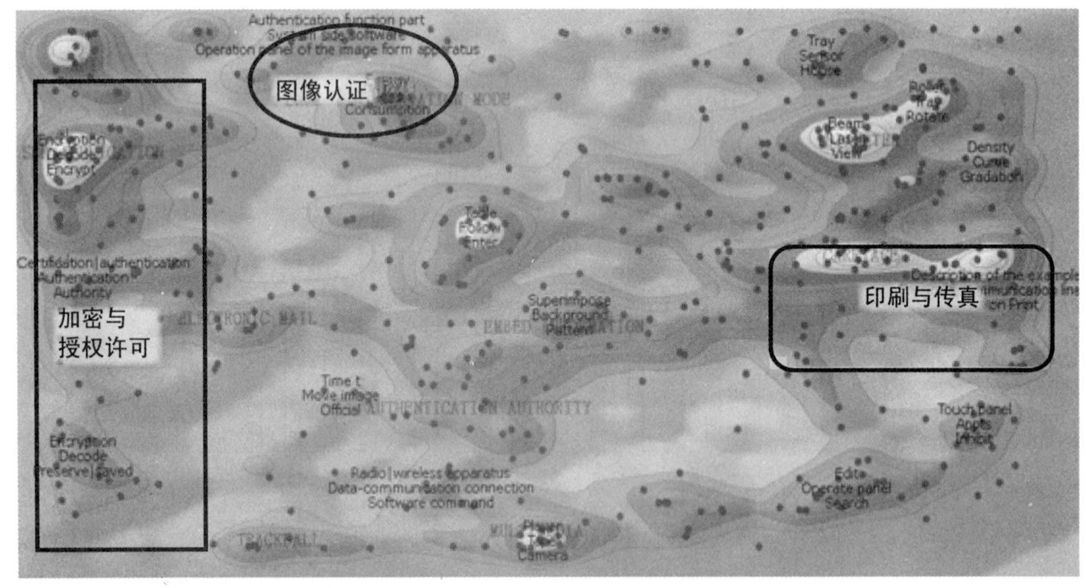

图 6.15-9　理光按需印刷版权保护技术构成分布图

容的加密和保护，从保护授权的安全性以达到保证所分发软件的安全性的目的，力求获取授权的用户在规定的权限内使用该软件产品，通过授权加密保护，防止授权以外的用户非法使用和滥用软件产品的行为，理光在该领域申请了“文档打印保密系统”的专利。图像认证是以图像的主要特征为基础的，在图像识别过程中，知觉机制必须排除输入的多余信息，抽出关键的信息；同时，在大脑里必定有一个负责整合信息的机制，它能把分阶段获得的信息整理成一个完整的知觉映象。

理光在印刷与传真领域的专利申请较为集中，比如其申请的“打印机用户限制系统”专利，提供一种打印机的用户的限制的系统连接到一个网络的终端设备，并且能够适当地限制来自终端装置的每个用户的打印请求。

3. 申请量排名第三的专利申请人

（1）专利申请量

京瓷在按需印刷版权保护技术方案领域的专利申请量，位居全球第三名。从图 6.15-10 可以看出，自 1998 年代直至 2006 年，京瓷在该技术领域发展较为迅速，并且在 2006 年达到其发展的巅峰状态，初步分析这与当时风靡全球的日本动漫有一定关联，动漫业的迅速发展，带动了它的辅助行业印刷业的迅速崛起。然而继 2006 年以后，由于全球网络化时代的跨进，电子产品的更新换代，人们工作、生活和学习逐渐趋于数字化，例如电子书技术逐渐趋于成熟，开始取代了部分纸质书籍，进而对纸质书籍或文件的印刷需求开始逐渐消退，并且近两年来京瓷在该领域的专利申请量甚少几乎为零。从上述分析可以得出，京瓷公司在该技术领域的发展趋势与该技术在全球领域的发展趋势基本相同。

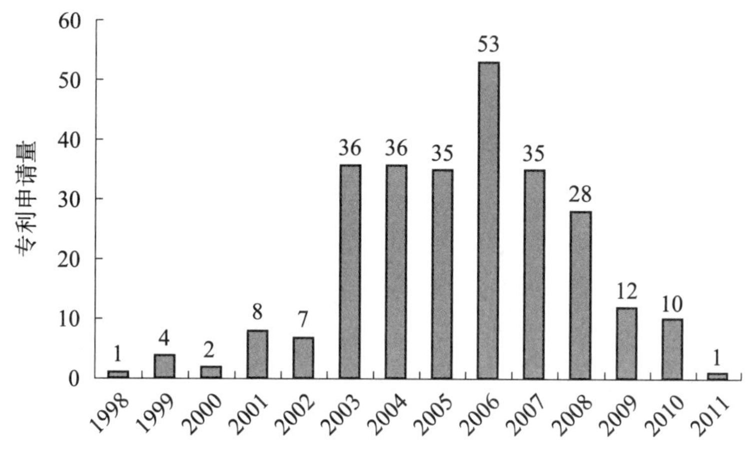

图 6.15-10　京瓷按需印刷版权保护技术专利申请条形图

（2）“九国两组织”专利申请量区域分布情况表

京瓷按需印刷版权保护技术申请量专利区域分布

国家/区域	专利申请量
CN	1
JP	266
US	1

注：京瓷在该技术的专利申请几乎全部集中在日本，不适宜出饼图，故以表格形式体现。

京瓷株式会社成立于 1959 年 4 月 1 日，最初为一家技术陶瓷生产厂商，如今，京瓷公司的大多数产品与电信有关，包括无线手机和网络设备、半导体元件、射频和微波产品套装、无源电子元件、水晶振荡器和连接器、使用在光电通讯网络中的光电产品。

京瓷总部位于日本京都府京都市，其涉及市场遍布全球，2003 年，京瓷集团在中国率先成立了第一家外资销售企业——京瓷（天津）商贸有限公司，销售国产及从日本进口的产品。然而从其在按需印刷版权保护技术方案领域的相关专利申请情况来看，其核心技术主要还是集中在日本本部，在中国、美国等地主要以代加工和销售为主，专利布局较少。

（3）技术构成分布

从图 6. 15-11 可以看出，日本京瓷在按需印刷版权保护研究领域的技术热点主要有版权保护与授权、水印、加解密技术等。从构成分布图的集中程度来看，其技术主要集中在版权保护，即著作权，然而版权保护的最终目的不是“如何防止使用”，而是“如何控制使用”，通过控制客户端的授权机制可以有效地控制作品使用的机制。加解密技术是最常用的安全保密手段，利用技术手段把重要的数据变为乱码（加密）传送，到达目的地后再用相同或不同的手段还原（解密），加密技术包括两个元素：算法和密钥。算法是将普通的信息或者可以理解的信息与一串数字（密钥）结合，产生不可理解的密文的步骤，密钥是用来对数据进行编码和解密的一种算法。在安全保密中，可通过适当的钥加密技术和管理机制来保证网络的信息通信安全。

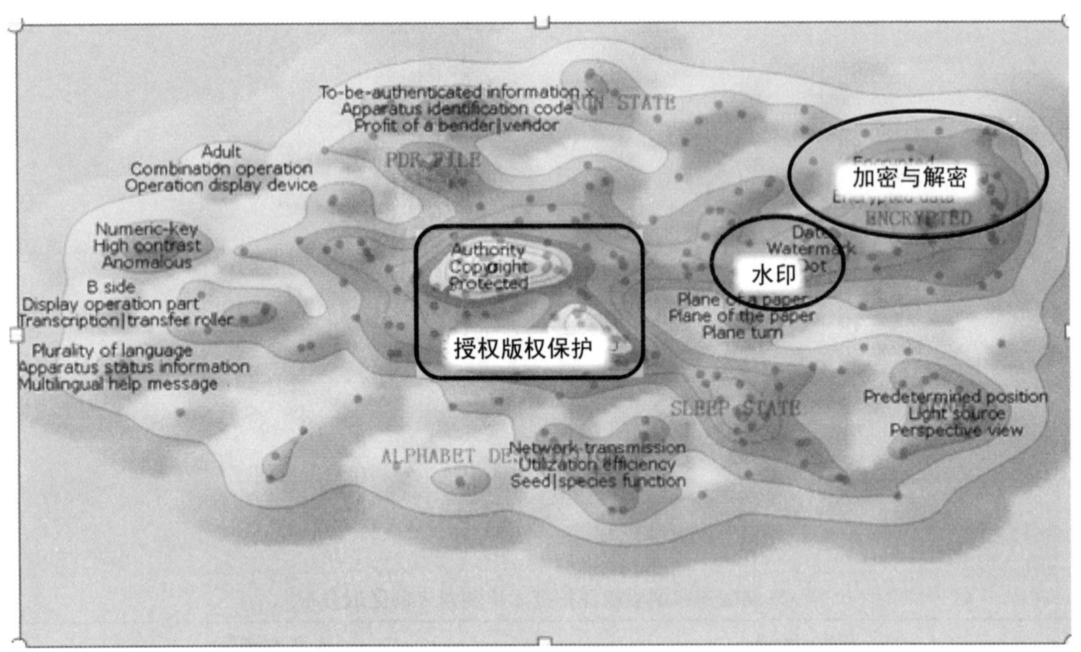

图 6. 15-11　京瓷按需印刷版权保护技术构成分布图

京瓷公司的大多数产品与电信有关，包括无线手机和网络设备等等。其在按需印刷版权保护技术方案领域的专利主要集中在版权保护和加解密领域，并且对于数字水印京瓷也有所研究，2003 年申请了关于图像生成装置，利用数字水印防止文件被非法复制。

三、总结

（一）专利申请量的总体发展趋势

从整个行业的专利申请状况来看，自上世纪 90 年代直至 2005 年前后，该行业内的相关专利申请呈逐年增长的态势，这主要是由于当时世界范围内仍是以纸质书籍和文件为主。然而继 2005 年以来，由于全球网络化时代的跨进，电子产品的更新换代，人们工作、生活和学习逐渐趋于数字化，例如电子书逐渐趋于成熟，开始取代了部分纸质书籍，进而对纸质书籍或文件的印刷需求开始逐渐消退。现如今，印刷行业正在面临严峻的挑战，行业整合以及印刷产业规模日益缩减，成为印刷行业面临挑战的主要原因。

（二）各地区技术发展现状以及未来发展趋势

1. 美国

美国在该领域的专利申请量和专利权申请人均呈持续增长趋势，并已经趋于成熟。适应按需印刷的数据库经过十年的积累，已经初具规模。亚马逊拥有全球最强大的网络书籍资料库，而同美国最大的按需印刷公司闪电资源（Lightning Source）全球合作的出版商超过1.3万家，该公司的图书数据库有超过500万册的图书数据储藏，丰富的数据积累为该公司按需印刷业务的开展奠定了坚实的基础。随着竞争的不断激烈，逐渐开始呈现出巨头公司的垄断地位，目前来看，整个技术有进入衰退期的迹象。

2. 日本

日本早期在印刷行业比较领先，由其畅销全球的动漫产业拉动了按需印刷版权保护技术的快速发展。然而，随着电子产品更新换代之快，更多企业发现未来电子书将逐渐取代了纸质印刷，以至于该技术在日本近两年来已经步入了衰退期。

3. 韩国

韩国的该技术发展速度始终较为缓慢，无论是从专利申请量，还是介入的企业来看，均未引起足够高的重视，但从整体趋势来看，该技术的发展也趋于成熟。

4. 中国

由于国情的不同，导致不同国家对于版权保护的需求不同，中国在按需印刷版权保护术方面的研究起步较晚，但发展潜力很大，目前，按需印刷版权保护技术在我国正处于快速发展阶段。

根据以上主要地区技术发展现状描述，目前来讲，国外部分发达国家（例如美国）对于按需印刷版权保护技术的研究已有进入衰退期的迹象，但由于特殊的国情需求，国内对于该技术仍处于火热研究的状态。

（三）主要申请人专利申请对比分析

通过对于按需印刷版权保护技术领域的宏观分析，我们得出行业内排名比较靠前的三个申请人是佳能公司、理光公司以及京瓷公司。下面结合微观分析模块具体解读主要申请人的专利现状。

1. 专利申请量维度横向比较

通过将三个主要申请人在专利申请量维度进行横向比较，我们发现：从专利申请量上来看，作为打印行业龙头企业的佳能公司，在按需印刷版权保护技术领域的专利占有量位居全球之首，并且在中、美、日、韩四个国家的专利申请量排名也分列前三，理光公司和京瓷公司该领域的相关专利申请量也是紧随其后，这也表明三家公司在技术研发初期便投入了相当大的技术研发，因此相应的专利申请量也较多。

2. 专利资产区域布局情况

从三个主要申请人的专利资产区域布局情况，我们可以看出：佳能、理光、京瓷在按需印刷版权保护技术领域中的专利申请主要集中在日本；同时，为了贯彻其专利全球化战略的思想，其在美国、欧洲及亚洲的中、韩等国也有少量的专利申请量，但目前来看，三个申请人的主打市场仍在其国内。

3. 技术热点分析

从技术热点分析角度来说：佳能该主要关注的技术有图像处理、加密密钥技术、印刷控制和管理技术以及水印版权信息；日本理光在该研究领域的技术热点主要有加密与授权许可技术、图像认证技术、印刷与传真技术；日本京瓷在按需印刷版权保护研究领域的技术热点主要有版权保护与授权、水印、加解密技术等。

第十六节　图书解析技术

一、专利检索

（一）检索结果概述

以图书解析技术为检索主题，在“九国两组织”范围内，共检索到相关专利申请621件，具体数量分布如下（单位：件）：

美国	中国	日本	韩国	英国	法国	德国	澳大利亚	俄罗斯	EP	WO	总计
234	96	90	39	1	1	5	17	0	45	93	621

（二）各地区/组织相关专利申请趋势

1. 图书解析技术相关专利申请趋势

从表6.16-1和图6.16-1可以看出，各国对图书及epub文件解析技术投入都较少，总体上发展比较平稳，每年的申请量基本上不超过10件，其中美、中、日、韩是主要的专利申请国。

表6.16-1　图书解析技术“九国两组织”相关专利申请状况

国家＼年份	1994	1995	1996	1997	1998	1999	2000	2001	2002	2003	2004	2005	2006	2007	2008	2009	2010	2011	2012	2013	2014
US	0	0	0	0	0	0	7	11	8	11	6	7	19	23	6	6	19	25	35	27	12
CN	0	0	0	0	0	0	0	2	4	4	4	8	3	2	0	7	10	21	16	14	1
JP	2	0	2	0	1	1	5	7	2	5	7	2	3	2	1	2	18	12	13	4	1
KR	0	0	0	0	0	0	3	0	1	1	1	1	2	0	1	5	4	4	11	5	0
GB	0	0	0	0	0	0	0	0	0	0	0	0	0	0	0	0	1	0	0	0	0
DE	0	0	0	0	0	0	0	2	0	0	2	0	1	0	0	0	0	0	0	0	0

（续表）

国家\年份	1994	1995	1996	1997	1998	1999	2000	2001	2002	2003	2004	2005	2006	2007	2008	2009	2010	2011	2012	2013	2014
FR	0	0	0	0	0	0	0	0	0	1	0	0	0	0	0	0	0	0	0	0	0
AU	0	0	0	0	0	2	1	4	2	4	0	1	1	0	0	0	0	0	2	0	0
RU	0	0	0	0	0	0	0	0	0	0	0	0	0	0	0	0	0	0	0	0	0
EP	0	0	0	1	1	0	1	5	4	3	4	1	6	1	0	0	4	4	5	5	0
WO	0	0	0	0	0	3	2	6	2	5	4	2	6	3	3	0	7	7	23	17	3

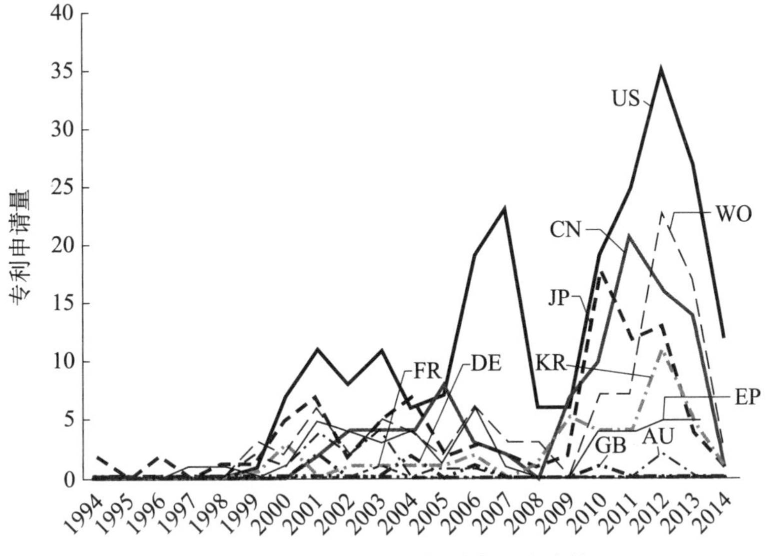

图 6.16-1　“九国两组织”相关专利申请状况图

（三）各地区/组织相关专利申请人排名

1. WO 相关专利申请人排名

表 6.16-2　图书解析技术 WO 相关专利申请人排名

序号	申请人	申请人国家	专利申请数量
1	MICROSOFT CORP	美国	3
2	NOKIA CORP	荷兰	3
3	NAEIL EBIZ CO	韩国	2
4	SUNG L H	韩国	2
5	SOFTBOOK PRESS INC	美国	2

2. EP 相关专利申请人排名

表 6.16-3　图书解析技术 EP 相关专利申请人排名

序号	申请人	申请人国家	专利申请数量	专利授权数量
1	SAMSUNG ELECTRONICS CO LTD	韩国	7	2
2	XEROX CORP	美国	4	2

（续表）

序号	申请人	申请人国家	专利申请数量	专利授权数量
3	CONSTELLATION VENTURE CAPITAL II LP	美国	4	2
4	WIDEVINE TECHNOLOGIES	美国	4	2
5	NOKIA CORP	荷兰	4	1

3. 中国地区相关专利申请人排名

表 6.16-4　图书解析技术中国地区相关专利申请人排名

序号	申请人	申请人国家	专利申请数量	专利授权数量
1	SONY CORP	日本	7	3
2	HONGFUJIN PRECISION IND SHENZHEN CO LTD	中国	6	2
3	HON HAI PRECISION IND CO LTD	中国	5	2
4	HSIEH K	日本	5	2
5	LI B	中国	5	2

4. 美国地区相关专利申请人排名

表 6.16-5　图书解析技术美国地区相关专利申请人排名

序号	申请人	申请人国家	专利申请数量	专利授权数量
1	MICROSOFT CORP	美国	30	12
2	INT BUSINESS MACHINES CORP	美国	14	6
3	SONY CORP	日本	13	5
4	AMAZON TECHNOLOGIES INC	美国	10	9
5	GOOGLE INC	美国	9	6

5. 日本地区相关专利申请人排名

表 6.16-6　图书解析技术日本地区相关专利申请人排名

序号	申请人	申请人国家	专利申请数量	专利授权数量
1	SONY CORP	日本	10	2
2	SHARP KK	日本	9	2
3	NIPPON TELEGRAPH & TELEPHONE CORP	日本	7	3
4	DAINIPPON PRINTING CO LTD	日本	6	2
5	APPLE COMPUTER INC	美国	4	2

6. 澳大利亚地区相关专利申请人排名

表 6.16-7　图书解析技术澳大利亚地区相关专利申请人排名

序号	申请人	申请人国家	专利申请数量	专利授权数量
1	COMCAST IP HOLDINGS I LLC	美国	2	1
2	DISCOVERY COMMUNICATIONS INC	美国	2	1
3	ASMUSSEN M L	美国	2	0
4	MCCOSKEY J S	美国	2	0
5	SWART W D	美国	2	0

7. 德国地区相关专利申请人排名

表 6.16-8　图书解析技术德国地区相关专利申请人排名

序号	申请人	申请人国家	专利申请数量	专利授权数量
1	NOKIA SIEMENS NETWORKS GMBH & CO KG	德国	2	1
2	SIEMENS AG	德国	2	1
3	PALO ALTO RES CENT INC	美国	1	1

8. 法国地区相关专利申请人排名

表 6.16-9　图书解析技术法国地区相关专利申请人排名

序号	申请人	申请人国家	专利申请数量	专利授权数量
1	FRANCE TELECOM	法国	1	0

9. 英国地区相关专利申请人排名

表 6.16-10　图书解析技术英国地区相关专利申请人排名

序号	申请人	申请人国家	专利申请数量	专利授权数量
1	FUSAITEWANG CO LTD	日本	1	0

10. 俄罗斯地区相关专利申请人排名

在本次检索得到的俄罗斯相关专利中，无图书解析技术涉及的专利申请。

11. 韩国地区相关专利申请人排名

表 6.16-11　图书解析技术韩国地区相关专利申请人排名

序号	申请人	申请人国家	专利申请数量	专利授权数量
1	SAMSUNG ELECTRONICS CO LTD	韩国	11	2
2	NAEIL EBIZ CO	韩国	3	1

（续表）

序号	申请人	申请人国家	专利申请数量	专利授权数量
3	SUNG L H	韩国	3	1
4	APPLE INC	美国	3	1
5	QUALCOMM INC	美国	3	1

二、专利分析

（一）技术发展趋势分析

电子书阅读器是一种用于阅读的电子设备，自 1999 年第一部电子书阅读器发布以来，许多公司纷纷开始进入电子书市场，电子书软硬件技术也日趋完善。电子书的解析效果，会直接影响到电子阅读器的阅读体验。针对 epub 格式图书的解析技术的专利数量较少，检索时进行了扩充，取消了 epub 格式的限制。从检索结果可以看出，电子书解析技术的第一件专利申请于 1999 年，此后一直到 2005 年发展缓慢，这一阶段为图书解析技术的萌芽期。2006 年开始随着索尼电子阅读器 Reader、亚马逊 Kindle 以及移动终端阅读软件的相继推出，图书解析技术也得到了一定的发展，从整体趋势上看，图书解析技术的研究热度较低，目前还处于发展阶段，专利申请还处于上升期。

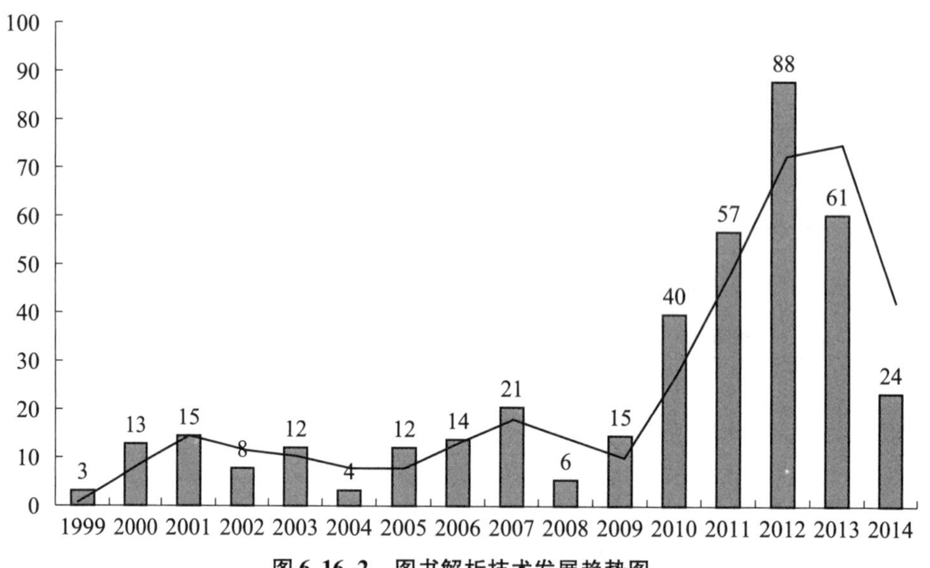

图 6.16-2　图书解析技术发展趋势图

（二）主要专利申请人分析

（1）专利申请年度分布

从表 6.16-12 可以看出，在图书解析技术领域的前三位申请人是三星、亚马逊和微软。三星 2003 年申请了一件关于图书解析的专利，此后几年都没有进一步的研究，2008 年后随着其智能手机和平板的快速发展，其电子书业务也有了进一步的进展，特别是近几年，申请量都在增长。亚马逊于 2007 年推出了其电子阅读器 Kindle，从表中可以看出，2008 年后亚马逊在图书解析方面有持续的投入研究，随着 Kindle 全球化的推广，亚马逊在电子书领域还会有较多的投入。微软对图书解析的研究较早，但是可以看出，电子书并不是其特别重视的业务，从 2000 年技术萌芽以来，每年的申请量都不超过 5 件。

表 6.16-12　主要申请人专利申请年度分布

申请人	申请年	申请量
三星	2003	1
	2008	1
	2009	4
	2010	15
	2011	11
	2012	13
	2013	17
	2014	5
亚马逊	2008	2
	2009	4
	2010	5
	2011	5
	2012	19
	2013	12
	2014	5
微软	2000	3
	2001	4
	2002	1
	2004	4
	2005	2
	2006	1
	2007	5
	2008	1
	2010	3
	2011	3
	2012	3
	2013	5
	2014	1

（2）“九国两组织”专利申请量区域分布

表6.16-13为前三位申请人三星、亚马逊和微软图书解析技术专利的区域分布情况，三星、亚马逊和微软都是全球知名的大型跨国公司，可以看出，他们都非常重视全球范围内的知识产权保护，布局范围广泛，各公司最关注的还是本国市场的保护。除本国以外，三星关注的市场还包括美国、欧洲、中国和日本；亚马逊关注的市场还包括欧洲、中国和韩国；微软关注的市场还包括中国、澳大利亚和韩国。

表6.16-13　主要申请人专利申请区域分布

专利权人/申请人	国家/地区代码	申请量
三星	KR	22
	US	17
	EP	14
	CN	6
	WO	4
	JP	4
亚马逊	US	33
	WO	11
	EP	4
	CN	3
	KR	1
微软	US	22
	WO	9
	CN	3
	AU	1
	KR	1

三、总结

（一）专利申请量的总体发展趋势

电子书解析技术的第一件专利申请于1999年，此后一直到2005年，该技术的专利申请发展缓慢，这一阶段为图书解析技术的萌芽期。2006年开始，随着索尼电子阅读器Reader、亚马逊Kindle以及移动终端阅读软件的相继推出，图书解析技术也得到了一定的发展，从整体趋势上看，图书解析技术的研究热度较低，目前还处于发展阶段。

（二）各地区技术发展现状以及未来发展趋势

各国及地区对图书解析技术投入都较少，总体上发展比较平稳，每年的申请量基本上都不超过10件，其中美、中、日、韩是主要的专利申请国。

（三）主要申请人专利申请对比分析

通过对图书解析技术领域专利申请人的统计分析，得出该领域申请量最多的三个申请人是三星、亚马逊和微软，针对上述三个申请人的申请量和区域分布进行了分析，分析结论如下。

1. 专利申请量维度横向比较

在图书解析技术领域专利申请量排名前三位的申请人是三星、亚马逊和微软，申请量分别为 67 件、52 件和 36 件。三星 2003 年申请了一件关于图书解析的专利，此后几年都没有进一步的研究成果问世，2008 年后电子书业务也有了进一步的进展，特别是近几年，申请量都在增长。2008 年后亚马逊在图书解析方面有持续的投入研究，随着 Kindle 全球化的推广，亚马逊在电子书领域还会有较多的投入。微软对图书解析的研究较早，但是可以看出，电子书并不是其特别重视的业务，从 2000 年技术萌芽以来，每年的申请量都不超过 5 件。

2. 专利资产区域布局情况

三星、亚马逊和微软都非常重视全球范围内的知识产权保护，布局范围广泛，各公司最关注的还是本国市场的保护。除本国以外，三星关注的市场还包括美国、欧洲、中国和日本；亚马逊关注的市场还包括欧洲、中国和韩国；微软关注的市场还包括中国、澳大利亚和韩国。

第十七节　图书版权保护平台

一、专利检索

（一）检索结果概述

以图书版权保护平台为检索主题，在“九国两组织”范围内，共检索到相关专利申请 281 件，具体数量分布如下（单位：件）：

美国	中国	日本	韩国	英国	法国	德国	澳大利亚	俄罗斯	EP	WO	总计
70	44	68	27	3	1	7	5	1	22	33	281

（二）各地区/组织相关专利申请趋势

从表 6.17-1 和图 6.17-1 可以看出，美国、日本和中国是图书版权保护平台技术的主要专利申请国，美国、日本近年来在图书版权保护平台方面的研究呈减少趋势，而中国的申请量还在增长。

表 6.17-1 图书版权保护平台“九国两组织”相关专利申请状况

国家\年份	1994	1995	1996	1997	1998	1999	2000	2001	2002	2003	2004	2005	2006	2007	2008	2009	2010	2011	2012	2013	2014
US	0	0	0	0	0	1	6	5	4	4	5	8	14	3	3	2	1	8	4	2	0
CN	0	0	0	0	0	1	0	0	2	2	3	5	2	1	2	7	5	5	7	2	0
JP	1	1	2	1	4	2	9	4	5	10	6	5	3	1	4	2	3	3	2	0	0
KR	0	0	0	0	0	0	0	0	0	3	1	3	3	3	2	3	2	4	3	0	0
GB	0	0	0	0	0	0	0	1	0	0	0	0	0	0	0	0	0	0	2	0	0
DE	0	0	0	0	0	0	1	0	2	1	0	0	1	0	1	0	0	0	0	1	0
FR	0	0	0	0	0	0	0	0	0	0	0	0	0	0	1	0	0	0	0	0	0
AU	0	0	0	0	0	1	1	1	0	0	0	1	0	0	0	1	0	0	0	0	0
RU	0	0	0	0	0	0	0	0	0	0	0	0	0	0	0	1	0	0	0	0	0
EP	0	0	0	0	0	0	2	2	2	1	0	6	1	0	3	3	0	1	1	0	0
WO	0	0	0	0	0	1	3	4	1	0	1	5	3	2	2	3	1	2	4	1	0

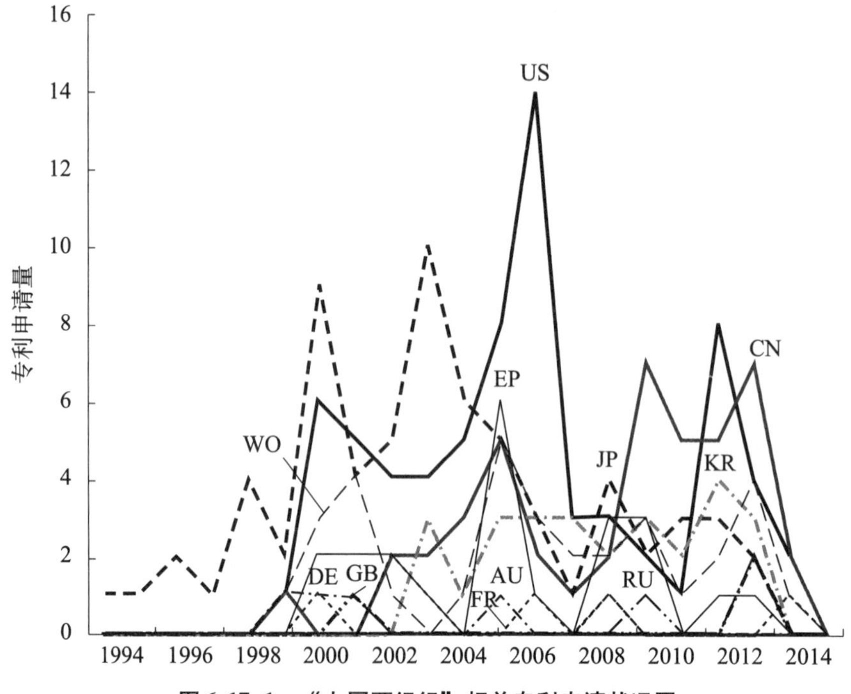

图 6.17-1 “九国两组织”相关专利申请状况图

(三) 各地区/组织相关专利申请人排名

1. WO 相关专利申请人排名

表 6.17-2 图书版权保护平台 WO 相关专利申请人排名

序号	申请人	申请人国家	专利申请数量
1	MICROSOFT CORP	美国	4
2	PRINTECHNOLOGICS GMBH	德国	3

（续表）

序号	申请人	申请人国家	专利申请数量
3	T-TOUCH INT SARL	德国	3
4	IRONCUTTER MEDIA LLC	美国	2
5	SAMSUNG ELECTRONICS CO LTD	韩国	2

2. EP 相关专利申请人排名

表 6.17-3　图书版权保护平台 EP 相关专利申请人排名

序号	申请人	申请人国家	专利申请数量	专利授权数量
1	MATSUSHITA ELECTRIC IND CO LTD	日本	4	2
2	PRINTECHNOLOGICS GMBH	德国	3	1
3	KONINK PHILIPS ELECTRONICS NV	日本	3	1
4	SONY CORP	日本	2	1
5	NAMBA T	日本	2	1

3. 中国地区相关专利申请人排名

表 6.17-4　图书版权保护平台中国地区相关专利申请人排名

序号	申请人	申请人国家	专利申请数量	专利授权数量
1	SHANGHAI TO KNOWLEDGE INFORMATION TECHNO	中国	5	2
2	BEIJING FOUNDER APABI TECHNOLOGY LTD	中国	4	2
3	FEITIAN CHENGXIN SCI & TECHNOLOGY CO LTD	中国	4	1
4	ZHANG Y	中国	4	1
5	MATSUSHITA DENKI SANGYO KK	日本	4	1

4. 美国地区相关专利申请人排名

表 6.17-5　图书版权保护平台美国地区相关专利申请人排名

序号	申请人	申请人国家	专利申请数量	专利授权数量
1	MICROSOFT CORP	美国	9	5
2	SONY CORP	日本	8	4
3	MATSUSHITA DENKI SANGYO KK	日本	7	3
4	KODAKA H	日本	5	2
5	INT BUSINESS MACHINES CORP	美国	5	2

5. 日本地区相关专利申请人排名

表 6.17-6 图书版权保护平台日本地区相关专利申请人排名

序号	申请人	申请人国家	专利申请数量	专利授权数量
1	SONY CORP	日本	11	2
2	MATSUSHITA DENKI SANGYO KK	日本	7	2
3	HITACHI LTD	日本	5	2
4	KODAKA H	日本	4	2
5	NEC CORP	日本	4	3

6. 澳大利亚地区相关专利申请人排名

表 6.17-7 图书版权保护平台澳大利亚地区相关专利申请人排名

序号	申请人	申请人国家	专利申请数量	专利授权数量
1	PRINTETCH LTD	德国	3	1
2	T-TOUCH INT SARL	德国	3	1
3	KREUTZER A	德国	3	1
4	THIELE J	德国	3	1
5	VOIGT S	德国	3	1

7. 德国地区相关专利申请人排名

表 6.17-8 图书版权保护平台德国地区相关专利申请人排名

序号	申请人	申请人国家	专利申请数量	专利授权数量
1	MATSUSHITA ELECTRIC IND CO LTD	日本	4	2
2	MIURA K	日本	2	1
3	WALTER S	德国	2	1

8. 法国地区相关专利申请人排名

表 6.17-9 图书版权保护平台法国地区相关专利申请人排名

序号	申请人	申请人国家	专利申请数量	专利授权数量
1	FRIN D M M		1	0

9. 英国地区相关专利申请人排名

表 6.17-10 图书版权保护平台英国地区相关专利申请人排名

序号	申请人	申请人国家	专利申请数量	专利授权数量
1	PANASONIC CORP	日本	1	0
2	MIRA PUBLISHING LTD	英国	1	0
3	STOM C & C INC	美国	1	0

10. 俄罗斯地区相关专利申请人排名

表 6.17-11 图书版权保护平台俄罗斯地区相关专利申请人排名

序号	申请人	申请人国家	专利申请数量	专利授权数量
1	PRINT TECHNOLOGIES GMBH	英国	1	0
2	T-TOUCH INT SARL	德国	1	0
3	KREUTZER A	德国	1	0
4	THIELE J	德国	1	0
5	VOIGT S	德国	1	0

11. 韩国地区相关专利申请人排名

表 6.17-12 图书版权保护平台韩国地区相关专利申请人排名

序号	申请人	申请人国家	专利申请数量	专利授权数量
1	DRM INSIDE CO LTD	韩国	4	2
2	KONINK PHILIPS ELECTRONICS NV	荷兰	4	1
3	ELECTRONICS&TELECOM RES INST	韩国	4	2
4	MATSUSHITA DENKI SANGYO KK	日本	3	1
5	GANG H G	韩国	2	1

二、专利分析

(一) 图书版权保护平台发展趋势分析

20 世纪七八十年代，国外数字出书商进行了一些电子书出书测验，其主要格式是纯

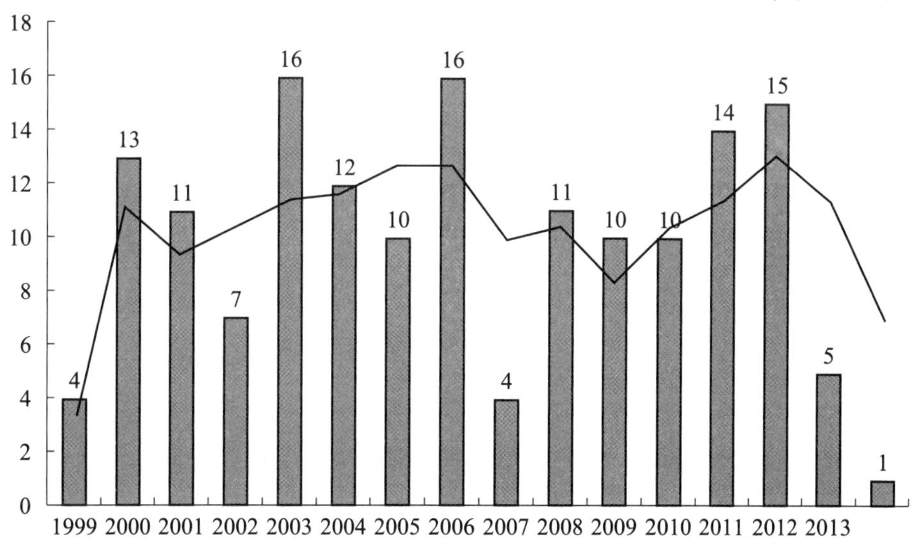

图 6.17-2 图书版权保护平台发展趋势图

文本，到了 90 年代，出现了一些以 CD-ROM 为流传介质的电子书。但是当时的电子书版权无法获得保护，由于电子书的文件在计算机中可以任意复制，带来了严重的盗版问题问题，电子书的发展缓慢。而 1999 年，基于数字版权保护技术（Digital Rights Management，简称 DRM）的电子书在国外出现，增进了电子书的成长，从这一年开始，开始有申请人在图书版权保护平台领域申请专利，由于图书版权保护平台的可专利性不高，因此，十几年来专利申请量都比较少，年申请量最多也不超过 20 件。

（二）主要专利申请人分析

1. 专利申请年度分布

表 6.17-13 主要申请人专利申请年度分布

申请人	申请年	申请量
索尼	2000	3
	2001	1
	2003	3
	2004	1
	2005	1
	2006	2
	2008	1
	2009	1
	2010	1
微软	2000	2
	2001	1
	2004	2
	2005	1
	2007	1
	2008	1
松下	2002	2
	2003	4

索尼、微软和松下是图书版权保护平台领域的主要申请人，从上表可以看出，由于技术领域的限制，这三个公司的专利申请量都不多，索尼是研究时间最长的公司，其次是微软，松下只在 2002 年和 2003 年申请了 6 件专利，索尼和微软近几年也没有再申请专利。

2. “九国两组织”专利申请量区域分布

由于图书版权保护平台整体的申请量较少，多边申请也较少，从表 6.17-14 可以看出，美国和日本是图书版权保护主要的技术市场，上述三个申请人都没有在中国布局。

表 6.17-14　主要申请人专利申请区域分布

专利权人/申请人	国家/地区代码	申请量
索尼	JP	6
	US	4
松下	JP	4
	US	3
	KR	1
微软	US	8

三、总结

（一）专利申请量的总体发展趋势

1999 年开始有申请人在图书版权保护平台领域申请专利，由于图书版权保护平台的可专利性不高，因此，十几年来专利申请量都比较少，年申请量最多也不超过 20 件。

（二）各地区技术发展现状以及未来发展趋势

图书版权保护平台的研究一直不温不火，其中美国、日本和中国是主要的专利申请国，美国、日本近年来在图书版权保护平台方面的研究呈减少趋势，而中国的申请量还在增长。

（三）主要申请人专利申请对比分析

通过对图书版权保护平台领域专利申请人的统计分析，得出该领域申请量最多的三个申请人是索尼、微软和松下，针对上述三个申请人的申请量和区域分布进行了分析，分析结论如下：

1. 专利申请量维度横向比较

索尼、微软和松下是图书版权保护平台领域的主要申请人，但是由于技术领域的限制，整体来看这三个公司的专利申请量并不多，申请量分别为 10 件、8 件和 5 件，索尼是对该技术研究时间最长的公司，其次是微软，松下只在 2002 年和 2003 年申请了 6 件专利，索尼和微软近几年也没有再申请专利。

2. 专利资产区域布局情况

由于图书版权保护平台整体的申请量较少，多边申请也较少，美国和日本是图书版权保护主要的技术市场，上述三个申请人都没有在中国布局。

第十八节　内容管理技术

一、专利检索

（一）检索结果概述

以内容管理技术为检索主题，在“九国两组织”范围内，共检索到相关专利申请2 509件，具体数量分布如下（单位：件）

美国	中国	日本	韩国	英国	法国	德国	澳大利亚	俄罗斯	EP	WO	总计
796	566	220	237	14	5	14	81	17	276	283	2 509

其中三大检索主题的各国家/组织的专利申请状况与专利申请人排名等信息可参见下述统计结果。

（二）各地区/组织相关专利申请趋势

由表6.18-1和图6.18-1的数据显示，自上世纪90年代至新世纪的初期，内容管理技术这一领域在全球“九国两组织”的大部分国家和地区研究相对较少。然而近年来随着数字媒体内容的日益丰富、公民版权保护意识的提高、版权诉讼风波不断兴起，该技术在美国以及亚洲的中、日、韩等地区逐渐升温。美国自2003年开始对该领域的研究逐渐深入，并在2014年达到其有史以来的巅峰状态，该技术领域年均申请量接近百件；中国继2004年开始也逐步加快了该领域的步伐，近年来在该技术领域的研究也趋于平稳状态；日本和韩国对此技术领域也略有研究，但相对于美国和中国而言，在该领域的投入并不明显；而在俄罗斯、澳大利亚以及欧洲的英、德、法等国家和地区对该领域的研究甚少，年申请量均在10件以内。在该领域，美国始终走在世界的前列，中国紧随其后。

表6.18-1　内容管理技术“九国两组织”相关专利申请状况

国家＼年份	1990①	2000	2001	2002	2003	2004	2005	2006	2007	2008	2009	2010	2011	2012	2013	2014
US	2	2	6	18	32	50	57	53	61	78	72	75	56	68	75	91
CN	0	0	0	1	1	14	33	37	37	42	78	76	61	77	67	42
JP	0	3	2	6	4	19	16	10	14	19	26	19	27	18	20	17
KR	0	1	1	1	5	6	6	12	30	41	28	25	22	36	22	1
GB	0	0	0	2	1	0	3	3	1	1	1	1	0	1	0	0
DE	0	0	0	0	0	0	1	2	3	2	3	2	0	0	0	1

① 1990是指1990－1999年的专利数量总数。

（续表）

国家＼年份	1990	2000	2001	2002	2003	2004	2005	2006	2007	2008	2009	2010	2011	2012	2013	2014
FR	0	0	0	0	0	0	1	1	2	0	1	0	0	0	0	0
AU	3	2	0	4	6	9	4	9	7	8	5	12	6	1	3	2
RU	0	0	0	0	0	0	0	0	0	1	4	4	3	4	1	0
EP	1	0	3	7	12	27	32	27	24	24	31	13	24	15	22	14
WO	2	9	12	20	19	21	28	27	31	35	22	14	14	13	6	10

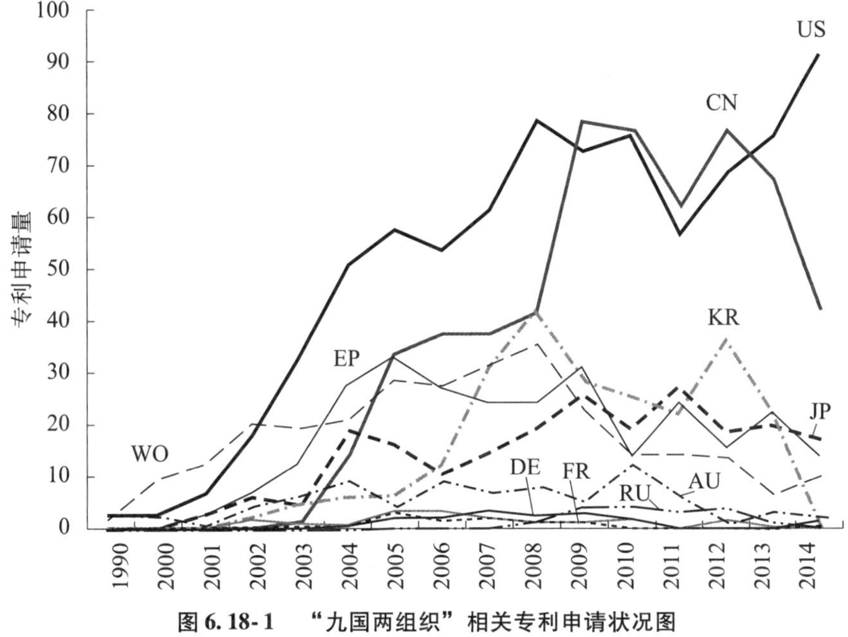

图 6.18-1 “九国两组织”相关专利申请状况图

（三）各地区/组织相关专利申请人排名

1. WO 相关专利申请人排名

表 6.18-2 内容管理技术 WO 相关专利申请人排名

序号	申请人	申请人国家	专利申请数量
1	MICROSOFT CORP	美国	23
2	GEN INSTRUMENT CORP	美国	15
3	ERICSSON TELEFON AB L M	瑞典	12
4	KONINKL PHILIPS ELECTRONICS NV	荷兰	11
5	MEDVINSKY ALEXANDER	美国	10

2. EP相关专利申请人排名

表6.18-3　内容管理技术技术EP相关专利申请人排名

序号	申请人	申请人国家	专利申请数量	专利授权数量
1	MICROSOFT CORP	美国	34	19
2	ERICSSON TELEFON AB L M	瑞典	19	16
3	SAMSUNG ELECTRONICS CO LTD	韩国	16	2
4	INTERTRUST TECH CORP	美国	11	9
5	KONINKL PHILIPS ELECTRONICS NV	荷兰	11	3

3. 中国地区相关专利申请人排名

表6.18-4　内容管理技术中国地区相关专利申请人排名

序号	申请人	申请人国家	专利申请数量	专利授权数量
1	MICROSOFT CORP	美国	28	24
2	HUAWEI TECH CO LTD	中国	27	27
3	SAMSUNG ELECTRONICS CO LTD	韩国	23	19
4	MATSUSHITA ELECTRIC IND CO LTD	日本	16	12
5	KONINKL PHILIPS ELECTRONICS NV	荷兰	14	8

4. 美国地区相关专利申请人排名

表6.18-5　内容管理技术美国地区相关专利申请人排名

序号	申请人	申请人国家	专利申请数量	专利授权数量
1	MICROSOFT CORP	美国	135	83
2	SAMSUNG ELECTRONICS CO LTD	韩国	34	7
3	INTERTRUST TECH CORP	美国	29	13
4	GEN INSTRUMENT CORP	美国	18	4
5	SONY CORP	日本	15	1

5. 日本地区相关专利申请人排名

表6.18-6　内容管理技术日本地区相关专利申请人排名

序号	申请人	申请人国家	专利申请数量	专利授权数量
1	MICROSOFT CORP	美国	28	27
2	INTERTRUST TECH CORP	美国	26	7
3	SAMSUNG ELECTRONICS CO LTD	韩国	14	10
4	MATSUSHITA ELECTRIC IND CO LTD	日本	11	8
5	MATSUSHITA DENKI SANGYO KK	日本	7	7

6. 澳大利亚地区相关专利申请人排名

表 6.18-7　内容管理技术澳大利亚地区相关专利申请人排名

序号	申请人	申请人国家	专利申请数量	专利授权数量
1	MICROSOFT CORP	美国	14	13
2	ENTRIQ INC	美国	10	9
3	SAMSUNG ELECTRONICS CO LTD	韩国	8	8
4	INTERTRUST TECH CORP	美国	7	4
5	INTERDIGITAL TECH CORP	美国	3	3

7. 德国地区相关专利申请人排名

表 6.18-8　内容管理技术德国地区相关专利申请人排名

序号	申请人	申请人国家	专利申请数量	专利授权数量
1	ERICSSON TELEFON AB L M	瑞典	4	1
2	SIEMENS AG	德国	4	3
3	REALNETWORKS INC	美国	2	1
4	MICROSOFT CORP	美国	2	2
5	INTERTRUST TECH CORP	美国	1	0

8. 法国地区相关专利申请人排名

表 6.18-9　内容管理技术法国地区相关专利申请人排名

序号	申请人	申请人国家	专利申请数量	专利授权数量
1	VIACCESS SA	法国	2	0
2	TRUSTED LOGIC SA	法国	1	0
3	GEMPLUS SA	法国	1	0
4	SO NEAR	法国	1	0

9. 英国地区相关专利申请人排名

表 6.18-10　内容管理技术英国地区相关专利申请人排名

序号	申请人	申请人国家	专利申请数量	专利授权数量
1	SONY CORP	日本	2	0
2	REALNETWORKS INC	美国	2	1
3	VODAFONE PLC	英国	2	0
4	SEALEDMEDIA LTD	英国	2	0
5	SONY EUROPE LTD	日本	1	0

10. 俄罗斯地区相关专利申请人排名

表 6.18-11 内容管理技术俄罗斯地区相关专利申请人排名

序号	申请人	申请人国家	专利申请数量	专利授权数量
1	MICROSOFT CORP	美国	5	0
2	KONINKLEIKE PHILIPS ELECTRONICS NV	荷兰	3	0
3	INTERDIDZHITAL TEKNOLODZHIZ CORP	俄罗斯	1	0
4	TOMSON LAJSENSING	俄罗斯	1	0
5	MOTOROLA INC	美国	1	1

11. 韩国地区相关专利申请人排名

表 6.18-12 内容管理技术韩国地区相关专利申请人排名

序号	申请人	申请人国家	专利申请数量	专利授权数量
1	SAMSUNG ELECTRONICS CO LTD	韩国	40	14
2	MICROSOFT CORP	美国	21	3
3	INTERDIGITAL TECH CORP	美国	11	5
4	KOREA ELECTRONICS TELECOMM	韩国	10	2
5	LG ELECTRONICS INC	韩国	7	3

二、专利分析

(一) 技术发展趋势分析

图 6.18-2 是将内容管理技术的检索主题的检索结果去同族后统计出的每年的申请量，以此为依据绘制的技术发展趋势图。从图中可以看出，内容管理技术在 2007 年以前在该技术领域的相关专利申请呈现出整体上升的趋势，这主要是因为 20 世纪 90 年代以后，信息技术发展到了一个新高度，信息技术推动了文献资源走向信息化，数字版权保护也就应运而生，这阶段数字签名技术、数字认证技术和数字加密技术都发展迅猛。2006 年和 2007 年是该技术发展的顶峰时期，主要是由于电子书的涌现，各大电子书厂商对内容管理技术更加重视。从 2008 年以来该技术的发展逐渐趋于平稳，但近两年来，该技术的相关专利申请量呈现下滑的趋势，主要是由于随着内容管理技术的日趋成熟，基础技术已经足以满足数字版权保护方面的部分需求，逐渐地开始向统一规范能兼容各种数字内容阅读客户端，以及同时适用于各种数字版权保护系统的方向发展，在技术创新道路的步伐已经基本停滞，才会出现申请量下滑的现象。

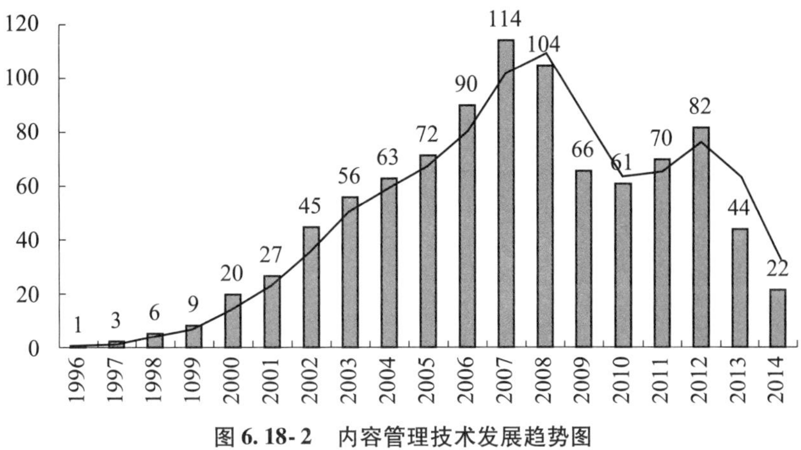

图 6. 18- 2 内容管理技术发展趋势图

（二）技术路线分析

图 6. 18- 3 中核心专利是通过引证次数排行找到引证数比较多的专利，关键技术所列专利为内容管理技术的高相关专利。通过对内容管理技术路线的分析可以看出来，全球在内容管理技术领域的研究相对较早。在上世纪 90 年代中期 DRM 系统便被引入，继而 1996 年 2 月 13 日诞生了该技术领域的第一件相关专利——关于电子安全交易管理系统。1998 年 10 月 7 日，美国骏升申请了证书处理的数字版权保护系统的核心专利，属于数字版权领域。1999 年 10 月 15 日，松下电器申请了数字作品保护系统的核心专利。2002 年 12 月 31 日，国内的台均科技申请了关于移动存储设备与读写识别设备的安全认证的核心专利，属于安全认证技术领域。2007 年 4 月 29 日，四川虹微公司申请了基于椭圆曲线的身份认证系统的核心专利，属于身份认证技术领域。

综观内容管理技术领域的发展历程，初期出现的技术大多比较核心和基础，被后续引用的也就比较多，而伴随该技术发展到一定阶段，涉及数字版权保护的认证技术逐渐成为该领域技术人员研究的焦点，继而涌现出较多内容管理技术的关键性技术。这一点在国内表现得尤为明显，自 21 世纪以来，国内陆续出现了存储和识别设备的安全认证技术、椭圆曲线的身份认证系统、用于管理 DRM 用户的数字证书等等关键性技术。由此我们还可以得出，核心专利的出现时间大多在技术的发展期，但与加密技术关键性专利大多在技术发展的成熟期出现。

（三）主要专利申请人分析

通过对内容管理技术的专利检索结果的统计和初步分析，得到了在“九国两组织”范围内申请量排名前三的公司，分别是微软、三星电子、Intertrust 科技。相关技术专利申请量分别是 290 件、140 件和 81 件。通过对这三家公司在授权管理技术方面申请的技术进行统计分析，得出每家公司三个统计图，分别是年份柱状图、“九国两组织”专利申请量区域分布饼状图和技术构成分布图，利用这三种图表分别对这三家公司的技术进行分析并得出相应观点。

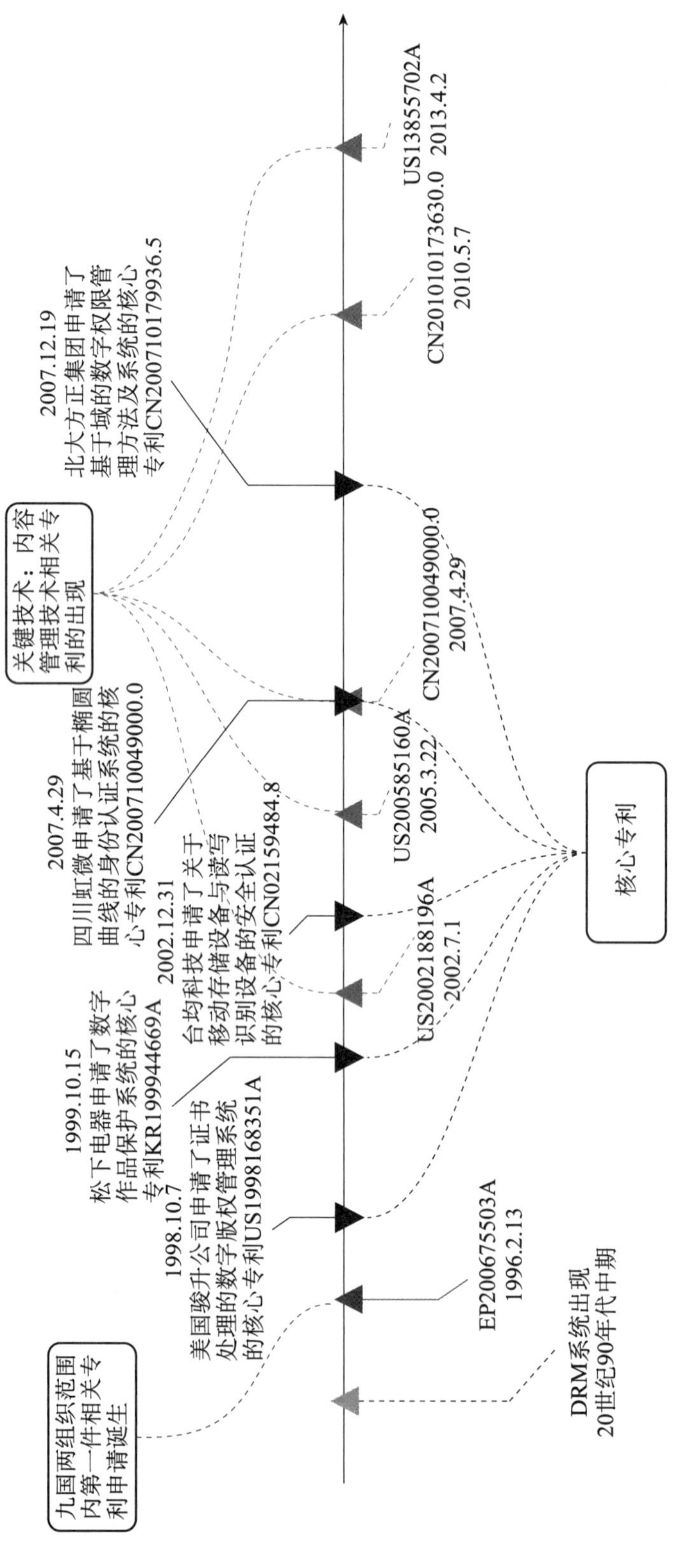

图6.18-3　内容管理技术路线图

1. 申请量排名第一的专利申请人

（1）专利申请量

从图 6.18-4 的整体来看，自 1999 年微软公司开始涉足内容管理技术的研究，并逐步申请该领域的相关专利。同时，美国政府也开始重视内容管理技术，2000 年 10 月，美国国会通过《全球和国内商业法中的电子签名法案》，微软在国家政策的影响下，迅速投入到该领域的研究。2004 年以前，微软公司在该技术领域的专利申请量呈持续增长的态势，2005 年 4 月 27 日，美国总统布什签署了《家庭娱乐与版权法案》，其主要内容就是以刑事制裁手段保护版权，顿时引起了美国及世界其他国家的关注，直接以法律的角度来解决版权保护问题，致使美国对于内容管理技术的需求进入了平稳期，2005 年至 2008 年间微软在该领域的专利申请量也趋于平稳状态。然而自 2009 年以来，随着全球领域对于该技术的发展进入瓶颈期，微软公司在该技术领域的研究也逐渐消退。

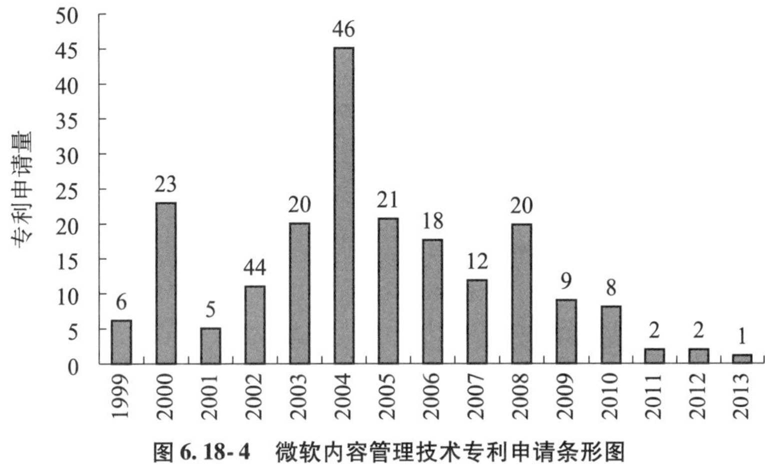

图 6.18-4　微软内容管理技术专利申请条形图

（2）“九国两组织”专利申请量区域分布

微软是一家总部位于美国的跨国电脑科技公司，是世界 PC 机软件开发的先导，以研

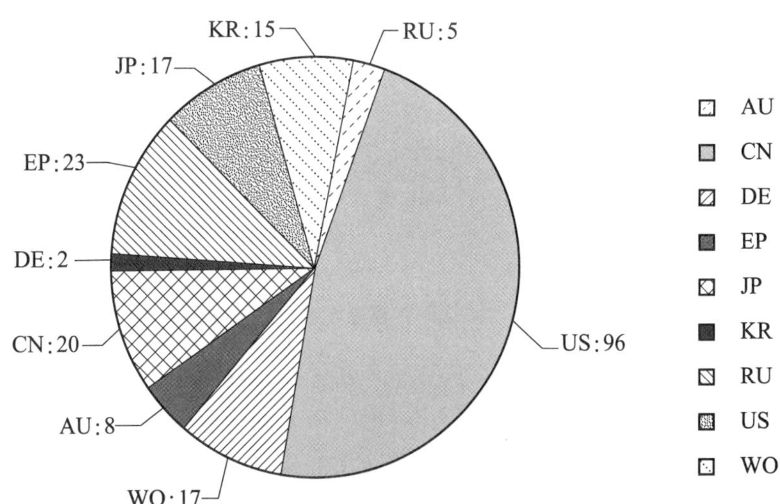

图 6.18-5　微软内容管理技术专利申请量区域分布图

发、制造、授权和提供广泛的电脑软件服务业务为主。

从微软公司在内容管理技术领域的“九国两组织”区域分布图中可以看出，微软公司的该技术领域的相关专利申请主要集中在其本部美国，其次是欧洲和亚洲的中、日、韩等地。这主要是由于微软的主要产品还是面向本国的市场，比如其推出的在线 RSS 阅读器，主要是应用在其指定的浏览器上，所以，产品针对性决定了其专利布局的主要区域，美国是专利应用最成熟的国家之一，主要布局在美国是理所当然，并且在其专利诉讼的频繁地带如欧洲及亚洲的中、日、韩等地也布局了部分专利。

（3）技术构成分布

通过微软公司在内容管理技术领域的相关专利热地地图得出的聚类分析，我们可看出微软在该技术领域主要关注的技术有内容分发、内容保护和密钥许可等技术。目前，数字技术的迅速发展使我们的生活方式发生着翻天覆地的变化。数字出版这一崭新的信息传播方式也应运而生，带来的数字阅读在很大程度上改变了人们的阅读方式。再加上专门为阅读设计的电子设备（如电子阅读器）不断涌现，两者的配合使无纸阅读成为可能。像数字版权保护技术中经常用到的内容管理技术就需要在一个整体的 DRM 架构和体系下完成，可以看出来该项技术在未来几年内在数字版权保护方面一直会得到很大的利用价值。

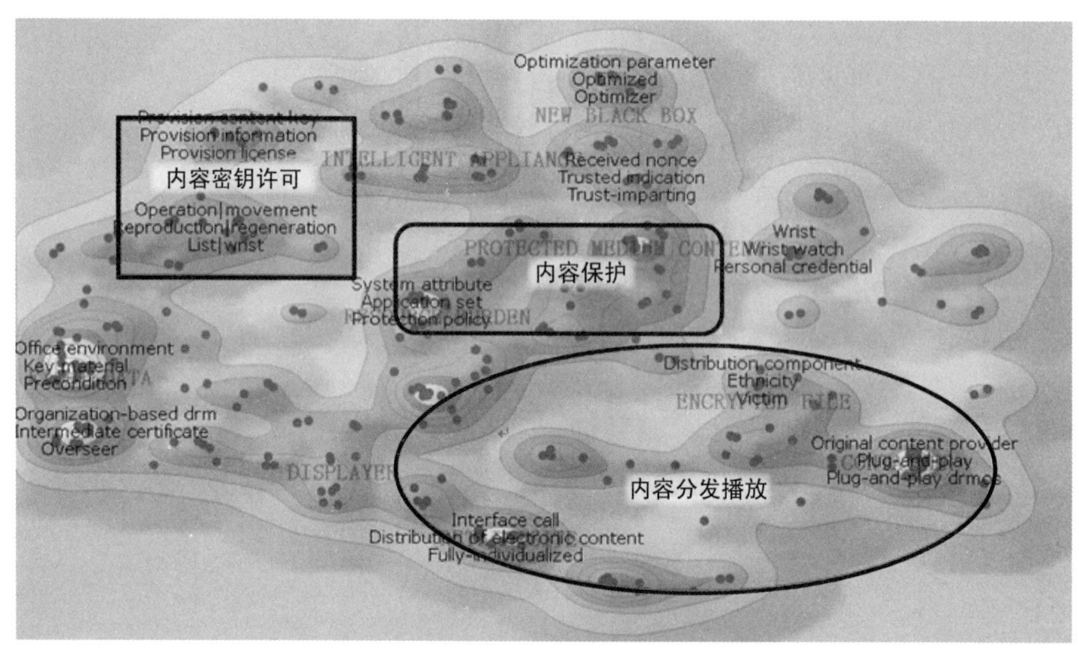

图 6.18-6 微软内容管理技术构成分布图

微软作为世界顶级的软件巨头，其内容管理相关技术自然也是主要应用在其开发的软件产品上，这一点与前面两个主题基本如出一辙。微软的内容管理技术主要侧重于身份认证用来确定用户是否是真实，确保网络安全所要求的保密性、完整性、可用性。

2. 申请量排名第二的专利申请人

（1）专利申请量

三星电子在内容管理技术的专利申请趋势与该技术在全球范围的整体发展趋势是基本一致。在2003年之前，三星电子在该技术领域并没有什么动作，投入的研究相对较少；随着全球互联网的蓬勃发展，智能电子产品的问世，三星的电子书、电子阅览器与电子杂志的发展所需，2004年三星电子在该领域的专利申请激增，并且直至2006年之前三星电子对该技术领域的研究呈逐年递增趋势。然而自2007年以来，随着全球范围在该技术领域发展遇到了瓶颈，三星电子当然也不例外，面临着新方法和新技术的突破难点，近年来在该领域的专利申请量也步入了低迷期。

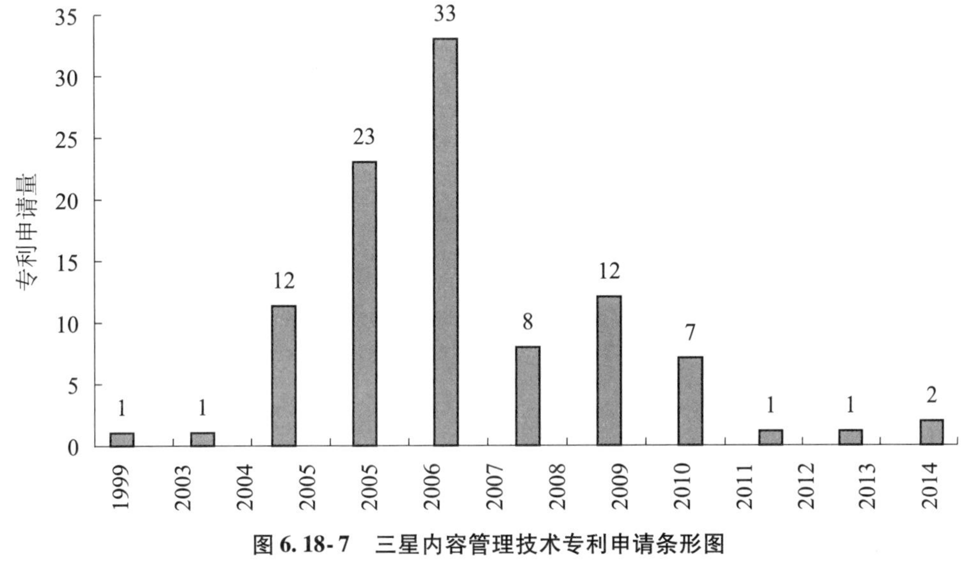

图6.18-7　三星内容管理技术专利申请条形图

（2）“九国两组织”专利申请量区域分布

三星电子是韩国最大的电子工业企业，同时也是三星集团旗下最大的子公司。在世界上最有名的100个商标的列表中，三星电子是唯一的一个韩国商标，是韩国民族工业的象征。

三星电子总部位于韩国，在内容管理技术领域，三星电子的市场遍布欧洲及亚太地区的许多国家。而三星电子在该领域的专利布局主要集中在其本部韩国、美国及亚洲的中、日等地，因为近年来这些地区是其专利纠纷的多发地带。近年来，三星涉及的专利纠纷可谓是风波四起，2014年，三星集团同意支付瑞典移动网络设备制造商爱立信6.60亿美元，加上数年的版税，以了结双方之间的技术许可纠纷。2014年9月，英伟达曾将三星告上法庭。2014年11月，三星电子起诉英伟达，称其侵犯其几项半导体相关专利以及投放相关产品的虚假广告。

（3）技术构成分布

通过三星电子在内容管理技术领域的相关专利热地地图得出的聚类分析，我们可看出三星电子在该技术领域主要关注的技术有DRM解码认证、加密标识和信息管理等技术。

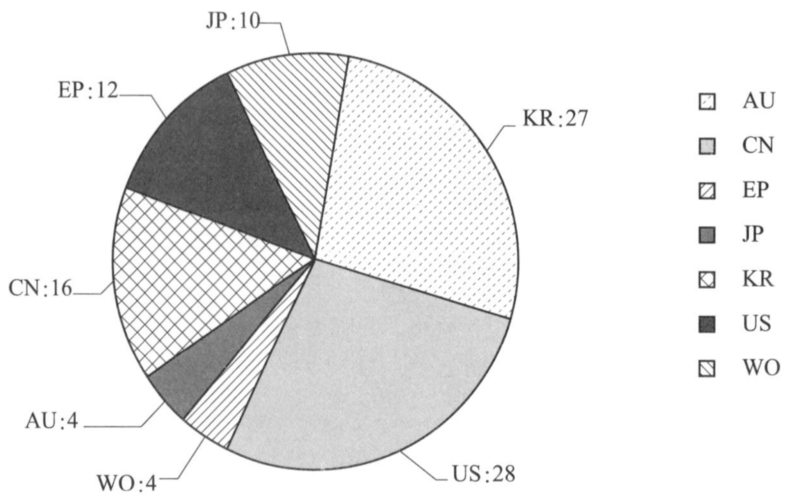

图 6.18-8　三星内容管理技术专利申请量区域分布图

在数字版权保护技术中内容管理主要以数字证书认证的形式来体现，一般包括 CA 子系统、密钥管理子系统、RA 子系统、对外服务子系统等。加密内容标识可以理解为数字证书即数字标识，在网络中可以通过 CA 系统中获得的数字证书来进行身份识别和权限控制，像数字证书的生成、签发、接收、更新和撤销都必须靠证书服务器的辅助来完成，可见，内容管理技术也是未来数字版权保护的关键技术之一。

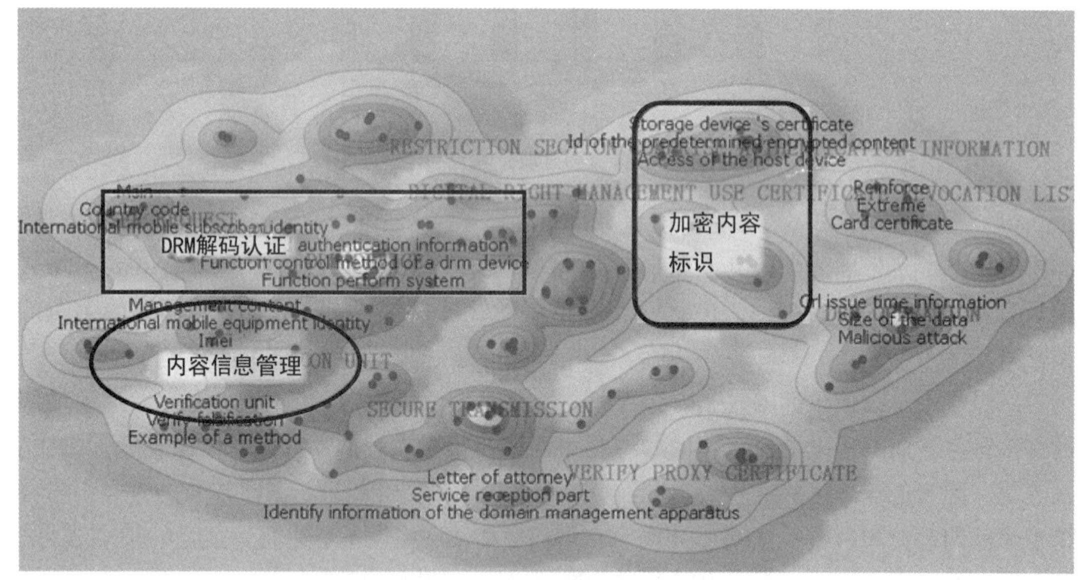

图 6.18-9　三星内容管理技术构成分布图

现今，越来越多的企业发展需要依赖行动转移技术，因此，数据安全也成为许多企业优先考量的一个重要因素。针对这一现状，三星提供了数据加密技术、装置加密技术以及国际权威 FIPS 140-2 认证等多重防护措施，确保企业安全需求得到全方面的保护。

3. 申请量排名第三的专利申请人

（1）专利申请量

Intertrust Technologies 公司是全球安全计算和内容保护市场和技术的领先者，在内容管理技术的专利申请趋势与该技术在全球范围的整体发展趋势是基本一致。作为在数字版权管理领域的创始成员之一的 Intertrust 公司，早在 1996 年便开始该领域的研究，并且当年的申请量就已经达 10 件以上，但自 1997 年直至 2005 年以来，该公司对于内容管理技术的研究始终处于不温不火状态；2007 年 8 月 23 日、24 日“第三届数字新媒体高峰论坛”在北京举行，期间 Intertrust Technologies 公司的 CEO 针对数字管理商机展开了分析，再一次将内容管理技术的发展推向一个新的高度。近年来，随着该技术在全球范围领域发展遇到了瓶颈，Intertrust Technologies 公司在该领域的专利申请量也开始趋缓，但其研究的步伐并不没有停息，例如 2013 年该公司与中电合作建立数字媒体集成平台。

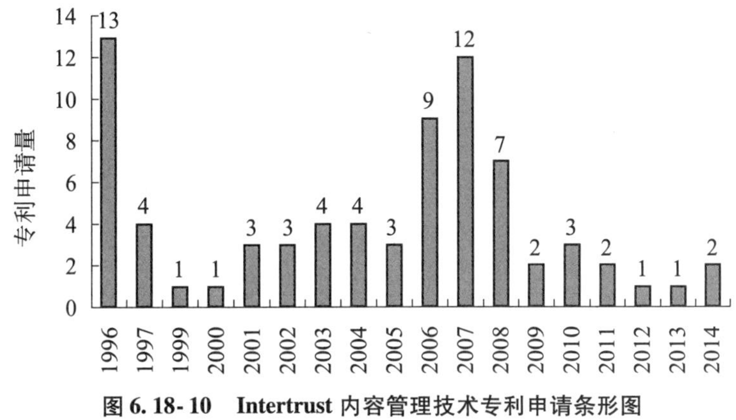

图 6.18-10 Intertrust 内容管理技术专利申请条形图

（2）“九国两组织”专利申请量区域分布

Intertrust 公司作为在数字版权管理领域的创始成员之一，全球安全计算和内容保护市场和技术的领先者，它是一家由索尼和飞利浦共同拥有的控股公司。在内容管理技术领域 Intertrust 公司的专利主要布局在美国和日本，在欧洲和亚洲的中、韩等地也有申请，但数量屈指可数。Intertrust 此前已经与几乎每家大型科技公司达成了专利授权协议，包括 Adobe、三星、诺基亚、HTC、LG、沃达丰以及母公司索尼、飞利浦。Intertrust 还在 2004 年赢得一项诉讼，使得微软支付 4.4 亿美元达成和解。近年来，Intertrust 还指控苹果几乎每一款产品至少侵犯了 Intertrust 15 项专利中的一项，这些专利覆盖安全和分布式可信计算，被用于 iPhone、iPad、Apple TV、Mac 电脑以及 iTunes、iCloud、App Store 服务中，由此可见，Intertrust 对于专利的布局运用已经相对成熟。

（3）技术构成分布

通过 Intertrust 公司在内容管理技术领域的相关专利热地地图得出的聚类分析，我们可看出 Intertrust 公司在该技术领域关注技术的主要集中在数字版权、多媒体分布和内容管理保护等方面。内容管理保护的核心技术是电子签名也称作“数字签名”，是指用符号及代码组成电子密码进行“签名”来代替书写签名或印章，它采用规范化的程序和科学化的方

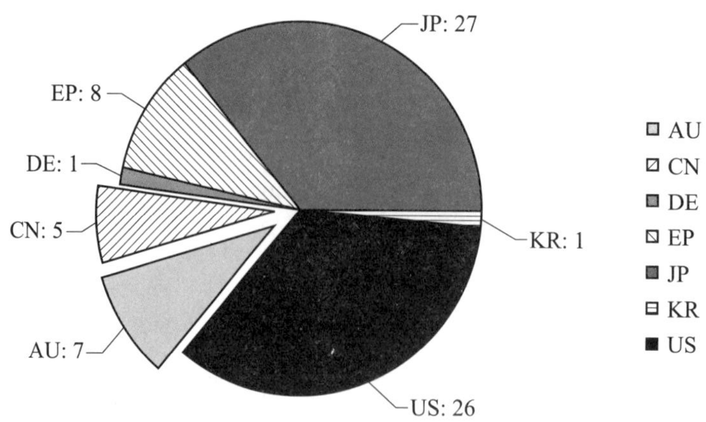

图 6.18-11　Intertrust 内容管理技术专利申请量区域分布图

法，用于鉴定签名人的身份以及对一项数据电文内容信息的认可。数字内容产业是随着互联网的快速发展和信息技术的日益普及而衍生的新兴朝阳产业，在这短短的不到十年时间里，该产业已呈蓬勃发展的态势，逐渐发展壮大，在各国尤其是发达国家经济中的总量和所占比重也越来越大，成为推动经济发展的重要力量。综观全球数字内容产业的发展，2002 年，美国信息内容产业的规模已达 8 850 亿美元，日本“内容产业”的销售规模达 1 000亿美元，是汽车业的一半。所以，内容管理已成为当今全球信息产业发展必不可缺的技术。

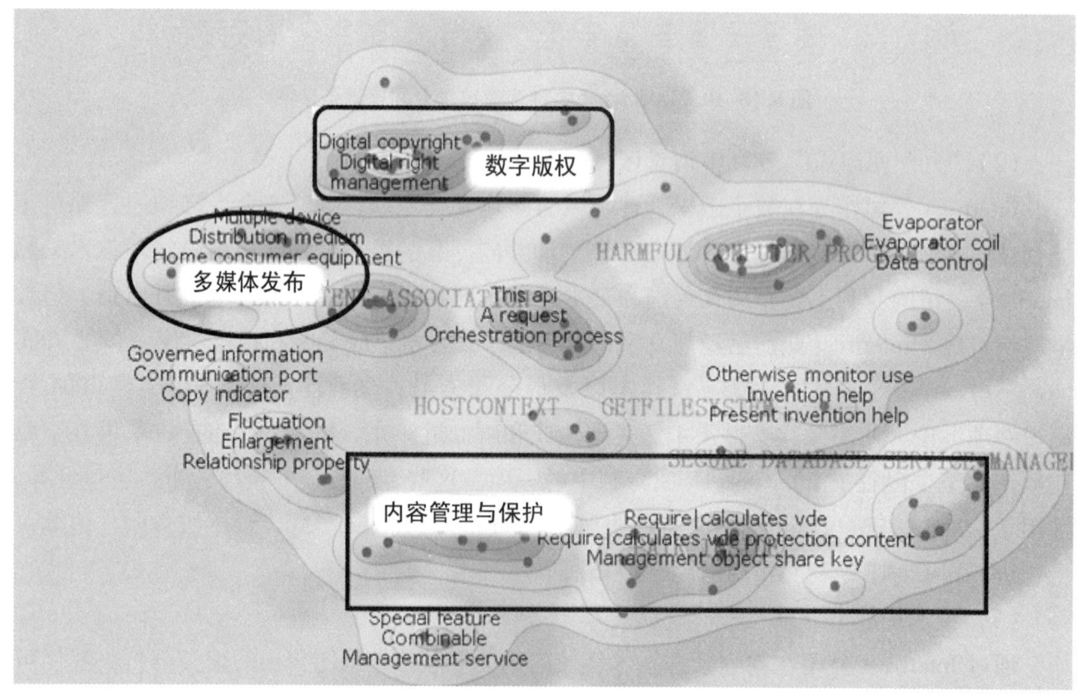

图 6.18-12　Intertrust 内容管理技术构成分布图

Intertrust 科技公司作为是专业的 DRM 技术和方案供应商，非常注重知识产权建设、针对数据隐私、网络安全和内容保护主要技术方向，覆盖数字版权管理（DRM）和可信计算（TC）等领域，拥有超过150项专利，并拥有超过300多项专利应用。

三、总结

（一）专利申请量的总体发展趋势

从整个行业专利申请状况来看，内容管理技术在2007年以前在该技术领域的相关专利申请呈现出整体上升的趋势，这主要是因为20世纪90年代以后，信息技术发展到了一个新高度，信息技术推动了文献资源走向信息化，数字版权保护也就应运而生，这阶段数字签名技术、数字认证技术和数字加密技术都发展迅猛。但近两年来，该技术的相关专利申请量呈现下滑的趋势，主要是由于随着内容管理技术的日趋成熟，基础技术已经能够满足数字版权保护方面的部分需求，逐渐开始向统一规范能兼容各种数字内容阅读客户端以及同时适用于各种数字版权保护系统的方向发展，技术创新道路的步伐已经基本停滞，因此才会出现申请量下滑的现象。

（二）各地区技术发展现状以及未来发展趋势

1. 美国

自上世纪90年代直至2000年开始，美国在内容管理技术领域的专利数量较少，并且该时期的专利大多数是原理性的基础专利；随着电子产品的普及以及人们生活逐渐趋于数字化、网络化，内容管理技术已经成为时代发展所必须的技术，而美国又是信息产业大国，自2000年以来直至2007年前后，内容管理技术的相关专利激增，并且介入的企业也越来越多，此时该技术处于发展期；2008年至今，随着内容管理技术的不断发展与创新，该技术逐渐趋于成熟，由于市场份额的有限性，进入企业的数量增长趋缓，专利增长速度减慢，甚至专利权人数量和专利申请量开始有下滑趋势，此时进入了该技术的成熟期。

2. 日本

内容管理技术在日本引入时间也比较早，但2000年之前，相关专利的申请数量并不多，并且大多是一些基础性专利，此时正值该技术在日本发展的萌芽期；然而2000年至2005年随着全球数字化、网络化时代的并进，日本的该技术发展也较迅速；2006年至2007年间，随着该技术的不断发展成熟，介入该领域的企业开始趋缓，专利申请量趋于稳定，然而自2008年以来，随着全球对该技术领域研究的不断成熟，市场份额的有限性，技术再创新的难度加大，许多企业因收益的递减纷纷退出市场，从事该技术领域相关研究的企业日趋减少，专利申请量也呈下滑趋势，日本的该技术逐步走向其发展的衰退期。

3. 韩国

韩国在2000年前后开始涉足内容管理技术领域的研究，相对美、日而言具有滞后性。2001年至2008年间，韩国的该技术处于持续发展阶段，2007年至2008年该技术的相关专利申请量达到了顶峰时期。但2009年以来该领域的相关专利的申请数量和专利权人数量出现了明显下滑的趋势，可见此项技术在韩国也面临着新方法和新技术的突破难点。

4. 中国

内容管理技术在中国研究相对而言也是较早的，自上世纪 90 年代中期直至 2000 年伊始，便已开始涉足该领域的研究，但专利申请数量较少，技术处于萌芽期；2000 年直至 2007 年前后，随着中国数字化、网络化时代的并进，公民版权意识的不断提高，内容管理的相关技术发展迅速，在 2008 年至 2011 年间，随着该技术的不断发展，企业进入的速度趋缓，专利增长速度减慢，专利权人数量和专利申请量也开始有下滑趋势，此时步入了技术的成熟期。近年来随着该技术的不断成熟，对于新方法的研究和新技术的突破创新难度变大，导致该技术领域的专利申请量开始下滑，此时中国的该技术进入了衰退期。

根据以上各地区技术发展现状描述，总体来说，在全球范围内的内容管理技术目前也是处于成熟趋向平稳的阶段，部分国家有衰退的迹象，全球目前陷入了对于新方法和新技术的突破难关。

（三）主要申请人专利申请对比分析

通过对于内容管理技术领域的宏观分析，我们得出行业内的三个最主要申请人是微软、三星电子、富信公司（Intertrust）。下面结合微观分析模块具体解读主要申请人的专利现状。

1. 专利申请量维度横向比较

通过将三个主要申请人在专利申请量维度进行横向比较，我们发现：从加密技术领域的专利申请量上来看微软公司拥有相关专利申请 290 件；三星电子和富信公司在这方面的专利数量分别是 140 件和 81 件。其中，微软公司是世界 PC 机软件开发的先导，在技术研发初期便投入了相当大的研发力度，相应的专利申请量也较多。

2. 专利资产区域布局情况

从三个主要申请人的专利资产区域布局情况，我们可以看出：微软公司、三星电子和富信公司在该技术领域实行专利全球化战略路线，相关专利遍及欧洲及亚太地区许多国家，并且在美国、澳大利亚、亚洲的中、日、韩等地均布局相当数量的专利，便于其随时发动专利诉讼，并且微软在其本土的申请量最多；三星电子在该技术领域专利申请布局最多的国家则是美国；富信公司相关专利布局最多的则是日本，这也体现了三个公司是针对主要竞争对手进行专利布局的。

3. 技术热点分析

从技术热点分析角度来说：微软在该技术领域主要关注的技术有内容分发、内容保护和密钥许可等技术；三星电子在该技术领域主要关注的技术有 DRM 解码认证、加密标识和信息管理等技术；富信公司在该技术领域关注技术的主要集中在数字版权、多媒体分布和内容管理保护等方面。

第十九节 数字版权保护内容格式技术

一、专利检索

（一）检索结果概述

以数字版权保护内容格式技术为检索主题，在“九国两组织”范围内，共检索到相关专利申请2 162件，具体数量分布如下（单位：件）：

美国	中国	日本	韩国	英国	法国	德国	澳大利亚	俄罗斯	EP	WO	总计
259	1 437	199	56	12	45	23	6	3	39	83	2 162

（二）各地区/组织相关专利申请趋势

基于检索数据，从1994年到2014年二十年间，数字版权保护内容格式技术在全球（除中、日、美等）进行缓慢发展，每年专利申请量都在10件以下（如图6.19-1所示）。从2001年起，中国（日、美等国专利申请增长趋势较中国早）专利申请量上升到10件以上，并有显著增加的过程，到2012年出现286件专利申请量最大峰值。出现这种情况与数字版权保护总体发展状况相一致的，随着国家对数字版权保护要求不断提高，数字版权保护技术、保护内容格式等都得到了快速的发展，所以，本次检索的数字版权保护内容格式检索主题，现阶段该检索主题为标准规范热点，相关专利的整体申请趋势与数字版权保护的发展相吻合。

从上述图表可以看出，美、中、日等国相关专利技术申请量是主流；韩、欧洲（英、法、德、澳等国）还是专利申请较少，说明该部分国家数字版权保护内容格式技术发展与其国内的数字版权保护环境尚未得到关注，趋势较延缓。

表6.19-1 数字版权保护内容格式技术“九国两组织”相关专利申请状况

国家＼年份	1990	2000	2001	2002	2003	2004	2005	2006	2007	2008	2009	2010	2011	2012	2013	2014
US	12	7	7	12	44	14	9	13	10	13	17	17	15	17	23	29
CN	22	2	15	18	35	43	53	69	102	147	163	193	189	286	49	51
JP	23	6	11	17	17	14	16	9	15	11	14	9	16	9	7	5
KR	0	4	4	2	1	1	3	4	2	8	4	4	5	5	5	4
GB	2	1	0	1	0	1	1	0	0	0	1	0	1	0	0	4
DE	5	0	2	1	2	4	2	2	2	2	0	0	0	0	1	0
FR	6	1	12	0	4	4	5	4	2	2	2	2	0	0	1	0
AU	0	0	0	1	0	0	1	1	0	1	0	1	0	0	1	0
RU	1	0	0	0	0	0	0	0	0	0	0	0	2	0	0	0
EP	6	1	3	5	1	2	3	1	1	7	2	1	2	1	2	1
WO	5	5	12	9	4	5	2	5	5	4	9	5	3	3	4	3

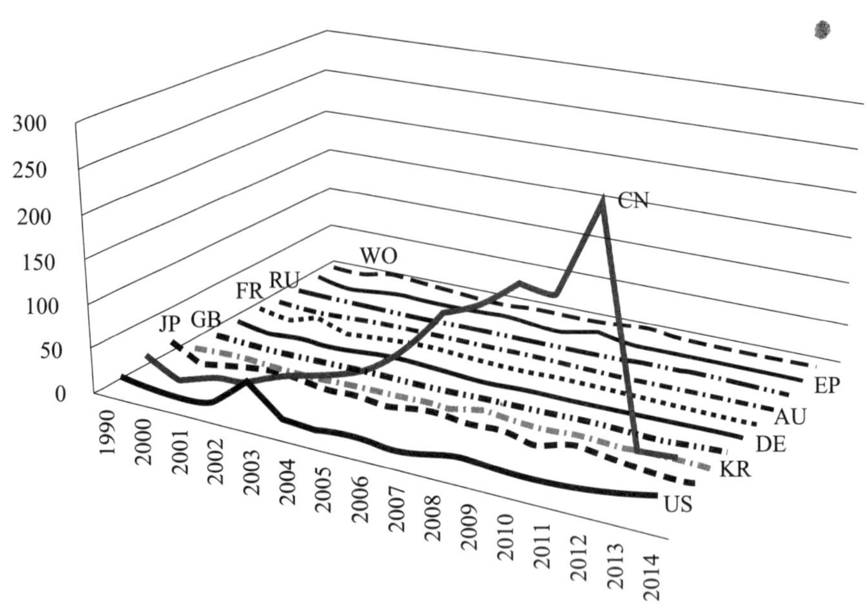

图 6.19-1 “九国两组织”相关专利申请状况图

（三）各地区/组织相关专利申请人趋势

从图/表 6.19-1、6.19-1 可以看出全球（“九国两组织”）有关数字版权保护内容格式检索主题在各区域内的相关专利申请量分布情况，下述各表内分别体现的是其在各区域的排名前五申请人专利申请情况以及授权情况。从数据统计来看，如美国 Google、IBM、Microsoft、Metrologic instruments. inc，日本 Sony、NEC、HITACHI LTD（日立），以及中国的中兴通讯、浙江大学大等单位，在申请量与授权量上均占据主体地位，这间接反映了数字版权保护内容格式技术的研发与数字版权保护结合相对紧密。

整体申请量排在前三名分别为美国 IBM、Microsoft、日本 Sony，Microsoft 与 Microsoft 在专利申请量上摇摇领先于其他竞争对手，可见其技术保护的意识和力度；在中国，浙江大学与中兴通讯已连续几年是中国专利申请量最大的申请人，足以证明其在中国技术研发的领头地位，紧跟排名的分别是北航、清华大学和北大方正。从中国专利申请情况可以看出美国、日本企业对中国的相关专利布局的重视程度。

1. WO 相关专利申请人趋势

表 6.19-2 数字版权保护内容格式技术 WO 相关专利申请人排名

序号	申请人	申请人国家	专利申请数量
1	Sony CORP	日本	4
2	Microsoft	美国	3
3	HITACHI LTD	日本	2
4	Nec corp	日本	1
5	FUJITSU LTD	日本	1

2. EP 相关专利申请人趋势

表 6.19-3　数字版权保护内容格式技术 EP 相关专利申请人排名

序号	申请人	申请人国家	专利申请数量	专利授权数量
1	Sony corp	日本	6	2
2	Siemens	德国	2	1
3	FUJITSU LTD	日本	2	0
4	Toshiba	日本	2	0
5	Canon KK	日本	2	0

3. 中国地区相关专利申请人趋势

表 6.19-4　数字版权保护内容格式技术中国地区相关专利申请人排名

序号	申请人	申请人国家	专利申请数量	专利授权数量
1	IBM	美国	49	31
2	微软公司	美国	35	17
3	浙江大学	中国	32	11
4	中兴通讯	中国	28	17
5	北京航空航天大学	中国	25	11

4. 美国地区相关专利申请人趋势

表 6.19-5　数字版权保护内容格式技术美国地区相关专利申请人排名

序号	申请人	申请人国家	专利申请数量	专利授权数量
1	IBM	美国	29	16
2	Metrologic instruments. inc	美国	21	15
3	Sony corp	日本	12	7
4	SAP ag	日本	8	4
5	Google	美国	7	4

5. 日本地区相关专利申请人趋势

表 6.19-6　数字版权保护内容格式技术日本地区相关专利申请人排名

序号	申请人	申请人国家	专利申请数量	专利授权数量
1	Sony	日本	20	18
2	HITACHI LTD	日本	11	5
3	NEC CORP	日本	9	6
4	Canon KK	日本	8	3
5	FUJITSU LTD	日本	6	3

6. 澳大利亚地区相关专利申请人趋势

表6.19-7 数字版权保护内容格式技术澳大利亚地区相关专利申请人排名

序号	申请人	申请人国家	专利申请数量	专利授权数量
1	Sand technology INC	加拿大	2	1
2	S. C. softwin SRL	意大利	2	0
3	Snipey holdings PTY ltd	澳大利亚	1	0
4	Sensormatic electronics corp	美国	1	1
5	Canon kk	日本	1	1

7. 德国地区相关专利申请人趋势

表6.19-8 数字版权保护内容格式技术德国地区相关专利申请人排名

序号	申请人	申请人国家	专利申请数量	专利授权数量
1	NEC corp	日本	11	6
2	法国萨吉姆公司（SAGEM SA）	法国	5	0
3	UPEK INC	美国	2	0
4	INFINEON TECHNOLOGIES	德国	1	0
5	FUJITSU LTD	日本	1	0

8. 法国地区相关专利申请人趋势

表6.19-9 数字版权保护内容格式技术法国地区相关专利申请人排名

序号	申请人	申请人国家	专利申请数量	专利授权数量
1	法国萨吉姆公司（SAGEM SA）	法国	13	3
2	GIGA BYTE TECH（技嘉科技）	台湾	4	2
3	NEC corp	日本	4	4
4	MORPHO	法国	3	0
5	ATMEL GRENOBLE S. A.	法国	3	2

9. 英国地区相关专利申请人趋势

表6.19-10 数字版权保护内容格式技术英国地区相关专利申请人排名

序号	申请人	申请人国家	专利申请数量	专利授权数量
1	HALF MINUTE MEDIA	英国	3	1
2	AGILENT TECHNOLOGIES	美国	1	1
3	NEC corp	日本	1	0
4	MATSUMURA ELECTRONICS	日本	1	0
5	ULTRA SCAN	美国	1	0

10. 俄罗斯地区相关专利申请人趋势

表 6.19-11　数字版权保护内容格式技术俄罗斯地区相关专利申请人排名

序号	申请人	申请人国家	专利申请数量	专利授权数量
1	Microsoft	美国	1	0
2	Tomson	加拿大	1	1
3	Волонкин Владимир Михайлович	俄罗斯	1	0

11. 韩国地区相关专利申请人趋势

表 6.19-12　数字版权保护内容格式技术韩国地区相关专利申请人排名

序号	申请人	申请人国家	专利申请数量	专利授权数量
1	SAMSUNG ELECTRONICS	韩国	12	7
2	ELECTRONICS & TELECOMMUNICATIONS RESEARCH INSTITUTE　（韩国电子通信研究院）	韩国	8	5
3	LG ELECTRONICS	韩国	5	2
4	UNIONCOMMUNITY CO LTD	韩国	5	4
5	KOREA ADVANCED INSTITUTE OF SCIENCE & TECHNOLOGY　（韩国高等科技研究所）	韩国	3	1

二、专利分析

（一）技术发展趋势分析

数字版权保护内容格式技术是用于数字版权保护内容的形式统一的技术体现，自 1995 年由 IBM 申请第一件相关专利以来，许多公司纷纷开始进入数字版权保护内容格式技术的研究，这种实用性很强的规范技术也日趋完善。数字内容格式的规范统一，会直接影响到数字内容的传播与阅读体验。目前，针对数字版权保护内容格式的相关专利数量正逐年平稳增长，从 2000 年至 2014 年这一阶段为该技术的增长发展期。2014 年以后，随着国内网络数字媒体的日益成熟，数字版权保护内容格式技术开始随着整体环境的发展也得到多方的关注，从整体趋势上看，数字版权保护内容格式技术的研究热度走高，目前还处于发展过程中，专利申请还处于上升期。

（二）技术路线分析

鱼骨图是通过对筛选结果的数字版权保护内容格式技术的高相关专利，按时间列出技术发展的时间轴图，本图列出最早申请的专利，通过引证次数排行找到引证数比较多的专利作为核心专利，其余的作为数字版权保护内容格式技术的关键技术，通过对数字版权保护内容格式技术的高相关技术的鱼骨图分析，可以得出该技术或者技术的支撑技术的发展

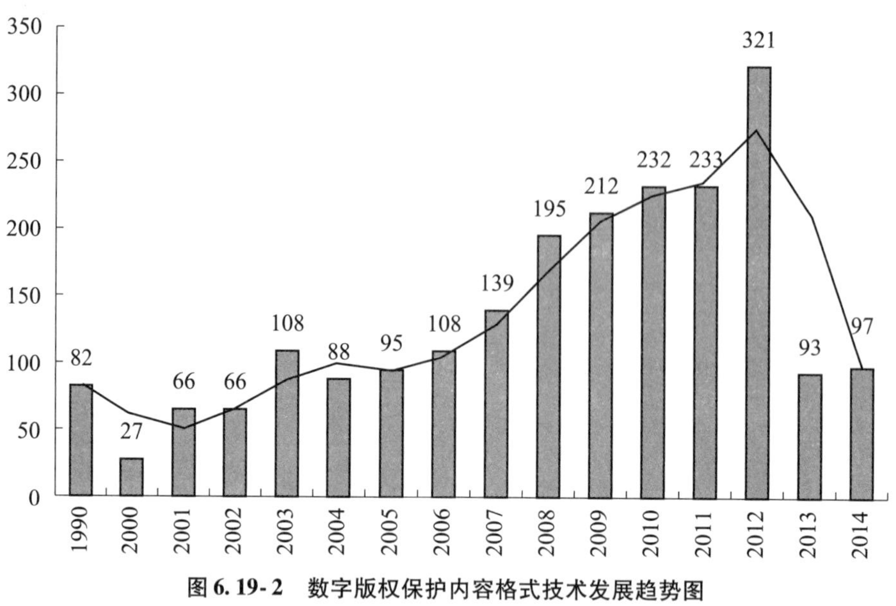

图 6. 19-2　数字版权保护内容格式技术发展趋势图

路线。从图中可以看出数字权限管理系统（DRM）的出现成为了数字版权保护内容格式技术的基础，只有在 DRM 整体框架的基础上，才可以完成数字版权保护内容格式的一些设定服务，随着通信电子技术的快速发展，便携式设备逐渐也成为了数字内容的一个载体，而这就需要对便携式设备进行数字版权保护内容格式支撑设定，才可以保证对数字内容的权限的管理，作为核心专利里有很多都是关于设备之间的数字版权保护内容格式设定，后来又出现了统一标准规范设定的方法，为数字版权保护提供统一的数字版权保护内容格式规范，能够适用于各种客户阅读和各种版权管理系统，成为了数字认证的未来发展方向。

（三）主要专利申请人分析

1994 年至 2014 年，在数字版权保护内容格式技术领域专利申请量排名前三的申请人分别为：日本索尼专利申请量60 件，美国微软专利申请量38 件，美国 IBM 专利申请量31 件。然后对这三个申请人在数字版权保护内容格式技术方面申请的专利进行统计分析，每个申请人会有三个统计图分析，分别是：年份柱状图、九国两组织专利申请量区域分布、技术构成分布。

1. 申请量排名第一的专利申请人

（1）专利申请量

索尼是世界视听、电子游戏、通讯产品和信息技术等领域的先导者。日本科技企业在数字版权保护内容方面都属于先知先觉类型，尤以索尼、NEC、日立等公司为代表。其中像索尼，为了更好地保护其电子产品和数字媒体产品版权，使得其在 2000 年到 2005 年专利申请量相对较多，可以从图中看出，随着数字版权保护内容格式技术的日趋成熟以及数字版权保护内容的更加普遍，近几年，索尼关于数字版权保护内容格式技术的专利申请量有所下降。

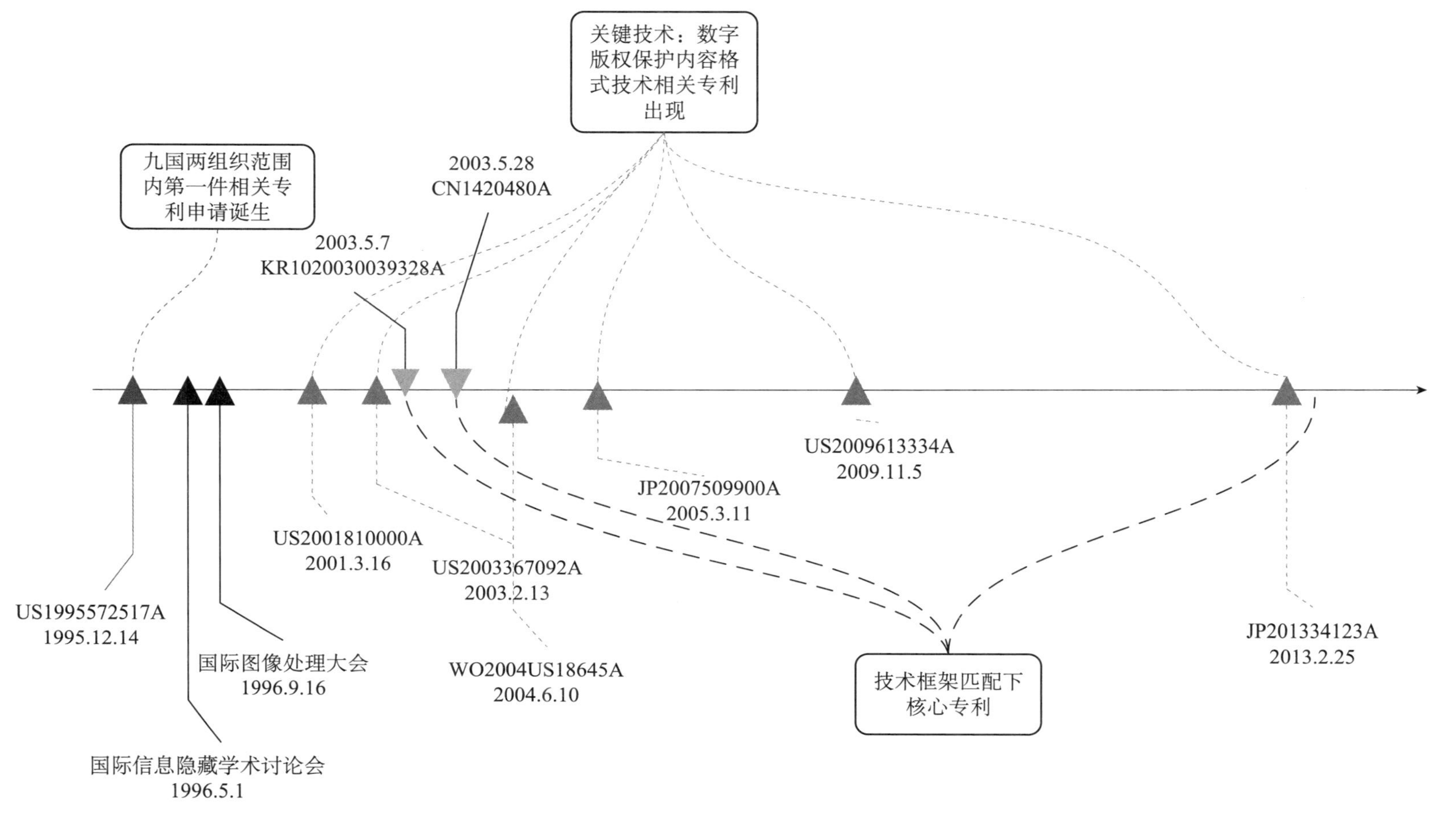

图6.19-3　数字版权保护内容格式技术路线图

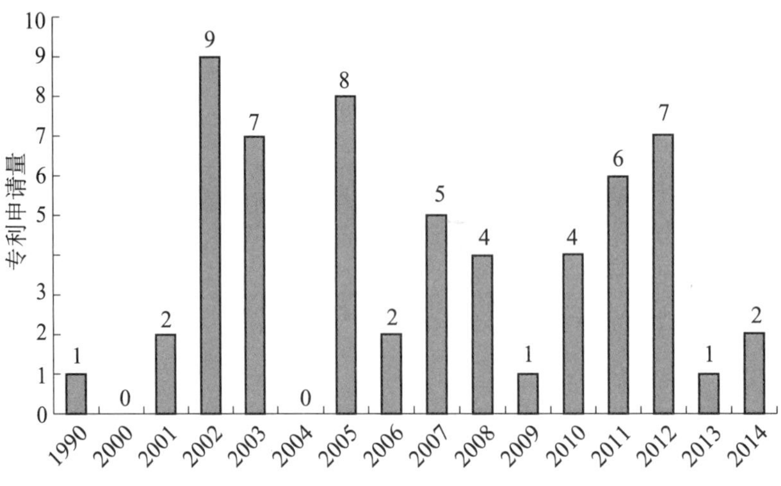

图 6.19-4　索尼数字版权保护内容格式技术专利申请条形图

（2）九国两组织专利申请量区域分布

从图 6.19-5 中可以看出索尼公司的专利申请区域，其在本国才申请 9 件专利，最多的反而是中国，达到了 32 件之多，在美国也达到了 12 件，这主要是由于索尼的电子产品和数字版权产品的主要销售市场或者说未来主要销售市场就是中、美两国，同时，在数字版权保护内容格式技术在中国的主要研究机构众多，竞争对手不少，所以，索尼很重视在中国地区的专利布局。

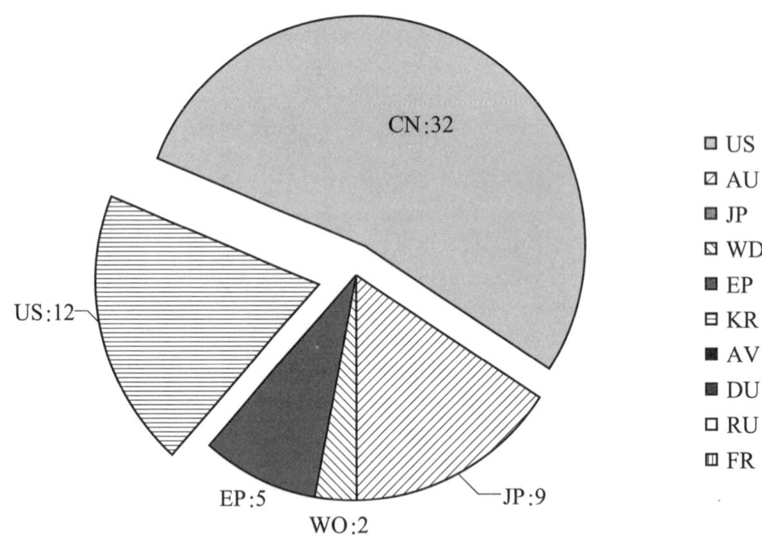

图 6.19-5　索尼数字版权保护内容格式技术专利申请量区域分布图

（3）技术构成分布

本图是根据索尼公司申请数字版权保护内容格式技术相关的专利做出的聚类分析，找到索尼公司的创新活跃技术，从图中可以看出高频词主要是数字版权内容保护，这与本技术主题相吻合，而另一个高频词组是客户端格式，可见，索尼公司对数字版权保护内容格式技术的研究主要是应用在客户端的格式规范，并对数字版权保护内容信息的兼容上。

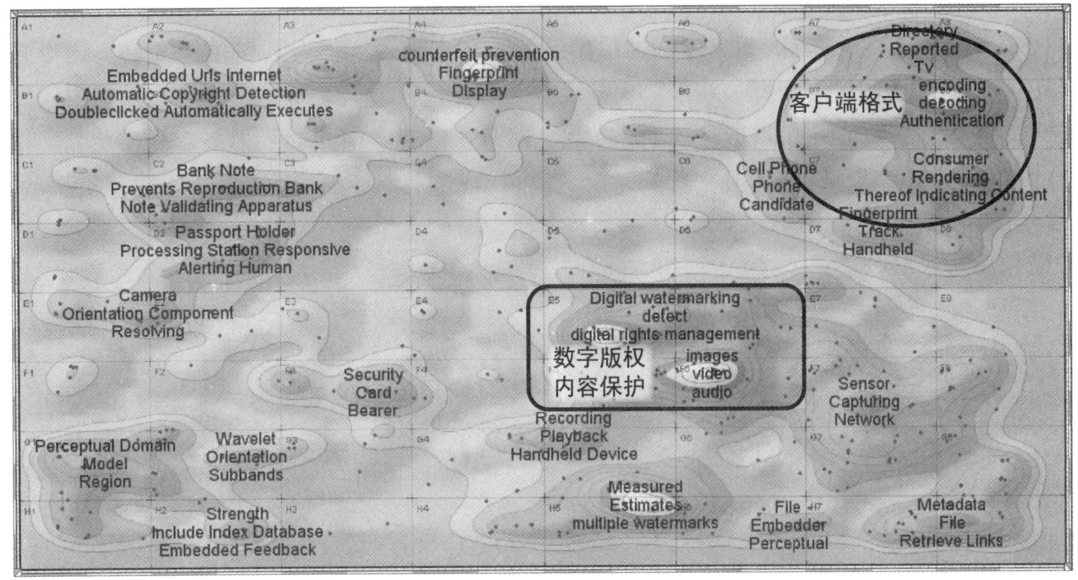

图 6. 19-6　索尼数字版权保护内容格式技术构成分布图

2. 申请量排名第二的专利申请人

（1）专利申请量

微软是一家总部位于美国的著名跨国科技信息公司，具有先进的软件开发技术。由图 6. 19-7 所示内容知，微软公司在 2003 年以前，与数字版权保护内容格式技术主题相关的专利申请非常少，从 2003 年开始，每年都有少数几件相关专利的申请，在 2006 年出现了专利申请的高峰，达到了 11 件专利申请，之后几年专利申请量没有呈现出明显增长趋势，说明微软公司对该技术的应用前景并不十分看好。

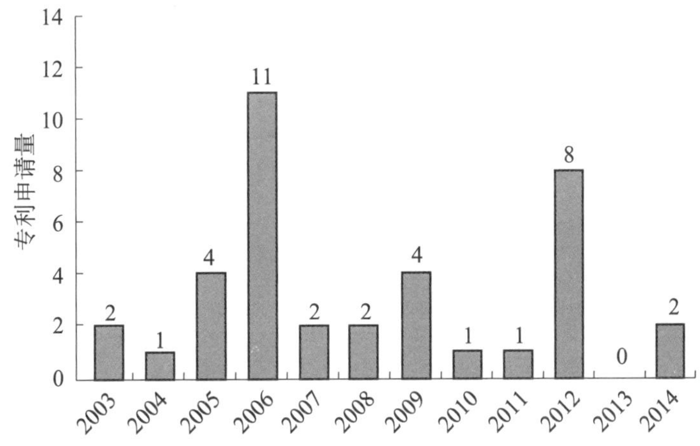

图 6. 19-7　微软数字版权保护内容格式技术专利申请条形图

（2）九国两组织专利申请量区域分布

微软公司位于美国，其专利申请地区主要针对美国市场。此外，鉴于数字版权保护技术在全球范围内的关注热度和市场需求，MICROSOFT 分别在中国、美国本土以及世界知识产权组织等国家和地区组织分别作了数字版权保护内容格式技术相关专利布局。其中，在中国申请专利最多，达到28件，远远超出了其在本土美国的专利申请里8件，这也充分说明了微软敏锐地了解到该技术应用的成熟区域将是在中国，不是在其本土，在中国的研究热度也不是其在本国可以比拟的，所以，微软提前在中国布局了很多专利，从侧面也可以反映出其专利技术关注眼光果然老辣。

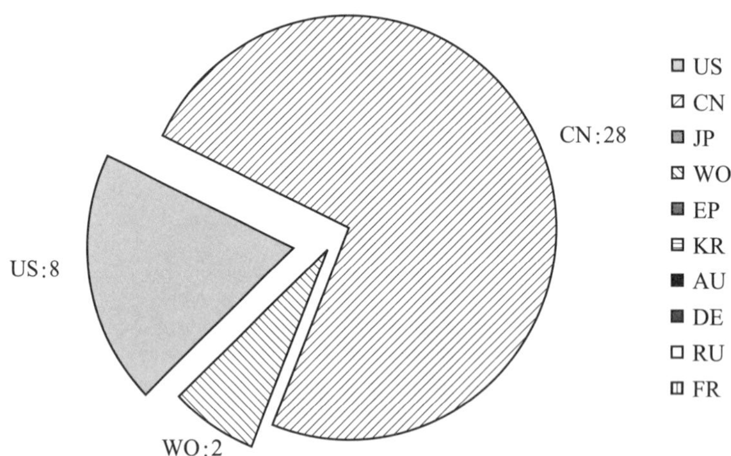

图6.19-8　微软数字版权保护内容格式技术专利申请量区域分布图

（3）技术构成分布

图6.19-9为微软公司申请的数字版权保护内容格式技术相关专利的构成分布图。可以看出，在数字版权保护内容格式技术相关专利中，涉及数字版权管理和内容格式匹配的专利比较多。

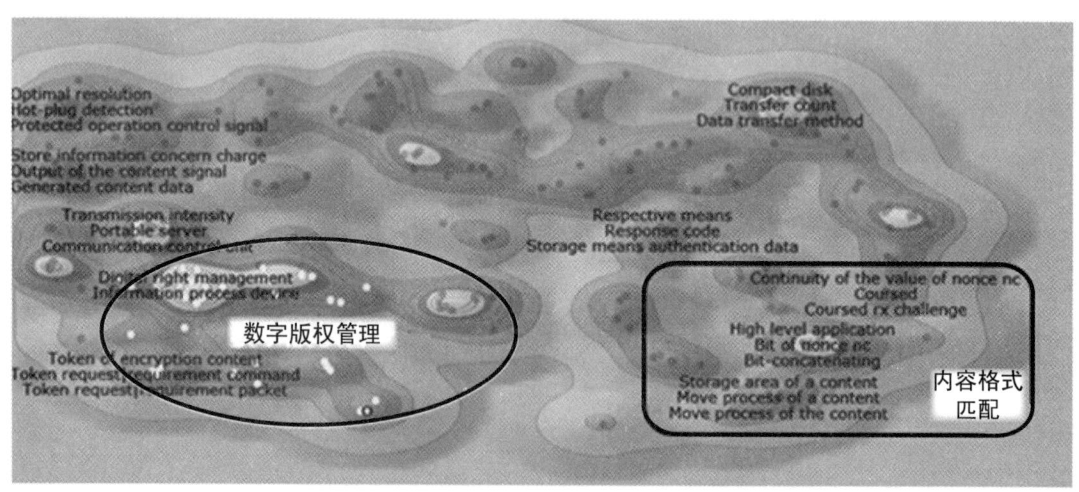

图6.19-9　微软数字版权保护内容格式技术构成分布图

3. 申请量排名第三的专利申请人

（1）专利申请量

IBM是全球最大的信息技术和业务解决方案公司，其总公司在纽约。在数字版权保护内容格式技术领域，IBM 作为专利申请申请量排名第三的专利申请人，这与 IBM 公司本身重视数字版权领域的保护有关，IBM 不断申请相关专利，自 1994 年至 2013 年，IBM 基本每年都有相关专利申请，且专利申请保持很稳定，且其为美国取得相关专利最早的企业，2014 年其专利申请量陡增，可见，其未来对该技术领域的涉足开始正式起步。同时，IBM 重视在数字版权保护方面的研究，其 EMMS 电子媒体管理系统是 IBM 开发的保护在线音乐的版权的系统，被广泛使用。

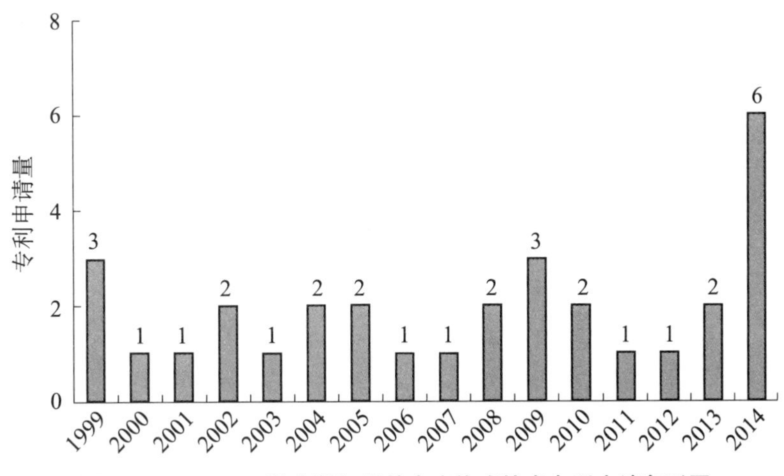

图 6. 19- 10　IBM 数字版权保护内容格式技术专利申请条形图

（2）九国两组织专利申请量区域分布

图 6. 19- 11 为 IBM 的九国两组织区域专利申请分布，从图中可以看出 IBM 公司的专利布局主要针对的是美国本土，其次是日本，这主要是由于其 ICT 业务的主要竞争对手在美国，并且 IBM 的专利布局模式属于典型的地毯式布局，每年靠大量专利取得丰厚的许可和转让收益，所以，IBM 在本国的专利申请量最多。

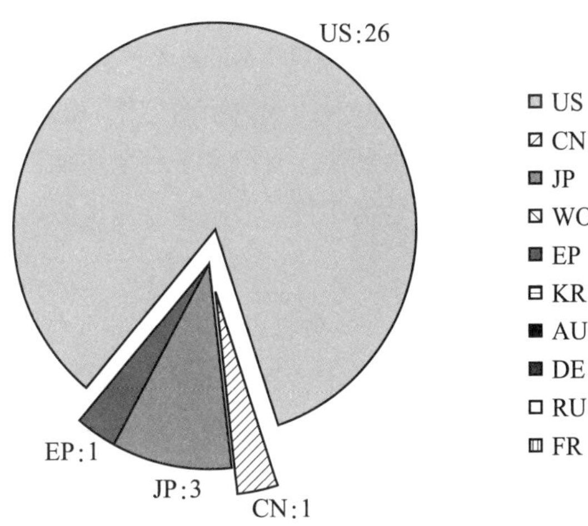

图 6. 19- 11　IBM 数字版权保护内容格式技术专利申请量区域分布图

（3）技术构成分布

图 6. 19- 12 是根据 IBM 公司申请数字版权保护内容格式技术相关的专利做出的聚类分析，找到 IBM 公司的创新活跃技术，从图中可以看出 IBM 主要将数字版权保护内容格式、数字版权内容水印应用在数据内容保护方面，这与该技术的特点基本相吻合，从数据范围也可以看出，IBM 公司在该技术点的侧重为数据版权保护内容格式。

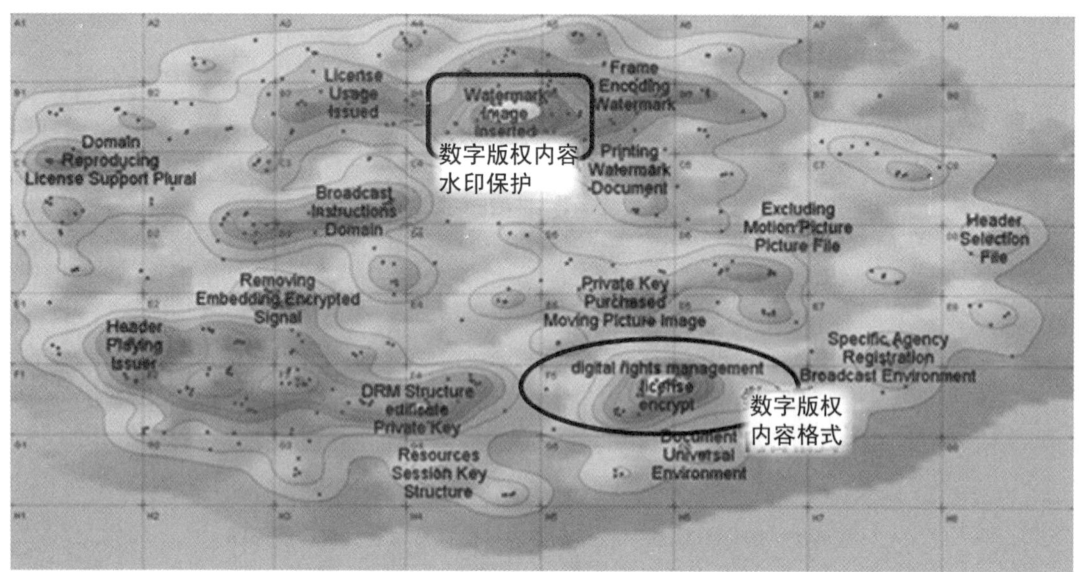

图 6. 19- 12　IBM 数字版权保护内容格式技术构成分布图

三、总结

数字版权保护内容格式标准规范旨在满足数字版权保护技术研发工程对内容格式的需求，提升数字内容作品对分段控制等版权保护功能的支持程度，建立一种可靠、便易、开放的数字内容文档格式规范。该标准规范采用 XML 技术，以版式描述信息为基础，辅以版面结构化信息，对数据进行压缩和加密，实现数字内容作品的版面内容精准展现和自适应重排；该标准规范支持多种格式自由转换，支持多平台全功能数字阅读客户端，支持流式、版式间任意切换，支持生僻字、特殊字符、公式等专业出版内容的呈现要求。

（一）专利申请总量

通过本次项目在全球“九国两组织”数据范围内进行的专利检索，获得“标准包”所涉及与关注的数字版权保护内容格式技术主题相关专利共 2172 件，且可初步了解到数字版权保护内容格式的技术应用发展进行得非常缓慢，除美国与亚洲的中、日、韩等国进行了初步研究之外，在欧洲、澳大利亚等其他区域始终处于不温不火的状态。

（二）年专利申请量

时至 2002 年，随着数字媒体内容的日益丰富，版权诉讼风波不断兴起，数字版权保护技术在美、中、日韩等区域的应用发展开始逐步升温，每年相关专利申请量都在 10 件以上，从 2002 年起，专利申请量有显著增加的态势，到 2013 年即呈现近几年专利申请量最大峰值。本次项目检索主题数字版权保护内容格式技术出现这种情况与数字版权保护技术总体发展状况相一致，随着各个国家对数字媒体内容保护的要求不断提高，数字版权保护内容格式技术也将不断为大众所熟知并得到广泛的应用。

（三）专利申请人

从数字版权保护内容格式检索主题专利检索的结果来看，各国的相关专利申请量以及相关专利申请人（即主要研发单位）的申请情况总体特点表现为：专利申请数量与申请人所在该区域的数字媒体发展程度以及版权保护环境正相关。美国、中国、日本、韩国都是全球的数字媒体发展迅速且对数字版权保护非常积极的国家，特别是中国，近几年年均专利申请量均在 200 件左右，国内的浙江大学、中兴通讯及北京航空航天大学等总申请量均达到近 30 件，美、日年均申请量相对来说少一些，也保持在 10 余件左右，主要申请人分别为 IBM 和索尼，总申请量都在 20 件以上。但是在欧洲、澳大利亚及俄罗斯等区域就大不同，如欧洲的英、法、德等国专利申请量非常少，每年均在 1 件左右，澳大利亚、俄罗斯等国的相应专利申请量在近二十年间总数甚至不足 10 件。

总体来说，在中国，数字版权保护内容格式技术处于快速发展与不断创新阶段，其技术应用范围与应用领域也会随之得到不断拓展。

第七章　其他相关技术

第一节　分布式注册技术

一、专利检索

（一）检索结果概述

以分布式注册技术为检索主题，在“九国两组织”范围内，共检索到相关专利申请6 157件，具体数量分布如下（单位：件）：

美国	中国	日本	韩国	英国	法国	德国	澳大利亚	俄罗斯	EP	WO	总计
116	82	5 202	619	6	0	2	11	1	59	59	6 157

（二）相关专利申请趋势

表7.1-1　分布式注册技术“九国两组织”相关专利申请状况

国家＼年份	1990[①]	2000	2001	2002	2003	2004	2005	2006	2007	2008	2009	2010	2011	2012	2013	2014
US	1	1	3	13	13	16	15	11	10	4	9	7	1	5	3	4
CN	2	1	1	0	3	3	7	6	6	9	8	9	11	7	6	3
JP	628	321	439	712	496	485	445	394	325	255	260	213	163	30	35	1
KR	0	17	10	1	2	0	3	2	1	6	49	103	117	110	115	83
GB	0	1	0	0	0	0	2	1	0	0	2	0	0	0	0	0
DE	0	1	0	0	0	0	0	0	0	1	0	0	0	0	0	0
FR	0	0	0	0	0	0	0	0	0	0	0	0	0	0	0	0
AU	1	1	2	2	0	2	1	0	0	1	0	0	1	0	0	0
RU	0	0	0	0	0	0	0	0	0	0	0	0	0	1	0	0
EP	4	5	5	7	10	3	4	8	1	4	2	0	4	1	0	1
WO	9	3	9	10	3	0	3	4	6	3	0	4	3	1	1	0

① 1990是指1990－1999年的专利数量总数。

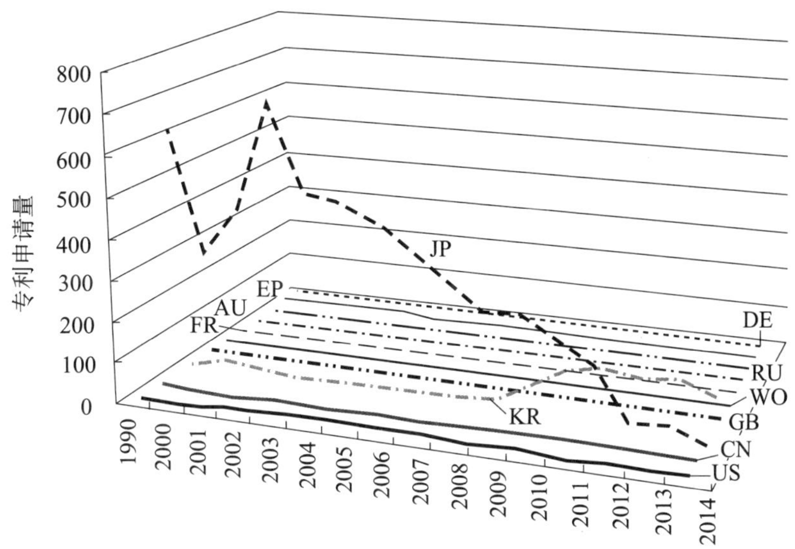

图 7.1-1　“九国两组织”相关专利申请状况图

由图表可知，2008 年以来，针对“分布式注册技术”，通过欧专局和世界知识产权组织面向国际范围的专利申请较少；虽然 2002 年以后日本相关专利逐年减少，但是依然明显高于其他国家，近三年日本年平均总量均远低于百件；2009 年开始，韩国相关专利急剧增多，2010 年开始超过百件。可见，日本关于分布式注册技术前期研发较多，技术较为成熟，韩国近几年的技术投入较多。

（三）各地区/组织分布式注册技术相关专利申请人排名

1. WO 相关专利申请人排名

表 7.1-2　分布式注册技术 WO 相关专利申请人排名

序号	申请人	申请人国家	专利申请数量
1	ANDERSEN CONSULTING LLP	美国	5
2	BEEP SCIENCE AS	荷兰	2
3	ABE TOSHIYASU		2

2. EP 相关专利申请人排名

表 7.1-3　分布式注册技术 EP 相关专利申请人排名

序号	申请人	申请人国家	专利申请数量	专利授权数量
1	SONY CORP	日本	5	0
2	ACCENTURE LLP	美国	5	0
3	MITSUBISHI CORP	日本	4	4

（续表）

序号	申请人	申请人国家	专利申请数量	专利授权数量
4	SAMSUNG ELECTRONICS CO LTD	韩国	4	0
5	DIGIMARC CORP	美国	3	0
6	TOSHIBA KK	日本	3	3

3. 中国地区相关专利申请人排名

表 7.1-4　分布式注册技术中国地区相关专利申请人排名

序号	申请人	申请人国家	专利申请数量	专利授权数量
1	SONY CORP	日本	11	10
2	HUAWEI TECH CO LTD	中国	10	7
3	TOKYO SHIBAURA ELECTRIC CO	日本	6	6
4	MATSUSHITA ELECTRIC IND CO LTD	日本	6	6
5	ZTE CORP	中国	4	4

4. 美国地区相关专利申请人排名

表 7.1-5　分布式注册技术美国地区相关专利申请人排名

序号	申请人	申请人国家	专利申请数量	专利授权数量
1	SONY CORP	日本	10	1
2	MITSUBISHI CORP	日本	7	4
3	SAMSUNG ELECTRONICS CO LTD	韩国	4	3
4	TOSHIBA KK	日本	4	0
5	CORP FOR NAT RES INITIATIVES A	美国	3	0
6	DIGIMARC CORP	美国	3	3

5. 日本地区相关专利申请人排名

表 7.1-6　分布式注册技术日本地区相关专利申请人排名

序号	申请人	申请人国家	专利申请数量	专利授权数量
1	NEC CORP	日本	381	124
2	HITACHI LTD	日本	370	104
3	NIPPON TELEGRAPH & TELEPHONE	日本	289	94
4	FUJITSU LTD	日本	261	137
5	TOSHIBA CORP	日本	205	73

6. 澳大利亚地区相关专利申请人排名

表 7.1-7　分布式注册技术澳大利亚地区相关专利申请人排名

序号	申请人	申请人国家	专利申请数量	专利授权数量
1	KarmarkarJayant S.	澳大利亚	1	0
2	Sony Corporation	日本	1	0
3	Angel Secure Networks Inc.	美国	1	0
4	MEDIA RIGHTS TECHNOLOGIES INC.	美国	1	0
5	NEC Corporation, JP	日本	1	0
6	SUNMORETEC CO LTD ｜ SUNTORY LTD	日本	1	0
7	THOMSON LICENSING SA	法国	1	0
8	Warner Bros. Home Entertainment Inc.	美国	1	0
9	WraptechLimited, GB	英国	1	1
10	YANG KILSEOB	韩国	1	0

7. 德国地区相关专利申请人排名

表 7.1-8　分布式注册技术德国地区相关专利申请人排名

序号	申请人	申请人国家	专利申请数量	专利授权数量
1	THOMSON LICENSING	法国	1	0
2	INTERTECH VENTURES LTD	美国	1	0

8. 法国地区相关专利申请人排名

法国无相关专利。

9. 英国地区相关专利申请人排名

表 7.1-9　分布式注册技术英国地区相关专利申请人排名

序号	申请人	申请人国家	专利申请数量	专利授权数量
1	TOSHIBA KK	日本	5	1
2	BRITISH BROADCASTING CORP	英国	1	0
3	ZEE CHRISTOPHER	美国	1	0

10. 俄罗斯地区相关专利申请人排名

表 7.1-10　分布式注册技术俄罗斯地区相关专利申请人排名

序号	申请人	申请人国家	专利申请数量	专利授权数量
1	MEDIA RIGHTS TECHNOLOGIES INC.	美国	1	0

11. 韩国地区相关专利申请人排名

表 7.1-11　分布式注册技术韩国地区相关专利申请人排名

序号	申请人	申请人国家	专利申请数量	专利授权数量
1	KOREA ELECTRONICS TELECOMM	韩国	47	15
2	SK TELECOM CO LTD	韩国	24	6
3	SAMSUNG ELECTRONICS CO LTD	韩国	22	2
4	KT CORP	韩国	21	5
5	BIZMODELINE CO LTD	美国	18	1

二、专利分析

(一) 技术发展趋势分析

与网络技术的发展和日益增长的应用需求相适应，分布式技术已经成为新一代计算和应用的主流。如图 7.1-2 所示为分布式注册技术相关专利申请量年度分布，可以看出，分布式注册技术相关专利数量自 1991 年以来逐步增多，1997 年至 2000 年四年间迅速增长，2000 年以后的年平均专利申请量均维持在 150 件左右，到 2008 年达到峰值，然后逐年降低，可见，分布式注册技术已经进入技术成熟期。

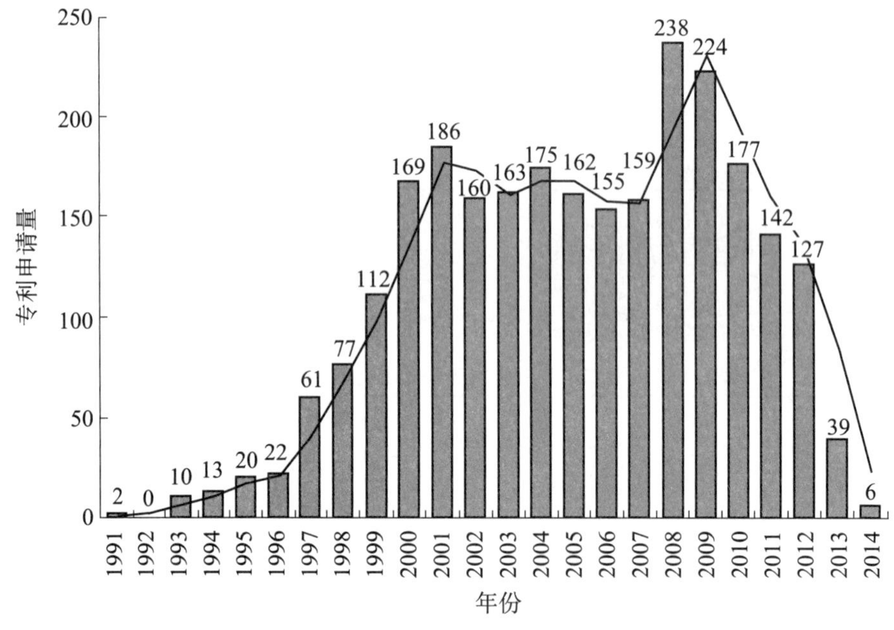

图 7.1-2　分布式注册技术发展趋势图

(二) 技术路线分析

2000 年 1 月 14 日，“九国两组织” 内的第一件专利 EP2000904914A 公开了一种用于数据处理设备中使用的分布式注册技术。之后，随着数字网络的发展，各国对分布式注册技术均开展了研究，例如，E NET SYSTEM SERVICE CORP 公司申请了的专利 JP200059692A，要求保护一种用于电子商务中申请注册的分布式方案；KT CORPORATION

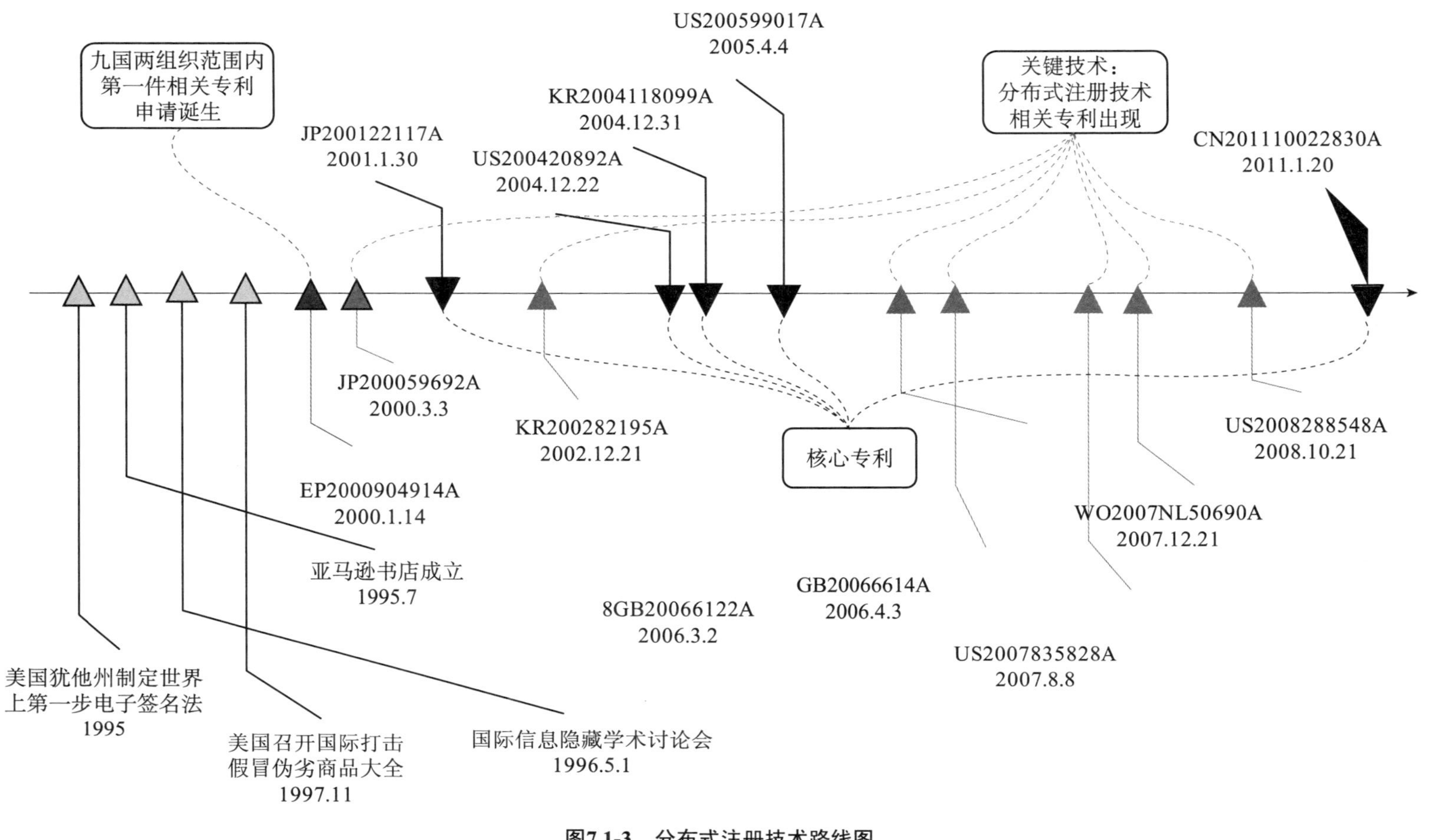

图7.1-3　分布式注册技术路线图

（韩国电信公司）的专利申请 KR2004118099A 要求保护一种用于恢复分布式注册私钥的系统；Grasstell Networks LLC 公司申请的专利 US2008288548A 是有关于在覆盖网络上托管分布式目录。这些专利涉及的技术均与分布式注册技术相关，但是，并不直接与本包涉及的分布式注册技术相关。

（三）主要专利申请人分析

1998 年至 2005 年期间，随着计算机网络技术和数字产品的快速发展，对分布式注册技术的研发持续增加，相关专利申请数量急剧增多，2008 年后，该技术发展趋于成熟，各领先企业的市场份额也趋于稳定，专利申请数量开始呈现下滑趋势。以各申请人在该技术的年专利申请进行排名，得出该技术的主要专利申请人，分别是 NEC CORP（NEC Corporation，Nippon Electric Company，Limited 日本电气股份有限公司，简称 NEC）、HITACHI（日立公司）、NIPPON TELEGRAPH &TELEPHONE（日本电报电话公司，简称 NTT）。

1. 申请量排名第一的专利申请人

（1）专利申请量

NEC 是一家跨国信息技术公司，总部位于日本东京。NEC 为商业企业、通信服务以及政府提供信息技术（IT）和网络产品。它的经营范围主要分成三个部分：IT 解决方案、网络解决方案和电子设备。由图 7. 1- 4 可以看出，在 1997 年至 2000 年间，NEC 关于分布式注册相关技术的专利申请量逐年增多，说明在此期间其在此技术上的研发取得了一定的成绩；在 2001 年至 2009 年间，年专利申请数量基本维持稳定，说明期间继续取得技术进步；直至 2010 年，年专利申请数量大幅减少，2011 年、2012 年期间未见专利申请。推测，NEC 在该技术上的研发投入已经暂停或遭遇技术瓶颈，结合图分析，也有可能是因为其在日本的市场区域饱和，NEC 失去对该技术的增加研发投入的动力。

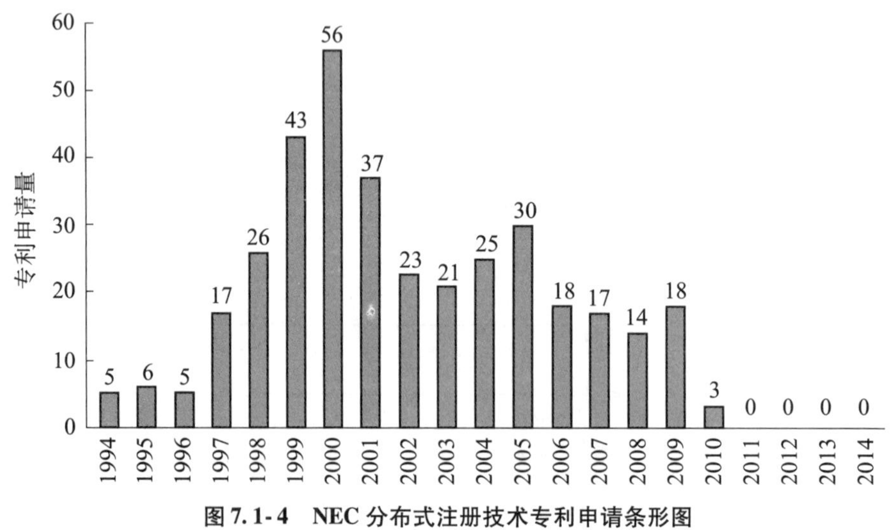

图 7. 1- 4　NEC 分布式注册技术专利申请条形图

（2）“九国两组织”专利申请量区域分布

NEC 总部位于日本，在分布式注册技术上的市场也集中在日本，因此，其专利申请的绝大多数是在日本申请的。

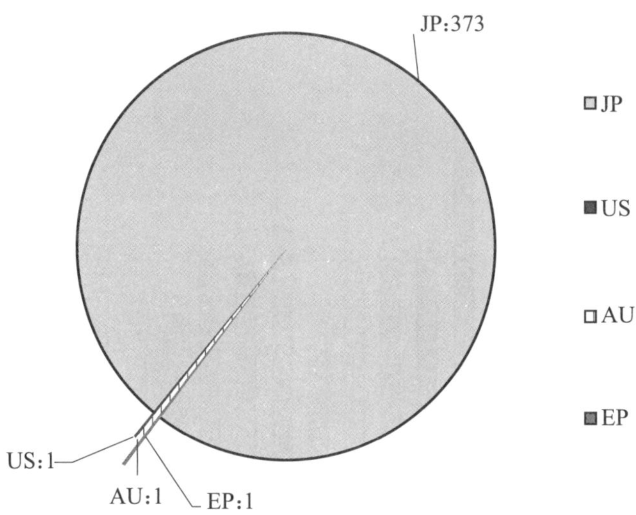

图 7.1-5　NEC 分布式注册技术专利申请量区域分布图

（3）技术构成分布

由图 7.1-6 可以看出，NEC 围绕分布式注册技术申请了较多专利，主要针对分布式认证在文件管理和信息化服务等相关领域的应用。例如，1999 年 4 月 28 日，NEC 提交了一篇专利号 JP1999122966A 的专利申请，公开了一种分布式认证系统和服务器的方法。

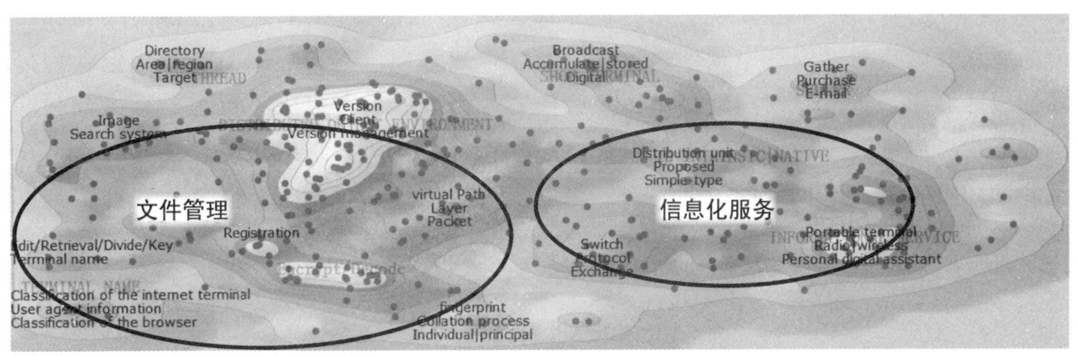

图 7.1-6　NEC 分布式注册技术构成分布图

2. 申请量排名第二的专利申请人

（1）专利申请量

HITACHI（日立）是一家跨国信息技术公司，总部位于日本东京，产品包括电脑产品、半导体等，日立 JP1 连续 5 年获得作业管理软件市场占有率第一。由图 7.1-7 可以看出，1996 年至 1998 年，HITACHI 关于分布式注册技术的专利申请数量逐年增多，并在 1998 年时出现了峰值；1999 年至 2005 年间，相关专利数量基本维持稳定，可知在这期间 HITACHI 继续取得技术进步；2006 年开始，专利申请量逐渐下滑，2012 年期间已未见专利申请。推测，HITACHI 在该技术上的研发投入已经暂停或遭遇技术瓶颈，结合图 7.1-7

分析，也有可能是因为其在日本的市场区域饱和，NEC 失去对该技术的增加研发投入的动力。

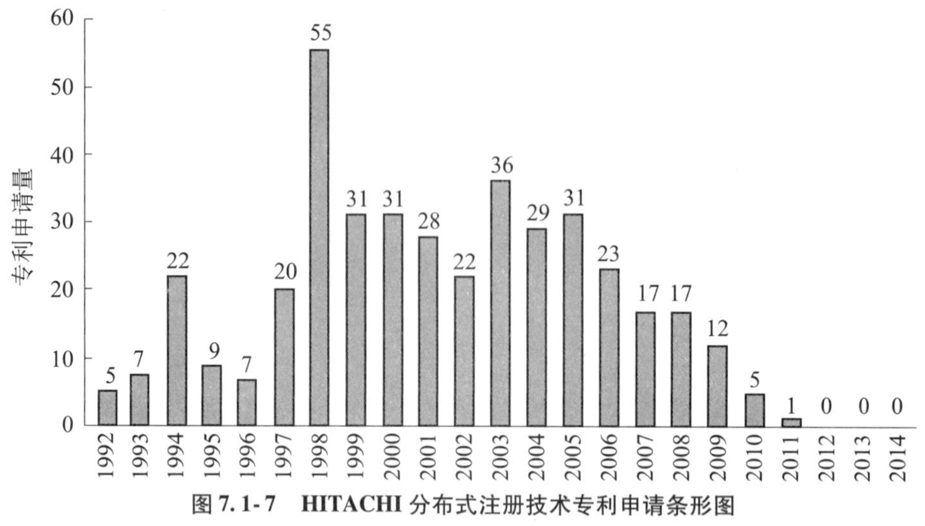

图 7.1-7　HITACHI 分布式注册技术专利申请条形图

（2）“九国两组织”专利申请量区域分布

HITACHI 总部位于日本，因而其专利申请几乎完全集中在日本。2009 年 2 月 17 日，HITACHI 在中国申请专利 CN200910118374A（该中国专利申请的优先权日为 2008 年 8 月 12 日，并且该中国专利申请于 2013 年 9 月 4 日获得授权，专利权于 2015 年 3 月 25 日转移给日立麦克赛尔株式会社）。该专利提供兼顾内容的权利和用户的便利性的应对网络的电视广播・接收系统，通过使全部内容集中在进行保管和分发的服务器中，进行电视广播，可以视听内容。另外，通过以服务器上的称为权利购入的形式可以随时进行服务器上的录像，用户自身不需要身边的录像，能够防止不正当复制和不正当地流出到网络的应对网络的电视广播・接收系统。此外，在其他国家并未发现相关专利申请。

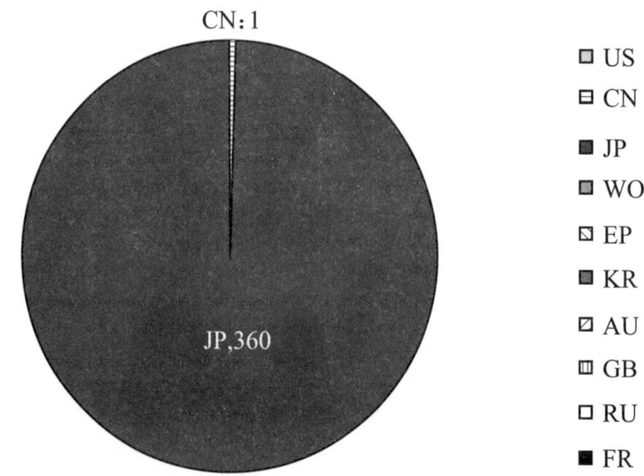

图 7.1-8　HITACHI 分布式注册技术专利申请量区域分布图

（3）技术构成分布

由图 7.1-9 可以看出，HITACHI 关于分布式注册技术申请了较多专利，但技术领域较为分散，但在电子出版交易领域上的专利申请相对其他领域的申请数量较为突出。例如，1998 年 10 月 1 日，HITACHI 提交了一篇专利申请号为 JP1998279596A 的专利申请，其公开了一种能够防止书籍被非法复制的电子图书系统。

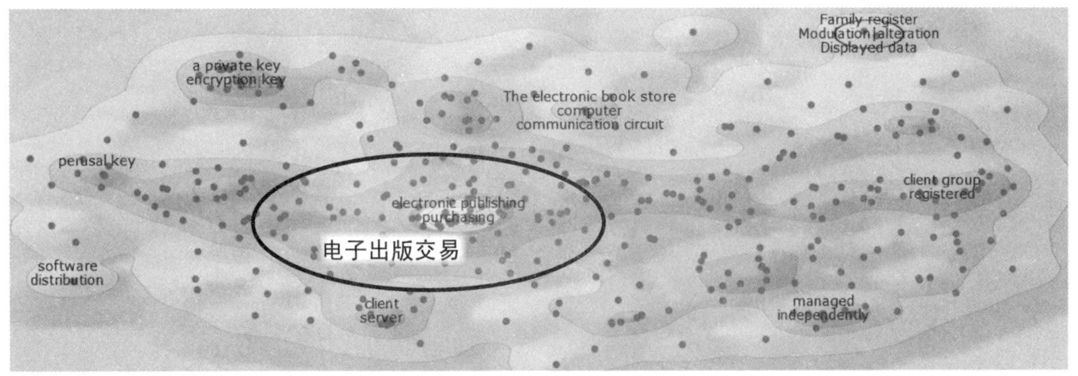

图 7.1-9　HITACHI 分布式注册技术构成分布图

3. 申请量排名第三的专利申请人

（1）专利申请量

NTT 总部位于日本东京，是全世界最大的电信公司之一，为全世界，特别是亚太地区的消费者、企业和政府提供高品质、技术先进的网络管理服务、安全服务和解决方案。由图 7.1-10 可以看出，1996 年起，NTT 开始进行有关分布式注册技术的专利申请，且年专利申请量逐年增多，直至 2002 年，专利申请量达到峰值，超过 50 多件；2002 年后，年专利申请量呈现降低趋势，2011 年、2012 年期间已未见专利申请。推测，NTT 在该技术上的研发投入已经暂停或遭遇技术瓶颈，结合图分析，也有可能是因为其在日本的市场区域饱和，NTT 失去对该技术增加研发投入的动力。

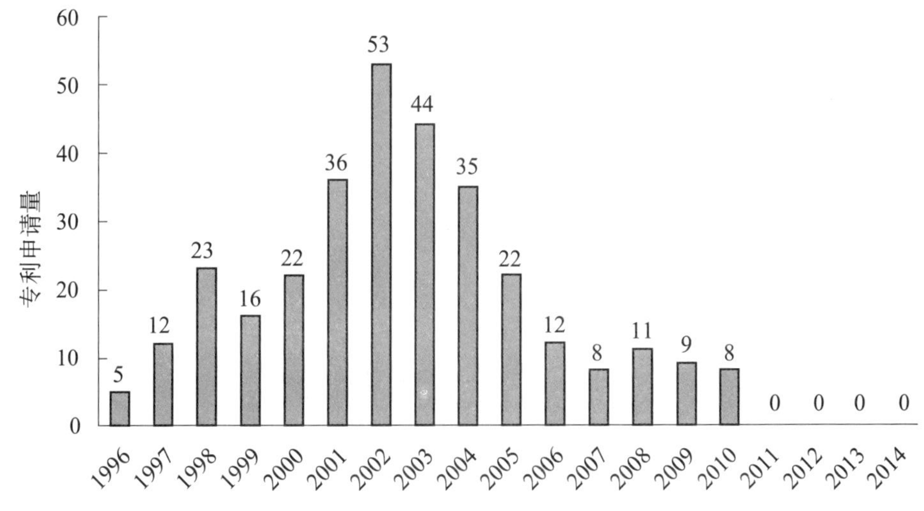

图 7.1-10　NTT 分布式注册技术专利申请条形图

（2）“九国两组织”专利申请量区域分布

NTT 总部位于日本，其专利申请几乎全部集中在日本。仅于 1996 年 6 月 21 日在欧洲提交了唯一的一篇日本境外的专利申请 EP2001126568A，该专利申请公开了一种用于产生和管理公开密钥密码系统的私密密钥的方法和系统。除此之外，未见其在其他国家进行该技术的专利申请。

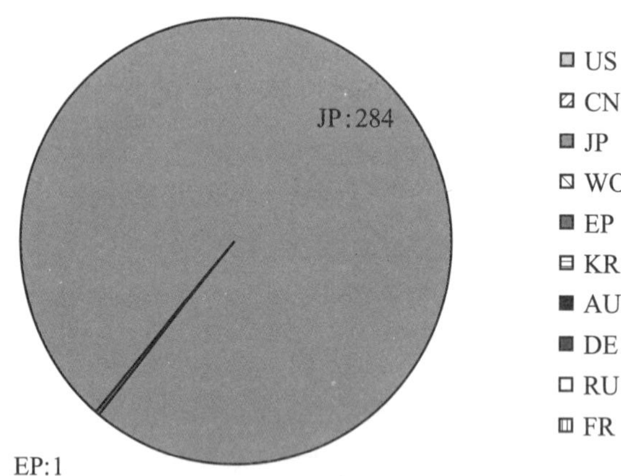

图 7.1-11　NTT 分布式注册技术专利申请量区域分布图

（3）技术构成分布

由图 7.1-12 可以看出，NTT 围绕分布式注册技术申请了较多专利，主要是涉及分布式注册技术在服务器管理和权利认证领域的应用。例如，2005 年 5 月 17 日，NTT 提交的专利申请号 JP2005143965A 公开了一种通过将提取的元数据和注册的元数据进行比较实现检测数字内容是否为非法复制的方法。

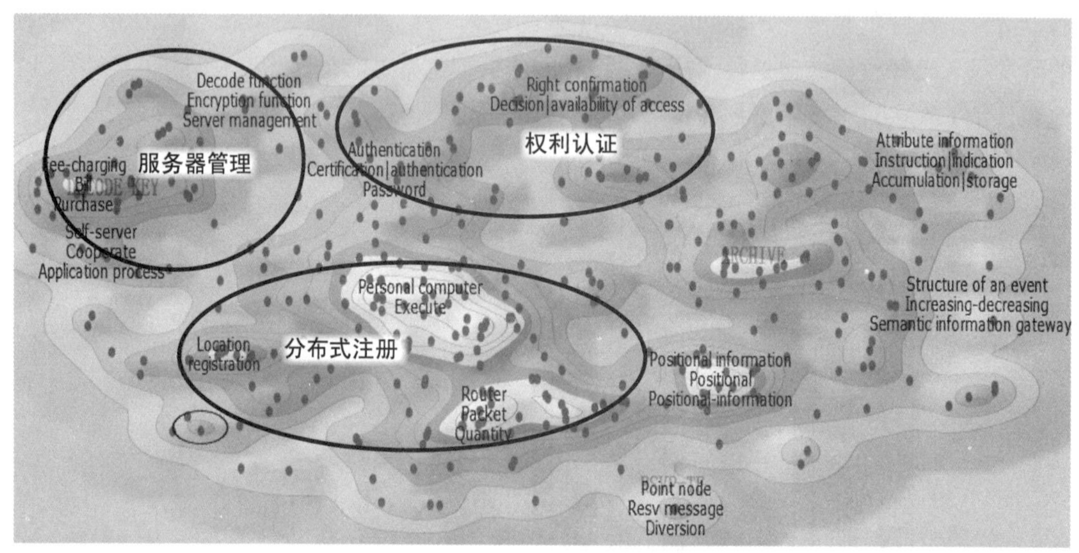

图 7.1-12　NTT 分布式注册技术的构成分布图

三、总结

(一) 专利申请量的总体发展趋势

就整个行业专利申请状况来看，分布式注册技术相关专利数量自 1991 年以来逐步增多，2000 年以后的年平均专利申请量基本保持稳定，近两年出现下滑趋势，可见，分布式注册技术已经进入技术成熟期。

(二) 各地区技术发展现状以及未来发展趋势

通过对于整个行业进行技术生命周期曲线分析，可以判断该技术领域在各个地区的发展现状以及未来的发展趋势。下面举几个比较重点的地区和国家进行分析，结果如下：

1. 美国

在美国，分布式注册技术的研发和使用较早，当前阶段，分布式注册技术在美国已经度过发展期和成熟期，进入专利申请量和申请人数量急剧减少的衰退期，说明该技术在美国境内已经积累较为成熟的技术成果。

2. 日本

在日本市场中，分布式注册技术的成熟度较高。该技术在日本经过萌芽期、发展期、成熟期后，已进入专利申请量和申请人数量急剧减少的衰退期，并有趋近于零的趋势。

3. 韩国

分布式注册技术在韩国经过快速发展，逐渐进入技术成熟期。

4. 中国

在中国，分布式注册技术正处于专利权人和专利数量逐年减少的衰退期，但近年有回升态势。

(三) 主要申请人专利申请对比分析

通过对分布式注册技术领域的宏观分析，我们结合微观分析模块具体解读行业内主要申请人的专利现状。

1. 专利申请量维度横向比较

以各申请人在分布式注册技术的年专利申请进行排名，得出该技术的三个主要专利申请人，分别是：日本电气公司、日立公司、日本电报电话公司。1998 年至 2005 年期间，分布式注册技术的研发持续增加，相关专利申请数量急剧增多，2008 年后，该技术发展趋于成熟，各领先企业的市场份额也趋于稳定，专利申请数量开始呈现下滑趋势。

2. 专利资产区域布局情况

从分布式注册技术相关的三个主要申请人的专利资产区域布局情况，我们可以看出：日本电气公司、日立公司、日本电报电话公司专利申请地区几乎全部集中在日本，仅有极少数相关专利分布于美国、中国或欧洲。

3. 技术热点分析

从技术热点分析角度来说，日本电气公司、日立公司、日本电报电话公司均围绕分布式注册技术申请了较多专利。其中，日本电气公司主要针对分布式认证在文件管理和信息化服务等相关领域的应用；日立公司关于分布式注册技术申请的专利，技术领域较为分散，在电子出版交易领域上的专利申请相对其他领域的申请数量较为突出；日本电报电话公司主要是涉及分布式注册技术在服务器管理和权利认证领域的应用。

第二节 网页快照技术

一、专利检索

（一）检索结果概述

以网页快照技术为检索主题，在“九国两组织”范围内，共检索到相关专利申请2 919件，具体数量分布如下（单位：件）：

美国	中国	日本	韩国	英国	法国	德国	澳大利亚	俄罗斯	EP	WO	总计
1 560	297	314	113	13	1	28	66	9	234	284	2 919

（二）各地区/组织网页技术快照相关专利申请趋势

表 7.2-1　网页快照技术“九国两组织”相关专利申请状况

国家＼年份	1990	2000	2001	2002	2003	2004	2005	2006	2007	2008	2009	2010	2011	2012	2013	2014
US	17	8	10	18	39	64	56	65	102	106	105	151	140	205	196	278
CN	1	1	4	4	5	2	14	14	15	19	24	23	18	67	43	43
JP	4	11	8	10	9	22	29	22	30	28	35	20	23	23	15	25
KR	0	0	0	1	3	0	2	5	2	12	2	7	17	14	21	27
GB	1	1	0	0	0	1	0	1	1	2	0	1	1	0	1	3
DE	0	0	0	0	2	1	2	3	8	2	2	3	2	0	1	2
FR	0	0	1	0	0	0	0	0	0	0	0	0	0	0	0	0
AU	5	1	1	4	6	7	3	4	3	3	3	4	4	2	7	9
RU	0	0	0	0	0	0	0	0	0	1	1	0	1	3	2	1
EP	6	4	7	5	11	11	12	15	14	23	16	19	17	22	26	26
WO	16	4	8	11	11	19	14	10	33	18	16	17	21	22	35	29

由图 7.2-1 可知，从 2000 年开始，网页快照技术的相关研究应用逐步升温，相关专利的主要申请国包括美国、中国、日本和韩国。其中，美国的相关专利申请增量态势最为显著，也是目前拥有网页快照技术相关专利申请量最多的国家。从世界范围来看，网页快照技术的研究应用目前也还处于推广上升时期。

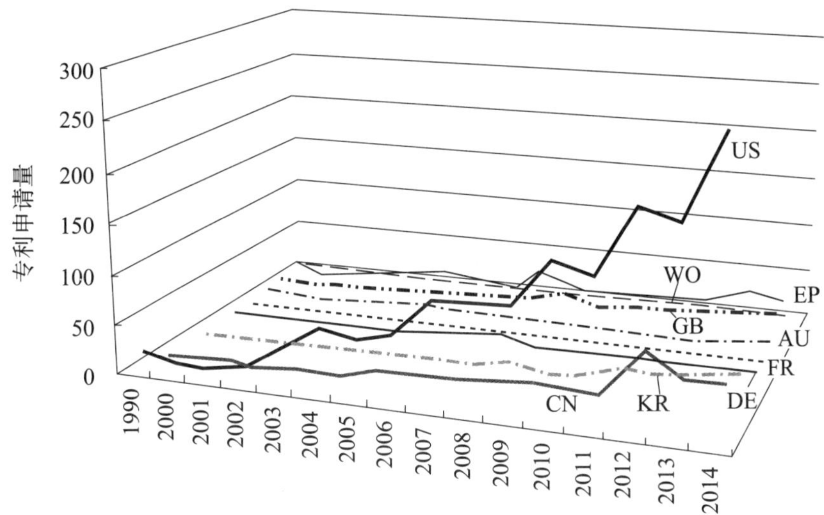

图 7.2-1　“九国两组织”相关专利申请状况图

（三）各地区/组织分布式注册技术相关专利申请人排名

1. WO 相关专利申请人排名

表 7.2-2　网页快照技术 WO 相关专利申请人排名

序号	申请人	申请人国家	专利申请数量
1	MICROSOFT CORP	美国	25
2	COMMVAULT SYSTEMS INC	美国	10
3	INTEL CORP	美国	9
4	QUALCOMM INC	美国	6
5	PRAHLAD ANAND	美国	6

2. EP 相关专利申请人排名

表 7.2-3　网页快照技术 EP 相关专利申请人排名

序号	申请人	申请人国家	专利申请数量	专利授权数量
1	MICROSOFT CORP	美国	25	5
2	SNAPTRACK INC	美国	9	9
3	COMMVAULT SYSTEMS INC	美国	8	2
4	INTEL CORP	美国	7	4
5	SYMANTEC CORP	美国	6	3

3. 中国地区相关专利申请人排名

表 7.2-4　网页快照技术中国地区相关专利申请人排名

序号	申请人	申请人国家	专利申请数量	专利授权数量
1	MICROSOFT CORP	美国	28	12
2	IBM	美国	13	9

（续表）

序号	申请人	申请人国家	专利申请数量	专利授权数量
3	SAMSUNG ELECTRONICS CO LTD	韩国	8	5
4	ZTE CORP	中国	7	4
5	INFORTREND TECHNOLOGY INC	中国台湾	7	7

4. 美国地区相关专利申请人排名

表 7.2-5　网页快照技术美国地区相关专利申请人排名

序号	申请人	申请人国家	专利申请数量	专利授权数量
1	MICROSOFT CORP	美国	171	58
2	IBM	美国	104	27
3	COMMVAULT SYSTEMS INC	美国	78	18
4	SYMANTEC CORP	美国	61	11
5	APPLE INC	美国	27	5

5. 日本地区相关专利申请人排名

表 7.2-6　网页快照技术日本地区相关专利申请人排名

序号	申请人	申请人国家	专利申请数量	专利授权数量
1	HITACHI LTD	日本	91	46
2	MICROSOFT CORP	美国	17	12
3	FUJITSU LTD	日本	15	10
4	NEC CORP	日本	11	6
5	FUJI XEROX CO LTD	日本	10	5

6. 澳大利亚地区相关专利申请人排名

表 7.2-7　网页快照技术澳大利亚地区相关专利申请人排名

序号	申请人	申请人国家	专利申请数量	专利授权数量
1	MICROSOFT CORP	美国	9	7
2	COMMVAULT SYSTEMS INC	美国	6	5
3	GOTTFRIED LINDA	美国	4	0
4	PALANTIR TECHNOLOGIES INC	美国	3	2
5	INTERACT DEVICES INC	澳大利亚	3	2

7. 德国地区相关专利申请人排名

表 7.2-8　网页快照技术德国地区相关专利申请人排名

序号	申请人	申请人国家	专利申请数量	专利授权数量
1	INTEL CORP	美国	3	1
2	LAWO AG	德国	2	0
3	HEWLETT PACKARD DEVELOPMENT CO	美国	2	2
4	TANDBERG STORAGE ASA	挪威	2	2
5	VITESSE SEMICONDUCTOR CORP	美国	2	2

8. 法国地区相关专利申请人排名

表 7.2-9　网页快照技术法国地区相关专利申请人排名

序号	申请人	申请人国家	专利申请数量	专利授权数量
1	GE MEDICAL SYST SA	美国	1	0

9. 英国地区相关专利申请人排名

表 7.2-10　网页快照技术英国地区相关专利申请人排名

序号	申请人	申请人国家	专利申请数量	专利授权数量
1	IBM	美国	2	0
2	WOLFSON MICROELECTRONICS PLC	英国	2	2
3	CLOUDTOMO LTD	英国	1	0
4	ICON BUSINESS SYSTEMS LTD	中国香港	1	0
5	BIZCONLINE LTD	中国香港	1	0

10. 俄罗斯地区相关专利申请人排名

表 7.2-11　网页快照技术俄罗斯地区相关专利申请人排名

序号	申请人	申请人国家	专利申请数量	专利授权数量
1	MICROSOFT CORP	美国	5	1
2	GIL FANOV TAGIR DANILOVICH	俄罗斯	2	2
3	VJAKHIREV GEORGIJ RUSLANOVICH	俄罗斯	1	0
4	QUALCOMM INC	美国	1	0

11. 韩国地区相关专利申请人排名

表 7.2-12　网页快照技术韩国地区相关专利申请人排名

序号	申请人	申请人国家	专利申请数量	专利授权数量
1	SAMSUNG ELECTRONICS CO LTD	韩国	20	4
2	MICROSOFT CORP	美国	16	4

（续表）

序号	申请人	申请人国家	专利申请数量	专利授权数量
3	QUALCOMM INC	美国	5	0
4	NEONODE INC	美国	4	4
5	IBM	美国	4	2

二、专利分析

（一）技术发展趋势分析

网页快照技术能够抓取并保存网页内容，其应用在网络侵权追踪平台中，在互联网环境中能够起到对网页呈现的数字媒体作品的内容“定格”，从而实现侵权取证。搜索引擎中的老大哥 Google，在它的网页数据库中储存了数十亿张网页，由 Net Spider 系统抓取并保存下来的。所有的这些网页，当在搜索引擎结果中进行展示时，都被称为网页快照。

图 7.2-2 示出了全球范围内网页快照技术的发展趋势，由图可以看出，有关网页快照技术的第一件专利诞生于 1994 年，随后该技术稳步发展，专利申请量逐年递增。到 2010 年，相关专利年申请量已经达到 140 件，继而保持了两年很稳定的状态后，于 2013 年开始呈现出申请量下滑的势头。

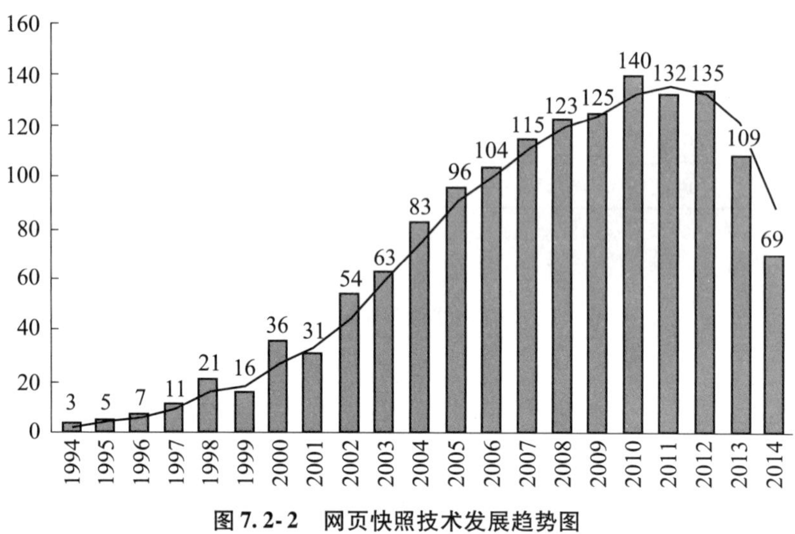

图 7.2-2　网页快照技术发展趋势图

（二）技术路线分析

图 7.2-3 为网页快照技术的重要技术时序图，由图可知，与网页快照技术相关的第一件专利诞生于 1994 年 10 月 13 日。图中黑色箭头导引的专利为在网页快照技术方面被引证次数比较多的核心专利。这些核心专利覆盖到存储单元快照、消息捕获方法、具有快照功能的网络搜索引擎等技术。这些核心技术由于具有很强的适用性，被广泛推广应用，后期也作为基础技术被其后申请的专利多次引用和引证，为网页快照技术发展历程中的里程

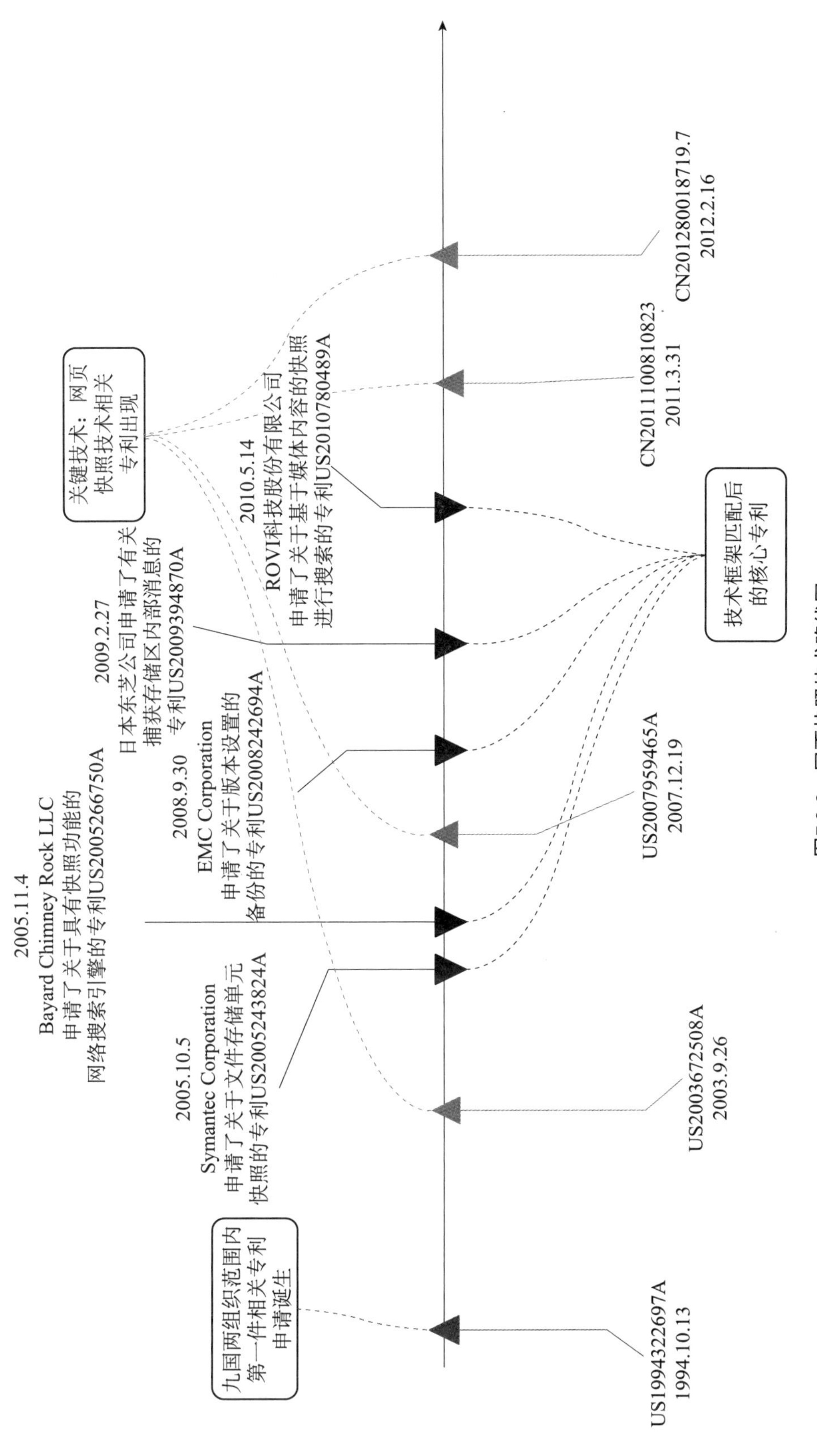

图7.2-3　网页快照技术路线图

碑专利。图中灰色箭头导引的专利为与包 07 网络侵权追踪平台中网页快照技术相关性比较高的关键技术专利，包括关键专利的申请时间和专利申请号。

本章节的主要内容，是对网页快照技术分别在美国、中国、日本和韩国的发展趋势做相应的分析了解。具体是通过网页快照技术在上述四个国家的专利技术生命周期曲线来了解主题技术在不同国家的发展特点，包括时期特点和阶段特点。主要是了解网页快照技术在主要发展国家什么时候萌芽兴起、应用发展和成熟推广，甚至是衰退替换。

（三）主要专利申请人分析

通过对网页快照技术的检索结果的相关分析，得到在主题技术相关方面专利申请量的全球前三名。网页快照技术相关专利申请量最多的三个公司分别是微软公司、日立公司和 IBM 公司。排名前三的公司对网页快照技术的研究时期基本相同。微软公司在 2003 年至 2013 年这段主要申请时期中，相关专利年申请量没有太大的变化，最高纪录为 2010 年的 16 件；日立公司关于主题技术的总申请量虽然不是最多，但年申请量整体呈现出明显的上升和下降趋势，波峰为 2006 年的 23 件；IBM 公司除个别年申请量明显高于均值外，其他时期年申请量基本持平，没有呈现出明显的申请趋势。

1. 申请量排名第一的专利申请人

（1）专利申请量

图 7.2-4 示出了微软公司在网页快照技术相关方面的专利申请趋势图。由图可知，其在主题技术方面的专利申请主要集中在 2002 年至 2013 年期间，在这期间之前或之后只有很少一部分的专利申请。相对于行业内网页快照技术的整体发展趋势，其在主题相关技术方面的专利申请明显延后。而在 2002 年至 2013 年期间，其专利申请量呈现出波浪形的波动状态，但由于其专利整体数据量和年申请数据量都比较少，因此，无法客观有力地反映其具体技术发展应用的情况。

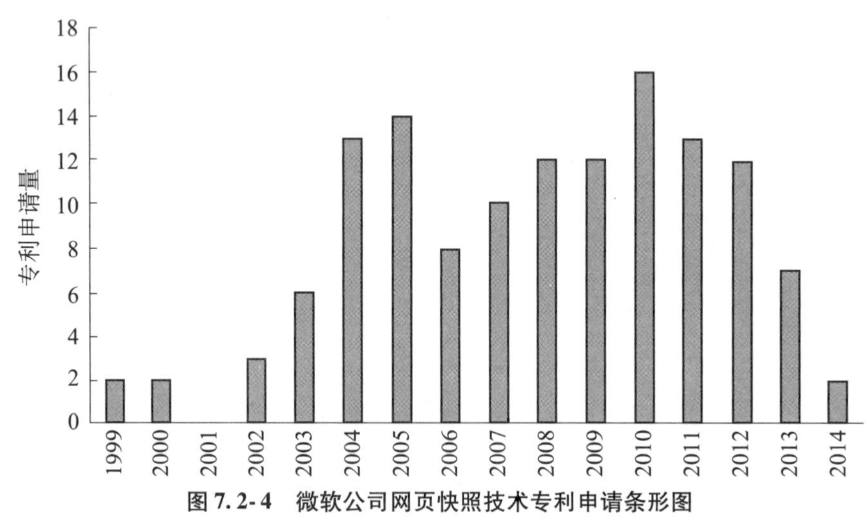

图 7.2-4　微软公司网页快照技术专利申请条形图

（2）“九国两组织”专利申请量区域分布

美国拥有世界上最先进的计算机、通信和信息技术，而微软公司也是美国最早一批发展起来的电脑科技公司。从图可以看出，微软公司将大多数专利都放在了技术比较先进的总部所在国——美国。微软公司在日本、韩国、中国、俄罗斯，以及世界知识产权组织也有少量网页快照技术主题相关的专利申请。

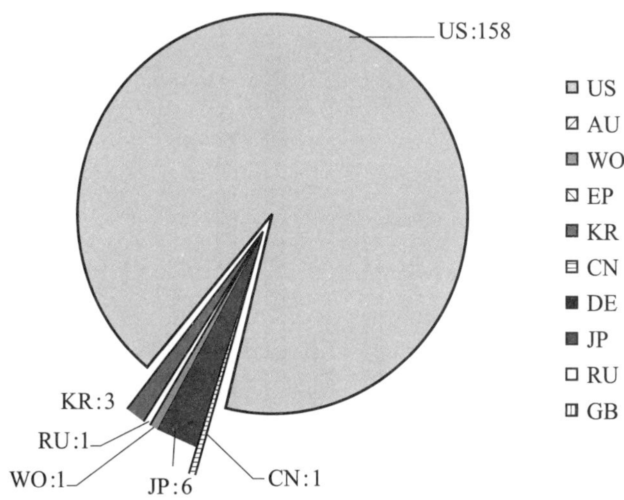

图 7.2-5　微软网页快照技术专利申请量区域分布图

(3) 技术构成分布

图 7.2-6 为微软公司的网页快照技术的相关专利的构成分布图（Themescape）。可以看出，在网页快照技术的相关专利中，大多数专利本身就涉及网页快照的相关内容。

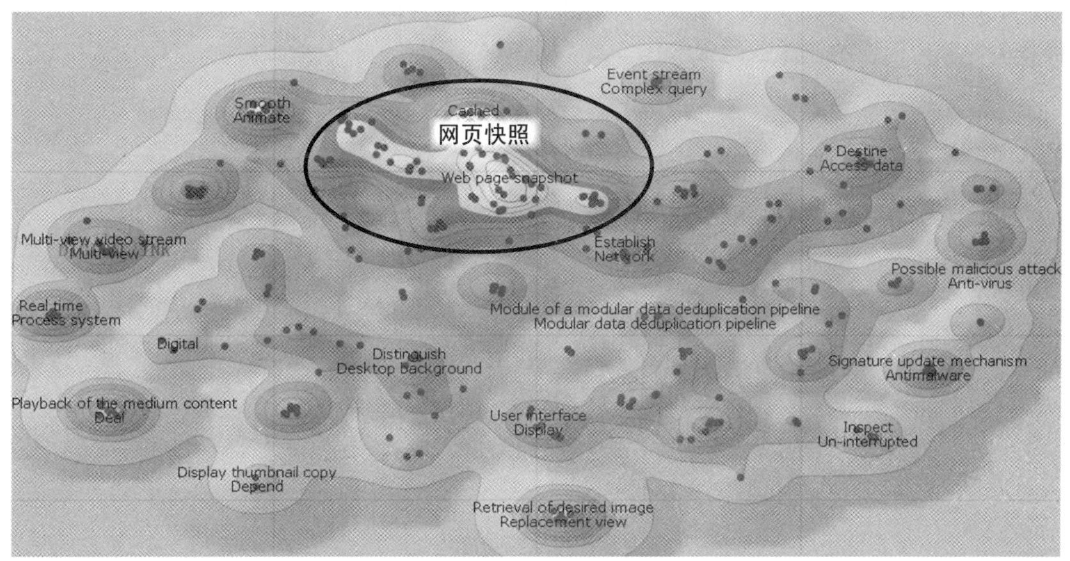

图 7.2-6　微软网页快照技术构成分布图

2. 申请量排名第二的专利申请人

(1) 专利申请量

相对于美国的微软公司，日本的日立公司在网页快照技术主题方面的专利申请趋势呈现得比较清晰。从图中可以看出，日立公司有关网页快照的第一件专利也产生于 1999 年，随后整体申请趋势上升，到2006年相关专利年申请量达到23件。超过微软公司的最高年申请量16件。在2006年后，日立公司的相关专利申请量开始下滑，到近两年基本上已没有网页快照方面的相关专利申请。

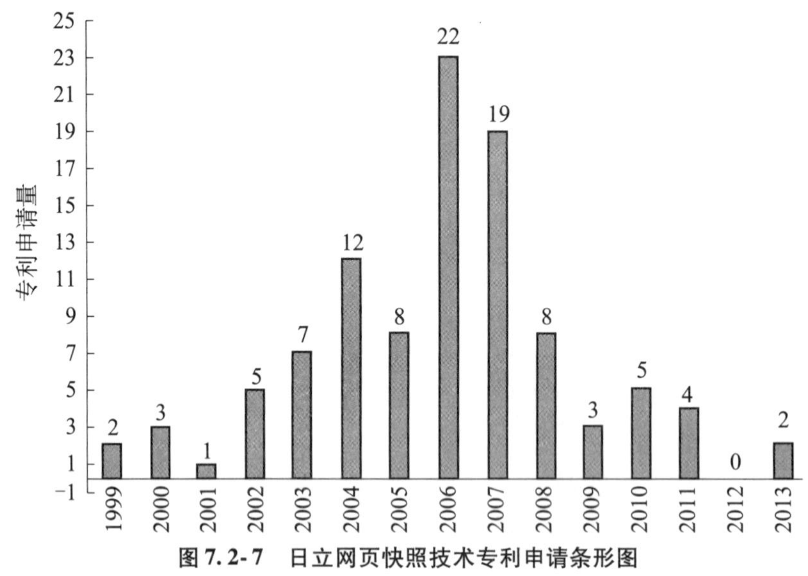

图7.2-7　日立网页快照技术专利申请条形图

（2）“九国两组织”专利申请量区域分布

日立公司关于网页快照技术的专利申请国只有日本和美国。其中，日立在总部所在国——日本，拥有82件网页快照技术相关的专利申请，约占总数的81%；在美国拥有19件相关专利申请，约占总数的19%。

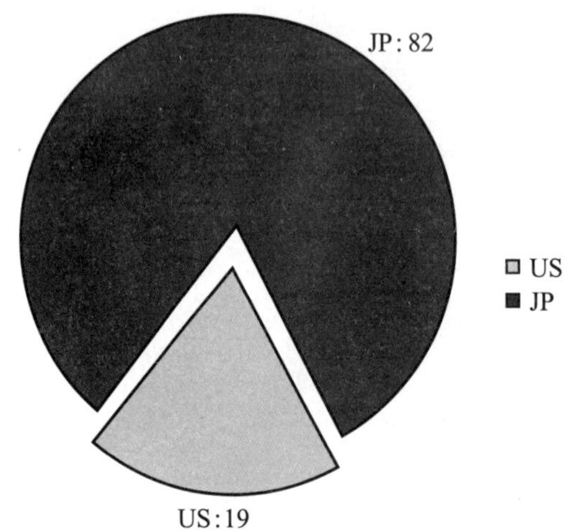

图7.2-8　日立网页快照技术专利申请量区域分布图

（3）技术构成分布

图7.2-9为日立公司的网页快照技术的相关专利的构成分布图。可以看出，在网页快照技术的相关专利中，涉及快照、创建图像、快照配置和复制、存储的专利比较多。

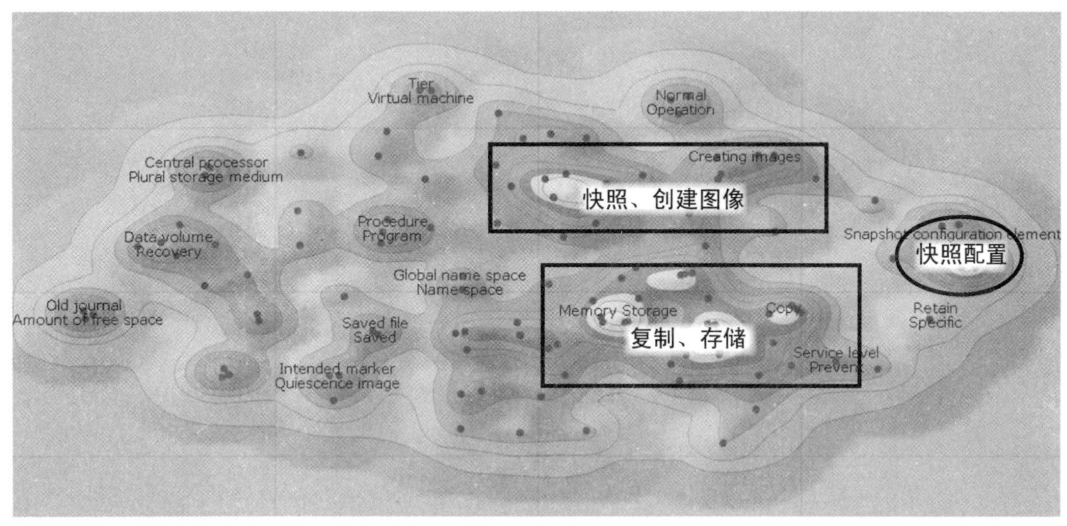

图 7.2-9　日立网页快照技术构成分布图

3. 申请量排名第三的专利申请人

（1）专利申请量

图 7.2-10 示出了 IBM 公司与网页快照技术相关专利的申请趋势。参见图示内容，IBM 公司在主题技术方面申请的相关专利总数不多，也没有呈现出能够反映技术研发情况的明显趋势。由图可知 IBM 公司只有 2004 年、2008 年至 2011 年和 2013 年的相关专利申请量超过 5 件，其余年份的申请量基本没什么差别，平均年申请量为每年 3 件左右。

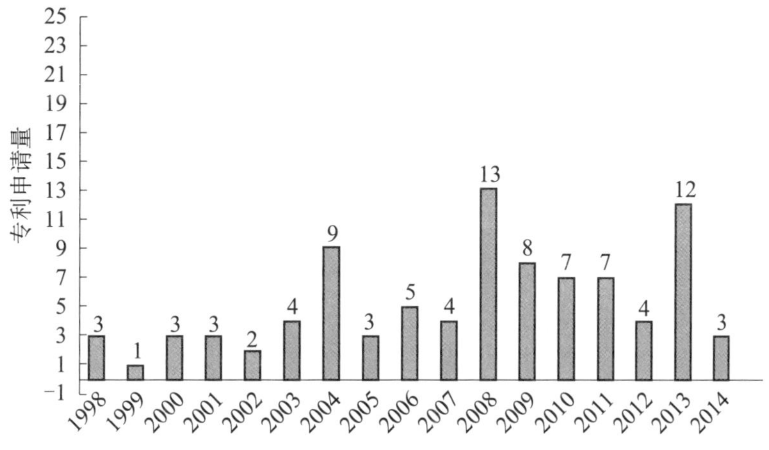

图 7.2-10　IBM 网页快照技术专利申请条形图

（2）“九国两组织”专利申请量区域分布

IBM 公司有关网页快照技术的专利申请大多数都是在美国申请的。在其他相对来说技术发展比较快的国家，如中国、日本、韩国和英国，也有少数几件专利申请。在欧专局和世界知识产权组织分别有 1 件专利申请。虽然在除美国外的其他国家和地区，IBM 公司有关网页快照技术的专利申请很少，但是其业务市场、技术应用范围还是很广。

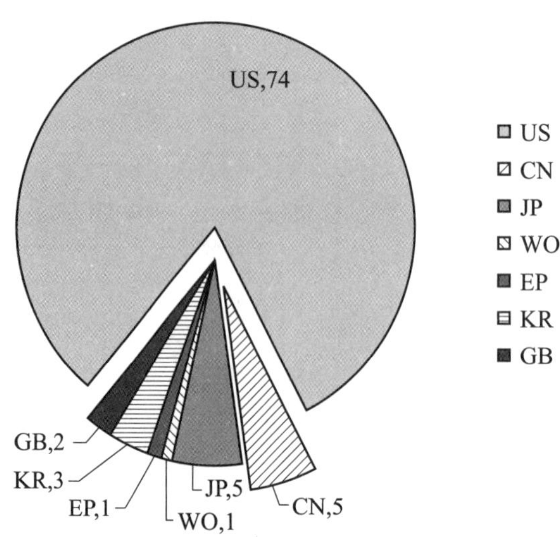

图 7.2-11 IBM 网页快照技术专利申请量区域分布图

(3) 技术构成分布

图 7.2-11 为 IBM 公司的网页快照技术的相关专利的构成分布图。其中一个点表示一篇专利，点与点间距表示专利内容相似性，点距离越近，表示专利内容越接近。图中灰色表示专利量大小，以等高线形式表达相似专利的密集程度，例如白色表示专利密集区域。由图可以看出，在网页快照技术的相关专利中，涉及网页快照相关内容和快照映像的专利比较多。

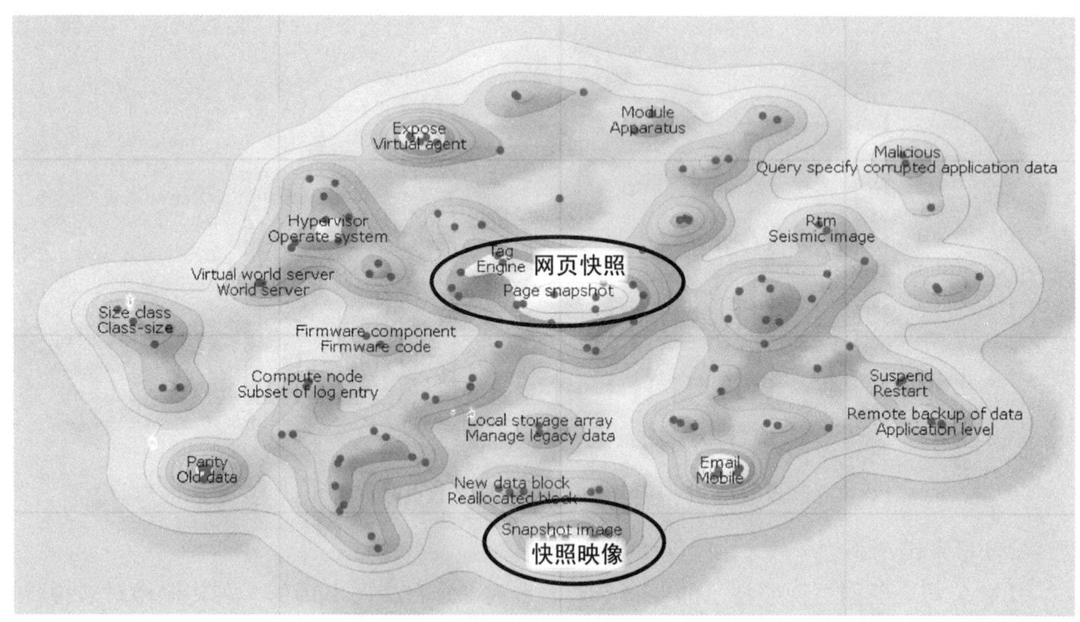

图 7.2-12 IBM 网页快照技术构成分布图

三、总结

（一）专利申请量的总体发展趋势

网页快照技术自诞生后至1999年期间，发展相对比较缓慢，此后，便进入一段快速发展的时期，经过2009年至2012年的高峰期后，近两年全球范围内已进入成熟期到衰退期的过渡时期。网页快照技术的专利年申请量最高值为140件。

（二）各地区技术发展现状以及未来发展趋势

1. 美国

美国作为最早研究网页快照技术，并具备超强研发实力的国家，其在网页快照技术方面的技术发展态势与全球范围内的网页快照技术态势相似，或者说美国的网页快照技术的发展态势直接影响主导了全球范围内网页快照技术的发展态势。美国在主题技术方面拥有的专利数量超过全球相关专利数量的一半。

2. 日本

网页快照技术在日本的发展完全符合山峰由低到高，再由高到低的形态，其高峰期为2007年至2008年，专利年平均申请量有30～40件，之后的年专利申请数量便逐步下滑，目前该技术在日本处于技术衰退期。

3. 韩国

韩国在网页快照技术方面起步较晚，整体专利申请数量也不多，但其技术发展成熟度落后于美国和日本，目前处于技术的成熟期。

4. 中国

中国网页快照技术的发展情况与美国类似，其专利年最高申请量为40件左右，目前处于网页快照技术从成熟期到衰退期的过渡时期。

（三）主要申请人专利申请对比分析

通过对于网页快照技术领域的宏观分析，我们得出行业内的三个主要申请人是微软公司、日立公司以及IBM公司。下面结合微观分析模块具体解读主要申请人的专利现状。

1. 专利申请量维度横向比较

通过将三个主要申请人在专利申请量维度进行横向比较，可以看出，微软公司的专利申请主要集中在2002年至2013年，这期间申请网页快照技术方面的专利没有明显态势，总量有100多件；日立公司的专利申请态势与网页快照技术在日本的发展态势相似，专利申请高峰在2006年至2007年，年申请最高值为2006年的23件；IBM公司在网页快照技术方面的专利申请没有明显趋势，其专利申请总量和日立公司的专利申请总量与位列第一的微软公司相差都不大。

2. 专利资产区域布局情况

微软公司和IBM公司的主要专利布局国都是美国，此外，在其他一些技术比较发达的国家和地区，也申请了少量的专利；与微软和IBM公司不同的是，日立公司只在总部所在国日本和美国进行了相应的专利布局，可见其目标市场很明确。

3. 技术热点分析

从技术热点分析角度来说，微软公司关注的技术主要涉及网页快照的整体技术；日立公司则侧重在快照、创建图像和快照配置方面的技术；IBM 公司主要关注网页快照整体技术和快照映像方面的技术。

第三节　用户一站式服务技术

一、专利检索

（一）检索结果概述

以用户一站式服务技术为检索主题，在“九国两组织”范围内，共检索到相关专利申请 542 件，具体数量分布如下（单位：件）：

美国	中国	日本	韩国	英国	法国	德国	澳大利亚	俄罗斯	EP	WO	总计
238	37	121	33	2	0	0	9	2	42	58	542

（二）各地区/组织用户一站式服务注册技术相关专利申请趋势

表 7. 3-1 与图 7. 3-1 示出了 1994 年至 2014 年各个国家历年在用户一站式服务技术领域的专利申请数量。从表中可以看出，在全球范围内，该领域的专利申请总量较低，分析可能的原因如下：①单独从事该研究领域研究的人员或企业并不多；②“一站式服务技术”作为单独的检索主题可专利性不强有关；③“一站式服务”通常是通过多种技术联合使用实现的，而在进行专利申请时，为了获得更大范围的保护，很少有申请人会将其放在一个技术方案内进行专利申请。从现有数据上看，相对其他国家而言，美国（US）、日本（JP）两国的专利申请总量较多，但以美国为代表的各个国家的年专利申请量增幅极小，例如，从 2001 年到 2008 年的 7 年间美国在该领域的专利申请量仅增加了 21 件。中国该检索主题下的专利申请量与整体趋势一致，年专利申请量相对最高仅为 5 件。

表 7. 3-1　用户一站式服务技术“九国两组织”相关专利申请状况

年份 国家	1990①	2000	2001	2002	2003	2004	2005	2006	2007	2008	2009	2010	2011	2012	2013	2014
US	0	0	5	16	6	6	10	23	19	26	24	24	19	21	21	18
CN	1	0	3	4	2	0	3	1	2	3	4	1	5	4	3	1

① 1990 是指 1990 – 1999 年的专利数量总数。

（续表）

国家＼年份	1990	2000	2001	2002	2003	2004	2005	2006	2007	2008	2009	2010	2011	2012	2013	2014
JP	1	4	8	17	11	6	8	1	5	12	11	7	8	7	2	13
KR	0	0	0	0	0	0	0	0	0	9	4	6	5	6	3	0
GB	0	0	0	0	0	0	0	1	0	1	0	0	0	0	0	0
DE	0	0	0	0	0	0	0	0	0	0	0	0	0	0	0	0
FR	0	0	0	0	0	0	0	0	0	0	0	0	0	0	0	0
AU	0	0	0	0	2	1	0	1	0	0	2	1	1	0	0	1
RU	0	0	0	0	0	0	0	0	0	0	0	2	0	0	0	0
EP	0	1	6	2	2	3	4	5	2	4	4	0	4	4	0	1
WO	1	1	0	3	2	6	4	4	5	3	3	5	2	6	5	8
合计	3	6	22	42	25	22	29	36	33	58	52	46	44	48	34	42

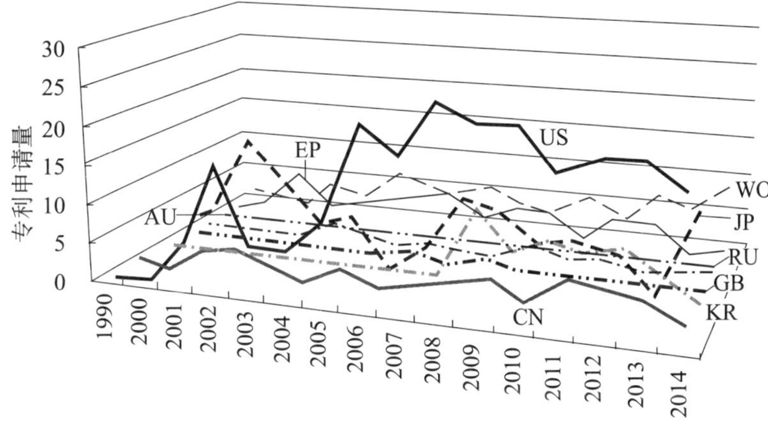

图 7.3-1　“九国两组织”相关专利申请状况图

（三）各地区/组织用户一站式服务技术相关专利申请人排名

1. WO 相关专利申请人排名

表 7.3-2　用户一站式服务技术 WO 相关专利申请人排名

序号	申请人	申请人国家	专利申请数量
1	DIGIBOO LLC	美国	6
2	KING MARTIN T	美国	3
3	YAHOO INC	美国	3
4	SNOCAP INC	美国	3
5	F3M3 COMPANIES INC	美国	2

2. EP相关专利申请人排名

表7.3-3 用户一站式服务技术EP相关专利申请人排名

序号	申请人	申请人国家	专利申请数量	专利授权数量
1	IBM	美国	4	2
2	GOOGLE INC	美国	4	0
3	SEIKO EPSON CORP	日本	2	1
4	Yahoo！Inc	美国	2	0
5	FUJITSU LTD	日本	1	1

3. 中国地区相关专利申请人排名

表7.3-4 用户一站式服务技术中国地区相关专利申请人排名

序号	申请人	申请人国家	专利申请数量	专利授权数量
1	北大方正集团有限公司	中国	8	3
2	IBM	美国	2	2
3	GOOGLE INC	美国	2	0
4	MICROSOFT CORP	美国	2	0
5	CRAM INC	美国	1	0

4. 美国地区相关专利申请人排名

表7.3-5 用户一站式服务技术美国地区相关专利申请人排名

序号	申请人	申请人国家	专利申请数量	专利授权数量
1	IBM	美国	30	25
2	CONTENTGUARD HOLDINGS INC	美国	11	3
3	DIGIBOO LLC	美国	8	1
4	ContentGuard Holdings Inc	美国	7	1
5	Apple Inc.	美国	2	0

5. 日本地区相关专利申请人排名

表7.3-6 用户一站式服务技术日本地区相关专利申请人排名

序号	申请人	申请人国家	专利申请数量	专利授权数量
1	SEIKO EPSON CORP	日本	13	6
2	HITACHI LTD	日本	11	4
3	CANON KK	日本	5	1
4	YAHOO INC	美国	5	3
5	FUJI XEROX CO LTD	日本	3	2

6. 澳大利亚地区相关专利申请人排名

表 7.3-7 用户一站式服务技术澳大利亚地区相关专利申请人排名

序号	申请人	申请人国家	专利申请数量	专利授权数量
1	JVL Corporation	加拿大	1	0
2	MICROSOFT CORP	美国	1	1
3	FUTURE IP LTD	美国	1	0
4	DIGITAL INTERACTIVE ENTERTAINM	美国	1	1
5	FIRST DATA COR	美国	1	0

7. 德国地区相关专利申请人排名

德国无相关专利。

8. 法国地区相关专利申请人排名

法国无相关专利。

9. 英国地区相关专利申请人排名

表 7.3-9 用户一站式服务技术英国地区相关专利申请人排名

序号	申请人	申请人国家	专利申请数量	专利授权数量
1	HEWLETT PACKARD DEVELOPMENT CO	英国	1	0
2	INSPIRED BROADCAST NETWORKS LT	英国	1	0

10. 俄罗斯地区相关专利申请人排名

表 7.3-10 用户一站式服务技术俄罗斯地区相关专利申请人排名

序号	申请人	申请人国家	专利申请数量	专利授权数量
1	MICROSOFT CORP	美国	1	0
2	VERIMATRIX INC	美国	1	0

11. 韩国地区相关专利申请人排名

表 7.3-11 用户一站式服务技术韩国地区相关专利申请人排名

序号	申请人	申请人国家	专利申请数量	专利授权数量
1	KANG, MIM SOO	韩国	11	10
2	YAHOO INC	美国	3	2
3	LEE WON HEE	韩国	2	1
4	PAEK HOON	韩国	2	0
5	KT CORP	韩国	1	1

二、专利分析

（一）技术发展趋势分析

图 7.3-2 给出了国内外近十八年用户一站式服务技术相关专利公开数量的年度变化趋势。从此图可以看出，1998 年用户一站式服务技术相关专利的公开数量尚处于起步阶段，而从 2000 年开始后的 4 年时间内专利公开数量增长较快，但整体数量不多，在经历了连续增长之后，2004 年开始用户一站式服务技术专利的公开数量出现小幅下滑直至 2005 年。这可能与数字版权技术出现技术瓶颈有关，例如，2004 年 OMA 表示仍未有数字版权能适用于音/视频和无线应用领域的解决方案。

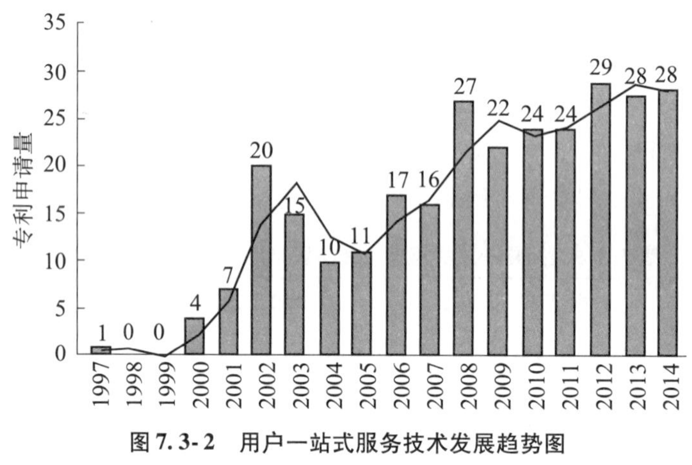

图 7.3-2　用户一站式服务技术发展趋势图

从 2005 年开始后的 8 年时间内专利公开数量均保持了相对较快的增长速度，并于 2012 年突破了 28 项。这可能与智能手机普及化程度提高、移动互联网时代的到来，使阅读行为迅速向手机端靠拢有关。

当前数字出版的发展路径已经从“纸书 + 电子书”的售卖模式向互联网模式过渡，从自营为主到走向开放平台，从图书销售向内容版权进军。例如，2014 年当当计划在三年内占领正版出版物电子书市场 60% 的份额，日活跃目标达到 1500 万，用户日使用时长超过 1 小时。当当网发布的《2014 当当中国图书消费报告》显示，2014 年全国人民在当当图书消费量高达 3.3 亿册，同比增长约 27%。其中，移动端购书比例显著上升，从年初的 10% 攀升至 12 月的 30%。同样大跃进的是电子书，2014 年当当电子书下载册数（含云书架）接近6 000万册，占图书销量的 20%，高于上年的 10%，月活跃用户增长 400%。此前，京东已宣布正式涉足自出版领域，依托大数据，针对消费群体定制出版。

未来内容版权会成为各大网上书店的赢利点。网上书店的数字阅读业务将形成以版权为核心的生态链闭环：以内容创作和版权包装为源头，以创新的展现与运营实现用户的消费、互动与成长，最后，通过大数据分析和社交互动来指引更优秀的内容创作。

从2005年开始后的10年时间内专利公开数量均保持了相对较快的增长速度，也可能与三网融合和宽带中国战略持续推进有关，在这基础下互联网视频和多种智能终端产业快速发展，根据2014年1月Cnnic报告，我国网民达到6.18亿，PC上网70%，手机上网81%，网络视频流量已经超过了互联网流量的一半，并有逐步扩大的趋势。

从区域上看，从2013年至2014年，专利数量保持稳定，说明用户一站式服务技术已经比较成熟，进入稳定期。

（二）技术路线分析

从整体上来看，用户一站式服务技术相关专利在2000年已经出现，但随后的5年发展中均是日本申请了关键技术专利和核心专利。直到2006年之后，美国和中国才申请了该技术领域的关键技术专利和核心专利。这表明，越来越多的国家开始进行用户一站式服务技术的研究。

从区域上看，关键技术中出现的5个专利中有日本申请的3个专利，且用户一站式服务技术的“九国两组织”范围内第一件相关专利也属于日本。这可能与2000年，日本第一个通过数字技术系统进行著作权管理的日本民间组织E-License成立有关。

2006年日本雅虎申请了关于用户一站式服务技术的相关专利，可能与2008年雅虎将数字音乐订阅服务出售有关，这是该公司为调整音乐战略而出台的一项重要措施。雅虎音乐服务将继续提供音乐视频、互联网广播和音乐下载。

直至2011年我国申请了关于用户一站式服务技术的关键技术专利，其实，早在2000年北大方正电子就推出了正Apabi软件；辽宁出版集团与美国秦通电子技术有限公司合力研发“掌上书房”电子阅读器；人民出版社开通“人民时空”网站。直至2011年，北大方正才申请用户一站式服务技术的关键技术专利，可见，我国不熟知知识产权的重要性，也可能是与我国一直是美国的追随者有关。

（三）主要专利申请人分析

本节介绍了全球排名前三的申请人IBM、微软和北大方正集团申请的专利申请趋势。

全球排名前三的申请人IBM、微软和北大方正集团申请的专利数量较低，但均在美国（US）、欧洲（EP）、日本（JP）、中国（CN）和世界知识产权组织（WO）布局了专利，只有IBM未在韩国布局专利。

1. 申请量排名第一的专利申请人

（1）专利申请量

依据美国专利技术生命周期曲线，可知1994年至2001年为萌芽期，此时专利申请人和专利数均较少，但技术集中度较高，主要由IBM掌握，这可能与2001年IBM发布最新

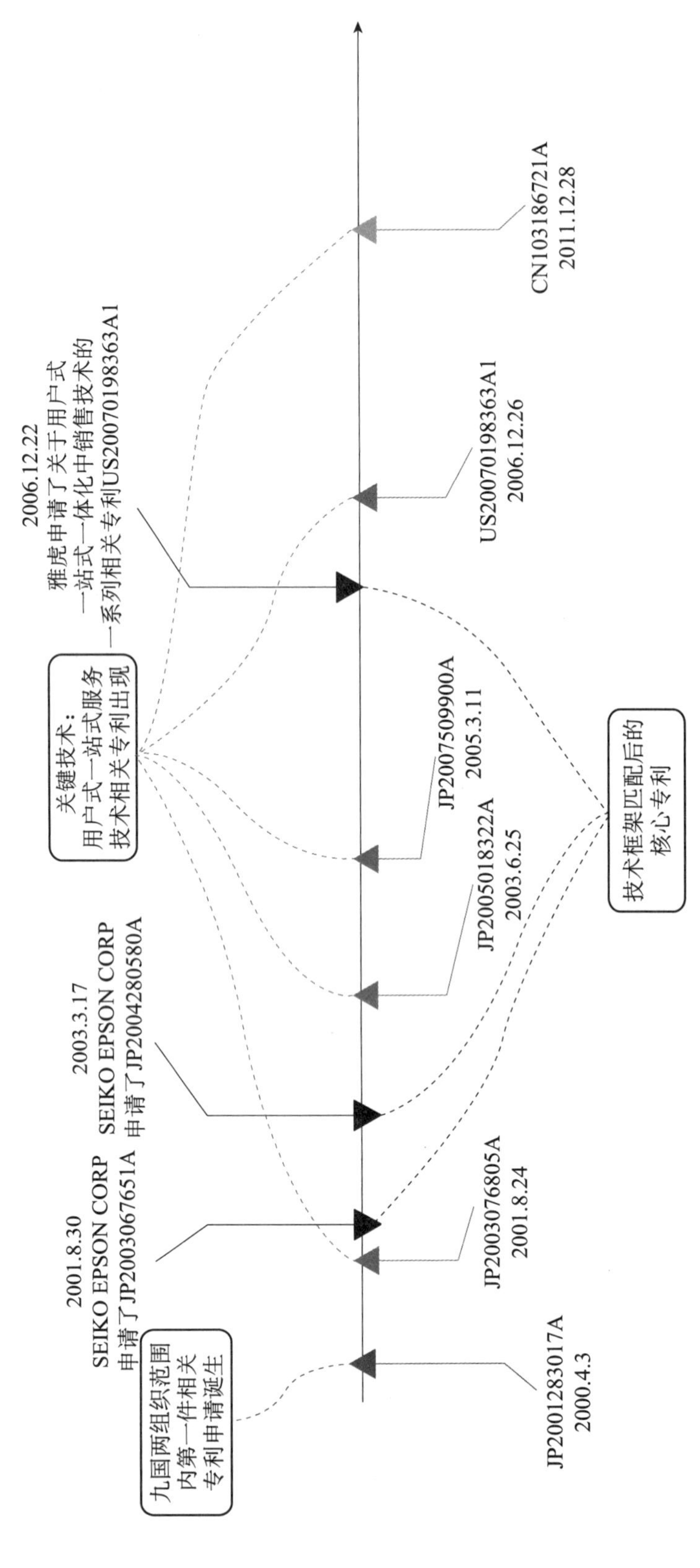

图7.3-3 用户一站式服务技术路线图

解决方案——“数字媒体工厂”有关，1998 年至 2001 年申请的专利可能为“数字媒体工厂”发布做铺垫。

依据国专利技术生命周期曲线，2002 年至 2011 年为快速发展期，但此期间 IBM 的专利申请量有所下降，甚至在 2010 年后，未申请过与用户一站式服务技术有关的专利，这可能与数字版权技术出现技术瓶颈有关，例如，2004 年 OMA 表示仍未有数字版权能适用于音/视频和无线应用领域的解决方案。

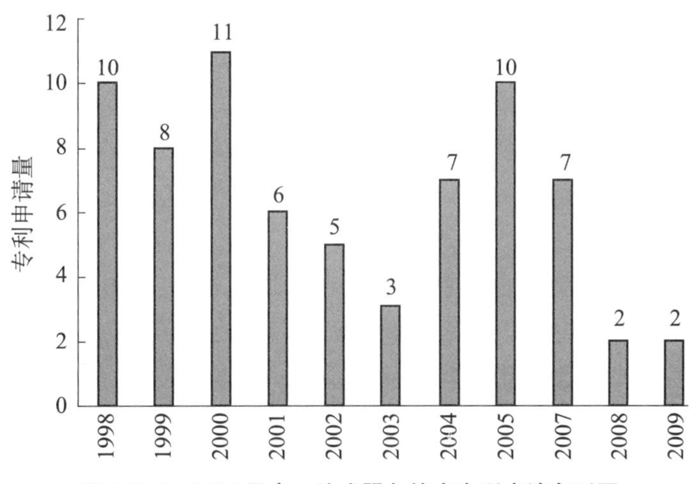

图 7. 3-4 IBM 用户一站式服务技术专利申请条形图

(2)“九国两组织”专利申请量区域分布

图 7. 3-5 是用户一站式服务技术的专利区域布局图。从专利布局区域可以看出，IBM 的市场潜力和技术优势，美国（US）作为技术输出大国，专利布局自然排在前列，IBM 的技术除进入日本（JP）外，已经开始欧洲（EP）、中国（CN）、澳大利亚（AU）以及世界知识产权组织（WO）等市场的开发，IBM 在这些国家均有专利布局，显然可能已经将这些国家作为目标市场。

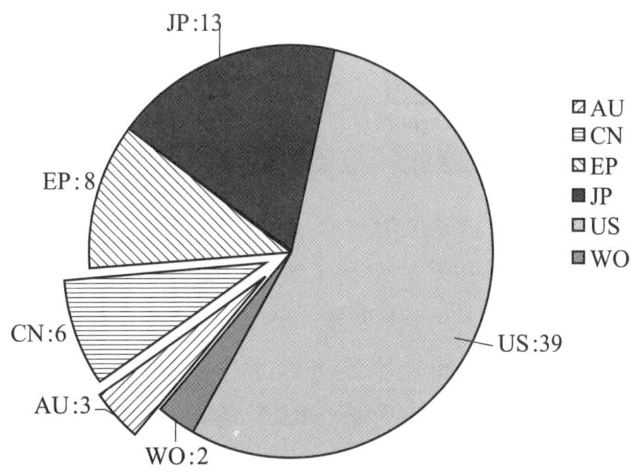

图 7. 3-5 IBM 用户一站式服务技术专利申请量区域分布图

从整体上看，IBM 在美国布局的专利占其中的约 55%，IBM 将美国作为主要的市场竞争国家，也可能与美国的版权产业发展迅速有关。从行业增加值来看，2011 年，美国版权产业的行业增加值为16 819亿美元，折合人民币约为104 479.63亿元，我国为31 528.98亿元人民币，不到美国的三分之一。其行业增加值占全美 GDP 的比重为 11.16%，我国为6.67%。

从核心版权产业的出口额来看。2011 年我国核心版权产业的出口总额约为 136.11 亿美元，只占当年全国对外贸易出口总额的 0.65%。而 2011 年美国几个重要的核心版权产业—录音产业、电影产业、计算机软件产业和非软件出版产业（包括书报刊）的海外销售额就为1 409 亿美元，它们的海外销售额一直明显高于美国其他主要行业，如飞机、汽车、农产品、食品以及药品等。这说明我国版权产业的核心竞争力仍有待提高。

2. 申请量排名第二的专利申请人

（1）专利申请量

从美国专利技术生命周期曲线图中可以看出，微软自 2000 年至 2011 年陆续申请了一些与用户一站式服务技术相关的专利。尤其是在 2009 年申请的专利数量较多，这可能与 2012 年微软收购邦诺（Barnes & Noble）旗下的电子书业务 Nook Media 有关，从微软和 Barnes & Noble 合作协议来说，合作 978 天，平均每天亏损 188 331 美元。这样的数字，对于微软来说也是难以接受的。2014 年由于亏损将 NOOK 电子书阅读器的股份卖回给 Barnes&Noble 书店，所以在 2012 年后，微软没有申请此方面的相关专利。

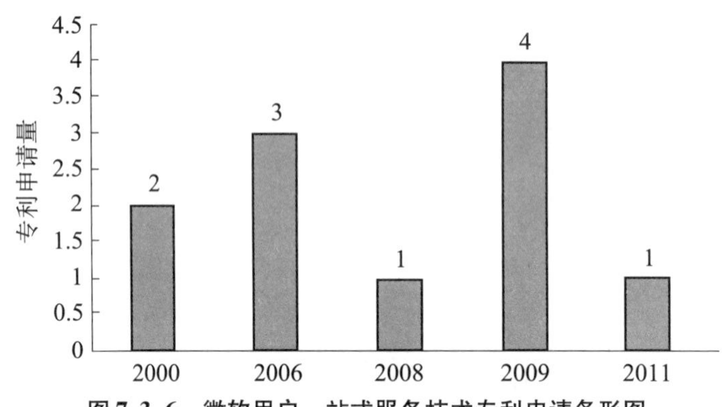

图 7.3-6　微软用户一站式服务技术专利申请条形图

（2）“九国两组织”专利申请量区域分布

图 7.3-7 是用户一站式服务技术的专利区域布局图，从专利布局区域可以看出，微软的市场潜力和技术优势，美国（US）作为技术输出大国，专利布局自然排在前列，专利数量占到了其中的约 44%，微软的技术还进入了中国（CN）、澳大利亚（AU）、欧洲（EP）、日本（JP）、韩国（KR）和俄罗斯（RU）等国家，微软在这些国家均有少量布局，显然可能已经将这些国家作为目标市场。

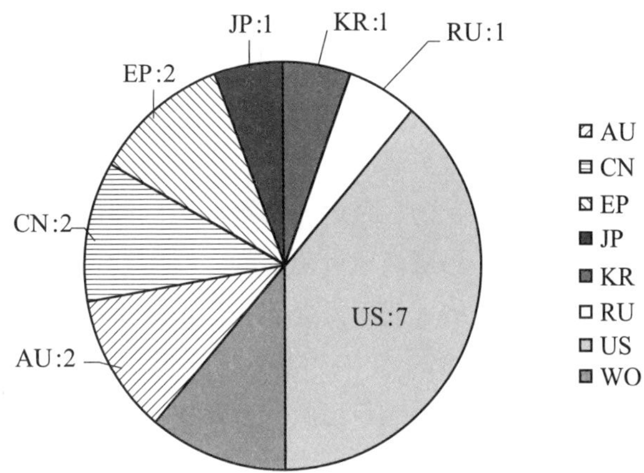

图 7.3-7 微软用户一站式服务技术专利申请量区域分布图

3. 申请量排名第三的专利申请人

(1) 专利申请量

方正集团在 2007 年申请了关于用户一站式服务技术的相关专利，并在后续的四年中陆续申请了专利。

方正阿帕比自 2001 年进入数字出版领域以来，13 年风雨兼程，在数字产品形式、版权保护、产品研发等方面发挥了带头作用，为我国数字出版业做出了非常突出的贡献。

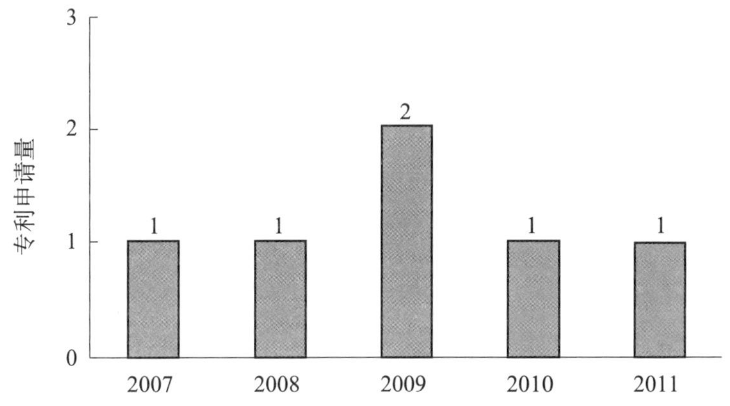

图 7.3-8 北大方正用户一站式服务技术专利申请条形图

2000 年初，方正开始自主研发数字版权保护技术（DRM，Digital Rights Management），并以其为核心研发“方正 Apabi（阿帕比）电子书整体解决方案”。2001 年 4 月，方正 Apabi 数字版权保护技术（DRM）研发成功。方正 Apabi DRM 于 2003 年 11 月被信息产业部评为“2003 年信息产业重大技术发明”，于 2005 年被国家科技部评为“国家火炬计划重点项目”。国家版权局召开“2006 年全国版权工作会议”，表彰在“有力地保护了作者和作品传播者的合法权益，有力地维护了版权保护的秩序”方面涌现出的“2005 年度全国版权保护示范单位”，“北京北大方正电子有限公司”榜上有名。方正是唯一一家荣获此殊荣的数字图书馆技术及电子书资源提供商。

“图书运营综合服务解决方案”依托方正阿帕比出版营销综合服务平台，在方正阿帕比 DRM（内容数字版权加密保护技术）、CEBX（基于混合 XML 的公共电子文档）等全球领先的数字出版技术保障下，创新的利用二维码技术，为出版行业提供全新的发行服务模式。用户通过阿帕比出版营销综合服务解决方案，扫描出版单位官方网站和第三方图书平台上的电子书或数字报等资源产品上的二维码，实现在线翻阅电子书、下载电子书、购买电子书以及按需印刷预约等服务。出版商通过用户的在线阅读习惯，汇总相关数据，精准聚焦读者需求，真正实现出版单位线上线下贯通服务，帮助出版机构从传统单一的数字资源提供商逐渐转变为数字内容运营商。

方正在电子书出版领域始终坚持通过与出版社合作解决电子书版权的业务模式，从而保证了方正推出的每一本 Apabi 电子书的“正版”，切实保护了版权所有者的权益。截至目前，全国 400 多家出版社应用方正 Apabi DRM 技术出版的电子书已达 21 万种。

（2）“九国两组织”专利申请量区域分布

图 7.3-9 是用户一站式服务技术的专利区域布局图，从专利布局区域可以看出，方正集团的市场潜力和技术优势，中国（CN）作为技术输出大国，专利布局自然排在前列，专利数量占到了其中的约 65%，方正集团的技术还进入了美国（US）、欧洲（EP）、韩国（KR）、日本（JP）、世界知识产权组织（WO），方正集团在这些国家均有少量布局，显然可能已经将这些国家作为目标市场。

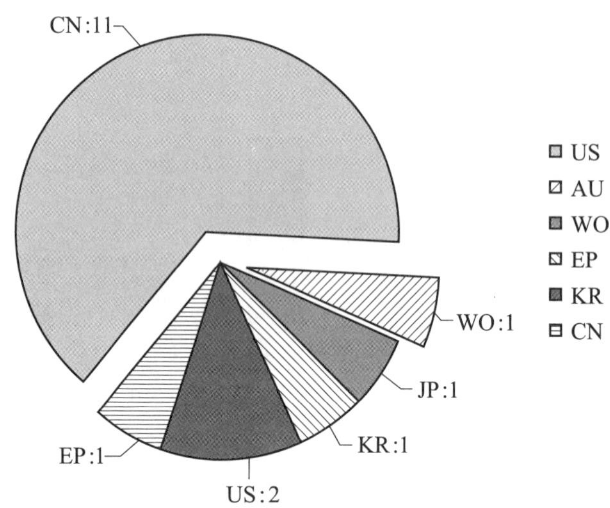

图 7.3-9　北大方正用户一站服务技术专利申请量区域分布图

（3）技术构成分布

通过绘制构成分布图，可以快速了解上述三个企业的技术的总体分布。如图 7.3-10 所示，分别选取 IBM、微软和方正集团 20 世纪至 2014 年的专利技术，制作了用户一站式服务技术的专利构成分布图。图中每个黑点代表一篇专利，点与点之间的距离表示两篇专利的相关性，灰色区域是一些非常相关的专利聚集在一起，是需要我们重点关注的区域。

从图 7.3-10 中可以看到的主要结果包括：与用户一站式服务技术有关的具体技术在

构成分布图中大量出现，可以确定数字内容打印技术、在线浏览技术以及在线销售技术是用户一站式服务技术的热点方法。

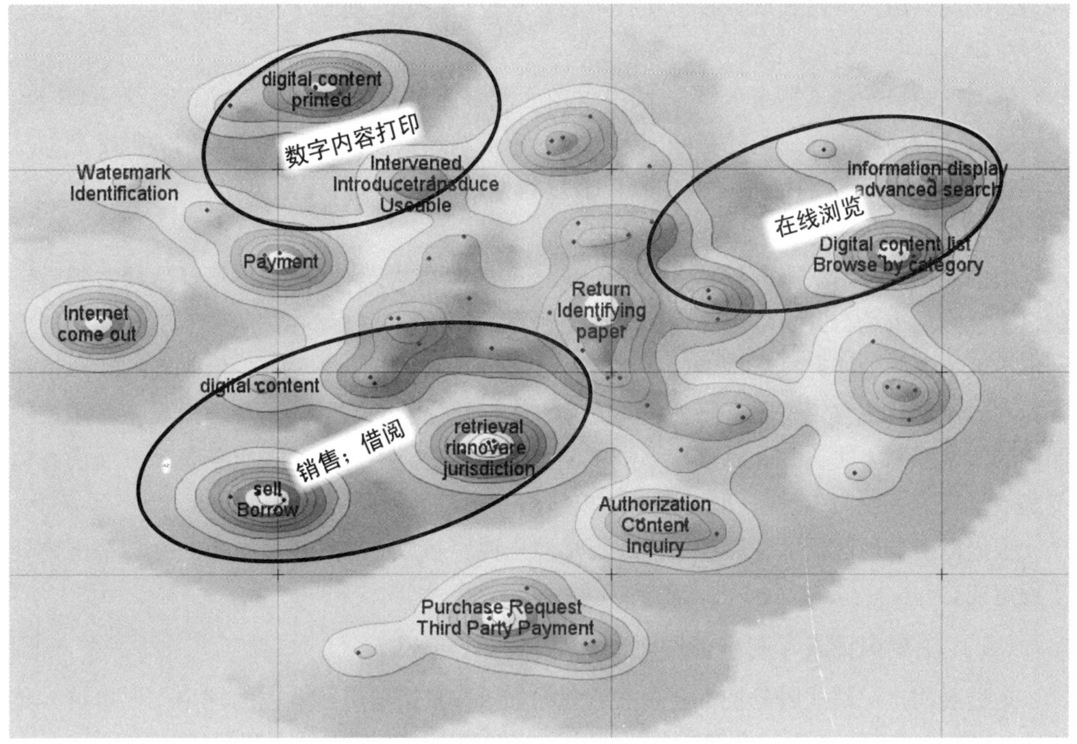

图 7.3-10　用户一站式服务技术构成分布图

三、总结

（一）专利申请量的总体发展趋势

就整个行业专利申请状况来看，1999 年之前，由于技术门槛高、学科推广需要时间积累，因而相关专利申请量很少，仅有 1 件专利，随着一系列国际性行业会议的举办，加上行业应用需求（例如：电子商务兴起、数字版权问题的热议）的逐渐增多，整个领域从 2000 年开始进入专利快速增长期，专利申请量开始逐年增加，但专利总量仍然较少，2013 年至 2014 年专利数量保持稳定，说明用户一站式服务技术已经比较成熟，进入稳定期。

（二）各地区技术发展现状以及未来发展趋势

1. 美国

作为最早涉足用户一站式服务技术领域的先导者，该技术在美国起步早、发展快。目前，行业整体发展趋于成熟，关键技术以及相关产品市场份额主要掌握在 IBM 手中，市场呈现出百家争鸣向巨头发展的趋势，整个技术也有进入稳定期的迹象。

2. 日本

作为美国在用户一站式服务技术领域的追随者，日本在该技术主题方面有其优势所在，一方面与美国的技术交流更加顺畅，确保日本能够更早接触到最主流的研究成果；另一方面，日本自身的科技创新能力保证了其能很快地将所获得的技术信息转化成自身的再创造，因此，用户一站式服务技术在日本的发展也很快，目前处于稳定期。

3. 韩国

韩国在用户一站式服务技术领域申请的专利数量较少，且起步较晚，直至 2008 年，美国的微软公司和雅虎公司才在韩国申请与用户一站式服务技术相关的专利。但专利的总体数量较少，仅有 31 件，但近几年年申请量趋于稳定，进入稳定期。

4. 中国

中国在用户一站式服务技术方面的研究起步较晚，直至 2000 年，外国公司看到数字版权在中国的市场，开始陆续在中国申请与用户一站式服务技术相关的专利，其中主要专利申请人为美国的研究投资网络公司和 IBM。直至 2007 年，我国一些企业才陆续申请相关专利，例如北大方正集团有限公司与北京方正阿帕比技术有限公司合作研发了基于按需印刷的印刷控制方法，并针对该技术申请了相关专利。但用户一站式服务技术方面的总体专利数量较少，仅为 26 件，但近几年年申请量趋于稳定，说明处于稳定期。

根据以上各地区技术发展现状描述，总体来说，用户一站式服务技术在全球范围内处于稳定期。

（三）主要申请人专利申请对比分析

通过对用户一站式服务技术领域的宏观的分析，我们得出行业内的三个主要申请人是 IBM、微软和方正。下面结合微观分析模块具体解读主要申请人的专利现状。

1. 专利申请量维度横向比较

通过将三个主要申请人在专利申请量维度进行横向比较，我们发现：从专利申请量上来看，IBM 公司拥有相关专利申请 71 件；微软公司和方正公司在这方面的专利数量分别是 11 件和 8 件。其中，IBM 公司作为行业的技术先导者，在技术研发初期便投入了相当大的技术研发力度，相应的专利申请量也较多。微软和方正在用户一站式服务技术领域起步较晚，直到 2007 年才申请专利，且可以看到明显的专利申请量增长趋势的出现。

2. 专利资产区域布局情况

从三个主要申请人的专利资产区域布局情况，我们可以看出：IBM 公司、微软和方正为了贯彻其专利全球化战略的思想，均在许多国家进行了专利布局，但主要侧重点在本土市场的布局上，IBM 在美国、日本、韩国、中国、欧洲、澳大利亚以及世界知识产权组织等国家均布局相当数量的专利，便于其随时发动专利诉讼，并且 32 件的 PCT 专利保证了其后续全球布局工作的延续性；微软公司在美国、中国、澳大利亚、欧洲、日本、韩国和俄罗斯等国家均布局了专利；方正在中国、美国、欧洲、韩国、日本、世界知识产权组织等国家布局了专利。

3. 技术热点分析

从技术热点分析角度来说：数字内容打印技术、在线浏览技术以及在线销售技术是用户一站式服务技术的热点技术。

第四节　客户端与服务端间的通信设计技术

一、专利检索

（一）检索结果概述

以客户端与服务端间的通信设计技术为检索主题，在“九国两组织”范围内，共检索到相关专利申请 2 312 件，具体数量分布如下（单位：件）：

美国	中国	日本	韩国	英国	法国	德国	澳大利亚	俄罗斯	EP	WO	总计
893	254	341	181	18	13	14	64	8	221	305	2 312

（二）各地区/组织客户端与服务端间的通信设计技术相关专利申请趋势

表 7.4-1　客户端与服务端间的通信设计技术“九国两组织”相关专利申请状况

国家＼年份	1990①	2000	2001	2002	2003	2004	2005	2006	2007	2008	2009	2010	2011	2012	2013	2014
US	2	3	9	31	43	44	45	51	74	64	66	65	78	112	91	115
CN	2	2	4	6	6	10	21	33	26	19	29	22	13	20	24	17
JP	3	5	8	15	28	34	32	30	29	20	24	33	23	16	19	22
KR	0	0	1	0	1	4	12	9	8	25	24	22	11	20	21	23
GB	0	0	2	1	0	1	0	2	1	2	0	0	2	2	3	2
DE	0	0	0	0	0	0	1	3	1	3	2	0	2	1	1	0
FR	0	0	0	0	0	0	2	1	2	0	0	0	1	3	3	1
AU	3	2	3	6	5	12	2	4	1	5	2	4	3	4	5	3
RU	0	0	0	0	0	0	0	0	0	2	1	0	0	3	0	2
EP	2	1	3	12	19	12	20	26	17	22	17	12	13	16	14	15
WO	4	2	17	22	12	33	23	15	34	35	13	15	15	21	23	21

通过本次项目在全球九国两组织数据范围内进行的专利检索，客户端与服务端间的通信设计技术在全球范围内的专利申请量并不大，以美国专利申请量总数最多，且美国的增长趋势相较其他国家更为明显，在近三年都达到了 100 件左右（如图 7.4-1 所示），可见，在美国该技术得到了广泛地应用和发展，而在中、日、韩发展缓慢一直处于20 ~ 30 件左右，而在欧洲的英、法、德等国专利申请量还是比较少，只有零星的几件专利，可见，该技术还处于发展阶段，由于美国计算机通信领域的快速发展该技术得到了很大的重视。

① 1990 是指 1990 – 1999 年的专利数量总数。

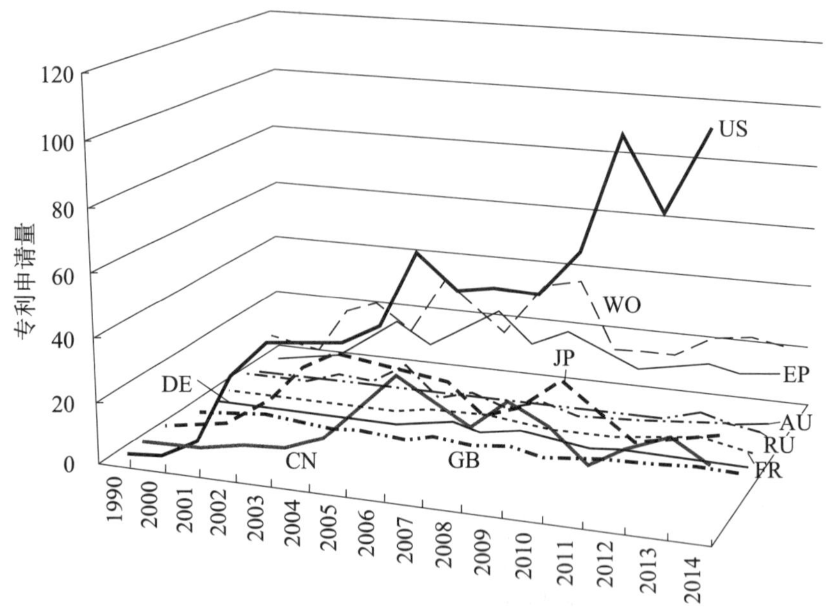

图 7.4-1 “九国两组织”相关专利申请状况图

（三）各地区/组织相关专利申请人排名

1. WO 相关专利申请人排名

表 7.4-2 客户端与服务端间的通信设计技术 WO 相关专利申请人排名

序号	申请人	申请人国家	专利申请数量
1	INTEL CORP	美国	9
2	SONY CORP	日本	9
3	MATSUSHITA ELECTRIC IND CO LTD	日本	9
4	DIGIBOO LLC	美国	8
5	APPLE INC	美国	7

注：WO 只接受国际申请，授权与否是专利申请进入国家阶段以后，由指定国家决定授权与否，故不存在授权数量。

2. EP 相关专利申请人排名

表 7.4-3 客户端与服务端间的通信设计技术 EP 相关专利申请人排名

序号	申请人	申请人国家	专利申请数量	专利授权数量
1	SONY CORP	日本	17	3
2	SAMSUNG ELECTRONICS CO LTD	韩国	10	2
3	CONTENTGUARD HOLDINGS INC	德国	8	1
4	INTEL CORP	美国	7	1
5	NOKIA CORP	美国	7	2

3. 中国地区相关专利申请人排名

表 7.4-4　客户端与服务端间的通信设计技术中国地区相关专利申请人排名

序号	申请人	申请人国家	专利申请数量	专利授权数量
1	SONY CORP	日本	24	10
2	MATSUSHITA ELECTRIC IND CO LTD	日本	13	4
3	IBM	美国	11	5
4	INTEL CORP	美国	7	1
5	CONTENTGUARD HOLDINGS INC	德国	7	2

4. 美国地区相关专利申请人排名

表 7.4-5　客户端与服务端间的通信设计技术美国地区相关专利申请人排名

序号	申请人	申请人国家	专利申请数量	专利授权数量
1	MICROSOFT CORP	美国	46	25
2	IBM	美国	32	9
3	CONTENTGUARD HOLDINGS INC	德国	30	6
4	SONY CORP	日本	27	5
5	FLEXIWORLD TECHNOLOGIES INC	美国	15	3

5. 日本地区相关专利申请人排名

表 7.4-6　客户端与服务端间的通信设计技术日本地区相关专利申请人排名

序号	申请人	申请人国家	专利申请数量	专利授权数量
1	SONY CORP	日本	27	9
2	INTERTRUST TECH CORP	中国	18	5
3	MATSUSHITA ELECTRIC IND CO LTD	日本	17	5
4	NIPPON TELEGRAPH & TELEPHONE	日本	14	0
5	MICROSOFT CORP	美国	13	9

6. 澳大利亚地区相关专利申请人排名

表 7.4-7　客户端与服务端间的通信设计技术澳大利亚地区相关专利申请人排名

序号	申请人	申请人国家	专利申请数量	专利授权数量
1	APPLE INC	美国	7	3
2	MICROSOFT CORP	美国	5	3
3	SUN MICROSYSTEMS INC	美国	5	0
4	MOTOROLA INC	美国	3	0
5	JULY SYSTEMS INC	美国	2	1

7. 德国地区相关专利申请人排名

表 7.4-8 客户端与服务端间的通信设计技术德国地区相关专利申请人排名

序号	申请人	申请人国家	专利申请数量	专利授权数量
1	HEWLETT PACKARD DEVELOPMENT CO	美国	2	1
2	MATSUSHITA ELECTRIC IND CO LTD	日本	2	1
3	REUTERS LTD	英国	1	0
4	NOKIA CORP	美国	1	0
5	SIMPLE DEVICES	美国	1	0

8. 法国地区相关专利申请人排名

表 7.4-9 客户端与服务端间的通信设计技术法国地区相关专利申请人排名

序号	申请人	申请人国家	专利申请数量	专利授权数量
1	ALCATEL LUCENT	法国	2	0
2	VIACCESS SA	法国	2	0
3	BOUYGUES TELECOM SA	法国	2	0
4	SIST HOLDING	法国	2	0
5	FRANCE TELECOM	法国	1	0

9. 英国地区相关专利申请人排名

表 7.4-10 客户端与服务端间的通信设计技术英国地区相关专利申请人排名

序号	申请人	申请人国家	专利申请数量	专利授权数量
1	APPLE INC	美国	2	0
2	OMNIFONE LTD	英国	2	0
3	BOX INC	英国	2	0
4	SONY UK LTD	日本	2	1
5	SIVAVAKEESAR SIVAPATHALINGHAM		1	0

10. 俄罗斯地区相关专利申请人排名

表 7.4-11 客户端与服务端间的通信设计技术俄罗斯地区相关专利申请人排名

序号	申请人	申请人国家	专利申请数量	专利授权数量
1	KONINKL PHILIPS ELECTRONICS NV	芬兰	1	0
2	OMNIFON LTD	俄罗斯	1	0
3	QUALCOMM INC	美国	1	0
4	MOTOROLA INC	美国	1	1
5	MICROSOFT CORP	美国	1	0

11. 韩国地区相关专利申请人排名

表 7.4-12　客户端与服务端间的通信设计技术韩国地区相关专利申请人排名

序号	申请人	申请人国家	专利申请数量	专利授权数量
1	ALCATEL LUCENT	韩国	2	1
2	VIACCESS SA	法国	2	1
3	BOUYGUES TELECOM SA	法国	2	0
4	SIST HOLDING	法国	2	0
5	FRANCE TELECOM	法国	1	0

二、专利分析

（一）技术发展趋势分析

图 7.4-2 示出近二十年客户端与服务端间的通信设计技术相关专利申请数量的年度变化趋势。从 2000 年开始技术发展迅速，在 2006 年之前整体呈现上升的发展趋势，其后到 2012 年该技术基本保持稳定发展，从 20 世纪 90 年代中期，出现了数字内容产业的概念。1996 年的欧盟《信息社会 2000 计划》中，将数字内容产业的主体定义为“那些制造、开发、包装和销售信息产品及其服务的企业”。随着像苹果、三星、微软等一些 IT 公司的移动终端的出现，更加促进了数字内容移动出版的发展，更加需要客户端与服务端间的通信设计方面的技术。

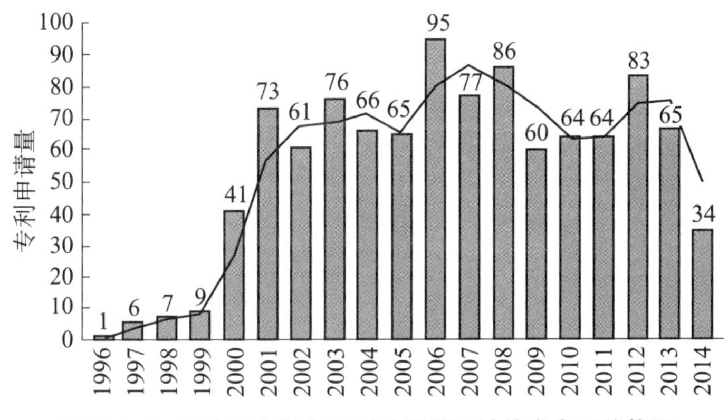

图 7.4-2　客户端与服务端间的通信设计技术发展趋势图

（二）技术路线分析

图 7.4-3 示出客户端与服务端之间通信设计技术路线。1996 年 7 月 16 日，美国一家公司申请一件在商业交易过程中服务器和智能卡之间的通信设计的专利，还未涉及数字内容方面，标志着九国两组织范围内第一件客户端与服务端之间的通信设计相关专利申请的诞生。日本的动漫产业起步比较早，对于数字版权保护的需求也比较早，2000 年 4 月 19 日，日本一家公司申请了一件关于数字内容的分配和控制的专利，该专利明显提出怎么将

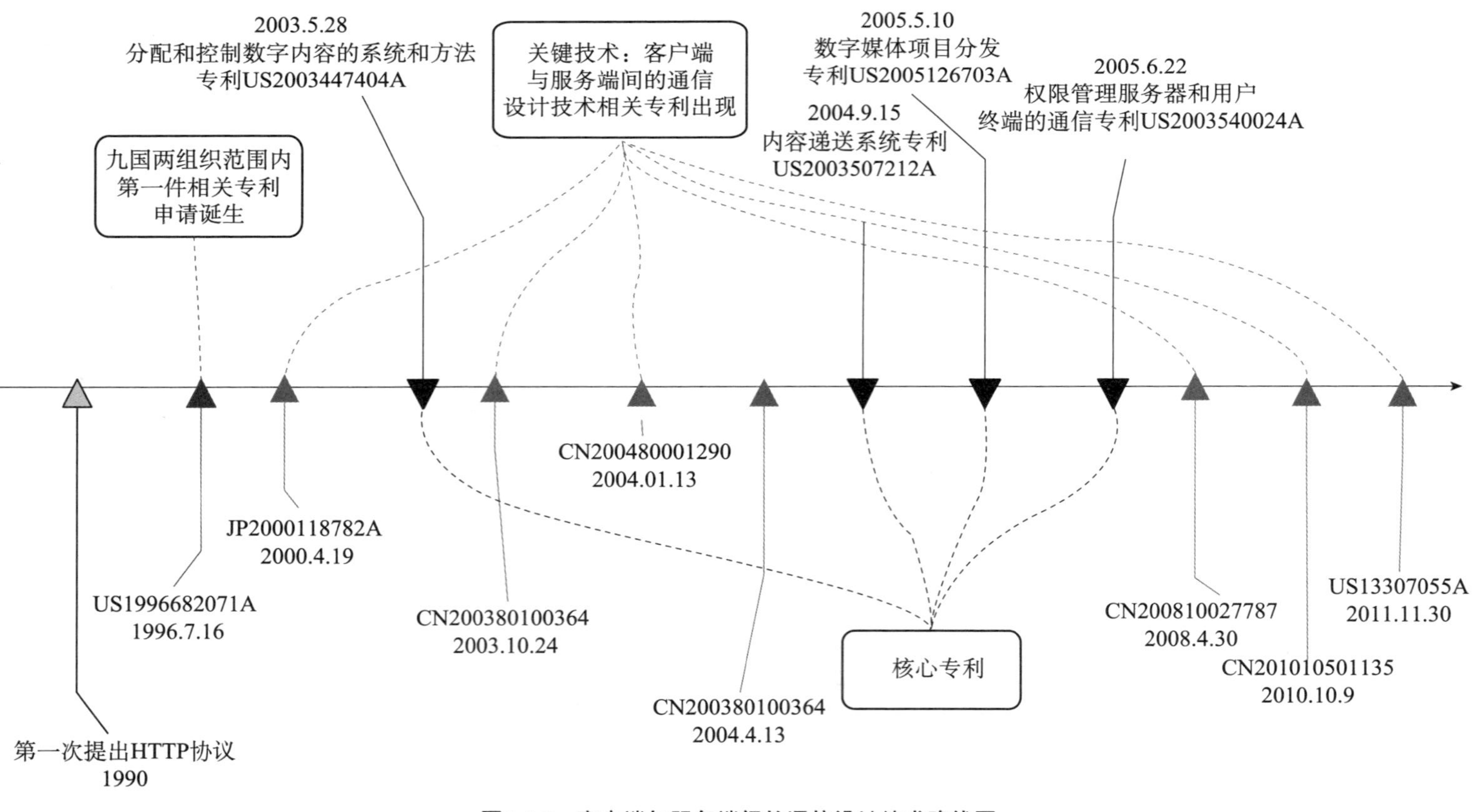

图7.4-3 客户端与服务端间的通信设计技术路线图

数字内容分配到各个客户端和网站，同时也保证了相应权限的控制。随着数字认证技术的迅速发展，2005 年 6 月 22 日，美国又有一件关于认证服务器和客户端之间的通信设计，更加保障了数字内容的安全传输。在数字内容进行客户端阅读器推送时，阅读器首先从销售系统获取引导文件，解析该文件后，请求许可证并获取阅读器硬件信息之后一起发送给 DRM 控制器，由它负责返回应答给证书生成器，之后将许可证书返回给阅读器，解密该证书内容，展示图书信息。发放给客户端的数字内容作品许可证时基于 xml 格式的数据，文件中的重要数据项（如数字内容作品密钥）采用加密方式处理后存储的。发放的许可证书进行了数字签名，从而保证了许可证的安全性、有效性和不可抵赖性。另外，版权保护系统客户端与服务器端的授权通信协议，可以完成允许用户注销许可证的功能。

（三）主要专利申请人分析

为了深入分析客户端与服务端间的通信设计技术领域，通过对于检索数据进行标引、聚类等处理，我们了解到 1994 年至 2014 年，在客户端与服务端间的通信设计技术领域专利申请量排名前三的申请人分别为：Sony 公司（索尼）、Microsoft 公司（微软）以及 ContentGuard。从专利申请量上来看，Sony 公司拥有相关专利申请 111 件；Microsoft 公司拥有相关专利申请 89 件；ContentGuard 拥有相关专利申请 58 件。从专利资产区域分布来看，Sony 公司在各国的专利布局较为均衡，而 Microsoft 公司、ContentGuard 两者都存在本国专利申请比例更大的现象，ContentGuard 表现得更明显，其在日本本国的专利申请比例达到了一半以上。

1. 申请量排名第一的专利申请人

（1）专利申请量

图 7.4-4 是索尼公司技术专利的申请趋势图，索尼公司 2002 年开始相关专业的申请，2003 年申请量突然增长到了 22 件，由于网络的兴起，数字出版呈现日益蓬勃的发展趋势，日本自 2000 年初便开始注重数字内容产业的建设，在日本，电子图书主要指使用 PC 以及 PDA、手机等便携式阅读终端下载的出版内容。据日本数字内容协会每年出版《数字内容白皮书》统计，2003 年至 2008 年间，日本数字内容产业的年增长率均保持在 8% 以上。图中可以看出在 2003 年到 2007 年的申请量都再 20 件左右，但是日本人依然非常热衷租

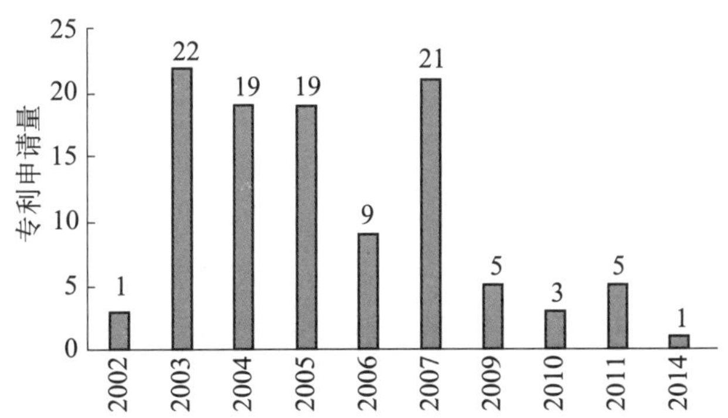

图 7.4-4　索尼客户端与服务端间的通信设计技术专利申请条形图

借 CD，没有数字加密、没有额外的付费、有一种所有权，或许这才是日本人真正想要的，才会出现后来几年申请量的减少甚至每年在 5 件以下，在 2008 年、2012 年、2013 年相关专利申请量为 0。

（2）“九国两组织”专利申请量区域分布

图 7.4-5 示出索尼在九国两组织区域的相关专利申请量分布。索尼公司总部位于日本东京，是世界上民用及专业视听产品、游戏产品、通信产品核心部件和信息技术等领域的先导之一，索尼全球主要市场为日本、美国、欧洲和中国，在美国和中国的申请量都为 24 件，排名第二，这两个国家是索尼最重要的一个海外市场，在 1978 年索尼就在中国开展业务设立了办事处，后来陆陆续续在中国几个大城市都成立了分公司，另外，在欧洲和韩国也有专利申请，欧洲是 16 件，韩国是 8 件。PCT 申请和在澳大利亚的申请分别是 8 件、1 件。

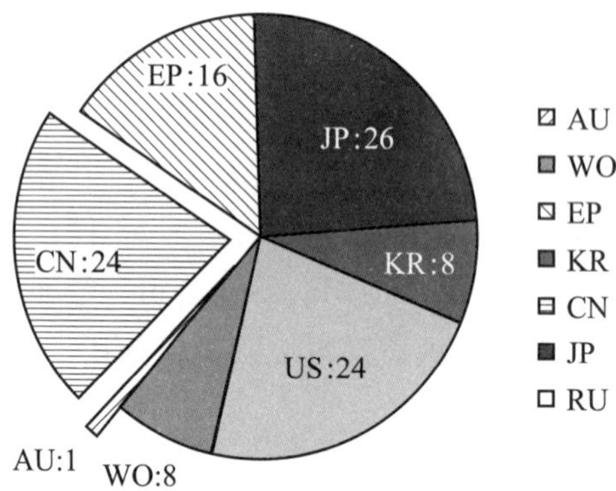

图7.4-5　索尼客户端与服务端间的通信设计技术专利申请量区域分布图

（3）技术构成分布

图 7.4-6 示出索尼专利的构成分布图。黑圈标注的是索尼关注度较高的热点技术，对于客户端的许可就是在在客户端阅读器进行数字内容购买时，阅读器首先从数字内容销售系统获取引导文件，解析该文件后，请求许可证并获取阅读器硬件信息，之后一起发送给 DRM 控制器，由它负责返回应答给证书生成器，之后将许可证书返回给阅读器，解密该证书内容，展示图书信息。

2. 申请量排名第二的专利申请人

（1）专利申请量

图 7.4-7 是微软公司技术专利的申请条形图。2000 年开始申请关于客户端与服务端间的通信设计技术的专利，微软是互联网公司的领头羊，尤其是在计算机操作系统方面，从 Windows 的超小型系统到 2000 年出现的 Windows2000 操作系统，从小型客户面向企业，企业可以在 Windows2000 操作系统创建强大的计算环境，实现很高的效率。客户端与服务端间的通信设计技术必定依赖稳定性强、功能性多的操作系统，该技术应用在数字内容版权保护层面相对有些延后，2003 年申请量达到一个高峰，2006 年微软正式推出 Windows7 的系统，是目前为止电脑系统里应用最为广泛的系统，2006 年申请量排

第二。

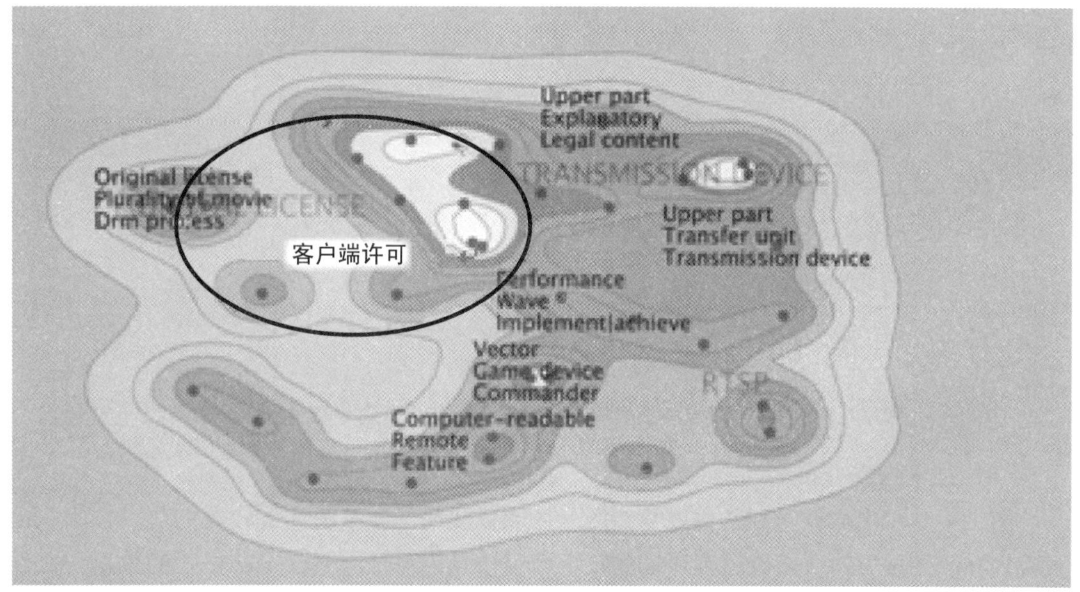

图 7.4-6　索尼客户端与服务端间的通信设计技术构成分布图

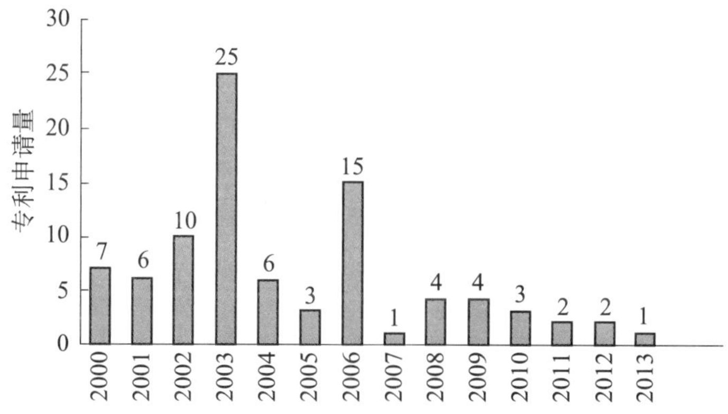

图 7.4-7　微软客户端与服务端间的通信设计技术专利申请条形图

（2）“九国两组织”专利申请量区域分布

图 7.4-8 是微软在九国两组织地区的专利申请情况，微软对于该技术的主要专利申请集中在美国本土，申请量为 46 件占总数的一半还要多，这主要是由于微软的本部和主要目标市场位于美国，并且也是专利诉讼频繁的地区，其次专利布局主要在日本、韩国和中国，另外，欧洲也有专利申请，在澳大利亚申请量为 5 件，PCT 申请也有 2 件。2009 年 2 月 11 日消息，微软五年前加强了申请专利的努力，已经达到了一个里程碑。本月初，微软已经获得了第 1 万个美国专利。微软首席专利法律顾问 BartEppenauer 在采访中称，登记了第 1 万个专利表明所有这些技术创新都已经发生了。他说，专利确实是我们这个行业的技术创新的资本。

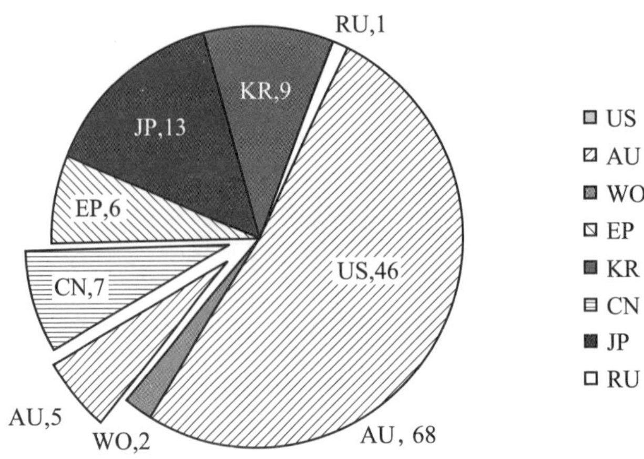

图 7.4-8　微软客户端与服务端间的通信设计技术专利申请量区域分布图

（3）技术构成分布

图 7.4-9 示出微软专利的构成分布图。黑圈标注的是微软关注度较高的热点技术，由数字内容使用授权模块发放给客户端的数字内容作品许可证时基于 xml 格式的数据，文件中的重要数据项（如数字内容作品密钥）采用加密方式处理后存储的。发放的许可证书进行了数字签名，从而保证了许可证的安全性、有效性和不可抵赖性。数字签名（Digitalsignature）是一种由信息发送方式以电子形式给一个消息签名的方法，数字签名实质上是一段特殊的数字串，该数字串是除签名者外其他任何人都无法伪造的、具有对签名真实性证明的作用。在电子信息的传输过程中，通过数字签名来达到与传统手写签名相同的效果。数字签名主要用来对数字消息进行签名，防止冒名伪造或篡改；或者对通信双方的身份进行鉴别。数字签名作为一种特殊的安全机制成为版权保护的重要组成部分。

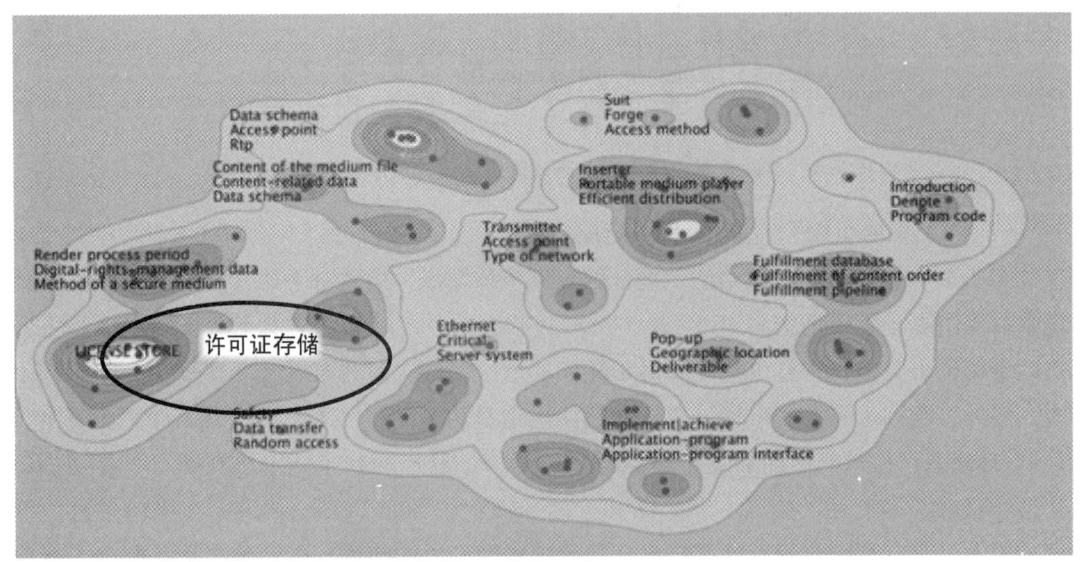

图 7.4-9　微软客户端与服务端间的通信设计技术构成分布图

3. 申请量排名第三的专利申请人

（1）专利申请量

图 7.4-10 是 ContentGuard 公司技术专利的申请条形图，ContentGuard 公司 2002 年开始相关专业的申请，而且该公司对于此项技术相关专利的申请主要集中在 2002 年和 2003 年，ContentGuard 是数字版权管理和相关内容发布专利与技术的领先发明者、开发商和授权商。在数字内容版权保护技术方面的专利申请是自己在同行业竞争中取得有利地位，很多公司都是购买该公司的专利许可，来进行再创新，所以说，该公司对于该技术的专利申请都是基础技术专利。

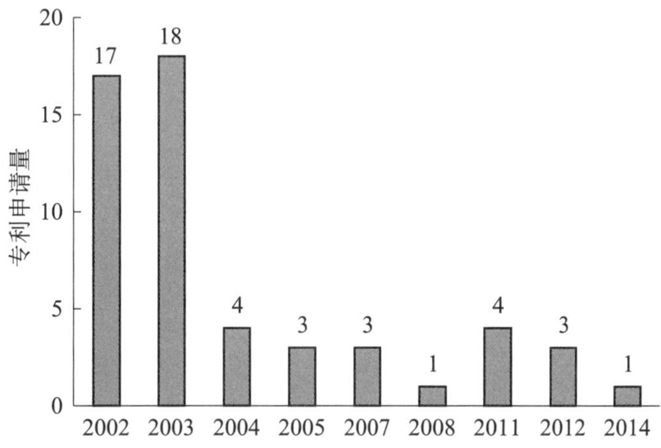

图 7.4-10　ContentGuard 客户端与服务端间的通信设计技术专利申请条形图

（2）九国两组织专利申请量区域分布

图 7.4-11 是 ContentGuard 在九国两组织地区的专利申请情况。ContentGuard 总部位于日本，是数字版权管理和相关内容发布专利与技术的领先发明者、开发商和授权商。目前已经拥有了与卡西欧（Casio）、富士通（Fujitsu）、日立（Hitachi）、LG 电子（LG Electronics）、微软（Microsoft）、NEC、诺基亚（Nokia）、松下（Panasonic）、泛泰（Pantech）、三

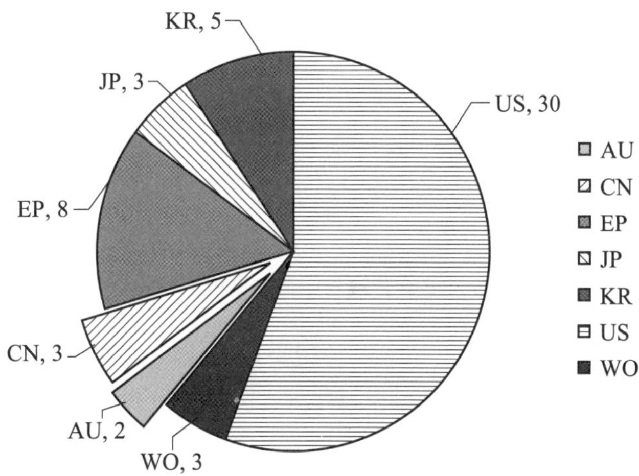

图 7.4-11　ContentGuard 客户端与服务端间的通信设计技术专利申请量区域分布图

洋（Sanyo）、夏普（Sharp）、索尼（Sony）、特艺集团（Technicolor）、时代华纳（Time Warner）、东芝（Toshiba）和施乐（Xerox）等领先技术公司的授权协议。在九国两组织中大部分区域都有相关专利的申请。其中在日本本土专利数量最多占总数的一半以上，这和该公司合作对象大部分都是日本公司有关。

（3）技术构成分布

图7.4-12示出ContentGuard专利的构成分布图。黑圈标注的是ContentGuard关注度较高的热点技术，在运用客户端与服务端间的通信设计技术过程中，阅读器首先从销售系统获取引导文件，解析该文件后，请求许可证并获取阅读器硬件信息，之后一起发送给DRM控制器，由它负责返回应答给证书生成器，之后将许可证书返回给阅读器，解密该证书内容，展示图书信息。其中的DRM控制器和证书生成器分别需要不同的服务器来完成。经过密钥管理机构（CA）签发的授权数字证书，包含数字签名的公钥拥有者信息以及公钥文件，可以证明每个单个实体身份和该身份公钥的匹配关系，是数字签名的基础。简单的数字证书只需要包含用户身份、公钥和证书授权中心的数字签名就可以，但多数时间下证书还会有证书有效时间、证书编号等信息，其绑定机制保证公钥以及相关信息的完整性、可信性。目前，许多CA以X.509　V3为标准颁发数字证书，其格式遵循X.509和ITUT国际标准中规定的数字证书的格式。

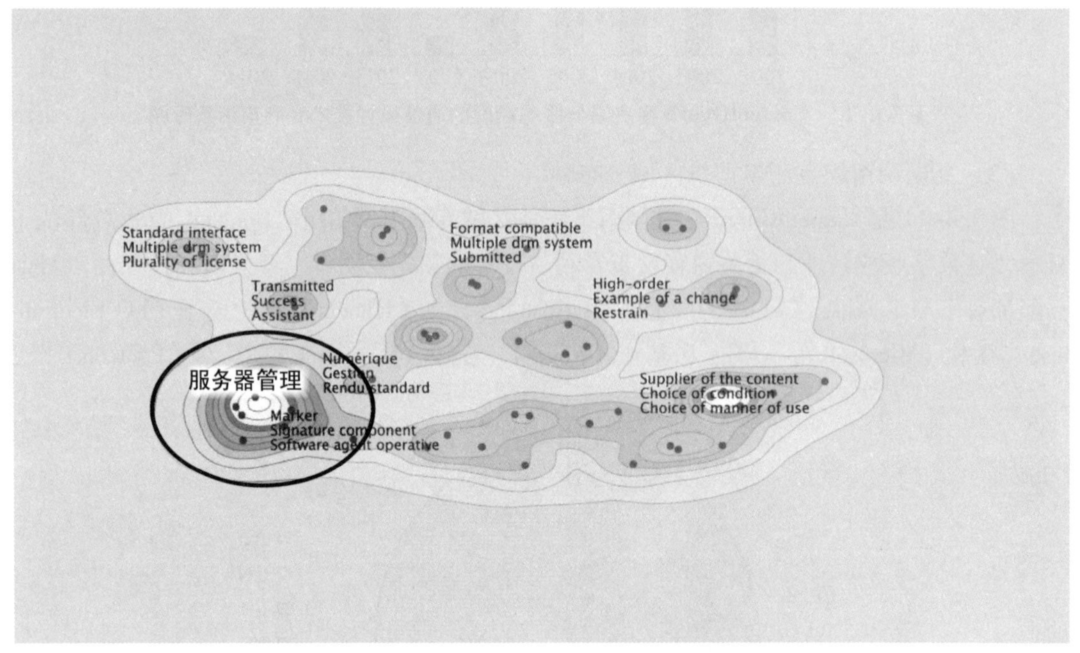

图7.4-12　ContentGuard客户端与服务端间的通信设计技术构成分布图

三、总结

（一）专利申请量的总体发展趋势

客户端与服务端间的通信设计技术和超级分发授权控制及新授权申请技术总体发展趋

势情况一样，从 2001 年开始呈现快速发展的态势。随着移动终端设备的快速发展，像苹果、三星、微软移动数字内容的发展，该技术也呈现出逐渐成熟的趋势，专利申请量趋于稳定。

（二）各地区技术发展现状以及未来发展趋势

1. 美国

客户端与服务端间的通信设计技术现在已逐渐进入衰退期，申请量和专利申请人的数量开始出现下降。

2. 日本

客户端与服务端间的通信设计技术处于衰退期。

3. 韩国

客户端与服务端间的通信设计技术处于衰退期，主要原因是像韩国三星和 LG 等企业在移动数字内容方面的发展早已有所建树，其进行技术创新的难度越来越大。

4. 中国

客户端与服务端间的通信设计技术进入衰退期。

（三）主要申请人专利申请对比分析

通过对于客户端与服务端间的通信设计技术领域的宏观分析，我们得出行业内的三个主要申请人是索尼公司、微软公司以及 ContentGuard 公司。下面结合微观分析模块具体解读主要申请人的专利现状。

1. 专利申请量维度横向比较

通过将三个主要申请人在专利申请量维度进行横向比较，我们发现：从专利申请量上来看，索尼专利申请量 111 件，微软专利申请量 89 件，ContentGuard 专利申请量 58 件。其中，该三家公司对于该技术的专利申请相对来说都比较晚，都是在 2002 年或者 2003 年才有一定数量的专利申请，随后又都出现了下降，该三家公司对该技术的研发意愿逐渐降低，研发投入越来越少。

2. 专利资产区域布局情况

从三个主要申请人的专利资产区域布局情况，索尼公司在中国、日本、美国和欧洲都有 20 件左右的专利申请，韩国和 PCT 申请都为 8 件，微软公司在美国的申请量为 46 件，占其专利资产的 51%，其他国家都是少于 10 件的专利申请，ContentGuard 作为专门研究数字版权管理技术的公司，其相关专利申请的布局也都集中在几个数字内容发展快的国家中，主要是日本，申请量为 30 件，其次是欧洲，其他地区的专利申请量在 5 件以下。

3. 技术热点分析

索尼公司主要关注客户端许可这一技术领域；微软公司主要关注许可证存储这一方面；ContentGuard 公司主要关注服务器管理这一方面的技术。

第五节 面向多种文档格式的内容交易与分发版权保护技术

一、专利检索

（一）检索结果概述

以面向多种文档格式的内容交易与分发版权保护技术检索主题，在“九国两组织”范围内，共检索到相关专利申请805件，具体数量分布如下（单位：件）：

美国	韩国	日本	中国	澳大利亚	德国	英国	法国	俄罗斯	WO	EP	总计
437	74	138	101	6	1	2	2	0	18	26	805

（二）各地区/组织相关专利申请趋势

面向多种文档格式的内容交易与分发版权保护技术属于与应用层对接的技术方向，众厂商均较为关注，数量较多。可以注意到，中国在2006年开始有了较为明显的申请趋势，在面向多种文档格式的内容交易与分发版权保护技术层面上有很活跃的表现。随着数字版权保护受到政府层面、出版商层面、硬件生产商层面的不断关注，面向多种文档格式的内容交易与分发版权保护技术也将成为专利争夺的重要技术板块。

表7.5-1 面向多种文档格式的内容交易与分发版权保护技术“九国两组织”相关专利申请状况

国家＼年份	1994	1995	1996	1997	1998	1999	2000	2001	2002	2003	2004	2005	2006	2007	2008	2009	2010	2011	2012	2013	2014
US	2	0	5	2	5	5	9	12	29	20	32	28	32	31	29	31	35	23	33	35	39
CN	0	1	1	2	1	0	0	1	1	4	2	4	2	10	5	6	11	13	10	14	13
JP	0	1	3	0	2	8	5	4	9	11	10	8	18	6	8	14	11	5	7	1	7
KR	0	0	0	0	0	0	0	0	3	1	2	2	5	4	9	18	12	1	4	9	4
GB	0	0	0	0	0	1	0	0	0	0	0	1	0	0	0	0	0	0	0	0	0
DE	0	0	0	1	0	0	0	0	0	0	0	0	0	0	0	0	0	0	0	0	0
FR	0	0	0	0	0	0	0	1	0	0	0	0	0	0	1	0	0	0	0	0	0
AU	0	0	0	0	0	0	1	1	0	0	2	1	1	0	0	0	0	0	0	0	0
RU	0	0	0	0	0	0	0	0	0	0	0	0	0	0	0	0	0	0	0	0	0
EP	0	0	0	1	0	0	2	3	3	1	1	2	0	0	0	2	1	6	2	1	1
WO	0	0	0	0	1	1	0	1	1	0	1	2	1	2	0	0	0	0	0	4	4

（三）各地区/组织相关专利申请人排名

1. WO相关专利申请人排名

表7.5-2 面向多种文档格式的内容交易与分发版权保护技术WO相关专利申请人排名

序号	申请人	申请人国家	专利申请数量
1	ONLIVE INC	美国	11
2	REARDEN LLC	美国	11
3	OL2 INC	美国	10
4	MATSUSHITA ELECTRIC IND CO LTD	日本	9
5	SONY CORP	日本	8

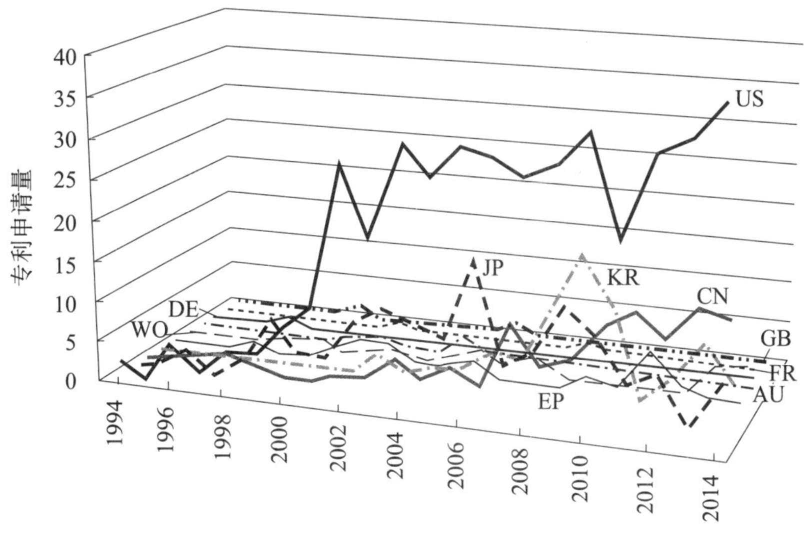

图 7.5-1　“九国两组织”相关专利申请状况图

2. EP 相关专利申请人排名

表 7.5-3　面向多种文档格式的内容交易与分发版权保护技术 EP 相关专利申请人排名

序号	申请人	申请人国家	专利申请数量	专利授权数量
1	KONICA CORP	日本	6	1
2	MATSUSHITA DENKI SANGYO KK	日本	1	1
3	Panasonic Corporation,	美国	1	1
4	FUJITSU LTD	日本	1	1
5	ALCATEL LUCENT	美国	1	1

3. 中国地区相关专利申请人排名

表 7.5-4　面向多种文档格式的内容交易与分发版权保护技术中国地区相关专利申请人排名

序号	申请人	申请人国家	专利申请数量	专利授权数量
1	HUAWEI TECHNOLOGIES CO LTD	中国	6	4
2	ZTE CORP	中国	4	3
3	H3C TECHNOLOGIES CO LTD	中国	4	3
4	UNIV BEIJING POSTS & TELECOM	中国	3	2
5	CHINA MOBILE COMMUNICATION CORP	中国	2	0

4. 美国地区相关专利申请人排名

表 7.5-5　面向多种文档格式的内容交易与分发版权保护技术美国地区相关专利申请人排名

序号	申请人	申请人国家	专利申请数量	专利授权数量
1	INT BUSINESS MACHINES CORP	美国	18	16
2	SONY CORP	日本	13	11
3	Microsoft Corporation	美国	10	8
4	Cisco Technology Inc.	美国	10	4
5	Hunt Technologies LLC	美国	5	5

5. 日本地区相关专利申请人排名

表 7.5-6　面向多种文档格式的内容交易与分发版权保护技术日本地区相关专利申请人排名

序号	申请人	申请人国家	专利申请数量	专利授权数量
1	SONY CORP	日本	10	8
2	FUJI XEROX CO LTD	日本	10	5
3	NEC CORP	日本	10	3
4	HITACHI LTD	日本	10	2
5	CANON KK	日本	10	4

6. 澳大利亚地区相关专利申请人排名

表 7.5-7　面向多种文档格式的内容交易与分发版权保护技术澳大利亚地区相关专利申请人排名

序号	申请人	申请人国家	专利申请数量	专利授权数量
1	CANON KK	日本	2	2
2	Harris Corporation	澳大利亚	2	1
3	Integrated Group Assets Inc.	美国	1	1
4	Siemens Aktiengesellschaft	德国	1	0
5	Lucent Technologies Inc	美国	1	0

7. 德国地区相关专利申请人排名

表 7.5-8　面向多种文档格式的内容交易与分发版权保护技术德国地区相关专利申请人排名

序号	申请人	申请人国家	专利申请数量	专利授权数量
1	BrainShield3TM3Technologies Inc.	德国	1	0

8. 法国地区相关专利申请人排名

表 7.5-9　面向多种文档格式的内容交易与分发版权保护技术法国地区相关专利申请人排名

序号	申请人	申请人国家	专利申请数量	专利授权数量
1	TELEDIFFUSION DE FRANCE SA	法国	1	0
2	FRANCE TELECOM	法国	1	0

9. 英国地区相关专利申请人趋势

表 7.5-10　面向多种文档格式的内容交易与分发版权保护技术英国地区相关专利申请人排名

序号	申请人	申请人国家	专利申请数量	专利授权数量
1	George Stronach Mudie	英国	1	0
2	Deutsche Telekom AG（DE）	德国	1	1

10. 俄罗斯地区相关专利申请人排名

俄罗斯地区在面向多种文档格式的内容交易与分发版权保护技术无专利申请公开。

11. 韩国地区相关专利申请人排名

表 7.5-11　面向多种文档格式的内容交易与分发版权保护技术韩国地区相关专利申请人排名

序号	申请人	申请人国家	专利申请数量	专利授权数量
1	RECTUSON CO LTD	韩国	5	0
2	KOREA INST SCI&TECHNOLOGY INFORMATION	韩国	3	0
3	SAMSUNG ELECTRONICS CO LTD	韩国	2	1
4	LG ELECTRONICS INC	韩国	2	2
5	SK TELECOM CO LTD	韩国	2	1

二、专利分析

（一）技术发展趋势分析

在检索选定的主流技术产出国家和地区中，针对面向多种文档格式的内容与分发版权保护技术其主要实现数字内容作品，在这些常见分发模式下的内容交易与分发版权保护效果，实现对数字内容作品的各类授权与控制。

在数字版权保护系统中缺乏便利有效的内容分发机制，限制了受保护的数字商品的传播，也影响了数字版权保护系统的推广与普及，极大地制约了电子商务及各种数字内容相关的商务活动的发展。从而多个企业和研究机构致力于面向多种文档格式的内容与分发版权保护技术核心问题的解决，以及创新技术的开发。从该关键技术的发展趋势线形图中，申请专利的数量呈现稳定上涨的趋势。在 2008 年和 2012 年虽有小幅的波动，但并不影响整体良好的发展趋势。

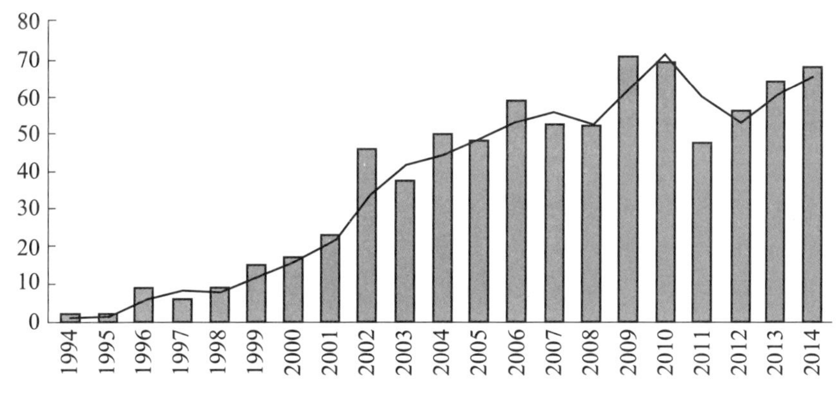

图 7.5-2　面向多种文档格式的内容交易与分发版权保护技术发展趋势图

从文档格式来看，数字版权保护包括软件、电子书、音乐、影视、重要文档、图像、手机内容等领域，每个领域都有各自的特点。软件的保护主要指软件的防盗，早期的软件保护形式主要有软盘加密（密钥盘）、防止复制的光盘、加密卡、秘锁保护等，随着 DRM 技术的发展，软件保护也出现了一些新形式，主要有：（1）在加密锁中加入 CPU，并把软件部分关键代码放入加密锁中执行；（2）在软件中加入使用次数或者使用时间限制，并利用互联网技术，对使用次数或时间进行认证；（3）把软件与机器的特征信息绑定的方法。电子书的 DRM 系统还可以分为两类应用：一类是通过网上的书店直接面向读者销售，如国外的 Amazon 网站、eReader 网站，国内的中文电子书网、易文网等；另一类是通过数字图书馆，给读者提供借阅的服务，如国外的 netLibrary、国内的方正 Apabi 系统。对通过 PC 下载并播放的数字音乐，目前还很难做到非常有效的 DRM 保护。视频和音乐都属于流媒体，因此，所采用的 DRM 技术从本质上是一样的，目前支持 DRM 的常见播放软件有 Windows Media Player、RealPlayer 等。企业或政府部门里的重要文档，需要采用 DRM 技术应该作为防火墙、防病毒、入侵检测等手段的重要补充，控制其传播方式，以避免内容泄露。图像的保护主要采用数字水印技术。手机平台与 PC 有很大的不同，在手机嵌入式系统中对 DRM 提出了新的技术要求。

（二）技术路线分析

图 7.5-3 是面向多种文档格式的内容交易与分发版权保护的技术路线图：在该关键技术上，2003 年日本的 VCTOR 申请了相关专利，该专利涉及了数字内容分段步骤，以及在分段后封装、加密等技术内容，并公开了针对加密后的数字内容进行二次分发的方案。随着移动通信和数字技术的迅速发展，移动网络成为人们获取、消费数字内容的重要途径，支持 B2C、B2B 和 C2C 多种分发模式内容提供企业都纷纷针对负责内容交易与分发版权保护技术进行专利申请，其中包括 IBM 公司、诺基亚公司、太阳微系统公司等。目前，在线视频行业正处于发展迅猛的变革阶段，数字内容版权方进行视频内容的管理和分发离不开内容交易与分发版权保护技术和相应工具的研发。在以上路线图中可以看到，该关键技术的核心专利大多都是美国申请，在中国，数字内容分发解决方案的相关专利较少，从而，成为数字内容版权方进入中国市场蕴含着巨大的商业潜力。

（三）主要专利申请人分析

在要求检索的九国两组织的检索结果中，根据专利申请量统计后得到专利申请量排名前列的专利申请人，在面向多种文档格式的内容交易与分发版权保护技术中 ContentGuard 公司和松下表现抢眼，分列第一和第二，相比与位列第三的申请人有明显的优势。因此按照分析要求，从时间、区域和技术聚类的维度，对面向多种文档格式的内容交易与分发版权保护技术的主要对象进行深入分析。

1. 申请量排名第一的专利申请人

（1）专利申请量

Content Guard 公司是数字版权管理和相关内容发布专利与技术的领先发明者、开发商和授权商。在基础技术上有很深入的研究，促进了数字内容发布商业模式和市场的发展。与微软、松下等公司相比，Content Guard 公司规模较小，且总体上专利量不大，但该公司的专利主要集中在数字版权领域，特别是内容发布技术上。从图 7.5-4 中可看出，Content Guard 进入该领域的时间比较早，1995 年申请第一件专利，之后到 2001 年为止，技术出现

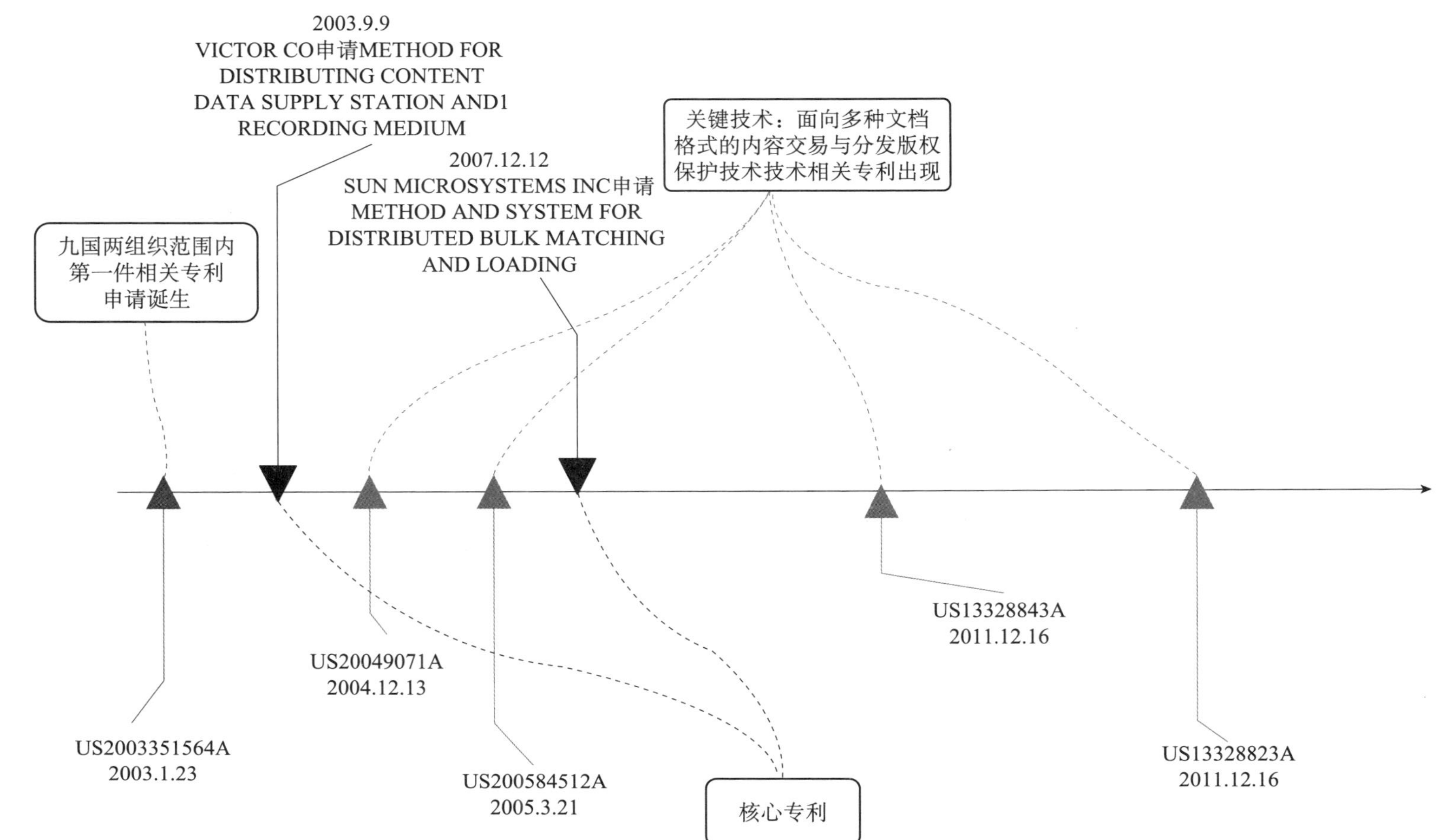

图7.5-3 面向多种文档格式的内容交易与分发版权保护技术路线图

缓慢发展，陆续有几件专利产出。2002 年至 2004 年是 Content Guard 专利申请的一个高峰期，可能是由于公司在此技术上有一定的突破。2005 年至 2008 年，专利申请下滑，之后又呈现增长趋势。从趋势上看，Content Guard 仍在持续对该技术投入研发。

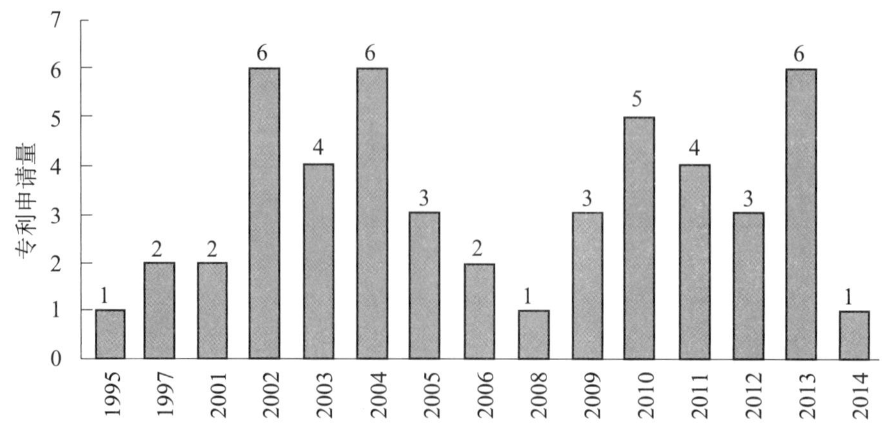

图 7.5-4　Content Guard 面向多种文档格式的内容交易与分发版权保护技术专利申请条形图

（2）九国两组织专利申请量区域分布图

Content Guard 公司在 DRM 和内容发布技术领域有重要的地位，主要研发投入大都集中在数字版权领域和内容发布技术上，因此，在数字版权保护领域属于实力较强的企业。面向多种文档格式的内容交易与分发版权保护技术方面，Content Guard 公司也十分注重本土和海外知识产权布局，从图 7.5-5 中可看出，Content Guard 公司重视本土市场，重点在美国进行专利布局。此外，日本、欧洲、中国和澳大利亚也是其关注的海外市场，虽然整体数量并不大，但基本覆盖了数字内容的主要消费市场。

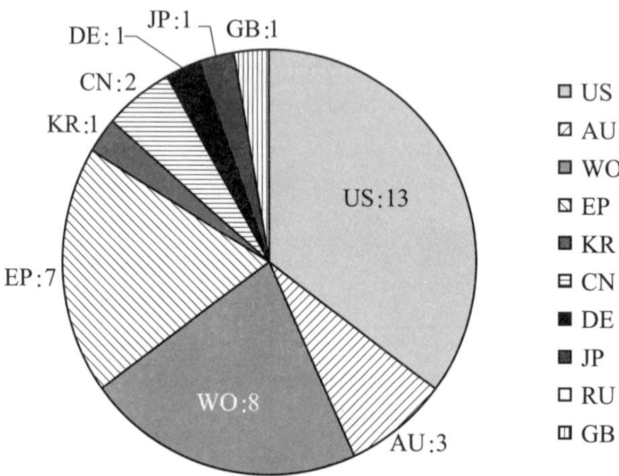

图 7.5-5　Content Guard 多种文档格式的内容交易与分发版权保护技术专利申请量区域分布图

Content Guard 公司在各个国家都有一定数量的专利布局且申请 PCT 的比重较大，并且欧盟专利数量也非常可观。这说明 Content Guard 非常重视基础关键技术对于市场和技术垄断等层面的排布。此外，对于中国、日本等主要国家也有一定数量的专利分布。

（3）技术构成分布

对数字内容作品的分段、加密封装与解密解封，与其文档格式密切相关。面向多种文档格式的内容交易与分发版权保护技术方面，Content Guard 公司的专利申请中的聚类结果显示出多种文档格式在分段、加密封装与解密解封后，如何能够适应超级分发、B2C 分发、批量分发和二次分发等分发模式需求，从而实现数字内容作品在这些常见分发模式下的内容交易与分发版权保护效果，并且从上图的技术聚类中可以看到，在解决了上述分发技术问题的基础上，进一步实现了对数字内容作品的各类授权与控制的技术目的。

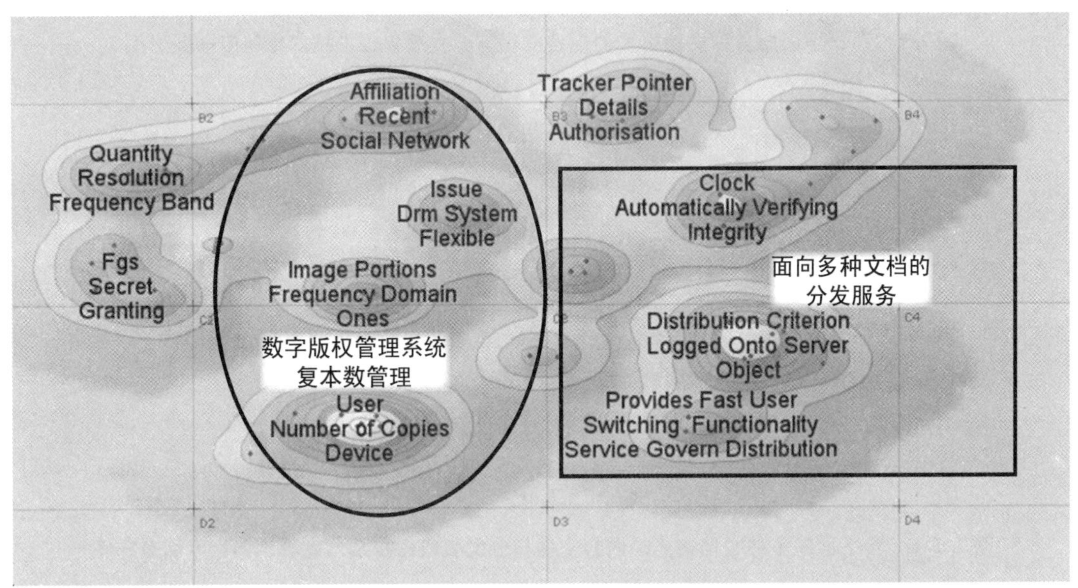

图 7.5-6　Content Guard 面向多种文档格式的内容交易与分发版权保护技术构成分布图

2. 申请量排名第二的专利申请人

（1）专利申请量

松下（Panasonic）是日本的一个跨国性公司，在全世界设有 230 多家公司，发展品牌产品涉及家电、数码视听电子、办公产品、航空等诸多领域而享誉全球。从图 7.5-7 中可看出，松下进入该技术领域的时间较早，于 1996 年开始申请了第一件相关专利，之后发展比较缓慢，1999 年后有一定增长，在 2004 年至 2006 年申请量达到 4 件，之后专利申请趋势有所下降，面向多种文档格式的内容交易与分发版权保护技术方面 2008 年后投入研发的力度逐步降低。

（2）九国两组织专利申请量区域分布

从图 7.5-8 可以看出，松下非常重视本土市场和中国市场，在日本本土和中国分别布局 17 件和 12 件专利。松下是日本乃至世界重要的智能家电和个人移动设备的生产商，日本和中国是松下非常重要的消费市场。

值得注意的是，从面向多种文档格式的内容交易与分发版权保护技术在世界范围的分布看，美国应该是该技术领域布局的重点，但松下仅布局 6 件，可看出松下虽然也在美国市场布局，但美国并非松下最重要的目标市场。

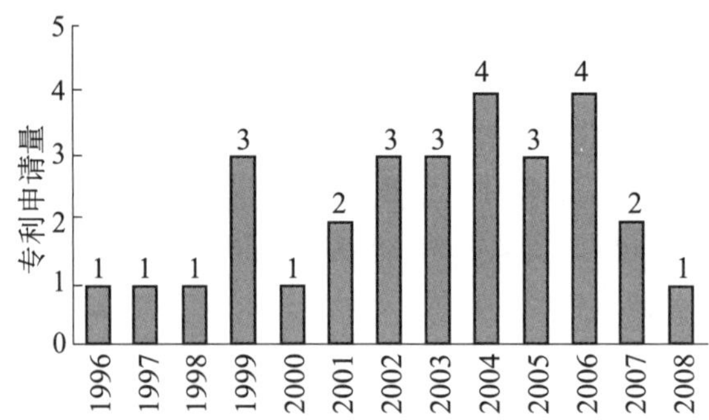

图 7.5-7　松下面向多种文档格式的内容交易与分发版权保护技术专利申请条形图

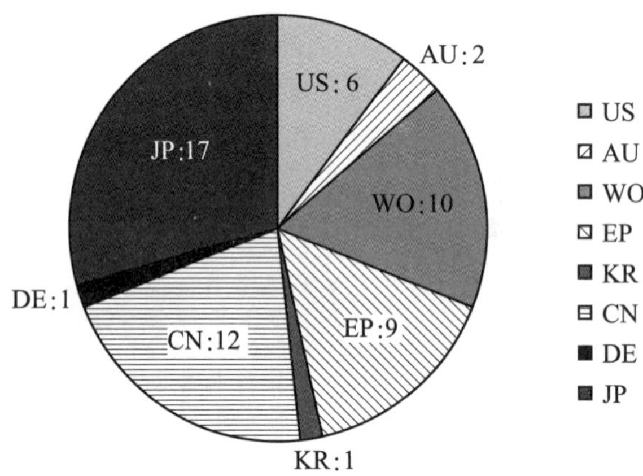

图 7.5-8　松下面向多种文档格式的内容交易与分发版权保护技术专利申请量区域分布图

(3) 技术构成分布

从松下的专利申请技术的聚类情况中可以看到，松下在面向多种文档格式的内容交易与分发版权保护技术，基本上聚焦于多种文档形势下的分发安全性保障和基于广播视频领域的数字内容交易两个方面。松下作为全球领先的设备制造商，尤其在智能电视领域，松下不断在进行转型和改进技术，2013 年松下加入智能电视联盟（Smart TV Alliance）为智能电视联盟带来新生力量。松下采取的联盟战略，在大企业间强强联手，形成集团优势或产业优势，有力地打击竞争对手，共同占据专利技术市场。松下也注重维护数字内容的保护，逐步扭转了松下智能电视亏损的局面。

三、总结

由于该技术是与应用对接较为紧密的技术分支，国内外的厂商均较为关注，数量也较多，包括中国在内，在面向多种文档格式的内容交易与分发版权保护技术层面上均有很活跃的表现。截止到检索日期，面向多种文档格式的内容交易与分发版权保护技术的申请总量为 821 件。其中，美国 439 件、韩国 75 件、日本 142 件、中国 101 件。

（一）专利申请量的总体发展趋势

面向多种文档格式的内容与分发版权保护技术，多个企业和研究机构致力于面向多种

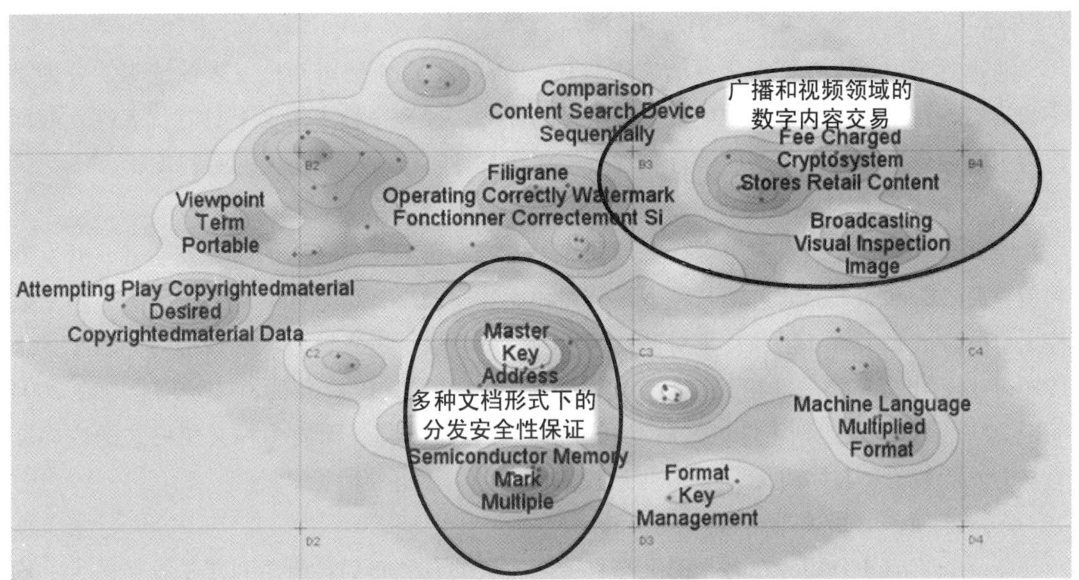

图 7.5-9 松下面向多种文档格式的内容交易与分发版权保护技术构成分布图

文档格式的内容与分发版权保护技术核心问题的解决，以及创新技术的开发。从该关键技术的发展趋势上看，申请专利的数量呈现稳定上涨的趋势。在 2008 年和 2012 年虽有小幅的波动，但并不影响整体良好的发展趋势。

（二）各地区技术发展现状以及未来发展趋势

1. 美国

面向多种文档格式的内容交易与分发版权保护技术在美国从 1994 年起被少量的申请人关注。2000 年至 2007 年，该技术进入快速发展期，大量申请人涌入该领域，专利申请量也大幅增长。从 2006 年到 2009 年，进入该领域的申请人开始稳定，技术发展进入成熟期。2010 年至 2011 年有小幅的衰退，但 12 年后开始缓慢恢复。总体上看，美国面向多种文档格式的内容交易与分发版权保护技术产业已有进入衰退期的迹象。

2. 日本

日本面向多种文档格式的内容交易与分发版权保护技术早期发展较好，2008 年可能因为技术成熟后研发投入减少、发展速度放缓，而有进入衰退期的迹象。

3. 韩国

韩国与日本的情况类似，目前出现进入衰退期的迹象。

4. 中国

与发达国家类似，中国在面向多种文档格式的内容交易与分发版权保护技术上萌芽时间较早，在经历了快速发展期与成熟期之后，开始逐步出现步入衰退期的迹象。

根据以上各地区技术发展现状描述，总体来说，面向多种文档格式的内容交易与分发版权保护技术在全球范围内出现了进入衰退期的迹象。

（三）主要申请人专利申请对比分析

通过对于内容授权技术领域的宏观分析，ContentGuard公司和松下表现抢眼，分列第一和第二，相比与位列第三的申请人有明显的优势，并且在技术层面上具有代表性，故而作为主要对象进行分析。下面结合微观分析模块具体解读主要申请人的专利现状。

1. 专利申请量维度横向比较

Content Guard公司是数字版权管理和相关内容发布专利与技术的领先发明者、开发商和授权商。Content Guard公司与松下等公司相比规模较小，且总体上专利量不大，但从趋势上看，Content Guard仍在持续对该技术投入研发。松下进入该技术领域的时间较早，于1996年开始申请了第一件相关专利，之后发展比较缓慢，1999年后有一定增长，在2004年至2006年申请量达到4件，之后专利申请趋势有所下降，面向多种文档格式的内容交易与分发版权保护技术方面，2008年后投入研发的力度逐步降低。

2. 专利资产区域布局情况

Content Guard公司，在各个国家都有一定数量的专利布局且申请PCT的比重较大，同时，欧盟专利数量也非常可观。这说明Content Guard非常重视基础关键技术对于市场和技术垄断等层面的排布。此外，对于中国、日本等主要国家也有一定数量的专利分布。松下非常重视本土市场和中国市场，在日本本土和中国分别布局17件和12件专利。其次是欧洲和美国，分别为9件和6件。值得注意的是，从面向多种文档格式的内容交易与分发版权保护技术在世界范围的分布看，美国并非松下最重要的目标市场。

3. 技术热点分析

面向多种文档格式的内容交易与分发版权保护技术方面，Content Guard公司的专利申请中的聚类结果显示出多种文档格式在分段、加密封装与解密解封后，如何能够适应超级分发、B2C分发、批量分发和二次分发等分发模式需求。松下在面向多种文档格式的内容交易与分发版权保护技术，基本上聚焦于多种文档形势下的分发安全性保障和基于广播视频领域的数字内容交易两个方面。

第六节　多来源数字内容作品的组合打印技术

一、专利检索

（一）检索结果概述

以多来源数字内容作品的组合打印技术检索主题，在“九国两组织”范围内，共检索到相关专利申请924件，具体数量分布如下（单位：件）：

美国	中国	日本	韩国	英国	法国	德国	澳大利亚	俄罗斯	EP	WO	总计
245	148	299	68	7	3	3	19	0	70	62	924

各国家/组织的专利申请状况与专利申请人排名等信息可参见下述统计结果。

（二）各地区/组织方案相关专利申请趋势

由表7.6-1和图7.6-1的统计结果显示，自上世纪90年代直至新世纪初期，多来源数字内容作品的组合打印这一技术领域在全球大部分国家应用仍进行得非常缓慢，从全球“九国两组织”对该技术的专利申请量来看，除美国及亚洲的中、日、韩略有研究之外，全球其他大部分国家和地区对该领域的研究普遍较少。早在上世纪90年代，日本对该技术领域就有所研究，美国、中国和韩国也对该技术进行了初步的研究，但始终处于不温不火状态，而近年来对该技术的研究更是甚少；在俄罗斯、澳大利亚以及欧洲的英、德、法等国家和地区对该领域的专利申请量几乎为零。整体来看，该技术在全球发展普遍趋于缓慢。

表7.6-1　多来源数字内容作品的组合打印技术“九国两组织”相关专利申请状况

年份 国家	1990①	2000	2001	2002	2003	2004	2005	2006	2007	2008	2009	2010	2011	2012	2013	2014
US	5	1	4	19	11	11	17	17	19	21	17	24	14	21	23	21
CN	4	2	5	6	4	7	12	19	9	11	15	9	14	18	10	3
JP	35	9	9	26	10	22	16	19	22	36	27	19	18	11	11	9
KR	0	0	1	0	1	0	2	5	2	13	7	6	10	6	8	7
GB	2	0	0	0	2	2	0	0	0	0	1	0	0	0	0	0
DE	0	0	0	1	0	0	0	1	1	0	0	0	0	0	0	0
FR	1	1	0	0	0	0	0	0	1	0	0	0	0	0	0	0
AU	3	0	1	2	4	1	1	1	2	1	0	3	0	0	0	0
EP	2	1	4	1	17	5	7	9	5	4	4	4	2	1	2	2
WO	2	3	5	9	1	3	4	6	6	5	6	2	1	1	4	4

注：俄罗斯相关专利申请量基本为零，暂不列入统计范围。

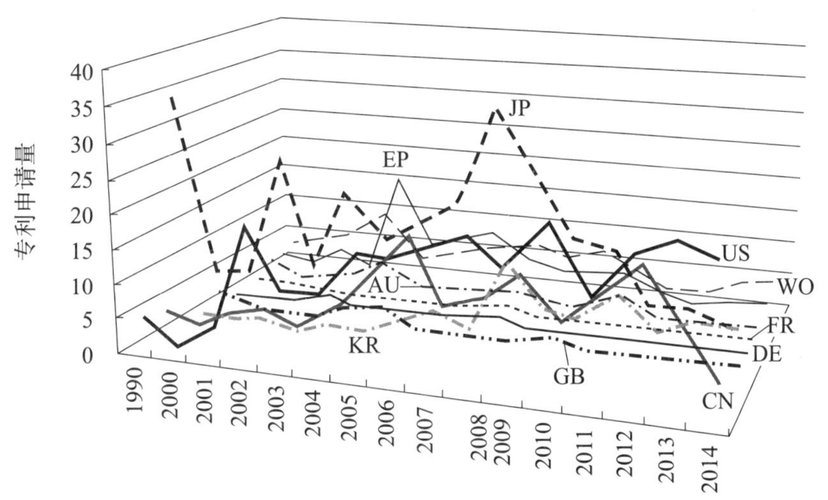

图7.6-1　“九国两组织”相关专利申请状况图

① 1990是指1990－1999年的专利数量总数。

（三）各地区/组织相关专利申请人排名

1. WO 相关专利申请人排名

表 7.6-2　多来源数字内容作品的组合打印技术 WO 相关专利申请人排名

序号	申请人	申请人国家	专利申请数量
1	FLEXIWORLD TECHNOLOGIES INC	美国	4
2	AMAZON TECH INC	美国	3
3	HEWLETT PACKARD CO	美国	3
4	WEBSISTANT L L C	美国	2
5	CHIRCORIAN ARMEN	美国	2

2. EP 相关专利申请人排名

表 7.6-3　多来源数字内容作品的组合打印技术 EP 相关专利申请人排名

序号	申请人	申请人国家	专利申请数量	专利授权数量
1	CONTENTGUARD HOLDINGS INC	美国	21	13
2	HEWLETT PACKARD CO	美国	7	6
3	GUPTA ALOKE	美国	4	4
4	ZEE PIETER J VAN	美国	4	4
5	INTEL CHINA LTD	中国	3	2

3. 中国地区相关专利申请人排名

表 7.6-4　多来源数字内容作品的组合打印技术中国地区相关专利申请人排名

序号	申请人	申请人国家	专利申请数量	专利授权数量
1	SHENZHEN WANGLING SCIENCE AND TECHNOLOGY DEV CO LTD	中国	15	1
2	CANON KK	日本	12	10
3	YANWEI QIU	中国	11	0
4	CONTENTGUARD HOLDINGS INC	美国	5	2
5	FUJI XEROX CO LTD	日本	5	4

4. 美国地区相关专利申请人排名

表 7.6-5　多来源数字内容作品的组合打印技术美国地区相关专利申请人排名

序号	申请人	申请人国家	专利申请数量	专利授权数量
1	CONTENTGUARD HOLDINGS INC	美国	25	2
2	FLEXIWORLD TECHNOLOGIES INC	美国	20	3
3	STEFIK MARK J	美国	17	0
4	PIROLLI PETER L T	美国	16	0
5	IBM	美国	14	11

5. 日本地区相关专利申请人排名

表 7.6-6　多来源数字内容作品的组合打印技术日本地区相关专利申请人排名

序号	申请人	申请人国家	专利申请数量	专利授权数量
1	CANON KK	日本	36	15
2	RICOH KK	日本	32	18
3	SEIKO EPSON CORP	日本	17	6
4	FUJI XEROX CO LTD	日本	15	3
5	BROTHER IND LTD	日本	10	8

6. 澳大利亚地区相关专利申请人排名

表 7.6-7　多来源数字内容作品的组合打印技术澳大利亚地区相关专利申请人排名

序号	申请人	申请人国家	专利申请数量	专利授权数量
1	HEWLETT PACKARD CO	美国	3	2
2	MCA MEDICORP INTERNATIONAL PTY	澳大利亚	2	1
3	OBJECTIVE SYSTEMS PTY LTD	澳大利亚	2	1
4	PORTAUTHORITY TECHNOLOGIES INC	美国	2	1
5	IBM	美国	1	1

7. 德国地区相关专利申请人排名

表 7.6-8　多来源数字内容作品的组合打印技术德国地区相关专利申请人排名

序号	申请人	申请人国家	专利申请数量	专利授权数量
1	IBM	美国	2	1
2	HEWLETT PACKARD CO	美国	1	0

8. 法国地区相关专利申请人排名

表 7.6-9　多来源数字内容作品的组合打印技术法国地区相关专利申请人排名

序号	申请人	申请人国家	专利申请数量	专利授权数量
1	THOMSON LICENSING SA	法国	1	0
2	CYBERGRAPHIC SYSTEMS LTD	澳大利亚	1	0
3	CYBERGRAPHIC SYST PTY LTD	澳大利亚	1	1

9. 英国地区相关专利申请人排名

表 7.6-10　多来源数字内容作品的组合打印技术英国地区相关专利申请人排名

序号	申请人	申请人国家	专利申请数量	专利授权数量
1	HEWLETT PACKARD CO	美国	2	1
2	SHAH PRADIP K	美国	1	0

（续表）

序号	申请人	申请人国家	专利申请数量	专利授权数量
3	NEXTENDERS	印度	1	0
4	SEALEDMEDIA LTD	英国	1	0
5	CYBERGRAPHIC SYST PTY LTD	澳大利亚	1	1

10. 俄罗斯地区相关专利申请人排名

俄罗斯在多来源数字内容作品的组合打印方案技术领域的专利申请量为零，故不存在专利申请人排名。

11. 韩国地区相关专利申请人排名

表 7.6-11　多来源数字内容作品的组合打印技术韩国地区相关专利申请人排名

序号	申请人	申请人国家	专利申请数量	专利授权数量
1	SAMSUNG ELECTRONICS CO LTD	韩国	8	2
2	LG ELECTRONICS INC	美国	4	2
3	INTEL CORP	美国	4	3
4	INTEL CHINA LTD	中国	4	1
5	Electronics and Telecommunications Research Institute	韩国	2	0

二、专利分析

（一）技术发展趋势分析

多来源数字内容作品的组合打印技术也是按需印刷版权保护技术的重要技术之一。自上世纪 90 年代，组合打印技术便已开始进入人们的眼球了，但是发展速度并不明显；自新世纪刚开始直至 2012 年前后该技术发展相对较快，并逐渐趋于成熟。然而随着数字化战略继续向前推进以及更多长尾图书以电子书形式呈现，图书印刷需求变缓，销售是否向纯数字化版本转移，使部分企业对于纸质印刷业产生了质疑。以至于近两年以来，该技术的市场需求并不乐观，全球在该领域的研究均相对较少。毕竟现如今计算机已经普遍全球，大多公司办公才用电子文件即可，需要打印成纸质文件的需求日渐减少。

（二）技术路线分析

图 7.6-3 中核心专利是通过引证次数排行找到引证数比较多的专利，关键技术所列专利为多来源数字内容作品组合打印技术的高相关专利。通过对该技术路线的分析，我们可以很直观地看出该技术在“九国两组织”范围内研究相对也是较早，自上世纪 90 年代中期 DRM 系统引入后，便诞生了该技术领域的第一件相关专利——控制复合数字作品的分配和使用方法。1994 年 12 月 16 日，日本的理光公司申请了关于电子文档的核心专利。1996 年 6 月 26 日，松下电器申请了关于图像信息处理的核心专利。2006 年 3 月 29 日，美

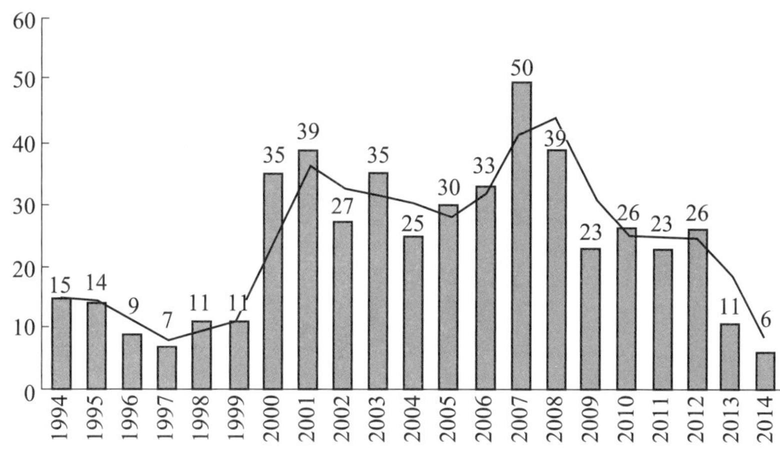

图 7.6-2　多来源数字内容作品的组合打印技术发展趋势图

国亚马逊申请了电子设备上内容的选择和聚集的搜索结果呈现的核心专利。

综观该技术的发展历程，技术发展的初期，出现的技术大多比较核心和基础，被后续人们引用的也就比较多，而数字作品的组合打印的相关技术属于按需印刷技术发展到一定阶段引申出来的一个问题，并逐渐成为人们关注的热点技术，继而涌现出一些该技术领域的关键性技术。近年来，国内也萌生出了一些关键性技术，比如北大方正集团与北京大学共同申请的关于数字内容授权管理的相关专利，根据业务需求，针对段进行授权控制，为满足用户个性化需求打下了一定基础。

（三）主要专利申请人分析

通过对多来源数字内容作品的组合打印技术的专利检索结果的统计和初步分析得到了在“九国两组织”范围内申请量排名前三的公司，分别是日本佳能、理光、美国的 ContentGuard，相关技术专利申请量分别是 60 件、51 件、46 件。然后对这三家公司在该技术方面申请的技术进行统计分析，每家公司会有三个统计图分别是：年份柱状图、“九国两组织”专利申请量区域分布、技术构成分布，利用这三种图表分别对这三家公司的技术进行分析并得出相应观点。

1. 申请量排名第一的专利申请人

（1）专利申请量

在多来源数字内容作品的组合打印相关技术领域，佳能的专利申请量仍位居全球之首。自上世纪 90 年代，佳能便开始涉足该技术领域，但投入研发量始终不多，其在该技术的相关专利年申请量最高一年也就 10 件以内。尽管 20 世纪初期日本动漫已经风靡全球，也带动了印刷业的迅速崛起，但人们对个性化印刷的需求并不是很高，并且个性化印刷的盈利性不容易掌握。市场决定企业的发展方向，正因为如此，佳能对该技术领域的研发始终处于不温不火，甚至基本停止在该方向的研发，2014 年在该技术领域相关专利的申请量为零。

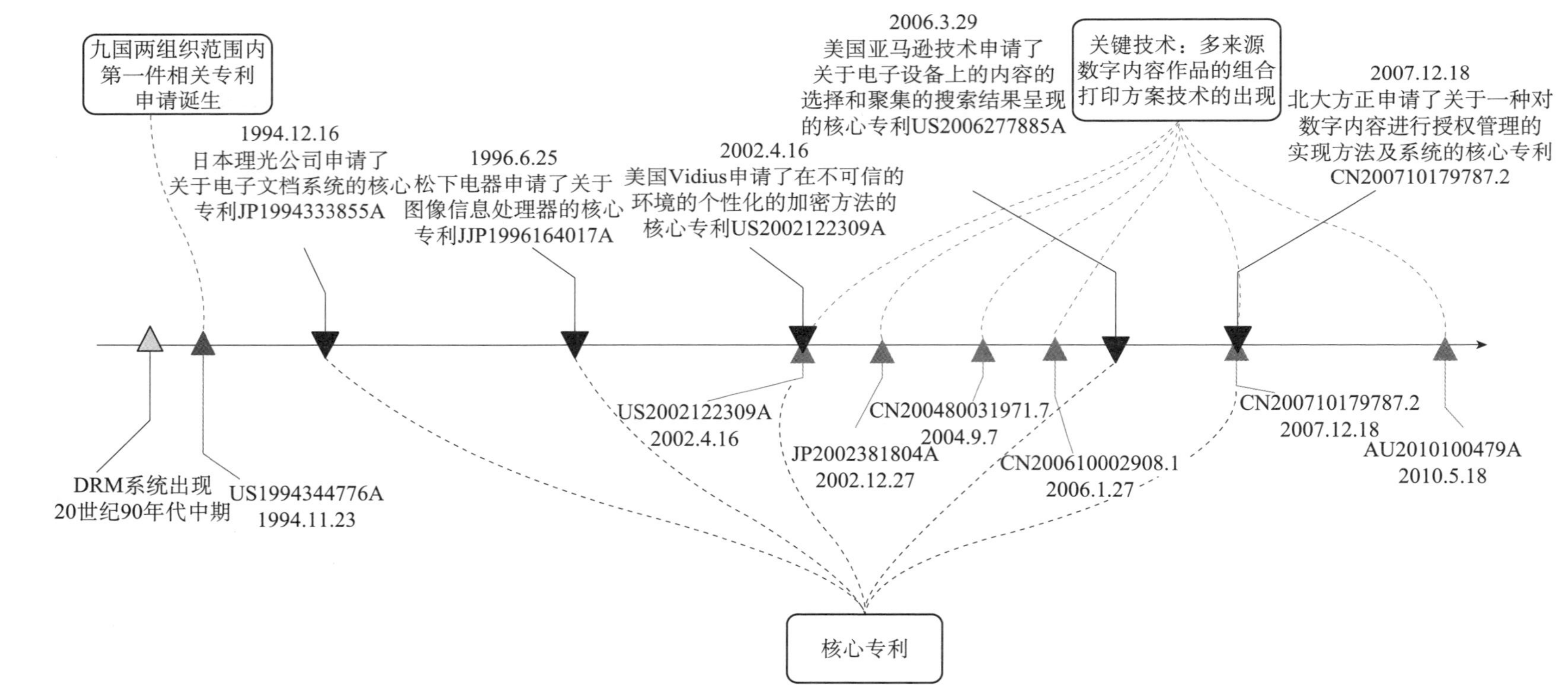

图7.6-3 多来源数字内容作品的组合打印技术路线图

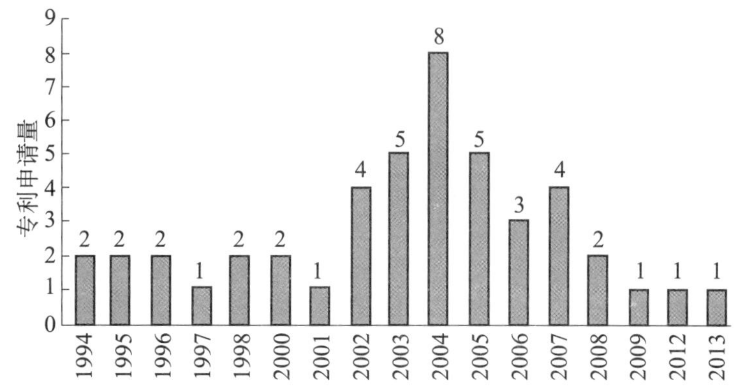

图 7.6-4　佳能多来源数字内容作品的组合打印技术专利申请条形图

(2)“九国两组织”专利申请量区域分布

佳能是日本的一家全球领先的生产影像与信息产品的综合集团。佳能的产品系列共分布于三大领域：个人产品、办公设备和工业设备，主要产品包括照相机及镜头、数码相机、打印机、复印机、传真机、扫描仪、广播设备、医疗器材及半导体生产设备等。

佳能总部位于日本东京，并在美洲、欧洲、亚洲及日本设有 4 大区域性销售总部。但佳能在多来源数字内容作品组合打印技术领域的专利申请量并不多，并且其核心技术主要集中在日本，在美国和中国也有分公司及代加工工厂，同时具有该技术领域的相关专利，但数量屈指可数。

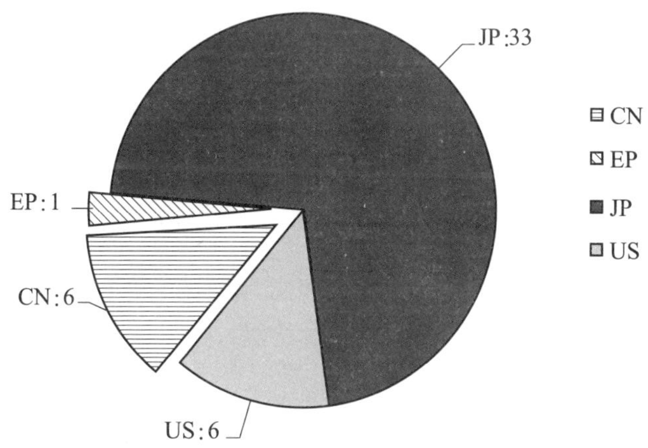

图 7.6-5　佳能多来源数字内容作品的组合打印技术专利申请量区域分布图

(3) 技术构成分布

图 7.6-6 示出佳能公司专利的构成分布图。圈注的是佳能公司关注度较高的热点技术，标注的几个热点技术都是数字内容作品组合打印的关键技术。数字文档打印主要是涉及佳能公司的打印机的相关技术，佳能在打印机领域的专利相对较多，在地图中较为密集；版权保护主要是对数字化信息产品（如图书、音乐、图像、录像、多媒体文件等）在网络中交易、传输和利用时所涉及的各方权力进行定义、描述、保护和监控的整体机制，

是数字化信息环境可靠运行和不断发展的基本保障之一，是一种保护内容免遭未经授权的使用或复制的方法，佳能2002年申请了关于记录媒体介质的数据处理器的相关专利。

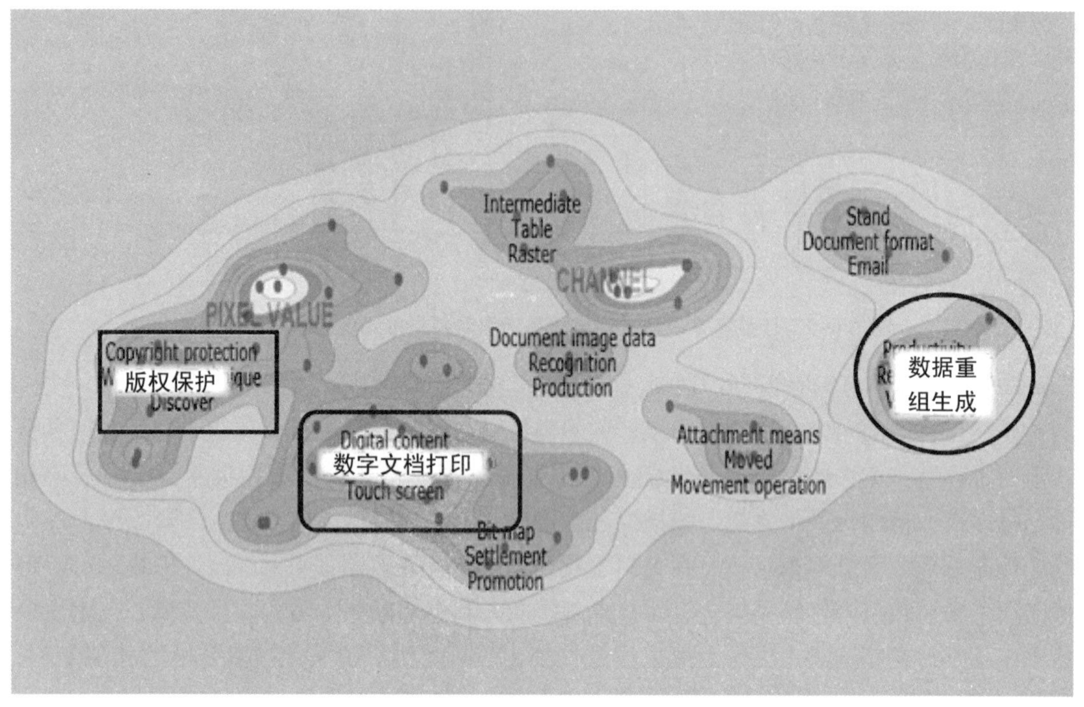

图7.6-6　佳能多来源数字内容作品的组合打印技术构成分布图

日本佳能公司在多来源数字内容作品的组合打印技术领域研究的热点技术主要有数字文档打印、数据重组再生技术、版权保护等。从地图中我们还可以看出其在数据的再生重现领域也已做了深入的研究。

2. 申请量排名第二的专利申请人

(1) 专利申请量

理光在多来源数字内容作品的组合打印相关技术领域的专利申请量紧居佳能之后，位居全球第二。理光在该领域的情况与佳能基本类似，也是涉足较早，自上世纪90年代，

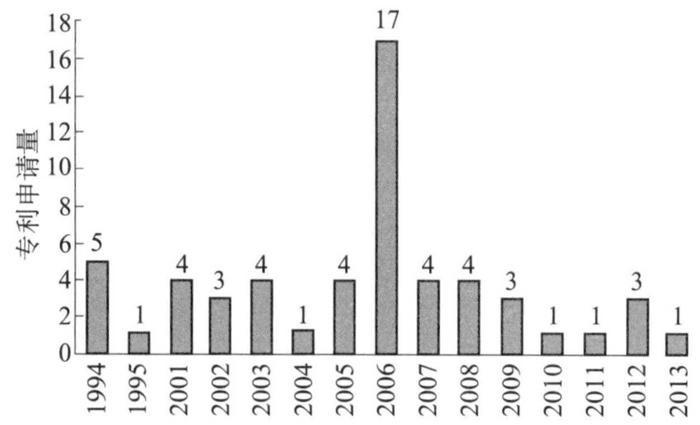

图7.6-7　理光多来源数字内容作品的组合打印技术专利申请条形图

佳能便开始涉足该技术领域，但投入研发量始终不多，其在该技术的相关专利年均申请量大多都在5件左右。市场需求决定企业的发展方向，在个性化印刷与消费者的支付价格的权衡下，人们对个性化印刷的需求并不是很高。正因为如此，理光在该技术领域的研究投入也是相对较少，甚至基本停止在该方向的研发，2014年在该技术领域相关专利的申请量为零。

（2）“九国两组织”专利申请量区域分布

理光（Ricoh）是日本著名的办公设备及光学机器制造商，1963年正式易名为理光，并在同年成立香港分公司。理光总部设于日本东京，理光复印机和传真机拥有超过20年的市场领先地位。理光公司是最早探索数字图像输出技术的厂家之一，理光在美国、欧洲和日本处于市场领先地位。理光当前拥有的产品涵盖了复印机、打印机、传真机、光盘驱动、数码相机和电子设备等。

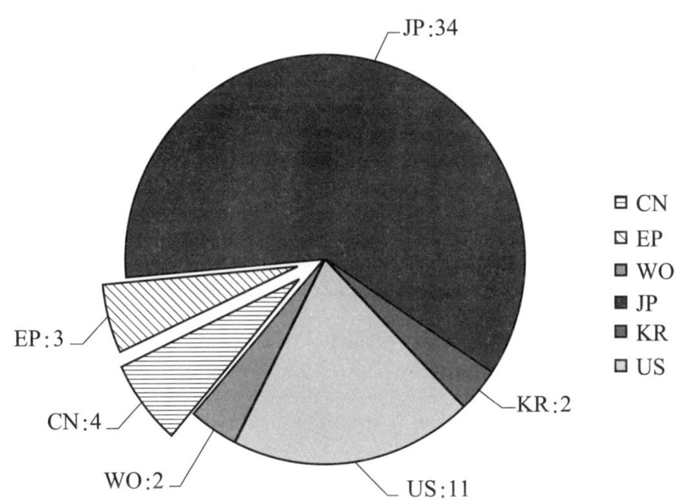

图7.6-8 理光多来源数字内容作品的组合打印技术专利申请量区域分布图

从理光在多来源数字内容作品的组合打印技术领域在区域维度分析，可以看出在该领域其核心技术主要集中在其总部所在地日本和美国，虽然在中国等地也设有多家分公司，但主要还是以代加工为主，自主研发甚少。

（3）技术构成分布

图7.6-9示出理光公司专利的构成分布图。圈注的是理光公司关注度较高的热点技术，标注的几个热点技术都是数字内容作品组合打印的关键技术。通过观测授权协议在专利地图的相关专利密集程度，可以分析出理光对该技术的研究较为深入。因为授权协议在我们的生活中确实很重要，如今随着数字科技的利用，著作权人越来越依赖于授权协议的方式来实现作品的经济利益。多数计算机软件作品、电子数据库、电子书、数码图库等，权利人都是通过授权协议直接对消费者进行授权，作品有形载体的所有权逐渐被淡化甚至已不再存在，这使得过去著作权法在立法时的基础事实改变，以往社会公众依据著作权限制制度的规定，可以在不侵害著作权的基础上利用作品，而如今著作权人却通过授权协议

方式来规避或限制本因忍受的权利限制。而重组与传输以及内容创建主要应用于电子文档、图片、图像等，并且理光早在1994年就曾申请了关于电子文档系统的相关专利。

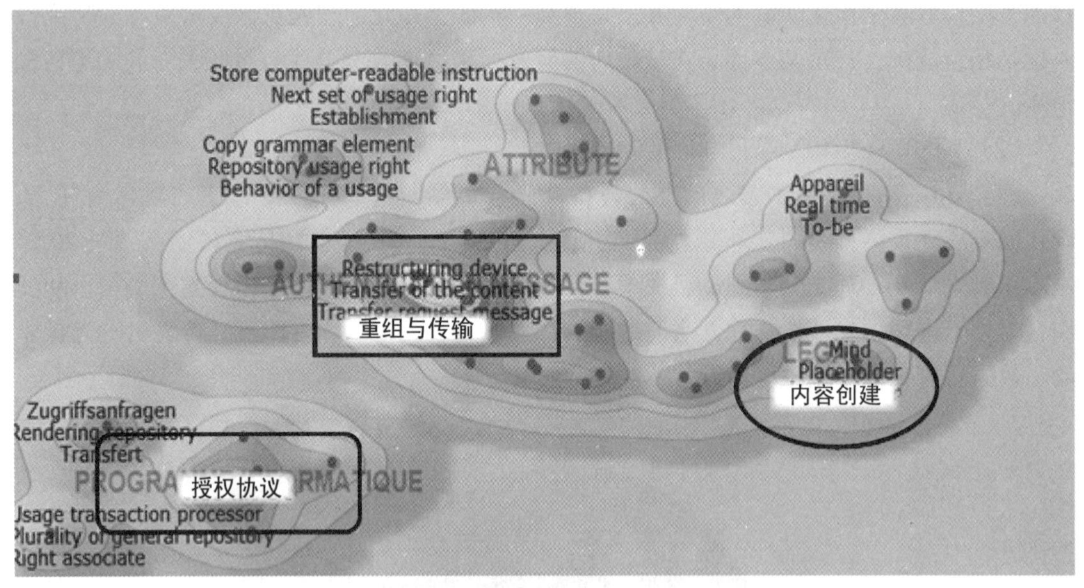

图7.6-9　理光多来源数字内容作品的组合打印技术构成分布图

通过专利的构成分布图，我们可以看出日本理光公司在多来源数字内容作品的组合打印技术领域的研究热点主要有授权协议、重组与传输技术以及内容创建等。理光公司是最早探索数字图像输出技术的厂家之一，当前拥有的产品涵盖了复印机、打印机、传真机、光盘驱动、数码相机和电子设备等。

3. 申请量排名第三的专利申请人

（1）专利申请量

ContentGuard在多来源数字内容作品的组合打印相关技术领域的专利申请量虽居全球第三，但由于全球在该技术领域的研究并不多，ContentGuard公司在该领域的专利申请量更少。除1995年和2012年ContentGuard公司在该技术领域做了部分研究外，基本未对该领域做深入的研究。这也印证了该技术在全球领域研究普遍较少的情况。

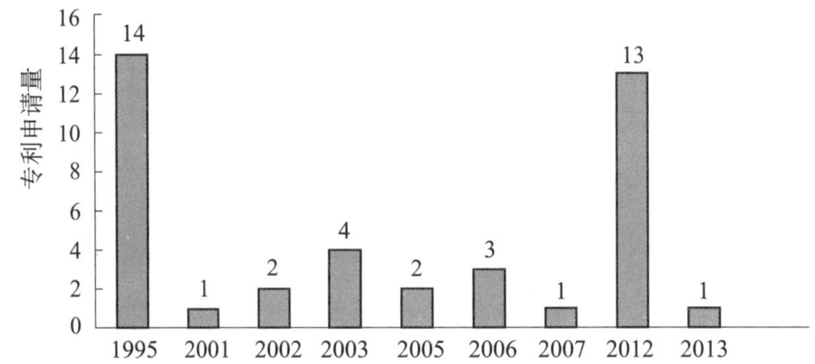

图7.6-10　ContentGuard多来源数字内容作品的组合打印技术专利申请条形图

(2)“九国两组织”专利申请量区域分布

ContentGuard 是数字版权管理和相关内容发布专利与技术的领先发明者、开发商和授权商。总部位于美国的得克萨斯州，2013 年该公司已经针对 Apple，Inc.（苹果公司）（NASDAQ：AAPL）、Amazon. com（亚马逊）（NASDAQ：AMZN）、BlackBerry Corporation（黑莓公司）（NASDAQ：BBRY）、Huawei Device USA，Inc.（华为终端美国公司）和 Motorola Mobility LLC（摩托罗拉移动技术公司）发起了专利侵权诉讼。案中有争议的 9 项专利是 300 多项授权专利和 160 多项未决专利申请的一小部分，这些专利覆盖了 20 年来内容管理与保护技术领域的创新研究、发明和产品开发。

ContentGuard 的多来源数字内容作品的组合打印技术相关专利主要集中在欧洲、美国和中国等地，从专利数量上来看，ContentGuard 公司在该技术领域的专利相对较少，毕竟全球在该技术领域尚未进行更加深入的研究。

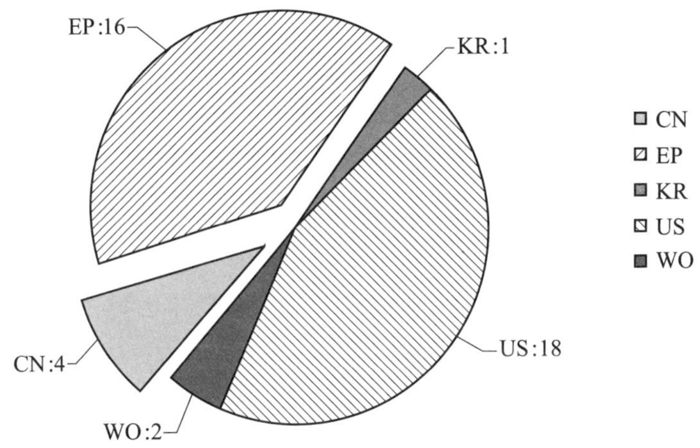

图 7. 6-11　ContentGuard 多来源数字内容作品的组合打印技术专利申请量区域分布图

(3) 技术构成分布

图 7. 6-12 示出 ContentGuard 公司专利的构成分布图。圈注的是 ContentGuard 公司关注度较高的热点技术，标注的几个热点技术都是数字内容作品组合打印的关键技术。电子文档是指人们在社会活动中形成的，以计算机盘片、固态硬盘、磁盘和光盘等化学磁性物理材料为载体的文字、图片材料，依赖计算机系统存取并可在通信网络上传输，它主要包括电子文书、电子信件、电子报表、电子图纸、纸质文本文档的电子版本等等。而关于打印与传输和个性化服务热点的相关专利主要也是应用在电子文档数据领域。

ContentGuard 作为数字版权管理和相关内容发布专利与技术的领先发明者、开发商和授权商，其在多来源数字内容作品组合打印技术领域的研究热点有电子文档数据、打印与传输、个性化服务等技术。

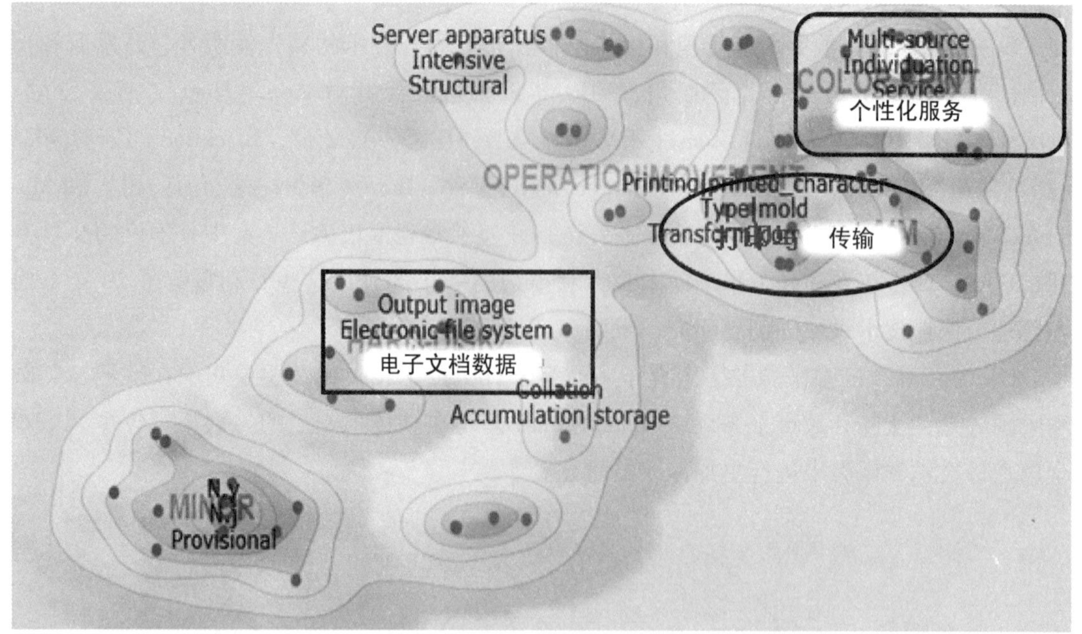

图 7.6-12　ContentGuard 多来源数字内容作品的组合打印技术构成分布图

三、总结

从 1994 年 1 月 1 日至 2014 年 12 月 31 日，多来源数字内容作品的组合打印技术在"九国两组织"范围内的检索结果包含 924 件专利/专利申请，从总体数量来看，该技术在全球范围的研究相对较少。从分布情况来看，美、中、日、韩四个国家的专利申请数量总和达到 760 件，约占全部专利申请量的 82%。整体来看，该技术在全球发展态势趋于减缓。

（一）多来源数字内容作品组合打印技术发展趋势

1. 专利申请量的总体发展趋势

从整个行业的专利申请状况来看，自 2000 年伊始直至 2012 年前后，该技术发展相对较快，并逐渐趋于成熟，然而随着数字化战略继续向前推进以及更多长尾图书以电子书形式呈现，图书印刷需求变缓，销售是否向纯数字化版本转移，使部分企业对于纸质印刷业产生了质疑。以至于近两年以来，该技术的市场需求并不乐观，全球在该领域的研究均相对较少。毕竟现如今计算机已经普遍全球，大多公司办公采用电子文件即可，需要打印成纸质文件的需求日渐减少。

（二）各地区技术发展现状以及未来发展趋势

1. 美国

美国自 1999 年至 2007 年前后随着全球普通印刷需求的淡化，个性化印刷需求的日益突现，该技术得到了迅速发展，市场不断扩大，介入的企业开始大幅增加，技术分布范围扩大，大量的相关专利激增涌现，此时即进入了该技术的发展期；然而2008年至2011年间，由于个性化印刷的成本不容易把控，很难符合普通消费者的消费理念，导致该技术的市场受限，介入公司和相关专利的申请量开始逐年下滑，进入了该技术的衰退期；2012年至今，随着技术不断进步与成熟，个性化印刷逐渐进入了消费者的理念，介入该技术领域的企业数量开始增加，专利数量也开始回升，此时逐步进入了该技术领域的复苏期。

2. 日本

该技术起初在日本发展很迅速，然而2002年至2004年间，由于个性化印刷的成本不容易把控，短时间内很难适应普通消费者的消费理念，部分企业因未能见到良好的消费市场而纷纷撤出了该技术领域，该技术进入了衰退期。尽管2005年至2007年间该技术随着消费群体按需印刷的意识逐渐提高，接入的企业和相关专利的申请量又开始回升，然而好景并不长，在2008年以来随着竞争的日益激烈，对于该领域的研究也逐渐呈现巨头向寡头的转变，涉及的企业开始大幅减少，相关专利的申请量也开始回落，电子产品更新换代之快，更多企业发现未来电子书将逐渐取代了纸质印刷，以至于该技术在日本近两年来再次进入了衰退期。

3. 韩国

韩国对于该技术的引入相对较晚。2003年至2008年间韩国在该技术领域的研究呈增长趋势，但从相关专利的申请量和专利权人数量来看，介入该领域的企业并不多。自2008年以后，韩国适应该技术在全球领域的发展形势，也开始逐渐消退，对于该技术的研究逐渐进入了衰退期。

4. 中国

中国对于该技术的发展趋势与美、日、韩基本类似，由于个性化印刷的成本不容易把控，很难符合普通消费者的消费理念，导致该技术的市场受限，相关专利的申请量开始逐年下滑，只有少数政府性质企业及一些高校再继续从事相关领域的研究，此时进入了该技术的衰退期。

根据以上各地区技术发展现状描述，总体来说，多来源数字内容作品的组合打印技术在全球范围内均有衰退的迹象。

（三）主要申请人专利申请对比分析

1. 专利申请量维度横向比较

通过将三个主要申请人在专利申请量维度进行横向比较，我们发现：从专利申请量上来看，日本佳能、理光、美国的ContentGuard这三个主要申请人的相关专利申请量分别是60件、51件、46件。并且这三个申请人在技术研发初期便投入了相当大的技术研发，相应的专利申请量也较多。

2. 专利资产区域布局情况

从三个主要申请人的专利资产区域布局情况，我们可以看出：佳能、理光、美国的ContentGuard在多来源数字内容作品的组合打印技术领域中的专利申请主要集中在日本；同时，为了贯彻其专利全球化战略的思想，其在美国、欧洲及亚洲的中、韩等国也均有专利申请。

3. 技术热点分析

从技术热点分析角度来说：佳能公司在多来源数字内容作品的组合打印技术领域研究的热点技术主要有数字文档打印、数据重组再生技术、版权保护等；日本理光公司在该技术领域的研究热点主要有授权协议、重组与传输技术以及内容创建等；ContentGuard 作为数字版权管理和相关内容发布专利与技术的领先发明者、开发商和授权商，其在多来源数字内容作品组合打印技术领域的研究热点有电子文档数据、打印与传输、个性化服务等技术。

第七节　数字内容作品入库技术

一、专利检索

（一）检索结果概述

以数字内容作品入库技术为检索主题，在“九国两组织”范围内，共检索到相关专利申请 642 件，具体数量分布如下（单位：件）：

美国	中国	日本	韩国	英国	法国	德国	澳大利亚	俄罗斯	EP	WO	总计
281	92	77	32	5	1	2	16	0	53	83	642

（二）各地区/组织相关专利申请趋势

表 7.7-1 和图 7.7-1 中示出了 1994 年至 2014 年各个国家历年在数字内容作品入库技术领域的专利申请数量，可以看出，该检索主题同样存在专利申请量低的现象，其原因如上，在此不再复述。从现有数据上看，相对其他国家而言，美国（US）、中国（CN）两国的专利申请总量较多，但以美国为代表的各个国家的年专利申请量增幅极小，例如，从 2001 年到 2013 年的 12 年间美国在该领域的专利申请量仅增加了 29 件，而 2014 年的专利申请量在数据尚未完全公开的情况下激增至 56 件，其具体原因将在分析报告中进行探讨。而中国年专利申请量虽然整体数量不多，但呈现波浪式的平稳发展，在 2005 年、2006 年、2009 年出现超过 10 件的专利申请后，2013 年的年专利申请量。

表 7.7-1　数字内容作品入库技术“九国两组织”相关专利申请状况

年份 国家	1990[①]	2000	2001	2002	2003	2004	2005	2006	2007	2008	2009	2010	2011	2012	2013	2014
US	2	0	3	8	8	10	11	10	23	19	26	21	24	28	32	56
CN	4	1	1	2	0	2	11	11	5	4	14	6	3	9	12	7
JP	0	2	3	11	7	3	8	5	8	4	10	5	4	2	3	2
KR	0	0	1	0	2	0	4	1	2	6	6	3	0	2	1	4

① 1990 是指 1990－1999 年的专利数量总数。

（续表）

年份 国家	1990[①]	2000	2001	2002	2003	2004	2005	2006	2007	2008	2009	2010	2011	2012	2013	2014
GB	0	0	0	0	0	0	0	0	1	0	0	0	1	1	2	0
DE	0	0	0	0	0	0	0	0	1	1	0	0	0	0	0	0
FR	0	0	0	0	0	0	0	0	0	0	1	0	0	0	0	0
AU	0	0	2	1	1	1	1	3	1	0	2	1	1	2	0	0
RU	0	0	0	0	0	0	0	0	0	0	0	0	0	0	0	0
EP	0	1	1	5	3	4	3	4	5	9	4	2	7	3	1	1
WO	1	1	9	4	3	4	5	5	14	4	8	6	5	4	2	8
合计	7	5	20	31	24	24	43	39	60	47	71	44	45	51	53	78

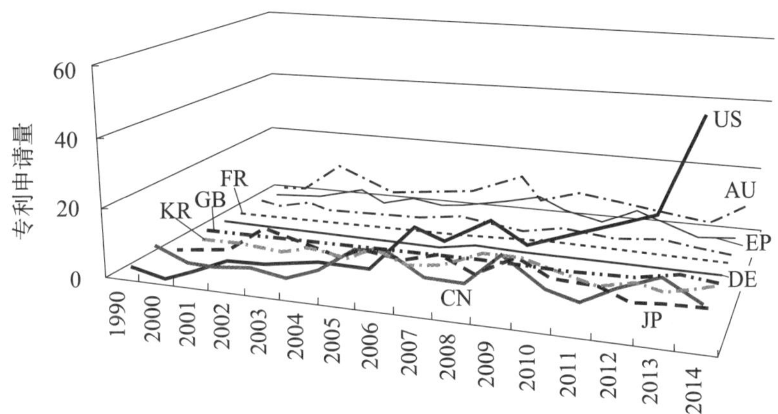

图 7.7-1　“九国两组织”相关专利申请状况图

（三）各地区/组织相关专利申请人排名

1. WO 相关专利申请人排名

表 7.7-2　数字内容作品入库技术 WO 相关专利申请人排名

序号	申请人	申请人国家	专利申请数量
1	ANDERSEN CONSULTING LLP	美国	5
2	INTEL CORP	美国	4
3	MICROSOFT CORP	美国	3
4	FRANCE TELECOM	法国	3
5	IBM	美国	2

① 1990 是指 1990－1999 年的专利数量总数。

2. EP 相关专利申请人排名

表 7.7-3 数字内容作品入库技术 EP 相关专利申请人排名

序号	申请人	申请人国家	专利申请数量	专利授权数量
1	ACCENTURE LLP	美国	6	0
2	INTEL CORP	美国	2	1
3	MATSUSHITA ELECTRIC IND CO LTD	日本	2	0
4	APPLE INC	美国	2	0
5	AUDIBLE INC	美国	1	0

3. 中国地区相关专利申请人排名

表 7.7-4 数字内容作品入库技术中国地区相关专利申请人排名

序号	申请人	申请人国家	专利申请数量	专利授权数量
1	MICROSOFT CORP	美国	4	2
2	SONY CORP	日本	4	2
3	UNIV BEIJING	中国	3	0
4	IBM	美国	3	1
5	UNIV PEKING FOUNDER GROUP CO	中国	3	0

4. 美国地区相关专利申请人排名

表 7.7-5 数字内容作品入库技术美国地区相关专利申请人排名

序号	申请人	申请人国家	专利申请数量	专利授权数量
1	MICROSOFT CORP	美国	15	8
2	IBM	美国	13	9
3	SHAPIRO ALAN JOSHUA	美国	7	5
4	AMAZON TECH INC	美国	7	6
5	FLEXIWORLD TECHNOLOGIES INC	美国	5	3

5. 日本地区相关专利申请人排名

表 7.7-6 数字内容作品入库技术日本地区相关专利申请人排名

序号	申请人	申请人国家	专利申请数量	专利授权数量
1	HITACHI LTD	日本	6	3
2	NIPPON TELEGRAPH & TELEPHONE	日本	8	0
3	MACROVISION CORP	美国	4	2
4	SONY CORP	日本	3	1
5	SEIKO EPSON CORP	日本	2	0

6. 澳大利亚地区相关专利申请人排名

表 7.7-7　数字内容作品入库技术澳大利亚地区相关专利申请人排名

序号	申请人	申请人国家	专利申请数量	专利授权数量
1	JVL Corporation	瑞典	1	0
2	IPF Inc.	美国	1	0
3	INTEL CORP	美国	1	0
4	APPLE INC	美国	1	0
5	IPF Inc.	美国	1	0

7. 德国地区相关专利申请人排名

表 7.7-8　数字内容作品入库技术德国地区相关专利申请人排名

序号	申请人	申请人国家	专利申请数量	专利授权数量
1	INTEL CORP	美国	1	0
2	AUDIBLE INC	美国	1	0

8. 法国地区相关专利申请人排名

表 7.7-9　数字内容作品入库技术法国地区相关专利申请人排名

序号	申请人	申请人国家	专利申请数量	专利授权数量
1	FRANCE TELECOM	法国	1	0

9. 英国地区相关专利申请人排名

表 7.7-10　数字内容作品入库技术英国地区相关专利申请人排名

序号	申请人	申请人国家	专利申请数量	专利授权数量
1	OMNIFONE LTD	英国	1	0
2	NI GROUP LTD	英国	1	0
3	Griffits John Philip	英国	1	0
4	Thomas Billings	英国	1	0
5	APPLE INC	美国	1	0

10. 俄罗斯地区相关专利申请人排名

数字内容作品入库技术俄罗斯没有相关专利申请人排名。

11. 韩国地区相关专利申请人排名

表 7.7-11　数字内容作品入库技术韩国地区相关专利申请人排名

序号	申请人	申请人国家	专利申请数量	专利授权数量
1	KT Corporation	韩国	3	2
2	LEE JUNG IL	韩国	2	0
3	KOOKMIN BANK CO. , LTD.	韩国	1	1
4	WHEREVERTV INC	韩国	1	1
5	SAMSUNG ELECTRONICS CO. LTD.	韩国	1	0

二、专利分析

（一）技术发展趋势分析

从整体上来看，数字内容作品入库技术处于不断增长趋势，说明该技术受到了企业的广泛关注。

从区域上看，1999 年以后专利申请数量才开始出现实质性的增长。这表明，越来越多的研究人员开始进行数字内容作品入库的研究。特别是从 2014 年起，全球数字内容作品入库技术专利申请数量达到顶峰，表明数字内容作品入库技术相关专利技术进入快速发展轨道。

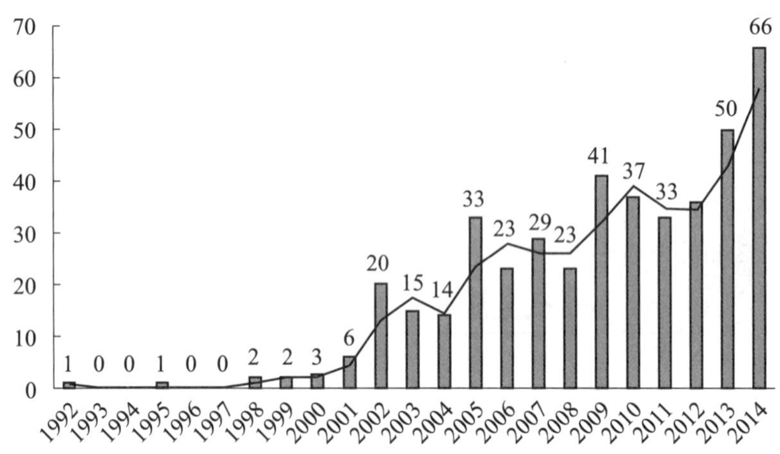

图 7.7-2　数字内容作品入库技术发展趋势图

这可能与 1999 年音乐界有关公司组成了 SDMI（secure digital music initiative，安全数字音乐促进）组织有关，目前加入 SDMI 的技术和娱乐公司已经超过了 160 家。SDMI 提出了面向计算机和各种数字设备上数字音频的开放的版权保护规范和技术框架，在为用户提供灵活方便的音频体验、注入复制等的使用和访问方式的同时，为艺术作品在播放、存储、分发时提供了一个安全环境，最大限度地保护艺术作品的版权，促进了与数字音频相关的商务和技术的发展。

在此期间，许多研究机构和公司针对数字媒体的版权保护从各个角度分别展开了研究，比如 Intertrust 公司的 DigiBox 技术，该技术能根据一定的使用规则使受保护的信息在整个生命周期内无论传到任何地方都将受到保护；IBM 公司的 Cryptolope 技术，该技术的特征是用安全加密技术封装要保护的数字媒体信息的内容；Digimarc 公司在研究基于数字水印的媒体信息版权保护等等。

（二）技术路线分析

表 7.7-12　数字内容作品入库技术路线表

申请人	公开号	申请日期	同族专利数量	被引用次数
埃森哲公司	US20110047079A1	20010612	2（分别在美国和欧洲）	6
北京大学	CN102456051A	20101027	1（中国）	1

上表示出了核心专利的专利权人、公开号、被引用次数以及同族专利数量等等，上表是以被引用次数最多或同族专利数量最多，或与数字内容作品入库技术最相关的技术为依据而确定的核心专利。

2001 年埃森哲公司申请的专利 US20110047079A1，一种用于接收与数字内容相关联的数字内容和元数据的方法和系统，2010 年北京大学申请了 CN102456051A，一种数据库数据导入/导出的方法和装置，其中，该数据库数据导入的方法能够减少研发人员工作负担，快速实现数据库数据的导入/导出需求，提高软件整体的开发效率，并且实现异构数据库之间数据相互导入/导出。

从上表可知，埃森哲公司的同族专利数量有 2 件，且分别在美国和欧洲，说明埃森哲公司已经在数字内容作品入库方向建立自己的保护圈。而北京大学仅在数字内容作品入库技术的相关专利的布局重点局限于国内，没有国外布局，这是之前市场策略中较弱的一个环节，所以，在该技术出口国外时，必然需要提前做专利布局。

（三）主要专利申请人分析

本节介绍了全球排名前三的申请人的专利申请趋势，尽管年平均申请量均在 2 件左右，但这三个公司均为美国的公司，即微软、IBM 和 AMAZON。

这可能与美国的保护措施比较全面有关，例如美国的软件与信息产业协会，保护相应的数字内容的知识产权，发起了“反盗版奖励项目”，在某种程度上比法律法规起到更好的效果。1998 年，美国总统克林顿签署了《数字千年版权法》（DMCA），对于数字内容版权进行了严格的保护。

1. 申请量排名第一的专利申请人

（1）专利申请量

从整体上看，微软于 2003 年开始申请与数字内容作品入库技术有关的专利，且年平均申请量约为 2.2 件左右，如图 7.7-3 所示。

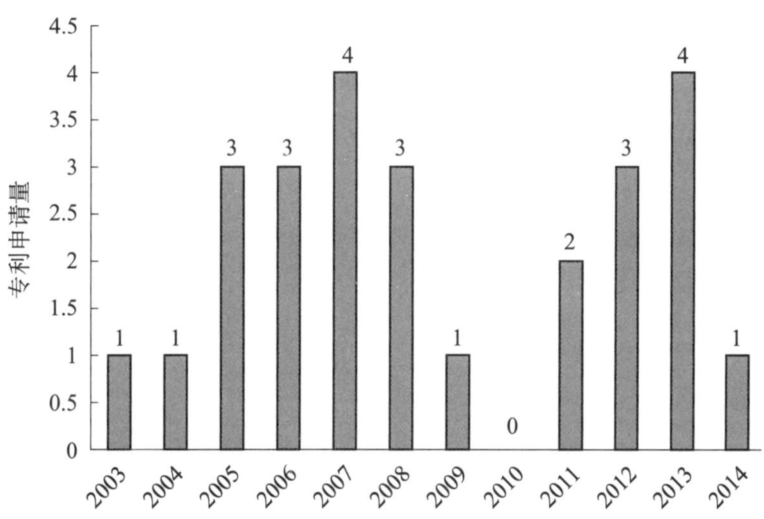

图 7.7-3　微软数字内容作品入库技术专利申请条形图

（2）“九国两组织”专利申请量区域分布

图 7. 7-4 所示是数字内容作品入库技术的专利区域布局图。从专利布局区域可以看出，微软的市场潜力和技术优势，美国（US）作为技术输出大国，专利布局自然排在前列，专利数量占到了其中的约 62%，微软的技术除进入中国（CN）外，已经开始欧洲（EP）、世界知识产权组织（WO）等市场开发，微软在这些国家均有专利布局，显然可能已经将这些国家作为目标市场。

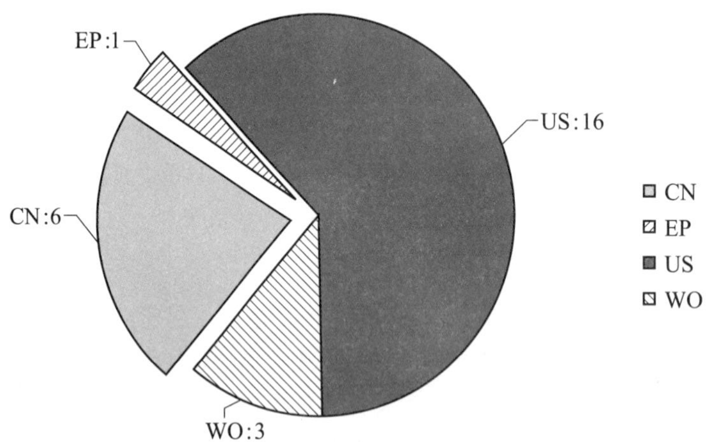

图 7. 7-4　微软数字内容作品入库技术专利申请量区域分布图

2. 申请量排名第二的专利申请人

（1）专利申请量

从整体上看，IBM 于 1997 年开始申请与数字内容作品入库技术有关的专利，且平均专利申请量约为 1. 3 件。

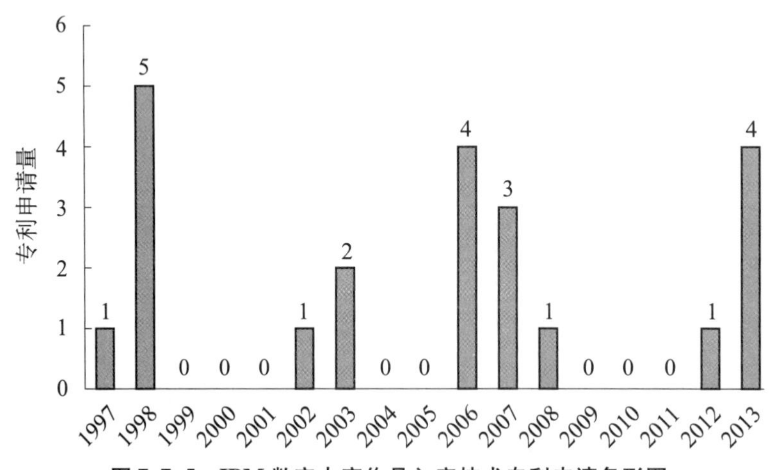

图 7. 7-5　IBM 数字内容作品入库技术专利申请条形图

（2）“九国两组织”专利申请量区域分布

图 7. 7-6 所示是数字内容作品入库技术的专利区域布局图。从专利布局区域可以看出，IBM 的市场潜力和技术优势，美国（US）作为技术输出大国，专利布局自然排在前

列，专利数量占到了其中的约64%，IBM的技术除进入中国（CN）外，已经开始世界知识产权组织（WO）以及澳大利亚（AU）等市场的开发，IBM在这些国家均有专利布局，显然可能已经将这些国家作为目标市场。

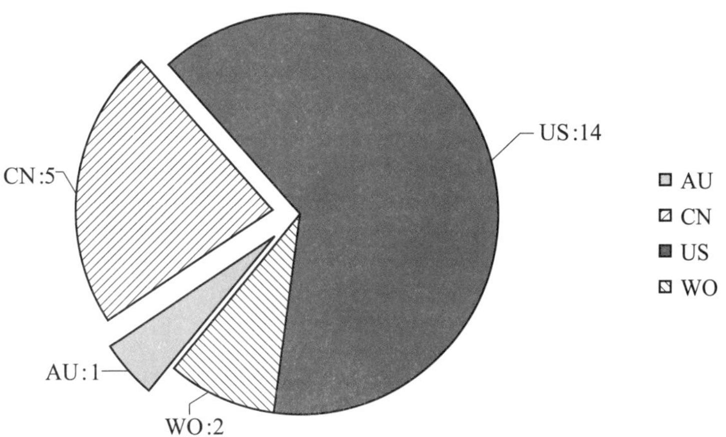

图7.7-6 IBM数字内容作品入库技术专利申请量区域分布图

3. 申请量排名第三的专利申请人

（1）专利申请量

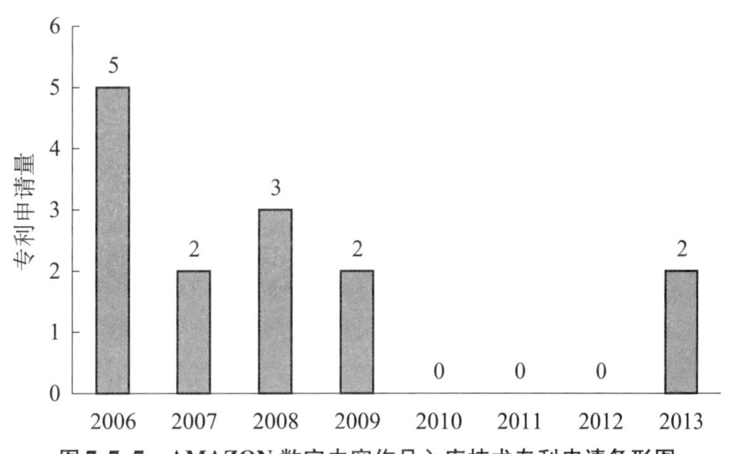

图7.7-7 AMAZON数字内容作品入库技术专利申请条形图

从整体上看，AMAZON于2006年开始申请与数字内容作品入库技术有关的专利，且平均专利申请量约为1.8件。说明AMAZON在该技术领域处于初期研究阶段。

尽管在初期研究阶段，AMAZON也掌握了核心技术，例如AMAZON的CreateSpace项目中的按需印刷图书品种技术和按需压制的DVD品种技术。

（2）“九国两组织”专利申请量区域分布

图7.7-8所示是AMAZON数字内容作品入库技术的专利区域布局图。从专利布局区域可以看出，AMAZON的市场潜力和技术优势，美国（US）作为技术输出大国，专利布局自然排在前列，专利数量占到了其中的约57%，AMAZON的技术除进入中国（CN）

外，已经开始欧洲（EP）、韩国（KR），以及世界知识产权组织（WO）等市场开发，AMAZON在这些国家均有专利布局，显然可能已经将这些国家作为目标市场。

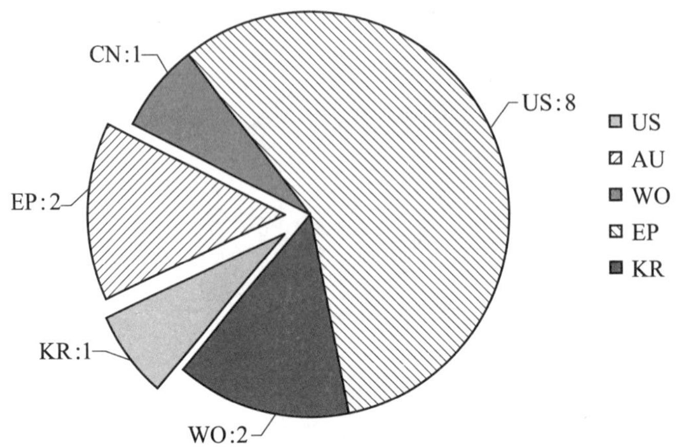

图7.7-8　AMAZON数字内容作品入库技术专利申请量区域分布图

（3）技术构成分布

针对IBM、AMAZON和微软与数字内容作品入库技术相关的专利制作的构成分布图，图中每个黑点代表一篇专利，点与点之间的距离表示两篇专利的相关性，灰色区域是一些非常相关的专利聚集在一起，是需要我们重点关注的区域。

如图7.7-9所示，该技术领域的热点主要集中在手动入库，手动入库是指选择需要入库的数字内容作品，并发出请求反馈该数字内容作品的请求，接收反馈回的与数字内容作品对应的元数据信息，并存储。

三、总结

数字内容作品入库检索1994年1月1日至2014年12月31日，全球“九国两组织”专利申请量642件。其中，美国、日本、韩国和中国的专利申请数量总和为482件，占据全部专利数量的75%以上。从年专利申请量角度来看，该技术历年专利申请量均较少，但整体上表现为持续增加趋势。

（一）专利申请量的总体发展趋势

就整个行业专利申请状况来看，1999年之前，由于技术门槛高、学科推广需要时间积累，因而相关专利申请量很少，仅有6件专利，随着一系列国际性行业会议的举办，加上行业应用需求（例如：电子商务兴起、数字版权问题的热议）的逐渐增多，整个领域从1999年专利申请数量才开始出现实质性的增长，2014年专利数量达到顶峰66件，表明数字内容作品入库技术相关专利技术进入快速发展轨道。

（二）各地区技术发展现状以及未来发展趋势

1. 美国

美国作为技术领先国，是信息产业、数字经济非常发达的国家，在数字内容的发展

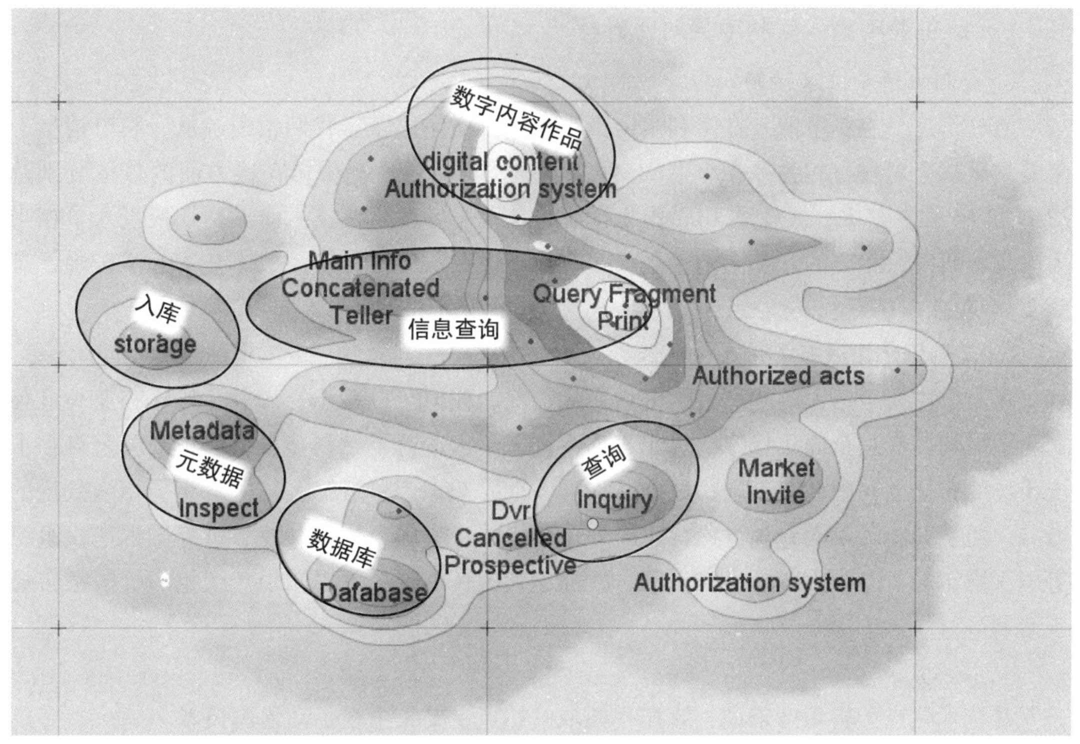

图 7.7-9　数字内容作品入库技术构成分布图

进程中，美国政府对其发展给予了相当大的支持。游戏、影视、动画、音乐下载是美国发展较好的数字内容产业，而漫画、教育、出版还处在发展初期。由于美国互联网产业已经相当发达，因此，美国公民对移动内容的需求还不是很大，目前这一技术处于快速发展期。

2. 日本

作为美国在数字内容作品入库技术方面的追随者，日本有其自身优势所在，一方面与美国的技术交流更加顺畅，确保日本能够更早接触到最主流的研究成果；另一方面，日本自身的科技创新能力保证了其能很快地将所获得的技术信息转化成自身的再创造，因此，数字内容作品入库技术在日本的发展也很快，目前处于快速发展期。

3. 韩国

韩国在数字内容作品入库技术领域申请的专利数量较少，申请人数量和专利申请数量均比较低，说明该技术在韩国一直处于不温不火的状态。

4. 中国

中国在数字内容作品入库技术方面的研究起步较晚，但发展潜力很大，目前，数字内容作品入库技术在我国正处于快速发展阶段。

根据以上各地区技术发展现状描述，总体来说，数字内容作品入库技术在全球范围内处于发展期，少数发达国家（例如韩国）处于不温不火的状态。

（三）主要申请人专利申请对比分析

1. 专利申请量维度横向比较

通过将三个主要申请人在专利申请量维度进行横向比较，我们发现：从专利申请量上来看，微软公司拥有相关专利申请 26 件；IBM 公司和亚马逊公司在这方面的数量分别是 22 件和 14 件。其中，微软和 IBM 作为行业的技术先导者，在技术研发初期便投入了相当大的技术研发，相应的专利申请量也较多。亚马逊在数字内容作品入库技术起步较晚，直到 2006 年才申请专利。

2. 专利资产区域布局情况

从三个主要申请人的专利资产区域布局情况，我们可以看出：微软、IBM 和亚马逊公司为了贯彻其专利全球化战略的思想，均在许多国家进行了专利布局，但主要侧重点在本土市场的布局上，微软在美国、欧洲、中国、世界知识产权组织等国家均布局相当数量的专利，便于其随时发动专利诉讼。IBM 公司在美国、中国、澳大利亚、世界知识产权组织等国家均布局了专利；亚马逊在美国、欧洲、韩国、中国、世界知识产权组织等国家布局了专利。

3. 技术热点分析

从技术热点分析角度来说：该技术领域的热点主要集中在手动入库技术。

第八节　多格式支持终端技术

一、专利检索

（一）检索结果概述

以多格式支持终端技术检索主题，在“九国两组织”范围内，共检索到相关专利申请 10 027 件，具体数量分布如下（单位：件）：

美国	中国	日本	韩国	英国	法国	德国	澳大利亚	俄罗斯	EP	WO	总计
3 157	1 993	1 491	852	102	88	120	198	39	1 098	889	10 027

（二）各地区/组织相关专利申请趋势

依据汤森德温特数据库 2014 年 12 月 12 日公开的信息，对多格式支持终端进行主题检索，得到“九国两组织”相关专利申请 10 027 件。其中，美国专利申请量最多，达到 3 157件，中国其次，专利申请达到 1 993 件，日本专利申请 1 491 件，韩国专利申请 852 件，具体参见表 7.8-1。从年专利申请量来看，美国、中国、日本、韩国都是全球的数字媒体发展迅速且对数字版权保护非常积极的国家，从 2005 年起，专利申请量有显著增加的态势，但是在欧洲、澳大利亚及俄罗斯等区域就大不同，如欧洲的英、法、德等国专利申请量非常少，澳大利亚、俄罗斯相应的专利申请量也是这个状态，具体参见图 7.8-1。

表 7.8-1 多格式支持终端技术"九国两组织"相关专利申请状况

年份 国家	1990[①]	2000	2001	2002	2003	2004	2005	2006	2007	2008	2009	2010	2011	2012	2013	2014
US	43	15	27	120	161	161	204	182	297	279	251	266	250	253	309	339
CN	32	18	25	24	49	67	141	132	176	166	210	187	187	225	217	137
JP	86	41	70	74	64	78	108	119	149	131	127	101	96	112	62	73
KR	14	9	13	9	16	21	31	70	105	109	94	77	83	44	81	76
GB	5	1	7	2	4	7	16	5	14	11	7	4	5	6	2	6
DE	5	1	3	3	7	6	7	8	18	22	15	10	7	4	3	1
FR	1	1	2	3	5	8	8	6	7	10	7	10	9	8	2	1
AU	16	4	9	8	19	20	13	10	16	14	11	13	10	14	10	11
RU	0	0	0	0	0	0	0	1	2	0	1	17	12	1	3	2
EP	42	12	18	43	54	72	74	85	86	116	102	68	88	73	85	80
WO	30	23	40	44	48	76	67	45	109	137	70	36	45	41	41	37

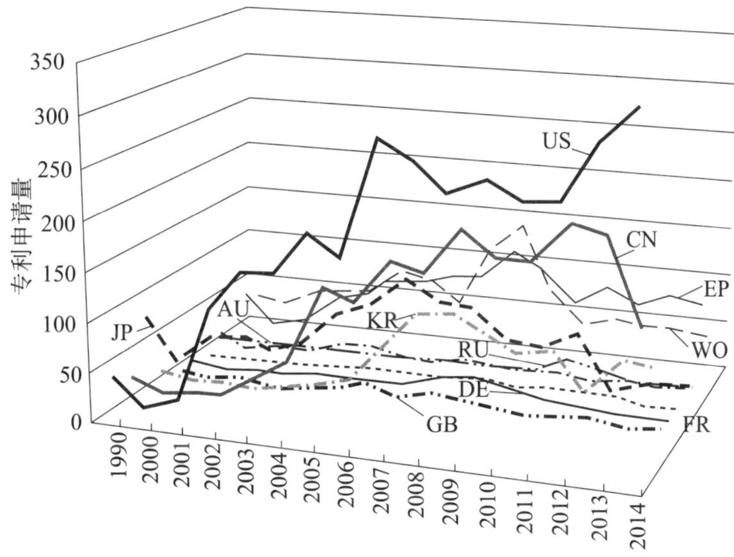

图 7.8-1 "九国两组织"相关专利申请状况图

(三) 各地区/组织相关专利申请人排名

1. WO 相关专利申请人排名

表 7.8-2 多格式支持终端技术 WO 相关专利申请人排名

序号	申请人	申请人国家	专利申请数量
1	SAMSUNG ELECTRONICS CO LTD	韩国	34
2	NOKIA CORP	芬兰	30
3	QUALCOMM INC	美国	29

① 1990 是指 1990 - 1999 年的专利数量总数。

（续表）

序号	申请人	申请人国家	专利申请数量
4	KONINKL PHILIPS ELECTRONICS NV	荷兰	29
5	MATSUSHITA ELECTRIC IND CO LTD	日本	24

2. EP 相关专利申请人排名

表 7.8-3　多格式支持终端技术 EP 专利申请人排名

序号	申请人	申请人国家	专利申请数量	专利授权数量
1	SAMSUNG ELECTRONICS CO LTD	韩国	113	53
2	SONY CORP	日本	56	27
3	CANON KK	日本	32	14
4	KONINKL PHILIPS ELECTRONICS NV	荷兰	30	13
5	LG ELECTRONICS INC	韩国	25	11

3. 中国地区相关专利申请人排名

表 7.8-4　多格式支持终端技术中国地区相关专利申请人排名

序号	申请人	申请人国家	专利申请数量	专利授权数量
1	SAMSUNG ELECTRONICS CO LTD	中国	176	59
2	SONY CORP	日本	118	45
3	CANON KK	日本	66	27
4	MATSUSHITA ELECTRIC IND CO LTD	日本	52	23
5	LG ELECTRONICS INC	韩国	51	31

4. 美国地区相关专利申请人排名

表 7.8-5　多格式支持终端技术美国地区相关专利申请人排名

序号	申请人	申请人国家	专利申请数量	专利授权数量
1	SAMSUNG ELECTRONICS CO LTD	韩国	240	165
2	CANON KK	日本	133	94
3	SONY CORP	日本	127	106
4	MICROSOFT CORP	美国	71	49
5	LG ELECTRONICS INC	韩国	54	41

5. 日本地区相关专利申请人排名

表 7.8-6　多格式支持终端技术日本地区相关专利申请人排名

序号	申请人	申请人国家	专利申请数量	专利授权数量
1	SONY CORP	日本	179	59
2	CANON KK	日本	166	70
3	SAMSUNG ELECTRONICS CO LTD	韩国	77	36
4	MATSUSHITA ELECTRIC IND CO LTD	日本	67	45
5	RICOH KK	日本	54	20

6. 澳大利亚地区相关专利申请人排名

表 7.8-7　多格式支持终端技术澳大利亚地区相关专利申请人排名

序号	申请人	申请人国家	专利申请数量	专利授权数量
1	QUALCOMM INC	美国	8	0
2	TIVO INC	美国	8	0
3	SAMSUNG ELECTRONICS CO LTD	韩国	8	0
4	CANON KK	日本	8	1
5	MICROSOFT CORP	美国	7	1

7. 德国地区相关专利申请人排名

表 7.8-8　多格式支持终端技术德国地区相关专利申请人排名

序号	申请人	申请人国家	专利申请数量	专利授权数量
1	SAMSUNG ELECTRONICS CO LTD	韩国	7	0
2	INFINEON TECHNOLOGIES AG	德国	5	1
3	KONINKL PHILIPS ELECTRONICS NV	荷兰	5	0
4	WITTKOETTER ERLAND	德国	4	0
5	TOSHIBA KK	日本	4	0

8. 法国地区相关专利申请人排名

表 7.8-9　多格式支持终端技术法国地区相关专利申请人排名

序号	申请人	申请人国家	专利申请数量	专利授权数量
1	CANON KK	日本	13	4
2	FRANCE TELECOM	法国	5	2
3	ALCATEL LUCENT	法国	3	2
4	TDF	法国	3	0
5	SAGEM COMM	法国	3	3

9. 英国地区相关专利申请人排名

表 7.8-10　多格式支持终端技术英国地区相关专利申请人排名

序号	申请人	申请人国家	专利申请数量	专利授权数量
1	APPLE COMPUTER	美国	8	2
2	DELL PRODUCTS LP	美国	6	3
3	SAMSUNG ELECTRONICS CO LTD	韩国	4	1
4	SANYO ELECTRIC CO	日本	4	0
5	ERICSSON TELEFON AB L M	瑞典	3	2

10. 俄罗斯地区相关专利申请人排名

表 7.8-11　多格式支持终端技术俄罗斯地区相关专利申请人排名

序号	申请人	申请人国家	专利申请数量	专利授权数量
1	QUALCOMM INC	美国	5	0
2	MICROSOFT CORP	美国	4	1
3	VIAKSESS	法国	2	1
4	SONY CORP	日本	2	0
5	CANON KK	日本	2	0

11. 韩国地区相关专利申请人排名

表 7.8-12　多格式支持终端技术韩国地区相关专利申请人排名

序号	申请人	申请人国家	专利申请数量	专利授权数量
1	SAMSUNG ELECTRONICS CO LTD	韩国	230	89
2	LG ELECTRONICS INC	韩国	48	16
3	KOREA ELECTRONICS TELECOMM	韩国	34	12
4	SONY CORP	日本	29	8
5	SONY CORPORATION	日本	19	4

二、专利分析

（一）技术发展趋势分析

随着上世纪 90 年代电子阅读器的出现，从 1998 年开始，迎来了真正的电子书时代，多格式支持终端技术开始成为研究热点领域之一。从专利技术发展趋势可以看出，90 年代初随着电子阅读器的形成和完善，多格式支持终端技术专利申请量缓慢增加，90 年代中后期，随着手机、PAD 等数字阅读终端的日渐普及和大众对数字阅读的需求日益强烈，多格式支持终端技术专利申请量逐渐增多，特别是 1998 年后多格式支持终端技术的申请量基本呈直线增长状态，2006 年申请量达到峰值，此后随着技术的成熟，申请量整体呈下降趋势。

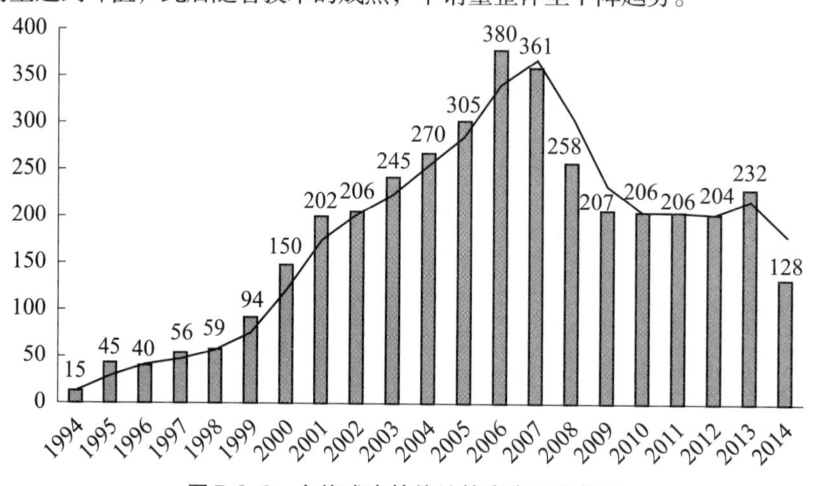

图 7.8-2　多格式支持终端技术发展趋势图

（二）技术路线分析

图 7. 8-3 示出多格式支持终端技术路线。2001 年 9 月 14 日，MATSUSHITA DENKI SANGYO KK 申请一件多格式传输流解码器的专利，标志着“九国两组织”范围内第一件多格式支持终端技术相关专利申请的诞生。随着技术的发展，出现了 PDF、EPUB、txt、XML 等多种格式的数字内容，为了满足用户的需求，人们开始了对多格式支持终端技术的研究。2011 年，大连大学申请了一件关于多格式数据自动分发的核心专利，能够自动根据数据的格式和接收设备种类的不同选择最优的方式进行数据发送，以保证数据以最快的速度被终端用户接收，属于数据的通信技术领域。2013 年 10 月 10 日，北京空间机电研究所为了解决不能进行不同格式数据的传输和应用，研究并申请了一件关于多格式数据传输系统的核心专利，实现了多种数据格式通过同一数据传输接口输出，达到了多种格式数据传输的应用要求，有效地提高了数据传输的灵活性。之后，相继出现若干本领域的高相关专利，以及和多格式支持终端技术相关的专利文献。

（三）主要专利申请人分析

针对多格式支持终端技术在要求检索的“九国两组织”的检索结果中，根据专利申请量进行统计，并就专利申请量排名前列的专利申请人从时间角度、区域角度和技术聚类角度，对在多格式支持终端技术有突出技术贡献的申请人进行针对性的研究和分析。在该关键技术下，三星和索尼在专利申请数量上有绝对的优势，故而作为主要对象进行分析。

1. 申请量排名第一的专利申请人

（1）专利申请量

三星电子是韩国第一大企业三星集团旗下最大子公司，也是全球营收最大的电子企业。三星电子主要业务为消费电子、内存芯片，微控制器和微处理器、无线通信芯片与晶圆代工，是韩国民族工业的象征。三星电子非常重视技术的研发和知识产权的保护，作为移动终端领域的行业巨头，三星电子的专利申请趋势基本上反应了韩国、美国、日本多格式支持终端技术领域的发展趋势。从图 7. 8-4 可以看出，三星电子于 1996 年开始在多格式支持终端技术领域申请了第一件专利，经过技术的缓慢发展期，在 2002 年至 2007 年达到专利申请的高峰期，2008 年至 2014 年，随着三星电子多格式支持终端技术的成熟，三星电子的申请趋势有所下降，但是仍然保持着一定的研发热度。

（2）“九国两组织”专利申请量区域分布

作为全球知名的大型综合性跨国企业集团，三星电子非常注重本国以及国外的知识产权保护，从图 7. 8-5 可以看出，三星电子在美国展开了大量的专利布局，因为在过去的几年中，苹果和三星的专利战争的战场遍布全球，而主战场则集中在美国，为了应对与苹果展开的专利纠纷，三星电子申请了大量专利。三星电子把中国作为多格式支持终端技术的最大市场，专利申请量远远多于其在韩国的专利申请量，而欧洲、日本也是移动终端设备的主要消费地区和国家，三星电子也很积极地到这些市场进行专利布局。

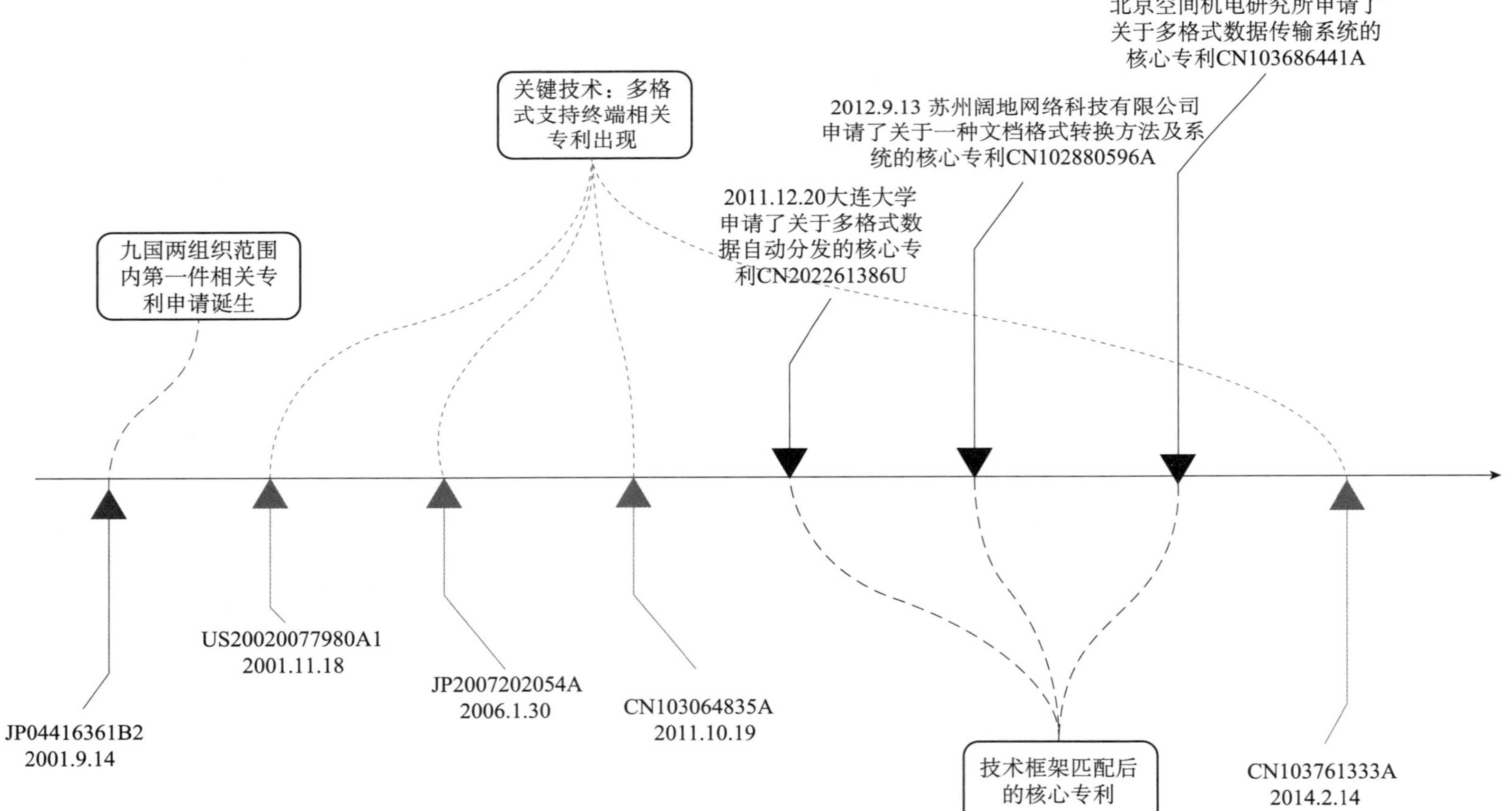

图7.8-3 多格式支持终端技术路线图

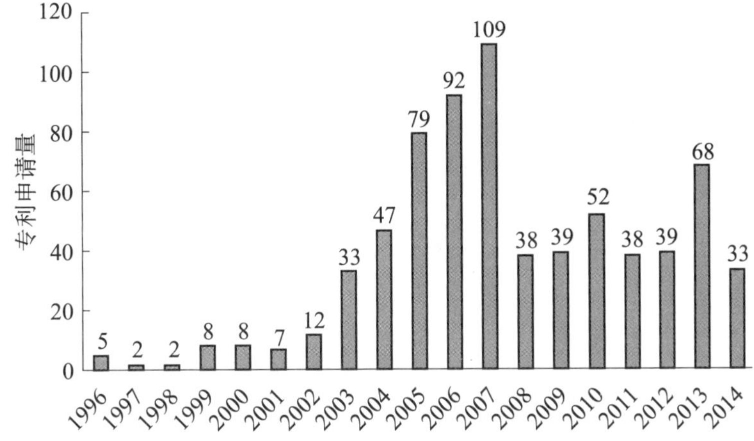

图 7.8-4　三星多格式支持终端技术专利申请条形图

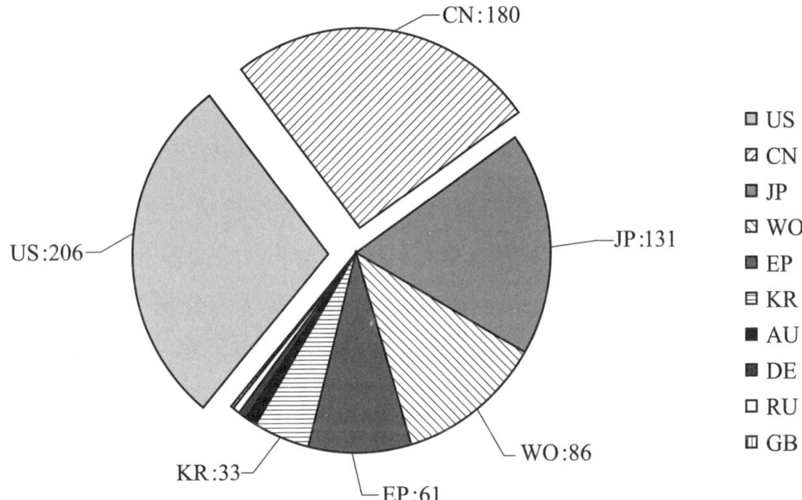

图 7.8-5　三星多格式支持终端技术专利申请量区域分布图

（3）技术构成分布

通过对于重点竞争对手进行技术构成分析，我们可以深入地了解其技术研发和专利申请的侧重点。图 7.8-6 示出三星电子专利的构成分布图，研究热点为电子设备、数据格式和数据加密保护的研究。随着网络通信的日益普及，传统媒体内容都向数字转变，为了防止数字化产品被篡改、规模化和廉价复制，数字媒体版权保护显得尤为重要。三星作为最大的消费电子公司，也非常关注移动端阅读这块市场，通过对不同格式的数据进行加密保护的研究，能够保护版权所有者的权益，同时保证用户能够访问、购买和使用具有合法版权的数字产品及内容。

2. 申请量排名第二的专利申请人

（1）专利申请量

图 7.8-7 是索尼多格式支持终端技术专利的申请趋势图。索尼在 2007 年达到专利

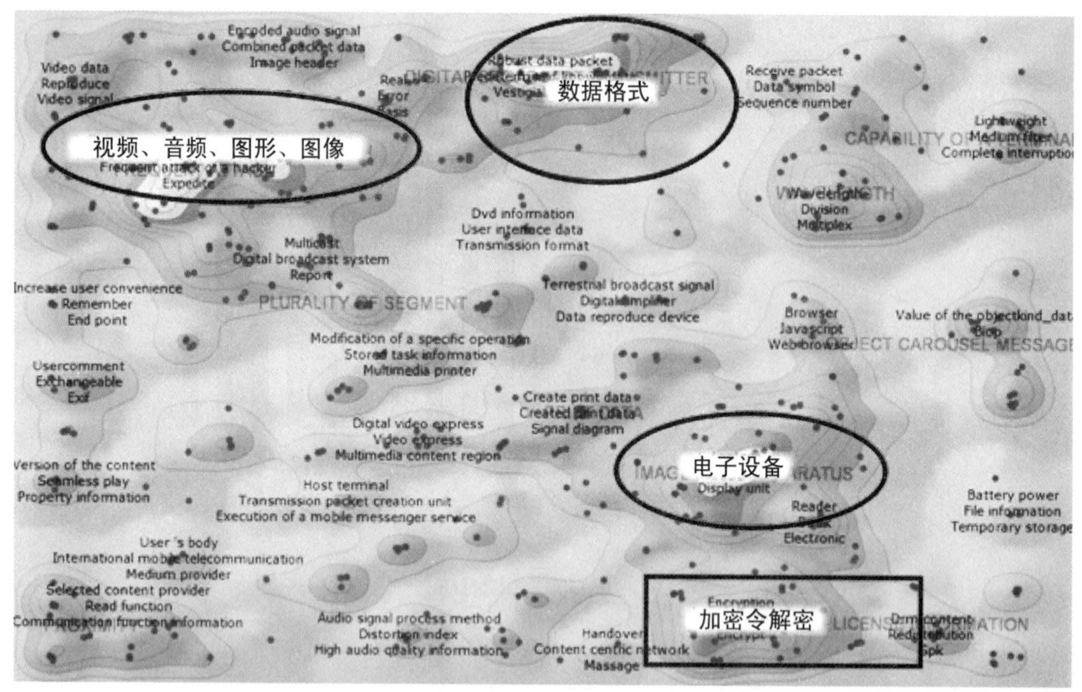

图 7.8-6　三星多格式支持终端技术构成分布图

申请的高峰期，在 2007 年之前申请量整体上是呈现增长趋势和整个技术领域的发展相吻合。随着移动通信技术的快速发展，越来越多的电子书阅读器和手机电子书阅读软件呈现给消费者，众所周知，索尼是最早推出电子书阅读器的公司，也开启了 E-ink 电子阅读器时代。2008 年，由于依旧保持技术领先，索尼发布了第一款支持 Epib 格式的电子书产品 PRS-700。但是，索尼面对的竞争对手越来越多，包括 Kobo、亚马逊和 Barnes&Nobles 等等，这些厂商推出了更多比索尼更为廉价的电子书产品，而索尼却在这股潮流中迷失，导致索尼的申请趋势有所下降，但是仍然保持着一定的研发热度。专利的申请到公开再到数据的收录需要一段时间，因此，图中近两年的申请量要小于实际值，特别是 2014 年的数据。

（2）“九国两组织”专利申请量区域分布

索尼（SONY）是日本的一家全球知名的大型综合性跨国企业集团。作为世界视听、电子游戏、通讯产品和信息技术等领域的先导者，世界最早便携式数码产品的开创者，世界最大的电子产品制造商之一，索尼非常注重本国以及国外的知识产权保护。从图 7.8-8 可以看出，索尼在本国进行了大量专利申请，其次把美国、中国看作是多格式支持终端技术的主要市场和消费地区，Sony 集团 CEO 出井伸之曾在 Sony 集团全球董事会上承诺：把高速发展的中国市场作为未来发展的重中之重，超越日本市场成为 Sony 仅次于美国的第二大市场。

（3）技术构成分布

从图 7.8-9 可以看出，索尼的研究热点主要集中在数据加密解密以及密钥管理。其中

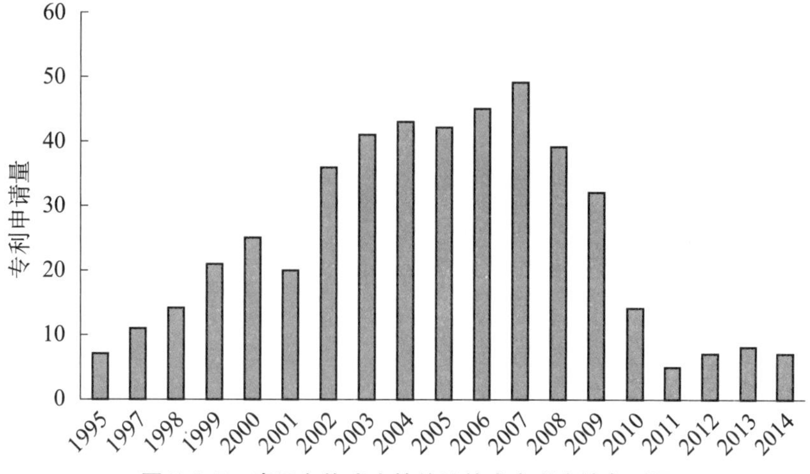

图 7.8-7　索尼多格式支持终端技术专利申请条形图

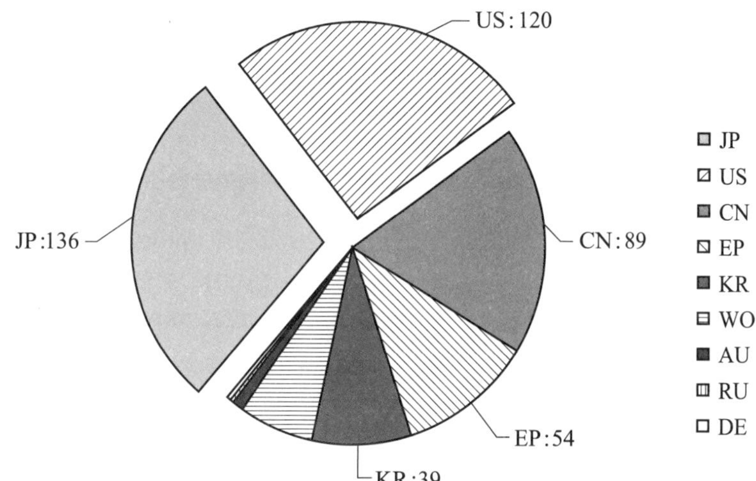

图 7.8-8　索尼多格式支持终端技术专利申请量区域分布图

加密技术是实现数据保密的一种重要手段，数据加密过程是由形形色色的加密算法来具体实施的，在多数情况下，数据加密是保证信息机密性的唯一方法。通信双方的密钥可能一样，也可能不一样，按照收发双方密钥是否相同来分类，可以将这些加密算法分为两种：一种是对称加密算法，即加密密钥和解密密钥是相同的；另一种是公钥密码算法，即分别存在一个公钥和私钥。公钥公开，私钥保密。公钥和私钥具有一一对应的关系，用公钥加密的数据只有用相应的私钥才能解开。而密钥管理能够为所有网络应用提供加密和数字签名等密码服务及所必需的密钥和证书进行管理。

3. 申请量排名第三的专利申请人

（1）专利申请量

图 7.8-10 示出佳能多格式支持终端技术专利申请数量随年代发展的趋势情况，从 2001 年开始佳能专利在逐年增加，在 2007 年达到专利申请量的顶峰，2008 年申请量开始

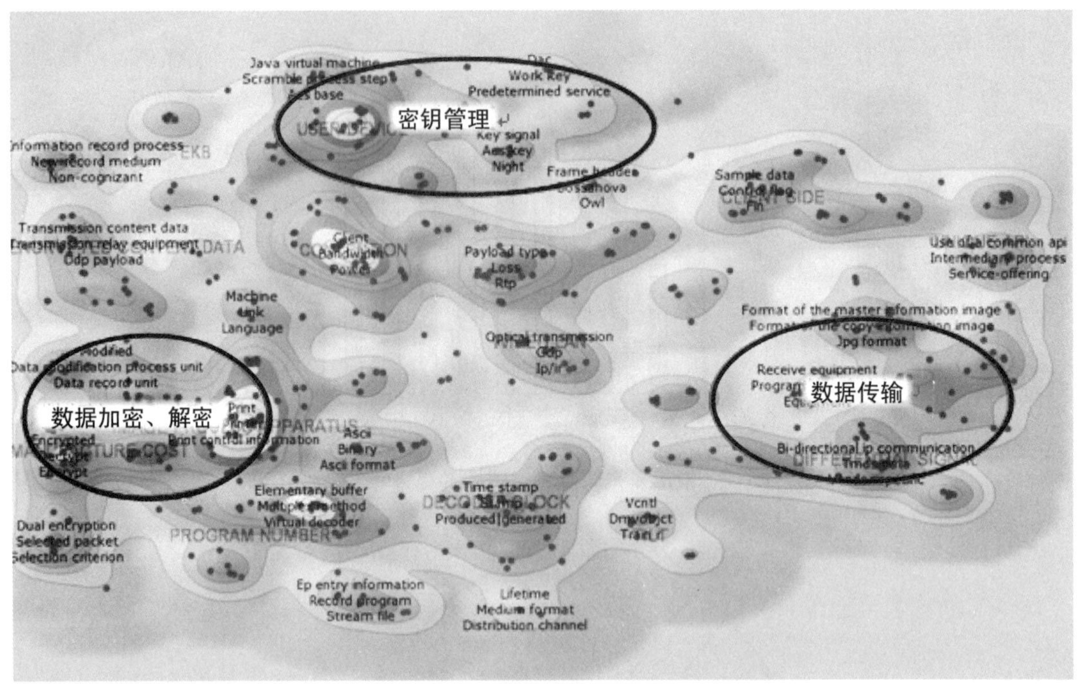

图 7.8-9　索尼多格式支持终端技术构成分布图

持续走低，2012 年以来已经降到 5 件以下，但是根据专利申请和公开的一般原则，即一般专利从申请到公开需要 18 个月至三年的时间，2013 年和 2014 年的实际申请量应该比图示高一些。

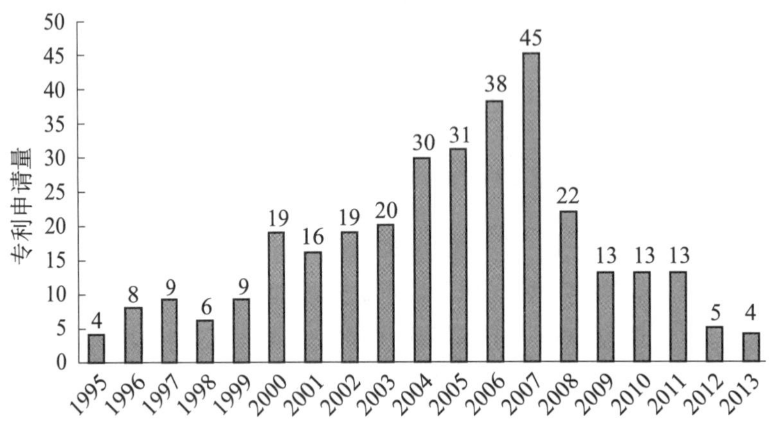

图 7.8-10　佳能多格式支持终端技术专利申请条形图

（2）“九国两组织”专利申请量区域分布

佳能自 1996 年起推进“全球优良企业集团构想”，重视全球化的良性发展，其中，获得世界各国的专利权，将佳能的革新性技术推广到全球是全球化战略重要的一环。美国是佳能最早推进技术合作、扩大公司业务的海外市场之一，而随着以中国为代表的新兴高科技国家的飞速发展，佳能与这些国家和地区的技术合作也不断深入。从图 7.8-11 可以看出，佳能在美国和日本展开了大量的专利布局，中国、欧洲地区也是移动终端设备的主要消费地区和国家。

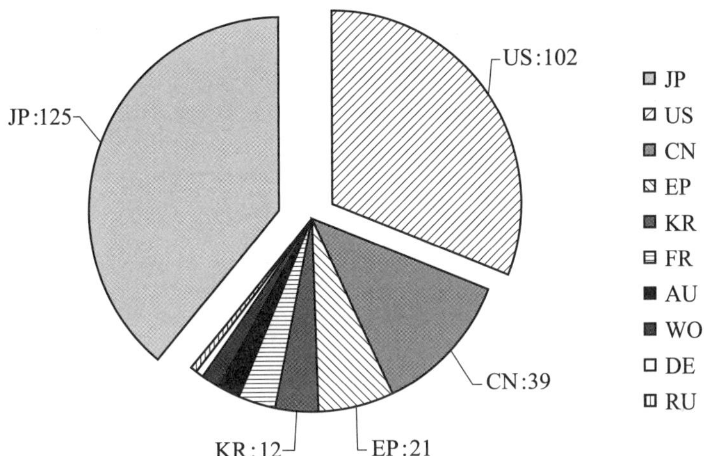

图 7.8-11　佳能多格式支持终端技术专利申请量区域分布图

（3）技术构成分布

通过分析佳能公司在多格式支持终端技术领域的专利构成分布图，可看出在该领域佳能主要关注的技术有加解密技术、图像处理技术。加解密技术是最常用的安全保密手段，利用技术手段把重要的数据变为乱码（加密）传送，到达目的地后再用相同或不同的手段还原（解密），加密技术包括两个元素：算法和密钥。算法是将普通的信息或者可以理解的信息与一串数字（密钥）结合，产生不可理解的密文的步骤，密钥是用来对数据进行编码和解密的一种算法。在安全保密中，可通过适当的钥加密技术和管理机制来保证网络的信息通信安全。佳能在图像处理技术方面主要涉及在数码产品，并且技术相对领先，并且是佳能未来重点开发的技术。

三、总结

多格式支持终端技术 1994 年 1 月 1 日至 2014 年 12 月 31 日期间，在“九国两组织”范围内的专利/专利申请共 10 027 件。主要集中在日本、韩国、美国、中国四个国家；其中，美国是技术发展比较快的国家，中国次之。从年专利申请量来看，该技术年专利申请量 2008 年前表现为持续增加趋势，但是美国、中国的年专利申请数量仍然呈增长趋势。

（一）专利申请量的总体发展趋势

从专利申请状况来看，由于电子阅读器的兴起，专利申请量开始缓慢增长。随着手机、PAD 等数字阅读终端的日渐普及和大众对数字阅读的需求日益强烈，多格式支持终端技术专利申请量逐渐增多。从 2006 年申请量达到峰值，此后随着技术的成熟，申请量整体呈下降趋势。

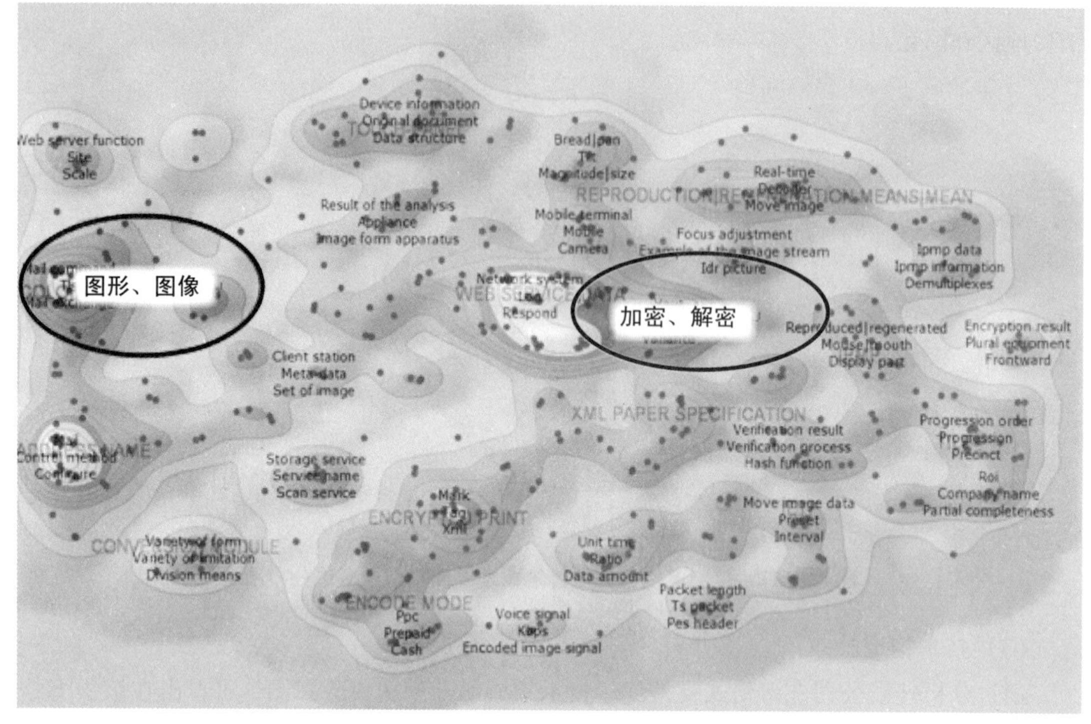

图 7.8-12　佳能多格式支持终端技术构成分布图

（二）各地区技术发展现状以及未来发展趋势

1. 美国

美国在移动出版版权保护技术领域的起步较早、发展快。在 2006 年至 2007 年间专利申请就出现了尖峰，市场上和学术界也有更多人投入到对多格式支持终端技术的研究中。2008 年至 2009 年，美国的多格式支持终端技术逐渐成熟，技术进入了饱和期。

2. 日本

日本作为知识产权制度以及著作权制度较为完善的国家，有其优势所在，一方面与各国技术交流更加顺畅，确保日本能够更早接触到最主流的研究成果；另一方面，日本自身的科技创新能力保证了其能很快地将所获得的技术信息转化成自身的再创造，因此，多格式支持终端技术在日本的发展也很快，目前处于技术饱和期。

3. 韩国

韩国的情况与日本很类似，目前同样处于技术发展的饱和期。

4. 中国

与上述三个国家的发展趋势大致相同，中国在多格式支持终端技术方面正处于技术的饱和阶段。

根据以上各地区技术发展现状描述，总体来说，多格式支持终端技术在全球范围内处于饱和期，部分发达国家（例如美国、日本）有进入衰退期的迹象。

（三）主要申请人专利申请对比分析

通过对于多格式支持终端技术领域的宏观分析，我们得出行业内的三个主要申请人是索尼公司、佳能公司以及三星公司。下面结合微观分析模块具体解读主要申请人的专利现状。

1. 专利申请量维度横向比较

通过将三个主要申请人在专利申请量维度进行横向比较，我们发现：从专利申请量上来看，三星公司拥有相关专利申请 711 件；索尼公司和佳能公司在这方面的数量分别是 466 件和 324 件。其中，三星公司作为行业的技术先导者，在技术研发初期便投入了相当大的技术研发，相应的专利申请量也较多。

2. 专利资产区域布局情况

从三个主要申请人的专利资产区域布局情况，我们可以看出：三星公司在美国、日本、韩国、中国等国均展开专利布局，并且把主要市场放在了美国；索尼公司和佳能公司采取的区域布局策略较三星公司有所不同，主要侧重点在本土市场的布局上，两个主要申请人在其本部所在地日本和美国分别布局了专利 256 件和 227 件。

3. 技术热点分析

从技术热点分析角度来说：三星公司主要关注数据加密保护这一技术领域；索尼公司的研究热点主要集中在数据加密解密以及密钥管理；而佳能公司则在该领域主要关注的技术有加解密技术、图像处理技术。

第九节　移动版权多业务支撑技术

一、专利检索

（一）检索结果概述

以移动版权多业务支撑技术为检索主题，在“九国两组织”范围内，共检索到相关专利申请 6 403 件，具体数量分布如下（单位：件）：

美国	中国	日本	韩国	英国	法国	德国	澳大利亚	俄罗斯	EP	WO	总计
1 813	1 604	474	580	98	25	86	187	13	747	776	6 403

（二）各地区/组织相关专利申请趋势

依据汤森德温特数据库 2014 年 12 月 12 日公开的信息，对移动版权多业务支撑技术进行主题检索，得到“九国两组织”相关专利申请 6 403 件。其中，美国专利申请量最多，达到 1 813 件，中国其次，专利申请达到 1 604 件，韩国专利申请 580 件，日本专利申请 474 件，澳大利亚专利申请 187 件，具体参见表 7. 9-1。从年专利申请量来看，美国、中国、日本、韩国都是知识产权保护非常积极的国家，从 2002 年起，专利申请量有平稳增长的态势，但是在欧洲、澳大利亚及俄罗斯等区域的专利申请量就比较少，具体参见图7.9-1。

表7.9-1 移动版权多业务支撑技术“九国两组织”相关专利申请状况

国家＼年份	1990[①]	2000	2001	2002	2003	2004	2005	2006	2007	2008	2009	2010	2011	2012	2013	2014
US	6	1	16	77	81	120	104	94	138	129	141	130	114	173	215	274
CN	1	7	7	20	42	49	100	119	116	133	133	125	132	182	191	247
JP	15	17	27	49	24	36	51	33	33	29	33	29	33	19	24	22
KR	0	11	13	6	5	7	10	38	24	58	57	64	57	71	68	91
GB	0	4	8	17	5	13	6	12	5	12	6	1	0	1	3	5
DE	0	1	2	5	5	14	18	5	8	10	7	1	1	4	4	1
FR	0	1	0	6	0	0	2	4	4	3	4	0	0	1	0	0
AU	2	0	15	25	12	18	15	10	17	7	16	12	9	9	12	8
RU	0	0	0	0	0	0	0	0	1	1	3	5	1	0	0	2
EP	9	8	9	50	60	56	51	71	66	71	62	49	40	49	42	54
WO	12	7	57	95	49	41	63	51	66	71	38	30	27	53	52	64

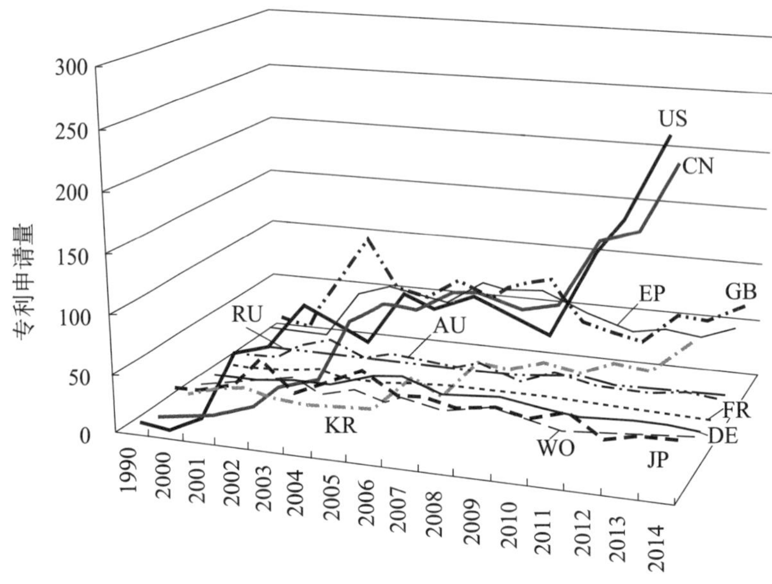

图7.9-1 “九国两组织”相关专利申请状况图

① 1990是指1990－1999年的专利数量总数。

（三）各地区/组织相关专利申请人排名

1. WO 相关专利申请人排名

表 7.9-2　移动版权多业务支撑技术 WO 相关专利申请人排名

序号	申请人	申请人国家	专利申请数量
1	NOKIA CORP	芬兰	47
2	ERICSSON TELEFON AB L M	瑞典	39
3	NOKIA INC	美国	30
4	SIEMENS AG	德国	14
5	INTEL CORP	美国	12

2. EP 相关专利申请人排名

7.9-3　移动版权多业务支撑技术 EP 专利申请人排名

序号	申请人	申请人国家	专利申请数量	专利授权数量
1	NOKIA CORP	芬兰	76	37
2	ERICSSON TELEFON AB L M	瑞典	46	21
3	SAMSUNG ELECTRONICS CO LTD	韩国	30	16
4	RESEARCH IN MOTION LTD	加拿大	21	10
5	HUAWEI TECH CO LTD	中国	15	8

3. 中国地区相关专利申请人排名

7.9-4　移动版权多业务支撑技术中国地区相关专利申请人排名

序号	申请人	申请人国家	专利申请数量	专利授权数量
1	HUAWEI TECH CO LTD	中国	128	67
2	ZTE CORP	中国	75	31
3	NOKIA CORP	芬兰	43	25
4	SAMSUNG ELECTRONICS CO LTD	韩国	37	21
5	CHINA MOBILE COMM CORP	中国	28	12

4. 美国地区相关专利申请人排名

表 7.9-5　移动版权多业务支撑技术美国地区相关专利申请人排名

序号	申请人	申请人国家	专利申请数量	专利授权数量
1	NOKIA CORP	芬兰	62	53
2	SAMSUNG ELECTRONICS CO LTD	韩国	49	32
3	MICROSOFT CORP	美国	38	17
4	IBM	美国	29	6
5	ERICSSON TELEFON AB L M	瑞典	26	12

5. 日本地区相关专利申请人排名

表 7.9-6 移动版权多业务支撑技术日本地区相关专利申请人排名

序号	申请人	申请人国家	专利申请数量	专利授权数量
1	NOKIA CORP	芬兰	34	23
2	LG ELECTRONICS INC	韩国	25	18
3	SAMSUNG ELECTRONICS CO LTD	韩国	24	12
4	MICROSOFT CORP	美国	19	9
5	NEC CORP	日本	14	4

6. 澳大利亚地区相关专利申请人排名

表 7.9-7 移动版权多业务支撑技术澳大利亚地区相关专利申请人排名

序号	申请人	申请人国家	专利申请数量	专利授权数量
1	NOKIA CORP	芬兰	13	4
2	ERICSSON TELEFON AB L M	瑞典	7	1
3	MICROSOFT CORP	美国	4	0
4	SPINVOX LTD	日本	4	1
5	GRAPE TECHNOLOGY GROUP INC	美国	4	1

7. 德国地区相关专利申请人排名

表 7.9-8 移动版权多业务支撑技术德国地区相关专利申请人排名

序号	申请人	申请人国家	专利申请数量	专利授权数量
1	SIEMENS AG	德国	18	3
2	NOKIA CORP	芬兰	8	2
3	VODAFONE HOLDING GMBH	德国	7	3
4	ERICSSON TELEFON AB L M	瑞典	7	1
5	DEUTSCHE TELEKOM AG	德国	4	2

8. 法国地区相关专利申请人排名

表 7.9-9 移动版权多业务支撑技术法国地区相关专利申请人排名

序号	申请人	申请人国家	专利申请数量	专利授权数量
1	RADIOTELEPHONE SFR	法国	4	3
2	FRANCE TELECOM	法国	2	1
3	GOOJET SOC PAR ACTIONS SIMPLIF	法国	2	0
4	ROUGIER MARC	法国	2	0
5	LE MOAN LUDOVIC	法国	2	0

9. 英国地区相关专利申请人排名

表 7.9-10　移动版权多业务支撑技术英国地区相关专利申请人排名

序号	申请人	申请人国家	专利申请数量	专利授权数量
1	NOKIA MOBILE PHONES LTD	芬兰	10	4
2	NOKIA CORP	芬兰	8	1
3	VODAFONE PLC	英国	6	3
4	ERICSSON TELEFON AB L M	瑞典	5	0
5	CVON INNOVATIONS LTD	英国	3	0

10. 俄罗斯地区相关专利申请人排名

表 7.9-11　移动版权多业务支撑技术俄罗斯地区相关专利申请人排名

序号	申请人	申请人国家	专利申请数量	专利授权数量
1	NOKIA CORP	芬兰	1	1
2	SIK JURED IMEHJL GETEBORG AB	瑞典	1	0
3	QUALCOMM INC	美国	1	0
4	MICROSOFT CORP	美国	1	0
5	SONY ERICSSON MOBILE COMM AB	瑞典	1	1

11. 韩国地区相关专利申请人排名

表 7.9-12　移动版权多业务支撑技术韩国地区相关专利申请人排名

序号	申请人	申请人国家	专利申请数量	专利授权数量
1	SAMSUNG ELECTRONICS CO LTD	韩国	68	35
2	SK TELECOM CO LTD	韩国	48	24
3	SK PLANET CO LTD	日本	18	14
4	KOREA ELECTRONICS TELECOMM	韩国	15	2
5	KT CORP	韩国	14	7

二、专利分析

（一）技术发展趋势分析

图 7.9-2 示出了移动版权多业务支撑技术的发展趋势。随着信息时代的到来以及网络技术的迅猛发展，手机的使用率越来越普及，为满足用户的需求，随之而来的 MMS、WAP 等业务应运而生。数字版权保护应用层面上，针对移动版权多业务支撑技术也随着移动设备的丰富以及移动业务的发展不断完善，申请量呈现逐步攀升的的整体趋势。在

2000年至2008年间移动版权多业务支撑技术有了较大数量的专利和专利申请量。该种上升趋势仍然在2010年至2013年间持续。移动版权多业务支撑技术还处于快速发展阶段，其技术创新和应用范围仍有上升空间。

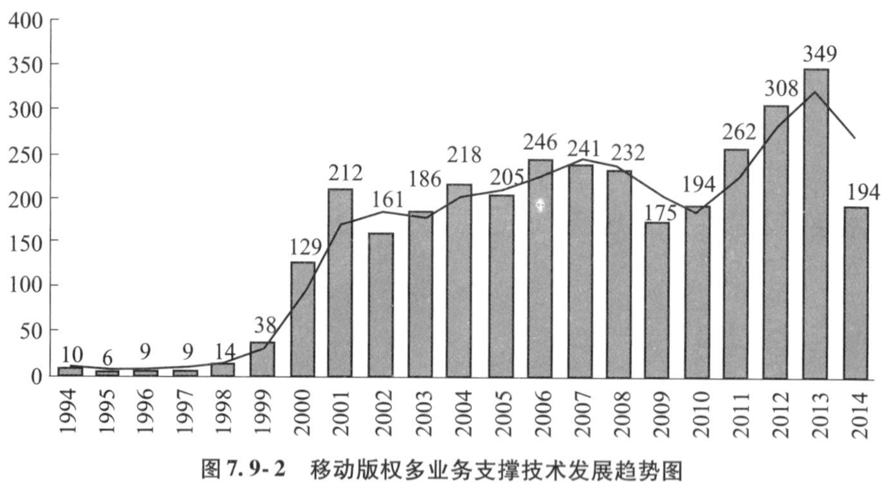

图7.9-2 移动版权多业务支撑技术发展趋势图

（二）技术路线分析

整体上，该关键技术从2000年起衍生出核心技术并至今不断进行着技术更迭。从2001年开始，每年举办一次ACM DRM会议“ACM Workshop on Digital Rights Management”，涉及的研究内容包括多个方面，主要有DRM系统的体系结构、DRM中对数字内容使用的跟综和审核、数字内容交易的商业模式及其安全性需求、多媒体数据的加密、身份识别、DRM系统中的密钥管理、数字权利的转移问题、数字版权描述等。在2003年由Redknee Inc公司申请了关于MMS信息服务的专利，随后的LG公司申请了关于MMS信息传递的技术方案，并且，华为、三星都就数字版权多业务领域申请了相关专利申请。在核心技术对应的专利申请中，往往涉及技术方案的其他应用领域以及移动版权多业务支撑技术相关联的技术方案。近些年，随着移动设备的普及，出现了手机上网、客户端等业务，为了满足用户的需求，方便数字内容的订阅，企业纷纷开始了对WAP业务订阅、客户端阅读等的研究，因而针对该关键技术的专利申请也有不断的方向更新。

（三）主要专利申请人分析

在要求检索的“九国两组织”的检索结果中，根据专利申请量统计后得到专利申请量排名前列的专利申请人，在移动版权多业务支撑技术中诺基亚、三星和华为脱颖而出，分列第一、第二和第三。同样地，按照分析要求，从时间、区域和技术聚类的维度，对移动版权多业务支撑技术的主要对象进行深入分析。

1. 申请量排名第一的专利申请人

（1）专利申请量

诺基亚（Nokia Corporation）是一家总部位于芬兰埃斯波，主要从事移动通信产品生

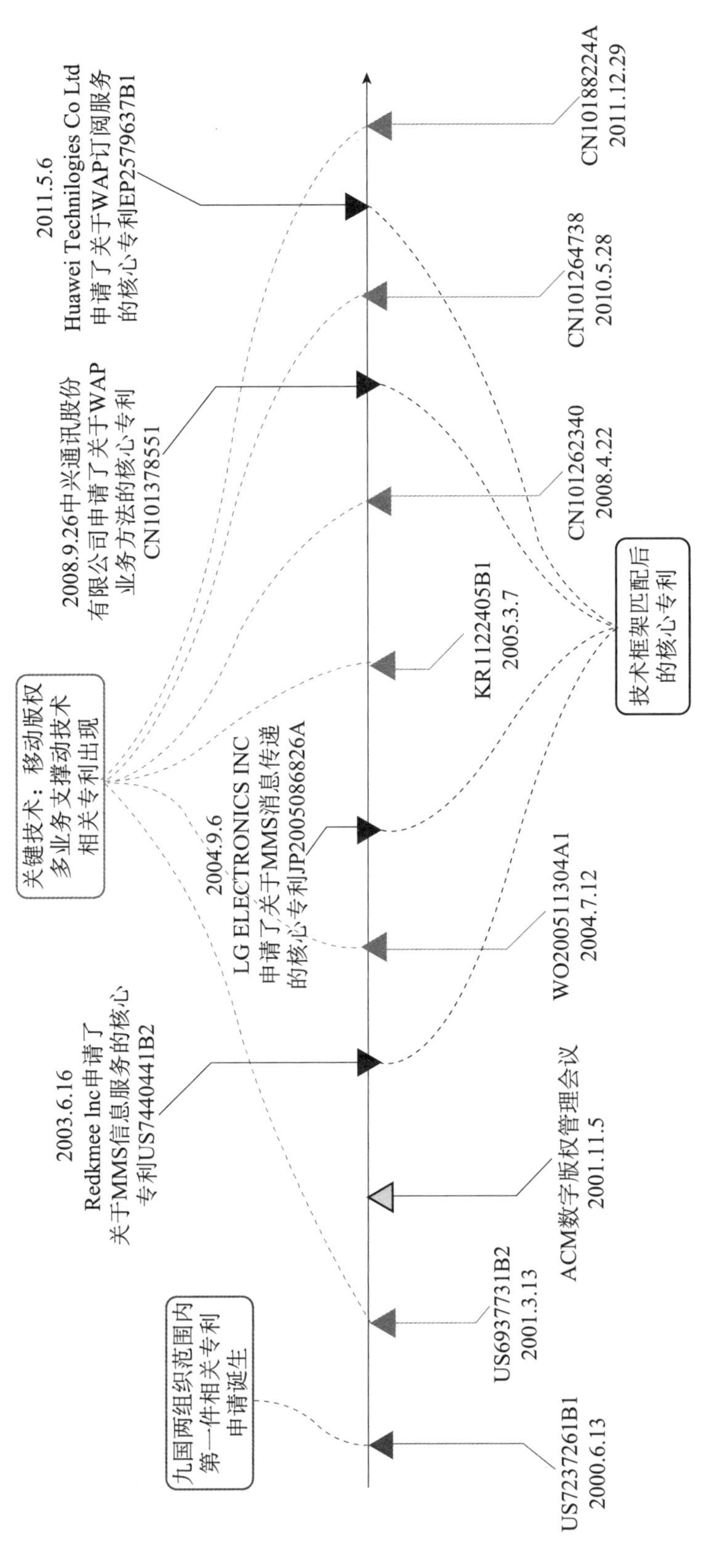

图7.9-3　移动版权多业务支撑技术路线图

产的跨国公司，自 1996 年以来，移动终端销量连续 14 年占据市场份额第一。诺基亚非常重视技术的研发和知识产权的保护，作为移动终端领域的领头羊，从图 7.9-4 可以看出，诺基亚在 2002 年至 2004 年达到专利申请的高峰期，2005 年至 2010 年，随着诺基亚移动版权多业务支撑技术的成熟，诺基亚的申请趋势大幅下降。2010 年后，面对新操作系统的智能手机的崛起，诺基亚全球手机销量第一的地位在 2011 年第二季被苹果及三星双双超越，2013 年微软正式宣布完成对诺基亚设备与服务部门的收购，而诺基亚移动版权多业务支撑技术基本不再研发。

（2）“九国两组织”专利申请量区域分布

作为移动通信的全球领先者，诺基亚非常注重本国以及国外的知识产权保护，从图 7.9-5 可以看出，诺基亚把美国作为移动版权多业务支撑技术的主要市场，在美国、欧洲进行了大量的专利布局，而诺基亚在中国建有六个研发机构和四个生产基地，把中国看作移动终端设备的主要消费地区和国家。

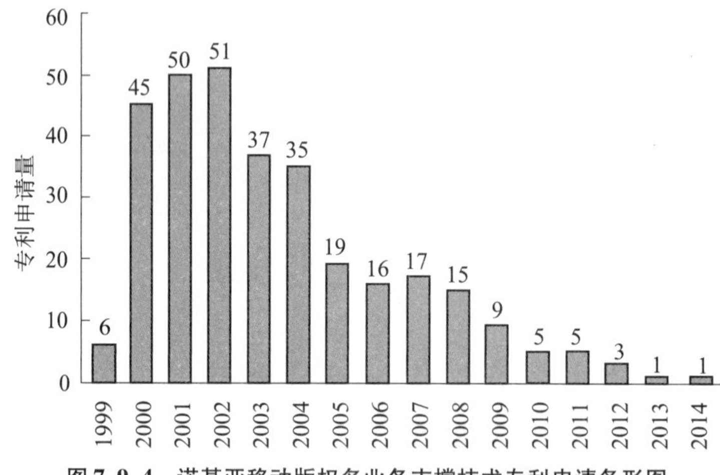

图 7.9-4　诺基亚移动版权多业务支撑技术专利申请条形图

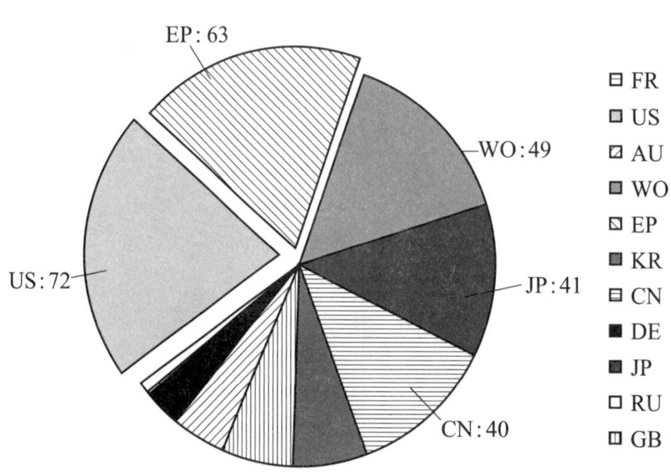

图 7.9-5　诺基亚移动版权多业务支撑技术专利申请量区域分布图

(3) 技术构成分布

图7.9-6示出了诺基亚在移动版权多业务支撑技术领域的专利的构成分布图，圈注的是诺基亚在该领域关注度较高的热点技术。数字内容在分发前，需要对已有的数字产品，按照不同的内容形式拆分重组形成移动终端可用的内容分段，并重新注入合法版权标识信息，对内容的访问在服务提供端进行授权控制，保证授权用户的合法内容信息访问请求，并且阻断非授权用户的内容信息访问请求；通信协议是指双方实体完成通信或服务所必须遵循的规则和约定。通过通信信道和设备互连起来的多个不同地理位置的数据通信系统，要使其能协同工作实现信息交换和资源共享，它们之间必须具有共同的语言。交流什么、怎样交流及何时交流，都必须遵循某种互相都能接受的规则。随着通信技术的快速发展、无线网络的广泛应用，以及移动终端设备普及率的快速提升，人们的生活得到了极大的方便。与此同时，无线网络的安全问题以及移动终端的有限资源问题愈加得到人们的关注。

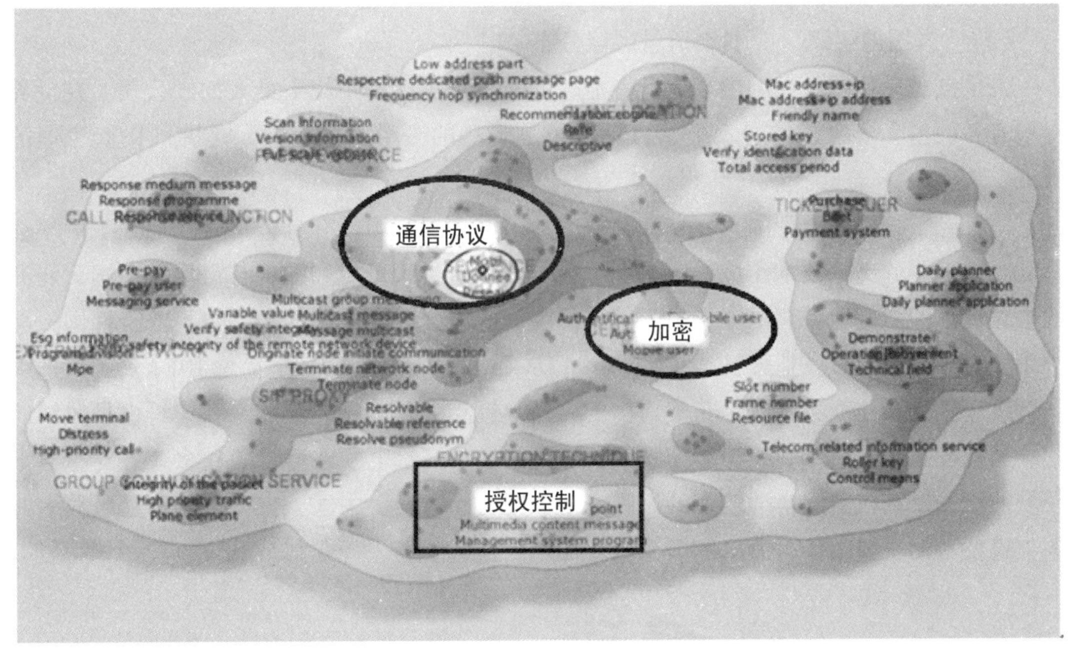

图7.9-6 诺基亚移动版权多业务支撑技术构成分布图

2. 申请量排名第二的专利申请人

(1) 专利申请量

三星电子在移动版权多业务支撑技术领域的专利申请量排名全球第二。在2005年之前，三星电子在该领域并没有什么动作，投入的研究相对较少，随着2004年全球互联网的蓬勃发展，智能电子产品的问世，三星的电子书、电子阅览器与电子杂志的发展所需，三星电子在该领域的专利申请届时激增，自2005年开始，三星电子在该技术领域的研究逐年递增，并且发展速度相对较快，2012年该技术领域的专利申请量达到其有史以来之最。随着WAP、客户端等业务的兴起，多种通信方式在数字产品的传播，为版权保护带来很多复杂度，三星电子已在该技术领域展开了研究，面临着新方法和新技术的突破难点，其技术创新和应用范围仍有上升空间。

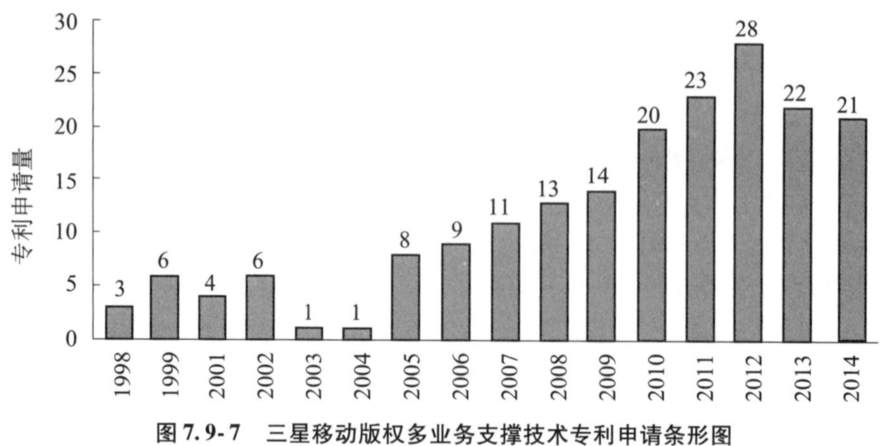

图 7.9-7　三星移动版权多业务支撑技术专利申请条形图

（2）“九国两组织”专利申请量区域分布

三星电子是韩国最大的电子工业企业，同时也是三星集团旗下最大的子公司。在世界上最有名的 100 个商标的列表中，三星电子是唯一的一个韩国商标，是韩国民族工业的象征。

三星电子总部位于韩国，在欧洲及亚太地区许多国家均设有分公司及代加工工厂。在移动版权多业务支撑技术领域，三星电子在本国申请了大量专利，主打市场是美国、亚洲的中、日、欧洲等地。三星电子虽为韩国品牌，但该公司在美国的人气也不亚于韩国，美国工业设计协会年度工业设计奖（Industrial Design Excellence Awards 简称 IDEA）的评选中获得诸多奖项，连续数年成为获奖最多的公司。近年来，三星涉及的专利纠纷也是风波四起，其中在美国发生专利纠纷最为频繁，这可能也是三星电子在移动版权多业务支撑技术领域的相关专利在美国申请较多的原因之一。同时，欧洲、中国、日本也是移动版权多业务支撑技术的主要市场，三星电子也很积极地到这些市场进行专利布局。

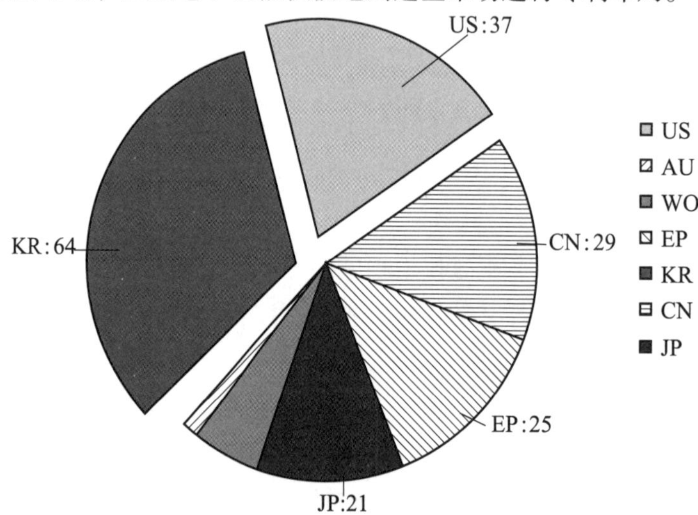

图 7.9-8　三星移动版权多业务支撑技术专利申请量区域分布图

(3) 技术构成分布

通过三星电子在移动版权多业务支撑技术领域的相关专利热地地图得出的聚类分析，我们可看出三星电子在移动版权多业务支撑技术领域主要关注的技术有授权与许可信息、加密与密码相关技术和数字版权等技术。从中可以看出高频词的是DRM，英文全称Digital Rights Management，中文是数字内容版权加密保护技术，由于数字化信息的特点决定了必须有另一种独特的技术来加强保护这些数字化内容的版权，该技术就是数字权限管理技术——DRM。加密技术是数字版权保护的支撑技术，用以数字内容在整个生命周期内的保护作用，以平衡数字内容价值链中各个角色的利益和需求。身份认证是基于加密技术的，作用为确定用户是否是真实。在传输过程中对数据进行加密，可以保障数据在传输过程中安全。网络安全所要求的保密性、完整性、可用性，都可以利用密码技术来实现。可以说，密码技术是保护大型通信网络上传输信息的实用手段之一。

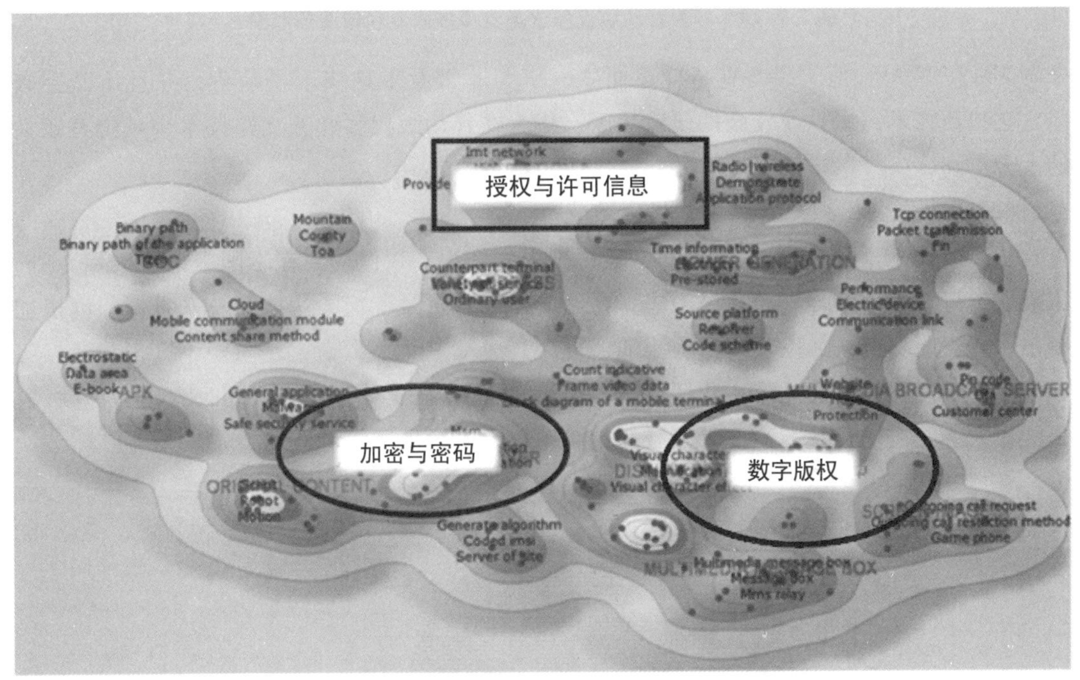

图 7.9-9　三星移动版权多业务支撑技术构成分布图

3. 申请量排名第三的专利申请人

(1) 专利申请量

华为技术有限公司是一家生产销售通信设备的民营通信科技公司，产品主要涉及通信网络中的交换网络、传输网络、无线及有线固定接入网络和数据通信网络及无线终端产品，为世界各地通信运营商及专业网络拥有者提供硬件设备、软件、服务和解决方案。从图7.9-10可以看出，华为经过技术的积累发展，自2006年开始，在该领域的发展速度相对较快，专利申请不断增长，2012年该技术领域的专利申请量达到高峰值。随着信息时代的到来以及网络技术的迅猛发展，手机的使用率越来越普及，为满足用户的需求，随之而

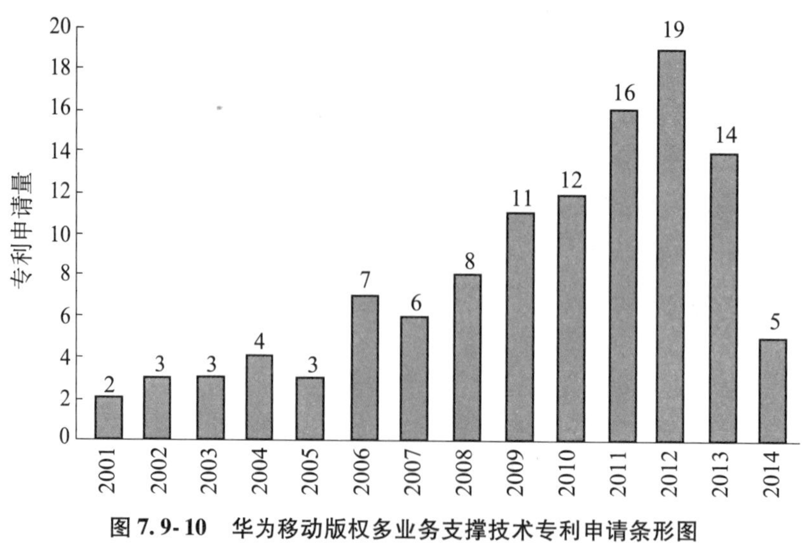

图 7.9-10　华为移动版权多业务支撑技术专利申请条形图

来的 MMS、WAP、客户端等业务应运而生，华为非常看重这块市场前景，并且不断突破新方法和新技术，保持着较高的研发热度，华为在移动版权多业务支撑技术领域仍有较大的上升空间。

（2）“九国两组织”专利申请量区域分布

从图 7.9-11 可以看出，华为非常重视国内的知识产权保护，在本国申请了大量专利，积极地进行技术研发与专利布局。华为在瑞典斯德哥尔摩、美国达拉斯及硅谷、印度班加罗尔、俄罗斯莫斯科，以及中国的深圳、上海、成都、北京、南京、西安、杭州和武汉等地设立了研发机构，通过跨文化团队合作，实施全球异步研发战略。同时，华为把欧洲、美国作为主要市场，具有该技术领域的相关专利，但数量屈指可数。

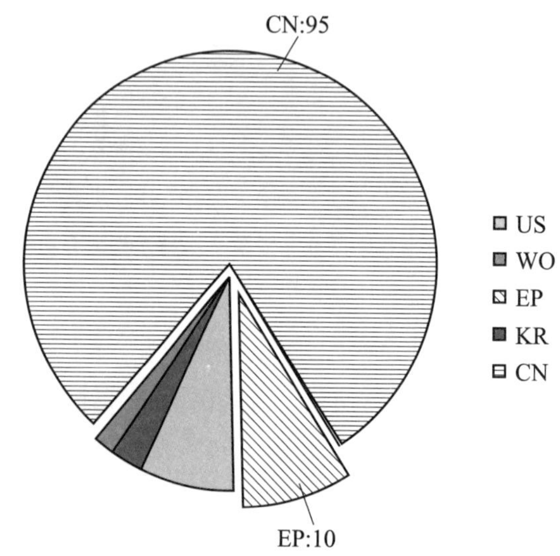

图 7.9-11　华为移动版权多业务支撑技术专利申请量区域分布图

（3）技术构成分布

图 7.9-12 示出华为在移动版权多业务支撑技术领域的专利的构成分布图。圈注的是华为在该领域关注度较高的热点技术。授权许可技术是指针对授权内容的加密和保护，从保护授权的安全性以达到保证所分发软件的安全性的目的，力求获取授权的用户在规定的权限内使用该软件产品，通过授权加密保护，防止授权以外的用户非法使用和滥用软件产品的行为。加密技术是电子商务采取的主要安全保密措施，是最常用的安全保密手段，利用技术手段把重要的数据变为乱码（加密）传送，到达目的地后再用相同或不同的手段还原（解密）。加密技术的应用是多方面的，可以是使用彩信、客户端方式的数字内容版权保护应用、WAP 方式阅读数字内容的保护应用等。从专利地图的密集区还可以看出华为在数据通信方面也有着深入的研究。

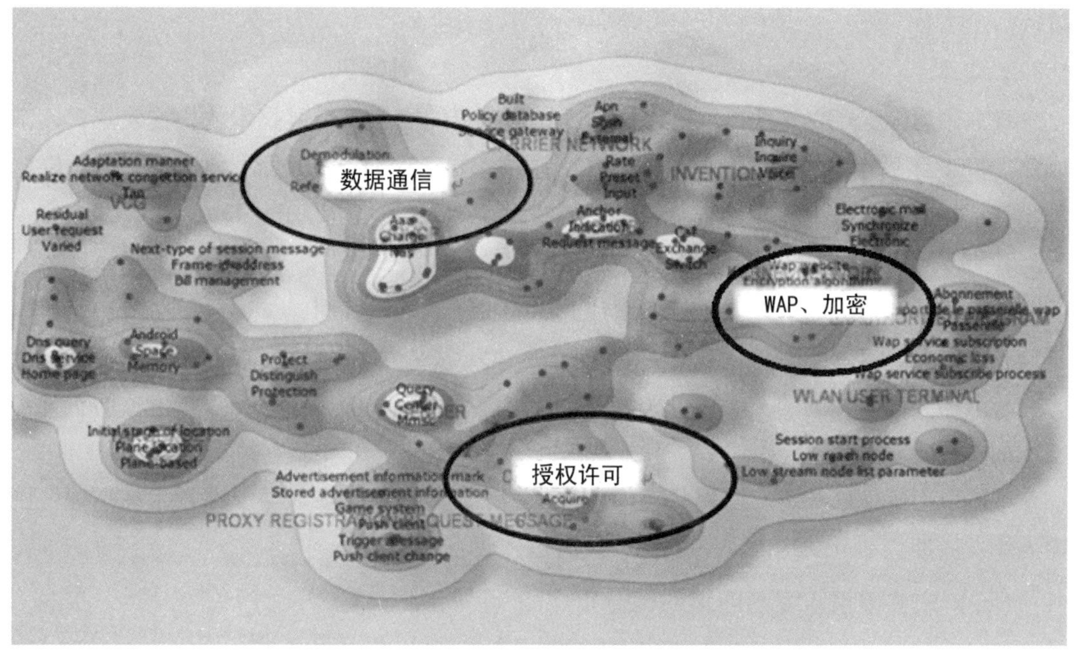

图 7.9-12　华为移动版权多业务支撑技术构成分布图

三、总结

移动版权多业务支撑技术 1994 年 1 月 1 日至 2014 年 12 月 31 日期间，在“九国两组织”范围内的专利/专利申请共 6 403 件。其中，日本、韩国、美国、中国四个国家的专利申请数量总和为4 471件，占全部专利申请量的 70% 左右，从年专利申请量来看，该技术年专利申请量整体表现为持续增加趋势，其中，美国、中国是增长较快的国家。

（一）专利申请量的总体发展趋势

从专利申请状况来看，随着信息时代的到来以及网络技术的迅猛发展，手机的使用率越来越普及，为满足用户的需求，随之而来的 MMS、WAP 等业务应运而生，专利申请量呈现逐步攀升的整体趋势。在 2000 年至 2008 年间移动版权多业务支撑技术有了较大数量的专利和专利申请量。该种上升趋势仍然在 2010 年至 2013 年间持续。移动版权多业务支撑技术还处于快速发展阶段，其技术创新和应用范围仍有上升空间。

（二）各地区技术发展现状以及未来发展趋势

1. 美国

美国移动版权多业务支撑技术发展比较迅速，2000 年至 2007 年间进入发展期后，专利申请人的数量较为稳定，但专利申请量仍在增加，微软等主要研究者加大申请力度，且小型的企业不断被并购，专利增长趋势在 2012 年至 2013 时间段内仍然持续，越来越多的研究者加入到专利申请的行列中，将移动版权多业务支撑技术推向了又一个发展的新阶段。

2. 日本

日本作为知识产权制度以及著作权制度较为完善的国家，经过技术的快速发展，逐渐成熟。2008 年后，日本的移动版权多业务支撑技术申请人和申请量都呈现了明显的下降趋势，该技术已经步入饱和期，企业的研发热度下降。

3. 韩国

韩国的情况与美国很类似，目前同样处于技术发展的发展期。

4. 中国

与上述美国、韩国的发展趋势大致相同，中国在移动版权多业务支撑技术方面正处于技术的发展阶段。

根据以上各地区技术发展现状描述，总体来说，移动版权多业务支撑技术在全球范围内处于发展期，部分发达国家（例日本）有进入衰退期的趋势。

（三）主要申请人专利申请对比分析

通过对于移动版权多业务支撑技术领域的宏观分析，我们得出行业内的三个主要申请人是诺基亚公司、三星公司以及华为公司。下面结合微观分析模块具体解读主要申请人的专利现状。

1. 专利申请量维度横向比较

通过将三个主要申请人在专利申请量维度进行横向比较，我们发现：从专利申请量上来看，诺基亚公司拥有相关专利申请 315 件；三星公司和华为公司在这方面的数量分别是 190 件和 113 件。其中，诺基亚公司作为行业的技术先导者，在技术研发初期便投入了相当大的技术研发力度，相应的专利申请量也较多。

2. 专利资产区域布局情况

从三个主要申请人的专利资产区域布局情况，我们可以看出：诺基亚公司在美国、日本、欧洲、中国等国均展开专利布局，并且把主要市场放在了美国；三星公司和华为公司采取的区域布局策略较三星公司有所不同，主要侧重点在本土市场的布局上。

3. 技术热点分析

从技术热点分析角度来说：诺基亚公司主要关注授权控制保护这一技术领域；三星公司的研究热点有授权与许可信息、加密与密码相关技术；而华为公司则在该领域主要关注的技术有数据通信技术、加密技术。

第八章　结　语

通过数字版权保护技术研发工程管控知识产权项目在全球“九国两组织”数据范围内进行的专利检索和分析，可以对各检索主题技术以及各个国家、主要的专利申请人对相应技术的关注程度和发展程度进行深度了解。

一、相关技术总体处于快速发展与不断创新阶段

当某项技术的发展趋于稳定，技术的更新减慢时，将表现为专利申请数量的下降或趋于稳定，也即该项技术发展趋于成熟。通过对工程 72 个技术主题的检索分析可见，数字版权保护技术总体上还处于快速发展与不断创新阶段，但也有少数技术发展趋于成熟，例如：数字内容分段控制技术专利申请2000 年后开始缓慢增长，到2007 年、2008 年，各国专利申请量达到最高，之后又呈现降低的趋势，到目前为止发展缓慢；版权保护可信计数技术，2003 年开始，美国、中国、日本、韩国、欧洲和 WO 的申请量有显著增加的态势，2008 年前后各地区的申请量趋于稳定。

二、不少技术检索主题属于全球研究热点

根据各检索主题的专利/专利申请数量来看，工程所涉及的文本水印嵌入和提取技术等 8 项技术在全球范围内的专利申请量超过了 5 000 件，显然属于近年来的研究热点，8 项专利技术如下表所示：

全球专利申请量超过 5 000 件的检索主题列表

所属分包	技术名称
包 6	文本水印嵌入和提取技术
包 9	按需印刷版权保护技术
包 9	按需印刷过程中授权数量的合理控制技术
包 9	数字内容作品的密钥分发与安全传输技术
包 11	多格式支持终端技术
包 11	移动版权多业务支撑技术
包 15－1	数字水印的嵌入与提取技术
包 15－6	媒体指纹近似拷贝检测技术

工程其他技术检索主题部分不具有可专利性，因此，尽管专利申请数量不高，但并不代表不是研究热点。

三、美国是相关专利的最主要申请国

根据专利/专利申请数量来看，美国、日本、韩国、中国是数字版权保护技术研发的主要国家，这四个国家的专利申请数量超过“九国两组织”专利申请数量的80%。

从专利申请数量上看，美国在半数以上的检索主题中拥有全球最高数量的专利申请，并处于技术领先国的地位，多硬件环境设备标识技术、硬件下的自适应绑定技术、内容授权技术等技术主题下的专利申请几乎都来自美国。

日本、韩国、中国在很多技术领域的研究方面都作为美国的跟随者出现。日本专利申请在防截屏技术、分布式注册技术、章节销售版权保护技术、按需印刷版权保护技术、图像水印技术、密码服务技术等技术主题下的申请数量居于全球领先地位；韩国专利申请在细粒度控制技术技术主题下的申请数量居于全球领先地位。

本项目检索的技术主题下各相关技术在中国国内的发展晚于美、日等国家，且专利申请数量较少。但近年来，随着对版权保护问题的日益重视，尤其是在数字版权保护力度的加大，中国在相媒体指纹提取与匹配技术、数字版权保护内容格式技术等领域的专利申请数量快速增长，其专利申请总量已超过美国，居于世界首位。

四、相关专利的主要申请人比较集中

从主要申请人来看，相关技术的专利申请人均比较集中，且多为本国/地区企业，以美国为例，其申请人主要集中为谷歌、IBM、微软、英特尔、Digimarc等。微软关于媒体指纹识别与匹配技术的专利申请量在美国本土达到73件，占该公司60%以上，其中通过对微软专利的聚类分析得出微软关注的技术热点为媒体指纹加密内容标识技术。同时，微软在加密技术方面的专利申请也排名第一。中国专利申请的主要申请人包括：北京大学、华中科技大学、华为技术有限公司、方正阿帕比公司等。

五、我国相关研究者主要为大学、科研机构

国外传统的移动终端硬件生产商以及软件运营商，都在数字版权保护方面有专利方面的布局，而中国在数字版权保护检索方面一般以大学、科研机构为主要的专利申请人。相对于国外企业的申请数量来说，中国企业的申请数量非常有限。例如在内容交易与分发版权保护技术研发上，仅有在线出版机构、大学、研究机构中有专利分布，一般企业涉及得较少。中国是电子移动产品消费大国，也是数字出版物前景广阔的市场，然而，在数字版权保护上并没有丰富的专利储备，因此，如何能在数字版权保护技术的成果上掌握完整和强大的自主知识产权，是当前急需解决的问题。

图书在版编目（CIP）数据

数字版权保护技术研发工程专利检索与分析：全2册 / 张立主编．—北京：中国书籍出版社，2016.10
ISBN 978-7-5068-5846-5

Ⅰ.①数… Ⅱ.①张… Ⅲ.①电子出版物－版权－保护－专利－情报检索 Ⅳ.①D913②G254.97

中国版本图书馆 CIP 数据核字（2015）第233372号

数字版权保护技术研发工程专利检索与分析（下）

张 立 主编

统筹编辑 游 翔
责任编辑 张 文
责任印制 孙马飞 马 芝
封面设计 楠竹文化
出版发行 中国书籍出版社
地　　址 北京市丰台区三路居路97号（邮编：100073）
电　　话 （010）52257143（总编室）　（010）52257140（发行部）
电子邮箱 eo@chinabp.com.cn
经　　销 全国新华书店
印　　刷 河北省三河市顺兴印务有限公司
开　　本 787毫米×1092毫米 1/16
印　　张 45.5
字　　数 1010千字
版　　次 2016年12月第1版 2016年12月第1次印刷
书　　号 ISBN 978-7-5068-5846-5
定　　价 206.00元（全两册）